中华人民共和国地方志·福建省

大田县志

（1993—2008）

大田县地方志编纂委员会　编

方志出版社
Publishing House of Local Records

图书在版编目（CIP）数据

大田县志：1993—2008 / 大田县地方志编纂委员会编．—
北京：方志出版社，2018.8
ISBN 978-7-5144-2555-0

Ⅰ.①大…　Ⅱ.①大…　Ⅲ.①大田县—地方志—1993-2008
Ⅳ.①K295.74

中国版本图书馆 CIP 数据核字（2017）第 244792 号

大田县志（1993—2008）

编　　者：大田县地方志编纂委员会
责任编辑：刘方圆

出 版 人：冀祥德
出 版 者：方志出版社
　　地址　北京市朝阳区潘家园东里 9 号（国家方志馆 4 层）
　　邮编　100021
　　网址　http://www.fzph.org
发　行：方志出版社图书经销中心
　　电话（010）67110500
经　销：各地新华书店
印　刷：福建省三明市中亚印务有限公司

开　本：889×1194　1/16
印　张：63.5
字　数：1810 千字
版　次：2018 年 8 月第 1 版　2018 年 8 月第 1 次印刷
印　数：0001~4000 册

ISBN 978-7-5144-2555-0　定价：569.00 元

《大田县志（1993—2008）》编审机构人员名录

一、大田县地方志编纂委员会

主　　任：（按任职先后为序）

肖长根　汤俊生　熊旭明　林金龙

副 主 任：（按任职先后为序）

熊旭明　戴绍松　余维语　赖伟平

委　　员：（按姓氏笔画为序）

田　勇　叶宝生　叶增稳　刘永生　邱宝祥　邱樑发　陈文琴　陈开教
陈光耀　陈成册　陈汝传　陈增城　陈源发　陈德强　肖世祥　杜忠进
严建忠　吴初增　吴高勇　周克耶　林乃溪　林元圈　林永田　林岁华
林如耀　林建明　林春忠　林宗镇　林　镛　郑成鑫　张鲁建　范立民
范立洋　柳传金　涂剑峰　涂振鹏　黄和新　温春派　詹文批　蔡建峰
颜佳秀　魏初寨

二、大田县地方志编纂委员会办公室（按任职先后为序）

温春派　主任（2008.6—2010.3）

林元圈　副主任主持工作（2010.3—2013.12），
　　　　主任（2013.12—2014.6）

陈源发　副主任科员主持工作（2014.6—2015.5）

魏初寨　主任（2015.5—　）

工作人员：（按任职先后为序）

郑小英（女 2008.6—2015.1）

韩梅兰（女 2008.6—2012.6）

许联芳（女 2008.6—2012.8）

林　靖（女 2012.7—2014.12 ）

叶长禄（2015.2— 2017.12 ）

三、《大田县志（1993—2008）》编辑部

主　　编：詹文批（2008.6—　）

副 主 编：（按任职先后为序）

范立洋（2011.12—　）

陈源发（2014.1—2016.10）

魏初寨（2015.5—　）

总　　纂：范立洋（2013.1—　）

协　　纂：（按姓氏笔画为序）

陈吉浣（2013.1—　）

郑祥果（2013.1—　）

编　　辑：（按任职先后为序）

郑祥果（2008.6—　）

陈吉浣（2008.6—　）

涂庆南（2008.6—2016.9）

陈昭才（2009.1—　）

魏庆赐（2011.4—　）

魏兰兰（2013.8—　）

潘　梅（2014.2—　）

陈　妮（2015.9—　）

数据审核：魏庆赐

曾经在《大田县志（1993—2008）》编辑部任职人员名录

副 主 编：林岁华（2008.6—2012.5）

周克耶（2008.6—2013.8）

温春派（2008.6—2010.3）

林元圈（2010.3—2014.6）

柳传金（2010.8—2011.9）

编　　辑：肖　常（2008.6—2011.3）

廖序锋（2008.6—2011.7）

范起建（2008.6—2013.7）

王金晋（2011.7—2014.2）

林万端（2008.6—2014.10）

四、《大田县志（1993—2008）》审核组成员

组　　长：陈汉良

副 组 长：温如校　戴绍松

成　　员：（按姓氏笔画为序）

尹培虎　田　勇　田仁芳　乐余聪　叶宝生　叶增稳　陈文琴　陈德强

吴初增　吴高勇　罗春苗　郑成鑫　郑际楷　林如耀　林宗镇　林建明

张知松　涂剑峰　涂振鹏　黄和新

五、三明市地方志编纂委员会《大田县志（1993—2008）》审定验收组成员

组　　长：黄荣发

副 组 长：巫少鹏　谢　凌

成　　员：陈声华　何团元　邓长华　阳崇欣

大田县政区图

莲花顶
官昌水库
沙
县
尤
溪
柳塘水库
管前镇
八字桥
中村
莘口镇
三
元
区
湖源
斗峰
赤壁亭
双鲤水库
坋头水库
新阳镇
县
万宅
万筹
五龙山
东景
元沙水库
广平镇
五峰
广平
西园
岬头
兴埔
大吉
丰庄
广
平
镇
元沙
栋仁
苏桥
铭溪
龙溪
永德
洋地
永仙
龙坪
奇
金华
稻
奇韬镇
西韬
丁华
桃东
镇
文经
东佳
桃舟
桥下
炉长峡
将军山
1493
槐南镇
建
建爱
建忠
建设镇
设
建强
建民
和平
建丰
元山
建乐
琵琶垄
高云水库
建国
镇
香浮
大同
大安
朱坂
文江
大中
文
琼口
民主
典坑
白沙
江
大文
小文
昭文
联盟
小芹
山芹
花桥
温厝
乡
龙门
光明
后洋
吉坑
璞溪
德州
沧州
郭井
新楼
梅山
秀岭
梅
璞溪口水库
盖竹
西坑
西书
沈岭
天盂山
山
卓坑里
雄峰
长坑
长津
沈口
高泉
乡
岭后
金阳
龙口
香坪
黎坑
面
水
库
街
上坪
琼山
永
安
市
天宝岩自然保护区
天宝岩
罗丰
汤泉
黄沙
德安
池园
太
锦溪
华山
洋车
青水畲族乡
福建省制图院

大田县（均溪镇）
大田经济开发区
石牌镇
华兴
屏山
吴山
济阳
武陵
谢洋
上京镇
桃源镇
太华镇
湖美
春美
梅林林场
桃源林场
东风农场
大仙峰自然保护区
六角宫水库
坑口水库
小盖竹水库
属大田县济阳乡
化 县
永 春 县
漳 平 市
新桥镇
灵地
吾祠
下洋镇
图 例
县级行政中心
乡、镇政府
村委会
农林场
旅游景点
山峰
县级行政区域界
乡、镇行政区域界
自然保护区界
审图号：闽S（2016）83号 比例尺：1:230 500
福建省制图院 编制 2015年12月

大田县地势图

管前镇
八字桥
莘口镇
中村
湖源
广平镇
奇韬镇
新阳镇
文江
梅山
建设镇
槐南镇
上坪
青水畲族乡
金鸡石顶 979
界头岐 825
大罗岐
狮龙岙 1235
赤壁亭
铁钉岩 1193
双髻峰 1228
永仙
五龙山
斗峰
莲花山 1081
真人岐 1276
燕子岩
张公岩
凤凰岐
将军山 1493
鲤鱼山
老虎岩
天斗山
天宝岩
葫芦山 1075
琼山
香菇仑
乌头山
龙伞崎
东山头 1040
西坪崎
罗城寨 743
天岙山
棋盘顶
柳塘水库
宫昌水库
元沙水库
双鲤水库
均头水库
高云水库
璞溪口水库
街面水库
沙溪

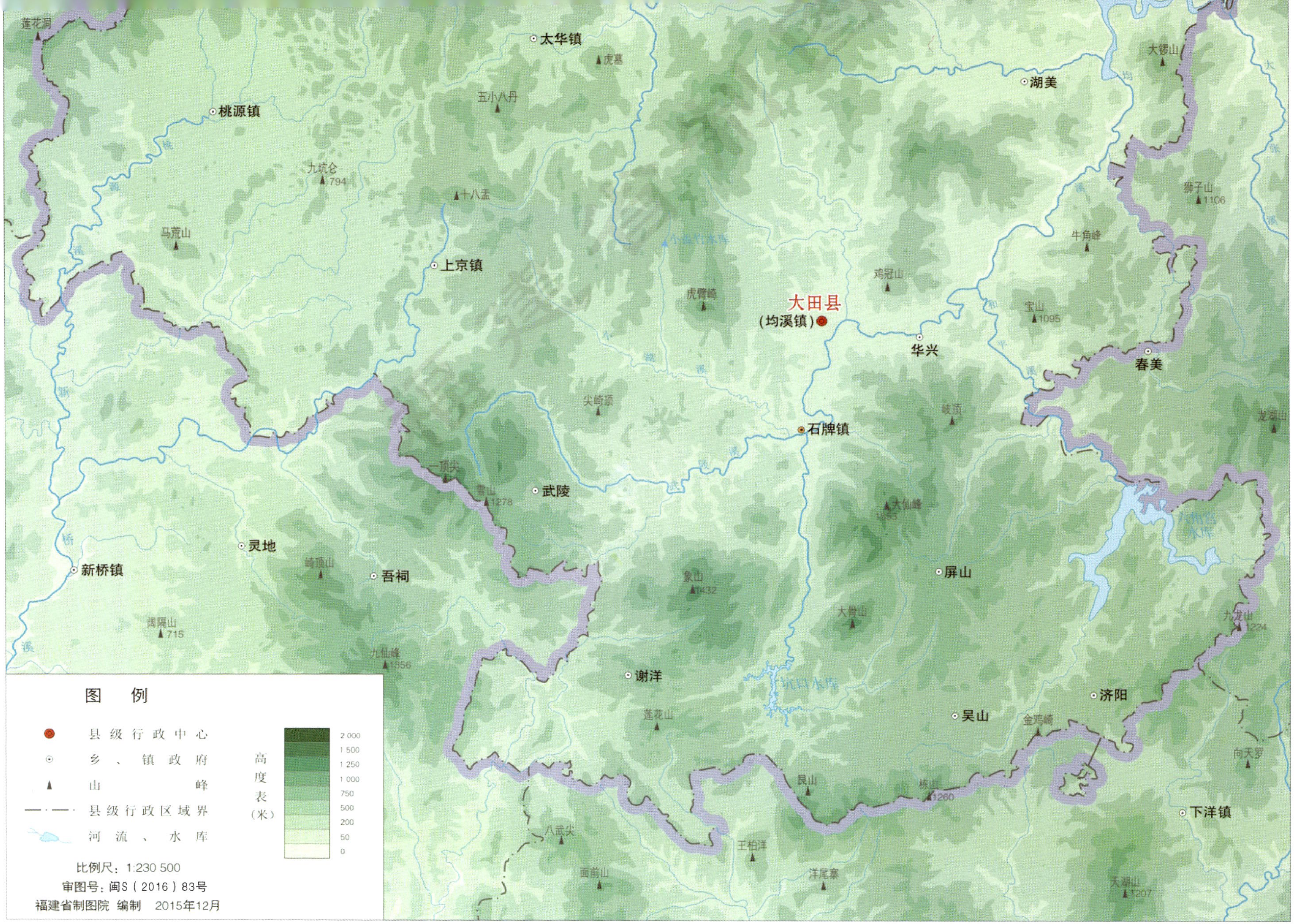
大田县
(均溪镇)
太华镇
桃源镇
上京镇
湖美
华兴
春美
石牌镇
武陵
灵地
新桥镇
吾祠
屏山
谢洋
吴山
济阳
下洋镇
莲花洞
虎嘉
五小八丹
九坑仑
794
十八盂
马旋山
虎臂崎
鸡冠山
大锣山
狮子山
1106
牛角峰
宝山
1095
龙湖山
岐顶
尖崎顶
一顶尖
雪山
1278
大仙峰
崎顶山
象山
1432
大营山
阔隔山
715
九仙峰
1356
九龙山
1224
莲花山
艮山
栋山
1260
金鸡崎
向天罗
八武尖
王柏洋
面前山
洋尾寨
天湖山
1207
小湖竹水库
坑口水库
图 例
县级行政中心
乡、镇政府
山峰
县级行政区域界
河流、水库
高度表(米)
2 000
1 500
1 250
1 000
750
500
200
50
0
比例尺：1:230 500
审图号：闽S（2016）83号
福建省制图院 编制 2015年12月

大田县城区图
县政府
均溪镇
龙登坂公园
北山公园
白岩公园
仙亭山森林公园
赤岩山森林公园
城东
鹭峰矿业公司
疾控中心
卫生监督所
闽通长运有限公司
龙丁坂小区
龙登桥
镇东
城关派出所
东方嘉园
狮子山
三泉净水公司
凯天龙商务酒店
温镇
均溪中心小学
龙宝新村
美伦公园小区
凯天龙五星级国际酒店（在建）
汽车站（在建）
县医院
公路局
昌盛花园
环宇运输大田分公司
一中
城关一小
实小
五中
白岩
图书馆
县党校
体育场
法院
宾馆
龙山广电局
时代广场
文昌
红星
交通局
农业局
邮政局
前峰矿业集团
移民局
林业局
东门
南街
粮食局
总工会
公安局
国土局
妇幼保健院
均溪医院
水利局
影剧院
司法局
民政局
县农行
县人行
发改局
审计局
统计局
山水大酒店
县住建局
县建行
盐务局
壹号公馆
县行政服务中心
岩城明珠
农业新村
南山桥
龙腾盛世广场
第二农贸市场
玉山桥
玉凤
青少年活动中心
鸿图中学
六中
县教师进修学校
玉田
城关二小
仙亭
教育局
凤翔新天地
环保局
濂多桥
渔池洋
卫计局
仙廷大酒店
岩城文化广场
地税局
招商局
人社局
赤岩
国税局
仙亭花园
国土资源执法大队
协和医院
富豪大酒店
县残联
县交通执法大队
凤山东路
凤山西路
建山路
香湖路
温镇路
兴国路
均兴路
均溪

后坂洋
福建省新茂板
电子有限公司
交警大队
第二实验
幼儿园
城关三小
同利祥纺织有限公司
福塘新村
星光职业技术学校
老年公寓
福裕名城
县中医院
福塘
福塘小学
职业中专
学校
福莱桥
县法院
（在建）
县质量技术监管局
县工商局
中投·财富广场
县检察院
福塘
轻工业园
南湖针织
有限公司
车辆检测中心
石牌小学
世外桃源旅游区（在建）
石牌镇
石牌中学
金象温泉城
石牌
仙峰养生温泉度假区（在建）
五星级温泉大酒店（在建）
南湖小区
福建省制图院
图例
县政府
镇政府
居委会
村委会
一级街道
二级街道
其他街道
公园
体育场
学校
酒店
医院
企事业单位
旅游景点
汽车站
山峰
隧道
水库及河流
审图号：闽S（2016）83号
福建省制图院 编制 2015年12月
华兴乡地图
污水处理厂
鑫宏铸钢厂
协进机械厂
山友机械厂
华安
卫生院
派出所
华兴乡
国土资源所
华兴
镇前洋
横洋
华兴中学

大田县交通图

沙县
尤溪县
三元区
永安市
德
八字桥
管前镇
新阳镇
湖源
广平镇
奇韬镇
建设镇
文江
梅山
前坪
槐南镇
上坪
青水畲族乡
莘口出入口
栋仁出入口
新阳出入口
G1517莆炎
G534
S308
S306
X721
X723
X728
X732
X727
X711
X744
X736
X733
元沙水库
将军山 1493
炉长峡
天宝岩自然保护区
天宝岩
琼山
五龙山
天盂山
斗峰

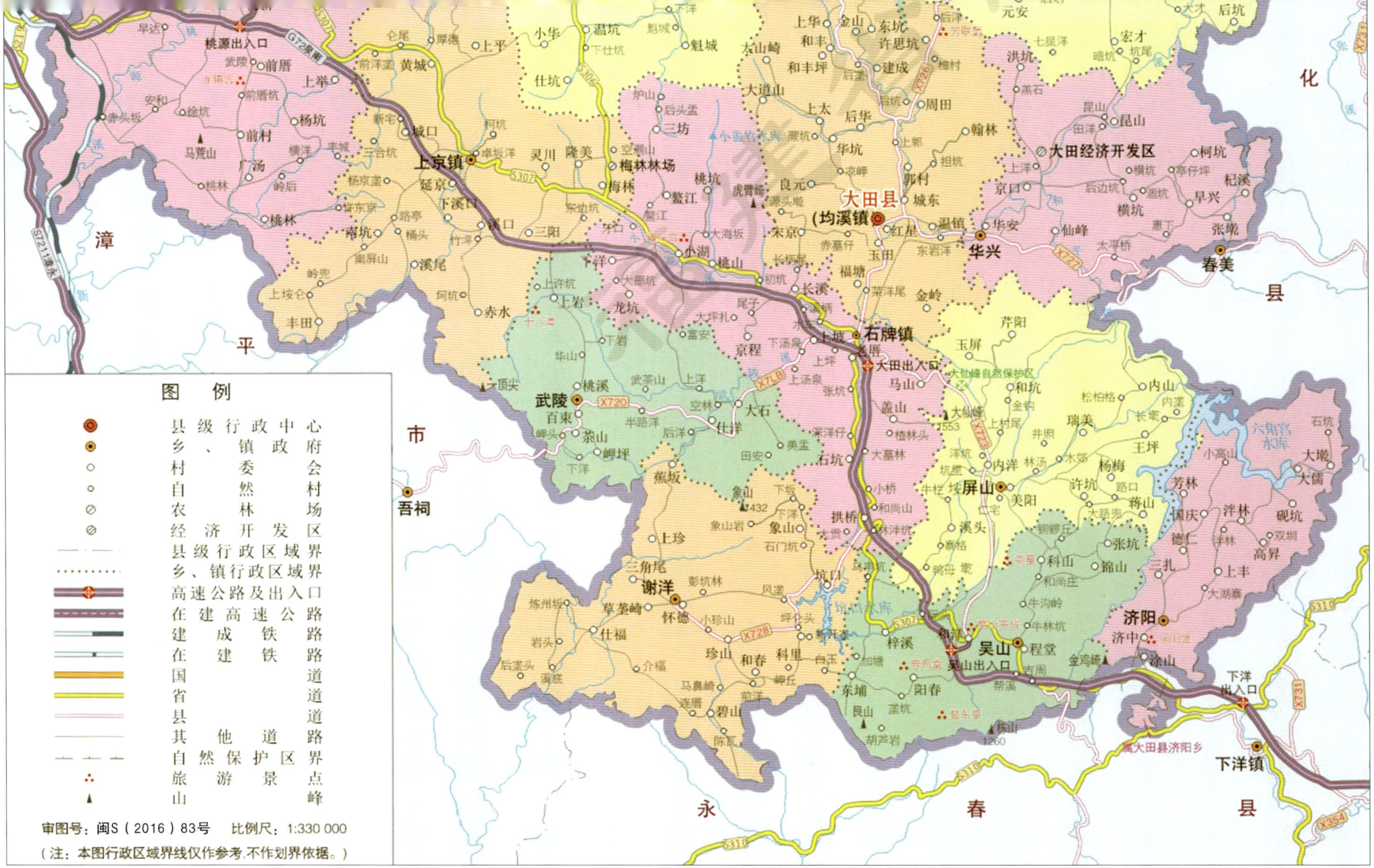

化
县
漳
平
市
永
春
县
大田县
(均溪镇)
上京镇
石牌镇
华兴
春美
武陵
谢洋
吴山
屏山
济阳
下洋镇
吾祠
大田经济开发区
梅林林场
桃源出入口
大田出入口
吴山出入口
下洋出入口
属大田县济阳乡
大仙峰自然保护区
六角宫水库
G72泉南
S307
S306
S310
X720
X723
X726
X727
X728
X731
X354
S7211漳永
1553
1432
1260
图　例
县级行政中心
乡、镇政府
村委会
自然村
农林场
经济开发区
县级行政区域界
乡、镇行政区域界
高速公路及出入口
在建高速公路
建成铁路
在建铁路
国道
省道
县道
其他道路
自然保护区界
旅游景点
山峰
审图号：闽S（2016）83号　比例尺：1:330 000
（注：本图行政区域界线仅作参考,不作划界依据。）

大田县城主城区远眺图（2014.10　摄）

县委县政府办公楼（2012.10　摄）

中共大田县第十一次代表大会（2006.09　摄）

县第十五届人民代表大会第一次会议（2007.01　摄）

政协大田县第八届委员会第一次会议（2007.01　摄）

行政服务中心为民办事现场（2016.03　摄）

办税大厅（2008.06　摄）

欢送新兵入伍（2008 年　摄）

科技、文化、卫生“三下乡”（2004.05　摄）

2006 年，销毁假冒伪劣商品

乡村秋色（2007.10　摄）

武陵乡雪山萝卜（2007.06　摄）

桃源镇蔬菜基地（2008.10　摄）

华兴乡油茶林（2006.10 摄）

梅山乡璞溪红菇（2007.08 摄）

现代科学养鸡场（2008.09 摄）

屏山高山茶园村民采茶（2008.04　摄）

吴山乡铜盘湖茶园（2007.10 摄）

前坪乡金姜基地（2008.09 摄）

新农机助春耕（2008.04 摄）

松木林（2006.01　摄）

大仙峰林区（2008.09 摄）

杉木林（2004.10 摄）

毛竹林（2005.04 摄）

广平镇万宅村银杏公园（2008.10　摄）

武陵乡仕洋村罗汉松王（2007.08　摄）

华兴乡早兴村水松王（2008.08　摄）

广平镇龙宫场银杏王（2008.09　摄）

屏山乡和坑村圆柏王（2005.06　摄）

南湖针织厂（2008.03　摄）

六角宫水力发电厂（2008.07　摄）

六角宫水库泄洪（2008.06　摄）

上京新岩水泥厂（2008.07　摄）

太华红狮水泥厂（2012.03　摄）

地表水厂运行场景（2014.12　摄）

县城区水厂（2015.09　摄）

编号 C04-
质量认证证书
根据质量认证管理办法，经审查批准以下产品为国家级认证产品，许可使用国家质量认证标志。
产品名称
型号规格
注册商标
生产企业
有效期到
中国水泥产品质量认证委员会

岩城牌水泥质量认证书（1995 年　摄）

矿石样本（1997 年　摄）

前坪乡川石矿区水土流失治理（2015.06　摄）

| 八湾水土流失治理前（2012.12　摄）

十八湾水土流失治理后（2016.12　摄）

泉三高速公路大田路段（2008.07　摄）

省道306线梅林路段(2008.07 摄)

县道大田至尤溪管前(大管线)公路(2008.11 摄)

乡村道路(2012.04 摄)

大田县东街口百货大楼（1997 年　摄）

大田县农资公司（1998 年　摄）

大田县城一隅（2015.06 摄）

兴田路（2015.07 摄）

建山路（2016.03　摄）

福田路（2014.06　摄）

温镇河滨路（2015.07　摄）

仙亭公园至白岩公园大田绿道（2016.01　摄）

白岩公园（2013.01 摄）

均溪河滨栈道（2015.06 摄）

岩城广场（2015.06　摄）

锦绣福田小区（2015.07　摄）

东兜小区（2011.05　摄）

大田县医院综合大楼（2014.06　摄）

大田县中医院（2016.03　摄）

建设集镇全景图（2015.05　摄）

上京镇三阳村（2013.08　摄）

桃源镇蓝玉新村
（2013.09　摄）

石牌镇长溪村
（2015.11　摄）

均溪镇城东村（2006年，安置尤溪街面水库大田库区湖美、梅山的移民而在城关东部建立一个库区移民新村）
（2007.01　摄）

大田县一中校园（2007.10 摄）

大田县实验小学（2005.11 摄）

全国艺术体操锦标赛开幕式（2014.09　摄）

快乐小精灵（2014.09　摄）

全国艺术体操锦标赛志愿服务者（2014.09　摄）

全国艺术体操锦标赛（大田）比赛现场（2014.09　摄）

吴屏公路上健身长跑
（2016.04　摄）

老人憩园(2016.07　摄)

文江乡后洋村老人活动中心
（2010.10　摄）

白岩公园晨练
（2008.07　摄）

广场舞（2006.06　摄）

河滨公园健身广场（2015.07　摄）

2008 年，大田县板灯龙入选第一批国家非物质文化遗产名录（2008.02　摄）

大田县板灯龙（2008.02　摄）

汤泉村元宵舞龙（2007.02　摄）

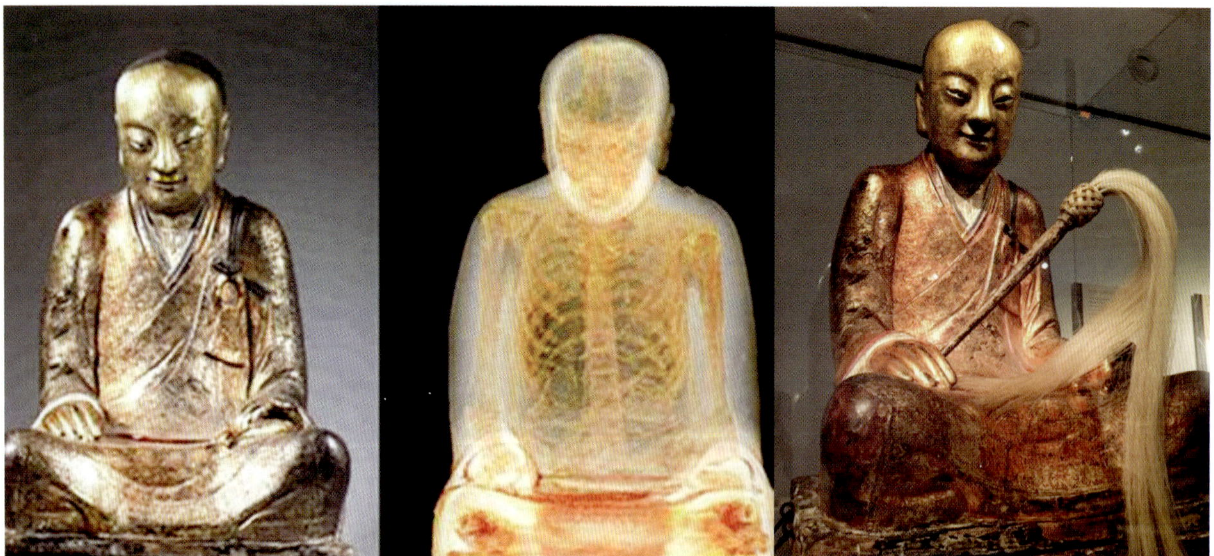

章公祖师真身佛像（网络图片）

龙井大宗祠香客进香（2008.05　摄）

国民党荣誉主席连战为太华镇魁城村连氏龙井大宗祠题词（2013.11　摄）

武陵乡闽中工委旧址（2008.07　摄）

桃源镇东坂村安良堡（2016.03　摄）

均溪镇许思坑芳联堡（2008.01 摄）

建设镇建国村琵琶堡（2007.05 摄）

大仙峰自然保护区景观（2008.12　摄）

闽湖湖美库区风光（2008.03　摄）

第二轮《大田县志（1993—2008）》编委与工作人员合影（2015.07　摄）

后排左起：魏兰兰、叶长禄、魏庆赐、陈昭才、涂庆南、潘　梅
前排左起：陈吉浣、范立洋、魏初寨、詹文批、陈源发、郑祥果

序

治平修志，已成传统。恰逢新中国诞辰65周年之际，续编《大田县志》完成，可喜可贺。循例嘱我作序，深知不才又恐却之不恭，只得勉其难而为之。

家乡大田，远离海滨，地处内陆。虽山高壑深，却秀美迷人。青山绵延接蓝天，绿水流长续白云。星星伴千家灯火，明月承晚霞晨曦。蝉鸣合鸟唱，萤火比灯明，风雨调农顺，山花竞绽英。矿藏丰富供国用，物产充足济民生。斯我家乡，人称闽中之秀。

家乡大田，民风淳朴，爱拼敢赢。大田有民数千年，多自中原而南迁。因位据闽南通闽西北之“金三角”，故民风兼闽南之敢闯与客家之纯朴。数代筚路蓝缕启山林，终化南蛮荒野为家园。尊师重教是传统，尚礼崇德存古风，喜事乡亲同庆贺，急难共克并肩行。民居有院而无须围墙，门厅大敞而任由客访。斯我家乡，堪称和谐之园。

家乡大田，与时并进，面貌日新。大田置县明嘉靖，四百八十载史书，历尽沧桑酸苦路，迎来治世启新途。借改革开放之东风，克山区后发之不利，扬工农各所长，秉城乡相统筹，上下同心，励精图治，终得弯道赶超，百业兴盛，社会祥和，民生蒸蒸。斯我家乡，可谓璀璨之珠。

家乡大田，耆老寿康，功德昭然。青春奉献为桑梓，老骥不甘守枥棚，夙夜为公修县志，辛勤数载告功成。记录当代兴业之艰辛，激励后人奋发更有为。斯我家乡，乃重传承之地。

家乡大田，乃我生长之地，接受启蒙之乡，自从军而后求学离乡数十年，怀乡之情随岁月流逝而益浓。最难忘的是那：板鸭粿粽糍粑，笋菇红酒青茶，板灯龙阵舞耍，阔公高甲，世传瑰宝奇葩。还有那：梯田布谷菽禾，木排渔火山歌，攘往熙来巷陌，高楼瓦厝，古风新韵谐和。正是：秀美闽中数大田，青山绿水碧蓝天，一年四季不知寒。游子离家千万里，闻乡进步最欣欢，总将魂梦系深山。借此，祝乡亲家和康乐，寿考维祺！愿家乡持续发展，政兴民安！

是为序！

中央人民政府驻澳门联络办公室副主任　陈斯喜

2014 年 5 月于澳门

序

“好雨知时节，当春乃发生。”适值盛世，政通人和，国泰民安，治世修志，世人称颂。

治史意非凡。“资政、教化、存史”，可知兴替、明得失。编史修志既传承文化，又辅政资治；是回首过去，亦开启未来，此乃功在当代、惠泽后人之千秋大业也。

编史承传久。大田修志源远流长，县邑已七修其志，续编《大田县志》为第八部，百人通力协作，众手修志，八载艰辛，煌煌巨帙，洋洋百万言，今功业告成，可喜可贺哉。

修志重求实。前贤曰：作史之难，莫过于志。史志者，德高才俊之士方可为之。知难而进、迎难而上，方显吾邑志者本色。余览读斯志，感其秉承“不虚美、不隐恶”“其文直、其事核”千年之史德，广征博采，翔实严谨，秉笔直书，难能可贵，心志可嘉矣。

读志贵为用。史志如鉴，续修《大田县志》熔时代风貌、地方特色于一炉，集哲理、资料于一体。一卷在握，故园十六载春华秋实概揽其中，稽前鉴后，推介桑梓，其善莫大焉！

“月是故乡明，人是故乡亲。”少小离家，长年在外，然乡思乡愁，常萦心头！数十载离乡背井，常念偷闲省亲，唯思“田阳八景”，品乡音亲情，观乡关风貌。每归故里，漫步均溪河畔、文昌阁边，常饮水思源——此乃余生命之舟启航之港湾……拾起的是儿时的记忆，收获的是浓郁的乡情，看到的是日新月异的变化，留下的则是真诚的祝福：愿故乡的明天更美好！

受托作序，情理难却。欣然命笔，难尽心意。

是为序！

中国科学院院士　郑有炓

2015 年 6 月于南京

序

国有史，邑有志，编史修志是中华民族的优良传统，历代相承。地方志是国家的精神财富，是地方的文化珍品，对推动地方经济、社会、文化发展意义重大。

大田人杰地灵，钟灵毓秀，物宝天华，孕育着一代又一代的精英。他们勇敢顽强、坚韧不拔，在祖国各条战线上精诚竭力，无私奉献，为国家富强和民族振兴建功立业。中华人民共和国成立后，大田人民在中国共产党的领导下，开拓进取，艰苦创业，激情拼搏，全县经济社会取得了长足的发展。尤其是改革开放后的1993—2008年，大田县经济转型开放，一、二、三产业全面发展，城乡建设全力推进，交通、科技、教育、文化、卫生等各项事业全面进步。以“岩”的精气神为魂魄的闽中山区县，焕发了勃勃生机，实现了历史巨变，这16年是全县经济社会发展最快和人民得到实惠最多的时期。大田宛如一颗耀眼的明珠，在海峡西岸的闽中腹地熠熠生辉！

盛世修志，以志存绩。2008年，启动续修第二轮《大田县志》，是承前启后，继往开来，服务当代，惠泽后世的千秋大业，具有十分重要的意义。

修史之难，莫过于修志。全县各级各部门密切配合，参加修志的全体同志集思广益，辛勤耕耘，精心著述，不辱使命；以退休老干部为主体的编纂班子，老骥伏枥，专致修志，历尽艰辛，无怨无悔，几易其稿，斐然成章，完成了这一不朽史业，可喜可贺。

统揽全书，《大田县志（1993—2008）》以改革开放为主线贯穿全志，洋洋洒洒130多万字，集自然、经济、政治、文化和社会的历史与现状于一书。全志既有鲜活的时代气息，又具浓郁的地方特色，资料翔实、内容丰富，体例科学、结构严谨，表述清晰、特点鲜明。这一卷帙浩繁的文化珍品，是了解大田、认识大田、研究大田的“百科全书”，是各级领导认识县情、探求规律、科学决策的“资治之鉴”，是广大干部群众尤其是青少年爱祖国、爱家乡、爱大田的“乡土教材”。通读二轮县志，16年快速发展的脉络了然于胸，全县各项事业发展变化尽然于目，对于提高大田知名度，拓展外向度，促进经济社会更好更快发展，将起到重要的桥梁和推动作用。

借此续修《大田县志》面世之机，谨向为大田县志续修付出辛勤劳动的全体工作人员和所有关心、支持地方志工作的各界人士，致以衷心的感谢和崇高的敬意！同时，借续志出版之际，倡导全县人民尤其是广大党政工作者，认真读志用志，以史为鉴，推动发展。我们相信，全县人民一定能够自强不息，奋斗不止，改革创新，科学发展，为建设机制活、产业优、百姓富、生态美的新大田做出更大贡献，为子孙后代造福，为实现中华民族伟大复兴的中国梦而奋斗！

祝愿大田明天更加辉煌、美丽，大田人民更加富裕、幸福！

中共大田县委书记　汤俊生

大田县人民政府县长　熊旭明

2015年8月

凡 例

一、本志依据国务院颁布的《地方志工作条例》和中国地方志指导小组制定的《地方志书质量规定》为准则，以马克思列宁主义、毛泽东思想、邓小平理论和“三个代表”重要思想、科学发展观为指导，深入贯彻习近平总书记系列重要讲话精神和治国理政新理念新思想新战略，坚持辩证唯物主义和历史唯物主义的立场、观点和方法，全面系统地记述境域的自然、政治、经济、文化和社会的历史与现状，力求思想性、科学性和资料性相统一，注重反映时代特征和地方特色。

二、本志是1996年版《大田县志》（下称前志）的续志。上起1993年，下迄2008年。对个别事项和人物，根据实际需要适当上溯下延。因前志未设地名卷，本志地名卷不受时限。

三、本志首置序、凡例、概述、大事记，中为分志，设卷、章、节、目等层次，后殿附录、索引、编后记。

四、本志体裁采用述、记、志、传、图、照、表、录、引等，以志为主。采用现代语体文记述和规范的汉语简化字，以第三人称记述，坚持述而不论，寓观点于记述中。

五、本志地域为2008年大田县行政区域。

六、人名除引文外，直书姓名，不加身份词，确需说明身份的，在姓名前冠以职务、职称。动植物、矿物名称用学名。组织机构名称、法律法规、文件会议等，首次出现使用全称，在全称后括注简称，之后用简称。地名以县地名办公室确认的为准，历史地名括注断限内名称或位置。“村”专指有设置村民委员会的建制村，此外称“自然村”。

七、民国以前采用历史纪年，括注公元纪年；民国时期采用民国纪年，括注公元纪年；中华人民共和国成立后，采用公元纪年。表格中采用公元纪年。

八、计量单位以国家法定单位为准。统计数据采用县统计局公布的为准，统计局没有的采用有关部门单位提供的数据，经核实后入志。

九、本志人物坚持生不立传原则，对社会发展有过重大影响的已故人物，予以立传入志，以生年为序。人物表收录副处级以上党政军负责人、高级专业技术职务人员、受省部级以上表彰的先进人物。以本籍为主，兼收录在大田出生、生活及婚嫁大田的客籍人士。

十、获省部级以上表彰的先进单位，予录表入志。

十一、本志资料来源于县和外地档案馆及县内各单位文书档案、《大田年鉴》、正式刊物、口述资料等，经甄别后入志，一般不注明出处，需要注释的专有名称、特定事物在页末注释。

十二、本志对前志进行勘误，前志遗漏的重要事项和在外任副处级以上职务、高级专业技术职务、获省部级以上表彰的先进人物进行补遗。

目 录

卷三　人口和计划生育

卷四　城乡建设

卷五 交通运输

卷六　邮政　电信

卷七　水利　电力

卷八　农业与农村经济

卷九　林　业

卷十　工　业

卷十一 矿 业

卷十二 财政 税务

卷十三　金　融

卷十四　商业服务业　旅游业

卷十五　经济综合管理与监督

卷十六 中共大田县地方组织

卷十七 地方人大 地方政府 政协地方组织

卷十八　群团组织

卷十九 政 法

卷二十　军　事

卷二十一 民 政

卷二十二 劳动和社会保障 编制人事

卷二十三 教育 科技

卷二十四 文化 体育

卷二十五 医药卫生

卷二十六　语言　民俗　宗教

卷二十七　地　名

卷二十八 乡镇概况

卷二十九 人 物

附 录

索 引

编 后 记

概 述

一

大田县位于福建省中部、戴云山脉西侧，介于北纬25° 28′ 53″ —26° 09′ 42″ 、东经117° 28′ 58″ —118° 03′ 13″之间，东邻德化县，西连永安市，南与永春县、漳平市交界，北与三元区、沙县、尤溪县毗邻。全境东西最大距离57公里，南北最大距离75.64公里，总面积2233.12平方公里（注），其中陆地2203.29平方公里、占98.66%，水域28.83平方公里，占1.29%。2008年，全县设8个镇、10个乡，辖262个村、8个居委会（社区）；总户数10.08万户、总人口36.72万人，其中，汉族人口占99.55%；少数民族有畲族、回族、苗族、壮族、土家族等24个，人口1662人，占0.45%；人口密度164.4人／平方公里。

大田于明嘉靖十四年（1535年）建县，隶属于福建道延平府；清雍正十二年（1734年）改属永春州。民国时期，先后属厦门道、仙游行政督察专员公署和龙岩、永安行政督察区。1949年9月6日，大田解放，先后隶属永安、晋江、三明专员公署、三明市。2008年，仍属三明市。县政府驻地均溪镇。

大田县属山区丘陵地带。地势由西南向东北倾斜，山地、盆谷、丘陵交错，山势峻峭，高峰林立，群山连绵，重峦叠嶂，俗称“九山半水半分田”，人均耕地仅0.04公顷，近半为坡度为25℃以上梯田。千米以上山峰175座，最高为南部大仙峰，海拔1553.4米；最低为东部梅山乡沧州村，海拔220米。县城海拔350米。

大田县属中亚热带季风湿润气候，温暖适中，夏长无酷暑，冬短少严寒。1993—2008年，年平均气温15℃—20℃之间，年均降雨量1124—1927.5毫米，年均日照时数1487.5小时，年均无霜期292天。大田县又是丰饶的林区。境内峰峦叠翠、风光旖旎，森林覆盖率达66%，系南方重点林业县之一，享有“绿色宝库”美誉。

大田还是闽中著名的矿区。主要矿产有煤、铁、铜、铅、锌、石灰石、瓷土等37种，系全国首批百个重点产煤县之一，素有“闽中宝库”之称。

大田地处闽中腹地，系闽西北连接闽南沿海“金三角”的重要通道和沿海经济承接区，境内交通便捷，属闽南沿海“一小时”经济圈。省道306线、307线和泉（泉州）三（三明）高速公路穿境而过；县城至福州（高速经泉州）371公里，至厦门（省道）232公里，至三明（高速）135公里，至泉州（高速）141公里；途经大田的兴（江西兴国）泉（福建泉州）铁路和莆（福建莆田）炎（湖南炎陵）高速、国道 “纵五线”等公路建设项目正在规划建设中。大田被认定为省级加工贸易梯度转移重点承接地，京口工业项目区被省政府批准为省级经济开发区，初步形成机械制造、轻纺轻型面料、高山茶等产业集群；且大田与闽南自古以来地缘相接、血缘相亲、文缘相承、商缘相连、语缘相近、俗缘相循，是三明市乃至整个闽西北对接东南沿海的纽带和桥梁，山海交流源远流长。

大田县人杰地灵，历史厚重。历朝历代都有杰出人物，扶助朝纲，清廉为民，青史流芳。中国

注：1997年勘界后，比前志所记述的2294平方公里少60.88平方公里

共产党成立后，大田人民跟随中国共产党、中国工农红军闹革命，为推翻帝国主义、封建主义、官僚资本主义统治而进行不屈不挠的斗争。1929年，大田籍青年叶炎煌奉命回乡，开展地下革命工作。1929—1934年中国工农红军红四军和红七军、红九军团曾三次转战闽中，大田成为红军北上抗日先遣队攻克的首座县城，建立湖美高才等地乡苏维埃政府，1930年1月，大田被中国苏维埃列为红色区域。1937年2月，河北省立农学院中共地下党支部书记林鸿图回乡发展林大蕃、林茂森为中共党员，并建立党组织，带领民众掀起革命高潮，壮大革命武装，建立革命根据地，发展到永安、沙县、南平等周边6个县，撼动国民党地方政权。在风雨如磐的艰难岁月里，一大批共产党员、仁人志士为革命事业英勇献身。1958年，朱德委员长为闽中、闽西北革命烈士纪念碑亲笔题词“为革命事业而牺牲的烈士们永垂不朽”。抗日战争爆发后，华侨领袖陈嘉庚创建的厦门集美商业、水产航海、农林等高级职业学校内迁大田玉田乡办学8年，被誉为“第二集美学村”，在华侨教育史、抗战文化史和集美学校史上留下浓墨重彩的篇章。中华人民共和国成立后，大田更有一大批优秀人才相继涌现，成为社会主义革命和建设的中坚力量。

大田人民勇敢顽强、坚韧不拔，为建设美好的家园而艰苦拼搏，在奋斗中崛起。1958年，大田县推广普通话经验在全国推广，被树为“全国推广普通话红旗”。改革开放，给地处闽南沿海与闽西北结合部的大田带来先机，经济建设迅速发展，社会事业不断进步。

二

1993—2008年，中共大田县委、县政府解放思想，实事求是，与时俱进，励精图治，深化政治、经济体制改革，全面实施“工业强县、农业大县、财政富县”的发展战略，调整产业结构，转换经济发展模式，实现经济多元化，进行改革开放后的第二轮新创业，经济快速、跨越发展。1993年，全县国民生产总值6.81亿元，2008年达到60.19亿元，比1993年增长7.84倍；1993年，全社会固定资产投资2.55亿元，各项存款余额3.49亿元，2008年分别达到57.44亿元、37.38亿元，比1993年分别增长21.53倍、9.7倍；1993年，财政收入5613万元，社会消费零售总额2.95亿元，2008年分别达到5.24亿元、15.12亿元，比1993年分别增长8.36倍、4.13倍；1993年，单位从业人员年平均劳动报酬3051.37元、农民人均纯收入1320元，2008年分别达到2.00万元、5675元，比1993年分别增长5.55倍、3.3倍；2008年，第三产业完成生产总值17.41亿元，是1993年1.22亿元的14.27倍；1993年，第一、第二、第三产业比重为49.41 ：32.74 ：17.85，2008年比重为24.97 ：46.11 ：28.92，第二、第三产业比重分别提高13.37个、11.07个百分点。

农业和农村基础地位巩固提升 大田县不断深化农村经济体制改革，完善家庭联产责任制和统分结合的双层经营体制，实施林权制度改革，加大农业和新农村建设的投入，改善农业基础设施，推行农业规模化、产业化经营，调整和优化农业内部结构，培育支柱产业，稳粮增效，坚持特色农业，着力发展茶、烟、菌、菜、果、竹、渔、禽、兔、油茶10项产业，重点实施和发展茶园、反季节蔬菜、肉兔、毛竹林、木薯优势农业产业群，建设闽中特色农业种养加工基地，实现传统农业向现代农业转变，优势农业产业群持续发展。2008年，全县茶叶种植3836.2公顷、蔬菜1.63万公顷、烟叶1581.8公顷、竹林1.34万公顷、木薯3665公顷、食用菌2655万袋，饲养肉兔277.51万只。有省级农业龙头企业2家、市级9家、无公害农产品生产基地2个，农业品牌24个，农民专业合作社13家，农业总产值24.77亿元，比1993年的4.91亿元增长4.05倍。

1996年开始，实施扶贫和小康建设工程。省、市、县组成工作队到乡镇、村，帮助制定规划和发展项目，落实帮扶措施，至2008年，省、市、县直机关613个部门、单位挂钩帮扶乡镇12个、619个村（次），项目开发、发展生产、改善基础设施等1200多项；投入资金7612.45万元，省扶贫办发放小额贷款1282万元，财政贴息贷款53.56万元，扶持贫困和低收入农户3401户，受益人口8887人。

工业经济转型升级 以转换国有企业经营机制为动力，推进企业改革创新，组建11家企业集团，逐步建立现代企业制度。按照“立支柱、上规模、创名牌、增总量、促效益”的要求，着重抓好以水泥为主的建材业、以电力为主的能源业、非金属矿为主的矿产业“三大支柱产业”和纺织、电力、陶瓷、造纸“四个重点行业”，实现工业经济结构调整，初步形成以水泥、煤炭、矿产、冶炼为支柱，包括电力、机械制造、电子、化工、生物化学、造纸、轻纺、陶瓷等多门类的工业体系。“回旋窑利用无烟煤代替烟煤煅烧高标号水泥”，经国家科委认定，被列为2000年“国家重点新产品”。2005年起，转方式，调结构，加快培育产业集群，发展壮大建材水泥、冶铸及机械加工、轻纺服装三大产业群，改造提升矿产品采选加工、能源开发两大传统产业，培育发展陶瓷、电子、农产品加工三大新兴产业的“323”工业产业集群，整合“岩城”“石凤”等品牌资源，提高竞争力；加强矿山企业技术改造，推进矿产品深加工，提高资源综合利用率。至2008年，企业100%改制，开发工业园区10个，累计投资6.35亿元，入驻园区企业14家，实际利用外资4820万美元，内联到资3.8亿元，激活全县工业的发展。1993年，全县工业总产值14.63亿元，2008年达68.12亿元，比1993年增长3.65倍；2008年，规模以上工业企业145家，产值58.71亿元，占工业总产值的86.19%。提升工业产品质量，“岩城”“石凤”“岩马”“华佛”牌水泥获得多项国家、省部级优质产品称号，其中岩城牌水泥获“国家免检产品”称号。宝山牌破碎机获“福建省名牌产品”称号，销往全国30个省、市、自治区和港、澳、台地区，并出口美国、韩国、日本、印尼、越南、马来西亚、菲律宾等国家，成为福建省矿山机械龙头企业。全县38项工业产品获得质量认证。

非公经济和外经外贸加快发展 1993年，全县私营企业115家，注册资金3565万元，个体工商户5379户。2008年，私营企业745家，注册资金14.21亿元，比1993年分别增长5.47倍、38.47倍，从业9731人；个体工商户4492家，注册资金1.32亿元，从业7409人。其中，规模以上个私工业企业103家，产值30.87亿元，占规模以上工业总产值的52.58%。

利用外资领域进一步拓宽、外引内联成果显著。1993—2008年，全县批办外资企业169家，总投资3.09亿美元，全县利用外资1.96亿元；引进内联企业45家，实际利用区外资金6.55亿元。1993年，外贸出口供货总值12.88万美元，2008年达到3042万美元，比1993年增长235.19倍。

城乡建设全力推进 城市建设坚持总体规划、分步实施原则和新区开发与旧城改造相结合的方针，实施“南进东拓北扩”、建设“闽中明珠”的发展战略，以聚求拓，拓展城市发展空间，促进城市规模扩大及功能完善。拉大城区构架，把石牌、老厝、华安、郭村纳入城区范围，城区面积由1993年的11.55平方公里扩大至2008年的26.33平方公里，建成区面积由3.73平方公里扩大到5.7平方公里，城镇化率31.5%，先后建成7个住宅小区和机关办公用房、厂房、商店、学校、医院、农贸市场等公共建筑面积134.53万平方米，城区人均住房面积36.43平方米，是1993年13.2平方米的2.76倍。新建城区主、次干道、巷道3.2万米，街道总面积49.32万平方米；桥梁3座、长212米。城区各项基础设施日臻完善，供水供电系统不断延伸，形成网状体系，自来水普及率98%，居民用电100%，绿地率25.6%，绿化覆盖率30.6%，垃圾处理率100%。城区净、亮、绿、美化工程不断推进，功能完善，管理加强，品位提升，一座新型的山区城市已成规模。按照“统一规划，合理布局，因地制宜，各具特色、保护耕地、优化环境、综合开发、配套建设”的方针，加强新农村建设的规划。至2008年，完成9个乡镇、51个村的规划修编，实施以小城镇为主的村镇建设。乡镇建设投资6.34亿元，建筑面积144.06万平方米（含公共建筑、私人建房、生产性建筑）及配套设施工程；村庄建设投资16.16亿元，建筑面积405.96万平方米；农民人均住房34.4平方米，比1993年提高10.7平方米；“造福工程”使1277户受惠，搬迁安置6130人。

交通、电力、邮电通讯建设成绩斐然 1993—2008年，全县交通基础设施建设总投资54.32亿元，完成境内省道113.31公里改造，泉州至三明高速公路境内建设60.61公里，县、乡、村路网建设、改造957.17公里，其中，新开和改造农村公路175条、654.46公里。2008年，全县有各类公路195条、1620.13公里，百平方公里密度达72.55公里，比1990年提高16.22公里，并在全市率先实现“村村通”混凝土路面。公路建设和运输能力突破交通瓶颈，实现强势跨越，为经济腾飞插上“金翅膀”。电力建设力度大、速度快，1994年成为第二批全国农村水电初级电气化县。2001年、2006年，分别被列入“十五”“十一五”期间全国农村电气化建设示范县。截至2008年，累计建电站172座，装机326台，分别是1993年的1.95倍、2.33倍；装机容量13.94万千瓦，发电量4.25亿千瓦时，分别是1993年的4.17倍、3.28倍，供电量5.91亿千瓦时，是1993年的2.57倍。邮电通讯设施不断更新改造，通讯技术日趋尖端、先进。2008年，全县通话村252个，通话面95.82%，乡镇光纤覆盖率100%，光纤入村率80%，家庭固定电话普及率80%以上。移动电话网络实现内联全国、外联世界116个国家和地区。

科技教育优先发展 1993年，大田县实施“科教兴县”发展战略，把科技教育放在优先发展的突出战略地位。深化科技教育体制改革，注重人才培养，立足新产品、新技术、新工艺的研究开发。1996年，县委、县政府出台《关于加速科学技术进步，推动经济发展的若干意见》，深化科技体制改革，加速跨世纪人才培养，深化科技培训、科普教育、科技宣传，建立多渠道投资体系、增加科技投入、加强党对科技工作的领导等，推动科技进步。实施教育基本普及小学义务教育、基本扫除青壮年文盲“两基”攻坚战，建立“两基”目标责任制，全县小学适龄儿童入学率达99.8%，15周岁入学完成率98.58%，初中阶段入学率达104.81%，17周岁完成率83.14%，非文盲率达97.3%。1997年，通过省政府“两基”验收，并通过国家教委跟踪考核。1999年，被省政府授予“两基”达标县。2008年，适龄儿童入学率99.8%，初中毛入学率109.3%，15周岁人口文盲率为零，高考上线率92.68%，录取率75.81%。1993—2008年，共实施科技项目348项目，获得各级科技进步奖89项。为高等院校输送新生1.96万人，职业教育、成人教育、函授教育等稳步发展，人民群众的科学文化素质有较大提高。

文化体育事业蓬勃发展 1993—2008年，群众文化百家争鸣，文艺作品百花齐放，加强文物古迹挖掘、保护利用，弘扬传承传统文化，被列入县级文化遗产57个、文物保护单位21个，大田板灯龙被列入第一批国家级非物质文化遗产保护名录。地方志工作有新进展，综合年鉴一年一编，正式出版，第二轮修志全面启动。以迎北京奥运为主题，以强身健体为目的群众体育广泛开展，1993年、1998年，分别获“全国体育先进县”和“全国老年人体育工作先进单位”称号。1993—2008年，全县运动员参加省、市赛事获金牌130枚、银牌160枚、铜牌190枚。国家队举重运动员张杰，2002—2008年参加国际、国内重大赛事7场，获15金、3银、2铜佳绩。

社会各项事业全面进步 1993年，全县人口出生率16.8‰，自然增长率12.4‰。1996年，实施“甩帽创先”攻坚战，实行计生“一票否决”措施，依法管理，取得根本转变，被省政府评为计划生育工作明显进步县。1997年，实现甩掉计生后进县帽子。2005年，实行殡葬改革，改土葬为火葬，火化率100%。2007年，实施新型农村合作医疗制度。2008年，被评为全省计划生育工作三类先进县，人口保持低水平增长，出生率9.62‰，自然增长率4.98‰。医疗设备不断更新，诊治手段更加先进、优质。妇幼保健、疾病防控进一步加强。公共卫生服务体系逐步完善。社会保障体系逐步健全。新型农村合作医疗参合率达87.27%，住院费用补偿率34.03%；城镇职工参加医疗保险达95.2%；城镇居民医疗保险全面启动。企业职工养老达到98.11%；失业保险达96.08%、工伤保险达98.2%，机关事业单位养老保险达98.2%；城乡贫困居民最低生活保障实现应保尽保；实行农村住房统一保险，参保农户7.53万户、占74.7%；贯彻执行《中华人民共和国劳动法》，实施就业、再就业和“阳光工程”，加强就业培训、指导，拓宽就业渠道，扩大就业面。1993—2008年，城镇新增就业2.4万人，下岗失业人员再就业1.41万人，城镇“零就业”家庭实现就业999户，城镇失业率从2001年的7.8%下降到2008年的3.7%，农村劳动力转移就业2.11万人。社会救灾救济、城乡困难家庭医疗救助延伸扩大。坚持“防治结合、发展为主”的环保方针，节能减排、生态建设得到加强，低碳经济总量加大，生态环境进一步改善。

法治建设持续推进　1993—2008年，全县持续开展“二五”“三五”“四五”“五五”普法教育，提高人民群众的法律意识和法制观念，社会基本稳定。2006年，县委作出《关于依法治县的决定》、县人大常委会通过《大田县依法治县决议》，开展依法治厂、治校、治村活动，落实执法责任制、执法示范制、执法监督和“两错”（错捕、错判）追究制，成效显著，实现严肃执法、文明执法、公正司法、规范行政行为和行政执法。以建设“平安大田”为载体，县委成立“平安大田”领导小组，制定《建设“平安大田”实施方案》，落实综治维稳措施，加强信访，构筑涉法涉诉防控体系，维护全县政治、社会稳定。2006年，大田县被中宣部、司法部评为2001—2005年度全国法制教育先进县。2007—2008年，大田县连续2年被省委、省政府命名为“平安县”。截至2008年，培育出“民主法治村”和“民主法治社区”省级3个、市级8个、县级106个。

三

1993—2008年，是大田社会生产力、综合实力增长最快、人民得到实惠最多的年代。由于基础薄弱等历史原因和自然环境的影响，在发展道路上的困难和问题还不少，主要是发展领域空间不宽，制约发展的因素还未彻底根除，经济总量不大，产业结构不尽合理，思想观念不够解放，经营模式还比较粗放，依靠资源型的工业经济占比大；农业基础脆弱，抗灾能力低，农民增收渠道狭窄，统筹城乡发展任务繁重；财政压力大，支撑力不足，收入与支出的矛盾依然突出；一些深层次的社会矛盾短期内还无法根本解决，分配不公，贫富悬殊；社会事业发展困难大，距离人民群众的期盼与需求还有差距；高端人才缺乏，高科技项目少，科技对经济的贡献率不高；水土流失治理生态环境改善任务艰巨，节能减排压力大。

面对未来，大田县委、县政府将按照“工业打头阵、农业创特色、三产增活力、城镇扩规模、建设新农村”的发展战略，组织和带领全县人民，进一步高擎旗帜，以马克思列宁主义、毛泽东思想、邓小平理论、“三个代表”重要思想、科学发展观为指导，以昂扬向上的斗志、敢于进取的胆识、不畏艰难的精神、务实创新的举措，坚定信心，把握机遇，锐意进取，顽强拼搏，凝心集力，砥砺奋进。按照富民强县的目标，扩大改革开放，优化资源配置，把握经济社会持续发展的关键和重点，以促进经济增长和提高效益为中心，加快经济转型，统筹城乡发展，增进民生福祉，实现更大更快跨越，在新的征程上续写辉煌。

大 事 记

1993 年

1 月

8 日 大田县政府批转《大田县股份制合作企业优惠政策暂行规定》。

2 月

2 日 县第十一届人民代表大会第三次会议，补选吴根发为县人大常委会主任。

3 月

3 日 县自动寻呼系统开通，投入运营。

4 月

6 日 县委、县政府举行首次人民警察授衔仪式。三明市公安局局长黄天发宣布授衔命令，为 141 名警察授衔。

10 日 太华水泥厂“华佛牌”425R 水泥通过国家产品质量认证。

18 日 22 时许，3 名犯罪嫌疑人在上京镇黄城一过路客车上持刀抢劫 2.4 万元后潜逃。案件侦破后，其中 2 名罪犯被依法处决。

19 日 全省纪检监察工作会议在大田召开。国家、省纪检监察部门领导陈柯钧、毕振东、宁千芳、市委常委、政法委书记张运祥出席会议。全省各地、市和部分县（市、区）纪检监察负责人参加会议。县委书记吴根发致欢迎词。

20 日 县公交公司因无力偿还债务 88.31 万元申请破产，经县法院审理、裁定宣告破产，为县首例。

5 月

4 日 大田县与厦门市开元区在厦门签订加强经贸合作协议书，大田县委书记吴根发、厦门市开元区领导洪荻生出席并签字。

5 日 均溪镇福塘村发生一起为落实计划生育措施而用汽油点燃烧毁 1 座民房事件。事发后，镇政府根据市、县领导的要求，在 20 天内建造复原民房，镇主要领导被停职检查。

20 日 经市体制改革委员会批复同意，大田县坑口三级水力发电有限公司成立。该公司是由县电力公司和省水电厅电力学会、市水电学会联合组建的跨地区、跨体制、规范化的股份制企业，属全省地方小水电行业首家股份制企业，注册资金 427.04 万元。

6 月

9 日 12 时 50 分，县供销社储运公司一辆中巴车因超载在湖美大尤地段翻入 50 米深的山沟，造成死 12 人、伤 30 人的特大交通事故。

17 日 县政府发出《关于加强土地管理的通知》，推行国有土地有偿、有期限、有流动使用制度，垄断一级市场，放活二、三级市场。

20 日 私营大田机械研究所林渊标研制的 SL 循环式螺旋给料机，获国家专利，专利号 ZL92215583.6。

7月

21日 省委书记陈光毅率省直有关部门领导到县调研指导工作。

8月

大田县检察院、法院、公安局、司法局、劳动局、县第一中学、工会、共青团、妇联、关工委等10多个部门联合持续开展 “故乡在呼唤”法制宣传教育活动。

9月

1日 大田县获国家体委授予的第四批“全国体育先进县”称号，副县长黄国城晋京参加表彰大会。

6日 大田县与龙海市结成友好县、市。

26日 大田一中被省教委确认为普通中学二级达标学校。

是月 温镇变电站110千伏一期工程投入运行，总投资879.62万元。

是月 县矿山机械厂生产的镇石牌PZ250×400型颚式破碎机出口日本10台。

1994年2月，该工厂生产的镇石牌PZ250×150型颚式破碎机出口印度尼西亚20台。

10月

22日 桃源分水格发生一起特大轮奸案。3名罪犯缉捕归案后被依法处决。

23日 县十一届人大常委会第二十四次会议接受何清和辞去县长职务的请求，任命郑国仁为代县长。

11月

28—29日 县委召开七届九次全委（扩大）会，作出《关于贯彻落实〈中共中央关于建立社会主义市场经济体制若干问题的决定〉的决定》。

12月

4日 县日杂公司新华商场因乱扔烟蒂引起火灾，烧毁楼房、商场面积610平方米，经济损失19.17万元。

29日 年产16万吨的岩城水泥熟料有限公司投产。该公司1993年1月开工，投资总额1300万元。

是年 全县发电量首次突破1亿千瓦时，达1.28亿千瓦时。

是年 坑口水库完成下游6个梯级电站开发，总装机容量1.18万千瓦。

是年，组建森发、岩城、石凤企业集团。

1994年

1月

8—10日 中共大田县第八次代表大会召开，会议选举产生新一届县委委员、纪委委员。11日，县委、纪委分别召开第一次全会，选举产生新一届县委、纪委领导班子，县委常委8人，县纪委常委7人。吴根发为县委书记，施晓敏为纪委书记。

16—20日 政协大田县委员会五届一次会议召开。会议选举县政协五届常委会。方初海为政协主席。

17日 县第十二届人大第一次会议召开。会议选举产生县第十二届人大常委会和县人民政府领导班子。吴根发为县人大常委会主任，郑国仁任县长。

3月

6日 建设乡撤乡建镇，辖区12个村不变。

是月 县政府和均溪镇投资500万元，共同创办均溪初级中学，8月，首届招生4个班，借用县职业中学校舍办学。

5 月

1 日 晚 8 时至次日 12 时，境内出现大暴雨和特大暴雨，降水量 175 毫米—220 毫米，山洪暴发，毁坏水利工程 7144 处，交通中断，影响灌溉面积 5493.3 公顷，房屋受损 4.68 万间，死亡 8 人，受伤 252 人。

6 月

2 日 县城区管理委员会成立，县委副书记黄慧兼任主任。

5 日 太华乡撤乡建镇，辖区 24 个村不变。

7 月

县政府开展基本农田保护区划定工作。至年底，全县共划定农田保护区 18 个、保护片 695 个，面积 1.28 万公顷，保护率 85.1%。

8 月

5 日 大田县第一建筑公司在县实验小学校门建筑工地开挖地基时发掘出石碑 2 块，一块高 220 厘米、宽 94 厘米，另一块高 190 厘米、宽 83 厘米，经文物部门鉴定，分别是明嘉靖年间礼部侍郎田一俊手书《大田修学记》和清乾隆三十年《重修大田庙学碑记》，由县博物馆收藏。

20 日 位于均溪镇建山路的岩城新市场竣工并营业，该市场 1992 年 7 月开工建设，总投资 1100 万元，占地 6300 平方米，建筑面积 1.87 万平方米。

是月 全县第三产业普查工作结束。普查工作从 1993 年 8 月开始，历时 1 年。经普查显示，1992 年全县第三产业单位数 6621 个，从业人员 2.22 万人，增加值 1.3 亿元。

9 月

3 日，县税务局完成机构改革，地方税务局和国家税务局分别在 8 月 30 日和 9 月 3 日挂牌成立。

12 日 省政府在大田召开农村水电初级电气化县验收会议，认定大田农村初级电气化建设已达到部颁标准。月底通过国家计委、水电部验收，成为第二批全国农村水电初级电气化县。

是月 省水电厅农村电气化局、市水电局和县水电局在蕉坑水电站试验 500 千瓦异步电机并网发电，获得成功。翌年 9 月，省科委在大田召开福建省异步电机并网发电研究及其应用研究鉴定会，经专家认定，该项目的研究和应用达到国内先进水平，获 1995 年度省水电厅科技进步一等奖、中国地方电力企业协会中小水电设备成果二等奖。

10 月

8 日 上京水泥厂岩马牌 425R 水泥通过国家产品质量认证。

11 月

1 日 县实验幼儿园新园竣工，该园 1993 年 6 月动工建设，占地 5050.5 平方米，建筑面积 7673 平方米，总投资 530 万元。

12 月

1 日 上京黄城发生一起绑架儿童敲诈杀人案。破案后，1 名罪犯被依法处决。

4 日 全县实现电话与全市电话联网，统称本地网，号码升至 7 位数。

16 日 新编《大田县城总体规划调整方案》获由三明市人大常委会批准实施。该方案在 1993 年 10 月 23 日由县十一届人大常委会第二十四次会议审议通过。

是月 由县铸钢厂与省机械研究院联合开发的多元微合金高耐磨铸件，经省机械研究院鉴定为国内首创产品。

是年 大田县获林业部颁发的“世界银行贷款国家造林项目先进单位”称号。大田县被评为 1994 年度全省经济发展“十佳”县。

是年 大田县组建前峰、电力、煤炭、机械、矿业、建材、华佛、二轻企业集团。全县有企业集团11家，注册资金3.01亿元，成员企业137家。

1995年

1月

21日 岩城水泥（集团）职工宿舍发生一起3名歹徒持枪入室抢劫特大案件，共抢走现金12.3万元、金饰品13件。46天后案件告破，经三明市中级人民法院审结，3名罪犯被依法处决。

24日 省道“212”线（后改为省道“306”线）石牌至吴山路段、省道“305”线石牌至城关路段正式通车，举行通车典礼。

4月

15—16日 建设、广平、桃源等乡镇受龙卷风和冰雹袭击，28个村受灾2047户，受伤15人，其中重伤4人，房屋倒塌1357间，损坏4128间，受灾农作物394.5公顷，毁坏输电线路13.3公里、断杆132根，击坏变压器4台、电机2台。

7月

18日 县实验小学发生1名教师强奸女学生，并杀人焚尸案件。破案后，罪犯被依法判处死刑。

8月

1日 经省民政厅批准，均溪镇的华安、京口、仙峰、洪坑等4个村划归早兴乡。

25日 傍晚济阳、屏山、吴山、谢洋等乡镇降暴雨，1小时降雨量达84.3毫米，坑口水库水位涨至615米高程，淹没农田933.3公顷，毁坏水利水电工程1200余处，影响灌溉面积1800公顷。

是月 坐落在白岩山南路116号的六中学校园竣工。校园占地1.4万平方米，建筑面积7600平方米。该校原名均溪初级中学，本学年末，更为大田县第六中学。

9月

25日 全省预备役民兵“以劳养武”现场会在大田召开。省军区司令员、政委，全省军分区民兵预备役师领导，三明市委书记，大田县委书记、县长、人武部领导及各县（市、区）人武部长，共80多人参加会议。

是月 济阳乡政府、省五建公司和石凤（集团）公司合资的济阳五建石凤水泥有限公司济阳水泥厂投产，总投资2113万元，年产425R水泥8.8万吨。该厂1993年动工建设。地设在济阳乡济中村。

11月

2日 全国人大代表、省政协副主席、省委统战部部长金能筹率省各民主党派、工商联负责人及专家组成的“先行工程考察团一行20多人到大田调研，视察境内省道建设情况。

8日 全国政协委员、三明旅港联谊会名誉会长施祥鹏，香港胜明实业有限公司董事长施能明到大田参观考察六角宫水库电站和火电厂工程建设情况，商谈投资事宜。

20日 省养兔协会成立10周年大会和养兔生产现场会在大田召开。省科委普及部、农学会、兽医学会、省农业厅畜牧局、市农牧渔业局，全省各县（市）畜牧局、兽医站及大田有关单位共69个、参加87人。

28—29日 县委、县政府在县体育场和龙山宾馆先后举办建县460周年纪念大会和经贸恳谈会，举行“闽中之秀”“闽中宝库”大型文化踩街活动，开展外引内联、山海协作座谈会、地产订货会等。200多位海内外嘉宾应邀参加。

29 日　由大田县人大常委会发起的南方 9 个省（区）12 个县（市）人大工作研讨会首次会议在大田举行。省内外 40 多名县级人大常委会领导参加。会议通过《南方九省（区）十二县（市）人大工作研讨会章程》。

12 月

4 日　县政府颁发《大田县宜茶宜果宜林山地使用权拍卖的暂行规定》，开展山地使用权拍卖试点。8 日，谢洋乡三角尾村一块 14.4 公顷山地由林芳辉等人以 450 元 / 公顷拍得，使用权 60 年。

是年　省政府组织人员对大田林业“三五七”（用 3—5 年时间完成宜林荒山造林，7 年时间完成八闽绿化）工程实施成果验收，造林保存率、核实率 100%，认定成果显著，被省委、省政府评为“全省绿化达标县”。

是年　石凤牌 425R 水泥获省第二届工业博览会金奖，省委、省政府授予石凤企业（集团）公司省“工业明星企业”称号。

是年　县地方性财政收入首超亿元，达 1.04 亿元。

是年　大田金门油压机有限公司研制成功双向多层多功能热压机，填补国内空白。次年，获国家专利权。

年内　开展第三次全国工业普查。普查结果显示，至年底全县乡级以上企业 197 家，职工人数 1.93 万人，工业总产值 9.39 亿元。

1996 年

2 月

5 日　中共三明市委任命郑国仁为中共大田县委书记兼县人武部党委第一书记。

11 日　13 时，黄城国有林场桂坑陈厝山鬼湾因黄城村民陈某某烧田边草引发森林火灾，延续 3 个多小时，烧毁山林面积 14.73 公顷、蓄积量 1496 立方米，直接经济损失 7.85 万元。3 名林场女职工在扑火中死亡，1 名小学校长重伤。陈某某被县法院判处有期徒刑 6 年。

3 月

24 日　县人民武装部收归军队建制。县委与三明军分区举行交接仪式。

28—30 日　县第十二届人大三次会议在县影剧院召开，选举黄慧为县人大常委会主任，杨光祺为县长。

5 月

13 日　经省民政厅批准，早兴乡政府迁址华安村，早兴乡更名为华兴乡，辖 10 个建制村。

23 日　太华乡万湖村机砖厂工人，在工地挖掘黄土时发现一古墓，县博物馆派员到现场采集浮雕花纹砖 1 块、浮雕人物砖 3 块，经省文物局鉴定为宋代墓葬。

24 日　上京镇水泥厂发生一起因司炉工操作不当、加料过多、过快而喷窑的生产事故，死亡 3 人，直接经济损失 9.8 万元。

是月　鲤鱼坑电站建成投产，装机容量 750 千瓦，年发电量 400 万千瓦时。该电站于 1994 年开工建设，总投资 460 万元。

6 月

12 日　数字移动电话“全球通”在大田开通投入运行。

21 日　大田一中全国高考考点被国家教委命名为国家级规范考点。

7月

9—12日 全省老年体育工作会议在县召开。福州军区、省高校、省邮电局、福州铁路分局、全省各地（市）及三明市各县（市、区）代表75人参加。

8月

1日 受8号台风影响，境内18个乡镇普降暴雨，降雨量日达133.4毫米，14个乡镇农作物受灾1046.67公顷，毁坏耕地86.67公顷、房屋800多间，损坏输电线路8.2公里，水利、水电设施受毁792处。

是月 由大田县制作的“坑口水库梯级水电开发模型”，经省水电厅推荐、国家科委批准，运往巴西国际科技成果博览会参展，展示中国小水电开发模式。

9月

2日 县印刷厂改组为内部职工持股有限公司，为县国企改制首举。

20日 县第一铁厂改制为产权多元化有限责任公司。汤泉铁矿改制为内部职工持股有限责任公司。

10月

1日 县首座股份合作制电站—梅山香坪电站建成运行。该电站1994年5月1日开工建设，投资680万元，装机容量3×500千瓦，年发电量636万千瓦时。

8日 经国家外贸合作部批准，县岩城对外贸易有限公司获得进出口经营权，可自营和代理中外合资合作生产业务，开展来料加工、来样加工、来件装配、补偿贸易的“三来一补”业务。

21日 石牌乡小湖村高压线上栖息上万只海燕，排列整齐，停栖45分钟，为大田历史所罕见。

11月

3日 大田县通过省卫生县城检查组省级卫生县城复查考评，确认保持“福建省卫生县城”称号。

18日 12时15分，均溪镇鸭蛋山鞭炮厂发生特大爆炸事故，死亡7人，重伤、轻伤各5人。企业负责人、镇政府分管领导受行政警告、降级处分。

18—21日 由电力工业部科技司、水利部科技司、省水利水电厅、电力局单位联合主办的1996年全国碾压混凝土筑坝技术经验交流会和筑坝技术应用15周年、坑口坝建成10周年庆祝会暨碾压砼筑坝技术经验交流会在大田龙山宾馆召开。全国科研、设计、施工大专院校主办单位60多个单位的领导、专家、工程技术人员126人参加，会上交流论文64篇，并成立中国水利学会碾压砼坝专业委员会。

12月

29日 上午9时，梅山乡沧州一农用车在东坑—梅山公路行驶，与一货车交汇时因驾驶不慎坠落山坡，造成死亡7人、重伤3人，农用车毁坏的特大交通事故。

30日 大田县水泥厂32万吨综合节能技改项目竣工投产。该项目1994年开建，总投资7000万元，具有工艺装备领先可靠、技术先进、产量高、综合节能效果显著优势，是省、市重点技改项目。

是年 大田县星田铁合金有限公司生产的6517#硅锰合金合格率100%，出口比利时等欧洲国家1240吨，是县冶金产品首次进入国际市场。

是年 大田县完成全国第一次农业、第一次基本单位普查任务。普查结果显示，全县有265个村，农村住户6.39万户、30.24万人；全县法人单位988个、产业活动单位2065个。

1997年

1月

15日 省计生委宣布大田县计划生育实现“甩帽”创先，被省、市评为计划生育明显进步县。

2月

3日 均溪镇南山路改造工程竣工。1995年9月施工。路长376米、宽20米，铺设混凝土路面，沿街建有套房375套、店面201间，总投资3900万元。

15日 县委常委会通过《关于加强农业和农村工作，加速脱贫致富奔小康的意见》和《关于贯彻〈中共中央、国务院关于切实做好减轻农民负担工作的决定〉的实施意见》。

16日 石牌乡撤乡建镇，辖16个村不变。

3月

12日 县第十二届人大四次会议补选郑国仁为县人大常委会主任。

29日 大田县国有资产管理局成立，负责对国有资产的监督和管理。

30日 经省教委批准，县职业中学升格为福建省大田职业中等专业学校。

5月

15日 大田森林防火建设，通过省级达标验收。省森林防火指挥部、省林业厅联合授予"达标单位"牌。该项是1995年被省森林防火指挥、省林业厅列为第三批省级"森林防火重点火险县"。

18日 建设、奇韬、文江等乡（镇）遭暴雨袭击，18个村1.2万人受灾，淹没农田20多公顷、毁坏烟田54.47公顷，冲毁河堤3700米、渠道2300米、水坝37处，经济损失125万元。

27日 经县政府批准，县物资局、商业局改制为国有企业，组建县物资总公司、商业总公司。

6月

1—15日 省政府"两基"（基本实现九年义务教育，基本实现扫除文盲）工作评估验收，大田县被省确认为教育"两基"合格县。

24日 城西水厂竣工投产。该厂于1996年动工，机钻井3口，井深180米，口径62.5厘米，日供水量1万立方米，与县水厂并网供水。

7月

17日 15时10分，广平镇非金属矿岩兜点1号井发生冒顶重大事故，死亡4人、伤2人。省、市、县联合调查组调查结论为违规开采，采掘不规范，安全措施不落实。

8月

7日 六角宫水库电站2号机组投入运行发电。该水库电站主体工程全部完工。水库库容2090万立方米，装2个机组、容量2.5万千瓦，年发电量7860千瓦时。1994年7月18日动工，1997年4月12日下闸蓄水，坝高81米，隧洞长3627米，工程分别由三明、南平、泉州、福建省闽江水电工程局中标承建，宁夏回族自治区水利水电设计院负责工程监理，总投资1.75亿元，是境内最大的水库电站。

9日 全县普降暴雨，连续2天，降雨量124.7毫米，18个乡镇、92个村、6.04万人受灾，毁坏房屋180间，淹没农田373.34公顷，冲毁水利工程577处，经济损失214.2万元。

10日 奇韬乡撤乡建镇，辖11个村不变。

15日 经省方志委优秀志书评奖委员会评定，新编《大田县志》获省级优秀志书三等奖。该志书170万字，由中华书局出版，向国内外公开发行。

9月

4日，均溪镇暴雨，1小时降雨量78.9毫米，山洪暴发，淹没农田525.20公顷、矿点4个，房屋倒塌9座，冲垮防洪堤8公里、水渠8100米，死亡4人，经济损失508.7万元。

7日 六角宫水库电站大坝工地因塔吊断臂而发生一起重大施工事故，三明市水电工程处3名工人从高空坠落而死亡。

20日 城区居委会由4个增至8个，即白岩、文昌、玉凤、仙亭、南街、赤岩、东门、镇东居委会。

同日，县人民广播电台和县有线电视台合并为“大田县广播电视台”，为副科级事业单位，归广播电视事业局领导。

25—26日 县第十二届人大常委会第三十二次会议审议通过《大田县环境保护“九五”计划和2010年规划》。

10月

21—23日 国家赴闽教育督导团到县检查教育“两基”达标工作，大田县通过国家教委跟踪考核。

11月

21日 大田县完成进藏新兵征集任务。

12月

26日，省道306线拓宽改造，大田段建成通车。该工程于1993年5月1日动工，全程96.04公里。

12月底 省重点技改项目——县水泥厂回转窑技改工程进入设备安装，投资4991.54万元，该工程于4月2日开工。

是年 大田县火电厂工程全部竣工，2号机组发电。该项目经县十二届人大常委会第四次会议（1994年6月17日）通过，位于均溪镇福塘村。工程于1995年6月14日开工，1996年9月21日1号机组发电。共装机2台、容量2.4万千瓦，总投资1.78亿元。

1998年

1月

13日 福建岩城股份有限公司在福建新闻大厦成立。该公司以福建省岩城集团公司为主，由6家跨省、市企业组成，共集资7300万股，实现国有资产重组和企业改制。谢元潘任董事长兼总经理。

2月

14日 省委副书记习近平到大田进行农村工作调研。

18日 市委、市政府授予大田县“创建文明县城”一级达标县称号。

20日 省委、省政府授予大田县“省第六届（1996—1997年度）创建文明县城活动先进县城”称号。

3月

18日 县政府制定下发《大田县城区居民最低生活保障制度暂行规定》，确定1998年城区居民最低生活保障线为户月人均120元。1月1日起执行。

27日 大田县通过国家体育先进县复查验收。

5月

1日 中国建设银行大田支行大楼落成。该楼于1995年11月15日，动工建设，楼高12层，为全县首座超10层高楼，占地1135平方米，建筑面积6058.27平方米。总投资1250万元。

24日 县第一纸厂研发的高强度溶沙绿色包装纸袋纸投入生产。该产品具有高强度、透气、防潮、高附加值等特点，被省经贸委列为1998年全省首批新产品开发项目。

是月 武陵乡“雪山萝卜”以“雪山牌”申请商标注册，获国家工商总局批准，为三明市首例。

6月

14日 副县长涂振锟经省委组织部选拔援藏，赴西藏林芝地区任中共米林县委书记。

7月

3日 中共中央候补委员、南京军区副司令员何其宗到大田检查人武部工作。

是月 大田一中考生陈珺高考总分898分，以全省文史类第一名成绩被北京大学录取。

是月 全县农村开展土地延包30年工作，统一印制农村集体土地承包经营权证，承包期自1999年1月1日至2028年12月31日。

8月

5日 全县普降暴雨，日降雨量173.6毫米。均溪河水位6.5米，超警戒线1.5米，石牌老厝、小湖等地段公路受淹，交通中断8小时。全县受灾3.2万人、农作物320公顷，冲毁水利工程设施千余处，耕地、房屋、电站受损严重，直接经济损失867万元。

9月

26日 大田县邮电局撤销，分别成立大田县邮政局和大田县电信局。

29日 大田县人武部在南京军区基层全面建设表彰会上，被授予"先进旅团"单位，记集体三等功。在福建军区系统中，县人武部是唯一获此称号的单位。

10月

19日 东街口供销大厦竣工投入使用，高9层、37米，建筑面积1.08万平方米。1996年8月动工兴建，总投资800万元。大厦1层—2层为商场，3层—9层为住宅房，共48套。

20日 省高级人民法院院长陈旭到大田开展审判工作调研，考察申告庭，建设人民法庭的"窗口"建设。

26日 县政府制发《大田县农村居民最低生活保障制度暂行规定》，确定农村居民最低生活保障标准为月人均70元，从12月开始执行。

11月

1日 省政府批准设立的省道306线石门格隧道（大田）收费站开征公路车辆通行费。

7日 县举行大田一中建校70周年庆典活动，嘉宾、校友和师生4000余人参加庆典仪式。

12日 华兴乡项顺发鞭炮厂违反操作规程发生爆炸事故，死亡3人、伤2人。

12月

7日 上午，中共大田县第九次代表大会召开。会议选举产生新一届县委委员和县纪委委员。下午，九届一次县委、纪委全体会议选举产生新一届县委、纪委领导班子，黄作文为县委书记，宋坚为纪委书记。

12日 国内首台无烟煤新型干法水泥熟料生产工艺红在县水泥厂一次点火投料成功并转入试产。该项目为省、市、县重点技改项目，是国内首创无烟煤煅烧水泥熟料回旋工艺。1999年1月13日，无烟煤新型干法水泥熟料生产回旋工艺正式投产。2000年，被国家科委认定为"国家重点新产品"。

是年 开展第一次全省税源普查。普查显示，1997年底，全县纳税单位1262个。

1999年

1月

3—6日 政协大田县委员会六届一次会议召开。该届政协委员118人，出席118人。会议选举周隆超为政协主席。

5—7日 县第十三届人大一次会议召开。该届人大代表202人，出席199人。会议选举方初海为第十三届人大常委会主任，林梁儿为县长。

15日 奇韬煤矿西井田工区火工品仓库被盗炸药6箱、雷管580枚，被省公安厅列入挂牌督办案件。县公安局专案组于3月14日侦破该案，抓获犯罪嫌疑人陈某某。

2月

3日 省军区政委陆凤彬到人武部检查指导工作。

3月

12日 省高级人民法院在大田召开“学习漳州‘110’，创建公正文明窗口单位”表彰大会，大田建设人民法庭在创建活动中成绩显著被记集体二等功。省高级人民法院院长陈旭、省政法委书记陈轩源、县委书记黄作文出席并讲话。

4月

13日 县实验幼儿园经省教委优质园评估小组审定，通过省级优质园验收。

14日 根据省委、省政府关于厦门湖里区与大田实行结对帮扶的决定，《关于开展山海协作与对口帮扶协议书》在厦门湖里区签署。大田县县长林梁儿、县委副书记郑新聪、阎伟强，副县长林少松，湖里区委书记何清秋，区长郑栅洁等出席签字仪式。林梁儿、郑栅洁分别在协议书上签字。

6月

24日 县电力（集团）公司上划省电力工业局代管，实行政企分开，厂网分离。

27日 县工商行政管理局改属省工商行政管理局垂直管理，进行资产、人员编制交接。

7月

21日 南湖针织时装有限公司竣工投产，该公司系外资企业，投资1000万元。1994年11月开工建设，占地2444平方米，建筑面积7000平方米，职工2691人，拥有织机、缝盘机、纺毛机等613台，年产各类花色品种毛衣3.6万打。

29日 晚，梅山乡普降大雨，8个村遭受洪灾，房屋损坏24座（倒塌2座），冲毁农田100公顷，水坝、河堤、水渠受毁188处，直接经济损失1309万元。

8月

17日 梅林水泥厂新增水泥成品生产线建成投产，投资210万元，年产水泥10万吨。

18日 省军区司令员陈明端到县检查指导地方人武部工作。

10月

21日 大田县移动通信公司更名为福建移动通信有限责任公司大田分公司，隶属三明市移动通信分公司。

11月

9日 广平镇元沙、栋仁、苏桥村张姓村民获悉在沙县湖源乡西源村水尾处祖坟被挖后，聚集近千人前往墓地与当地群众对峙，态势严峻。三明市和大田、沙县有关领导带领干部150余人，到场化解矛盾，平息事态，疏散群众。

12月

14日 县政府召开城区警戒水位重新审查核定会，经省市专家审查核定，县政府批准重新核定福塘水文站均溪河警戒水位为354.6米，危险水位为356.1米。

30日 城区均溪河南岸麻纺厂——饲料公司防洪堤二期工程竣工，长5公里，总投资657万元。当年9月，工程开工。

是年 广平镇铭栋片、建设镇二十里洋农田，被列为国家立项农业综合开发项目，总投资303.4万元。

是年 岩城集团公司被省政府列为全省调整优化经济结构86家重点企业集团第二批重点企业，排名第65家。

2000年

2月

18日 大田县建设人民法庭被全国最高人民法院记集体一等功，最高人民法院委托省高级人民法院在三明市召开表彰大会。

3月

3日 县汤泉铁矿和香港恒基钟表五金制品厂合资组建大田恒泉还原铁有限公司。双方分别出资1600万元、2400万元，各占股份40%、60%。

4月

17日 梅山乡沈岭村发现首例出疹性流行病。随后，全县范围内共发生148例，年龄最大13岁、最小5岁。经采集病例血清送省检验，确认为风疹。由于防治措施得当，疫情得到控制，无死亡病例。

26日，城区降大暴雨，雨量135.5毫米，均溪河超警戒水位1.2米，毁坏房屋21座，冲毁农田86.67公顷和水利设施多处，直接经济损失746万元；

是月 县职业中专学校与福州大学数学系签订长期合作联合办学协议。首期开办保险、信息与管理专业，学制分别为4年、5年制，大专、本科学历。

5月

31日 大田县水泥厂首批债权转股权协议在福州签订，债转股金额1.41亿元。中国长城资产管理公司、中国信达资产管理公司拥有的1.41亿万元债权全部转为股权，县水泥厂的负债率由93.36%降至26.19%。该项目1999年12月经国家经贸委批准。

7月

1日 武陵乡下冰雹48分钟。

7日 六角宫水电工程建设债券发行，由福建省华福证券公司承销，面值1000元，总额3000万元，年利3.78%，期限3年。

27日 建设镇降暴雨，雨量98毫米。

是月 县医药公司以国有经营性净资产240万元和职工投股，加入三明医药股份有限公司，转制为国有控股的股份制企业。

8月

6日 三明商业集团大田惠民百货有限公司开业。该公司由县商业总公司与三明市商业集团分别出资30万元、40万元组建，营业厅面积600平方米，职工30人，年营业额500多万元。

9日 省长习近平到广平镇元沙村茶园、南湖针织时装有限公司、新威电子厂考察，并召开县五套班子座谈会。随后，到上京隆美村入户调研。

9月

24日 年产5万吨汤泉恒泉直接还原铁工程在县汤泉铁矿举行奠基仪式。该项目为市重点招商引资项目，总投资4995万元。

是月 回旋窑利用无烟煤代替烟煤煅烧熟料生产的高标号水泥产品经国家科委认定，被列为“国家2000年重点新产品”。新型干法水泥熟料回旋窑生产工艺系省、市、县重点技改项目。1998年12月12日，国内首条无烟煤新型干法水泥熟料生产工艺线在县水泥厂一次点火投料成功试产后正式投产。1999年1月8日，副省长黄小晶视察时称其为“全省水泥行业的一次革命”。

10 月

17 日 县火电厂与信达资产管理公司、香港恒兴基立有限公司、县煤炭公司、县国资局达成债转股协议，转股金额 8777 万元。

2001 年

1 月

5 日 福建省大田县益源热电有限公司成立，县火电厂改制为股份多元化企业。公司由中国信达资产管理公司、香港恒兴基立有限公司、县国资局、县煤炭工业集团公司、县火电厂 5 家股东组成，总资产 1.72 亿元，注册资本 6516.17 万元。改制后，县火电厂资产负债率由原来的 113% 下降为 63%。

6 日 省教育厅验收组对大田一中 42 个项目进行评估，以总分 96 分通过省“一级达标”学校验收。

16 日 建设镇香浮村发生村民非法采煤、矿井坍塌事故，死亡 4 人。

3 月

7—9 日 县第十三届人大第三次会议审查和批准《大田县国民经济和社会发展第十个五年计划纲要》。

4 月

29 日 湖美乡元安、旺建村，前坪乡下地、下坑村和石牌、桃源镇及东风农场遭受冰雹袭击，烟草受灾 218.53 公顷，受灾户 1007 户，直接经济损失 215 万余元。

5 月

8 日 陈孟通夫妇捐资助学表彰大会在梅山中学举行。省政府授予梅山籍华侨马来西亚拿督陈孟通捐资助学金质奖章、证书、奖牌。县委书记黄作文代表县委、县政府授予“捐资助学、功德无量”牌匾。

是月 岩城股份有限公司生产的“岩城”牌 425R、325R 水泥被中国质量检验协会评为国家权威检测达标产品。入编《中国主要建材企业及知名建材产品概览》，向全国建筑工程推荐使用。2002 年 1 月 27 日，“岩城”牌水泥被国家质量监督检验检疫总局批准为免检产品。

是月 省名牌产品评定工作委员会授予大田“仙峰”牌肉兔“福建省名牌农产品”称号。

8 月

28 日 福建省大田县岩城水泥有限责任公司成立。该公司由中国长城资产管理公司、中国信达资产管理公司、县国资局分别出资 9332.2 万元、4690.81 万元、529.85 万元，分别占股份的 64.13%、32.23%、3.64%。

11 月

8 日 大田县药品监督管理局成立，正科级单位，行政编制 12 人、工勤 1 人。

21 日 省军区司令员张鹤田到县检查征兵工作。

12 月

是年 在国务院召开的全国农村水电电气化建设工作会议上，大田县被批准为“十五”期间全国建设 400 个农村水电电气化县之一。

2002 年

1 月

8 日 新一代移动通信网络 CDMA133 网在县开通。4 月 8 日，正式放号运营。

是月 全县出现1963年以来罕见的春旱，受旱面积7920公顷，直接经济损失1857万元。

2月

1日 深圳市武警边防分局政委冯政飞到县，向县委、县政府通报武警战士章云飞（济阳乡大儒村人）在深圳“1·20”缉私战斗中廉洁拒贿、勇斗走私分子、为缉私而身负重伤的英雄事迹，并转交公安部边防管理局颁发的“一等功”荣誉证书。8日，县委发出《关于向章云飞学习的决定》。

1—2日 省委书记宋德福、副书记兼秘书长黄瑞霖、副省长汪毅夫到武陵乡、南湖针织时装有限公司、东兜开发小区、县人武部调研。

5月

25日 县弘惠纸业有限公司因小孩玩火，引起仓库发生火灾，死亡1人，烧毁库房400平方米及原材料、成品纸，经济损失1729.3万元。

7月

18日 桃源镇遭受特大暴雨，1小时降雨量63毫米，受灾人口5650人、农作物157.6公顷，民房被淹、倒塌410间，冲毁水渠6.37公里、河堤550米、拦河坝16座，烤烟房倒塌11座，直接经济损失550万元。

是月 明运大田县运输公司以承债方式，由原公司职工出资803万元购买国有资产，改制为三明市环宇有限公司大田分公司。

8月

10—11日 受12号台风影响，全县普降暴雨，城区降雨量105.2毫米，为年内最大日降雨量。吴山乡遭受40年来最大暴雨袭击，50分钟内降雨量80毫米，受灾768户、3180人，经济损失280万元。

9月

1日，县政府主持召开六角宫水电有限公司资产转让谈判会，三明市远泰贸易有限公司以1.93亿元人民币接收六角宫水电有限公司资产，更名为成益水电开发有限公司。10月12日，六角宫水电有限公司与成益公司签订资产转让主合同变更协议书和补充协议。

19日 汤泉铁矿还原铁技改项目试产成功，其隧道窑技术改造采用海绵铁生产新工艺AMR—CBI，达到国内先进水平。

2003年

1月

21日 县电信大楼落成，占地505平方米，建筑面积5800平方米，11层框架结构，总投资1804万元。该大楼2000年1月动工建设。

2月

26日 中共三明市委任命林梁儿为中共大田县委书记。

5月

11日 省长卢展工、副省长陈芸到大田部分农业生产基地和外资企业调研，并检查防治“非典型性肺炎”工作措施落实情况。

16日 境内普降暴雨，北部雨量85毫米—115毫米，南部65毫米—80毫米。文江溪洪峰水位超警戒线1.95米，均溪河超警戒水位0.27米。坑口、六角宫两座水库拦蓄洪水500多万立方米，起到防洪作用。暴雨造成9个乡镇受灾、2112人，房屋倒塌12座、132间，受损68座、816间，公路塌方39处、268米，冲毁水渠55处、485米，农田受淹188.63公顷，直接经济损失306万元。

26日 武陵“雪山萝卜”通过国家农业部绿色产品认证，获农业部颁发的“绿色食品证书”。

6月

2日 县委、县政府在县人武部会议室举行《传奇青年林志群》一书首发式。该书由林万春、严垂壁著，中国文联出版社出版。该书记述了林志群青少年时期参加革命斗争的经历，反映了大田地下革命斗争的风雨历程。

11日 大田县旅游事业局成立，副科级事业单位，挂靠城乡规划建设局。

是月 从17日起，全县高温连续干旱48天，日最高气温超过35℃达22天，高于38℃天气有7天。其中，7月16日，城区最高气温39℃，创历史最高气温。全县受旱面积394.93公顷，直接经济损失2329万元。

8月

2日 境内省道306线小湖路段发生一起严重交通事故，石牌车队闽G21796货车与一摩托车相剐后撞入路边食杂店和摩托车修理店，造成3死6伤，店面、家什、货物被毁。

9日 省政协主席陈明义、副主席苍震华到建设法庭、新茂电子有限公司、南湖针织时装有限公司调研视察。同日，坑口水库一、二、四级电站（装机共4360千瓦）实行公开拍卖，大田成益水电有限公司以2200万元中标。

10月

10日 省博物馆研究员、陶瓷专家林忠干对建设镇建爱村上岭山窑址进行考察，确认该窑址建于宋代早期，系大田县最早从事陶瓷生产的作坊，比原记载的上京溪口建窑于元至元十八年（1281年）提前约300年左右。

11月

24日 半导体材料与器件物理专家、南京大学物理系教授郑有炓（大田籍）被国务院选为“中国科学院”院士，为三明市首位院士。

26—28日 中共大田县第十次代表大会召开，选举新一届县委委员、候补委员和县纪委委员。28日下午，县委、纪委举行第十届一次会议，分别选举县委常委12人、县纪委常委9人。林梁儿为县委书记，张清水为纪委书记。

12月

27—31日 政协大田县委员会七届一次会议召开。政协委员138人出席，会议选举新一届政协常委27人，周隆超为政协主席。

28日 广平镇大竹林煤矿发生透水事故，死亡4人，其中女工2人。

28—31日 县第十四届人大一次会议召开。出席代表200人。会议选举方初海为县人大常委会主任、赵荣生为县长。

12月 大田电信局改制为国有股份制企业，更名为福建省电信有限公司大田分公司。

2004年

2月

26日 雪山南路万利沙发店发生火灾，持续40分钟。经县消防大队奋力灭火，救出被困群众24人。

5月

12日 奇韬镇桃舟煤矿小溪洋工区1号井＋315米水平硐发生透水事故，6名矿工被困井下。次日下午2时30分，被困矿工获救。

7月

16日　大仙峰省级自然保护区管理处成立，隶属县林业局。2003年2月11日经省政府批准成立大田大仙峰省级自然保护区，跨5个乡镇、12个村，面积6886公顷。

8月

18日　国家文物局古建筑专家组组长、中国文物学会会长、高级工程师罗哲文到县考察均溪镇许思坑芳联堡、建设镇建国村琵琶堡。

9月

21日　下午2时许，境内上京、吴山、屏山等地普降暴雨，小时降雨量80毫米—100毫米，伴随龙卷风、冰雹，历时短、强度大，山洪暴发，山体滑坡，冲毁河堤、公路、民房、农田多处，直接经济损失1651万元。其中，上京镇3个村的电力中断，损坏房屋31座、67间（倒塌10座），冲毁烤烟房6座、水田125.67公顷，绝收104公顷，村道、机耕道、水渠、堤坝塌方65处、13公里，矿井积水塌崩48个。

12月

7日　大田县国有资产投资经营有限责任公司成立，为国有独资公司，对县政府授权的国有资产进行经营管理。

12日　经省教育厅审核批准，大田五中被确认为省普通中学二级达标学校。

是年　县财政对种粮农民实行订单粮食直补，每百公斤补助10元，在粮食风险基金中支出，由国有粮食企业在粮食收购时兑付。

是年　县统计局完成第一次全国经济普查。年底，全县从事第二、三产业的法人单位1068个，产业活动单位1428个，从业5.26万人。

2005年

2月

25日，“仙顶”牌茶叶经农业部农产品质量安全中心认证为“无公害产品”。

26—28日　（福州）大田经济发展促进会在福州成立。

3月

6日　大田县建设人民法庭获2004年度“全国十佳人民法庭”称号。同月23日，县委作出《关于进一步开展向建设人民法庭学习的决定》。

14日　经大田县人民政府批准，屏山乡崇圣岩、建设镇建国村琵琶堡、桃源镇蓝玉村流洄桥、屏山乡杨梅村壹家坟、谢洋乡坑口村象山寺、桃源镇桃源村梅里村荥阳祠等6处文物古迹被列为第三批县级文物保护单位。

4月

大田籍中科院院士郑有炓领衔的“新型半导体异质结构和器件物理研究”项目，获国家自然科学奖二等奖。

5月

3日　文江、湖美、建设、太华等乡镇的36个村遭暴雨、冰雹袭击，800多座民房受损。

5日，下午2时，全县18个乡镇风、雹来袭，风速每秒26米，水电、电信、民房、农作物受损严重。

14日　受地面倒槽和低层切变南侧西南气流风速幅合影响，全县普降暴雨，日降雨量144.4毫米，为1981年以来最大暴雨，均溪、文江河分别超警戒水位90厘米、80厘米，山体滑坡，房屋倒塌，水利、电力、通信、公路、农作物受损，受灾5.43万人，死亡7人，伤56人，直接经济损失9000多万元。凌晨，城区白岩公园大门北边道旁大量积水导致围墙坍塌，压死行人5人，其中学生2人。

22日 广平镇五峰石灰石矿井发生坍塌事故，死亡3人。

26日 省委书记卢展工到太华镇、石牌镇鳌江村和城区检查指导防汛救灾工作并慰问受灾群众。

30日 县首家公交公司——连福公共交通运输公司成立，开通城区公交线路2条，运营车辆14辆。

6月

18日 大方广茶业有限公司被省农业厅指定为闽台农业技术合作企业。9月，该公司被列入省农牧业产业化龙头企业。

7月

是月 县博物馆组织人员对梅山乡香坪万银场进行考证，该场北纬25° 53′、东经117° 59′，长520米，宽50米，有作坊、窑炉遗迹、矿渣、生活废品等堆积，该址为宋代大型银矿冶炼场。

8月

24日 大田县殡仪馆竣工，占地2.77公顷，建筑面积1613平方米。同月27日，该馆火化首具遗体。

是月 在古山路口民用建筑工地中，建筑单位在施工中挖出一块清光绪六年（1880年）民事诉讼记事碑，高160厘米、宽25厘米。

9月

12日 福建省大田供电有限公司成立，省电力公司、县国有资产投资经营管理有限责任公司分别占股份的75%、25%。

30日 大田籍运动员张杰在阿拉伯联合酋长国迪拜举行的第十三届亚洲举重锦标赛男子62公斤级比赛中，以总成绩295公斤、抓举132公斤分获第一名，挺举163公斤获第二名，是大田县个人首次获得体育项目国际性大奖。

10月

17日 梅列区人民法院经公开审理，判处大田县政府获得位于街面水库淹没区“梅花落地”的林地补偿费40%，森林植被恢复费、林木补偿费各30%。大田、尤溪两县该地区山权纠纷得以了结。

22日 落实县政府殡葬改革通告从零时开始实施，境内死亡人员遗体一律实行火化。

是月 莆田客商郑昌在建山路206号创建的县内首家私营医院——大田协和医院开业，投资400万元，营业面积2100平方米，病床20张，设4个科室、卫生技术人员48人。

11月

29日 县委成立教育工作委员会，县委副书记陈汉良任书记。

是年 县委原副书记林某某严重违纪违法，被福建省高级人民法院以诈骗罪、受贿罪判处有期徒刑12年。

2006年

1月

1日起 根据中央和国务院部署，全县取消农业税。

2月

中旬 奇韬镇文经村和城关小学、均溪小学、华兴乡早兴小学等多所学校发生麻疹疫情，其中文经村、均溪小学形成暴发性流行，城关小学、早兴小学构成突发公共卫生事件。县政府启动突发公共卫生事件应急预案，对疫区周边6个乡镇小学在校儿童进行麻疹疫苗应急接种，疫情得到控制。

5月

20日 县公安局在建设镇元山村破获一起非法种植罂粟案，抓获犯罪嫌疑人2人，缴获鸦片600余克、罂粟干果4300余克及制毒工具，铲除罂粟3775株。

6月

1日 凌晨，因连日暴雨，县城凤凰山发生局部山体滑坡，危及大田一中励志教学楼安全。县领导督促学校采取应急措施，撤出师生，封闭该楼，并转移设在该楼的18个高考考室。6—8日，该处再次发生山体滑坡，滑坡土石方达2500平方米，泥石流埋没该楼一楼全部教室，无人伤亡。

26—28日 中共大田县第十一次代表大会召开，选举产生十一届县委委员29人、候补委员5人、县纪委委员23人和出席市党代会代表。28日下午，县委、县纪委分别举行第一次全委会，选举产生新一届县委、纪委领导班子，县委常委11人，县纪委常委9人。林梁儿为县委书记，黄金伙为纪委书记。

27日 一辆从尤溪开往大田的中巴客车在文江路段翻入23米的深山沟，33名乘客被困车内，2人死亡、10人受伤，车辆损坏。

30日 大田籍运动员张杰在土耳其伊兹密尔举行的世界大学生举重锦标赛男子62公斤级比赛中，获得抓举130公斤、挺举160公斤、总成绩290公斤的三项冠军。

7月

21日 全省煤炭资源整合工作现场会在县召开，省直有关部门和有关县（市、区）领导83人参加，与会人员到太华、福岭煤矿调研。

是月 经省民政厅批准，在均溪镇红星村小溪坂设立城东村（建制村），隶属均溪镇。

8月

21日 大田县药品监督管理局更名为大田县食品药品监督管理局，增设食品安全监管股。

是月 大田县完成街面水库大田库区移民搬迁1032户、4577人，其中，外迁安置3600人，就地后靠安置977人。

是月 县连福公交公司购进奇瑞QQ311型微型车68辆，投入城区载客营运，原三轮摩托车135辆退出市场。

9月

5日 县国有资产投资经营有限责任公司和15家私营企业组建县首家担保公司——大田县鑫融担保有限责任公司，注册资金3028万元，其中国有资产投资经营有限责任公司占27.01%，民营控股，为中小企业融资提供担保服务。

31日 县政府在华林山庄举办大田县首届茶文化节活动，省、市、县有关领导和茶农等135人参加。同日，凌晨2时，位于福田大道东侧的台资企业——永庆家用制品有限公司成品仓库发生火灾，车间及物品烧毁，直接经济损失300多万元。

是月 县纺织总厂、包装物制品厂、木器厂、工艺美术厂、竹木制品厂、岩锋铸造有限公司等6家企业经法院审结，宣布破产。

12月

27日 经省银监局核准，大田县农村信用合作联社挂牌开业，实现县乡两级法人向联社一级法人过渡。

30日 县举行第二届“木薯王”、木薯“高产王”评比活动，均溪镇红星村范明德以单株22.5公斤获“木薯王”称号，杨善壁以亩产4396公斤获“高产王”称号。

是月 仙亭山森林公园一期工程完工，2005年11月动工，总投资396万元。

是年 县华灿生物科技有限公司被省科技厅确认为高新技术企业，其生物试剂（工具酶）系列产品被国家科技部列入863计划重点项目和创新项目。

是年 县华闽纸业有限公司开发TF—I特种军用蜂窝纸、TI—1乳胶纸、强力砂带原纸等新产品，其中TF—I军用蜂窝纸、TI—I乳胶纸申请国家专利。

是年 金门油压机制造有限公司研制的“新型结构竹木胶合板”获国家专利，专利号CN200520109615.4。

是年 大田县政府开展煤炭生产安全整治，关闭未取得安全许可证矿井129个，报请关闭不具备安全生产条件、整改无望的矿井33个。

是年 全县实行农村义务教育免除学杂费、免收教科书费、补助寄宿生生活费“两免一补”政策，县财政拨付专项经费999万元，受益学生5.88万人。

2007年

1月

1日 城区南山桥竣工通车，长120米、宽12米，投资300万元。该桥2006年1月开工建设。

13—18日 政协大田县八届一次会议召开，县政协委员168人出席会议，听取、审议县政协七届常委会工作报告、提案工作报告，通过决议；选举产生县政协八届常委会组成人员33人，周隆超为政协主席。

14—18日 大田县第十五届人大第一次会议召开，出席代表201名，听取、审议各项报告，通过相关决议；选举产生县十五届人大常委会组成人员23人、县政府组成人员、县法院院长、县检察院检察长和出席三明市第十一届人大代表33人。大会选举方初海为县人大常委会主任，赵荣生为县长。

3月

30—31日 香港福建希望工程基金会主席王明洋率香港福建希望工程基金会访问团到大田参加谢洋乡明彩、文江乡耀珍、耀堂、太华镇汤泉希望小学落成剪彩。

4月

25—26日 全省茶叶生产工作会议在大田召开。省农业厅、福建农林大学、省农科院茶叶研究所、省茶叶协会单位领导、专家及设区农业局分管领导、经作站长、22个茶叶生产重点县农业局领导共60多人参加。

5月

18日 岩城文化广场指挥部举行岩城文化广场开工奠基。

21日 国家交通部督查组到泉三高速公路大田段督查质量安全问题。

7月

1日 全县新型农村合作医疗制度正式实施。县政府印发《大田县新型农村合作医疗实施方案》，成立大田县新型农村合作医疗管理及监督委员会、大田县新型农村合作医疗管理中心。中央、省、市、县财政为参合农民补助50元/人·年。当年，参加“新农合”农民27.28万人，参保率87.27%。

9月

28—29日 省人大常委会原主任袁启彤到大田调研。

是月 由鸿图房地产开发有限公司投资的县内第一所民办中学——鸿图中学竣工，首招高一年级学生457名、班级9个。该校于2005年9月动工建设，按省中学一级达标学校标准规划设计，占地5.05

万平方米，建筑面积 2.79 万平方米，总投资 8000 万元。校址白岩公园南侧。

10 月

1 日 城区龙登桥竣工，长 68 米、宽 13 米，投资 550 万元。该桥 2005 年 11 月开工建设。

6 日 大田县实验小学举行建校 100 周年庆典，校友、领导、嘉宾和师生 3000 余人参加。

27 日 泉州・岩城经济促进会在泉州成立，并举行福建・大田（泉州）投资项目推介会。

11 月

大田县茶业局成立，内设办公室、生产技术股、产业文化股、市场信息股和茶叶技术推广站，编制 10 人。

12 月

27 日 城区过境公路华武线举行动工仪式。该公路长 6.53 公里，路基宽 12 米，路面宽 9 米，工程总概算 1.15 亿元。

是年 大田县政协原副主席马某某因严重违纪违法，被福建省高级人民法院以受贿罪判处有期徒刑 8 年。

2008 年

3 月

2 日 福州・大田经济发展促进会成立 20 周年庆祝大会在福州举行。县长肖长根致辞，副县长陈庆建出席。

11 日 副省长张志南到大田检查“泉三”高速公路建设情况。

4 月

30 日 京口工业项目区公路工程和投资 12 亿元、年产 300 万吨水泥的红狮新型干法水泥项目分别在华兴乡京口村、太华镇温坑村开工。

是月 经国家非物质文化遗产保护名录评审委员会审批，大田板灯龙“龙舞”项目被列入第一批国家非物质文化遗产保护名录。

5 月

6—12 日 大田旅港联谊会成立 15 周年纪念会暨第三届理事会就职典礼在香港举行，县领导肖长根、熊旭明、张英跃、苏迎平参加，并出席三明香港投资项目推介洽谈会。

15 日 县委、县政府在政府大楼前举行支援四川汶川抗震救灾捐款仪式。截至 7 月，全县共捐款 471 万元。

7 月

3 日 县森林防疫检疫站查获泉三高速公路无植物检疫证书的木质包装电缆圆盘 160 个，样品送南京有关部门检测，发现含有松材线虫活体，是省内查获的首例携带松材线虫活体事件。查获后，责令项目经理部烧毁松木板，并给予 1000 元的处罚。因处理及时，防止线虫传播，受到国家林业局、省林业厅的表扬。

7 日 省人大常委会党组书记、副主任刘德章，副省长叶双瑜到大田开展增强经济发展后劲、增进精神文明建设实施、提高为人民服务质量和增强党的建设活力等“四个专题”调研。

是月 全面实施城镇居民基本医疗保险制度，缴费标准：成年人缴费 140 元 / 人・年，未成年人

80 元 / 人・年，政府补助分别为 100 元、40 元。至年底，参保居民 1.39 万人。

9 月

17 日 银顶格矿区长期剥离的土石方发生溜方，溜方体积约 30 万立方米，造成太华镇大合村河道堵塞，形成堰塞湖，水深 18 米，回水长度 650 米，库容约 12 万立方米，威胁下游群众生命财产安全。县政府组织专家、有关部门研究对策，筹集资金 550 万元，于年底开通一条长 325 米的排水隧洞，险情排除。

10 月

8 日 县委、县政府在福州举行第三届大田高山茶文化节新闻发布会。中央驻闽、省、市、县及境外等媒体单位 50 多家、记者 100 多人参加。

16 日 中国国民党荣誉主席连战在台北市接见三明市农业考察团全体成员，并向县政协主席周隆超赠送《连氏家族》一书。

19 日 县茶业局和质量技术监督局制定的《金观音乌龙茶综合标准（福建省地方标准）》在福州通过省级审定。省质监局在第三届茶文化节暨大田高山茶推介会上（福州）发布。该标准分为金观音乌龙茶品种、加工技术规范、栽培技术规范、品种等 4 个部分，为茶叶标准化生产提供科学依据。

28 日 由三明市政府、省农业厅主办，县政府承办的大田县第三届茶文化节暨大田高山茶推介会在福州举行。省人大常委会副主任黄贤模，茶叶界专家张天福，省直有关部门领导，市政协副主席李茂胜，县领导赵荣生、肖长根、周隆超、陈汉良等参加。

11 月

26 日 由福建省规划建筑设计院设计编制的《大田县城总体规划编修方案》经市政府批准实施。

29 日 厦门・大田商会在厦门成立，并召开第一次会员会议。

12 月

17 日 大田县茶叶无公害生产基地被农业部列入第六轮创建全国绿色食品原料茶叶标准化生产基地。

25 日 泉三高速公路三明至大田吴山路段竣工通车。该工程于 2006 年 3 月 20 日动工。县境内长 60.61 公里，工程造价 40.6 亿元。

是年 宝山机械有限公司生产的“宝山牌”破碎机被省政府评为“名牌产品”，被省质量协会评为“2008 年度用户满意产品”。

卷一 建置区划与自然环境

第一章 建置区划

第一节 地理位置

大田县始建于明嘉靖十四年（1535 年），因县治所在地设在大小田村获县名。县域位于福建省中部、戴云山脉西侧，北纬 25° 28′ 53″ —26° 09′ 42″ ，东经 117° 28′ 58″ —18° 03′ 13″ ，东邻德化县，西靠永安市，南与永春县、漳平县接壤，北与三元区、尤溪县毗连。县城位于县域中南部，海拔 350 米，属山间盆地。县城因东西有赤岩、白岩对峙，夙称“岩邑”。县署设于均溪镇四海寨南麓“状元丘”（现凤山西路 40 号）。2008 年，按照国家统一采用的西安 80 坐标测定测得：最东端是济阳乡大崊村内洋，最西端是位于桃源镇的赤头坂林业采育场，最南端是谢洋乡碧山村吉初寨，最北端是广平镇龙宫场铁钉岩山。东西宽 55.57 公里，南北长 75.64 公里，勘界后总面积 2233.12 平方公里。

第二节 隶属 境域

一、隶属

境内，新石器时代始有人类进行活动。夏属扬州地。周属七闽地。秦处闽中郡。汉为南平地。唐属江南东道福州。南唐归剑州，宋隶南剑州。元归福建道延平路。

明嘉靖十四年（1535 年）建县时，隶属延平府。

清雍正十二年（1734 年），永春县升为永春州，大田县改属永春州。

民国元年（1912 年），福建省实行省、道、县三级地方政制，大田县隶属南路道。民国 3 年（1914 年），南路道改为厦门道，大田县仍隶属之。民国 16 年（1927 年），福建省实行省、县二级地方政制，大田县直属福建省。民国 22 年（1933 年）11 月，国民党第十九路军在福州成立中华共和国人民革命政府，大田县隶属兴泉省。民国 23 年（1934 年）7 月，实行行政督察专员制度，设置行政督察专员公署，全省划 10 个行政督察区，大田县隶属第四区（区署仙游）。民国 24 年（1935 年）10 月，全省划为 7 个行政督察区。民国 32 年（1943 年），全省划为 8 个行政督察区，大田县均隶属第六区（区署龙岩）。民国 35 年（1946 年）1 月，全省划为 9 个行政督察区，大田县隶属第九区（区署永安）。民国 36 年（1947 年）4 月至 38 年（1949 年）9 月，全省重新调整为 7 个行政督察区，大田县隶属第六区（区署永安）。1949 年 8 月 24 日，福建省人民政府成立，全省划分为 8 个专区、2 个市，大田县归福建省第七行政督察区（区署永安）。1949年9月6日，大田县解放，隶属永安地区专员公署（简称专区）。1956年6月，永安地区专员公署撤销，大田县改属晋江地区专员公署。1963年3月，设三明地区专员公署，大田县划归三明地区专员公署。1983年7月，三明撤专区建市，大田县隶属三明市。

二、境域

建县之前，大田系尤溪、永安、漳平、德化四县分辖之地，处于延、漳、泉三府偏远地带，距各县县治所甚远。明嘉靖十四年（1535年）延平府通判林元伦建议、巡按御史白贲向朝廷奏请割尤溪县14个都、永安县1个都、漳平县1个里（聚贤里）10个社、德化县1个团（黄认团）合置大田县。其境域东界尤溪二十九都，西界漳平和睦里，南界德化小尤中，西北界永安西洋，东北界沙县华口。

明万历元年（1573年），聚贤里划出3图归宁洋县。

清康熙二十四年（1685年），沿袭明万历境域。

民国17年（1928年）时境域，东界德化县十八格、尤床及尤溪县二十九都，西界永安县分水格、青水池及宁洋县西坑，南界德化县山坪头（屏山、马山、五高岭）及漳平县厚德乡，北界沙县华口、湖源，尤溪县坑头、下畲、五十都、四十九都，沙县中村小松洋，永安县小龙逢、后溪、西华坂。东西宽75公里，南北长90公里。

民国28年（1939年），德化县双翰乡米苔垅、曾村划归大田县。次年，划回德化县。

1950年8月，德化县济屏乡（济阳、屏山、吴山）划归大田县。

1997年3月至2001年10月，全省进行行政区划界线勘定工作，大田境域面积确定为2233.12平方公里（原2294平方公里）。2008年，县境域不变。

第三节　行政区划变更

一、乡镇区划变更

1993年，全县设均溪、桃源、上京、广平4个镇和早兴、石牌、屏山、吴山、济阳、武陵、谢洋、太华、建设、奇韬、文江、梅山、湖美、前坪等14个乡。经省民政厅批准，1994年3月，建设乡撤乡建镇，6月，太华乡撤乡建镇。1995年12月，将均溪镇的华安、京口、仙峰、洪坑等4个村划归早兴乡，辖村由原来的6个村增至10个村。1996年5月，早兴乡政府驻地从早兴迁至华安村，更名华兴乡。1997年10月，石牌乡撤乡建镇。1998年5月，奇韬乡撤乡建镇。2008年，全县辖均溪、石牌、上京、桃源、太华、建设、广平、奇韬8个镇和华兴、吴山、屏山、济阳、武陵、谢洋、文江、梅山、湖美、前坪10个乡。

二、建制村区划和居委会变更

1993年，全县265个建制村、4个居委会。1997年3月，谢洋乡象山、白玉村撤销并入坑口村。4月，湖美乡仁东村撤销并入仁美村。10月，凤山、玉山、南山、宝山居委会撤销，设白岩、文昌、玉凤、仙亭、南街、赤岩、东门、镇东等8个居委会；成立城区办公室，负责对居委会的统一管理，归属均溪镇管辖。2003年3月，县第一瓷厂改为永德村，属奇韬镇管辖，企业职工身份置换为村民，企业资产、山林田地划归村集体所有。2006年6月，在均溪镇红星村小溪坂建街面库区移民安置点，安置湖美、梅山乡的高才、新厝、卓坑里等村的移民，成立城东村，归均溪镇管辖，均溪镇由原来的22个村增加至23个村，湖美乡新厝村、梅山乡卓坑里村因街面水库淹没而撤销。2008年，全县263个村（不含广平镇龙宫场）、8个居委会（社区）。

2008年大田县行政区划情况表

表 1-1　　　　单位：个

乡镇名称	驻地（村）	村（居）委会数（个）	村（居）委会名称
均溪镇	红星	8	白岩　文昌　玉凤　镇东　仙亭　南街　赤岩　东门
		23	红星　玉田　福塘　金岭　宋京　良元　郭村　翰林　温镇　周田　许思坑　建成　东坑　金山　上华　和丰　和丰坪　后华　华坑　上太　太山崎　大道山　城东
桃源镇	桃源	13	桃源　西安　东坂　桥山　翁厝　前厝　前村　广汤　桃林　杨坑　上举　蓝玉　桃新
上京镇	上京	16	上京　黄城　上平　城口　丰田　南坑　溪尾　下溪口　溪口　赤水　三阳　梅林　隆美　灵川　延京　桂坑
石牌镇	石牌	16	石牌　老厝　上坡　马山　盖山　拱桥　石坑　长溪　桃山　小湖　桃坑　鳌江　三坊　龙坑　下洋　京程
太华镇	群团	24	群团　玉井　太华　华溪　小华　温坑　仕坑　魁城　张地　万湖　西埔　甲魁　大合　菖坑　坑头　汤泉　黄沙　锦溪　华山　泮车　罗丰　池元　德安　高星
建设镇	建设	12	建爱　建忠　建设　建强　建民　建丰　建乐　和平　建国　元山　大同　香浮
广平镇	广平	14	广平　五峰　万筹　万宅　元沙　苏桥　铭溪　栋仁　岬头　东景　西园　丰庄　大吉　兴埔
奇韬镇	西韬	12	奇韬　东佳　丁华　西韬　文经　桃东　桃舟　洋地　龙坪　金华　龙溪　永德
武陵乡	武陵	9	武陵　红君　桃溪　上岩　百束　茶山　岬坪　大石　仕洋
华兴乡	华安	10	华安　仙峰　旱兴　张墩　杞溪　柯坑　横坑　昆山　京口　洪坑
屏山乡	屏山	13	屏山　内洋　溪头　玉屏　芹阳　和坑　美阳　瑞美　内山　王坪　杨梅　蒋山　许坑
济阳乡	济阳	12	济阳　济中　三扎　德仁　芳林　国庆　上丰　泮林　高升　砚坑　大儒　大墘
吴山乡	吴山	9	张坑　锦山　科山　程堂　吴山　和洋　阳春　东埔　梓溪
谢洋乡	谢洋	12	谢洋　怀德　坑口　科里　珍山　和春　碧山　仕福　草垄崎　三角尾　上珍　蕉坂
文江乡	文江	20	文江　大中　民主　大文　小文　典坑　朱坂　琼口　白沙　大安　桥下　龙门　光明　后洋　温厝　花桥　小芹　山芹　昭文　联盟

续表 1-1

乡镇名称	驻地（村）	村（居）委会数（个）	村（居）委会名称
梅山乡	梅山	21	新楼　梅山　郭井　秀岭　沈岭　沈口　雄峰　盖竹　德州　沧州　璞溪　西书　西坑　龙口　岭后　金阳　高泉　长坑　长津　香坪　黎坑
湖美乡	湖美	15	湖上　仁美　西燕　前进　大尤　岬才　后坑　宏才　元安　林兜　汉口　长坂　后坪　高才　旺建
前坪乡	前坪	11	前坪　黎明　福井　吉坑　黄龙　山川　湖坪　上地　下坑　下地　北坑

第二章　自然环境

第一节　地质地貌

一、地质

大田位于闽西南华力西—印支拗陷带之大田—龙岩拗陷的东北部，政和—大埔深断裂斜贯全境，地质构造复杂。泥盆纪之前为地槽发育阶段，接受一套浅海—深海相浊流沉积的复理石建造。加里东运动褶皱隆起形成变质基底，地槽历史结束。泥盆纪晚期全境开始下降，进入准地台发展阶段，沉积一套浅海—海陆交互的碎屑岩、碳酸岩、硅质岩。早二叠纪气候温湿，适于植物生长并形成一套含煤岩系。三叠纪末印支运动褶皱隆起，海水退出全境，形成陆地，沉积一套陆相碎屑岩，进入濒太平洋大陆边缘发展阶段。强烈的燕山运动波及，致使地壳强烈的褶皱，断裂发育，断裂沟通深部岩浆源，导致强烈的火山活动和岩浆侵入，形成广布的火山岩和侵入岩，并带来丰富的矿物质，形成内生矿产。境内地层发育，有上震旦统—下古生界、泥盆、石炭、二叠、三叠、侏罗、白垩、第四系等 8 个系。侵入岩主要分布于北部、东部的湖美、奇韬、梅山、前坪、太华等乡镇，总面积约 440 平方公里，以花岗岩为主，可划分为加里东、华力西—印支、燕山早、晚期等 4 期侵入活动。根据福建省构造级别划分，大田县大地构造位置，以呈北东向分布的政和—大埔深断裂带中段为界，西部处于闽西南华力西—印支拗陷（Ⅰ级）之大田—龙岩拗陷（Ⅱ级）的东北部，东部属于闽东火山断拗陷（Ⅰ级）之屏南—梅林断拗带（Ⅱ级）。地质构造展布的特点，可分为褶皱、断裂两大构造类型。褶皱可划分为复式向斜或复式背斜；断裂构造又可据展布方向及其内在联系划分出东西向、南北向、北东向、北东东向、北北东向、北西向、推覆构造和滑脱构造等断裂带。其中以北北东向、南北向断裂最为发育。

二、地貌

（一）类型

县境内地貌，群山连绵，层峦叠嶂，山高谷深，盆谷错落，山地、丘陵、盆谷多，平原面积小，地势由南向东北倾斜，主要为山地。南、西、中部以中山为主，地势较高，最高峰为大仙峰，海拔 1553.4 米，属戴云山脉的组成部分；北部以低山为主；西南部山地是闽江、九龙江、晋江水系的分水岭。地貌可分为山地、丘陵、山间盆谷、河谷平原四大类型。

山地 主要分布在境内南部、中部、西南部和四周边界上。海拔500米以上面积1775.63平方公里，占全县总面积的79.51%。

丘陵 主要分布于均溪河、文江河、桃源溪两岸和较大的山间盆谷周围。2008年，河谷平原和山地之间的过渡地貌类型，面积175.26平方公里，占全县总面积的7.85%。

山间盆谷 散布于丘陵和山地间，出现的高程300米—1000米不等，面积比较狭小，底部较为平坦，周围有一定倾斜，堆积物较厚，以冲、洪积物为主的地貌状态。大小不尽相同，盆谷形态各异，起伏不大，土层较厚，湿温条件较好。全县山间盆谷191个，面积200.72平方公里，占全县总面积的8.99%。

河谷平原 分布于均溪河、文江河、桃源溪的两侧，或溪流交汇的谷地里，呈现条状、串珠状的河谷特征。由河流冲积物、洪积物、坡积物组成，土层深厚，土壤肥沃，水温条件较好。分布狭窄，地面平坦，起伏和缓，相对高差小于10米，较大的河谷平原有均溪、广平、建设、桃源等地，面积81.51平方公里，占全县总面积的3.65%。

（二）分区

北部和东部低山、山间盆谷、高丘区 位于均溪河、文江河沿岸地带，主要包括广平、奇韬、建设、文江、太华、石牌、均溪、华兴、湖美、梅山等乡镇，面积1163.06平方公里，占全县总面积的52.08%。沿河分布面积不大的串珠状河谷平原，地面起伏和缓，主要山脉、河流均作北东—南西方向延伸，地表结构呈现山、河相间的平行岭谷，地形大致南高北低，北部沿河两侧以高丘为主，东部以低丘为主，山体坡度大。

西部低山、低丘、盆谷区 主要分布在桃源、上京等乡镇，面积298.02平方公里，占全县的13.35%。地表结构略呈向南开口的马蹄形盆谷地。水系沿南—北向构造发育，自北向南流，属九龙江水系。低山的前缘为低丘连接，坡度相对和缓，在沿河两岸和山前地带呈现着垄岗状或馒头状的低丘，在不同的高度上，错落有大小不一的盆谷，多呈南北向延伸。

中部和西南部中山、山间盆谷区 以武陵、前坪乡为主，面积399.6平方公里，占全县总面积的17.89%，山脉伸展在前坪一带以北东方向延伸，在武陵一带以北西方向延伸，中山面积占全区面积的75%左右，不同高度中，叠加大小不等形态各异的山间盆谷。

南部山地区 主要包括屏山、吴山、济阳、谢洋等乡，面积372.44平方公里，占全县总面积的16.68%。地势高，中山面积最广，全县最高的大仙峰和象山、大骨山、牛头尖、栋山等千米以上山峰盘踞于区内。区内河流南部属晋江水系，北部属闽江水系。山间盆谷，多以北东方向为主，高程不等。

三、主要山峰

全县海拔千米以上山峰175座，其中，1000米—1200米134座，1200米—1500米40座，1500米以上1座。可分为七大山脉：

（一）大仙峰—台阁（大鼓、大骨、大谷）山—万天盂

位于县境南部，北北东向，南北延伸约30公里，纵贯吴山、屏山、华兴乡和石牌、均溪镇，山势陡峭，主要山峰有大仙峰、牛楼山（又名狂狗叫月）、台阁（大鼓、大骨、大谷）山、崎顶山、岐顶、林半天、鸡冠山、万天盂、宝山、尖崎、大寨山等。

（二）栋山—艮山—九龙漈尖

位于县境南部与永春县交界线上，北东向，纵贯吴山、济阳乡，东西延伸约23公里。主要山峰有栋山、九龙漈尖、乌山头、艮山等。

（三）象山—莲花寨—羊角寨

位于县境南部，南北向，纵贯谢洋、武陵乡，南北延伸约15公里。主要山峰有象山、七星栅、莲花山、黄牛山、羊角寨等。

（四）龙母山—峤坑山—乌峰寨

位于境内西部，北北西向，纵贯武陵、上京、太华等乡镇，南北延伸约30公里，主要山峰有龙母山、峤坑山（又名石尖峰）、一顶尖、琴山（琼山）、圭母山（鸡母巢仑）、乌峰寨、笔架山、乌蟒崎、洋坪崎（仙亭山、仙亭后）等。

（五）高峰—虎臂崎—天盂山

位于县境中部，北东向，纵贯均溪、太华、前坪、湖美、梅山等乡镇，南北延伸约35公里。主要山峰有高峰、石鼓崎、十八盂崎（大石山）、虎臂崎、高日坑仑、大扁峰、天盂山（大天乌山）等。

（六）斗峰—五龙山—峰头芦

位于广平镇的西部与永安市、三元区、沙县交界处，北东东走向，东西延伸约14公里。主要山峰有斗峰（大峰）、北洋崎（八洋崎）、五瓶酒（五马槽）、五龙山、文笔峰、大背峰、天子盾（天子顶）等。

（七）大帽山—铁钉岩—牛角岩顶

位于县境北部，北西走向，纵贯广平、奇韬、梅山等乡镇，东西延伸约28公里。主要山峰有棋盘顶、大帽山、铁钉岩、五峰崎、永仙山等。

2008年大田县千米以上山峰一览表

表1-2

所在地	山峰及其海拔高度（米）
均溪镇	石鼓崎（1218）、十八盂崎（大石山）（1205.4）、虎臂崎（1197.9）、吃水坑头（1179）、鸡冠山（1160）、小龙盂（1146）、岬牡丹（1100）、尖崎（1093.1）、德飞公仑（1080）、高盂尖（1066）
桃源镇	一顶山（1312）、香菇仑（1246）、高岬（1240.6）、文笔崎（1224）、跌虎岩顶（1200）、北山（1164）、乌蟒崎（1141）、莲花洞山（1039）、筛箕落米（1035）、菜坑崎（1020）
上京镇	圭母山（鸡母巢仑）（1200）、笔架山（1165）、尖峰顶（1139）、十八盂（1062）、福德山（1039）、石狮崎（1037.6）、仙亭山（洋坪崎）（1001.6）
石牌镇	牛楼山（1421）、狂狗叫月（1421）、大鼓山（1389）、崎顶山（1202）、门束崎（1058）石笋尖（1048）、羊角寨（1027.9）
太华镇	石鼓崎（1215）、琴（琼）山（1212.3）、乌峰寨（1195）、南坪盂（1137）、笔架山（1133）五小八丹（1111）、守门石（1096）、柴岭（1066）、后尖峰（1057.2）大山（1052）、黄石崎（1026）、后头崎（南坪盂）（1016）
建设镇	东山头（1040）、东山崎（1026）
广平镇	斗峰（1369）、北洋崎（1303）、五瓶酒（五马槽）（1276.9）、大帽山（1263.4）、五龙山（1256.8）、文笔峰（1255）、大背峰（1250）、峰头芦（1238）、双髻峰（1228）、铁顶岩（1192.8）天子顶（天子盾）（1180）、五峰崎（1127）、莲花山（1081.4）
奇韬镇	沙箕丘（1143）、永仙山（1160.8）、山荒（1070）、菜坑架（1001）
武陵乡	尖峰（1326）、龙母山（1308）、一顶尖（1413.7）、石狮崎（1353）、雪山（1278.4）、石尖峰（峤坑山）（1224.4）、前湖山（1112）、尖崎顶（1028）、羊角寨（1027.9）、后头山（1021）大孔山（1017）

续表 1-2

所在地	山峰及其海拔高度（米）
华兴乡	宝山（1094.9）
屏山乡	大仙峰（1553.4）、崎顶（1196.1）、林半天（1170）、万天盂（1091）、马骑尖（1087）大尖崎（1060.5）、礤兜尖（1036）、草仔格仑（1023）、大雾山（1100）
济阳乡	九重漈尖（1222）、填尖（1201）、乌山头（1200.8）、虎辽崎（1033.5）鸡冠山（1160）
吴山乡	狗头山（1289）、栋山（1259.6）、银盘尖（1255）、吴殊尖（1254）、金鸡崎（1048）、莲花崎（1230）、艮山（1186）、大寨山（1062.5）、陈公岩（1024）、虎朝崎（1002）
谢洋乡	象山（1432）、七星栅（1190）、黄牛山（1115）、莲花山（1047.1）、牛头尖（1042）、贵畲尖（1061）
梅山乡	棋盘顶（1298.3）、牛角岩顶（1205.1）、前峰崎（大扁峰）（1097.8）、牛棋仑（1075.7）、天盂山（1072.7）
湖美乡	高峰（1282.1）、大罗山（1000.2）
前坪乡	白石崎仑顶（黄龙山）（1091）、大山（1065）、高日坑仑（1065）、大湾仑头（1062）、将军兜（1028）、大扁峰（1097）

第二节　水系水文

一、水系

境内河流属闽江、九龙江、晋江三大水系支流的源头地段，山地多，河谷深，落差大，溪沟多呈树枝状或羽状，汇水面积 30 平方公里以上的河流有 25 条，总长度 202.1 公里，流域面积 2233.12 平方公里，全县河流总长 887.5 公里，河网密度 0.397 公里 / 平方公里。

（一）闽江水系流域

河流有均溪、文江溪，总长 130.3 公里，流域面积 1827.95 平方公里，占 81.86%。

均溪　源于屏山乡溪头村下前溪，一级支流有武陵溪、小湖溪、周田溪、仙峰溪、洪山崎溪、湖美溪、富裕坪溪，二级支流有和平溪、大儒溪，流经石牌、城关、京口、仙峰、昆山、高才等地，从富裕坪溪于东南出境，与文江溪汇合于尤溪街面七里潭入尤溪河，境内长 81.7 公里，流域面积 1012 平方公里，为全县最大的河流，是尤溪街面水库电站的主要水源。

文江溪　源于永安市青水畲族乡，经槐南乡鲤鱼坑入境，经下坪、桃舟、大安、朱坂、大中、德州、沧州、大安坂至璞溪汇合后，于尤溪街面七里潭与均溪汇合，境内长 48.6 公里，流域面积 815.95 平方公里。一级支流有朱坂溪、铭溪、广平溪、奇韬溪、建设溪、民主小溪、梅山溪；二级支流有东埔溪、张地溪、汤泉溪。

（二）九龙江水系流域

河流有桃源溪、广汤溪、上京溪、仕福溪，境内全长 67.3 公里，流域面积 391.65 平方公里，占

17.54%。

桃源溪　源于太华镇高星村，向西南流经兰玉、桃源、赤头坂至柯周坑出境入漳平新桥河，长34.5公里，流域面积194.58平方公里。

广汤溪　源于上京黄城村，经桃源镇广汤溪出境入漳平新桥河，长16.3公里，流域面积90.03平方公里。

上京溪　源于上京，经溪岭、溪尾至丰田出境后入新桥河，长10.3公里，流域面积57.03平方公里。

仕福溪　一支流源于漳平县厚德村，于境内谢洋乡仕福村入境流向南部；一支流源于境内谢洋，流经三角尾、仕福、莲珠坂至溪底，两支流汇合出境入漳平新桥河。长6.2公里，流域面积50.01平方公里。

（三）晋江水系流域

碧山小溪　源于谢洋乡碧山村，流经永春县一都后入桃溪至晋江，境内长4.5公里，流域面积13.52平方公里。

二、水文

（一）径流量

县境内水文特征表现为丰水、枯水年际差异较大，主要为降水影响。河流多年平均径流量19.79亿立方米，多年平均降水量1554.8毫米（折合水量34.63亿立方米）。径流量的时空分布与降水量分布基本一致，由西南向东北逐渐递减。均溪河多年平均流量9.67立方米/秒；平均径流量3.22亿立方米，最大年径流量2006年4.51亿立方米，最小径流量2004年1.56亿立方米；多年平均径流深914.63毫米。径流年际变化与季节变化差异较大，与降水量相对应，一般4—10月汛期径流量约占全年总径流的74%—79%，其中，5—6月，梅雨季多为洪水发生期，径流量约占全年总径流量的35%；11月至次年3月，枯水期的径流量约占全年总径流量的21%—26%。

城区上游集水面积361平方公里，河道平均坡降12.9%，属山区性暴涨暴落小河，洪水时水急浪大，最大流速4.5米/秒，最大流量1998年8月5日462立方米/秒，最小流量1995年12月29日0.032立方米/秒。洪峰停留历时短，一般在0.5小时—1.0小时。水文站断面上游建有坑口水库（集水面84.5平方公里，总库容2700万立方米），对城区调峰减灾发挥重要作用。

1993—2008年大田水文站均溪流量特征值表

表1-3

年份	年径流量（亿立方米）	年径流深（毫米）	年平均流量（立方米/秒）	最大流量		最小流量	
				流量（立方米/秒）	出现月日	流量（立方米/秒）	出现月日
1993	4.156	1180.70	10.20	209.0	9月23日	0.188	12月29日
1994	3.313	941.20	10.50	397.0	5月3日	0.130	1月26日
1995	3.191	906.50	10.10	260.0	3月17日	0.032	12月29日
1996	2.867	814.50	8.87	175.0	8月2日	0.065	2月9日
1997	3.426	973.30	6.43	162.0	8月3日	0.230	1月18日
1998	4.090	1161.90	12.90	462.0	8月5日	0.140	12月15日
1999	2.677	760.50	8.47	216.0	5月25日	0.180	2月1日
2000	3.437	976.40	10.90	420.0	4月26日	0.120	11月6日

续表 1-3

年份	年径流量（亿立方米）	年径流深（毫米）	年平均流量（立方米／秒）	最大流量		最小流量	
				流 量（立方米／秒）	出现月日	流 量（立方米／秒）	出现月日
2001	3.713	1054.80	11.80	129.0	5 月 17 日	0.105	1 月 31 日
2002	2.682	761.90	8.52	270.0	8 月 11 日	0.350	9 月 9 日
2003	1.952	554.50	6.18	166.0	5 月 16 日	0.287	2 月 7 日
2004	1.558	442.60	4.92	67.8	4 月 24 日	0.381	4 月 11 日
2005	3.610	1025.60	11.50	284.0	5 月 14 日	0.240	2 月 21 日
2006	4.512	1281.80	13.50	322.0	6 月 1 日	0.170	10 月 27 日
2007	3.591	1020.20	11.40	179.0	6 月 7 日	1.050	2 月 6 日
2008	2.718	772.29	8.50	120.0	7 月 30 日	0.488	3 月 10 日

（二）水位

1993—2008 年，均溪干流（水文站断面）多年平均水位为海拔 352.79 米。最低水位为 1998 年 12 月 15 日和 1999 年 2 月 1 日，均为 352.47 米，最高水位为 1998 年 8 月 5 日的 356.09 米。

1993—2008 年大田水文站均溪水位特征值表

表 1-4　　单位：米

年份	年平均水位	最高水位		最低水位		年变幅
		水位	月 日	水位	月 日	
1993	352.87	354.80	9 月 23 日	352.54	12 月 29 日	2.26
1994	352.74	355.76	5 月 3 日	352.51	1 月 26 日	3.25
1995	352.71	355.06	3 月 7 日	352.51	12 月 29 日	2.55
1996	352.69	354.45	8 月 2 日	352.50	2 月 9 日	1.95
1997	352.73	354.50	8 月 3 日	352.56	1 月 18 日	1.94
1998	352.75	356.09	8 月 5 日	352.47	12 月 15 日	3.62
1999	352.63	354.83	5 月 25 日	352.47	2 月 1 日	2.36
2000	352.71	355.86	4 月 26 日	352.60	1 月 31 日	3.26
2001	352.90	354.35	5 月 17 日	352.60	1 月 31 日	1.75
2002	352.83	355.49	8 月 11 日	352.67	9 月 09 日	2.82
2003	352.79	354.86	5 月 16 日	352.67	2 月 7 日	2.19
2004	352.78	354.06	4 月 24 日	352.70	4 月 11 日	1.36
2005	352.82	355.46	5 月 14 日	352.64	7 月 28 日	2.82
2006	352.85	355.62	6 月 1 日	352.59	10 月 27 日	3.03
2007	352.95	354.84	6 月 7 日	352.66	2 月 06 日	2.18
2008	352.91	354.42	7 月 30 日	352.64	3 月 01 日	1.78

（三）含沙量

县境内的河流是山区性的源头段，各溪流发生洪水时，河流湍急，水流中挟带大量泥沙。据水文站实测资料，1993—2008年均溪河年平均含沙量为0.333千克/立方米，多年平均输沙率为2.78千克/秒，多年平均输沙量为8.77万吨，最大年输沙量为2007年20.4万吨，多年平均侵蚀模数249吨/平方公里。

三、水质

1993—2008年，三明市环境监测中心对境内80公里主要河段监测评价，总体评价水质达国家《地表水环境质量》Ⅲ类标准，枯水期部分河段水质受污染，污染项目主要为溶解氧、氨氮、五日生化需氧量。地下水分布不均匀，主要补给来源是大气降水。县城集中式生活饮用水为地下水，境内地下水化学类型大多属碳酸氢钙型水。一般地下水中的物质变化不甚明显，具有一定的稳定性。经省城市供水水质监测网三明监测站检验，所检项目均符合《生活饮用水卫生标准》（GB5749—2006）。

第三节 气候

一、气候特征

大田县处在中亚热带季风湿润气候区，既有大陆性气候特点，又有海洋性气候特色。同时，受海洋性和大陆性气候影响，春季气候多变、冷暖无常，低温阴雨常遇；夏季气温高，雨热同期，前期多为梅雨，后期为大到暴雨，常受台风影响，降水量大；秋季晴朗少雨，气温下降，秋高气爽，温度适中；冬季气温低，湿度小，少雨干燥，有霜冻、下雪。境内地形的高低起伏，使气候变化复杂、差异较大、类型多样。雨量在地域上分布从南到北、从西到东递减，时间分布上集中在3—9月，其中5—6月占全年降水的1/3多，常形成洪涝灾害。

二、气象要素

（一）气温

1993—2008年，全县年平均气温在15℃—20℃之间，南部大仙峰、象山等高山区，地势较高，年平均温度15℃—16℃；北部及沿河盆地平均气温18℃—19℃，成为本县比较稳定的暖湿区；其余地区平均气温在17℃—18℃之间。

全年以1月最冷，月平均气温自北向南从11℃下降到5℃—6℃，南北温度差异较大。7月最热，分布也较均匀，除南部山区受垂直高度影响在26℃以下外，其余地区月平均在27℃—28℃之间。

城区年平均气温18.9℃。极端最高温度39.6℃，出现在2003年7月16日。极端最低温度-6.7℃，出现在1999年12月23日。温度≥35℃的高温日数历年平均为21天。温度≤0℃低温日数历年平均为11天。常年“23型”秋寒（连续3天以上出现气温低于23℃）一般出现在9月下旬，“20型”秋寒（连续3天以上出现气温低于20℃）一般出现在10月中、下旬。平均初霜日为12月8日，终霜日为2月15日，全县年平均无霜期292天，1994年最长为341天，2001年最短为255天。

（二）降水

分布 1993—2008年，县境内年降水量在1124.0毫米—1927.5毫米之间，分布大致是从南到北、从西到东递减。城区多年平均降水量1554.8毫米。南部大仙峰和西部的大凉山较高山脉对北方南侵冷空气的阻挡，迎面拦截来自海洋的湿热气流，造成多雨，两地年平均降水量在1800毫米—1900毫米；北部地区地势低下，缺乏致雨动力，又多为山脉背风坡，气流下沉，构成少雨，年平均降水量在1450毫米左右；其他地区降水量介于两者之间，大约1500毫米—1700毫米。不同年份降水量差别甚大，县气象站实测城区最大降雨量1997年1927.5毫米，最小降雨量是2003年，仅1124.6毫米。

一年中逐月降雨量从1—6月递增，7月剧减，8—9月又略增多，10月以后再度锐减。全年以5—6月最多，约占全年的35%。11—12月最少，仅占全年雨量的5%。全年分为4个降水季节。春雨季（3—4月），全县平均雨量260毫米—360毫米。春雨期内，干且冷的冬季特征开始消失，原在海上变性的冷空气随着北进，为境内带来较多降水，非来自热带海面，水汽含量不大，降水量还不丰沛，降水强度弱，雨日多、雨量少；梅雨季（5—6月），降水量占全年的比重最大，平均在400毫米—750毫米之间。其特点是雨区广、雨量多、强度大、雨时长，且稳定少变；台风雷阵雨季（7—9月），梅雨结束后，在单一的暖湿副热带气团控制下，气层湿热稳定，常久旱无雨。热力和山地作用形成局部雷阵雨，雨区狭小，雨时短暂，雨量不大。受热带辐合区或台风影响，雨量大多在400毫米—600毫米。少雨季（10月至次年2月），受干冷或变性的极地大陆气团控制，显得干燥异常，时间长，雨水稀少，雨量仅100毫米—400毫米。

强度　1993—2008年，年降水强度以梅雨、台风雷阵雨季最大，春雨季次之，少雨季最弱。一日最大降水量大部分地区在100毫米—200毫米之间，暴雨以上（降水量≥50毫米）次数不多，年均4次左右。

日数　1993—2008年，年平均降水日逐月降水日数的变化趋势与雨量的逐月变化趋势一致，亦以5—6月最多，11—12月最少。

（三）湿度

1993—2008年，多年平均湿度18.4百帕，年变化趋势不大，基本处于19.5百帕—17.2百帕，多年湿度月平均最大值28.3百帕，出现于1999年7月，最小值7.9百帕，出现于2008年2月。每年最大湿度多出现于6—8月，最小湿度多出现于12月至次年2月。

相对湿度随着海洋暖湿气流增强和气温升高而增大，每年最大值一般出现在6—8月。10月多为大陆高压控制，相对湿度、水汽压含量迅速减少，出现全年月平均最低值。相对湿度日变化与气温日变化相反，最大相对湿度出现于日较低气温期间，最小相对湿度出现于日较高气温期间。

（四）日照

1993—2008年，年平均日照时数1487.5小时，日照百分率（实照时数与可照时数之比）为35%左右。日照时数最多年份2004年为1765.2小时，最少年份2000年为1173.3小时。一年中以2月日照时数最少，平均86.4小时。7月日照时数最多，平均190小时。全县各地日照时数相差不大，高山的峡谷地带及森林茂密地，受地形地物影响，日照时数相应较少。

（五）蒸发

1993—2008年，多年平均蒸发量2611.1毫米。最大蒸发量1996年2899.5毫米，最小蒸发量2001年2316.2毫米。多年月平均蒸发量最大值出现在7月，为184.2毫米，月平均蒸发最小值出现在1月，为60.2毫米。

（六）气压

1993—2008年，全县年均气压968.9百帕，年际间变化不大，在968.0百帕—969.6百帕之间。气压的大小一般随海拔高度、大气温度、密度的增大成指数律递减，冬季受强冷空气的影响，气压较高，夏季受热带低压影响，气压较低。极端最高气压987.7百帕，出现于1999年12月22日，极端最低气压937.1百帕，出现于1996年8月1日。

气压日变化呈二峰二谷型。日最高气压通常出现于9—10时和22—23时，日最低值一般在3—4时及15—16时。冷空气、台风或降水会影响气压变化。

1993—2008 年大田县气象要素情况表

表 1-5

年份	气温（℃）			降雨量（毫米）	湿度（%）	日照数（小时）	蒸发量（毫米）	平均气压（百帕）
	最低	最高	平均					
1993	-3.4	36.3	18.7	1586.6	81	1546.6	2573.6	969.4
1994	-2.5	36.5	19.4	1563.8	81	1510.4	2647.2	968.6
1995	-3.0	37.3	18.6	1377.5	79	1548.0	2747.1	969.6
1996	-1.6	37.4	18.7	1336.5	78	1632.5	2899.5	969.0
1997	-2.7	36.9	18.9	1927.5	82	1299.7	2699.1	968.4
1998	-1.5	37.8	20.0	1722.0	81	1388.4	2423.5	968.4
1999	-6.7	36.2	19.4	1352.6	78	1492.1	2473.0	968.8
2000	-2.3	37.7	19.4	1336.5	80	1173.3	2396.5	968.7
2001	-2.1	36.4	19.3	1539.8	80	1468.1	2316.2	968.5
2002	-1.3	36.3	19.8	1644.6	80	1437.3	2538.8	968.0
2003	-2.1	39.6	19.5	1124.6	78	1750.8	2754.5	969.1
2004	-2.6	37.5	18.9	1164.5	78	1765.2	2846.5	969.0
2005	-3.5	39.2	19.3	1627.7	79	1398.4	2691.5	968.1
2006	-1.8	37.3	19.4	1870.7	78	1417.7	2526.1	968.0
2007	-2.3	38.3	19.4	1644.0	75	1402.6	2535.9	968.0
2008	-1.1	37.4	19.1	1400.7	74	1568.3	2658.3	968.3

（七）风

各地风向受地形影响差异较大，随季节转换。1993—2008 年（1—12 月），静风出现频率最高，达 53%，东风次之，占 7%。年平均风速 0.9 米 / 秒。每年各月平均风速差异甚小，基本在 0.8 米 / 秒—0.9 米 / 秒之间。各风向中，西北偏北风，年平均风速最大值 11 米 / 秒。

第四节　土壤　植被

一、土壤

大田县岩性复杂，主要是泥盆系、石炭系、二叠系岩层基岩，成土母岩有岩浆岩、沉积岩和变质岩三大岩类。岩浆岩类有花岗岩、花岗斑岩、熔结凝灰岩等。沉积岩类有砂质岩、泥质岩、石灰岩等，变质岩类有石英云母片岩、片麻岩等。

山地土壤多半是残积母质，据 1974 年和 1982—1984 年两次土壤普查资料显示，全县共有 5 个土类、15 个亚类、41 个土属。按面积大小依次排列为红壤、黄壤、水稻土、紫色土、潮土。另有溪边、池塘水库边、村庄、道路等面积 3.11 万公顷，占土地面积的 13.93%，未列入五大类土壤结构区分。

（一）红壤土类

红壤土是县境内面积大、分布广的一种地带性土壤，有红壤、粗骨性红壤、黄红壤、暗红壤、红土、水化红壤等6个亚类，19个土属。分布在海拔220米—900米和个别地带1050米的丘陵地，遍及全县各乡村，面积14.89万公顷，占土地总面积66.68%。其中，红壤有酸性岩红壤、中性岩红壤、泥质岩红壤、砂质岩红壤、侵蚀红壤6个土属。土层厚度大都在70厘米以上，有的可达几米。质地多为中壤或重壤，肥力较高，腐殖质层3厘米—40厘米，有机质含量5.6%，含氮量0.186%，速效磷2PPM（百万分率），速效钾113 PPM，氢离子浓度指数（pH值）4.6。土壤剖面呈深红、浅红颜色。

（二）黄壤土类

有黄壤、粗骨性黄壤、黄泥土3个亚类，5个土属。面积2.96万公顷，占全县土地面积13.26%。主要分布在建设、梅山、太华、桃源、武陵、谢洋、吴山、屏山、湖美、前坪、均溪、石牌等乡镇，海拔900米以上的中山区。其中，黄壤土层较厚，质地轻至重壤，肥力较高，有机含量7.03%，含氮量0.21%，速效磷1.95PPM，速效钾118PPM，pH值5。有泥质岩黄壤，砂质岩黄壤和酸性岩黄壤。

（三）水稻土类

有渗育型、潴育型、潜育型3个亚类，11个土属，是主要的耕地土壤，面积1.36万公顷，占全县土地面积的6.09%。渗育型水稻土分布在丘陵地带，耕作层浅，呈酸性，有机质含量较少，肥力较低；潴育型水稻土分布在河流两岸河谷平原、山间盆地和丘陵山垄，土层较厚，质地轻壤至重壤，有机质含量较多，熟化度和肥力较高；潜育型水稻土分布在山垄谷地的山垄田和山间盆地、河谷平原的低畦地，地下水位高，土层深厚，质地黏重，冷、烂、锈、酸、毒等因素多，虽土壤潜在肥力高，但有效养分低，缺磷、钾，是大田主要低产土壤类型。

（四）紫色土类

分为酸性岩紫色土、紫泥土2个亚类，3个土属。面积35.53公顷，占全县土地面积的0.016%，主要分布在广平镇的丰庄村，吴山乡有零星分布，土层较浅，质地轻壤、中壤，有机质含量5.48%，全氮0.2%，速效磷1.72PPM，速效钾200PPM，pH值5.1，肥力中等。

（五）潮土类

一个沙土亚类，3个土属。面积15.27公顷，占全县土地面积0.007%，主要分布在河流两岸溪边田段，母质为冲（沉）积物，土层深厚，常有不同质地层次出现，土壤受地下水影响，是自然土壤中最易熟化形成的农业土壤。

二、植被

（一）类型

根据福建省植被区划，大田县属于常年温暖照叶林地带，南岭东部山地常绿槠类照叶林区，闽中—戴云山—鹫峰山的常绿槠类照叶林小区。典型植被类型的区系植物以壳斗科为主，其次是樟科、山茶科、蔷薇科、木樨科、石楠科、竹亚科等，有常绿阔叶林、落叶阔叶林、常绿针叶林、针阔混交林、毛竹林、灌丛草坡、中山灌丛草坡七大类。

常绿阔叶林 是县内典型的植被类型，多属自然恢复的次生林状态。在本类群落中占优势的乔木种类主要是壳斗科、山茶科、樟科、金缕科，其中以壳斗科栲属的木槠、栲树、南岭栲为主，而甜槠、苦槠较少，零星分布在优势树种的群落中。此外，混生黄瑞木、柃木、毛冬青、五月茶、香槟杜鹃、亨利杜鹃、绒楠、乌药等。

落叶阔竹林 其特点是没有成片连续分布，常小块状或零星混生在常绿阔叶林中和边缘，呈次生林状态，常见有枫香、拟赤杨、酸枣，灌木层中有绒楠、毛冬青、檵木、卡氏乌饭等。

常绿针叶林 主要有马尾松林、杉木林和生长在海拔千米以上的黄山松林。马尾松、杉木是县境内海拔1000米以下分布最广的常绿针叶次生林，生长适应性广，经济价值高，以天然生长为主，辅以人工造林，是县内主要树种。1958年的大炼钢铁和20世纪60—70年代的乱砍滥伐，遭受巨大破坏。随着林业管理力度的加强，才得以逐步恢复。

针阔混交林 由原阔叶林的砍伐迹地或林窗，被阳性树种马尾松侵入而定居，形成一种植被类型，主要有马尾松与木荷、栲树、米槠群落等。

毛竹林 有成片林或零星混生在阔叶林中，群落结构复杂，有天然林，也有人工栽种，主林层伴生树种有米槠、少叶黄杞、马尾松、杉木等和一些灌木丛、草木层。

灌丛草坡 主要是常绿阔叶树逆行演替而成，主要灌木树种有黄瑞木、映山红、石斑木、乌饭、檵木、小刚竹、柃木、老鼠矢、赤楠、乌药等。灌丛中乔木树种多为壳斗科的米槠、栲树、南岭栲、木荷、马尾松等，多为萌发丛生状，低矮。草坡植物属于禾本科种。

中山灌丛草坡 矮化状灌丛，主要有石斑木、亨利杜鹃、大萼红淡、胡枝子等灌木树种及矮化的黄山松乔木树种，草坡与灌丛穿插混杂。

（二）分布

1. **水平分布**

水平地带性差异不大，与人口密集、人为活动频繁程度关系密切，植物群落演替强烈，有更新为针叶林、经济林，有演替成灌丛等。

常绿阔叶林 主要分布在谢洋、梅山、桃源、广平等乡镇的部分地段，其他乡镇多为零星分布，海拔多在200米—1000米之间。

落叶阔叶林 没有成片连续分布，常以小块状或零星混生在常绿阔叶林片边缘，海拔多在1000米以下。

常绿针叶林 全县各乡镇各村庄均有分布，海拔1000米以下分布最广的有马尾松林、杉木林；黄山松林主要分布在大仙峰、象山等海拔1300米以上地段。

灌丛草坡 境内海拔200米—1000米之间均有分布。

中山灌丛草坡 海拔较集中县境南部的乡镇，分布在海拔800米—1500米的山脊、山顶上，山高、风大、土层薄，草坡集中分布在谢洋、武陵、济阳、屏山等，利于放牧牛羊。

2. **垂直分布**

垂直分布较明显，各树种根据自身对山峰海拔的适应性而分布在低山丘陵、毛竹林、常绿阔叶林、中山矮林、中山灌丛草坡植被带。

低山丘陵人工植被带 多在400米—700米之间。

毛竹林带 多在海拔600米—900米的山坡上。

常绿阔叶林带 在海拔650米—1000米的山坡中上部。

中山矮林植被带 海拔900米以上，且同中山灌丛草坡呈复区分布，海拔1300米以上也有分布。

中山灌丛草坡 较集中分布在县境南部，海拔800米—1500米的山顶、山脊，同中山矮林植被带呈复区分布。

第五节 自然资源

一、土地资源

1993年，全县土地总面积22.94万公顷，其中陆地22.68万公顷、占98.87%，水域2647公顷、占1.15%，陆地中耕地1.8万公顷，占7.85%，林地18.88万公顷，占82.3%；园地居民点及工矿交通用地、未利用土地等2万公顷，占8.72%。经行政区域界线勘定确定，2002年，全县总面积22.33万公顷，其中陆地22.03万公顷、占98.66%，水域3014.08公顷、占1.34%。2006年，土地利用变更调查，全县耕地 1.99 万公顷、占 8.91%，林地 17.52 万公顷、占 78.46%，其他用地 2.82 万公顷、占 12.63 %。2008 年，经勘界确认，土地利用现状变更三大类调查，全县农业用地 20.88 万公顷、占总面积 93.44%；建设用地 5791 公顷、占 2.59%；未利用土地 8860 公顷、占 3.97%。

二、水资源

（一）地表水

1993—2008 年，据县气象局、水文站多年实测资料分析，县内年平均降雨量在 1124 毫米—1927.5 毫米之间，多年平均径流量为 19.79 亿立方米，平均每平方公里产水量 88.62 立方米。2008 年，人均 5261.14 立方米，亩均水量 573.13 立方米。另有过境客水 7.65 亿立方米。境内山峦蜿蜒，沟涧密布，水系发育，水力资源理论蕴藏量为 20.67 万千瓦，可开发水力资源约 9.86 万千瓦。

（二）地下水

据闽西地质大队水文分队对大田地下水调查资料分析，1993—2008 年，全县年地下水资源总量 3.54 亿立方米（平均每平方公里有地下水 15.17 万立方米）。地下水有四个基本类型：松散岩类孔隙水，主要分布在城关、广平、建设、太华等处的山涧河谷盆地，总面积 19 平方公里；碎屑岩类孔隙水，主要分布湖美、均溪、上京、桃源一带，总面积 1080.5 平方公里；碳酸盐岩类裂隙溶洞水，主要分布于广平、桃源、武陵、太华、上京，总面积 23.7 平方公里；基岩裂隙水，主要分布于境内中部、南部、北部地区，总面积 1109.8 平方公里。

截至 2008 年，已发现温泉的有太华镇汤泉、华兴乡京口、桃源镇广汤、石牌镇老厝和上坡村等 5 处，水温在 53℃—79℃之间，物理性质为无色、透明，具有硫黄味，人畜不能饮用，但可用于洗涤、泡澡，汤泉、老厝、广汤温泉已被开发利用。

三、矿产资源

境内地层发育，构造复杂，岩浆活动频繁，成矿条件好，矿藏资源丰富，是本省主要矿产成矿区之一，其种类、储量、价值居全省前列、全市首位。已发现矿产有煤、铁、锰、钨、铜、铀、铅、锌、金、银、汞、镉、铝、铋、钼、锡、锑、锆、镓、铟、稀土、石灰石、硫铁矿、瓷土、石英石、石墨、砷、云母、水晶、大理石、花岗岩、叶蜡石、钾长石等 45 种，矿产地 108 处，已开发的有煤、铁、锰、铅、锌、铜、银、钨、硫、石灰石、高岭土、长石、叶蜡石、石墨、石英石等，优势矿种有无烟煤、铁矿。被列入《福建省矿产资源储量表》的矿产种类有煤炭、铁矿、锰、铜、铅、锌、钴、镉、硫铁矿和石灰石 10 种。

（一）金属矿

铁矿 全县有矿区 45 处，主要分布太华、前坪、均溪、建设、济阳、文江、奇韬、梅山等 8 个乡镇，查明铁矿石储量 7273.5 万吨。

铅、锌、铜矿 2008 年，县域铅锌铜以铅锌为主，伴生银、铜矿。全县多金属矿床点 50 处—60 处，分布在广平、建设、文江、奇韬、前坪、均溪、上京、梅山等 15 个乡镇，已探明铅金属保有资源储量 30.86 万吨，锌金属保有资源储量 27.18 万吨，共生、伴生铜资源储量 2.08 万吨。

其他金属矿 2008 年，锰矿资源量 98.37 万吨。此外，在部分铁矿中有共生、伴生锰矿，预测资源量 250 万吨。预测金属量铋 490 吨、镉 2661.1 吨、稀土 100 吨、钼 32 吨、钴 421 吨、镓 46 吨、铟 15.5 吨。

（二）非金属矿

煤炭 2008 年，煤炭分布在上京、太华、建设、广平、奇韬、文江、梅山等 13 个乡镇，含煤地层面积 371.2 平方公里，煤炭井田 26 处，探明储量 3.37 亿吨。

其他矿 2008 年，全县硫铁矿矿区 11 处，已探明储量 1250.76 万吨；石灰石矿产地 40 处，资源量 1.74 亿吨；高岭土矿山（点）102 处，资源量 1596.3 万吨，预测潜在资源量 3000 万吨；石墨矿点 9 处，资源量 22.23 万吨，预测潜在资源量 500 万吨；石英石矿点 15 处，保有资源储量 86.16 万吨，预测潜在资源量 300 万吨；砷资源量 5333 吨；石材矿点 13 处，地质普查石材矿山 3 处，矿石荒料资源量153.94万立方米。

四、森林资源

（一）林地面积与森林蓄积量

林地面积 大田地处山区，林地面积广阔，森林资源丰富。1993年，全县有林地面积13.16万公顷，占全县总面积的57.37%。2008年，全县林业用地面积17.52万公顷，占全县总面积的78.46%，其中有林地14.14万公顷，占全县总面积63.32%；疏林地4786.71公顷，占林业用地2.73%，灌木经济林4947.26公顷、占2.82%，其他灌木林地2256公顷、占1.29%；未成林造林地7507.45公顷、占4.29%，森林覆盖率66%，林木绿化率67%。林业用地面积中，国家所有7361.06公顷；集体所有16.70万公顷、占95.3%，未确权863.52公顷、占0.05%。

蓄积量 1993年，全县森林蓄积量673.92万立方米，人均20.1立方米。2008年，全县森林蓄积量989.94万立方米，人均26.32立方米，其中，林分蓄积量971.61万立方米，占总蓄积量的98.15%；疏林蓄积量7.06万立方米、占0.71%；散生木5.56万立方米、占0.56%；四旁树5.71万立方米、占0.58%。杉木、马尾松的蓄积量分别为502.39万立方米、368.26万立方米，各占总蓄积量的50.75%、37.2%；竹林面积6579.49公顷，占林地业用面积3.76%，毛竹蓄积量1209.58万根。

（二）森林植物

2008年，全县植物有175科、637属、1274种，其中，蕨类植物35科、66属、136种，裸子植物10科、21属、34种，被子植物130科、550属、1104种。野生药材植物801种。

用材林 1995年，全县主要用材林杉木、马尾松面积11.74万公顷，占有林地83.44%。2008年，森林资源建档调查，全县有优势树种杉木、马尾松10.66万公顷，占有林地75.39%。

经济林 1995年，全县经济林有林地8142.67公顷、占有林地5.76%。2008年，主要树种有油茶、茶叶、油桐、厚朴、柑、桔、板栗、柿子、桃、李、梅、杨梅、梨等，面积1.02万公顷，占有林地7.21%。海拔400米—800米之间均有分布，多为人工种植。

特用林防护林 1995年，全县防护林有林地4496.13公顷，占有林地203.48%。2006年调查，全县有生态公益林、自然保护区林、水土保护林、水源涵养林、母树林等4.45万公顷，占有林地31.47%。

杂木林 主要有米槠、闽奥栲、南岭栲、罗浮栲、木荷、青冈栎、石栎、少叶黄杞、闽楠、樟树等常绿阔叶林以及混生于常绿阔叶林或次生林中的黄山松、混地松、杨柳、建柏、银杏、水松、枫香等。

珍稀名木古树 1996年，全县有珍稀、名木古树519株，其中重点珍稀树种143株、古树164株。属国家一级保护的有南方红豆杉、银杏、钟萼木等5种；属国家二级保护的有闽楠、香榧、花榈等16种；属省级保护的有福建青冈、三尖杉、红楠等31种，以及兰科植物20种。各乡镇均有零星分布。县政府把留存的珍稀、名木古树作为生物多样性保护工程进行统一编号，登记造册，发布公告，挂牌保护。2008年，这些珍稀名木古树保护良好。

药用植物 境内中药资源或民间可供药用的植物繁多，野生蕴藏量大，801个品种，2008年，常见的药用植物有432种，其中有重要价值的101种。

主要菌类 境内主要菌类的分布，基本属于华中和华南的真菌区类，是亚热带地区大型真菌资源向热带地区大型真菌资源交汇和过渡的地区。2008年，境内分布有大型真菌54种，分属5纲、7目、20科、35属。

（三）野生动物

境内野生动物在地理区划上属东洋界华中区和华南区的交界地带，属亚热带气候，有野生动物栖息繁衍、停歇的良好环境，既有亚热带动物类型，又有暖温带动物类型。生态地理动物群为亚热带森林灌丛、草地—农田动物群。境内动物资源丰富，栖息分布差异不大。

无脊椎动物 2006年，县境内采集到昆虫501种，隶属于11目、98科、444属。种类较多的目依次为鳞翅目、鞘翅目、半翅目、直翅目、同翅目、膜翅目、蜻蜓目，其余各目的种类较少。根据现有昆虫地理区划分布资料，其中属于东洋区有321种，占总数的64.07%；澳洲区有7种，占1.4%；属于古北区有1种；广布种有172种，占总数的34.33%。在所采集到的昆虫标本中，分布于国内南方的物种数约占总物种的66.4%，呈现亚热带绿植被生态环境中生活的昆虫固有特征。所采到的501种昆虫广泛分布在众多的科、目内，境内昆虫多样性程度较高，生态环境相对较好。

脊椎动物 2008年调查，境内已发现分布的脊椎动物，哺乳类6目、16科、31种，鸟类13目、35科、193种，爬行类4目、9科、52种，两栖类2目、7科、30种，鱼类10目、21科、42种。以及大量的蛛形纲、唇足纲、寡毛纲等其他脊椎动物及水生浮游动物。物种以东洋界种为主，部分为古北界种类，其中到县境越冬的主要是古北界鸟类。

气候良好，温暖适中，水清木华，食料丰富，是候鸟迁徙或栖息的理想之地境内候鸟约101种，占全县鸟类总数52.33%以上，其中夏候鸟23种，占22.77%，冬候鸟47种，占46.53%；旅鸟31种，占30.69%。夏候鸟常在3月中下旬迁到水库、河流、农田等地栖息停留。

已发现分布的野生动物中，属国家一级保护的有哺乳类的豹、云豹，爬行类的鼋、蟒蛇等4种。国家二级保护的有兽类的大灵猫、小灵猫、穿山甲、猕猴、苏门羚，鸟类的普通鵟、蛇雕、林雕、白鹇、福翅鸦鹃、福林鸮、斑头鸺鹠，两栖类的虎纹蛙等35种。福建省重点保护的有兽类的棕鼯鼠、黄腹鼬，爬行类的棘胸蛙，鸟类的白鹭、金腰燕、喜鹊、画眉等共种。

第六节 自然灾害

一、寒害

（一）寒潮

1993— 2008年，寒潮发生共52次，年均3.3次。最多年份是2004年，共有5次；最少年份是1995年和2001年，各2次。从月份上来看，寒潮发生12月最多，达17次，年均1.42次；10月最少，出现1次。

（二）倒春寒

倒春寒是早稻播种、育秧期的灾害气候。“倒春寒”有阴冷型、晴冷型与混合型三种，阴冷型出现概率占总数的2/3以上，一般维持期较长，导致烂种烂秧现象最为严重。县境内出现持续4天温度≤ 12℃的“倒春寒”有1995年和1996年。2006年，县境内出现过1次“五月寒”，持续时间4天。

（三）秋寒

秋寒又叫寒露风，可分为日平均气温连续3天低于23℃“23型秋寒”和日平均气温连续3天低于20℃ “20型秋寒”，每年都会出现，对于晚稻的孕、抽穗有较大的影响。

1993—2008年大田县秋寒出现情况表

表1-6

年份	23型秋寒		20型秋寒		年份	23型秋寒		20型秋寒	
	出现月日	持续天数	出现月日	持续天数		出现月日	持续天数	出现月日	持续天数
1993	9月23日	5	9月24日	3	1994	9月12日	8	10月20日	8

续表 1-6

年份	23 型秋寒		20 型秋寒		年份	23 型秋寒		20 型秋寒	
	出现月日	持续天数	出现月日	持续天数		出现月日	持续天数	出现月日	持续天数
1995	9月18日	9	10月28日	10（以上）	2002	9月23日	10	10月6日	5
1996	9月23日	3	10月26日	3	2003	9月21日	5	10月14日	10（以上）
1997	9月18日	10（以上）	9月21日	3	2004	9月22日	6	10月2日	10（以上）
1998	9月18日	3	10月19日	10	2005	10月8日	4	10月19日	8
1999	9月21日	5	10月17日	7	2006	9月10日	4	10月31日	10（以上）
2000	9月12日	9	10月14日	3	2007	9月5日	3	10月17日	10
2001	10月1日	7	10月10日	6	2008	10月1日	4	11月09日	10（以上）

二、洪涝

1993—2008年，县境内降水年际变化不一，各月雨量分布不均，雨季或台风季节，暴雨和雨量集中，易造成洪涝灾害。年均暴雨次数约4次—6次，发生时段在5—6月的梅雨季和7—9月的台风雷阵雨季。在地域分布上，西部、南部比东部、北部多。日降雨量≥100毫米的大暴雨日数不多，但高山多，河道狭窄，暴雨来势猛，强度大，雨水渲泄，易造成山洪暴发，河水泛滥，山体滑坡，淹没良田，冲毁房屋、河堤、水电工程设施等。境内发生暴雨、大暴雨、特大暴雨44次，年均2.75次，最大降雨量1994年5月3日，达265.7毫米，坑口水库水位涨至614.82米高程，均溪河水位达6.17米，超警戒水位1.1米，日降雨量100毫米—140毫米的有13个乡镇，全县18个乡镇、265个村受灾，伤252人、死亡8人，水利工程受毁7144处，影响灌溉面积5493.3公顷，毁坏民房4.86万间，经济损失上千万元。1997年，发生暴雨6次，其中降雨量124.7毫米—156.9毫米3次，92个村、6.04万人受灾，死亡4人。1998年，发生暴雨4次，其中8月5日，受台风影响，日降雨量173.6毫米，受灾3.2万人。

2001年4月29—30日，太华、湖美等乡镇连降暴雨，夹带冰雹，使烟草受灾户占全县种烟户的25.8%，受灾面积218.53公顷。2002年7月18日，桃源镇遭受特大暴雨灾害，受灾人口5650人，农作物受灾157.67公顷，民房受淹357间，冲毁水渠6.37公里，河堤550米，直接经济损失550万元。

2004年9月21日，上京、吴山、屏山等乡镇降暴雨，伴随龙卷风和冰雹，造成山洪暴发，造成3个村庄电力中断，损坏房屋21座，倒塌10座，冲毁烤烟房6座、水田125.67公顷，绝收104公顷，煤矿井积水崩塌48个，直接经济损失达1651万元。

2005年，发生暴雨8次。5月上旬，大田连遭暴雨，龙卷风、冰雹袭击5次，其中，5月5日14时，风雹灾害，风速26米/秒；14日降雨144.4毫米，均溪、文江河分别超警戒水位90厘米、87厘米，18个乡镇两次受灾5.43万人，死亡7人、伤56人，被困148人、紧急转移515人，饮水困难1980人。

三、旱灾

县境内春旱多出现在2—3月，以轻旱级属多，重度春旱少。轻度夏旱出现概率高，雨季结束后，在副热带高压控制下，气层稳定，天气炎热少雨，台风出现较迟，易发生夏旱。秋冬旱基本每年都会出现。1993—1995年，县内基本没有旱灾。1996年6—7月，梅山、湖美、太华等地出现旱情。2002

年，境内发生重大干旱，其中水田干涸333公顷、重旱1867公顷、轻旱5320公顷，经济损失1857万元。2003年，出现秋、冬多季节连旱。当年6月17日至8月3日连续干旱48天，7月11日起，全县连续高温，超过35℃达22天，高于35℃达7天，7月6日高达39.6℃。受旱面积9400公顷，经济损失2329万元，属严重干旱。2004年，年降雨较常年偏少412.6毫米。8月中旬，受旱面积5200公顷，造成1.1万人饮水困难。

四、台风

影响县境较大的台风每年集中在7—9月。在汕头以北、温州以南登陆的台风，一般都会有影响，其中以登陆在厦门到宁德的台风影响最大，普遍会出现大到暴雨，5级—6级大风，有时可达7级—8级，高山地区风力亦经常达到8级以上。初夏，南海台风登陆珠江口以东沿海，且台风往东北方向移动，经本县境中部，引起暴雨，造成较大损失。

若干年份大田县主要水、风、雹灾害简况表

表1–7

年份	日 期	类 别	范 围	灾害简况
1995	4月15—16日	龙卷风冰雹	建设、广平、桃源镇28个村	其中，建设镇12个村受灾2047户，受伤11人（重伤4人），作物受灾394.5公顷，房屋倒塌1357间、损坏4128间、输电线路13.3公里、断杆132根，击坏变压器4台、电机2台
	8月25日	12小时降雨84.3毫米	济阳、屏山、吴山、谢洋	淹没农田933公顷，毁坏水利电力工程1200余处
1996	8月1日	08号台风，日降雨133.4毫米	14个乡（镇）	受灾农作物1046.67公顷（绝收100公顷），毁坏耕地86.67公顷、房屋800间，损坏输电线路8.2公里，冲毁堤、坝等水利工程792处
1999	7月29日	暴雨	梅山乡11个村	损坏房屋22座，倒塌2座，冲毁农田100公顷、水坝21处、河堤77处、水渠90处，损坏水电站2座，直接经济损失309万元
2000	4月26日	日降雨135.5毫米	全 县	冲毁农田86.67公顷、水坝17座、河堤10处、水渠80处，房屋倒塌3座，损坏18座，直接经济损失706万元
2001	4月29—30日	暴雨冰雹	太华、湖美等乡（镇）	1007户烟田受灾218.53公顷，直接经济损失215万元
2002	7月18日	1小时降雨63毫米	桃源镇	受灾5650人，农作物受灾157.68公顷，民房受淹357间、倒塌53间，烤烟房倒塌11座，冲毁水渠62处、6.37公里，河堤19处、550米，拦河坝16座，直接经济损失550万元
2003	5月16日	降雨	北部9个乡镇	房屋后山溜方68座、816间，倒塌12座、132间，公路塌方39处、268米，冲毁渠道55处、485米，受灾人口2112人、农作物188.63公顷，直接经济损失306万元

续表 1-7

年份	日 期	类 别	范 围	灾害简况
2004	9 月 21 日下午	2 小时降雨 80 毫米—100 毫米	上京、吴山、屏山等地	伴随龙卷风和冰雹，仅上京镇直接经济损失 1605 万元
2006	5 月底至 6 月上旬	过程降雨量 300 毫米—400 毫米	全县	两次较大暴雨，小型水库溢洪，中型水库超汛限水位泄洪，受灾 4829 户、2.03 万人，死亡 2 人、伤 79 人，紧急转移 907 人，农作物受灾 1847 公顷，直接经济损失 6985 万元
2008	7 月 26 日	暴风雨	桃源镇桃源、西安、桥山 3 个村	19 座民房、2 座烤烟房、1 座厂房瓦片被掀，其中较严重的 7 座，水稻、蔬菜受灾 14 公顷，经济损失 85 万元

五、冰雹

1995 年 4 月 15—16 日，建设、广平、桃源镇等的 28 个村龙卷风伴冰雹，其中建设镇 12 个村受灾 2047 户，伤 11 人（重伤 4 人），作物受灾 394.5 公顷，房屋倒塌 1357 间、损坏 4128 间，输电线路损坏 13.3 公里等。2000 年 7 月 1 日，武陵乡在 48 分钟内夹带冰雹降雨 75 毫米，部分房屋损坏。2001 年 4 月 29—30 日，太华、湖美等乡镇连降暴雨夹带冰雹，烟农受灾 1007 户、占全县种烟户 25.8%，面积 218.53 公顷；同年 9 月 21 日下午，上京、吴山、屏山等乡镇 24 小时降雨 80 毫米—100 毫米，伴随龙卷风和冰雹，其中上京镇直接经济损失 1605 万元。2005 年 5 月 3 日，文江、建设、梅山、湖美、太华等乡镇的 36 个村遭暴风雨和冰雹袭击，800 多座房屋瓦片损坏；同月 5 日下午，18 个乡镇普受暴风冰雹危害，部分烟叶、蔬菜、民房等受损严重。1993—2008 年，县境内共发生冰雹危害损失较重的共 6 次。

六、地质灾害

1993—2008 年，大田境内共发生地质灾害 142 处，其中山体滑坡 78 处、崩塌 62 处、地面塌陷 2 处，受灾 142 处，其中：特大型险情 1 处、大型 4 处、中型 2 处、小型 135 处，受灾体积 66.93 万立方米，毁坏房屋 234 间，直接经济损失 142 万元，威胁人口 5921 人，威胁财产 7158 万元。其间，境内无发生地震灾害。

卷二 国土资源管理与环境保护

第一章 国土资源管理

1993年，全县土地总面积22.94万公顷，根据土地利用现状调查，其中耕地1.8万公顷、林业用地18.88万公顷。随着基础设施和城乡居民建设、工业园区开发等用地量增多，县政府执行“十分珍惜、合理利用土地和切实保护耕地”的基本国策，进行土地使用制度改革，有偿使用城镇国有土地，开展土地利用现状调查。1996年，编制土地利用总体规划，加强土地管理，实行年度指令性用地计划，保护开发土地资源。2001年，建立城镇国有土地收储制度。2002年，开展农村集体土地所有权登记发证，建立土地动态巡查、耕地开发和基本农田保护等制度，依法查处违法用地。2008年，全县土地面积22.33万公顷，其中耕地1.97万公顷、林业用地17.52万公顷。农村集体土地面积21.78万公顷、占97.53%，国有土地5512公顷、占2.47%。1993—2008年，全县建设项目和个人建房用地2247.53公顷，其中占用耕地1026.24公顷，开发耕地和可视为耕地的园地874.44公顷。其间，2000年起占补平衡，截至2008年，9年占用耕地668.51公顷、开发678公顷。

第一节 机构

1993年，县土地管理局内设人秘股、地籍资源股、监察股、建设用地股，行政编制24人。基层设土地管理所19个。同年5月，下属地产开发公司由企业性质改为全民事业单位，编制3人。1994年3月，地产开发公司更名为地产事务所；并成立地产估价事务所，编制3人。1995年10月，设立测量队，自收自支事业编制3人。1996年，乡镇土地管理所为县土地管理局派出机构。1997年，县土地管理局成立土地监察大队，编制3人；地产估价事务所更名为土地估价事务所。2000年，成立大田县土地储备中心，编制6人，挂靠县土地管理局；土地估价事务所撤销。3月，成立县水电站库区工作办公室，挂靠县土地局。

县土地管理局办公楼（1997年摄）

2002年2月，机构改革，县土地管理局、地矿局合并为县国土资源局，内设办公室、财务股（加挂县矿产资源补偿费征收管理办公室牌子）、法规监察股、规划与耕地保护股、地籍与测绘管理股、建设用地管理股（加挂土地资产管理股牌子）、矿产开发管理股、地质环境股、地质勘查股（加挂矿产储量管理股牌子），辖国土资源所18个。下属事业单位有土地监察大队、矿产品稽查大队、地产事务所、测量队、陶瓷原料管理办公室、土地储备中心。11月，水电站库区工作办公室更名为大田县人民政府水电站库区移民开发局，全额拨款副科级事业单位。2004年6月，设立土地整理中心，编制4人；7月，成立县土地使用权交易所，与地产事务所两块牌子、一套人马。2005年6月，土地监察大队、矿产品检查大队撤销，成立国土资源执法监察大队，股级单位，大队长按副科级配备，下设土地、矿产执法2个中队。2008年，局机关行政编制20人、国土资源所12人，事业编制39人。下属事业单位6个，编制37人。7月，库区移民开发局参照公务员管理，内设综合股、移民安置股、生产开发股，编制10人、归口国土资源局管理。

第二节　地籍管理

一、土地测绘调查

1993年4月，历时3年的全县土地利用现状调查，经省、市验收合格，完成历史上第一次以村为单位的土地权属界线调查。查清县界内各乡镇、村及国营农、林场等行政界、权属界和各类土地界线，共完成土地权属界线调查协议613份，争议原由书323份，飞地通知书633份，县界调绘记录表格104份。查清各类土地面积，全县耕地面积1.8万公顷、园地2763公顷、林地18.88万公顷、牧草地64.09公顷、居民点和工矿用地3522公顷、交通用地1059公顷、水域2647公顷、未利用地1.26万公顷。按当年人口计算，全县人均占有土地面积0.69公顷。其中，耕地0.05公顷，林地0.56公顷，园地、居民点及工矿、水域等用地0.04公顷，未利用地0.04公顷。耕地坡度6度—15度的占42.63%，15度—25度的占31.36%。1994年8月，县政府开展全县土地变更调查，所得图幅74幅，变更图斑173个。此后，每年根据要求进行土地利用现状变更调查。

1996年2—12月，编绘均溪、上京、桃源、太华、建设等5个镇地籍图6008宗地、面积11.82平方公里。

2005年9月，县政府根据省政府办公厅《关于开展全省土地利用更新调查工作的通知》，成立土地利用更新调查工作领导小组和技术小组，编制实施方案。进行全野外境界线、权属界线调查和内、外业一体化地类调绘。同时，对土地利用基础图件数据更新，建立土地利用现状数据库。查清全县各类土地利用类型分布及面积，绘制1 ∶ 10000分幅图117幅。

2006年，根据土地利用变更调查，集体土地面积为21.78万公顷，国有土地为5512公顷。2007年2月，土地利用更新调查外业成果，经省国土资源厅验收合格。6月，根据国务院《关于开展第二次全国土地调查的通知》及省的实施方案要求（标准时点2009年底），县成立第二次全国土地调查领导小组，编制工作方案，对2005年更新调查与第二次全国土地调查的地类进行衔接和补充调查。同时，开展农村土地权属变更调查，在土地利用更新调查基础上，对全县农村集体土地所有权和农、林、牧、渔场等国有土地使用状况进行补充调查，对宗地权属、面积、界址等发生变化的集体土地所有权进行变更登记。

2008年，根据土地利用现状变更调查，全县农用地20.88万公顷，其中，耕地1.97万公顷，园地5465.01公顷，林业用地17.52万公顷，牧草地64.09公顷，农村道路、坑塘水面、农田水利、田坎等其他农用地8515.5公顷。建设用地5791公顷，其中，居民点及工矿用地4350.52公顷，交通运输用地

1088.31公顷，水利设施（水库）用地352.17公顷。未利用地8860.09公顷，其中，荒草地、裸岩石砾地等未利用地7680.29公顷，河流水面、滩涂等其他土地1179.8公顷。农用地比2006年增加7800公顷，未利用土地减少4944公顷。4月，开展城区数字化地形图测量与地籍调查。8月，由省地质测绘院分别完成929.3公顷1 ： 500、302.9公顷1 ： 1000比例数字化地形图。12月底，完成城区城镇土地利用现状外业调查12.32平方公里。

二、土地登记发证

（一）土地使用权发证

1993年7月，县政府贯彻国务院取消涉及农民负担的农村土地登记费有关规定，土地登记发证工作暂停，已缮证未发的停止发放。全县已有172个村农村土地登记2.27万宗，其中混合宗8025宗，已发证4.21万份，发证率65%。当年，城镇发证1089本，发证率95%。1997年，继续办理国有土地使用权登记发证146宗、面积151公顷。1998年，办理国有土地使用证565本。1999—2008年，国有土地使用权登记发证累计5362宗、1.58万本，面积970公顷；集体土地使用权登记发证58宗、58本，面积0.79公顷。

（二）农村集体土地所有权登记发证

2002年，县政府制定《大田县开展农村集体土地所有权登记发证工作的实施方案》，成立县土地权属争议调解委员会和农村集体土地所有权登记发证领导小组，各乡镇相应成立发证领导小组。至2004年，全县完成办证任务，累计办理农村集体土地所有权证2160本、面积19.89万公顷。

（三）国有土地使用权抵押登记

1996年起，县土地管理局依据《中华人民共和国城镇国有土地使用权出让和转让暂行条例》第三十五条规定，办理土地使用权抵押登记。1997年，办理土地使用权抵押登记2宗、面积13.67公顷。2001年，办理抵押登记土地5宗、面积1.01公顷，抵押金额187万元。2003—2005年，办理抵押登记土地263宗、面积338.24公顷，抵押金额896万元。2008年，办理抵押登记土地315宗、面积316.58公顷，抵押金额2.01亿元。1996—2008年，累计办理土地使用权抵押登记1235宗地，面积5193.33公顷，抵押金额6.29亿元。

2006年大田县各类土地分布情况表

表2-1 单位：公顷

乡镇名称	耕地	园地	林地	居民工矿用地	交通用地	水域	未利用地	合计
广平镇	1704.85	466.07	13392.49	432.47	165.61	179.25	816.97	17157.71
奇韬镇	987.22	268.51	5030.43	159.48	33.10	80.08	515.47	7074.29
建设镇	953.54	199.03	4619.91	247.13	102.97	90.23	646.36	6859.17
文江乡	1330.27	187.61	8676.95	198.87	46.19	243.43	587.61	11270.93
梅山乡	1626.02	718.92	15187.93	245.03	88.17	214.93	1126.83	19207.83
太华镇	2353.21	526.49	19524.49	508.81	141.25	243.87	1255.42	24553.54
桃源镇	1830.22	647.06	17996.68	293.51	126.28	169.61	844.67	21908.03
上京镇	1459.11	242.50	12243.25	368.62	101.83	96.12	785.70	15297.13
武陵乡	928.43	314.85	5707.22	113.25	36.09	102.30	828.04	8030.18
石牌镇	942.15	252.43	10558.26	216.70	104.74	163.73	714.41	12952.42

续表 2-1

乡镇名称	耕地	园地	林地	居民工矿用地	交通用地	水域	未利用地	合计
均溪镇	886.48	248.80	10671.23	622.13	95.99	163.62	1349.69	14037.94
湖美乡	732.09	173.48	11438.15	134.39	39.39	285.47	1044.09	13847.06
华兴乡	616.29	230.06	7440.13	136.11	44.51	334.62	484.13	9285.85
屏山乡	929.76	434.29	8078.81	136.82	51.83	167.57	834.59	10633.67
济阳乡	581.22	178.49	5047.83	116.46	24.80	165.69	528.90	6643.39
吴山乡	762.63	218.86	6483.10	116.49	101.83	86.43	585.23	8354.57
谢洋乡	720.96	107.30	9807.17	86.34	105.91	203.86	516.23	11547.77
前坪乡	578.98	180.17	3324.19	111.70	28.65	23.27	339.48	4586.44
合　计	19923.43	5594.92	175228.22	4244.31	1439.14	3014.08	13803.82	223247.92
其中国有	528.00	243.00	4104.00	278.00	23.00	34.00	302.00	5512.00

说明：乡镇土地面积中包括外县飞地 312.18 公顷。全县土地面积、谢洋乡土地面积含牧草地 64.09 公顷

三、城区地价评估

1993 年，城区国有土地参考“省城镇国有土地基准地价（试行）”，根据不同用地类型和用途由县政府研究确定，住宅用地参考地价平均每平方米一级 645 元、二级 529 元、三级 364 元、四级 273 元、五级 236 元。

1995 年 5 月，县政府制定公布《大田县城区国有土地基准地价》，分五级地类，基准地价由出让金、基础设施建设配套费、有关税费、“三通一平”和规划征地费用及征地拆迁实际费用等组成。1997 年 12 月、2001 年 10 月、2005 年 4 月、2008 年 11 月，县政府分别调整公布《大田县城区国有土地基准地价》，作为宗地地价评估、出让国有土地使用权标定底价和征用土地有关税费的依据。

若干年份城区基准地价情况表

表 2-2　　单位：元 / 平方米

年份	地类	一级		二级		三级		四级		五级	
		一类	二类	一类	二类	一类	二类	一类	二类	一类	二类
1995	住宅用地	—		320—560		160—320		100—160		60—100	
	工业用地	—		160—280		80—160		50—80		30—50	
1997	住宅用地	1000	700	650	500	450	400	350	300	300	260
	工业用地	850	650	500	400	350	300	290	260	230	200
2001	住宅用地	—	1000	1000	800	800	600	500	400	260	200
	工业用地	—	—	380	330	280	230	230	200	180	150
2005	住宅用地	1179		1008		786		660		480	
	工业用地	240		210		170		130		110	
2008	住宅用地	1720	1600	1430	1360	1090	1030	880	860	670	650
	工业用地	280		240		190		150		120	

说明：① 1995 年，每平方米基础设施配套费 15 元—20 元，有关税费 53 元—71 元，“三通一平”和规划征地费用 65 元—170 元

②同一土地级别内沿街、路面纵深在 15 米以内的土地为一类地，其余均为二类地

四、土地分等定级

（一）城镇土地定级

1993 年，城区土地东起温镇、西至白岩公园、南至苎麻纺织厂、北至凤凰山，总面积 339.15 公顷，沿用五级等级，其中，一级地分布凤山中路两侧，面积 3.98 公顷；二级地分布南山路、雪山南路和雪山北路、凤山西路、建山路北段等地，面积 35.49 公顷；三级地分布凤山东路、香山路、银山北路和建山路南段等地，面积 82.21 公顷；四级地离城中心较远，仅有次干道和小路相通，面积 105.48 公顷；五级地分布城区边缘和郊区，面积 111.99 公顷。

1995 年 5 月，县政府公布城区土地等级。一级为凤山中、西路（公安局大楼—汽车站）、建山路（公安局大楼—前山路口），二级为凤山西路、雪山南路、宝山路、南山路、雪山北路、前山路、文山路、建山路（前山路口—县中医院），三级为建山路（县中医院—南大门）、白岩山南路、白岩山北路、玉山路、银山北路、天山路、北山路、香山路、凤山东路（东门桥—第二水泥厂宿舍），四级为凤山东路（第二水泥厂宿舍—第二铁厂大桥）、象山路、菜坂洋大街，五级为赤岩山路。乡镇所在地一级地段，上京、太华、广平、建设、桃源、石牌、吴山相应为城区三级地段；武陵、梅山、奇韬、文江相应为城区四级地段，屏山、华兴、谢洋、湖美、济阳、前坪相应为城区五级地段。

1997 年 12 月，县政府调整城区规划范围，北至均溪镇郭村，南至石牌镇老厝村，西至白岩公园西侧仙跳仑烈士纪念碑，东至华兴乡华安村。城区主要地段土地级别也作相应调整：华兴乡政府所在地一级地段调为相应城区四级地段，华安、温镇、郭村、福塘、石牌、老厝村和均溪鸭蛋山列入五级地段。

2001 年，县政府对城区主要地段土地级别又进行调整，城区主要街道两侧沿街为一级地段，外缘区域为二级地段。2005 年、2008 年，县政府又对城镇土地等级进行两次调整，提升部分地段土地级别。

（二）农用地分等

2001 年，县政府印发《大田县农用地分等定级与估价工作实施方案》，县土地管理局成立工作小组和技术小组，始对全县耕地开展分等工作，2002 年 9 月完成，11 月通过省国土资源厅、市国土资源局验收。按照耕层厚度、海拔高度、坡度级别、灌溉条件、土壤质地、剖面构型、排水条件和有机质计算自然质量等指数，按投入、产出比计算土地利用等指数，再确定分等指数。全县 2 万公顷耕地分为 9 个等级，一等 667.79 公顷、二等 1167.49 公顷、三等 1472.31 公顷、四等 799.92 公顷、五等 135.88 公顷、六等 1031.96 公顷、七等 9219.77 公顷、八等 5120.94 公顷、九等 400.51 公顷，其中七等、八等最多，分别占总耕地面积的 46.06%、25.58%。2003—2008 年，农用地等级未再调整。

五、土地资产评估与收储

1994 年 3 月，县地产估价事务所进行全县地产评估，至 2000 年 10 月，共评估土地资产 229 宗，面积 328.64 公顷，资产总额 4.25 亿元。2001 年，县土地储备中心收储国有土地 42 宗，面积 49 公顷。对全县土地利用和供应有效控制，盘活企业和城镇存量土地。2001—2008 年，共收储国有土地 217 宗，面积 143.25 公顷。

第三节　耕地保护

一、基本农田保护区划定

1994 年 7 月，县政府根据省委、省政府划定基本农田保护区的要求，开展基本农田保护区划定工作（基期 1994 年，规划目标 2000 年）。至年底，全县共划定基本农田保护区 18 个、保护片 695 个，面积1.28万公顷，保护率85.1%，其中蔬菜保护片2个，面积15.33公顷。1998年，划定基本农田保护1217片，面积1.17万公顷。2005年，划定基本农田1239片，面积1.73万公顷，保护率86.41%。2008年，全县基本农田保护面积保持1.73万公顷。

二、基本农田保护

1994年，土地管理部门在各主要地段竖立基本农田保护牌80块、保护公约牌15块。1995年起，县长与各乡镇长签订“大田县基本农田保护责任书”，乡镇长与各村民委员会签订责任书，确保责任区内基本农田数量不减、质量不降，杜绝违法占用基本农田。县土地管理局审批用地时，依照《福建省基本农田保护条例》的有关规定依法上报审批非农建设使用基本农田手续。

1998年10月，根据省政府通知，开展基本农田保护区核查。1999年，经核查，补划保护区4313.33公顷。落实国土资源部关于不准非农业建设占用基本农田、违反土地利用总体规划将基本农田纳入退耕、植树造林发展林果业及超标准建设农田林网、挖塘养鱼和建畜禽建筑物、占用基本农田建设绿色通道和城市绿化带等“五不准”的要求，开展基本农田保护工作。2001年，宣传《福建省基本农田保护条例》，广平、建设、太华、上京等乡镇开展“国土杯”法律竞赛和执法座谈9场次。2005年，设立基本农田保护牌57块。高速公路占用基本农田112.6公顷，补划113公顷。2006年，建立省级监控区1片、市级3片、县级15片，总面积2713.33公顷。2004—2008年，实施土地整理和基本农田建设项目，新增耕地18.69公顷。

第四节　土地开发利用与整理

一、土地利用规划

1994年4月，县政府根据《大田县国民经济和社会发展十年规划》和“八五”计划修正纲要，编制土地利用总体规划（1993—2003年）。

1997年10月，对土地利用总体规划进行修编。以1996年全县土地变更调查为基准年，全县耕地面积2.16万公顷，园地5699公顷，林地17.89万公顷，牧草地64.09公顷，工矿用地4472公顷，交通用地1482公顷，水域2883公顷，未利用地1.43万公顷；2000年为近期目标年，2010年为规划目标年，全县耕地面积2.26万公顷，园地6699公顷，林地17.94万公顷，牧草地64.09公顷，工矿用地5472公顷，交通用地2482公顷，水域3383公顷，未利用地9300公顷。1999年5月，修编规划经省土地管理局评审验收，由市政府转报省政府审批。

2007年5月，对2006年土地利用总体规划进行修编。以2005年为基期，2010年为阶段目标年，2020年为规划目标年，根据县国民经济和社会发展需要及土地利用综合效益，对各用地部门用地指标，特别是建设占用耕地指标分解、基本农田调整补划、土地整理、复垦、开发方案进行论证与协调，确定规划方案。2008年底，形成《大田县土地利用总体规划大纲（送审稿）》，规划至2010年，耕地保持在1.96万公顷以上，通过土地开发整理复垦补充耕地不低于360公顷，建设用地总规模控制在5520公顷以内。

二、耕地开发

1993年6月，县政府规定：连片开发水田0.6公顷以上，经验收符合水田标准的每公顷补助7500元、农改田补助300元。集中连片开发水田0.67公顷以上，根据标准和建立永久性水利灌溉工程，每公顷补助0.75万元—2.25万元；旧宅基地还耕成良田的，每公顷补助4.5万元；不毁林开荒开垦坡度25度以下荒山为旱农地，集中连片0.33公顷以上，每公顷补助3000元；旱农地连片改造为水田，根据投入永久性水利设施工程量的大小及灌溉面积，给予适当补助；新开发的耕地，谁开发谁受益，自验收年份起，使用权 15 年不变，5 年内免交农业税、教育费附加和水资源费等。至 1994 年，奇韬镇龙坪村村民黄新想在仑子头开发耕地 1.9 公顷。

1995—2007 年，县政府落实“用一造一”方针，制定耕地开发优惠措施，列入乡镇目标责任制，设立耕地开发单项奖。全县开发耕地 214.79 公顷。

1998 年，实施《福建省开发耕地管理办法》，县政府征收非农建设用地耕地开发基金，水田每公顷 4.5 万元、旱地 0.75 万元，设立专户储存，专款专用，用于耕地开发补助。县委、县政府对耕地开发进行单项评比，根据任务完成情况给予奖励或处罚。当年全县开发耕地 29.9 公顷。2000 年，全县开发耕地 41.27 公顷，实现占补平衡。2002—2005 年，开发新增耕地 71.88 公顷，其中园地 27.46 公顷。1993—2008 年，全县开发耕地和可视为开发耕地的园地面积共 874.44 公顷。

三、土地整理

1997 年，县政府发动全县群众拆除成片农田中无人居住的旧房退宅还耕，复垦水田 8 公顷。1998 年，开展土地整理退宅还耕面积 3.33 公顷。

2002 年，贯彻省国土资源厅《关于开展土地开发整理专项规划编制工作的通知》精神，县国土资源局编制《2000—2010 年土地开发整理专项规划》。2003 年 8 月，该项土地开发整理规划经市国土资源局评审验收。2004—2008 年，开展太华镇万湖村 66.9 公顷、锦溪、黄沙村 58 公顷和吴山乡阳春村 39.87 公顷等 3 个土地整理项目，投入资金 485 万元，增加耕地面积 16.33 公顷。

2007 年，梅山乡梅山、沈岭 2 个村省级基本农田重点设施建设项目立项，总规模 53 公顷。2008 年 12 月 15 日竣工，总投资 79.5 万元，新增耕地 2.36 公顷。

第五节 用地管理

一、土地使用制度改革

（一）国有土地出让转让

1993 年 6 月，县政府下发《关于加强土地管理的通知》，推行国有土地有偿、有期限使用制度。城镇规划区内的国有土地、集体土地由县土地管理局实行统一规划、征用、开发、管理、出让“五统一”，垄断一级市场，放活二、三级市场；培育和完善土地市场，规范土地使用，变无偿、无期限、无流动“三无”为有偿、有期限、有流动“三有”制度。1994 年，全县出让国有土地 17 宗、面积 0.97 公顷，收取土地出让金 80.8 万元。

1995 年 11 月，县政府规范境内省道 305 线、306 线公路两侧沟外 15 米—30 米红线内的非农建设用地，由县土地管理局统一开发利用。属国有土地的直接办理土地使用权出让手续；属集体土地的，先征用为国有土地，再统一办理土地使用权出让手续。

1999 年 6 月，根据国务院《城镇国有土地使用权出让和转让暂行条例》，县政府规定：凡单位和个人转让属行政划拨的国有土地使用权，应补签土地使用权出让合同，按 1997 年公布的基准地价或评估地价的 40% 缴纳土地出让金，方可办理土地登记。当年补签土地使用权出让合同 12 份，面积 0.62 公顷，收取土地出让金 97.71 万元。

2001 年，执行国务院《关于加强国有土地资产管理的通知》、福建省《国有土地使用权招标拍卖管理办法》和《关于经营性房地产项目用地预审工作的通知》等法规、政策，建立建设用地供应总量控制、城市建设用地集中供应、国有土地有偿使用、土地收购储备、土地使用权公开交易、基准地价定期更新、土地审批集体决策、登记资料查询、国有土地收益收缴、违法行为举报查处等土地管理制度。对新增建设用地和原有建设用地实行总量控制，由县土地行政主管部门代表政府统一征收或收购、储备和供应，不符合划拨条件的不得以划拨方式供地。凡经营性项目用地一律采用招标、拍卖、挂牌方式供地，对土地资产处置、经营性土地使用权（含工业用地）招标拍卖挂牌出让、协议出让、重大土地违法案件处罚、国有土地收益年租金等事项实行集体决策，严格土地管理，整顿和规范土地市场秩序。2005年，协议、拍卖、挂牌出让土地24宗，面积25.15公顷，收取土地出让金2252.11万元。1994—2008年，共招标、拍卖、挂牌出让国有土地66宗，面积61.59公顷，收取土地出让金4.23亿元。

（二）房屋拆迁补偿安置

1993年，县政府按照国务院《城市房屋拆迁管理条例》和《福建省城市房屋拆迁管理办法》，加强对城市建设需要的房屋拆迁管理，依法对被拆迁房屋及其附属物的所有人给予合理补偿和妥善安置。3月，宝山路、南山路等旧城改造以迁高安置为主、易地安置为辅，易地安置对等原则以地兑地，统一规划，路、水、电“三通”，每户安排宅基地72平方米自建住宅。拆迁房屋木结构每平方米补偿40元，土木结构42元，砖木结构50元；混凝土结构主体完工的每平方米补偿95元，主体完工装修一半的110元，整体竣工的125元。迁高安置参照拆迁面积和家庭人口安排商住楼，安置面积主房屋建筑面积100%计入，附属物50%计入；拆迁户根据安置面积缴纳3—7层房屋结构改善费每平方米300元—280元。拆迁房屋木结构每平方米补偿60元，土木结构65元，砖木结构75元；混凝土结构主体完工的每平方米补偿140元，主体完工装修一半的165元，整体竣工的180元。

1995年8月，经市政府审查批准，颁发《大田县城市房屋拆迁管理规定》和《大田县城市房屋拆迁补偿和安置房计价标准》。拆迁补偿实行产权调换、作价补偿或者产权调换和作价补偿相结合的形式。以一、二等砖混结构单元套房为基础，按不同结构和成新程度计算补偿数额，成新程度（系数）按竣工入住时间1年以内（含1年）至36年以上，定为成新一成至四成9个成新系数，补偿标准以每平方米单价乘以成新系数。框架结构单价一等为445元、二等为370元；混合结构一等为370元、二等为340元、三等为310元、四等为280元；木结构一等为270元、二等为230元、三等为190元、四等为150元；土木结构一等为230元、二等为190元、三等为150元、四等为120元。并按住宅面积付给被拆迁户搬家补助费和临时安置补助费。产权调换安置房与被拆房面积相等砖混结构每平方米计价400元、框架结构480元；超过部分10平方米（含10平方米）以内每平方米计价砖混结构550元、框架结构660元；20平方米以上的按商品房价格砖混结构每平方米800元—900元、框架结构840元—1080元。

2002年，县商贸批发中心建设项目拆迁补偿实行货币补偿和房屋产权调换两种方式。货币补偿以有资质的房地产评估机构评估确定的金额为基础，同被拆迁人进行协商确定补偿数额，住宅按每平方米2.5元支付一次搬家补助费，最低每户次不少于250元；房屋产权调换以拆迁房和所调换房市场评估价结算差价。临时过渡安置由拆迁人提供过渡房或被拆迁人自行过渡，自行过渡的临时安置补助费每月每平方米2元；拆迁非住宅造成经营者停产、停业，按规定或与经营者协商，给予停产、停业期间经济补偿。

2008年，县政府常务会议议定，拆迁户搬迁补助费提高为每平方米每次5元，每次补助费总数最低不少于400元；临时安置补助费提高为每月每平方米5元。

（三）农村集体土地有偿使用

1993年，国家建设征用集体土地，按照《福建省土地管理实施办法》规定，由用地单位支付土地补偿费、林木补偿费、青苗及地上附着物补偿、安置补助费。征用耕地土地补偿费按该地征用前三年平均年产值的5倍计算。当年7月31日起，县政府根据国务院减轻农民负担指示精神，取消农民宅基地有偿使用。

1995年3月，县政府下发六角宫水库电站建设征地拆迁安置补偿若干问题的意见，征用耕地按有关规定付给所有者或经营者土地补偿费、安置补助费及青苗费，征用荒芜2年以上、5年（含5年）以下耕地，按同类耕地每亩年产值的50%补偿；征用山地、杂地、旧基地等土地按水田补偿费的10%计算；征用林地按耕地补偿标准20%计算。林木补偿费幼林按林业部门核定的造林工本费1.5倍计算，中龄林按成林亩材积产值的25%补偿，经济林按征用前4年、平均亩产值的5倍补偿，征用林地安置补助费按林地补偿费的50%计算。工程临时用地补偿水田每公顷9000元、农地4500元。该工程征用境内土地200.16公顷，补偿总费用1107.23万元。

2000年3月，县政府制定征地补偿标准：县城区内均溪镇的耕地平均年产值为水田每公顷2.93万元、旱地1.5万元；征用玉田、红星、福塘、温镇村水田，土地补偿费按耕地平均年产值10倍、旱地按8倍计算、青苗费按1倍补偿，玉田、红星、福塘3个村的安置补助费按15倍、温镇村按12倍计算。其他乡镇、均溪镇的其他村征用土地的补偿标准，由乡镇依据福建省《实施〈中华人民共和国土地管理法〉办法》规定，计算制定补偿标准，送县土地管理局审核报县政府批准执行。当年，征用农村集体土地10.12公顷，支付补偿费434.61万元。2005年，征用集体土地（不含街面水库大田库区）449.51公顷，支付补偿费2568.19万元。

2008年5月，县政府制定统一全县耕地年产值和征地补偿标准：县城规划区内均溪镇红星、玉田、福塘村耕地年产值每公顷水田2.93万元；温镇村2.59万元；均溪镇郭村、华兴乡华安村、石牌镇石牌和老厝村、一类集镇建设镇2.4万元；二类集镇桃源、上京、太华、广平、奇韬镇规划区内及均溪镇其他村2.1万元；二类集镇及石牌、建设、华兴规划区外1.95万元；三类乡镇文江、梅山、屏山、吴山、济阳、武陵、谢洋、湖美、前坪1.8万元；全县旱地均为每公顷1.5万元。土地补偿费和安置补助费按征收耕地年产值的10倍、15倍合并计算，青苗补偿费按1倍补偿。征收园地、林地、牧草地和其他农用地，按照省《实施〈中华人民共和国土地管理法〉办法》和省政府《关于加强征地补偿管理切实保护被征地农民合法权益的通知》规定执行。当年，征用集体土地82.68公顷，支付补偿费2939.35万元。

二、建设用地审批

（一）建设项目预审

1997年11月，县土地管理局贯彻建设项目用地预审意见书制度，强化对用地选址、标准、方式、计划、价格等方面有效管理。使用耕地0.2公顷、总用地0.67公顷以下的由县土地管理局出具预审意见书。1999年9月，省土地管理局转发国土资源部通知，凡当年1月1日新上的所有建设用地项目必须在可行性研究报告报批前申报用地预审。建设项目用地预审实行分级管理，县级以上土地行政主管部门受理同级机关批准的建设项目用地预申请。

2000年，实行建设项目用地预审制度。保证土地利用总体规划的实施，宏观调控土地供应。2007年，县政府制定《大田县建设用地管理规定》，土地行政主管部门对建设项目有关事项进行预审，逐级转报建设项目批准机关的同级土地行政主管部门审批，控制建设用地总量，保护耕地。占用耕地的应落实“占补平衡”方案和措施，确保全县耕地占补平衡。1997—2008年，全县建设用地预审项目共227个，总面积1944.65公顷，其中耕地668.51公顷。

（二）用地报批

农村居民住宅用地 1993年6月，县政府《关于加强土地管理的通知》规定，农村居民建住宅用地，必须符合乡镇村建设规划，本人申请，村民委员会同意，经乡镇土地管理所审核，报乡镇人民政府批准；使用耕地的，由乡镇人民政府审核同意，报县政府批准。在办理用地审批时，村民要落实“用一造一”计划，缴纳耕地开发基金，水田每公顷4.5万元、旱地0.75万元。8月，县政府制定《关于加强农村居民建住宅用地管理的暂行规定》，农村居民建住宅应充分利用村内原有住宅基地、荒坡地、空闲地或其他非耕地。确需占用耕地的，先在本村开发相当于新建住宅用地两倍的耕地，方可按法定审批程序申请报批。至1996年，审批农村居民建住宅用地32.53公顷，其中耕地4.32公顷。全县开发耕地178.12公顷，实现“用一造一”。

1999年11月，县土地管理局规范农村个人建房用地申请、审查和报批。2000年，审批农村居民建住宅用地542宗，面积6.5公顷。2002年7月起，实行农村个人建房用地全程跟踪管理，建立建设用地跟踪台账，审批679宗，面积9.02公顷。2004年，办理农村宅基地审批385户，面积5.43公顷。

2005年1月，县国土资源局不再向农村村民住宅建设用地收取任何费用。7月，县政府规定农村村民在依法取得原有住宅用地范围内翻建住宅，符合土地利用总体规划且未改变土地用途的，由村委会签署意见，经所在乡镇国土资源所确认，不办理用地批准手续，直接办理规划建设许可手续。全年审批农村个人建房395户、面积4.82公顷。

2007年，县政府规定农村村民个人建住宅使用经批准农用地转用和使用土地或非农用地的，持户口簿及家庭成年成员身份证，按照“一户一宅”“拆旧建新”的要求向村委会提出用地申请。每户用地面积限额不能超过法定标准80平方米—120平方米；利用空闲地、荒坡地和其他未利用地，或原旧住宅翻建的，可增加不超过30平方米。2008年，县政府审批农村个人建房用地323户，面积3.77公顷。

城区个人建房用地　1993年，县政府审批城区个人建房或旧房翻建用地88宗，面积0.89公顷。1996年，旧房翻建31宗，用地1.62公顷。1997年5月，县政府会议纪要提出，县城规划区内旧房改建执行选址意见书和建设用地、建设工程规划许可证“一书两证”审批制度，由改建户本人向县政府提出申请，县政府形成专题会议纪要后，向城建局规划办申办建设用地规划许可证，县土地管理局实地勘察和审查，报县政府行文批准，县土地管理局颁发建设用地批准书、实地钉桩放样。2000年，旧房改建36宗，面积0.43公顷。2003—2007年，城区个人住房改建审批共200宗，面积27.97公顷。2008年，个人旧房改建用地44宗，面积0.61公顷。

单位建设用地　1993年6月，按照县政府关于土地管理的规定，国有投资的建设项目、住宅建设等用地，继续采用划拨方式供应，其他新增经营性建设用地，原则上实行有偿使用。当年，境内省道306线公路改造（212“先行工程”）征用土地265.13公顷，其中耕地197.37公顷、非耕地58.1公顷、276户拆迁房安置用地9.66公顷。

1995年，经省政府批复，县火电厂用地7.67公顷，其中耕地5.15公顷。1996年，国务院批准县六角宫水库境内用地200.16公顷，其中集体土地158.28公顷（耕地41.58公顷）、国有林地9.28公顷、国有水域32.6公顷。2000年，办理国有土地出让15宗、面积2.48公顷，转让土地3宗、面积0.37公顷；机关、学校、企业、新村等建设新增用地报省政府审批三批次共16.72公顷。

2005年4月，经省政府批准，街面水库大田库区用地839.67公顷，其中集体水田247.07公顷、旱地42.6公顷、园地88.2公顷、林地269.53公顷、工矿居民点土地31.67公顷、未利用地7.47公顷、交通用地37.2公顷、国有水域115.93公顷。2006年，审批福塘轻工业园用地5.81公顷。

2007年，根据县政府《大田县建设用地管理规定》，单位建设用地以行政划拨、协议出让、招标拍卖挂牌出让等方式供地，未列入《划拨供地项目目录》的，以有偿方式提供土地；经营性用地、工业用地及其他法定不能采取协议出让方式供地的，实行招标拍卖挂牌出让国有土地使用权。属政府供应的工业用地，国有土地使用权采用招标拍卖挂牌出让或租赁。2008年，全县审批单位建设用地78宗、面积37.27公顷，其中，行政划拨33宗、3.35公顷，协议出让6宗、3.62公顷，招标出让21宗、16.14公顷，新村建设用地18宗、14.16公顷。审批海西（大田）机械铸锻集中区长鑫船舶配件制造有限公司用地10.07公顷、金杉木业有限责任公司用地3公顷。

1993—2008年，国家、集体单位建设用地2162.67公顷。全县累计水库淹没土地1466.01公顷，其中坑口水库172.18公顷、六角宫水库200.16公顷、街面水库大田库区839.67公顷、36座小型水库254公顷。

1993—2008 年各类建设用地情况表

表 2-3 单位：公顷

年份	国家、集体建设用地		个人建房用地		合计	
	宗数	面积	宗（户）数	面积	宗（户）数	面积
1993	66	38.09	12	0.21	78	38.30
1994	77	88.32	517	7.31	594	95.63
1995	70	40.30	566	10.01	636	50.31
1996	68	321.46	41	2.36	109	323.82
1997	55	187.50	195	13.14	250	200.64
1998	74	24.99	58	0.44	132	25.43
1999	15	7.73	171	1.57	186	9.30
2000	58	3.44	578	6.92	636	10.36
2001	96	11.14	332	7.82	428	18.96
2002	70	4.39	707	9.32	777	13.71
2003	36	5.62	391	5.49	427	11.11
2004	29	67.00	385	5.43	414	72.43
2005	41	45.57	395	4.82	436	50.39
2006	35	852.11	104	1.55	139	853.66
2007	25	436.16	424	4.70	449	440.86
2008	50	28.85	323	3.77	373	32.62
合计	865	2162.67	5199	84.86	6064	2247.53

第六节 土地监察执法

一、土地法规宣传

1993 年，县土地管理局印发土地管理法律法规宣传年历 3.5 万份、台历 600 份，分发各村和县直机关单位，发送有关法规小册子及宣传品 1.34 万册（件）。继续在全县开展无擅自占地、批东建西、少批多占、越权审批土地管理“四无”乡镇活动，并列入年度两个文明建设考评内容。1995 年 6 月，县人大常委会举办土地法制培训班，县直机关、企事业单位和司法部门正职领导共 118 人参加。7 月，县成立“四无”活动检查小组，对吴山、谢洋、上京、桃源、前坪、早兴、屏山、太华 8 个土地管理“四无”乡镇和 198 个“四无”村进行检查验收；吴山、谢洋乡连续 9 年达“四无”标准。1997 年，“四无”乡镇活动停止。1998 年，县、乡党校举办土地管理法制培训 5 期、参训 1000 余人。乡镇设立固定宣传牌 18 块。

1999 年，重点宣传新修订的《中华人民共和国土地管理法》和《福建省实施新〈土地管理法〉办法》。2000 年 6 月，编印《土地管理法规选编》1000 册，张贴土地法律法规挂图 800 多幅，并举行宣传踩街活动。2001 年，举办土地管理法律知识培训 7 期，组织宣传车到各乡镇宣传国务院《关于加强国有土地资产管理的通知》《福建省国有土地使用权招标拍卖管理办法》和《福建省基本农田保护条例》等。2001—2008 年，在宝山路法制宣传一条街设宣传专栏，共出刊 14 期；印发土地管理法律法规宣传材料 6500 多份，并在县电视台播放 500 余次；一年两次在东街口开展土地法律法规咨询活动。

1997—2008 年，县土地管理部门开展土地法律知识竞赛和考试 5 次，每年“4・22”世界地球日和“6・25”全国土地日召开专题座谈会，“6・25”全国土地日之际，分管副县长每年在县电视台作加强土地管理等专题讲话。

二、建设用地清查

1993 年，县政府制定建设用地、土地市场、土地开发等一系列管理措施，对建设用地进行检查、清查。1997 年 6 月，全县进行非农业建设用地清查，冻结非农业建设用地 1 年。经清查，1991 年 1 月 1 日至 1997 年 4 月 14 日，全县非农建设用地 5000 宗，面积 766.67 公顷，其中耕地 375.2 公顷。查出违法用地 226 宗，面积 46.43 公顷，其中耕地 27.65 公顷。违法用地中未批先用 139 宗、少批多占 87 宗，其中教育“两基”用地 98 宗、新村建设 43 宗、房地产开发 17 宗。分别不同情况进行处理，教育“两基”、新村建设和房地产开发用地给予补办审批手续；其他违法用地情节严重的，申请法院强制执行没收 2 宗；拆除 4 宗，退还土地 500 平方米。罚款、补交地价款 75 万元。

1998 年，土地清查补办用地手续 229 宗、面积 49.78 公顷，其中，市批 39 宗、32 公顷，县批 190 宗、17.78 公顷。清查各类临时用地 165 宗，补收地价款 20.8 万元，拆除 8 宗；恢复重点工程临时堆场土地 0.19 公顷。1999—2000 年，按照市政府办公室《关于清理非法转让炒卖土地的通知》，开展城区土地、房产转让清理，单位和个人私下转让或改变土地用途的，限期到县土地管理部门补办土地变更登记手续，原属于划拨国有土地的 0.89 公顷，责令补交土地出让金 278.9 万元。2001—2008 年，对建设用地进行巡查和执法检查，未开展专项清查。

三、土地执法

1993 年，县土地行政管理部门执行“严格监督、严肃查处、以防为主”的方针，建立土地监察队伍和目标责任制，开展法律法规宣传和巡回检查。调解土地纠纷 28 起。1994 年，依法查处违法用地 52 起，拆除建筑物 12 处，收回土地 1.1 公顷，补交土地补偿费 30 万元。1995—1996 年，调解土地纠纷 44 起。

1997 年，县政府对广平镇政府集镇规划的用地手续未经审批，而收取地价款拍卖广平村樟树坪集体土地 487.9 平方米给 9 户村民建房，为非法买卖土地行为，宣布无效，收取的地价款押金 38.03 万元，如数退还交款的村民，停止施工，按规定办理土地使用权限依法转让手续。县土地管理局针对执法检查查出的问题，提出整改措施，对 3 个新村建设未批先用、10 个砖瓦厂项目未办用地手续，限期补办，违法用地进行书面通报，典型案件在县媒体曝光。

1999 年，实施新修订的《中华人民共和国土地管理法》，严格实行土地用途管理，从严控制城乡用地，建立 4 个土地执法联防小分队。全年查处各类违法用地 75 起，其中制止违法用地 32 起，依法拆除违规建筑 2226 平方米，退还耕地 1200 平方米。2000—2003 年，制止违法用地 148 起，面积 17.51 公顷，其中村镇领导非法买卖耕地、山杂地各 3 起。立案查处 33 起，涉及土地面积 17.28 公顷，其中耕地 3.27 公顷。拆除违法建筑 55 座、占地 0.54 公顷，没收建筑物 31.68 平方米，申请法院强制执行 8 起，退还和恢复耕地 0.55 公顷。

2004 年，在全县开展土地专项治理整顿，清理村民非法占地建房，立案查处土地违法案件 65 起，面积 1.23 公顷，其中耕地 1.08 公顷，申请法院强制执行 63 起。县政府抽调干部进驻广平镇，拆除广平、建设镇等村民违法用地建筑物 9 座，占地面积 0.11 公顷。2007 年 9 月，县政府组织各乡镇、有关部门集中开展查处“以租代征”为重点的全县土地执法百日行动，清理违法违规用地 18 起，面积 4.39 公顷，其中立案查处 15 起，自行纠正 3 起，退还土地面积 0.3 公顷，拆除地面建筑物和其他设施面积 700 平方米，罚款54万元。2008年，拆除违法用地建筑800平方米。1993—2008年，全县制止、查处违法用地1048起，退还耕地2.93公顷，拆除违法用地建筑2.04万平方米；调解各类土地纠纷249起。

第二章 环境保护

1993年，县委、县政府贯彻落实环境保护基本国策和环境保护领导责任制，坚持“防治结合，发展为主”的环保方针，开展水土流失治理，把环境保护列入各级领导班子政绩考核，在创先争优中实行一票否决；按照污染防治与生态保护并重的原则，开展以水、声、气“三大治理工程”和小流域水土流失综合治理。1997年，实施辖区的环境空气、地面水环境质量，按功能分区分别“制定分解主要污染和排放总量控制目标，辖区环境空气、地面水环境达到国家的有关标准”（“一控双达标”）考核。2003年，开展生态功能区划和饮用水源保护工作。2007年，县政府实施“二氧化硫、化学需氧量主要污染物减排”为重点的污染防治与生态保护工作。2008年，开展“优美乡镇和生态村”创建活动。1993—2008年，进行水环境和城乡环境综合整治；执行建设项目环境影响评价和同时设计、施工、验收“三同时”制度，加大环保宣传，创建“绿色学校”“绿色社区”等，提高全民环保意识。全县共投入污染治理资金8837.07万元、水土流失治理资金1558.8万元，完成233个污染治理项目，取缔、关停小冶炼、水洗矿（沙）点、小造纸等小企业170家。主要污染物排放总量持续下降，城乡环境质量逐步改善；减少水土流失1.21万公顷。。

第一节 机构

一、县环境保护局

1993年，县环境保护局（简称县环保局）内设办公室、环境管理股，行政编制4人。下属环境监测站、环境监理所，分别有事业编制10人、3人。1996年，成立环境干部培训中心，编制4人。1997年，增设计划综合、开发监督股。2002年，机构改革内设办公室、规划管理股、污染控制股、科技法制股，行政编制8人。环境监测站编制8人，环境监理所和环境干部培训中心编制各3人。2006年10月，成立环境监察大队，环境监理所和环境干部培训中心并入，编制7人。2008年，县环保局行政编制9人，环境监测站和环境监察大队编制分别8人、7人。

二、县水土保持委员会办公室

1993年，县水土保持委员会由24个成员单位领导组成，分管副县长任主任，成员和主任随人事变动及时调整。下设办公室（简称县水土办），事业编制4人。水土保持监督站（简称水保站）事业编制5人，与水土办合署办公，一套人马两块牌子。2005年，乡镇成立水土保持领导小组，由乡镇长任组长，下设办公室，由分管领导任主任，全县乡镇有兼职水保员28人。2008年，县水土办工作人员2人（参照公务员管理），水保站4人。

第二节　环境监测

一、监测设施

1993—1994 年，县环保局设均溪石牌桥、东门桥、温镇桥和省控湖美高才桥等 4 个地表水采样断面，单月采样，对氨氮、酸碱度、高锰酸盐等 18 个项目进行监测；城区饮用水设城东、汽车站、玉田村、自来水厂院内等 4 个监测点，监测项目 8 个。县环境监测站配合市环境监测站开展污染源监测。1995 年，县环境监测站建立实验室，设均溪地表水采样断面 4 个和大气监测点 3 个、降尘点 4 个、酸雨点 1 个、交通噪声点 11 个、城区噪声点 122 个。开展大气每季度 12 次、饮用水源、地表水每年 6 次、噪声每年 1 次常规监测和污染源的废气、烟尘、粉尘及废水的 pH 值（酸碱值）、悬浮物、化学需氧量等项目监测。1999 年，东门桥地表水采样断面改设在华安桥。2001 年，监测站添置原子吸收分光光度计、离子色谱仪等一批环境监测仪器设备，取得省计量认证合格单位资质，具备水、气、声的 pH 值、化学需氧量、氨氮、二氧化硫、降尘、总悬浮颗粒物、亚硝酸盐氮等 77 个项目监测能力。1995—2006 年，每年开展 1 次区域环境和交通干线噪声普查。2007 年 1 月，县环境监测站通过省质量技术监督局计量认证换证评审，新增氯离子、硫酸根、亚硝酸根、硝酸根、磷酸根、铅、锌、铜、镉等监测项目。1995—2008 年，每年获得大气常规监测数据 363 个、水环境质量数据 348 个、污染源数据 450 个和交通噪声、区域噪声监测点有效监测数据 610 个。累计完成环境监测报告 1120 个。

县环境监测站化验室（1996 年摄）

二、环境质量

（一）大气环境质量

1995 年，经监测，城区大气质量季均值达国家二级标准，空气质量良。1998 年，城区大气每立方米总悬浮颗粒物（TSP）浓度 0.234 毫克、二氧化硫 0.042 毫克、氮氧化物 0.032 毫克，空气质量良、指数 84。2001 年、2003 年，每立方米总悬浮颗粒物浓度分别为 0.166 毫克、0.164 毫克，二氧化硫分别为 0.032 毫克、0.022 毫克，氮氧化物分别为 0.028 毫克、0.024 毫克，空气质量均良、指数均是 66。2008 年，每立方米可吸入颗粒物（PM10）浓度 0.080 毫克、二氧化硫 0.026 毫克、氮氧化物 0.026 毫克，空气质量良、指数 65。

（二）水环境质量

1995 年，根据监测，均溪枯水期温镇桥、东门桥两个断面高锰酸盐指数Ⅲ类标准，为Ⅳ类水，石牌桥断面达Ⅱ类水标准。2000—2004 年，经监测，均溪河 3 个监测点指标优于国家《地表水质量标准》Ⅱ类水标准，枯水期温镇桥、华安桥两个断面溶解氧（DO）、氨氮（NH3—N）指标劣于Ⅱ类水、优于Ⅲ类水标准，石牌桥断面达Ⅱ类水标准。2005 年、2008 年，华安桥断面氨氮指数超Ⅱ类水、达Ⅲ类水标准。

1993—2008 年，城区饮用水水质达到国家《地下水质量标准》（GB/T14848—1993）Ⅱ类水标准。

（三）声环境质量

1993 年，影响城区声环境主要是服务业和交通噪声。1995 年，经监测，区域环境噪声 58.4 分贝，交通干线噪声73.5分贝。2000年，区域环境噪声降至54.4分贝，交通干线噪声降至70.7分贝。2001—2007年，城区区域环境噪声在54.8分贝—55.7分贝之间波动，交通干线噪声在67.4分贝—70.9分贝之间波动。2008年，区域环境噪声和交通干线噪声分别为54.8分贝、67.8分贝。

1995—2008年城区环境主要指标平均值情况表

表2–4

年份	地表水监测点									城区空气（毫克/立方米）			城区噪声（分贝）		酸雨率（%）
	高锰酸盐（毫克/升）			氨氮（毫克/升）			溶解氧（毫克/升）			总悬浮颗粒物	二氧化硫	氮氧化物	区域	交通干线	
	石牌	温镇	华安	石牌	温镇	华安	石牌	温镇	华安						
1995	—	—	—	—	—	—	—	—	—	—	—	—	58.4	73.5	—
1996	—	—	—	—	—	—	—	—	—	0.189	0.051	0.034	56.6	73.8	20.0
1997	1.9	3.3	2.2	0.162	0.461	0.954	8.3	7.9	8.0	0.197	0.084	0.032	57.2	77.5	27.7
1998	1.0	1.3	1.4	0.195	0.489	0.604	9.0	8.0	8.1	0.234	0.042	0.032	58.2	75.4	52.3
1999	1.4	2.3	2.3	0.133	0.327	0.192	8.0	6.8	6.6	0.193	0.060	0.026	56.6	73.8	66.7
2000	1.4	2.5	2.4	0.012	0.030	0.026	9.0	8.5	8.4	0.134	0.029	0.026	54.4	70.7	31.2
2001	1.4	2.1	2.1	0.079	0.299	0.122	9.0	8.2	7.9	0.166	0.032	0.028	55.7	70.9	62.5
2002	1.0	2.5	2.4	0.139	0.252	0.242	8.7	7.3	6.9	0.158	0.026	0.018	55.8	70.4	9.4
2003	1.4	3.5	2.8	0.088	0.306	0.263	8.6	7.0	6.7	0.164	0.022	0.024	55.0	69.4	15.8
2004	1.6	3.4	3.2	0.084	0.366	0.372	8.6	6.7	5.9	0.144	0.022	0.020	54.9	67.4	2.6
2005	1.2	2.8	2.5	0.085	0.461	0.515	8.9	8.0	7.7	0.179	0.022	0.023	54.9	67.6	16.7
2006	1.4	2.4	2.8	0.075	0.383	0.377	9.0	8.3	8.0	0.148	0.024	0.020	54.8	67.5	8.1
2007	1.1	2.4	2.5	0.087	0.410	0.444	8.7	7.9	7.6	0.157	0.024	0.023	54.9	67.8	11.9
2008	1.4	3.5	4.0	0.118	0.459	0.512	8.6	7.3	7.2	0.160	0.026	0.026	54.8	67.8	2.2

说明：① 1997、1998年，华安点为均溪东门桥监测点数据

②地表水国家Ⅲ类标准高锰酸盐≤6毫克/升，氨氮≤1.0毫克/升，溶解氧≥5毫克/升；环境空气二级标准总悬浮颗粒物≤0.20毫克/立方米，二氧化硫≤0.06毫克/立方米，氮氧化物≤0.05毫克/立方米

第三节　污染治理

一、大气污染治理

（一）工业废气污染状况

1993年，全县工业废气排放总量13.33亿标立方米；随着工业的发展，废气排放逐年增加。2000年，工业废气排放达110.92亿标立方米。2003年，增至180.66亿标立方米。2008年，工业废气排放总量140.01亿标立方米，其中，非金属矿物制品业废气排放量121.58亿标立方米，二氧化硫1995.98吨，

烟尘 587.05 吨，粉尘 1.17 万吨，氮氧化物 1246.18 吨；黑色金属冶炼行业废气排放量 7.92 亿标立方米，二氧化硫 1015.46 吨。非金属矿物制品业和黑色金属冶炼行业废气排放占工业废气排放总量 92.49%。

（二）废气治理

1993 年，全县处理燃烧废气 1.81 亿标立方米，消烟除尘率 64.3%，净化处理工艺废气 4.5 亿标立方米，净化处理率 42.8%。至 1996 年，县环保部门责令擅自闲置污染治理设施的岩城冶炼厂、星火铸造厂搬迁、整改。当年，全县有工业废气治理设施 137 台（套），年处理燃烧废气 2.11 亿标立方米，消烟除尘率 87.1%，净化处理工艺废气 22.39 亿标立方米，净化处理率 80.5%。

1998 年 7 月，330 家废气排放企业列入县政府《大田县工业污染源达标排放方案》，建设布袋、静电除尘等环保设施，投入 2719.8 万元。1999 年 6 月，县域内 33 个汽油销售站（点）全部停止销售含铅汽油，改为销售 90 号、93 号无铅汽油并设置“无铅汽油”标志牌。当年工业消烟除尘净化 57.48 亿标立方米。

2000 年，县环保局对企业废气排污口进行规范整治，设置废气排放口标志牌 29 块。县政府制发《大田县实施机动车排放污染综合治理的工作意见》，对超过国家或地方排放标准的机动车进行整治或安装净化器，至年底，检测机动车 1380 辆，首检合格 1360 辆，复检合格率 100%。2002 年，全县有工业废气治理设施 205 台（套），每小时处理废气 249.42 万标立方米。

2003—2007 年，县政府组织开展依法取缔小冶炼企业、打击非法经营的专项行动，组成联合执法队，按照拆除供电线路、清理地面设施、恢复土地原貌“三条标准”，取缔小冶炼企业 123 家。2008 年，工业项目削减二氧化硫 135.7 吨。

二、水污染治理

（一）污染状况

工业废水　1993 年，全县工业废水排放量 690.7 万吨。1997 年，上升至 1227.11 万吨。2000 年，经“一控双达标”等污染排放治理，工业废水排放降至 776.84 万吨。随着工矿企业快速发展，2008 年向均溪流域排放生产废水和影响沿河生态环境的工矿企业有铁矿 12 家，铅锌矿、煤矿各 2 家，非金属矿（含采石场）、机砖厂各 17 家，瓷土矿 3 家，铁铅锌选矿厂 15 家；向文江溪流域排放生产废水和影响沿河生态环境的工矿企业有 171 家，其中，煤炭开采业 12 家，铁矿、铅锌矿采选业、机砖厂各 18 家，非金属矿开采业 13 家，食品加工业、织布厂、茶叶加工厂各 2 家，水泥制造业 6 家，造纸业、木业和建筑材料加工厂各 1 家，石灰厂 10 家，冶铸企业 13 家，水力发电厂 54 家及一批非法水洗矿（沙）点。当年，全县工业源用水总量 1754.69 万吨，其中，工业源用新鲜水量 1140.97 万吨，重复用水量 613.72 万吨，重复用水率 34.98%，废水排放量 1389.7 万吨，占用水总量 79.2%。用水量较大的行业为黑色金属矿、有色金属矿采选业、造纸及纸制品业，用水量分别占总量的 21.28%、10.3% 和 48.14%，3 个行业废水排放量分别占排放总量 17.18%、10.71% 和 25.77%。

生活废水　1993 年，城区人口逐步增加，生活污水和垃圾对均溪的污染较为严重。1997 年，县环保局对城区生活污水排放进行统计，全年排放 292 万吨。2006 年，排放 630.72 万吨。2008 年，升至 678.17 万吨，是 1997 年的 2.32 倍。

（二）废水处理

工业废水处理　1993 年，全县有工业废水处理设施 23 套，年处理 453.9 万吨，排放达标率 72.82%。1995 年，县政府责令前峰矿业有限公司选矿车间和宝山选矿车间搬迁。1996 年，重点治理工业废水，投入资金 189.4 万元，占污染治理投入的 51.7%，排放达标率 83.45%。1998 年 7 月，县政府制订《大田县工业污染源达标排放方案》，列入废水排放治理企业 156 家。2000 年，县环保局进行企业废水排污口规范整治，设置废水排放口标志牌 64 块，当年，全县工业废水处理设施 55 套，年处理 1071 万吨，排放达标率 96.02%。2006 年，第一造纸厂搬迁至华兴乡仙峰村，更名为华闽纸业有限公司；

第二造纸厂（岩城纸业）、赤岩纸厂搬迁至吴山乡吉州村，分别更名为闽发纸业、金光纸业有限公司，各设立污水处理设施。2007年，县环保部门加强对铅锌采选业巡查监管和水质监测，责令废水超标排放的长江、桥选、华强矿业有限公司限时整改，并给予行政处罚。2008年，全县工业废水处理设施74套，年处理1441万吨，排放达标率99.02%。

生活废水处理 1993—2008年，城区居民生活废水排放经过各自的三级化粪池处理。

三、声污染治理

1993年，环保部门取缔城区沿街促销喇叭声、限制露天生产加工和机动车喇叭等扰民噪声，主干道建山路设立隔离带，实行人车分流。1995年，区域噪声58.4分贝，交通干线噪声73.5分贝。1996年起，环保和教育部门连续13年联合向城区噪声源单位下发通知，要求在中考、高考前1个月内严格控制各类环境噪声。1998年，城区居民区内竹器厂、工艺美术厂搬迁到福塘二轻工业区，镇石机械厂搬迁到温镇工业区。2008年，城区噪声54.8分贝，交通干线噪声67.8分贝，分别比1995年下降3.6分贝、5.7分贝。

四、矿山污染治理

1993年，全县开展矿山污染源治理。2002年，县政府建立环境保护联席会议制度，县环保局为主席单位，政府办、监察局、发展计划局等20个部门为联席单位，加强自然资源开发项目和非污染型建设项目对生态环境影响的评价，采取植物、工程措施治理矿区水土流失，保护生态环境。2005年，银顶格、川石矿区新建拦土坝6座，加高加固原有坝工程量800立方米。2008年，县政府组织环保、水利、国土等部门开展全县环境安全大检查，检查矿山等企业314家和矿山企业环境污染、水土流失综合整治情况；依法关停取缔非法“水洗沙”“水洗矿”29家。至年底，主要矿区修建拦土坝、拦矸坝37处，其中大合、上蔡大型拦渣坝库容共34.5万立方米。

五、固体废物处理

（一）固体废弃物排放

工业固体废弃物 1993年，全县工业固体废物产生量71.25万吨，排放量5.38万吨，主要是采矿和矿产品加工产生的煤矸石、尾矿砂、粉煤灰和炉渣。1997年，排放量9.44万吨。1999年，降至6.27万吨。2000年起，工矿企业提高煤矸石、尾矿砂、粉煤灰和炉渣的综合利用率，工业固体废渣排放量呈下降趋势。2008年，排放量4900吨，比1993年下降90.89%。

城市生活和建筑垃圾 1993年，县城生活垃圾年产生量1.44万吨。旧城改造、房屋翻建过程产生的建筑垃圾，主要有混凝土、沙石、弃土、废砖等。随着县城范围扩大及人口增加，居民生活垃圾增多，1998年，垃圾产生量1.9万吨。2008年，达2.19万吨，日均60吨，比1993年增加52.09%，日增加20吨。

医疗危险废物 1993年，医疗机构产生一次性使用卫生、医疗用品及器械、排泄物等感染性废物，载玻片、试管等损伤性废物，废药品、血液制品等药物性废物，试剂、消毒剂、影像等化学性废物。2007年，污染源普查，城区6家医院全年医疗废物产生量20.02吨。

（二）固体废物处理

工业固体废物处理 1993年，全县工业粉尘回收2.57万吨，回收率49.5%，固体废物综合利用3.52万吨，利用率4.94%。1996年，工业粉尘回收4.27万吨，回收率81.7%。1997年3月，县政府批准实施“九五”期间水泥行业粉尘治理工程实施方案。1999年，工业粉尘回收5.63万吨，回收率57.63%；工业固体废物综合利用8.61万吨，利用率22.48%。

2006年，县环保局加强对水泥业粉尘污染治理企业检查，19条水泥生产线完成除尘设施竣工验收并投入运行。年底，岩城、岩马水泥有限公司2台粉尘污染治理未动工的立窑水泥生产线，县政府下文责令关闭。2008年，县环保局出动执法人员118人次，检查采选矿企业41家和43个尾矿库运行、管理、环保措施落实、环保事故应急预案制定等情况，确保尾矿库环境安全。当年，工业固体废物综合利用 16.89 万吨，利用率 13.29%，比 1993 年提高 8.35 个百分点。

生活和建筑垃圾处理　1993—1996 年，县城区鸭蛋山垃圾卫生填埋场处理生活垃圾 6.2 万吨。建筑弃土、废砖、废弃混凝土等大部分用于自身或调剂回填，少量与生活垃圾同处理。1999 年，垃圾填理场处理生活垃圾 2.04 万吨。1993—2008 年，共处理生活垃圾 31.19 万吨，年均 1.95 万吨。

医疗危险废物处理　1993 年，县辖区内医院产生的医疗危险废物由三明市医疗危险废物处置中心统一收集处理。至 2008 年，市医疗危险废物处置中心均按规定收集县辖内医院产生的医疗危险废物，统一处理。

1993—2008 年工业“三废”和城区污水排放、空气状况表

表 2—5

年份	工业“三废”排放			生活污水排放（万吨）	城区空气	
	废气（亿标立方米）	废水（万吨）	废渣（万吨）		污染指数	质量等级
1993	13.33	690.70	5.38	—	—	—
1994	10.62	633.00	1.65	—	—	—
1995	19.94	713.72	1.80	—	69	良
1996	30.22	743.61	2.22	—	66	良
1997	72.74	1227.11	9.44	292.00	71	良
1998	67.43	1238.99	7.30	312.00	77	良
1999	70.95	1269.22	6.27	312.00	71	良
2000	110.92	776.84	1.11	312.00	54	良
2001	115.19	898.67	1.31	312.00	64	良
2002	161.76	943.94	1.77	312.00	61	良
2003	180.66	934.36	0.62	318.00	62	良
2004	167.55	1005.83	0.85	330.00	57	良
2005	171.69	1003.18	0.96	347.00	66	良
2006	164.19	914.09	0.64	630.72	58	良
2007	166.82	1180.50	0.50	630.72	60	良
2008	140.01	1389.70	0.49	678.17	61	良

第四节　环境管理

一、污染源调查

1997 年 5 月，县环保局按照《大田县乡镇工业污染源调查实施方案》，开展乡镇工业污染源调查（基准年 1995 年），共调查企业 1368 家，覆盖率 47%；调查企业的总产值 5.16 亿元，产值覆盖率 80.4%。

2003年3—4月，根据《中华人民共和国固体废物污染防治法》，成立县固体废物专项调查领导小组，制定调查实施方案。调查工业企业83家，主要为煤矸石、尾矿和锅炉渣，年产生总量47.81万吨，综合利用8.33万吨，处置38.16万吨，排放1.32万吨；调查医疗单位27家，主要为临床废物、废药物和药品、感光材料废物，年产生量14.73吨，处置量14.57吨，排放160公斤。当年，县环保局按照省地表水和城市大气环境容量核定工作2个实施要求，以环境功能区为单元，完成地表水和大气环境质量评价、污染源调查、相关资料搜集等环境容量核定工作。

2008年，县污染源普查工作办公室按照县政府《关于做好第一次全国污染源普查的通知》，开展第一次全国污染源普查工作。普查时点2007年12月31日，时期资料2007年度。全县普查对象2585家，其中，工业源442家，生活源451家，集中式污染治理设施1家，农业源1691家。

普查对象合计用水量2368.45万吨，废水产生量2296.35万吨，排放量1881.09万吨，处理量1989.71万吨；化学需氧量产生量8089.01吨，排放量4724.1吨；氨氮产生量393.02吨，排放量383.42吨。废水排放量较大的行业是黑色金属矿、有色金属、煤炭采选业及造纸行业。化学需氧量排放量最大的是城镇居民生活，其次是造纸业和有色金属矿采选业。氨氮排放量以城镇居民生活为主和食品加工业。废气污染物产生量和排放量以工业源为主，其中二氧化硫排放量4620.56吨、烟尘2084.68吨、氮氧化物639.7吨、工业粉尘2039.3吨、氟化物4.18吨。按行业分析，非金属矿物制品业和黑色金属冶炼行业排放量占全县排放量90%以上。工业固体废物主要类型为选矿行业尾矿和矿山开采的弃土弃渣等其他废物，分别占全县工业源固体废物产生量的39.85%和54.31%。

二、污染物减排及达标考核

1997年，县环保局贯彻国务院《关于环境保护若干问题的决定》，实施县政府“工业污染源达标排放方案”，列入“一控双达标”考核企业52家。2000年底，辖区内主要污染物排放总量控制在市定指标内，考核企业全部实现达标排放。2005年起，县政府每年组织环保、监察、工商、安监等部门开展打击企业违法排污、保障群众健康环保专项行动。

2007年3月，县政府制定主要污染物减排工作方案，强化排污企业环境监管、淘汰落后生产工艺设备、发展循环经济、加大环保宣传力度、健全考核和问责制度、建立减排工作联席会议制度，对新上有排放二氧化硫、化学需氧量的项目采用“点对点”削减平衡方案。至2008年，2年间工业项目共削减二氧化硫450.69吨、化学需氧量220.5吨。当年，全县出动执法人员352人次，检查企业117家，其中，水泥业11家，选矿业39家（铅锌业26家），造纸业7家，铸造业22家，食品业、项目区等38家，下发各类法律文书18份。有效遏制非法排污行为，消除污染隐患和纠纷。

三、建设项目环境管理

1993年，县环保局在县计委、经委、土地、工商等部门配合下，执行建设项目环境影响评价和环保设施“三同时”制度，加强对新、扩、改建项目环境管理，实行环境影响评价。至1996年，对违反《建设项目管理规定》，拒不办理环评手续、不执行环保“三同时”制度的13家企业共处罚4.75万元。1997—2000年，建设项目环评审批65个，环评执行率100%。2001年，建设项目环评审批17个，环保设施投资占13.8%。2002年起，县环保局改进审批方式，规范审批行为，环评审批手续严格按照名录区分《环境影响报告书》《环境影响报告表》《环境影响登记表》3种审批方式。2008年，环保设施投资占12.5%。1993—2008年，全县建设项目环评审批549个，环评执行率100%，“三同时”执行率全部达标。

四、排污申报和排污费征收使用

（一）排污申报

1993年，县环保局规范排放污染物申报登记工作，申报企业305家。1996—1997年，制定《大田县排污申报登记工作实施方案》，结合第二次乡镇工业污染源调查成果，全面开展排放污染物申报登记工作，列入申报登记单位1419个。1999—2000年，对列入“一控双达标”工作考核的52家企业开展水、大气、固体废物排放申报登记年审及变更工作。2008年，排污申报登记、发放排污许可证企业45家。

（二）排污费征收和使用

排污费征收 1993年，县环保局执行《福建省排污费征收条例》，开征企业产生废水、废气、固体废物、噪声等项目的排污费，共305个次、160万元。1994—1998年，征收1046万元。2001年，开征451个次、203.88万元。2008年，开征64个次、295.6万元。1993—2008年，全县累计征收单位4474个次、金额3578.3万元。

排污费使用 1997年，利用征收的排污费给企业安排污染源治理基金专项贷款。2000年，给加大环保设施投入和提高污染治理能力的企业发放污染治理专项补助。1997—2002年，共发放专项贷款1197.9万元。2003年，停止污染源治理基金专项贷款。2004年，为岩城、石凤水泥有限公司污染治理豁免贷款201万元。1997—2008年，排污费用于污染治理1933.68万元，占污染治理投资21.88%。对治理效果好，经济、环境效益好的企业，共豁免专项贷款794.96万元。

五、污染纠纷调解及事故查处

1993年，县环保局健全环境信访工作责任制度，强化信访值班制度，加强污染纠纷和事故调处。1995年，调处济阳乡大崊、大儒、砚坑等村联名诉德化县阳山选矿厂废水污染损失案，责令该厂限期整改治理，一次性赔偿3万元。1998年8月，县环保局成立环保“110”社会联动领导小组和执法队，设立“12369”环保投诉热线，当年调处环境案件30起。2005年，调处106起。2007年10月5日，县岩城水泥有限公司丢失1枚放射源“铯137”，县环保局立即会同公安等有关部门启动《大田县突发环境事件应急预案》，3小时后在该厂一工人家里找回原包装的“铯137”。1993—2008年，累计处理关于环境方面的县领导批办件、人大议案、政协提案482件。环保“110”社会联动共调处环境案件960起。

第五节 环境规划宣传与生态保护

一、环境规划与区划

1993年3月，三明市政府批准《大田县城区环境规划（修编）》。目标是：严格控制新污染源产生，有效治理老污染源，1995年底城区环境综合质量等级从1990年的七级上升为四级；2000年环境污染得到基本控制，使局部地区环境质量有明显改善；2010年城区生态系统良性循环。

1997年12月，县人大审议批准实施《大田县环境保护“九五”计划和2010年规划》。总目标为：到2000年，全县所有工业污染源排放达到国家或地方规定的标准，主要污染物排放总量控制在1995年的水平；均溪、文江溪水体基本变清。境内省道306公路沿线基本恢复植被，防止水土流失；2010年保护生态系统良性循环，经济建设和环境保护协调发展。

2003年12月，县政府批准实施《大田县生态功能区划》，全县划分7个生态功能区13个生态功能小区，为生态环境保育、管理及区域产业合理布局提供科学依据和空间定位目标。2006年，县环保局开展乡镇集中式生活饮用水地表水源保护区划定工作。经省政府批准，2007年，完成奇韬、建设（香浮）、广平、石牌等4个建制镇集中式饮用水源保护地划定工作，设立界标、宣传牌、警示牌。2008年，完成建设（高云水库）、梅山、武陵、吴山、谢洋、华兴、济阳等乡镇饮用水源保护区划定工作。编制饮用水源地环保规划并报批。

二、环保宣传

1993—1996 年，县环保部门完善宣教设备，加强环境保护法律法规宣传。1997 年，宣传全国第四次环保大会精神和国务院《关于进一步加强环境保护工作的决定》，副县长发表《中华人民共和国环境噪声污染防治法》电视讲话。1998 年 11 月，县五中、六中、职专 6 名选手在县广播电视台演播室进行“环境保护与跨世纪蓝图”演讲决赛，收看转播实况 3 万余人。2000 年，县电视台《宣传周视》举办“一控双达标”栏目 175 期。

2001 年，在全县中、小学和幼儿园创建“绿色学校”。2002 年，在宝山路法制宣传一条街和建山路大街设环保宣传专栏。2004 年，县委党校和机干校开设环境教育课。在仙亭社区试点“创建绿色社区”。2006 年，举办中小学青少年环境知识竞赛 2 次和村级环保协管员培训及环保知识讲座。2007 年，利用暑期组织学生开展“绿色奥运、大田环保”宣传活动，创建“绿色小区”。2008 年，举行“环境保护，从我做起”签名活动，宣传节能减排，推行低碳经济。县五中青年志愿者组织“拒绝白色污染，还我绿色家园”的“拒塑”宣传。开展“优美乡镇和生态村”创建活动。

1993—2008 年，副县长每年在“6·5”世界环境日发表电视讲话，发放环保宣传单 3.5 万份。县城关小学获第二、三、四届省级绿色学校，大田一中、实验小学等 6 所学校获第三、四届市级绿色学校；环保工作人员撰写的《用准确稀释倍数计算 BOD5 值》《大田县水泥工业排污总量控制初探》等 9 篇论文在《福建地理》《环境保护》等刊物发表。

三、生态环境保护

1995 年 5 月，县林业部门开展生物多样性保护工程规划。1996 年，县政府规划全县设立生物多样性保护小区 200 个，面积 0.82 万公顷。2001 年，经调整、合并，设立保护小区 20 个，涉及 13 个乡（镇、场）41 个村，面积 0.63 万公顷。全县划定生态公益林 4.46 万公顷。2002 年，县委、县政府、县政协开展“发展县域经济环保工作思路与措施”“矿山水土流失问题与对策”等课题调研。县环保局撰写《大田县生态环境现状调研与对策》调研报告。编制《生态县建设实施方案》。实行封山育林，计划用三年退耕还林 1.07 万公顷，其中退耕种竹 0.33 万公顷。同年 10 月，县政府下发《大田县畜禽养殖场禁建区划方案》，规定生活饮用水源一、二级保护区、县城规划区内、各乡镇居民区等 9 个重点区域禁建畜禽养殖场；饮用水源一级保护区、县城建成区内、封山育林区禁养畜禽。

2003 年 2 月，经省政府批准设立大仙峰自然保护区，面积 0.69 万公顷；7 月，《大田县生态功能区划》通过省、市专家评审。2004 年，全县封山育林 2232.27 公顷，其中示范片 533.33 公顷；7 月，县环保局对 3 家规模化畜禽养殖场下达限期治理任务。2005 年，封山育林 2109.33 公顷，其中示范片 333 公顷。2006 年 7 月，县政府办组织编制生态县建设规划纲要。2007 年 1 月，县政府下发《大田生态建设总体规划纲要》，设大田仙峰自然保护区和 12 个生态功能小区，开展生态农业、生态工业、生态服务业和蓝天、绿色、清静及生态保障等八大工程 89 个项目建设。当年，实施均溪镇上蔡和太华镇马头岬拦渣坝、川石矿区植被恢复、坑口水库库区水源地水土保持等项目建设，上蔡、马头岬拦渣坝年内投入使用。2008 年，完成《大田县垃圾专项规划》和乡镇垃圾规划编制，10 个乡镇、100 个村的垃圾规划通过省城乡规划建设部门验收；4 月，均溪清水工程通过市水利局验收；谢洋乡创建“省级优美乡镇”，华兴乡昆山村创建“省级生态示范村”。

第六节　水土保持

一、流失状况

1993年，县境内工农业生产、道路、住房等建设开挖、填筑，继续有毁坏地面植被和改变地貌及地表土壤结构的问题，日降雨50毫米以上暴雨年均有4次，雨量集中强度大，也导致大量水土流失。1994年7月，县水土办对新的水土流失进行普查，全县流失面积4700公顷，其中园地开垦流失2753.33公顷、林业生产流失480公顷、采矿流失886.67公顷、基建工程流失413.33公顷、其他原因流失166.67公顷。流失量共309.95万吨，其中采矿流失量133万吨，占总流失量的42.91%。水土流失破坏植被1373.33公顷，破坏地貌548.53公顷、土方量1623.23万吨。1997年，全县水土流失状况复查，流失总面积3.15万公顷，占土地总面积13.72%，比1985年普查面积增加5770公顷，增加22.3%，其中，轻度流失1.22万公顷、中度1466公顷、强度9047公顷、极强度1087公顷、剧烈547公顷，水田隐匿流失7133公顷。强度流失以上主要分布在银顶格、川石及太华、建设、广平、奇韬、文江、上京、济阳等乡镇相关矿区，占流失总面积33.94%，占山坡地流失面积43.9%。

2008年9月17日，由银顶格矿区长期剥离、向矿区下方堆倒的31.3万立方米土石方发生大溜方，堵塞大合溪河道长300米、宽55米，形成深18米堰塞湖，回水长度约650米，库容12万立方米，威胁大合村和下游村民生命财产安全。对此，县政府筹集资金550万元，同年12月，开凿长325米，断面6.2米×6.2米的排水隧洞排除险情。1993—2008年，全县采矿、取土、基建等破坏植被面积682公顷，破坏地貌548.5公顷，堆倒弃土弃渣467公顷，崩塌472处，造成水土流失面积1960公顷。调查水洗沙，仅洗出20%的沙量，80%的泥土流入河道；弃土矿渣堆积极易产生滑坡，崩塌等危害。

二、流失治理

（一）植物措施治理

1993年，县水土保持委员会在全县宣传水土保持有关法律法规和县政府相关规定，开展水土流失治理。抓好植被保护，农村推广省柴灶、沼气或改烧柴为烧煤，对生态脆弱、水土流失严重地区采取封山措施，种草、植树，矿区营造水土保持林。全县造林、封禁、退耕等治理1826公顷。均溪镇东坑、金山村经封山育林，生态坏境得到改善。1997年，在均溪、文江溪流域进行水土流失综合治理，县、乡和有关部门选用适合当地气候条件和土壤的杉树、松树、桉树、木荷、绿麻竹、百喜草、狗牙根、类芦等植物，乔灌草混合种植。年底，全县累计封禁治理9913.33公顷，坡地改造753.33公顷，营造水土保持林5013.33公顷。2000年，多数家庭使用电磁炉，823家茶叶加工厂改烧炭、烧柴为使用液化气。1997—2001年，种植绿麻竹561.33公顷。实施川石铁矿和万湖—前坪—梅山的公路边坡植被恢复工程，逐步形成“生态修复、治理、保护”三道水土保持防线。2006年，屏山乡建生态茶园，种植防护林、梯壁种百喜草。2008年，境内省道306线沿线两侧一重山15个村荒山迹地更新236.47公顷，投资202万元；川石矿区种植邓恩桉树、类芦23.33公顷，投资20万元。全县建沼气池1051口。1993—2008年，全县共完成植物措施综合治理面积3.08万公顷，其中，封山1.38万公顷，坡地治理2300公顷，营造水土保持林8600公顷，经济林果3900公顷，种草1200公顷，其他植物1000公顷。215个村累计建沼气池4743口、5.37万立方米。

（二）工程措施治理

1993—1997年，全县完成水土保持工程65处，土石方量108.7万立方米，管护面积1.67万公顷，共投资300.1万元。1998—2004年，上京、太华、广平、均溪等乡镇矿区修建拦土坝12处、拦砑坝17处、沉淀池 12 个。2005 年 7 月，在太华镇大合村主河道溪堡坑下游 1.3 公里处建大型拦渣坝，坝高 15 米，库容 22.5 万立方米，投资 226 万元，拦蓄上游大量采矿弃土弃渣。2006 年 9 月，县政府印发《银顶格矿区均溪镇上蔡大型拦渣坝工程建设实施方案》，拦渣坝高 15.6 米、长 62 米，主体工程总投资 167 万元，库容 12 万立方米，拦蓄银顶格、十八弯、曲斗地区采矿流失的泥沙。同年，上京、太华、广平、均溪等乡镇矿区修建防洪沟、排洪沟 7.8 公里。2008 年，上坪水库生态保护二期工程修建拦渣坝、排污沟、沉淀池等设施，川石矿区南坑修筑长 400 米、高 3.3 米防洪堤，共投资 105 万元。

1993—2008 年，全县共投入水土流失治理资金 1558.8 万元，其中省财政专项投资 192.4 万元，各部门投资 95.5 万元，地方集资 587.3 万元，水土保持补偿费投入 450 万元，业主自筹 233.6 万元。累计投入 2.45 万个工日。其中，工程措施治理水土流失 156 处，土石方量 186 万立方米，保护面积 2.3 万公顷。

（三）小流域水土流失综合治理

1993 年，全县发动和依靠群众开展小流域综合治理，造林 400 公顷，封禁 1000 公顷，退耕种茶、果树 187.07 公顷，改造茶园、果园 238.47 公顷。1995 年，农业综合开发与小流域水土流失治理相结合，国家立项农业综合开发区治理水土流失 1294.4 公顷，其中种果 354.53 公顷，营造水土保持林 307.33 公顷。封禁 1066.67 公顷，在均溪、文江溪流域种绿竹 63.73 公顷。1997 年 3 月，县政府批准实施“九五”期间均溪、文江溪流域综合治理和公路两旁水土流失治理工程实施方案，要求期末公路沿线植被基本恢复、两溪流水体基本变清。

2005 年 10 月，成立闽江流域大田辖区水环境保护工作领导小组，由 18 个乡镇和 13 个县直机关相关单位领导组成，县长任组长，下设办公室，环保局局长任主任。制定《闽江流域大田辖区水环境综合整治工作方案》，规范开展辖区流域环境综合整治。

2007 年，三明市南大农业综合开发有限公司坑口养猪场外搬至南安。取缔文江溪流域非法“洗矿点”21 家、“洗沙点”15 家。2008 年，全县达标治理的有桃源溪、桃溪、汤泉溪、屏山溪、湖美溪、朱坂溪、周田溪等小流域 7 条，产生直接经济效益 623 万元。有效改善辖区流域水环境质量，同时，扩大耕地面积 50 公顷，保护和改善耕作条件 587 公顷，减轻灾害损失 780 万元。

三、水土保持监督

（一）项目方案申报、审批

1993 年，全县规范矿山、各类基本建设等生产建设项目水土保持方案的申报、审批及管理制度。至 2003 年，实行生产建设单位提出水土保持具体措施，县水保监督站审查批准，累计发放水土保持方案许可证 230 本。生产期间县水保站对许可证进行年检，督促落实方案。2004 年起，按水利部要求，由生产建设单位委托有资质的单位编写水土保持方案报告书（表），县水利局组织专家对报告书进行审查，编制单位补充修改后，由县水利局批准。至 2006 年 9 月，县政府发出《大田县矿山水土流失综合治理暂行规定》《大田县建立和落实水土保持工作长效机制的实施意见的通知》《大田县水土保持联合执法检查工作方案》等文件。县水土办执行预防监督、执法检查、征收补偿三项制度，检查督促业主落实水土保持方案，控制人为水土流失。2004—2008 年，县水利局累计批准水土保持方案 65 个。

（二）补偿费征收

1996 年，县水保站依据《中华人民共和国水土保持法》《福建省实施〈水土保持法〉办法》和省物价委员会、财政厅关于补偿费收费标准的规定，制定水土保持补偿费征收措施，补偿费全部交县财政，由县政府统筹使用。1997—2004 年，征收水土保持补偿费 128.35 万元，年均征收 16.04 万元。2005—2008 年，全县征收水土保持补偿费 556.23 万元，年均 139.06 万元。

（三）案件查处

1993年起，县水土保持委员会每年对银顶格、川石、均溪、太华、上京、广平、奇韬、前坪、济阳等重点矿山，进行联合执法检查。1997年，查处向河道倾倒弃土案2起，罚款2200元，制止5起。2005年，开始对开发区、公路等建设项目进行重点跟踪监督，依法查处向河道弃土弃渣和未报水土保持方案擅自开工造成水土流失的违法案件。2006年，县政府成立关停非法水洗矿、水洗沙领导小组，制定《大田县关停非法水洗矿、水洗沙点专项行动方案》，印发《大田县人民政府关于依法取缔非法水洗矿（沙）点打击非法经营活动的通告》。2007年5月，配合省、市水土保持监督部门对县境内泉三高速公路水土保持情况进行执法检查，发现二、三标段，利用河滩堆放弃土弃渣，督促业主、工程队限时完成整改。2006—2008年，取缔太华、广平、前坪、建设等乡镇境内水洗矿23家、水洗沙14家。

1993—2008年，全县依法查处水土流失违法案件235起，经济处罚3.38万元；调解因水土流失产生的纠纷73起，赔偿36万元；责令停止违法行为146起。

卷三 人口和计划生育

1993 年，全县人口出生率为 16.80‰，自然增长率为 12.40‰，出生人口政策符合率为 21.4%，男女性别比 109.8（女为 100），1996 年，成立大田县计生甩帽创先决战指挥部，制定《关于加强计划生育工作的实施意见》，全县总动员，逐步改变计生工作后进状况。2002 年初，被省确定为计划生育工作三类先进县。2007 年起，开展创建省级计划生育优质服务工作先进单位。2008 年，全县人口出生率为 9.62‰，比 1993 年下降 7.18‰，自然增长率 4.98‰，同比下降 7.42‰，出生人口政策符合率 92.84%，同比提高 71.44%；出生人口男女性别 109，比 1993 年低 0.8 个比值。1993—2008 年，人口状况由“高出生、低死亡、高增长”向“低出生、低死亡、低增长”转变；人口分布逐步由高山区和乡村向低山区和城区转移，城镇化特征凸显；居民收入稳步增长，居住条件逐年改善，生活消费水平明显提高。

第一章 人口状况

第一节 人口数量

1993 年，全县总人口 33.54 万人，当年，出生人口 5622 人，出生率 16.8‰。人口净增率 8.71%。随着计划生育政策的落实，1995 年，全县总人口 34.81 万人，出生 4175 人，出生率 12.1‰，比 1993 年下降 4.7 个千分点。2001 年，全县人口 36.78 万人，出生 3324 人，出生率 9.1‰，总人口比 1995 年增加 5.66%。2003—2005 年，全县总人口呈下降趋势，共减少 2911 人。2008 年，全县人口 36.72 万人，出生人口 3577 人，出生率 9.62‰，比 1993 年出生率下降 7.18 千分点，总人口增加 3.18 万人，增 9.46%。1993—2008 年，全县少出生 3.5 万人，总人口年均增长 0.6%。

1993—2008 年大田县人口情况表

表 3-1

年份	总户数（户）	总人口（人）	其中（人）		男女比（女为 100）
			男	女	
1993	72656	335429	175531	159898	109.8
1994	74204	339252	177665	161587	110.0
1995	77648	348094	182959	165135	110.8

续表 3-1

年份	总户数（户）	总人口（人）	其中（人）		男女比（女为 100）
			男	女	
1996	81095	354868	187127	167741	111.6
1997	86450	358331	188896	169435	111.5
1998	89692	360252	190421	169831	112.1
1999	89933	362566	191551	171015	112.0
2000	92432	366518	193134	173384	111.4
2001	93279	367827	193774	174053	111.3
2002	94935	369068	194525	174543	111.4
2003	95963	368141	193709	174432	111.1
2004	97074	367715	194099	173616	111.8
2005	98446	366157	192590	173567	111.0
2006	99522	368016	194019	173997	111.5
2007	100149	368028	194575	173453	112.2
2008	100777	367154	193878	173276	111.9

第二节　人口分布与密度

一、分布

全县人口总体分布，低山区稠密、高山地带稀疏，非农业人口占少数。1993 年，均溪镇（含城区）、广平镇、太华镇人口数在 3 万人以上，前坪、早兴（华兴）、谢洋、吴山、济阳 5 个乡不到万人。农业人口占 90.69%。当年，县政府实施造福工程，人口稀少的边远山村搬迁至交通较方便、条件较好的村庄。因省道 306 线、305 线建设需要，一批农业人口转为非农业人口。2004 年，街面水库大田库区，湖美、梅山乡部分村庄居民迁移至均溪镇。随着新农村建设的开展，农村人口逐步向集镇转移。2008 年，集镇人口占 65.16%。其中，县城所在地均溪镇人口占县总人口 19.53%，比 1993 年增长 2.77%。

二、密度

1993 年，全县人口密度每平方公里 146 人。其中，均溪镇每平方公里 322 人，建设镇 266 人，分别居全县第一、二位；谢洋乡 70 人，全县最低。2000 年，全县总人口 36.65 万人，人口密度为每平方公里 159 人。其中，均溪镇每平方公里 433 人，建设镇 292 人，保持第一、二位；谢洋乡 70 人，仍属全县最低。2008 年，全县总人口 36.72 万人，人口密度每平方公里 164 人，比 1993 年增加 18 人。人口密度居全县前三位的乡镇依次是均溪、建设、广平镇，分别比 1993 年增加 193 人、31 人和 22 人；人口密度增长较小的为湖美乡，每平方公里比 1993 年减少 7 人，谢洋、济阳乡各减少 3 人。

若干年份大田县各乡镇人口密度表

表 3-2

区 域	1993 年		2000 年		2008 年	
	人口数（人）	人口密度（平方公里）	人口数（人）	人口密度（平方公里）	人口数（人）	人口密度（平方公里）
全县	335429	146	366518	159	367154	164
均溪镇	56234	322	61700	433	71703	515
石牌镇	17655	129	19014	135	18460	134
上京镇	24402	172	24947	172	22888	167
广平镇	32142	178	35266	194	35087	200
桃源镇	19851	93	20850	95	20675	94
太华镇	30613	123	33844	135	33391	136
建设镇	21058	266	23407	292	23589	297
奇韬镇	12499	176	13566	192	13450	193
华兴乡	6501	131	12823	144	12571	144
屏山乡	15590	153	15513	153	14737	147
吴山乡	8785	94	9199	99	9028	99
济阳乡	9551	149	9615	151	9263	146
武陵乡	10617	100	11960	110	11563	109
谢洋乡	8033	70	8088	70	7755	67
文江乡	19103	167	20641	181	20100	178
梅山乡	22934	113	24420	119	23303	115
湖美乡	13548	96	14639	103	12639	89
前坪乡	6313	139	7026	153	6952	152

第三节　人口变动

一、自然变动

1993 年，全县出生人口 5622 人、死亡 1627 人。1996 年起，出生人口得到控制，年出生稳定在 2500 人—3600 人之间，其中最少年份 1998 年，出生 2277 人。随着卫生医疗保健条件的改善，死亡人口相对稳定，每年死亡人数在 1600 人—1900 人之间。2008 年，人口自然增长率 4.98‰，比 1993 年下降 7.42 个千分点。

1993—2008 年大田县人口变动情况表

表 3-3

年 份	迁入（人）	迁出（人）	出生人数（人）	出生率（‰）	死亡人数（人）	死亡率（‰）	自然增长率（‰）
1993	2009	3067	5622	16.80	1627	4.40	12.40
1994	2571	3512	6587	19.50	1668	4.90	14.60
1995	661	1898	4175	12.10	1800	5.20	6.90
1996	10929	12233	2475	7.04	1930	5.49	1.55
1997	5299	6111	2348	6.48	1573	4.41	2.07
1998	3077	3870	2277	6.34	1712	4.76	1.58
1999	2886	3996	2401	6.62	1719	4.74	1.88
2000	5347	5978	2908	7.98	1762	5.10	2.88
2001	2753	3881	3324	9.10	1782	4.84	4.26
2002	6996	8017	2995	8.18	1772	4.80	3.38
2003	4784	9043	3200	8.73	1653	4.49	4.24
2004	3789	8066	3361	9.17	1736	4.72	4.45
2005	3321	7150	3361	9.16	1732	4.73	4.43
2006	9516	9909	3302	8.99	1788	4.87	4.12
2007	2626	5264	3305	8.96	1753	4.61	4.35
2008	1754	2516	3577	9.62	1738	4.64	4.98

二、机械变动

1993 年，婚嫁、工作调动、大中专学生入学与分配、务工经商等迁入 2009 人，迁出 3067 人，净迁出 1058 人。1995 年，迁入 661 人。1996 年，迁入 1.09 万人。2003—2005 年，全县迁出 2.43 万人，迁入 1.19 万人，净迁出 1.24 万人，年均 4133 人。2008 年，迁入 1754 人，迁出 2516 人，净迁出 762 人。1993—2008 年，累计迁出 9.45 万人，迁入 6.83 万人，净迁出 2.62 万人。其间，人口迁出最少的是 1993 年，为 3067 人，迁出最多的是 1996 年，为 1.22 万人，其他各年份迁出均多于迁入。

第二章　人口构成

第一节　民族与姓氏构成

一、民族构成

1993 年，全县居民汉族占 99.5%，少数民族中畲族人口居多。2000 年，全县总人口 36.65 万人，其中汉族 36.52 万人，少数民族 1353 人；少数民族人口百人以上有畲族、回族，百人以下的有侗族、苗族、壮族、土家族、仡佬族，布依族、满族、白族、达尔族、仫佬族、瑶族、蒙古族、高山族、藏族、彝族。2008年，全县有少数民族17个，人口1600多人，占全县总人口约0.44%，主要分布在均溪、前坪、桃源、梅山、广平、太华、谢洋、济阳、屏山等乡镇。畲族分布在桃源镇、梅山乡，回族主要分布在均溪镇华坑村、前坪乡山川村。桃源镇东坂村、前坪乡山川村为少数民族村。

二、姓氏构成

（一）姓氏人口

2008年，大田县共有姓氏288个，其中，5000人以上的姓氏有22个，占全县人口78.98%。总人口中万人以上的有陈、林、郑、吴、张、廖等6姓；5000人—9999人的有叶、刘、郭、范、黄、涂、乐、杨、苏、章、连、余、周、高、肖、田、李等16姓；1000人—4999人的有李、池、魏、罗、蒋、詹、王、施等25姓；500人—999人的有邓、俞等6姓；100人—499人的有丁、潘、徐、巫、赖等23姓；50人—99人的有康、凌、饶、冯、兰、邹、傅等13姓；不足50人的有毛、阮、欧、马、岳、卓、付、韩、姜、侯等199姓。其中，4人的姓氏有华、武、贾、丘、屠、宫、蚁、文、农、广、费11姓；3人的有季、阙、紫、宗、厦、岑、腾、仇、段、靖、祝、覃、裴、危、桂、展16姓；2人的有欧阳、乔、孔、荆、霍、单、刁、鞠、班、布、苗、上、郇、练、揭、寇、阎、尖、古、艾、卿、丛、安、原、扬、藩、冷等27个；1人的有燕、瞿、尧、初、刑、穆、孟、幸、宜、阙、腾、瑰、甄、成、申、车、蒲、区、长、邬、和、寿、干、焦、炉、莉、麻、盛、号、谌、沣、丘腾、库、米、檀、褚、呈、蒴、鲜、附、右、公、誉、鲁、席、梦、景、楚、晏、沙、岩、隆、辞、母、清、牛、樊、平、节、习、綦、濑、扶、庙、谷、郴、梨等67个。

2008年大田县各姓氏人口情况表

表3-4　　　　单位：人

位次	姓氏	人口	位次	姓氏	人口	位次	姓氏	人口
1	陈	54892	17	连	6796	33	卢	2568
2	林	45121	18	余	6269	34	严	2535
3	郑	25335	19	周	6121	35	颜	2469
4	吴	20224	20	高	5647	36	邱	2311
5	张	14126	21	肖	5487	37	翁	2160
6	廖	12868	22	田	5316	38	杜	2021
7	叶	9424	23	李	4922	39	温	2004
8	刘	9107	24	池	4597	40	曾	1924
9	郭	8941	25	魏	4490	41	程	1788
10	范	8443	26	罗	4206	42	朱	1732
11	黄	8112	27	蒋	3719	43	柳	1374
12	涂	7745	28	詹	3559	44	胡	1309
13	乐	7301	29	王	3523	45	唐	1233
14	杨	7212	30	施	3182	46	许	1090
15	苏	7210	31	方	3040	47	蔡	1037
16	章	7135	32	柯	2728	48	邓	783

续表3-4

位次	姓氏	人口	位次	姓氏	人口	位次	姓氏	人口
49	俞	546	70	熊	140	91	韩	31
50	茅	539	71	孙	126	92	姜	26
51	谢	534	72	江	115	93	侯	25
52	尤	529	73	纪	107	94	龙、苇、董、	各23
53	游	500	74	赵	100	95	夏、任、于、龚	各22
54	丁	498	75	康	92	96	倪	21
55	潘	462	76	凌	91	97	童、陆	各19
56	徐	379	77	饶	81	98	芦、祁、潭	各18
57	巫	367	78	冯	78	99	鄢	17
58	赖	356	79	兰、邹	各76	100	蓝、万、郝	各16
59	庄	314	80	傅、沈	各70	101	金、甘	各15
60	何	271	81	彭	67	102	向、辜、易	各14
61	钟	258	82	上官	各55	103	葛、石	各13
62	雷、洪	各247	83	宋、官	各54	104	崔、简、关、黎	各12
63	曹	203	84	汤	53	105	占、袁、邵	各11
64	伍	202	85	毛	47	106	贺、岱、骆白、齐、陶、曲	各10
65	梁	192	86	阮	40	107	宁、尹、史、耿、代、萧	各9
66	吕	176	87	欧	39	108	修、管、秦、历、舒、顾、窦	各8
67	汪	168	88	马、岳	各37	109	毕、钱、伊、应	各7
68	姚、薛	各151	89	卓	36	110	项、邢、念、包、梅、操、翟、鲍	各6
69	戴	149	90	付	33	111	佘、聂、符、莫、蒙	各5

（二）姓氏分布

唐至清代、中华民国时期迁入大田及中华人民共和国成立后到大田就业、兴业及婚嫁迁入的，各姓氏分布在乡镇、居委会、农林场、上京煤业分公司。2008年，城区8个居委会，有196个姓氏，占全县姓氏总数的68%。其中，白岩居委会有姓氏131个、玉凤居委会140个、文昌居委会、南街居委会各123个、东门居委会111个，赤岩居委会92个、仙亭居委会96个、镇东居委会93个。上京镇最多，有姓氏137个，占全县姓氏数的47.57%。其他，依次是梅山乡130个姓氏，上京煤业分公司127个、均溪镇126个、太华镇125个、桃源镇121个、广平镇112个、济阳乡104个、建设镇95个、石牌镇、吴山乡各93个、屏山乡91个、谢洋乡89个、奇韬镇、湖美乡各87个、文江乡82个、东风农场80个、武陵乡74个、前坪乡66个。

第二节　性别与年龄构成

一、性别构成

1993 年，全县人口男性 17.55 万人，女性 15.99 万人，男性比女性多 1.57 万人，男女性别比为 109.8 。1996 年，全县人口男性比女性多 1.94 万人，多 1.8 个百分点，男女性别比升至 111.6。1998 年，男姓比例继续上升，男女性别比为 112.1。2000—2006 年，全县人口男性比女性多，在 11.1%—11.8% 之间波动。2007 年，男性比女性多 2.11 万人，男女性别比升至 112.2。2008 年，全县人口男性 19.39 万人，女性 17.33 万人，男性比女性多 2.06 万人，男女性别为 111.9。

二、年龄构成

1993 年，全县 14 周岁以下人口 12.35 万人、占总人口的 36.82%；60 周岁以上人口 1.8 万人、占 5.37%。1996 年，60 周岁以上人口增至 2.9 万人，占 8.5%，比 1993 年增长 3.13%。2000 年，14 周岁以下人口 10.4 万人，占 28.39%；60 周岁以上人口 2.93 万人、占 8%；15 周岁—59 周岁 23.32 万人、占 63.63%。

2008 年，全县 14 周岁以下人口 7.47 万人、占 20.34%，比 2000 年下降 8.04%；60 周岁以上人口 3.37 万人、占 9.18%，同比上升 1.18%；15 周岁—59 周岁人口 25.88 万人、占 70.48%，同比上升 6.85%。全县人口逐步进入老年型社会。

第三节　职业构成

1993 年，全县各行业从业 11.96 万人，占总人口的 35.66%。从事农林牧渔业 8.53 万人，占从业人员（下同）的 71.32%；第二产业业 1.79 万人、占 14.97%，其中，工业 1.42 万人、建筑业 3028 人。从事矿产采掘业 5253 人，占工业从业人员的 37.09%；从事第三产业 1.64 万人，占 13.71%，其中，交通运输、邮政电信和金融保险业 2662 人，商业贸易及房地产服务 3408 人，教育、文化、卫生、体育和科研 5084 人，经济和公共组织管理 2494 人，其他行业 2715 人。随着经济结构调整和第二、三产业的发展，农村劳动人口逐步向非农产业转移。1996 年，从事工业和建筑业人员增至 1.97 万人，占全县从业人员 12.8 万人的 15.39%；从事第三产业 2.28 万人，占 17.81%；从事农林牧渔业人员占从业人员的 66.8%，比 1993 年下降 4.52 个百分点。

2000 年，全县各行业从业 13.9 万人，工业企业改制，人员下岗，从业 1.52 万人，比 1996 年减少 1330 人；建筑业从业 4762 人，同比增加 1646 人；从事第三产业 2.72 万人，同比增加 4454 人，增长 1.76 个百分点。2004 年，全县各行业从业 14.64 万人，占总人口的 39.82%。从事农林牧渔业 8.97 万人，占 61.3%，比 2000 年下降 4.69 个百分点；从事第二产业 2.23 万人，占 15.02%，同比增长 0.63 个百分点，其中从事工业 1.72 万人、建筑业 5097 人；从事第三产业 3.44 万人，占 23.48%，同比增长 3.91 个百分点，其中，交通运输邮政信息和金融保险业 6475 人，商业饮食住宿服务和房地产业 5978 人，文教卫生体育和科研 7977 人，经济和公共组织管理 3695 人，其他行业 1.03 万人。

2008 年，全县各行业从业 14.33 万人，占总人口的 39.05%，比 1993 年增加 3.4 个百分点。其中，从事第一产业 7.99 万人，占 55.76%，同比下降 15.56 个百分点；从事第二产业 2.6 万人、占 18.14%，同比增加 3.17 个百分点；从事第三产业 3.74 万人，占 26.1%，同比增加 12.39 个百分点。

第三章 人口素质

第一节 身体素质

一、老年人口

1993 年，全县 60 周岁以上人口 1.8 万人，占总人口的 5.37 %。其中，65 周岁—79 周岁 1.31 万人，占总人口的 3.91%；80 周岁以上人口 1509 人，占总人口的 0.45%。1996 年，60 周岁以上人口增至 2.9 万人，占总人口的 8.17%。 2000 年，60 周岁以上人口 3.6 万人，占总人口的 9.82%。其中，65 周岁—79 周岁 2.21 万人，占总人口的 6.04%；80 周岁以上人口 2740 人，占总人口 0.75%，分别比 1993 年增加 2.13 个百分点、0.3 个百分点。2005 年，60 周岁以上人口 3.66 万人，占总人口 9.55%。

2008 年，全县 60 周岁以上人口 3.7 万人，占总人口的 10.08%。其中，65 周岁—79 周岁 2.34 万人，占总人口的 6.37%；80 周岁以上人口 5773 人，占总人口的 1.57%，分别比 1993 年提高 2.46 个、1.12 个百分点。人均预期寿命延长，老年人口逐年增加，社会趋向老龄化。

二、百岁老人

1993 年，全县健在百岁（含百岁，下同）以上寿星 1 人，男性，居住在桃源镇蓝玉村。2001 年，健在的百岁寿星 3 人，其中女性 2 人、男性 1 人，上京镇上平村、均溪镇南山居委会、屏山乡瑞美村各 1 人。2008 年，健在百岁寿星 8 人，其中男性 5 人、女性 3 人，谢洋乡怀德村、建设镇元山村、上京镇黄城村、均溪镇红星村、广平镇苏桥村、太华镇仕坑村、群团村、西埔村各 1 人。1993—2008 年，全县有百岁寿星 33 人，其中，男性 14 人、女性 19 人；农民 32 人、工人 1 人。

1993—2008 年大田县百岁寿星名表（已知）

表 3-5

姓 名	性别	生卒年	籍 贯	职业
萧秀复	男	1894—1997	桃源镇蓝玉村	农民
陈爱娣	女	1895—1997	上京镇赤水村	农民
张姫娣	女	1897—2000	建设镇建设村	农民
林 再	女	1898—2000	吴山乡吴山村	农民
田义使	女	1901—2003	上京镇上坪村	农民
刘钦使	女	1901—2004	均溪镇南山居委会	工人
陈 品	男	1901—2004	屏山乡瑞美村	农民
苏 秀	女	1902—2003	桃源镇桃新村	农民
苏正娣	女	1902—2005	太华镇黄沙村	农民
郑其端	男	1904—2004	广平镇铭溪村	农民

续表3-5

姓 名	性别	生卒年	籍 贯	职 业
严新治	女	1904—2003	均溪镇大道山村	农民
王文姬	女	1905—2008	广平镇栋仁村	农民
张兴櫄	男	1906—2006	广平镇元沙村	农民
邱 示	女	1906—2006	屏山乡美阳村	农民
林 艾	女	1906—2006	屏山乡屏山村	农民
陈初和	男	1906—2006	太华镇汤泉村	农民
唐仁英	女	1906—2006	上京梅林村	农民
郑家响	男	1906—2008	广平镇栋仁村	农民
范雪英	女	1906—2008	石牌镇鳌江村	农民
陈开县	男	1907—2007	屏山乡玉屏村	农民
陈秀妹	女	1907—2007	谢洋乡谢洋村	农民
曾贤英	女	1907—2009	谢洋乡怀德村	农民
池加楼	男	1907—2010	建设镇元山村	农民
罗随英	女	1907—2006	广平镇元沙村	农民
萧 丹	男	1908—2009	上京镇黄城村	农民
林奇椽	男	1908—2007	谢洋乡仕福村	农民
赖 察	女	1908—2008	桃源镇桃源村	农民
廖乃梅	男	1908—2009	广平镇苏桥村	农民
林成强	男	1908—2010	均溪镇红星村	农民
田春英	女	1909—2011	太华镇仕坑村	农民
叶得娣	女	1909—2011	太华镇群团村	农民
连銮诗	男	1909—2010	太华镇西埔村	农民
林凡治	女	1910—2012	石牌镇鳌江村	农民

说明：按出生先后排列

三、残疾人口

1993年3月，县成立残疾人事业领导小组，经调查全县有残疾人2.04万人，占总人口6.08%。1994年，县残疾人事业领导小组更名为大田县人民政府残疾人工作协调委员会。2006年，县残联开展第二次全国残疾人抽样调查（标准时点4月1日零时），2005年底，测算出全县有各类残疾人2.78万人，占总人口7.59%，其中，视力残疾4478人，听力残疾7631人，言语残疾370人，肢体残疾6309人，智力残疾2404人，精神残疾2052人，多重残疾4589人。各类残疾人中重症残疾人5163人（农村3991人、城镇1172人）。当年，举办各类培训班14期，参训人员465人次；安置残疾人就业133人，其中，集中就业92人，个体就业41人；为残疾人免费康复手术、白内障复明80例，低视力患者装助视器10人，装配普及型小腿假肢17人。2008年，全县有残疾人口2.3万人占总人口6.26%，其中，持证4059人，有劳动能力的8510人（农村6808人、城镇1702人）。当年，举办残疾人各类培训班6期、参训188人次；安置就业76人，其中集中就业19人，分散4人，个体就业53人；为残疾人免费安装普及型矫正器27人施行小儿麻痹症矫治手术3例、白内障患者复明手术171例、配发低助视器9件、轮椅3部、助听器1件；为27名残疾人子女就读和残疾老人，捐助资金5.45万元，救济慰问贫特困残疾人320人，发放康复扶贫资金17万元；为残疾人无房户23户建房补助资金29.9万元。

四、青少年素质

1993年，青少年人口健康状况总体良好，中小学生的营养不良率、肥胖率、视力低下率、龋齿患病率和砂眼患病率均占较大比重。2008年，营养不良率、肥胖率分别比1993年上升2.7个和0.95个百分点，视力低下率上升3.4个百分点。主要是由于部分青少年沉迷看电视、玩游戏机、电脑等过度用眼所造成。

若干年大田县部分中小学健康体检情况表

表3-6

体检年份	体检人数（人）	营养不良率（%）	肥胖率（%）	视力低下率（%）	龋齿率（%）	砂眼患病率（%）
1993	6370	17.2	1.56	16.2	13.50	3.42
1998	12031	15.0	1.06	22.5	8.56	5.58
2003	17200	34.8	1.64	31.3	17.30	0.23
2008	5731	19.9	2.51	19.6	33.30	0.05

第二节 文化素质

1993年，全县6周岁以上人口27.72万人，占总人口的82.66%；受过各种教育人口23.65万人，占总人口的70.52%，占6周岁以上人口的85.32%。其中，接受高等教育（大学、大专）2544人，占6周岁以上人口（下同）的0.9%；中等教育（高中、中专、职业高中或职专）1.82万人，占6.57%；初中教育5.69万人，占20.53%；小学教育15.89万人、占57.32%。15周岁以上文盲、半文盲人口4.07万人，占19.21%。城镇职工进行文化补课、业余教育和专业技术培训。1996年，全县开展基本普及九年义务教育和基本扫除青壮年文盲工作，高中和职业教育、成人教育得到加强，利用自学考试、广播电视教育、函授和农村文化技校等多种形式提高全县人口的文化素质。

2000年，全县6周岁以上人口31.33万人，占总人口的85.48%。受各种教育人口27.4万人，占总人口的74.76%，占6周岁以上人口的87.45%。其中，受高等教育4556人，占1.45%，比1993年增长0.55%；中等教育2.46万人，占7.85%，同比增长1.28%；初中教育9.14万人、小学教育15.65万人，分别占29.17%、49.95%，同比分别增加8.64%、下降7.37%。15周岁以上文盲、半文盲人口3.62万人，占13.58%，比1993年下降5.63%。2008年，全县6周岁以上人口29.07万人，占总人口79.17%，受过各种教育人口27.45万人，占总人口的74.75%，占6周岁以上人口的94.42%。其中，受高等教育1.53万人，占5.26%，比1993年增加5.17个百分点；中等教育4.26万人，占14.65%，同比增加8.08个百分点；初中教育10.76万人，占37.01%，同比增长16.48个百分点；小学教育11.09万人，占38.15%，同比下降19.17%。15周岁以上文盲、半文盲人口1.43万人，占4.89%，比1993年下降14.32个百分点。

第四章 婚姻 家庭

第一节 婚姻

1993 年，全县 15 周岁以上人口 21.19 万人，占总人口的 63.18%。其中，已婚 16.54 万人，占同龄级人口的 78.06%；已婚人口有配偶的 15.02 万人，占已婚人数的 90.84%；丧偶 1.35 万人，占已婚人数的 8.16%；离婚 1755 人，占已婚人数的 1.06%。2000 年，15 周岁以上人口 22.68 万人，占总人口的 61.88%，其中，已婚人数的 17.05 万人，占同龄级的 75.18%，比 1993 年下降 2.88%；已婚人口有配偶 16.11 万人，占已婚人数的 94.49%；丧偶 1.61 万人，占已婚人数的 9.44%；离婚 1907 人，占已婚人数的 1.12%，比 1993 年上升 0.06 个百分点。2008 年，15 周岁以上人口 23.61 万人，占总人口的 64.3%。其中，已婚人数 18.42 万人，占同龄级 78.02%，与 1993 年持平；已婚人口有配偶 16.91 万人，占已婚人数的 91.8%；丧偶 1.51 万人，占已婚人数的 8.2%；离婚 1979 人，占已婚人数的 1.07%。

第二节 家庭

1993 年，随着独生子女家庭增多和生活方式改变，家庭人口逐步减少，全县家庭平均 4.74 人，3 人—4 人户家庭人口占总数的 35.06%，6 人以上户占总数的 29.96%，一代户占总数的 36.59%。2000 年，全县家庭平均人口 4.24 人，比 1993 年减少 0.5 人，3 人—4 人户家庭占 44.24%，同比上升 9.18 个百分点，6 人以上户占总数的 17.6%，同比下降 12.36 个百分点，中老年人以夫妻户居多；一代户占总数的 20.01%，同比下降 16.58 个百分点。2008 年，全县家庭平均人口 3.64 人，比 2000 年减少 0.6 人；3 人—4 人户占总数的 30.33%，同比下降 13.91 个百分点。

第五章 计划生育

第一节 宣传教育

一、计划生育宣传

1993 年，全县计划生育宣传工作重点普及青春期、新婚期、孕产期、育儿期和更年期五期教育基础知识。1994 年，县委、县政府制定“三年甩掉计生后进帽，进入全省中等行列”目标，掀起计划生育宣传服务活动高潮。利用县、乡、村三级干部会议、专题工作会议、座谈会、展览会和分片工作会等形式，加强计划生育宣传教育。1999 年 10 月 12 日，开展“世界人口突破 30 亿”计划生育文化踩街宣传。组织计生户 359 人参加省农业函授大学学习并减免学费。每年在“7・11”世界人口日和节假日期间，开展送书籍和避孕药具、政策咨询“三下乡”宣传服务活动。

2002年9月，开展《中华人民共和国人口与计划生育法》和《福建省人口与计划生育条例》宣传咨询百村行活动。在县各中小学开展青春期性健康教育，县委党校开设人口和计划生育课程，学习计划生育的法律法规，把人口计生法律法规列入各乡镇党委、县直各党委中心组学习内容。2005年，县卫生局、计生局等部门在到乡镇宣传计生政策法规和优生优育知识，借助“中国13亿人口日”开展计生“流动服务车宣传万里行”活动。

2008年3—7月，开展治理出生人口性别比失调专项宣传活动。1993—2008年，共制作挂历等计生宣传品28万余份。县广播电视台开辟计划生育专栏，定期播出计划生育专题节目，在省道、县乡主要道路设立大型计划生育公益宣传牌45幅、宣传栏65个，成立人口学校19个、计生协会小组2053个。各乡镇、村（居）、厂矿企业均设立人口婚育学校，开展人口计生基础知识教育，营造“少生、优生”计划生育浓厚氛围。

二、倡导婚育新风

2004年8月，在奇韬镇 召开全县“关爱女孩行动”示范工作现场会开展“关爱女孩”行动。2005年3月，全市人口计生宣传教育暨“关爱女孩”行动工作现场会在大田召开，与会人员参观上京镇梅林村、上京村二女户养老基地。2006年1月，大田县被省委宣传部、省人口计生委等11个部门联合评为“2001—2005年福建省婚育新风进万家活动”先进单位。2008年6月，在上京镇召开出生人口性别比失调专项治理工作会议。至年底，全县262个村全部通过《关于女孩与男孩享有同等待遇的决议》，187个村实行女儿上族谱共有姓氏95个。

第二节　计划生育奖励扶助

一、奖励扶助政策

（一）法定奖励

1993年，全县继续实行“独生子女”奖励政策，凡孩子未满14周岁，领取独生子女证的夫妻，奖励费每月五元，发至孩子14周岁，或者给予一次性奖励不高于400元。2002年9月1日起，对领取独生子女父母光荣证，农村生育两个女孩并已绝育的夫妻，均发给不低于500元的奖励费；符合再生育条件自愿不生育并领取独生子女父母光荣证的，发给不低于1000元的奖励。2005年1月，实施农村部分计划生育家庭奖励扶助制度，年人均不低于600元。1993—2008年，共发放计生法定奖励金413.25万元。

（二）扶助措施

2005年1月，县委、县政府制定《关于农村部分计划生育家庭奖励扶助制度的实施意见》，对农村只生一个子女或两个女孩的计划生育户，夫妇年满60周岁，由财政安排专项资金进行奖励扶助，奖励标准年人均600元。2006年，奇韬镇建立农村二女户、独生户家庭关爱奖励制度，对二女户、独生户及其女儿每户每月奖励50元、直至60周岁，对接享受奖励扶助金。至2008年，4年间全县共发放奖励扶助金46.74万元。

（三）救助和贡献奖励

2006年，县政府制定《大田县农村部分计划生育家庭贡献奖励制度和独生子女死亡伤残救助制度的实施意见》。当年1月起，对农村只有一个女孩或只生育一个孩子，且子女残疾、死亡的，符合再生育条件，自愿放弃生育且不收养孩子，并领取独生子女父母光荣证的农村夫妻，由县财政安排专项资金给予救助或奖励，每人每月30元，至60周岁，转为享受奖励扶助金。2008年，对独生子女死亡或伤残后，未再生育和收养子女的家庭，女方年满 49 周岁，政府给予子女死亡的夫妻每人每月补助 150 元、子女伤残的夫妻每人每月补助 120 元。当年，独生子女死亡、符合特别扶助条件 1 人，发放扶助金 1800 元；符合贡献奖励条件 8 人，发放奖励金 7200 元。

（四）低保和新农合缴费补助

2004 年，计生户优先纳入农村低保范畴，二女绝育户基本上享受农村低保。2007 年，县政府《关于印发大田县新型农村合作医疗实施方案（试行）的通知》，规定农村计划生育二女结扎户和不再生育并已办理独生子女父母光荣证的独女户，其夫妇和孩子参加新型农村合作医疗个人缴费部分由县财政支付。2008 年，全县因此受惠享受此政策 6474 人。

二、计生户帮扶活动

（一）“三结合”示范活动

1995 年，全县开展计划生育工作与发展农村商品经济、与帮助农民勤劳致富奔小康、与建设文明幸福家庭相结合的“三结合”示范乡镇、村、户活动。1996 年，成立大田县计划生育“三结合”工作协调小组，实施帮助计划生育家庭发展经济的“服务工程”。1998 年和 2001 年，县委、县政府分别出台《大田县人民政府关于农村独生子女户、二女绝育户、其他符合政策计生户优惠政策及措施的规定》和《关于进一步落实农村计划生育优惠政策的若干规定》，以“政治上关心、经济上帮扶、生活上照顾”为主要帮扶内容，完善涉农部门的各项优惠政策，建立计划生育利益导向机制。1995—2008 年，全县共投入“三结合”帮扶资金 399.75 万元，帮助计划生育家庭 2.13 万户次。

（二）生产贷款贴息

2006 年，县财政局、人口计生局、计生协会、农村信用联社联合开展扶持农村计生户发展生产财政贴息贷款工作，为有发展项目、资金紧缺的二女绝育户和独女户提供贴息贷款。至 2008 年，共为 259 户发放贷款 258.45 万元，财政贴息 22.3 万元。

（三）建房补助

1993 年，土地、城建、计生等部门协调解决二女户建房用地及有关费用减免、补助，为 236 户二女户提供建房修房补助资金 47.2 万元。2006 年，对街面水库大田库区移民二女户 27 户，每户增加建房补助 2300 元，共 6.21 万元。2008 年起，对实施“造福工程”的独生子女户和二女户，每户增发补助金 2500 元。

（四）就学资助奖励

1993 年起，各中小学校建立专门的二女户孩子学籍档案对二女户女孩重点关注。2002 年，县人口基金会对考上重点高中和大学的二女户孩子，给予 300 元—1500 元的奖励，乡镇给予配套奖励。2004—2008 年，农村二女户孩子报考本县高中，给予加分照顾，共有享受加分考上县达标高中 18 人，128 人受到奖励 58.38 万元。县政府将贫困大学生助学专款优先资助贫困二女户孩子上大学，每人 5000 元，共得到资助 32 人。

（五）帮扶慰问

1993 年元旦、春节期间，县、乡镇组织人员开展走访慰问二女户和计生困难户活动。1996 年起，县各级干部与 367 户计生户、计生困难户开展“一助一扶贫结对子”活动，均溪、太华、广平、湖美、建设等乡镇给二女户每月发放致富扶持金 50 元—150 元不等。1997 年起，县委、县政府在全县党政机关、乡镇、企事业单位中开展党员、干部与农村二女户结对帮扶活动，组织科级以上领导干部与二女户、计生困难户家庭结对帮扶，从项目、资金等方面解决计生户的实际困难和问题。每年元旦、春节期间，慰问二女户及计生困难户。2007 年，县成立“生育关怀行动”领导小组，并制定实施意见，开展生育关怀行动，主要关怀困难的计划生育家庭、育龄夫妇生殖健康和独生子女、女孩健康成长及基层计划生育工作者。截至 2008 年，全县筹集生育关怀资金 33.3 万元。1993—2008 年，共走访慰问落实计划生育家庭 2.14 万户，发放慰问金 190.8 万元，慰问品 3.8 万多份，发放生育关怀金 210.34 万元。

第三节 晚婚晚育

1993 年，全县继续推行晚婚晚育，初婚 1163 人，晚婚率 28.29%；晚育 824 人，晚育率 26.02%，领取独生子女证占当年生育人数的 4.53%。随着婚育观念的转变，1997 年，晚婚率 30.37%，初婚 2292 人，晚育率 39.5%，分别比 1993 年提升 2.08%、13.48%。独生子女领证率上升至 12.59%。1998 年起，全县晚婚晚育率和独生子女领证率逐年提升。2004 年，全县初婚 2474 人，晚婚率 50.32%，比 1993 年提升 22.03%；晚育 1406 人，晚育率 55.03%，同比提升 29.01%；独生子女领证率 21.76%，同比提升 17.23%。2008 年，全县初婚 2552 人，晚婚率 50.24%，比 1993 年提升 21.95%；晚育 1237 人，晚育率 48%，同比提升 21.98%；独生子女领证率 22.78%，同比提升 18.25%。

1993—2008 年大田县晚婚晚育情况表

表 3-7

年份	初婚人数	晚婚率（%）	晚育人数	晚育率（%）	领独生证人数	领证率（%）
1993	1163	28.29	824	26.02	2916	4.53
1994	1510	21.13	720	23.02	3050	4.57
1995	1488	19.83	508	22.62	3470	5.11
1996	1497	27.25	563	30.68	7525	10.73
1997	2292	30.37	756	39.50	8995	12.59
1998	1769	37.48	703	38.56	9858	13.81
1999	2134	38.85	779	43.94	10658	14.75
2000	2607	40.39	989	45.81	12466	17.05
2001	2310	43.20	1167	46.70	13116	17.80
2002	2338	45.72	1155	50.35	14276	19.27
2003	2186	46.71	1359	54.89	15425	20.77
2004	2474	50.32	1406	55.03	16228	21.76
2005	2437	47.93	1254	49.49	16941	22.61
2006	2378	49.83	1346	53.90	17281	22.97
2007	2474	50.16	1245	50.86	17741	23.54
2008	2552	50.24	1237	48.00	17253	22.78

第四节 优生优育与节育服务

一、优生优育

1993 年，全县继续宣传和倡导优生优育，减少和避免发生新生儿缺陷，提高人口素质。1 月 15 日，县妇幼所开展婚前健康体检，至 1996 年，共体检 573 人，其中，患病 73 人，动员暂缓结婚 17 人。1997 年，计生服务站、乡镇计生服务所设立计划生育门诊，开展优生优育咨询，全年接受咨询1130人，诊治2310人次。1998—2003年，新婚夫妇婚检率100%，当年10月，实行自愿婚前医学检查，婚检率出现下降。

2006年起，县妇幼保健院为二女户提供生殖保健免费服务，每年健康检查10次二女户母女住院诊治免费挂号、治疗费、住院费减半。2007年5月，实行免费婚检，其费用由县财政负担，婚检率恢复至53.6%。2008年，全县新婚夫妇婚检97%。2006—2008年，全县共为二女户诊治1538人次，减免各项费用7.18万元。

二、孕育服务

1993年，县计生服务所开展计划生育查环查孕、上节育环、人工流产、绝育等手术，全年上节育环9618人，结扎绝育手术1.71万人；县、乡计生部门开展不孕症普查普治176例。1997年，县计生局组织不孕症患者到漳州、宁化等不孕症治疗中心诊治86人。1998年，全县育妇上节育环（含皮埋）1.71万人，绝育手术1.73万人，其中二女户1126人。2003年，全县育妇上节育环2342人，绝育手术697人，查孕3.27万人次。2008年，施行各种节育手术4813例。1993—2008年，共诊治不孕症1220人次，治愈210例；施行各种节育手术8.58万例，为已婚育妇查孕6万多人次。

第五节　计生管理

一、人口目标管理

1993年，县委、县政府与各乡镇党委书记、县直各单位负责人签订计划生育目标管理责任状，坚持党政一把手亲自抓、负总责、落实目标管理责任。1994年，县委、县政府提出三年甩掉计划生育后进县的奋斗目标。1996年，18个乡镇计划生育办公室（简称计生办）全部配备计算机，全面推行“计划生育管理信息系统”。1999年，完成人口计生数据库建设工作，从手工台账转向计算机管理。1999—2004年，进入争创计划生育工作先进单位阶段。2005年，县委、县政府制定《关于贯彻落实〈福建省人口和计划生育工作责任考核奖惩办法（试行）〉的实施意见》（简称《实施意见》）。2008年，对《实施意见》部分条款进行修改，进一步完善计生考核奖惩办法。对在人口和计划生育工作中作出显著成绩的单位和个人，给予精神和物质奖励；对人口计生指标完成较差的及没有完成人口计生责任目标任务的乡镇或村，将追究领导责任。1993—2008年，全县党员干部政策外生育787人，其中开除公职、解聘120人，征收社会抚养费200多万元。农村党员政策外生育的，开除党籍39人、留党察看处分53人、严重警告695人。

二、生育指标管理

1993年，已办理结婚登记而未怀孕、未生育申请领取一孩生育计划证的农村夫妻，由乡镇计生办发给生育计划证，县直机关、企事业单位干部职工由县计生委发放。申请领取二孩生育计划证的，生育间隔至少4年。按照《福建省计生委关于办理再生育申请和审批有关事项的规定》，由夫妻共同申请，经所在单位审查张榜公布，时限20日，后报县计划生育部门批准。已批准生育的，在所在单位公布审批结果，群众无异议发给生育计划证。

1996年11月至2008年，全县统一启用福建省计划生育委员会监制的安排生育第一孩审批表、申请再生育审批表、跨年度生育签证章、已生育签证章。再生育证由县计划生育管理部门统一编号，一孩生育证由乡镇计生办编号。

三、流动人口管理

1993年7月起，县计生委内设流动人口管理股，负责全县流动人口计划生育管理具体工作，各乡镇也配备流动人口专兼职管理人员，按照户籍地和现居住地共同管理，以居住地管理为主，坚持全县流动人口“一盘棋”管理，对流入人口与户籍人口同管理、同服务。1996年7月，实施省流动人口计划生育管理办法，流动人口计划生育工作以流入居住地人民政府为主，户籍地人民政府予以配合。2005—2008年，配置流动人口计生信息专用计算机，不断完善流动人口计生信息平台建设，落实人口信息通报协查制度，与永安、三元、梅列、沙县、尤溪、德化、永春等县周边乡镇建立计生工作联席会制度和区域合作制度，做到相互协调、齐抓共管、合作共赢。

四、社会抚养费征收管理

1993年，按《福建省计划生育条例》规定标准征收计划外生育费，实行“乡收县管、计生委主管、财政监督”的管理体制，由乡镇逐月统一上交县计生委，实行“收支两条线”。2002年9月起，计划外生育费改为“社会抚养费”，社会抚养费及滞纳金全部上缴国库，纳入地方财政预算管理。至2008年，社会抚养费征收和管理办法不变。

第六节 机构

一、县人口与计划生育领导小组

1993年，县计划生育领导小组由县长任第一组长，成员由19个单位领导组成。2006年，更名为大田县人口和计划生育领导小组。2008年，县人口和计划生育领导小组由县委书记任第一组长，成员为36个单位领导。

二、县人口和计划生育局

1993年7月，县计划生育委员会(简称县计生委)内设办公室、政法宣教股、计财股、流动人口管理股，编制10人。1995年9月，成立计划生育督查队，编制5人，为县计生委下属全民所有制事业股级单位。1997年1月，县计划生育委员会更名为大田县计划生育局(简称县计生局)，机关行政编制12人，内设办公室、政策法规、规划统计、宣传教育、科学技术、流动人口管理等6个股室。当年11月，县监察局在县计生局设立监察室。2006年9月，县计生局更名为人口和计划生育局(简称人口和计生局)，撤销流动人口管理股和计划生育督查队，人口和计生局编制10人，2008年，股室设置和编制不变。

三、县计划生育服务站

1993年，县计划生育服务站编制16人，隶属县计生委，为全县计划生育技术服务、业务培训、药具发放、宣传服务中心。1996年，县计划生育服务站经省计生委考核验收为合格站。2006年2月，该站晋升为一级服务站。在机构改革中，编制精减为15人。2008年，站内设手术室、门诊手术室、妇检室、女性诊室、男性诊室、化验室、康复室、消毒供应室、药房、药具仓库、B超室、心电图室、乳透室、宣教室等，工作人员15人，其中中级、初级职称各6人，

四、县流动人口计划生育管理站

1993年7月，县计生委内设流动人口管理股，负责全县流动人口计划生育管理工作。1997年5月，成立县流动人口计划生育管理站，为全民所有制股级事业单位，隶属县计生局，负责全县流动人口计划生育管理。核定全额拨款事业编制5人。2008年，该站在编5人。各乡镇也相应配备流动人口计生管理员，形成流动人口计划生育管理网络。

五、乡镇计划生育办公室

1993年，18个乡镇设立计划生育办公室，编制33人，实际在编20人。村级配计生信息员265人。管理所辖乡镇的人口一孩生育服务证、独生子女父母光荣证、流动人口婚育证明审核办理及再生育服务证申请初审上报，依据《福建省社会抚养费征收管理办法》征收社会抚养费工作。摸清乡镇人口计生信息、掌握人口数量，结构和育龄夫妇的婚育、节育状况及人口流动。做好村级计生信息员业务培训、考核、管理。开展人口计生宣传教育和流动人口计生管理服务。2008年，乡镇计生办编制31人，实际在编23人。

六、乡镇计划生育服务所

1993年7月，全县18个乡镇成立计划生育服务所，集体事业单位，编制55人。1995—1997年，18个乡镇均建有计生服务大楼，中心所使用面积500平方米—700平方米、普通所200平方米—300平方米，设有男女诊室、门诊治疗室、妇检室、门诊手术室、术后观察室、B超室、检验室、消毒供应室、污物处理室、药房、男女咨询室、培训教育室、药具发放室等。2000年4月，乡镇计划生育服务所由集体所有制事业单位转为全民所有制事业单位。2002年，机构改革，全县乡镇计划生育服务所全县编制106人，2008年，人员编制不变。

七、村计划生育管理员

1995年，按照“千人一员”配备村计生管理员，共配备283人，每人每月工资120元—140元，由县财政核拨。2002年，村计生管理员实行“县管、乡聘、村用”管理机制，公开竞聘上岗。2003年起，村计生管理员工资每人每月200元，由省财政核补。2008年，有村级计生管理员297人。

第六章　城乡居民生活水平

第一节　居住条件

一、城镇居民居住条件

1993年，城镇居民人均居住支出207元，拥有摩托车、电视机的住户占11%，有空调机的住户占3%左右，人均居住面积22.5平方米。1999年，城镇居民人均居住支出258元，拥有微波炉的住户占4%，使用空调机的住户占6%。2005年，城镇居民人均居住支出701.86元，居住面积30.5平方米。每百户拥有摩托车44辆、电视机138台、空调机32台、固定电话96部、移动电话（简称手机）170部。2008年，城镇居民人均居住面积36.43平方米，居住支出1021元，比1993年增加814元，增长2.93倍。独家拥有微波炉占58%，比1993年提升54个百分点；每百户拥有固定电话86部，同比增加86部，移动电话190部，同比增加184部，空调机54台，同比增加48台，人均居住面积同比增加13.93平方米，增长0.62倍。每百户有家用汽车4辆。

二、农村居民居住条件

1993年，农民人均居住面积14.4平方米，人均居住支出167.03元，每百户拥有摩托车3辆、电视机81台、自行车70辆、家庭户未装固定电话及配手机。1997年，人均住房为23.7平方米。2005年，农村居民人均居住面积32.58平方米，居住支出261.36元，分别比1993年增长1.26倍、0.56倍，每百户拥有摩托车56辆、电视机77台、固定电话、移动电话各46部。2008年，农民人均居住面积34.4平方米，比1993年增加20平方米；农民在住房上的现金支出人均增加303.16元。新建房屋中钢筋混凝土和砖木结构占95%，住宅装修在农村中悄然兴起，沙发等高中档家具进入农家，室内卫生间等居住配套设施逐渐增多完善。

第二节 经济收入

一、收入水平

（一）城镇居民收入水平

1993年，随着收入分别制度的逐步完善，城镇居民年人均总收入3051元。1999年，据城区居民调查，城区居民年人均总收入6167元，比1993年增长1.02个百分点。2005年，城区居民年人均总收入9160元。2008年，城镇居民总收入1.49万元，比1993年增长3.88倍、比2005年增长62.72%。1993—2008年，城区居民人均收入年递增11.15%。

（二）农村居民收入水平

1993年，农民收入来源以家庭经营为主，第一产业从单一的粮食生产转变为农林牧渔多种经营，第二、三产业的收入迅速增长，成为农民收入的重要来源。当年，农民人均总收入1711元，纯收入1320元，占人均总收入的77.15%。2000年，农民人均总收入3617元，纯收入2948元，占人均总收入的81.5%。2005年，农村居民人均总收入4743元，纯收入4006元。2008年，农村居民人均总收入6924.4元、纯收入5675元，比1993年分别增长3.05倍、3.3倍，年均增长9.77%、10.21%。

二、收入结构

（一）城镇居民收入结构

1993年，城镇居民收入逐渐向多元化发展，收入结构发生变化。1999年，城镇居民非工资性收入占实际收入29.92%。2005年，非工资性收入占实际收入的16.08%，比1999年下降13.84%。2008年，城镇居民非工资性收入占实际收入的29.8%，与1999年持平。其中，来源于经营收入的占实际收入的1.53%，财产性收入的占实际收入的7.47%。

（二）农村居民收入结构

1993年，家庭经营收入占总收入的72.69%。2000年，农民家庭经营收入占总收入的70.83 %，2005年，农民家庭经营收入占总收入54.24%，比1993年下降18.45%。2008年，农民家庭经营收入占总收入66.3%，其中外出劳务人均收入416.2元，占总收入6%。此外，社会福利保险、救灾、利息、股息等也成为农民的收入来源。

三、收入差距

居民收入快速增长的同时，行业间收入差距拉大。1993年，行业人均年收入排行前三位的为采掘、制造业科学研究和技术服务业、金融保险业，最高与最低行业人均年收入相差2075元。2003年，城镇居民年人均收入差距拉大，其中，金融保险业人员年收入1.9万元，从事科学研究和地质勘查人员年人均收入1.6万元，与最低行业人员相差6281元。2008年，从业人员人均年收入排行前三位的为金融业、电力燃气及水的生产供应业和科学研究技术服务及地质勘查业，最高与最低行业人均年收入相差4.23万元，是1993年的9.55倍，行业间收入差距进一步拉大。

第三节　生活消费

一、消费特征

（一）城镇居民消费特征

1993年起，城镇居民消费由温饱型逐渐转向享受性和发展性的资料消费，消费结构逐步优化。1999年，城镇居民人均消费支出3851.08元，占实际支出80.18%，其中吃、穿、用三项基本生活费用占消费支出51.30%，用于教育文化娱乐、医疗保健、交通运输、居住方面的消费占29%。2005年，城镇居民生活消费人均支出4486元，比1999年增长16.48%。2008年，城镇居民人均消费总支出8502元，为1999年的1.77倍，其中，居民基本生活费用占76.33%，比1999年上升25.03个百分点；享受和发展性资料消费占总消费的23.66%，比1999年上升4.22个百分点。

（二）农村居民消费特征

1993年，农村居民生活消费人均支出1076元，其中食品消费支出621元，占57.7%。2000年，农村居民生活消费人均支出1960元，比1993年增长82.16%，其中，食品消费支出1067元，占54.43%；衣着消费102元、居住消费110元，其他用品消费681元。2005年，农村居民生活消费人均支出2980元，其中，食品消费支出1415元，占47.48%，衣着消费162元，居住消费262元，其他用品消费958元。2008年，农村居民人均生活消费支出4109元，比1993年增长2.82倍，年均增长9.34%，其中，食品消费支出1858元、占45.22%，居住消费占14.23%，衣着消费占7.54%，文教娱乐消费占9.7%，医疗保健消费占4.8%，交通和通讯消费占9.9%，其他用品消费占9.49%。恩格尔系数由1993年的57.7%降至45.22%，下降12.48个百分点；用于文化和生活服务的消费比1993年提高11.9个百分点。同时，农村居民自给性消费行为趋于弱化，市场货币消费额上升。

二、消费结构

（一）城镇居民消费结构

1999年起，县统计局按国家统计局要求，开展城镇居民家庭基本情况调查。抽查50户城镇居民为样本的数据。

食　1999年，人均食品支出2034元，恩格尔系数42.35%。2008年，人均食品支出4012元，比1999年增长97.25%，年递增7.84%，其中，人均消费粮食59.75公斤，比1999年下降37.2%；人均消费猪、牛禽肉45.96公斤；鲜蛋10.1公斤、水产品10.5公斤，分别比1999年增长27.3%、17.9%、2.9%；鲜菜、鲜奶等绿色食品人均消费量明显增加，各种方便食品、速冻食品大量上市，快餐与在外就餐日渐增多，恩格尔系数为47.2%，比1999年增长4.85个百分点。

穿　1999年，人均衣着消费支出356元。2008年，人均衣着消费支出为819元，比1999年增长1.3掊，年递增9.7%，成衣化趋势不断上升，普遍追求衣着式样美观大方和衣料质地高档、舒适。

用　1999年，全县城镇居民用于购买家庭设备等耐用品的人均支出224元。2008年，人均支出增至403.3元，比1999年增长80%，年递增6.8%。

行　1999年，城镇居民交通、通讯人均支出291元，占生活消费支出7.54%。2008年，人均交通、通讯消费922.9元，占生活消费支出14.22%，比1999年增长2.17倍。当年，每百户拥有摩托车58辆、电冰箱92台、彩色电视机148台、移动电话190部、家用汽车4辆。

（二）农村居民消费结构

食　1993年，农民食品消费中主食占58%，基本为主食型消费。2000年，食品消费中主食占

37.2%，开始转向营养型消费。2008 年，农民人均食品消费现金支出 1858 元，食品消费中的服务性支出 122.6 元；人均消费肉类现金购买 33.51 公斤；蛋及蛋制品、水产品、调味品等消费均有较大幅度增长。

穿　1993—2008 年，农民着装日趋多样化，成衣化。品种繁多，款式新颖，四季分明，一季多衣，一人多款，成为农村居民衣着主流。西装、套装、裙装在农村流行，衣料质量不断提高，毛料、绸缎、皮制品等中高档面料着装消费逐渐上升，鞋子由普遍塑料鞋，逐步增加皮鞋、中高档旅游鞋等。

用　1993 年，农民购买耐用消费品日渐增多，越来越多家庭有自行车、缝纫机、收音机、手表，还有洗衣机、电视机、录音机、放像机、影碟机、电风扇等。燃具由烧柴草土灶逐渐转为电炊具、沼气灶和使用液化气，空调、电冰箱等高档电器开始进入平常百姓家。2008 年，农村每百户拥有电视机 114 台，其中彩电 104 台，电风扇 160 台，录像机、放映机、影碟机等 19 台。

行　1993 年，农村居民交通、通信方面支出占生活消费 1.9%。2008 年，交通、通信方面支出占生活消费提高到 9.9%，比 1993 年提高 8 个百分点。当年，农村居民每百户拥有摩托车 89 辆、固定电话 70 部、移动电话 134 部，小轿车进入部分农村居民家庭，全县农村有小轿车 1578 辆。

若干年份城区、农村居民年人均收入和消费支出情况表

表 3-8

年份	区域	年人均总收入（元）	年人均纯收入（元）	年人均生活消费（元）	一、生活消费支出（元）				二、非商品支出（元）	人均住房面积（平方米）
					合计	其中				
						主副食品支出	住房支出	衣着支出		
1993	城区	3051	2817	2414	1902	1002	207	286	512	23
	农村	1711	1320	1076	956	621	167	63	120	14
1999	城区	6167	5713	4803	3851	2034	356	437	944	26
	农村	3617	2948	1960	1279	1067	110	102	681	32
2005	城区	9160	8532	5995	4486	2463	702	602	1509	31
	农村	4743	4006	2980	1787	1415	262	162	958	33
2008	城区	14905	13701	8502	6490	4013	1021	819	2012	36
	农村	6924	5675	4109	2876	1858	585	310	1003	34

若干年份城区、农村居民人均主要副食品消费情况表

表 3-9

年份	区域	蔬菜	食油	猪肉	家禽	蛋类	水产品	干鲜果糕点	酒类	食糖	卷烟
		（公斤）	（公斤）	（公斤）	（公斤）	（公斤）	（公斤）	（公斤）	（公斤）	（公斤）	（盒）
1993	城区	101.0	9.8	23.3	9.5	9.6	9.1	44.5	18.7	2.4	25.5
	农村	166.0	4.1	10.6	5.6	3.3	0.9	3.0	6.7	3.3	29.0
1999	城区	99.7	10.1	26.1	10.1	10.1	10.2	59.5	19.7	2.5	29.1
	农村	215.0	5.4	24.9	9.7	4.1	1.5	8.4	12.2	2.2	30.0
2005	城区	91.2	10.4	31.0	10.9	9.6	15.7	46.8	6.9	2.5	16.0
	农村	220.7	5.6	30.9	10.5	7.8	2.6	12.5	18.6	5.7	30.8

续表3-9

年份	区域	蔬菜（公斤）	食油（公斤）	猪肉（公斤）	家禽（公斤）	蛋类（公斤）	水产品（公斤）	干鲜果糕点（公斤）	酒类（公斤）	食糖（公斤）	卷烟（盒）
2008	城区	98.9	11.0	33.5	10.5	9.6	9.0	49.0	6.2	8.0	30.0
	农村	270.0	5.9	33.0	12.5	8.9	3.7	13.5	19.1	6.5	33.8

若干年份城乡、农村百户居民主要耐用品拥有量情况表

表3-10

年份	区域	自行车（辆）	电风扇（台）	洗衣机（台）	电冰箱（台）	电视机（台）	其中彩电（台）	摩托车（辆）	固定电话（部）	移动电话（部）	空调机（台）
1993	城区	180	—	92	75	96	96	39	—	9	5
	农村	70	78	10	1	81	11	3	—	—	—
1999	城区	176	—	94	76	112	112	42	—	18	6
	农村	40	94	28	1	113	24	29	25	5	—
2005	城区	180	—	96	90	138	138	44	—	170	32
	农村	21	89	38	5	77	56	56	46	46	—
2008	城区	—	—	104	92	148	148	58	—	190	54
	农村	47	160	66	21	114	104	89	70	134	—

说明：1993年，城区、农村百户居民分别有缝纫机40台、86台，农村百户居民有钟表306只，大型家具510件。2005年、2008年，城区百户居民分别有家用电脑50台、76台，家用汽车2辆、4辆

卷四　城乡建设

1993年，县政府调整县城总体规划。1994年，制定村镇五年规划和年度计划。县城区依照总体规划进行拆迁改造和新区开发，截至2008年，建成虎头山小区、东兜小区、东方嘉园、锦绣福田小区、镇东花园、昌盛花园等住宅小区。兴建商业、文化体育、教育和办公用房等公共建筑面积134.53万平方米，为1993年初的1.57倍。建成区面积由3.73平方公里扩展到5.7平方公里，人均住宅面积由13.2平方米增至36.43平方米。35条主、次干道总长度由1.89万米增至3.2万米，城市道路网络初步形成。城市日供水量由1.6万吨增至2.5万吨。排水管道由3.87万米增至6.19万米，初步形成网状排水系统。公共交通线路日趋合理，年运送旅客418万人次。白岩公园设施不断完善，仙亭山森林公园、岩城广场初具规模。污水处理厂、垃圾无害化处理场、县城过境公路、青少年宫和妇女、老年人活动中心等基础设施正在建设中。建成城区绿地面积128公顷，绿地率25.6%，公共绿地面积60公顷，人均公共绿地面积10.1平方米。市政设施、环境卫生改善，城市品位提高。

全县18个乡镇有261个村先后进行建设规划。村镇个人建房1.6万户，建筑面积362.41万平方米，总投资13.62亿元；公共建筑面积38.05万平方米，总投资1.47亿元；生产性建筑面积5.5万平方米，总投资2995万元；公用设施累计投资7737万元。通自来水的村占93%，通有线电视的村128个、占48.7%，通电话的村占95.52%，户户通电，村道铺设混凝土路面693公里，村镇基础设施逐步完善，村容村貌改观。

第一章　建设规划

第一节　城乡体系规划

一、城区规划

（一）县城总体规划

1993年，县政府委托省城市规划协会，对《大田县城总体规划》进行调整。调整后的总体规划范围：东至华兴乡华安村，西至宋京路仙跳仑烈士陵园，南至石牌镇老厝村，北至均溪镇郭村。城市规划区面积从3.73平方公里扩大至11.55平方公里；人口规模控制规划2000年为6万人，2010年为8万人；用地规模控制6.6平方公里。1994年12月13日，该规划经三明市政府批准实施。

2005年，县政府委托省城乡规划设计研究院修编《大田县城总体规划》；2006年5月，该规划提交三明市政府审批；2007年12月，获三明市政府批准。规划区范围扩大至规划城区用地周边及河流两侧一重山，面积26.33平方公里；人口规模规划控制2010年为8.2万人，2020年为12万人；用地规模控制 2010 年为 6.86 平方公里，2020 年为 10.22 平方公里。县域中心城镇以劳动密集型的轻工业加工为主要发展导向，建成山水生态型小城市。用地向南、向东发展，城市形态呈团状，形成一城四片（县城，城关片、福塘片、温镇片和郭村片）、二团（乡级政务中心、发展机械产业为主的华安组团和发展交通服务、物流、商贸为主的石牌综合组团）、两轴（以福田路—建山路—香山路为发展主轴和以凤山路—大德公路为次发展轴）的城市发展格局。2008 年 11 月，《大田县城总体规划修编》经省市专家评审后，由三明市政府批准实施。

（二）县域城镇体系规划

2002 年 9 月，县政府委托浙江大学城市规划研究院编制《大田县县域城镇体系规划》。2004 年 3 月，三明市政府组织省、市、县专家进行评审。9 月，县人大常委会审议通过该规划。2005 年 4 月，三明市政府批准实施。

城镇规划以县城为中心，建成桃源、建设副中心镇，泉三高速公路、省道 307 线沿线桃源、上京、吴山等乡镇和省道 306 线沿线广平、建设、太华、石牌等乡镇 2 条发展轴，均溪、石牌、华兴、湖美、前坪、武陵、谢洋、吴山、屏山、济阳南部城镇经济区，上京、桃源西部经济区和太华、建设、广平、奇韬、文江、梅山北部经济区 3 个点状经济区的发展格局。重点发展均溪、桃源、上京、建设、广平等 5 个镇。远期规划建设、桃源中心镇人口为 4.5 万人；上京、太华、广平、奇韬等 4 个镇 5.6 万人，吴山、梅山、武陵、湖美等 4 个乡 2.3 万人。对区域大型基础设施进行布局规划，促进生产要素在各级城镇聚集，形成开放、繁荣的闽中经济走廊。

二、村镇规划

1993 年，18 个乡镇设村镇建设管理站，配专职管理员 17 人、兼职 18 人，建立健全村镇规划建设管理网络。进行村镇规划编制。执行《中华人民共和国建制镇建设管理条例》和《福建省村镇建设管理条例》，实行村镇规划选址意见书、建设用地规划许可证、建设工程规划许可证“一书二证”或个人建房申请表、个人建房许可证 “一表一证”制度。1994 年，县依照《福建省村镇建设管理条例》《1994—1996 年福建省村级组织建设纲要》，18 个乡镇广泛征求群众意见，制定五年规划和年度计划。聘请三明市规划设计院完成 10 个县级以上试点村地形测量、新村规划编制；3 个市级示范村和 28 个市级整治村完成“一图两表”的编制；12 个市级村完成地形图测量和规划修编。《大田县垃圾专项规划》和 10 个乡镇、100 个村的垃圾规划编制通过省验收。1997 年，按照“统一规划、合理布局、因地制宜、综合开发、配套建设”的方针，完成 85 个村庄规划编制。年底，全县累计完成村庄规划 154 个，占村总数的 58.65%。根据“大县城、小集镇、新农村”的发展思路，完成 17 个乡镇（除均溪镇）集镇规划调整。1998 年，完成村庄规划调整 88 个，其中文字规划 22 个。1999 年，完成 14 个新村规划编制。2003 年，完成上京镇镇北小区规划测量放样和建设镇三宝居住小区省级试点审批。2004 年，完成广平镇丰庄、铭溪、栋仁村，建设镇建设、建国村和奇韬镇农贸市场、政府大院绿化规划设计及三宝小区规划设计。2006 年，对 5 个集镇、3 个示范村、12 个整治村进行数字化地形图测绘和总体规划修编。

2006 年，根据《大田县城镇体系规划》，对村庄规划进行修编。至 2008 年底，完成桃源、上京、广平、奇韬、建设、太华、文江、吴山、前坪等 9 个集镇和 51 个村庄规划修编。

第二节　详细规划

一、控制性详细规划

根据 1994 年调整的县城总体规划，县建设局组织编制控制性详细规划（简称控规）。1995 年，编制《福塘片区控规》，用地 42.34 公顷。1996 年，编制《城东区控规》，用地 11.62 公顷。1997 年，编制《城西区控规》，用地 65.6 公顷。1998 年，编制《石牌片区控规》，用地 81.07 公顷。截至 2008 年，编制控规用地共 200.63 公顷，占规划用地的 59.7%，占城市规划建设用地的 90%。

二、修建性详细规划

1994 年，县城乡建设局进行修建性详细规划编制（简称详规）。1995 年，编制用地 45.6 公顷的《莱坂洋片区修建性详规》和《福田大道 2.4 公里沿街景观规划设计》。1997 年，编制用地 15 公顷的《赤岩小区修建性详规》、用地 14.67 公顷的《渔池洋小区详规》和用地 2.95 公顷的《虎头山小区详规》。1998—2000 年，编制用地 7 公顷的《石牌新村详规》、用地 14.2 公顷的《香山片区详规》和用地 5.3 公顷的《东兜小区详规》。2002 年，编制用地 2.2 公顷《镇东花园详规》。2004 年，编制用地 24.1 公顷的《金泉万象城详规》、用地 2.3 公顷的《昌盛花园小区详规》和用地 12.3 公顷的《小溪坂移民安置小区详规》。2005 年、2006 年分别编制用地 4.3 公顷的《岩城文化广场规划》和用地 3.56 公顷的《东方嘉园规划》。截至 2008 年，已编制修建性详规用地共 153.48 公顷，占规划建设用地 26.4%，占城市规划建设用地 60%。

三、专项规划

1998 年，县政府注重《大田县城总体规划》调整后的专项规划编制。由县建设局编制《大田县城市绿地系统规划》和《大田县城区道路红线规划》。1999 年，编制《大田县城给水工程规划》。2002 年，编制《大田县城市环境规划》和《大田县公交系统规划》。2007 年，编制《大田县燃气规划》等。

第二章　县城建设

第一节　市政建设

一、街巷道路

（一）城区主干道

宝山路　1993 年 4 月，成立大田县宝山路拓宽改造指挥部，对长 1157 米、宽 12 米的宝山路进行拓宽改造。5 月 3 日至 7 月 15 日，涉及 11 个单位，居民 52 户、208 人签订拆迁协议，拆除房屋占地 3361.5 平方米，建筑面积 2509.18 平方米。7 月 16 日动工，10 月竣工。道路宽度拓至 24 米，总投资 416.96 万元。

福田路　1994 年，福田路按二级公路标准设计、建设。南起石牌岭福田大桥，北至南门桥与建山路衔接，全长 2340 米，主车道宽 14.5 米，总投资 700 万元。2003 年，续建福田路，主车道两侧设宽 1.75 米的绿化带、4.5 米的非机动车道和 6.5 米的人行道，筑窨井 960 个。4 月底，完成道路工程设计。5 月上旬，有关单位完成各种管线预埋，中旬进行路面道路工程招标，下旬动工建设，10 月工程竣工。2004 年 3—12 月，铺设人行道，年底，福田路建成，总宽度 40 米，续建工程总投资 800 万元。

南山路　1995 年 6 月，成立南山路拓宽改造指挥部，改造工程南起宝山路，北至凤山路（包括前山路 52 米），长 376 米，宽 20 米。7 月，制定《大田县南山路改造方案》和《大田县南山路改造拆迁补偿安置规定》。该工程涉及单位（户）200 个，近 2000 人。8 月上旬至 9 月中旬，多数涉拆单位（户）签订拆迁协议，县法院发出拆迁裁决书 7 份，依法强制拆迁居民住宅 2 户，涉拆房屋建筑面积 2.2 万平方米。1996 年底，建成 6 层—9 层沿街楼房 11 幢，住宅 375 套，店面 201 间，建筑面积 5.64 万平方米，总投资3900万元。2003年10月，该路延伸至均溪河畔，长104米，宽20米，造价15.55万元。年底，全长480米，宽20米的南山路完工。

建山路 1997年8月，建山路路面及排水系统改造动工。路面设主车道宽10.5米，两侧为绿化隔离带各1.5米、非机动车道各4.5米，人行道各5.75米，长1690米，采取在原混凝土路面上加铺C30号混凝土，厚度22厘米。排水系统分别采用直径400毫米—600毫米和400毫米—1200毫米水泥管道铺设，两侧共设窨井680个，绿化带中央设置灯箱广告，补植沿街绿化树。1998年4月，工程竣工，总投资2700万元。

凤山路 由凤山西路、中路、东路3个路段组成，全长2100米。其中，凤山中路、西路，全长1200米，宽18米（车行道宽12米，两侧人行道各3米）；凤山东路长900米，宽18米。1998年4—8月，对东起二铁厂大桥，西至均溪河畔的凤山东路进行拓宽改造，采取原混凝土路面加铺C30号混凝土，厚度22厘米，宽度由18米拓至22米。主车道14米，两侧人行道各4米，共设窨井360个，投资160万元。2001年4—9月，对东起均溪河畔，西至白岩公园的凤山中、西路进行改造，原混凝土路面上加铺C30号混凝土，厚度22厘米，宽度18米拓至20米（主车道12米，两侧人行道各4米），下水道采用直径600毫米—1000毫米水泥管道排污泄洪，道路两侧筑窨井480个。投资350万元。

香山路 南起公路分局，北至郭村村部，长3000米，宽7.5米。2003年，对南起公路分局，北至1040米处路段进行拓宽改造，宽度由原7.5米拓至30米，其中主车道14米，两侧人行道、非机动车道各4米。拆迁面积近3万平方米，涉及12个单位，居民84户。改造工程采取分期分段实施。至2008年底，铺设主车道混凝土路面920米和建窨井100个，铺设部分人行道及非机动车道。完成总工程量70%。

河滨东路 由东兜段、赤岩段组成，具有城区道路和过境公路双重功能的城区主干道，全长2086米，路面宽18米—20米。2001年1月，东兜段动工，南起南门桥东端，北至栋山路，采取拍卖道路两侧的土地筹集资金。2004年8月竣工，长786米，主干道宽12米，两侧人行道各3米，筑窨井78个，投资500万元。2006年11月，赤岩段动工，南起栋山路，北至石油公司。2008年12月竣工，长1300米，主干道宽14米，道路两侧人行道各3米，设窨井110个，投资1500万元。

雪山路 由南路、北路两段组成，全长665米，宽8米。2005年8月至2006年9月，对南起交通局，北至东方宾馆，长350米的雪山北路进行改造，造价130万元。 2007年9—11月，对南起民政局，北至交通局，长365米的雪山南路进行改造，造价150万元。建成后全长715米，车行道宽12米，两侧人行道各3米，共设窨井72个。

文山路 2003年，对路面及排水设施进行改造。全长314米，宽度不一。第一路段，南起东街口，北至实验小学门口，长154米，宽20米；第二路段，东起实验小学门口，西至县政府东侧边门，长160米，宽12米，道路两侧共筑窨井45个。年底，改造工程竣工，总投资37万元。

玉山路 原路东起玉田村部，西至白岩山南路，长437.6米，宽18米。2003年3月11日，由白岩山南路南端路口向西延伸至田螺山段动工。年底竣工，长度260米，宽18米，造价47万元。2004年5月，玉山路东端路口向东延伸至均溪玉山桥段动工。7月竣工，长度85米，宽22米，造价20.34万元。2008年，对原路进行改造。年底，改造工程竣工，造价180万元。玉山路延伸改造后全长782.6米，宽度18米—22米，两侧共筑窨井50个。

（二）次干道与巷道

1993年，城区有次干道19条，一般宽度4米—8米，个别路段10米—18米、2.5米—3米。共有巷道106条，单边或双边明沟排水，间有暗沟排水，没有绿化设施。2000年，虎头山后坂洋小区建成，有巷道10条，长680米。6月，次干道河滨西路改造动工。8月，改造银山北路400米。2001年12月，河滨西路改造竣工，全长2100米。同月，动工改造栋山路。2002年8—9月，改造天山路400米；11月，改造白岩山南路，以400毫米—600毫米混凝土排水管及明沟相结合，东侧每15米设1个雨水井。2004年，东兜小区建成，有巷道11条，长960米。2005年8—10月，改造乌町路，长170米。2006年7月，银山南路改造280米。2007年11月，栋山路改造完成，全长1397米。2008年，东方嘉园、昌盛花园等4个小区建成，城区有3米—5米宽巷道177条。当年，改造次干道北山路、虹山路和赤岩山路300米、象山路260米。共有次干道25条、长1.5万米，设窨井416个，次干道和巷道全部混凝土路面。

大田县城区次干道一览表

表4-1

路　名	起　止　点		路　长（米）	路宽（米）	排水沟（米）	投资额（万元）
	起	止				
银山北路	法院	看守所	1180	7.0	1770	40
河滨西路	东门桥	福田桥西端	2100	5.0	2100	200
栋山路	老交警办公楼	鸭蛋山	1397	7.5	470	120
天山路	电信局	与银山北路交接	593	4.0	685	30
白岩山南路	白岩公园	玉山 路	803	8.0	1606	120
白岩山北路	白岩公园	银山北路	460	5.0	—	—
前山路	西门桥	南山路	372	10.0	400	—
乌町路	六连车队	原罐头厂至周田溪边	170	7.0	170	37
银山南路	人武部	雪山南路	828	2.5–3.0	—	10
富山新一路	西门桥	白岩山南路	213	6.0	—	—
富山新村二路	经委大楼	白岩山南路	353	6.0	—	—
富山新村三路	建设银行	白岩山南路	352	5.0	—	—
玉田路	林业制材厂（建山路）	第六中学	510	10.0	510	—
青垵路	种子公司仓库	508库区	200	3.5	—	—
桥山路	东门桥西侧	镇东桥	356	6.0	460	—
古山路	食杂门市部	煤炭大楼后	450	3.0–4.0	450	—
龙山路	法院	城隍庙—体育场路口	186	5.0	185	—
象山路	石油公司	建筑公司机砖厂	741	13.0	460	120
北山路	搬运站	活牲畜市场	371	4.0	450	60
虹山路	镇东桥	凤山东路	141	10.0	280	46
赤岩路	畜牧水产局办公楼西南角	栋山路	680	4.0	680	50
后坂路	福田路	红钱山脚	320	4.0	320	—
福中路	福塘小学	福田路	320	4.5	—	—
乐祠路	福田桥	坑口四级站	740	4.5	—	—
湖山路	龙登桥	小溪坂北侧	1130	18.0	2260	—

二、城市桥梁

1993年，城区有镇东桥、东门桥、南门桥、澹多桥、福田桥等桥梁10座。2005年11月，动工建设龙登桥，位于二铁厂大转盘西侧，长52米，宽13米，车行道8米。同年12月，动工建设南山桥（俗称赤岩桥），位于南山路南端，长100米，宽12米，车行道7米。2座桥均为预应力混凝土空心板梁桥，荷载公路II级，设计防洪标准为50年一遇，三明市交通规划设计院设计，核工业华南建设工程集团公司承建。2007年1月，南山桥竣工，投资300万元；10月，龙登桥竣工，投资200万元。同月，动工建设玉山桥，位于玉山路东端，为预应力空心板桥梁，长60米，宽20米，车行道12米，荷载等级城B，设计防洪标准为50年一遇。辽宁省城乡建设规划院设计，福建省金晟建设工程有限公司承建。2008年10月，玉山桥工程竣工，投资400万元。年底，城区有桥梁13座。

三、夜景工程

1995年10月，城区首次进行夜景亮化建设。建山路、凤山路安装饰灯5500米、射灯30盏。1997年，建山路沿街主要建筑设置轮廓灯、跳跃灯，两侧绿化带中央设置灯箱广告。1999年7月，县政府颁发《大田县城区夜景工程规划建设和管理暂行规定》，对夜景工程规划、建设、开启时间、维护、维修作出规定。规划部门按照先亮化、后美化、先重点、后全面的方法，对城区重点地段和十字路口，主干道进出口，商业繁华地段、车站、公园和沿街未设置夜景工程的49个单位、85幢楼房进行规划建设，总投资43万元。

2002—2003年，架设凤山西路、宝山路跨街霓虹灯，建设南山路夜景工程及在福田路新装路灯116盏，亮化城区南大门，投资158万元。2004年，在福田路两侧为55个单位和个私企业设置总高度6.85米的灯箱广告57块（5米×2.35米），投资130万元，宣传大田名特优产品。2007年10月，县政府启动夜景工程一期建设，县城乡规划建设局（简称县城建局）采取“单体出形象、整体出效果、色彩分功能”的设计方法，以桥为主，突出河岸景观，以城区主干道两侧的重要公共建筑为辅，进行夜景亮化规划建设。2007年至2008年3月，完成县政府、白岩公园、建设银行、南大门牌楼、镇东桥、镇西桥、白岩塔、仙亭山龙兴殿、交警大楼、龙山宾馆、地税大楼、法院、武装部、石凤集团大楼、影剧院和稽征所等主要建筑物的夜景工程建设，总投资700万元。2008年12月，启动澹多桥、南山桥、东门桥、南门桥、玉山桥、供销大楼、均溪河沿岸及建山路等夜景工程二期建设。翌年2月竣工，总投资300万元。

第二节　公用事业建设

一、公共交通

1993年，城区公共交通以自行车、人力三轮车和摩托三轮车为主。随着城区建设的拓展，1995年，县运输部门先后购进出租面包车52辆。1997年，在城区经营客运的三轮摩托车84辆。2001年，城区从事客运人力三轮车145辆。

2005年5月30日，县城建局批准成立大田县连福公共交通运输有限公司，注册资金510万元，实行独立核算。7—12月，城区1路、2路公交线路先后运营中巴14座客车各8辆。1路公交车，从华兴途经凤山路、建山路、福田路、至石牌镇张坑，单程12.6公里，往返营运中巴14座客车8辆。2路公交车，从郭村途经宝山路、建山路、福塘新村至石牌镇长溪村厝坑，单程11.2公里。票价2元/人次，至年底，运送旅客418万人次。2006年4月，县政府投入资金278万元，购置微型奇瑞QQ车68辆，在城区经营客运，收费标准为起步价两公里以内2元/人，每增加1公里，加价1元/人；夜间零时起加价1元/人。

2008年，城区拥有中小型公交车84辆、出租车30辆、摩托三轮车135辆、人力三轮车145辆。

二、供水排水

（一）供水

1993年，城区有机井4口，户外管道总长35.5公里，日供水能力1.6万吨，用户2351户，用水普及率96%。

1995年5月，在玉田村圳头兴建城西供水车间，钻机井3口，井深180米，筑高位蓄水池1座，容量2000立方米，建泵房、供水管理房等配套设施，建筑面积500平方米。1993—1996年，城区供水管网改造扩大，延伸50毫米以上户外管道12.78公里，总投资70万元。1997年6月，城西水厂竣工，总投资550万元。日供水能力1万吨，与城区并网供水。1998年，县自来水公司与玉田村共同投资100万元，在南大门至火电厂大桥铺设直径300毫米铸铁管2384米；12月20日，工程完工试水，供应莱坂洋新区开发用水。2003年，在宝山路铺设直径300毫米聚乙烯供水管道1024米，福田路片区铺设160毫米铸铁管898米，共投资95万元。2005年8月，在城东盂头坂兴建城东供水车间，钻机井2口，井深150米，筑高位蓄水池1座，容量1600立方米，建泵房、供水管理房等配套设施，占地9054.79平方米，建筑总面积4680平方米，架设4条过河管道总长180米。2007年9月供水，日供水能力6000吨，总投资650万元，解决城东村库区移民生活用水。2008年，县自来水公司部分设备和赤岩路等供水管网进行改造，总投资150万元。年底，城区共有银山、城西、水晶、城东等供水车间4个，机井9口，80毫米以上输水管道总长67公里，日供水能力2.5万吨，供水范围：南至火电厂桥头，北至五中，东至温镇珠宝山，西至白岩公园后山。用户1.64万单位（户），用水普及率99%。供水管道总长度是1993年的1.89倍、日供水能力同比是1.56倍、自来水用户同比是6.98倍，用水普及率提高3个百分点。县政府注重水源环境治理工作，禁止上游排放有害物质，各供水车间加强质量管理。水样经福建省城市供水水质监测网三明监测站检验，所检项目均符合GB5749—2006《生活饮用水卫生标准》要求。

县自来水公司（2008年摄）

1993—2008年大田县自来水公司供水情况表

表4-2

年份	自来水收费价格（元/吨）			总产量（万吨）	销售收入（万元）	上缴税金（万元）	工业产值（万元）	利润（万元）
	民用	工业	商业					
1993	0.25	0.25	0.25	334.40	83.70	7.40	83.70	11.70
1994	0.32	0.43	0.54	409.40	102.40	14.60	102.40	13.60
1995	0.42	0.60	0.71	431.50	164.60	18.50	164.60	14.30
1996	0.42	0.60	0.71	465.60	176.30	23.90	176.30	21.40
1997	0.53	0.70	0.80	538.30	209.70	25.10	209.70	16.00

续表 4-2

年 份	自来水收费价格（元 / 吨）			总产量（万吨）	销售收入（万元）	上缴税金（万元）	工业产值（万元）	利 润（万元）
	民用	工业	商业					
1998	0.53	0.70	0.80	497.10	193.30	17.10	193.30	-30.00
1999	0.64	0.75	0.96	502.40	222.80	19.40	222.80	0.40
2000	0.64	0.75	0.96	516.70	247.10	20.20	247.10	8.80
2001	0.64	0.75	0.96	503.00	256.50	22.70	256.50	0.30
2002	0.82	0.86	1.15	505.60	319.00	26.20	319.00	4.50
2003	0.82	0.86	1.15	548.30	434.00	50.90	434.00	19.00
2004	0.82	0.86	1.15	554.10	455.40	51.80	455.40	19.70
2005	0.82	0.86	1.15	613.40	504.90	50.00	504.90	-2.70
2006	0.93	1.28	1.78	566.80	548.40	53.40	548.40	2.50
2007	0.93	1.28	1.78	550.40	556.20	44.00	556.20	-43.00
2008	0.93	1.28	1.78	562.10	565.60	35.30	565.60	-115.90

2008 年大田县自来水公司水质量检验情况表

表 4-3

检验项目	单位	检验结果	饮用水卫生标准（GB5749—2006）	检验项目	单位	检验结果	饮用水卫生标准（GB5749—2006）
色度	度	5	≤ 15	阴离子合成洗涤剂	毫克 / 升	＜ 0.10	≤ 0.3
浑浊度	NTU	0.079	≤ 1	铝	毫克 / 升	＜ 0.008	≤ 0.2
臭和味	—	无	无异臭异味	氯仿	毫克 / 升	0.0064	≤ 0.06
肉眼可见物	—	无	无	四氯化碳	毫克 / 升	＜ 0.0001	≤ 0.002
游离余氯	毫克 / 升	—	≥ 0.3 ≥ 0.05	总硬度	毫克 / 升	149	≤ 450
氟化物	毫克 / 升	0.170	≤ 1.0	总 a 放射性	贝克 / 升	0.0071	≤ 0.5
亚氯酸盐	毫克 / 升	＜ 0.0007	≤ 0.7	总 b 放射性	贝克 / 升	0.0562	≤ 1
氯化物	毫克 / 升	3.007	≤ 250	细菌总数	菌落数 / 毫升	23	≤ 100
氯酸盐	毫克 / 升	＜ 0.002	≤ 0.7	总大肠菌群	菌落数 / 百毫升	未检出	不得检出
硝酸盐（以氮计）	毫克 / 升	1.046	≤ 10	耐热大肠菌群	菌落数 / 百毫升	未检出	不得检出
硫酸盐	毫克 / 升	3.745	≤ 250	铜	毫克 / 升	0.06	≤ 1.0
氰化物	毫克 / 升	＜ 0.002	≤ 0.05	锌	毫克 / 升	＜ 0.05	≤ 1.0
铬（六价）	毫克 / 升	＜ 0.004	≤ 0.05	铁	毫克 / 升	0.06	≤ 0.3
硒	毫克 / 升	0.00021	≤ 0.01	锰	毫克 / 升	＜ 0.01	≤ 0.1
汞	毫克 / 升	0.00005	≤ 0.001	镉	毫克 / 升	0.001	≤ 0.005
砷	毫克 / 升	＜ 0.00004	≤ 0.01	铅	毫克 / 升	＜ 0.005	≤ 0.01
pH	—	7.45	不小于 6.5 不大于 8.5	耗氧量	毫克 / 升	1.17	≤ 3
挥发酚类（以苯酚计）	毫克 / 升	＜ 0.002	≤ 0.002	溶解性总固体	毫克 / 升	149	≤ 1000

（二）排水

1993年，城区排污泄洪均靠排水沟、排水管道和古护城河、长坑河汇入均溪。城区排水为雨污合流，易造成污染。至2006年，结合道路拓宽改造，先后在宝山、南山、建山、凤山、香山、文山和雪山路，分别埋设不同规格的砼排水管1.31万米，筑窨井1987个，便于清除淤泥和垃圾，保证排水畅通。在续建福田路和延伸、改造玉山路时，建排水暗沟6137.2米，筑窨井1010个。2007年，在河滨东路赤岩段建设中，首次实行雨水、污水分开排放。埋设不同规格的雨水管道2600米，污水管道1443米，筑窨井110个。2008年底，城区排水暗沟总长39.93公里，不同规格排水管道总长21.85公里，污水管道1443米。初步形成较为完整的排水体系。生活污水经由居民各自的三级化粪池处理后排放。

三、城市绿化

1993—1995年，县城绿化工作以达标为重点。1996年，城区园林绿地面积83.45公顷，绿地率22.4%，绿化覆盖率27%，公共绿地面积20公顷，人均公共绿地10平方米。

1998年，县委、县政府围绕创建“国家园林城市”目标，当年新建苗圃6667平方米，改造旧苗圃2667平方米；新增绿地4650平方米，新植草皮1.5万平方米；新栽苗木2000株，移植1.52万株。人均新增公共绿地0.2平方米，绿地覆盖面积增加7.64万平方米，建成区绿化覆盖率提高2.05个百分点。

2000年，县城加强城市园林绿化管理。坚持绿化一片、保护一片、巩固一片，确保绿地面积不断扩大。同时，开展庭院绿化达标、创建文明楼院等活动。2002年，完成建山路绿化带、白岩公园大台阶绿化树的更新换代，改造绿地5000平方米，绿化覆盖率增0.5%。

2005年，全县初步形成以绿化环境为中心，公共绿化为重点，道路绿化为骨架，庭院绿化为基础的城镇绿化格局。补植建山路绿化带，福田路补植华棕200株，河滨路、福田路、白岩公园种植大苗30棵，投资3.5万元。

2008年，对建山路、福田路、凤山路等路段的行道路进行修剪、补植，投入12万元；对白岩公园名贵树种进行移植，投入7万元；对白岩公园大台阶两边进行绿化改造，投入10万元。至年底，县城建成区绿地128公顷，绿地率25.6%，绿化覆盖面积153公顷，绿化覆盖率为30.6%，公共绿地60公顷，人均公共绿地10.1平方米。

1993—2008年，城区绿化通过采用集中与分散，点、线、面相结合的设计，逐步形成由城区中心绿地—园林绿地—庭院绿化组成的较大规模绿化系统，公共绿地建设面积逐步增多，主干道绿化配置规格、档次逐渐提高。建山路、福田路等10条主要道路栽种行道树、设置绿化带，先后新栽、补植、更替各树种苗木2362株；县政府大院、南大门均溪河畔、东兜小区、体育场、昌盛花园等公共绿地逐年建成，汇龙广场、锦绣福田小区、岩城广场等新建小区的绿化工程相继完成；机关、学校、工厂、民宅等开辟公共绿地，植草坪，建绿篱，修花坛，栽植花木，培育各种艺术造型盆景，普遍开展环境绿化。其中，县政府大院花草树木等绿化面积1.1万平方米（草坪4500平方米）、县一中校园1.01万平方米（草坪4000平方米）、南湖针织时装有限公司厂区1万平方米（草坪3168平方米）。

四、环境卫生

（一）环卫设施

1993年，城区设置垃圾筒248个、果皮箱50个；建有垃圾处理场1处，占地1.73公顷；垃圾运输车2辆和洒水车1辆。1996年，设置果皮箱180个、垃圾筒（点）365个、垃圾集中点5处，添置垃圾车、洒水车各1辆。1998年7月，扩建赤岩大垵鸭蛋山垃圾处理场，占地3.13公顷，筑围栏垃圾坝1处、建污水处理池1个、截洪沟1300米、排洪涵洞150米、截污沟50米，铺设污水管道1500米，修建简易专用道路500米等附属设施，总投资50万元。1999年，更新垃圾筒120个，增设果皮箱100个，设置容量7.4立方米的垃圾集装箱5个，购置多功能垃圾车1辆。2000年起，添置垃圾运输车3辆，先后制作容积7.4立方米和6立方米垃圾集装箱21个，分设于商场、学校周围及居民小区。2008年底，城区有果皮箱 125 个、垃圾筒 385 个，垃圾处理场 3.13 公顷，垃圾集装箱运输车 3 辆，洒水车 2 辆，吸粪车 1 辆。

（二）街巷清扫

1993 年，县环卫处负责城区主要干道的路面清扫和保洁工作。环卫职工 113 人（临时工 36 人），日清扫 23.6 万平方米。采用每天午夜至早晨 6 时和下午 1 ：30 时至 2 ：30 时清扫保洁，早、晚路面洒水降尘。1996 年，城区道路清扫面积 32.6 万平方米，日洒水 18 万平方米。2002 年，排水沟、护城河和长坑河由临时工负责疏通和清淤，人员工资和经费由县财政核拨。当年，县环卫处组建二级环卫队伍，负责每天上午清扫巷道路面，并收集巷道内的生活垃圾和下水道疏通。经费来源为财政核拨部分，城区干部、职工和居民负担部分。2008 年，城区道路清扫面积由 45.2 万平方米扩大至 56.27 万平方米。10 月起，城区巷道清扫卫生由县城区办管理和解决所需经费。

（三）垃圾清运

主要街道垃圾收集、清运采用筒式垃圾运输车沿街收集，直接清运至垃圾处理场。中转站和集装箱集中点垃圾，用箱式专用垃圾车运至垃圾处理场。巷道垃圾，采用板车收集至垃圾中转站。垃圾采用平整、覆土、压实、消杀填埋方法处理，处理率 100%。1993—1999 年，年均处理垃圾 1.64 万吨；2000—2008 年，年均处理垃圾 2.19 万吨。

（四）公厕管理

1993 年，县有水冲式公厕 13 座、蹲位 120 个，日吸粪量 15 吨，设专人管理。1996 年，县环卫所日保洁厕所 12 座，全年清运粪便 1835 吨。2008 年，城区有公共厕所 12 座，均采用冲水式三级化粪，由专人管理，每座定员 1 人，负责厕所内外每日保洁卫生，每半月消毒 1 次，每半年清理公厕化粪池，掏运粪渣，集中处理，处理率 100%。公厕实行有偿服务管理。

第三节　住宅建设

1993 年，县城区个人建房 73 幢，建筑面积 1.4 万平方米。同年起，随着旧城改造和新区开发，城区居住面积不断扩大，居民住房形式多样，房屋结构不断提高。注重朝向采光、厨卫通透、内部装修标准向高档发展，公寓式住房占一定比例。1999 年起，大田房地产业迅速发展，房地产开发公司陆续开辟公寓式商品房小区，户型大部为 1 梯 2 户，面积 90 平方米—140 平方米不等，南北通透，动静分离，空间紧凑，立面造型根据不同类型、不同位置，选择各幢楼的外墙材料和色彩。

2000 年，别墅式住房兴起，每幢占地约 130 平方米，均有小花园，外形豪华美观，工程设计注重建筑与环境相互协调，立面设计注意中西结合和细部处理手法，既充分利用屋面空间，又形成屋顶露台花园、凉亭。东兜小区别墅群，建筑风格具有浓郁的地方风格，又体现现代都市生活的情趣，充分展现别墅群整体的雍容华贵。

2004 年，尤溪街面水库建设，涉及大田境内 2 个乡 9 个村 788 户、3600 人迁移安置。当年 3 月，县政府征用小溪坂、龙丁坂 12.66 公顷土地兴建库区移民安置区，小溪坂移民住宅由规划设计部门统一规划设计，个人自行建造，规划宅基 232 宗，每宗面积 98.28 平方米，建筑层高 5.5 层，砖混结构，安置 1900 人。龙丁坂兴建 13 幢 7 层—8 层公寓式住宅，建筑结构为框架结构和砖混结构，总套数 527 套，套型为 85 平方米—118 平方米不等，安置 1700 人。1993—2008 年，城区个人建房 3129 幢，建筑面积 118.08 万平方米。

第四节　公共建筑

1993 年，县公安局办公楼、工商局综合楼、商业局综合商场、岩城新市场、县委党校办公教学楼竣工，总建筑面积 3.85 万平方米。1994—1996 年，县实验幼儿园、邮电局、文化馆、前峰集团、岩城集团等 6 幢综合楼和县粮食局粮食批发市场、大田一中办公楼竣工，总建筑面积 2.62 万平方米。

1997—2001 年，县司法局、汽车运输公司 2 幢综合楼，东街口百货大楼，县建行和国税 2 幢大楼，县图书馆和广播电视大楼，县一中、五中、六中 3 幢科技楼及县中医院住院部大楼建成，总建筑面积 3.24 万平方米。其中，县建行大厦高 12 层，建筑面积 6058 平方米。2002—2006 年，县电信大楼、县法院、检察院、县商贸中心、县医院住院部等 5 幢综合楼竣工，总建筑面积 6.23 万平方米。其中电信大楼高 10 层，建筑面积 5800 平方米。2007 年，县疾病防疫控制中心、大田石油分公司 2 幢综合楼和鸿图中学教学楼建成，总建筑面积 1.35 万平方米。2008 年，福田路两侧福田商业小区，4 幢框架结构 4 层楼房竣工，占地 4347.2 平方米，建筑面积地面 1.27 万平方米，地下 4500 平方米，商业店面 113 间，总投资 2300 万元。设有酒吧、会所、餐厅、超市、休闲 KTV 等，并置有夜景灯、喷泉、雕塑等景观，建筑风格中西合璧。

1993—2008 年，城区新建公共建筑 480 项，建筑面积 134.53 万平方米，其中，办公用房 14.53 万平方米、商业用房 15.76 万平方米、工业用房 18.21 万平方米、生活用房 57.21 万平方米、教育用房 21.39 万平方米、其他用房 7.43 万平方米。框架结构 130.44 万平方米、砖混结构 4.09 万平方米，总投资 9.8 亿元。其间，县一中新建教学、科技、办公楼，学生公寓和食堂等，总建筑面积 3.39 万平方米，其中，教学、办公用房 2.08 万平方米，生活用房 1.25 万平方米，其他用房 560 平方米。框架结构 3.23 万平方米，砖混结构 1644 平方米，总投资 2240.15 万元。

1993—2008 年大田城区公共建筑情况表

表 4-4

单位或楼房名称	地　点	建筑面积（平方米）	层数	结构	造价（万元）	竣　工 年　月
县委党校办公教学楼	文山路	1200	5	框架	35	1993 年 1 月
县商业局综合商场	凤山中路	1038	3	框架	35	1993 年 6 月
县工商行政管理局综合楼	凤山中路	3000	6	框架	100	1993 年 7 月
县公安局办公楼	建山路	4800	7	框架	191	1993 年 7 月
县岩城新市场	建山路	28500	8	框架	1100	1993 年 8 月
县农行均溪营业所综合楼	南山路	1100	5	砖混	50	1994 年 5 月
县林业制材厂综合楼	建山路	1592	6	砖混	60	1994 年 6 月
县矿产开发公司办公楼	建山路	1872	7	框架	100	1994 年 7 月
县邮电局城关邮电支局办公楼	建山路	2269	6	砖混	89	1994 年 8 月
县广播电视局办公楼	文山路	1776	6	砖混	55	1994 年 9 月
县实验幼儿园综合楼	前山路	7700	4	砖混	500	1994 年 9 月

续表 4-4

单位或楼房名称	地 点	建筑面积（平方米）	层数	结构	造价（万元）	竣 工 年 月
县前峰企业集团综合楼	宝山路	2550	5	砖混	100	1994 年 10 月
县环保局综合楼	建山路	2720	5	砖混	160	1994 年 10 月
县卫生局卫生进修学校综合楼	建山路	1445	6	砖混	70	1995 年 8 月
县劳动保险公司综合楼	宝山路	1355	5	砖混	76	1995 年 9 月
县总工会职工教学楼	建山路	2200	6	砖混	110	1995 年 10 月
县实验小学教学综合楼	文山路	2000	5	砖混	100	1995 年 10 月
县粮食局粮食批发市场	凤山西路	3150	6	框架	155	1995 年 10 月
县政府大门综合楼	凤山西路	1200	3	砖混	100	1995 年 12 月
县人武部综合楼	凤山西路	6200	7	砖混	420	1995 年 12 月
县龙山宾馆门楼	文山路	1269	3	砖混	80	1996 年 5 月
县文化馆综合楼	建山路	2664	6	砖混	170	1996 年 9 月
县岩城集团岩城大厦	凤山西路	3442	7	砖混	250	1996 年 12 月
县邮电局综合楼	宝山路	3311	8	框架	100	1996 年 12 月
县司法局综合楼	宝山路	5130	7	框架	275	1997 年 8 月
县东街口百货大楼	凤山西路	2560	8	框架	170	1997 年 8 月
县房管所综合楼	宝山路	1440	7	框架	85	1997 年 9 月
县二轻集团综合楼	宝山路	3000	7	框架	180	1997 年 12 月
县建设银行大厦	建山路	6058	12	框架	1250	1998 年 5 月
县工商银行城关营业所	凤山中路	2370	8	框架	180	1998 年 6 月
县物资局综合楼	宝山路	2900	7	框架	174	1998 年 7 月
县国税大厦	建山路	4000	9	框架	450	1998 年 10 月
县汽运公司综合楼	宝山路	3400	7	框架	198	1998 年 11 月
县六角宫水电开发公司综合楼	宝山路	4455	6	框架	213	1999 年 2 月
县稽征所综合楼	建山路	2108	5	框架	139	1999 年 5 月
县玉田村综合楼	建山路	3345	8	框架	150	1999 年 6 月
县中医院病房大楼	建山路	1386	5	框架	60	1999 年 9 月
县供销果品批发大楼	宝山路	3274	7	框架	105	1999 年 10 月
县商业大厦	凤山中路	3000	7	框架	150	1999 年 11 月
县图书馆、广电大楼	文山路	2906	6	框架	158	2000 年 6 月
县一中办公楼	文山路	1345	6	框架	85	1995 年 8 月
县一中科技大楼	文山路	10076	6	框架	785	2000 年 9 月

续表 4-4

单位或楼房名称	地　点	建筑面积（平方米）	层数	结构	造价（万元）	竣　工年　月
县一中教学中楼	文山路	1447	6	框架	61	2002 年 8 月
县一中励志东楼	文山路	2036	6	框架	135	2004 年 8 月
县一中励志中楼	文山路	1151	6	框架	110	2006 年 8 月
县一中东教学楼	文山路	1696	5	框架	145	2006 年 8 月
县一中星晖楼	文山路	4483	6	框架	292	2004 年 8 月
县第五中学科技楼	银山北路	3500	6	框架	220	2001 年 2 月
县社区服务中心综合楼	宝山路	4000	7	框架	175	2001 年 8 月
县第六中学科技楼	玉山路	3488	6	框架	200	2001 年 10 月
县邮电支局综合楼	宝山路	4776	7	框架	220	2002 年 3 月
县闽中交电综合楼	建山路	2800	7	框架	110	2002 年 12 月
县电信大楼	凤山西路	5800	10	框架	1804	2003 年 1 月
县均溪中心小学综合楼	雪山北路	2490	5	框架	100	2003 年 7 月
县第五中学教学楼	银山北路	1900	5	框架	70	2003 年 12 月
县第六中学教学楼	玉山路	3153	6	框架	185	2004 年 8 月
县竞技训练馆	银山北路	833	2	框架	158	2004 年 8 月
县职业中学实验楼	玉山路	1706	5	框架	112	2004 年 11 月
县检察院综合楼	福田大道	5665	7	框架	277	2004 年 12 月
闽中长运公司大田分公司综合楼	香山路	2800	6	框架	160	2005 年 1 月
县法院综合楼	凤山西路	4021	7	框架	300	2005 年 2 月
县商贸中心	宝山路	35600	9	框架	1672	2005 年 3 月
县实验小学教学楼	文山路	3204	5	框架	191	2005 年 6 月
县红星村综合楼	雪山南路	3240	3	框架	180	2005 年 10 月
县医院住院综合楼	雪山北路	11193	7	框架	603	2006 年 11 月
县玉田村综合楼	建山路	3500	7	框架	156	2006 年 4 月
县职专办公楼	玉山路	1317	3	框架	109	2006 年 10 月
县疾病控制防疫中心综合楼	香山路	2060	7	框架	142	2007 年 6 月
县鸿图中学教学楼	宋京路	6585	5	框架	434	2007 年 7 月
县前峰矿业有限公司综合楼	宝山路	3636	7	框架	260	2007 年 8 月
福建省石油总公司大田分公司综合楼	凤山东路	4818	7	框架	330	2007 年 11 月
宝通瓷业公司综合楼	香山路	1260	6	框架	530	2008 年 11 月

第五节 公园与广场

一、公园

白岩公园 位于城西白岩山，依山而建，占地33.33公顷。主要建筑有门楼、大台阶、观岩阁、组合亭、桂园、白岩塔、镇西桥等。1995年，根据各个建筑特色，安装轮廓灯彩灯、射灯、跳跃灯布置园林夜景。2007年9月，该园建筑进行全面修缮。11月，公园建筑修缮竣工，投资26.68万元。绿化面积30公顷，主要树种为香樟、桂花、棕榈等。盆花7000盆，花木品种为三角梅、一串红、合果芋等。

儿童乐园 位于白岩公园北麓，占地5.53公顷。园内芳草如茵，花木茂盛。园中建假山、凉亭、喷水池、茶馆、花坛、旱冰场，铺迂回小道，以冬青为篱，花圃、绿地边设置石桌椅。园北造有人工湖，湖面面积2.27公顷，配有电动游艇和游船，湖南面筑小码头，环湖砌石岸，岸边垂柳丝丝。湖中央建砼结构八角亭，架拱桥、曲桥相通。游艺项目有航天飞机、小火车、电动小汽车、电动摩托车、仿大渡桥、螺旋滑梯、摇篮、旋转椅、跷跷板和游龙戏水。绿化面积5万平方米。主要树种为桂花、含笑、玉兰等。2007年10月，该园设施全部拆除重新改建。

仙亭山森林公园 位于城西仙亭山，依山而建，园内古木参天，绿树成荫。2005年11月动工兴建，占地80公顷（规划200公顷）。分设寺庙景观区、生态保健区、运动健身区、观光果园区、娱乐休闲区、植物观赏区和青少年科普活动区，预算总投资2000万元，建设项目分阶段实施。至2008年底，完成山门、大台阶、小广场、长廊、凉亭、茶苑、蓄水池、公厕及山门夜景装饰，并铺设长1200米、宽1.8米（路基宽3米）的花岗岩石健身道和全长6200米、宽1.2米—1.6米的大理石火烧板步游道蜿蜒而上直通山顶。完成投资900万元，占预算总投资的45%。绿化面积达133.33公顷。主要树木品种为香樟、马尾松、杉树、甜槠、榛子等。台阶两侧花木品种为华棕、紫荆、玉兰、桂花、海棠等。

二、广场

岩城文化广场 2007年5月，仙亭山脚下岩城广场动工兴建，占地2.47万平方米。2009年11月，广场竣工，总投资1630万元。广场入口处镌有时任全国政协委员、中国书法家协会原主席沈鹏所题“岩城广场”四字晚霞石卧碑。中心广场以“凤之舞”为主题，两侧各立2米多高大理石二十四孝石柱12根，配以音乐喷泉、大型树桩盆景树等山水景观。场左设有大屏幕电子显示屏，场后为下层式小广场1424平方米、地下商场1.29万平方米和停车场1.01万平方米，设车位288个。广场路面以花岗岩石铺砌而成，前临建山路，后为登临仙亭山公园的145级条石阶梯，两边花带绿化面积5000平方米，花草树木品种为榕树、非洲茉莉、伞树、榕桩、扶松和紫云藤、软枝房婵、彩云草、金叶联翘等。

白岩演艺广场 在白岩公园大门内南侧，由原青少年宫移建而成，中为演艺池，南有罗马柱，北为新建青少年宫，南为科技馆，北为儿童乐园。

第三章　村镇建设

第一节　集镇建设

1993年，全县实施以小城镇建设为重点的村镇建设。10月，上京镇农贸市场建成，占地1.2万平方米，建筑面积5533平方米，总投资320万元。文江、武陵等集镇也陆续兴建农贸市场。1994年3月，县政府制定《大田县鼓励、扶持村镇建设优惠政策的若干规定》和《大田县村镇建设考评办法》。当年，桃源集镇拓宽改造东街，街长400米、宽24米；兴建南街、东街和西街，两旁建房155幢，建筑面积2.6万平方米，街道总长2公里。上京、文江、武陵等集镇陆续兴建农贸市场。太华、石牌、屏山、武陵、上京、梅山、湖美、奇韬等15个集镇新建、改建、扩建自来水厂，延伸供水管道，铺设排水管道，修建排水暗沟，修筑防洪堤，各集镇街道初步形成网状排水系统，杜绝淤塞积水现象。集镇道路经过新建、改建、扩建，先后铺设混凝土路面。

1996年8月，县政府制定《关于整治村容村貌的若干规定》，引导农民拆旧房建新村。至年底，拆旧房2000座，建筑面积24.5万平方米，清理旧宅基地30万平方米。1997年8月，石牌镇老厝村全面拆除省道212线81户旧房35座，面积7200平方米，整治二类房4座，面积900平方米。安置50户重建住宅，每户占地100平方米，建筑面积共1万平方米。2001—2003年，按照以城带乡、城乡并举，实行旧集镇、旧村庄改造与新集镇、新村建设相结合，集镇居民建筑面积17.89万平方米，公共建设项目75个、建筑面积41.84万平方米。2006年，开展“家园清洁行动”，上京、桃源集镇建垃圾处理场，济阳、吴山、前坪、建设、太华集镇筑垃圾焚烧炉，各集镇设垃圾中转站，置垃圾筒、果皮箱。2007年，乡镇村建站，对村镇建设实行统一规划、征地、开发、审批、发证“五统一”，当年，集镇建筑面积4.91万平方米。

2008年，集镇建筑面积4.76万平方米。截至年底，全县集镇道路总长111.44公里、面积78.19万平方米；自来水厂17个，供水管道总长178.3公里，日供水能力5090吨，用水人口6.31万人。排水管道总长43.62公里，排水暗沟24.4公里。防洪堤总长46.63公里。路灯1261盏。绿化面积156.29公顷，绿化覆盖面积171.75公顷，公园绿地面积13.1公顷。1993—2008年，个人建房5189户，建筑面积116.96万平方米，总投资4.83亿元；公共建筑面积25.69万平方米，总投资1亿元；生产性建筑面积1.41万平方米，总投资800万元；公共设施总投资4300万元。

2008年大田县各乡镇街道情况表

表4–5　　　　单位：米

乡镇	街道名称	街长	街宽	乡镇	街道名称	街长	街宽
华兴乡	华兴街	350	24	广平镇	广平街	500	13
	早兴街	150	6	奇韬镇	文峰路	60	7
					文韬街	150	9
石牌镇	石牌路	1200	35		广韬路	150	9
	温泉路	575	24		五龙路	130	9
					永仙街	210	12

续表4-5

乡镇	街道名称	街长	街宽	乡镇	街道名称	街长	街宽
桃源镇	桃源街	2000	12	文江乡	文江街	200	15
	南街	500	8	湖美乡	新街	306	13
					老街	300	9
上京镇	京中路	430	21	前坪乡	红坪街	130	8
	京仙路	698	8	梅山乡	梅秀新街	1130	18—25
	京东路	470	21		龙口街	300	10
	京南路	210	8	济阳乡	济阳新街	800	10
	京西路	265	21		济阳古街	70	6
太华镇	太华街	1900	8	屏山乡	兴屏街	400	7.5
建设镇	建华路	250	24	吴山乡	吴山新街	600	9
	建祥路	470	18	谢洋乡	复兴路	300	6
	建兴路	250	24		文兴路	800	4
	邮政街	300	22	武陵乡	宏图街	300	14

第二节　村庄建设

一、新农村建设

1993 年，县委、县政府采取典型引路、点面结合、以点带面的办法，确定公路沿线 10 个乡镇、100 个村为“奔小康、建新村”重点村镇，制定出台村镇建设惠农政策，扶持引导农民进行新村建设。1995 年，全县新村建设全面展开。1996 年，开展新村建设共 135 个村，占 50.2%，累计完成建筑面积 102.38 万平方米，迁新居农户 5640 户，占农户总数的 8.8%，上京镇隆美村新建砖混结构住房 59 座，建筑面积 27 万平方米，人均 24.08 平方米。当年，县政府把整治村容村貌与“奔小康、建新村”和村庄拆旧建新相结合。1996—1997 年，拆旧房 5180 座，建筑面积 96 万平方米，整治二类房 4350 座，建筑面积 88.8 万平方米，清理旧宅基地 30 万平方米。

1998 年，县委、县政府制定《大田县 1998 年 10 个“精品村”建设实施意见》，确定铭溪、栋仁、建忠、建爱、万湖、汤泉、梅林、小湖、老厝、和洋 10 个村为建设精品村试点。年底，共完成建房面积 5.3 万平方米，装修面积 6.4 万平方米，铺设混凝土路面 1200 米，改厕 263 座，种植绿化树 200 多株。小湖、老厝村自来水入户率 100%；梅林村完成日供水 120 吨的自来水工程建设；和洋、万湖村铺设自来水管道 2.5 公里。

2000 年，三明市委、市政府确定铭溪、栋仁、建爱、汤泉、万湖、隆美、小湖、和洋、建成、上岩、龙门、龙口、梅林、建忠 14 个村为市级新村建设试点村，县委、县政府确定翁厝、罗丰、文经、桃山、长溪、梓溪 6 个村为县级新村建设试点村，加强对试点村新村建设跟踪管理和业务指导，促进全县新村建设健康发展，小湖、汤泉、铭溪等村兴建农贸市场，梅林、和平村道铺设混凝土路面，和洋、万湖、隆美村兴建自来水厂。

2002年起，全县实施农村沼气工程建设，引导农民开发利用清洁能源，指导农民兴建沼气池1018口。当年，新村建设建筑面积10.99万平方米。2003—2004年，村庄个人建房876户，建筑面积22.4万平方米。

2005年，开展清垃圾、清路障、清污泥、清违章建筑、清破旧危房“五清”和改水、改厕、改路、改厨、改圈、改沟“六改”新农村建设，共清理河道102公里、清路障450处、清垃圾735处，改水8534处、改厕5406个、改厨3983户、改圈5321个、改沟1841条、改路154条、707.5公里，其中，铺设混凝土路面534.7公里。

2006年起，县委、县政府先后制定《社会主义新农村建设“十五”规划纲要》《扎实推进社会主义新农村建设和竞赛活动的实施意见》《“幸福家园行动”竞争立项项目实施意见》《新农村建设优胜乡镇竞赛活动考评细则》，实行县领导、县直部门挂包试点村、整治村制度，每月召开专题会1次，一督察一通报，每季度召开现场会，交流评比。县政府制定《2006年大田县新农村建设“五大”工程实施方案》（富民、基础、素质、安居、保障工程）。以上京镇为试点，梅林、隆美村为典型，实行“一村一策”，加快“一村一园”建设。全县84个村开展“家园清洁行动”，实施“五清六改”为主要内容的村容村貌整治；建立垃圾焚烧炉5个、中转站2个、垃圾清理场2个。全县完成农村公路建设项目61个，总长252.3公里，村供水工程42个，山地水利建设蓄水池24个、容积1200立方米，建沼气池1400口。

2008年，村庄个人新房建筑面积4.19万平方米。当年，全县农村人均住宅面积34.4平方米；饮用自来水18.86万人，占73.87%。229个村有沼气池4743口。1993—2008年，村庄个人建房1.08万户，建筑面积245.45万平方米，总投资8.79亿元；公共建筑面积12.36万平方米，总投资4701万元；生产性建筑面积4.09万平方米，总投资2194万元；公用设施投资3461万元。县新农村建设累计投入资金2.75亿元，其中县财政投入6165.9万元，建设上京、建设市级试点镇2个，省级示范村6个，县级整治村43个。

二、造福工程

1996年，县委、县政府实施“造福工程”，乡镇、村统一规划选址，在村民自愿的基础上，将边远、自然条件恶劣，生活、生产不便的农户搬迁到条件较好或公路沿线建新村，给搬迁村民每人补助500元。1997年，均溪镇将金岭、翰林、太山崎村398户、1994人，分批搬迁至城区鸭蛋山，建秋竹新村，占地2.72万平方米；地质灾害点大道山村76户、321人，搬迁至城东均溪镇象山路建龙宝新村，占地1.86万平方米。石牌镇将盖山村73户及其他村部分偏远村民44户，共117户迁至老厝村三角坂建新村，占地2.87万平方米。梅山龙口村长圳、潘坑自然村22户、108人搬迁至龙口旧街，兴建住宅22座、占地4524平方米，投资428.2万元。上京赤水垅自然村12户、72人迁至上京原化工厂旧址建房12座，占地2005平方米，建筑面积3036平方米。

1998年，桃源镇桃源村搬迁长圳、潘坑22户、108人，占地5970平方米，完成建筑面积4800平方米。2001年，搬迁村民每人补助700元。2002年，济阳乡大儒村洋坂自然村8户、38人，安置在本村洪港崎自然村，占地832平方米，建房8座、建筑面积2496平方米，年底入住4户、18人。2006年，搬迁村民每人补助1000元。2007年，每人补助1500元。2008年，每人补助2500元。年底，主要“造福工程”新村店有武陵乡茶山，济阳乡后岬垅、高升，吴山乡和洋、梓溪、阳春、东埔，华兴乡昆山、华安，建设镇元山，前坪乡黎明、黄龙、上地，均溪镇鸭蛋山，桃源镇东坂、公山口、上京镇赤水垅等。其中，地址灾害隐患整村和自然村搬迁的有均溪镇大道山、石牌镇三角坂和广平镇苏桥（双涧）。共迁移安置1227户，6130人，其中省级“造福工程”指标5850人、市级280人，省财政补助694.5万元、市财政29.5万元。

第四章 建筑业

第一节 建筑企业

1993—1996年，县有建筑施工资质的企业9家，其中三级2家、四级7家；从业2000多人，其中工程师18人、助理工程师62人、技术员70人。1997年，有施工企业10家，其中，省建委核定为三级企业2家，市建委核定为四级企业8家；职工2000多人，其中工程师20人、助理工程师64人、技术员75人。1999年，有建筑施工企业10家，其中三级3家、四级7家，职工1463人，其中工程师20人、助理工程师95人、技术员97人。

2002年，县第三建筑工程公司与大田生辉建筑工程公司合并重组，成立大田县盛达建筑工程公司，资质等级四级，在册职工295人，其中工程师15人、助理工程师26人、技术人员23人，各类机械设备88台，总功率1679千瓦。

2005年5月，县建筑工程公司改制为股份制企业，8月，更名为福建省大田县益建建筑工程有限公司，在册职工236人，其中高级工程师3人、工程师20人、二级注册建筑师16人、二级临时造价师9人、经济建筑师（高、中、初级）153人。各类机械设备96台，总功率3013千瓦。资质等级为房屋建筑施工总承包二级。可承担28层以下或跨度36米以下的房屋建筑工程。

2006年，根据建设部《建筑企业资质管理规定》，对技术力量薄弱，资质等级不够的施工企业不予年检，并提请工商部门吊销营业执照。建筑企业经过改制、资产整合、重组、合并，2008年底，全县有益建、金城、三和、宏城、龙顺、龙昌建筑工程有限公司和盛达建筑有限责任公司建筑施工企业7家，其中益建建筑工程有限公司资质等级为二级，其余均为三级。从业人员887人，其中管理人员100人、工程技术人员427人、现场施工工人360人，持证上岗人员263人，固定资产总值1.42亿元。

第二节 勘察设计

一、勘察测量

1993—1998年，建筑勘察测量工作由县勘察规划设计室负责，有测绘人员5人。1999年10月，成立国有企业大田县城乡建设测绘队，定编职工7人，资质等级为丁级。1999—2008年，累计勘察测量汇龙广场、岩城广场、鸿图中学、锦绣福田小区、龙丁坂移民区、太华变电站、前坪变电站、小汤泉变电站等建设项目510个，质量达到良好等级，累计完成1 ∶ 500比例尺地形图60幅，面积5平方公里，共放样2550个点。

二、建筑设计

1993年，县建筑设计院负责全县建筑设计工作，有职工15人，资质等级为丁级。当年，设计县人武部综合楼，砖混结构，楼高7层，建筑面积3662平方米。1994年起，重视建筑的形体组合、平面布局、立面处理和结构造型。主要设计5层—7层砖混结构的城关小学、实验小学住宅楼、劳动保险公司综合楼等和粮油烟酒公司综合楼、一中综合楼等框架结构建筑物，楼高5层—7层，建筑面积共1.62万平方米。1995年，改造框架结构的满田春市场，楼高7层，建筑面积9422平方米；改造砖混结构的桃源镇粮站，楼高4层，建筑面积3176平方米。当年，公安局办公楼设计获市建筑设计三等奖。1995年10月，建筑设计院更名为大田县规划建筑设计院，资质等级提升为丙级。承接房屋设计能力由6层以下提升为12层以下。2008年，完成设计项目22个，建筑面积8.01万平方米。1996—2008年，累计完成医药公司门市部、商业大楼、金城商住楼、二中教学楼、新乡花园A幢、东方嘉园1号楼、华麟小区2号楼等326个建设项目设计，设计面积80.02万平方米。

第三节　设备与施工

一、施工设备

1993年，建筑施工以机械操作为主，建筑材料用手扶拖拉机、汽车和吊车运输。施工现场使用翻斗车、塔式起重机、井架升降机和混凝土搅拌机，泥水工使用插入式振动器、平板振动器、打夯机、切割机、磨石机等，钢筋工使用电焊机、卷扬机和断材机等。当年，建筑企业共有各类机械700余台。1995年起，塔式起重机、铲车、挖掘机、打桩机和推土机等成为主要操作工具。2008年底，建筑企业有各类施工机械619台，总功率1.39万千瓦，其中益建建筑工程有限公司有各种施工机械336台，总功率2666千瓦。

二、建筑施工

1993—1995年，建房多为砖混结构，间有框架结构，建筑5层—7层，外墙普遍采用瓷砖、马赛克或涂料，地坪以花岗石、大理石铺设，部分采用水磨地板，门窗以木制为主，间有铁制门窗。1996年起，随着桩基等建筑技术的采用，新建公共建筑层次多在8层—10层。当年，完成施工面积1.2万平方米，比1995年增长103%。1998年，建行办公大楼竣工，框架结构，楼高12层。2002年，电信大楼竣工，框架结构，楼高11层。2003年，发放施工许可证17份，建筑面积4.45万平方米，工程造价2113万元。2007年起，房屋层次则达20层以上，当年，开工建设文化广场23层商住楼3幢。建筑外形有中式、欧式，古典式、现代式。外墙装饰普遍采用涂料、面砖、石材或玻璃、铝塑等幕墙。2008年，办理工程项目验收5个，建筑面积2.08万平方米，造价1362万元。

第四节　装饰装修业

一、室内装饰装修

1993年，城区有装饰装修企业21家，其中丙级2家、丁级一等14家、丁级二等5家。另有外来企业承揽公共建筑、宾馆、酒家及娱乐场所的装饰装修工程。1998年，城区新建楼房住宅每幢（套）均有装修。室内墙面装饰有贴墙纸、墙布，有刷乳胶漆、钉硅酸钙板，也有钉三夹板做图案油漆的。地坪铺设以花岗岩石板、缸砖、仿石材、高级地砖或竹木地板。顶部装吊顶或豪华灯具。门窗普遍采用铝合金、不锈钢（框）和塑钢材料。装饰装修工程造价不一，有的是主体造价的一倍或以上。应建筑市场需求，涌现出一批专门从事室内装饰装修业的个体户，推动全县装饰装修业的发展。2008年，县城乡建设局引导和鼓励新建商品住宅一次装修到位或菜单式装修模式，推进全县住房装饰装修建设。

二、装饰装修业监管

1996 年 2 月，县政府成立大田县室内装饰装修行业管理办公室（简称县装饰业行管办），成员由县二轻局、经委、工商局、技术监督局、物委、公安消防科等 6 个部门组成，主管部门为县二轻局。主要负责县室内装饰装修行业的归口管理，规范装饰装修市场。1997—2000 年，先后组织参加省、市行管办举办的室内装饰工程质量规范、质检员、铝合金制作安装等各种专业培训 60 多人次，提高企业与队伍的技术业务素质。县装饰业行管办按照省、市《室内装饰装修行业管理暂行办法》要求，对装饰企业资质进行登记，取得设计、施工许可证企业 25 家，并办理工程质量监督手续，取得工程质量验收合格证企业 17 家。县装饰业行管办成员单位协同执法，对无证、无照施工，质量低劣、存在安全消防隐患的工程予以查处。把好企业登记关、消防许可关、资质审查关、技术质量监督关、造价审核关。其间，县装饰业行管办对县龙山宾馆 5 号楼底层室内装饰工程质量进行检测合格，通过验收投入使用。受托审核两项装饰工程造价 54.69 万元，依法核减 7.2 万元，杜绝高估冒算行为，促进装饰行业市场健康发展。2002—2008 年，县机构改革，装饰装修行业管理职能归口县城乡建设局主管，负责室内外装饰装修单位资质的初审报批和管理。

第五章　房地产业

第一节　住房制度改革

一、城镇公有住房改革

（一）公房出售

1993 年，县政府成立住房制度改革领导小组，下设办公室；5 月，制定《大田县城区公有住房出售暂行规定》，城区机关、团体、企事业单位自行管理的成套公有住房，城区常住户口无私房或集资建房的在职和离退休干部职工，可向所在单位或住房产权单位申请购买公有住房。面积标准为县处级 70 平方米—80 平方米、科局级 60 平方米—70 平方米、科员办事员 50 平方米—60 平方米；按市场价购房的拥有全部产权，房改期间按工龄实行优惠价购买的住房、已付清购房款者，拥有部分产权。并建立住房基金，实行专户存储、专款专用，专项用于建造解困房。至年底，完成房改 119 幢、1356 户，面积 9.01 万平方米。

1996 年 12 月，修订城镇住房制度改革实施总体方案。1997 年 11 月，制定《大田县已售公有住房衔接办法》，对 1993 年 12 月底前已售公有住房、已缴购房款的购房户进行衔接，经本人申请可按 1996 年成本价（每平方米 543 元）购房，73 个单位、1161 户，参加衔接 100%，总建筑面积 8.91 万平方米，售房总金额 2211.34 万元。1998 年，全县房改衔接单位 74 个，新房改单位 21 个，共出售公有成套住房 2600 套，建筑面积 24 万平方米，售房金额 2100 万元。1999 年底，全县共有 99 个单位、2823 户购买公有套房，建筑面积 24.5 万平方米，售房金额 5854.31 万元。全面完成公有住房出售改革。

（二）公房调租

1993 年底，全县共有直管公房 252 套（间），建筑面积 1.55 万平方米。当年，实行公有住房制度改革，租房户不买的按已定售价的 5% 收取租金。1997 年，县政府按照国务院和省政府提出到 2000 年，住房租金原则上应达到占双职工家庭平均工资 15% 的规定精神，实行公房提租分步到位，当年成套砖混结构住房使用面积每平方米月租金 0.8 元。1998 年 5 月，县政府公布《大田县 1998 年度公有住房租金标准》，根据建筑结构分二类五等，租金按使用面积计算，每月每平方米为 0.7 元—1.4 元不等，超过控制住房面积标准的部分一律按市场租金执行。市场租金根据结构等级，每月每平方米 3 元—5.5 元不等。房租占双职工家庭平均工资 8.3%。1999 年 8 月，县政府公布当年度公有住房租金标准，砖混结构一等每平方米月 1.4 元，框架结构每平方米月 1.6 元，比 1998 年增 16%，提租幅度占双职工家庭平均工资 9.2% 左右。由于直管公房先后出售和拆迁，公房数量逐年减少，2008 年，仅剩直管公房 5 套（间），面积 177.25 平方米，年收租金 720 元，租金未再作调整。

二、集资、合伙建房

1993 年，县政府根据国家住房政策，实行干部、职工集资、合伙建房，鼓励有条件的单位盘活存量土地资源，经县政府批准，分别划拨或出让土地，由职工集资或合伙建房。1998 年，全县有集资、合伙建房 251 套、建筑面积 2.64 万平方米。2006 年，全县共集资建房 316 套、建筑面积 3.24 万平方米，合伙建房 415 套、建筑面积 4.73 万平方米。同年 7 月起，停止集资、合伙建房。

三、经济适用房和廉租房

1998 年 5 月，县政府进行城镇居民住房困难户调查摸底，建立以中低收入家庭为对象、具有社会保障性质的经济适用房供应体制，确定 1997 年城镇居民中低等家庭收入标准：中等人均月 391.78 元、中等偏下 324.56 元、低等 264 元；住房困难户标准为人均居住面积 6 平方米以下（不含卫生间阳台、厨房、会客室及公用面积）。1998—2003 年，分两期在赤岩建经济适用房 240 套，建筑面积 2.56 万平方米，投资 1795 万元。

2007 年 9 月，制定《大田县城区最低收入家庭廉租住房管理暂行规定》，向符合城镇居民最低生活保障标准无房户及住房困难户（人均 12 平方米以下）家庭实行住房保障，提供廉租住房，租赁住房的给予房租补贴，租住公房的核减租金。2008 年，制订《大田县解决城市低收入家庭住房困难发展规划和年度计划》。当年，在均溪镇乌町洋建造经济适用和廉租房 10 幢，共 240 套，建筑面积 2.3 万平方米，其中廉租住房 2400 平方米、经济适用住房 2.06 万平方米，总投资 1890 万元。12 月，廉租房以公开抽签方式分配到户 48 套。

四、住房公积金制度

1996 年，县政府制定《大田县住房公积金管理暂行规定》，全面推行住房公积金制度，所有行政、企事业单位及其职工均应按照“个人存储、单位资助、统一管理、专项使用”的原则交纳住房公积金，单位、个人分别按职工工资和个人工资总额 5% 缴交。

1997 年 2 月，成立大田县住房公积金管理中心，副科级单位、编制 5 人，负责住房公积金归集、支付、核算和编制使用计划等。住房公积金缴交从当年 1 月起执行，其存贷款等金融业务由县政府委托确定的银行办理。1998 年 4 月，县政府制定《大田县实施职工住房担保贷款暂行规定》，利用归集的住房公积金和出售公有住房缴收的资金开办委托性住房专项贷款，适应已进行房改的单位职工购建自用住房。1999 年，执行国务院《住房公积金管理条例》，至年底，全县建立住房公积金制度单位 400 个、1.21 万人，占 95%，总额 1484 万元，归集率 94%。

2002 年 1 月，市编委批准成立三明市住房公积金管理中心大田管理部，副科级单位，编制 4 人。2008 年，全县建立住房公积金制度的行政、企事业单位 383 个、1.08 万人，归集金额累计 2.53 亿元，为职工购房发放住房公积金贷款共 3443 户、2.31 亿元，个贷率 81.87%。

五、住房工龄补贴

2008 年 3 月，县政府出台《大田县住房工龄补贴实施意见》，对 1996 年 12 月 31 日前参加工作的行政事业单位在册干部、职工（含离退休人员），未享受房改购房（含集资建房、经济适用房）和已购房改房（或集资建房）后建私房，已按市场价补交房价款未享受房改优惠政策的对象，按工龄和面积（或房改不足部分）每平方米 4.5 元的标准，享受住房工龄补贴。全县共 4782 人、享受补贴

2603.4 万元，采取“一次核定、分批兑现”的办法发放，分 7 年兑现，当年，兑现 70 周岁以上的离退休人员住房工龄补贴。

第二节 房地产开发与销售

一、开发

1993 年，旧城改造和新区开发全面展开，房地产开发随之升温，由零星分散建设逐步向规模经营开发，从商品宅基地开发逐步向商品房开发转化。当年，有县房地产开发公司、均溪房地产开发公司房地产开发企业 2 家。至 1996 年，县房地产开发公司以统建、代建等办法建各类住宅，土地开发 6600 平方米，施工、竣工房屋面积各 2.72 万平方米，代建面积 2.68 万平方米。1997—1999 年，竣工商品房 1.04 万平方米，完成投资 1239 万元。

2000 年起，县房地产业迅速发展，相继成立大建、镇东、鸿图、金城、昌盛、金亚、诚通、创新房地产开发有限公司企业 8 家，县房地产开发公司改制更名为龙晨房地产开发有限公司。

2004 年，全县共完成房地产开发 6005 万元。其中，镇东小区建筑面积 3000 平方米，商贸中心综合楼 3.5 万平方米，共完成投资 3500 万元；金象温泉城房地产开发，完成投资 1600 万元。

2000—2008 年，三明一鹏房地产开发有限公司、南安市俊发房地产开发有限公司等县外房地产企业在大田设立分公司。2008 年底，全县有房地产开发企业 10 家，商品房竣工面积 1.41 万平方米，完成投资 4.27 亿元。

商品房开发（1997 年摄）

二、销售

1993—1996 年，县房地产开发公司和均溪房地产开发公司售房 2.29 万平方米，销售额 958 万元。1997—1999 年，销售商品房 4.36 万平方米，销售额 3610.89 万元，其中营业店面 612 平方米、250 万元。

2000 年起，经营的商品房土地大都通过有偿转让取得，销售面向民众，价格由市场调节。2002 年，房地产市场出现疲软，开发商采取多种手段搞促销，减少空置面积。2004—2008 年，房地产开发企业在采用预售方式开发，认购户预付 30% 的首付款，剩余款项待房屋竣工交付使用时缴清。符合按揭条件的，可向银行申请住房按揭贷款，也可申请住房公积金贷款。销售商品房共 22.51 万平方米，销售额 4.42 亿元。

1993—2008 年大田县房地产开发投资及商品房销售情况表

表 4-6

年 份	完成投资（万元）	竣工面积（平方米）	商品房销售	
			面 积（平方米）	金 额（万元）
1993—1996	2448	37178	22900	958.00
1997	272	1600	16800	1079.30
1998	333	2536	18800	2023.59
1999	634	6238	8000	508.00
2000	788	8946	6600	320.00
2001	2030	16950	33600	2066.05
2002	2325	—	—	383.00
2003	2588	13744	4364	472.00
2004	9476	9301	29800	1172.00
2005	9805	48420	91298	13133.00
2006	16907	51987	48345	8996.00
2007	26389	33149	19020	5091.00
2008	42722	14064	36646	15774.00

第六章 管理

第一节 城市建设管理

一、机构

1993 年，县城乡建设局内设办公室、财务室，核定编制 4 人，下辖县房地产交易管理所、城建监察中队、建筑安装公司、建筑工程公司、建材经营部、自来水公司、环卫所、园林管理处、房地产开发公司、白岩公园管理处、市政工程公司、城市基本建设档案馆、建筑设计室、建筑工程施工管理站、建设工程质量监督站、村镇建设管理站、城镇规划管理站。1997 年 8 月，县机构改革，县城乡建设局更名为县建设局，内设办公室、城市规划股、市政公用事业股、村镇建设股、建筑业股、房地产业股，核编 14 人，其中工勤人员 2 人。2002 年 11 月，县建设局改称为县城乡规划建设局，内设股室不变，行政编制 11 人，事业编制工勤 1 人。2008 年底，实有干部职工 16 人，其中公务员 15 人、工勤 1 人。直属单位有县住房委员会办公室、城市规划管理办公室、建筑工程造价管理站、村镇建设管理站、工程质量监督站、建设档案馆等事业单位 6 个。下属单位有城市管理综合执法大队、房地产管理所、园林管理处、环境卫生管理处、市政工程维护处、规划建筑设计院 6 个事业单位和 1 个企业自来水公司。

二、规划管理

1993—1996年，县城建部门根据县城规划，继续执行选址意见书、建设用地规划许可证和建筑工程规划许可证的"一书两证"制度，共办理建设用地规划许可证992份，用地133.96万平方米，办理临时准建证18份。1997年，严格各类建筑工程项目用地使用权属范围的边界"红线"管理。1998—1999年，审批建设用地规划许可证109份，用地10.52万平方米；办理建筑工程规划许可证509份。2000年，分别发放个人、单位建筑工程规划许证302户、20户，用地3.05万平方米、1.51万平方米，建筑面积13.72万平方米、4.02万平方米；分别发放个人、单位建设用地规划许可证18户、10户，用地1642.7平方米、1.62万平方米，建筑面积6637.91平方米、2.1万平方米。

2001年，县城乡规划建设局树立城乡一体规划理念，统筹安排各类用地及空间资源，综合考虑城乡之间联系，在更广的地域内实现资源、基础设施共享，促进城乡布局与结构优化调整。执行规划选址、设计、评审和规划实施跟踪制度，从严执法，做好规划管理。2003年，县城建监察部门参与图纸会审，做好建筑"红线"跟踪管理。2005年，城建部门到建筑工地进行检查，查处手续不全或未取得"一书两证"和不按规划要求施工的项目，拆除32座、建筑面积3000多平方米。全年分别发放个人、单位建筑工程规划许可证196户、7户，用地1.83万平方米、4033.3平方米，建筑面积7.29万平方米、1.92万平方米；分别发放个人、单位建设用地规划许可证72户、23户，用地8931.97平方米、2.07万平方米，建筑面积3.58万平方米、26.93万平方米。

2006年，实行审批项目划片专人监管，跟踪检查，发出停建通知书113份，强制拆除5起、建筑面积1480平方米，处罚24起、罚金11.2万元。2008年，分别发放个人、单位建筑工程规划许可证256户、48户，用地3万平方米、4.61万平方米，建筑面积11.59万平方米、16.52万平方米；分别发放个人、单位建设用地规划许可证34户、22户，用地4356.7平方米、20.11万平方米，建筑面积2.27万平方米、27.15万平方米。

2000—2008年，共发放选址意见书190份，分别发放个人、单位建筑工程规划许可证2167户、201户，用地19.47万平方米、16.66万平方米，建筑面积77.66万平方米、50.11万平方米；分别发放个人、单位建设用地规划许可证403户、190户，用地3.56万平方米、186.04万平方米，建筑面积16.15万平方米、253.46万平方米。

三、城建执法监察

（一）城市建筑管理

1993年，县城建部门执行《中华人民共和国城市规划法》，依法规范设计，不出卖图签。履行规划管理权限，落实立项参与权、用地核定权、建设工程批准权、监督检查权，保证建设工程选址符合城市规划、用地位置和界限符合规划设计、工程施工前的手续完备和按要求实行全过程跟踪管理。对违反规划法的建设工程早发现、早停建、早拆除。1998年7月，县政府发布《大田县人民政府关于全面清理县城区违法建设行为的通知》，在城区范围内全面清理严重影响城市规划、市容市貌的违法建设行为，共清理处罚85起，罚款6.45万元。2004年6月，对县城郊区及周边山地违法占地、违章搭建行为进行全面清查，共查出违章搭盖非住宅类85处，违法建筑26处。

1993—2008年，共查处违法违章建筑1350起、建筑面积5.7万平方米，发出停建通知书1320份。强制拆除违章建筑115起、建筑面积9200平方米，各类处罚680宗、罚金100.2万元。

（二）城区道路管理

1993年，县城管部门对城区道路两侧，基建占道堆料实行许可制度。1994年6月，县文明委发布《大田县城区道路交通管理暂行规定》，对施工运输车辆滴洒漏现象和车辆停放等作出明确规定。1996年10月，对特殊需要临时占用道路兴建各种建筑物、构筑物、基建施工、堆物堆料、停放车辆、搭建棚亭、摆设摊点、设置广告标志的单位和个人征收占道费。1998年3月，对特殊需要挖掘道路，实行报批制度，并征收修复费，由市政部门按规划统一修复。2007 年 4 月，县政府发布《大田县城市管理暂行规定》。5 月，在城区主干道设置交通标志，重新划定交通标线和机动车临时泊位，对不按规定停放的车辆进行处罚。至年底，暂扣乱停乱放机动车辆 95 辆、无牌无证三轮摩托车 30 辆。

1993—2008 年，清理城区主次干道乱堆乱放建筑材料、建筑垃圾 9600 立方米，纠正交通违章 7.5 万余起，查处违章破道 200 余起，查处建筑车辆滴洒漏现象 235 起。

（三）市容市貌管理

1993 年，城建部门加强城区街道流动摊点和环境卫生管理。1994 年 6 月，县精神文明建设委员会出台《大田县城区市容和环境卫生管理规定》，工商行政和城管部门划定地段供小摊贩摆摊营业。并对不按规定地点营业，随处摆摊设点占道经营，严重影响市容市貌、环境卫生和交通安全的单位或个人进行处罚。对占道经营采取全面整治和重点整治相结合，重点整治范围为县一中门口、汽车站周围、交通局路口、白岩公园门口、满田春市场和岩城新市场、纺织厂、电子厂门口等人员流动密集的交通要道。1997 年 9 月，县文明委与沿街单位和商店签订绿化、环境卫生、社会治安的“门前三包”责任书 2320 份。2002 年，成立二级环卫队伍，负责清扫巷道、清运垃圾和疏通下水道。2007 年，县城市管理综合执法大队、电信局、公安局和工商局联合对乱贴乱画小广告的违法行为进行打击，采取对小广告电话号码进行收集，协调通讯部门进行停机处理，动员社会力量清除等措施，治理乱贴乱画行为。当年，县水利部门对均溪、良元溪、长坑河城区段进行清淤疏浚，总长 5785 米。2008 年 1 月，城区河道由县城市管理综合执法大队统一管理。4 月，日常清淤保洁向社会公开招标，承包期 3 年，承包费 63.19 万元，经费由县财政列入预算。5 月，县政府制定《城区河道保洁管理目标责任及考核办法》，拨出专款 12.8 万元，购置手推车 4 辆、机动船 1 艘、非机动船 3 艘、救生衣 10 件、河道管理工作服 10 件，并在均溪河岸建设船只停靠码头 4 个。1993—2008 年，城区设置统一广告栏 31 处，清理主次干道横幅 1.5 万余幅，清理乱张贴、乱喷涂的广告 3.85 万余处。

城市卫生管理（2002 年摄）

第二节　建筑管理

一、工程造价管理

1993 年，建设工程结算由县建行进行审查，基建工程由县审计局进行结算审计。1994 年，县建行不再承担工程结算业务。建设工程的预算、竣工决算、审查，由县建设工程造价管理站依据国家、省、市统一制定的定额和大田县单价系数进行编制。对建设工程造价实行动态跟踪管理，并组织有关部门对建筑用材实际价格进行调查，测定价格指数，按时按质编制上报建筑材料预算价格，经物价部门审批后实施。2000 年，建立县工程造价材料价格信息中心，每年发布建材价格信息 12 期，为建设工程决算提供合理依据。2001年，基建工程结算由县固定资产投资审计中心进行审计。2001—2008年，审计工程造价3.14亿元，净核减2984.51万元。

二、质量监督

1993年，县工程质量监督站受县建设主管部门委托，对县内建筑工程设计、建筑施工、构配件生产的质量实行政府监督和公共房屋建筑工程项目的验收工作。根据各项测试，将建筑物评为优秀、合格和不合格3个等级。至1999年，组织全面质量检查14次，监督建筑工程230项、面积44.6万平方米，经验收合格率100%。

2000年，按照《中华人民共和国建筑法》等法律法规，实施项目法人责任终身制，推行建设工程监理制，规定政府质量监督机构不再核定工程质量等级，工程项目现场质量监督和等级职能向社会转移，由业主和监理公司验收核定工程质量等级。

2003年8月，县城乡规划建设局和县教育局联合对全县中小学建筑安全进行全面检查，检查面积2.39万平方米，其中危房面积2.15万平方米，危房率90%，该站出具鉴定报告，限期拆除。

2000—2008年，县工程质量监督站对在建工程进行定期和不定期巡检、抽检，组织全面建筑质量检查18次，监督建筑工程250项、面积89.93万平方米，监督工程经验收，合格率100%。

三、招标投标

1993年，县城乡建设局对全县建筑工程承包合同实行专项鉴证和备案管理。国家预算内建筑项目的合同以及建筑面积在1200平方米以上（含1200平方米）或工程总造价在20万元以上（含20万元）的国家预算外工程项目合同，送工程所在地工商行政管理机关鉴证，城建部门签发开工报告，工程始得开工，建设银行办理拨（贷）款和结算，县内所有建筑安装工程一律使用统一文本签订合同。1996年，县成立建设工程招投标领导小组，下设办公室，负责对招标、投标、开标、评标、中标过程中泄露标底、串通招标、歧视排斥投标等违法活动进行监督执法。1999年，县招标办制定《大田县建设工程项目施工招标、评标、定标规则》和《关于加强建设工程招标造价标底管理的通知》，规定总投资30万元以上或建筑面积500平方米以上的工程项目均应实行招投标。规范招标造价标底管理，防止招投标过程中的腐败和不正当竞争，招投标工作由暗箱操作转变为阳光运作，逐步走上规范化、法制化轨道。2001年，县政府出台《大田县建设项目招标范围和规模标准规定》，基础设施、公用事业、国有资产投资和国家融资等建设项目，工程造价人民币20万元以上或建筑面积400平方米以上的项目，单项投资人民币10万元以上项目的勘察设计、装饰装潢10万元人民币以上或建筑面积200平方米以上的建筑工程项目，均应实行招投标。2003年，成立建设工程招投标事务所，聘请专业技术人员32人，组建招标投标评标库，届时随机抽取4人—6人到场评标。通过招标投标，节省建设资金，提高工程质量，缩短建设工期。2008年7月，县政府调整建设工程招投标领导小组，加强建设工程招投标工作。

四、建筑市场管理

1993年，县城乡建设局负责全县建筑市场管理。加强招标承包管理、建筑施工企业管理和资质跟踪管理，为符合升级条件和开办条件的企业办理升级、开办手续；坚持岗位培训和技术培训相结合，采取多层次、多渠道、多形式、分期分批对建筑人员进行业务技术培训。至1996年，实行招标承包的工程203项，面积25.93万平方米，占开工工程的88.1%。施工企业有证照施工面91%，持证上岗率93%，施工任务办单面90%。先后委托省、市建委代培项目经理、施工员、预算员265人，同时依托县内条件，先后自办短期建筑业务技术人员培训班7期，受训476人次。4月，成立县建筑市场执法监察小组，开展执法检查，整治建筑市场秩序。建立建筑施工企业资质年检初审、项目经理及特殊岗位人员资质复查、申报、继续教育培训制度，加强工程投建及投标管理、审批发放许可证，加强对施工质量跟踪监督管理。2000年，全县共有10家建筑业企业参加建筑业企业资质年检，9家工民建企业参加企业安全资质年检，78 人参加省、市、建委组织的培训班，其中，7 人参加项目经理培训班，20 人获得各种岗位证书。全县施工企业有照施工面 95%，持证上岗率 90%，施工任务书办单面城区 100%、乡镇 70%，项目报建率 100%。1997—2008 年，全县审批建设工程项目 197 个，建筑总面积 67.27 万平方米，工程总造价 5.69 亿元。

五、工程建设安全管理

1993 年，县城乡建设局坚持“安全第一、预防为主”方针，加强工程建设安全生产管理，对施工现场定期和不定期检查，发现存在安全隐患、责令整改，每季度通报 1 次。1999 年，实施建筑施工安全标准，落实安全生产责任制，健全各项规章制度，开展专项整治行动和“百日安全无事故”活动，把安全检查成绩与施工招标挂钩，作为评标的重要依据之一。当年，全县建筑施工企业负伤率在 2‰以内，安全达标率 100%，优良率 60%。县建设局获三明市施工安全年检评比第一名。

2002 年，开展施工现场安全达标检查。共检查施工企业 11 家、工程项目 28 个，发出事故隐患整改通知书 57 份，对 6 家企业、10 个工程项目进行行政处罚，罚款 1.85 万元。2004 年，县建筑施工安全站对电工、井架工、电焊工、吊车工等特种工人培训 3 期，办理持证上岗 153 人。

2008 年，县城乡规划建设局与施工企业法人签订安全生产责任书，一级抓一级，落实到班组。推行使用先进安全技术和优秀安全防护用品，同时推行建筑工人意外保险制度，保障工人合法权益。利用当年 7 月锦绣福田小区工程事故教训，开展为期 2 个月的拉网式安全大检查，共检查工程项目 108 个次，发出整改通知书 89 份，提出整改意见 271 条，整改率 96%；对违反安全生产行为企业行政处罚 2 家，共罚款 2.1 万元。工程建设安全生产管理基本实现规范化、法制化。

第三节 房地产管理

一、产权登记

1993 年，县房地产交易管理所（简称县房管所），隶属县城乡建设局，为自收自支事业单位，核定编制 7 人。根据国家环境建设部《城镇房屋登记条例》规定，继续对依法取得土地使用权所建造的公、私房房屋核实、丈量、测绘、登记、发证，对买卖、转让、赠予、析产、交换、划拨及翻建、改建、扩建、拆除等房屋进行产权产籍变更登记，并按区域整理归类，作为产权产籍管理依据。至 1997 年，累计发放产权证 8394 本，发证面积 241.01 万平方米。1998 年，根据《建设部关于制作颁发全国统一房屋权属证书的通知》，发放全国统一的房屋所有权证 1621 本，其中房改房 1500 本，发证面积 51.45 万平方米。2002 年，县房管所执行《城市商品房销售管理办法》规定，按照建设部房产测量规范要求，授权省八闽测绘院对县辖内的房屋进行测绘及计算，测绘预售房 64 幢、建筑面积 1.69 万平方米，厂矿房 55 幢、1.71 万平方米，公房商品房 22 幢、4.44 万平方米，私房 151 幢、7.86 万平方米。受理产权登记 960 余宗、面积 14 万平方米。2003 年，受理房屋产权登记 1015 宗、面积 14.78 万平方米。2008 年，办理房屋产权登记 1233 宗，面积 28.1 万平方米；房屋所有权转移登记 329 宗，面积 4.23 万平方米。1993—2008 年，共完成房屋所有权登记 2.2 万宗，建筑面积 489.36 万平方米，其中，公有房屋登记 4723 宗，建筑面积 201.47 万平方米；私有房屋登记 1.73 万宗，建筑面积 287.89 万平方米。核发房屋所有权证 1.76 万本，发证总面积 374.53 万平方米。

二、抵押登记

1993 年，根据《福建省房屋抵押管理暂行规定》，人行县支行、城乡建设局和土地管理局等单位研究制定具体实施办法，规定借款人向银行贷款须以数额相当的房地产作抵押，由具有相应资质等级的评估单位和县房管部门核发房地产价值评估报告书和房屋他项权证，银行给予贷款人以不超过房地产总值 70% 的贷款。至 1996 年，办理房产抵押贷款 546 宗、金额 3685.5 万元，年均 136 宗、金额 921 万元。2000 年，抵押贷款 1150 宗、金额 9600.2 万元。2001—2004 年，房产抵押贷款减少，年均 716 宗、金额 5000 多万元。2005 年，抵押贷款上升至 1001 宗、金额 1.99 亿元。2008 年，办理抵押贷款 1520 宗，面积 47.67 万平方米、金额 8.66 亿元。1993—2008 年，办理房屋抵押登记 1.19 万宗，面积 259.60 万平方米，抵押价值 28 亿元。

1993—2008 年大田县房屋抵押贷款情况表

表 4–7

年　份	宗数	抵押面积（万平方米）	抵押金额（万元）
1993—1996	546	10.97	3685.50
1997	77	1.59	720.50
1998	487	9.11	3291.10
1999	642	12.07	5359.42
2000	1150	23.16	9600.20
2001	653	13.15	5682.52
2002	868	13.24	5887.21
2003	715	15.30	5514.61
2004	628	14.07	5071.28
2005	1001	18.47	19956.01
2006	1802	41.05	55100.28
2007	1854	39.75	73610.77
2008	1520	47.67	86560.88

三、交易管理

1993—1997 年，县房地产交易管理所，执行《福建省房地产经营和市场管理试行办法》，办理房屋买卖过户手续和房地产交易、房屋租赁鉴证。共办理房屋交易鉴证 694 宗，成交额 3980.28 万元；受理评估 985 宗，评估金额 1.06 亿万元。

1998 年，县出台《大田县人民政府关于公布大田县城区房地产重置价格表的通知》《大田县已购公有住房和经济适用住房上市交易暂行规定》和《大田县城区住宅交易综合平均价格的通知》等文件，指导、调控市场价格，规定所有房地产交易必须通过房地产交易所进行。随着房地产交易逐渐增多，房地产中介机构顺势产生。经房地产主管部门资质审查和经工商行政部门登记核准后方可开业，对出售从开发经营单位购买的集资房、商品房，按物价部门核定的价格销售。公私旧房交易，由房地产管理部门和物价部门参与评估，按评估价计收税费。国有房屋出售，由资产管理部门和房地产管理部门确权批准，并由国有资产管理部门批准和具有认定资格的评估机构评估后，方办理交易手续。任何单位和个人都不得私下从事房地产交易，非法交易的房地产不予办理权属转移手续，政府不承认其合法权益。当年，办理房屋交易鉴证188宗，成交金额2023.59万元；受理评估279宗，评估面积8.97万平方米，评估金额4212.7万元。2001—2003年，办理房屋交易鉴证850余宗，交易面积12.52万平方米，交易金额7263.84万元。1993—2008年，县房管所加强房屋产权产籍管理，规范房地产价格，评估及抵押登记工作，共办理交易鉴证7241宗，建筑面积77.32万平方米，交易金额7.13亿元，财政收取契税1068.96万元。

四、租赁鉴证

1993年，县房管所根据《福建省城市房屋租赁管理办法》，继续对沿街生产、经营用房及县城生活居住用房进行分类、登记，核发房屋租赁许可证，凭证办理工商营业执照和房屋租赁治安许可证。1993—1996年，累计办理租赁鉴证996宗。1998年，办理租赁鉴证283宗，租赁鉴证收入4.73万元，代收鉴证房产税14万余元，代收代缴契税54.81万元。2002年，租赁鉴证350余宗，租赁面积2.47万平方米，租赁金额12.53万元。2004年，租赁鉴证面积4200平方米。2005年起，房屋出租与租赁双方所签订的合同无需经相关管理部门鉴证。

五、物业管理

1998年4月，县房管所组建大田县万安物业公司，员工8人，承接农业新村、县政府大院、岩城新市场、建设局、文明办住宅楼等物业管理，并制定物业管理方案。随着住宅小区发展，2006年，万安物业公司进行股份制改革，成立大田县万安物业管理有限公司，注册资金50万元，员工36人，9月15日，公司正式挂牌运作。2008年，该公司对县政府住宅、农业新村、商贸中心、建行大厦等14个小区，开展综合性物业管理服务，共管理建筑面积16.96万平方米，服务业主1300余户。

卷五 交通运输

1993年，大田县陆路交通设施初具规模，全县公路总长1292.77公里，每百平方公里密度56.33公里。原有水路交通分布在均溪、文江溪13个渡口，易舟为桥，木材停止水运，改用公路汽车运输。鹰厦铁路过境10公里。当年5月起，县政府加大投资力度，争取国家、省、市补助，采取“以林换路”、干部、职工捐款，村民集资、投工投劳等多渠道筹集资金，掀起交通先行工程建设热潮，至1999年，省道305线、306线大田境内路段和县道大田至广平、桃源至青水、建设至西华、石牌至武陵路面先后改造。2000—2002年，省道307线梅林至岭头段动工改造。2003—2008年，县委、县政府把乡村道路建设当作“民心工程、德政工程”，改造179条，全部铺设混凝土路面，总长693.46公里。2008年12月，泉州至三明高速公路竣工通车，境内长60.61公里。

1993—2008年，全县交通基础设施建设总投资54.52亿元。其中，国家投资50.8亿元，中央国债转贷资金234万元，省、市分别补助1.21亿元、3847.4万元，县政府筹集2.1亿元。完成省道306线大田段、305线石牌至城关、307线梅林至上京路段改造113.31公里，投资4.5亿元。完成县、乡、村路网建设改造199条（段）957.17公里，其中，县道14条、191.67公里，乡道6条、72.1公里，村道179条、693.46公里，总投资3.14亿元。完成泉州至三明高速公路（大田段）60.61公里，投资40.61亿元。2008年底，全县有公路195条，总里程1620.13公里。其中，高速公路60.61公里，省道2条、135.73公里，县道14条、254.25公里，乡道8条、92.73公里，村道147条、927.5公里，矿山、林业专用公路23条、149.31公里。新建、改建桥梁109座、1.03万米，隧道18座、1.55万米。18个乡镇263个村，村村通公路。有高级路面（混凝土、沥青）1142.04公里，中级（泥结碎石）227.09公里，低级251公里，晴雨通车1620.13公里，每百平方公里密度72.55公里。形成以泉三高速公路为大动脉，省道为龙头，县道为骨干，乡、村、专业公路为脉络的交通网。

随着交通基础设施逐年完善，交通运输及其配套行业迅速发展。货物运输业由国营、集体专业运输向单车租赁承包，产权转移向个体经营过渡，个体经营向私营、股份制规模经营转化。2008年，全县有货运企业15家，各类机动车维修企业48家，驾驶培训企业4家；新建农村客运站1座、候车亭48座。有客车217辆、2937座位（含非营业性客车、出租车），分别比1993年增长185.53%、70.16%；客运线路40条，同比增长266.67%；日发客车232班次，同比增长165.71%。年完成客运量417.9万人次，客运周转量3.33亿人公里，分别比1993年增长252.36%、281.2%；有货车3451辆、7510.11吨位，分别比1993年增长243.38%、83.06%；完成货运量475.66万吨，周转量3.89亿吨公里，分别比1993年增长228.84%、142.3%。有各类小车5191辆，摩托车4.91万辆，简易机动车1159辆。

第一章　交通设施建设

第一节　公路

一、高速公路

2003年5月，泉州至三明高速公路（简称泉三高速）大田县高速公路建设指挥部挂牌办公。大田段征用土地375.73公顷，拆迁工矿企业14家、民房205座、8.98万平方米，迁移坟墓1154座和电力、通讯、广播电视线杆1200根，架设临时用电线路12条、70公里。

2006年3月，泉三高速公路大田段动工，由吴山吉州至桃源翁厝，长60.61公里。途经吴山、屏山、石牌、上京、桃源5个乡镇的25个村和国有梅林、桃源林场，设吴山、石牌、桃源互通口，吉州、上京服务区。按时速80公里、双向四车道高速公路建设标准设计，路基宽24.5米，路面宽21米，桥涵荷载汽-25。

2008年12月25日，竣工通车。共完成路基挖方1505.5万立方米，填方1300.5万立方米；设防护工程39.05万立方米，高边坡锚索4.17万米，锚杆4.37万米，框架砼8514立方米，铺沥青砼路面93.06万平方米；主线桥梁41座、1.15万米，占主线长19%，互通主线桥梁5座、652.5米，互通匝道桥3座、491.8米；隧道15座、1.43万米，占主线长24%。总投资40.61亿元。

高速公路吴山互通口（2008年摄）

二、省道

306线（原名秀里线、又名212线）大田段改造　1993年5月，大田县按照省政府加快公路干线“先行工程”建设的部署，省道212线三明三元至仙游郊尾（2002年全省公路普查编为306线）大田段98.54公里改造动工，按二级公路标准，路基宽10.5米—12米不等，混凝土宽9米，荷载汽—20，挂—100。由县212工程指挥部和县交通开发公司组织实施。工程分五期施工：第一期石牌至吴山22.86公里，第二期石牌至梅林15.01公里，第三期建爱至梅林36.29公里，第四期吴山至永春石门格6.43公里，第五期东景至建爱15.45公里及建设镇集贸市场路段改造工程2.5公里。共修筑桥梁58座、2084.75米，隧道3座、1135.78米，涵洞385道、6554.46米。开挖土石方837.8万立方米。1997年10月，工程竣工，总投资3.88亿元。其中，省拨款补助1亿元，个人集资、捐款、以资代劳等筹资1000万元，银行贷款2.78亿元。

305线大田段改造　1993年9月，省道305线大田段石牌至城关段改造动工，该段属“先行工程”省定繁忙路段。长5.76公里，路基宽18米、混凝土路面14米，桥梁4座、151.2米，涵洞17道、627米。1996年1月，工程竣工。投资2796万元。其中，省补助342万元，县、均溪镇自筹2454万元。2002年，全省公路普查后属县道华武线（X722）。

307线梅林至岭头公路建设　2000年6月，省道307线大田段34.04公里列入国家交通战备项目计划。2002年，按一般二级公路标准设计，路基宽8.5米—24米不等，混凝土路面7米—14米不等，荷载汽—20，挂—100，概算总投资1.02亿元。2002年5月，第一期梅林至上京段8公里动工，路基宽8.5米、混凝土路面7.5米。2004年9月，第一期工程完工，投资2483万元。其中，国债补助1000万元，省交通厅补助102万元，省公路局补助100万元。2007年8月，第二期桃源街道过境路段3.5公里动工，路基宽8.5米—24米不等，混凝土路面8.5米—14米不等。2008年2月，第二期工程完工，投资924万元。

三、县道

大田至广平部分路面改造　大田县城经文江、奇韬至广平，长73.86公里。该工程由县政府和市公路局共同投资。其中，1994年8—10月，大田公路分局工程处铺设沥青路面4公里—10公里处、69.5公里—77.86公里处两个路段，铺设总长10.5公里、面积5.25万平方米。1995年8—10月，大田公路分局工程处、三明市公路局工程处铺设沥青路面20公里—69.5公里处路段，长49.5公里、面积24.75万平方米，总投资1075万元。

桃源至永安青水公路改造　1996年10月，桃源至永安青水公路改造动工，长13.9公里，其中大田境内6.07公里。四级山岭重丘区标准，路基宽6.5米、沥青路面5米，荷载汽—20，挂—100。1997年11月，该工程竣工，投资400万元。

建设至西华公路改造　1999年7月，建设镇街道至永安西华街道公路改造动工，长0.63公里。四级山岭重丘区标准，路基宽6.5米、混凝土路面5米。2001年6月，该工程完工。投资32.18万元。

石牌至武陵公路改造　1999年8月至2003年5月，进行路面改造，长19.8公里，沥青路面宽5米，总投资376.75万元。石牌至仕洋路段9.5公里，按标准三级公路再次改造，路基宽7.5米、混凝土路面6.5米。其中，2006年10月，石牌至小汤泉路段改造动工，长4.67公里，2008年12月完工；2008年3月，小汤泉至仕洋路段改造动工，长4.83公里。总投资1524万元。

石牌至屏山路面改造　长16公里，沥青路面宽3.5米。分三期施工。1999年8月，第一期10公里动工，11月完工。2000年7月，第二期5公里动工，11月完工。2003年5月，第三期1公里动工，11月完工。总投资224.25万元。

济阳至永春涂山公路改造　2004年7月，动工改造济阳乡政府至永春涂山爱门街路段，长2.27公里，三级公路标准，路基宽7.5米、混凝土路面6米。2005年12月完工。投资305万元。

东坑至梅山公路改造　大管线16公里处（交叉路口）至梅山街道，全长33.94公里。三级公路标准，路基宽7.5米、混凝土路面6米。2003年7月，第一期3公里动工，2004年12月完工。2004年8月，第二期5.84公里动工，2005年12月完工。2005年3月，第三期1.77公里动工，12月完工。2005年3月，第四期前坪至梅山街道23.33公里动工，2006年6月完工。总投资5557万元。

杉板桥至湖美公路改造　长16.74公里，三级公路标准，路基宽7.5米、混凝土路面6米。2003年9月，第一期湖美路段3.3公里动工，2004年12月完工。2004年8月，第二期湖美路段2.3公里、均溪段4.94公里动工，2005年10月完工。2005年3月，第三期湖美路段3.6公里、均溪段2.6公里动工，12月完工。总投资2505万元。

拱桥至谢洋公路改造　2005年3月，动工改造，长16.65公里，三级公路标准，路基宽7.5米、混凝土路面6.5米。12月完工。投资1428万元。

奇韬至广平铭溪公路改造　2005年4月动工改造，长17.8公里。三级公路标准，路基宽7.5米、混凝土路面6米。第一期广平至益门头岬3公里。第二期益门头岬至铭溪4.86公里。第三期奇韬至广平9.94公里，其中奇韬境内3.6公里。第四期广平境内6.34公里。2008年12月，工程全部完工，总投资2651万元。

大管线公路改造　2006年11月，大田城关经文江、奇韬至尤溪县管前镇大田交界处（龙溪口）路段改造动工，原里程71.3公里。三级公路标准，路基宽7.5米、混凝土路面6.5米，沿原路降坡截弯取直，里程缩至64.47公里。第一期城关至杉板桥4.69公里，第二期杉板桥至和丰路口5.08公里，第三期奇韬至龙坪3.1公里，其余路段为第四期51.6公里。奇韬镇、文江乡、太华镇、前坪乡、均溪镇政府组织实施。2009年11月，工程全部完工，总投资1亿元。

华武线城区过境公路建设　2008年9月，城关凤山东路至石牌镇老厝村连接省道306线段建设动工，长6.53公里。预算造价1.15亿元。二级公路标准，桥梁5座、长655.07米，路基宽12米、全幅混凝土路面，行车道9米，桥涵荷载公路—Ⅰ级，时速60公里。至年底，完成涵洞3道、长75.71米，开挖土石方39.38万立方米，完成投资2450万元。

梅山至西坑公路改造　2007年11月，梅山乡街道至西坑村路段改造动工，长7.6公里。山岭重丘区四级路标准设计，路基宽4.5米、混凝土路面4.5米，桥涵荷载汽—20、挂—100。2008年3月，工程完工，投资288万元。

X722线武陵至茶山公路改造　2005年11月，武陵乡武陵村至茶山村与漳平交界路段动工改造，长3.9公里。山岭重丘区四级路标准设计，路基宽6.5米、混凝土路面5米，桥涵荷载汽—20、挂—100。2008年3月，工程完工，投资156万元。

周田至湖美公路（2005年摄）

四、乡道

桃源至广汤公路改造　2004年7月，动工改造，长8.3公里，路基宽4.5米、混凝土路面3.5米，桥涵荷载汽—20、挂—100。2005年12月，工程完工，投资315万元。

屏山至吴山（经科山）公路改造　2005年6月，动工改造，长11公里，路基宽4.5米、混凝土路面3.5米，桥涵荷载汽—20、挂—100。12月，工程完工。投资418万元。

梅林至上岩公路改造　2004年6月，动工改造，长14.3公里，路基宽4.5米—6.5米不等、混凝土路面3.5米，桥涵荷载汽—20、挂—100。2005年11月，工程完工，投资543万元。

济阳至大儒公路改造　2005年6月，动工改造，长14公里，路基宽4.5米、混凝土路面3.5米，桥涵荷载汽—20、挂—100。2007年11月，工程完工，投资532万元。

太平桥至早兴公路改造　2005年6月，动工改造，长9公里，路基宽4.5米、混凝土路面3.5米，桥涵荷载汽—20、挂—100。2006年7月，工程完工，投资342万元。

万湖至川石公路改造　2006年3月，动工改造，长15.5公里，路基宽7米、混凝土路面6米，桥涵荷载公路—Ⅱ级。12月，工程完工，投资1143万元，其中，省补助247万元，市补助46万元，地方自筹850万元。

以上6条公路改造均按四级公路标准设计。

五、村道

20世纪90年代，全县村道公路等级低，“坑洼泥土路，晴天扬尘土，雨天溅泥泞”，大部分是晴通雨阻，难以适应农村经济发展和人民生活需求。2003年始，县委、县政府把乡村道路建设当作一项“民心工程、德政工程”，多渠道筹措资金2.1亿元，用于乡村道路建设补助和借支。各乡镇因地制宜，以矿换路，以林换路，电力、通讯、土地、林业、交通等部门形成合力，支持村道建设。村民投工投劳，献地献林，捐款捐物，老年村民现场监督，村干部夜间巡路，改造乡村道路。2003—2008年，全县新建、改造村道179条（段），总长693.46公里，全部铺设混凝土路面。县交通局获省交通厅“2005年度年万里农村路网工程优秀管理奖”。

附：章永袖修路记

屏山乡许坑村仅600多人口，没有村财收入，长期只有一条土路与外联系，铺设4公里混凝土路面村道，经测算需资金150万元，成为村民梦想的一个难题。2006年底，村党支部书记章永袖得知村道路面铺设，每公里上级补助27万元，认为这是个千载难逢的机遇，为改变村民生产和出行条件，遂萌生修路念头，下决心要完成村民的夙愿。他一方面向县交通部门申请项目，一方面发动村民捐款。在修路工作中他疲劳不适，经县医院检查，诊断为贲门癌。儿子章盛琼叫他住院动手术，他说：“癌症就是绝症，没有什么好治的，还不如省下这笔钱，用来修路！”他捐出5000元医疗费，又让儿子及在外打工的女儿捐了3600元，让远嫁他乡的两个妹妹也捐了3000元。章永袖没为治病花去一分钱，他将能筹到的钱都捐了，用在修路上。他说：“反正这病治不了，花那钱，就是冤枉钱！”为了修好这条村道，他除带头捐款，并让儿子用摩托车载着他找主管部门办手续、四处“化缘”。每跑一趟县城，就得卧床休息三五天。遇到病发时无法到工地，躺在床上用电话指挥8位责任心强的村民代表，前去督促工程队施工。

半年多时间，章永袖只是在家服用草药，控制病痛。2007年6月，章永袖得知乡党委发动党员为他捐款治病，马上打电话给乡领导，说“你们别捐了，不要找麻烦，捐了我也要把钱退还给他们！”。7月2日，乡干部将乡里党员捐的3455元送到章永袖家里。乡干部告诉他，“这些钱都是乡里党员无记名、自愿捐出来的”。章永袖知道这钱退不了，又将该款移用修路，他觉得修好路，胜过治好自己的病。

2007年8月10日，章永袖因病情恶化逝世，时年47岁。章永袖忘我修路的感人事迹，广为流传，屏山乡党委作出《关于开展向章永袖同志学习的决定》，省电视台拍摄专题纪录片。2007年8月，福建《支部生活》以《村支书带病修路故事》给予报道。

2003—2008年大田县村道建设改造情况表

表5-1

序号	路线起讫地点	乡镇村名	公路等级	路基宽（米）	混凝土路面宽（米）	里程（公里）	竣工时间
1	桃东—大安	文江乡大安	四级	4.5	3.5	2.50	2004年3月
2	县道X732—龙溪	奇韬镇龙溪	四级	4.5	3.5	1.50	2004年6月
3	陈阿岬—高泉	梅山乡高泉	四级	4.5	3.5	1.60	2004年9月
4	省道307—灵川	上京镇灵川	四级	4.5	3.5	1.00	2004年9月
5	上福—上坪	上京镇上坪	四级	4.5	3.5—4.5	3.70	2004年9月
6	西园—丰庄	广平镇丰庄	四级	4.5	3.5	2.00	2004年12月
7	苏桥—东埔	广平镇苏桥	四级	4.5	4.5	2.50	2004年12月
8	东景—西园	广平镇西园	四级	4.5	3.5	2.00	2004年12月
9	杉板桥—后华	均溪镇后华	四级	4.5	3.5	3.80	2004年12月
10	城关—华坑	均溪镇华坑	四级	4.5	3.5	5.60	2004年12月
11	红星—良元	均溪镇良元	四级	4.5	3.5	4.20	2004年12月
12	屏山—美阳	屏山乡美阳	四级	4.5	3.5	1.20	2004年12月
13	桃东—桃舟	奇韬镇桃舟	四级	4.5	3.5—4.5	1.80	2004年12月
14	省道S307—延京	上京镇延京	四级	4.5	3.5	1.70	2004年12月

续表 5-1

序号	路线起讫地点	乡镇村名	公路等级	路基宽（米）	混凝土路面宽（米）	里程（公里）	竣工时间
15	建成—和丰坪	均溪镇和丰坪	四级	4.5	3.5	2.70	2005 年 3 月
16	省道 S307—三阳	上京镇三阳	四级	4.5	3.5	3.40	2005 年 3 月
17	小湖—龙坑	石牌镇龙坑	四级	4.5	3.5	3.40	2005 年 3 月
18	群团—华溪	太华镇华溪	四级	4.5	3.5—4.5	5.20	2005 年 3 月
19	汤泉—黄沙	太华镇黄沙	四级	5.5	4.5	2.90	2005 年 3 月
20	桃源—前村	桃源镇安和	四级	4.5	3.5	5.50	2005 年 3 月
21	省道 S306—程堂	吴山乡程堂	四级	4.5	3.5	1.00	2005 年 3 月
22	梓溪—东埔	吴山乡东埔	四级	4.5	3.5	3.30	2005 年 3 月
23	石坑后—沈口	梅山乡沈口	四级	4.5	3.5	3.60	2005 年 6 月
24	县道 X727—西书	梅山乡西书	四级	4.5	3.5	1.90	2005 年 6 月
25	上京—溪口	上京镇溪口	四级	4.5	3.5	5.20	2005 年 6 月
26	溪口—下溪口	上京镇下溪口	四级	4.5	3.5	3.00	2005 年 6 月
27	华安—京口	华兴乡京口	四级	4.5	3.5	4.90	2005 年 9 月
28	大儒—砚坑	济阳乡砚坑	四级	4.5	3.5	1.20	2005 年 9 月
29	建国—元山	建设镇元山	四级	4.5	3.5	5.80	2005 年 9 月
30	龙口—香坪	梅山乡香坪	四级	4.5	3.5	7.10	2005 年 9 月
31	县道 X727—长坑	梅山乡长坑	四级	4.5	3.5	0.70	2005 年 9 月
32	川石—黄龙	前坪乡黄龙	四级	4.5	3.5	6.70	2005 年 9 月
33	前坪—福井	前坪乡福井	四级	5.5	4.5	1.10	2005 年 9 月
34	下尾格—湖坪	前坪乡湖坪	四级	4.5	3.5	1.80	2005 年 9 月
35	下坑　下地	前坪乡下地	四级	4.5	3.5	1.90	2005 年 9 月
36	前坪—北坑	前坪乡北坑	四级	4.5	3.5	1.70	2005 年 9 月
37	温坑—魁城	太华镇魁城	四级	5.5	4.5	7.40	2005 年 9 月
38	温坑—小华	太华镇小华	四级	5.5	4.5	2.80	2005 年 9 月
39	仕洋—焦坂	谢洋乡焦坂	四级	4.5	3.5	3.70	2005 年 9 月
40	丰庄—大吉	广平镇大吉	四级	4.5	3.5	3.10	2005 年 11 月
41	575 电站—岬头	广平镇岬头	四级	4.5	3.5	3.60	2005 年 11 月
42	西燕—旺建	湖美乡旺建	四级	4.5	3.5	2.90	2005 年 11 月
43	大儒—大墘	济阳乡大墘	四级	4.5	3.5	1.70	2005 年 11 月
44	三札—德仁	济阳乡德仁	四级	4.5	3.5	3.00	2005 年 11 月
45	郭村—翰林	均溪镇翰林	四级	4.5	3.5	6.30	2005 年 11 月
46	建成—东坑	均溪镇东坑	四级	4.5	3.5	4.80	2005 年 11 月

续表 5-1

序号	路线起讫地点	乡镇村名	公路等级	路基宽（米）	混凝土路面宽（米）	里程（公里）	竣工时间
47	和丰—上华	均溪镇上华	四级	4.5	3.5	2.50	2005 年 11 月
48	城门—福塘	均溪镇福塘	四级	6.5	6.0	2.90	2005 年 11 月
49	玉田—宋京	均溪镇宋京	四级	4.5	3.5	4.20	2005 年 11 月
50	祭下坂—德州	梅山乡德州	四级	4.5	3.5	1.40	2005 年 11 月
51	沈岭岬—盖竹	梅山乡盖竹	四级	4.5	3.5	3.00	2005 年 11 月
52	歪乾—雄峰	梅山乡雄峰	四级	4.5	3.5	5.90	2005 年 11 月
53	和尚乾—芹阳	屏山乡芹阳	四级	4.5	3.5	2.60	2005 年 11 月
54	美阳—瑞美	屏山乡瑞美	四级	4.5	3.5	3.00	2005 年 11 月
55	杨梅—王坪	屏山乡王坪	四级	4.5	3.5	6.10	2005 年 11 月
56	奇韬（文笔峰）—丁华	奇韬镇丁华	四级	4.5	3.5	2.60	2005 年 11 月
57	奇韬—东佳	奇韬镇东佳	四级	4.5	3.5	5.90	2005 年 11 月
58	奇韬—金华	奇韬镇金华	四级	4.5	3.5	3.70	2005 年 11 月
59	北坑—吉坑	前坪乡吉坑	四级	4.5	3.5	2.10	2005 年 11 月
60	黄城—黄城岬	上京镇黄城岬	四级	4.5	3.5	3.70	2005 年 11 月
61	梅林—隆美	上京镇隆美	四级	4.5	3.5	1.60	2005 年 11 月
62	南坑—丰田	上京镇丰田	四级	4.5	3.5	5.20	2005 年 11 月
63	鳌江—三坊	石牌镇三坊	四级	4.5	3.5	4.30	2005 年 11 月
64	省道 S306—石坑	石牌镇石坑	四级	4.5	3.5	1.40	2005 年 11 月
65	牙口—鳌江	石牌镇鳌江	四级	4.5	3.5	4.20	2005 年 11 月
66	下洋—潘车	太华镇潘车	四级	4.5	3.5	1.90	2005 年 11 月
67	西安—东坂	桃源镇东坂	四级	4.5	3.5	6.20	2005 年 11 月
68	省道 S307—翁厝	桃源镇翁厝	四级	4.5	3.5	1.80	2005 年 11 月
69	文江—典坑	文江乡典坑	四级	4.5	3.5	4.10	2005 年 11 月
70	朱坂—琼口	文江乡琼口	四级	4.5	3.5	4.80	2005 年 11 月
71	文江—朱坂	文江乡朱坂	四级	4.5	3.5	3.40	2005 年 11 月
72	武陵—岬坪	武陵乡岬坪	四级	4.5	3.5	1.40	2005 年 11 月
73	科里—碧山	谢洋乡碧山	四级	4.5	3.5	11.10	2005 年 11 月
74	谢洋—草垄崎	谢洋乡草垄崎	四级	4.5	3.5	1.30	2005 年 11 月
75	湖美—高才	湖美乡高才	四级	4.5	3.5	5.60	2005 年 12 月
76	后平—长坂	湖美乡长坂	四级	4.5	3.5	2.10	2005 年 12 月
77	早兴—横坑	华兴乡横坑	四级	4.5	3.5	5.80	2005 年 12 月
78	半路洋—杞溪	华兴乡杞溪	四级	4.5	3.5	1.90	2005 年 12 月

续表5-1

序号	路线起讫地点	乡镇村名	公路等级	路基宽（米）	混凝土路面宽（米）	里程（公里）	竣工时间
79	京口—昆山	华兴乡昆山	四级	4.5	3.5	4.50	2005年12月
80	德仁—芳林	济阳乡芳林	四级	4.5	3.5	3.50	2005年12月
81	华坑—上太	均溪镇上太	四级	4.5	3.5	0.70	2005年12月
82	沈岭岬—盖竹	梅山乡盖竹	四级	4.5	3.5	2.70	2005年12月
83	后垄隔—洋地	奇韬镇洋地	四级	4.5	3.5	5.10	2005年12月
84	溪口—赤水	上京镇赤水	四级	4.5	3.5	5.30	2005年12月
85	黄城—桂坑	上京镇桂坑	四级	4.5	3.5	2.20	2005年12月
86	上京—南坑	上京镇南坑	四级	4.5	3.5	8.80	2005年12月
87	长溪—京程	石牌镇京程	四级	4.5	3.5	5.70	2005年12月
88	小湖—桃坑	石牌镇桃坑	四级	4.5	3.5	5.30	2005年12月
89	小湖—下洋	石牌镇下洋	四级	4.5	3.5	2.60	2005年12月
90	银顶格—坑头	太华镇坑头	四级	4.5	3.5	6.80	2005年12月
91	甲魁—甲魁路口	太华镇甲魁	四级	4.5	3.5	3.00	2005年12月
92	桃源—西安	桃源镇西安	四级	4.5	3.5	3.90	2005年12月
93	前厝—杨坑	桃源镇杨坑	四级	4.5	3.5	6.30	2005年12月
94	石磨山—上举	桃源镇上举	四级	4.5	3.5	2.20	2005年12月
95	下土楼—桥山	桃源镇桥山	四级	4.5	3.5	3.90	2005年12月
96	龙门—温厝	文江乡温厝	四级	4.5	3.5	5.20	2005年12月
97	温厝—花桥	文江乡花桥	四级	4.5	3.5	2.70	2005年12月
98	联盟—昭文	文江乡昭文	四级	4.5	3.5	4.30	2005年12月
99	县道X732—小文	文江乡小文	四级	4.5	3.5	0.70	2005年12月
100	小珍山—怀德	谢洋乡怀德	四级	4.5	3.5	1.90	2005年12月
101	南坑—溪尾	上京镇溪尾	四级	4.5	3.5	2.20	2006年3月
102	县道X728—元沙	广平镇元沙	四级	7.0	6.0	1.10	2006年11月
103	龙口—岭后	梅山乡岭后	四级	4.5	3.5	3.70	2006年11月
104	岭后—金阳	梅山乡金阳	四级	4.5	3.5	2.10	2006年11月
105	山后—杨梅	屏山乡杨梅	四级	4.5	3.5	6.45	2006年11月
106	上京—城口	上京镇城口	四级	4.5	3.5	4.91	2006年11月
107	群团—张地	太华镇张地	四级	4.5	3.5—4.5	7.80	2006年11月
108	下洋—岬才	湖美乡岬才	四级	4.5	3.5	3.10	2007年1月
109	仁东—元安	湖美乡元安	四级	4.5	3.5	3.20	2007年1月
110	济阳—三札	济阳乡三札	四级	4.5	3.5	3.20	2007年1月

续表 5-1

序号	路线起讫地点	乡镇村名	公路等级	路基宽（米）	混凝土路面宽（米）	里程（公里）	竣工时间
111	泮林—高升	济阳乡高升	四级	4.5	3.5	2.50	2007 年 1 月
112	建设—大同	建设镇大同	四级	4.5	3.5	7.60	2007 年 1 月
113	汤泉—池园	太华镇池园	四级	4.5	3.5	4.00	2007 年 1 月
114	县道 X711—登榜工区	桃源镇登榜工区	四级	4.5	3.5	5.10	2007 年 1 月
115	白沙岬—山芹	文江乡山芹	四级	4.5	3.5	3.60	2007 年 1 月
116	科山—张坑	吴山乡张坑	四级	4.5	3.5	5.50	2007 年 1 月
117	科山—锦山	吴山乡锦山	四级	4.5	3.5	5.30	2007 年 1 月
118	大石—大石农场	武陵乡大石农场	四级	4.5	3.5	2.20	2007 年 1 月
119	碧山—仕福	谢洋乡仕福	四级	4.5	3.5	8.40	2007 年 1 月
120	谢洋—三角尾	谢洋乡三角尾	四级	4.5	3.5	3.20	2007 年 1 月
121	垄盘崎—和春	谢洋乡和春	四级	4.5	3.5	3.30	2007 年 1 月
122	省道 S306—栋仁	广平镇栋仁	四级	4.5	4.5	0.60	2007 年 7 月
123	湖美—湖上	湖美乡湖上	四级	4.5	4.5	1.00	2007 年 7 月
124	早兴—张墘	华兴乡张墘	四级	4.5	4.5	4.20	2007 年 7 月
125	县道 X726—前进	湖美乡前进	四级	4.5	4.5	0.60	2007 年 11 月
126	县道 X726—仁美	湖美乡仁美	四级	4.5	4.5	0.50	2007 年 11 月
127	县道 X726—西燕	湖美乡西燕	四级	4.5	4.5	0.60	2007 年 11 月
128	县道 X726—大尤	湖美乡大尤	四级	4.5	4.5	1.40	2007 年 11 月
129	高才—后平	湖美乡后平	四级	4.5	4.5	4.10	2007 年 11 月
130	早兴—柯坑	华兴乡柯坑	四级	4.5	4.5	1.50	2007 年 11 月
131	德仁—芳林	济阳乡芳林	四级	4.5	4.5	1.00	2007 年 11 月
132	德仁—国庆	济阳乡国庆	四级	4.5	4.5	5.30	2007 年 11 月
133	乡道 Y001—上丰	济阳乡上丰	四级	4.5	4.5	3.70	2007 年 11 月
134	建丰—香浮	建设镇香浮	四级	4.5	4.5	8.30	2007 年 11 月
135	县道 X732—郭村	均溪镇郭村	四级	4.5	4.5	1.00	2007 年 11 月
136	县道 X732—许思坑	均溪镇许思坑	四级	4.5	4.5	1.00	2007 年 11 月
137	秀岭—沧洲	梅山乡沧洲	四级	4.5	4.5	7.80	2007 年 11 月
138	县道 727—新楼	梅山乡新楼	四级	4.5	4.5	0.80	2007 年 11 月
139	梅山—郭井	梅山乡郭井	四级	4.5	4.5	0.80	2007 年 11 月
140	乌丰坑—溪头	屏山乡溪头	四级	4.5	3.5—4.5	11.00	2007 年 11 月
141	内洋—和坑	屏山乡和坑	四级	4.5	3.5—4.5	6.50	2007 年 11 月
142	老厝—盖山	石牌镇盖山	四级	4.5	4.5	1.00	2007 年 11 月

续表5-1

序号	路线起讫地点	乡镇村名	公路等级	路基宽（米）	混凝土路面宽（米）	里程（公里）	竣工时间
143	池园—德安	太华镇德安	四级	4.5	4.5	4.40	2007年11月
144	锦溪—华山	太华镇华山	四级	4.5	4.5	2.30	2007年11月
145	黄沙—锦溪	太华镇锦溪	四级	4.5	4.5	4.60	2007年11月
146	省道S306—罗丰	太华镇罗丰	四级	4.5	4.5	1.40	2007年11月
147	广汤—桃林	桃源镇桃林	四级	4.5	4.5	1.10	2007年11月
148	琼口—白沙坑	文江乡白沙坑	四级	4.5	4.5	3.60	2007年11月
149	县道X732—后洋	文江乡后洋	四级	4.5	4.5	0.90	2007年11月
150	县道X732—大文	文江乡大文	四级	4.5	4.5	0.70	2007年11月
151	和洋—阳春	吴山乡阳春	四级	4.5	4.5	4.70	2007年11月
152	焦坂—上珍	谢洋乡上珍	四级	4.5	4.5	7.30	2007年11月
153	广平—万筹	广平镇万筹	四级	7.5	7.0	1.20	2008年1月
154	万筹—万宅	广平镇万宅	四级	4.5	4.5	5.30	2008年1月
155	广平—五峰	广平镇五峰	四级	7.5	7.0	1.50	2008年1月
156	湖美—高才	湖美乡高才	四级	4.5	4.5	2.00	2008年1月
157	仁美—汉口	湖美乡汉口	四级	4.5	4.5	5.80	2008年1月
158	岬才—宏才	湖美乡宏才	四级	4.5	4.5	6.90	2008年1月
159	尤床—后坑	湖美乡后坑	四级	4.5	4.5	9.80	2008年1月
160	高峰岬—林兜	湖美乡林兜	四级	4.5	4.5	8.70	2008年1月
161	坑里—新厝	湖美乡新厝	四级	4.5	4.5	2.90	2008年1月
162	京口—洪坑	华兴乡洪坑	四级	3.5	3.5	4.20	2008年1月
163	县道X722—仙峰	华兴乡仙峰	四级	4.5	4.5	1.40	2008年1月
164	后坂洋—金岭	均溪镇金岭	四级	3.5	3.5	3.90	2008年1月
165	县道X727—金山	均溪镇金山	四级	3.5	3.5	1.10	2008年1月
166	大道山—太山崎	均溪镇太山崎	四级	3.5	3.5	7.20	2008年1月
167	龙口—黎坑	梅山乡黎坑	四级	4.5	3.5—4.5	7.70	2008年1月
168	德洲—璞溪	梅山乡璞溪	四级	4.5	4.5	17.00	2008年1月
169	台牛坪—长津	梅山乡长津	四级	4.5	4.5	2.40	2008年1月
170	盖竹—卓坑里	梅山乡卓坑里	四级	4.5	4.5	8.40	2008年1月
171	西坑路口—西坑	梅山乡西坑	四级	4.5	4.5	3.50	2008年1月
172	许山—玉屏	屏山乡玉屏	四级	4.5	3.5—4.5	5.90	2008年1月
173	山后—蒋山	屏山乡蒋山\许坑	四级	4.5	4.5	8.60	2008年1月
174	县道X722—内山	屏山乡内山	四级	4.5	4.5	11.80	2008年1月

续表5-1

序号	路线起讫地点	乡镇村名	公路等级	路基宽（米）	混凝土路面宽（米）	里程（公里）	竣工时间
175	建爱—桃东	奇韬镇桃东	四级	4.5	4.5	5.80	2008 年 1 月
176	甲魁—莒坑	太华镇莒坑	四级	4.5	4.5	8.80	2008 年 1 月
177	华溪—高星	太华镇高星	四级	4.5	4.5	12.00	2008 年 1 月
178	花桥—小芹	文江乡小芹	四级	4.5	4.5	3.70	2008 年 1 月
179	县道 X722—百束	武陵乡百束	四级	4.5	4.5	0.40	2008 年 1 月
合计	—	—	—	—	—	693.46	—

六、企业专用公路

2008 年 5 月，华安至京口工业园区公路动工建设，长 5.95 公里。三级公路标准设计，路基宽 12 米、混凝土路面 9 米，桥涵荷载公路— II 级。至年底，完成投资 1000 万元。

第二节 桥梁 隧道

一、桥梁

（一）高速公路桥梁

2006 年 3 月，泉三高速公路大田段 48 座桥梁建设全面动工，总长 12.6 公里，其中特大桥梁 7 座、长 3560.17 米，其他大桥 33 座、长 7862.45 米，互通桥梁 5 座、652.5 米，互通匝道桥 3 座、491.8 米。特大桥梁由省交通规划设计院设计，福州路信交通建设监理有限公司监理。2007 年 12 月，48 座桥梁全部竣工。

吴山大桥 位于中心桩号 zk116+862.5、YK116+743.5 处，长 474.1 米，PC T 梁钢构—连续组合体系结构，跨径 5×30+5×35+7×30、11×35，中国铁路（简称中铁）四局集团第一工程公司施工。

虎尾 1 号大桥 位于中心桩号 K129+840.01 处，长 560.22 米，PC T 梁钢构—连续组合体系、PC 钢构箱梁结构，跨径 6×30+50×3+90×50，中国高速（简称中高）第三公路工程局有限公司施工。

大桥坪大桥 位于中心桩号 YK131+190、ZK131+377.5 处，长 643.25 米，PC T 梁钢构—连续组合体系，跨径 9×25+11×25、30×25，中铁十八局集团第二工程有限公司施工。

长溪 II 号大桥 位于中心桩号 K141+160 处，长 461.1 米，PC T 梁钢构—连续组合体系，跨径 15×30，中铁十八局集团第二工程有限公司施工。

初坑 I 号大桥 位于中心桩号 K141+975 处，长 409 米，PC T 梁钢构—连续组合体系，跨径 10×40，中铁十八局集团第二工程有限公司施工。

初坑 II 号大桥 位于中心桩号

虎尾大桥（2008 年摄）

ZK143+658.25、YK143+632.25 处，长 548.5 米，PC T 梁钢构—连续组合体系，跨径 17×30、19×30，中铁十六局集团第一工程有限公司施工。

上京大桥　位于中心桩号 K156+891 处，长 464 米，PC T 梁钢构—连续组合体系，跨径 15×30，中铁十六局集团第一工程有限公司施工。

泉三高速公路大田境内其他大桥一览表

表 5-2　　　　单位：米

序号	桥名	桥长	结构形式	跨径分布	中心桩号
SMA1	吉州大桥	147.00	PC 连续 T 梁	5×30	zk118+827.5
				4×30	YK118+812.5
	科山后大桥	150.50	PC 连续 T 梁	6×25	K119+575
				5×25	K119+587.5
	际头大桥	394.00	PC T 梁钢构—连续组合体系	11×35	YK124+097.5
	下坂Ⅰ号大桥	338.10	PC T 梁钢构—连续组合体系	11×30	ZK124+865
				10×30	YK124+841
SMA2	下坂Ⅱ号大桥	226.00	PC 连续 T 梁	8×25	zk125+541.75
				9×35	YK125+551.25
	林畔坑大桥	273.00	PC T 梁钢构—连续组合体系	10×30	zk128+916.75
				7×30+16	YK128+953.25
	虎尾Ⅱ大桥	253.20	PC T 梁钢构—连续组合体系	6×40	YK130+521.5
SMA3	寨格大桥	198.90	PC T 梁钢构—连续组合体系	5×40	zk132+348
				25+4×40	YK132+329
	瘦坂大桥	315.75	PC T 梁钢构—连续组合体系	12×25	YK132+629
	上坂大桥	269.50	PC T 梁连续体系	8×25	ZK138+925
				13×25	YK138+862.5
	溪柄大桥	132.00	PC T 梁连续组系	5×25	YK139+761.5
	长溪Ⅰ号大桥	299.60	PC T 梁钢构—连续组合体系	9×30	ZK140+410.84
				10×30	YK140+395
	初坑Ⅱ号大桥	223.50	PC 连续 T 梁	5×30	K142+685
			PC T 梁钢构—连续组合体系	9×30	K142+625
SMA4	初坑Ⅲ号大桥	174.55	PC T 梁钢构—连续组合体系	6×30	ZK142+954
				5×30	YK142+936.55
	小湖大桥	248.20	PC T 梁钢构—连续组合体系	6×40	YK146+023.1
	上井洋大桥	127.00	PC T 梁钢构—连续组合体系	4×30	YK146+728
	李仔仑大桥	277.00	PC T 梁钢构—连续组合体系	9×30	YK147+124

续表 5-2

序号	桥名	桥长	结构形式	跨径分布	中心桩号
SMA5	上溪口大桥	277.00	PC T 梁钢构—连续组合体系	9×30	K154+550
	后洋大桥	251.30	PC T 梁钢构—连续组合体系	9×30	ZK159+156.75
				7×30	ZK159+189.95
SMA6	城口大桥	255.50	预应力砼连续—钢构 T 梁	4×35+3×35	K155+757.5
	新宅大桥	190.50	预应力砼连续—钢构 T 梁	6×30	K156+630
	安坑头Ⅰ号大桥	253.50	预应力砼连续—钢构 T 梁	7×35	K158+073.75
	安坑头Ⅱ号大桥	186.50	预应力砼连续—钢构 T 梁	7×25	K158+575.25
	上举林大桥	219.05	预应力砼连续—钢构 T 梁	4×25+4×25	ZK160+122.5
				4×25+5×25	YK160+153.45
	茶湾坑Ⅰ号大桥	187.00	预应力砼连续—钢构 T 梁	6×30	K152+646
	茶湾坑Ⅱ号大桥	157.50	预应力砼连续—钢构 T 梁	5×30	K162+915.75
	下土堡大桥	207.50	预应力砼连续 T 梁	4×25+4×25	K165+741.75
SMA7	后溪坂Ⅰ号大桥	369.00	预应力砼连续钢构箱梁—连续 T 梁	2×30+56+100+56+3×30	K167+117
	后溪坂Ⅱ号大桥	377.00	预应力砼连续—钢构 T 梁	4×35+5×25+4×25	K168+422.5
	后溪坂Ⅲ号大桥	120.30	预应力砼连续 T 梁	5×25	ZK168+718.25
				4×25	YK168+732.45
	下洋Ⅰ号大桥	322.00	预应力砼连续—钢构 T 梁	5×35+4×35	K169+025.5
	下洋Ⅱ号大桥	183.00	预应力砼连续—钢构 T 梁	7×25	K169+485.5
	下洋Ⅲ号大桥	258.00	预应力砼连续 T 梁	6×25+5×25	ZK169+937.5
				5×25+4×25	YK169+946.5

（二）普通公路桥梁

鲤鱼坑大桥　位于省道 306 线建设至铭溪路段。1996 年 1 月，动工建设，同年 12 月，工程完工。该桥长 148 米，高 90 米，单跨 90 米，宽 11 米，悬链线空腹式箱形钢筋砼结构。投资 375 万元。

下坪石拱桥　位于省道 306 线建爱至东景路段。1996 年 3 月，动工建设，1997 年 10 月，工程完工。该桥长 59.8 米，宽 11 米，单孔跨径 40 米。投资 180 万元。

德州大桥　位于梅山乡德州村。2000 年 5 月 28 日，动工建设，2001 年 10 月，工程完工。该桥长 102.44 米，5 孔，宽 7 米，预制 T 型梁桥，连接线长 1.61 公里。投资 278.62 万元。

宏才桥　位于湖美乡宏才村。2005 年 3 月，动工建设，2006 年 12 月，工程完工，该桥长 96 米，宽 4.3 米，4×20 米预应力空心板。投资 148 万元。

通尾大桥　位于湖美乡湖上村。2005 年 3 月，动工建设，2006 年 12 月，工程完工。该桥长 90 米，宽 6.0 米，净跨 70 米，钢筋混凝土箱拱。投资 191 万元。

大才桥　位于湖美乡岬才村。2005 年 3 月，动工建设，2006 年 12 月，工程完工。该桥长 113 米，宽 7 米，3×30 米预应力 T 梁。投资 225.6 万元。

后坪桥 位于湖美乡后坪村。2005 年 8 月，动工建设，2007 年 1 月，工程完工。该桥长 35.78 米，宽 5.5 米，20 米预应力空心板桥。投资 38.74 万元。

高才大桥 位于湖美乡高才村。2005 年 8 月，动工建设，2007 年 1 月，工程完工，该桥长 168 米，宽 5.5 米，8 米实心板＋4×35 米连续钢构 T 梁＋8 米实心板。投资 410.44 万元。

坑里大桥 位于湖美乡高才村。2005 年 8 月，动工建设，2007 年 1 月，工程完工。该桥长 191 米，宽 5.5 米，5×35 米预应力 T 梁。投资 412.06 万元。

大坌桥 位于湖美乡湖上村。2005 年 10 月，动工建设，2006 年 12 月，工程完工。该桥长 58.99 米，宽 7 米，2×20 米预应力空心板桥。投资 122 万元。

高才悬索桥 位于湖美乡高才村。2007 年 4 月，动工建设，2008 年 6 月，工程完工，该桥长 282.83 米，桥面建筑宽 3.44 米，净宽 2.5 米，人群荷载每平方米 3 千克，跨径 196 米，矢高 16 米，双塔钢结构悬索桥。投资 212.36 万元。

其他普通公路桥梁有 X722 华武线、S306 秀里线、S307 东石线和 X732（管大线）公路桥梁共 66 座、总长 2245.04 米。

1993—2008 年大田县公路其他桥梁一览表

表 5-3　　　　单位：米

序号	路线简称	名称	中心桩号	桥长	桥宽	桥高	结构	竣工时间
1	X722	福塘大桥	K18+812	71.00	17.0	9.40	简支梁桥	1993 年 12 月
2	S306	梓溪桥	K184+740	36.28	10.5	6.20	简支梁桥	1994 年 12 月
3	S306	拱桥四桥	K192+422	19.31	8.5	5.80	简支梁桥	1994 年 12 月
4	S306	拱桥三桥	K192+680	27.00	8.5	6.00	简支梁桥	1994 年 12 月
5	S306	拱桥二桥	K192+773	26.70	8.5	6.50	圬工拱	1994 年 12 月
6	S306	拱桥一桥	K193+120	26.60	8.5	8.90	圬工拱	1994 年 12 月
7	S306	小桥	K194+587	49.00	12.0	9.40	圬工拱	1994 年 12 月
8	S306	曲坑二桥	K196+408	67.00	12.0	10.30	圬工拱	1994 年 12 月
9	S306	曲坑一桥	K196+581	51.43	12.0	13.50	圬工拱	1994 年 12 月
10	S306	张坑湾二桥	K199+221	95.40	12.0	8.20	简支梁桥	1994 年 12 月
11	S306	张坑湾一桥	K199+555	67.00	12.0	12.90	圬工拱	1994 年 12 月
12	S306	石牌桥	K201+448	73.30	12.0	7.60	简支梁桥	1994 年 12 月
13	S306	宽田桥	K204+129	62.55	12.0	5.10	简支梁桥	1995 年 12 月
14	S306	溪柄二桥	K204+289	33.52	12.0	5.90	圬工拱	1995 年 12 月
15	S306	溪柄一桥	K204+407	39.98	11.4	6.40	圬工拱	1995 年 12 月
16	S306	长溪五桥	K204+616	36.57	11.4	7.90	圬工拱	1995 年 12 月
17	S306	长溪四桥	K205+38	39.40	11.4	8.50	圬工拱	1995 年 12 月
18	S306	长溪三桥	K205+614	38.32	11.4	10.60	圬工拱	1995 年 12 月
19	S306	长溪二桥	K205+761	33.30	12.0	8.40	简支梁桥	1995 年 12 月

续表 5-3

序号	路线简称	名称	中心桩号	桥长	桥宽	桥高	结构	竣工时间
20	S306	长溪一桥	K205+929	40.74	11.4	7.50	简支梁桥	1995 年 12 月
21	S306	厝坑三桥	K206+366	28.82	12.0	6.00	简支梁桥	1995 年 12 月
22	S306	厝坑二桥	K206+722	40.74	11.0	12.90	简支梁桥	1995 年 12 月
23	S306	厝坑一桥	K207+261	39.45	12.0	11.40	圬工拱	1995 年 12 月
24	S306	牛田洋八桥	K208+156	39.98	12.0	8.70	简支梁桥	1995 年 12 月
25	S306	牛田洋七桥	K208+866	32.31	12.0	6.10	圬工拱	1995 年 12 月
26	S306	牛田洋六桥	K209+005	51.86	11.6	6.20	圬工拱	1995 年 12 月
27	S306	牛田洋五桥	K209+311	50.33	11.0	9.60	圬工拱	1995 年 12 月
28	S306	牛田洋四桥	K209+454	42.50	12.0	10.90	圬工拱	1995 年 12 月
29	S306	牛田洋三桥	K209+588	34.95	12.0	5.80	圬工拱	1995 年 12 月
30	S306	牛田洋二桥	K209+705	29.90	12.0	3.50	简支梁桥	1995 年 12 月
31	S306	牛田洋一桥	K209+770	19.85	12.0	3.50	简支梁桥	1995 年 12 月
32	S306	小湖六桥	K210+267	50.65	12.0	7.20	简支梁桥	1995 年 12 月
33	S306	小湖五桥	K210+422	34.28	12.0	7.40	圬工拱	1995 年 12 月
34	S306	小湖四桥	K210+638	29.50	12.0	4.80	圬工拱	1995 年 12 月
35	S306	小湖三桥	K210+700	25.84	12.0	4.20	圬工拱	1995 年 12 月
36	S306	小湖二桥	K211+337	19.61	12.0	3.80	简支梁桥	1995 年 12 月
37	S306	小湖一桥	K211+928	30.73	12.0	4.00	简支梁桥	1995 年 12 月
38	S306	牙口二桥	K213+306	38.20	10.5	11.30	圬工拱	1995 年 12 月
39	S306	牙口一桥	K213+400	46.03	10.5	10.90	圬工拱	1995 年 12 月
40	S306	梅林四桥	K215+719	34.00	10.5	7.50	圬工拱	1995 年 12 月
41	S306	梅林三桥	K215+905	21.92	10.5	5.50	圬工拱	1995 年 12 月
42	S306	梅林二桥	K215+959	9.00	10.5	3.00	简支梁桥	1995 年 12 月
43	S306	梅林一桥	K216+142	9.08	10.5	1.80	简支梁桥	1996 年 12 月
44	S306	小华二桥	K222+138	9.08	10.5	4.50	圬工拱	1996 年 12 月
45	S306	小华一桥	K222+355	10.50	10.5	3.00	简支梁桥	1996 年 12 月
46	S306	仕坑桥	K222+638	31.03	10.5	3.70	简支梁桥	1996 年 12 月
47	S306	温坑桥	K224+011	10.40	10.5	3.80	简支梁桥	1996 年 12 月
48	S306	太华水尾桥	K228+845	34.44	10.6	5.00	简支梁桥	1997 年 1 月
49	S306	太华桥	K229+751	28.02	12.0	7.50	圬工拱	1997 年 1 月
50	S306	万湖桥	K231+554	17.50	12.0	4.50	圬工拱	1997 年 1 月
51	S306	汤泉桥	K238+468	36.00	12.0	6.30	简支梁桥	1997 年 1 月

续表5-3

序号	路线简称	名称	中心桩号	桥长	桥宽	桥高	结构	竣工时间
52	S306	罗丰二桥	K241+288	14.00	12.0	4.00	简支梁桥	1997年1月
53	S306	罗丰一桥	K241+981	14.00	12.0	4.30	简支梁桥	1997年1月
54	S306	建乐桥	K247+022	10.50	12.0	4.70	圬工拱	1997年1月
55	S306	建设桥	K250+584	12.00	12.0	2.20	简支梁桥	1997年1月
56	S306	铭溪二桥	K259+638	41.00	12.0	5.30	简支梁桥	1997年1月
57	S306	铭溪一桥	K260+004	41.00	12.0	4.60	简支梁桥	1997年1月
58	S306	吴山桥	K177+947	8.00	13.6	3.88	简支梁桥	1997年1月
59	S306	吉洲桥	K175+340	34.65	12.0	5.30	简支梁桥	1997年1月
60	S306	下坪桥	K257+039	59.80	11.0	37.80	圬工拱	1998年5月
61	S306	东景桥	K270+996	42.80	11.6	18.0	圬工拱	1998年5月
62	S307	梅林桥	K226+214	26.43	8.5	8.30	简支梁桥	2004年1月
63	S307	新后洋桥	K226+682	16.06	9.5	2.40	简支梁桥	2004年1月
64	S307	世水桥	K250+195	13.20	7.1	2.70	简支梁桥	2007年1月
65	X732	和丰桥	K67+009	22.70	7.0	6.40	圬工拱	2008年5月
66	X732	杉板桥	K72+261	18.00	5.0	8.50	圬工拱	2008年5月

二、隧道

（一）高速公路隧道

2006年3月，泉三高速公路大田境内15座隧道动工建设。其中，长度千米以上4座、千米以下11座。2007年12月，工程竣工。

大鼓山隧道 2006年3月5日，动工建设，2007年12月4日，工程完工。左右洞分别位于中心桩号ZK125+652—ZK128+742、YK125+740—YK128+796处，进口屏山乡溪头村，出口石牌镇拱桥村，结构分离式，洞门城墙式。该隧道左、右洞长分别3090米、3056米。

桃山隧道 2006年3月5日，动工建设，2007年12月4日，工程完工。左、右洞分别位于中心桩号ZK143+935—ZK145+066、YK143+939—YK145+055处，石牌镇桃山村、小湖村境内，结构分离式，洞门端墙式。该隧道左右洞长分别1131米、1116米。

三阳隧道 2006年3月5日，动工建设。2008年12月1日，工程完工。左、右洞分别位于中心桩号ZK147+946—ZK152+515、YK147+920—YK152+516）处，进口石牌镇下洋村，出口上京镇三阳村。结构分离式，洞门削竹式。该隧道左右洞长分别4569米、4596米。

将军架隧道 2006年3月5日，动工建设，2007年12月4日，工程完工。左、右洞分别位于中心桩号ZK170+451—ZK171+482、YK170+422—YK171+465处，桃源镇翁厝村境内，结构分离式；左洞进口端墙式、右洞仰斜式，出口端均墙式。该隧道左右洞长分别1031米、1043米。

泉三高速公路大田境内千米以内隧道一览表

表 5-4　　　　单位：米

<table>
<tr><th>标段</th><th>名称</th><th>桩号</th><th>长度</th><th>结构形式</th><th>洞门形式</th></tr>
<tr><td rowspan="4">SMA1</td><td rowspan="2">吉州隧道</td><td>ZK116+035—ZK116+550</td><td>515</td><td rowspan="2">分离式</td><td rowspan="2">端墙式</td></tr>
<tr><td>ZK116+007—YK116+480</td><td>473</td></tr>
<tr><td rowspan="2">形钟山隧道</td><td>ZK122+892—ZK123+806</td><td>914</td><td rowspan="2">分离式</td><td rowspan="2">削竹式</td></tr>
<tr><td>YK122+922—ZK123+819</td><td>897</td></tr>
<tr><td rowspan="2">SMA2</td><td rowspan="2">林畔坑隧道</td><td>ZK129+080—ZK129+280</td><td>200</td><td rowspan="2">分离式</td><td rowspan="2">城墙式</td></tr>
<tr><td>YK129+071.5—YK129+302</td><td>231</td></tr>
<tr><td rowspan="13">SMA3</td><td rowspan="2">大桥坪隧道</td><td>ZK131+736—ZK132+242</td><td>506</td><td rowspan="2">分离式</td><td rowspan="2">端墙式</td></tr>
<tr><td>YK131+860—YK132+240</td><td>380</td></tr>
<tr><td rowspan="2">红布崎隧道</td><td>ZK137+397—ZK137+849</td><td>452</td><td rowspan="2">分离式</td><td rowspan="2">端墙式</td></tr>
<tr><td>YK137+408—YK137+862</td><td>454</td></tr>
<tr><td rowspan="2">宽田隧道</td><td>ZK138+082—ZK138+482</td><td>400</td><td rowspan="2">分离式</td><td rowspan="2">端墙式</td></tr>
<tr><td>YK138+109—YK138+469</td><td>360</td></tr>
<tr><td rowspan="2">上坂隧道</td><td>ZK139+034—ZK139+384</td><td>350</td><td rowspan="2">分离式</td><td rowspan="2">端墙式</td></tr>
<tr><td>YK139+026—YK139+378</td><td>352</td></tr>
<tr><td rowspan="2">小湖隧道</td><td>ZK145+153—ZK145+615</td><td>462</td><td rowspan="2">分离式</td><td rowspan="2">城墙式</td></tr>
<tr><td>YK145+146—YK145+574</td><td>428</td></tr>
<tr><td>上溪口隧道</td><td>ZK154+850—ZK155+067</td><td>217</td><td>连拱式</td><td>城墙式</td></tr>
<tr><td rowspan="2">延京隧道</td><td rowspan="2">K157+630—K157+980</td><td rowspan="2">350</td><td rowspan="2">连拱式</td><td>进口城墙式</td></tr>
<tr><td>出口削竹式</td></tr>
<tr><td rowspan="2">SMA6</td><td rowspan="2">前洋田隧道</td><td>ZK159+332—ZK159+551</td><td>219</td><td rowspan="2">分离式</td><td rowspan="2">左洞进出口端墙式；右洞进口削竹式，出口仰斜式</td></tr>
<tr><td>YK159+268—YK159+542</td><td>274</td></tr>
</table>

（二）普通公路隧道

梓溪隧道 位于省道 306 线吴山乡梓溪村。1993 年 12 月，动工建设，1995 年 1 月，工程完工。该隧道长 158 米，顶高 7 米，宽 10.5 米。投资 330 万元。

石门格隧道 位于省道 306 线吴山与永春交界处。1995 年 11 月，动工建设，1996 年 12 月，工程完工。该隧道长 558 米，顶高 7 米，宽 10.5 米。投资 1700 万元。

中华岭隧道 位于省道 306 线太华镇温坑村。1995 年 8 月，动工建设，1997 年 6 月，工程完工。该隧道长 419.78 米，顶高 7 米，宽 10.5 米。投资 1700 万元。

第三节 客运站

一、汽车站

1993年，大田车站有正式职工45人、临时工62人，下设4个科室、3个班组；上京车站有职工52人，管辖桃源站和岭头站。1994年，大田车站转为公共型客运站。2001年，大田车站改称闽通大田汽车站。2007年5月，动工新建吴山农村客运站候客大楼，该大楼占地2550平方米，建筑面积3950平方米，5层框架结构。2008年12月，大楼投入使用。投资160万元。

二、候车亭

2007年4月至2008年3月，县交通局统一规划，18个乡镇在省道306线、307线（大田段）、县道华兴至武陵、大田至管前、石牌至屏山、周田至小湖、石牌至谢洋、东坑至梅山、奇韬至广平等通行客车路段，建设梓溪、拱桥、长溪、梅林、小华、群团、汤泉、建设、铭溪、蓝玉、翁厝、前厝、上举、广汤、川石、文江、大中、联盟、龙门、龙口、奇韬、龙床、龙坪、永德、前坪、下地、福井、台牛坪、阿甲坪、仙峰、华安、早兴、茶山、武陵、大石、仕洋、科里、坑口、珍山、怀德、周田、仁东、西燕、大尤、玉屏、内山、美阳、济阳48座候车亭。总投资65万元，其中省财政补助24万元。

石牌至小湖牙口学生周末班车（2003年摄）

第二章 公路运输

第一节 客运

1993年，全县有客运班车76辆、1726个座位，客运量118.6万人次，旅客周转量8737.2人公里。县内有城关通往建设、广平、桃源、梅山、济阳、屏山、文江、前坪、大儒9条班线，市内跨县（市）的有通往永安、沙县、尤溪、三明、新桥、永春、福州、泉州、石狮、厦门、德化、漳平、福清13条班线。1994年8月，国有、集体、个体和私营客车实行统一进站、统一售票、统一发车“三统一”管理。1995年7月，开通大田至温州省际客运班线，2天一班，单程813公里。1996年4月，开通大田至汕头班线，2天一班，单程534公里，年底，县内线路9条、471公里，跨县（市）线路7条、834公里，省内跨地（市）线路8条、1497公里，省际线路2条、1347公里；客运班车128辆，其中国有73辆、个体55辆。1998年9月，大田至三明客运线路普通客车16辆、至永安11辆、至广平14辆全部更新为“依维柯”豪华空调客车，单车日发行班由往返 1 次增至 2 次。10 月，由于路况差，周田至湖美、太平桥至早兴、白沙至谢洋、葛藤岬至矿山（大儒）、万湖至川石、武陵至梅林、梅山至民主、屏山至吴山客运线路客车停班。2003 年 8 月，开通石牌至小湖牙口“学生周末班车”。2007 年 2 月，农村路网改造后，恢复大田至湖美、屏山、谢洋客运线路。至此，18 个乡镇全部通客车。日发班车 29 班次。

2008 年底，全县有营业性客车 133 辆、2369 座位，平均日发班车 232 班次，运送乘客 2411 人次，客运量 417.9 万人次，周转量 3.33 亿人公里。客运班车比 1993 年增加 0.75 倍，线路里程增加 2.66 倍。有县内线路 20 条、960 公里，市内跨县线路 4 条、441 公里，省内跨地（市）线路 13 条、3203 公里，省际线路有大田至温州、深圳、广州 3 条、2720 公里。车型由普通客车逐步更新为高级豪华客车。

2008 年大田县客运班线一览表

表 5-5

线别	序号	营运班线	里程（公里）	客车（辆）
县内	1	大田—建设—广平	70	8
	2	大田—桃源	51	4
	3	大田—梅山	55	7
	4	大田—丰庄	80	2
	5	大田—上京	30	3
	6	大田—上京（永安煤业上京分公司）	33	1
	7	大田—万湖—奇韬	85	2
	8	大田—建设	51	2
	9	大田—魁城	40	1
	10	大田—黄沙	50	1
	11	大田—广汤	56	1
	12	大田—武陵	26	1
	13	大田—济阳	46	2
	14	大田—华溪	35	1
	15	大田—际兜	30	2
	16	大田—谢洋	30	1
	17	大田—屏山	23	1
	18	大田—湖美	24	3
	19	大田—川石	60	2
	20	大田—苏桥	85	1
市内跨县（市、区）	1	大田—永安	97	7
	2	大田—沙县	125	2
	3	大田—尤溪	114	2
	4	大田—三明	105	10

续表 5-5

线别	序号	营运班线	里程（公里）	客车（辆）
省内跨地（市）	1	大田—泉州	201	5
	2	大田—泉港	250	1
	3	大田—泉州—福州	397	5
	4	大田—石狮	220	5
	5	大田—安溪—厦门	232	3
	6	大田—南安—厦门	260	2
	7	大田—岭头—漳平	139	1
	8	大田—漳州	332	1
	9	大田—龙岩	218	1
	10	大田—武夷山	386	1
	11	大田—晋江	206	1
	12	大田—安溪	132	1
	13	大田—莆田	230	1
省际	1	大田—温州	813	2
	2	大田—深圳	907	2
	3	大田—广州	1000	2

1993—2008 年大田县客运班车营运情况表

表 5-6

年份	辆数（辆）	座位（座）	运量（万人次）	周转量（万/公里）	年份	辆数（辆）	座位（座）	运量（万人次）	周转量（万/公里）
1993	76	1726	118.60	8737.20	2001	105	1680	266.00	22855.30
1994	97	1971	110.25	8116.40	2002	100	1768	186.00	22805.00
1995	110	1898	155.93	8982.50	2003	96	1733	160.00	19035.00
1996	136	2254	171.97	10488.30	2004	103	1680	184.30	21120.00
1997	161	2243	221.86	17120.40	2005	106	1686	309.91	22481.52
1998	143	2094	258.90	18468.20	2006	113	2231	400.12	27452.15
1999	148	2195	235.00	17011.40	2007	126	2326	415.57	30422.80
2000	121	1940	233.20	19350.30	2008	133	2369	417.90	33306.55

第二节 货运

一、大宗货物运输

1993年，三明汽车运输总公司大田分公司、县汽车运输公司货运车辆实行个人承包，参股经营，买断车辆经营权。硫铁矿、汤泉铁矿、煤炭、供销、林业企业车队车辆也相继买断车辆经营权，货运实行个体经营。当年，全县有货车1005辆、4102.45吨位，货运量144.65万吨，周转量1.61亿吨公里。1997年4月，根据《大田县人民政府关于组建运输车队、规范交通运输市场的通知》，有11个乡镇5个企业(集团)公司先后成立运输车队，125辆货运汽车、299辆农用运输车、276台拖拉机加入运输车队。2002年，根据三明市政府办公室《关于转发市交通局关于加快培育和发展道路货物运输业若干意见的通知》，鼓励扶持运输从业人员，拓宽购车按揭贷款渠道，发展货车运力，年底，全县车辆达1532辆、4567.7吨位。2005年，汽车货运发展进入高峰期，全年新增货运汽车678辆。2008年，全县有物流货运企业15家，职工3683人，货车1889辆、5188.76吨位。41%货运汽车集中在东大、石牌、华通、惠通等4家私营、股份制运输企业。年底，全县有营业性货车3451辆、7510.11吨位，分别比1993年增长243.38%、83.06%。主要物资有原煤、铁矿石、铅锌矿、硫铁矿、铸铁件、石灰石、水泥、沙、石材以及药品、林产品、水产品等大宗产品集散、运输。全年完成货运量475.66万吨、周转量3.89亿吨公里，分别比1993年增长228.84%、142.3%。

二、零担货物运输

1993年起，公路交通的迅速发展，零担货物的运输不再是靠肩挑及板车、自行车承载。短途主要是靠摩托车、农用车、三轮摩托车、拖拉机运输；长途的零担物资由邮政快件速递和客车托运，还有专门从事零担物流个体户，租用仓库将零担物资集中起来，用厢型货车专线运输，每日来回1趟。当年，仅有大田至三明零担运输车1辆。1996年，大田至三明零担运输车辆增至2辆。2000年，从事大田至厦门零担货运车1辆。2008年，从事零担货运汽车有大田至三明、泉州、石狮、厦门、福州等地12辆。货运物资主要是日用品、小商品、家电、家具、服装和部分副食品、农产品、水产品等，年货运量50余万吨。

1993—2008年大田县货车营运情况表

表5-7

年份	辆数(辆)	吨位(吨)	运量(万吨)	周转量(万吨/公里)	年份	辆数(辆)	吨位(吨)	运量(万吨)	周转量(万吨/公里)
1993	1005	4102.50	144.65	16055.50	2001	1395	3986.20	162.10	14835.20
1994	1175	4474.30	177.19	21138.10	2002	1532	4569.70	188.00	16500.00
1995	1198	4442.80	208.80	24143.30	2003	1503	4682.00	202.00	16009.00
1996	1032	3015.30	202.13	23006.50	2004	1648	6330.50	247.00	20673.00
1997	1092	3222.20	178.80	18991.20	2005	2326	7195.00	344.16	20309.88
1998	1101	3555.40	171.26	16493.30	2006	2853	8328.00	346.49	23992.83
1999	1365	3833.90	159.16	12193.20	2007	3061	7535.11	458.69	31474.64
2000	1335	4078.80	138.80	12435.60	2008	3451	7510.11	475.66	38902.07

三、搬运装卸

1993年，搬运装卸有专业搬运企业、厂矿专职搬运和民间搬运3种。专业搬运企业有县驻永安岭头装卸站和县搬运站，主要从事煤炭、矿石、化肥、石膏、日用品等生产生活物资搬运。1999年6月，永安岭头装卸站和县搬运站合并，更名为大田县搬运装卸站，有员工50人，当年，完成搬运装卸量13.87万吨。2006年，搬运装卸站实行个人承包经营。2007年，铁路部门取消永安岭头火车站货物中转，搬运业务萎缩，搬运装卸站停止作业。2008年，其业务被民间搬家公司、搬运公司、个体搬运业户取代。

第三节　运输企业

一、闽通大田分公司

位于香山路17号，原属三明汽车运输总公司。1993年，有货车39辆、342吨位，实行租赁承包经营；客车24辆、960座位。1997年，全部实行合资、挂靠经营、个人融资更新车辆，有客车44辆、729座位，货车28辆、140吨位。1999年3月，上京车站划归闽运公司管理。2001年4月，更名为福建省闽通长运股份有限公司大田分公司。2003年，兴建1幢6层砖混结构综合楼，占地476平方米，建筑面积2984平方米，投资179.9万元。2004年5月，与三明市鸿通机动车检测有限公司合建综合性能检测线1条。2005年，维修车间实行可视微机监控车辆维护。2006年，停止经营货运。2008年5月，自行兴建二级维护竣工检测线1条，投资20万元。至此，具备承修二类大中型客车和小型货车维修能力，年维护车辆1705辆次。年底，有职工284人；客车75辆、1332座位，年完成运输量94.6万人次，周转量1.71亿人公里。

二、环宇大田分公司

位于雪山北路156号。1993年，属县运输公司，有职工65人，货车17辆、85吨位，实行“单车租赁承包经营”。1994年，实行股份制方式发展客运。有客车10辆、130座位，货车21辆、105吨位。1997年8月，在雪山北路45号兴建1幢7层砖混结构综合大楼，占地515平方米，建筑面积3400平方米，投资199万元。2000年7月，与县汽车保修厂合并；8月，投资35万元，改造车间800平方米。年底，有客车57辆、723座，货车63辆、315吨。2002年7月，林继伟等人以803万元购公司资产，更名三明市环宇运输有限公司大田分公司（简称环宇大田分公司）。2007年，停止经营货运。2008年，有客车58辆、959座位，年完成客运量65.78万人次，周转量6663.51万人公里。有职工165人，具备承接二类大中型客车和小型货车维修能力，年维修车辆2100辆次。

三、闽通大田汽车站

位于凤山中路214号，原名大田车站。1994年8月，转为公共型客运站，有46辆社会车辆进站。2000年1月1日，实行微机售票。2001年2月，更名为福建省闽通长运股份有限公司大田汽车站（简称闽通大田汽车站）。2006年4月，站区安装电视闭路监控。2007年2月13日，启用危险品检测仪，取代人工检查危险品。2008年，实现全市联网售票；进站客车132辆、2656座，日发客车240班次、乘客2700人次，年完成客运量97.35万人次，周转量1.03亿人公里。站有职工50人。

1997—2008 年大田县货运物流企业成立情况表

表 5-8

企业名称	地 址	成立时间	员工数（人）	法人	2008 年	
					车辆数（辆）	吨位数（吨）
石牌镇车队	均溪镇建山路 193 号	1997 年 5 月	232	李家全	116	348.00
惠通运输有限公司	均溪镇建山路 178 号	2001 年 7 月	450	林晋莹	188	673.13
华通汽车运输公司	均溪镇建山路 208 号	2002 年 4 月	95	林恩河	89	123.00
石牌林业车队	均溪镇建山路 193 号	2002 年 11 月	164	李家诗	82	234.00
星岩车队	均溪镇雪山南路 223 号	2003 年 8 月	12	涂明华	4	25.00
石牌车队	均溪镇建山路 193 号	2003 年 12 月	734	李家诗	365	1021.74
东大车队	均溪镇福田大道 113 号	2004 年 5 月	1277	吴绍强	631	1600.00
邵武永强公司三明分公司	广平镇铭溪村 2 号	2004 年 8 月	45	吴浩强	34	165.00
均溪车队	建山路 208 号	2005 年 6 月	20	林恩河	15	55.00
三鑫汽车运输公司	石牌镇石牌村	2007 年 2 月	49	郑为强	28	48.71
伟达汽车运输有限公司	均溪镇雪山南路 46 号	2007 年 4 月	66	郭宗伟	59	292.30
龙岩龙门联合大田分公司	均溪镇建山路 208 号	2007 年 5 月	43	林恩河	20	41.00
东大物流有限公司	均溪镇福田大道 228 号	2007 年 5 月	368	李春溪	181	390.93
十通物流有限公司	均溪镇建山路 193 号	2007 年 6 月	86	李家兴	42	65.51
环球咨询有限公司	均溪镇雪山南路 46 号	2008 年 7 月	42	叶树东	35	105.46

第三章 交通管理

第一节 机构

一、县交通局

1993 年，县交通局内设办公室、工程股、监察室，下属 7 个乡镇交管站，干部、职工 57 人。2002 年 1 月，机构改革保留县交通局，设办公室、财务审计股、安全监督（企业管理）股、工程管理股（加挂“交通战备办公室”牌子），代管市运管处派出机构吴山公路稽查站。2003 年 6 月 4 日，成立交通局党委、纪委。2008 年 12 月 10 日，成立交通局武装部，年底，有干部、职工人员 66 人，其中专业技术人员 19 人。

二、运输管理所

1993 年，运输管理所，负责旅客运输、货物运输、搬运装卸、汽车维修、运输服务行业管理。当年，增挂县机动车船维修管理所牌子，隶属县交通局。1994 年 9 月，成立客运出租汽车管理所，与交通运输管理所合署办公。2003 年 4 月，机构改革撤销县交通运输管理所、县港航监督站，组建县运输管理所，加挂县地方海事处、县内河船舶检验所牌子。2005—2008年，运政管理网络改造，引进西雅电子信息道路运政网络系统软件，对道路客运、货运、机动车维修、交通规费征收、驾驶员培训、监督、公共管理7个方面进行管理。2008年底，有运政管理人员33人。

三、地方海事处

1993年，有港航员1人，管理水上安全事务。2000年6月，成立县港航监督站、港航管理站。2002年7月，两站合并，更名港航监督所，升格副科级。2003年4月，撤销港航监督所，成立县地方海事处、内河船舶检验所，挂靠县运输管理所。

四、公路稽征所

1993年1月，大田公路稽征所成立，隶属省稽征局。2008年底，有员工15人，负责公路养路费、客运附加费征收。

五、公路局大田分局

1993年1月，省公路局大田公路段体制下放，更名三明市公路局大田分局。2004年10月，成立县鹏程公路有限责任公司，与分局为一套人马两块牌子。2008年底，有员工139人，负责省道、部分县乡公路养护。

六、通行费征收管理所

1993年3月15日，县石牌车辆通行费征收站设城关、石牌、老厝3个收费点，隶属县交通开发公司，编制56人。2006年12月1日，征收站更名三明市公路通行费大田征收管理所。2008年底，有管理人员89人。

七、路政管理所

1993年11月，路政管理站成立，有兼职路政员1人。1996年4月，改称为县公路路政管理所，编制12人，隶属县交通局，挂靠大田公路分局。2008年，路政管理所设置不变。

第二节　运政管理

一、运政稽查

1993年，县运输管理所稽查大队以征收稽查机动车养路费、运管费为主，兼道路运输市场经营秩序监督管理，在稽查站、公路路口和收费站前后3公里范围内，对运输经营单位、作业现场进行流动、定点检查，依法行政。1997年12月，与县公安、城建、工商部门联合开展城区交通秩序整治，查处取缔无证经营三轮摩托车25辆、补征养路费7400元、罚款1.04万元。2003年1—2月，开展“私家车”非法营运整治40天，检查车辆1.32万辆次，查获违章车辆403辆，其中“私家车”非法营运71辆次，分流旅客892人次，罚款54万元。2005年7月，开展道路运输市场专项整治18天，查获违章车辆202辆，违法经营企业2家，补征交通规费9.58万元，罚款7000元；8月，运政稽查车统一喷涂“中国公路”标志，安装警报器、警灯。2007年6月，出动稽查车25辆次，检查车辆1225次辆、驾校2家、运输维修业15家，查扣违法车辆10辆，补征交通规费5.64万元。2008年，专项稽查23次，组织运政人员上路、登门入户稽查1524人次，检查车辆8572辆次，暂扣客货违章车辆及证件310件次，纠正道路运输违法行为627辆次，警告运输违法人员361人次，处罚车辆161辆次，罚款金额12.68万元（非法营运小客车7辆、罚款3.5万元），查获偷漏规费车辆970辆（二轮摩托928辆），补征规费49.23万元。记录客运经营违章行为29次，累计记分269分。

二、机动车辆维修

1993年，县运输管理所核定三类以上维修企业21家，车辆经营者与维修企业户签订合同，强制车辆二级维护。全年县运管所检查维修100户次，取缔无证开业3户，停业整顿6户。当年起，机动车辆维修企业按四类标准许可。1994年，举办汽车维修技工岗前、初级、中级培训班3期、309人，经考试合格率93%。1995年，维修标准改为三类，第四类中19个单项维修归入第三类。汽车维修业由国有、集体格局向国有、集体、私营、个体、联营、股份制等多元化转化，维修服务由封闭保障型向社会服务型转化，经营模式由单一型汽车维修向集修理、配件供应等综合型经营转变。

1996—1997年，检查维修业户1144户次，查出违章经营210户次。其中，取缔无证经营1户，限期搬迁8户，责令停业整顿51户，警告132户，罚款1.2万元，补征维修管理费1.13万元。

1998年，按国家技术监督局《汽车维修开业条件》标准，对汽车维修市场进行清理整顿，以县城为中心，逐步向乡镇展开，重点打击无证经营和超范围经营。查出违章经营148户，责令停业32户，罚款3700元。2000年7月，县汽车运输公司与汽车保修厂合并，同时对保修厂车间进行改造，扩建新厂房500平方米，新增车间8个。

2005年5月，县运管所对全县二类以上汽车维修企业资质重新进行审核，对符合条件12家重新核发许可证，取消经营资质1家。2007年，成立连福公交公司、县直机关汽车修理厂，从事二类乘用车维修；俊杰车业有限公司从事二类货车维修。

2008年，全县有各类机动车维修业户48家。其中，二类车维修18家、三类车维修24家、摩托车维修业户6家，持证率均100%，年维修各类车5.3万辆次。

三、车辆检测

1993年，对所有营运车辆进行等级评定检测和二级维护后的维修质量检测。检测项目有外观、唯一性能、车速及尾气排放、轴重、制动、灯光、喇叭、侧滑、底盘测功、发动机、转向角、悬架、前轮定位、方向盘转向力、转向角等。

1997年，对全县营业性机动车实行定期维护和综合性能检测。2000年4月，全县营运客车到三明市综合检测中心进行检测和技术等级评定。对未按规定检测或检测不合格而继续从事营运的客车，运管部门不予签盖二级维护章，并收回客运线路牌和道路运输证，汽车站不予排班配客。

2003年，市公路局在石牌镇石牌村兴建反超载、反超限运输检测站，占地3333平方米，投资98万元。2004年，市鸿道机动车检测站与闽通大田分公司联合在城区香山路17号，兴建车辆综合性能检测站，占地3000平方米，投资165万元。

2008年5月，对二级维护营运车辆维修业户实行竣工检测。全年检测客车217辆、货车3451辆。

第三节　路政监管

一、公路工程监理

1993年，公路工程建设由业主单位指定有专业知识工程技术人员负责监理。1998年，公路工程监理行业实行社会化，由业主通过招投标形式，委托监理公司承担。2003—2008年，农村路网建设全面展开，社会监理公司无法满足农村公路监理需求，18个乡镇成立专门农村公路建设监理小组，通过培训取得监理资质，负责本乡镇公路工程施工监理，县交通局给予技术指导。

二、公路维护监理

1993年，县路政所负责全县专业养护的路产、路权维护管理。1997年，与县公安交警、土地局等部门联合开展公路两侧违章建筑和路障清理，拆除违章建筑26座、928.8平方米，清理占道打场晒粮428处、1.07万平方米和堆物360处、2.15万平方米，拆除违章搭盖64处、4740平方米。2001年8月，公路、交通、公安交警、工商等部门在当地政府配合下，联合开展公路“占道为市”专项整治，对重点公路沿线汤泉、太华、文江、龙门、铭溪等5个集市贸易市场“占道为市”进行治理，强制拆除违章搭盖47处，取缔乱摆摊点236个、505平方米，清理占道堆放600平方米。2004年6月，根据全国、省市统一部署开展反超限超载治理，县政府牵头，由交通、公路、交警等15个部门联合开展货运机动车超载治理统一行动。按照“统一口径、统一标准、统一行动”要求，派员进驻石牌反超限运输检测站，实行24小时检查，在省道306、307线流动检测点巡查布控。共检查超限运输车辆620辆次，强行卸载116辆次，自行卸载210辆次，卸载超限货物1450吨，办理超限行政处罚案件107起，罚款7.97万元，征收公路补偿费32.32万元。2008年6月，县政府办下发《关于印发县交通局等十二个部门大田县车辆超载长效治理实施方案的通知》，交通、公安部门在重点时段、重点路段开展55吨以上超限运输行为整治。共查处超限车辆1725辆次，卸载超限货物8529吨，处理超限运输案件74起，征收公路补偿费212.83万元，罚款8.9万元。超限运输车辆控制在5%以内。

第四节　公路养护

一、专业养护

1993年1月，公路管理体制下放后，三明市公路局大田分局有专业养护班站24个、246人。负责省道306线（原为212线）、307线境内135.73公里，县道128.45公里、兼管乡道17.11公里公路养护。同年8月，推行养护大班站建设，先后撤并罗丰、龙坪、湖坪等12个道班。1998年8月，道班实行计量工资管理。2000年5—12月，修复省道306线境内破损面积超过60%路段共21.86公里、面积39.62万平方米，投资4945.5万元。2002年4月，对省道307线上京至岭头28.5公里柏油路整修，投资216.8万元。2005年8月，对省道306线林半坑、梅林、汤泉、建设、铭溪等路段20公里加铺混凝土路面，投资2300万元。2008年，专业养护省、县、乡公路309.84公里，其中省道2条、136.56公里，县道桃源至青水、华兴至武陵、文江至均溪东坑、奇韬至广平、大田至管前、大洛（石马岬）至东景共6条、161.33公里，乡道上京至永安煤业上京分公司、桃源至广汤共2条、11.95公里。有8个班站，员工139人；配备农用车18辆、割草机10台、挖掘机1台。

二、乡村道路养护

1993年，县管乡村道路由县交通建设管理站管养，设立道班，人员由当地有公路养护经验村民组成，每人承担2公里—5公里日常养护，中修以上聘请专业工程队承修。乡、村道路由乡、村两级按行政区域管辖管养，养护资金由省市补助、县财补贴、乡村自筹解决，乡镇政府管理，按季度划拨。2005年8月，县交通局制定《大田县农村公路养护管理办法》。2008年6月，对县管的县、乡村道路161条、1101.1公里全面实行三级管理。其中，县道8条、92.92公里，乡道6条、80.78公里，村道147条、927.4公里。配养护工11人、拖拉机1台、割草机7台。

三、企业专用公路养护

1993年，前峰硫铁矿、上京、广平煤矿等企业，自行养护本企业道路。林业部门设林业公路养路段，负责全县39条、252.41公里林业公路养护。2006年11月，林业公路16条、103公里移交县交通局统一管理。2008年，矿区公路仍由企业养护。

第五节 规费征收

一、公路养路费

1993年，客车按行驶证核定每吨位每月征收160元，货车每吨每月征收140元。1994年6月，按省交通厅43号文，客车每吨每月调整为200元，货车每吨每月调整为180元，其他机动车及拖拉机养路费也作不同程度调整。汽车养路费由稽征所征收，全额上缴省稽征局，按80%下拨给县财政用于公路建设养路。农用车、拖拉机养路费由运输管理所征收，农用车57.3%、拖拉机30%上缴市交通局财政专户，其余用于乡村公路养护资金。2008年，养路费征收标准未再调整。

二、公路运输管理费

1993年，由运管所按公路运输营业额1%征收。1997年起，公路运管费调整按营业额8‰计征。对营业额难以计算的车辆，按吨计征，豪华客车每月20元/座、普通客车18元/座、货车30元/吨、农用车50元/吨，30%上缴市交通局。2008年，运输管理费征收标准未再调整。

三、公路车辆通行费

1993年始，由县石牌征收站征收，设城关、石牌、老厝收费点，实行单向收费。通行费用于省道306线“先行工程”建设还贷。通行费按1992年《福建省政府关于贷款修建公路、桥梁、隧道收取车辆通行管理规定》征收。起征点为1吨，不足1吨按1吨计征，每辆次每吨征收标准按2元计征；客车比照同类型货车核定的吨位计征，无同类型可比，按核定座位每10座折合1吨计征；拖拉机按发动机每20匹马力折合1吨计征；三轮摩托车、手扶拖拉机按1吨计征；二轮摩托车每辆次征收1元。1997年3月，省政府办公厅关于调整两纵三横车辆通行费三明市属征收站收费标准的批复，4月1日起，执行调整后征收标准，二轮摩托车每辆次2元，1.5吨客车12座以下每次6元；1.5吨至3吨客车24座以下每辆次15元；3吨至7吨客车24座位以上每辆次25元；7吨至15吨每辆次40元；15吨以上及各种集装箱车每辆次55元。1998年11月，石门格隧道车辆通行费征收站单向收费。1999年1月起，车辆通行费20%上缴市财政作为高速公路建设资本金。2005年8月，调整为45%上缴。2006年1月，石门格隧道大田收费站与永春收费站合并后实行双向收费，两县对半分成。2006年2月，石牌、老厝收费点分别迁移至厝坑、石坑。1997—2008年，征收标准不变。

石牌县道收费站（2008年摄）

四、车辆购置附加费

1993年，车辆购置附加费征收办公室（隶属交通部）负责摩托车、农用车、拖拉机等购置附加费征收管理。1994年1月1日起，由车辆落籍地交通征管部门直接向义务缴费人征收，费率按车辆实际销售价，由原国产车10%、进口车15%，统一改为10%计征。2000年，车辆购置费改称车辆购置附加税，交通部门代征。2004年1月，移交税务部门征收。

五、专项建设基金

1993年1月1日起，交通建设基金费率由客车原来0.01元/人·公里，调整为0.03元/人·公里，为方便缴费，简化手续，折算按60元/月·座征收。2000年4月，统一规范为公路客运附加费，由稽征所征收，全额上缴省财政。

六、山区还贷基金

1993年1月起，根据省政府《关于实施“先行工程”加快公路干线建设的决定》，县公路稽征所对各种机动车征收公路建设还贷基金，营业性载货汽车按40元/月吨、非营业性客货汽车20元/月吨征收。“收支两条线、比例分成、先收后分”，80%返回地市，20%由省集中作为先行工程公路项目定额补助。2000年4月，山区还贷基金统一规范为公路客（货）运附加费，征收标准不变，由稽征所和运管所征收。

1993—2008年大田县交通规费征收情况表

表5-9　　　　单位：万元

年份	运管费	养路费	山区还贷基金	建设基金	车辆通行费	车辆购置附加费	公路客（货）运附加费	合计
1993	99.47	622.92	157.90	74.04	370.31	17.60	0	1342.24
1994	119.64	695.11	162.58	115.24	375.81	73.18	0	1541.56
1995	109.89	757.48	144.97	136.92	392.30	50.66	0	1592.22
1996	157.39	801.97	152.09	142.27	517.76	86.68	0	1858.16
1997	175.82	802.67	155.73	144.38	1004.43	78.40	0	2361.43
1998	177.44	633.10	151.40	148.49	1537.37	69.43	0	2717.23
1999	158.28	780.49	144.82	173.03	2614.24	109.52	0	3980.38
2000	164.86	820.31	0	0	2435.58	130.38	335.20	3886.33
2001	184.16	891.55	0	0	2269.60	0	921.57	4266.88
2002	217.80	870.74	0	0	2395.52	0	366.77	3850.83
2003	291.30	1116.85	0	0	2334.01	0	338.13	4080.29
2004	332.66	1375.73	0	0	2337.52	0	382.62	4428.53
2005	404.47	1791.91	0	0	2249.20	0	468.81	4914.39
2006	438.03	2109.81	0	0	2242.50	0	487.90	5278.24
2007	485.96	2090.55	0	0	2270.46	0	526.51	5373.48
2008	458.90	2144.29	0	0	2225.75	0	513.25	5342.19
合　计	3976.07	18305.48	1069.49	934.37	27572.36	615.85	4340.76	56814.38

第六节 交通安全管理

一、公路营运安全管理

1993年始，县政府每年成立春运安全工作领导小组，组织易燃、易爆、易腐蚀“三品”查堵和客车日趟检工作，加强站场源头管理，运行途中监控和打击非法客运，维护运输秩序。1999年7月，客车发车前，对车辆转向、制动、传动、车轮、电气、车架、悬架、减振器是否齐全有效、有无漏油等安全部件实行日趟检验。同年12月起，县运管与交警部门联合在石牌设立春运服务站，对过境车辆安全定点检查和流动巡查，确保违章车辆不过境、不出境。2000年1月1日起，对全县从事营业性客运车辆实行日趟检管理。规定单趟营运里程未超过500公里或日检未超过24小时的实行一日一检验；单趟营运里程超过500公里或日检超过24小时的实行一趟一检验。对日趟检合格的车辆，经检验员在省公路客运统一行车路单“备注栏”处签名并加盖“日趟检合格章”，客运站行车调度部门凭单调派排班。规定客运经营者、驾驶员必须与明运大田汽车站安全检验办公室签订单车“日趟检责任书”，方可从事营业性客运。2001年，启用车辆进站证。2002年，县交通局成立交通安全管理办公室，负责交通运输行业安全检查、监督、考核、评比，参与新（扩、改）建交通工程，涉及安全条件设计审查和竣工验收工作；组织协调日常交通安全和重大安全活动；对交通行业安全生产具体指导、督查。同年8月，严把运输经营者市场准入、营运车辆技术状况、营运驾驶员从业资格关和汽车客运站安全监督，实行“三把关一监督”管理。2003年，县政府发出《关于取缔无牌证柴三机上路营运的通告》，县安监、公安、交警、交通、农机等职能部门开展无牌无证柴油机三轮车（简称柴三机）非法营运专项整治。2008年5月，对部分客车、危险品运输货车、大吨位货车安装GPS（卫星定位安全服务系统），实行车辆运行全程监控。

二、水上交通安全管理

1993年，县交通局港航管理员负责管理水上交通安全工作。2000年，县政府制定《整治水上交通安全工作实施方案》，签订水上交通安全县、乡镇、村“三级责任书”，广泛开展水上交通安全整治宣传；对农用船舶和船员摸底、登记，在主要码头设立安全告示牌；对均溪、文江溪、六角宫水库水域进行全面整治，对无船名船号、无船舶证书、无船籍港的“三无”船舶和无证船员发出通知书，严禁船舶离港、船员驾船。年内，重新登记船舶29艘、船员30人；开展水上安全检查6次，检查船舶52艘，查获违章船舶6艘，强制拆除7艘“三无”船舶螺旋桨，处罚违章载客船舶1艘。2003年4月，由地方海事处负责内河通航水域实施水上交通安全监督管理，船舶登记、签证颁发相关证书，审查、监督船员定额、最低船员配置，发布航行、禁航通告，调查水上交通事故、检查和处理船舶安全事件。2005年7—9月，开展低质量船舶专项治理活动，检查船舶、排筏259艘次，强制拆除船舶动机1台，解体竹木排筏32艘。2008年6月，交通、公安、渔政等部门30名执法人员，对街面水库湖美库区内河航道进行整治。共出动车辆25辆、船舶30艘次，收缴航道拉网布网100张。

三、公路施工安全管理

1993年“先行工程”全面展开后，按照“谁设计、谁负责；谁施工、谁负责；谁用工、谁负责”的原则，县交通局、公路局对各项交通工程建设和养护项目施工安全进行适时监督。2007年3月，县交通局成立交通建设工程安全生产监督办公室（简称安监办），履行交通建设工程安全生产监督职责。2008年，安监办职责不变。

卷六 邮政 电信

第一章 邮政

1993 年，全县邮路 77 条、长 1433 公里。当年起，邮政业务从传统的邮件运递、报刊发行，逐步向商函通信、特快专递、商函广告、邮政礼仪、邮政储汇、邮政邮购、集邮等新领域拓展；通讯技术从手工操作向现代技术转化；邮政设施不断更新完善。1996 年，邮政营业全面实现电子化。1997 年，多媒体邮电信息查询系统开通。1998 年邮政、电信分营，成立邮政局。当年，始办国际及港澳台特快业务。2000 年，步班、自行车邮路被摩托车、汽车邮路代替。2002 年，邮政投递提速，开通电子汇兑业务。

2008 年，全县城乡邮路 75 条、长 1733.3 公里。城区、乡镇《福建日报》次日见报率、村通邮率均达 100%；邮政储蓄全国通存通取，储蓄汇兑“两网互通”，业务量收系统启用；财务结算市、县电算一体化，营业网点、报刊订销要数、特快专递查询、安全生产与服务监控、办公管理等实现网络电子化。全年，邮政业务总量 1755.6 万元、业务收入 1854.11 万元，分别是 1993 年的 23.44 倍、16.56 倍。

第一节 邮政设备

一、营业设备

1993 年，有铁皮柜 19 个、中型磅秤 2 台、自动点票机 1 台、计算机 4 台、电子打字机 1 台、打印机 1 台。邮件捆扎、挂号单、邮储、报刊、册报、财务、职工信息等实现微机化。1994 年，购置中英文打字机 1 台。1997 年 6 月，增设触摸式多媒体邮电信息查询系统设备 1 套。2008 年底，大田邮政有打印机 65 台、计算机 64 台、前台服务终端 36 台、扫描仪 2 部、一体复印机 1 台、发电机 8 台、UPS（不间断电源）电源 2 套、捆钞机 1 台、电子秤 9 台、传真机 12 台、数字监控系统 11 台、邮资机 3 台。

二、邮运设备

1993 年，全县有信筒、信箱 143 个，邮政自行车 26 辆、摩托车 1 辆。1998 年 10 月，投资 40 万元，在城区安装不锈钢体信报箱 3600 个。2005 年 5 月，投资 40 万元，添置报刊亭 10 个。2008 年底，有邮运摩托车 2 辆、揽投车 4 辆，信报箱（群）2830 个。

三、营业场所

1993 年，县邮电局在凤山西路 44 号。1995 年 8 月，投资 320 万元，在宝山路 111 号兴建框架结构邮政枢纽大楼，高 8 层，占地 1271.35 平方米，建筑面积 4237.9 平方米。1997 年 10 月，大楼投入使用。

同年12月，位于南山路910、911号邮电局音像租赁、报刊、图书批销中心开业，营业厅面积55平方米。1998年8月，下桥邮电支局、建山邮储网点开业；12月，石牌邮电综合楼竣工，高6层，占地238平方米，建筑面积1480平方米，投资100万元。1999年10月，文江邮电支局综合楼竣工，高4层，占地290平方米，建筑面积1020平方米，投资120万元。2000—2008年，对桃源、建设、广平支局、凤山、镇东、建山等营业网点进行装修改造，统一CI（品牌）标式。

邮政枢纽大楼（2000年摄）

第二节　运递

一、邮路

（一）步班、自行车邮路

1993年，全县邮路77条、长1433公里，其中，城区投递邮路6条、36公里，农村步班邮路39条、719公里，自行车邮路32条、678公里。1996年，全县步班邮路减少5条、36公里，自行车邮路新增8条，邮路延长416.5公里，共79条、1813.5公里。1998—2000年，邮路优化组合，步班、自行车邮路逐步被摩托车、汽车邮路代替。2008年底，全县农村邮路减至66条、1620公里。

（二）机动车邮路

1993年，县城至湖美、梅山、屏山、济阳、奇韬5条委办汽车邮路、长210公里。三明至大田自办汽车邮路，沿途经永安、西洋、岭头、桃源、上京、小湖、石牌、太华、汤泉、建设、铭溪、广平与各支局所交接邮件。1997年始，省局调整自办汽车邮路，全县自办汽车邮路205公里。2003年起，自发性摩托车邮路按行程每公里补贴0.3元。2005年，市邮政局增加一趟三明至大田委办汽车邮路，《三明日报》可当日送达订户。2007年3月，为加快特快邮件传递速度，增开三明至大田自办汽车邮路，沿途经中村、铭溪、广平、建设、汤泉、太华、小湖、石牌与各支局所交接邮件。自办汽车邮路总长450公里。2008年，新增石牌至武陵委办汽车邮路21公里，全县委办汽车邮路7条、231公里。

二、投递路线

（一）城区投递

1993年，大田城区设6个投递段，路线36公里，投递员7人。随着城区面积扩大及住宅小区兴建，1999年，对原有段道进行调整和延伸，城投路段增至8段、88.21公里。1段：凤山西路30—42号（双）、银山北路、白岩山北路1—10号、天山路；2段：凤山西路235—1号（单）、凤山西路44—70号（双）、白岩山北路11—17号、白岩山南路、玉山路44—224号（双）、玉山路1—111号（单）；3段：建山路1—81号（单）、前山路62—66（双）、银山南路2—12（双）、富山新村（1路1巷—5巷、2路1巷—9巷、3路1—25巷）；4段：宝山路156—2号（双）、建山路60—2号（双）、前山路56—2号（双）、前山路35—1号（单）、银山南路16—84号（双）、银山南路7—85号（单）、雪山南路2—46号（双）、南山路190—2号（双）；5段：凤山中路214—72号（双）、雪山北路45—143号（单）、雪山北路48—210号（双）、桥山路1—58号、香山路、湖山路；6段：建山路93—273号（单）、玉山路2—12—22号、集美路、福田大道；7段：雪山南路1—11号（单）、凤山东路、象山路；8段：宝山路1—73号（单）、建山路68—210（双）、栋山路、河滨东路。

2007年，城区投递增加1段、25.09公里：宝山路79—141号（单）、南山路1—235号（单）、南山路210号、赤岩山路。2008年，城区9个投递段，路线长113.3公里，投递员11人。

（二）农村投递

1993年，主要是步班、自行车班投递，路线71条、长1397公里，投递员22人。2000年，邮政局对农村邮路进行撤并，边远乡村邮路与相关村委会签订《委办代投协议》，将67条本段投递邮路和乡村邮路调整为52条，委办代投点由6个增至9个。2008年，全县农村全部实现混凝土道路，交通便利，对原有邮路优化组合成47条、长1425公里，21个村改为村级委代投，路线19条、长195公里，委代投递员18人。

2008年大田县邮政农村投递路线表

表6–1 单位：公里

邮路名称	单程	邮路名称	单程	邮路名称	单程
石牌—长溪	14	建设—大同	34	屏山—蒋山	37
石牌—仕洋	31	建设—元山	30	吴山—东埔	30
桃源—广汤、桥山	45	铭溪—大吉	32	吴山—张坑	35
桃源—广汤、杨坑	45	广平—苏桥	31	济阳—大崁	35
桃源—东风农场、上举	25	奇韬—洋地	28	小湖—龙坑	20
桃源—东风农场、西安	30	奇韬—桃舟	25	大田—昆山	31
上京—丰田	27	文江—龙门	50	济阳—芳林	18
上京—黄城	26	文江—琼口	34	谢洋—三角尾、石牌	43
上京—梅林	42	前坪—黄龙	24	谢洋—和春、石牌	47
上京—三阳、矿务局	33	前坪—下地	16	武陵—上岩	13
上京—城口	12	梅山—金阳	37	武陵—岬坪	11
上京—赤水	45	梅山—盖竹	50	小湖—三坊	24
太华—华溪、甲魁	37	湖美—旺建	21	大田—横坑	41
太华—张地	41	湖美—林兜	29	大田—东坑	37
汤泉—德安	17	湖美—宏才	16	大田—太山崎	29
汤泉—华山	15	屏山—芹阳	32	小计	1425

说明：单程含该邮路的各村、自然村、厂矿等投递点路线总长

2008年大田县邮政村级委代投递路线表

表6–2 单位：公里

邮路名称	单程	邮路名称	单程
桃源—东坂	10.00	屏山—内山	11.50
太华—大合、菖坑、坑头	14.00	屏山—溪头	10.00
太华—高星	15.00	谢洋—仕福	6.50

续表6-2

邮路名称	单程	邮路名称	单程
建设—香浮	11.50	谢洋—碧山	13.00
广平—甲头	9.50	谢洋—蕉坂	13.50
梅山龙口—香坪	7.50	谢洋—上珍	8.50
梅山龙口—黎坑	7.50	石牌—京程	7.00
梅山—璞溪	7.50	石牌—石坑	5.00
梅山—桌坑里	12.50	石牌—盖山	10.00
湖美—后坑	15.00	合计	195.00

第三节　业务

一、分拣封发

1993年，取消邮政委办车直接到局收取邮件，出口邮件由三明邮局经转。1997年，设有平信直封和经转分拣格眼21口，挂号眼20口，零售报刊格眼29口，其中农村支局19口。1998年7月，国家邮政总局通知停办邮政快件，其业务向挂号和特快专递分流。当年，开办特快专递1.52万件，按处理规则单独封袋登列路单发运。2007—2008年，除三明区内邮件外，其他出口邮件改发南平邮区中心局经转。邮件分拣封发配有信函自动过戳机、自动捆扎机等，从手工操作改用微机，实现营业网点与网运互连互通。

二、邮件寄递

（一）函件

内地普通函件　1993年，县邮电局开办商业信函业务，配有处理作业线设备，存储全国企事业单位名址，供用户选用；全年出口函件148.5万件、进口192.77万件。1996年，因电话普及，信函业务下降，出口107.83万件、进口145.31万件。1997年，邮政办理业务有内地信函、明信片、印刷品、邮简、盲人读物、挂号邮件、特种挂号信函、有声信函、内地及国际航空信函、保价信函、商业信函邮政快件、特快专递等。1998年，邮政、电信分营，邮政函件业务萎缩，业务逐年减少。2008年，出口函件36.2万件、进口65.79万件。

国际及港澳台函件　1993年，国际、港澳台信函增多，出口计费平常函件3.26万件、进口1.25万件。1995年，出口4.63万件、进口3.06万件。1996—2007年，函件量逐年减少。2008年，出口函件748件、进口180件。

（二）包件

内地包件　1993年，收寄包裹4600件。1996年7月，取消泡松物品资费办法，按新增商品包裹业务种类收寄。1999年，取消商品包裹业务，开办"家乡亲情"包裹业务。2000年7月，开办直递包裹业务，包裹主要为农副产品、竹木制品等。2001年8月，开办内地快递包裹业务，按新的《国内包裹资费表》规定收取资费。2003年，茶叶包裹猛增，年收寄量1万余件。交通便利，货运物流兴起，内地包件邮寄逐年减少。2008年，邮政包裹总数5300件，业务收入占邮政总收入的1.26%。

国际及港澳台包件　1993年，国际及港澳台出口计费包件507件、进口475件。随着国内外市场商品丰富，投寄包件减少，2003 年，出口计费包件 105 件，进口包件 87 件。2008 年，以小包为主，按包件计费。计费出口包件 15 件、进口 21 件。

邮政快件 1993 年 5 月，恢复内地邮政快件业务，凡符合邮件投寄规定的怀表、金银饰品、国外铸币、珠宝玉器等，价值在 1000 元以上均需作保价快件交寄。快件投递在有效邮班次 2 小时前收寄的，必须赶发运；进口快件在有效班次 2 小时前到局的，必须赶班投递。当年，出口快件 2.72 万件、进口 3.15 万件，1997 年 6 月底，进口快件 2.15 万件、出口 1.37 万件。1998 年 7 月，邮政快件业务停办。

（三）特快专递

内地特快专递 1993 年，开办内地特快专递。1997 年，省内互寄特快邮件当日收寄，次日投递。县内各地《福建日报》《三明日报》当日见报率 50% 以上，农村信、报妥投到户率和村民小组通邮率分别达 90%、95%。

2002 年始，邮政投递提速，城区、乡镇《福建日报》次日见报率、农村信报妥投率和村民小组通邮率均达 100%。当年，收寄特快业务 1.18 万件。2003 年，成立速递公司，专营特快专递邮件业务，并开办“高校录取通知书”专项特快投递业务。同时，开办同城特快，异地特快业务，全年收寄特快 1.76 万件。2004 年，同城特快专递上午收寄，下午投送；下午收寄，次日上午投送；省内各地当日收寄，次日发送；内地一般 2—4 日投送（含交寄日）。经营范围有身份证、驾驶证、法律文书、处罚通知书等“单证照”类专递。当年，收寄特快 2.28 万件。2008 年，收寄特快专递 5.23 万件。

国际及港澳台特快专递 1998 年，始办国际及港澳台特快业务，收寄 2 件。2008 年，增至 83 件。

礼仪速递 1996 年，开办宝山路礼仪门市部，接受客户委托，按照客户要求，将客户选定的礼品用邮政专车，工作人员上门到户专递形式交给受礼人，专递礼品有鲜花、蛋糕、请柬、录取通知书及各类礼品、礼金等。当年，受理礼仪速递业务 1360 宗，营业额 6.8 万元。2004 年，礼仪速递业务实行承包经营，隶属速递公司管理。2008 年，营业额 8 万元。

（四）信函广告

1993 年，商业信函广告（简称商函广告）为大田邮政新兴业务，制作 5000 件。1999 年，制作县矿山机械厂商函广告、武陵雪山萝卜、广平毫茶、奇韬阉鸡、上京水粉等邮资明信片，商函广告收入 51 万元，占邮递类 51%。2000 年，创办《大田邮政专送广告》。2001 年，开印彩色《中邮专送广告》。2002 年，制作中国人民银行大田县支行《让青春在奋进中闪光》画册。2003 年，制作“大田电信局”“大田信用合作联社”个性化邮票。同年成立函件局，业务范围扩大到机制条幅、中邮广告、夹报投递、邮资信封、邮政贺卡、明信片、企业画册、请柬、纪念册等。2005 年，引进条幅广告制作设备，自办条幅广告业务；与县总工会联手推出 4 万枚“心连心”明信片；揽收三明风貌（大田版）邮资封制作并发行。2006 年，策划制作县检察院、建设法庭、信用联社、移动大田分公司画册。2008 年，制作《大田高山茶画册》3000 册。全年信函广告 26.61 万件，占函件总量 65%。商函广告收入 39.41 万元。

三、汇兑

1993 年，汇兑业务有普通汇票和电报汇款两类。当年，出口汇票 9.87 万张。1996 年 10 月，国内汇款金额每笔最高限额为 1 万元，超过 5 万元可分笔办理。后因银行、邮储可办理异地存取业务，汇兑业务下滑。2001 年，出口汇票 2.18 万张。

2002 年 1 月，开通电子汇兑业务，结束信汇汇兑，缩短汇兑时限。10 月起，汇兑每笔限额提高到 5 万元。2003 年 5 月，开办 2 小时汇兑业务。2008 年，出口汇票 5.06 万张、电子汇兑 2.81 万笔，汇票业务收入 41.18 万元。

四、报刊发行

1993 年，县邮政局采取单位征订、私人订阅和报刊零售等形式，侧重做好党报党刊发行。当年起，邮政网点开办零售报刊业务，城区设 8 个报刊亭，发行量逐年增长。2000 年，报纸期发数最高，达 2.95

万份。2001年，报纸扩版提价，不少单位压缩订阅报刊费用，发行量有所下降。2002年11月，对自办发行式“邮发＋自办”双渠道发行报刊，采取“邮发、代投”办法，拓展报刊发行市场。《三明日报》收回自办发行后，期发数大幅下降，由上年2.62万份降至1.87万份。2003年，杂志期发数最高，达1.3万份。2008年，报纸期发数1.99万份、杂志1.22万份。

五、集邮

（一）集邮组织

1993年，全县集邮协会（简称“邮协”）4个，会员361人。同年8月，县青少年集邮工作委员会成立。1996年3月，成立县邮票公司，集邮管理形成系统性、衔接性的有机整体。当年，协会增至11个，会员1276人。1997年，发展上京矿务局和一中、五中、六中、职中、城小、实小等7个集邮分会。1999年12月，夕阳红、火电厂集邮协会分会成立，全县有协会15个，会员1500人。后因社会投资渠道多元化，邮市下滑，集邮爱好者减少。2008年，全县集邮协会8个、会员221人。

（二）集邮活动

1993—1996年，县邮协牵头举办“纪念毛泽东同志诞辰100周年—八县市集邮文化活动”“大田县首届青少年集邮联展”“纪念红军长征60周年—六县集邮联展”。“环保杯”《爱我中华》中小学生集邮征文比赛，职中学生陈秀宝《元帅骑马传奇》获邮电部、教育部、团中央征文二等奖。1999年12月，开展“迎澳归庆千禧”系列集邮活动，举办集邮讲座3场，学生征文活动7次，发征询卡1500张。世纪交替之时，集邮公司通宵为广大邮迷加盖跨世纪邮戳1.3万张。2002年10月，“迎接党十六大召开——‘百人百框’集邮展览”在县文化馆四楼展出。2007年，县邮协组织参加市举办的“集邮伴我成长，老少同乐一柜集邮展览”“绿色奥运和谐家园”青少年邮票、明信片设计大赛和中小学集邮教学课例评选活动。2008年，联合泉州奥运特许经销商，在县影剧院展销以金银为主的奥运珍藏品，销售金额19.2万元。

（三）集邮业务

1993年7月，在凤山邮政营业厅开办集邮门市部，经营邮票及邮品，集邮业务收入6.42万元。1998年，集邮收入284.6万元，居全省首位。1999年5月，集邮公司首次经营人民币珍藏册、金银币、纪念册等业务。2008年，增加个性化邮票、单位形象年画册制作，业务收入150.56万元。

六、邮购业务

2000年3月，县邮政局在邮政一楼大厅开办邮政超市；广平、建设、上京、桃源、文江邮政超市相继开业。邮购业务由贸易型逐渐向服务型转变。2002年，开办种子邮购业务，邮购种子7693公斤。2003年，开办利果美浓缩液肥邮购业务。在激烈的市场竞争中，加上管理机制制约，当年，邮政超市全部停业。2006年，利用点多面广网络优势服务“三农”工作，与县种子公司合作开办“邮政配送种子”业务。2008年，开办农资分销业务，配送种子3500公斤、化肥30吨、农药价值32万元。

1993—2008年邮政业务收入情况表

表6-3　　单位：万元

年份	业务总量	收入合计	其中								
			特快	集邮	储蓄	函件	包件	汇票	报刊	机要	其它
1993	74.90	111.94	0	0	3.90	0	0	0	0	0	108.04
1994	103.40	198.60	0	0	62.10	0	0	0	0	0	136.50
1995	197.70	273.50	0	0	110.30	0	0	0	0	0	163.20
1996	283.80	396.30	0	0	191.70	0	0	0	0	0	204.60

续表6-3

年份	业务总量	收入合计	其中								
			特快	集邮	储蓄	函件	包件	汇票	报刊	机要	其它
1997	310.20	599.60	27.20	138.90	259.30	0	0	0	0	0	174.20
1998	429.10	684.60	38.70	284.60	201.00	0	0	0	0	0	160.30
1999	475.64	956.00	50.00	267.00	390.00	0	0	0	0	0	249.00
2000	611.50	1135.90	66.06	283.80	344.36	156.27	35.23	11.93	78.45	0.31	159.49
2001	1086.90	1279.00	89.54	272.00	395.95	130.10	57.89	11.18	76.94	0.31	245.09
2002	1067.30	1260.68	100.21	143.11	463.80	82.11	43.28	10.01	74.14	0.31	343.71
2003	1172.10	1100.31	38.35	33.80	522.94	66.61	19.91	10.44	70.80	0.25	337.21
2004	1073.80	1042.56	44.21	41.42	622.61	69.74	21.02	13.93	73.18	0.09	156.36
2005	1114.70	1036.02	57.66	44.37	673.85	63.32	21.29	21.19	68.93	0.18	85.23
2006	1355.20	1216.22	75.98	69.29	809.23	67.66	16.55	26.83	69.29	0.19	81.20
2007	1497.20	1416.05	98.66	89.54	919.04	96.77	18.99	39.32	78.87	0.33	74.53
2008	1755.60	1854.11	123.22	150.56	1145.64	124.64	19.45	41.18	93.33	0.19	155.90
合计	12609.04	14561.39	809.79	1818.39	7115.72	857.22	253.61	186.01	683.93	2.16	2834.56

第二章　电信

1993年，大田电话由模拟、机电技术为主，向数字、程控技术为主的现代装备网发展。当年，开通移动通信。1994年，电报业务全国联网，数据通信开通，电话号码升至7位；取消“118”农话台，实现电话程控化。1997年，IC公用电话在城区启用。1998年，开通“一线通”数据传输业务。1999年，成立中国移动通信大田分公司（简称移动分公司）。2001年，“小灵通”无绳电话开通，模拟网退网。2002年，开通CDMA网络。2003年，开通宝视通可视电话。2004年，农市话统称本地网，当年中国联通营业厅升格为中国联通大田分公司（简称联通分公司）。至此，电信行业逐步从独家经营向电信、移动、联通多家经营市场化。2005年，18个乡镇实现光缆传输，开通“号码、万事通”业务。2006年，移动信号全县“村村通”。2008年，全县通话村252个，通话面95.82%；交换机容量10万门，拥有固定电话6.29万部，是1993年的14.69倍，平均百人17.13部。拥有移动电话15.82万户，数据通信用户2.41万户。电信大田分公司（下称电信分公司）收购中国联通C网，更名为天翼（CDMA），开启全新移动通信时代；乡镇光纤覆盖率100%、入村率80%；固定电话用户6.21万户，业务总量3796.1万元。移动分公司主要经营移动语音、数字、IP电话和多媒体业务，拥有“全球通”“神州行”“动感地带”三大业务品牌，建成覆盖范围广、业务品种多、通信质量高的综合通信网络。手机用户14万户，业务总收入9500万元。联通分公司手机用户1.53万户，固定电话用户803户，业务总收入1020万元。

第一节 通信设备

一、固定电话设备

（一）市内电话设备

1993 年，县邮电局有明线 628 线对公里（所有电缆蕊对数 × 总皮长），电缆 132.8 皮长公里（光缆的长度计量方式），光缆 105.6 皮长公里；程控电话扩容 8000 门，市话总容量 1.1 万门。1994 年，大仙峰移动通信基站建立，数据通信开通，城区数字程控化；石牌、建设、桃源开通数字程控电话，实现光缆传输。全县电话总容量 1.27 万门。1995 年，城镇电话配线电缆 13.6 皮长公里，改线 3585 对，配分线箱、盒 180 个，新建楼房管线到户率 100%；18 个乡镇电话全部实现程控自动化。1996 年，开通大田到尤溪光缆线路。程控交换机容量达 2.67 万门，实占 1.21 万门；出局用户线 2.68 万对，实占 1.16 万对。1998 年，对 SI240 程控交换机扩容改型为升版本，集监视、操作、显示功能为一体。2001 年，扩容 ONUI02 线，新增 ONL 点 9 个、JRSU 点 1 个、光环点 2 个。2008 年，全县电缆 254.5 皮长公里，有光缆 1190 皮长公里，程控交换点 23 处、村话点 77 个；母局、上京、太华、建设、广平、文江、梅山、六中、建山、赤岩等接入点的中兴 3906 交换机改造；交换机容量 10 万门。

（二）农村电话设备

1993 年，开通乡镇程控电话，结束人工交换的历史；程控交换点 12 处，通信村 32 个，电缆 206 皮长公里、光缆 123 皮长公里。新装石牌小型局程控交换机 512 门、建设 680 门、桃源 213 门。1994 年，开通广平小型局程控电话 2000 门和建设、桃源、奇韬、梅山、武陵、吴山、屏山等乡镇程控电话，装机 856 部。1995 年，上京模块 188 门程控电话扩容。1996 年，农话程控交换点 16 处，新架设电缆 103 皮长公里、光缆 113 皮长公里。当年，投入村话建设资金 1300 多万元，新装光环路设备 13 套、ES2000B 模块机 1 套。1997 年 6 月，上京邮电支局扩容 1000 部程控交换机接割，总容量 2048 门。1999 年，增设太华、梅山、奇韬 3 个 1000 门和桃源、建设 2 个 2000 门的 JRSU 模块局。2003 年，程控交换点 18 处，通话村达 252 个。2004 年起，农市话设施统称为本地网设施。2008 年，农村电话设施不变。

程控机房（1998 年摄）

1993—2008 年大田县市话交换机总容量情况表

表 6-4　　单位：万门

年份	交换机		年份	交换机	
	总容量	实占		总容量	实占
1993	1.10	0.84	2001	5.20	3.72
1994	1.27	0.98	2002	6.00	4.00
1995	2.05	1.02	2003	10.00	5.98
1996	2.67	1.21	2004	10.00	6.34
1997	2.82	1.51	2005	10.00	6.99
1998	3.02	1.81	2006	10.00	7.20
1999	3.50	2.20	2007	10.00	7.80
2000	4.35	3.22	2008	10.00	8.50

二、移动通信设备

（一）移动电话基站

1993年12月，县邮电局建成凤凰山移动通信基站，开通模拟移动电话系统。1994—1996年，开通大仙峰、太华、建设、吴山第一代移动模拟通信基站。1997—1998年，建设第二代数字移动通信基站，有CSM基站32个，信号覆盖全县各乡镇所在地。1999年11月，国信通讯大田管理处开通第一个GSM移动通信基站。2000年，有GSM基站12个。2002年4月，联通大田营业厅新一代移动通信CDMA133网投入运营。2005年，联通分公司有CDMA基站84个，完成CDMA三期网络建设，信号覆盖全县所有乡镇和80%自然村。

红布崎移动基站（2008年摄）

2006年，移动分公司率先实现全市移动信号“村村通”。2008年，全县有移动通信基站440个，其中移动分公司242个、联通分公司92个、电信分公司106个；载频数1108个，直放站11个，移动信号覆盖全县各自然村。

（二）光缆线路

1993年，全县有光缆线路105.6皮长公里。1999年，电信、移动分营时，移动分公司没有独设光缆线路，租用电信线路。2000年，移动分公司将省道306线上的11个移动基站，划割到泉州至三明移动光缆线路上。2001年，移动分公司建成永安—大田—尤溪的光缆线路，将桃源、上京、前坪、梅山、文江基站划割到自有光缆线路上。2002年，联通大田营业厅有光缆线路10条、210皮长公里。2003年，移动分公司有光缆线路600皮长公里，架接到所有移动基站，实现传输线路自有化。2008年，传输线路全面优化，建设保护环网，提高稳定性。全县共有光缆线路3810皮长公里，其中，电信分公司1190皮长公里，移动分公司1300皮长公里，联通分公司1320皮长公里。

（三）无线寻呼设备

1993年，大田开通无线寻呼。有寻呼机基站1个，发射机1台，发射点1个，寻呼机733部。1996年，新建上京、广平模拟移动基站，增设无线寻呼发射点8个。1998年，有基站16个，发射机75台，发射点8个，信号覆盖率95%。因通信技术的不断更新，2003年3月，无线寻呼设备全部拆网。

（四）便携电话设备

2001年4月，“小灵通”便携电话（又称无绳电话）开通。2002年9月，“小灵通”ICW系统升级，基站空中信道由3个增加到7个。2008年，增装基站20个、UPS30个，调整基站56个，新增石牌上坡工业园、华兴仙峰村小灵通信号覆盖。年底，有基站560个、UPS412个，信道数3420个，天翼基站94个。

三、数据通信设备

1993年，全县光纤数字终端多用设备容量3698路，数字数据用户端口16个，分组交换网用户端口32个。1994年，开通数据业务分组交换、DD网、帧中继。1997年，光纤数字终端多用设备容量增至7230路，数字数据网用户端口24个，分组交换用户端口64个。2000年，电信分公司开通INTERNET国际互联网。2002年，安装SI240交换母局和模块点、中兴接入网、华为HONET。2004年，全县通信传输村点机房接入网68个，移动油机17台。同年9月，联通大田营业厅CMNET节点建成开通，开办无线上网卡业务，专线15条、租线8条。

2005年，18个乡镇实现光缆传输，数字数据端口增至238个、分组交换网端口78个。2006年，电信分公司母局增加1台REDBACK SE800，三层路由网络汇聚设备；增加华为Quidway S8512、

Quidway S8505、港湾 BigHammer6808，二层接入网络的汇聚设备；采用中兴 ZXR10 3206 作为园区集群网管命令机。改造城区主要干道、小区通信线路，布放光缆 200 皮长公里，扩容 850 芯， 150 幢楼房采用光纤拉入实现集群管理，县政府、南山路、下桥、福塘、上京等片区实现楼幢光纤化，总投资 300 万元。同年 8 月，设立中国网络通信集团公司大田营销中心，承载家庭宽带和固话业务专线 102 条。2007 年，长途网采用密集波分复用技术，安装烽火 FONST W1600 设备，建成 10G 本地环网及宽带传送网络，使宽带网络出局路由 1G 增加至 4G。广平、建设、上京、太华四个乡镇节点各增加 1 台 ZXR10 T64G 乡镇汇聚设备，为新增 36 台“村村通”中兴 ZXR10 9200 DSLAM 提供汇聚点。2008 年，宝树矿业有限公司接入 6 芯单模光缆 4.7 皮长公里，新增宽带网点 44 个。全县数字数据网用户端口 500 个，分组交换网端口 200 个；各乡镇开通中兴 ZXR10 T64G 万兆路由交换机设备 17 台，新增中兴 C220、母局机房 REDBACK SE800、Quid NetEngine80E 各 1 台，优化网络结构，逐步推进“光（缆）进铜（线）退”。

四、电报传真设备

1993 年，续用 BDD—55 型、FAX—410 传真机、DACD—220、BDD—4202 型中英文等电传打字机设备，公众电报业务电传线路 3 路。1994 年，电报业务全国联网。1996 年，石牌、建设、广平、梅山、桃源、上京、太华、吴山、屏山等 9 个邮电支局电报传输进入全国自动网。2007 年 5 月，电报传真设备淘汰。

第二节 业务

一、固定电话

（一）长途电话业务

1993 年，执行福建省邮电长途电话资费标准，内地 0.30 元 / 分钟，国际及港澳台 1.40 元 / 分钟。1995 年，开放国际电话“108”业务。2004 年，开通“17909”业务，固定电话用户拨打长途电话在区号前加拨“17909”，不用输入户名和密码即可接通。2006 年，开通“11808”长途电话煲和“201333”国际 IP 热线业务，IC 卡（无人值守）通话免收本地网接入费。2007 年 4 月起，IC 卡通话内地长途和本地通话资费均统一为 0.10 元 / 分钟。9 月起，国际及港澳台电话按 IP 资费标准收取，内地长途 0.30 元 / 分钟，港澳台 1.5 元 / 分钟、国际 2.4 元—15 元 / 分钟。同年 10 月至 2008 年 4 月，用户持 IC 卡在中国南方 21 个省、市、区 IC 卡公话终端拨打电话，享受长、市话同价 0.10 元 / 分钟；国际及港澳台资费调整为两档：拨打中国台湾、香港、澳门地区及美国、加拿大、新加坡 1 元 / 分钟，拨打其他国家和地区 8 元 / 分钟；IC 卡公话不开放海事卫星业务。2008 年 12 月，向天翼用户开放“11808”长途电话煲业务。

（二）市内电话业务

1993年，全县市话去话1303万张，电话号码升至6位。1994年12月，电话号码升至7位，开办“168”电话声讯信息服务台。1997 年 10 月，“96168”信息台开通，可发送邮电业务、报时及气象、百科知识三大类信息 4000 条。12 月，IC 公用电话在城区启用。1998 年，免费为部分中小学校园安装 200 卡电话 1400 部。1999 年 3 月，来电显示业务开通，全年市话去话 406.8 万次（通话计量单位改用次）。2002 年 3 月，推出“2018”电话充值卡业务，“189”客户热线电话开通。2003 年 4 月，推出“16800121”气象信息订制热线和信息点播、订阅、收发短消息业务。2004 年 6 月，推出高考查分热线“16893168”和中考查分热线“16888016”业务。2005 年，开通“号码百事通”业务，把传统的“114 / 118”查号服务、纸质黄页服务和声讯服务整合在一起，建立电信信息库语音搜索引擎，提供订餐、订票、订房、导航和实用信息查询等服务；开通“一号通”业务，用户可通过其他电话拨打“20131”进行设置，将来话转接到方便接听终端，实现一个号码走天下；7月，开通“固话彩铃”业务。2006年，开通主叫彩铃业务。2008年，国内长途通话总时长181.77万分钟（通话计量单位用分钟表示），本地电话通话总次数1059.61万次。

（三）农村电话业务

1993年，大田农村程控电话率先在石牌乡开通。全县电话用户4282户。1994年9月，取消“118”农话台，实现电话程控化。1997年，上京矿务局交换机并入邮电公网，新增电话用户484户，上京累计电话用户1218户，率先实现电话千户镇。1998年6月起，乡镇用户障碍申告统一拨打“112”，一般通话障碍修复时限为24小时，电缆障碍修复为72小时。1999年，新增通电话村40个，年底通话村198个，通话面75.3%。2004年起，农市话统称为本地网，不再分农话、市话用户。2008年，通话村252个，通话面95.82%，本地网用户6.29万户，其中电信分公司6.21万户、联通分公司803户。

（四）公用电话

1993年，城区设立邮电公共电话服务点302个，每点配置话机1部。1997年12月，IC公用电话在城区启用，IC卡电话118台。2008年底，全县有人值守公话312部，IC卡电话253台。

二、移动通信业务

（一）移动电话业务

1993年12月，移动通信在大田开通，全省漫游手机转为“摩托罗拉”机型，俗称“老板机”“大哥大”，型号有“8800”“9900”“9800”等3种，手机价格较高（1.8万元/部—2.1万元/部），又因常遭雷击引起全阻，全县仅有用户3户。1994年，用户发展至105户。1996年，增建基站、直放站10个，信号基本覆盖省道306、307沿线，实现模拟移动电话全国漫游；开办模拟移动电话自备机入网、互转全能业务及香港、澳门地区和新加坡漫游业务。6月，数字移动电话（俗称“全球通”）开通；建成数字移动电话、模拟移动电话、寻呼机“三位一体”的移动通信网，全县移动电话用户905户。1997年4月，成立移动通信营业班，专营移动通信业务，5月27日，成立移动分局实行专业化管理。

1999年7月，移动通信业务从电信剥离，成立移动通信大田分公司，从事移动通信网络建设、投资和设备的维修、安装、工程施工、销售、出租移动电话终端设备及零配件、售后服务等。年底，移动分公司用户8577户，其中数字用户7759户、模拟用户818户，业务收入968万元。同年11月，国信通信管理处开办移动电话（俗称手机）业务，发展移动电话2019户。2000年，移动分公司数字信号覆盖延伸至省道沿线和部分村。模拟用户逐步转为移动（数字）用户，数字用户增至1.31万户，模拟用户降至500户。年内，推出“呱呱通”话费充值、手机银行、资讯通、移动IP等业务。同年3月，联通大田营业厅130移动通信网络全市联网；12月，完成GSM网四期工程，用户增至5000户。2001年，模拟网退网。2002年，开通CDMA网络（即“码分多址”，又称“联通无限”）业务，用手机收发电子邮件，下载铃声、图片，在线游戏、卫星定位、手机银行、掌上股市。2003年起，开通宝视通可视电话、如意博客、联通在信、手机音乐等38项业务。2005年，移动分公司在城区实验小学、城关小学、均溪小学开通“爱贝通”平安卡系统。

2008年，全县移动电话用户15.82万户，其中移动分公司13.99万户、联通分公司1.53万户、电信分公司3070户，平均每10人有4.3部手机。移动分公司主要经营有134/135/136/137/138/139/157/158/159/187/188/182等网号；自有营业厅15个，实体代办点238个；业务收入9500万元，比1999年的968万元，增长8.8倍，年递增28.89%。联通分公司有移动通信GSM130/131/132/156和WCDMA186，数据通信17910/17911IP电话、193长途电话，互联网165拨号上网、165专线接入、家庭宽带，以及寻呼126/127/128/129/198/199等业务。电信分公司主要是 133 / 189 天翼网号。

（二）无线寻呼业务

1993 年，全县有无线寻呼（俗称“BB 机”）用户 733 户。1994 年，用户实行选号收费。1995 年，省内无线寻呼联网服务费 10 元 / 月，特服号由“127”改为“129”，寻呼号码由 6 位升为 7 位。1996 年，用户 1.93 万户，全县无线寻呼信号覆盖率达 95%。1999 年 11 月 20 日，无线寻呼从电信剥离。2003 年 3 月，拆网，退出市场。

（三）便携电话业务

2001 年 4 月，城区开通“小灵通”业务，当年，用户 3804 户。2002—2005 年，开通“小灵通”免打扰、无人接听转移等功能，推出实时计费系统；开通“灵通彩铃”和手机短信互发业务。2006 年 2 月，“小灵通”网络设备改造优化，“小灵通”实现全省漫游。2008 年，有“小灵通”用户 2.5 万户。

三、电报传真业务

1993 年，开办礼仪电报业务，发国内公众电报 2.56 万份，国际公众电报 15 份。1995 年起，开办天气、水情、公益、政务、新闻、普通、汇款、公电等 8 个种类。特别业务开放特急、加急、邮送、庆贺、吊唁电报。增办鲜花礼仪拜年预约电报、中秋月饼电报业务。2001 年，电报业务简化为天气、水情、公益、普通和公电（主要是电力电报）等 5 类。2002 年，取消加急电报业务。2005 年 10 月，取消鲜花、礼仪电报业务。通信现代技术的发展与普及，单位办公设备不断完善。2007 年 5 月，停办公众电报传真业务。

四、数据通信

1993 年，全县有数据用户 6 户。1997 年始，县人行、工行、建行、农行等 71 个用户利用电信公用数据网构成行业专网进行信息、数据通信。1998 年，开通“一线通”数据传输业务，制作“闽中之秀—大田网页”。2001 年 7 月，电信分公司建宽带网。年底，宽带网在县政府、县一中等区域初步形成。2003 年 3 月，18 个乡镇所在地开通 ADSL（异步传输模式）宽带网络。2004 年 9 月，联通宽带 CMNET（移动互联网）节点开通，无线上网卡业务用户 30 户。2006 年 8 月，中国网络通信集团公司大田营销中心成立，承载家庭宽带和固定电话业务。当年，公安系统利用电信宽带组成“全球眼”实时监控系统；县电信分公司推出“我的 e 家”品牌，纳入 ITV（流媒体技术）、家庭监控、家庭门户、家庭存储等，形成以家庭网关为核心的数字家庭网络，用户 2948 户。2007 年，联通分公司宽带用户 596 户、固定电话 131 户；电信分公司推出“商务领航”品牌，用户 320 户。2008 年底，全县有“我的 e 家”用户 3468 户、“商务领航”565 户；数据用户 2.41 万户；宽带 9950 户，其中电信分公司 8000 户、联通分公司 1950 户。当年，电信分公司 ITV901 户，专线 32 条，其中农村宽带新增 1865 户、ITV 新增 516 户。借助 ITV 平台，（网络电视）搭建“农村党员远程教育网”。

1993—2008 年大田县电信业务情况表

表 6-5

年份	固定电话（户）	数据通信（户）	移动电话				业务总量			
			总数（户）	电信分公司（户）	移动分公司（户）	联通分公司（户）	总量合计（万元）	电信分公司（万元）	移动分公司（万元）	联通分公司（万元）
1993	4282	6	3	0	—	—	717.00	—	—	—
1994	6887	6	105	0	—	—	1073.80	—	—	—
1995	9285	6	351	0	—	—	1374.81	—	—	—
1996	12063	33	905	0	—	—	2004.70	—	—	—

续表 6-5

年份	固定电话（户）	数据通信（户）	移动电话				业务总量			
			总数（户）	电信分公司（户）	移动分公司（户）	联通分公司（户）	总量合计（万元）	电信分公司（万元）	移动分公司（万元）	联通分公司（万元）
1997	15100	128	1764	0	—	—	2901.10	—	—	—
1998	18153	95	2956	0	—	—	3987.50	—	—	—
1999	21885	454	10577	0	8577	2000	3687.80	2719.80	968	0
2000	29202	1065	16113	0	13100	3013	4334.40	2834.40	1500	0
2001	38218	2391	27153	0	23050	4103	4901.35	3087.70	1600	213.65
2002	40016	3122	37055	0	30009	7046	6320.79	3928.00	2000	392.79
2003	53511	2513	48210	0	35010	13200	7753.90	3781.90	3136	836.00
2004	62017	2700	70060	0	50060	20000	8420.90	4160.90	3300	960.00
2005	75125	5651	81337	0	61020	20317	9213.90	4223.90	4000	990.00
2006	72008	9510	106012	0	85008	21004	10643.30	4153.30	5500	990.00
2007	70132	18065	130510	0	110010	20500	12040.32	4220.32	6800	1020.00
2008	62903	24102	158230	3070	139860	15300	14316.10	3796.10	9500	1020.00

说明：2001—2007 年固定电话包括小灵通、不归移动电话统计

第三章　机构与管理

第一节　机构

一、县邮电局

1993 年，县邮电局设营发、投递、报务、话务、机线、储蓄等 7 个组；邮电所 21 个，其中农村 19 个；邮票代售点 14 处。职工 90 人，其中，邮政业务 40 人，电信业务 50 人。

1997 年，有干部职工 138 人，下设党政、邮政、电信、移动、计财、建设等 5 个职能办公室和电信营业组、投递组、营发部、报话组、设备维护中心、市话维护中心、邮件组、储汇组等 8 个生产班组，邮电所 19 个。1998 年 9 月，邮政电信分营，分别成立邮政局、电信局。

二、县邮政局

1998 年 9 月，邮政局内设综合办公室、经营服务部、计划财务部，辖生产班组 10 个，邮电支局 17 个，邮电所 2 个，员工 185 人；固定资产 2827.7 万元。1999 年 11 月，县邮政局以工会筹资、职工集资入股，注资 38.9 万元，成立鸿岩通信公司，主营邮政收投、物业、邮购、广告等业务，员工 54 人。2000 年 12 月，鸿岩通信公司更名为大田鸿宇邮政收投有限公司，注入资金 28.9 万元，员工 72 人。2001 年 1 月，邮政局经营服务部更名为“市场经营部”；12 月，增设商函广告部，邮政营业划归商函广告部。2004 年 6 月，设立邮政营业部。2006 年 7 月，增设镇东邮政支局。2007 年 8 月，实行专业化经营，邮政营

业部改设为速递物流公司、报刊发行局、集邮公司，商函广告部更名为函件局。

2008年6月，成立邮政储蓄银行，与邮政局分业经营。年底，邮政局内设综合办公室、计划财务部、市场经营部、邮政营业部、速递物流公司、函件局、报刊发行局、集邮公司。辖邮储网点3个、班组2个、邮电支局6个、邮政代办点13个，全局员工140人。

三、电信大田分公司

1998年9月，县电信局设综合办公室、经营服务部、计划财务部，辖14个生产班组，员工131人。拥有固定资产1亿元。1999年7月，移动通信业务从电信分离；11月，联通业务从电信剥离。2000年1月，电信分公司大楼动工建设，占地505平方米，建筑面积5800平方米，框架结构，楼高11层，总投资1804万元。2003年1月，电信大楼投入使用；12月，大田县电信局更名为福建省电信有限公司大田县分公司，属国有控股公司。2006年7月，在乡镇所在地设立电信支局16个，设立村服务站3个。2008年5月，中国电信第三次重组，福建省电信有限公司大田县分公司更名为中国电信股份有限公司大田分公司。年底，有员工180人，下设建山、宝山客户服务中心及石牌等19个支局（服务站），有营业网点23个、社会代办点12个、村级代办点56个。

四、移动大田分公司

1999年7月，成立中国移动通信大田分公司；10月，福建移动公司被中国移动（香港）公司收购，又改称为福建移动通信有限责任公司大田分公司。2006年，更名为中国移动通信集团福建有限公司大田分公司，隶属三明分公司管理。设综合部、市场部、网络建设组、城关营业厅和桃源、上京、太华、建设、广平、奇韬、文江、梅山、湖美、屏山、吴山、武陵、石牌营业部。同年4月，移动分公司购置建山路7号房作为办公场所，建筑面积1658.98平方米，购价600.1万元。2008年底，有员工65人。

五、联通大田分公司

1999年11月，设立国信通信大田管理处。2000年4月，成立国信通信大田营业部，承办无线寻呼业务。2000年9月，国信通信融入中国联通；10月，更名为中国联通大田营业厅。2004年6月，升格为中国联通大田分公司，设综合部、市场部、大客户部，员工32人。财务、人事、业务由三明分公司管理。2005年7月，联通分公司购买建设银行大田支行第十一层作为办公场所，面积451平方米，购价66万元。2008年5月，中国联通与网通重组整合，成立中国联合网络通信有限公司大田县分公司。8月，全县营业网点开办网通业务。年底，有员工45人。

第二节 用工与工资管理

一、用工管理

1993年，邮电劳动用工改革，新招收的工人全部实行劳动合同制。1994年，实行全员劳动合同制。1999年，县邮政局建立优胜劣汰用人机制，通过业务考核，文化考试，辞退招聘工、劳务工30人。2000年，邮政、电信全面推行人事、用工、分配三项制度改革，实行定岗、定责、定薪，竞聘上岗。邮政5个支局实行集镇、村级合一投递，减员增效；对年老体弱职工提前退养；管理人员打破正式工与非正式工、干部与工人身份界限，分管理与生产两个层次。移动分公司、联通大田营业厅企业职工实行合同制及劳务派遣两种用工并存形式，规定新员工适应期3个月至1年，表现欠佳的延长6个月见习期，经延长不合格者，解除劳动合同；话务员、营业员、客户服务人员和业务营销员经参加省公司举办的职业技能考核鉴定，持证上岗，员工绩效每月测评1次，年终总评。2002年，邮政局出台《个人绩效考核办法》，采用“积分制”量化考核。2003年，农村实行非邮储支局经营体制改革，“自办”转“委代办”，机构设置不变，正式工调离，非正式工终止劳动合同，签订解聘协议，支局聘用1人承包经营，建立“委代办”关系，出现“单人所”“家庭式”的经营格局，按业务量取酬，业务费用包干。当年，5个支局实现扭亏，7个支局减亏；减员13人，业务费下降8.1万元，节约人工成本4.8万元，委办人员月增工资300元。年底，电信县分公司执行《福建省电信公司岗位竞聘规程（试行），竞争上岗。2004年初，管理人员经培训、统一考试，持证上岗。2005—2008年，该公司通过“中国电信网上大学”平台实现学习、培训网络化，参加培训240人；实施《福建省电信公司大田分公司员工休养管理办法》和《劳动合同管理、员工待岗管理和员工奖惩办法》，竞聘上岗36人，奖励22人。

二、工资管理

1993年6月，县邮电局制定合理劳动组合工作方案，在岗职工按规定享有应得各种报酬，“试岗”职工发给基本工资和国家规定各种补贴；“待岗”职工发50%基本工资和国家规定各种补贴；对接近退休年龄（3年内）职工，体弱多病、转岗培训又有困难的，实行局内退养，发给70%基本工资及国家规定各种补贴。2004年4月，电信分公司实施《福建省电信有限公司绩效考核办法》，考核指标包括企业效益、经营管理等，薪酬与绩效挂钩。2007—2008年，邮政局出台“年度工资资金分配办法”，实施考核淘汰制，依《城乡投递段道考核办法》和《县邮政局岗位技能考核办法》，淘汰职工2人。

第三节 通信质量管理

一、技术质量

1993年，县邮电局加强监督考核，实行生产现场封闭作业，穿邮电制服、佩带工号上岗。1994年，设网管、交换维护、电源维护、传输维护中心，统一管理和设备维护。1995年7月，实施邮电部颁发的14种电信设备维护规程。1998年2月，安装自动监控系统，对营业窗口和测量台、载波室、程控机房、金库等进行24小时监控录像。1999年起，移动通信行业，每月巡检维护移动宏基站2次、边际站1次，设备24小时正常运行、机房整洁、设备无尘、防火防盗性能达标、告警采集信号准确。2001年，电信分公司电力、广播、光缆“三线”交越保护4万条，建立交越档案。2002年10月，启用管理信息网，推行网上办公，全市联网。2006年，县邮政局印发《大田县邮政局邮政储蓄反洗钱工作实施细则》和《大田邮政邮件异常情况应急处理预案》，成立邮政储蓄内控和风险管理委员会。电信县分公司制定《模块局、接入网点机房维护暂行管理规定》《SLA执行情况考核办法》，维护质量采用量化考核。

2007年，电信分公司制定实施《机房看护考核办法》《小灵通基站代维考核办法》《网络资源动态管理及考核办法》。采取值班监控人员包片挂钩方式，每月绩效设5分制考核，代维员巡视时对机房停电、配线架、门禁等进行告警测试，值班监控人员按表格内容做好巡视记录。移动、联通分公司规定每天5—23时通信运行完好率应达99.9%以上，通话接通率达99.3%以上；VIP基站阻断抢修人员到站时限20分钟，一般基站抢修人员到站时限1小时—2小时。每个线路包线员负责50公里光缆线路日常维护，月步行巡检、车行巡检、线路年劈草各2次。光缆线路纤芯完好率需达99%以上，光缆主干阻断抢修时限3小时、次干6小时以内。

2008年，县邮政局开展量化管理竞赛考核，实行薪酬改革，制定文明创建奖惩制。1993—2008年，没有发生邮件丢失事件，邮政质量延误差错率、总包邮件延误率、丢损失密率均为零。电信分公司开展光缆专业化维护和末梢线路专项整治竞赛，对6个示范片、186处三线交越、181处末端线路、35个交接箱进行整治。1995—2008年，连续13年实现无通信责任事故和刑事、治安案件的工作目标。

二、服务质量

1993年，县邮电局成立改善服务领导小组，制订改善服务工作监督考核办法，定期检查整改。1994年，开展“满意在邮电”活动和最佳营业员、最佳班组和最佳组长竞赛。1999年，电信局对营业员按甲（三星）、乙（二星）、丙（一星）、丁（一般）四级标准推进星级挂牌上岗制度；开发微机软件录音系统，对信息台、“112”、营业窗口、市线组等所有对外服务电话进行24小时录音监控。移动分公司开通移动电话客户热线“1860”，接受业务咨询、办理、投诉、话费查询和互联网接入、短消息等各种增值业务，为移动大户推出友情服务、贵宾服务。2000年，邮政在城区开办直投包裹业务，报纸、邮件免费直投到户。2001年，配置1辆专用车，邮政投递包裹全部直投到户，不收手续费。移动网点开通现金缴费系统，实现与邮储、县工行、建行、农行话费缴费联网，完善“1861”免费话费查询电话和“1860”免费客户服务电话。联通大田营业厅在城乡分设主客户服务中心、专营店、代办点21家。2002年，邮政设立大客户服务中心；电信分公司在城区建立3个电信社区服务中心，提供业务受理、咨询、电话装机、修障等综合服务，开通“189”客户热线电话。2003年，电信分公司推行和落实“话务量承包责任”制，巩固和提高“大客户、“1000”号、农村统包”渠道营销服务能力。移动分公司营业厅全面实行免填单业务，配置高速打印机和轻松自助打印机；免费寄送对账单；开展承诺“错收话费、双倍返还”活动。2004年，电信分公司实行本地网BPR重组，贯彻“以市场为导向、以客户为中心、以效益为目标”经营方针。移动分公司建立以客户感知为标准网络质量评价体系，建山营业厅获“省级青年文明号”称号。

2005年，县邮政局出台《大田县邮政监督检查细则》，开展“提高服务质量，让用户满意”“岗位创优示范服务月”活动，举办“满意在邮政”演讲比赛和“邮政服务质量”“文明支局（班组）”评选活动。电信县分公司宽带接入全面提速，95%ADSL用户达2M以上，障碍申告率降至1%以下。移动分公司实施流程穿越营业厅项目。联通分公司经理团队划分为项目经理、大客户经理团队，制定各生产岗位质量检查、质量分析等管理制度。2006年，移动分公司“1861”“1860”升级为“10086”客服热线。2008年，移动分公司在建山营业厅推出满意度评价器，让客户参与评价，及时触发短信/邮件告知，提醒服务人员对不满意的客户及时回访。

第四节　生产经营管理

1993—1998年，邮电局实行局长负责制，中层人员、班组长择优选聘任期制，工人定编择优聘用制。1999年，武陵、湖美、济阳、前坪、谢洋、梅山、吴山、奇韬等8个邮政支局及鲜花礼仪、乡邮代投代办等业务实行承包经营，支局负责人实行竞争上岗。石牌、小湖、汤泉、铭溪等4个支局（所）竞标代办经营。在农村原有8个邮票代售点基础上，设置邮政业务代管站120个，负责农村信箱、报箱管理，代投代送报刊、邮件及部分邮政业务。2001年，首个派驻式新威电子有限公司业务代办点开业。

2002年，移动分公司实行首席客户经理制，员工均为兼职客户经理，并建立集团联络员制度。联通大田营业厅开展企业等级评选活动，出台考核奖励办法。2003年，该营业厅开展标准化管理，制定各项服务办理时限及流程，开展创标准化建设达标竞赛活动。2004年，电信分公司实行BPR本地网流程重组，建立流程管理长效机制，加快后端响应速度，加速综合化集中维护进程、故障处理流程化。2005年，移动分公司实施《萨班斯法案》（又称公众公司合计改革与投资者保护法等）内控项目，建立公司内部管理控制长效机制，把每项工作落实到每个岗位、责任人和细节；联通分公司 OA 系统上线办公，告别纸质文件、报表；邮政局在乡镇设立 68 个村级代办点，受理售卡、代放号、代收费等代理业务。2007 年，邮政实施省局《专业化经营管理工作意见》，县局制定各专业考核办法，理清专业关系，促进“责权利”统一。2008 年，电信分公司通过省第十届文明单位考评。

第五节 财务管理

1993 年，邮电局实行新会计制度，专业成本核算由函件、汇兑、电报等 8 个专业简化为邮政、长话、市话等 3 个专业，局、班组、支局（所）三级财务管理，签订经济效益与生产质量挂钩承包合同。1998 年，邮政电信分营后，省邮政局下达县邮政局收支差额和业务收入指标，实行收支差额考核，农村支局(所)实行承包经营；县电信局整顿财务制度，修订财会职责，制定电信业务收入和稽核、计费、用户欠费管理等办法措施，把资金作为财务管理工作的中心。1999 年 3 月起，移动分公司、国信通信大田管理处实行县财市管的“报账制”，支出由市公司拨付，实现账户、资金、核算、运营信息四集中。

2002 年底开始，邮政局用 3 年时间开展财务基础整顿及资产清理，清理企业各项长期潜亏挂账损失 565 万元，清理不良资产 386 万元。2004 年 10 月，电信分公司推行责任预算管理，成立预算管理委员会。结合 BPR 流程重组，确定由财务、实物管理、固定资产使用等部门组成的固定资产立体管理格局。明确工程项目统计员和固定资产管理员、保管员、管理会计及工程管理会计的岗位职责。2005 年起，邮政局实施市邮政系统“财务一体化”核算制，由独立核算改为报账单位。2007 年，邮政业务扭亏为盈，收支差 30 万元，被市局评为经营一等奖。2008 年，县邮政、电信部门全部实现银行资金自动划拨归集功能，资金运用灵活。

卷七 水利 电力

第一章 水利

1993年,大田县水利建设围绕提高全社会防灾抗灾能力,促进国民经济和社会发展,调整水利产业,开展各类水利工程岁修和基础设施建设,保护水资源,保障防洪安全、饮水安全。1998年,以防洪保安工程为重点,加强水利基础设施建设。2001年,县城区防洪堤通过省水利厅验收。2003年,县防汛中心通过省市防汛办验收。2004年,县委农村工作领导小组印发《大田县2004年度山地水利工程实施方案》,利用水资源解决高山地区灌溉困难,提高经济作物抗旱能力。2008年,全县共有水利工程7963处,其中,蓄水工程76处、引水7887处,有效灌溉面积1.08万公顷,占耕地面积54.82%,比1993年提高8.48个百分点。节水灌溉面积4660公顷,占有效灌溉面积43.15%。生活供水工程263处,受益人口29.93万人。1993—2008年,全县投入水利建设资金3.65亿元,新建各类水利工程593处。筑防洪堤25.11公里,其中城区防洪堤10.88公里,保护耕地913公顷。防汛工作完成中级达标建设。

第一节 水利工程

一、蓄水工程

1993年,全县有水库14座,库容3974.42万立方米,水电装机容量2200千瓦,灌溉面积933.87公顷。其中,中型坑口水库1座、小(一)型元沙、高云、小盖竹、双纲、京口水库5座,小(二)型万湖、牛沟岭、甲武坪、张坑、乾元、安和、广汤、上平水库8座。1994—2007年,新建水库24座,其中,中型1座、小(一)型7座、小(二)型16座。多数为发电水库,总库容9421.17万立方米,水电装机容量7.88万千瓦,灌溉面积178.63公顷。2008年,全县有蓄水量100万立方米—1000万立方米小(二)型以上水库38座,总库容1.34亿立方米,其中中型2座、小(一)型12座,蓄水量10万立方米—100万立方米小(二)型24座,分布在15个乡镇和东风农场,水电装机容量8.1万千瓦,灌溉面积1112.5公顷。小山塘41处,总库容68.18万立方米,灌溉面积100.7公顷。

若干年份大田县新建水库基本情况表

表 7-1

类型	水库名称	所在地	总库容（万立方米）	集雨面积（平方千米）	坝型	坝高（米）	灌溉面积（公顷）	装机容量（千瓦）	建成年月
中型	六角宫	屏山乡王坪村	7090.00	266.0	双曲砌石拱坝	81.0	140.0	25000	2003 年 9 月
小（一）型	永源	谢洋乡仕福村	344.18	46.2	砌石拱坝	36.1	—	1890	2003 年 10 月
	大中	文江乡大中村	174.60	1135.0	闸坝	12.3	—	2060	2004 年 2 月
	昆山	华兴乡昆山村	273.96	888.0	砌石重力坝	28.5	—	7500	2004 年 10 月
	仁板	文江乡大中村	234.13	1138.0	橡胶坝	12.9	—	2000	2004 年 12 月
	鑫能	华兴乡昆山村	120.20	901.0	砌石重力坝	17.0	—	3750	2005 年 3 月
	建爱	建设镇建爱村	193.00	541.0	砌石重力坝	30.5	—	8000	2005 年 8 月
	璞溪口	梅山乡璞溪村	517.00	1346.0	砼重力坝	31.1	—	14000	2007 年 4 月
小（二）型	蕉坑	屏山乡瑞美村	13.80	10.5	砌石拱坝	17.0	—	1180	1994 年 9 月
	天源	华兴乡京口村	43.50	365.0	连拱坝	11.0	5.3	610	2002 年 10 月
	大兴潭	梅山乡黎坑村	10.80	35.0	砌石拱坝	13.0	—	320	2003 年 1 月
	张地	太华镇张地村	19.60	53.6	砌石拱坝	20.0	—	560	2003 年 1 月
	玉屏	屏山乡玉屏村	11.20	4.1	砌石拱坝	10.0	—	320	2003 年 1 月
	桃舟	奇韬镇桃舟村	83.50	625.0	砌石拱坝	13.1	—	1430	2003 年 2 月
	竹枝滩	均溪镇红星村	59.50	448.0	闸坝	10.1	33.3	410	2003 年 10 月
	仙亭	文江乡花桥村	38.00	328.0	闸坝	11.3	—	840	2004 年 1 月
	龙口	梅山乡龙口村	33.30	27.0	砌石拱坝	24.5	—	250	2004 年 2 月
	双溪口	梅山乡璞溪村	11.50	22.2	砌石拱坝	19.0	—	630	2004 年 4 月
	虎潭	奇韬镇文经村	10.70	68.0	砌石拱坝	22.0	—	600	2005 年 8 月
	仙潭	华兴乡仙峰村	10.80	336.0	砌石重力坝	6.0	—	3200	2005 年 9 月
	下洋	文江乡朱坂村	26.50	363.0	闸坝	10.0	—	600	2005 年 11 月
	石井	吴山乡程堂村	12.90	4.0	砌石拱坝	12.0	—	250	2006 年 3 月
	仙和	屏山乡芹阳村	60.00	312.0	砌石拱坝	16.3	—	3200	2006 年 5 月
	溪头	屏山乡溪头村	28.50	10.0	砌石拱坝	18.8	—	200	2007 年 1 月

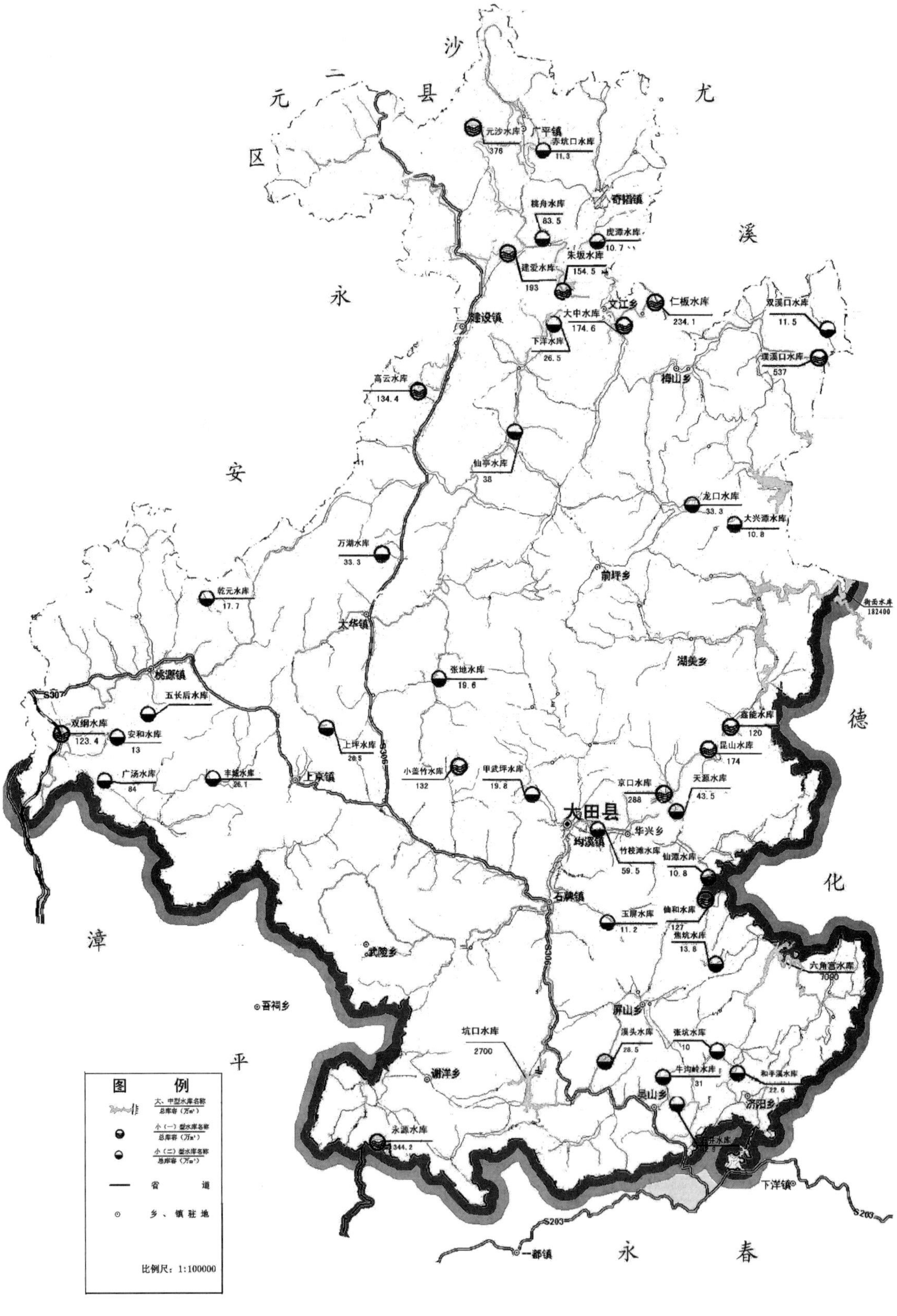

图 7-1 2008 年大田县水库分布图

二、引水灌溉工程

1993年，全县开展农田水利基本建设，围绕农业综合开发，建设节水灌溉和高产稳产农田。1995年9月，前坪乡黄龙村采用节水型的管道灌溉方式，将泉水经750米节水渠引至3000立方米蓄水池，再经多路径管道2.75公里把水引到田间，管道出口安装启闭闸阀，节约用水、保土、保肥，翌年12月建成。共投劳5100个工日，完成土石方8100立方米，国家补助3.4万元。开荒造田6.7公顷。2003年，在谢洋、湖美、武陵、屏山实施山地水利试点建设，投资77.7万元，共建蓄水池181个，蓄水容量9700立方米，受益面积306.67公顷。1993—2003年，18个乡镇共建拦河坝9座，开挖疏浚渠道23条、21.2公里，衬砌渠道11条、3.17公里，排水沟8条、2.48公里。

2004年，水利部门按照"因地制宜，统筹规划，集中连片"的原则，实施山地水利工程，实行"谁受益、谁负担、谁投资、谁所有"的经营方式。以农民投资为主，新建1个8立方米砖混蓄水池，每立方米政府补助45元。湖美、吴山、济阳、广平、建设、上京等6个乡镇，经水利局验收完成266个、容积6774.4立方米，受益旱地作物面积401.8公顷。2004—2008年，全县建蓄水池1065个、蓄水容积2.4万立方米，总投资356.3万元，茶果等作物受益2087公顷。1993—2008年，18个乡镇和东风农场农田节水灌溉项目投资1095万元，灌溉面积1632.3公顷。

若干年份大田县农田节水灌溉工程建设情况表

表7-2

年份	地点	灌溉面积（公顷）	投资额（万元）	建设内容
2004	桃源镇、东风农场	213.4	156	拦河坝2座，开挖疏浚渠道7条、16.4公里，衬砌渠道4条、2.34公里，排水沟2条、1.96公里，渠道涵管12处、长52米，暗涵2处、长21米
2005	文江乡、奇韬镇	413.5	312	拦河坝1座，清淤疏浚渠道4条、16.4公里，衬砌渠道11条、8.15公里，浆砌块石防洪堤240米，涵洞8座、长740米
2006	武陵乡	186.7	115	疏浚渠道4条、12.75公里，衬砌渠道2条、4.76公里。下岩拦河坝1座、长6.8米，浆砌块石防洪堤1条、176米，涵洞1座
2007	均溪镇、华兴乡、济阳乡	112	72	均溪镇温镇村东岩洋排灌工程、济阳乡大儒村引水工程、华兴乡昆山村引水工程。拦河坝1座、引水渠6条、总长6.83公里，其中PVC引水管长1.92公里，采用D_{40}U型槽长2.41公里，C_{20}混凝土浇灌渠长2.5公里，排洪沟1.25公里
2008	屏山乡	200	120	开挖疏浚渠道6条、长12.5公里，衬砌渠道1条、270米，混凝土浇灌渠3条、长1.247公里，拦河坝1座、库容10万立方米。茶园引水主管道1条，长3.2公里，提水泵站1座
合计		1125.6	775	

三、饮用水工程

（一）乡村饮用水工程

1993年，县委、县政府把乡村供水工程列入为民办实事项目，制定《大田县农村供水工程实施意见》，按照供水规范，高标准，严要求，重管理，做到建成一处、通水一处、使用一处、受益一处。1995—1996 年，吴山乡铺设主管道 4.7 公里，建设日供水 600 立方米的饮用水工程，投资 68.12 万元。1999 年，太华镇供水主体工程竣工，日供水量 1000 吨，受益人口 6000 人，工程总造价 86 万元。2000 年，首批省定桃源、武陵、太华、石牌、谢洋等 10 个乡镇 38 个村，其中革命老区村 36 个、少数民族村 2 个，完成新建通水工程 29 个、续建配套工程 9 个，土石方 9.03 万立方米，铺设主管道 99.3 公里，投资 266.14 万元，其中省、市、县分别补助 46 万元、39 万元、23 万元；日供水量 4302 吨，受益 1.5 万人。

2006 年 6 月，县政府召开村级供水工程专题会议，每月一督查一通报。当年，完成 36 个村供水工程，投资 803 万元，其中省、市财政分别补助 180 万元、36 万元；日供水量 3670 吨，通水户 4730 户、受益 1.98 万人。2008 年，全县 242 个村完成饮水工程，受益 17.06 万人，总投资 3922.76 万元，其中省补助 988.5 万元、市补助 172 万元。1993—2008 年，13 个集镇供水工程投资 1150.44 万元，受益 7.37 万人。

若干年份大田县集镇供水工程一览表

表 7-3

乡镇名称	施工年月	主管道长度（公里）	土石方（立方米）	投资额（万元）	日供水量（立方米）	受益人口（人）
吴山乡	1995 年 3 月—1996 年 12 月	4.70	7240	68.12	600	5000
建设镇	1996 年 7 月—1997 年 1 月	9.23	14700	138.71	1150	9700
太华镇	1997 年 8 月—1999 年 9 月	1.18	7200	86.00	1000	6000
文江乡	1998 年 6 月—1998 年 12 月	5.00	9510	91.33	800	6000
济阳乡	2001 年 1 月—2005 年 12 月	4.17	7509	51.58	400	3200
湖美乡	2002 年 9 月—2002 年 12 月	4.68	3273	38.64	480	3700
奇韬镇	2003 年 1 月—2003 年 12 月	2.43	15300	113.26	800	3000
华兴乡	2004 年 8 月—2004 年 12 月	2.00	1700	34.30	200	1200
前坪乡	2004 年 8 月—2004 年 12 月	0.60	1640	36.50	200	1700
屏山乡	2005 年 10 月—2006 年 3 月	3.15	—	16.00	150	2100
谢洋乡	2006 年 2 月—2006 年 9 月	7.50	—	110.00	1500	4000
梅山乡	2006 年 7 月—2008 年 12 月	1.30	—	130.00	600	8100
桃源镇	2006 年 9 月—2006 年 12 月	7.20	—	236.00	3000	20000
合计		53.14	68072	1150.44	10880	73700

（二）城区供水工程

1993—1996 年，为满足城区居民需求，改造扩大延伸城区供水管网，共延伸 50 毫米以上户外管道 12.78 公里，总投资 70 万元。1997 年 6 月，城西水厂竣工投产，位于均溪镇玉田村。1998 年，县自来水公司与玉田村共投资 100 万元，在南大门至火电厂大桥铺设直径 300 毫米铸铁管 2384 米，12 月 20 日，工程完工试水，解决菜坂洋新城区的开发用水需求。

2003 年，自来水公司改造供水管道，在宝山路片铺设直径 300 毫米聚乙烯供水管道 1024 米，在福田路片铺设直径 160 毫米铸铁管道 898 米，共投资 95 万元。2006 年，县政府为解决小溪坂库区移民的用水，筹建城东水厂，2007 年建成投产，日供水 6000 吨。2008 年，县自来水公司对供水车间部分设备和赤岩山路等供水管网进行改造，总投资150万元，城区日供水2.5万吨。

四、防洪工程

1993—1996年，全县修建防洪堤4.98公里。省水文总站、三明水文分站负责，会同大田县水文站、县水电局编制县内最大防洪保安工程《大田县城区防洪规划报告》，按20年一遇标准和四级建筑物进行规划，该报告经省水电厅批复，工程由三明市水电设计院设计，分三期实施。1997年，太华镇西埔村在曲潭坂，沿牛粪岬山边新开河道宽25米、长717米，砌防洪堤顶宽1米、高3.5米，总造价53.7万元，保护周围农田20公顷。

1998年，全县新建防洪堤4.52公里，其中，城区防洪堤一期工程长2.38公里，共投工5.72万工日，投资379万元。1999年，城区防洪堤二期工程竣工，总长5公里，投入劳力10.75万工日，投资657万。2000年12月，城区防洪堤三期工程竣工，总长10.88公里，投工25.97万工日，完成土石方26.91万立方米，投资1367万元，保护土地面积10.85平方公里，耕地80公顷，受益人口11.64万人。同年，广平镇元沙村、石牌镇老厝村完成防洪堤2.45公里。2001年9月，城区防洪工程经省水利厅委托市水电局组织的验收领导小组验收合格。2002年1月起，县水利局委托地税局城关分局代征城区防洪工程维护管理费，县财政设立专户，用于维修、管理和水利公益项目建设。2004—2006年，广平镇元沙、苏桥、铭溪村，桃源镇广汤村，湖美乡仁美片，上京、奇韬镇等修建防洪堤12处，总长3.59公里。2008年，全县有防洪堤25.11公里，其中乡镇14.23公里，保护耕地913公顷。

第二节 防汛抗旱

一、防汛

（一）防汛组织与设施

1993年，县防汛抗旱指挥部成立，下设办公室（简称防汛办），成员由有关部门领导组成，分管副县长任指挥，编制2人，各乡镇、农林场及县直有关单位相应成立防汛抗旱组织。1998年，明确和公布城市防汛责任人和中型水库责任人，接受社会监督。2000年，建成城关、坑口、文江遥测水位井3个和城关、坑口、文江、武陵自动雨量站4个及大仙峰中继站和大田县分站；购置独立卫星云图机1套。2001年，建立小（二）型以上水库领导包库责任制，配置电动预警器3台。2002年，六角宫水库大坝水位、雨量遥测站安装调试，建成县洪水预警报系统。

2003年，在县水利局设立县防汛指挥中心，建筑面积220平方米，配备计算机网络、闭路电视、电话、不间断电源及应急发电机电源等，设会议视频、卫星云图接收、洪水预警报、电脑录音监控、通信系统及各种应用软件，投资49.5万元，其中上级补助40.6万元。2005—2006年，完善视频会议系统，并增设2个水位站、3个雨量测报点，更新安装卫星云图系统和坑口、六角宫、武陵、文江、福塘5个雨量站设备。2008年，调整充实防汛抗旱指挥部成员，建设乡镇防汛指挥中心，更新县指挥中心服务器等设施，县政府四楼会议室防汛抗旱指挥中心会场、18个乡镇分会场安装应急视频系统。同时增设水文站2个、雨量站6个。当年，全县有武陵、上京、梅山、奇韬、华兴、济阳、前坪、吴山、湖美、太华雨量站10个，福塘、文江村和坑口、六角宫、双纲、高云、元沙、小盖竹水库水位雨量站8个，大仙峰中继站和城区中心站。

（二）防汛预案

1997年，县防汛抗旱指挥部编制《大田县防汛工作手册》，制定灾情发生前的4种组织疏导预案和10张防汛调度工作图表，落实防汛工作规范化、正规化、现代化，11月8日，通过省级验收，实现中级达标。1998年，制定小（二）型以上水库出现紧急状态时，下游群众转移预案和均溪、文江河及城区洪水风险图。1999年，县防汛办落实县、乡两级行政首长防汛责任制和工程技术人员负责制；重新编制《大田县城区防洪预案》。完成全省首批警戒水位、危险水位重新核定试点工作报告书，经省、市专家审查通过，县政府批准，重新核定福塘水文站警戒水位为354.6米，危险水位为356.1米。

2002年，县防汛办完善防洪、防暴雨及水库下游群众安全转移预案。2007年3月，县防汛指挥部下发《关于要求做好各项防汛预案编制的通知》，按照"九查、七定"（查防汛队伍、查工情、查责任制度、查预案、查河障、查危房、查物资储备、查防汛设施、查工程管理；定存在问题、定处理方案、定安全度汛措施、定抢险避险预案、定资金落实、定责任人员、定整改时间）方针对小（二）型以上水库汛前检查，出动158人次，检查水利工程210处。修订县级城区防洪应急预案和山洪灾害预案、乡镇防洪预案、水库防汛抢险应急预案和村级预案，按分级管理、分别审批公布。2007—2008年，对均溪河城区段3.3公里和龙源溪、宋京溪城区段进行整治，清淤土石方5万余立方米，拆除河障4处，投资166万元。

（三）防汛物资与抢险队伍

1999年，县防汛办购置玻璃钢冲锋舟1艘、救生衣30件。2004年，添置橡皮艇2艘、救生衣80件、应急工作灯6盏、海事卫星电话1部，电动报警器3台，手摇报警器2台，手电筒75支，备足编织袋1800条、麻袋5400条、草袋360条、水泥100吨、块石9000立方米及铁锹、土箕等物资，价值50万元。同时，成立防汛抢险应急小分队，17个水库相应成立抢险队伍。2006年4月，武警和应急小分队在竹枝滩水面首次进行防汛实战演练，参加演练16人。

2008年，全县有一线防汛物资橡皮艇2艘、冲锋舟5艘、救生衣200件、卫星电话1部、应急工作灯6盏、编织袋1.09万条、铁锹60把、长筒雨鞋25双。防汛办与各乡镇签订二线物资供应协议，编织袋10万条、麻袋5000条、草袋1800条、水泥100吨、沙石料4000立方米、黄土920立方米、木材30立方米、锄头铁锹土箕等工具。建立防汛抢险应急队伍33支、1065人。

（四）抗洪救灾

1993年，汛期雨量分布均匀。1994年5—6月，日降雨50毫米以上发生暴雨3次。领导和机关干部到灾区组织群众抢险救灾，恢复生产，投劳107万个工日、资金611.45万元，修复水利水电工程5145处，恢复灌溉4080公顷。

1997—1998年，防汛抗旱指挥部组织小（二）型以上水库安全检查，落实责任制，县委、县政府组织应急分队，机关干部到重灾区抗洪抢险，县领导到受灾地了解灾情，指挥布置防汛救灾工作，发生暴雨10次，全县受灾9.24万人次，紧急转移200人，救灾投劳99.27万个工日、资金255.56万元、补助水泥800吨，修复水毁工程2962处，恢复灌溉2427公顷。

2005年5月，全县连遭暴雨、龙卷风、冰雹袭击5次，受灾5.43万人，被困148人、紧急转移515人。县成立救灾指挥部，启动预案，财政拨25万元专款，解决重灾户生产、生活问题。2007—2008年，在上京、桃源、谢洋等乡镇实施人工防雹作业15次，发射火箭弹、炮弹140枚，作业范围内没有发生冰雹灾害。

二、抗旱

1993年，年降雨1666.7毫米，没有旱情。1996年6—7月，降雨少，梅山、湖美、太华等乡镇出现旱情，农田受旱总面积1027公顷。2002年12月，降雨442.5毫米，为上年同期的53%，山塘全部干涸，小（一）型以上水库蓄水降至死水位以下，出现1963年以来罕见的春旱，受旱面积7920公顷。县水利局投入5万余元购置水泵143台、电动机54台、输水管7000米等物资给灾区抗旱。全县共投入抗旱劳力16.5万个工日、资金189万元，缓解水田旱情2520公顷，减少经济损失429万元。

2003年，出现多季节连旱。全县受灾面积9400公顷，其中干涸1640公顷、重旱3027公顷、轻旱4733公顷，直接经济损失2329万元。县水利局为受灾乡镇提供水泵86台、电动机54台、输水管

7000米，乡村投入抗旱设备1593台（套），全县投入抗旱19.5万人次、资金278万元，组织8支专业队到灾区指导、组织抢修水利设施230处；县气象部门和人武部在一个月内，在湖美、太华、文江、广平等乡镇进行人工增雨作业6次，发射碘化银催化剂三七高炮弹178发、火箭炮弹2枚，降雨量15毫米—100毫米，缓解水田旱情5900公顷，临时解决饮水困难2.37万人。

2004年，年降雨较常年偏少。8月中旬，全县投入抗旱劳力19.5万人次、资金146万元，水利部门加强水库管理，调度水源，为灾区提供水泵86台，电动机54台，输水管7000米等抗旱器材。其中13—14日，发射火箭弹5枚，城关降雨20.1毫米、湖美43.7毫米、文江34.4毫米、屏山22.5毫米、武陵35毫米，旱情得到缓解，有效增加水库库容水量。当年，在华兴、太华、均溪等乡镇和坑口水库，人工增雨作业11次，发射炮弹27枚，普降小到大雨。2007年，7月、10月、11月降雨较常年偏少50%—80%，局部小旱；7—8月，人工增雨作业2次，发射火箭弹11枚。2008年，降雨量较常年偏少176.4毫米，进行人工增雨作业2次，发射炮弹13枚，旱情有所缓解。

第三节 水利管理

一、机构

1993年，县水利水电局设办公室、水利股、农电股、水电技术服务队和县防汛抗旱指挥部办公室，下辖18个乡镇水利电力工作站。2001年12月，更名为大田县水利局。2002年，乡镇水利电力工作站更名为水利工作站，划归乡镇政府管理。2008年，县水利局内设办公室，下辖水利工作站、水土保持监督站、农村电气化办公室、水电工作站、水政监察大队（水政水资源管理站）、水利工程管理站等6个事业单位。挂靠单位有县政府防汛抗旱指挥部办公室、县水土保持委员会办公室。编制27人，在编19人，其中高级职称2人、中级7人、初级10人。

二、农田水利管理

1993—1996年，小型农田水利工程实行村级组织管理，民办公助，组织受益群众开展岁修及水毁修复，全县修复水毁987处、恢复灌溉1200公顷，岁修6000余处、改善灌溉2000公顷。1996年底，全县各类水利工程设施7932处，有效灌溉面积8933公顷，占耕地60%；旱涝保收田6347公顷，占耕地42.31%。

1999年，广平、建设镇实施节水型渠道项目16条、总长27.56公里。全县修复水毁工程201处、渠道清淤900公里，改善灌溉1067公顷，恢复灌溉533公顷。2001年，全县各类农田水利设施8317处，修复水毁工程208处，渠道防渗改节水型16条、33.04公里。2003年，太华镇铺设U型槽3.5公里。

2005年，太华镇万湖、汤泉等5个村旱片治理，新建拦河坝1座，修建水渠6条、16.2公里，铺U形槽6.85公里，投资164.6万元，治理面积530公顷。当年，全县修复水毁工程270处，其中省定冬春水利水毁修复11处，疏浚河道13公里，投劳102万个工日、资金1393万元。2006—2007年，在11个乡镇（场）24个村实施烟田水利建设项目48个，修建沟渠23条、31公里及其他设施，受益640公顷，投资423.5万元。均溪镇和华兴、济阳乡实施“民办公助”省级小型农田水利项目，修建拦河坝1座，引水渠6条、6.83公里，投资72万元。2008年，在石牌、华兴、吴山、上京、建设、奇韬、湖美7个乡镇实施中央小型农田水利项目，修建灌溉渠道（管道）7条、19.04公里，受益433公顷，投资900万元。全县修复水毁工程176处，其中省重点工程16处，疏浚河道7.6公里，投劳162.7万个工日、投资1413万元。

三、水库管理

（一）小型水库管理

1993 年，水利工程实行分级管理和行政首长负责制，建立健全安全检查制度，小（一）型水库和部分小（二）型水库由水利部门管理，用于发电水库由企业管理，其他水库及山塘由所在地乡镇政府、村委会管理。1997 年 3 月，组织全县小（二）型以上水库安全大检查，开展水库年检。1998—1999 年，做好病、险水库鉴定、定级分类和白蚁防治，制定修复计划，组织技术力量对 4 座小（一）型和万湖、乾元、牛沟岭、赤坑口 4 座小（二）型病库进行除险加固。2000 年，按工程特性、效益、安全管理等情况，对 11 座小（二）型水库清理、定级分类，万湖、上坪、乾元、安和、张坑、甲武坪、牛沟岭水库等 7 座为巩固类，其中一类坝 4 座、二类坝 3 座；万宅、溪口、赤坑口、林葱水库等 4 座为降级类，其中一类坝 3 座、二类坝 1 座；对二类坝制订除险加固计划，进行除险加固。

2003 年，对双纲、小盖竹、牛沟岭 3 座病库加固，高云、双纲水库大坝经安全鉴定，评为三类坝；14 座小（二）型以上水库进行基本资料登记。2004 年，高云、双纲水库加固通过市水利局验收，投入 89.6 万元，完成土石方 2744 立方米，其中石方 424 立方米。2005—2008 年，甲武坪、元沙、上坪、万湖、小盖竹等水库加固和大坝观测井、消力池等设施完善，投入 223.26 万元。1993—2008 年，根据《福建省水利工程供水管理办法》，共征收水费 2137.85 万元，专款专用，投入水利工程除险加固、岁修和水毁修复。对小（二）型以上水库进行汛前检查、汛中复查、汛末核查，发现问题，限期整改；防汛期间，县、乡镇防汛机构昼夜值班。

（二）中型水库管理

1993 年，坑口水库管理处为正科级自收自支事业单位，编制 18 人。5 月，县土地管理局确定水库管理处管辖面积为 176.02 公顷，办理土地所有权证和使用证。1994 年，坑口水库作为三明市水利企业核资工作试点，经清查、价值重估、资金核实，检查验收，确定固定资产价值（含坑口一、二级电站）为 2167 万元。1996 年，债权债务互抵基本平衡。1998 年，进行副坝漏水处理和背水坡铺砌混凝土板。2000 年，更新改造闸门和启闭机。

2003 年 6 月，省水利厅专家组一行 11 人，到坑口水库召开大坝安全鉴定会，评为一类坝；8 月，坑口水库实行产权制度改革，省水利厅将坑口水库管理处列入准公益性单位，县政府批准属于水库管理的下游一、二、四级 3 处水电站（装机 4360 千瓦）公开拍卖，成益水电开发有限公司以 2200 万元中标，完成企事分开改制；水库水域养殖实行承包经营。当年，改造扩建水文自动测报系统，新建雨量站、中继站、中心站各 1 个，投资 26.3 万元。六角宫水库由发电企业管理，水利部门对大坝进行安全鉴定。

2006 年 10 月，县编委重新核定坑口水库管理处为规费事业单位，编制 16 人。2007 年，重新编制《大田县坑口水库出现紧急状态时下游群众安全转移预案》。2008 年，县政府决定将坑口水库备用水源作为城区正式供水水源。1993—2008 年，坑口水库实行分管副县长包库负责制，建立安全检查制度，每年进行汛前、汛中、汛后检查，做好涵、闸、水工建筑物管理养护，每月进行大坝沉陷、位移、扬压力、渗漏量、测缝针等监测，值班员每天巡查大坝、副坝，确保安全运行。

四、水政管理

1993 年，根据国务院和省、市政府有关水费征收精神，由县水电局负责水费征收、水资源管理及水事案件处理等相关工作。1997 年 1 月，成立大田县水政监察大队，隶属县水电局，为水行政执法事业单位。编写《大田县实施取水许可证制度基础工作报告》，制定 10 种水政监察管理目标责任制；健全城乡水政监察网络，实行水资源管理、规划、调度、发放取水许可证、征收水资源费的“五统一”管理制度；规范水政监察人员行为，持证上岗、文明执法。2006 年，做好城区饮用水源地安全保障规划和水源地选择论证，建立水资源管理数据库，实行取水户网络化管理，加强入河排污口、河道采砂和清理保洁监督管理，保护水资源和保障河道行洪安全。1997—2008 年，办理取水许可证 199 本，依法征收水资源费535万元，出动执法人员巡查2500人次，阻止垃圾和弃土倾入河道822起，取缔非法水洗矿23家、水洗沙14家，查处水事违法案件116件、调解纠纷306起。

第二章 电力

1993年，大田县继续创建农村电气化县工作，加快小水电开发，年发电1.28亿千瓦时，用电1.64亿千瓦时。1994年9月，农村初级电气化工作通过国家计委、水利部、省政府组织验收达标，大田成为全国第二批农村初级电气化县之一。1997年起，新建一批输变电站和供电线路，改造配电网络，实施农村电网改造、农村电力管理体制改革“两改”和“村村通”工程。2001年，大田县被列入“十五”期间全国400个农村水电电气化县建设。2002—2003年，实行国有及集体所有水电企业产权制度改革，开展“农电管理年”和“农村水电建设年”活动，县电力公司实行股份制改革。2004年11月，水电农村电气化县建设通过省级验收。2005年，城区电网进行改造。2008年，全县发电量4.2亿千瓦时，35千伏以上高压输电线路22条、总长278千米；年售电5.91亿千瓦时，综合电压合格率96.01%，供电可靠率99.58%，装机容量、发电量、售电量分别比1993年增长215.86%、228.13%、465.58%。电网结构进一步优化，供电水平、质量和可靠率明显提高，供用电环境根本改善。

第一节 发电

一、水电站

1993年，全县有水电站88处，装机140台，容量3.34万千瓦。其中，私人股份制水电站1处，装机2×40千瓦。1994年，县政府贯彻执行中央和省发展农村水电的各项方针政策，调动全县人力、物力、财力支持农村电气化建设，出台政策鼓励私人股份制开发水电。1996年，全县共有大小股份、个体水电站31处，装机44台、容量9530千瓦，其中单站装机200千瓦以下23处、装机1724千瓦，平均年新增2382千瓦。2002年，溪底、张地、富裕坪、天源水电站投产，共装机9台，容量2620千瓦。1993—2008年，新建水电站112处，装机211台、容量10.55万千瓦，其中不足500千瓦的79处，装机125台、容量1.64万千瓦；500千瓦以上的33处，装机86台、容量8.91万千瓦。东辅、桥头、坑口三级、沧州吉兴、岩峰、赤头坂一级、三级，桃源下岩、大儒、上京二级水电站10座电站技改扩容，装机由6240千瓦增至1.08万千瓦，增容4510千瓦。2008年，全县共有水电站172处，是1993年的1.95倍，装机326台，是1993年的2.33倍，容量13.94万千瓦，是1993年的4.17倍。运行的单站装机500千瓦以上水电站56处，装机145台，总容量11.62万千瓦。

附：新建装机500千瓦以上水电站32座概况

石头坑电站 位于华兴乡仙峰村石头坑，属县办电站。1993年12月投产，总投资395万元。集雨面积20.5平方公里，设计水头186米，流量0.75立方米/秒，装机2台、容量1000千瓦。浆砌石拱坝高4米，引水渠长2公里，隧洞长1250米，压力管长460米。1999年4月改制归岩能发电公司。2008年，发电量355.59万千瓦时。

下地电站 位于前坪乡下地村，为私人股份电站。1993年5月投产，总投资192万元。集雨面积10.5平方公里，水头160米，流量0.5立方米/秒，装机1台、容量400千瓦。2005年12月技改，新增1台250千瓦机组。2008年，发电量12.83万千瓦时。

蕉坑电站 原蕉坑一级站，位于屏山乡瑞美二级电站水尾480米处，为股份制电站。1994年9月投产，总投资224万元。集雨面积10.5平方公里，水头220米，流量0.63立方米/秒，装机2台、容量1000千瓦。浆砌拱坝高15米，隧洞长1084米，压力钢管长772米。2008年，发电量333.39万千瓦时。

内坑电站 位于均溪镇福塘村，村办电站。1994年10月投产，总投资180万元。集雨面积10平方公里，水头135米，流量0.55立方米/秒，装机1台、容量200千瓦。2004年12月，扩建1台机组400千瓦。2008年，发电量127.11万千瓦时。

鲤鱼坑电站 位于槐南溪与铭溪汇合口下游约220米处，属建设镇电站。1996年5月投产，总投资385万元。集雨面积493平方公里，水头7.5米，流量12立方米/秒，单板机3台、容量750千瓦。毛石砼连拱坝高10米，渠长300米，钢筋混凝土压力管3条，厂房位于大坝下游右岸约360米处。2008年，发电量263.03万千瓦时。

铜锣坪电站 位于武陵乡桃溪电站厂房下游约100米处。武陵乡因资金不继，1995年3月改由县电力（集团）公司续建，属县电力（集团）公司、武陵乡股份制电站。1996年5月投产，总投资365万元。集雨面积30平方公里，水头90米，流量1.22立方米/秒，装机2台、容量800千瓦。浆砌石拱坝高4米，引水渠道长2.2公里，压力钢管长188米。2008年，发电量228.24万千瓦时。

香坪电站 位于梅山乡龙口旧电站下游约1.3公里处。原为梅山乡办，2000年改为股份制，属昌盛发电公司。1996年10月投产，总投资620万元。集雨面积27平方公里，水头197米，流量1.23立方米/秒，装机2台、容量1000千瓦。浆砌石单曲拱坝高6米，引水渠长5.46公里，压力钢管长275米。2002年9月扩建，新增1台机组500千瓦。2008年，发电量659.98万千瓦时。

六角宫电站 位于仙峰溪干流上游，县办电站。汇集陈庄溪、大儒溪、和平溪水源，集雨面积266平方公里。拦河坝为三心园双曲砌石拱坝，坝高81米，坝顶外缘长233米、宽4米，坝底宽17米，库容7090万立方米。流量26.5立方米/秒，水头108米；引水隧洞长3627米，高压管道采用地下埋管，主管直径2.9米、总长405.1米；装机2台、容量2.5万千瓦，主厂房、综合楼、宿舍、机修、油库等设施总建筑面积4599.94平方米，工程总投资1.75亿元。1993年9月筹建，1997年6—8月，1号、2号机组先后并网发电。

2002年9月，六角宫水库电站改制，以1.93亿元资产转让给远泰贸易有限公司，更名为“成益水电开发有限责任公司”；12月，大坝543米高程全部完工。2003年9月，省水利厅对该工程进行竣工验收。2008年，发电量4567.66万千瓦时。

六角宫水电站发电庆典（1997年摄）

永源电站 位于谢洋乡仕福村，私人股份电站。2000年2月投产并入永春县电网运行，投资987万元。集雨面积46平方公里，水头85米，流量2.9立方米/秒，装机3台、容量1890千瓦。砌石双曲拱坝高36.1米，引水隧洞长2593米，压力管长202米。2008年，发电量610万千瓦时。

大峰电站 位于华兴乡仙峰村，私人股份电站。2001年10月投产，总投资156万元。集雨面积360平方公里，水头17米，流量4立方米/秒，装机3台、容量525千瓦。2008年，发电量89.61万千瓦时。

南山电站 位于太华镇西埔村，由岩能发电公司兴建，私营股份电站。2001年10月投产，总投资288万元。集雨面积63.5平方公里，水头75米，流量1.83立方米/秒，装机3台、容量960千瓦。浆砌石坝高12米，渠道长3389米，其中隧洞长2050米。2008年，发电量337.96万千瓦时。

溪底电站 位于谢洋乡仕福村，私人股份电站。2002年2月投产，投资225万元。集雨面积57平方公里，水头51米，流量2立方米/秒，装机2台、容量750千瓦。2008年，发电量230.49万千瓦时。

张地电站 位于太华镇张地村，私人股份电站，2002年3月投产，投资250万元。集雨面积53.6平方公里，水头31米，流量2.2立方米/秒，装机2台、容量560千瓦。浆砌石拱坝高20米。2008年，发电量100.72万千瓦时。

富裕坪电站 位于梅山乡香坪村，私人股份电站。2002年6月投产，总投资220万元。集雨面积45平方公里，水头48米，流量1.8立方米/秒，装机2台、容量650千瓦。2008年，发电量235.22万千瓦时。

天源电站 位于华兴乡京口村，私人股份电站。2002年10月投产，投资250万元。集雨面积365平方公里，水头4.9立方米/秒，装机3台、容量610千瓦。2008年，发电量200.44万千瓦时。

三合电站 位于太华镇大合村小合自然村，私人股份电站。引大、小溪径流。2003年4月投产，投资150万元。集雨面积29平方公里，水头分别为75米、84米，流量分别为0.5立方米/秒、0.3立方米/秒，石砌坝高分别为1.9米、2.8米，渠道长1.12公里、350米，其中隧洞长89米、150米，压力钢管分别长180米、340米，装机3台、容量520千瓦。2004年5月，1台200千瓦机组投产。2008年，发电量210.42万千瓦时。

仙亭电站 位于建设镇温厝、香浮、大同村交界处，明盛矿业公司兴建，私人股份电站。2004年1月投产，投资420万元。集雨面积328平方公里，水头8.5米，流量12.9立方米/秒，装机3台、容量840千瓦。浆砌石重力坝高11.3米，长73.8米，钢筋混凝土压力管总长140米。2008年，发电量379.76万千瓦时。

大桥电站 位于华兴乡仙峰村，仙和溪发电公司兴建，私人股份电站。2004年3月投产，投资400万元。集雨面积351平方公里，水头5.3米，流量25立方米/秒，装机2台、容量1000千瓦。重力坝高2.5米，渠道长180米。2008年，发电量204.95万千瓦时。

双溪口电站 位于梅山乡璞溪村，私人股份电站。2004年4月投产，投资175万元。集雨面积22.2平方公里，水头79米，流量1立方米/秒，装机1台、容量630千瓦，浆砌坝高19米，渠道（隧洞）长1060米。2008年，发电量128.95万千瓦时。

桃舟电站 位于奇韬镇桃舟村，私人股份电站。2004年4月投产，投资653万元。集雨面积625平方公里，水头8.7米，流量22立方米/秒，装机3台、容量1430千瓦。混凝土浆砌石重力拱坝高13.1米，3根直径2.5米钢筋混凝土压力管长25.6米。2008年，发电量600.03万千瓦时。

黄沙电站 位于太华镇黄沙村，私人股份电站。2004年6月投产，投资298万元。集雨面积212平方公里，水头9.5米，流量10立方米/秒，装机5台、容量900千瓦。浆砌石坝高3.5米，渠道长720米，其中隧洞620米。2008年，发电量306.16万千瓦时。

大中电站 位于文江乡大中村，私人股份电站。2004年11月投产，投资1268万元。集雨面积1135平方公里，水头6米，流量45立方米/秒，装机4台、容量2060千瓦。开敞式闸坝高12.3米。2008年，发电量744.54万千瓦时。

昆山八级电站 位于华兴乡昆山村，由鑫能发电公司兴建，私人股份电站。2005年2月投产，投资2400万元。集雨面积901平方公里，水头7.5米，流量60立方米/秒，装机3台、容量3750千瓦。闸坝高17米。2008年，发电量899.99万千瓦时。

虎潭电站 位于奇韬镇文经村，私人股份电站。2005年7月投产，投资625万元。集雨面积68平方公里，水头42米，流量1.8立方米／秒，装机3台、容量600千瓦。浆砌石坝高22米，渠道长1400米、其中隧洞长700米，压力管长171米。2008年，发电量282.46万千瓦时。

仁坂电站 位于文江乡大中村的仁坂自然村，私人股份电站。2005年8月投产，投资1358万元。集雨面积1138平方公里，水头6.4米，流量46立方米／秒，装机4台、容量2000千瓦。橡皮坝高12.9米。2008年，发电量775.55万千瓦时。

昆山七级电站 位于华兴乡昆山村，兴安水电开发公司兴建，私人股份电站。2005年9月投产，总投资380万元。集雨面积888平方公里，水头14.7米，流量65立方米／秒，装机3台、容量7500千瓦。2008年，发电量1660.05万千瓦时。

朱坂下洋电站 位于文江乡琼口村，私人股份电站。2005年12月投产，投资290万元。集雨面积363平方公里，水头6米，流量14立方米／秒，装机3台、容量600千瓦，闸坝高10米。2008年，发电量219.97万千瓦时。

仙潭电站 位于华兴乡仙峰村，闽能水电开发公司兴建，私人股份电站。2005年12月投产，投资1430万元。集雨面积336平方公里，水头16米，流量27立方米／秒，装机2台、容量3200千瓦。2008年，发电量631.85万千瓦时。

堵垵电站 位于吴山乡锦山村，私人股份电站。2006年5月投产，投资350万元。集雨面积9平方公里，水头105米，流量0.75立方米／秒，装机2台、容量570千瓦。浆砌石拱坝高15米。2008年，发电量45.13万千瓦时。

仙和电站 位于华兴乡仙峰村石头坑，仙和溪发电公司兴建，私人股份电站。2006年5月投产，投资1200万元。集雨面积312平方公里，水头16米，流量27立方米／秒，装机2台、容量3200千瓦。浆砌石拱坝高16.3米。2008年，发电量605.61万千瓦时。

鑫源电站 位于建设镇建爱村，原属镇办集体电站，装机400千瓦。2003年改为股份公司，鑫源水电投资公司筹资改建。2006年9月投产，总投资5185万元。集雨面积541平方公里，水头33米，流量29立方米／秒，装机2台、容量8000千瓦，混凝土砌石重力坝高30.5米。2008年，发电量2860.85万千瓦时。

璞溪口电站 位于梅山乡沧州村大奄坂自然村，璞溪水力发电公司兴建，私人股份电站。2007年9月投产，总投资8500万元。集雨面积1346平方公里，水头21米，流量85立方米／秒，装机2台、容量1.4万千瓦。混凝土重力坝高31米，库容517万立方米。2008年，发电量4540.61万千瓦时。

二、火电厂

火电厂位于均溪镇福塘村乐祠自然村，占地4.5万平方米，设计为循环流化床燃烧煤矸石综合利用小火电厂，设计总装机容量为2×1.2万千瓦+6000千瓦，装机2台。1993年9月，《关于兴建大田县火电厂项目建议书》经省经贸委立项。1994年6月，省经贸委批准可行性研究报告。7月，县成立火电厂工程指挥部。12月，厂区完成“三通一平”（水通、电通、路通和场地平整）。1995年3月，火电厂工程被国家经贸委列为一期加大技术改造投资力度、加大企业改革步伐“双加”项目之一。6月，

县火电厂（1997年摄）

主厂房动工。1996 年 2 月开始设备安装。10 月，1 号机组试运行。11 月正式转入试生产期。1997 年 12 月，2 号机组试产。1998 年 7 月，通过工程竣工验收。总建筑面积 1.96 万平方米，总投资 1.78 亿元，其中固定资产 1.62 亿元。当年发电量 1.22 亿千瓦时。2000 年 1 月，火电厂改制为国有控股“福建省大田益源热电有限公司”。2004 年 7 月，转让国有股权，改制为中外合资企业，名称不变。2005 年，职工 212 人，发电量 1.39 亿千瓦时，上省网 1.26 亿千瓦时，完成利税 452.6 万元。2006 年 3 月，因煤价上涨亏损停产。2008 年 1 月，经省经贸委批复，机组关停、烟囱爆破拆除。

第二节 供电

一、变电站

1993 年，全县有变电站 7 座，主变压器 7 台、容量 54.6 兆伏安。其中，温镇、上京矿务局 2 座，110 千伏变电站，主变压器 2 台、容量 37.8 兆伏安；城关、小华、吴山、上京、广平 5 座 35 千伏变电站，主变压器 5 台、容量 16.8 兆伏安。

1997 年 7 月，铭溪变电站升压改造为 110 千伏。1998—2001 年，济阳、奇韬、仙峰、坑三 4 座 35 千伏变电站投入运行。2005 年，梅林 110 千伏变电站投入运行。2008 年，文江 35 千伏变电站投入运行。全县有变电站 17 座，是 1993 年的 2.43 倍，主变压器 21 台，是 1993 年的 3 倍，容量 212.1 兆伏安，是 1993 年的 3.88 倍。其中，110 千伏 4 座，主变压器 6 台，容量 157.3 兆伏安；35 千伏 13 座，主变压器 15 台，容量 54.8 兆伏安。当年 3 月，动工建设前坪、太华 110 千伏变电站，设计规模均为 3×31.5 兆伏安，总投资 3769 万元；11 月，动工建设石牌小汤泉工业园 220 千伏鹤冲变电站，设计规模 3×180 兆伏安，总投资 1.84 亿元。

二、输电线路

（一）110 千伏线路

1993 年 10 月，永安飞桥变电站至大田温镇变电站的永安至上京桥京线、上京至大田京田线投入运行，总长 77.54 公里。

1997 年 6 月，六角宫水库电站至温镇变电站宫田线升压为 110 千伏；10 月，永安至大田线改由永安黄历起点，黄历至上京矿务局（简称黄京线）长 47.58 公里，上京矿务局至温镇线长 21.54 公里；12 月，温镇至铭溪田铭线改为 110 千伏。

2005 年 11 月，上京矿务局至温镇改为两段运行，上京矿务局至梅林京林线长 4.59 公里，梅林至温镇林田线长 17.58 公里。2006 年 11 月，三明富兴堡至大田铭溪富铭线长 29.64 公里、铭溪至璞溪口铭璞线长 26.7 公里投入运行。

2008 年，全县 110 千伏输电线路 7 条，总长 177.78 公里，其中黄京线由永安供电局管理；京林线、林田线、田铭线、富铭线由县供电公司管理，富田线、铭璞线分别由成益水电开发有限责任公司、璞溪口水电站管理。

电力线路维护（2007 年摄）

（二）35 千伏线路

1993 年，京口线（京口电站至温镇变电所）5 公里、田城Ⅰ线（温镇变电站至城关）2 公里、桥济线（德化县桥兜至济阳水泥厂）15 公里、坑吴线（坑口一级站至吴山）7.43 公里等 4 条输电线路投入运行。当年，运行线路 13 条、162.36 公里，其中铭上线（铭溪至上京）37.27 公里、朱铭线（朱坂电站至铭溪）8.17 公里、桃上线（桃源至上京）14.28 公里、三城线（坑口三级站至城关）6.57 公里、三坑线（坑口三级站至一级站）8.81 公里、赤四线（赤头坂四级站至桃源）11 公里、铭广线（铭溪至广平）8.91 公里、田前线（温镇至前坪）18.13 公里、岩上线（城关至上京）19.79 公里。

1994 年 6 月、1995 年 7 月，田南线（温镇变电站至永春天湖山变电所）28.4 公里、铭泥线（铭溪供电所至广平水泥厂）10 公里投入运行。1996 年，田城Ⅱ线（温镇至城关）1.94 公里竣工；火田Ⅰ线、Ⅱ线（火电厂至温镇变电站）共 5 公里投入运行。1997 年 8 月、1998 年 6 月，吴济线（吴山至济阳）5.73 公里、济泥线（济阳变电所至水泥厂）0.4 公里分别投入运行，桥济线停止运行。

2001 年，仙田线（仙峰至温镇）7.3 公里、广韬线（广平至奇韬）6.03 公里投入运行。2005 年 11 月，岩上线改造并分段运行，其中梅城线（梅林至城关）15.62 公里，梅上线（梅林至上京）4.12 公里。2006 年，文韬线（奇韬至文江）10 公里投入运行，并改造三坑线，更换导线。

2008 年，全县 35 千伏输电线路 18 条，总长 201.05 公里，比 1993 年增加 38.69 公里，增长 23.83%。其中，赤四线、京口线、铭泥线、济泥线分别由赤头坂四级站、京口水电站、广平水泥厂、济阳水泥厂管理，由县供电公司管理 14 条。

三、配电网建设

（一）城市电网改造

2003 年 7 月至 2006 年 12 月，县城电网改造完成单项工程 11 个，其中 8 条 10 千伏线路，一个开闭所，一户一表改造，一个输变电工程。10 千伏配电线路改造 23.85 公里，0.4 千伏线路 15.75 公里，接户线 27.09 公里；新增、改造配变台区 56 台，容量 17.32 兆伏安，总投资 1738.7 万元（自筹资金）。2007 年，城区配电网新增配变 7 台、容量 2.39 兆伏安。2008 年，新增配变 6 台、容量 1.89 兆伏安。

（二）农村电网改造

1999 年 9 月，大田县被列入全省第二批农网“两改”县之一。第一期扩建 110 千伏温镇变电站二期工程，新增容量 31.5 兆伏安；新建仙峰、奇韬、济阳等 35 千伏变电站，容量 9.45 兆伏安；改造 35 千伏坑三变电站，容量 3.15 兆伏安；更换桃源、前坪、汤泉等 35 千伏变电站主变压器；新架设 35 千伏线路 22 公里，总投资 1422.88 万元。完成 10 千伏及以下单项工程 195 个，涉及 201 个村和 1 个无电自然村，10 千伏主干线 3 条。改造配变台区 401 台，总容量 26.96 兆伏安，其中，更换高耗能配变 346 台、容量 21.83 兆伏安，新装配变 35 台、容量 3.8 兆伏安；新架设和改造 10 千伏线路 173.9 公里，0.4 千伏线路 1714.1 公里，接户线 1998.1 公里，共投资 5043.42 万元。2001 年 4 月，一期工程全部完工。同年 5 月，实施第二期工程。12 月，一期工程通过省农网改造指挥部办公室（简称两改办）验收。二期工程改造单项工程 85 个，涉及 65 个村、1 个国有农场，10 千伏主干线 17 条、综合配电箱 2 批。工程项目包括 10 千伏线路 356.7 公里、低压线路 587.27 公里、接线户 548.94 公里；更换高能耗配变 96 台、容量 4.71 兆伏安；新增与改造配变台区 143 台、容量 7.84 兆伏安；安装低压综合配电箱 252 个、单相电能表 1.31 万只、三相电能表 660 只，总投资 2650.72 万元。2002 年底，二期工程完工。2004 年 4 月，通过省“两改一同价”工作领导小组验收。全县农网改造工程涉及 18 个乡镇、262 个村、4 个农林场，受益农民 7.67 万户、30.19 万人，村网改面达 99.62%。网改后，农村的照明用电量年均增长 14.88%。电压合格率 94%，供电可靠性达 98%，综合线损率降低到 11.75%。“两改”后全县推行电价、电量、电费“三公开”，销售、抄表、收费、服务“四到户”，电价、发票、抄表、核算、考核“五统一”，逐步建立规范有序的新型管理体制。实行城乡同网同价，居民生活用电价0.41元/千瓦时。农村电价平均降低0.27元/千瓦时，每年可减轻农民电费负担228.2万元。乡镇、村不再承担电力设备的维护费用，减轻了乡镇、村财负担。

2006年，县供电公司自筹资金架设农村10千伏配电线路8条、52.5公里，其中泉三高速公路划拨4条、46.5公里；改造农村10千伏线路2条、6公里；更换农村配电网低压线路66公里；新增公用配变18台、容量2.16兆伏安，公变增容10台、新增容量0.8兆伏安；改造低压主网架15公里。2007年，新架农村10千伏线路1条、83.8公里（建设线II回）；改造10千伏线路2条、8公里。2008年，新架农村10千伏线路2条、17公里。

第三节 用电

1993年，县电力公司完成供电量1.85亿千瓦时、售电量1.7亿千瓦时，线损率8.11%。照明用电量399.81万千瓦时，工业用电量1.07亿千瓦时，其他用电量32.27万千瓦时。

1998年，县电力（集团）公司完成供电量2.26亿千瓦时，售电量2.07亿千瓦时，线损率为8.41%。城乡居民生活用电1798万千瓦时，农、林、牧、渔、水利业用电量110万千瓦时，工业用电量1.76亿千瓦时，建筑业用电量51万千瓦时，交通运输、邮电通讯业用电量84万千瓦时，商业用电量372万千瓦时，其他事业用电量为644万千瓦时。

2000年，县电力公司供电2.37亿千瓦时，售电2.11亿千瓦时，线损率10.97%。城乡居民生活用电2525万千瓦时，工业用电1.94亿千瓦时，其他行业用电1731万千瓦时。2005年，县供电公司供电4.16亿千瓦时，售电3.81亿千瓦时，分别比2000年增长75.53%、80.67%，线损率8.4%。其中，城乡居民生活用电4883万千瓦时，工业用电3.23亿千瓦时，分别比2000年增长93.37%、66.49%。

2008年，县供电公司供电6.64亿千瓦时，售电5.92亿千瓦时，分别比1993年增长2.59倍、2.48倍，线损率10.84%。其中，城乡居民生活用电1.01亿千瓦时，农林牧渔业用电281万千瓦时，工业用电5.34亿千瓦时，建筑业256万千瓦时，交通运输、仓储、邮电通讯业178万千瓦时，信息传输、计算机服务业348万千瓦时，商业、住宿、餐饮业842万千瓦时，金融、房地产、商务业319万千瓦时，公共事业及管理组织用电667万千瓦时。

第四节 农村电气化县建设

1993年，继续实施国务院1990年确定第二批建设农村水电初级电气化试点工作。县政府制定发展水电产业优惠政策，筹集社会资金参与水电开发建设。通过5年的建设，至1994年6月，新建、改造和扩建水电站32处，装机45台、容量1.06万千瓦。同年9月，通过全国农村初级电气化试点县验收。2000年，全县用电面积指标大幅提高，全县总用电量2.37亿千瓦时，人均用电量643千瓦时，户通电率99.95%，生活总用电量2500万千瓦时，户均生活用电量263千瓦时。

2001年11月，大田县被列为“十五”期间（2001—2005年）全国建设400个水电农村电气化县之一。全县在电源、电网建设、农网改造、电力体制改革、行业管理、发展电力负荷和加快社会经济发展步伐等方面，全方位推进水电农村电气化县创建工作。发动群众筹集社会资金建设农村小水电，利用原有的水电工程评估向银行抵押贷款；电网建设的资金主要来自农网改造专项资金和银行贷款；负荷建设投资全靠企业自筹。2003 年，全县总用电量 3.04 亿千瓦时，人均年用电量 827 千瓦时，比 2000 年（下同）增长 28.6%，生活总用电量 0.36 亿千瓦时，户均年生活用电量 371 千瓦时，同比增长 41%。随着农网改造的全面完成，全县供电可靠率、晚高峰时段农村用电保证率均达到 96% 以上。丰水期全县实行小水电代燃料的户数达 2.04 万户，占全县总户数 21.2%。2001—2004 年，水电、电网、负荷建设共投资 3 亿元，其中企业自筹 30%、银行贷款 68%、国家和各级财政扶持 2%。全县总用电量 3.54 亿千瓦时，人均年用电量达到 960 千瓦时，生活总用电量 0.38 亿千瓦时，户均年生活用电 398 千瓦时。当年 12 月，大田县通过省政府水电农村电气化建设达标验收。“十五”期间，国家和省共拨专项电气化资金 440 万元，全部投入仙潭水电站工程建设。从股份分红中每年可获得 37.8 万元资金用于全县水电、水资源和防汛抗旱的支出。其间，全县建成投产小水电容量 4.24 万千瓦，年发电量 2 亿千瓦时。

2006 年，大田县被列入“十一五”（2006—2010 年）水电农村电气化县建设，6 月，在实施“户户通电”工程中，消除无电户，户通电率 100%。中央拨水电农村电气化资金 250 万元，投入璞溪口水电站工程建设。2008 年，全县小水电提供的电量 3.48 亿千瓦时，占全县总供电量的 52.41%。人均年用电量达到 1730 千瓦时，生活总用电量 1.01 亿千瓦时，户均年生活用电量 1052 千瓦时，全县供电可靠率、晚高峰时段农村用电保证率均达 96% 以上，完成“十一五”时期水电农村电气化县建设目标。

第五节　机构与管理

一、大田县供电有限公司

1993 年，县电网及城区供、用电管理机构为县电力公司，农村供、用电管理机构为乡、镇电管站。

1994 年 5 月，经县政府批准成立福建省大田电力集团，原电力公司改组为县电力（集团）公司。1999 年 6 月，按照国务院文件精神，县电力（集团）公司上划省电力工业局代管，并实行体制改革，完成政企分开、厂网分离工作，主管部门改为县经贸局。8 月，改革农村电力管理模式，撤销乡镇电管站，组建为县电力（集团）公司下属的基层供电所。2000 年 11 月，注销福建省大田电力集团和大田县电力（集团）公司，重新登记为县电力公司。2003 年 1 月，取消原有科室，设综合管理、人力资源、财经、纪检监察审计、营销、生产技术计划、安全监察、调度运行、输变电等 9 个部。

2005 年 9 月，县电力公司进行股份制改革，福建省电力有限公司占 75% 股份，大田县国有资产投资经营有限公司占 25% 股份，名称改为福建省大田县供电有限公司，并设立董事会、监事会，9 月 12 日正式挂牌。2008 年，机构不变。

二、供电管理

1993 年，县计划用电、节约用电、安全用电“三电”办公室在久旱少雨、电力供应紧张年份下达各单位用电定额指标，居民生活用电实行夜间照明白天停电。当年 10 月，县电力公司制定《纠风专项治理实施细则》。11 月，成立用电稽查科并设立举报电话，查处违章用电、窃电案件。城区处理停电事故时间缩短，整改线路，停电次数减少，县电网合格率达 94.62%，供电可靠率达 97.1%。1995 年，县电力（集团）公司印发《关于严禁窃电的通告》。1997 年，把电力建设、生产和管理纳入法治轨道，依法办电、管电。落实管理责任制，采取定期与不定期检查相结合，对电力企业生产安全检查，举办电工、安监员安全知识业务培训班。

1998—2000年，《大田县供用电管理暂行规定》经县政府批准执行，整改城区低压网络居民户2000多户，提高电压，保证用户安全用电。电力公司对城关供电所、大田变电站进行联网改造，提高整个供电网络的供电质量及可靠性。其间，加强供用电稽查管理，依法开展用电普查，打击窃电，违章用电行为，对企业厂矿用电大户采取全面普查加强监管，对窃电用户采取教育为主、处罚为辅的原则。

2003年初，县电力公司成立用电检查班，充实用电稽查人员，定期检查和夜间突查相结合，依法打击违章用电、窃电行为。当年，电力公司以安全生产为基础，营销为重点，开展客户，政府满意“双满意”活动，向省市争取用电指标，购进火电和省网电量，实现城乡一体化管理，满足全县居民的生活和工农业用电需求。

2004—2005年，县供电公司完成签订新版本《居民供用电》合同，重新编修细化《电费回收考核办法》，推行多银行缴费系统。完善县内营销计算机管理系统，全部实现联通光纤城乡信息联网，信息化管理。

2007年，推进电网发展和设备改造，县城电网建设与改造工程通过验收。县供电公司与三明电业局签订《福建省2007年度县级供电负责人业绩考核责任书》。2008年，县供电公司以安全稳定为主线，推进现场标准化作业，排查与整治安全生产隐患，查出问题和隐患271个，安全措施、技术措施完成率达100%，全县实现城乡一体化管理。

卷八 农业与农村经济

1993 年起，大田县农业、农村工作围绕建设社会主义新农村目标，深化农村改革，开展农田水利、道路、电、电话、广播电视、卫生饮用水等基础设施建设，推进小康和新农村建设。调整农业产业和优化产业结构，推广新技术、新品种、新农药、新化肥、新农机，发展高产、高效、优质农业。2003 年始，重点发展茶产业；印发《大田县养殖水域规划》，合理开发水域，促进水产业发展。2006 年，大田成为全省茶业新区开发科研基地、福建乌龙茶地理标志产品保护区域、第六批全国绿色食品原料(茶叶)标准化生产基地创建县和全国茶叶优势百强县。1993—2007 年，全县农业生产稳步发展，农村生产、生活条件逐年改善。2008 年，全县农业总产值 24.77 亿元，比 1993 年增长 4.06 倍，实现翻两番，其中种植业 15.57 亿元、比 1993 年增长 5.03 倍，林业 2.87 亿元、同比增长 2.83 倍，畜牧业 5.82 亿元、同比增长 2.85 倍，渔业 5074 万元、同比增长 6.24 倍，农民人均纯收入 5675 元、同比增长 3.3 倍。

第一章 农村经济体制改革

第一节 土地承包管理

1993 年，农村土地家庭联产承包责任制和统分结合的双层经营体制出现土地流转，一些农户规模经营。当年，上京镇延京村一村民承包他人土地种植烤烟 1.6 公顷，纯收入 5.5 万元。1994 年，耕地承包期再延长 30 年不变，全县签订农业承包合同 20.88 万份。

1997 年，县政府批转农业局《关于稳定和完善土地延包关系的意见》，做好土地承包合同管理，维护农民的合法权益。1998 年，县政府成立稳定和完善土地承包关系工作领导小组，下设办公室；各乡镇相应成立领导小组和办事机构。县政府下发《大田县新一轮土地承包合同签订工作方案》，实行大稳定小调整，开展承包合同签订，延包或小调整方案报县农办审批后实施，以户填制表卡，建立档案，规范管理，颁发《农村集体土地承包经营权证》，承包经营时间自 1999 年 1 月 1 日至 2028 年 12 月 31 日。全县 262 个村、2425 个村民小组，实行顺延承包 1877 个、占 77.4%，小调整 548 个、占 22.6%，签订合同 6.4 万份、占 91.2%，合同鉴证 100%。专业户承包经营山塘 33 处、小型水库 8 处。

2000 年，县畜牧水产局在均溪镇华安、红星村、奇韬镇奇韬村开展河段承包经营试点，签订承包合同，明确每年上交金额和承包年限。2003 年 11 月，县政府印发《大田县养殖水域规划》，县畜牧水产局对 387.13 公顷水域养殖面积进行确权发证，其中池塘 20.33 公顷、山塘水库 366.8 公顷，稳定水域养殖使用权和承包经营权。台商邱耀镇租赁东风农场土地 13.86 公顷，创办丰水梨果场。

2005 年，县委、县政府制定《关于农业农村工作的意见》，加强土地承包经营权流转的引导和管理，按照“依法、自愿、有偿”的原则，鼓励转包、转让、租赁、互换等形式流转，促进适度规模经营。2006年，厦门联利菌业发展有限公司在华兴乡京口村租地0.87公顷建立食用菌基地，多喜乐食品有限公司在武陵乡大石村租地2.67公顷，建立出口香菇原料基地。2008年，全县有一批大户流转耕地种植烤烟、木薯、蔬菜等作物。土地承包经营权流转4576户、521.27公顷，占耕地总面积2.65%，其中，转包170.27公顷、转让74.73公顷、出租207.33公顷、互换48.67公顷，其他形式20.27公顷。

第二节 农业产业结构调整

1993年，县委、县政府围绕农业绩效、农民增收，调整农业产业和优化农产品品种结构，发展高产、优质、高效农业。当年，全县农作物播种面积4.88万公顷，其中粮食作物2.99万公顷、占播种面积61.27 %，产值1.03亿元、占种植业46.82%；经济作物1.9万公顷、占播种面积38.94%，产值1.17亿元、占种植业53.18%。1995年，粮食与非粮食作物种植比例为62.9 ：37.1，经济作物、蔬菜、茶叶产值占农业产值32.24%。1996年，多种经营产值2.35亿元，占农业总产值21.82%。1997年，加快农产品基地建设和农业产业化步伐，建设食用菌基地和肉兔商品基地，太华、上京、湖美、梅山、文江5个示范镇、25个村，栽培食用菌2000袋以上855户；屏山、石牌、均溪、武陵、吴山、上京6个乡镇年饲养肉兔超15万只，12个重点村年饲养百只以上的4800户、千只以上的12户。

1998年，县政府把反季节蔬菜生产列为新的农业经济增长点，粮食生产首先稳定播种面积，主攻单产，实施种子、旱粮和改造中低产田“三大工程”，粮食作物播种面积3.06万公顷，总产量14.43万吨。1999年，在广平、文江、太华、建设、均溪5个乡镇建立肉鸭生产基地。2000年，上京、桃源、均溪、屏山、奇韬5个乡镇蔬菜种植大户、典型户440户，种植面积共146公顷，联系客商发展“订单农业”；粮食生产以扩大优质稻、提高单产为主，全县粮食播种面积2.91万公顷，总产量13.93万吨。

2002年，以龙头带基地、基地带农户发展茶叶生产。2003年，调整布局，高山区重点发展优质乌龙茶、无公害反季节蔬菜；中低山区重点发展烟叶、订单农业、农产品加工业，建设“数乡一业、几村一品”的优势产业带，调减早稻种植面积200公顷，扩大非粮食作物1240公顷。当年，粮食与非粮食作物种植比例为53 ：47。

2004年，县乡成立木薯生产工作领导小组，从广西引进5个木薯新品种，在梅山、文江、华兴、湖美、广平等5个乡镇建立种植示范片，全县208个村种植木薯2000公顷，产量3.49万吨。当年，无公害产品7个、绿色食品1个，认证面积2013公顷、产量4.49万吨。2006年，县政府扶持发展粮食加工企业，农业局实施“科技兴粮工程”“沃土工程”，建立万亩高产示范区，种植优质稻1.4万公顷，其中超级稻3666.67公顷，水稻良种覆盖率达96%，粮食作物总播种面积4.79万公顷，产量14.16万吨。

2007年，全县9个产品获省绿色食品发展中心无公害农产品、绿色食品标志使用权。2008年，县政府夯实农业基础，发展特色农业，促进种植业持续发展，完成农业产值15.57亿元。全县烟草、蔬菜、食用菌、水果、茶叶产值11.19亿元，占农业产值72.8%，比1995年提高40.54%。新建茶园面积505.3公顷，年底，茶园面积达3836.2公顷，屏山乡被省认定为“万亩绿色食品茶园生产基地”。种植木薯4553.33公顷，成为全省最大的木薯种植基地。粮食与非粮食作物种植比例47 ：53，非粮食作物超过粮食作物，比1995年提高15.9个百分点。肉兔产值占畜牧业产值18.56%，达1.08亿元。当年，全县农林牧渔总产值24.77亿元，比1993年增长4.06倍。农林牧渔业产值之比为62.86 ：11.59 ：23.49 ：2.06，农业产值比1993年增长4.96倍，林业产值同比增长2.83倍，畜牧业产值同比增长2.85倍，渔业产值同比增长9倍。农民人均纯收入5675元，比1993年的1320元增长3.3倍。

若干年份大田县农林牧渔业产值变化情况表

表 8-1

年份	总产值（亿元）	农业		林业		畜牧业		渔业	
		产值（亿元）	占总产值（%）	产值（亿元）	占总产值（%）	产值（亿元）	占总产值（%）	产值（亿元）	占总产值（%）
1993	4.90	2.58	52.65	0.75	15.31	1.50	30.61	0.07	1.43
1995	9.67	5.19	53.67	1.16	11.99	2.86	29.58	0.46	4.76
2000	12.13	6.55	54.00	2.31	19.04	2.69	22.18	0.58	4.78
2005	17.18	10.16	59.14	1.97	11.47	4.31	25.09	0.74	4.30
2008	24.77	15.57	62.86	2.87	11.59	5.82	23.49	0.51	2.06

第三节　农业社会化服务

一、农业“969155”服务

2001 年 6 月，县农业局设立“969155”服务中心，开通“969155”免费电话服务热线，无偿为农民提供农业技术、政策法规咨询和市场信息等服务，至年底，接受咨询 350 人次，解答问题 190 个。2002 年，设立大田农业信息网页，有农业动态、政务之窗、供求信息、名优特产、政策法规等 10 个栏目。2004 年，安装电视电话咨询服务系统 1 套。2005 年 8 月起，与县电视台联合开播《连线 155》农业服务电视专栏节目。2007 年，县农业“155”服务中心被省农业厅列为省第五届“创文明行业、建和谐海西”示范点，整合“一站式”乡镇服务队 5 个，建立“三电合一”（电话、电视、电脑）村级服务示范点 19 个，农业 155 科技开发示范基地 18 个，挂牌培育种养加示范大户 90 户。2001—2008 年，县、乡农业“155”共受理各类咨询 14.5 万人次，上传、更新各类信息 1.94 万条次，挽回经济损失 923.4 万元，新增产值 451.9 万元。

二、农业科技教育与培训

（一）农业科技教育

1996 年，依托县农办成立省农业广播电视学校大田分校（简称农广校），专职教师 2 人，聘任兼职教师 25 人。县政府办下文要求各乡镇，不具备中专学历的村干部、农技员参加农广校中专学历成年人教育，进修高效农作物生产、高效果树生产、园林与花卉、企业经营管理、畜牧兽医、现代乡村综合管理、计算机应用、农村电气化、会计、统计与审计等专业。通过三年理论与技能学习，能掌握 2 门以上实用技术，经考试及格，省农广校发放国家承认的中专毕业证书。2002 年，全面实施农科教结合示范工程，“跨世纪青年农民科技培训工程”“百村致富工程”，县农广校招收村干部参加中专教育 109 人，与华侨大学联办专科教学点招生 39 人，与四川大学联办本科、大专远程教育教学点，招生 110 人。1996—2008 年，共招生 1314 人，其中毕业 1087 人、在校 227 人。

（二）农业科技培训

1993—1996 年，全县举办《中华人民共和国农业法》《中华人民共和国农业技术推广法》与实用技术培训班 626 期，参加人数 5.66 万人，印发各种技术资料 12.3 万份。2002 年，县、乡农技站、农广校、农函大专等部门协作，举办青年农民培训班 65 期、参训 3000 多人。2004—2008 年，县农广校增挂大田县农民科技教育培训中心牌子，以青年农民、农村基层干部、种养专业户为对象，依托乡镇农业服务中心，按生产季节开展实用技术培训。每年专、兼职教师进村授课180人次，组织农民收听收看广播、电视、录像、投影等。共举办优质稻生产、茶叶生产与加工、木薯产业开发与运用、食用菌栽培、蔬菜高产栽培、农村沼气与能源开发、测土配方施肥等技术培训共720期、参训6万人次。

三、农机推广

1993年，全县有手扶拖拉机、家用运输车、排灌、耕作、农副产品加工等家用机械6.27万台（辆），农业机械总动力6.64万千瓦，其中半机械化机具5.99万台。1995年起，推广机耕船、木薯淀粉加工机、开沟机、抛秧机、丰收—184拖拉机、高压喷灌机等农业机械。1997年，全县农机总动力8.49万千瓦，机耕面积1533公顷，机耕作业量3067公顷，农机运输量3000万吨公里。

1998年，县农机中心从广西引进微耕机，从福安市引进自吸泵、背负式收割机、机动脱粒机等大型农机具14台，在福塘、大石、桃源等村作业示范。2000—2001年，推广烟地起垄机14台、旋耕机8台（套），与石牌、太华、上京、建设、广平等乡镇购机农户签订租赁协议，3年付清购机款，并实行农机补助，每台套旋耕机补助500元。

2003年，全县有起垄机、旋耕机械86台套，龙强牌、龙马牌新型变型拖拉机313辆，农副产品加工机械536台、畜牧业机械99台、林业机械17台、农田基本建设机械12台。农机作业组4388个、5174人，农机总动力11.84万千瓦，机耕面积2853公顷，机械加工农副产品15.42万吨，农机运输作业量9956万吨/公里。2005—2007年，99个农户购买联合收割机2台、微耕机60台、茶叶修剪机3台、手扶拖拉机33台、起垄机3台，享受省财政补贴5.39万元，其中，2006年全县推广多功能拖拉机298台、各种农机743台。

2008年，167个农户购买手扶拖拉机33台、烟地起垄机25台、微耕机102台、茶叶加工机械32台、插秧机1台，享受中央和省财政补贴30.11万元。当年，全县农机总动力14.04万千瓦，比1993年增长1.11倍，机耕面积4533公顷，机械加工农副产品15.97万吨，农机运输作业量6104.02万吨/公里。

第二章　农业生产条件

第一节　耕地

1993年，全县耕地面积1.8万公顷，其中水田1.33万公顷、旱地1706公顷，农业人口（下同）人均耕地面积0.05公顷。县政府鼓励集中连片开发水田和旱地，给予经济补助。1994年，全县划定基本农田保护区1.28万公顷，城区划定2个蔬菜保护片15.33公顷。1995年，县政府落实“用一造一”方针。奇韬乡龙坪村村民黄新想开发耕地1.9公顷，成为全县耕地开荒的榜样。1993—1996年，全县共开发耕地178.12公顷，基本达到耕地总量的动态平衡，实现“用一造一”。1999年，全县耕地2万公顷，其中，水田1.9万公顷，旱地1005.93公顷。2000年，实现耕地占补平衡。2005年，全县耕地面积2.01万公顷，其中，水田1.9万公顷、旱地1118.75公顷，人均耕地0.05公顷。

2006—2007年，全县划定基本农田保护1239片，面积1.73万公顷，占全县耕地总面积86%。开展灾毁耕地复垦工作快速反应机制试点，全县受灾耕地698片，总面积323.59公顷，其中不可复垦的灾毁耕地57.95公顷，需工程措施辅助复垦30片、面积19.01公顷。2008年，全县农业用地20.86万公顷，其中耕地1.97万公顷，基本农田保护保持1.73万公顷。1993—2008年，因退耕还林、灾害毁地、基本建设用地等，共减少耕地1037公顷，通过新开荒、平整土地等增加耕地637公顷，净减少耕地400公顷。

第二节　劳力 畜力

一、劳力

1993年，全县农村劳力9.98万人。随着农村改革的深化，现代农业技术推广应用，农产品产量提高，农村农业生产剩余劳力增多。当年，在县内外从事工业、建筑业和第三产业1.62万人，占农村劳力的16.23%。2000年，农村劳力12.15万人，从事非农产业劳力2.73万人，占农村劳力的22.47%。2005年，农村劳力12.79万人，从事非农产业劳力3.99万人，占农村劳力的31.2%，比1993年提高14.97个百分点。

2008年，全县农村劳力12.85万人，从事非农产业劳力4.88万人，占农村总劳力的37.98%，其中劳务输出3.77万人（乡外县内1.43万人，县外省内2.1万人、省外2400人），比1993年提高21.75个百分点。务工劳力中，经培训的4182人，有组织输出的1700多人。

二、畜力

1993年，县内畜力有水牛、黄牛，统称耕牛，主要用于牵引犁耙耕作农田，水牛日耕地0.26公顷—0.33公顷，黄牛日耕0.13公顷—0.17公顷。牛存栏7469头，其中役牛4929头，每头负担耕地2.7公顷，耕牛农户饲养，利用率低，养牛效益差。2004年，牛存栏1.1万头，其中役牛8357头。2008年，牛存栏仅3702头，比1993年下降50.4%，其中役牛2400头，每头负担耕地5.2公顷，部分无牛户采用机耕或人力翻耕。

第三节　农业机械

一、耕作机具

1993年，全县有耕作机具2230台、总动力1.1万千瓦，机耕面积3747公顷，占耕地面积20.82%。2002年，全县有耕作机具667台、总动力5534千瓦，机耕面积2520公顷，占耕地面积的19%。2004年，农机作业组织4835户、5616人。2005年，全县有耕作机具588台，机耕面积2753公顷，占耕地面积20.76%。2008年，全县有农机户5385户、5605人，耕作机具1344台、总值8345万元，其中拖拉机510台、耕整机283台、机耕船1艘、旋耕机204台、起垄机84台、机引犁12台、机引耙6台、拖拉机配套农具244台，机耕面积5400公顷，占耕地面积27.41%，比1993年提高6.59个百分点，农机化经营总收入8461.49万元，比1993年增长1.15倍。

机耕（2008年摄）

二、收获机具

1993年，水稻人力脱粒机1.8万台，机动脱粒机43台、功率43千瓦。1997年，人力脱粒机1.76万台，机动脱粒机3台。2002年，联合收割机1台，机动割晒机1台，人力脱粒机1.44万台，机动脱粒机44

台。2008年，人力脱粒机1.79万台，机动脱粒机377台，联合收割机6台、割晒机1台，机械收割面积238公顷；采茶机89台，保鲜储藏设备242台。

三、植保机具

1993年，手动喷雾（粉）器3.08万部，机动喷雾（粉）机104部，机械植保面积800公顷。1997年，手动喷雾（粉）器2.96万部，机动喷雾（粉）机74部，机械植保面积4360公顷。2002年，手动喷雾（粉）器2.75万部，机动喷雾（粉）机176部，机械植保面积1270公顷。2005年，手动喷雾（粉）器2.53万部，机动喷雾（粉）机66部，机械植保面积1182公顷。2008年，手动喷雾器3.18万部，机动喷雾（粉）机134部，机械植保面积1247公顷。

四、排灌机具

1993年，农用排灌动力机械198台，功率979千瓦，机灌面积65公顷。1997年，农用排灌动力机械193台，机灌面积1026公顷。2002年，农用排灌动力机械234台，机灌面积641公顷。2005年，农用排灌动力机械583台，机灌面积452公顷。2008年，农用排灌动力机械1630台（套），其中柴油机70台、电动机671台、农用水泵742台、节水灌溉类机械147套，机灌面积636公顷。

五、农用运输

1993年，农用运输车2085辆、总动力5.08万千瓦，运输作业量3442万吨/公里。1997年，农用运输车2204辆，完成农机运输作业量4442万吨/公里。2002年，农用运输车1444辆、功率3.45万千瓦，完成农机运输作业量9927万吨/公里。2004年，农用运输车1011辆、2.88万千瓦。2008年，农用运输车2250辆、总动力3.72万千瓦，其中农用运输车326辆、手扶拖拉机509辆、中型拖拉机1辆、多功能拖拉机1411辆、机动运输船3艘，完成农机运输作业量6104万吨/公里，比1993年增长37.42%。

六、农副产品加工机械

1993年，农副产品加工机械811台、总动力7742千瓦。1997年，农副产品加工机械1197台，机械加工农副产品4.4万吨。2002年，农副产品加工机械3536台，机械加工农副产品15.35万吨。2005年，农副产品加工机械3611台，机械加工农副产品16.1万吨。2008年，农副产品加工机械6398台，总动力3.93万千瓦，其中粮食加工机械5257台、榨油机71台、果蔬加工机1台、茶叶加工设备812台、饲料加工机257台，机械加工农副产品15.97万吨。

第三章　作物种植

第一节　粮食作物

一、水稻

（一）面积与产量

1993年，县主要粮食作物水稻播种面积1.86万公顷，占粮食作物播种面积62.18%，稻谷总产量11.32万吨，平均亩产406公斤。1997年，开展“百、千、万亩丰产片”竞赛活动，播种面积1.84万公顷，占粮食作物的59.49%，总产量11.87万吨，亩产量430公斤。1999年，以更换良种、提高单产为主，播种面积1.81万公顷，占粮食作物的57.73%，总产量11.89万吨，亩产量439公斤。2000年始，农业内部结构调整、优化，实施稳粮扩经政策，粮食播种面积逐年减少。2005—2007年，随着中央1号文件的出台和种粮补贴等惠农政策的落实，发展高产、高效、优质的“两高一优”农业，播种面积稳定在1.37万公顷—1.56万公顷。2008年，播种面积1.38万公顷、粮食总产量8.32万吨、亩产量402公斤。

（二）品种引进与推广

1993—1999年，早稻推广杂交稻汕优64、威优77，中晚稻为汕优63、特优63、D297优63、D297优67、D297优155、汕优多系一号、岗优22、汕优669、汕优64等。2000年，早稻推广威优82、汕优82，中晚稻特优70、汕优明优86、特优明86、D297优63、II优明86、D优明86等。2001年，种子市场放开，品种更加多元化，早稻推广金优明100，中晚稻推广特优73、特优175、T优7889、金优2155、T78优2155、两优2186、福优964、岗优527、II优1259。2005年，推广II优1273、II优131、II优航148、特优627、谷优527、宜香2292、宜优673、T55优627特优716等。1993—2008年，共引进推广杂交稻组合42个，早稻优质率85%，中、晚稻优质率95%，累计推广杂交稻面积21.3万公顷、增产58万吨，杂交稻对粮食增产的贡献率达36%。

二、甘薯

1993年，甘薯种植面积2651公顷，占粮食作物播种面积的8.9%，总产量7797吨、亩产量196公斤。主要品种有湘薯75—55、新种花、福薯87、岩薯5号、金山57、台农66等。主要分布在屏山、吴山、济阳、谢洋、武陵、桃源、太华等乡镇。1999年，推广“五改”（种苗、肥料、土壤、管理、密度）和脱毒技术，取甘薯未被病毒侵染的茎尖生长点进行组织培养—原原种—原种—脱毒苗，亩增产20.4%，维持3年之后，复受病毒侵染，重新脱毒。2001—2007年，引进金山86、福薯8号、福薯16、福薯13、岩薯1号、浙江“迷你型”小甘薯、紫色薯等品种。甘薯面积逐年扩大，2008年，引进叶菜型薯福薯7—6，种植5085公顷，比1993年增长91.7%，总产量2.17万吨，同比增长178.3%，亩产量285公斤，同比增长45.4%。

三、大豆

大田是福建省大豆主产区之一。1993年，种植4834公顷，占粮食作物播种面积16.2%，总产量5459吨，占粮食总产量的4.15%，亩产量75公斤。1994年，市场需求扩大，利用山地、幼龄果园套种，发展田埂豆等，扩大种植面积，提高种植水平和产量。1999年，种植面积达5307公顷，总产量8060吨，占粮食总产量5.47%，亩产量101公斤。2000—2007年，其他经济作物面积扩大，大豆面积逐年下降。2008年，主要品种有莆豆8008、福豆310、泉豆7号、古田青豆等，种植面积2921公顷，比1993年增长87%，总产量3776吨。平均亩产量114公斤，比1993年增长52%。

四、马铃薯

1993年，马铃薯种植面积1682公顷，总产量2463吨，亩产量98公斤。2000年起，推广马铃薯脱毒、稻草覆盖栽培技术，面积逐年扩大，亩产提高。2008年，种植面积达3160公顷、比1993年增长87.87%，总产量8518吨、亩产量180公斤，分别比1993年增长245.84%、83.67%，主要品种有克新3号、克新2号、春薯4号、中薯3号、紫花851、费乌瑞它等。

五、杂粮

杂粮以玉米和粟等为主，其他有高粱、小米、魔芋、薯芋等。1993年，杂粮种植面积1733公顷，总产量2171吨、亩产量84公斤。其中，玉米种植面积1106公顷，总产量1345吨、亩产量81公斤，粟种植面积85公顷，总产量206.5吨、亩产量162公斤。玉米采用清种、间套种及零星种植为主，主要品种有掖单13、闽单88，甜蜜2号、超甜35、苏玉1号、闽玉糯、苏玉糯2号，沪玉糯、玉糯、白玉糯、都市美人等，采用营养袋（钵）育苗，亩种植4000株左右，间套种1000株—3000株，推广地膜覆盖早熟栽培，合理施肥。2000年，杂粮产量上升，种植面积2128公顷，总产量3738吨、亩产量117公斤。其中，玉米种植面积1493.6公顷，产量2620吨、亩产113公斤；粟籽种植面积76公顷，产量190.3吨、亩产量167公斤。2004年，杂粮种植面积1643公顷，产量2912吨、亩产量118公斤。

其中，玉米种植面积 1307.5 公顷，产量 2165 吨、亩产量 110 公斤；粟籽种植面积 69 公顷，产量 177 吨，亩产量 171 公斤。2008 年，种植杂粮 813 公顷，比 1993 年下降 53.09%，总产量 1705 吨，同比下降 21.46%，亩产量 140 公斤，同比增长 66.67%。其中，玉米种植 582 公顷，总产量 1119 吨、亩产量 128 公斤；粟籽种植 62 公顷，总产量 165.5 吨、亩产量 178 公斤。

第二节　经济作物

一、蔬菜

1993 年，全县蔬菜种植面积 8644 公顷，总产量 15.39 万吨、亩产量 1187 公斤。叶菜类有大白菜丰抗 70 和丰抗 90、小白菜三月慢和四月慢、甘蓝菜、芹菜、花椰菜等；萝卜类有南畔洲、白玉大根、汉白玉、瑞雪；瓜类有黄黑皮冬瓜、粉皮冬瓜、佛手瓜、丝瓜、角瓜、葫芦瓜、蜜本南瓜，黄瓜有津优 1 号、津优 2 号、津研 2 号、津研 4 号，苦瓜有高月、月华；姜类有台湾肥姜、竹姜；豆类有之豇 28–2、之豇 13、白沙 7 号、高产 4 号、白玉青 12 号；茄类有金山长茄、闽紫 1 号，西红柿有丰顺、佳粉 10 号，包括传统自有品种，共有 12 类、96 个品种。1998 年，县政府把反季节蔬菜生产列为农业新增长点，全县 51 个村、2100 户农民种植反季节蔬菜 560 公顷，产量 1.6 万吨，产值 1386 万元，农民增收 910 万元。2000 年，县政府办下发《反季节蔬菜生产实施方案》，召开专题会议和现场会，签目标责任状，以武陵乡“雪山”萝卜为典型，带动上京、桃源、均溪、屏山、奇韬等重点乡镇，1.02 万农户种植反季节蔬菜 1393.33 公顷，产量 2.4 万吨、产值 3150 万元，农民增收 880 万元；培植种菜大户 440 户，户均种菜 0.33 公顷。联系客商发展“订单农业”，建立反季节蔬菜基地有武陵乡“雪山”萝卜 300 公顷，桃源镇黄瓜、莴苣 200 公顷，吴山乡甘蓝 53.3 公顷，上京镇、太华镇花椰菜 200 公顷。当年，大田被省农业厅评为全省蔬菜发展十强县。2004 年，实施“菜篮子”工程，引进新品种，改进栽培技术，推广塑料大棚、农膜及遮阳网、营养钵（袋）育苗、配方施肥，增施有机肥，使用高效低毒、低残留农药和除草剂，病虫综合防治，提高蔬菜产量和质量。2008 年，全县种植蔬菜 1.63 万公顷，比 1993 年增长 88.6%，总产量 39.82 万吨，同比增长 158.7%，亩产量 1627 公斤，同比增长 37.1%，产值 7.34 亿元，占种植业产值 47.72%，比 1993 年增长 11.47 倍，其中反季节蔬菜种植面积 2800 公顷，总产量 5.4 万吨、亩产量 1285 公斤。产品自给有余，销往三明、福州、泉州、厦门、潮汕等地。

桃源蔬菜大棚（1997 年摄）

二、花生

1993 年，花生种植面积 486.7 公顷，总产量 980 吨、亩产量 135 公斤，以春花生为主，主推粉红、中琉球品种。2000 年起，推广泉花 10 号、四粒红等高产抗病、适应性强的品种，采取适当密植，地膜栽培，改进施肥方法，改变以往不施氮肥的习惯，基肥与齐苗施足氮肥，氮、磷、钾比例为 1 ∶ 0.6 ∶ 1.6，根外追施磷酸二氢钾、硼肥等。2008 年，种植面积 778 公顷，比 1993 年增长 59.9%，总产量 2052 吨，同比增长 109.4%，亩产量 176 公斤，同比增长 30.4%。

三、西瓜

1993年，西瓜种植面积733公顷，总产量1.18万吨、亩产量1073公斤。2000年起，改直播为营养袋（钵）育苗，采用塑料大棚加小拱棚育苗，推广新红宝、庆红宝、庆发12、庆抗18、抗病庆农5号、西农8号等良种，引进西瓜嫁接技术，用葫芦瓜、超丰F1、南瓜苗等作砧木，嫁接西瓜苗，提高抗病能力。应用地膜栽培技术，早种植、早上市，产量逐年上升。2008年，种植1205公顷，比1993年增长64.4%，总产量2.72万吨，同比增长130.5%，亩产量1506公斤，同比增长40.4%。

四、木薯

木薯是传统作物。1993年，木薯种植面积580公顷，总产量7050吨，亩产量810公斤。1994年，引进海南8641品种，面积扩大至819.67公顷，总产量1.04万吨，亩产量846公斤。2004年始，县政府把木薯产业列入优势农业产业项目之一，引进聚祥（大田）生物科技有限公司，在文江乡建立木薯淀粉加工厂，推广"公司+基地+农户"的模式，从广西、海南调入华南205、GR911、南植199、GR891等良种354吨，良种覆盖率83%。在梅山、文江、奇韬、建设、均溪、太华、湖美、济阳、广平、上京、东风农场等乡镇、场发展种植20亩以上大户107户、50亩以上示范片147片，面积634公顷；制定木薯产业发展扶持政策，亩补化肥款50元，间套种亩补20元，机耕道每公里补助3000元；实施标准化栽培，改不施肥为科学施肥，结合中耕，植后45天和70天各施1次肥，氮、磷、钾比例为3∶1∶4。2005—2008年，县举办4届"木薯王"竞赛活动，梅山乡陈美界、均溪镇范明德，分别以单株重21.1公斤、21.65公斤获县第一、二届"木薯王"称号，均溪镇红星村杨善壁以单株重37.88公斤、43.8公斤获第三、四届"木薯王"称号，以亩产量3986公斤、4302公斤、4396公斤夺冠。2008年，全县132个村有2.01万户种植木薯3665公顷、比1993年增长5.32倍，总产量9.2万吨、同比增长11.95倍，亩产量1673公斤、同比增长1.07倍。大田县成为全省最大的木薯生产基地。

五、甘蔗

1993年，甘蔗种植面积113公顷，总产量2497吨、亩产量1473公斤。1999年，引进雪蔗品种，改进栽培技术，效益较好，面积扩大。2008年，种植299公顷、比1993年增长1.64倍，总产量2.1万吨、同比增长7.41倍，亩产量4692公斤、同比增长2.19倍。

六、烟草

大田县烟草种植主要品种有CB－1、K326、云烟85。1993年，种植烟草2679.9公顷，总产量3976吨、亩产量99公斤，其中烤烟2413.43公顷，总产量3588吨、亩产量99公斤。1997年，全县171个村、8597户农户种烟2473.3公顷（烤烟2313.3公顷），总产量4200吨、亩产量113.2公斤，烟农收入3428.8万元，户均收入3988元。产量250吨以上的有桃源、上京、太华、石牌、广平、梅山、文江等乡镇，50吨以上的有桃源镇桃源、翁厝、蓝玉、广汤、前厝村，上京镇丰田、上平、下溪口、黄城村，武陵乡上岩村，广平镇西园村，太华镇万湖、罗丰村等。1998年后，烟草种植面积逐渐减少，保持在1100公顷—1500公顷左右。1999年，县烟草局在桃源镇蓝玉村选育蓝玉一号新品种，经试验示范优良。2008年，通过全国烟草品种审定委员会福建烟草品种审定，具有抗病、高产、优质等特点。当年，全县种植烟草1581.8公顷、比1993年下降40.98%，总产量3401吨、同比下降14.46%，亩产量143公斤、同比增长47.5%，其中烤烟

烟叶种植（2008年摄）

1506.6公顷，总产量3290吨、亩产量146公斤。2005—2008年，县烟草局累计投资2406.5万元，新建密集式烤房507座，完成烟田水路建设项目184个，受益农户6106户，受益面积1485公顷。

七、食用菌

1993年，全县食用菌栽培以香菇、蘑菇、黑木耳为主，鲜菇产量1189吨。1995年，县政府把食用菌生产列入农民脱贫致富的短、平、快项目之一，加大扶持力度，加强产业规划，以优化品种布局、提高效益为重点，推广香菇覆土、反季节栽培、蘑菇二次发酵、多层次立体栽培，建设大、中、小烘烤房100座及冷冻保鲜库4座、盐水蘑菇加工厂1座，可加工1500吨/年。1997年，以县食用菌开发公司为龙头，建立食用菌生产基地，太华、上京、湖美、梅山、文江5个乡镇、25个专业村，带动种植2000袋（平方尺）以上农户855户，纯收入万元以上138户，全县栽培食用菌1690万袋（平方尺）产量2393吨。2001年，县食用菌中心的茶树菇高产栽培技术项目获农业部“农牧渔业丰收奖”二等奖。2005年，开展木薯秆、渣栽培试验、示范，调整食用菌生产结构，变季节性为周年生产、变普通产品为珍稀品种、变分散型为大户规模化生产。2008年，推广利用木薯秆、渣栽培食用菌300万袋，新增产值750万元，全年栽培食用菌2655万袋，产量3194吨、产值1.48亿元，产量、产值分别比1993年增长1.69倍、3.3倍。

八、水果

1993年，全县果园面积5226公顷，产量1.32万吨、亩产量543.6公斤，其中柑橘类2984公顷，产量9490吨，分别占果树面积、总产量的57.1%和71.8%。1993—1995年，实施山地幼龄果园套种绿肥项目，共套种绿肥9866.67公顷，收青压埋12.98万吨，提高果园投产率20%、单产29.4%，增收水果4900吨，新增产值1553.1万元，比不套种节约成本200万元。1995年，引进红肉脐橙、特早熟温州蜜柑、早熟水蜜桃、毛板红板栗、方柿、水柿、琯溪蜜柚、文旦柚等品种，发展柰、柿等落叶果树，新建百亩果园200个，千亩果场5个。1996年，推广果树高接换种新技术，完成351公顷，项目获省科协“金桥工程”一等奖；幼龄果园套种绿肥项目获农业部“农牧渔业丰收奖”二等奖。1998年起，全面推广矮形修剪、果实套袋、疏花疏果、病虫草综合防治等实用技术。1999年12月23日，遭受特大寒潮影响，县气象站记录最低气温-6.7℃，县良种场观察温度为-10℃，良种场的雪柑全部冻死，全县柑橘树受冻达到3级以上。2000年，建设镇中心林场柑橘减产83.56%。2008年，全县果树面积6452公顷、比1993年增长23.46%，产量8.33万吨、同比增长5.31倍，亩产量942公斤、同比增长73.29%。其中，柑橘类3365公顷、产量4.5万吨，分别占52.15%和54.02%，比1993年下降4.95、17.78个百分点。桃814公顷、9710吨；柰637公顷、9616吨；柿子523公顷、7864吨；李299公顷、产量3883吨；梨、青梅、葡萄、杨梅、芭蕉、枇杷等814公顷、产量7227吨。果树面积主要分布：上京镇622公顷、广平镇555公顷、太华镇499公顷、均溪镇491公顷、桃源镇485公顷、奇韬镇471公顷。果树面积在66.7公顷（千亩）以上的有太华镇罗丰、万湖村，广平镇元沙、万宅村，奇韬镇奇韬村，华兴乡京口、昆山村，湖美乡高才村，梅山乡沧州村，均溪镇红星村10个村。

九、其他经济作物

（一）苎麻

1993年，全县种植面积150公顷，总产量131吨、亩产量58公斤。1999年，种植面积85.5公顷，总产量144吨、亩产量112公斤。因县麻纺厂改行，产量逐年减少。2004年，种植面积4.7公顷，产量5吨、亩产量71公斤。2008年，仅有少数农户零星种植。

（二）席草

1993年，全县种植面积25.5公顷，总产量85吨、亩产量223公斤。2000年，种植面积12.8公顷，总产量49吨、亩产量255公斤，主要在桃源、湖美、梅山、广平等乡镇种植。2004年，种植面积9.5公顷，产量41吨、亩产量289公斤。2008年，种植4.1公顷，总产量21吨、亩产量339公斤。

（三）药材

1993年，全县种植面积125.5公顷。2000年，种植面积98.8公顷，主要分布在湖美、吴山、太华、广平等乡镇。2005年，种植面积166.5公顷，产量511吨。2008年，种植186.3公顷，总产量572吨、亩产量205公斤。

（四）草莓

1993年，草莓试种成功。2004年，全县种植面积1.47公顷，总产量24吨、亩产量1091公斤。2005年，种植面积166.5公顷，产量511吨，亩产量204.6公斤。2008年，种植面积4公顷，总产量66吨、亩产量1100公斤。

（五）花卉

2000年，在屏山、广平等地始种花卉2.5公顷。2005年，全县种植花卉15.7公顷。2008年，种植63.3公顷。

第三节　种植技术

一、耕作模式

1993年，以单作、连作为主，全县农作物复种指数329.64%。1994—1996年，在低海拔双季稻区推广稻—稻—菜三熟制模式，示范面积4340公顷，稻谷亩产量917.5公斤，冬菜亩产量799.3公斤，年亩产值2107.5元，比双季稻亩增产值639元，中海拔中单晚稻区推广烟—稻模式，示范面积2833.33公顷，稻谷亩产480.3公斤，烟叶亩产118.8公斤，年亩产值2025.6元，比单季稻亩增产值788.1元。1998年，县政府把武陵、上京等乡镇种植反季节蔬菜的经验推广到全县。2000年，中、高海拔乡村改一季中稻种植为稻—菜两季种植或烟—稻轮作；双季稻区推广冬菜，一年三熟或多熟，全县农作物复种指数达375.79%，比1993年提高46.15个百分点。单作、连作等一年一熟或两熟逐年减少，轮作、间套作等一年二熟、三熟或多熟增多。2008年，由于双季稻、烤烟面积减少，全县农作物复种指数为373.07%，比2000年下降2.72个百分点。

二、土壤改良

20世纪90年代后，大量施用化肥，农家肥施用量逐年减少，全县大部分土壤养分呈下降趋势。1993—1996年，全县实施“沃土工程”，累计种植紫云英8000公顷，稻田养萍6000公顷，秸秆回田3.73万公顷，幼龄茶果园套种绿肥1.07万公顷。2000年，种植紫云英1752公顷，此后逐年减少。当年，在县一方茶厂、高峰茶业有限公司、大方广茶业有限公司等幼龄茶园配套实施套种经济绿肥品种对比、套种模式项目9个、134公顷。

2007年，全县采集水田土样3811个，经测定，碱解氮缺乏的占25.5%，中等的占73.8%，丰富的占0.7%；有效磷缺乏的占33.5%，中等的占30.7%，丰富的占35.8%；速效钾缺乏的占76.3%，中等的占14.7%，丰富的占9%；有机质缺乏的占15.5%，中等的占35.3%，丰富的占49.2 %。与1984年土壤普查对照，土壤有机质丰富的比重下降28.2个百分点，氮、钾含量也有不同程度下降。当年开始，推广测土配方施肥以改良土壤。1993—2008年，全县实施国家立项农业综合开发和省级标准农田建设项目，改造中低产田9762公顷。

三、水稻栽培技术

（一）栽培

1993年，在均溪、广平、建设等地试验示范旱育秧和塑料软盘育秧抛栽、种子包衣剂“两秧一剂”

技术。1995年，推广丛插两粒谷秧苗，增加基本苗数和有效穗，够苗烤田，控制无效分蘖，看苗补肥，根外追肥，亩增产4%—5%。1996年起，每年推广“两秧一剂”面积4000公顷，旱育秧比常规育秧亩增产8%—15%，亩成本降低45元，软盘育秧抛秧亩增产10%—15%。1998年，推广种子包衣剂，采用高吸水树脂、植物生长调节剂、杀菌剂、杀虫剂和微肥等制成的粉状种衣剂，种子浸湿后滚团黏附包衣，比常规育秧增产5.4%，种子包衣剂是旱育秧、抛秧的配套技术。1998—2008年，累计推广种子包衣播种面积3400公顷。

（二）再生稻

1993年，在均溪、华兴、梅山、文江、奇韬、广平、建设、太华等乡镇的中、低海拔区域示范种植再生稻66.67公顷，总产量60吨、亩产量60公斤，其优点是省时、省种、省肥、省药，生育期短。此后，面积逐年扩大，1999年，种植973.33公顷，总产量2034吨、亩产量140公斤。2000年，种植713.33公顷，总产量1892吨、亩产量177公斤。因技术含量高，2001年后，仅零星种植。

（三）“晚改中”

2000年始，在中、高海拔的中、单晚稻作区推广晚稻改中稻，将单季晚稻播种期提前到3月中、下旬播种，避趋稻瘿蚊等病虫危害，延长水稻营养生长期，提高产量。至2008年，累计推广面积3万公顷，亩增产5.2%。

四、烟叶生产技术

（一）栽培

育苗 1993—1998年，采用常规育苗。1999—2002年，改为漂浮育苗。2003—2008年，全部湿润育苗。CB-1品种在11月1日前播种，蓝玉一号品种在11月10日前播种，外引品种在12月1日前播种。

移栽 1993年，粗整畦后开深15厘米—20厘米的条沟，施入肥料，再细整烟畦，畦高35厘米，畦距1.2米。1999年起，推广机械起垄。CB-1品种在立春前移栽，蓝玉一号品种2月10日前移栽，外引品种3月5日前移栽。实行宽行窄株栽培模式，中等肥力田块，株行距为0.5米×1.2米，亩栽烟1100株。

田间管理 1993年起，主要采取施肥、揭膜培土、打顶与留叶、采摘等。施肥严格控制施氮量，中等肥力烟田CB-1亩施纯氮6.5公斤，外引品种亩施纯氮8.5公斤，氮、磷、钾比例为1：0.7—0.8：2.7—3。条沟肥占75%，穴肥占5%，追肥占20%。禁止施用硫酸镁，减少烟叶硫含量。烤烟生长中期进行揭膜培土。CB-1在中心花初开时10%，结合小于15厘米的无效叶进行一次性打顶，外引品种在20%中心花初开时，结合小于20厘米的无效叶进行一次性打顶，留叶标准为顶叶正常开面，长50厘米左右，有效叶达18片—22片。待下部叶适熟早采，主脉三分之一至二分之一变白，叶片下垂；中部叶成熟采，黄色面占全叶80%以上，主脉全白发亮，叶片弯垂呈弓形；上部叶充分成熟采，顶叶4片—5片一次性采收：叶面全黄，成熟斑分布均匀，主脉全白发亮，茎叶角度增大。2008年，烟田全面推广机械培土。

烟叶种植机械培土（2008年摄）

（二）烟叶烘烤

1993年，全县推广“三段式”（变黄、定色、干筋）烘烤技术。烟农将当天的鲜烟叶进行分类，同一品种、部位、成熟度、叶片大小分开，分别绑在竹竿上，下部叶80片—90片，中部叶80片，上部叶90片—120片，然后装入烤房，点火加温进行加烤，至烟叶全黄、主筋全干。初烤的烟叶在县复烤厂复烤。2000年，初烤烟叶在永安复烤厂复烤。2001年，初烤烟叶在三明金叶复烤厂复烤。2004—

2008年，烟农部分初烤房进行改造，安装温湿度自控设备，推广密集式烤房，烟叶复烤在三明金叶复烤厂复烤。

五、肥料使用技术

1993年，全县施用化肥2.59万吨。1996—1997年，全县推广中微肥，应用于水稻、烟叶、柑橘，总面积6333.3公顷，该项目获农业部“农牧渔业丰收奖”二等奖。2003年，发展木薯、茶叶等作物，化肥需求增加。2005年，施用化肥5.14万吨，其中，氮肥2.49万吨、磷肥1.36万吨、钾肥6556吨；复合肥6365吨，比1996年增长1.79倍。同时，推广水稻、蔬菜、木薯、烟叶、茶叶、果树专用肥和商品有机肥等新型肥料，并重视施用钾肥和中微肥。

2007年5月，大田县被农业部列为国家级测土配方施肥试点县。当年，举办培训班52期、4250人次，发放技术资料5000份、挂图2500幅，采集化验水田土样3811个，建立水稻、木薯、茶叶等作物肥料效应田间试验30组、示范片19个，发放测土配方施肥建议卡7.9万份，推广测土配方施肥1.53万公顷次。2008年，推广测土配方2.47万公顷次，其中配方施肥1.57万公顷次，增产粮食6400吨，减少不合理施肥量118吨（纯量），节本增效1991.62万元，全年化肥施用量5.5万吨，比1993年增加1.12倍。

六、病虫害防治

（一）病虫测报

1993年起，县植保植检站每年发布《病虫情报》12期—18期，印发至各乡镇和省内植保系统。2003年，兼用电子邮件、网站发布《病虫情报》。2005年，投资60万元建设“福建省农业有害生物预警与控制大田区域站”，纳入全省农业有害生物监测预警信息体系，承担稻飞虱、稻纵卷叶螟、稻瘟病、纹枯病和茶叶主要病虫害的监测及数据采集上报。原测报灯全部更换成佳多牌智能型虫情测报灯。在均溪、梅山、吴山、广平、桃源设立水稻病虫田间系统监测点5个，在屏山设立茶叶病虫田间系统监测点2个。2006年，采用“福建省农业有害生物监控信息系统”和电子邮件向上级报送病虫数据，制作《病虫电视预报》。2008年，采用农村信息机发布《病虫短信》。12月，“福建省大田县农业有害生物预警与控制区域站”建设项目获农业部批准，总投资284万元。

（二）病虫害种类

1. 水稻病虫害

1993年，全县主要病虫害有螟虫、稻飞虱、稻纵卷叶螟、稻瘿蚊、稻瘟病、纹枯病、细条病等。稻瘿蚊在中、低海拔的乡镇延续1989年以来的暴发态势。稻瘟病普遍发生。1997年，全县受稻瘿蚊危害面积4580公顷，防治4533公顷，损失粮食941吨。1998年，全县有16个乡镇发生稻瘿蚊虫害面积达8766公顷。1999年，发生稻瘿蚊虫害面积3867公顷。2000年，水稻品种多样化，稻瘟病无大面积发生。1993年、1994年、1997年、1998年、2002年、2003年，稻瘿蚊虫害发生面积4100公顷—8000公顷，采取除田边草、提早播种期，避过虫害，使用呋喃丹、益舒宝等药物防治，防治面积6000公顷次—9000公顷次，减少粮食损失3749.5吨。2004—2005年，受稻瘿蚊危害，协优9308和K优818等少数品种稻瘟病发病率达44%。2004—2006年，掌握发病规律，适时防治，稻瘿蚊虫害逐年减少。2008年，全县发生水稻病虫害发生面积1.58万公顷，在均溪镇郭村发现水稻锯齿叶矮缩病。1993—2008年，稻飞虱是最具暴发性的迁飞性害虫，其中2007年迁入量和范围最大、时间最长，发生面积1.43万公顷，防治2.61万公顷次。稻纵卷叶螟不同程度普遍发生，发生最大面积5033公顷，防治面积1.08万公顷次。全县水稻病虫害年平均发生面积2.63万公顷，防治3.27万公顷次。

2. 烟叶病虫害

1993年，县内发生的病害有花叶病及主要根茎病、黑胫病、炭疽病。1997年，全县发生的烟草病害主要有普通花叶病、黑胫病、青枯病等。1993—2008年，主要病虫害有斜纹夜蛾、地老虎、野蛞蝓，烟蚜、烟青虫等，其中前3种危害较大。病害有花叶病、青枯病、黑胫病、白粉病、气候性斑点、炭疽病、猝倒病、赤星病等，前5种危害较大。

3. 果树病虫害

1993年，疮痂病、黄龙病等是柑橘主要病害。1998年，在桃源、太华、建设、广平、湖美5个乡镇推广柑橘病虫草综合防治技术研究与应用项目2000公顷。2003年，首次在农业局果园发现橘小实蝇。1993—2008年，全县果树主要病虫害有：柑橘的黄龙病、溃疡病、疮痂病、炭疽病、红蜘蛛、锈壁虱、蚧壳虫、天牛、吸果夜蛾等，桃、李、柰的红点病、白粉病、褐腐病、炭疽病、蚜虫、蟠象等，柿子有角斑病、圆斑病、金龟子等，梨的锈病，板栗的锈病、栗瘿蜂等，杨梅的枝干黑心病、拟小黄卷叶蛾。禁止使用甲胺磷、对硫磷、甲基对硫磷、久效磷和磷铵等5种高毒有机磷农药。

（三）防治措施

1993年，烟叶病虫害防治主要是强化轮作土壤改良、翻耕晒白、田间管理等农业防治措施。化学防治以预防为主，及时喷药防治，使用国家烟草局推荐的安全低毒农药，严禁使用甲铵磷、呋喃丹等禁用的农药。1999年，县植保站引进锐劲特农药进行水稻病虫害防治试验，防治效果达95.2%。2007年，在全县所有乡镇建立水稻统防统治示范片，开始禁止使用高毒有机磷农药。2008年，完善农业有害生物监测预警和控制网络，首次聘请农民植保员3人，开展病虫预测预报与防治工作。

1993—2008年，水稻病虫防治从单一的农药防治逐步发展到农业防治、物理防治、生物防治等综合防治，采用烤搁田、平衡施肥控制纹枯病、稻飞虱，挖深沟排渍防控枯萎病、青枯病、根腐病等措施。示范推广频振式杀虫灯诱杀柑橘吸果夜蛾，黄板诱杀茶假眼小绿叶蝉、白粉虱，糖醋液和性诱剂诱杀瓜实蝇、南瓜实蝇、橘小实蝇。推广使用苦参碱、苏云金杆菌、蜡质芽孢杆菌、井岗霉素、农用链霉素等生物农药防治病虫害。果树病虫防治以健身栽培增强树势为基础，农药防治为主，物理防治为辅。

七、植物检疫

1993年起，每年开展水稻种子产地检疫6.7公顷—133.3公顷，水稻、柑橘等产品调运检疫20批次—60批次。2002年，开展为期2年的有害生物普查，普查面积1.08万公顷，柑橘2.4万株，水果仓库5个，批发店30家，发现甘薯疫、柑橘溃疡病等9种。2005年，开展柑橘黄龙病调查，通过基因检测技术，确诊多数乡镇有分布。2007—2008年，开展红火蚁、稻水象甲、瓜类果斑病调查，未发现疫情。

第四章　畜牧　水产

第一节　家畜

一、猪

（一）品种

1993—1996年，境内有槐猪、闽北花猪等传统品种，由于品种质量退化、商品率低，纯种繁殖逐渐淘汰。其间，县家畜良种场陆续引进中约克夏公猪96头、太湖公猪3头、太湖母猪333头，继续推广大约克、长白猪、杜洛克与本地猪杂交，进行品种改良。

2000年，农业部委托华南农业大学、华中农业大学专家到太华镇采集槐猪血样，进行基因检测，大田槐猪被农业部列为国家级畜禽遗传资源保护品种之一。2004年，省农业厅批准成立大田县槐猪保种基地，2005年，省农业厅专家到县进行槐猪品种普查，确定槐猪为省级畜禽遗传资源保护品种。2008年，生猪品种基本不变。

（二）饲养

1993 年，县政府出台扶持政策，鼓励农民养猪，全县饲养生猪 39.41 万头。其中，存栏 18.05 万头，出栏 21.36 万头。2000 年始，专业化养猪场陆续兴办，家庭养猪数量逐渐减少。专业户、专业场的猪舍改造为砖木结构、混凝土地板，专业场母猪栏采用定位栏。县畜牧部门推进太华镇母猪基地建设，投资 20 万元，年饲养母猪 4000 余头，在万湖村建种猪供精站，开展人工授精和品种改良。2002 年，县政府发布“禁养区、禁建区、适度养殖区”公告，猪场选址必须符合 “三区”要求，改造后的猪舍按卫生环保设计。2001—2002 年，南安客商戴朝阳投资 300 万元，在坑口库区创办标准化养猪场，占地 3.33 公顷，新建猪舍 6 栋、建筑面积 2500 平方米，饲养能繁母猪 380 头、公猪 6 头，年出栏生猪 3200 头。2003 年，该场因污染水源停办。2006 年起，推行“猪—沼—茶” “猪—沼—果”生态养殖。2007 年，省、市、县财政对能繁母猪每头补贴 50 元。2008 年，能繁母猪每头补贴 100 元，同时开展能繁母猪保险，每头每年交保险费 60 元，其中省、市、县财政补贴 48 元，个人缴费 12 元。县财保公司承保能繁母猪 1.56 万头，当年死亡母猪 248 头、赔付 24.06 万元。1 月，县林化厂下岗职工李振云在均溪镇翰林村郑坑创办标准化养殖场，占地面积 9945 平方米，新建猪舍 11 栋、2150 平方米，管理房、饲料加工厂 293 平方米，沼气池 100 立方米，饲养能繁母猪 105 头、公猪 3 头，年出栏商品猪 1600 头，投资 130 万元，其中中央财政补贴 40 万元。石凤集团下岗职工肖兆志回桃源镇杨坑村创办昌荣畜牧有限公司（原名丰收养猪场），占地 4.67 公顷，新建猪舍 11 栋、5500 平方米，管理房、饲料加工厂等 700 平方米，饲养母猪 300 头，公猪 5 头，存栏商品猪 500 头，投资 500 万元，其中中央财政补贴 60 万元。由于外出务工人员增多，在家人手少，又因饲料价格持续上涨，养猪经济效益差，散户养猪减少。专业户、规模养殖场饲养生猪增加。全年全县饲养生猪 36.81 万头、出栏 19.94 万头，比 1993 年下降 6.6%，年出栏 50 头以上养猪专业户 458 户。

二、牛

1993 年，全县牛品种主要有本地水牛和闽南黄牛。本地水牛耐粗饲料，抗病力强，日耕地 0.26 公顷—0.33 公顷；闽南黄牛耐寒，品种退化，体型日趋矮小，日耕地 0.13 公顷—0.17 公顷，主要分布在屏山、吴山、济阳、谢洋等地。全年牛存栏 7469 头，出栏 687 头，以“放牧”和“圈养”相结合，个别有“野牧”方式，饲养牛多数用于耕田，随着人民生活水平提高，牛肉的需求量加大，更倾向于食用。1996 年，全县牛存栏 8082 头，比 1993 年增长 8.21%。2004 年，牛存栏 1.1 万头，出栏 2648 头，肉产量 255 吨。2008 年，存栏 3702 头，出栏 1172 头。

三、羊

1993 年，全县羊主要品种有本地戴云山羊，有繁殖快、体型小、生长慢的特点，县畜牧水产局从四川省南江县引进南江黄羊 108 只与本地山羊杂交，杂交一代表现优良。全年羊存栏 7918 只，出栏 5536 只。1996 年，山羊饲养数 3.22 万只，比 1993 年增长 140%。2000 年，县畜牧部门推进商品羊基地建设，在均溪、石牌、屏山、吴山、谢洋、上京、梅山、湖美 8 个乡镇扶持 65 户养羊专业户，户均养羊百只以上。随着人民生活水平提高，羊肉的需求量加大，养羊业有较大发展。2001 年，引进波尔山羊 7 只（公 2 只、母 5 只），进行纯繁和与戴云山羊、南江黄羊杂交。2008 年，存栏 1.97 万只，出栏 1.48 万只，农户以“群牧”为主，白天把羊群放牧山坡，傍晚赶回羊舍，冬季青草枯萎，人工补给干草和食盐。羊舍用竹木搭楼，卫生、防潮。

第二节 家禽

一、鸡

1993年,肉蛋兼用型鸡品种有本地鸡、麻鸡、三黄鸡等,以农户散养为主。蛋鸡品种有海南褐色蛋鸡、罗曼蛋鸡等,以专业户框架式高密度立体养殖为主,采取定时、定量、定质方式,喂养全价蛋鸡料。当年,县畜牧水产局涂双友等人在红星村小青垵创办双星麻鸡种鸡场,饲养麻鸡1万套,繁殖鸡苗20万只。太华镇汤泉村民陈维善创办泰华种鸡场,培育本地种鸡5000套,繁殖鸡苗50万只。2000年,双星种鸡场扩建鸡舍2000平方米,年供鸡苗100万只。汤泉村创办兴业种鸡场,饲养本地种鸡3000套,年提供鸡苗40万只。奇韬镇金华村,年饲养永仙鸡(阉割鸡)3万只,户均366只,被誉为养鸡专业村。2003年,市畜牧水产局范功镇下派任谢洋乡坑口村党支部第一书记,发动村民发展养鸡业,形成养鸡专业村,兴办养鸡场3个、专业户14户,年出栏肉鸡10万只。2004年,太山崎村民林善烟在均溪镇福塘村菜坂洋创办福源养殖场,养蛋鸡1万只,年产蛋160吨。2007年,奇韬镇西韬村民吴成金创办大田县米桶山禽业有限公司,投入200万元,养蛋鸡2万只,年产蛋360吨。2008年,全县饲养鸡144.97万只,其中肉鸡130.87万只,蛋鸡14.1万只,产蛋5280吨。

养鸡场(2008年摄)

二、鸭

1993年,鸭主要品种有山麻鸭、本地番鸭、法国番鸭、半番鸭、北京鸭、樱桃谷肉鸭等。以饲养山麻鸭、法国番鸭、半番鸭为主,饲养方式有放养和圈养两种,养殖数量少则采取放养方式,百只以上的采取圈养和半圈养方式。建设、广平、奇韬、文江等乡镇有饲养半番鸭的传统,户养20只—50只不等,加工成板鸭,以备节日用。1996年,县农科所番鸭种苗场从福建农业大学引进德国纯种白番鸭与麻鸭,采取鱼鸭混养等科学养殖技术,全年提供肉鸭4.8万只,种番鸭2000只,创产值30万元,增加收入3.8万元。2005年,全县饲养鸭172.14万只,出栏107.24万只,产鸭蛋2216吨。2008年,全县饲养鸭126.51万只,产鸭蛋1997吨。

三、其他家禽

1993—2008年,鹅、信鸽、鹌鹑、山鸡、贵妃鸡,仅为少量饲养。

第三节 兔

一、品种

大田县内牧草资源丰富,地处亚热带季风气候,温度适中,适宜饲养肉兔,是福建省主要的肉兔生产基地,被誉为“肉兔之乡”。1993年,全县主要饲养福建本地兔,毛色以黑色为主。1994年,县良种场以引进外地部分良种作为基础,从河北省张家口、建瓯等地引进塞北兔种280多只,采取自繁自养的方法，以实现全县养兔良种化，获市政府塞北兔引种推广及杂交优势利用三等奖。2008年，引进品种有塞北兔、青紫蓝兔，元山兔业发展有限公司引进法国伊普吕种兔1000只，福建黄兔500只。兔的体型较短小，结实紧凑，臀部宽圆、头小嘴尖，具有黑毛、黑皮、黑眼、黑耳、黑爪“五黑”特征。成年雄性兔体长30厘米—38厘米，雌性兔体长32厘米—39厘米。

二、饲养技术

1993年，县内肉兔饲养多以室内笼养为主，搭配饲料以野苋菜、野豌豆、黑麦草、野苜蓿、车前草、蒲公英、青蒿及地瓜藤蔓等青饲料为主，同时采用以米糠、麦皮、玉米粉、豆饼粉为主的精饲料进行混合，并加入适量多维素、抗生素和抗球虫药物，以提高成活率、出栏率。县兔业开发总公司帮助兔农解决疑难问题，宣传政策，培训技术，联系种苗，改造兔栏，改良兔种。

1996年，全县推广使用良种兔与良种牧草、草粉颗粒饲养、兔病综合防治等养殖技术，使肉兔成活率提高到93%，县种兔场被省农业厅定为二级种兔基地。2008年，全县各乡镇兽医站与肉兔饲养专业户完成签订技术服务承包合同，进行技术指导和兽医防疫，使全县肉兔生产实现品种标准化、饲养管理规范化、用药合理化，各项卫生指标及药物残留量符合国家标准，提高兔肉食品的安全系数及质量，60%以上的养兔专业户实现标准化饲养。

三、肉兔产业化开发

1993年，县畜牧业以发展肉兔等草食动物为重点，向专业化、商品化和社会化方向发展，养殖专业户、重点户增多，规模化、标准化养殖场发展迅速。全县饲养兔88.41万只，出栏54.42万只。当年，县政府成立大田县兔业开发总公司和兔业技术服务中心，制定实施《肉兔生产综合技术措施》，该项目获省农业厅农牧技术推广一等奖。1994年，屏山、石牌、武陵、上京、均溪、梅山、吴山等7个重点乡镇成立兔业分公司，县兔业开发总公司在鸭蛋山创办种兔场，在赤岩建颗粒饲料厂，在城区下桥头建立兔业专业市场；11月，省农学会、畜牧兽医学会在县召开省养兔协会成立10周年暨大田县肉兔生产经验交流会，宣传、推广肉兔产业。当年，全县饲养肉兔126.25万只，出栏82.35万只，产值2625万元。1995年，“大田烤兔”在第五届福建省农村名、特、优新产品展销会上获新优产品奖。县镇石机械厂与上京镇政府合资创办大田县绿馨食品有限公司，生产“大田烤兔”“红糟兔”，真空包装上市，产品销往省内外。

1996年，县兔业开发总公司投资135万元，扩建现代化二级种兔场，标准化兔舍5栋，占地8000平方米，饲养德国齐卡兔、塞北兔、青紫兰、黑熊等品种2000只，年生产种兔5万只。1997年，县兔业开发总公司被确认为三明市龙头企业，全县饲养肉兔156.2万只、出栏109.9万只，产值3560万元，农民人均养兔收入120元。1998年，县兔业开发总公司被省农业厅确认为省级农业产业化龙头企业，肉兔标准化饲养项目列为省级农业产业化肉兔综合标准化示范区。2000年，示范区通过省级验收，省政府授予“肉兔农业产业化综合标准示范县”称号。县畜牧水产局制定《大田肉兔标准综合体》标准文本，被省质量技术监督局审定为福建省地方标准（标准号DB35 / T107.1—5—2000）。《种草养畜综合配套技术示范推广》项目，获农业部科技进步二等奖。2001年，开展黑毛福建兔保种选育与推广。2005年5月，“仙峰”牌大田肉兔商标经国家工商局注册，连续3次被评为福建省名牌农产品。2008年，“黑毛福建兔保种选育与推广”项目获三明市农业科技服务与创新成果三等奖。建设镇元山村民池上坡创办福建省元山兔业发展有限公司，村委会参股，并引进法籍华人余三明入股，建种兔笼位5000个、30立方米沼气池1个。当年，全县饲养肉兔277.51万只、出栏194.13万只，产值9706.5万元，分别比1994年增长119.8%、269.8%。

第四节 饲料

一、牧草

1993年，全县草场可利用面积2.42万公顷，其中象山草场866.67公顷。20公顷以上连片草场18片、1106.67公顷，20公顷以下草场78片、656.87公顷，田边地头等什边草地2.16万公顷。2000年，引进推广种植墨西哥玉米草、黑麦草、苏丹草等优质牧草，解决冬季缺草难题。至2008年，全县草场可利用面积达2.52万公顷，基本解决牛、羊牧草饲料。

二、配合饲料

1993年，县内传统的农副产品可作粗饲料的有蔬菜及甘薯藤、萝卜叶、水浮莲、甘蔗叶等；作精饲料有甘薯、马铃薯、稻谷、酒糟、豆腐渣等。1994年，随着畜牧业的发展，养殖规模较大的专业户、专业场购买饲料加工设备，自行生产配合饲料，逐步取代农副产品和精粗饲料搭配的传统养殖方法，降低养殖成本，增加收入。2000年，一些经销商从省内外购进大量全价配合饲料，并大力推广。2008年，全县有饲料店100家，经销猪全价料、乳猪料、浓缩料、预混料、膨化料，肉鸡肉鸭及蛋鸡蛋鸭全价料，鲤鱼、草鱼、鳗鱼、罗非鱼膨化料等，以颗粒料为主，年销售全价饲料3万吨。

第五节 疫病防治

一、疾病防疫防治

1993年，全县开展猪瘟窝内仔猪25日—60日龄免疫程序。1995年，全县建立专职畜禽卫生检疫员队伍，对屠工和市场肉品卫生检验管理，加强对县内主要交通要道检疫点、对进出县境的活畜禽及其产品运输的检疫和运载车辆的消毒。1998年，开展禽流感普查，生猪屠宰检疫，全县检疫畜禽13多万头（只）。2002年，开展动物免疫标识工作。2005年起，建立县、乡、村三级防疫网络，各乡镇配备专业技术人员1人—4人，262个村配备村级动物防疫员345人，开展防疫工作，牲畜口蹄疫、高致病性禽流感列入强制免疫病种。

2008年，猪瘟、高致病性猪蓝耳病列入强制免疫病种，实行春秋两季集中免疫和月补免疫相结合，按照免疫程序对存栏畜禽做到应免尽免，实行抗体免疫效价监测，其他病种实行动物计划免疫。全县完成高致病性猪蓝耳病免疫13.4万头，猪瘟免疫、猪口蹄疫免疫14.17万头，禽流感免疫145.04万只，鸡新城疫免疫83.86万只。

二、动物卫生监督

1993年，全县开展家禽监督检验管理，对动物防疫及动物产品安全实施监督检查和管理。2005年，全县家禽调查摸底，禽存栏115.99万只，做到县不漏乡、乡不漏村、村不漏户、户不漏禽、禽不漏针，免疫密度100%。1993—2007年，县动物卫生监督所每年动物产地检疫生猪6.5万头—7.5万头，活禽、兔14.5万只—19万只，动物产品检疫猪肉6.5万头—8万头，牛、羊肉4000头（只）—5000头（只），检出病畜禽100头（只）—200头（只），病畜禽及其产品全部无害化处理。2008年动物产地检疫14.97万头（只），其中生猪6.82万头，禽、兔7.65万只，牛、羊5000头，检出病畜禽158头（只）；检疫肉类产品3560吨，共11.86万头(只),其中牛肉3700头、羊肉1300只、猪肉6.78万头、禽兔肉4.58

万只；检出病害肉猪58头，全部无害化处理。办理规模养殖场动物防疫合格证6本，兽药经营许可证70本，动物诊疗许可证19本；立案查处违规案件16起，其中动物检疫违规10起、兽药经营6起。

第六节 水产养殖

一、淡水养殖

（一）池塘养殖

1993年，池塘零星分散，较为连片的有汤泉热带鱼良种场、桃源镇蓝玉村华兴养鳗场，奇韬镇奇韬村，均溪镇红星村、郭村，吴山乡梓溪村等。其中，县鱼种场产夏花苗200万尾，春片苗25万尾；热带鱼良种场产热带鱼苗80万尾、越冬苗35万尾。2000年，改造低产池塘28.7公顷。2008年，全县池塘养殖面积63.47公顷，产量796吨、亩产量836公斤。

（二）水库养殖

1993年，山塘水库养殖面积205.2公顷、产量205.1吨。1994年，坑口水库增殖三角鲂10万尾。1997年，坑口水库和六角宫水库各增殖三角鲂10万尾。1998年，元沙水库增殖三角鲂5万尾，形成优势种群，年产鱼150吨。

2001年，南安客商戴朝阳在六角宫创办南大农业综合开发有限公司，承包库区养殖，投资150万元，增殖放流鲢鱼、草鱼、三角鲂50万尾，年捕捞120吨。2008年，湖美乡高才村、梅山乡香坪、卓坑里村分别组建七星湖、双龙湖、金龙湖渔业股份有限公司，养殖农户1273户，养殖面积840公顷，注册资金123.6万元，县政府发给水域滩涂养殖使用证，养殖使用权10年。当年，全县山塘水库养鱼面积1313.33公顷、产量1325吨，分别比1993年增长5.4倍、5.46倍。

（三）网箱养殖

1993年，坑口水库网箱养鱼试养成功，获三明市政府科技进步三等奖，此后逐步推广，扩大网箱养鱼规模，形成商品鱼生产基地。2000年，坑口水库网箱25个大箱、625平方米，放养罗非鱼、鲤鱼、彩虹鲷、斑点义尾等品种，产量64吨。2002年，养殖56箱、1400平方米，产量110吨。2008年，全县网箱养鱼47户、430箱、水面1.07万平方米，产量1290吨，占全县养鱼总产量45.1%，年产值1161万元，利润436万元，满足本县市场供应，并销往永春、漳平、南安、泉州等地。

（四）特种养殖

1994—1995年，福清市养鳗业向大田转移。1995年，全县鳗鱼场3家，面积3.6公顷，产量190吨。1996年，桃源镇蓝玉村、广平镇东景村、吴山乡梓溪村、武陵乡大石村等地养鳗场养殖面积10公顷，投资5850万元。全县养鳗场5家，生产鳗鱼350吨，产值1344万元。前坪乡引进资金和技术，在前坪村前洋创办甲鱼养殖场，放养池4个、面积2600多平方米，投放甲鱼苗1万只，成活率90%，投资37万元。1997年，鳗鱼市场价格下跌，养鳗企业普遍亏损，大田县福源（蓝玉）鳗业有限公司勉强继续生产，其他4家养鳗企业相继停产或破产。1999年，前坪乡前洋甲鱼养殖场因市场销路有限而停办。2002年，县畜牧水产中心利用吴山乡梓溪废弃养鳗场的鱼池进行流水养殖杂交鲟成鱼试验，试验鱼池6口，面积1200平方米，自配饲料配方，现场加工软颗粒饲料投喂，试养成功，产量12吨。2004年，因上游工程施工，水源没有保障，项目停产。2005年，福清客商在桃源创办华兴养鳗场，面积2.1公顷，投资600万元，产商品鳗300吨，产值2500万元。2008年，华兴养鳗场鳗鱼产量近300吨。

（五）苗种生产

1993年，县鸭蛋山鱼种场主要培育四大家鱼夏花苗和春片鱼种；县汤泉热带鱼良种场主要繁育罗非鱼、淡水白鲳、胡子鲶等热带鱼苗种，是省内热带鱼良种场之一。1998 年，县畜牧水产局从漳州水产试验场引进彩虹鲷 4300 尾，市水产良种繁育场建鲤 F7 带 2 万尾，分别在坑口水库和汤泉鱼种场进行网箱和池塘养殖试验。2001 年，县鱼种场生产家鱼夏花苗 241 万尾、春片 42 万尾，汤泉鱼种场生产罗非鱼、淡水白鲳等鱼苗 285 万尾，基本满足全县渔业生产需要。温泉日自流量 400 吨，出水口水温 83.5℃，渔场占地 2.46 公顷，苗种繁殖池 0.5 公顷，培育池 1.27 公顷。1993—2008 年，全县有渔业专业劳动力 986 人，兼业 505 人，共生产热带鱼苗种 500 万尾，其中优质罗非鱼 300 万尾，水产养殖面积 1773.33 公顷、比 1993 年增长 3.57 倍，水产品产量 2860 吨、同比增长 1.58 倍，渔业产值 5074 万元、同比增长 6.24 倍，人均水产品占有量 7.8 公斤。

二、淡水捕捞

1993 年起，县水产部门鼓励群众承包管理河段，开展放流增殖。溪河捕捞量 132.8 吨。1995—1996 年，谢洋乡坑口村民在坑口水库湾筑坝拦网养鱼 1.67 公顷，投资 20 万元，投放鱼苗 30 多万尾。2000 年，开展河段承包试点，华兴华安河段、竹枝滩坝河段以及奇韬溪河段以招标会形式，对村民招标。县畜牧水产局在均溪河华安至京口河段投放鲢鱼苗 3 万尾、淡水白鲳 1 万尾。2006 年，在文江溪大中电站至朱坂河段放流增殖鲤鱼苗 6 万尾，在奇韬村小溪 5.33 公顷水面放流增殖鲤鱼等苗种 1 万尾。2008 年，溪河捕捞产量 388 吨，比 1993 年增长 1.92 倍。1993—2008 年，累计在溪河人工放流各类鱼苗 40.86 万尾、夏花 80.3 万尾，增加溪河鱼类资源量，提高河段的鱼产量。

三、鱼病防治

1993—2008 年，县内常见鱼病有水霉病、烂鳃病、疖疮病、罗非鱼综合病、小瓜虫病、指环虫病、车轮虫病等。每年 4—10 月为鱼病流行季节，其中 5—6 月和 8—9 月是发病高峰期。县水产部门根据境内常年气候特征和不同鱼病种类、不同时期、不同养殖方式，对常见鱼病采用不同的防治措施。

水霉病发生在 4—5 月，危害入箱不久的鱼种，放养前用 3 %食盐水浸泡消毒鱼体。烂鳃病发生在 6—7 月中、下旬，多为继发性感染，草鱼、鲤鱼、鲫鱼、罗非鱼都可发生，主要危害草鱼，可在饲料中加入 0.1 %土霉素和 0.1 %大蒜素，连喂 3 天。疖疮病发生在 6—10 月，水温 25℃—32℃时发生，危害罗非鱼、草鱼、鲤鱼较多，可在饲料中加 0.2 %氟苯尼考或 0.2 %土霉素，连喂 3 天。罗非鱼综合病发生在 6 月下旬至 10 月中旬，可调整饲料配方，添加 0.1 %多维素、土霉素碱和大蒜素，连喂 3 天。小瓜虫病发生在 3—5 月，水温 15℃—5℃时易流行，危害草鱼和鲤鱼，用 0.5ppm 瓜虫敌杀浸泡鱼体或全箱泼洒，隔天 1 次，连用 3 次。指环虫病发生在 4—6 月，水温 20℃—24℃时易发病，用 3ppm 敌百虫围帐法全箱泼洒，隔天 1 次，连用 3 次。车轮虫病发生在 5—8 月流行，鱼苗为主，用 1.2ppm 硫酸铜围帐法全箱泼洒，隔天 1 次，连用 3 次。

第五章　茶产业

大田县种植茶叶历史悠久，早在清朝，大仙峰茶叶便驰名海内外，有开设“茶馆”七十二处的记载。清末至抗战前，茶叶年产量达 75 吨—100 吨，通过水运销至福州茶庄，生产盛况空前。抗日战争爆发后，茶叶销路断绝，经营难以为继，茶园荒废。1950 年后，茶叶生产得到发展。20 世纪 90 年代初，绿茶生产发展较快，建立了广平千亩茶叶基地。2000 年，则进入乌龙茶大发展时期，高山优质乌龙茶更是发展迅猛。茶叶成为大田县主要经济作物之一，发展茶叶生产成为山区农民致富的重要途径。2003 年，县委、县政府在调整农业产业结构中，根据土壤、气候条件，因地制宜，把茶产业作为发展农村经济，实现农民增收的重要措施，合理规划，集中开发，规模经营，加大政策资金扶持力度，引进台资，引入新品种，提高种植技术，改进制茶工艺，实现生产、加工、销售一体化。2008 年，全县茶园面积 3836.2 公顷，产量 5032 吨，分别比 1993 年增长 1.58 倍和 4.78 倍，产值 1.69 亿元。茶园分布在全县 18 个乡镇及东风农场共 106 个村，其中屏山乡 700 公顷、吴山乡 688.2 公顷、济阳乡 386.13 公顷、谢洋乡 287.87 公顷、武陵乡 233.33 公顷、广平镇 483.33 公顷、梅山乡 391.53 公顷、奇韬镇 163.6 公顷、前坪乡 170.67 公顷、桃源镇 22.4 公顷、其他乡镇场 309.14 公顷。

第一节　种植

一、茶园开发与改造

1993 年，全县茶园面积 1489.2 公顷，零星分散、高标准茶园少。品种单一、产量低、品质差，管理粗放。1998 年 3 月，元沙村、苏桥村村民包山场种茶，开垦茶园 100 公顷，植茶 66.7 公顷，更新 3 个品种，当年广平镇茶园增至 200 公顷。1999 年，以元沙茶叶基地为主，周边苏桥、广平、兴埔、岬头、铭溪、栋仁、西园等村，新植茶叶 200 公顷，广平镇形成 300 公顷茶叶基地。当年茶叶总产量 198 吨，总产值 386 万元。同年 9 月，台资大方广茶业有限公司在屏山乡内洋村成立，注册 120 万元，总投资 600 万元，引进台湾先进制茶设备 70 多台，自建海拔千米以上茶叶基地 46.7 公顷，带动农户建立茶叶基地 220 公顷，主要种植金萱、铁观音、软枝乌龙、本山等优良品种。

2000—2001 年，全县茶叶以改造低产园、开发名优茶为主，引进广元宵绿、九龙大白茶、福鼎大毫、福云 595、黄奇茶。在广平、桃源、屏山等乡镇建立无公害茶园 400 公顷。

2002 年 10 月，武陵乡投资 18 万元，在雪山启动千亩高山茶叶基地工程项目，当年新开高标准茶园 20 公顷；县经作中心调茶苗 260 万株，全县改造低产茶园 333.3 公顷。

2003 年起，县政府陆续出台发展茶叶优惠政策，加大招商引资，茶产业进入新的发展时期。当年 7 月，外籍客商许明登投资 120 万美元在济阳乡创办济峰茶业公司，租赁上丰村海拔 1100 米以上山地 200 公顷，租期 50 年，发展高山无公害优质茶。同年，屏山乡招商引资 300 万元，成立大田高峰茶业有限公司，承包开发美阳山场 20 公顷，种植高山乌龙茶。

2004 年 3 月，外籍客商庄少鹏注册资金 100 万美元，在屏山乡成立三明试点农业开发有限公司，承包美阳、瑞美、杨梅、许坑 4 个村宜林荒山 200 公顷，从事铁观音、金萱等优质茶种植。同年，广平镇投入资金 120 万元，改造低产茶园 28.7 公顷，新开茶园 20 公顷。屏山乡新开茶园 106.7 公顷，新开和改造茶园机耕道 5 条，长 11.3 公里，新建茶园蓄水池 53 口、106 立方米。吴山乡科山村铜盘盂开发新茶园 106.7 公顷，被省农业厅列为“福建省高标准茶园建设基地”。厦门海沧金鑫工贸有限公司租赁阳春村荒山 66.7 公顷，开垦茶园，种植铁观音、金萱等品种。县经作中心引进茶苗 1000 万株，新植茶园 412 公顷。

2005 年 1 月，邹国和投资 300 万元，在屏山溪头村成立谷涧丰茶业公司，建设无公害茶园 46.7 公顷，种植铁观音等。同年 4 月，云韵茶业公司在屏山村成立，注册资金 50 万元，开发茶园 26.7 公顷。5 月，奇韬镇林家广等人投资 200 万元，在洋地村创办绿源茶业公司，开辟茶园 40 公顷，种植铁观音、金观音等优质品种。7 月，台商陈进潘与梅山乡吴初塍各出资 160 万元，合资成立龙兴茶园，在龙口村将抛荒果园 33.3 公顷，改造种植优质乌龙茶，建设机耕道 3 公里，山地蓄水池 5 个、96 立方米。8 月，石狮市客商林敦速投资 300 万元，在吴山乡创办宝珑茶业开发公司，承包开发吴山村宜林荒山 33.3 公顷，种植茶苗。当年，县经作中心引进茶苗 1000 万株，新植茶园 266 公顷，新建机耕道 90 公里，全县茶园面积增至 2479 公顷，产量达 2947 吨。

2006年7月，外籍客商章荣投资250万元，注册黄金茶业有限公司，在济阳乡开发茶园20公顷，在上京镇桂坑村将18.7公顷低产果园改造为茶园。10月，屏山乡章进设投资320万元，在杨梅村创办一方茶厂，新开无公害标准茶园15.3公顷，改造老茶园8公顷，种植铁观音、金观音茶叶。11月，林大生投资310万元，在屏山村建立晖茗茶厂，新建茶园8公顷，厂房280平方米。12月，前坪乡建成黎明、黄龙茶叶示范片2个，新开茶园52公顷。2008年，全县共有茶园3836.2公顷。其中，新开茶园313公顷，改造低产茶园367公顷。

1993—2008年大田县茶叶生产情况表

表8-2

年份	茶园面积（公顷）		产量（吨）	产值（万元）
	总面积	采摘面积		
1993	1489.20	1211.53	871	613.25
1994	1554.60	1212.40	819	692.00
1995	1522.53	1107.57	898	972.25
1996	1305.67	1182.80	930	1053.50
1997	1360.87	1221.60	1132	1140.00
1998	1126.60	1019.73	1308	1516.00
1999	1116.33	965.00	1290	1602.00
2000	1140.80	1043.13	1522	2046.00
2001	1276.93	1116.40	1942	3311.00
2002	1316.87	1141.67	2100	6873.00
2003	1532.33	1287.27	2403	7729.00
2004	1845.53	1436.40	2922	5947.00
2005	2479.47	1756.73	2947	6661.00
2006	2551.13	1913.27	3172	7800.00
2007	3521.26	2927.07	4121	14994.00
2008	3836.20	3273.67	5032	16884.00

二、生产技术与茶树品种

1993年，全县茶叶生产以开发名优茶为主，引进推广元宵绿、九龙大白茶、福鼎大毫等新品种。11月，县经作中心从浙江购进采茶机1台、修剪机2台。2003年，在武陵、谢洋等乡建立幼龄茶园绿肥示范片100公顷，种植品种有百喜草、羽叶决明、爬地兰、春大豆等。

高山茶园（2006年摄）

2004年，大田首次承担省农业厅高标准茶园建设项目，保证梯层的水平和宽度，全园深翻，挖定植沟，下足基肥。茶园坡度在25度以下，平台宽1.8米以上，建设机耕道、蓄水池、防护林等设施。当年，在吴山乡科山村实施，面积20公顷。

2005—2006年，根据无公害茶园实施管理要求，广平镇元沙村茶农把有机肥与无机肥相结合，配合施用速效性化学肥料；根据茶龄实行氮、磷、钾平衡施肥，红黄壤茶园增补镁、锌。把好空剪、修剪关，培育高产、稳产树冠结构，及时做好病虫防治。亩产值均达3500元，亩纯收入达2000元以上，亩纯利800元—1500元。

2006年，在屏山、吴山茶园套种木荷、杨梅等树苗，加强茶园防护。2007年，屏山乡美阳村率先推广"猪—沼—茶"模式，将沼液输送到茶园浇灌茶树，沼渣晒干作为茶园冬季基肥，节约成本。

2008年，全县茶园套种绿肥4000公顷次，共有800公顷茶园种植防护林。屏山乡推广生态茶园33.33公顷、单批出栏生猪500头、沼气共享户100户，全县推广面积373.33公顷。同年10月，福建省质量技术监督局组织省农业厅、福建农林大学、省农科院、省茶叶质量检测中心站等单位专家7人，在福州市审定通过大田县茶业局、大田县质量技术监督局编写的福建省地方标准《金观音乌龙茶综合标准》，并予以发布。分品种、栽培技术规范、加工技术规范、成品茶4个部分，栽培技术规范，规定金观音乌龙茶育苗繁育、山场选择、茶园规划与建立，培育目标、定植、茶园管理、鲜叶采摘、低产（老）茶园改造等技术。当年，茶树主要品种有铁观音、金萱、茗科1号、毛蟹、黄旦、八仙、福云6号、福云595、福鼎大毫、九龙大白、元霄绿等。

三、生产扶持

（一）制定茶叶发展规划

1993年，大田县被列为国家立项农业综合开发县，至1996年，重点规划栽种茶果372.5公顷。2002年12月，县委副书记、代县长赵荣生策划、审定编写《大田县高山优质乌龙茶基地建设规划书》，从茶叶生产优势、基地建设目标、布局、技术措施和资金投入、评估、筹措等方面进行规划论证。县委、县政府提出至2008年发展茶叶3333.33公顷（5万亩）目标，长期聘请省农林大学、农业厅、茶科所、茶叶质量检测中心站等单位专家、学者担任大田高山茶产业发展顾问，提供技术支撑，大田高山优质茶产业进入快速发展期。当年，全县有茶园1316.87公顷。

2004年，县委、县政府印发实施《关于做好农业和农村工作促进农民增收的意见》，提出全年高山优质乌龙茶新增533.3公顷的发展目标。

2008年6月，县委书记赵荣生主持编写《大田县第二轮高山优质乌龙茶基地建设规划书》，为第二个发展期提供依据。

（二）出台扶持政策

1994年，县政府颁发《大田县宜茶宜果林山地使用权拍卖的暂行规定》，鼓励农民，也允许机关、企业干部职工开发山地资源，发展茶果、林业生产，山地使用权拍卖年限分别为50年—60年不变。

2003年，县委、县政府印发实施《关于鼓励在大田投资兴业的优惠政策的规定（试行）》，对投资农业综合开发的项目，除支付原土地使用者的土地租金外，免收其他规费。2004年，县政府制定《大田县扶持农业产业化项目货物供应资金管理暂行规定》《大田县2004年度茶叶专项资金使用方案》《大田县2004年度山地水利工程实施方案》。2005—2006年，县政府连续印发《关于扶持茶叶发展的实施意见》《关于继续扶持茶业发展实施意见》和印发关于研究茶产业发展有关问题的会议纪要。

2006年，前坪乡政府制定茶叶连片种植30亩—100亩的每亩补助100元，100亩以上补助200元，建设标准茶叶加工房，每座补助1.5万元。当年，屏山乡茶农郭孝威从0.87公顷茶园，扩大到13.33公顷；设备更新，兴建厂房，新建茶园以及贴息等得到政策补助5万多元。2007—2008年，广平、屏山、吴山、谢洋、武陵等乡镇也相应制定不同的扶持政策。

1993—2008年，县政府按照发展茶叶的优惠政策，累计补助资金694.86万元，其中新建茶园1689公顷，补助资金126.65万元；建加工厂房50.62万平方米，补助91.99万元；购置加工设备4631台，补助 316.25 万元；开机耕道 430.3 公里，补助 119.5 万元；建蓄水池 1.33 万立方米，补助 18.25 万元；营造防护林补助 22.22 万元。

（三）技术服务

1993—1999 年，县农业部门派茶叶技术员不定期下乡指导茶叶生产。2000 年，利用“969155”服务中心窗口，对茶叶栽培、加工、土质与环境、市场前景进行技术咨询与指导，采取领导干部包片，专业技术干部挂村驻点、驻场、驻企业的工作机制，每个乡镇、场有 1 名—2 名专职从事茶叶技术指导的农技员，重点村、场指定 2 名—3 名联络人，负责传递茶事活动、产业信息，形成县、乡、村三级服务网络。

2003 年，成立大田县茶叶学会。2004 年，成立大田县茶叶协会，指导茶叶生产、协调产品流通，茶叶评优送样，组织能人闯市场，搞活流通。

2004—2008 年，全县编印《无公害茶叶生产技术手册》《乌龙茶无公害栽培技术》《高山乌龙茶制作流程》《金观音乌龙茶标准化生产技术手册》《绿色食品原料（茶叶）标准化生产技术手册》《绿色食品茶叶栽培技术》等技术资料 5 万册，免费发放给茶农。技术手册介绍茶园规划与建设（茶园的选择、防护林带、水利设施）、茶树良种的选择、茶园管理、茶树剪采技术、病虫害防治（推广生物防治，合理使用高效、低毒、低残留农药，严禁使用高毒、剧毒、高残留农药）、茶叶加工（卫生要求、质量管理、包装和产品检验、贮存与运输）等知识。

第二节 茶叶加工

一、加工机械

20 世纪 70 年代前，大田茶叶加工多以手工为主，劳动强度大，生产规模小，经济效益低。70 年代至 90 年代初，机械化程度有所提高。以半手工、半机械化为主。1994 年起，随着生产规模的扩大，机械化程度不断提高，绿茶类加工机械杀青机主要有单锅、双锅、三锅连续、60 型转筒连续、65 型转筒连续、110 型转筒杀青机等。揉捻机以单动式揉捻机为主，主要型号有闽茶 6CR—45 型、闽茶 6CR—55 型、闽茶 6CR—65 型。烘干机有手拉式百叶板、自动链板式，燃料以木材、煤为主。

1997 年，广平镇元沙和梅山、武陵、前坪乡等茶厂引进茶叶加工新工艺，茶农投资 3.6 万元，购进双锅螺毫机 2 台、电炒锅 6 个、速包机 3 台。

1999—2008 年，大田县以生产清香型铁观音为主。其加工机械有更高的要求，主要机械有做青机、空调、抽湿机、空气交换机。做青机有单转速摇青机，转速一般为 28 转 / 分钟左右；无级变速摇青机，一般转速为 6 转—14 转 / 分钟。振青机，是一种新式的乌龙茶摇青方法。杀青机有 6CST—80/90 型燃气式滚筒炒青机。做形机有速包机、松包机、平板机。烘干机有电烘箱和以柴油为燃料自动链板式烘干机。

二、加工工艺

1994 年起，中、高档绿茶生产规模扩大，采取一芽一叶嫩采，开发明前茶，增加绿茶花色品种，采用不同加工机械，不同干燥方式，形成针形、螺形、扁形等不同绿茶类型。针形茶加工工艺，采用“杀青—冷却—揉捻—初烘—摊凉—整形—干燥”流程。螺形加工工艺，采用“鲜叶摊放—杀青—冷却—揉捻—初烘—做形—提毫—足干”流程。扁形加工工艺，一般分青锅和煇锅两个步骤，由抖、搭、捺、拓（抹）、甩、扣、挺、抓、压、磨等十大手法组成，交替使用，灵活掌握，“手不离茶”“茶不离锅”。

1999 年，台资企业大方广茶业有限公司给县茶叶带来新加工机械，加工技术，经营理念，为大田县茶叶发展提供示范作用。乌龙茶加工工艺不断创新，铁观音加工技术通过请进来，走出去等各种方式培训。1993—2008年，全县举办制茶技术培训班28期，参训2240人次，举办制茶能手赛、斗茶赛12次，参赛740人次，选手获一、二、三等奖108名。加工工艺也纯熟精湛，工序明确。初制工序主要分为三个阶段，即做青阶段，包括晒、凉、摇；炒青阶段，靠灵活掌握、看天做青、看春做青；揉捻阶段，加工工序为鲜叶—凉青—晒青—摇青—炒青—揉捻—初烘—包揉—复烘—复包揉—烘干—毛茶。铁观音生产工艺主要以清香型为主，其加工工艺为鲜叶—晒青—摇青—长凉青—杀青—回潮—包揉造型—干燥。

茶叶采摘（2008年摄）

三、加工企业

1993年，茶叶加工多以家庭手工为主，半机械化初制茶加工厂不到10家。当年，分别在武陵乡、屏山乡内洋、美阳村，桃源镇蓝玉村，广平镇元沙村等每个茶厂开发名优茶研制，深加工，新制“雪山毛尖” “台茶” “螺毫”名优茶3个。2000年，初制茶加工厂发展到20多家。

2007年，在屏山乡内洋村建设集农资供应、茶叶加工、茶叶交易、市场信息发布为一体的生态茶叶街，入驻初制茶企业52家，其中省级农牧业产业化龙头制茶企业2家，台资制茶企业1家。在吴山乡和洋村建立茶叶加工集中区，茶叶初制加工厂160家。2008年，全县有茶叶初制加工厂752家。

第三节　茶叶审评

一、审评方式

茶叶审评是利用人的嗅觉、味觉、视觉、触觉等感觉器官，来评定茶叶品质高低、优次。茶叶感官审评的基本流程为取样—评外形—称样—冲泡—沥茶汤—评汤包—闻香气—尝滋味—看叶底。大田茶叶评审分外形审评和内质审评两个项目。其中，外形审评（干评），主要评定茶叶的外形、冷却、色泽及干闻香气，初步评定茶叶的品质水平；内质评审（湿评），在审评过程中，取出相近水平的样品进行比较。

县茶叶学会每年举行一次秋季评茶（“斗茶”赛）活动，聘请省、市茶叶专家主评，茶农自评，进行理论培训与实际评审操作相结合。2003—2008年，共举行12次茶叶审评活动，参加省、市、县外活动6次。

二、茶叶获奖

（一）参加省市审评获奖

2003年6月，在福州举办省名优茶质量鉴评会，元沙益茗茶厂“五龙针螺”获省名茶奖，屏山华强茶厂“金萱”、元沙茗发茶厂“梅剑”获优质奖。

2004年6—12月，县经作中心与三明市茶叶学会联合举办的三明市名优茶鉴评会在大田华林山庄举办，聘请省农业厅3位茶叶专家到会评审。县选送的茶样15只，有谢洋乡林永镁、屏山乡章选偶的铁观音，武陵乡林光周的金萱，广平镇张占潘的梅剑等4只获市名茶奖。屏山乡苏启构，吴山乡林文革等6只铁观音，东风农场高超伦的色种（本山）、屏山乡郭华强的金萱、广平镇张乃传的针螺、屏山乡郭孝威的毛峰获优质奖。

2005年6月21日，省农业厅主办、大田县政府协办“省名优茶鉴评活动”，共选送样品17只，被评为名茶4只，评为优质茶6只，获全省第三名，其中乌龙茶获省名茶奖。2006年11月6—18日，大田选送18只茶样参加第二届海峡西岸（三明）林博会首次茶文化活动，获奖15只。2007年5月31日，选送16只茶样参加省名优茶质量鉴评，榜上有名14只。其中获省名茶奖5只，省优质奖9只。2008年11月6—9日，选送17只茶样参加第五届海峡西岸林博会，获铁观音金奖1只、银、铜奖各2只，优质奖3只；金观音获金奖1只，银奖2只。

（二）县级茶赛获奖

2003—2008年，县举办9次制茶、采茶能手赛，参赛茶样430只、参赛采茶能手21人，得奖茶样107只、采茶能手6人。

若干年历次茶赛审评获奖情况表

表8-3

时 间	地 点	项 目	参赛茶样（只）	评出奖项（个）
2003.5.23	县农业局	县第一届制茶能手赛	28	7
2004.6.10	华林山庄	县第二届制茶能手赛	25	8
2004.11.01	县农业局	秋茶质量鉴评技术培训班暨秋季斗茶比赛	44	3
2005.5.20	华林山庄	县第三届制茶能手赛	66	10
2006.6.5	金象大酒店	“金象杯”制茶能手赛	55	16
2006.10.31	华林山庄	县“首届茶文化节”	63	18
2007.5.29	华林山庄	县“交通杯”制茶能手赛	74	24
2007.10.15	华林山庄	县“第二届茶文化节”	75	21

第四节　名优产品与销售

一、茶叶名优产品与商标注册

（一）名优产品

1993—1999年，选送茶叶参加各种评选。2000年，大方广茶业有限公司生产的“东方美人茶”获韩国茶人联合会国际金奖。2001年11月，县茶叶站选送的“茉莉银针”获省优质茶奖。“台式乌龙茶”获2001年中国星级茶王赛名茶奖。2005年6月，在全省名优茶质量鉴评中，获名茶奖4个、优质茶奖6个，大方广茶业有限公司的铁观音在上海国际茶文化节中国名茶评比中获金奖，获2006年“奥运—中国”茶香世界优质奖。2007年7月，在福建省名优茶质量鉴评中，获省名茶奖5个、省优质茶奖9个，同年8月，大方广茶业有限公司乌龙茶产品获省质量技术监督局质量安全市场准入（QS）认证。当年，武陵乡的铁观音获“人文中国·茶香世界”中华名茶银奖1个、省名茶奖1个、省优质茶奖2个。2008年，没有选送茶叶参加评选。

（二）商标注册与认证

1993—2003年，大田县茶叶没有茶叶注册商标。2004年，县茶叶学会注册“仙顶”牌茶叶商标。2007年，“仙顶”牌被认定为三明市知名商标。2004—2008年，全县有“仙顶”“江山美人”“崇圣岩”“戴云龙”“有道”“龙滴水”“陵雪”“锦荣”“允宣”“怡香园”“留芳园”“谷涧丰”“明和”等茶叶商标通过注册。“仙顶”牌茶叶被农业部农产品质量安全中心认证为无公害农产品。大方广茶业、金阳茶业、云韵茶业、高峰茶业有限公司4家企业获得省质量技术监督局食品质量安全（QS）认证，通过农业部绿色食品发展中心绿色食品标志认证产品9个。全县茶农共注册商标56个。其中，获三明市知名商标6个，获省著名商标3个，获省名牌产品2个。

二、茶叶销售

1993年，全县茶叶销售点5个，大部分由县茶叶公司销售，清明前绿茶销往江浙地区为主，少量销往安徽、山东、广东、上海等地。1996年，县茶叶公司停办，个体茶庄、茶楼兴起，茶叶销售市场化。1998年，绿茶销往河南、山东、重庆、广西等地。乌龙茶销往广东海丰、陆丰。2003年，茶叶主要销往安溪、广东等地。

2006—2007年，县茶业局为扩大销售宣传渠道，举办评茶技术培训班2期，经考试，获中级评茶师8人、高级评茶员60人、中级46人。在境内省道306沿线制作宣传牌46块，形成茶叶宣传走廊28公里。

2008年，县政府制定《关于扶持大田高山茶营销窗口和营销体系建设的意见》，鼓励在县外设立销售窗口，拓展茶产品销售市场，一次性扶持在境外县以上城市开设茶叶专卖店，每平方米200元，连锁店3家（含3家）以上的，每平方米300元。在北京、上海、广东、江苏、安徽、浙江、陕西、福州、厦门、台湾等地和马来西亚设立大田高山茶销售窗口，销售策略灵活多样，有直销、通过茶商收购等，较大规模的茶企业开设专卖店，培养营销员，推销茶产品。允宣、仙顶、留芳园、崇圣岩等茶叶规模企业在县政府的引导下，推进连锁加盟店、允宣连锁门店多达53家，遍及全国各地。年底，县内有茶楼、茶庄236家。

第五节 茶叶宣传与推广

一、茶艺表演

2005年1月，县组建由11人组成的茶艺表演队，经过培训，4月23日，在县文体局会议室举行汇报演出，省茶艺表演家吴雅真，县长赵荣生到场鉴赏。2006年起，在县每年10月举办高山茶文化节，参加北京、上海、福州、厦门、三明等地举办的优质茶展示会、海峡西岸茶叶博览会、海峡西岸高山茶论坛、海峡西岸茶乡车友赛、海峡西岸林博会，茶艺表演队都到场表演展示。

附：大田民间茶艺表演流程

大田种茶及饮用的历史悠久，《辞海》上载大田“特产武陵绿茶”。传说清康熙进士、文渊阁大学士李光地曾把武陵雪山茶作为进贡珍品。珍品时代，大仙峰特产毫茶，享誉东南亚。乌龙茶生产已有二百多年历史，大田人十分讲究品饮艺术，注重茶品之选择、茶具之精美、水质之甘纯和泡饮技术之从容有序。

1. **备器候用** 备器应有：茶壶，茶海，酒精炉，茶盘，茶道组（茶匙、茶夹、茶针、茶则、茶筒、茶漏），品茗杯，闻茶杯，过滤网，茶荷、茶洗、茶巾。

2. **活火烹泉** 品茶讲究用水，山泉水味甘冽清纯。真水还须活水烹，通过观察水中的气泡变化来掌握汤候，初沸为蟹眼，再沸为鱼目，至联珠沸为熟，一般以水刚沸透泡茶为宜。

3. **金萱出轿** 从茶罐中取适量茶叶倾入茶荷。

4. **沐淋瓯杯** 将沸水注入杯中，以提高杯温。

5. **金萱入宫** 俗称“纳茶”将茶叶投入福寿茶盏。

6. **春风满面** 亦称温润泡，舒展茶叶获得真香纯味，以辨别风格各一的品种香韵。

7. **悬壶高冲** 高冲即充分激荡茶叶，发挥茶之色香味。

8. **若琛复洁** 瓯里洁白，一般选用洁白瓷杯，选择时有四个字诀：小、浅、薄、白。质薄能起香，色洁能衬色。以浅见深，杯小天地大。

9. **关公巡城** 将茶泡上一两分钟后用拇、中两指紧夹盖碗，食指压住碗盖，把茶水的分量和香味依次均匀地斟入并列的小茶杯里循环斟茶。

10. **韩信点兵** 以柔美的艺术姿态将壶中的最后数滴茶水点斟入茶杯，主人将茶汤精华分献客人。

11. **敬奉香茗** 为客人敬茶。

12. **鉴赏茗色** 认真观察茶水在杯中的颜色。

13. **喜闻幽香** 嗅闻茶的香味。

14. **细啜甘露** 品饮时可慢慢一啜，留意口腔回旋，气冲鼻出，更好领悟入口时之芳香，体验入口后之甘爽。

15. **尽杯候珍** 宾主起立，共饮杯中茶。

16. **圆满祝福** 宾主相互祝福、道别。

二、茶文化节

2006年10月，在大田华林山庄举办首届茶文化节。文化节以“绿色、健康”为主题，由开幕式、斗茶赛、茶艺表演、茶书画与摄影、茶诗茶歌茶舞和茶产业发展等系列组成。重点产茶乡镇领导及茶技术专家、茶样制作者135人参加。11月，县承办第二届海峡西岸（三明）林博会首届茶文化活动，在三明饭店举行大田茶文化专场演出。

2007年4月，全省茶叶工作会议在大田县召开，来自省农业厅及其种植业管理局、种植业技术推广总站、福建农林大学、省农科院茶叶研究所、省茶叶协会等单位领导、专家和各设市（区）分管领导、经作站站长、22个茶叶重点县农业局领导、茶叶工作者共60多人出席会议。10月30—31日，县第二届茶文化节在华林山庄举办。有茶赛、摄影、书画及茶产业研讨会，千人茶文化踩街活动。各乡镇展示代表性产品，演出茶文化节目，茶艺队进行茶艺表演。共征集茶样75只，得奖茶样20只。

2008年10月28日，大田县第三届茶文化节在福州举办。

三、茶叶博览会、展示会和新闻发布会

1997年5月，县选送的肖俊行书作品《唐孙淑对茶》，参加上海国际茶文化节书法画博览会，获优秀奖。

2004年9月，县组团参加福州海峡西岸优质农产品贸洽会暨中国国际茶叶博览会，选送乌龙茶类茶样25只，制作挂图9幅，印刷招商指南500份在会上展出，首次展示大田县茶业风采。2006年，制作大型广告牌46块，竖立在境内各交通路段，形成茶产业宣传走廊。

2007年10月，县选送茶样21只，参加中国茶叶协会举办的“人文中国·茶香世界”“中华名茶”评选活动，获金奖1只、银奖2只、铜奖3只、优质奖1只。12月，县政协文史资料委员会编辑出版《仙顶茶飘香》专辑，印数2000册，记载大田茶叶生产历史，在省内外广泛交流。

2008年10月，县政府在福州召开大田高山茶新闻发布会，举办大田县第三届茶文化节暨大田高山茶推介会，省、市有关部门领导及茶业界同仁196人出席。上台签约合同项目8个、意向项目1个。省质量技术监督局发布由县茶业局、县质量技术监督局编制的《金观音乌龙茶综合标准》(省地方标准)。与会者在“海峡茶都”观看县茶艺队表演及茶舞蹈。2004—2008年，共组团参加海峡西岸林业博览会4届、海峡西岸茶业博览会2届，举办大田高山茶新闻发布会1次，展示大田高山茶。

第六章 农业开发与产业化经营

第一节 农业综合开发

一、农田基本建设

1993—1996年，全县将改造中低产田列为重点，先后改造中低产田3013.33公顷。其中，采用开主沟、支沟和厢沟“三沟”排渍，客土改沙等工程技术措施改造面积1893.33公顷。通过生物改土和工程改造相结合，改造低产障碍的因素，改变原种单季稻为烟—稻或菜—稻2季，提高耕地产出率。

1998年，县农业局在建设镇建爱、建忠、建设村实施建设粮食高产示范园区，建设吨粮田208.67公顷，改造中低产田46.67公顷，总投资223.23万元。修建灌渠5条、总长6310米，排洪沟8条、总长2310米，防洪堤2处，长1480米，水坝5处、长84.4米，机耕道2条、长960米，桥渠2座。1999年，增产粮食459.6吨，增加产值73.08万元。

2000年，在广平镇元沙村、石牌镇老厝村实施农田基础建设工程，开展以治水改土为中心的农田水利工程建设，完成吨粮田建设83.33公顷，改造低产田123.23公顷，浆砌农业“三沟”4.8公里，防洪堤长2.45公里，水泥机耕道2.85公里，沙石机耕道400米，工程总投资160.12万元，其中省财政扶持粮食生产专项资金80万元。2001年，在广平镇元沙、苏桥村建设标准农田133.33公顷，投资200.3万元，其中省财政补助100万元。2004年，在梅山乡沧州村、均溪镇温镇村、华兴乡华安村实施粮食生产基地设施建设项目80公顷，投资124万元，并在湖美乡仁美、湖上村、济阳乡济中、济阳等村实施农田建设项目，累计面积1100公顷。总投资956.15万元，其中省级财政资金591.6万元，地方配套及群众投工投劳364.55万元。修建机耕路15.5公里，防洪堤5.9公里，新建灌溉渠26.9公里、排洪沟12.3公里，拦河坝、涵洞等设施70个。2005年，在广平镇丰庄、西园村实施粮食生产基地设施建设项目66.6公顷、投资50万元。

2008年，省级财政支持粮食生产基础设施项目在济阳乡济中片实施，建设面积66.67公顷，新建灌溉渠2条、长780米，排洪沟7条、长1.97公里，护岸坝3座、长33米，机耕路1条、长620米，总投资50万元。

二、国家农业综合开发项目

1993年，大田县被列为国家立项农业综合开发县，以土地治理、改造中低产田及土地整理项目、发展多种经营、农业产业化项目为重点，由县农业综合开发领导小组办公室会同项目区所在乡镇政府及农场、良种场具体组织实施。至1996年，全县10个片区（太华、广平、桃源、东风农场、梅山、奇韬、均溪、吴山、济阳、建设）重点列入规划，分年分片开发，改造中低产田300公顷，开荒造田84.66公顷；营造防护林438公顷、毛竹216公顷；栽种茶果372.53公顷，桑树16.67公顷，新建和改造鱼塘9.53公顷；饲养山羊500只，养鸭1.7万只，兔8645只，总投资1201.97万元。

1998年，桃源镇西安片被列为国家立项农业综合开发项目，改造中低产田733.33公顷，改良土壤96公顷，开荒造田13.33公顷，总投资250.2万元。其中，中央补助81万元，省、市、县各补助20万元，群众投入88.2万元（以投工为主）。

2000年，桃源镇广汤农业综合开发项目（高优农业示范区）经省政府批准正式立项，示范区面积159.6公顷，其中改造中低产田96.67公顷，建设吨良田面积62.93公顷，灌溉渠3条，机耕道2条，铺设砂石路1条、5.5公里，总投资75万元。2001年7月，工程完成。

2002年，国家农业综合开发在广平、上京、武陵等乡镇实施节水灌溉工程，总投资545.55万元，改造中低产田940公顷，造林96.67公顷，修建水渠6条、20公里，田间渠系及“三沟”工程13条、6公里，机耕道12条、10公里。

2003年，屏山乡综合优势农产品基地建设和太华镇节水农业项目被列为国家立项农业综合开发项目，总投资311.8万元，其中中央、省、市205.4万元。新建拦河坝3处，防洪堤250米，蓄水池185个、922.5立方米，防洪渠道9.9公里，排水沟1.6公里，机耕道10.65公里，营造防护林33.33公顷。

2006年，全县土地整理226公顷。2008年，奇韬、上京、文江、屏山4个乡镇、11个村实施国家农业综合开发土地整理和水利捆绑项目，项目总投资1517.09万元。土地整理项目实施面积406.67公顷，水利捆绑项目在屏山乡内洋村实施，面积200公顷。

1993—2008年，全县国家农业综合开发项目涉及16个乡镇75个村、6个涉农企业，总投资9131.12万元，其中土地治理（含土地整理）7378.92万元、多种经营（含农业产业化）1752.2万元。总投资中，财政投资6548.36万元，群众或单位自筹及项目区群众投工投劳折资2240.7万元，银行专项贷款336.97万元，其他资金5.09万元。改造中低产田8972公顷，土地整理910公顷，节水灌溉及小流域治理1254公顷。

1993—2008年大田县国家农业综合开发情况表

表8-4

年份	投资额（万元）	项　目　内　容
1993	200.65	广平、太华2个乡镇4个村，改造中低产田533公顷
1994	203.39	桃源镇3个村及东风农场改造中低产田560公顷
1995	409.46	奇韬、梅山、均溪3个乡镇7个村，改造中低产田880公顷
1996	370.28	吴山、济阳、建设3个乡镇5个村，改造中低产田1013公顷投资239.08万元，筹建县种兔场投资131.2万元
1997	233.50	文江、湖美2个乡镇6个村，改造中低产田880公顷
1998	250.20	桃源镇3个村及东风农场，改造中低产田733公顷
1999	303.40	建设、广平2个乡镇5个村，改造中低产田867公顷
2000	237.50	石牌、均溪2个乡镇3个村，改造中低产田707公顷
2001	391.50	太华镇3个村，改造中低产田873公顷
2002	1096.55	上京、武陵、广平3个乡镇6个村节水灌溉467公顷、投资307.95万元，改造中低产田473公顷、投资237.6万元；扶持农达果蔬加工厂551万元
2003	140.30	屏山乡3个村，改造中低产田313公顷
2004	761.80	奇韬、文江2个乡镇6个村，改造中低产田533公顷、节水灌溉413公顷
2005	427.00	桃源、武陵2个乡镇7个村及东风农场，改造中低产田340公顷、节水灌溉187公顷
2006	699.40	屏山、太华、武陵3个乡镇6个村及大石分场，土地整理226公顷、节水灌溉187公顷
2007	1319.10	建设、广平2个乡镇5个村，土地整理275公顷，投资819.1万元。扶持大田高峰茶业公司500万元
2008	2087.09	文江、奇韬、上京、屏山4个乡镇10个村，改造中低产田267公顷，投资136万元，土地整理409公顷，投资1381.09万元；扶持大田云韵茶业570万元

三、农村沼气

1993年起，县政府将沼气池建设列入为民办实事项目之一，制定农村沼气工程建设工作方案、考评办法，出台扶持政策，每口沼气池补助资金1000元—1400元；采取办培训班，印发宣传材料、简报，定期督查通报和组织参观学习等措施，全县215个村，共建沼气池4723口，占村总数的81.7%。县财政投入资金72万元，建立县级沼气服务中心1个、乡村沼气服务网点25个，购置抽渣车6部，沼气维修、抽渣、检测等沼气维护设备12套，无偿给乡镇服务站点使用。

2001年，广平镇元沙村建设沼气池试点，推广使用沼气，共建沼气池70多口，投入资金9.1万元。2002年，县政府为改善农民生产、生活环境，建立沼气生态农业技术示范村10个，共建沼气池1754口，每口补助600元。加强技工培训，10名技工取得农业部颁发的上岗资格证书，建立技工档案和农户联系卡。

2003年，县政府将沼气工程建设列入农村工作年度考评，加大资金扶持力度，强化目标责任制，全年建沼气池676口，建立示范村19个、示范户380户，将沼气技术与种植、养殖等配套技术有机结合，推广“猪—沼—果”“猪—沼—鱼”等生态种养模式，采取集中、联合、现场培训相结合的方式，提高农民建池技术和安全使用知识水平。

2004年，县政府将沼气工程列入农业6项重点项目之一。新建沼气池550口，建立示范村20个、示范户400户。通过向上级筹措资金，以及县、乡、村补助，农民自筹等方式，加大扶持力度，每口补助700元。

2005年，推广前坪乡黄龙村使用沼气池示范村建设，全年共建沼气池51口，养猪户的沼气使用率占85%，“一池三改”（沼气池、改厨、改厕、盖猪圈）率达95%。

2007年，县政府制定《2007年度农村沼气工程建设工作考评办法》，召开2次现场会，定期督查通报，实行表彰奖励，建立猪—沼—茶（或菜、烟、果、渔）等生态模式典型20个，沼气综合利用示范点20个，村普及率61.5%，县沼气服务中心被省农业厅列为全省10个试点之一。

2008年，全县完成沼气池建设1051口，每口补助1300元，共投入资金315.3万元。新建沼气服务点2个，县农村服务中心统一采购抽渣车、切草机等沼气设备12台，无偿借给乡镇服务站点，投入资金16万元。

第二节　农业基地建设

一、蔬菜基地

1993年，城区常年种植蔬菜40.81公顷，大部分由菜农自产自销。1994—1995年，县政府在均溪镇红星村丰坑垅和玉田村张坑垅设立蔬菜保护区19.67公顷，由土地局划定红线，立牌保护，建章立制，供应专项平价粮80吨。1996年，实行宏观调控，安排种植面积64.87公顷，由菜农自产自销。1997—2002年，基地建设朝区域化、专业化、规模化、集约化、市场化方向发展，建立武陵乡萝卜及甘蓝包菜，桃源镇甜椒及莴苣，湖美乡南瓜及其他瓜类，太华镇花菜，梅山和前坪乡辣椒及生姜，均溪镇京口六月芋，仙峰村马铃薯及槟榔芋、后华和华坑村小薯等特色蔬菜生产基地。2003—2008年，城区常年菜地基本稳定在93.34公顷，分布在均溪镇的玉田、红星、温镇、郭村、福塘、良元、华坑、宋京8个村62.67公顷；华兴乡的华安、仙峰、京口3个村20公顷；湖美乡的仁东村6.67公顷；石牌镇的小湖村4公顷。

二、生猪基地

1993年，县食品公司郭村生猪良种繁殖场，占地1.2公顷，年出栏生猪800头，每头猪国家补贴

30元；当年底，生猪良种繁殖场被征用建厂。1994年，县农副产品生产基地办公室在红星村丰坑垅创办商品猪基地，占地0.57公顷，存栏2400头，年出栏2000头，每头猪国家补贴30元。1996年，县良种场引进约克太湖公猪104头，繁殖太湖母猪453头，被省农业厅定为三级种畜场。2000—2002年，县引资在坑口村创办南大农业综合开发有限公司，建种猪场6000平方米，总投资500万元，饲养母猪3000头。2003年，发展无公害养殖，引进优良品种，培育瘦肉型生态猪。2008年，全县养猪36.81万头，出栏19.94万头。

三、禽蛋基地

1993年，以养殖专业户为主，推广鱼鸭混养。1996年，引资创办坑口华康蛋鸡场，年养1.36万只。2000年，双星种鸡场扩建，投资38万元，购置孵化设备，饲养种鸡上万套，年提供鸡苗100万只；太华镇汤泉兴业种禽场饲养土杂鸡3000套，年提供鸡苗40万只；奇韬镇金华养鸡专业村，年饲养永仙鸡3万只。2003—2008年，新办养鸡场4家，年出栏肉鸡10万只、产量360吨。

四、肉兔基地

1993年，大田推进兔业产业化，建设肉兔基地。在均溪、屏山、吴山、石牌、梅山、上京、武陵7个重点乡镇培育10个养兔专业村、10个专业户、1000个重点户，户均养兔200只以上。1996年，屏山乡内洋村480多户共养兔4.35万只，年销3.3万只，总收入105.6万元，人均收入486元。1997年，全县养兔156.2万只，加工肉兔30万只，销往省内外。2000年，优化畜牧业内部结构，以肉兔为重点，饲养肉兔214万只。2005—2008年，全县年均饲养兔283.67万只，出栏194.39万只，被省政府列为畜牧业产业化“龙头”项目之一。

五、养鱼基地

1993年，县有鸭蛋山鱼种场和汤泉热带鱼良种场，年产各种鱼苗340万尾。1996年，桃源、吴山、广平、前坪、武陵等乡镇养鳗场5家、甲鱼场1家，面积9.47公顷，年产鳗鱼350吨，产值1344万元，占全县渔业总产值18.9%。2000年，全县8座水库承包给养殖大户经营，承包面积176.27公顷，占水库总面积87%。2005年，桃源镇创办“华兴养鳗场”，生产商品鳗300吨；坑口水库网箱养殖135箱，年产商品鱼330吨。2008年，在尤溪街面水库大田库区组建“七星湖”“双龙湖”“金龙湖”渔业有限公司，注册资金123.6万元，参股农户1273户、5390人，股东代表82人，养殖面积839.67公顷，总产量1800多吨。

第三节　品牌农业建设

一、绿色食品

2003年6月，“雪山”牌萝卜通过农业部绿色产品认证，获得中国绿色食品发展中心“绿色食品标志”使用权。至2008年，建立绿色食品蔬菜生产基地1个、面积200公顷，绿色食品茶叶生产基地3个、面积113公顷。全县共保留有效用标的绿色食品企业4家，有大方广茶业有限公司的“江山美人”牌台式乌龙茶，福井农业开发有限公司的“高峰”牌生姜，金阳茶业有限公司的铁观音、金萱、毛峰（茶叶），云韵茶业有限责任公司的“仙顶”牌铁观音、金观音茶叶等7个产品。

二、无公害农产品

2003年12月，“山宝”牌雪蔗、“高峰”牌金姜、“山丹丹”牌人参果等首批获省绿色食品发展中心无公害农产品标志使用权。至2008年，建立无公害蔬菜生产基地2个，面积800公顷，无公害茶叶生产基地2个，面积533.3公顷；无公害果蔗生产基地1个，面积234公顷。全县共保留有效用标的无公害农产品企业 5 家、8 个产品：建设镇农技站组织生产的“山宝”牌雪蔗，福梅农业开发有限公司生产的“福梅”牌辣椒干，县茶叶学会组织生产的“仙顶”牌乌龙茶、“仙顶”牌绿茶，东风农场生产的乌龙茶，桃源镇蔬菜协会生产的莴苣、黄瓜、白菜。

三、商标注册

1999 年 8 月，武陵乡萝卜注册“雪山”牌商标。2001 年 5 月，大田“仙峰”牌肉兔被省名牌产品评定工作委员会评为福建省名牌农产品。

2003 年 5 月，东风农场苏光地注册“仙峰”牌商标，主要产品有红菇、笋干、蛋、萝卜干、茶油、蘑菇罐头等；8 月，阿佳绿色食品厂苦菜、黄花菜、干野菜、干蔬菜等注册“阿佳”牌商标。2004 年 5 月，县生姜协会生姜、蔬菜、食用菌等注册“高峰”牌商标。2005 年 10 月，县畜牧水产技术中心烤兔注册“仙峰”牌商标。2006 年 1 月，县茶叶学会茶叶、茶饮料、大米、食用淀粉等注册“仙顶”牌商标。2008 年 1 月，福梅农业开发有限公司蔬菜、茶叶等注册“福梅”牌商标。7 月，高峰茶业有限公司茶叶、茶饮料等注册“崇圣岩”商标。11 月，大方广茶业有限公司茶叶、茶叶代用品、茶饮料、谷类制品等注册“江山美人”牌商标。年底，全县农产品共有注册商标 32 件。

第四节　农业企业与农民专业合作社

一、农业企业

1993 年，县成立兔业开发公司，屏山、石牌、武陵、上京、均溪、梅山、吴山等 7 个乡镇分别成立分公司，为养兔户提供技术培训、种苗联系、兔种改良、信息等服务。1997 年，建立食用菌开发总公司和 1 个食用菌加工企业，绿馨食品有限公司年加工肉兔 30 万只。1999 年 2 月，台资“大方广茶业有限公司”在屏山乡内洋村成立，从事茶叶种植和加工。2000 年，县政府大力发展农业产业化龙头企业和产业化重点项目，按照“扶优、扶强、扶大”的原则，实行以贴息代投、以奖代投，壮大龙头企业。2003 年起，县实施项目带动，引进县外资金开发农业项目。2004 年，引进聚祥（大田）生物科技有限公司加工木薯淀粉。2007 年，县农业部门制定《大田县发展一村一品推进新农村建设实施方案》，投入资金 60 万元，扶持“一乡一业”1 个、“一村一品”专业村 16 个，为乌龙茶加工企业和大户发放贴息贷款 32 万元。2008 年，街面水库大田库区梅山、湖美移民组建七星湖、双龙湖、金龙湖渔业股份有限公司 3 家企业，股东代表 82 户、养殖户 1300 户。全县有茶叶、渔业、禽畜养殖、农产品加工等各类引进和内资农业企业 323 家，其中大方广、云韵茶业有限公司获省级农牧业产业化龙头企业称号。大方广、云韵、高峰、九龙峰，聚祥（大田）、华灿生物科技有限公司和福塘朝阳食品、福梅农业开发有限公司、县丰收养殖场获市级龙头企业称号。

二、农民专业合作社

2007 年，县农业局以《中华人民共和国农民专业合作社法》颁布实施为契机，利用电视、广播、宣传栏等形式进行宣传，举办知识竞赛，发放宣传资料 1.2 万份，张贴标语 3000 张，悬挂横幅 25 条，出宣传栏 40 期，制定章程，以服务成员、谋求共同利益为宗旨，遵照入社自愿、退社自由、自主经营、自负盈亏、利益共享、风险共担的原则，依法为成员提供农业生产资料的购买，农产品的销售、加工、运输、贮藏以及与农业生产经营有关的技术、信息等服务。11 月，屏山乡美阳村村民郭孝威第一个成立大田县戴云龙茶叶专业合作社。经工商部门注册登记，当年全县有茶叶、菌业、兔业、米粉加工、芦柑等各类专业合作社 7 家，注册资金 100 余万元，合作社实行产供销“一条龙”经营方式。2008 年，工商注册登记，挂牌成立的农民专业合作社 18 家，其中种植业 12 家、加工业 3 家、食用菌 1 家、养殖业2家，注册资金592万元，社员366人，带动农户5224户。梅山福威辣椒专业合作社获省农业厅农业示范点资金扶持5万元。

第七章　扶贫与小康建设

第一节　扶贫开发

一、扶贫队伍

（一）省工作队扶贫

1997年，省地矿厅、妇联、民政厅、新闻出版局挂钩谢洋、武陵、石牌、均溪、华兴、屏山、湖美7个乡镇，投入扶贫资金502.95万元。1998年，省计委、劳动厅、地矿厅、政法委挂钩屏山、湖美、武陵、谢洋、华兴、前坪6个乡，投入扶贫资金683万元。1999—2000年，省侨办、地矿厅、劳动厅、兴业银行挂钩武陵、前坪、屏山、湖美、谢洋、华兴6个乡，投入扶贫资金134.5万元。

2002—2006年，省林业厅、侨办、外事办、侨联、烟草公司、外贸中心、商业高等专科学校、石油公司、老区办9个部门10名党员干部担任翰林、龙坑、横坑、东坂、和坑、长坂、百束、德仁、桃溪、武陵10个省级贫困村党支部第一书记。

2007—2008年，省林业厅、侨办、物价局、闽江学院、高速交警总队、海峡人才市场6个部门8名党员干部，分别挂包扶持溪头、元山、红君、科里、京程、西坑、锦山、张墘8个贫困村38个项目。

（二）市、县工作队扶贫

2001—2008年，96个市直部门单位挂钩扶贫村，共投入资金1152万元，为民办实事150多件，受益133个村。县直部门单位挂钩扶贫486次，共投入资金2500多万元，为民办实事950件，受益486个村。

二、科技扶贫与信贷贴息扶贫

（一）财政科技扶贫

2000—2001年，省农办、财政厅支持武陵乡反季节蔬菜生产产业化开发科技扶贫资金28万元，2003—2004年，支持屏山乡高山优势茶园开发科技扶贫资金18万元。

（二）信贷贴息扶贫

1997年，省扶贫办安排扶贫贴息小额信贷资金70万元，16个乡镇和县妇联统借统还，以五户联保形式发放至贫困、低收入户。2001—2008年，累计发放小额信贷资金1282万元，财政贴息53.56万元，扶持贫困、低收入农户3401户，受益人口8887人。

三、扶贫项目

1997—2000年，省扶贫工作队共筹集扶贫资金1320.45万元，扶持茶果、水利、道路等民生项目80项。2002—2006年，省财政扶贫捆绑资金861万元，省直部门自筹资金1000万元，完成村道铺设混凝土54公里，修建农田水渠、机耕道各7.5公里，10个村的自来水工程，修缮村部办公楼和部分村的校舍（2个村新建校舍）等基础设施建设；扶持开发茶园17.8公顷，栽种果树18公顷、毛竹69.2公顷、板栗54公顷、厚朴30公顷，栽培食用菌100万袋等生产项目。

2007—2008年，省财政扶贫捆绑资金229万元，省直部门自筹资金550万元，完成村道铺设混凝土22.8公里、机耕道30公里和自来水工程8个，修缮村部综合楼8座（元山村新建），开发茶园33.33公顷，栽种竹、杉、松180公顷，营建生物防火林带16公里和村庄路灯、造福工程等。2008年，外籍华人余三明投资350万元在建设镇元山村创办合资福建省元山兔业发展有限公司，总投资500万元。

第二节　扶持老区建设

一、老区分布

1993年，全县原被确认的老区有武陵、石牌、华兴、桃源、太华、谢洋、上京、均溪、吴山、广平、东风农场等11个乡镇、场，有老区村53个，占村（居）总数19.6%，基点村20个、基点自然村33个。2008年底，被确认的老区人口6.67万人，占全县总人口的18.16%。

二、扶持开发

1993—1998年，全县争取到省老区办老区建设资金93.5万元，扶持项目132个，其中，有偿低息种养业项目23个、30万元，无偿扶持乡、村道路、水利建设和文教卫生等项目109个、63.5万元。1999年起，支援老区建设资金全部实行无偿扶持，扶持水利、乡村道路建设和校舍维修等项目17个，投入资金31.2万元。

2000年5月，成立县老区基点村、少数民族村路、水、电、电视、电话“五通”工作领导小组，实施老区村“五通”。8月29—30日全市老区“五通”建设现场会在大田召开。当年，完成36个老区村的通水工程，投入资金300.89万元，其中省、市、县各36万元，乡、村和村民自筹192.89万元，受益3.05万人；通电视4个村，投入资金37.8万元，其中省、市、县投入12万元、县广电局25.8万元，受益80户、463人；通电话2个村，投入资金118万元，安装电话103部；通电1个自然村，投入资金6万元，受益20户、87人。

2002年，武陵乡武陵、百束、桃溪和石牌镇龙坑4个老区村列入省首批重点扶贫村。2006年7月，县政府批转民政局等部门《关于重点优抚对象和革命“五老”人员医疗补助实施意见》，解决“五老”人员看病难问题。8月，县委编委批准武陵、桃源、太华、石牌、谢洋5个重点老区乡镇设立老区工作站。

2007年，武陵乡红君、石牌镇京程、谢洋乡科里、华兴乡张墘4个老区村被列入省第二批重点扶贫村，扶持种养业发展，改善村容村貌、道路和饮水等基础设施，每年每村投入扶贫资金14万元—20万元；武陵村兴建集办公与老年人活动为一体的综合楼，建筑面积240平方米；红君、张墘村在城区各购店面1间出租，作为村财固定收入。9月，县委成立老区工作领导小组。

2008年3月，县委、县政府制定《关于进一步加快大田县革命老区发展的意见》，在政策、项目、资金等方面扶持老区。2000—2008年，老区建设共投入资金535.2万元，其中省老区办523.2万元、县财政12万元，扶持项目198个次，内含生产性项目3个，道路、饮水、文教卫生事业等195个次。

第三节　扶持库区开发建设

1993年，全县坑口水库库周原分散安置移民845人（含生产安置）。1994年7月，六角宫水库电站开工建设，库周后靠安置120人，其中集中安置69人。2005年5月至2006年6月，街面水库大田库区搬迁安置4577人。

2006年7月起，实施国务院完善后的大中型水库移民后期扶持政策。经省移民局核定，全县列入后期扶持的大中型水库农村移民7029人。其中，街面水库（大田库区）4970人，六角宫水库1211人，坑口水库845人，省外移民自主迁入3人。水库库区和移民安置区涉及8个乡镇、30个村、64个自然村。其中，街面水库（大田库区）涉及均溪镇、湖美、梅山、华兴乡共14个村，六角宫水库涉及济阳、屏山乡共9个村，坑口水库涉及谢洋、吴山乡共7个村。

截至2008年12月，7个乡镇20个村、42个自然村的大中型水库移民5985人，每人每年补助600元，按季度发放，累计发放直补资金900.9万元。项目扶持1044人，全县共批复实施大中型水库移民后期扶持项目104个，投入资金653.09万元。其中，农村饮水项目14个、150.74万元，农村道路项目58个、403.67万元，乡村建设和环境整治项目25个、74.76万元，农村沼气、农田水利、社会事业、培训就业等项目7个、23.92万元。为街面水库大田库区复建四级公路15公里，生产道路和机耕路45公里，桥梁9座、1066米，渔业生产码头11个。引导移民成立梅山双龙湖、金龙湖、湖美七星湖3家渔业有限公司和湖美高才养殖专业合作社，合计注册资金273.6万元，涉及4960人。发展库面网箱渔业养殖807公顷、1830箱，年产值1亿元，人均增收5038元。向692名取得县级以上行业主管部门职业资格证书和被全日制普通高等院校录取的大中型水库移民发放补助款61.87万元。

第四节　农村小康建设

1993年11月，县委、县政府提出加快和深化农村改革，推进奔小康建新村工作。1994年1月，县委坚持把加强农业发展放在首位，将奔小康、建新村作为农业和农村工作的主要任务，各乡镇制订分步实施方案，把规划落实到村、到户。

1996年5月，县成立农村奔小康领导小组，6月，制定《大田县小康标准》《大田县小康乡（镇）、小康村标准》《大田县小康户标准》。县政府下发《关于开展1996年农村脱贫致富奔小康意见》，制定小康建设规划、脱贫计划、实施方案、政策措施，层层建立责任制，实行县乡干部"一定五包"（定户扶贫，包脱贫、脱贫户台账、项目实施、资金到位、技术培训）。推进"六个一"工程，即一片叶（烟叶）、一只兔（肉兔）、一枝花（兰花）、一根竹（毛竹）、一粒果（水果）、一棵树（林业）。坚持建新改旧，搞好新村建设，开展对口扶贫、部门帮带、党员干部"一助一"活动。

1998年，全县坚持以"增粮增收保供给，脱贫致富奔小康"统揽农村工作全局，突出增加农民收入、集体收入和新村建设，主攻薄弱环节，推进肉兔、食用菌、烟叶、反季节蔬菜等四大产业，发展家禽、家畜等短平快项目。坚持建新房改旧房并重，改善农民生活条件，全县拆旧房8万平方米，建新房2525座、30万平方米，集镇建设20万平方米；新增小康户4100户，新增小康人口6800人。

1996—1998年，通过小康规划的实施，农业项目完成种植烟草2473.3公顷，完成毛竹林带506.67公顷，绿竹、麻竹246.67公顷，建设小湖"菜篮子"基地5.73公顷，中幼林抚育间伐300公顷，低产林改造66.67公顷，建设优质水果基地666.67公顷，建设经营面积666.67公顷以上县办林场2个、333.3公顷以上乡村办林场6个，饲养肉兔156万只，种植兰花80万株。实施"五通"（路、电、电话、广播电视、卫生饮用水）等基础设施建设。开展村容村貌整治，改善住房条件。全县拆旧房5010座、面积85.54万平方米，二类房整治8388座、面积1157万平方米，集镇建设48.8万平方米，建新房8000座、面积90.76万平方米。按照农村小康建设标准评估，全县小康建设综合得分为88.9分，基本实现小康的乡镇12个、小康村216个，占全县村总数的82.13%；小康户5.78万户、小康人口26.5万人，分别占82.61%、84.1%。

第八章 农业农村经济管理与国有农场

第一节 管理机构

一、县委农村工作领导小组办公室

1993年，大田县农业委员会（简称县农委），设办公室、人秘股、科教股。1996年，成立县委农村工作领导小组办公室（简称县农办），加挂县政府农业办公室牌子。2002年，机构改革，县农办为县委负责农村工作的议事协调机构，内设人秘股、农村政策法规股、农村扶贫小康工作股和农村经济股。挂靠单位有农业综合开发办公室、农科教结合协调办公室、经济技术协作办公室（由县经贸局划入）和农民工培训中心。同年，县水土办划归水利局，区划办、农广校划归农业局。2006年，成立推进社会主义新农村建设工作领导小组办公室，挂靠县农办。2008年，编制18人，实有18人。

二、农业局

1993年，大田县农业局内设办公室、财务科，下属农技、土肥、植保、经管站，种子公司、农科所、食用菌中心、蚕桑中心、减轻农民负担办公室（简称减负办）和18个乡镇农技站、经管站。1996年，增设科教股、法规股、外经企业股。1999年，增设农业执法大队。2000年，增设绿色食品办。2002年，18个乡镇农技站、经管站划归乡镇政府。2003年，增设农村环保能源站、农产品检测中心、信息站；农广校、区划办从农办划入农业局。2006年，农科所与农技站合并，食用菌中心更名为食用菌技术推广站，土肥站更名为农田建设与土肥技术推广站。2008年，农业局设办公室、科教股、法规股、外事外经股，下属事业单位有农技站、土肥站、植保站、种子站、经管站、食用菌站、信息站、能源站、执法大队、农广校、区划办、绿色食品办、减负办、检测中心等，编制73人，实有62人，其中高级农艺师6人、高级农经师1人，农艺师、农经师18人，助师8人。

三、农业机械化管理中心

1993年，大田县农业机械管理局，设办公室、经营管理股、农业机械化技术学校、农机监理站，下辖18个乡镇农机站。1994年，更名为农业机械管理服务中心。1997年，新建农机综合楼，建筑面积3000平方米、造价105万元。2002年，乡镇农机站划归乡镇政府管理。2005年，新建农机商住楼建筑面积2700平方米、造价128万元。2007年，更名为农业机械化管理中心，设办公室、科教股、农机监理站、农业机械技术推广站，编制14人，实有干部8人、职工4人。2008年，干部职工人数不变。

四、茶业局

1993年，大田县经济作物局，内设办公室、财务室、果树站、茶叶站、多种经济作物站。1997年，更名为大田县经济作物技术推广中心。2007年11月，更名为大田县茶业局，内设办公室、生产技术股、产业文化股、市场信息股及茶叶技术推广站，编制10人，实有10人。2008年，机构设置和编制不变。

五、畜牧兽医水产中心

1993年，县畜牧水产局，内设人秘股、财务股、生产经营股，下辖畜牧兽医站、水产站、渔政站、渔种场、18个乡镇兽医站、水产站、兽医卫生监督检验所和自收自支事业单位汤泉热带鱼良种场。1997年，行政职能并入农业局，成立大田县畜牧水产技术服务中心（加挂畜牧水产局牌子）；成立县种兔场，为自收自支事业单位。2002年3月，县鱼种场因房地产开发停办。2005年，渔政管理站更名为中国渔政大田县大队（加挂大田县渔港监督站、大田县渔业船舶检验站牌子）。2006 年，畜牧兽医站更名为县动物防疫站。2007 年 12 月，在赤岩山路 10 号动工新建畜牧水产综合楼，占地 264 平方米，建筑面积 1848 平方米，投资 300 万元。2008 年 10 月，县畜牧水产局更名为大田县畜牧兽医水产中心（加挂大田县畜牧兽医水产局牌子），内设办公室、财务科、畜牧站、水产站、动物疫情测报站，县畜牧兽医站更名为县动物疫病控制中心，县兽医卫生监督检验所更名为县动物卫生监督所。共有编制 25 人，实有 31 人。

第二节　农业行政执法和渔政管理

一、农业行政执法

1993 年，县农业行政执法部门实施《中华人民共和国农业法》和《农业技术推广法》，举办农业“两法”培训并开展宣传。至 1996 年，检疫调进的种子 1620 吨；指导农民应用平衡施肥技术，推广优化配方施肥 4.5 万公顷。1998 年，实施《中华人民共和国动物防疫法》，县兽医站加强动物防疫检疫工作，开展禽流感普查，城区生猪集中屠宰检疫，全县检疫畜禽 13.65 万头（只），查出的有病动物进行无害化处理，查处违法案件 17 起。

1999 年 8 月，成立大田县农业行政执法大队，进行种子管理、农资市场和农民减负等行政执法检查。2000 年，分别审批办理农资、种子经营许可证 31 家、38 家。2002 年，分别核发农药、种子经营许可证 82 份、43 份；农资执法检查 15 次。

2003 年，清理整顿农资市场，打击假冒伪劣农资上市和无照经营，重新核发经营资格证 74 本、动物诊疗许可证 19 本，整顿市场 32 个，检查农资经营单位 185 个，查处投诉 32 件、立案 29 件，查获假冒伪劣农资产品 18 吨，案值 19.2 万元，取缔无照经营农药单位 2 家，罚款 3.8 万元。2004 年，农业部执法领导小组将大田县列为“全国农业综合执法试点单位”。

2005 年，农业执法部门与县委组织部、电视台联合制作《打假护农》专题片，在县电视台、广播电台定期播出。2007 年，制作宣传《中华人民共和国农业产品质量安全法》和农资打假电视短片，在电视台播出。并开展“放心农资下乡进村”活动。2008 年，农业执法大队制定《大田县农资打假护农专项治理行动实施方案》，开展春秋季联合执法巡查和夏季百日打假行动，检查各类农资 410 吨、总价值 530 万元，立案查处 16 起、罚款 6.56 万元，调解“大白菜抽薹”“烟草肥害”和“农药药效”等农资纠纷 3 起，为 182 户农户挽回经济损失 8.3 万元。1993—2008 年，全县各行政执法部门受理涉农举报、投诉案件 118 起，查处农药、肥料、种子、兽药等案件 195 起，调解纠纷 28 起，为农户挽回经济损失 531 万元。

二、渔政管理

1993 年，县渔政部门继续执行《中华人民共和国渔业法实施细则》和有关渔业行政处罚规定，查处渔政违法行为。1994 年 8 月，县渔政站将 1 只 16.32 公斤重、背甲伤口愈合的国家一级保护水生野生动物鼋放生原栖息文江溪沧州河段。1999 年，依法查处违法案件 12 起，罚款 900 元，赔付养殖户 5000 元，征收渔业资源费 1500 元。2000—2003 年，查处渔政违法案 43 起，罚款 2000 元，赔偿 9500 元，移送司法机关查处 1 件，征收渔业资源费 1.27 万元。

2004 年，查处渔政违法案 12 起。2006 年，渔政站配合地方海事处将 9 艘渔船纳入管理。2007 年，渔政大队制定《大田县渔业船舶安全突发事件应急预案》，加强水上安全管理。2008 年，办理水产养殖证 3 本、检验登记渔业船舶 28 艘，查处无船名船号、无船舶证书、无船籍港“三无”船舶 3 艘，培训渔业船员1期、30人，实施船员持证上岗制度。1993—2008年，查处违法案件171起，罚没款4.86万元，没收电鱼机128台、渔具12件。其中无证贩运鳗苗2起、共8.2万尾，处罚没款3.57万元。协助环保部门查处渔业水域污染案件3起，索赔5.6万元。将查获的国家二级保护动物虎纹蛙308只、29.2公斤，予以放生；未达采捕规格棘胸蛙幼体415只、鳖幼体18只，放生大仙峰自然保护区。处理渔事纠纷17起，办理溪河捕捞许可证及特种水产品采捕证35本，收取资源费6.45万元。

第三节 农机操作培训和安全监理

一、农机操作培训

1993—1996年，县农业机械化技术学校（简称农机校）开展培训农用车驾驶员15期、836人，手扶拖拉机手9期、498人，培训修理工20人；农机人员复训180人，经考试合格率98%。2000年，培训农机初、中级修理工22人。2002—2003年，农机校在县农机服务中心、太华、建设、广平镇建立培训基地，培训38期、569人，复训429人次。2004年，贯彻农业部《拖拉机驾驶员培训管理办法》，确保培训质量，培训13期、413人，复训535人次。2008年，培训拖拉机驾驶员12期、288人，复训机手500人次。1993—2008年，农机驾驶员培训4579人、农机手复训5538人次。

二、农机安全监理

1993年，县农机监理站受公安部门委托，开展农机安全监理，对农用运输车、拖拉机进行安全技术检验、核发牌证，对驾驶员和修理工年度审验，对农机维修点、配件供应店年检。1996年，拖拉机年检736辆、新挂牌378辆，审验机手875人，合格率98%。1997年，换发“九二式”拖拉机牌照、年检1095辆。1998—1999年，拖拉机和农用车驾驶员年审410人。

2001年，年检农机修理网点42家、配件供应店33家，年审修理工42人，维修店办证10家，规范经营。2002年，开展农机质量安全年活动，扩大道路、田间、场院的监控面，开展清理“黑车非驾”专项整治，查处无牌车65辆、无证驾驶83人，无检（审）车22辆、违章车102辆，并完善农机安全例会制度。

2005年10月，根据《中华人民共和国道路交通安全法》和市农机局、公安交警支队关于《拖拉机管理交接的通知》，县农机中心接收交警移交的拖拉机档案2612份，驾驶证档案764份。2008年，清理无牌车62辆、无证驾驶68人，年检拖拉机703辆、农机修理网点30家、配件供应店20家，拖拉机挂牌160辆，核发驾驶证20本。1993—2008年，共核发农机牌证1927辆（台），其中手扶拖拉机509辆、中型拖拉机1辆、多功能拖拉机1411辆、联合收割机6台。

第四节 农产品质量检测

2003年，农业局增设农产品检测中心。2005年，中心地点由原种子公司检验室改建，县成立农产品质量检测中心，面积120平方米，实验器材全部安装调试完毕并投入使用，配置检测仪器20台，可对农产品农药残留、重金属含量等进行检测。2007年，设立蔬菜质量检测点3个、茶青质量速测点1个。2003—2008年，培训检测员2期、12人；检测蔬菜样品1515个，其中送省、市检测6个，合格率97.9%；检测茶青样品384个，其中送省、市检测12个，合格率97.4%。

第五节　农村集体财务管理

1993年，村民委员会和村合作经济组织财务接受乡镇农村经营管理部门（经管站）指导和监督。1996年，在上京镇试行村级财务管理新体制，实行村里记载账簿、凭证改为乡镇经管站专业会计代记代管的“村账托管”新模式，村财所有权、使用权、审批权，受益权不变。1997年，县政府转发《关于全面推行村务公开、民主管理，村财乡管工作的实施方案》的通知及《村级财务监督管理暂行规定》等文件。7月，在全县26个村全面推行“村账托管”制度，这一做法被省、市和中央多家新闻媒体专题报道。当年，全县村级固定资产3087.54万元，债权1775.68万元、债务2654.78万元；全县村财收入4240万元，比1996年增45.45%。各村建立民主理财小组，定期公布收支情况。

1998年4月，县乡成立农村集体资产核资工作领导小组，实地盘点资金、财产、核对债权债务，262个村共有资产1.24亿元，其中，固定资产7774.8万元，流动资金3012.3万元，长期投资1580.9万元，集体净资产9679.1万元；流动负债2929.9万元，长期负债1124.7万元，资产净损失额299.8万元；固定资产损失额147.8万元、流动资产152万元。查清村级集体资产存量分布和应用情况，落实债权债务统一账务处理，规范集体资产管理。

2001年，实施《福建省村级财务管理条例》，全面推行财务公开，民主理财制度。2002年，取消村级招待费。2003年，县农经部门制定《大田县村集体财务管理暂行规定》和《村级一事一议筹资筹劳办法》等文件，在均溪镇、上京镇、广平镇开展财务电算化试点。当年削减村级债务85万元，同时开展村干部任期和离任经济责任审计。

2005年，县农业局等单位制定《大田县村级财务重点监管制度实施方案》，对上年度村财收入30万元以上的村重点监管，全县村级财务电算化管理，农村财会人员实行持任用证上岗。2005—2008年，对131个村（次）重点监管，减少非生产性开支119.43万元。

第六节　减轻农民负担监督管理

1993年，县委、县政府成立减轻农民负担领导小组，清理涉及农民不合理负担的文件和收费项目。至1996年，共清理涉农文件96份、各种收费项目297项，县政府发文取消不合理涉农收费22项、纠正超标准收费5项、宣布取消乡镇自行出台的涉农收费6项，年减轻农民负担471.5万元；并建立减负监测站5个，印发监督卡7万份。

1997年起，涉农收费一律凭卡收取，开展执法检查和农民负担专项审计，清理搭车收费、整顿农村电价等。1999年，实行农民负担监督预决算、专项审计和监督卡三项制度。1997—1999年，清退制止违规或超标准收费240.95万元，共减轻农民负担779.8万元。2000年，把村提留和统筹款控制在1995年人均纯收入5%限额内。

2002年，县委、县政府与乡镇、各有关单位签订减负目标责任状，实行违反减负政策“一票否决”，规范学校收费标准，取消通过学校代收的电影费、班费等项目，实行涉农收费公示制，制作公示牌，接受群众监督。2004年，实行进城务工子女免收借读费、农村中小学一费制、报刊“限额制”等，减轻农民负担106.06万元。

2005 年，取消村级招待费，实行村干部报销限额和“一事一议”筹资投劳制度。2006 年，清理涉农收费文件 20 件、收费项目 35 个，减轻农民负担 1132.5 万元。2007 年，县政府制定《大田县农民负担监督管理工作意见》。2007—2008 年，查处行政事业性违规收费 93.53 万元。

第七节　清理农村合作基金会

农村合作基金会始创于 1987 年，以原生产队积累资金、土地补偿费、代管资金等为入会资金。1993 年，全县农村合作基金会 20 个，其中乡镇 18 个、村 2 个，共有入会资金 427.83 万元。1993—1996 年，投放个人、乡镇企业等农村发展资金 7964 万元。1997 年，扩大入会规模，增加资金 2503 万元，投放农业和乡镇企业等资金 2855 万元，回收率 86%。

1999 年 7 月，县委、政府办公室根据国务院办公室《整顿农村合作基金会工作小组清理整顿农村合作基金会工作方案的通知》，县印发清理整顿农村合作基金会工作方案，成立清理整顿、清产核资、清欠工作领导小组 3 个，开展农村合作基金会清理整顿。时有入会资金 2252.24 万元，资金投放余额 2535.92 万元。2000 年 6 月，资产核对、确认工作完成，20 个基金会总资产 2819.82 万元，总负债 2507.76 万元，所有者权益 312.06 万元，湖美乡、屏山乡 2 个基金会资不抵债；11 月，累计回收 1305.35 万元、回收率 51.74%，资金投放余额 1230.57 万元，兑付资金 681 万元、兑付率 28%；12 月，从中央财政借款 1000 万元，兑付入会资金 100%。2001—2008 年，农村合作基金会清盘关闭，全部资产债权、债务移交给乡镇财政所，由其负责清偿基金会债权债务及资产处置。

第八节　国有农场

一、东风农场

位于桃源镇。1993 年，全场 635 户、2992 人，下辖管理区 3 个，自然村 11 个，专业队 2 个；是以场带村，农、林业为主，多种经营并举的综合性国有农场。土地总面积 3533.3 公顷，其中耕地 218 公顷，茶果园 157.3 公顷，林地 2506.7 公顷，其他 651.3 公顷。当年，粮食播种面积 306.6 公顷，产粮 1708 吨，亩产 371 公斤，并以提高效益为重点，建立烟叶、蔬菜、茶叶、雷竹、红菇生产基地。工农业总产值 513.6 万元，其中农业总产值 480 万元，农工人均纯收入 1177 元。

1998 年，被认定为全省农垦系统十大农业产业化龙头企业之一。1999 年，农垦企业改制，兼并大石农场，设大石分场。2001 年，八峰的红菇在“三明市名特优商品交易会”获金奖。2005 年，农垦系统实行税费改革。2007 年，成立八峰天然菌业合作社，注册红菇“仙峰山珍”牌商标，年产红菇 3000 公斤，产值 250 万元。

2008 年，粮食播种面积 408.6 公顷，产量 2248 吨，亩产 367 公斤；种植烤烟 66.7 公顷，产量 180 吨，亩产 180 公斤，产值 270 万元；木薯 66.7 公顷，产量 1520 吨，亩产 1520 公斤；蔬菜 133.4 公顷，产量 2000 吨，亩产 1000 公斤，产值 300 万元。全场 998 户、3596 人，其中，农工 930 人、管理人员 59 人（干部 13 人），下辖分场 1 个、管理区 2 个、专业队 2 个、自然村 13 个。土地总面积 4353.3 公顷，其中耕地 266.7 公顷，茶园 33.5 公顷，果园 101 公顷，林地 2920 公顷，其他 1032.1 公顷。完成工农业总产值 3530 万元，比 1993 年 610.6 万元（含大石分场）增长 4.78 倍，其中农业产值 2117 万元，比

1993 年 577 万元增长 2.67 倍，农工人均纯收入 5680 元，同比增长 3.83 倍。1993—2008 年，省财政累计下拨转移支付资金 224 万元，减轻农工负担。东风农场被省农业厅评为“十五”期间农垦工作先进单位。

二、大石农场

位于武陵乡大石村。1993 年，全场 129 户、576 人，其中职工 138 人。土地总面积 753.3 公顷，其中耕地 44 公顷、茶园 17.3 公顷、果园 10 公顷、林地 682 公顷；110 千瓦水电站、茶叶初制厂、粮油加工厂各 1 座。工农业总产值 97 万元，粮食产量 247 吨，人均纯收入 1632 元。

1998 年，全场 135 户、586 人，其中职工 81 人。茶园 30 公顷、果园 12 公顷、林地 667.3 公顷。工农业总产值 107 万元，比 1993 年增长 10.31%；粮食产量 43 吨，人均纯收入 2200 元、比 1993 年增长 34.8%。1999 年 5 月，经县委、县政府批复，大石农场并入东风农场，为东风农场大石分场。

三、县良种场

位于桃源镇桃源村。1993 年，全场 42 户、188 人，土地总面积 20.3 公顷，其中，水田 13.3 公顷，果园 7 公顷，农业产值 15 万元，农工人均收入 1333 元。属省级杂交水稻不育系生产基地。2004 年，县政府批复成立现代农业科技示范场，总体规划设计总投资 415 万元，实施时间 5 年，建设水稻良种繁育等 6 个示范基地。当年，省级投入蔬菜产业优化升级建设资金 13 万元，自筹 17 万元，建立农业栽培示范基地 1 公顷，100 米 ×18 米混凝土钢架大棚 3 个、50 米 ×20 米 2 个，种植名特优蔬菜。

2006 年，经省发改委立项，实施省级杂交水稻良种繁育基地建设项目，总投资 125 万元，其中省财政 50 万元、县财政 40 万元。新建防洪堤 324.5 米（砌体 1117 立方米），机耕路 4.03 公里，排洪沟 1.33 公里，株系提纯网室 1 个、125 平方米，育种大棚 4 个、420 平方米，购置仪器设备 15 套。2007 年起，税费改革，享受农垦农场同等待遇，省财政每年下拨转移支付资金 9 万元。

2008 年，全场 52 户、186 人，其中工人 37 人，干部 8 人。土地总面积 29.3 公顷，其中水田 15.8 公顷，果园 7 公顷，林地 6.5 公顷。农业总产值 186.6 万元，人均纯收入 5400 元，分别比 1993 年增长 11.44 倍和 3.05 倍。1993—2008 年，完成省农业厅（省农嘉种业公司）每年下达的育种任务（2003 年、2004 年无任务），共繁殖杂交水稻不育系种子 432 吨，平均亩产 230 公斤，最高亩产 306 公斤。

卷九 林 业

大田县是中国南方集体林区重点林业县之一，融入三明市集体林区改革试验区。1993年，全县有林地面积13.16万公顷，森林覆盖率57.6%，森林蓄积量673.92万立方米，林业产值7527万元。1994年起，进行集体林地使用、集体林经营生产改革，森工企业改制，建立林业分类经营制度；依法加强森林管护，发展林业经济。2003年，开展深化集体林权制度改革和配套改革，调动林农造林、育林、护林积极性。2008年，全县有林地面积14.14万公顷（未包括国家特别规定灌木经济林4947.26公顷），比1993年增长7.44%，林业产值2.87亿元，同比增长282.67%，木材产量15.12万立方米。森林覆盖率比1993年增长8.4%，森林蓄积量同比增长46.89%。

第一章 林业体制改革

第一节 经营体制改革

一、林地有偿使用

1993年，全县集体林地15.41万公顷，继续实施“三明市集体林区改革试验区”项目，林业等部门组织对“宜林山地使用权拍卖”“推行‘公司加农户’经营模式”“稳定落实自留山政策”等14个课题进行调研，实行无林地和有林地使用权租赁或拍卖，按面积缴交林地使用费；单位或个人造林育林、自主经营，谁造谁受益。1994年12月，县政府颁发《大田县宜茶宜果宜林山地使用权拍卖的暂行规定》，开展宜林山地使用权拍卖试点。1996年，全县共拍卖宜林山地11宗、28.6公顷，核发宜林山地使用权证11份。

1997年，县委、县政府作出《关于进一步加快林业发展的决定》。当年8月，县林业局向济阳乡国庆村租赁毛竹林地119.27公顷，期限30年，每公顷年租金前10年300元、中10年450元、后10年600元。2003年，桃源国有林场租用梅山乡香坪村宜林地173.3公顷，每公顷年租金75元，期限50年；以采伐时按省政府的林价款方式支付，承租经营桃源镇前厝村林地10.73公顷，期限40年。2008年，桃源、梅林国有林场累计协议受让20个村林地、森林面积2582.46公顷。

二、稳定自留山经营

1996年，县政府贯彻省政府《关于进一步稳定、落实自留山政策实施办法》，在太华镇池园村开展稳定自留山试点。1997—1998年，全县稳定自留山20个村、1836户，面积663.8公顷；重新落实自留山17个村、1341户，面积462.8公顷。2003年，集体林权制度改革，明晰产权核发林权证，不再划分自留山。2006年，全县自留山经营2231.2公顷。

三、集体林和木材经营改革

1993年，按照不同林地、林木实行管护承包或经营承包，交纳风险抵押金；确定竹林、经济林上缴金额和方式；未承包的林木所有权和林地使用权公开招标，采取拍卖、投标、协议等形式，有偿转让。市、县林业部门与乡镇、村四级联营创办城关林场。木材流通由国有木材公司经营。1997年1月，济阳乡砚坑村有93户，占总户数96.88%，将有林地299.07公顷折价入股（除自留山），筹资11.5万元，成立股东会。1998年9月，县林业局与有关乡镇15个村1个林场，以林地和现有林投资，按照优势互补的原则，创办县营太华、梅山、广平林场，共有经营面积5026.76公顷。实行董事会制和场长任期目标责任制，集培育、管护、生产、经营为一体。山权不变，林权共有，收益分成，由林业局为主经营，期限50年。

1999年起，国有木材经营公司相继改制。2002年4月，县政府制定《大田县集体林木材流通体制改革方案》，集体林木材流通全面放开，凭采伐许可证、运输证，产销直接见面，木材经营市场化。2003年，吴山、湖美、均溪等乡镇世界银行贷款造林（简称世行林）1219.76公顷，转让给田阳股份有限公司和桃源国有林场，收入375.42万元，完成世行林还贷265万元。当年起，世行林集体林权制度改革，明晰产权。2008年，集体林改为家庭经营、联营，或以山场入股建立合作林场等多种方式经营。

四、国有林经营

1993年，县国有山林仍由国有林场（省属市管）、采育场、农场经营管理。2001年，县境内零星国有林面积3493.33公顷，其中界定为重点生态林2066.66公顷，武陵、谢洋、屏山乡区域内的国有林划入大仙峰省级自然保护区，梅山乡区域内的国有林部分界定为水源涵养林；国有用材林1426.67公顷，县设立国有林管理站，实行企业化管理，独立经营核算。2004年，桃源国有林场受让、租赁村的林木、林地200公顷。2008年底，零星国有林面积和管理不变；国有林场经营面积16.01万公顷，其中有林地12.75万公顷。

第二节　集体林权制度改革

一、林权发证

2003年7月，县委、县政府相继出台《关于深化集体林权制度改革加快林业发展的若干意见》《关于深化集体林权制度改革的实施意见》等文件，开展“明晰产权、放活经营权、落实处置权、确保收益权”为内容的集体林权制度改革。全县261个村集体林业用地面积15.1万公顷，列入改革的集体商品林面积10.56万公顷；2005年11月，经省、市集体林权制度改革联合检查验收组抽查验收合格。当年，农村林业收入人均225元，全县村财林业收入3088万元。2006年底，完成明晰产权面积共10.14万公顷，占应改面积96%，其中自留山经营2231.2公顷，家庭承包经营7.48万公顷，其他方式经营2.44万公顷。共核发林权证2.04万宗地、1.44万本，面积13.55万公顷。

2007年，办理林权初始登记387宗，发放林权证197本，变更登记21宗、26项，注销登记105宗。全县启用新的林权证。2008年，全县累计完成林权登记区划宗地2.22万个，发证面积14.63万公顷，占应登记面积96.06%，其中联户承包经营7.59万公顷、集体统一经营0.49万公顷、其他形式经营6.55万公顷。受理林权登记宗地146个，发林权证103本，注销林权登记18宗，变更登记77宗、90项，更正林权证录入错误29宗、56项。

二、林业合作经营

2007年，县林业局制定《大田县森林资源流转管理实施方案》，规范森林有序流转；培育新型林业经济实体，推动林业经营规模化、专业化、集约化，提高经营水平。以林农自愿，资金投资、山场入股等形式，组建股份合作林场 17 个，“公司 + 农户 + 基地”合作林场 11 个，筹资 1750 万元，经营面积 1.97 万公顷；企业与林农合作在吴山乡阳春等 4 个村建立大亚木业速丰林基地 530 多公顷，在建设、太华、均溪、梅山、石牌、前坪 6 个乡镇建立亚太（龙岩）集团速丰林基地 1300 多公顷；根据国家林业局批复，设立海峡西岸（三明）现代林业试验区，有 5 家合资企业在大田落户，其中林业企业 1 家、茶叶种植加工企业 4 家。组建各类专业协会 23 个。其中，竹业、种苗协会各 2 个，花卉协会 1 个，护林联防协会 18 个、联防面积 5 万公顷。2008 年，全县有合作林场 61 个、股份制林场 17 个，经营面积 1 万公顷，其中，合作社经营面积 7312.6 公顷，股份合作林场 2762.27 公顷。

三、林权抵押贷款和森林保险

2006 年，县政府下发《大田县森林资源抵押贷款登记管理规定》，县林业局与信用联社签订森林资源抵押贷款协议，信用联社制定《林权抵押贷款管理办法（试行）》，当年发放林权抵押贷款 301 万元。2007 年，县林业局办理林权抵押登记 73 宗、面积 393.3 公顷，信用联社发放贷款 2516.3 万元。2008 年，中国人民财产保险股份有限公司大田支公司开办森林保险业务，参保农户 7 户、面积 157.47 公顷，缴纳保费 1.89 万元，保额 378.16 万元。当年，县林业局办理林权抵押登记 34 宗、面积 1293.3 公顷，其中 5 万元小额贷款 10 宗、面积 49.4 公顷，贷款金额 31 万元。信用联社全年发放贷款 2043 万元，其中，茶园林权抵押贷款 3 宗、面积 92.47 公顷，贷款金额 299 万元。

第三节　国有林业企业改制

1993 年 9 月，县成立大田县森发林业集团（公司），成员单位有第一造纸厂、林业汽车保修厂、城关木材公司、赤头坂伐木场、大吉伐木场、林产化工厂、桃源木材公司、梅山木材公司、林业制材厂、林业竹木综合加工厂、石牌林产品市场等 11 家。成员企业为独立核算、自负盈亏、独立承担民事责任的企业法人。当年，国有林场 3 家、采育场 2 家、苗圃 1 家。1995 年，林业竹木综合加工厂并入赤头坂林业采育场。

1999 年，石牌林产品市场并入城关木材公司；桃源木材公司与桃源、上京、太华镇的部分村联办太华林场，经营面积 2259.2 公顷；县林产化工厂实行承包经营。

2000 年，大吉林业采育场、梅山木材公司实行减员增效，竞聘上岗，各留岗 70 人，分别减员 19 人、23 人；林业制材厂停业清算；林产化工厂停产、破产，林业汽车保修厂、第一造纸厂承债式出让国有产权，分别成立华通汽车修理厂、华闽纸业有限公司。2003 年，梅山木材公司破产；大吉林业采育场、城关、桃源木材公司承债式出让国有产权，内部职工分别组建大吉林业采育场有限公司、大田县茂盛林产品有限公司和大田县桃源金土林场。至此，国有林业企业出让 5 家、破产 2 家、合并 2 家，停业清算 1 家，保留赤头坂林业采育场。森发集团（公司）停止运作，债权债务待清算处理。企业职工内退 44 人、退休 9 人；解除劳动关系 566 人，共发放补偿金 532 万元。2008 年，全县国有林场 2 家、采育场、苗圃各 1 家。

第二章　森林资源

第一节　林地

1993 年，全县有林地林分面积 13.16 万公顷，占全县总面积的 57.37%，其中竹林 2226.68 公顷、疏林地 1.18 万公顷、灌木林地 1946.67 公顷，未成林造林地 2800 公顷、天然林地 8600 公顷，森林覆盖率 57.6%。1997 年，林业用地面积 16.96 万公顷。2006 年，森林资源二类清查，全县有林地面积 14.52 万公顷，其中竹林 5115.47 公顷、疏林地 2871.73 公顷、灌木林地 2546.67 公顷、未成林造林地 2097.47 公顷。

红豆杉基地（2008 年摄）

2008 年，林业各类土地面积按新的统计口径，增加灌木经济林项目。全县林业用地面积 17.52 万公顷，占全县面积的 78.46%，纯林 7.88 万公顷、混交林 5.62 万公顷。森林覆盖率 66%，林木绿化率 67%。

第二节　林木蓄积量

1993 年，全县森林蓄积量 673.92 万立方米。其中，林分蓄积量 659.45 万立方米、占 97.85%，疏林 2.5 万立方米，散生木 3.38 万立方米，四旁树（道路两旁、溪塘水旁、房屋旁及村庄房）8.59 万立方米。毛竹 909.43 万根。

2006 年，全县森林蓄积量 853.72 万立方米。其中，林分蓄积量 839.24 万立方米，疏林 2.52 万立方米，散生木 3.37 万立方米，四旁树 8.59 万立方米。

2008 年，全县森林蓄积量 989.94 万立方米，其中，优势树种杉木林分蓄积量 502.39 万立方米，占 50.75%；马尾松 368.26 万立方米，占 37.2%；阔叶树 119.29 万立方米，占 12.05%。按森林分类经营分，商品林蓄积量 797.54 万立方米；生态林 192.4 万立方米，其中，国家级生态公益林 116.55 万立方米，省级生态公益林 75.85 万立方米。大仙峰省级自然保护区森林蓄积量 42.46 万立方米，保护小区森林蓄积量 35.97 万立方米。

2008年大田县各类林地情况表

表 9-1

单位	合计（公顷）	有林地（公顷）			疏林地（公顷）	灌木林地（公顷）			人工造林未成林地（公顷）	苗圃地（公顷）	无立木林地（公顷）				宜林地（公顷）	森林覆盖率（%）	林木绿化率（%）
		小计	乔木林地林分	竹林		小计	灌木经济林	其他灌木林			小计	采伐迹地	火烧迹地	其他无立木林地			
均溪镇	10486.58	7644.73	7570.60	74.13	118.73	577.73	340.33	237.40	418.13	0	1035.86	571.80	348.53	115.53	691.40	57	59
石牌镇	9957.07	8469.94	8191.87	278.07	88.13	346.53	246.93	99.60	438.00	4.47	447.47	294.60	92.00	60.87	162.53	67	68
上京镇	12046.93	11321.53	11168.80	152.73	60.73	107.67	54.40	53.27	300.73	4.73	193.87	56.60	54.27	83.00	57.67	74	75
广平镇	13490.14	11280.80	10216.20	1064.60	202.60	608.14	424.47	183.67	385.40	0	328.80	206.53	55.27	67.00	684.40	68	69
桃源镇	18742.27	16580.00	15412.27	1167.73	123.00	446.20	376.20	70.00	955.00	8.07	298.80	261.93	9.80	27.07	331.20	77	78
太华镇	18846.49	15505.63	15155.40	350.23	98.47	626.60	414.93	211.67	1027.60	0	565.66	263.33	176.60	125.73	1022.53	65	66
建设镇	4502.79	3091.93	2973.60	118.33	55.67	212.66	158.53	54.13	235.33	0	146.07	51.47	53.00	41.60	761.13	48	48
奇韬镇	5413.93	3773.73	3628.60	145.13	106.13	231.40	222.67	8.73	342.00	0	286.14	161.67	111.07	13.40	674.53	56	57
华兴乡	7790.87	6053.87	5919.87	134.00	27.13	1363.87	1135.00	228.87	126.80	0	53.60	12.33	41.27	0	165.60	77	80
屏山乡	8275.26	5468.87	4864.60	604.27	1475.60	189.13	31.00	158.13	2.60	0	740.93	25.00	200.00	515.93	398.13	52	53
吴山乡	6833.20	5922.07	5470.80	451.27	43.93	243.20	38.53	204.67	80.80	3.07	223.33	65.53	157.80	0	316.80	71	74
济阳乡	4964.80	3265.60	2841.13	424.47	723.87	190.66	40.73	149.93	90.00	0	264.27	1.53	200.07	62.67	430.40	50	52
武陵乡	6431.19	5354.13	5229.00	125.13	117.93	262.13	83.40	178.73	485.60	0	178.40	46.60	0	131.80	33.00	68	70
谢洋乡	9818.80	8918.07	8346.27	571.80	0	163.00	103.07	59.93	412.33	0	303.87	22.20	50.27	231.40	21.53	78	78
文江乡	8373.93	6068.13	5761.93	306.20	523.53	315.27	243.27	72.00	483.33	0	205.60	151.20	5.20	49.20	778.07	56	57
梅山乡	14949.13	12210.53	11774.73	435.80	305.73	779.14	511.67	267.47	685.33	0	263.53	215.40	42.33	5.80	704.87	66	68
湖美乡	10970.33	8611.47	8576.60	34.87	101.33	463.93	460.73	3.20	891.40	0	118.67	27.47	55.40	35.80	783.53	65	65
前坪乡	3280.67	1821.40	1680.67	140.73	614.20	76.00	61.40	14.60	147.07	0	176.00	52.20	6.47	117.33	446.00	41	41
合计	175174.38	141362.43	134782.94	6579.49	4786.71	7203.26	4947.26	2256.00	7507.45	20.34	5830.87	2487.39	1659.35	1684.13	8463.32	66	67
其中：国有	7361.06	6517.86	6304.73	213.13	120.13	234.46	190.33	44.13	307.67	10.13	141.67	38.47	1.80	101.40	29.13	91	92
集体	166949.80	134304.33	127945.33	6359.00	4557.00	6928.66	4717.73	2210.93	7164.40	10.21	5683.47	2448.92	1652.08	1582.47	8301.73	83	85
待确权	863.52	540.24	532.88	7.36	109.58	40.14	39.20	0.94	35.38	0	5.73	0	5.47	0.26	132.46	0	0

说明：国有林，国有农、林、采育场土地统入乡镇行政区域

2008 年大田县森林蓄积情况表

表 9-2

单 位	林木蓄积（立方米）								竹类（百株）				
	蓄积总量	林分蓄积	其中			疏林	散生木	四旁树	蓄积总量	其中			杂竹
			防护林	特用林	用材林					毛竹	成片林	散生竹	
合 计	9899371	9716055	1355437	540967	7819651	70641	55598	57077	140114	133114	120958	12156	7000
均溪镇	347016	339847	104637	214	234996	1594	1059	4516	2301	2231	738	1493	70
石牌镇	737182	730267	76131	92212	561924	939	2717	3259	9440	9347	7618	1729	93
上京镇	1039928	1032990	126708	30690	875592	906	2308	3724	5972	5907	4939	968	65
广平镇	644463	630815	50997	65513	514305	4179	5472	3997	19227	19031	18205	826	196
桃源镇	1896316	1880007	101677	93793	1684537	2341	11249	2719	28725	26206	25563	643	2519
太华镇	891642	882333	128339	26384	727610	788	1823	6698	7076	7024	6108	916	52
建设镇	219556	214334	15886	10475	187973	763	1233	3226	1848	1708	1641	67	140
奇韬镇	263518	258025	20266	6876	230883	1626	1911	1956	3233	3105	2958	147	128
华兴乡	433140	425601	158211	11194	256196	337	4745	2457	3351	2511	1729	782	840
屏山乡	174653	140033	59583	11051	69399	27866	4200	2554	9440	9100	9071	29	340
吴山乡	230310	224926	78699	1452	144765	222	3333	1829	8910	8780	8045	735	130
济阳乡	91801	80806	23838	0	56968	5608	3549	1838	7349	7322	7162	160	27
武陵乡	370072	365789	37977	12851	314961	1234	1181	1868	2473	2262	2157	105	211
谢洋乡	465385	457859	43434	82912	331513	0	5122	2404	9407	7923	7268	655	1484
文江乡	664477	647929	63139	0	584790	10910	2109	3529	8816	8403	6670	1733	413
梅山乡	673461	663417	130205	74849	458363	2183	2528	5333	11840	11819	10689	1130	21
湖美乡	621353	615052	116691	16864	481497	1519	970	3812	327	315	301	14	12
前坪乡	135098	126025	19019	3627	103379	7626	89	1358	379	120	96	24	259

第三章 营林育林

第一节 种苗培育

一、采种

1993年，县林业部门确定林木种子种源母树林66.66公顷。其中，梅山乡马尾松33.33公顷，桃源镇和赤头坂林业采育场杉木林各13.33公顷，石牌镇拱桥村福建青冈种源林6.67公顷。当年，采种子350公斤。种子采集按母树林分片，由采集队专门采集和加工处理，统一检验合格入库，种子调入或收购专人保管，严格进、出仓制度，统一供种，确保种子和苗木质量。1996年，采种子2000公斤。1997—2008年，采集各种种子年均1100多公斤。

马尾松种源林（2008年摄）

二、育苗

1993—1996年，全县有6个苗圃基地，实行定向合同育苗，以杉木、马尾松、木荷、板栗、酸枣、桉树、广西桐棉松为主，大田育苗31.4公顷，产苗3540万株；容器育苗305万袋，其中国有汤泉苗圃200万袋。1997—1998年，全县大田育苗10.8公顷，产苗1220万株，容器苗156万袋。其中国有苗圃育苗5.34公顷。培育绿化苗6.4万株。

1999年，苗木培育转向市场运作。林业部门根据苗木需求有序引导，防止盲目生产，由组织苗木生产转为林木种苗执法和质量监管。由汤泉苗圃和9个专业育苗户为主，在太华、桃源、建设、武陵、湖美、梅山、均溪等乡镇常年大田育苗。1999—2003年，大田育苗11.47公顷，产苗1128万株，其中杉木苗4.87公顷、松木苗6.6公顷。2005年，全县苗木供需基本平衡。2007年，大田育苗11.07公顷，产苗802万株，其中，杉木、马尾松6公顷，产苗730万株；木荷、酸枣、光皮桦等1.07公顷、50万株，绿化苗4公顷、22万株。培育马尾松容器苗30万株。2008年，大田育苗5.13公顷，产苗427万株，培育容器苗60万株，绿化苗0.73公顷，17万株。

1993—2008年，大田育苗累计83.88公顷，生产合格苗木8418万株，容器育苗580万袋；苗木以杉木、松木、木荷为主。同时，培育珍贵及乡土树种厚朴22万株、香樟11万株、福建青冈55万株、光皮桦18万株、酸枣21万株、马桂木和楠木各4万株。

第二节 造林

一、更新造林

1993年，全县继续发放育林金免息贷款营造用材林，完成造林面积2568.73公顷。2000年，营造药用植物林，并引进外资造林，全年人工造林820公顷，其中速生丰产林213.13公顷。2003年，执行采伐迹地更新保证金制度，按采伐设计每立方米林木预留迹地更新保证金30元，造林、抚育验收后分三年返还。至此，全县共发放育林金贷款683.04万元，造林5066.67公顷。同年，集体林权制度改革，造林资金投入以个体、私营为主。2005年，县林业部门对荒山和火烧迹地造林每亩补助10元，翌年提高到15元—20元，全锄抚育每亩补助20元。2006年，非公经济造林360.07公顷。

2007年，个体私营企业造林比重上升到70%。大亚科技股份有限公司在吴山乡营造光皮桦、桉树工业原料林533.33公顷；泉州森茂投资开发公司在湖美乡营造以桉树为主的工业原料林133.33公顷；新加坡金鹰集团亚太林业有限公司在均溪等乡镇营造桉树纸浆原料林400公顷。2008年，全县人工造林1300公顷，非规划林地造林155公顷。

二、荒山造林

1993—1995年，继续贯彻《省委、省政府关于加快造林绿化，大力发展林业的决定》，实施分别用3年、5年、7年，从山区、沿海到全省分阶段实现绿化目标的"三五七"工程，县、乡镇和农、林场层层签订责任状，全县营造人工林5176.5公顷。1995年10月，经省绿化达标检查验收组抽查，造林保存面积5083.3公顷，保存率98.2%，实现基本消灭宜林荒山。

三、世行贷款造林

1993—1995年，县继续实施世界银行贷款造林，全县有15个乡镇、2个国有林场和1个农场，共使用该贷款造林4055.2公顷，其中杉木468.5公顷、马尾松3507.5公顷、火炬松20.2公顷、阔叶树59公顷。经上级有关部门检查验收，成活率（保存率）超过95%。1996年起，不再实施世界银行贷款造林。

四、全民义务植树

1993年，全县约有17万人次参加义务植树60余万株。2000年，开展白岩公园"新千年新世纪林"活动，种植天竺桂1380株，桤木、苦楝2031株。在城区建设义务植树基地120公顷，实施城区绿化一体化和绿化通道建设，公路绿化50公里。

2004年，完成省道两侧矿区裸露地块"青山挂白"专项治理8处、面积15.4公顷。2005年，治理8处全部完成，种植绿化苗2.6万株。当年，有27个村2785户在非林地造林39公顷，种植楠木、香樟、花榈木、光皮桦等珍贵树种、乡土阔叶树5.85万株；县政府大院和县一中、五中、人武部、医院等19个单位创建省级"造林绿化红旗单位"，有54个单位被三明市政府评为"绿化先进单位"；创建县绿化合格单位34个。2007年，上京镇隆美村田兴灶、田有柒、屏山乡美阳村郭文使、梅山乡秀岭村吴树梅被评为全国绿化小康户。2008年，县委、县政府号召村民房前屋后种植珍贵树木，全县共植100余万株。

1993—2008年，全县累计造林面积1.83万公顷，主要造林树种有马尾松、杉木、木荷、板栗、桐棉松、酸枣、桉树、厚朴、茶叶等。义务种植绿化乔灌木、花草1050万株，折合面积6666.67公顷。引种速生、名贵、珍稀和乡土树种香樟、楠木、红豆杉、天竺桂、铁树等80多个亚热带品种。种植草皮4万平方米，绿篱花带2.5万平方米，盆栽花卉3.2万盆。

第三节　林木抚育

一、幼林抚育

1993—1996年，全县对新造的1—3年幼林，每年进行两次全锄抚育、施肥，第四年一次抚育施肥。幼林抚育作业面积3.41万公顷。1997—1998年，按国家和省的标准，完成人工造林抚育5143.2公顷，其中杉木4093.34公顷、马尾松1049.86公顷。1999年，新造林幼林抚育3726.67公顷。2000—2004年，抚育马尾松、杉木、木荷等幼林1.62万公顷，年均3241公顷。2005—2008年，对2002年后造林2.2万公顷幼林，按速生丰产用材林的标准进行抚育，其中2008年抚育3806.66公顷。

二、成林抚育

1993—1996年，全县成林抚育1.02万公顷，其中经济林2013.33公顷。茶叶树、油茶树、果树等经济林每年进行全锄、深翻、施肥和病虫害防治等管理。1997—2000年，杉木、马尾松等成林抚育1.51万公顷，年均3773公顷；经济林抚育1479.13公顷，年均370公顷。2001—2002年，用材林抚育间伐2880公顷。2004—2007年，抚育间伐8420公顷。2008年，全县成林抚育8334.14公顷，其中经济林8066.67公顷。

三、封山育林

1993年，全县封山育林保存面积4.24万公顷，对15年内人工林和现有林、商品林基地、联营基地全封，15—30年树龄的半封。1996年，封山育林保存面积5.59万公顷。1998年，封山育林1773.33公顷。

2000年，实行封山育林示范工程建设，坚持“以封为主，封育结合”。因地制宜，实行多树种、多林种、科学规划，以乡镇为单位，对主要河流、交通干线两侧一重山、江河源头、陡坡、严重水土流失的林地进行封山育林。封育方式有全封、半封、轮封，封育年限为5年。人工促进天然更新和补植、除蘖复壮。结合生态林保护，重点地段立牌管护，对择伐迹地中符合条件的林地结合人工措施封山育林。2001—2005年，封山育林1.08万公顷，年均2160多公顷，其中示范片533.3公顷。2008年，全县封育成林3.33万公顷。

第四节　竹林营造

一、新植毛竹

1993年，全县有毛竹林2226.68公顷。1996年，实施省道“306”线大田境内百公里毛竹林带建设工程，实行“统一规划，分户开发、经营和管理”，坚持“谁开发、谁受益、长期稳定不变”的原则，涉及吴山、石牌、太华、上京、建设、广平等6个乡镇的38个村和国有梅林林场。1997年春，完成毛竹套种436.67公顷，新植86.68公顷。2001年，“十五”规划(2001—2005年)将竹业发展作为产业经济，确定规模1.33万公顷。经大面积扩鞭和人工种植，2008年底，全县毛竹林面积6579.49公顷，比1993年增加4352.81公顷，竹林面积占有林地面积4.65%。

二、小径竹基地

2000年，县委、县政府提出用3年时间发展万亩石竹基地，石竹为乡土小径竹，生长能力强，选择中海拔疏林地、林中空地、残次林地、退耕还林地为主种植。至2003年，全县石竹基地666.67公顷，其中华兴乡266.67公顷（含华兴林场），均溪镇、前坪乡各200公顷。2004—2008年，重点加强石竹基地管护。

三、防护竹林带

2001年，县委、县政府根据《福建省竹业开发二期示范工程实施意见的通知》和《福建省林业厅关于实施竹业开发二期工程规划设计的通知》精神，实施文江河两岸防护竹林建设。至2004年，建设竹林带57公里，面积387.4公顷，涉及7个乡镇的27个村，其中，均溪镇8公里、58.8公顷，华兴乡22.5公里、161.6公顷，石牌镇9公里、60.67公顷，文江乡7公里、35.87公顷，梅山乡3.5公里、27.33公顷，湖美乡3公里、19.8公顷，前坪乡4公里、23.33公顷；按竹种分，绿竹106.8公顷、麻竹25.6公顷、雷竹46公顷、石竹192.33公顷、毛竹16.67公顷。2005—2008年，重点做好竹林带的抚育、扩鞭。

四、竹林抚育

1993年，全县毛竹抚育作业面积1336公顷。1996年，县委、县政府把发展竹业列入乡镇目标责任考核，出台扶持措施，进行毛竹低产林改造，培育高产、高效、优质“两高一优”笋竹两用林。竹山道路建设每公里补助资金2000元—3000元；建设15立方米以上竹山灌溉池，每个补助2000元；竹林进行全锄、松土、施肥的补助毛竹专用肥。新植竹连片2公顷以上，每公顷补助1350元，其中县补助900元，乡镇配套450元。溪河两岸生态竹林工程建设，由县林业局提供竹苗。对毛竹丰产培育，深翻、施肥每公顷补助450元，全锄抚育每公顷补助150元。2003—2008年，全县竹林抚育9266.6公顷，其中“两高一优”笋竹两用林782公顷。

五、竹业科技示范园

2006年，谢洋乡与福建农林大学对接在和春、碧山、珍山村分两期建立竹业科技示范园区200公顷，园区内全面进行定向培育和无公害生产，对竹林结构进行动态管理、水分定量管理、平衡施肥、生态经营等竹林定量化管理技术进行集中示范，实现竹林高效经营培育。科技园实施竹山机耕路建设、引水喷灌、全面锄草松土、采取沟施、蔸施、穴施竹林肥等丰产培育措施，提高竹林亩产量，带动县竹业发展。2008年，全县新发展“两高一优”毛竹笋竹两用林138公顷，巩固提高347公顷。

毛竹林（2004年摄）

第四章　森林保护

第一节　护林防火

一、护林队伍与装备

（一）护林队伍组织

1993年，全县265个村每村配备1名护林员，18个乡镇、7个国有农林场均成立森林防火指挥部，村成立领导小组。依托县人武部组建专业森林消防队50人。9个乡镇、5个农林场、49个村参加省第一护林联防委员会毗邻地区3个护林联防分会。当年，护林防火培训77期、5300人次。1997年，聘用专兼职护林员1143人，高火险期增雇临时护林巡视员509人，重点林区、危险地段增设卡541人次，建立快速扑火队23支、760人。1999年，恢复县人武部应急小分队40人，县林业局组建机关干部应急扑火队62人，每个乡镇组建义务扑火队30人、村组建20人，全县专业、半专业义务扑火队共308支、9905人。

2001年，配备生态公益林护林员455人。2003年，县担任护林联防分会值班。2005年，县成立森林防火综合整治领导小组。2008年，全县有村级护林员532人，生态公益林护林员455人；专业、半专业和义务扑火队322支、4892人。

（二）护林装备

1993年，县有大仙峰森林火警瞭望塔1座。2001年，在梅山乡高峰、建设镇东山头各建瞭望塔1座，境内瞭望监控山林达9.33万公顷。2003年，森林防火指挥部配防火专用车1辆、传真机1台、无线电台25部、扑火器具2464台（把）。2005年，全县护林装备有二号工具2580台（把）、劈刀3000把、扑火服装4500套，指挥车3辆、宣传车1辆、运兵车2辆，风力灭火机25台、油锯10台，无线中继台、基地台、车载台各1套，手持对讲机150部，车辆导航仪2台、GPS（全球定位系统）18个，办公电脑4台、传真机1台、视频可视电话1套。2007年，在均溪镇太山崎、桃源镇大富山再建森林火警瞭望塔各1座。2008年，全县有森林火警瞭望塔5座，配备有较完整的应对和扑救森林火灾的车辆、通讯设备、器具。1993—2008年，累计营造生物防火林带2227.4公里，投入资金500万元。

二、森林火灾及处置

1993年，大田县针对1991年4月被国家列为I级重点森林火险单位，执行《大田县林区野外用火管理暂行规定》，全县实行森林防火目标管理责任制和责任追究制。至1995年，全县发生森林火灾8起，过火面积45.44公顷。

1996年2月，上京镇黄城村一村民违章野外用火，黄城林场森林火灾致3死1伤。肇事者被追究刑责，判处徒刑6年。2000年，发生森林火灾22起，过火面积1151.31公顷，受害面积879.90公顷，责任人移送司法机关起诉18人，法院公开宣判7人；查处野外违章用火448起，处罚金额3930元。2001年5月，县委、县政府印发《大田县森林火灾责任追究制的通知》，实行责任追究。当年，查处野外违章用火567起。至2003年，3年间森林火灾责任者被追究刑责163人。2004年3月，大田县被省政府列为森林防火重点整治县。当年，发生森林火灾18起，追究刑责27人。2005年，发生火灾3起，过火面积54.1公顷，过火率0.32‰，8月，经省森林防火总指挥部检查验收，提前半年调整出森林防火重点整治县名单。2006年，实行乡镇驻村干部挂包村、场，加强野外火源管理、违章用火查处、火警火灾组织扑救“三包”责任制。2008年，全县发生森林火灾17起，其中重大火灾2起。过火面积531.8公顷，受害面积291.7公顷，过火率3.04‰。5月，再次被省森林防火总指挥部列入森林防火重点整治县。

1993—2008年大田县森林火灾情况表

表9-3

年份	总起数	其中(起)			面积(公顷)				过火率(‰)	受害率(‰)	查处率(%)
		火警	火灾	重大	过火	受害	其中：重大				
							过火	受害			
1993	6	3	3	0	29.33	24.06	21.70	16.95	0.174	0.143	90.0
1994	1	0	1	0	3.50	2.80	0	0	0.021	0.021	100.0
1995	4	0	4	0	12.61	9.96	0	0	0.074	0.069	90.0

续表 9-3

年份	总起数	其中（起）			面积（公顷）				过火率（‰）	受害率（‰）	查处率（%）
		火警	火灾	重大	过火	受害	其中：重大				
							过火	受害			
1996	8	3	5	0	36.10	29.90	17.07	14.73	0.263	0.230	62.5
1997	4	0	4	0	60.86	42.60	0	0	0.360	0.320	100.0
1998	2	2	0	0	13.77	1.35	0	0	0.080	0.010	100.0
1999	9	5	4	0	61.40	24.60	0	0	0.636	0.185	50.0
2000	25	3	20	2	1151.31	879.90	415.60	364.90	5.817	6.349	72.0
2001	7	3	4	0	25.60	11.20	0	0	0.152	0.081	85.0
2002	16	2	14	0	185.60	104.90	0	0	1.094	0.725	80.0
2003	9	2	7	0	102.20	53.70	0	0	0.603	0.371	91.0
2004	21	3	18	0	166.10	139.00	0	0	0.979	0.961	75.0
2005	3	0	3	0	54.10	25.70	0	0	0.319	0.178	100.0
2006	2	1	1	0	12.20	5.90	0	0	0.072	0.041	50.0
2007	5	0	5	0	50.20	34.20	0	0	0.295	0.235	80.0
2008	18	1	15	2	531.80	291.70	290.13	142.70	3.040	2.020	73.0

第二节　森林防疫

一、森林有害生物防治

（一）有害生物种类

1993 年，据 1981 年首次森林病虫害普查，14 个树种中发现病害 18 种、虫害 13 种。2001 年 5 月，武陵乡上岩村、屏山乡玉屏村在海拔 800 米以上山林首次发生 15—20 年树龄杉木遭野生动物危害，主梢枯死，面积 61 公顷，经县森林病虫害检疫站鉴定为松鼠危害。2004 年，境内森林有害生物，主要虫害有马尾松毛虫、波纹杂毛虫、松褐天牛、萧氏松茎象、松针蚧、一字竹象、黄脊竹蝗、刚竹毒娥、竹广肩小蜂、黑翅土白蚁等 10 种。病害主要有松赤枯病、松针褐斑病等 2 种。有害植物有车前草、狗尾草、无根藤等 3 种。森林鼠害有赤腹松鼠。2008 年，没有发现新的有害生物。

（二）防治措施

1993—2006 年，全县发生森林病虫害 2226.3 公顷，其中松毛虫 33.3 公顷、松褐天牛 40 公顷、杉木白蚁和炭疽病分别 473 公顷、733.3 公顷，竹蝗等其他病虫及鼠害 946.7 公顷。林业部门、各林场春季在林间施放“白僵菌粉炮”，防治松毛虫和竹蝗、刚竹毒蛾等越冬幼虫。于 5 月前后在林间用“白蚁诱杀包”诱杀白蚁类；采用间伐和卫生伐等措施，改善林分通风透气，防治湿地松褐斑病、杉木叶枯病、松针赤枯病、松针蚧等病害。1998 年，病虫害发生率 1.2%，比 1997 年下降 0.1%。1999 年，调运白僵菌 1.4 万包，有效控制松毛虫害。2000 年，在赤头坂林业采育场、广平镇等地挂天牛诱捕器 50 个，实行常年诱捕天牛。2003 年，全县森林病虫害零星、局部发生，赤头坂林业采育场卫生伐 81.73 公顷。2006 年，桃源、梅林国有林场和赤头坂林业采育场防治森林病虫害 721.87 公顷，间伐、卫生伐 359.6 公顷。1993—2008 年，全县防治森林病虫害 8049 公顷，无发生重大森林病虫灾害和危险性病虫危害。

二、普查和监测

（一）普查

1999年12月至2000年8月，县林业主管部门组织专业人员28人，进行森林植物检疫对象普查，全县完成检疫调查面积11.39万公顷，踏查面积5.53万公顷，占寄主面积的48.55%。未发现松材线虫病、杉木缩顶病、毛竹枯梢病、桉树焦枯病等检疫对象。发现轻度湿地松褐斑病，列入森林检疫对象。

2004年，森林有害生物普查发现，县内林业危险性有害生物有马尾松毛虫等10种，病害2种，分布面积8973.34公顷，零星分散，均为轻度。其中，马尾松林病虫松针蚧，发生面积86.67公顷，轻度危害；松墨天牛属零星分布，未见松林受害症状；萧氏松茎象分布较广，面积2640公顷，受害轻度；松赤枯病发生面积980公顷，轻度受害；马尾松毛虫分布面积5266.67公顷，是森林主要害虫，危害范围、面积及危害程度呈下降趋势；黄山松主要害虫是波纹杂毛虫，危害程度轻微，分布在屏山；杉木主要害虫杉白蚁，分布面积较大，受害轻微；毛竹主要病虫一字笋象，分布面积广，受害轻微；竹广肩小蜂，主要危害小径竹，属个别发现；鼠害主要在县南面的屏山、吴山、济阳、谢洋、武陵等乡，发生面积较大，初步定为赤腹松鼠危害。2005—2008年，每年对检疫对象松材线虫病进行1次普查。

（二）监测

1993年，县森林防疫检疫站（简称“县森防站”）对松毛虫、刚竹毒蛾、竹蝗、杉白蚁、竹笋象、松针褐斑病、桉白蚁、蕉艺夜蛾等8种森林病虫进行监测目标管理。1996年，监测面积7.72万公顷，监测率73%。2000年，实施监测面积7.92万公顷，监测率83.3%。在城区及交通要道一重山的马尾松林设立30个监测点，悬挂天牛诱捕器，定期放药、观测、收集虫体。2002年，县森防站被列为国家级森林病虫测报点，增加监测竹广肩小蜂、杉木缩顶病、松材线虫和松突圆蚧虫种。2004年，又增加萧氏松茎象等虫种，共监测13个病虫种。2005年，县森防站被列为省级森林病虫测报点，监测面积7.9万公顷，监测率98.8%，发布虫情预报4次。2008年，测报10个病虫种，发布病虫情预警4次，监测面积9万公顷。

三、检疫

1993年，森林植物产地检疫采取对危险性有害生物监测、普查等方式进行常年性监控，到苗圃对苗木类现场检疫验收。建立森林植物检疫实验室，进行简单检疫工作。至2002年，由县林业局统一进行全县森林植物检疫、办证。2003年起，在6个配有森林植物检疫员的林业站设立检疫办证点。

2008年7月，县森防站查获泉三高速公路ＳＭＳ１合同段项目经理部调进上海华新丽华生产的木质包装电缆圆盘，无“植物检疫证书”，采集68份样品送南京全国危险性林业有害生物检疫鉴定技术培训中心检测。经检测，其中1份样品含有松材线虫活体，这是福建省首例查获松木包装物携带松材线虫事件。同年，发现城区有两个花店出售外来有害生物加拿大一枝黄花（署花名—黄莺），共有鲜花21支，将其收缴销毁。

第三节 生态林保护

一、生态林划定和管护

（一）生态林划定

2001年，全县界定生态公益林4.46万公顷，其中，国家级3.02万公顷，省级1.44万公顷。2005年，重新开展国家重点生态林区划界定，全县生态公益林（不含国有林场）面积4.34万公顷。建立比较完备的森林生态体系，保护闽江流域一级支流两侧一重山及源头的水源涵养和生态环境，相对集中连片，统一规划，分步实施。2008 年，全县生态公益林面积 4.45 万公顷，其中，国家级生态林面积 2.69 万公顷、省级 1.76 万公顷。

（二）生态林管护

2002 年 2 月，按照《大田县生态公益林管理暂行办法》规定，选聘生态公益林护林员 455 人，签订生态公益林管护责任书、管护合同和监管责任书。每年组织护林员进行 1—2 期岗位培训，在交通路口竖立永久性生态林标示牌，建立生态公益林档案和监测系统，生态公益林补助资金实行专户管理，专款专用。2005 年，全县签订管护责任合同 525 份，发放国家、省财政补助资金 188.3 万元。2008 年，县林业局制定《大田县开展创新生态公益林管护机制工作实施方案》，落实生态公益林管护面积 4.45 万公顷，其中联户管护 1.57 万公顷，专业管护 2.45 万公顷，委托管护 0.29 万公顷，其他形式管护 0.14 万公顷；签订管护合同 426 份，管护、监管责任书共 656 份，发放国家、省财政补助资金 291.45 万元。

二、自然保护区

（一）大仙峰省级自然保护区

1995 年，大仙峰被列入县级自然保护小区。1998 年，被列入天然林保护工程。2001 年，大仙峰地区被界定为国家级生态公益林。2003 年 2 月，经省政府批准为省级自然保护区，总面积 6886.1 公顷，包括屏山乡玉屏、内洋、溪头村，面积 1160.9 公顷；谢洋乡坑口、怀德、上珍村，面积 1972.8 公顷；武陵乡仕洋、大石村，面积 867 公顷；吴山乡梓溪村，面积 202.6 公顷；石牌镇马山、盖山、老厝、拱桥、石坑村，面积 2682.8 公顷。其中，林分 5586.4 公顷，竹林 544.8 公顷，灌木林地 33 公顷，无林地 628.9 公顷，水域 6.8 公顷，非林地 86.2 公顷。森林蓄积量 42.46 万立方米。区内千米以上山峰 14 座，大仙峰海拔 1553 米，老厝海拔 490 米，相对高差 1063 米，山地坡度大多在 45° 以上。

大仙峰保护区内有维管束植物 156 科、561 属、1005 种（含亚、变种），其中，蕨类植物 35 科、64 属、131 种，裸子植物 8 科、17 属、19 种，被子植物 113 科、480 属、855 种，其中兰科植物 9 种。属国家一级保护的有南方红豆杉、钟萼木，二级保护的有闽楠、香樟、香榧、花榈木、金毛狗、福建柏、半枫荷、鹅掌楸、中华猕猴桃、喜树等 10 种；属省级保护的有福建青冈、三尖杉、红楠、穗花杉、百日青、乐东拟单性木兰、浙江桂、沉水樟、刨花润楠、八瓣糙果茶、绞股蓝等 11 种。区内已发现脊椎动物，哺乳类 6 目、9 科、10 种，鸟类 11 目、20 科、59 种，爬行类 3 目、8 科、19 种，两栖类 2 目、5 科、16 种，鱼类 5 目、6 科、11 种。区内有国家一级保护野生动物云豹、爬行类动物蟒蛇；二级保护有兽类大灵猫、小灵猫、穿山甲、猕猴、鬣羚，鸟类赤腹鹰、松雀鹰、普通鵟、乌雕、蛇雕、林雕、红隼、白鹇、褐翅鸦鹃、小鸦鹃、褐林鸮、斑头鸺鹠，两栖类虎纹蛙共 18 种。

2004 年 7 月，成立大仙峰省级自然保护区管理处，副科级单位，编制 6 人。2008 年，保护区面积和管理机构不变。

（二）县级自然保护小区

1996 年，大田县规划设置 200 个生物多样性保护小区，总面积 8203 公顷。2001 年 5 月，县政府对保护小区进行调整、合并，批准设立 20 个保护小区，包括梅山乡璞溪、盖竹村棋盘顶蟒蛇保护小区 1258.27 公顷，黎坑村长扁垅保护小区 13.13 公顷，龙口村高峰苏门羚保护小区 62.33 公顷；谢洋乡仕福、怀德村蟒蛇保护小区 552 公顷；华兴乡洪坑村、湖美乡大尤、元安村洪坑保护小区 580.13 公顷；太华镇德安村百克仑保护小区 30.47 公顷，罗丰村金竹垵保护小区 21.87 公顷，华溪村保护小区 504.47 公顷；广平镇大吉、西园、丰庄、东景村、大吉采育场共有红豆杉保护小区 1259.87 公顷，龙宫红豆杉保护小区 134.27 公顷；桃源镇东坂、翁厝村、东风农场黄山华南虎保护小区 753.6 公顷，广汤、前村村云豹保护小区 368.53 公顷；上京镇下溪口、隆美、上京、赤水村白石栏保护小区 318.6 公顷，桂坑村石狮崎保护小区 110.13 公顷；建设镇建爱、建忠村大厝山保护小区 51.6 公顷，建国、建丰村高云水库水源保护小区 11.13 公顷，香浮、大同村香浮保护小区 11.93 公顷；前坪乡福井、上地、北坑、前坪、黄龙村观音芦保护小区 26.33 公顷；奇韬镇龙溪村寨后垵苏门羚保护小区 60.87 公顷，桃舟、桃东村蛇仑保护小区 136.33 公顷。总面积 6265.86 公顷，主要保护对象有蟒蛇、苏门羚、虎纹蛙、穿山甲、华南虎、黑熊、豹、云豹、猕猴等野生动物 9 种；米槠、栲、花榈木、香樟、楠木、枫香、红豆杉、甜槠、银杏、闽楠、福建青冈、柳杉等植物 12 种及天然植被、阔叶树。划定的自然保护小区设置标志和四至界牌，对珍稀植物、名木古树挂牌保护，野生动物实行重点保护。2008 年，保护小区和面积不变。

三、野生动物保护

1993—1996 年，县林业部门成立野生动物保护领导小组，各乡镇成立管理站，宣传野生动物保护法律、法规，每年举办 1 次“爱鸟周”宣传活动。开展打击非法经营、贩运野生动物行为，检查市场、餐饮场所 1500 余次，查处违法行为 11 起，没收、放生珍稀野生动物 913 只（条）。1999 年，县林业局进行野生动植物调查，调查结果，境内有鸟类 158 种、哺乳类动物 26 种、两栖类动物 22 种、爬行类动物 41 种，其中，国家一级保护野生动物 5 种、二级保护 32 种，省级保护 24 种。

2000 年起，每年开展保护野生动物执法检查。当年，林业部门查获出售省级保护野生动物眼镜蛇、眼镜王蛇各 2 条，国家Ⅱ级保护虎纹蛙和省级保护棘胸蛙共 80 多只，没收的活体全部放生。2001 年，取缔非法买卖野生动物窝点 1 个。2003 年，开展“春雷”行动中，森林公安查获非法收购、猎捕野生动物案 3 起。1993—2008 年，林业部门查获非法捕猎、经营穿山甲、虎纹蛙等国家二级保护野生动物 31 只，没收、放生珍稀野生动物 1026 只（条），其中有活体黑熊 1 只，送三明格氏栲保护区养殖。

第五章 林竹产品经营和开发

第一节 木竹经营

一、木材经营

1993—1996 年，县木材产品销售以原木为主和部分锯材及加工品，由县木材公司统一调拨，销往省内泉州、漳州、福州地区和省外浙江、安徽、江苏等地。共销售木材 31.08 万立方米，产值 2.29 亿元，每立方米均价 737 元。1997—1998 年，全县销售木材 13.54 万立方米，产值 6822.5 万元，每立方米均价 504 元。

1999—2001 年，木材经营体制改革，城关、梅山、桃源、石牌等 4 家国有木材公司相继改制。桃源、黄城、梅林国有林场和赤头坂、大吉林业采育场销售木材 10.5 万立方米，产值 2859.16 万元，每立方米均价 272 元。

2002 年，木材经营流通市场化，林业部门建立森林资源评估、伐区设计、木材检验等中介机构，生产的木材供应县内企业加工为主。当年，全县销售木材 6.86 万立方米，产值 3237.45 万元，每立方米均价 472 元。2003—2007 年，销售木材 57.34 万立方米，产值 3.45 亿元，年均销售 11.47 万立方米。国有林场、采育场每立方米均价由 2003 年 481 元升至 2007 年 798 元。2008 年，全县木材销售 15.05 万立方米，产值 1.21 亿元，每立方米均价 804 元。其中，桃源、梅林国有林场和赤头坂林业采育场销售 3.34 万立方米，产值 2859.16 万元，每立方米均价 856 元。

二、笋竹经营

1993—2001 年，县政府将竹业定为重点产业之一，竹材经营由县林业部门审批采伐，木材公司统购统销，全县竹材产量 1754 万根，产值 9437 万元，年均生产 195 万根、产值 1048 万元。2002 年，放开笋竹经营。2003年，竹材产量137万根，产值892万元。2008年，销售毛竹97万根、小径竹材1377吨、鲜笋1.2万吨，产值1444.16万元。

第二节　林竹产品开发

一、木材加工和林产化工（详见卷十　工业　第二章）

二、油茶生产

1993年，县内油茶主要有“风吹茶”“羊屎茶”“茶梨”等品种，“风吹茶”因风吹摆动茶枝始结果而得名，“羊屎茶”果籽状如羊屎而取名，“茶梨”树高3米—5米，果形似梨。油茶在18个乡镇均有分布，早兴“风吹茶”曾于1974年被评为“全国油茶十大高产单位”和“优良品种”。当年，全县油茶林面积5000公顷，油茶籽产量2616吨，产值1570万元。随着林业经营体制改革，林农加强油茶林管理，改良品种，扩大种植。1998年，全县油茶林面积5400公顷，油茶籽产量3851吨，产值2150万元，平均每公顷茶籽产量比1993年增加156公斤。

2003年，全县油茶林面积增至5666.67公顷，油茶籽产量4902吨，产值2880万元，分别比1998年增长4.94%、27.29%、33.95%。2007年，县委、县政府把发展油茶产业列入重要议事日程。2008年，县林业局成立油茶产业发展领导小组，制定发展政策和指导乡镇油茶生产。下设办公室，负责日常业务和开展技术指导。当年，全县油茶林面积6586.66公顷，比1993年增长31.73%，年递增1.85%；油茶籽产量6545吨，同比增长150.19%，年递增6.3%；产值4730万元，同比增长201.27%，年递增7.63%。

三、其他林副产品

（一）干果类

板栗为主，主要分布在均溪镇金山、东坑等村，华兴乡仙峰村，上京镇桂坑、黄城、梅林等村和文江乡大安、山芹等村，多数乡镇有零星种植。1993年，全县板栗面积10.5公顷，产量141吨、产值42万元。2000年，均溪镇有板栗面积11.2公顷，产量168吨、产值82万元；全县面积48公顷，产量691吨、产值339万元。2006年，全县产量2664吨、产值1332万元。2007年，均溪镇在后华、华坑等村建设板栗基地67公顷。2008年，全县板栗面积189.2公顷，产量2813吨、产值1530万元。

（二）植物油料类

主要有油桐和山苍籽，油桐多为人工种植，山苍籽多为野生，18个乡镇均有分布。1993年，全县产油桐籽713吨、产值71万元；采集山苍籽403吨、产值32万元。2000年，油桐籽、山苍籽产量分别为1024吨、535吨，产值分别为154万元、62万元。2002年，山苍籽产量增至857吨、产值99.8万元。2003年，油桐籽产量1367吨、产值207万元。2006年，油桐籽产量1064吨、产值205万元，山苍籽1130吨、产值145万元。2008年，全县油桐籽产量1377吨、产值289万元，山苍籽701吨、产值98万元。

（三）药用植物

全县种植面积较大的药用植物主要有厚朴、红豆杉、葛根、绞股蓝等，中草药品种（含野生）有995种（据1986年普查资料）。1993年，桃源国有林场厚朴林39.67公顷。全县采集中药材66吨。1995—1996年，采集中药材244吨。2000年，桃源国有林场部分成熟厚朴林始伐。2002年，该场厚朴林面积33.73公顷。2004年，在赤头坂林业采育场和广平镇苏桥村建立厚朴示范片66.7公顷。2006年，全县中药材产量581吨、产值430万元。2008年，全县厚朴林面积285.53公顷、红豆杉48公顷、银杏22.5公顷、八角2.33公顷、吴茱萸4公顷、绞股蓝33.3公顷、葛根20公顷，中药材产量572吨、产值 511 万元。

（四）主要副产品

笋干主要分布在谢洋、广平、华兴、梅山、桃源等乡镇，红菇主要分布在东风农场和梅山乡璞溪村等 。1993 年，全县笋干产量 304 吨、产值 30 万元，红菇干品 1.8 吨、产值 6 万元。2001 年，笋干产量 1252 吨、产值 1803 万元。2006 年，全县产笋干 1965 吨、产值 3144 万元。2008 年，笋干产量 2297 吨、产值 3997 万元，产红菇干品 3 吨、产值 92 万元。

第六章　林业场圃

第一节　林场

一、国有林场

（一）桃源国有林场

组织机构　1993 年，国营大田桃源林场隶属三明市林委，正科级事业单位，设 4 个科和 4 个工区，职工 148 人。当年，被省林业厅授予“万亩速生丰产林场”称号。1995 年 5 月，林场更名为福建省大田桃源国有林场。1998 年 5 月，实行人事制度改革，设岗位 60 个，转岗分流 79 人。2001 年 11 月，生产科与营林科合并为生产科，全场实行岗位工资制。2003 年，增设资源管理科。2005 年 3 月，进行人员聘用和工资分配制度改革，设岗位 64 个。全市国有林场机构统一设置为综合管理、营林科技、生产经营、资源管理、计划财务等 5 个科。同年 9 月，成立二级事业法人单位桃源国有林场绿达分场。2006 年 2 月，增设梅山工区。2008 年 6 月，第二次人员聘用和工资分配制度改革，设岗位 82 个。年底，林场设 5 个科和 5 个森林保护站（工区更名），1 个森林公园管理办公室，职工 87 人，其中高级职称 4 人、中级 15 人、初级 33 人。

经营情况　1993 年，全场经营面积 4707.13 公顷，其中有林地面积 3645.6 公顷，森林蓄积量 45.25 万立方米，速生丰产林分 382.47 公顷；针阔混交，主要树种有杉木、马尾松、木荷，培育树种有厚朴、光皮桦，建立林木采种母树林 39.2 公顷。全年木材销售 1.13 万立方米，销售收入 518 万元。2003 年起，协议受让县林业投资公司、桃源镇、梅山、湖美乡的 12 个村（场）山场，至 2006 年，受让面积 2319.13 公顷。累计为社会提供林木良种 18 吨。2007—2008 年，发生森林火灾 3 起，过火面积 67.53 公顷。2008 年，全场经营面积 7041.33 公顷，其中，续档面积 5988.67 公顷，有林地面积 5189.8 公顷，森林蓄积量 94.98 万立方米；木材销售 1.4 万立方米，销售收入 1255 万元，分别比 1993 年增长 23.89%、142.28%。全场有一代杉木种子园 35.33 公顷、二代 33.33 公顷，松木种子园 18.33 公顷。从沙县水南种苗繁育中心引进杉木容器苗进行非春季造林。

1993—2008 年，全场中幼林抚育 6940.53 公顷、成林抚育 3182.4 公顷，推广马尾松容器育苗 65.2 万袋，马尾松毛虫害防治 1813.33 公顷，维修防火路、防火林带 2330 公里；营造速生丰产林 1843.4 公顷，综合达标率 100%；人工林林分面积达到部、省级速生丰产林标准 2666.67 公顷。

（二）梅林国有林场

组织机构　1993 年，国营大田梅林林场隶属三明市林委，正科级事业单位，设 4 个科室和 3 个工区，职工 60 人。1995 年 5 月，林场更名为福建省大田梅林国有林场。1998 年，实行定岗定员暨转岗分流，设岗位 58 个，2000 年底，职工 61 人。2001 年 4 月，梅林、黄城林场合并为梅林国有林场，设 5 个科室和3个森林保护站及森晖分场，职工106人。2005年，实行全员聘用合同制，设岗位80个。2008年底，林场设综合管理、计划财务、生产经营、营林科技、资源管理等5个科室、3个森林保护站、森晖分场和一顶尖森林公园，职工83人，其中高级职称2人、中级12人、初级26人。

经营情况 1993年，林场经营面积3253.53公顷，林业用地3168.87公顷，有林地2766.47公顷，森林蓄积量31.07万立方米，针阔混交，主要树种有杉木、马尾松、木荷。2000年，林场林业用地3206.13公顷，有林地2849.73公顷，森林蓄积量38.14万立方米，营造速生丰产林54.13公顷。2001年，全场经营面积5800公顷，林业用地5624.86公顷，有林地4711.86公顷，森林蓄积量59.67万立方米。2003年起，实施森林资源联营。2008年，经营面积6063.33公顷，其中有林地5140公顷，森林蓄积量95.04万立方米。协议受让武陵乡、石牌、均溪镇的8个村山场，面积263.33公顷。1993—2008年，全场人工造林1404公顷，中幼林抚育6064.47公顷，成林抚育2755公顷；维修防火路、防火林带3680公里，防治马尾松毛虫害面积1573.33公顷；生产木材20.72万立方米，销售收入1.12亿元，年均生产木材1.3万立方米、收入700万元。

（三）黄城国有林场

组织机构 1993年，国营大田黄城林场隶属三明市林委，正科级事业单位，设5个科室、5个工区，职工58人。1995年，林场更名为福建省大田黄城国有林场。2000年，设3个工区，职工60人。2001年4月，并入梅林国有林场。

经营情况 1993年，全场经营面积2546.47公顷，林业用地面积2063.67公顷，森林蓄积量20.8万立方米。1997年，有林地1793.33公顷。2000年，林业用地面积2418.73公顷，有林地1862.13公顷，森林蓄积量21.53万立方米，主要树种有杉木、马尾松、木荷。1993—2000年，人工造林359.07公顷，生产木材4.56万立方米。

二、集体林场

（一）乡办林场

1993年，全县18个乡镇办林场，经营面积7626.67公顷，有林地面积6706.67公顷，森林资源的采伐利用成为乡财政的重要来源。2000年起，乡镇办林场森林资源进行流转，林地返还村集体经营，管理人员回原单位。2003年，全县没有乡镇集体林场。

（二）村办林场

1993年，全县村办林场28个，经营面积9180公顷，其中有林地面积8500公顷。1994年起，进行林权制度改革，村办林场经营实行承包、转让、拍卖和租赁。2003年，全县没有村级集体林场。

三、联营林场

（一）城关林场

1993年，由三明市林业局、县政府、均溪镇政府和红星、玉田、福塘、温镇、郭村、华安等村四级联营创办的城关林场进入第七年经营，联营期限至2011年。经营面积1812.4公顷，其中，生态公益林面积1483.27公顷，用材林329.13公顷。至1996年，4年间承担市林业局桉树中试推广和种源基地建设项目，营造桉树148.6公顷。2006年10月，城关林场更名为城区公益林管理站，为林业局下属自收自支事业单位，编制10人。2008年底，在职干部职工16人。1993—2008年，林场累计营造林木1717公顷，中幼林抚育144.13公顷，生产木材1.64万立方米。

（二）华兴林场

1997年，县林业局与华兴乡政府及洪坑、昆山、京口、仙峰、张墘、杞溪5个村委会联营组建华兴林场，设太平桥、京口工区；经营面积2206.8公顷，其中，生态公益林面积931.67公顷，商品用材林1275.13公顷，经营期限50年，收益分配按不同山场不同比例。1998年，林场承担引种雷竹科技项目，在仙峰村种植雷竹3.33公顷，投资6.5万元。1999年，招聘工作人员9人，护林员4人。2006年10月，华兴林场为林业局下属自收自支事业单位，编制5人。2008年底，林木蓄积7.08万立方米，干部职工9人。1997—2008年，华兴林场共完成人工造林面积98.4公顷，营造生物防火林带19.6公里，封山育林面积101.07公顷，生产木材1264立方米。

（三）其他林场

1993年，境内有市、县林业建设投资公司在太华镇小华村、桃源镇翁厝村、吴山乡阳春、程堂、吴山、和洋村开展联合造林，组建的小华、翁厝和吴山联营林场管理站，经营面积1118.93公顷。1997—2000年，县林业局与太华镇、梅山乡分别在梨峰山、高峰林场及与所在村联营，组建太华和梅山林场，经营面积2782.4公顷，经营期限50年。2000年，梅山林场改制。2007年，集体林权制度改革，培育新型林业合作组织，太华林场协议终止，林地返还各村。2008年，以投资、山场入股等形式，全县有合作林场61个、股份制林场17个。

第二节　采育场　苗圃

一、赤头坂林业采育场

1993年，赤头坂伐木场隶属县林委，设6个组(室)和3个工区，职工61人。全场经营面积2573.33公顷，其中有林地2153.33公顷，森林蓄积量27万立方米，主栽树种有马尾松、杉木、红豆杉、厚朴、桂花、檫树、杞木、木荷和毛竹等。1994年，该场更名为大田县国营赤头坂林业采育场。1995年12月，该场兼并县林业竹木加工厂。1996年，被省林业厅授予“十佳采育场”称号。2000年，企业改制，实行人员竞聘，上岗29人、下岗42人、内退3人。2004年，租赁漳平市灵地乡长埃村林地227.27公顷(林分108.47公顷，宜林荒山118.8公顷)，期限50年。2008年，全场经营面积2541.07公顷，其中有林地2415.4公顷(含国家、省级生态公益林150.53公顷)，列入国家农业综合开发项目红豆杉、厚朴、银杏等135.13公顷；森林覆盖率95.05%，森林蓄积量39.4万立方米；生产木材8067立方米，利润16.6万元。年底，全场职工35人，其中技师1人、初级职称7人。

1993—2008年，全场累计人工造林更新面积729.87公顷，幼林抚育7106.67公顷，抚育间伐1133.33公顷，修建防火林带67公里。建立森林病虫害防治点7个，马尾松中幼林防治400公顷。建立杉木速生丰产林772.87公顷，马尾松877.47公顷。全场年木材生长量1.8万立方米，成熟林亩蓄积达20立方米，出材量达15立方米。生产木材12万立方米，销售11.6万立方米，销售收入5100万元，上缴林业金费1020万元，创税利340万元。

赤头坂林业采育场（1997年摄）

二、大吉林业采育场

1993年，大吉伐木场隶属县林委，经营面积1653.33公顷，其中有林地1046.66公顷，森林蓄积量5.85万立方米，森林覆盖率63.31%。1994年，更名为大田县国营大吉林业采育场。1999年，购买奇韬镇龙溪口林场，经营县办广平镇联营林场。2000年，购买广平镇东景林场，共协议经营面积2346.66公顷；同年企业改制，员工竞聘上岗，留岗20人，下岗19人。2001年，全场经营面积3993.33公顷，其中国有山场1646.67公顷。当年，迹地更新造林27.2公顷，幼林抚育154.46公顷，木材生产5300立方米，销售4573立方米，实现税利26.1万元，上缴金费22.61万元，员工24人。2003年8月，经县政府批复，进行第二次企业改制，10月，新组建的大吉林业采育场有限公司与林业局签订《大田县国营林业采育场国有资产产权出让协议》，以29.65万元认购国有资产产权，在岗职工20人全部终止劳动合同。

三、汤泉苗圃

1993年，经营面积13.67公顷，其中林地6公顷、果园5.67公顷、苗圃地2公顷。育苗2.37公顷（含向农民租地），产值5.8万元，利润1万元，职工10人。1997年，设罗丰、汤泉2个生产点，大田育苗2.67公顷，产苗98万株。2001年，经营面积7.67公顷，其中林地6.67公顷，育苗1公顷。职工承包苗圃地，自主经营，自负盈亏。2008年底，经营林地6.67公顷，职工6人承包育苗1.87公顷。

第七章 管 理

第一节 机 构

一、县林业局

1993年，大田县林业委员会（简称县林委）为行政、事业、企业“三合一”的管理体制。9月，成立大田县森发林业集团（公司），与林委两块牌子一套人马，设办公室、政工股、计财股、基建股、林政股、国有林管理站、林业建设投资公司、规划队、林业科技推广中心、林业工作总站、林业养路段、林业公安分局、人武部等13个股室和县政府派驻的试验区、处理山林纠纷、森林防火指挥部、绿化等4个办公室，职工70人。在18个乡镇设立林业工作站，职工171人。设立吴山、温镇林业检查站，编制16人。1996年，处理山林纠纷办升格为正科级。1997年，林业委员会更名为林业局，内设办公室、人事教育、计划财务、林政资源管理、营林、科技、生产、森林防火办等8个股室，编制20人，工勤2人。试验区办、处理山林纠纷办与林业局合署。护林防火办更名为森林防火办。2000年6月，成立森林病虫害检疫站。2002年11月，根据县委办《关于印发〈大田县林业局职能配置内设机构和人员编制方案〉的通知》，保留林业局，为正科级。设办公室、人事、计财、基建、林政、营林、科技、产业、法制等9个股室，行政编制15人。试验区办、森林防火办、处理山林纠纷办挂靠林业局，参照机关事业编制人员管理。2003年，科技股复称林业技术指导站。2008年，内设股室、编制不变。辖林业科技推广中心、编制8人，大仙峰省级自然保护区管理处、编制6人，森林防疫检疫站、编制3人，森林资源管理站（加挂野生动物管理站）、编制5人，林业技术指导站、编制5人，林业规划设计队、编制7人，城区公益林管理站、 编制10人，林业产权管理服务中心（加挂林业基金管理站）、编制18人，速生丰产林基地建设办公室（加挂世界银行贷款造林项目办公室）、编制6人，林业检查站（加挂林政稽查队）、编制16人，18个乡镇林业工作站、编制68人，华兴林场、编制5人。

二、森林防火指挥部

1993—2008年，县森林防火指挥部和领导小组随人事变动及时调整充实，成员由16个部门领导组成，是县政府森林防火工作常设机构。下设办公室，挂靠林业局，负责日常工作。

三、县属国有林业企业

1993年，大田县森发林业集团(公司)辖城关、桃源、梅山木材公司、赤头坂林业采育场、大吉伐木场、林产化工厂、第一造纸厂、林业汽车保修厂（林业车队）、林业制材厂、林业竹木综合加工厂、石牌林产品市场11家企业。1995—2006年，改制破产10家。2008年，保留赤头板林业采育场。

第二节 山林权属纠纷调处

1993—1996年，县处理山林纠纷办公室排查各类山林纠纷，采取协议或裁决解决市（区）际纠纷11起、面积990.26公顷，县内纠纷7起、面积471.2公顷；平息权属争议18起、面积2000余公顷。其间，1994年9月，经省处理山林纠纷办公室调处，赤头坂林业采育场、桃源镇广汤村与漳平县新桥镇城口村鸭母坡山场186.33公顷，重新达成确界协议。1997年，协议解决县内纠纷5起、面积165.27公顷，裁决1起、面积37.26公顷。2000年，协议解决市（区）际纠纷4起、面积786.67公顷。2003年5月，县政府以田政文〔2003〕32号文，对桃源镇翁厝村与赤头坂林业采育场桃源分水格山场（早达溪尾、十八层溪、大座山等）326.67公顷山林权属依法作出裁定。2004年，分别协议解决市（区）际纠纷3起、面积411.33公顷和县内纠纷4起、面积98.26公顷；裁决县内纠纷5起、面积266.67公顷。2006—2008年，调处县内纠纷11起、面积497.92公顷，受理解决林权、承包经营权争议信访129起、面积1043.33公顷。

1993—2008年，全县共排查各类山林纠纷积案252起、面积1.04万公顷，其中，市（区）际24起、2446.67公顷，县际16起、2020公顷，县内212起、5920公顷。共调处山林权属纠纷113起、面积6311.64公顷，其中，市（区）际18起、2188.26公顷，县际1起、351.53公顷，县内94起、3771.85公顷。涉及行政界线476.96公里。

1993—2008年大田县山林权属纠纷调处情况表

表9-4　　单位：公顷

年份	纠纷起数	纠纷面积	完成调处		其中					
					市（区）际		县际		县内	
			起数	面积	起数	面积	起数	面积	起数	面积
1993	4	653.33	2	177.06	1	170.93	0	0	1	6.13
1994	6	397.33	3	398.66	3	398.66	0	0	0	0
1995	8	438.20	7	544.87	3	212.00	0	0	4	332.87
1996	9	465.46	6	340.87	4	208.67	0	0	2	132.20
1997	3	760.00	6	202.53	0	0	0	0	6	202.53
1998	4	840.00	3	84.53	0	0	0	0	3	84.53
1999	7	395.13	7	395.13	0	0	0	0	7	395.13
2000	6	224.00	11	1040.67	4	786.67	0	0	7	254.00
2001	5	269.00	6	346.67	0	0	0	0	6	346.67
2002	7	332.20	8	398.07	0	0	0	0	8	398.07
2003	55	2522.93	3	328.67	0	0	0	0	3	328.67
2004	94	3805.33	12	776.26	3	411.33	0	0	9	364.93
2005	142	5092.80	28	779.73	0	0	1	351.53	27	428.20
2006	2	137.93	3	371.86	0	0	0	0	3	371.86
2007	3	117.26	3	70.00	0	0	0	0	3	70.00
2008	5	56.06	5	56.06	0	0	0	0	5	56.06
合计	360	16506.96	113	6311.64	18	2188.26	1	351.53	94	3771.85

附：库区淹没“梅花落地”山场林权纠纷

大田县梅山乡雄峰、卓坑里2个村与尤溪县交界的“梅花落地”山场林权，从清乾隆年间至民国时期曾因县界与山权问题发生多次纠纷，官府难断。1952年起，纠纷不断，争议不休，调处未果。1998—2000年，行政勘界时该山场全部划到尤溪县行政区域界内。2003年，尤溪街面水库电站建设，库区淹没“梅花落地”山林351.53公顷，林地征用补偿、补助费3000余万元按行政界统计在尤溪县内，大田、尤溪再次引发纠纷。2004年12月7日，省林业厅《关于尤溪街面水电站库区涉及省高院裁定收归国有林权等问题的复函》（以下简称复函）称：“该国有林为尤溪县地方国有林。”2005年2月5日，大田县政府就《复函》向省政府提出“行政复议申请”。2月6日，省政府作出行政复议决定，指出：“福建省林业厅闽林综〔2004〕192号《复函》系被申请人针对尤溪县政府《关于街面水电站库区周围涉及省高院裁定收归国有山林权归属问题的请示》作出的内部函复，不直接对外发生法律效力；且依据《福建省林木林地权属争议处理办法》第十九条的规定，大田县与尤溪县的山林权属争议，应当由三明市人民政府处理。”尔后，三明市政府和市山林调处办、移民局曾先后调处11次，双方各持己见。同年4月28日，市长张健在市政府二楼会议室召集大田、尤溪县委书记、县长进行协商，双方仍无法达成共识，市政府建议“梅花落地”山林权属案通过司法诉讼渠道解决。

2005年5月8日，大田县政府作为原告向三明市中级人民法院提起民事诉讼，市中级人民法院指定梅列区法院审理。大田县向梅列区法院提供土地所有权证89份，林木所有权证186份和有效证据97份。7月21日，梅列区法院进行公开审理。10月17日，梅列区法院作出〔2005〕梅民初字第461号《民事判决书》，判处大田县政府得林地补偿费40%，林木补偿费、森林植被恢复费各30%。尤溪县政府不服一审判决，于11月3日，向市中级人民法院提出上诉。2006年3月13日，市中级人民法院作出〔2006〕三民终字第10号《民事判决书》，“驳回上诉，维持原判”。

第三节 林政管理

一、采伐管理

1993年，县林业主管部门坚持用材林消耗量低于生长量的原则和采伐许可证制度，进行采伐规划资格审查，办理林木采伐审批，不能超限额核发林木采伐许可证。实行“伐前办证、伐中检查、伐后验收”，天然林、生态公益林禁伐、限伐。“八五”（1991—1995年）期间，县与市签订采伐责任限额蓄积量每年39.25万立方米。1996年，执行省林业部门采伐限额计划和统一的采伐许可证，当年，限额38.26万立方米。1998年，全县限伐37.21万立方米。2000年，实行采伐守法押金，伐前每立方米交纳3元，伐后经验收合格退回押金。2001年，“十五”（2001—2005年）计划期间每年限伐39.75万立方米。2004年，县林业局成立森林采伐限额编制领导小组，审批采伐蓄积量16.44万立方米。2006年，“十一五”（2006—2010年）期间每年限伐46.59万立方米。2008年，审批22.69万立方米，办理采伐证1447份，实际采伐蓄积量21.52万立方米。

1993—2008 年大田县木材采伐审批和执行情况表

表 9-5　　单位：万立方米

年份	审批		执行		年份	审批		执行	
	蓄积	材积	蓄积	材积		蓄积	材积	蓄积	材积
1993	7.41	5.11	7.19	5.01	2002	11.01	7.63	10.86	7.44
1994	8.18	5.71	7.86	5.58	2003	15.10	10.32	15.03	10.01
1995	7.99	5.61	7.87	5.55	2004	16.44	10.96	15.77	10.49
1996	11.08	7.13	10.30	6.66	2005	20.59	14.03	19.60	13.33
1997	10.72	7.28	10.57	6.51	2006	21.08	14.73	20.66	14.30
1998	10.11	6.96	9.83	6.85	2007	21.37	15.44	20.44	14.80
1999	9.93	6.82	7.26	4.92	2008	22.69	16.12	21.52	15.12
2000	10.12	6.28	9.39	5.77					
2001	9.81	6.09	9.24	5.94	合计	213.63	146.22	203.39	138.28

二、林地管理

1993 年，林业主管部门规范林地征占用审核审批程序，实行使用林地许可证制度。1995 年 12 月，县六角宫水库电站征占用屏山乡瑞美、内山、王坪、美阳村林地 12.72 公顷。1997 年，审批征占用林地 6 宗、面积 1.16 公顷。2002—2003 年，根据省林业厅《福建省林地管理办法》、国家林业局《占用征用林地审核审批管理办法》，规范占用征用林地申请、审批权限程序、补偿费用的管理与使用。2003 年 1 月，尤溪街面电站征占用梅山、湖美乡共 7 个村林地 384.36 公顷。2006 年 1 月，泉三高速公路征占用桃源、上京、石牌镇和屏山、吴山乡林地 253.42 公顷。1993—2008 年，全县累计办理林地征占用 517 起、面积 1056.38 公顷。

三、木材运输管理

1993 年，坚持木材凭证运输制度，林业局设立办证室和广平、梅山、桃源等 4 个办证点。2000 年，健全和落实木材运输证核发与管理制度，清理整顿、打击木材运输证核发管理违法行为。2002 年，按照省林业厅《福建省木材凭证运输管理办法的通知》，依法规范木材凭证运输管理制度，明确木材凭证运输范围、运输证申请程序、核发权限、木材运输办证机构和人员管理、检查监督、责任追究。同年，经省林业厅批准，增设上京、吴山、太华、奇韬、文江等 5 个办证点。1993—2008 年，全县累计办理木材运输证 13.23 万份，运输木材 132.3 万立方米，查处违法运输木材案件 2791 起，罚款 90.2 万元，没收木材 4126 立方米。

四、木材销售管理

1993—2001 年，木材继续由国有木材经营单位统一收购销售。2002 年起，放开木材市场，实行产销一体化。业主凭采伐、运输证交缴有关税费即可上市销售，至 2008 年不变。

五、林业执法

1993—1996 年，县林业部门调整充实林业执法队伍，依法委托林业站、林业公安分局及所辖 7 个林业派出所、林业检察、林业法庭等 29 个单位行使行政执法权，依据有关法律法规查处林业刑事、治安、行政案件 2078 起、处罚 2521 人，挽回经济损失 420.92 万元。1997 年，重点打击森林火灾和破坏野生动物资源等违法犯罪行为，处理 260 人次。1999 年，开展“百日追逃”专项斗争，林业违法犯罪嫌疑人到案 7 人，侦破积案 6 起，摧毁破坏森林资源团伙 8 个、29 人。2001 年，清理非法占用林地 3 起、面积 0.71 公顷；12 月，县林业局设立林业法制室，开展法制宣传普及和林业行政执法人员培训，监督、检查、审核林业行政案件。

2002 年，县林业局成立大田县林政稽查队，与林业检查站一套人马两块牌子，行使林业综合执法权，改分散执法为集中执法。当年，有 109 人取得国家林业局林业行政执法证。2004 年 10 月，撤销黄城森林派出所，全县设森林派出所 6 个。2005 年，重点打击违法占用林地案件，查处行政案件 129 起。2006 年，县林业检查站被国家林业局列为一级达标木材检查站建设单位。当年，全县办理林业行政案件 500 起，没收木材 1503.3 立方米，价值 63.06 万元，处罚款 177.9 万元，补征林业金费 53.99 万元。1993—2008 年，林业执法部门查处各类林业案件 4589 起，没收木材 5967.27 立方米，挽回经济损失 1935.43 万元。

第四节 基金管理

一、林业金费

（一）育林基金

1993 年，按木材、毛竹实际销售价收取育林基金和维简费，每立方米费率 12% 和 8%；木材农业特产税 8.8%。1995 年，间伐材育林基金和维简费减征 30%、农业特产税减征 50%。2001 年，持有林木采伐许可证、福建省中幼林抚育间伐验收单，口径在 12 厘米以下的“金税费”各减征 50%。同年，市政府《关于规范笋竹经营管理和统一税费征收标准的通知》，当年起三年内，林业金费起征价统一调为原竹 3 元 / 根 (篙竹眉径 6 寸—7 寸 4 根折 1 根原竹；5 寸以下每 10 根折 1 根原竹；鲜笋 2 吨折 100 根原竹)。

2003 年，调整木材、毛竹“金税费”起征价，杉木、马尾松、杂木各分 3 个径级，每立方米分别为 320 元—500 元、300 元—460 元、280 元—420 元，毛竹 (眉径 8 寸) 每百支 300 元。2004 年，取消农业特产税。2008 年，木材“金费”起征价又作调整，长度 2 米—4 米，杉木分 5 个径级，每立方米 680 元—1020 元；松木、杂木分 4 个径级，分别为 700 元—830 元、530 元—630 元。

1993—2008 年，全县征收育林基金 1.21 亿元，维简费 1649.15 万元，农业特产税 1330.32 万元。

（二）森林资源补偿费

1993 年，销售省外的木材按实际销售价杉、松 5%，杂木 3% 计征。至 2003 年，累计征收 16.63 万元。2004 年，省财政厅、物价局、林业厅通知，取消森林资源补偿费。

（三）征占用林地四项费用

1993 年，征收征占用林地、林木补偿费、安置补助、植被恢复费四项费用，林地补偿费按当地水田补偿标准 20%—30%。林木补偿费用材林幼林按林业主管部门核定造林工本费 1 倍—2 倍补偿，中龄林按成林公顷材积产值的 20%—40% 补偿，近成、过熟林按砍伐和运输费用（运至就近公路或河边）80% 补偿；竹林按皆伐产值的 2 倍补偿；经济林按征用前 4 年平均产值的 3 倍—7 倍补偿；薪炭林按用材林同类林分的 50% 补偿；特用林和防护林按用材林同类林分的 3 倍—7 倍补偿；苗圃除按末年当地同类苗价补偿苗木损失外，还按苗圃地内基本建设和调入苗木现价值进行补偿；林地上其他附属物经双方协商按现值补偿。安置补助费按林地补偿费的 50% 计算。植被恢复费按每平方米 0.5 元—1 元补偿。1996 年，收取征占用林地四项费用 19.54 万元。

1999 年，林木补偿费部分作了调整，幼林按造林工本费 2 倍补偿，中龄林按成林公顷材积产值 40%—60% 补偿；近成、过熟林按公顷材积产值 30% 补偿；薪炭林和特用林、防护林分别按用材林同类林分40%—60%和4倍—7倍补偿。2002年，征占用林地森林植被恢复费标准作了调整，用材林、经济林、薪炭林、苗圃地每平方米6元，未成林造林地每平方米4元，特种用途林地每平方米8元，疏林地、灌木林地每平方米3元，采伐、火烧迹地和荒山每平方米2元，国家重点防护林、特用林每平方米10元。城市规划区内林地按上述标准2倍收取。1993—2008年，累计收取森林植被恢复费1524.34万元。

（四）林业保护建设费

1994年，按省财政厅、物委《关于收取林业保护建设收费有关问题的通知》执行，木材每立方米5元，毛竹每百根5元。省、市、县分别按20%、10%、70%分成。至2003年，累计收取270.93万元。2004年，省财政厅通知，取消林业保护建设费。

（五）林业公路养护费

1995年1月起，根据市政府《关于同意在木材生产中提取林业公路养护费用的批复》，每立方米商品材提取2元，摊入生产成本。至2003年，累计收取22.13万元。2004年，省财政厅、物价局、林业厅联合通知，取消林业公路养护费。

（六）林价款

1995年，根据省委、省政府《关于巩固绿地成果，发展绿色产业建设林业强省的决定》，调整林价款标准，杉木和特类杂木每立方米160元、甲类杂木120元、松木和乙类杂木90元、丙类杂木70元，等外材、非规格材按同类的70%计算，同时预留35%用于更新造林、育林护林。至2008年，累计征收1232.13万元。

二、金费管理

1993年，收取的森林资源补偿费全额上缴省林业厅，其余金费采取收支两条线，财政专储，专款专用。当年，育林基金支出511.6万元、维简费197.24万元。1998年，育林基金、维简费支出分别301.55万元、155.15万元。2003年，维简费并入育林基金，全年支出513.48万元。2008年，育林基金支出1725.73万元。1993—2008年，征收的林业金费，用于乡村人工造林及速生丰产林基地1530万元，毛竹林基地450万元，经济林基地660万元，食用菌林基地21万元，药用植物基地223万元，珍贵树种基地480万元，封山育林95万元，护林防火1350万元，森林病虫害防治78万元，幼林抚育770万元，造林贷款利息支出370万元，森林资源清查560万元，林改投资580万元，林区公路建设350万元，森林公安、科技中心及重点林业检查站建设1350万元，设备购置870万元，其他生产性支出950万元。

卷十 工 业

1993年，全县工业企业3505家，职工3.05万人，工业总产值14.65亿元，增加值2.17亿元，占全县生产总值（GDP）31.86%。多为资源型企业，科技含量和附加值较低。乡及乡以上工业企业154家，产值6.66亿元，其中重工业99家、产值5.45亿元，占81.83%。采掘和原料工业77家、产值4.89亿元，分别占乡以上工业的50%、73.42%。围绕建立社会主义市场经济体制和现代企业制度，以及引外联内，当年，组建企业集团3家。1994年底，有企业集团11家。1996年，全县工业产值15.76亿元，产品销售率96.1%，其中重工业10.23亿元、占64.91%，形成以建材、煤炭、矿产为支柱产业，以及电力、机械、化工、冶炼、森工、造纸、印刷、陶瓷、纺织、服装、塑料、食品加工、工艺美术、竹木加工等门类较齐全的工业体系。当年，进行企业改革改制试点。1997年，实施兼并、租赁、拍卖、股份嫁接或破产等进行企业改制，并通过技术改造，优化产品结构。1998年，受亚洲金融危机和工业产品结构矛盾等影响，产品价格低位徘徊，出现销路困难，水泥、煤炭、铁矿石三大支柱产业开工不足，水泥企业开工率仅50%。企业亏损面扩大，乡及乡以上工业亏损48家，占35.66%。

1999年，县委、县政府对重点企业和重点产品进行重点扶持，制定水泥行业优惠电价等政策，质量和效益比1998年提高18%，制定国有小企业改革的若干规定，促进企业资产重组和战略性改组；开展技术改造项目年活动等，改组国有企业12家。全县工业企业2873家，总产值15.78亿元。其中，重工业1401家，产值11.46亿元，占72.62%。主营业务收入500万元（即规模）以上企业45家，产销率91.8%，利税4581.8万元，减亏808.2万元。全县工业增加值3.72亿元，占GDP23.91%。2001年，开展工业小区规划。2003年，实行项目带动与招商引资相结合，县政府制定《大田县重点投资商特别优待规定（试行）》，发放“重点投资商优待证”，民营经济快速发展。全县工业产值18.83亿元，工业增加值占GDP29.19%。规模以上企业51家，产值11.28亿元，占59.9%，销售收入10.04亿元，比2002年增长16.2%，利税总额9222万元，同比增长30.7%，亏损面33.3%，同比下降15.6%。2006年，县委、县政府提出“突出工业、加强工业，突破工业”，发展壮大规模工业，引导企业（项目）规范、有序向工业项目区集中。

2008年，全县工业产值68.12亿元，工业增加值24.16亿元，占GDP40.14%。亏损36家、产值11.31亿元。规模以下企业产值9.41亿元。规模以上企业145家，产值58.71亿元，占总产值86.19%。产品销售率98%，销售收入56.44亿元，比2007年增长40.7%，利税总额5.22亿元，其中税金3.57亿元，比2007年增长27%。规模企业中重工业121家、产值52.3亿元，占规模以工业产值89.08%。采矿业59家、产值31.19亿元，制造业79家、产值24.28亿元，电力煤气及水的生产供应业7家、产值3.24亿元。当年，工业产值超亿元乡镇13个、达亿元企业11家。

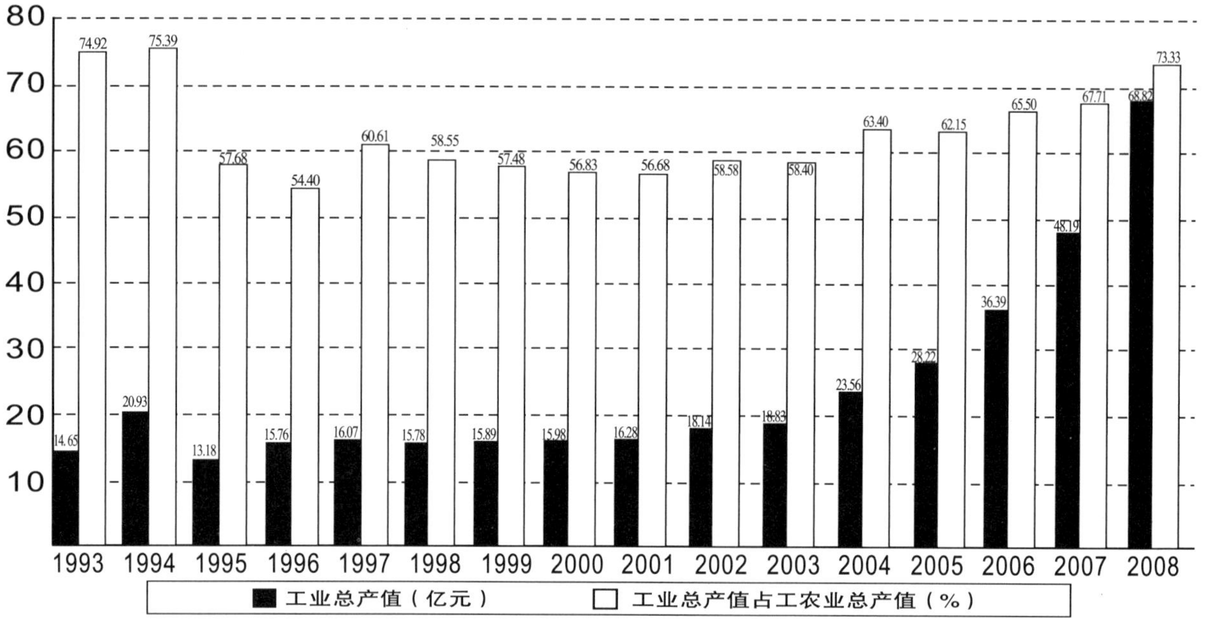

图 10-1 1993-2008 年大田县工业总产值与占工农业总产值比例示意图

第一章 企业体制改革与工业结构

第一节 工业企业体制改革

一、企业经营体制改革

1993 年，全县国有工业企业 32 家，集体 279 家。县委、县政府对工业企业进行多种形式改革试点和现代企业制度试点，对县水泥厂、第二水泥厂、前峰硫铁矿、纺织总厂和通用机械厂等 5 家企业作为扩大企业自主权的试点，确定为“种子队”企业，成为自主经营、自负盈亏、自我约束、自我发展的法人实体和市场竞争主体，同时组建森发、岩城、石凤等 3 家企业集团。1994 年 7 月，组建前峰、电力、煤炭、机械、矿业、建材、华佛、二轻等 8 家企业集团。11 家企业集团注册资金 3.01 亿元，集团成员企业 127 家，子公司分布 5 个地（市）、6 个县（市），在沿海发达地区有成员企业 8 家。企业集团化后，其人财物由集团调配。1996 年，火电厂投产，全县国有工业企业增至 33 家、集体 181 家，同时引入兼并、破产机制。以第一铁厂、第一瓷厂、印刷厂为改制试点，矿山机械厂、铸钢厂合并，重新确定电力、煤炭、矿业、建材等集团的改革方案并逐步运作。1997 年，全县 112 家乡镇工业企业改制 98 家，占 87.5%。1998 年，对 25 家国有、二轻系统集体企业进行改制，实施企业职工内部持股或跨行业股份合作制。重点发展煤炭、建材行业等利税大户，扶优扶强工业企业；增加值和利税分别比 1996 年增长 13.5%、93.4%。

1999 年，县委、县政府出台《关于深化国有小企业改革的若干规定》，对全县国有企业改制进行统筹规划，列入改制改组的国有企业有机械集团、合成氨厂、第一铁厂、第二铁厂、第一煤矿、第二煤矿、前峰硫铁矿、粮油饲料工业公司等 13 家；成立国有企业改制协调工作小组，具体抓企业改制工作；实施“事企脱钩”，对上京矿务局、县合成氨厂、硫铁矿等厂矿学校、医院进行剥离。2000 年，工业企业完成“一厂一策”改制 13 家，其中，汤泉铁矿嫁接港资为股份制；县煤矿、第二煤矿、第二铁厂、第一纸厂、林业保修厂等5家以承债式国有资产转让；县通用厂、硫铁矿、纺织总厂等3家租赁经营；县印刷厂、林业制材厂终止清算；县合成氨厂、林化厂实施破产。2001年，国有工业企业完成改制6家，其中，第一铁厂、第一瓷厂实施破产；自来水公司是特殊的民生公益性企业保留国有股份51%实行控股。2000年5月，县水泥厂作为国家经贸委债转股试点单位之一，与中国长城、中国信达资产管理公司签订协议，1.41亿元债权全部转为股权。县水泥厂负债率由93.36%降至26.19%。2001年1月，县火电厂债权8777万元转为股权，由5家股东组建益源热电有限公司。

2002年，县六角宫水电公司实行资产出让；澳门客商收购石凤水泥合资公司部分职工股份，进行控股并承包经营；岩泉啤酒公司全员置换职工身份，由澳门客商收购51%净资产控股经营；白玉瓷厂、前峰陶瓷厂、通用机械厂、纺织总厂依法破产清算；第一瓷厂破产公开拍卖105.4万元；坑口水库的一、二、四级发电站产权出让。

2004年5月，县委、县政府下发《大田县国有企业领导人员安置办法的通知》，撤销煤炭、矿业、建材、二轻企业集团，保留煤炭工业公司、矿产开发公司、建材工业公司、二轻工业联社、岩城集团、石凤集团；暂时保留益源热电有限公司，隶属县经贸局。并对各企业集团的改革、改制和隶属关系作出明确规定，处理好改革、发展、稳定的关系。2006年10月，成立县煤炭、冶金化学矿、建材行业管理办公室；对具有行政职能的企业实行政企分开。截至2008年，全县国有工业企业和二轻、乡镇集体工业企业，通过股份合作制、兼并、承包租赁、卖小建大、托管、嫁接改造、依法破产等各种不同形式进行改制，改制面100%。

二、用工制度改革

1993年，县工业企业落实劳动用工、工资和社会保障“三项制度”改革，实行全员劳动合同制，打破工人与干部界限，并实行企业职工退休养老保险社会统筹。1999—2000年，县水泥厂、石凤水泥有限公司等企业推进人事、劳动、分配三项制度改革，建立管理人员竞聘上岗，能上能下、职工择优录用、能进能出，收入能增能减，工效挂钩等激励机制。岩城股份有限公司由8部2室改为6部1室，减少中层干部6人，辞退职工130人，年减少工资支出100多万元。截至2003年底，全县企业改制共解除劳动关系3318人，支付经济补偿金3160万元；安置离退休人员1022人，支付安置费1863万元。

2005年，全县共筹措改制工业企业职工安置费5023万元，其中，县硫铁矿固定资产及采矿权拍卖3440万元。二轻系统岩城纸业有限公司等6家工业企业的347名干部、工人，与企业解除劳动合同关系，按有关政策规定支付补偿金379.06万元，提留168名退休人员医疗保险费210万元、托管费144.4万元。2008年，全县工业企业全面推行“以销定产、以产定员、下岗分流、减员增效”管理办法，建立竞争上岗机制，分离富余人员1500多人，其中被企业聘用1000多人，进入再就业中心500多人。

第二节　工业企业结构

一、国有企业

1993年，全县全民所有制工业企业32家，职工8447人，工业总产值2.89亿元，占全县工业总产值的19.73%。其中，独立核算25家，产值2.77亿元，固定资产净值1.48亿元，产品销售收入2.57亿元，利税总额2451.6万元。1996年，国有工业企业42家、产值4.56亿元，其中独立核算企业36家、产值4.16亿元，固定资产净值3.92亿元，产品销售收入9.78亿元，利税总额3777万元。

1999年，规模以上企业18家，从业6916人，工业产值4.03亿元，固定资产净值4.24亿元，销售收入3.5亿元，利税总额3850万元。2002年，规模以上国有企业4家，从业708人，工业产值

3305万元。固定资产净值7651.2万元，产品销售收入1.2亿元，利税总额1076.1万元。

2005年，规模以上国有工业企业3家，从业633人，产值1.77亿元，固定资产净值9692万元，主营业务收入1.71亿元，利税总额1741万元。2008年，规模以上国有企业永安煤业上京分公司、县自来水公司，产值2.71亿元，固定资产净值1.16亿元，主营业务收入2.53亿元，利税总额2430.3万元。

二、集体企业

1993年，全县集体工业企业279家，职工8048人，总产值3.41亿元，其中，县属二轻集体工业企业10家，产值2.03亿元。集体企业中独立核算企业110家，产值2.92亿元，固定资产净值7836万元，销售收入2.43亿元，利税总额4238.4万元。

1994年起，各乡镇依托当地资源，相继兴办一批集体工业企业，涉及煤炭、水泥、铁矿、冶炼、竹木加工、塑料等多种行业。其中，水泥、煤炭、铁矿行业投资规模较大。集体工业企业的发展存在低水平重复建设、技术装备落后等问题。2000年，规模以下（年销售收入500万元以下）企业87家，产值1.18亿元。规模以上企业11家，产值1.08亿元，从业2278人，固定资产净值6181.7万元，产品销售收入1.12亿元，利税总额6175万元。2001年，全县集体工业企业162家，产值4.14亿元。其中，乡镇集体企业154家，产值3.28亿元；县属二轻集体工业企业8家，产值8599.7万元。

2005年后，乡镇集体企业由于市场变化、竞争激烈，进行结构调整和体制改革，产品技术含量低、成本高、缺乏竞争力或因经营不善的企业相继倒闭。根据国家产业政策，强制淘汰关闭小水泥厂、小冶炼厂、小煤矿，通过拍卖、租赁、承包、合营、股份制合作等形式对集体企业进行改制，当年，规模以上集体工业企业16家，产值4.48亿元，从业2150人，固定资产净值3154.1万元，主营业务收入4.34亿元，亏损1545万元，利润总额2119.5万元，税收5759.9万元。2008年，规模以上企业21家，产值13.94亿元，固定资产净值6769.8万元，亏损3家，主营业务收入13.79亿元，利税总额1.67亿元。县属二轻集体企业基本关闭停产。

三、个体私营企业

1993年，全县个私工业企业3189家，从业人员1.34万人，工业产值7.75亿元。上京镇梅林村5位村民投资830万元，创办梅林村水泥熟料厂。1994年11月，该厂投产，至年底生产水泥熟料3000吨。1996年，个体工业101家，从业170人，产值2776万元；私营工业13家，从业149人，产值485万元。

2000年，城镇和农村个体工业2387家，产值7.05亿元，其中，轻工业1299家，产值2.83亿元。规模以下私营企业273家，产值1.29亿元。规模以上私营工业企业8家，从业1146人，产值6999.9万元，固定资产净值5388万元，产品销售收入5221万元，利税总额3700万元。2004年，新增个体工业企业46家，从业121人，注册资金307万元，新增私营业工业企业53家，从业7660人，注册资金5671万元。当年，全县个体私营工业607家，注册资金2.53亿元，其中，城镇294家，注册资金1.51亿元；农村313家，注册资金1.02亿元。2008年，全县有个体、私营工业企业901家，从业人员6265人，其中，私营企业556家，从业5385人；个体企业345家，从业880人。规模以上个体、私营企业103家，产值30.87亿元，占全县规模以上工业企业总产值的52.58%。固定资产净值8.01亿元，亏损26家。主营业务收入29.68亿元，利税总额3501万元。

四、“三资”企业

1993年，全县有中外合资、中外合作和外商独资“三资企业”3家，港澳台商投资企业1家。共有员工517人，固定资产原值3298.2万元，工业产值5055.3万元，销售收入5440.1万元，完成利税1609万元。1996—2000年，县扩大与海内外经济交往，利用外资逐年增加，“三资”工业企业不断增加，投资规模日益扩大，全县共批办外资企业75家，总投资1.2亿美元，合同利用境外资金7416.7万美元。投资领域涉及松香、日用陶瓷、竹木加工、矿产、电子等10多个行业。

2001年，规模以上港澳台商投资工业企业10家，产值2.37亿元，从业4499人，固定资产净值1.04

亿元，出口交货值1.02亿元，产品销售收入2.4亿元，利税总额792.1万元。2005年，规模以上港澳台商投资工业企业16家，产值4.49亿元；外商投资企业1家，产值5017.7万元。共有从业人员4888人，主营业务收入4.52亿元，利税总额8845.5万元，其中税费1599.5万元。2008年，全县有规模以上“三资”企业15家，从业4172人，固定资产原值2.21亿元，工业产值6.09亿元，销售收入5.98亿元，创税收233.3万元，出口创汇3042万美元。其中，港澳台商投资企业12家，产值4.51亿元，固定资产原值1.7亿元，主营业务收入4.31亿元，利税总额5101.6万元；外资、中外合资企业3家，产值1.58亿元，固定资产原值0.51亿元，主营业务收入1.52亿元，利税总额501.6万元。

五、股份制企业

1993年，全县股份制工业企业1家，产值2729.2万元，从业113人，固定资产净值407.3万元，销售收入2633.7万元，利税总额628.2万元。2002年，规模以上股份合作工业企业1家，职工37人；固定资产原值951.3万元，工业产值648万元，销售收入654万元，亏损30.2万元。

2003年，国有、集体经济成分下降，股份制工业企业有所发展。2005年，规模以上股份制和股份合作工业企业44家，产值8.56亿元，从业4177人，固定资产原值4.23亿元，主营业务收入8.01亿元，利税总额1.06亿元。其中，股份制企业43家，亏损14家，亏损额1273.9万元。2008年，全县有规模以上股份有限公司工业企业4家，职工352人，固定资产原值4.22亿元，工业总产值5.11亿元，销售总额5.86亿元，创税8766.9万元。企业经济效益综合指数为93.64%。

第二章　工业门类

第一节　建材

一、水泥

1993年，全县有县水泥厂、岩城粉磨厂、石凤水泥有限公司、东风股份公司等4家，生产水泥57.84万吨、熟料8.21万吨，产值1.19亿元，销售收入1.06亿元，利税总额2317.2万元。当年9月，以县水泥厂为核心，成立福建省大田岩城水泥（集团）公司，成员企业16家。“岩城”牌425R国优水泥和525R部优水泥是集团公司的“龙头”产品。10月，成立福建省大田县石凤企业（集团）公司，是以资金、商标、人才、技术为纽带的跨地区、跨行业、多元化的中型企业集团，成员企业11家。1994年6月，华佛水泥企业集团成立，由11家乡镇企业和村办企业组成。1996年，岩城、石凤、华佛水泥企业集团形成生产水泥146万吨、水泥熟料51万吨的能力。全县生产水泥100.3万吨，水泥熟料30.71万吨，产值2.18亿元，销售收入1.65亿元，利税3808万元。1997年7月，岩城水泥集团公司被省工交调度办公室、省经贸委确认为“福建省百家重点企业”，排行第43位。2000年，鑫城水泥工业有限公司和五龙岩城水泥有限公司成立。全县水泥企业9家、职工1669人，生产水泥108.46万吨、水泥熟料25.3万吨，产值2.87亿元，销售收入1.84亿元，利税1788.11万元。2001年8月，县水泥厂由中国长城资产管理公司、中国信达管理公司和大田县国有资产管理局共同出资1.46亿元，组建福建省大田岩城水泥有限责任公司，出资额和出资比例为：中国长城9332.2万元，占64.13%；中国信达4690.81万元，占32.23%；大田国资局529.85万元，占3.64%。全县生产水泥98.69万吨。

2003年10月，新岩水泥有限公司成立。全县产水泥123.64万吨。2004年，规模以上水泥生产企业8家，职工1431人，全县生产水泥157.26万吨，水泥熟料7.76万吨，工业产值2.44亿元、比2003

年增长 11.42%，销售总额 2.4 亿元、同比增长 9.59%，利税 3269.7 万元、同比增长 40.03%。2008 年，全县有规模水泥企业 14 家，职工 1961 人，固定资产原值 5.8 亿元。生产水泥 228.02 万吨、是 1993 年的 3.94 倍，工业产值 8.8 亿元、是 1993 年的 7.39 倍，销售总额 4.35 亿元、是 1993 年的 4.1 倍，完成利税 5179.8 万元、是 1993 年的 2.24 倍。

1993—2008 年，县按照省、市政府淘汰水泥落后产能的要求，拆除水泥立窑生产线 7 条，淘汰落后产能 59.4 万吨。其中，华佛、岩城水泥有限公司各 3 条，总产能 52.8 万吨；东岩水泥有限公司 1 条，产能 6.6 万吨。

附：重点企业

福建省岩城集团公司 1993 年 9 月，以县水泥厂为核心，国有、集体、股份制等多种经济成分企业 16 家，组建福建省大田岩城水泥（集团）公司，有水泥、机械、印刷、纸袋、供销等行业。1995 年 1 月，经工商部门批准更名为福建省岩城集团公司，成员企业 23 家，为跨地区、跨行业、多经济成分的企业集团。员工 2000 人、资产 2 亿多元。当年，连续第三年利税超 2000 万元，被列入全省 300 家利税大户。1998 年 12 月，一条投资 1.2 亿元、科技含量高的国内首台国产无烟煤新型干法旋窑生产线，一次点火成功投产，为国内水泥烧成系统首用国产设备、以无烟煤代替烟煤作燃料的生产线。

“岩城”牌 425R、525R 型水泥的质量均达国家一级标准，被广泛使用于工业、民用建筑和国家、省重点工程。企业固定资产从 1970 年建厂初的 32 万元发展到 2008 年的 3.2 亿元；水泥产量从 0.7 万吨发展到 87 万吨，成为国家中型企业和福建省百家重点企业之一。先后获“全国质量效益型先进企业”“国家二级计量企业”“国家三级标准化企业”和部质量管理奖、省质量管理奖。

大田石凤企业（集团）公司 1993 年 10 月成立，由县第二水泥厂转制组建，是以资金、商标、人才、生产技术为纽带组成的紧密型、半紧密型的跨地区、跨行业、跨所有制的企业集团。同时，将第二水泥厂 40% 的国有资产 1265 万元售让给澳门客商李祖协，组建福建省大田石凤水泥有限公司。1994 年，吸纳澳商分取的红利 495 万元、职工内部集资 748 万元，共 1243 万元，进行第三条生产线技改，当年竣工投产，年生产能力由 15 万吨增至 23.8 万吨。1995 年，嫁接引进的 1265 万元资金和“石凤”牌商标作为资本，创办均溪、济阳五建、泉州中联、安溪三兴和同安美人山石凤水泥有限公司及铭溪石凤水泥熟料有限公司等 6 家国内横向联营企业。至 1996 年，4 年间共引进境外资金 1750 万元，内联沿海资金 1600 万元，吸收本县资金 2200 万元，集团公司投资 2900 万元，水泥年产能力增到 64 万吨，国有资产净值从 1148 万元增至 4200 万元，利税由 344.3 万元增至 1669.4 万元。“石凤”牌水泥产品获省“消费者信得过产品”和省第二届工业博览会金奖。1997 年、1999 年，分别实现利税 1300.68 万元、1390 万元，经省企业评价中心评定，获得 1998 年、1999 年福建省利税 300 强企业称号。2000 年，创利税 1084.68 万元，实现连续 8 年（1993—2000 年）利税超千万元。

石凤水泥有限公司（1997 年摄）

2005 年、2007 年，“金石凤”和“石凤”牌水泥先后被中国建材管理协会评为中国优秀建材产品，被省、市评为著名商标。

二、砖瓦

1993 年，全县生产砖瓦 3.22 亿块。21 世纪初，城乡建筑木瓦房逐渐减少，居民点和民房大部分是砖混结构，农村旧式砖瓦窑基本消失。1996 年，石牌乡老厝、上坡、小湖等村 5 个机砖厂，产机砖 800 万块，产值 136 万元，利税 6 万元。全县生产瓦片 30.2 万块。1997—1999 年，县工艺美术厂生产水泥空心砖30.2万块，产值57.2万元，销售收入12.7万元，亏损9.99万元。2003年，全县有机砖厂36家，生产标砖9950万块。2004年5月，县成立发展新型材料领导小组，在县建材公司设立办公室，指导发展节能、节地、利废、保温、隔热的新型墙材料。2007年，开始禁止使用实心黏土砖，淘汰空心黏土砖。2008年，全县有砖厂25家，生产砖1.16亿块，销售金额3164万元。其中，烧结黏土砖厂18家、生产砖9166万块；烧结普通砖厂4家，生产砖1564万块；免烧砖厂2家，生产砖470万块；隔热隔音人造矿物材料及其制品厂1家，产量425吨。新型墙材企业11家，生产标砖8000万块，工业产值2400万元，保护土地1.6公顷、节约标准煤1600吨，减少废气排放4700吨，利用废渣1.2万吨。

三、石灰 石料

1993年，上京、广平、均溪等乡镇生产生石灰，上京镇梅林村有石灰煅烧窑20余座，全县产生石灰13.8万吨，产值2200万元。18个乡镇有采石场近200家，规模小，多在工地附近开采，共产石料17万立方米，产值650万元。1994—1998年，全县产石灰82.6万吨，年均16.5万吨。2003年，全县采石场68处，产石料近20万立方米，产值1050万元。2008年，全县有石灰厂15家，生产石灰20万吨，工业产值4600万元。全县采石场21家，生产石料31万立方米，产值1837.5万元。

奇韬石灰加工（1998年摄）

第二节 冶金 机械

一、矿石冶炼

1993年，全县有第一铁厂、第二铁厂、盈通冶炼厂、县铸钢厂、岩峰铸造公司（原铁锅厂）等冶炼企业5家，职工529人，固定资产原值1136.8万元，生产生铁6000吨、铸钢件1100吨、铁锅20万口，工业产值1836.41万元，销售总额1935.32万元，完成利税189.96万元。当年10月，县矿产开发公司与新加坡郭记五金公司合资组建新大炼铁球团有限公司，次年加工精矿烧结球团1.6万吨。1995年5月，县第一铁厂与上海星铁国际贸易公司合作组建星田铁合金有限公司，生产硅锰合金800吨。1996年，岩峰铸造公司与浙江苍南县神画装潢材料厂联合创办神画铝合金装潢材料有限公司，开发“PVC”聚氯乙烯彩色装潢阻燃扣板新产品。1997年8月，申田冶金有限公司成立，生产高锰渣和含锰生铁。当年，冶金工业企业7家，职工462人，固定资产原值1183.32万元。生产生铁4163吨，球团3.64万吨，硅锰合金4088吨，铸钢件630吨，铁锅3.5万口。工业产值3422.21万元，销售总额3376.53万元，利税170.48万元。

2003年3月，海和钢铁有限责任公司在广平镇铭溪村下坪成立，投资总额1.09亿元，建158立方米高炉2座，年产生铁30万吨，为县最大的生铁、铸造生产企业。部分乡镇个人合伙建小炼铁厂。规模以上企业1家、产值638.7万元，规模以下企业生产生铁4217吨。2004年，开展小冶炼清理工作，依法取缔非法小冶炼企业120多家。2005年，随着生铁市场价格回升，原来已清理关停的小炼铁企业又擅自恢复生产。规模以上企业3家、职工2229人，生产生铁7.11万吨，产值1.5亿元，完成税收612.3万元。2006年9—12月，县政府贯彻市政府《关于依法取缔关停非法小炼铁企业的通知》，按照属地管理原则，由乡镇政府负责，县发改、经贸、环保、工商、公安、国土、供电等部门密切配合，开展清理非法小炼铁企业专项治理。2007年上半年，全县立案、关闭取缔非法小炼铁企业13家，罚没款 80.4 万元。2008 年 1 月，淘汰海和钢铁有限责任公司 158 立方米高炉、齐力钢铁有限公司 6300 千伏安电弧炉、昌盛钢铁有限公司 4600 千伏安矿热炉等冶炼企业的落后生产设备。县政府引导和支持被关停的冶炼企业业主向符合国家产业政策、能够延伸矿产品加工产业链的铸造和机械加工方向发展。当年，规模以上企业 4 家，职工 272 人，固定资产原值 8564 万元，生产生铁 15.95 万吨，销售总额 2.5 亿元，税收 812 万元。

二、机械制造

1993 年，全县机械工业企业有县通用机械厂、矿山机械厂，职工 413 人，固定资产原值 791.51 万元，生产破碎机 809 台、人造板设备 100 台、橡胶加工设备 29 台、拖拉机配件 6.36 万件，工业总产值 2358.96 万元，销售总额 1300.1 万元，完成利税 157.63 万元。是年 9 月，县矿山机械厂生产的"镇石"牌 PZ250×400 型颚式破碎机出口日本 10 台。1994 年 2 月，"镇石"牌 PZ150×250 型颚式破碎机出口印度尼西亚 20 台。6 月，以县通用厂为核心，组建福建省大田机械（集团）公司，有成员企业 7 家。同年，民营企业宝山机械厂成立。1995 年，创办占昌五金厂、山友机械有限公司、金门油压机有限公司和鑫业、宏贸铸造有限公司。1996 年 12 月，县矿山机械厂与铸钢厂合并成立镇石机械实业有限公司，投资 1600 万元。当年，机械加工生产企业 5 家，生产人造板设备 72 台、1317 吨，橡胶加工设备 50 台、328 吨，拖拉机内配件和省优产品花键轴 3.14 万件，破碎机 323 台，产值 2786.4 万元，销售总额 1748.38 万元，利税 87.72 万元。1999 年，县通用机械厂竹胶板加工成套设备首销湖南绥化县，配有自动装卸板装置，年生产竹胶板能力 7500 立方米。2000 年 11 月，县通用机械厂实行租赁经营。4 家机械加工企业创产值 1899.4 万元，销售总额 1339.5 万元，亏损 250.3 万元，其中峰泰精密弹簧公司生产精密弹簧 1064 万只，产值 94 万元，销售额 158 万元。

2005 年 2 月，镇石机械实业有限公司破产拍卖，拍得资金 367 万元，用于职工安置费用。9 月，私营企业齐力钢铁有限公司竣工，生产生铁和铸件。规模以上企业 2 家，职工 100 人，生产铸钢件 1144 吨和油压机，产值 1741.7 万元，销售总额 1540 万元，利税 36.7 万元。2008 年，全县机械铸造工业企业 53 家，职工 1600 人，固定资产 2.05 亿元，比 1993 年增 24.9 倍；生产破碎机 350 台、油压机 890 台、铸件 2.23 万吨，工业产值 8.61 亿元、比 1993 年增长 35.5 倍，销售总额 8.46 亿元、同比增长 64.07 倍，完成利税 1604 万元、同比增长 9.18 倍。出口创汇 24.4 万美元。

7500 立方米刨花板生产线成套设备（1997 年摄）

附：福建省宝山机械有限公司

1994 年，在均溪镇福田路 246 号成立宝山机械厂，占地 5 万平方米，标准厂房 1.6 万平方米，设备 50 台套，有精工、安装、冷作、铸钢、合金钢铸造等车间。2004 年，注册"宝山"牌商标。2006 年，该厂更名为福建省宝山机械有限公司。并自行研发 V 法铸造自动化生产线，其中砂冷却自动处理生产线达国外同类产品先进水平。"宝山"破碎机是公司主要产品，涵盖破碎、筛分、输送领域的所有类型设备。公司设有生产技术研究、革新机构，生产颚式、反击式、锤式等各种系列 50 多种型号的破碎机，产品全部达到国家标准。销往全国各地区，出口美国、韩国、日本、印度尼西亚、越南、马来西亚、菲律宾等 30 多个国家和地区。2008 年，创产值 7000 万元，成为福建省矿山机械龙头企业。"宝山"牌破碎机获福建省名牌产品，"宝山"牌商标为福建省"著名商标"。

第三节　化工　医药　陶瓷

一、化学工业

1993 年，全县化学工业企业有县合成氨厂、林产化工厂和吴山化工厂，职工 539 人，固定资产原值 1255.44 万元，生产碳酸氢铵 2.82 万吨、松香 2208 吨、碳酸钾 400 吨。总产值 1805.57 万元，销售总额 1658.93 万元，完成利税 57.53 万元。1994—1995 年，县合成氨厂在原机修分厂的基础上，组建“大田县工业设备安装公司”。1996 年，全县生产松香 3362 吨、重油 46 吨，碳酸氢铵 2.76 万吨、碳酸钾 200 吨，产值 1816.4 万元，销售额 1816.53 万元，利税 62.88 万元。当年 12 月，台湾客商林庆祥投资 8 万美元在均溪镇后坂洋创办建化有限公司，生产白乳胶。1997 年，合成氨厂投资 185.9 万元，进行脱碳技改，生产液氨。1998 年，全县生产碳酸氢铵 2.74 万吨、松香 411.7 吨、松节油 132.3 吨、碳酸钾 233 吨，产值 1864.5 万元，销售额 1501.25 万元，亏损 35 万元，其中，林化厂、吴山化工厂分别营利 17.5 万元、0.5 万元；合成氨厂亏损 53 万元。林产化工厂改为股份合作制经营。1999 年，吴山化工厂倒闭。2000 年，县合成氨厂、林产化工厂依法破产清算，重新组建凤山林产化工厂。2001—2005 年，凤山林产化工厂生产松香 4866 吨、松节油 6.9 吨、重油 58 吨。2006 年，原料不足，该厂停产。2008 年 3 月，厦门湖里区客商联合投资 2000 万元，在广平镇铭溪村（原硫铁矿）成立原美化工有限公司，生产硫酸。

合成氨厂一隅（1998 年摄）

二、生物医药

2002 年 4 月，奇韬镇留美博士黄发灿在均溪镇福田路 4 号创建华灿生物科技有限公司，研发工具酶系列和医药用酶及医药原料中间体、工业用酶、生物兽药等产品。

2003 年，部分酶产品及医药原料中间体投入生产，年产值 3000 多万元。2006 年，工具酶项目技术成果获福建省科技进步二等奖，并列入国家 863 计划的生物和医药技术领域“生物医学关键试剂”重点项目指南和福建省政府重点项目。2008 年，公司在原址新建办公楼、科技楼和车间各 1 座，占地 2800 平方米，建筑面积 2450 平方米。工具酶项目被列入国家科技部科技攻关项目指南。同年，国家标准委员会批准公司筹建全国工具酶标准化工作组秘书处，负责工具酶国家标准制定。该公司被确定为省“高新技术企业”“三明市龙头企业”。

三、陶瓷

1993 年，县林产化工厂、森发（集团）公司分别与香港大华公司、汇通玩具制品有限公司联办金林、宝通瓷业有限公司。年底，全县有第一瓷厂、前峰陶瓷厂、茂新精制瓷土公司和钟晋、金林、宝通瓷业有限公司陶瓷企业 6 家。固定资产原值 1141.7 万元，生产日用陶瓷 975.84 万件，产值 716.46 万元，销售总额 800.05 万元，利税 22.88 万元。1994 年，前峰企业集团成立陶瓷研究所，对县内瓷土矿进行全面调查，并对各矿点瓷土进行化学成分分析。12 月，奇韬乡政府与港商、台商分别投资人民币和港币各 100 万元，在龙溪口创办邦迪瓷业有限公司，生产精制瓷泥。1996 年，全县陶瓷企业 7 家，生产日用陶瓷 1519.14 万件，产值 1161.47 万元，销售总额 965.61 万元，利税 57.6 万元。

1997 年 2 月，前峰硫铁矿出资 105 万元，收购台商独资钟晋瓷业有限公司，成立前丰陶瓷有限公司；11 月，白玉瓷业有限公司投产，该企业由县第一瓷厂出资 185 万元，以资产有偿划拨，接管金林瓷业有限公司，国家控股、职工参股。1998 年，奇韬乡瓷厂新建以柴油为燃料的立方窑投产，全县陶瓷企业 9 家，固定资产原值 2359.68 万元，职工 730 人，生产日用陶瓷 1107.02 万件、瓷泥 1.07 万吨、白云土 0.42 万吨，产值 1652.31 万元，销售总额 1210.07 万元，利税 168.6 万元。2000 年，燃料（柴油）价格涨落不定，陶瓷产品市场疲软，企业停产、半停产，有 5 家企业停产 2—8 个月。2001 年，前峰陶瓷厂由广东饶平德润陶瓷有限公司租赁经营，白玉瓷业有限公司依法实施破产，奇韬镇瓷厂停产。全县生产日用陶瓷 436.8 万件、瓷泥 5156 吨、瓷土 160 吨，产值 445 万元、比 2000 年下降 48.69%，销售额 436.3 万元、同比下降 53.22%，利税 48 万元、同比下降 41.05%。

2002 年 4 月，永春客商以 65 万元拍得白玉瓷业有限公司厂房、设备资产，投资 430 万元，组建永大工艺制品有限公司，生产工艺陶瓷。至年底，生产 160 万件，出口美国，创汇 60.2 万美元。当年，县第一瓷厂依法破产，组建永垣陶瓷有限公司和振兴瓷业有限公司。奇韬镇办瓷厂租赁经营。德润陶瓷有限公司生产日用陶瓷 1042 万件，出口中东、东南亚、美国和日本等国家地区，创汇 62.3 万美元。2003 年，前峰陶瓷厂依法破产，厂房、设备以 30.8 万元由德润陶瓷有限公司购买。2004 年，广东潮州宝莲有限公司出资 50 万元购买振兴瓷业有限公司厂房，成立宝丰陶瓷有限公司。全县陶瓷企业 11 家，固定资产原值 3048.4 万元，职工 1099 人，工业产值 3621.3 万元、比 2003 年增长 57.1%，销售额 3417.5 万元、同比增长 77.27%，利税 213.92 万元、同比增长 23.36%，出口创汇 238.3 万美元、同比增长 81.08%。

2007 年，全县有陶瓷企业 8 家，产值 6771.3 万元，销售总额 6369.5 万元，利税 277.2 万元，出口创汇 371.4 万美元。2008 年，全县陶瓷企业 7 家，固定资产原值 3259 万元，职工 985 人，生产日用陶瓷 4450 万件、工艺瓷 240 万件、瓷泥 6060 吨，产值 4414.5 万元，销售总额 4029.2 万元，税金 288 万元，出口创汇 328 万美元，其中规模以上企业 4 家。

陶瓷彩绘（1998 年摄）

第四节 纺织 造纸 印刷

一、纺织服装

1993 年，全县纺织服装工业企业有县苎麻纺织厂、南华纺织厂大田分厂、兆泉人造毛绒有限公司和奇韬织布厂。固定资产原值 2058.22 万元，工业产值 2952 万元，销售总额 1156.66 万元，完成利税 68.48 万元。当年 8 月，县苎麻纺织厂改为大田纺织总厂，注册资金 2056 万元。同年，纺织总厂引进台资创办配套企业建福纺织染整有限公司，注册资金 208.8 万美元。1995 年 8 月、1996 年 7 月，又分别引进台资创办远盛服装有限公司、永庆毛毯制品有限公司。1996 年，全县生产纱 1490 吨、毛绒布 91.99 万米、针织毛衣 22.38 万件、人造毛绒布 50 万米，产值 1.13 亿元，销售总额 5368.06 万元，利税 226.6 万元。1997 年 1 月，香港倍鑫企业公司独资创办东阳纺织有限公司，投资 700 万元。至年底，产珠毛绒布40万米，产值1040万元，销售额900万元，利税30万元。以县纺织总厂为“龙头”的大田纺织城初具规模，总投资8099.6万元，职工2790人，固定资产原值6480万元，生产各种纱1525吨、毛绒布183万米、人造毛绒40万米、印花毛毯4万条、针织服装8.5万打、工业底布98万米，产值1.15亿元。1998年11月，由香港南益集团在均溪镇福塘村后坂洋独资创办大田南湖针织时装有限公司，投资150万美元。

2000年，全县纺织服装企业5家，固定资产原值6616.99万元，职工1212人，生产腈纶、涤棉纱和色纱2238吨、毛绒布165万米、印花毛毯66.75万条、毛衣3.77万打，产值1.37亿元，销售额6984.59万元，利税87.18万元。2001—2005年，个体私营企业宏泰织造、联盛服饰、闽建纺织有限公司和建隆、松亿、永裕服装有限公司成立。其间，2002年11月，县纺织总厂因总资产6201.8万元，负债8202.9万元，负债率132.27%，自诉破产。2003年3月，纺织总厂内部职工注册组建宏明纺织有限公司。

2006年9月，华永纺织有限公司成立。年底，全县纺织服装企业10家，职工2994人，固定资产原值4921.6万元，生产各种纱1200吨、针织毛衫181万打、毛绒布76万米、服装396.5万件。产值1.74亿元，销售总额1.62亿元，完成利税549.9万元。2008年，全县纺织服装工业有规模企业7家，职工3220人，固定资产原值6619万元，生产针织毛衣445万件、纱布1200吨、工业底布489万米和其他纺织品1310万米，产值1.52亿元，销售总额1.53亿元，完成利税429万元。

二、造纸

1993年，县造纸工业企业有县第一、第二造纸厂和赤岩造纸厂，职工434人，固定资产原值1578.37万元，生产机制纸5490吨，其中纸袋纸2023吨、皱纹卫生纸3015吨、再生纸452吨。产值2013.52万元，销售总额1976.27万元，完成利税82.6万元。1995年，县第二造纸厂改制为大田县岩城纸业有限公司。1999年，全县生产纸袋纸3941吨、卫生纸4699吨，产值4862.27万元，销售额2497.1万元，亏损132.4万元。2000年8月，县第一造纸厂实行国有产权承债转让，成立福建省大田县华闽纸业有限公司。2001年1月，赤岩造纸厂改制为福建省大田县弘惠纸业有限公司。2004年12月，华闽纸业有限公司新建仙峰造纸厂。当年，3家造纸企业华闽、岩城、弘惠纸业有限公司生产纸袋纸396吨、各类卫生纸3366吨、再生纸2155吨，产值5593万元，销售额3705万元，利税116万元，产值、销售额、利税比2003年分别增长35.42%、39.29%、465.93%。

2006年，岩城纸业有限公司依法破产。翔森、金光纸业有限公司成立，生产卫生纸。2007年3月，吴山乡吉州项目区闽发纸业有限公司投产，投资3500万元，同年，成立好的生活用品有限公司。2008年，全县有造纸工业企业8家，职工416人。固定资产4270万元，生产包装纸、工业用纸和卫生纸等4.3万吨，产值2.94亿元、比1993年增长13.61倍，销售总额2.37亿元、同比增长10.99倍，完成利税427万元、同比增长4.17倍，其中规模以上企业4家。

岩城纸业生产车间（1996年摄）

附：福建华闽纸业有限公司

2000年8月，由县第一造纸厂以国有资产承债式转让改制为股份制企业，集造纸、科研、加工为一体的非制浆造纸企业，址在福塘轻工业园区标准厂房C栋三楼，固定资产5300万元，流动资产2256万元，总资产7556万元，员工260人。公司下辖仙峰造纸分厂和城关纸品分厂，年生产能力2.8万吨。“开心一百”牌商标被评为福建省著名商标。“闽江”商标被评为“市知名商标”“开心一百”牌生活用纸被评为“福建省名牌产品”，并取得国家标准化管委会和福建省质量技术监督局颁发的“采用国际标准产品标志”证书。2005年，通过ISO 9001国际质量管理体系、ISO 10012测量管理体系认证。2008年1月，通过三明市首批清洁生产审核。公司与中国制浆造纸研究院建立战略合作伙伴关系，组建福建省唯一省级“工业特种纸开发基地”，自主研发的“乳胶纸”“强力砂带原纸”产品获国家发明专利。高档皱纹卫生纸采用国际标准生产，当年工业产值1.24亿元，销售总额1.2亿元，纳税200多万元。

三、印刷

1993年，全县印刷企业有县印刷厂（国营）和农业印刷厂（集体）。共有职工118人，固定资产原值90.39万元，经营簿、账册、书报刊和包装装潢商标等印刷，产值200.13万元，销售总额241.9万元，完成税收29.02万元。1996年，2家印刷厂产量5.13亿千印，产值305.6万元，比1993年增长52.7%，销售额317.37万元、同比增长31.2%，利税36.83万元、同比增长26.9%。

1998年，新增个体企业岩城、均溪人民印刷厂和私营企业鸿达、城关、东升印刷厂，注册资金共82.23万元。2000年8月，县印刷厂实行破产清算，63名职工买断工龄，并予支付经济补偿金。12月，创办教师进修学校印刷厂，注册资金5万元，主营表、簿、册等印刷品。2002年，农业印刷厂承包经营。2003年，教师进修学校印刷厂印刷量8000令，产值和销售额均164万元，利税17万元。个体企业友德印刷厂在文江新村69号创办，注册资金3万元，经营本、册、名片印刷。2004年，教师进修学校印刷厂改制为私营企业，更名飞腾彩印厂，固定资产原值76万元，印刷量1200令，产值、销售80万元，利税8万元。经新闻出版局批准，经营专项出版物、包装装潢印刷和其他印刷品。

2007年，飞腾彩印厂印刷量9000令，产值、销售320万元，利税27万元。投资30万元添置胶印机4台。2008年，全县印刷企业6家，其中，农业印刷厂、飞腾彩印厂固定资产原值210万元，印刷量1.71万令，产值430万元，销售额410万元，完成税收19万元；个体印刷企业4家，注册资金26.7万元。

第五节　电子　食品

一、电子

1993年，县无线电二厂与香港瑞兴钟表事业公司合资创办龙山电子有限公司，职工36人，固定资产净值109.49万元，来料加工各式电子表、电子玩具、计算器、收录机等。全年生产电子表芯324.1万只，创工业产值787.2万元，完成利税1.58万元。1994年8月，龙山电子有限公司引进莆田市金高威电子实业有限公司资金、设备，创办中外合作加工企业金高威电子实业有限公司大田分厂，按合同每年来料加工出口电子表芯5400万只。职工326人，固定资产147.39万元。至年底，生产电子表芯704万只，产值1088万元，利税1.59万元。1997年6月，该厂由外方派人接管为独资企业，更名为福建省新威电子工业有限公司大田分公司，并投资1690万元，在城南菜坂洋福田路50号地段征地1.53公顷，建厂房2幢、9900平方米，员工宿舍楼2幢、8730平方米。8月，龙山电子有限公司由香港德伟投资有限公司收购股权，独资经营，更名为福建省大田龙山电子有限公司。至年底，电子工业3家，其中无线电二厂停止生产。职工2771人，固定资产原值567万元，生产计算器11.6万台，电子表芯3782万只，产值9036万元。1999年，龙山电子有限公司停产，新威电子有限公司有职工3194人，固定资产原值3266万元，当年，生产电子表芯895万只，创产值2130万元，销售总额895万元。

2001年2月，县政府拨专款21.02万元，安置解散多年的无线电二厂32名下岗职工。12月，新威国际控股有限公司投资港币3500万元，在新威电子有限公司内成立福建省新茂电子有限公司。2003年，福建省新茂电子有限公司，固定资产原值1800万元，职工2500人，生产电子表芯6437万只、石英振荡器4500万粒。产值1.54亿元，销售额1608万元，亏损68万元。2004年，生产电子表芯6800万只、石英振荡器7000万粒，产值6220万元，销售额5825万元，利税2.1万元。2007年10月，厦门立达信集团投资650万元，在福塘工业项目区建立大田县宏光电子有限公司，职工500人。研发生产整流器、三基色节能灯，产品全部出口，年产值1000万元。

2008年，全县电子工业企业2家，其中规模以上新茂电子有限公司职工1029人，固定资产原值1100万元，生产电子表芯1800万只、石英振荡器8000万粒，产值3503万元，销售总额3472万元，完成税收12万元。

二、食品加工

1993年，全县食品工业企业有啤酒厂、罐头厂、豆乳晶厂、粮油加工厂和食品公司、绞股蓝开发公司6家，职工186人，固定资产1048.37万元。生产啤酒6200吨、水果罐头81吨、豆乳晶131吨、绞股蓝干品30吨、加工大米1100吨、猪肉962吨，工业产值1797.81万元，销售总额1638.58万元，完成利税358.51万元。1994年，“岩泉”牌啤酒获巴黎国际金奖。1995年1月，县啤酒厂以“岩泉”商标为龙头招商引资，与澳门兴盛自助商场合资创办福建省大田县岩泉啤酒有限公司，注册资金1632万元，其中澳商投资832.32万元，固定资产原值2531万元。1996年8月，县征石机械有限公司（原铸钢厂）与县兔业开发总公司合资创办大田县绿馨食品有限公司投产，至年底，生产“绿馨牌”烤兔2000只，产值10.6万元。当年，岩泉啤酒有限公司生产啤酒1.72万吨，产值2160万元，销售额2402万元，利税835万元。1997年，绞股蓝公司生产绞股蓝茶2吨。1998年1月，县罐头厂实行集体承包经营。11月，粮油系统职工集资75万元，在石牌镇创办好来旺食品有限公司，至年底，生产波纹面片35吨。当年，县粮油加工厂与饲料工业公司合并，成立大田县粮油饲料加工厂。2000年，绿馨食品有限公司停产，全县食品企业4家，固定资产原值4692万元，职工283人，生产啤酒1.25万吨、罐头83吨、宰杀生猪3万头，加工大米2061吨，产值2774.5万元，销售额1867.8万元，利税474万元。2002年10月，岩泉啤酒有限公司二次改制，由澳商承包经营，职工买断工龄，终止劳动合同，由承包者聘用上岗。2004年，县粮油饲料加工厂因城市建设征用土地而停产。港商独资在文江乡成立聚祥（大田）生物科技有限公司，加工木薯淀粉，总投资5000万元。2005年，个私粮食加工骨干企业2家，加工大米2700吨。2008年，全县食品工业规模企业2家，职工154人，固定资产3369万元，工业产值1635万元，销售总额1634万元，完成利税145万元。其中，聚祥（大田）生物科技有限公司职工79人，固定资产原值712万元，生产淀粉4500吨，产值、销售均1133万元，利税51万元。

第六节　木竹采选加工

1993年，全县木竹采选加工企业26家，生产锯材、木片、竹木家具等产品，产值421万元。1994年初，县林业制材厂与港商合资创办华林工艺品有限公司投产，香港、大田方分别出资210万元、90万元，生产普通家具和工艺品等；盛通胶合板有限公司生产胶合板342立方米。1996年，全县木竹采选加工制品企业48家，产值5292.4万元，其中乡及乡以上企业27家、产值5202.4万元；村办企业21家，销售收入90万元，利税29万元。1997年5月，县通用机械厂与港澳商合资的雄通人造板有限公司投产，投资1200万元，至年底，生产刨花板2391立方米。1998年，县竹木制品厂生产竹地板砖2300平方米，产值27.6万元，销售收入12.6万元。

1999 年，福成木制品有限公司、包装物制品厂等 7 家企业生产竹地板砖 300 平方米、家具 600 件、刨花板 6497 立方米、小规格材 2836 立方米、胶合板 56 立方米，产值 1040.41 万元，销售收入 784.12 万元，亏损 135.22 万元，其中，亏损企业 5 家、亏损 153.3 万元。2000 年，县林业制材厂终止清算。2001 年，雄通人造板有限公司经国家质监总局批准取得人造板生产许可证，生产细木工板 780 片、产值 3.5 万元。2002 年，县木器厂、竹木制品厂停产。私营企业大田蓝柚木业有限公司成立，租赁县木器厂、工艺美术厂闲置厂房，投资 230 万元，生产指接板、细木工板等木材深加工产品，销往日本、美国等国家。全县木竹采选加工企业 83 家，生产锯材 2524 立方米、人造板 2025 立方米、木片 3675 吨及家具、竹木制品等产品。其中，家具厂 10 家，木材切片厂、胶合板厂各 4 家，锯材厂 36 家，细木工板加工 8 家，竹加工 17 家，笋加工 3 家，生物科技竹炭厂 1 家。规模以上企业 1 家，产值 2073 万元。

2004 年，蓝柚木业有限公司生产集成材 6000 立方米，产值、销售收入 1458 万元，利税 30.07 万元。福州客商在上京镇隆美村成立鑫豪木业有限公司，投资 1000 万元，生产杉木指接条、拼条、线条等装修产品。2005 年，绿佳、健丰、金盛、山源木业有限公司有职工 205 人，固定资产原值 747 万元，生产夹心板 5689 立方米、胶合板 1.09 万立方米，产值 3294 万元，销售收入 3156 万元，利税 110 万元。2006 年，县包装物制品厂、工艺美术厂、竹木制品厂、木器厂等 4 家集体企业破产清算。联信木业有限公司上规模，生产夹心板、中纤板、胶合板，产值 1200 万元，销售收入 905 万元。2007 年，11 家木业有限公司生产胶合板 2.81 万立方米、夹心板 1.67 万立方米、机拼板 1.13 万立方米、木制品 1.16 万立方米、成品材 0.48 万立方米，产值 1.96 亿元，销售收入 1.77 亿元，利税 408.4 万元。其中，广联、蓝柚木业有限公司销售收入均超 3000 万元；南杉、联信、协阳、金盛、绿佳、健丰木业有限公司，销售收入均上 1000 万元。全县生产锯材 2.7 万立方米，木片 6241 吨。恒盛竹艺制品厂生产的竹艺茶盘、竹砧板产品出口韩国。2008 年，全县木竹加工企业 131 家，生产锯材 2.92 万立方米，木片 6940 吨，胶合板、细木工板、指接板共 4.27 万立方米，及竹胶板、竹凉席、竹炭、竹编和竹工艺品、香芯、清水笋、笋干等产品，产值 9.39 亿元。其中，木材加工企业 86 家、笋竹加工 24 家、木竹工艺加工 7 家、人造板生产 14 家。有市骨干企业 5 家，规模以上企业 13 家，产值 2.25 亿元，销售收入 2.19 亿元，利税 302.2 万元。

木材综合利用（切片）（1997 年摄）

杉木集成板（2008 年摄）

第三章 乡镇工业

第一节 资源开发加工制造和轻工业

1993年，全县乡镇办、村办、合作办和个体工业3009家，乡镇和村工业固定资产原值1.24亿元。全年发电量8453万千瓦时，生产原煤68万吨，铁矿石12.6万吨，石灰石77.4万吨，铁精矿12.1万吨，水泥29.6万吨，石灰13.5万吨，日用陶瓷109.8万件，砖瓦3.22亿块，工业底布98万米，竹木制品34.7万件，瓷土7.9万吨，硫铁矿、锰矿、生铁、铸铁件、碳酸钾等4.52万吨，乡村工业产值1.46亿元，营业收入2.13亿元，利税4026.24万元。太华水泥厂营业收入3225.5万元、利税1014.4万元，上京水泥厂营业收入3340.7万元、利税1207.16万元，均被农业部评为全国乡镇企业最佳经济效益企业，皆获省“百颗星”企业称号。1994年，经县政府批准，太华水泥厂等11家乡、村办企业组建福建省大田县华佛水泥企业集团，为县首家乡镇企业集团，资产5000万元，职工1000人。1995年，上京煤矿、太华煤矿营业收入分别2181万元、1193万元，利税分别348万元、174万元，被省企业评价中心、企业评价协会评为省300家最大经营规模企业之一。

1996年，全县乡镇工业企业2859家，从业2.05万人，其中，乡办120家、从业6813人，村办147家、1626人，合作办248家、2358人，个体办2344家、9716人。形成小水电、煤炭、建材、采矿和原料加工等五个支柱行业、22个门类。乡镇工业固定资产原值2.55亿元，产值2.78亿元，营业收入总额2.92亿元，利税2762万元，其中乡镇办产值2.54亿元、营业收入2.65亿元、利税2454万元。营业收入500万元以上规模企业15家，其中，1000万元以上7家，产值2.03亿元、营业收入1.76亿元、利税517万元。当年，股份合作制乡镇工业49家，其中乡镇办30家。太华煤矿获全国乡镇企业系统企业管理基础工作合格证书一级达标企业。建设有色金属矿、上京煤矿、太华煤矿、上京水泥厂等4家企业实纳税均100万元以上。

1997年，县委、县政府制定《大田县支持乡镇企业发展的优惠政策》，对乡镇企业实行单列考核。当年，乡镇工业243家，从业7618人，固定资产原值2.45亿元，其中乡镇办112家、村办131家。乡镇办工业改为股份制和股份合作制38家，租赁、承包经营54家，委托经营、兼并各2家，拍卖、中外合资各1家，改制面87.5%。新办内联企业9家，总投资5402万元。全年发电量1.13亿千瓦时，产原煤54.96万吨，铁矿石19.14万吨，铁精矿10.4万吨，水泥36.81万吨，石灰石131.5万吨，石灰24.5万吨，砖瓦19.22亿块，瓷土2.5万吨，工业底布469万米，竹木制品39.9万件，碳酸钾257吨，纸350吨，铁铸件、生铁、硫铁矿、锰矿等3.54万吨。产值3.11亿元，营业收入2.82亿元，利税921万元。1998年，太华水泥厂资不抵债与太华铁选矿厂分别引进香港瑞发纺织有限公司资金280万元、大华公司资金190万元，嫁接改制为大田华佛水泥有限公司和华太铁矿深加工有限公司；奇韬织布厂出让30%股权给内部职工持股；上京水泥厂实行车间承包责任制，减员52人。东埔水泥厂“东岩牌”水泥被评为省优质名牌产品。上京水泥厂“岩马牌”425R普通硅酸盐水泥被省乡镇企业名牌产品评委会评为乡镇企业百项名牌产品。1999年，乡镇工业企业105家、村办100家，从业共6571人。营业收入上亿元的有均溪、石牌、桃源、上京、太华、建设、广平镇和梅山乡，总额14.78亿元。均溪镇红星村营业收入5187万元。营业收入超千万元、500万元—1000万元企业各6家，总额分别8986万元、4417万元。

由于“七五”“八五”期间乡镇水泥企业重复建设，产品供大于求，以销限产，行业亏损，2000

年，资产负债率80%以上。2001年，乡镇集体工业154家，从业5566人，产值2.6亿元、比2000年下降11.81%，营业收入2.64亿元、同比增长1.54%，利税2400万元、同比增长50%。2003年，全县乡镇工业企业2189家，从业1.63万人，固定资产原值4.2亿元，产值11.6亿元，营业收入9亿元，利税7235万元。其中，永裕服装有限公司、红日木艺厂出口企业2家，交货值1928万元。营业收入超千万元企业11家，超亿元乡镇5个。2004年，规模以上企业34家，营业收入6.36亿元。营业收入超亿元乡镇7个，超亿元村2个。

2005年，乡镇工业2166家，从业2.4万人，固定资产原值17亿元，产值32.4亿元，营业收入28.1亿元，利税2.45亿元，其中，规模以上企业84家，产值21.4亿元，营业收入19.4亿元，上亿元2家，共2.7亿元。8家企业出口陶瓷、纺织服装、工艺品交货值1.5亿元。当年，营业收入超亿元乡镇13个，其中均溪镇达10.9亿元。2006年，营业收入超亿元村4个。2007年，全县乡镇工业企业742家，从业2.41万人，产值47亿元，营业收入41.8亿元，利税总额6.39亿元。其中，规模以上125家，营业收入36.4亿元。营业收入超亿元企业4家。超亿元乡镇13个、村8个。2008年，乡镇规模以上工业企业140家，产值64.71亿元，占全县工业总产值的94.99%。

第二节 农副产品加工

1993年，全县农副产品加工企业34家，多为个体私营企业。其中，茶叶加工厂5家，香菇烘烤厂4家。全年产值1.5亿元，其中产值100万元以上15家。1994年1月，建设镇“三宝糟菜”获“福建省名优新产品展销会金奖”。1995年，建设镇建国村村民个人自办饲料加工厂。1997年，上京镇创办米粉加工厂生产上京水粉，华兴乡创办花生加工厂、谢洋乡办木薯加工厂、奇韬镇办桃形李加工厂、东风农场办薏米加工厂。1998年，均溪镇村民个人投资12万元，办阿佳绿色食品加工厂，生产脱水苦菜10万袋，产值50万元，产品销往新加坡和福州、泉州、厦门及港台等地。4月，奇韬镇桃形李果品加工厂投产，投资50万元，产李干1500吨，利税120万元。当年，谢洋乡坑口楠木屑加工厂生产楠木屑150吨，产值27万元，产品销往厦门、晋江、南安等地。

2000年9月，建设镇建忠村创办兴盛食品厂，投资15万元，年产真空包装糟菜200万包，产值60万元。12月，上京镇引进莆田客商创办京兴腐竹厂，投资25万元，年产腐竹180吨，产值200多万元。2001年，上京水粉、阿佳苦菜、三宝糟菜等40多种农副产品在浙江省湖州农副产品展销定货会上，成交额1046万元。2002年，全县农副产品加工企业81家、产值5.1亿元，其中，均溪镇福塘村米粉加工厂37家，年产米粉0.6万吨、产值2600万元。产品直销闽南一级批发市场，带动营销、养猪、运输业发展，日加工稻谷80吨，年出栏生猪3000多头，粮食、米粉运输车辆13辆，整个产业链产值5500万元，利润450万元，从业500余人。翌年，成立福塘村鹤冲食品有限公司，生产鹤冲牌米粉，为市级农业产业化龙头企业。

2006年，奇韬镇龙坪村福荣豆制品加工厂投产，投资800多万元，日处理黄豆5吨，产豆腐皮3吨，产值近1000万元。2008年，建设镇红糟加工企业成立二保红糟专业合作社，会员32人。全县农副产品加工企业166家，固定资产原值3.6亿元，其中规模以上企业1家，产值、销售收入1133.4万元。

第四章　工业园区

第一节　园区开发和建设

一、园区开发

1996年11月，县在福塘菜板洋建二轻工业小区，占地1.31公顷，厂房建筑面积3000平方米，总投资240万元。1997年12月，轻工业小区竣工，县竹木制品厂、木器厂、工艺美术厂搬入该区生产。2004年4月，县成立工业园区规划建设办公室，制定《大田县工业园区规划建设方案》，确定“一区多园”，以福塘工业园区为主园区，下设菜坂洋轻纺工业园、铭溪重工业园和小青邨、桃源谷口、太华万湖岬、吴山吉州、华兴工业园等。2005年，制定《大田县工业项目区产业布局、定位发展规划方案》《大田县工业项目区规划建设管理暂行规定》《大田县工业项目区规划建设考评方案》，对全县工业项目区进行科学、合理的产业指导。2008年，共开发工业园区10个，规划面积1780.99公顷，开发面积497.11公顷，总投资6.32亿元。

2004—2008年大田县工业园区开发基本情况表

表10–1

园区名称	地　址	承办单位	开发时间	面 积（公顷）		投入资金（万元）
				规划	开发	
吴山乡吉州工业园区	程堂村	吴山乡政府	2004年6月	27.00	27.00	1000.00
武陵乡大石工业园区	大石村	武陵乡政府	2005年6月	83.30	19.74	150.00
广平镇犁田峰工业园区	栋仁村	广平镇政府	2005年10月	21.39	13.00	1200.00
海西（大田）机械铸锻集中区	上京镇	上京镇政府	2005年10月	681.00	40.00	3400.00
福塘轻工业园标准厂房	福田路345号1–14	县建设局	2006年6月	6.70	6.70	9000.00
石牌镇小汤泉工业园区	上坡村	石牌镇政府	2006年	80.00	40.00	2330.00
太华镇仕坑工业园区	仕坑村	太华镇政府	2006年10月	23.30	20.00	2000.00
太华镇罗丰工业园区	罗丰村	太华镇政府	2008年3月	253.30	6.67	650.00
建设镇笔架山工业园区	建设村	建设镇政府	2008年8月	100.00	34.00	3500.00
京口工业集中区	华兴乡京口村	大田县京口工业集中区管理委员会	2008年9月	505.00	290.00	40000.00

二、园区基础设施建设

2005年，均溪、石牌、广平、上京、桃源、建设、太华、吴山、华兴9个乡镇完成地形测量面积657.61公顷，规划面积421.15公顷，其中5个乡镇平整工业园地40.33公顷，共投入资金2361万元。太华镇仕坑园区铺设管径110毫米聚氯乙烯引水管道7.8公里，建蓄水池1个，容积400立方米，日供水量1000吨，投资120万元。2007年，武陵乡大石园区完成三级路标准路基及第一个平台土石方5万立方米。福塘轻工业园区完成一期标准厂房4幢、办公楼3幢，建筑面积4.52万平方米。2008年，全县工业园区建设园内的厂房、通信、自来水等基础设施累计投资9000万元。其中，标准厂房42万平方米、员工公寓16万平方米；吴山乡、石牌和桃源镇工业园区共铺设9.6公里40米宽4车道入园公路混凝土路面；10个园区共铺设17米宽有绿化带的沥青停车道600米、直径300毫米铸铁管排洪沟管道1000米、直径160毫米聚氯乙烯（PVC）自来水管道2024米；共架设15米高的高低压同杆电力线4350米，安装消防栓108个，建绿地种植花草5万平方米。

京口工业园区（2008年摄）

第二节 入驻企业

2005年，光盛铸造有限公司入驻武陵乡大石工业园区。2006年，长鑫船舶配件有限公司入驻上京镇海西（大田）机械铸锻集中区。2007年，宝山机械有限公司等7家企业入驻相关园区。2008年，有新泉包装有限公司等企业入驻相关工业园区。年底，6个工业园区入驻企业14家，占地39.62公顷、厂房面积9.27万平方米，总投资4.88亿元。宝山机械、长鑫船舶舶配件、华闽纸业、新泉包装、广联木业、金杉木业、东升包装制品有限公司等7家企业有职工1050人，固定资产9235万元，产值2.9亿元，销售额2.73亿元，纳税607万元。

2005—2008年大田县工业园区入驻企业基本情况表

表10-2

企业名称	入驻时间	入驻园区	主要产品	设计年产量	厂房		投资（万元）
					占地（公顷）	建筑（平方米）	
岩盛铸造有限公司	2005年3月	大石工业园区	铸铁件	4万吨	3.30	1810	1904.00
宏盛铸造有限公司	2008年12月		铸铁件	1.5万吨	2.10	1250	1650.00
鑫业铸造有限公司	2008年12月		铸铁件	1.5万吨	2.20	1250	1430.00
长鑫船舶配件制造有限公司	2006年5月	海西（大田）机械铸锻集中区	铸件	10万吨	10.00	3300	18000.00
金杉木业有限责任公司	2007年10月		杉木集成材、指接板	20000立方米	3.00	12000	1800.00
宝山机械有限公司	2007年3月	小汤泉工业园区	矿山机械	400台套	4.00	10000	6000.00
广联木业有限公司	2007年11月		指接板	10000立方米	2.50	13800	2400.00

续表 10-2

企业名称	入驻时间	入驻园区	主要产品	设计年产量	厂房 占地（公顷）	厂房 建筑（平方米）	投资（万元）
新泉包装有限公司	2008 年 8 月	小汤泉工业园区	复合包装纸袋	1.5 亿条	3.30	15200	3600.00
岩石机械有限公司	2008 年 9 月		矿山机械	100 台套	2.00	3000	1500.00
华闽纸业有限公司	2007 年 8 月	福塘轻工业园	“开心一百”卫生纸	2500 吨	0.10	4000	2000.00
诚盛手袋服饰厂	2007 年 10 月		包袋	150 万个	0.12	4600	1800.00
闽发纸业有限公司	2007 年	吉州工业园区	机制纸	6.5 万吨	3.00	11500	3200.00
东升包装制品有限公司	2007 年		塑料编织袋	850 吨	2.00	8000	1000.00
雄峰木业有限公司	2008 年 10 月	犁田峰工业园区	胶合板	6000 立方米	2.00	3000	2500.00

第五章　管　理

第一节　机　构

一、行政事业机构

（一）县经济贸易局

1993 年，大田县经济委员会设办公室、企业管理股、生产股、技术开发中心、政工股、武装部、纪委、监察室、职教办等，职工 30 人。主管全县工业生产，组织制定工业调整目标和政策措施，实施工业行业的发展规划。1997 年 1 月，机构改革，撤销大田县经济委员会和县经济协作办公室，组建大田县经济局，内设办公室、生产股（加挂县政府工交生产调度中心牌子）、企业管理股、技术改造股、经济协作办公室，行政编制 26 人，工勤事业编制 2 人。

2002 年 1 月，根据县委、县政府《关于大田县党政机构改革的实施意见》，不再保留县经济局和县财贸工作领导小组办公室，组建大田县经济贸易局。其主要职能，承担财贸办的内贸、烟草、医药、石油等单位的行政管理，负责管理全县工业的职能。内设办公室（政工）、综合股、经济运行股（加挂县政府工交生产调度中心办公室牌子）、企业管理股、投资规划与技术装备股、电力与资源综合利用管理股、商品市场与内贸管理股、工矿行业管理综合办公室，行政编制 28 人，工勤事业编制 2 人。2008 年，股室设置、人员编制不变。

（二）县第二轻工业局

1993 年，大田县第二轻工业局（简称二轻局）内设办公室、财务和生产技术股，行政编制 15 人。

1997年1月，二轻局撤销，其行政职能归入二轻集体工业联社。

（三）城镇集体工业联合社

1993年，县二轻集体工业联社，属事业单位，与二轻局合署办公。1994年，新成立大田县二轻企业（集团）控股公司，属企业单位，与二轻局合署办公。2004年5月，撤销二轻企业（集团）控股公司。2006年9月，县二轻集体工业联社重组更名为大田县城镇集体工业联合社，内设办公室、资产管理股，核定事业编制4人。2008年，机构不变。

（四）乡镇企业局

1993年，大田县乡镇企业局行使全县乡镇企业管理职能。内设企业管理股、技术股、财务股、办公室、工程师室、监察室、审计股，辖企业开发公司。乡镇设企业管理站，每个乡镇配工作人员3人—5人。

1997年，乡镇企业站为自收自支事业单位，18个乡镇入编73人，其中，从原工作人员入编4人，大中专毕业分配32人。2002年1月，机构改革，乡镇企业局并入农业局，设乡镇企业指导股对外加挂乡镇企业局牌子。2006年9月，乡镇企业局职能划入县经济贸易局。

（五）非公有制经济办公室

1999年，县委调整充实县发展非公有制经济领导小组，下设办公室，与县工商联合署办公，实行一套班子两块牌子。2008年，机构不变。

二、行业管理机构

2006年10月，县委编委《关于公布大田县经贸局事业单位机构编制清理整顿方案的通知》批复，设立县冶金化学矿、煤炭、建材行业管理办公室，编制分别为17人、28人、16人。主要职能是执行国家的产业政策和投资导向，制定全县行业技术规范。2008年，机构设置，人员编制不变。

第二节　技术改造和新产品研发

一、企业技术改造

1993年，县第一纸厂3号机技术改造（简称技改）完成投产，投资550万元，生产木砂和水砂原纸600吨。县第一瓷厂、前峰陶瓷厂分别修建燃油隧道窑，投资80万元，改变以木柴或倒焰窑及烟煤烧瓷的传统工艺。当年，乡以上工业完成技改投资1.32亿元，其中，县属企业8307.75万元，乡镇企业4888.54万元。1994年，县第二纸厂引进国家“星火计划”废纸脱墨制浆生产成套设备，投资200万元，生产卫生纸、面巾纸3917吨，产值1718.1万元，产量和产值比1993年分别增长29.91%、29.93%。县合成氨厂改造生产炉2个，更换蒸汽过热器、扩建煤球碳化罐8个，生产液氨。全县实施技改46项，其中，投资百万元以上27项，开发新产品10项。1996年，前峰陶瓷厂新建燃液化石油气立方窑2座，引进台湾陶瓷生产先进设备，投资160万元。全县实施技改46项，其中，投资百万元以上25项，开发新产品5项。1993—1996年，全县技改完成投资3.37亿元。

1997年，县硫铁矿进行高硫铁精矿脱硫生产工艺技改，投入80万元，使铁精矿最低含硫量在0.3%以下，而含铁量在65%以上。新大炼铁球团公司改造工艺流程，投资15万元，产量提高到4.6万吨、销量4.5万吨，产量和产值分别比1996年增长323.6%、332.5%。1998年8月，灵川水泥有限公司对立窑体卸料部分、输送系统及生料达产配套设施进行改造，投资120万元，提高台时产量和产品质量。1999年，县政府成立工业技改项目年活动领导小组，常务副县长任组长，成员22人，下设办公室，制定企业技术改造方案。县水泥厂与国家建材工业局合肥水泥技术研究设计院联合实施“回转窑利用无烟煤煅烧熟料生产水泥技术开发”项目，通过省科委组织国内水泥生产行业专家审定，为国内首创。2000年，该厂运用此工艺每吨水泥降低成本10元，年节约120万元，结束从外地调煤的历史。当年，岩泉啤酒有限公司改造锅炉分层给煤系统，实行分层燃烧，改善炉内通风，吨啤酒煤耗降15公斤；同时改造糖化洗涤系统，实行废水回收再利用，吨酒水耗从21吨降到16吨，经技改，吨酒成本下降8元—11元。全县乡镇工业技改项目17个，投资2699万元。

2001年，石凤水泥有限公司对生料车间1号磨机、烧成车间1号窑、制成车间石膏混合材配料系统计量进行技改，投资212万元。岩城水泥有限公司对立窑成球和成品水泥磨及旋窑煤矸石煅烧等项目进行技改，使用选矿渣替代水泥用铁矿，降低石灰石和黄土量，吨水泥降低成本9元—11元。县纺织总厂进行纺纱加湿给湿、条筒修复专用设备、剪纺断条自停改造，增加产量，年产32NM腈纶纱768吨、比2000年增长6.03%，21S涤棉纱884吨、同比增长26.03%，标准克重毛绒布145万码、同比增长3%，经市质检所抽查，产品达到质量标准。全年，乡以上工业技改13项，投资4276万元。2002年，恒泉直接还原铁隧道窑AMR—CBI工艺等4个技改项目，总投入1164万元。2003年，石凤水泥有限公司利用废渣生产425R水泥技术项目经省经贸委、国税局及水泥行业专家评审，通过验收。岩泉啤酒有限公司新增高浓稀释设备等，投资270万元，使台时产量提高10%，各种消耗下降10%。

2004年，海和钢铁有限公司158立方米高炉炼铁生产线、新岩、鑫城水泥有限公司熟料旋窑生产线、鑫源水电投资有限公司建设电灌站技术扩容等6个技改项目，完成投资1.29亿元，比2003年技改投资增141.9%。2005年，城镇工业技改28项，总投资2.58亿元。2006年，县委、县政府制定《关于加快科技进步增强自主创新能力的若干意见》。当年，新茂电子有限公司改进钟表车间生产工艺，改个人计件为流水线生产，投资30万元，荧光表产量由80万只提高到120万只。2007年，该公司新建液晶显示器（ICD）车间，投资100万元；并将石英镀膜车间银镀工艺改为锡镀，年节约成本20%。2008年，广联木业有限公司实行多片锯“以锯代刨”新工艺，金杉木业有限公司实施木材废物焙烧回收利用技术，鹭峰矿业有限公司低品位褐铁矿焙烧磁选资源综合利用项目试产，华闽纸业有限公司锅炉和电机系统改造，投资220万元，年节约标煤1448吨。

二、新产品研发

1993年，县第一纸厂试制木砂原纸和水砂原纸成功。1994年12月，县铸钢厂与省机械研究所联合开发多元素高耐磨铸钢件，经省级鉴定为国内首创产品。当年，鹰标建材机械研究所开发国家专利产品SL循环螺旋给料机投入批量生产。1996年，县通用机械厂与香港雄威（国际）发展有限公司、澳门兴盛自助商场合资创办雄通人造板有限公司，生产刨花板。2月，金门油压机制造有限公司研制的国内最大拼板双向多层多功能热压机获国家专利。1997年，石凤水泥有限公司研发生产525R普通硅酸盐水泥投产，至年底，投放市场1350吨，改变425R水泥供大于求的局面。1998年，镇石机械实业有限公司开发生产金属彩板成型机新产品，生产12台，创利税30万元。县通用机械厂开发人造板设备无卡轴旋切机和1200吨竹木胶合板液压机新产品，原木旋切后余芯直径35毫米，比旧机型缩小85毫米，节省木材降低成本，两项新产品陆续投放市场。1999年，前峰陶瓷研究所试制晶花瓷（又名结晶釉艺术瓷）成功，产品在德化试销。通用机械厂自行设计生产BY148 / 1200吨竹胶板加工成套设备新产品，机组运行由可编 程控制器PIC控制。

2000年3月，镇石机械实业有限公司成功试制CXL型冲击式防尘细碎机，具密封性能好、体积小、无尘低噪、低电耗和机件耐磨损等特点。2001年，成功机械有限公司自行研制“真空印刷线路热板机”，试产2台，产品达国内先进水平；协成机械有限公司与省农林大学等单位联合试制竹木烘干和杀菌机，产品获得理想指标；建福染整有限公司自制加工拧花机和蒸汽打粒机，开发拧花毛绒布和打粒布新品种。2003年6月，永大工艺有限公司与台商合作设立省首个精密陶瓷车间，投资120万元，研发生产耐磨片（板）、剪刀、剃须刀等产品，销往泉州、浙江等地，被市科技局列为科技项目。

2005 年 6 月，宝通瓷业有限公司工艺瓷生产线投产，投资 60 万元，至年底，生产工艺瓷 52 万件，产值 175 万元，产品销往中东、非洲等地区。当年，新茂电子有限公司配套生产 328 系列计算器 272.6 万个，新产品荧光表 350 万只。2006 年，华闽纸业有限公司开发 TF—1 特种军用蜂窝纸、JI—1 乳胶纸和强力砂带原纸等国内新产品。2008 年，南生科技有限公司建成动物血液制品生产线，投资 1200 万元，工具酶及生物活性因子原料产业化。

第三节 效益与财务管理

一、效益管理

1993 年，全县工业企业开展管理效益年活动，推行现代管理方法，对每个厂矿进行分析，采取“一厂一策”，分门别类指导协调，抓产品质量管理和节能、降耗。1997 年，水泥行业开展学习浙江兆山经验，石凤水泥有限公司吨水泥成本降至 150 元。大部分企业建立较科学的管理体系，当年，石凤集团租赁承包济阳五建水泥厂扭亏为盈，实现利润 1.35 万元。1999 年，各工业企业逐步把“模拟市场核算，实行成本否决”落实到企业生产的每一道工序、科室和职工之中，提高企业管理水平。县政府出台水泥行业发展的优惠政策和减轻企业负担等扶持政策，促进企业增效；8 月，县委、县政府在石凤水泥有限公司召开全县性的“学河北邯钢”经验交流会上，提出“远学邯钢，近学石凤”。2000 年，根据国家产业政策和国家加大清理小冶炼、小水泥等“五小”工业力度，以及市场经济优胜劣汰的规律，将结构调整与实现三年改革和脱困目标相结合。2001 年，岩城集团挖潜力，节能降耗抓管理，每吨水泥降低成本 5 元—10 元。同时，全县工业企业抓扭亏增盈，完成市下达的扭亏指标 393 万元；亏损大户火电厂实现扭亏，且盈利 40 万元。2003 年，县工业经济主管部门以生产为中心，以经济效益为目标，针对企业存在重生产、轻管理等问题，引导企业按《中华人民共和国公司法》规范运作，帮助企业找出管理中最薄弱的环节和企业亏损最主要的原因进行整顿。水泥企业抓住生产、销售有所好转的有利时机，抓扭亏增盈工作；纺织业、水力发电业、铁矿采选业采取“一厂一策”，加大扭亏力度。2005 年，各工业企业加强成本核算，挖掘内部潜力，降低生产成本，提高企业的经济效益。

2008 年，面临国际金融风暴所带来全球性的经济危机，全县多数企业生产经营困难，产品市场走低。县出台《关于扶持中小企业发展的实施意见》，从财税、信贷、服务等方面加大对工业企业的扶持，帮助中小企业渡过难关。

二、财务管理

1993 年，全县各工业企业财务管理配有会计员、出纳员、保管员。并建立一套较完整的企业成本核算体系，实行会计账、保管账“两套账”或会计账、保管账、业务账“三套账”制度，进行固定资金、成本、流动资金、产品价格、销售收入和盈利、专用资金、财务收支等管理。根据会计制度和成本项目设置会计项目，对产品所发生的各项费用，按各行业的不同特点，采取不同的成本计算方法进行归集摊配，正确计算生产成本、工厂成本、销售成本，季度、年度进行成本分析，以供企业领导经营决策。1994 年，企业集团化后，县经委企业股（计财股）不再对国有工业企业财务行使监管职能。

1996—1998 年，各工业企业学习邯郸钢铁集团经验，核心突出成本管理，建立市场否决机制，加大成本挖潜力度。县水泥厂各生产班组进行班组经济核算，发动广大职工共同当家理财，以产品的市场售价为依据，倒推厂内责任成本目标，成本考核比重由1994年的28%提高到1997年的40%。在奖金考核上，对完不成成本指标的否决奖金40%直至全额。石凤水泥有限公司、通用机械厂、第一铁厂、第一纸厂等企业建立厂部、车间、班组三级经济责任制考核指标。各企业都以财务部门为中心，健全成本分析、监控体系。加强经常性的成本分析、预测和控制，将成本管理从事后算账转为事前预测和决策。

2000年，各工业企业财务管理建立健全各项制度。在资金管理控制中，实行逐笔严格审批，层层把关，对无资金使用计划的，企业领导不批采购计划、供应不采购、财务不付款、仓库不发货。对虽有资金使用计划，但资金来源未落实的项目同样不予以使用。县水泥厂借助于资金管理对费用及支出的“水龙头”作用为其把关，设立“厂内银行”进行控制及内部结算，使资金管理与成本管理相互依存、相互促进。

2001—2005年，通过改制、破产、兼并、嫁接等方式，转换机制，省、市统筹安排，批复核销大田县国有工业企业呆坏账2000多万元。

2006年，非公有制经济发展，民营企业的财务管理工作根据行业不同特点，坚持企业管理以财务管理为中心，财务管理以资金管理为中心的原则，优化物资供应，控制成本源头，通过竞价招标订货，货比三家和采取直接到厂家订货，减少中间环节，建立起均衡供应渠道，千方百计降低采购成本。2007年，华闽纸业有限公司推行吨产品工资含量包干制。2008年，对经济责任制方案进行改革，重点突出效益，着重考核产量与利润，实行工效挂钩，工资与产量和利润挂钩比例各占50%。宝山机械、山友机械、金门油压机等公司探索营销管理模式，重点健全销售网络，完善售后服务功能，加快新产品开发、制定激励措施，加快货款回笼，促进销售。年底，全县工业企业有财会人员259人，其中，会计师3人，助理会计师和会计员256人。

卷十一 矿 业

大田县是福建省主要矿产成矿区之一。1993年，境内已探明矿产45种、矿产地108处，全县共有矿山226个，原矿开采产值3.56亿元。矿产品采选企业82家，产值2.3亿元，其中独立核算企业39家，产值2.06亿元，产品销售收入1.79亿元，利税总额1503.8万元，工业增加值1.08亿元，占全县生产总值（GDP）15.86%。1995年，铁矿销售市场疲软。1999年，煤炭实行关井压产，关闭矿井50个，压产21万吨。2000年，原矿开采产值1.97亿元。全县销售收入500万元以上企业（简称规模企业）14家，产值1.48亿元，销售收入2.16亿元，利税2717.7万元。2001年，实施探矿权有优先采矿权、采矿权有偿取得等政策。乡镇煤矿停产整顿，关闭矿井378个。矿产品开采逐步向机械和规模过渡，引进先进技术和设备对矿石分级加工，提高资源利用率。

2004年，全县有65个勘查区块取得探矿权。当年，规模以上矿产品采选企业25家，工业产值6.25亿元，占全县规模以上工业产值40.40%、全部工业产值26.52%。2006年，开展煤炭资源整合，保留矿井36处。2008年，全县有新增符合建矿要求煤炭详查矿区8处、铁铅锌详查矿区13处。已开发的矿产有煤、铁、锰、铅、锌、铜、银、钨、硫、石灰石、高岭土、长石、叶蜡石、石墨、石英石、萤石、地下热水和普通沙石土等矿产，优势矿种有无烟煤、铁矿。全县共有矿山178个、采矿企业106家，选矿企业43家，从业人员1.1万人，原矿开采产值12.5亿元，其中，规模以上矿产品采选企业59家，产值31.19亿元，占全县工业产值45.79%、占规模以上工业产值53.13%，主营业务收入31.25亿元，利税4.91亿元，从业7333人。

第一章 矿产勘查与储量分布

第一节 矿产勘查

1993—1994年，县地质普查规划队完成上京、太华、广平、均溪等73个矿山的地质踏勘调查与储量检测，提交地质调查与检测报告73份；闽西地质大队的铅山、汤泉扩甲山、九宫岭、狮轱洞、珍山等矿区的地质调查，提交地质调查报告5份。1997年，闽西地质大队提交《福建省大田县梅山沈口井田普查地质报告》，探明无烟煤资源量751万吨。1999年，闽西地质大队提交《福建省大田县奇韬煤矿区广平坑口井田详查（最终）地质报告》，查明的无烟煤资源储量1505万吨。

2001年，县实施探矿权有优先采矿权的规定，社会资金开始投入进行地质勘查。2003年，县实行采矿权有偿取得规定，要求采矿权人请有资质地质队对矿山进行资源储量核查或补充勘查，按应达到国家规定办矿规定条件的地质工作程度要求，全县完成提交已建的老矿山的矿山资源储量核查或补充勘查报告158个。2004年，全县取得探矿权有65个勘查区块，其中，地质预查区50个，地质普查区15个。省196煤田地质勘查大队提交《福建省大田县贵林崎矿区高岭土矿普查地质报告》，查明资源量123万吨。

2005年，中国冶金地质勘查工程总局第二地质勘查院提交《福建省大田县莒坑矿区铁矿勘查地质报告》，闽西地质大队提交《福建省大田县奇韬煤矿区苏桥井田详查（最终）报告》，省197煤田地质勘探大队提交《福建省大田县下地矿区铁铅矿详查地质报告》《福建省大田县元山矿区（西矿段）铁矿详查地质报告》《福建省大田县郭村坑矿区铁矿详查地质报告》和《福建省大田县上湖坪矿区铁矿勘查地质报告》，闽西地质大队提交《福建省大田县奇韬煤矿区东埔井田勘查报告》《福建省大田县大田煤矿区张地井田详查地质报告》。2006年，省196煤田地质勘探大队提交《福建省大田县大庵坂矿区铁、铅锌矿详查地质报告》，闽西地质大队提交《福建省大田县汤泉煤矿区甲魁井田详查报告》《贵林崎矿区高岭土矿普查地质报告》，资源量123万吨。省197煤田地质勘探大队提交《福建省大田县大安矿区铁矿勘查地质报告》。2007年，省197煤田地质勘探大队提交《福建省大田县下坑铁铅锌详查地质报告》，闽西地质大队提交《福建省大田县奇韬煤矿区元沙井田详查（最终）报告》，省196煤田地质勘探大队提交《福建省大田县大吉煤矿水井坑井田详查（最终）地质报告》，省黄金集团有限公司提交《福建省大田县前坪乡北坑矿区西矿段铁矿详查地质报告》。2008年，省地质调查研究院提交《福建省大田县岩坑寨矿区南矿段铁矿详查报告》，省196煤田地质勘探队提交《福建省大田县张地西矿区铁矿详查地质报告》，中化地质矿山总局福建地质勘查院提交《福建省大田县白屯湖矿区东南矿段铁矿详查地质报告》。当年，勘查区取得探矿权的84个。其中有21个完成地质详查与勘探；新增符合国家规定新建矿山办矿条件的详查矿产地21处，其中煤炭井田8处、铁铅锌矿区13处。闽西地质大队预测广平含煤区煤炭远景资源量2亿吨。

1993—2008年，全县共提交地质报告252份，其中预查56份、普查175份、详查与勘探21份。地质预查与普查累计投入资金952万元，地质详查与勘探累计投入资金7866万元。勘查工程完成钻探6.23万米、坑探1.06万米、槽探7.16万米。经评审确认新增查明资源储量1.03亿吨，其中，煤炭8591.9万吨、铁矿1672.79万吨、铅锌铜银（金属量）34.42万吨，高岭土矿123万吨。

第二节 矿产储量与分布

一、能源矿

（一）无烟煤

大田县为省重要煤炭基地之一，1993年，境内煤炭资源主要分布在上京、太华、建设、广平、奇韬、文江、梅山、济阳、石牌、均溪、桃源、湖美、华兴等13个乡镇，无烟煤矿床（矿点）100多个；全县地表暴露及盖层下的含煤地层面积371.2平方公里，主要含煤地层为二叠系下统童子岩组，含煤均在一、三段地层。累计查明资源储量2.48亿吨，煤炭矿区26处（生产矿山38处）。

1997年，由闽西地质大队查明梅山沈口井田无烟煤739.3万吨；1999年，闽西地质大队查明奇韬矿区广平坑口井田1505万吨；2003年，省地质大队探明石牌镇三坊储量115.5万吨。当年，闽西北地质大队取得苏桥井田探矿权，矿区面积10.08平方公里；2004年，查明苏桥井田无烟煤储量3633万吨。2005年，闽西地质大队查明的资源储量为奇韬煤矿区苏桥井田3028万吨、东埔井田137万吨、张地井田292万吨。2006年，该大队查明汤泉煤矿区甲魁井田资源储量835万吨。2007年，闽西地质大队查明奇韬矿区元沙井田资源储量1094万吨，省196煤田地质勘探大队查明大吉水井坑井田资源储量961.6万吨。2008年，全县无烟煤累计查明资源储量3.37亿吨，年底，保有资源储量2.25亿吨（基础储量8351万吨、资源量1.41亿吨）。其中，资源储量上京镇1.58亿吨，太华镇3843万吨，奇韬镇942万吨，建设镇1533万吨，广平镇9837万吨，文江乡882万吨，梅山乡751万吨，石牌镇115.5万吨，济阳乡32万吨，均溪镇和华兴乡、湖美乡等不明；保有资源储量上京镇8975.6万吨，太华镇2553.4万吨，奇韬镇942万吨，建设镇654.5万吨，广平镇8226.4万吨，文江乡220.1万吨，梅山乡750.3万吨，石牌镇114.53万吨，济阳乡31.8万吨。

（二）地热水

1993年，全县有太华镇汤泉、华兴乡华安、桃源镇广汤等村发现温泉，水温53℃—79℃，流量2.33升/秒—6.09升/秒。1997年，发现石牌镇老厝和上坡温泉，经钻探3个点测试，水温40℃—58℃，流量为1.14升/秒—2.16升/秒。

2008年，已查明全县5个村有温泉，太华镇汤泉水温79℃、流量6.06升/秒，华兴乡华安水温53℃、流量2.23升/秒，石牌镇老厝和上坡分别水温40℃和58℃、流量1.14升/秒和2.16升/秒，桃源镇广汤汤溪水温69℃、流量5.38升/秒，物性为无色、透明，普遍具有硫黄味。其中，太华镇汤泉村温泉沿北东向裂隙分布、共见5小处，出露长度500米，为上升泉，有1处经钻探测试，水温最高达81℃，有气体逸出，水量4.3升/秒，pH值7.55，水温高、水量大，已得到开发利用。石牌镇老厝村温泉正在开发，投资5亿元建设金象温泉城。

二、金属矿

（一）铁矿

1993年，全县有铁矿矿产地45处。主要分布中北部的均溪、前坪、文江、太华、建设、奇韬、济阳等乡镇。以小型矿床规模为主，达到（接近）中型规模矿床的有银顶格、汤泉、万湖等矿区；达百万吨以上的有建爱、太华、文经东、南坑、川石、文经、银场等矿区。矿石类型以褐铁矿为主，约占总储量80%；磁铁矿主要在银顶格5号矿、汤泉东北矿段，龙凤场等矿区。全县预测潜在资源量1.5亿吨。1998年9—10月，汤泉铁矿补充地质勘查和现状测量，南矿段E级远景储量8.76万吨。

2002—2007年，经勘查新增符合国家办矿要求的矿区10个、资源储量1137.34万吨。其中，太华镇菖坑、郭村坑矿区铁矿分别104.72万吨、82.2万吨，汤泉煤矿区甲魁井田共生铁矿24万吨；前坪乡下地矿区铁铅矿152.42万吨，上湖坪矿区、北坑矿区西矿段铁矿分别33.8万吨、86.4万吨，下坑铁铅锌矿区519.28万吨；建设镇元山矿区西乡大安矿区铁矿31.5万吨。

2008年，勘查新增符合办矿矿区3个、资源储量535.45万吨。其中，太华镇张地西矿区190.55万吨、岩坑寨矿区南矿段304.86万吨，济阳乡白屯湖矿区东南矿段40.04万吨，年底，全县累计查明矿石资源储量7273.5万吨，生产矿山37个，保有矿石资源储量4029.7万吨（基础储量1504.1万吨、资源量2525.6万吨）。

（二）锰

1993年，已发现锰或铁锰矿点有建爱锰矿、广平镇铭溪锰矿和太华镇张地、万湖、德安、小合，文江乡深坑，上京镇上坪，梅山乡石坑后，武陵乡茶山等锰矿点8处，查明资源量103万吨。2008年，锰矿生产矿区2处，其中，建爱锰矿床资源量79.84万吨，锰矿石保有资源量60.41万吨；铭溪仙牛踏石锰矿资源量18.53万吨，锰矿石保有资源量7.1万吨。另有部分铁矿中有共生、伴生锰矿200多万吨。全县锰矿预测内蕴经济潜在资源量250万吨。

（三）铅、锌、铜、银、钨矿

1993年，县内多金属矿床以铅锌为主，多共伴生铜、银、钨等，为特色矿产。查明金属资源量铅+锌70.5万吨、铜2.3万吨、伴生银205吨、钨0.2万吨。多金属矿床、矿（化）点有五六十处，主要分布在广平、建设、文江、奇韬、前坪、均溪、上京、梅山、济阳、华兴、石牌、桃源等乡镇。地质工作程度多为预查、普查，开发程度低，以小、中型矿床为主，小型矿床12个，更多的是矿点或矿化点，中型规模矿床有上京井田铅锌矿、建设镇建爱铁硫铜多金属矿、均溪镇东坑村银场铁硫多金属矿、梅山乡雄峰铅锌矿、前坪乡下坑铁铅锌矿等5个。铜矿主要分布建爱、龙山崎、银场等地，钨矿分布太华镇华溪和菖坑、文江乡朱坂和桥下村、奇韬镇奇韬村及均溪镇上蔡等地。

2005—2007年，勘查新增矿区4个，新增铅+锌金属资源量34.42万吨。其中，下地矿区铁铅矿矿石资源储量152.42万吨，含铅金属量4.99万吨，伴生铜0.21万吨、银18.65吨；元山矿区（西矿段）铁矿伴生铅锌矿矿石资源量11.7万吨，含铅、锌金属量分别335吨、867吨；大庵坂矿区铅锌矿矿石资源储量45.09万吨，含铅、锌金属量分别3.11万吨、3.31万吨；下坑铁铅锌矿区铁铅锌矿矿石资源量846.02万吨，含铅、锌金属量分别6.2万吨、16.69万吨，伴生有银、铜矿。2008年，全县铅锌持证矿山11个，铅、锌金属保有资源储量分别为30.86万吨、27.18万吨（基础储量分别为0.34万吨、78.36吨，资源量分别为30.5万吨、26.4万吨）。共、伴生铜矿矿区10处，铜资源储量2.08万吨（基础储量618.35吨，资源量2.02万吨）。

（四）其他金属矿

1993年，境内发现的矿产还有铋、镉、稀土、钨、钼、钴、镓、铟及汞等，尚未开发利用。铋伴生于建设镇东边洋、太华镇小华多金属矿，资源量（金属量）490吨。镉伴生于均溪镇上蔡、广平镇龙凤场、建设镇建爱和龙山崎、上京镇上京、文江乡桥下等多金属矿，资源量（金属量）2662.1吨。梅山乡坷垅、前坪乡黄龙地质调查发现稀土矿，预测资源量（金属量）100吨。文江乡朱坂钨钼矿，钼资源量（金属量）32吨。广平镇龙凤场多金属矿伴生钴，资源量（金属量）421吨。建设镇建爱多金属矿伴生镓，资源量46吨，伴生砷储量5333吨。上京镇上京多金属矿伴生铟，资源量（金属量）15.5吨。均溪镇福塘村有汞矿化点。全县已发现石牌镇拱桥、谢洋乡珍山、济阳乡济中等村有铀矿（化）点，均未开发利用。1994—2008年，未再进一步勘查和详查。

三、非金属矿

（一）硫铁矿

1993年，全县硫铁矿矿区11处。分布集中，北部以建设镇建爱为中心，中部以均溪镇上蔡为中心。2008年，累计查明资源储量1250.76万吨，其中，建爱铁多金属矿区1.9万吨，湖坪铁矿区6.7万吨，建爱电灌站多金属矿区88.1万吨，广平镇龙凤场西、东矿段分别119.5万吨、231.6万吨，上蔡硫多金属矿125.83万吨，南坑川石矿区293.5万吨，上蔡前峰西矿段314万吨，银场硫多金属矿58.1万吨，济阳乡上丰硫铁矿11.06万吨，太华镇汤泉铁矿0.47万吨，部分铁铅锌矿中有共、伴生硫铁矿。2008年底，全县有硫铁矿生产矿山6个，保有资源储量488万吨。

（二）石灰石矿

1993年，全县有石灰石矿产地8处，查明资源量6269.3万吨。

2008年，全县有石灰石矿产地40处，其中，广平镇资源储量最多，有万宅、广平、五峰、苏桥、葛埔、铭溪、安冰岬、陈坑、狮粘洞等矿区，奇韬镇有龙床矿区、桃舟矿点，建设镇有电灌站矿区和下坪、元山矿点，前坪乡有川石矿区和山头矿点，太华镇有西埔、岩坑、华溪、仕坑、吴坑等矿区，上京镇有梅林、石牛岬、崆峒山、中洋、永丰矿区和三阳、赤水矿点，均溪镇有上蔡、下洋、清水垄矿区和陈沟岭、许思坑、银场矿点，桃源镇有前厝、前村、岭后矿区，济阳乡有上丰、砚坑矿区，谢洋乡有溪底矿点。累计查明的水泥用灰岩资源量1.74亿吨，其中，广平镇8432.01万吨、奇韬镇652万吨、建设镇604.28万吨、前坪乡127.75万吨、太华镇1120.69万吨、上京镇1573.52万吨、均溪镇2819.15万吨、桃源镇1639.6万吨、济阳乡401.24万吨、谢洋乡33.64万吨。有生产矿山17个，水泥用灰岩矿石保有资源储量5177.9万吨，其中基础储量1203.2万吨、资源量3974.7万吨。

（三）高岭土矿

1993年，查明矿床2处，预测潜在资源量3000万吨；生产矿山3个，高岭土矿年末保有资源储量963.3万吨。主要分布于奇韬镇永德、洋地村，太华镇罗丰村、湖美乡旺建村、均溪镇上蔡村、广平镇广平村等地。以小型的低铝高硅的高岭土（瓷土、石）为主，其中以奇韬镇永德村、洋地储量最大，为中型矿床，矿带总长4.2公里，资源量562万吨。2008年，全县已发现的高岭土矿山（矿化点）102处，全县累计查明的资源储量1920.9万吨，生产矿山7个，年底，高岭土矿保有资源储量1596.3万吨。

（四）石墨矿

1993年，县内有小型矿点9处，分别是济阳乡石坑，建设镇山中心、建乐、龙山崎，文江乡花桥、琼口，太华镇锦溪、甲魁和上京镇赤水等，预测潜在资源量500万吨。花桥矿点属优质隐晶质石墨，品位（固定炭含量）为65.78%—82.05%。2008年，生产矿山2个，已查明的资源量22.23万吨。

（五）石英石

1993年，全县有矿点15处，主要分布在前坪、广平、太华、文江等乡镇，预测内蕴经济的潜在资源量300万吨。2008年，全县有生产矿山3个，年底，石英矿保有资源储量86.16万吨。

（六）石材

1993年，全县有矿点10处，主要分布在吴山乡的阳春村葫芦岩、和洋村形钟山、吴山村吉洲陈公岩和加内，建设镇的电灌站和建强，梅山乡郑山，太华镇甲魁，前坪乡福井，石牌镇盖山等。2005—2006年，经地质普查查明3处矿山矿石荒料资源量153.94万立方米，其中，建设镇建强石材矿山花岗岩矿36.64万立方米；和洋形钟山矿山多斑状二长花岗斑岩矿58.65万立方米；阳春葫芦岩矿山辉绿岩饰面石材矿58.65万立方米。

第二章　开发利用

第一节　煤炭开采和利用

一、开采

1993年，全县有原煤开采矿山35个，采选企业15家，产量133.94万吨，产值1.08亿元，其中省属企业上京矿务局产量60.39万吨、乡镇矿产量73.55万吨，均用地下壁式开采方法。1994年6月，大田煤炭工业（集团）公司成立，成员企业17家，其中煤炭工业企业14家。1995年9月，广平镇铭溪村鲤鱼坑县第二煤矿试产。1996年，全县生产原煤133.16万吨。乡及乡以上独立核算煤炭采选企业14家，从业5934人，产值1.58亿元，销售收入1.49亿元，利税总额2070.8万元，亏损2家、亏损额228.8万元。

1998年12月，按照国务院煤炭限产政策，县成立煤炭关井压产领导小组。1999年，在“关闭非法和布局不合理煤矿”整治中，关闭小煤矿13处、矿井50个，压产21.3万吨，其中关闭上京矿务局周边越界矿井22个。2000年，全县原煤产量68.13万吨，规模以上原煤采选企业5家，从业3958人，产值8401.6万元，产品销售收入1.43亿元，利税1901.7万元。亏损2家、亏损额9.23万元。当年，县煤矿、第二煤矿进行改制，国有资产承债式转让，分别组建联发、丰源煤业有限责任公司。2001年6月，贯彻国务院《关于关闭国有煤矿矿办小井和乡镇煤矿停产整顿的紧急通知》精神，全县乡镇煤矿停产整顿，关闭证照不全、布局不合理、存在安全隐患和破坏环境的矿井378个，11月，通过省政府关闭小煤矿工作检查组验收。年底，恢复生产矿井 312 个。

2002 年，全县生产原煤 114.48 万吨，规模以上企业 5 家，产值 1.78 亿元，销售收入 2.18 亿元，利税 1050.9 万元。2003—2005 年，全县煤炭产量逐年上升，其中 2004 年乡镇煤矿产煤 101.13 万吨，全县原煤产量 159.3 万吨。2006 年，开展煤炭资源整合，乡镇煤矿实行“一对矿井、一个生产系统、一本生产许可证、一个法人代表”，全县完成矿井联合改造 55 对，关闭矿井 8 处，整合 17 处，保留 36 处。2007 年 12 月，永安煤业有限责任公司苏桥煤矿开工建设。2008 年，全县煤矿设计生产规模达 200 万吨，取得煤炭生产许可证 55 本，生产矿井经重新设计建设，基本实现轨道运输提升、机械通风排水、采用长壁式采煤方法，达到国家规定的安全环保设施设备要求，每一对生产矿井的联合改造投入均达 2000 万元以上，当年，全县有煤矿企业 20 家，其中原国有改制煤矿 3 家、乡镇煤矿 11 家、永安煤业公司省国有煤矿 6 家，全县持有采矿许可证的煤矿 38 个，原煤产量达 208.98 万吨，永安煤业公司苏桥煤矿完成投资 5113 万元。规模以上企业有永安煤业上京分公司，上京、太华、建设、大竹林、文江、奇韬煤矿和广平联办煤矿，丰源、联发煤业有限责任公司等 10 家，从业 3873 人，产值 10.75 亿元，主营业务收入 11.53 亿元，利税 2.65 亿元，占全县规模以上工业产值 18.31%。

县煤矿主井硐口（1997 年摄）

二、加工利用

1993 年，煤炭企业利用煤台对原煤进行筛选，分 5 个等级筛选加工，按质量分等进行配煤、储存和销售，提升经济效益。共有筛选粗加工设施设备 10 套，各煤矿煤矸石基本直接堆放山沟，未得到利用。2008 年，全县加工设施设备 52 套，煤矸石用于水泥配料、烧砖用料等 20 多万吨。

1993—2008 年大田县原煤产量情况表

表 11-1　　　　单位：万吨

年份	全县合计	省属国有矿	乡镇煤矿	年份	全县合计	省属国有矿	乡镇煤矿
1993	133.94	60.39	73. 55	2001	79.57	41.82	37. 75
1994	132.83	59.69	73. 14	2002	114.48	52.14	62. 34
1995	131.01	58.19	72. 82	2003	124.26	49.25	75. 01
1996	133.16	58.00	75. 16	2004	159.30	58.17	101. 13
1997	111.74	49.93	61. 81	2005	148.48	57.28	91. 20
1998	95.94	41.95	53. 99	2006	164.10	56.99	107. 11
1999	85.31	44.83	40. 48	2007	176.80	58.77	118. 03
2000	68.13	39.06	29. 07	2008	208.98	60.89	148. 09

附：永安煤业有限责任公司上京分公司

该公司为省属企业，原名福建省上京矿务局。1993 年，辖柯坑、仙亭、后畲、京东、小华等 5 个煤矿，原煤产量 60.39 万吨。2001 年 1 月，更名为福建省永安煤业公司上京分公司。2008 年，原煤产量 60.89 万吨。

第二节 铁矿采选

一、采矿

1993 年，全县有铁矿山 59 个，铁矿产品产量 106.7 万吨，褐铁原矿（全铁 50% 以上）每吨价格 50 元—70 元、产值 5088 万元，铁精矿（全铁 63%—65%）每吨价格 160 元—180 元、产值 3530 万元。主要为露天开采，采用人工挖掘剥采装车运输的开采工艺。铁矿石原矿量 84.6 万吨，独立核算铁矿采选企业 14 家，产值 3406.4 万元。1995 年，铁矿市场疲软，税赋提高，公路改造影响运力，汤泉铁矿产品积压 1.1 万吨，停产 180 天，全年亏损 79.97 万元；1996 年，全县铁矿市场改观和加强管理，该矿盈利 10.8 万元。铁矿石原矿量 36.92 万吨。当年，全县独立核算企业 15 家，产值 3411.6 万元，产品销售收入 3104 万元，利税 501.4 万元。亏损企业 1 家、亏损额 28.1 万元。1998 年，铁矿石企业产品销路不畅，开工不足，亏损增加。县矿产开发公司和前峰硫铁矿生产矿石 10.96 万吨，乡村铁矿业生产 32.9 万吨，共 43.86 万吨。1999 年，汤泉铁矿、前峰硫铁矿改制改组。

2000 年，全县生产铁矿石成品矿 21.05 万吨，规模以上矿山企业 4 家，产值 2230.6 万元，产品销售收入 2323.8 万元，利税 431.3 万元；亏损 2 家，亏损额 8.3 万元。2001 年，县内铁矿山开采工艺逐步采用铲车、挖掘机等大型机械表层剥离、采矿、装车和运输等作业。实行露天大型机械规模化开采，生产效率、经济效益和资源利用率大幅度提高，当年，采铁矿 81.86 万吨，比 2000 年增长 70.4%。地下开采铁矿的有太华镇汤泉东北矿段和济阳乡铁矿等。2003 年 6 月，铁矿产品市场开始复苏，价格上升，12 月，销往三明钢铁厂 65% 品位铁精矿吨价由 270 元升至 652 元（含税价）。2004 年，全县铁矿产量 239.33 万吨。铁矿石成品矿 38.34 万吨，规模以上矿山企业 19 家，从业 1313 人，产值 4.05 亿元，主营业务收入 4.53 亿元。

2007 年 12 月，铁矿产品价格再度上扬，铁精矿 65% 品位吨价 1170 元，54% 品位吨价 480 元，51% 品位吨价 410 元，分别比 2006 年同期增 88.7%、71.4%、64%。2008 年，全县铁矿持有采矿许可证的矿山 37 个，生产各类铁矿产品 167.27 万吨，产值 4.95 亿元。铁矿石原矿量 139.99 万吨，规模以上企业 14 家，从业 1066 人，产值 9.06 亿元，主营业务收入 8.41 亿元，利税 1.74 亿元。

川石矿山（1997 年摄）

二、选矿

1993 年，全县有铁矿选矿厂 12 家，产铁精矿 22.1 万吨。普遍采用矿山筛选褐铁原矿，按市场客户要求对原矿分级筛选加工，褐铁矿按质量分等为铁原矿、铁合格矿、平炉矿、铁粉矿、水泥厂粉矿、入选铁矿等进行配矿销售。1995 年，利用矿山低品位矿石的磁铁矿（磁性铁 10% 以上）采用磁选机在矿山内干法磁选出入选铁矿或干抛入选磁铁矿产品（磁性铁 20%—30% 以上）；利用矿山遗弃的低品位（磁性铁 5%—8% 以上）废土石和尾矿采用水洗磁选法在矿山内生产入选磁铁矿产品（磁性铁 20%—30% 以上），主要供应县内各铁选矿厂再选出铁精矿（全铁 63%—65%）产品。1997 年，汤泉铁矿、第二铁厂、川石选矿公司等 3 家企业生产铁精矿 7.95 万吨，产值 1283.24 万元，销售额 1575.28 万元，利税 273.7 万元。济阳、太华黄沙、广平铭溪等 3 个球团矿加工厂，利用铁精矿生产球团 3.13 万吨。1998—1999 年，全县生产铁精矿 24.39 万吨，球团 1.45 万吨。1995—1999 年，共筛选平炉矿 1.1 万吨。2000 年，停止生产球团。2001 年，以褐铁原矿（全铁 45%）焙烧成褐铁矿烧结矿（全铁 48%—50% 以上）的矿石加工方法，有褐铁矿浇结矿厂 5 家，产褐铁烧结矿 9.35 万吨。2007 年，进行干抛入选矿，生产 10.61 万吨。2008 年 8 月，受国际金融危机影响，矿产品价格大幅下跌，63% 品位铁精矿吨价从 1400 元跌至 600 元，9—12 月，铁矿山、选矿厂基本处于停产、半停产状态。当年，全县产铁精矿 32.94 万吨，褐铁烧结厂 12 家、产褐铁烧结矿 1.14 万吨。铁选矿厂 28 家，其中规模以上企业 13 家，从业 833 人，生产铁精矿 32.94 万吨，产值 3.61 亿元，销售总额 3.37 亿元，利税 1812.5 万元。

1993—2008 年大田县各类铁矿产品产量情况表

表 11-2　　单位：万吨

年份	合计	铁精矿	铁原矿	铁合格矿	铁粉矿	水泥厂粉	烧结铁矿	入选铁矿
1993	106.70	22.10	84.60	0	0	0	0	0
1994	55.79	20.30	35.49	0	0	0	0	0
1995	76.14	12.99	9.70	40.02	1.45	0.64	0	11.31
1996	48.23	9.79	9.74	12.71	0.48	0.88	0	14.08
1997	62.50	20.91	7.98	13.53	4.13	0.80	0	13.14
1998	64.03	10.80	10.80	12.06	10.98	0.53	0	17.37
1999	56.66	13.59	7.47	3.33	11.54	0.85	0	19.76
2000	48.05	4.59	6.39	3.84	12.95	0.62	0	19.66
2001	81.86	5.92	4.68	4.00	10.91	0.67	9.35	46.33
2002	108.30	22.80	8.40	5.39	13.32	1.21	11.75	45.43
2003	115.43	28.16	12.11	5.62	12.59	1.34	10.72	44.89
2004	239.33	43.82	34.30	12.35	46.07	0.85	8.31	93.63
2005	192.66	39.99	25.63	22.36	44.23	0.35	4.97	55.13
2006	164.98	30.08	17.44	27.19	44.74	0.15	6.05	39.33
2007	168.84	36.27	25.77	21.58	30.73	1.31	2.69	39.88
2008	167.27	32.94	37.31	15.15	38.28	0.36	1.14	34.03

说明：表中合计数 1995—1996 年，分别含平炉矿 0.03 万吨、0.55 万吨。1997—1999 年，分别含平炉矿 0.33 万吨、0.16 万吨、0.04 万吨和球团矿 1.68 万吨、1.33 万吨、0.12 万吨，2007—2008 年，分别含干抛入选矿 10.61 万吨、8.06 万吨

第三节　多金属矿采选

一、铅、锌矿采选

1993 年，县内铅、锌矿少量开采，建爱、铭溪铅锌选矿厂，未选铅锌精矿。1997 年，成立前坪

铅锌矿厂、建设多金属选矿厂，分别投资 220 万元、150 万元。当年，全县铅锌生产矿山 5 个，铅锌原矿产量 1.08 万吨，分为可直接外销铅锌矿石和低品位铅锌入选矿产品。随着铅、锌价格和矿石需求上升，铅锌采选生产开始快速发展。矿山主要采用地下开采房柱式采矿法，部分铁硫矿山也兼采含铅锌矿石。1998 年，铅锌选矿厂的新建、改建增多，当年，有 3 家铅锌选矿厂投产，矿石入选品位铅 + 锌 7%—10%，开采量 8.79 万吨（含直销原矿 1.35 万吨）、采选产值 6491 万元。2004 年，宏祥矿业有限公司生产铅锌精矿 771.99 吨、铅锌混合矿 9.01 吨，销售收入 418.62 万元。

2006 年 9 月，宝树矿业有限公司在梅山乡卓坑里新建铅锌选矿厂；10 月，港商在谢洋乡仕福村岩头自然村成立奇峰矿业有限公司，采选铅锌矿。2007 年，规模以上铅锌矿采选企业 15 家，生产铅锌精矿 1.8 万吨、铅锌矿 0.86 万吨。2008 年，铅锌生产矿山主采和部分铁硫矿山兼采含铅锌矿石均进入铅锌选矿厂生产线浮选出铅精矿、锌精矿、铅锌混合精矿等矿产品，矿石入选品位最低降到铅 + 锌 2%—3%，铅锌精矿价格攀升至每吨金属量 2 万元—2.5 万元，当年，生产铅锌矿产品企业 25 家，全县持有采矿许可证的铅锌生产矿山 11 个，开采量 38.46 万吨（含直销原矿 6.62 万吨）。规模以上企业 17 家，从业 954 人，生产铅锌精矿 2.83 万吨，产值 3.03 亿元，销售收入 2.87 亿元，利税 2082 万元。

二、铜矿采选

1993 年，建设镇多金属选矿厂、县硫铁矿少量采选铜矿。1995 年，建设镇建爱贵竹林矿山发现高品位辉铜矿，含铜最高达 20%—30%，铜原矿价格每吨 2000 元—3000 元，最高每吨达 6000 元，当年，产量 0.93 万吨、产值 2604 万元。1997 年，该矿停采，3 年共开采 2.65 万吨。1998—2002 年，建爱东边洋矿山、龙山崎和奇韬镇文经大坑洋等矿兼采铜原矿，产量 0.08 万吨。1995—2002 年，全县共采铜矿 2.73 万吨，产值 6625 万元。2003—2008 年，全县未采选铜矿。

三、银、钨矿采选

1993—2006 年，县内银、钨矿多共伴生于部分铅锌原矿中，未直接开采银、钨矿原矿，仅太华镇华溪村有村民每年农闲时从原小华钨矿遗留的弃碴土中手工淘洗黑钨矿含辉铋矿，年产量约 100 公斤。部分铅锌选矿厂进行共伴生银、钨矿回收利用。银随铅精矿销售计价，曾有铅精矿中含银最高品位达 6000 克 / 吨，一般在 1000 克—3000 克 / 吨。2007 年，建设爱鑫选矿厂首先采用摇床重力淘洗法从铅锌尾矿回收钨矿产品。2008 年，该矿回收钨矿 50 多公斤。

四、锰矿采选

1993 年，建设镇建爱、太华镇小合等矿山开采锰矿，产量 0.15 万吨，产值 45 万元，锰矿烧结企业 1 家，产锰烧结矿 0.12 万吨。1999 年，有建爱锰矿和铭溪联合锰矿开采锰矿，太华镇张地、万湖、德安，文江乡深坑，上京镇上坪，梅山乡石坑，武陵乡茶山等铁锰矿，品位低无销路，仅少量开采。当年，全县产量 0.66 万吨。

2000—2003 年，铭溪联合锰矿生产锰矿 3.53 万吨，产值 723.7 万元，销售收入 1172.35 万元，利税 162.62 万元。2004 年，该矿停产。2006—2007 年，富杰矿业有限公司生产锰矿 0.79 万吨，产值 332 万元，销售收入 309 万元，利税 42 万元。2008 年，建设镇建爱锰矿和广平镇铭溪联合锰矿等开采锰矿，产量 3.82 万吨，产值 1910 万元。锰矿烧结企业 2 家，生产锰烧结矿 3.48 万吨。

第四节　硫铁矿采选

一、采矿

1993 年，全县有硫铁矿矿山 4 处。当年前峰硫铁矿西矿山、均溪硫铁矿香口坑和十八湾矿山共开采硫铁矿原矿 3.1 万吨。县硫铁矿龙凤场矿山开采并选硫铁精矿销售，硫铁矿原矿 5.3 万吨，产值 371 万元。1996 年，全县硫铁矿折合生产量 8.32 万吨。前峰硫铁矿生产硫铁矿 3.08 万吨，县硫铁矿生产硫精矿 2.5 万吨。1997 年，硫铁矿销路不畅，价格低，产量下降。1999 年，硫铁矿产量降至 2.55 万吨、硫精矿 0.24 万吨。前峰硫铁矿、县硫铁矿实行改制改组。2000 年，县硫铁矿由职工投股筹资租赁部分国有资产、组建宏祥矿业有限公司。2005 年 1 月，县硫铁矿资产及采矿权公开拍卖 3440 万元，南安客商取得该矿资产及采矿的经营管理权，成立海鑫矿业有限公司。当年，硫铁矿价格稍有回升，产量增至 8.49 万吨。2008 年，硫铁原矿价格每吨升至 200 元—300 元，全县有前峰西、龙凤场、香口坑、十八湾、曲斗、南坑等矿山 6 处，生产原矿 17.55 万吨，产值 3510 万元。

二、选矿

1993 年，有县硫铁矿 1 家企业选硫铁精矿，产量 2.2 万吨。2007 年，宝山铁矿有限公司改选硫铁精矿。2008 年，宝山铁矿有限公司和海鑫矿业有限公司等 2 家硫铁矿选矿厂，硫精矿产量 4.55 万吨。

第五节　石灰石矿采选

1993 年，县内石灰石矿主要供应县内水泥厂，部分用于煅烧石灰和钢铁冶炼熔剂。全县有广平镇五峰、万宅、万筹、广平、苏桥、铭溪，太华镇仕坑，上京镇梅林、隆美、灵川，均溪镇上华、东坑，奇韬镇龙床，济阳乡砚坑和桃源镇前厝、前村、岭后等矿山 19 处，实行露天浅眼爆破开采石灰石，产量 57.84 万吨，产值 1244 万元。2000 年，上京镇梅林、中洋等矿山由露天转入地下开采。全县石灰石产量 108.46 万吨，产值 2170 万元。2005 年，广平非金属矿开采石灰石 32 万吨，产值 618 万元，销售收入 604 万元，利税 150 万元。2008 年，随着市场对水泥的需求日益增大，石灰石开采规模进一步扩大，采用大型机械作业、汽车运输。全县有广平镇五峰、万宅、狮牯硐、王岩—百丈坑、葛埔、陈坑、铭溪，太华镇仕坑、吴坑、岩坑，上京镇中洋、梅林石牛岬，均溪镇上蔡、清水垅、卜洋、许思坑，奇韬镇龙床等矿山 17 处。因矿床开采条件限制和环境保护需要，广平镇五峰、葛埔矿山露采，太华镇岩坑矿山未采，大部分矿山均转入地下开采，开采量 219.85 万吨，产值 5936 万元，销售收入 5824 万元，利税 446.5 万元，其中规模以上企业有上京非金属矿、广平非金属矿，从业 434 人，产量 78.6 万吨。

石灰石矿采运（1998 年摄）

1993—2008年大田县多金属和非金属矿产量情况表

表11-3 单位：万吨

年份	铅锌矿	铅锌入选矿	铅锌精矿	铜矿	锰矿	硫铁矿	硫精矿	石灰石
1993	0	0	0	0	0.15	3.10	2.20	57.84
1994	0	0	0	0	0.10	4.20	2.11	82.99
1995	0.02	0	0	0.93	0.05	5.54	2.43	95.45
1996	0.01	0	0	1.24	0.29	5.52	2.46	100.30
1997	0.21	0.87	0.26	0.48	0.28	4.24	1.81	104.50
1998	0.27	1.35	1.19	0.02	0.39	4.31	0.99	90.75
1999	0.18	2.26	0.52	0	0.66	2.55	0.24	109.24
2000	0.12	1.16	0.32	0	0.76	2.31	0	108.46
2001	0.22	1.03	0.10	0	1.74	2.29	0	98.69
2002	0.45	1.25	0.69	0.06	2.01	0.29	0	104.08
2003	0.68	3.12	1.21	0	1.77	5.12	0.08	123.64
2004	0.55	3.36	1.23	0	3.08	5.33	0.05	157.26
2005	0.20	1.90	1.14	0	0.98	8.49	0	143.11
2006	0.50	3.34	2.27	0	0.71	9.56	0.27	201.42
2007	0.86	8.20	1.80	0	1.37	14.13	1.25	222.66
2008	0.61	6.01	2.83	0	3.82	17.55	4.55	219.85

第六节　其他矿产采选

一、石墨矿

1993年，全县有文江乡深坑、上京镇赤水、济阳乡大嵝等石墨矿开采矿山3处，产量0.2万吨。2005年，建设镇富友石墨选矿厂建成，试验浮选纯化生产高碳微晶石墨产品未成功而停产。2006年，石牌镇小湖石墨原矿加工碳素粉。2007年，生产石墨矿6.67万吨，其中，兆丰矿业有限公司生产2.5万吨，销售收入993万元，利税15万元；县乡镇企业开发公司龙山崎矿山兼采3.05万吨。2008年，仅有兆丰矿业有限公司在文江乡琼口开采石墨矿，产量0.7万吨。

二、钾长石矿

2002年，太华非金属矿在甲魁开采石英钾长石矿0.2万吨。2005年，梅山有色金属矿在沧洲开采石英钾长石矿0.1万吨。2007年，太华非金属矿生产钾长石0.94万吨，产值182.5万元，销售收入

163.43万元，利税19.6万元。2008年，生产矿山2个、产量1.2万吨。其中，太华非金属矿生产0.98万吨，产值202.62万元，销售收入213.88万元，利税20.4万元。

三、高岭土矿

1993年，有奇韬镇洋地、张畲、文经高岭土开采矿山3个，产高岭土2万吨；全县有瓷泥淘洗矿厂2家，瓷泥产量0.1万吨。1998年，茂新精制瓷泥有限公司、前丰瓷业有限公司生产白云土4200吨，产值168.57万元，销售额159.5万元，利税19.41万元。2001年，邦迪瓷业有限公司和茂新精制瓷泥有限公司、文韬瓷泥加工厂生产瓷泥、瓷土5316吨，销售收入209.8万元，利税23.5万元。

2004年，恒源工贸公司、福星建材有限公司、邦迪瓷业有限公司和茂新精制瓷泥有限公司等4家企业生产瓷泥8172吨，产值346.9万元，利税48.12万元。2008年，全县有奇韬镇洋地—张畲、后坑—黄龙坑和永德村尾寨垅，广平镇沙基丘、太华镇罗丰、湖美乡旺建、均溪镇上蔡等高岭土生产矿山7个，产量3.5万吨。全县有瓷泥淘洗矿厂4家，瓷泥产量6260吨，产值253.5万元，销售收入248.5万元，利税35.3万元。

四、石英石矿

1993年，在太华镇华溪、文江乡联盟石英石矿山开采，产量0.2万吨。2005年，有联盟、甲魁、张地矿山。2008年，文江乡联盟和太华镇张地、甲魁3处开采，产量1.2万吨。

五、普通建筑用石、黏土矿

1993年，全县有建筑用石料、黏土开采矿山65个，其中，石料矿山47个、黏土矿8个。产量82万吨。2000年，开采矿山60个，产量91万吨。2008年，全县开采矿山53个，其中砖瓦用黏土矿山5个、水泥用黏土矿山1个、建筑用石料矿矿山47个，产量168万吨。

第三章　矿产资源管理

第一节　机构

一、行政机构

（一）县国土资源局

1993年，县矿产资源管理委员会，设矿管办、采矿科、征管办、矿产督查队、矿管所、地质普查规划队等，编制36人。1997年1月，成立县地质矿产局，设办公室、矿管、地勘、监察股、征管办、矿产品稽查队、矿管所、地质普查规划队等，矿政人员57人。2002年2月，机构改革撤销县地质矿产局和土地局，成立县国土资源局，履行矿产资源管理职能。从事矿政管理的有矿管、地勘（储量）、监察、地环等股和征管办、执法大队、乡镇国土资源所。矿政人员57人，其中行政编制7人、自收自支事业编制50人。矿政人员中技术人员16人。2008年，内设机构，职能和人员编制不变。

（二）县煤炭管理局

1997年8月，县政府批复成立大田县煤炭管理局，与煤炭工业（集团）公司一套人马两块牌子，行使煤炭行业行政管理职能，局长兼任煤炭工业（集团）公司经理。2004年5月，煤炭工业（集团）公司撤销，保留煤炭工业公司，与县煤炭管理局两块牌子一套人马，局长兼任经理。2006年10月，成立煤炭行业管理办公室，行使煤炭管理局职能。2008年10月，县编委核定煤炭行业管理办公室编制25人，政企分离，行使煤炭行业行政管理和安全监督工作。

二、协调机构

1994年6月，成立县矿产品协调办公室，下设8个矿产品申报站，在县煤炭、冶金化学、建材公司设矿产品交易所，履行全县矿产品流通领域管理职能。至2008年，机构设置和职能不变。

三、行业管理机构

1993年，县瓷业管理办公室挂靠前峰硫铁矿。1997年，挂靠县地质矿产局。2002年，挂靠县国土资源局，行使全县陶瓷原料矿矿山行业管理职能。2006年，设立县冶金化学矿、煤炭和建材等3个矿业管理办公室，制定行业技术规范。2008年，机构设置不变。

第二节 管 理

一、矿权管理

（一）采矿权许可证管理

1993年，省矿管办授权县矿产资源管理部门负责采矿许可证管理。采矿权采用行政审批和人工登记管理资料，实行业务股初审、分管领导审核把关、主任或局长召开会议决定审批发证的三级审批制度。全县取得采矿许可证的矿山226个，其中，煤矿58个、铁矿61个、硫铁矿6个、石灰石矿28个、瓷土矿8个、石墨矿和石英石矿各3个、锰矿4个、黏土与普通建筑石料矿55个。

2001年，省、市、县矿产资源管理部门按发证权限分级审批颁发采矿许可证198本。2002年，县国土资源局建立全县采矿权信息系统，实行电脑管理采矿权登记资料；完成全县主要矿区的矿山界桩埋设；全面清理已颁发的采矿许可证并自查自纠；按照可采区、限采区、禁采区规划和省新建矿山最小规模要求审查采矿权，从严控制采矿证的发放，执行国土资源部的规定，暂停颁发钨、稀土等8种矿产采矿许可证；对一处整体资源设置多个采矿权主体分割开采的矿区实行联合、改造。同年9月起，新设立的采矿权一律采用市场招标、拍卖、挂牌形式出让，对原属行政审批采矿权的延续，以协议方式出让，缴纳采矿权价款，陆续补缴出让采矿权价款总计8236万元。2005年，受省国土资源厅委托，县完成崩额前铁矿、马头岬铁矿采矿权的公开挂牌出让，大田县海河钢铁有限公司和大田县鹭峰矿业有限公司分别取得崩额前铁矿、马头岬铁矿采矿权，出让采矿权价款总计825万元。2006年，采用采矿权网上审批系统；同年9月，暂停颁发铅锌矿种的采矿许可证。

2008年，全县取得采矿许可证的矿山178个，其中，省发证的煤矿38个、铁矿37个、锰矿3个、铅锌矿11个、硫铁矿6个；市发证的水泥用石灰岩矿17个；县发证的长石矿、石墨矿、叶蜡石矿、水泥用黏土矿各1个，石英岩（脉石英）矿3个、砖瓦用黏土矿5个、高岭土矿7个、建筑用石料矿47个，矿区总面积91.5平方公里。

（二）勘查许可证管理

2002年，县开始实施勘查区块登记、探矿权行政审批、有优先采矿权的政策，社会资金踊跃投入地质勘查。2005年8月，探矿权一律采用市场招标、拍卖、挂牌形式出让。2006年，根据探矿权有偿取得规定，县国土资源局受省国土资源厅委托，对前坪乡下地矿区铁铅矿探矿权进行公开挂牌出让，福建省顺嘉矿业公司取得该探矿权，探矿权价款65万元。2008年，全县经省国土资源厅行政审批的探矿权84个、市场审批出让的探矿权1个，其中，煤炭11个、有色金属矿44个、黑色金属矿28个、非金属矿1个，勘查总面积613.69平方公里。县国土资源局协助省国土资源厅审查拟设探矿权90个，完成勘查规划1个、勘查项目开工报告62个、专项资金管理方案1个、汇交勘查资料成果21份，并建立勘查管理档案105件，收集探矿权市场管理信息5份。现场检查监督84处，发出整改通知书25份、编制年度报告1份、统计报表60份、专项资金管理方案1个、汇交勘查资料成果21份，并建立勘查管理档案105件，收集探矿权市场管理信息5份，调处纠纷2起。

二、开发监督管理

（一）矿山年度检查

1993年，县矿产资源管理部门建立矿山年度检查的内部会审和外部会审制度。年检矿山企业236个，其中，合格167个，占70.76%；不合格69个，占29.24%。2002年，会审年检采矿权矿山196个。2005年，会审年检采矿权矿山182个、会审年检探矿权65个。对乡镇煤矿35本生产许可证及生产、通风能力进行年检，合格5本、基本合格28本，不合格2本，责成整改。

2008年，县国土资源局会审年检采矿权矿山178个，其中，合格126个（在《海峡资源报》上公布），合格率70.79%；不合格25个，责令停产整顿；限期整改27个。探矿权年检84个，其中合格73个、不合格11个。

1993—2008年，每年3月矿管股到各开采矿山进行现场年度检查，对矿山资源储量的开采利用、矿山企业依法开采和矿产资源补偿费、采矿权价款、采矿权使用费、矿山生态环境保证金依法缴纳等情况进行检查；每年9月，地勘股对勘查区进行现场年度检查，主要对勘查范围、时限、设计、投入和出租、转让及以采代探等情况进行检查。各股（所、队）就发现存在的问题签署年检意见，并依法查处，督促矿山企业整改。

（二）矿山动态监督巡查

1993年，县矿产资源管理部门建立矿山开采检查制度，依法惩处无证开采点12个。2002起，县国土资源局要求采矿权人执行采掘工程交换图制度。地下开采的矿山企业每个季度交换一次采掘工程平面图和井上井下对照图；露天开采矿山企业半年交换一次采掘工程平面图和采掘进度剖面图。2005年，矿山企业共提交采掘工程交换图256份。2008年，全县矿山企业共提交采掘工程交换图415份，县国土资源局发出责令整改各类开采矿点24处，依法惩处无证开采矿山2处、越界开采矿山1处、不按批准方案开采5处。

（三）矿产资源与地质环境保护

1995年，县矿产资源管理部门始征收矿产资源补偿费，用于矿产资源保护。1999年，省地矿厅下达县开展10家矿山储量动态管理试点，进行开采回采率、采矿贫化率、选矿回收率的“三率”指标考核，对矿山企业进行储量占用登记、储量统计和矿山的 “三率”及储量动态管理。2000年，开始实施矿山储量核实认定，当年，完成10个矿山储量核实认定工作，推行合理开发利用矿产资源管理。2002年，县政府制定《大田县矿产资源开发利用与保护规划》，明确划定矿产资源可采区、限采区和禁采区。

2005年，采用统计软件完成全县182个矿山年度矿产资源开发利用和储量统计，实行电脑管理统计资料，改变手工纸质统计不准确、不及时的落后情况；推行全县矿山储量占用登记，为矿产资源保护奠定管理基础。当年，县成立地质灾害防治领导小组，请闽西地质大队完成地质灾害点排查120处，均溪镇大道山村部分受灾农户搬离地质灾害区。2007年，实行矿山按规定缴纳矿区生态环境保证金，按矿山地质环境保护与治理恢复方案和“谁破坏、谁治理”的原则保护矿区生态环境。县投入资金251万元，修建银川矿区大合河堤和拦渣大坝工程。2008年，全县矿山企业累计缴存省专户的矿区生态环境保证金3120万元。

三、矿产品市场管理

1993年，县矿管委对矿产品流通市场进行管理，全县销售各类矿产品387.6万吨。1994年6月，县成立矿产品协调办公室，负责全县各类矿产品流通市场的管理和矿产品金费征收；协调和理顺各部门、乡镇、矿山企业关系，加强矿产品流通市场各环节的督促检查，查处和打击矿产品流通市场的各种违法违纪行为。设石牌、桃源、奇韬、文江、郭村、东坑等6个矿产品申报站。2003年，煤炭行业查处违法经营400余起，处罚和补收各项金费共65万元。2005年，增设梅山、上京矿产品申报站。2008年，全县持有矿产品经营许可证企业112家，销售各类矿产品642.55万吨，发放煤炭、冶金化学矿、非金属矿福建省矿产品准运证21.5万份，征收各类矿产品金费2132万元。

四、矿山整治

1993年，县矿管委整顿矿业秩序，解决矿山历史遗留的各类纠纷、争议等热点、难点问题。2001年，县成立矿产资源管理秩序治理整顿领导小组，开展矿产资源治理整顿。专项治理乡镇煤矿，关闭布局不合理、达不到安全生产要求的煤炭生产小井66个。立案查处非法采矿8件，没收非法所得8420元，处罚5900元，取缔无证采矿59起。2005年，全面开展整顿和规范矿产资源开发秩序工作，打击非法采矿行为，9个产煤乡镇对305个无证、非法矿井实施爆破、封硐、编号、拍照、建档。其中，原已关闭有启封迹象的矿井248个，重新关闭废弃矿井76个，关闭非法新开矿井21个。4月27日，县政府将无证非法矿井情况在《海峡资源报》第3版公告。加强采矿权的审批管理和年度报告监督检查，按照部门的职责分工，对缺少申请要件、不符合矿产资源规划、环境影响评价报告未经环保部门审批、安全生产设施未经安监部门审查的，一律不予发证，已发证的限期整改，整改无望的给予关闭；对国有煤矿矿办小井，不具备基本安全生产条件或采矿许可证、煤矿生产许可证、营业执照、矿长资格证书“四证”不全的各类小煤矿和符合开采条件的乡镇煤矿，有计划、有步骤地进行联合改造。使其达到布局合理、安全状况好、生产能力高、资源利用好和环境保护等要求；各乡镇煤矿最低年生产能力应在3万吨以上，并逐步达到6万吨以上。当年，县政府制定《大田县生产小矿实行关闭淘汰联合改造工作方案》，关闭、淘汰非煤矿山16个，改造、联合、兼并矿山65个。

2008年，建立由矿管、安监、公安、工商、法院、监察、电力、财政、发改、林业、交通、煤炭等部门组成的联合执法队伍，打击非法采矿活动。完成煤矿资源整合的立项审批、技术改造、改建、扩建等项目16处，完成井下安全监控系统安装22对，其中15对矿井完成地面联网。非煤矿山完成东边洋、龙山崎铅锌矿，雄峰与大庵坂铁铅锌矿，银顶格1号和5号矿山、济阳、后洋与川石铁矿等19处矿山整合，基本达到国家办矿要求。当年，全县依法查处矿产资源违法案件39起，其中无采矿证开采2起、越界开采1起、未按批准开发利用方案开采5起，发出制止通知书24份，查处非法勘查案件7起、罚没款9万元，查处率、结案率100%；调处矿山纠纷信访21起。

卷十二 财政 税务

1993年，大田县继续实行大包干财政体制，全县征收21个税种，各项税收收入5093万元。1994年，实行分税制财政体制，财政收入分为中央级收入和地方级收入，分设国税和地税，按收入种类划分各级政府收入，国税征收11个税种，地税征收12个税种，全年税收收入7928万元；县财政培植财源、增收节支，根据财权与事权统一的原则，明确县和乡镇政府收支范围。1997年，县财政建立收入目标考核责任制，随着经济发展，税源扩大，税务部门加强征管，税收收入逐年增加。2000年，税收收入1.09亿元。2006年，地税收入1.4亿元，国税收入超2亿元。2008年，国税征收5个税种，地税征收12个税种，全县税收收入4.95亿元，县财政一般预算收入5.24亿元，分别比1993年增长8.71倍、8.33倍。

第一章 财政

第一节 财政体制

一、县级财政体制

1993年，省对县继续实行大包干财政体制，核定县级收入基数1990万元、支出1848万元。1994年起，财政实行分税制管理体制，按新税种划分中央、地方固定收入和中央与地方共享收入三类。重新核定收入基数为3310万元、支出基数4254万元。1996—1999年，农业税减免和人武部经费、工商行政管理经费基数上划归省财政支付。2001年，省分成部分地方收入，年终结算上解上级资源税15%，土地使用税、耕地占用税、罚没收入各20%，土地增值税40%。

2002年，所得税改中央和地方按5 ∶ 5比例共享。2003年，所得税分成比例调整为6 ∶ 4比例共享，将省级分成改为金库划解上解，省对县一般转移支付补助按2002年补助数一定五年不变，对中央出台的调资，省实行部分或全额补助。当年，核定收入基数6786万元、支出基数1.08亿元。2005年，省财政对县级财政实行地方级税性收入增长、产粮大县、撤乡并镇、削减财政赤字、县乡政府化解债务、设区市增加县（市）财力性补助等给予奖励的补助办法，核定收入基数7425万元、支出基数1.08亿元，税收返还3562万元。2006年，省财政出台缓解县乡财政困难补助办法，定额补助793万元。2008年，全县税收收入中央、省市、县级比例为52.34 ∶ 1.57 ∶ 46.09。

二、乡镇财政体制

1993年，县对乡镇实行“一定一年”的“定收定支、超收分成、减收扣支、节余留用”财政体制。1995年，根据分税制改革精神，实行“定额上解，超收分成，短收自负”管理体制。1998年起，实行

“划分税种、定额缴补、超收全留”办法，并在部分乡镇建立乡镇级金库。2001年，随着乡镇国库业务日趋萎缩，撤销乡镇金库。

2003年，乡镇财政仅保留农业税、农业特产税两个税种和原属乡镇财政的非税性收入，教育、土地、广电、司法、林业、卫生经费上收由县级财政负担，并建立乡镇困难转移支付和奖励性转移支付制度。对乡镇减收的农业税、原木特产税实行全额补助。2005年起，实行财政困难乡镇补助，补助华兴等11个乡镇300万元。2006年，畜牧兽医站、水产站支出经费上收县财政支付，相应核减乡镇支出基数；烟叶特产税增量部分返还补助由35%提高到70%。2008年，乡镇财政体制不变，转移支付4727万元。

第二节 财政收入

一、预算内收入

1993年，全县财政总收入5613万元，其中地方级财政一般预算收入4416万元、上划中央收入1197万元。收入来自各项工商税收、国有企业上缴利润和其他收入等。

1994年，实行分税制，全县财政总收入7553万元，其中地方级财政一般预算收入4393万元、中央级收入3160万元。地方级财政一般预算收入来自地方各项税收（增值税25%）、国有企业上缴利润和其他收入等；中央级收入包括增值税75%和消费税。

1997年，全县财政总收入1.35亿元，其中，地方级财政一般预算收入9317万元，中央级收入4213万元。1998—2000年，受国际金融风暴和县税源结构单一影响，全县财政收入有所下降。2001年，全县财政恢复到1997年水平，总收入1.36亿元，其中，地方级财政一般预算收入8273万元，中央级收入5368万元。2002年，所得税改按中央和地方5 ∶ 5比例共享，地方级财政一般预算收入7858万元，比2001年下降415万元。

2003年起，县域经济保持持续、快速、健康发展，财政部门配合国税、地税部门到企业调查研究，分析税源状况，加大重点税源监控力度；健全目标考核责任制、加强预算执行情况分析、实行通报制度等措施组织收入，确保应收尽收。2004年，财政总收入达到2.21亿元，地方级财政一般预算收入和中央级收入分别为1亿元、1.21亿元。

2008年，受国际金融危机、国内经济增速放缓等宏观环境的影响，全县矿产品市场价格和产销量下降，影响财政增收，县政府出台《关于扶持中小企业发展的实施意见》，实行财政补助、贴息、按规定减免税等措施，扶持企业发展。当年，财政总收入5.24亿元，比上年增长24.62%，比1993年增长8.33倍。其中地方级财政一般预算收入2.63亿元、中央级收入2.61亿元，分别比1993年增长4.95倍、20.77倍。

二、上级补助收入

1993年，上级补助收入682万元，其中，专项补助647万元，财力性转移支付35万元。

1994年，实行分税制，省、地（市）财政补助增加，全年共2001万元，其中，税收返还1144万元，专项补助817万元，财力性转移支付40万元。

2000年，省对县实行一般转移支付办法，当年，共转移支付4305万元，其中，税收返还997万元，专项补助1226万元，财力性转移支付2082万元。2003年起，随着农村税费改革试点开展，上级补助逐年提高。至2007年，5年间各项补助共7.9亿元、年均1.58亿元，其中，税收返还1.78亿元、年均3562万元，专项补助1.38亿元、年均2767万元，财力性转移支付4.74亿元、年均9476万元。

2008年，上级补助收入3.1亿元（不含税收返还3562万元），是1993年的45.45倍。其中，专项补助 9825 万元，财力性转移支付 2.12 亿元。

三、预算外资金收入

1993 年，预算外资金收入包括专项、一般预算外资金和乡镇预算外上解、非税及转移支付收入，全年收入 566.4 万元。1994—1995 年，预算外资金收入共 2034 万元。1996 年，执行《国务院关于加强预算外资金管理的决定》，对预算外资金管理范围作统一规定，当年，预算外资金收入 5383 万元。1997 年起，预算外资金收入继续保持较快增长。2004 年，专项和一般预算外资金分别收入 2974.03 万元、6190.89 万元。2008 年，预算外资金收入 1.48 亿元，是 1993 年的 26.13 倍。

四、基金收入

1997 年，始设“基金预算收入”科目。至 2006 年，全县基金收入共 1.07 亿元，年均 1067 万元。

2007 年，国有土地使用权出让收入逐步纳入基金管理，全县基金收入 1294 万元，其中国有土地使用权出让收入 775 万元。2008 年，全县基金收入 3572 万元，其中国有土地使用权出让收入 2862 万元。

1993—2008 年大田县财政预算内收入情况表

表 12-1 单位：万元

年份	一、一般预算收入	1. 中央级	2. 地方级	（1）税性收入	（2）非税收入	二、上级补助收入	1. 税收返还	2. 专项补助	3. 财力性转移支付
1993	5613	1197	4416	4081	335	682	0	647	35
1994	7553	3160	4393	3980	413	2001	1144	817	40
1995	10386	3196	7190	4948	2242	1885	1144	714	27
1996	12287	3949	8338	6145	2193	1901	1100	715	86
1997	13530	4213	9317	6578	2739	1955	1100	845	10
1998	12303	4143	8160	5177	2983	2641	1096	1525	20
1999	11783	4410	7373	5726	1647	3816	1011	1929	876
2000	12421	4761	7660	6100	1560	4305	997	1226	2082
2001	13641	5368	8273	6887	1386	5477	998	1282	3197
2002	14820	6962	7858	6726	1132	6837	3353	1260	2224
2003	15862	7656	8206	7010	1196	8681	3562	934	4185
2004	22084	12066	10018	8856	1162	11822	3562	1510	6750
2005	28566	15708	12858	11741	1117	14111	3562	2034	8515
2006	35195	18175	17020	15416	1604	18259	3562	2998	11699
2007	42022	19996	22026	18896	3130	26150	3562	6357	16231
2008	52364	26054	26310	23236	3074	34556	3562	9825	21169

五、乡镇财政预算收入

1993 年，乡镇财政收入主要来自工商税收、农业税和其他收入，全县乡镇财政预算收入 2905 万元。1995 年，根据分税制改革，乡镇财政收入增加企业所得税部分，乡镇财政预算收入 3269 万元。1998 年，乡镇财政实行划分税种、定额缴补办法，乡镇财政预算收入 4280 万元。2003 年，工商税收上划县级收入和开展农村税费改革试点，乡镇财政预算收入下降。当年，乡镇财政预算收入 851 万元。2008 年，农村税费改革相继取消农业税、农林特产税后，乡镇财政收入主要为烟叶税。当年，乡镇财政预算收入 507 万元，比 1993 年减收 2398 万元，下降 82.55%。

第三节 财政支出

一、预算内支出

1993 年，全县财政一般预算支出 5038 万元，当年，收支结余 65 万元，滚存赤字 192 万元。

1994 年起，县财政按照“一要吃饭、二要建设”的原则，加强预算管理，调查行政事业单位定员定额及收支情况，一批行政性收费纳入预算管理；调整支出结构，制定定额标准，实行分类管理；严格控制消费支出和社会集团购买力，压缩非生产性开支，消化财政赤字。1995 年，一般预算支出 8625 万元。1996 年，滚存赤字 99 万元。1997 年，加大预算外资金调入，实现滚存平衡。

1998 年，县级财政一般预算收入下滑，影响正常工资发放，本着“实事求是、量入为出、量力而行”的原则，执行适度从紧的财政政策，集中财力“保工资、保稳定”，比 1997 年减支 608 万元，下降 5.31%。2000 年，县财政支出以“解决欠发工资问题”为重点，调剂预算外资金，调整支出结构，控制不必要支出，一般预算支出 1.25 亿元。

2001—2007 年，按照“比例适当、集散有度、收支合理、使用得当”的要求，坚持收支平衡，重点支持工业发展，一般预算支出从 1.46 亿元增加到 4.29 亿元，滚存结余 6673 万元，7 年支出共 16.89 亿元，年均 2.41 亿元，年均增长 19.66%。2008 年，一般预算支出 4.95 亿元，是 1993 年的 9.82 倍，滚存结余 1.66 亿元。

二、上解支出

1993 年，省对县财政实行大包干体制。1994 年，调整体制分成上解，上解支出 94 万元。1995—2001 年，全县上解支出共 3678 万元，其中体制分成上解 1256 万元，专项上解 2422 万元。2002—2003 年，省对县实行一般转移支付办法，仅专项上解 354 万元。

2004—2008 年，省对县加大一般转移支付补助，每年增加体制分成上解 1767 万元，全县上解支出共 1.03 亿元，其中，体制分成上解 8835 万元，专项上解 1507 万元。

三、基金支出

1997 年，始设“基金预算支出”科目，包括工业、交通、文教、农业、其他部门基金支出和国有土地使用权出让金、政府住房基金及地方财政税费附加支出。当年，基金支出 138 万元，其中，教育 59 万元，地方财税附加 79 万元。年终滚存结余 2 万元。

1998—1999 年，基金上解 75 万元，总支出 1842 万元。2000—2002 年，基金支出 1611 万元。2003—2006 年，基金支出 4884 万元，上解 93 万元，总支出 4977 万元，年均 1244 万元。2008 年，基金支出 5581 万元，滚存结余 1290 万元。1997—2008 年，基金支出累计 1.6 亿元，年均 1331 万元。

四、预算外资金支出

1993—1995 年，预算外资金支出 1806 万元，其中，行政事业 338 万元、占 18.72%，基本建设 793 万元、占 43.91%。1996 年，支出增加到 5259 万元，其中，行政事业 3386 万元、占 64.38%，基本建设支出下降到占 13.31%。2003—2006 年，共支出 4.02 亿元，其中，行政事业 2.46 亿元、占 61.19%，乡镇统筹、自筹资金 8237 万元、占 20.47%，其他支出 6038 万元、占 15.01%，城市维护 175 万元、占 0.44%，基本建设支出下降到占 2.62%。2007—2008 年，共支出 3.07 亿元，其中，教育 7747 万元、占 25.22%，农林水事务 4646 万元、占 15.13%，交通运输 3076 万元、占 10.01%，一般公共服务 8261 万元、占 26.9%，社会保障和就业、医疗卫生、文化体育与传媒、城乡社区事务等 6985 万元、占 22.74%。

1993—2008年大田县地方级财政预算内支出情况表

表12-2 单位：万元

年份	合计	一般公共服务	国防	公共安全	教育	科学技术	文化体育与传媒	社会保障和就业	医疗卫生	节能环保	城乡社区事务	农林水事务	交通运输	资源勘探电力信息	商品流通	金融监管	国土资源气象	住房保障	粮油物资	其他支出
1993	5038	1484	27	292	1350	23	76	121	332	189	74	526	—	245	—	—	4	—	164	131
1994	6280	1638	39	360	2069	38	94	285	374	219	125	724	—	113	—	—	12	—	128	62
1995	8625	2790	42	505	2186	51	86	194	569	239	257	1124	—	390	—	—	35	—	130	27
1996	10276	2543	72	945	3167	62	115	187	563	218	361	1107	—	657	—	—	44	—	215	20
1997	10860	2707	66	1034	3585	43	139	246	686	198	383	1310	—	257	—	—	32	—	161	13
1998	10446	2032	61	981	3543	32	130	317	719	207	405	1456	—	186	21	—	70	—	113	173
1999	10832	1991	43	854	4023	46	99	347	642	242	375	1253	—	537	34	—	53	—	96	197
2000	12528	2312	56	963	4509	61	102	700	733	260	386	1421	264	377	27	—	53	—	98	206
2001	14625	3026	72	1049	5435	87	119	1206	1002	278	230	1442	132	260	36	—	49	—	90	112
2002	15849	3180	57	1165	6330	124	137	1439	1092	136	257	1439	0	248	59	—	20	—	123	43
2003	18455	3501	85	1199	7196	94	145	1577	1116	203	397	2047	264	306	50	—	91	—	81	103
2004	20576	4123	117	1346	8022	93	166	2252	1042	171	235	2252	132	191	62	—	236	—	96	40
2005	24902	5104	86	1335	10036	120	199	3051	885	200	316	2653	0	348	80	—	85	—	85	319
2006	31571	5929	113	2057	12188	123	275	3900	935	262	475	3621	253	296	52	29	382	—	151	530
2007	42928	7723	100	2970	14318	664	373	4037	2946	328	711	5160	2069	445	79	16	498	—	192	299
2008	49464	6844	154	3089	16068	247	374	4316	4955	1483	707	6966	2167	468	131	21	228	400	225	621

说明：有些科目时年没有，数字未能单列出

1993—2008 年大田县地方级财政预算内收支情况表

表 12-3 单位：万元

年份	一、本年收入	1. 地方级财政一般预算收入	2. 上级补助收入	3. 预算外资金调入	二、本年支出	1. 一般预算支出	2. 上解上级支出	三、本年收支结余	上年滚存结余	本年滚存结余
1993	5103	4416	682	5	5038	5038	0	65	-257	-192
1994	6394	4393	2001	0	6374	6280	94	20	-192	-172
1995	9075	7190	1885	0	9035	8625	410	40	-172	-132
1996	10848	8338	1901	609	10815	10276	539	33	-132	-99
1997	11613	9317	1955	341	11462	10860	602	151	-99	52
1998	10867	8160	2641	66	10854	10446	408	13	52	65
1999	11698	7373	3816	509	11347	10832	515	351	65	416
2000	12794	7660	4305	829	13131	12528	603	-337	416	79
2001	15291	8273	5477	1541	15226	14625	601	65	79	144
2002	16218	7858	6837	1523	16132	15849	283	86	144	230
2003	18534	8206	8681	1647	18526	18455	71	8	230	238
2004	22719	10018	11822	879	22528	20576	1952	191	238	429
2005	27969	12858	14111	1000	26835	24902	1933	1134	429	1563
2006	35842	17020	18259	563	34280	31571	2709	1562	1563	3125
2007	48397	22026	26150	221	44849	42928	1921	3548	3125	6673
2008	61248	26310	34556	382	51291	49464	1827	9957	6673	16630

五、乡镇财政预算支出

1993 年，乡镇财政支出主要用于农村生产、农林水利气象等部门的事业费、城市维护费、文教卫生事业费、行政管理费、其他部门的事业费及其他支出等。全县乡镇财政预算支出 7608 万元，收支结余 39 万元，滚存结余 66 万元。1994 年，加强乡镇财政预算管理，调整支出结构，压缩非生产性开支，财政结余扩大，当年，滚存结余 188 万元。

1998 年，乡镇财政实行新的管理体制，预算收入下降，影响正常工资发放，有 9 个乡镇出现赤字，个别乡镇存在欠发工资现象。当年，支出 4640 万元，比 1997 年增支 951 万元，增长 25.78%。首现赤字 564 万元，滚存赤字 144 万元。

2000 年，乡镇财政按县财政以“解决欠发工资问题”为重点。加大预算外资金调剂力度，调整支出结构，压缩一般性支出，保工资、保重点。当年调入预算外资金 271 万元。2003 年，教育、广电、林业经费等上收县级财政负担，乡镇支出压力减小，农村税费改革试点增加对村级的补助。当年，支出 3230 万元，滚存赤字 427 万元。2008 年，全县乡镇财政预算支出 4796 万元，滚存赤字 245 万元。

第四节 财政管理和监督

一、机构

1993年，大田县财政局设人秘、预算、事业、工交、商财、农财、农税、会计、监察、综合、国有资产管理等11个股，挂靠单位县政府控制社会集团购买力、财务大检查、国库券推销等3个办公室，编内人员39人，18个乡镇设立财政所，编内人员64人。1994年4月，成立事业单位三明大田会计师事务所；10月，增设外经财务管理股；12月，成立自收自支事业单位财通有限公司。1996年10月，撤销国库券推销办公室，成立国债服务部，为下属自收自支事业单位。1997年2月，撤销国有资产管理股，成立国有资产局和全额拨款副科级事业单位住房公积金管理中心；8月，机构改革，撤销外经财务管理股，增设社会保障股，局内有11个股，挂靠单位县政府控制社会集团购买力办公室、财务大检查办公室；10月，监察股、县政府财务大检查办公室分别更名为监督稽查股、县税收财务物价大检查领导小组办公室，全局编内人员45人。1999年12月，会计师事务所改制与财政局脱钩。2000年11月，财通有限公司撤销。2001年12月，国债服务部撤销。

2002年1月，国有资产管理局撤销；11月，机构改革，撤销县税收财务物价大检查领导小组办公室，局内设人秘股、综合股、预算股、国库股、行政政法股、教科文股、经济建设股、农业股、社会保障股、外经股、企业股、会计股（加挂会计委派管理股牌子）、统计评价股、监督检查股（加挂县财政监督检查局牌子）、农税股（加挂县农税征收管理局牌子），挂靠单位县政府控制社会集团购买力、采购委员会、国有资产管理委员会办公室，编内人员46人；12月，乡镇财政所人事关系转入乡镇。2003年5月，住房公积金管理中心上收市管，更名为大田管理部。2008年，股室设置和挂靠单位不变，编内人员41人，乡镇财政所编内人员50人。

二、预算管理

1993年，县财政贯彻国务院《中央预算收入对账办法》和财政部《关于严禁占压预算资金确保预算收入及时入库的紧急通知》精神，解决征收、解缴环节滞留、延压财政收入问题，促进收入入库。年终决算，全县财政总收入超额完成年初预算任务，支出控制在预算指标内。

1994年，实施分税制财政体制，地方财力减少。县政府印发《关于进一步强化预算约束严格控制经费支出的通知》和《关于停止审批专控商品的通知》，严格控制消费支出和社会集团购买力增长。

1998年，财政收支矛盾突出。县政府制定《关于经费追加审批程序的规定》和《关于会议费用管理的规定》，严格预算支出管理。1999年，设立全县教师工资专户，确保教师工资及时足额发放；适时调整县对乡镇的财政体制，促进乡镇财政平稳运行。

2001年，乡镇财政预算实行单独编制；县直部门全面推行部门预算、零基预算、细化预算和综合预算，财政预算编制实行综合预算内外财力，缓解预算内财力不足的压力。2002年，对教育局、公安局、法院、林业局、国土资源局等5个单位实行试编部门细化预算。2005年，编制政府采购预算。2006年，实施政府收支分类改革，转换预算数据，将部分行政事业单位收费和基金纳入预算管理；科学合理编制乡镇政府及各行政事业单位的年度收支预算。

2007—2008年，细化部门预算编制，根据“人员工资按实际、公用经费按定额、项目支出按可能”的原则，保证工资发放和“三农”（农业、农村、农民）、科技、教育、社会保障等支出；加强公共资源和资产管理，将土地出让收入全额纳入基金预算管理，规范地方电力附加费支出和乡镇国有土地使用权出让净收益使用。

三、财务管理

（一）行政事业单位财务管理

1993—1995年，县财政按照“保吃饭、保重点、保平衡”的原则，落实全额预算管理向差额过渡、差额向自收自支过渡和“抵支收入”的规定，压缩非生产性开支。1996年，剔除单位不合理开支35万元、限购小车24辆，节约397.5万元。

1997—1998年，执行行政、事业单位财务规则，县政府制定《大田县综合财政预算管理规定》，实行“核定收支、定额或定项补助，超支不补，结余留用”的管理办法；同时，清理122个行政事业单位银行账户，撤销、合并账户153个，杜绝隐瞒收入现象；清理领导住宅公费固定电话391部、移动电话290部，共折价37.6万元，出售款项交县财政；同时，实行行政事业性收费征收“票款分离”。1999年，全县公办教师工资由县统一支付和管理。

2001年起，改变中小学财务独立核算，学校预算外收入统一上缴财政专户，由财政回拨，实行“收支两条线”管理。撤销县直行政事业单位银行账户277个，制止多头开户和财政性资金脱离财政监管。

2002年，完善财政资金拨付制度，改进资金用款审批办法，将预算内外资金用款审批表合二为一，简化审批手续。2004年秋季，义务教育阶段学校收费实行“一费制”，在严格核定杂费、课本和作业本费标准上，确定一个收费总额，开学时学校一次性向学生家长收取；看电影、体检和参加社会实践等代办收费，根据情况，按“一事一收”，事毕结清，多还少补，不得盈利的原则进行处理。

2006年，推进财政票据电子化管理改革，完善“单位开票、银行代收、财政统管”的征管办法；推行国库集中支付制度，解决资金层层拨付、流转环节多等问题，提高财政资金使用效率和透明度。同年4月起，根据省财政厅“实施政府收支分类改革方案”，做好相关财务预算管理配套调整。2007年1月，实施新的政府收支科目分类，由“收入分类”“支出功能分类”“支出经济分类”三部分组成。2008年，跟踪监控预算单位银行账户，撤并账户15个；县级行政事业单位转经营性的店面、住宅、办公用房等实行公开招租；完善教育资金管理办法，对全县农村中小学校财务试行集中记账制度。

（二）企业财务管理

1993年，县政府贯彻国务院《全民所有制工业企业转换经营机制条例》，对县水泥厂、电力公司等6家企业实行工资总额同经济效益挂钩办法。实行财政部《企业财务通则》，归并不同所有制、组织形式、经营方式和行业互不通用的企业财务制度，改革资本金建立、固定资产管理、折旧、成本核算四项制度和成本费用开支范围、利润分配、财务报告体系等，进一步合理调整国家与企业的利润分配关系。

1994年，执行国家规定的统一实行比例税制企业所得税率，逐步建立国有资产收益按资分利、按股分红的分配制度，取消企业包税和对国有企业征收能源交通重点建设基金、国家预算调节基金，核定税后利润上缴比例，电力（集团）公司为40%，岩城、石凤、森发（集团）公司为30%，前峰、机械、矿业（集团）公司为20%。

1995年，对全县国有企业进行清产核资，选择23户企业试行企业经营者年薪办法。1996年，增加资本金，减轻企业债务负担。1997—1998年，对集体企业进行清产核资，对小型商业企业实行改制、转让、租赁。1999—2005年，支持国有企业改革改制，筹资9690.09万元，安置改制企业职工。加强企业国有资产产权登记、转让管理，防止国有资产流失。

2007—2008年，执行财政部修订后的《企业财务通则》，指导企业建立健全内部财务制度和年度财务会计报告审计制度，监督企业执行财务规章制度，落实和完善促进企业发展财税优惠政策和资金管理办法，研究、拟订企业国有资本收益分配制度。

（三）乡镇财务管理

1993—1997年，乡镇继续实行乡镇长“一支笔”审批财务开支。1998年，对乡镇预算外资金实行同级财政“收支两条线”管理，预算内、外资金（含自筹资金）纳入乡镇财政预算。1999年，在广平镇进行财务“零户统管”试点，取消除县直单位直管外的乡镇所（站）银行账户，存款余额划转财政统管专户，统一核算。

2001年，健全乡镇转移支付制度，规范财政资金调度办法，进行宏观调控。2002年，按照“调整结构增效益，盘活资产减债务”的思路，摸清债务规模，采取削减高息、盘活资产、债务划转等方式削减债务2.01亿元；建立政府举债申报审批管理制度，控制新增不良债务，确需举债须报经县政府批准。2003年，制定乡镇财政工作考评办法，量化考核，调整完善乡镇财政体制，确定收支范围。

2005年起，政府采购工作向乡镇延伸，按规定程序实行政府采购；建设工程项目使用乡镇财政性资金、达到招投标限额的，按照规定进行公开招投标。2006—2008年，继续实行“零户统管”和“收支两条线”管理，严格执行“一支笔”审批制度。

四、资金管理

（一）预算内资金管理

1993年，省与市、市与县进行上下级财政结算。1994—1997年，县与乡镇实行分税制财政体制，乡镇收入上缴县财政，实行资金统一调度。

1998年，均溪等6个乡镇设立金库，资金实行上下级财政结算。1999年，增设7个乡镇金库，实行乡镇财政资金调度与其收入进度挂钩。

2000年7月，根据省财政厅、人事厅《福建省各级机关实行国库统一支付工资管理办法》，按照“先易后难”的原则选择县财政局、人事局等6个单位试点。11月，全县44所中小学校纳入国库统一支付工资，乡镇全面设立工资专户，实行银行代发工资制。2001年，乡镇金库撤销，资金由县财政统一调度。2005年，国库统一支付工资单位101个、人数占86.09%。

2006年，大田县被列为全省国库集中支付改革试点县，所有收入按照规定程序直接上缴国库（或财政专户），支出由国库（或财政专户）按规定的支付方式和程序直接拨给单位（人），建立链接财政、清算银行、代理银行、预算单位的信息系统管理财政资金收付业务。县审计局、教育局等9个预算单位实行国库集中支付改革试点。2008年，试点单位增加到50个，全年办理国库集中支付2446笔、4418万元，全县国库统一支付工资101个单位、6391人。

（二）预算外资金管理

1993—1994年，县财政局出台《关于加强县财政综合计划管理工作的意见》《关于完善行政事业单位预算外资金财政专户储存管理办法的通知》，预算外资金纳入财政专户存储率明显提高。1998年7月，根据《大田县预算外资金管理实施办法》，在全市率先对县级55个单位147个行政事业性收费项目实行“票款分离”（手工操作）征管办法。2000年5月，与金融机构电脑联网，实行“票款分离，银行代收制”。2003年底，全县共有90个县级单位的173个收费项目实行完全“票款分离”，单位落实率与项目到位率均100%。收费资金及时全额直达财政专户，规范收费行为，杜绝乱收费现象。2005年，对全县41所学校和10个预算单位实行票据电子化改革。2008年，“票款分离、银行代收”征管办法不变。

（三）专项资金管理

1993年，全县执行社会抚养费“收支两条线”管理规定，收入上缴国库，计划生育所需经费纳入财政预算。1994年，实行公费医疗经费由县医院总额包干，各享受单位按在职人员基数二级包干，统一使用和管理。1998年5月，建立城市居民最低生活保障制度。2001年，实施城镇职工基本医疗保险制度，单位和个人按比例缴交医保基金，纳入财政专户管理，同时建立商业补充医疗保险。2004年，全县实行农村居民最低生活保障，低保资金由省、县、乡镇共同分担，省级补助和地方财政配套资金全额转入财政专户管理，县、乡镇承担部分，县财政在年底与乡镇结算；县财政分别按季、按月将农村、城市低保资金拨给民政局，由民政局发到低保户。同年，实行义务教育收费“一费制”，学校只能按规定收取杂费、课本和作业本费、住宿和借读费，所收资金缴入县财政专户，实行“收支两条线”管理。当年，县政府制定《大田县公路建设资金管理规定》，规范农村公路资金筹集与管理、拨付与使用、监督与检查，实行分级管理、分级负责、专户存储、专款专用、单独建账、单独核算，由工程监理审核进度、县交通局预审、财政局复核、报县政府分管领导审批后拨付资金，工程结算由县财政、审计部门负责审查。

2005年，财政核拨经费的行政事业单位离休等特殊人员医疗费列入年度预算。2006年，实施农资综合补贴政策，中央财政按上年粮食播种面积给种粮农户资金补贴，村委会张榜公示后上报乡镇政府，经各乡镇、东风农场、县良种场核实报县农业局、财政局审核，补贴款通过农村信用社“一折通”直接兑付给种粮农户。同年，按中央财政规定，对林业、渔业、城市公交和出租车、农村客运车辆等燃油实行成品油价格财政补贴，上级下达的补贴资金由行业主管部门分解、公示、核对后，报县财政局复核，资金由县财政局拨付到相关主管部门，由其发给补贴对象。当年，实行农村义务教育阶段免除中小学生学杂费、贫困家庭学生教科书本费和补助寄宿生生活费“两免一补”政策，各项经费纳入县级财政预算，实行综合财政管理，并设农村义务教育专户，由县教育、财政部门共同管理，专款专用。2007—2008年，新型农村合作医疗和城镇居民基本医疗保险资金，实行个人缴费、政府补助，困难家庭医疗救助、医保救助资金纳入财政专户管理，并实施新型农村合作医疗大病医疗补助；县财政年安排70万元作为公务员大病医疗补助，专户管理，专款专用。

五、国有资产管理

1993年11月，县国有资产由财政局国有资产管理股管理。1994—1996年，进行国有资产占有产权登记、年检。办理行政、事业单位国有资产产权登记172户、资产总额1.81亿元；各类企业年检119家、资产总额3.38亿元。对28家国有企业清产核资，初步摸清全县国有资产总量与分布情况。

1997年，县国资局对县政府管辖的境内外国有资产清产核资、产权界定、登记、资产评估确认、统计、保值、增值考核和产权纠纷处理、出具资信证明等。当年，国有资产产权登记发证企业105家、行政事业单位190个，年检资产总额5.37亿元。并实行国有资产保值增值专项考核，19家经营者年薪制企业中，增值17家、776万元，奖励2.19万元；减值2家、28万元，处罚1127元。1998年，加强和规范资产评估管理，确认评估结果13项，账面资产净值7394万元，考核企业资产20家，其中，增值7家、327万元，奖励经营者1.04万元；减值7家、242万元，处罚6710元。

1999年，清查县政府驻外办事处财产，造册登记、核实城镇集体企业资产总额2.14亿元，净资产4145万元。2000年，清算首家承债式转让企业县二铁厂的资产，受让方补交国有资产转让款24万元。2000—2003年，对县医药公司等18家改制企业进行资产清盘、剥离和企事业单位资产处置审批、评估项目备案审核，防止国有资产流失。

2004年，组建国有资产投资经营有限责任公司（简称国投公司）。2005年，益源热电、岩城水泥有限公司、新华书店、电力公司国有股权4072万元，授权国投公司管理。2006年，划转物资总公司部分房地产、原电力公司剥离的资产债务、县印刷厂整体资产由国投公司管理。2007—2008年，全面开展159个行政事业单位资产清查，账面资产7.63亿元，清查率100%。

六、社会集团购买力管理

1993年5月，国家专项控制社会集团商品调整为8种，其中，属省审批的3种有小汽车、摩托车、无线移动电话；地（市）审批的3种有大轿车、录像设备、空气调节器；县（市）审批的有无线寻呼机、单价在500元以上的照相机和放大机。2000年12月至2008年，国家对专项控制商品作大幅调减，仅保留属省级审批的小汽车。

七、政府采购管理

2000年4月，成立大田县人民政府采购委员会，下设办公室（简称采购办，挂靠财政局），负责政府采购日常事务。制定《大田县人民政府采购实施意见》。当年，主要是县人大、政协“两会”等会议物资采购，采购预算资金55.3万元，节约6.3万元，节约率11.39%。

2004年9月，根据《中华人民共和国政府采购法》，设立县政府采购中心，实行“采管分离”采购办转为监督管理机构，负责政府采购目录和采购限额标准的实施监管及招标方式的审批。采购中心为代理机构，负责政府采购事务。县采购委制定政府采购目录和采购限额标准，规范政府采购行为。全年，组织采购1042万元，节约159万元，节约率15.3%。

2005年，健全政府采购预算和计划编报制度，调整采购目录，分通用采购项目和本部门、本系统特殊要求项目，各类项目标准也相应提高，当年，组织政府采购1710万元，节约资金318万元，节约率18.6%。政府采购工作逐步走向规范化、制度化，采购范围逐渐扩大。2008年，组织采购2065万元，节约资金225万元，节约率10.9%。

八、会计事务管理

（一）会计人员从业资格管理和会计电算化

1993年，县财政局继续按照财务隶属关系负责辖内会计证发放；非财经专业学历人员，经专业知识考试合格方能申领会计证。当年，全县持有会计证1051人。1994年，县财政局负责组织和管理会计电算化培训工作。

1997年，会计证专业知识实行全省统考。每2年进行1次会计证年检，未经年检的会计证自行失效，当年，年检1210本。2004年7月，根据《中华人民共和国行政许可法》规定，取消会计从业资格年检。

2005年，会计从业资格实行“凡进必考”制度，具备国家教育行政主管部门认可的中专以上会计类专业学历的人员自毕业之日起，2年内（含2年）免试部分科目。同时换发新的会计从业资格证书，实行IC卡信息管理。2006年底，全县会计持证人员共换发新证1594人。2008年，报考会计从业资格341人，年底，全县持有会计从业资格证书1830人；企事业单位基本实行电算化，会计从业人员持有初级会计电算化证书1861人，持证率98%。

（二）会计专业技术资格考试

1993年，县财政局继续做好财会人员参加会计专业技术资格全国统一考试工作。2002—2004年，报考注册会计师205人，中级职称258人、初级104人。2005—2008年，报考高级会计师35人、注册会计师59人、中级和初级职称484人。2008年底，全县取得高级会计师资格4人，中级职称209人、初级485人。

（三）会计人员继续教育

1995—1997年，根据《福建省专业技术人员继续教育条例》，实施全县会计人员继续教育。1998年起，县财政局负责全县会计人员继续教育的组织管理，实行两年一次定期检查制度，连续2年未接受继续教育或未按有关规定完成继续教育时间的会计人员，不予办理会计从业资格年检。2006年11月，执行财政部《会计人员继续教育规定》，会计人员所在单位应将参加继续教育情况作为会计人员任职、晋升的依据之一。2007—2008年，继续教育培训主要采用课堂面授。

九、财政监督

1993—1996年，县政府税收财务物价大检查办公室与县财政局监察股合署办公，行使财政监督管理职能，共检查659个单位，查处违纪金额427.41万元，其中应入库150.6万元。

1997年8月，县财政局在全省县级财政部门率先设立监督检查股，行使县政府税收财务物价大检查办公室和监察股的全部业务和职能；11月，重点检查60个单位、检查面44%，查出违纪40户，违纪金额153.48万元，其中应入库39.72万元。

2001年起，财政监督实行日常监督和专项检查相结合，围绕财政中心工作，重点开展财税政策落实、财政资金管理、财务会计制度执行等方面的监督检查。至2008年，共检查预算执行情况32个单位；《中华人民共和国会计法》执行及会计信息质量情况抽查13个单位，发现违纪金额71.6万元、财务人员无证上岗42人、3个单位未建立内部管理制度和未按要求保管会计档案；检查政府采购制度执行情况55个单位，发现违规采购668万元。并开展支农、教育、社保、计生、土地出让金、农村公路等专项资金使用情况检查，对发现的问题，均按有关规定予以处理。

第二章 税 务

第一节 税制改革

1993年，大田县征收（含盐税、奖金税、国营企业工资调节税）21个税种，保留遗产税税种。工商统一税、产品税税率2.5%—38%，增值税12%—20%，营业税3%—10%，国营、集体企业所得税7%—55%，私营企业所得税35%，外商投资企业所得税30%，个人收入调节税2%—60%，城镇土地使用税0.2元—0.8元/平方米，资源税0.35元/吨—1.9元/吨，盐税142元/吨，房产税分12%和1.2%两种，车船使用税30元/辆—60元/辆、30元/吨等，屠宰税猪4元/头、牛6元/头、羊0.5元/头，印花税0.05‰—1‰和5元/本，固定资产投资方向调节税0—30%，城市维护建设税1%和5%，国营集体企业奖金税0—200%、事业单位30%—300%，国营企业工资调节税0—300%。

全县主要税源为化工、煤、酒、电力、商业零售、建材、有色金属矿产品、机械等。全年入库各项税收5092.85万元，其中，流转税类工商统一税94.56万元、产品税1096.58万元、增值税1660.13万元、营业税1075.03万元，所得税类国营企业所得税252.48万元、集体企业76.86万元、私营企业30.18万元、外商投资企业2.3万元、城乡个体工商户317.88万元、个人收入调节税77.21万元，资源税类城镇土地使用税13.25万元、资源税137.6万元，财产税类房产税43.5万元，行为税类车船使用税16.4万元、屠宰税10.1万元、印花税10万元，特定目的税类固定资产投资方向调节税32.81万元、城市维护建设税145.98万元。入库各项代征基金、附加费类372.51万元。

1994年，实行分税制税收体制，建立中央和地方两个税收体系，划分征收税种，设立国家税务局和地方税务局。国税系统实行国家税务总局垂直领导，主要负责中央税、中央与地方共享税的征收管理；地税系统实行省政府和国家税务总局双重领导，机构设置、人员编制、干部管理、经费开支等实行省地方税务局垂直领导，主要负责地方税、中央与地方共享税的征收管理及省、市、县政府委托代征的有关金费征收。当年，按照“统一税法、公平税负、简化税制和合理分权”的原则进行税制改革，县税务部门征收税种由21个减为17个。推行以增值税为主、包括消费税和营业税的流转税制度，所有产品生产、批发、零售、进口环节征收增值税；设立消费税，调整营业税税目和税率，停止对外商投资企业征收工商统一税，改为向内外资企业统一征收增值税、消费税和营业税。取消国营企业所得税、调节税和集体企业、私营企业所得税、实行统一的内资企业所得税，并规范计税所得额，整顿不合理的税收优惠。把个人收入调节税、个体工商户所得税合并为个人所得税，实行源泉扣缴和个人自行申报应税收入相结合的征收办法。取消集市、牲畜交易税、燃油特别税、奖金和工资调节税。

1999年11月，个人所得税增设利息所得税目。2002年，企业所得税收入中央、地方分享各50%。2003年，调为中央分享60%、地方40%，同时停征屠宰税。2006年，个人所得税起征点由800

元调为 1600 元。2007 年 1 月，将外商投资企业纳入城镇土地使用税纳税范围。2008 年 10 月 9 日起，暂免征收储蓄存款利息所得个人所得税。当年，全县征收税种为 16 个。

第二节 农业农村税费与改革

一、农业税

1993 年，县财政继续执行“轻税、稳定负担和合理负担”政策，采取计征基数在村民小组，任务、结算、减免到户的办法；以征收实物为主，经济作物区和缺粮区缴纳粮食有困难的农户，经县政府批准，允许折征部分代金。当年，征收农业税 111 万元。1994—2000 年，全县征收农业税 2186 万元，年均 312 万元。

2001 年，实行农业税实物征收和折征代金双轨制，根据群众自愿，可征收实物，也可折征代金。当年，征收 174 万元。2002—2003 年，征收 274 万元。2004 年，全县开展种粮耕地免征农业税试点。2005 年，全面免征农业税。2006 年，取消农业税。1993—2003 年，全县征收农业税 2745 万元，年均 249.55 万元。

二、农林特产税

1993 年，县财政继续对农、林、水产品征收特产税，税率 5%—10%。全县征收农林特产税 112 万元。1994 年，执行国务院《关于对农业特产收入征收农业税的规定》，对县内烟叶、园艺、水产、林木、食用菌等收入征收特产税，税率 5%—31%，其中，烟叶、牲畜产品缴纳收购环节特产税，毛茶、水产品、原木、原竹、生漆、天然树脂、黑木耳、银耳等缴纳生产、收购环节两道特产税，其他农特产品缴纳生产环节特产税。全年征收农林特产税 427 万元。

1995 年，对按规定批准生产的间伐材，实行减半征收生产环节特产税。1997 年，全县征收农林特产税 905 万元。2003 年，取消除烟叶和原木收购环节外的农林特产税，全年征收 556 万元。2005 年，取消原木收购环节农林特产税，全年征收 537 万元。2006 年 1—5 月，征收烟叶特产税 444 万元。6 月起，烟叶特产税改征烟叶税，由地税部门征收。1993—2006 年，全县累计征收农林特产税 7816 万元。

三、耕地占用税

1993 年，县财政继续对县内非农建设占用耕地征收耕地占用税，分三种类型，人均耕地 0.03 公顷（0.5 亩）以下的均溪镇，征收标准每平方米水田 10 元、其他耕地 8 元；人均 0.07 公顷（1 亩）—0.1 公顷（1.5 亩）的武陵、谢洋乡和太华、奇韬镇，每平方米水田 6 元、其他耕地 4 元；人均 0.03 公顷（0.5 亩）—0.07 公顷（1 亩）的其他乡镇及国营农林场，每平方米水田 8 元、其他耕地 6 元。全年征收 102 万元。1997 年，征收耕地占用税 581 万元。1998—2005 年，共征收 306 万元，年均 38 万元。2008 年，征收办法与标准不变，当年征收 494 万元。1993—2008 年，全县累计征收耕地占用税 2547 万元。

四、契税

1993 年，县财政继续对房屋产权交易、赠予、交换行为征收契税，税率 6%，由县财政局委托县房管所、土地管理局、房地产开发公司代征，当年征收 12 万元。1997 年 10 月 1 日，实施新的“契税暂行条例”，增加对国有土地使用权出让、转让行为征收契税，并将税率统一为 3%，全年征收 23 万元。1999 年 8 月起，对个人购买自用普通住宅，减半征收契税，全年征收 107 万元。2005 年，契税由县财政局直接征收，全年征收 326 万元。2008 年，征收契税 497 万元。1993—2008 年，全县共征收契税 2340 万元

五、乡统筹及其他收费改革

1993 年，全县乡镇继续向农民收取教育、优抚、交通、民兵训练、计划生育费等统筹费用，农村

教育集资和水费等行政性收费，村级公积金、公益金、管理费等村提留及规定的劳动积累工、义务工，其中收取乡统筹和村提留款795万元，农民人均年负担26.26元。1996年，全县收取乡统筹、村提留1158万元，人均36.21元。2000年，全县把统筹款和村提留控制在1995年农民人均纯收入（1851元）的5%限额内，全年收取1279万元，人均39.47元。

2003年，全县开展农村税费改革试点，取消乡统筹、农村教育集资等专门向农民征收的行政事业性收费和政府性基金及涉及农民的集资项目，取消统一规定的劳动积累工和义务工，改革村提留征收和使用办法。乡村两级九年制义务教育、计划生育、优抚和民兵训练支出，由各级政府财政预算安排；乡级道路建设由政府负责安排；农村卫生医疗事业实行有偿服务，政府适当补助；村内农田水利基本建设、修建村级道路、植树造林等集体生产、公益事业劳务，实行一事一议，由村民大会民主讨论决定。当年，全县减轻农民负担2873万元，人均89.22元。

2006年，县委、县政府制定《关于清理整顿涉农收费切实减轻农民负担的意见》《大田县农村税费改革转移支付办法》《大田县村级范围内一事一议筹资投劳管理办法》等配套文件。取消涉农收费20项，减轻农民负担120万元。2007—2008年，县政府与乡镇、涉农单位签订减轻农民负担工作责任状，落实报刊限额制、责任追究制、义务教育制、收费公示制“四项制度”和村干部报酬限额制度、取消村级接待费等制度，查处行政事业性涉农违规收费93.53万元。

第三节　国　税

一、税种税率

（一）增值税

1994年1月1日起，县国税部门对货物的生产、批发、零售和进口等4个环节及产品加工、修理修配等行业征收增值税。分为一般纳税人和小规模纳税人。一般纳税人税率分3档，销售或进口货物、加工、修理修配劳务等税率17%；农业产品、粮食、食用植物油和其他货物税率13%；出口货物零税率。小规模纳税人提供加工、修理修配的征收率6%，商业性的征收率4%。县内主要税源项目有煤、电力、建材、金属矿产品、零售、造纸等。

（二）消费税

1994年起，对11类特别消费品开征消费税，收入归中央。烟类税率25%—45%；酒及酒精类5%—25%，啤酒220元/吨，黄酒240元/吨；化妆品30%；护肤护发品17%（2006年4月1日起停止征收）；贵重首饰及珠宝玉石5%—10%，鞭炮、焰火15%；汽油、石脑油、溶剂油、润滑油0.2元/升，柴油、燃料油0.1元/升；汽车轮胎、摩托车3%—10%；小车3%—20%；高尔夫球及球具、游艇10%；高档手表20%；木制一次性筷子、实木地板5%。

（三）企业所得税

1994年起，对县境内非外资企业和其他取得收入的组织（以下统称企业）征收企业所得税，税率33%。对企业纳税年度应纳税所得额3万元（含3万元）以下的纳税人，执行18%优惠税率，对企业纳税年度应纳税所得额3万元—10万元（含10万元）以下的纳税人，执行27%优惠税率。2008年起，合并内外资企业所得税，居民企业所得税的基本税率25%；非居民企业在中国境内未设立机构、场所，或者虽设立机构、场所，但取得的所得与其所设机构、场所没有实际联系的，适用税率为20%。对符合条件的小型微利企业，减按20%税率；对国家需要重点扶持的高新技术企业，减按15%税率。

（四）储蓄存款利息个人所得税

1999年11月1日起，对储蓄存款利息征收个人所得税，收入归中央，税率20%。2007年8月15日起，按国务院规定，将储蓄存款利息所得个人所得税的适用税率调整为5%。2008年10月9日起，暂免征收。

（五）车辆购置税

2001年，县税务部门委托交通部门对新购置的应税车辆，包括汽车、摩托车、电车、挂车等，代征车辆购置税。2005年起，由国税部门征收，税率均为10%。

（六）营业税

1994年，县国税部门负责征收金融保险业营业税，税率8%。1997年，提高至11%。2003年12月31日，停止征收。

二、征收入库

1994年，实行分税制，原有企业的所得税由地税局管征。当年县国税各项收入5778.4万元。1996年，根据国务院规定，国税负责外资企业所得税管征，县国税局管征20户。2002年起，新办企业所得税归国税管征，当年，县国税各项收入1.03亿元，其中增值税收入9225万元，占89.56%。2006年，各项税收收入2.05亿元，其中所得税1805.7万元，占8.81%。2008年，新增随主税应缴纳增值税的企业，其所得税由国税管征，县国税部门企业所得税征管户共541户，其中，内资企业503户，外资企业38户。全年各项税收收入2.87亿元，比1994年增长3.97倍，年递增12.14%。

县国税办税大厅（1998年摄）

1994—2008年大田县国税征收情况表

表12-4　　单位：万元

年份	增值税	消费税	营业税	外资企业所得税	企业所得税	利息个人所得税	城市建设维护税	屠宰税	合计
1994	4141.0	39.7	473.9	0	555.9	197.4	188.0	18.5	5778.4
1995	4142.0	94.2	106.3	0	25.3	273.9	13.9	21.8	4684.4
1996	5004.0	196.0	25.6	30.0	65.9	320.5	14.6	13.5	5678.7
1997	5524.0	90.9	185.5	135.4	12.2	38.3	1.1	0.1	5987.5
1998	5499.0	36.6	228.5	68.6	7.4	3.6	0	0	5843.7
1999	5701.0	150.0	190.0	114.0	274.0	1.0	0	0	6430.0
2000	6230.0	120.0	176.0	195.0	196.0	142.0	0	0	7059.0
2001	7090.0	85.0	94.0	303.0	249.0	214.0	0	0	8035.0
2002	9225.0	74.0	41.0	424.0	327.0	216.0	0	0	10307.0
2003	8954.0	174.0	8.0	198.0	309.0	217.0	0	0	9860.0
2004	13190.0	190.0	0	495.9	398.3	262.1	0	0	14536.3
2005	16744.0	137.0	0	294.8	575.1	275.3	0	0	18230.5

续表 12-4

年份	增值税	消费税	营业税	外资企业所得税	企业所得税	利息个人所得税	城市建设维护税	屠宰税	合计
2006	18428.0	35.4	0	190.5	1225.3	389.9	0	0	20507.3
2007	19678.0	58.0	0	673.1	1386.3	427.5	0	0	22442.4
2008	25761.0	56.9	0	854.6	1521.4	233.9	0	0	28720.2

说明：国税收入合计 1994—1996 年，包括资源税，分别为 135 万元、2.8 万元、0.3 万元，房产税分别为 25 万元、2.7 万元、6.3 万元，印花税分别 4 万元、1.5 万元、2 万元。2005—2008 年，包括车辆购置税，分别为 204.3 万元、238.2 万元、219.4 万元、292.5 万元

第四节　地　税

一、税种税率

（一）营业税

1994 年，县地税部门对境内提供应税劳务、转让无形资产和销售不动产的单位和个人取得收入征收营业税。交通运输业、建筑业、邮电通信业、文化体育业等税率 3%，娱乐业 5%—20%，服务业、转让无形资产、销售不动产等税率 5%。个人营业税起征点，按期缴纳的月营业额 200 元，按次缴纳的每次（日）营业额 50 元。2003 年起，县城的纳税人按期缴纳营业税起征点调整为月营业额 1500 元，乡镇以下（含乡镇）的调整为 1000 元；房屋出租不分区域统一提高到月营业额 1000 元；按次缴纳的起征点调整为每次（日）营业额 100 元。2006 年起，按期纳税的起征点不分区域统一提高到月营业额 5000 元。2008 年 3 月起，个人房屋出租不分用途，税率统一为 1.5%。

（二）个人所得税

1994 年，按原征收规定，对个人（自然人）取得的工资、薪金，个体户生产、经营所得，个人承包、承租企事业单位经营所得，劳务报酬所得，特许权使用费所得，稿酬所得，利息、股息、红利所得，财产租赁所得，财产转让所得，偶然所得和经国务院财政部门确定征税的其他所得等 11 项征收个人所得税。工资 、薪金适用 5%—45% 九级超额累进税率，个体工商户生产、经营所得和承包、承租企事业单位经营所得适用 5%—35% 五级超额累进税率，其余适用 20% 比例税率。

（三）房产税

1994 年，按原征收规定，按照房屋的计税余值或出租房的租金收入征收房产税。依照房产余值计算的，税率 1.2%；依照房产租金收入计算的，税率 12%。

（四）车船使用税

1994 年，按原征收规定，对县内拥有并使用机动车辆的单位或个人，按吨位和规定的税额征收车船使用税，计税标准及每年征收税额，载人汽车 10 座以下（含 10 座）200 元、11 座以上 300 元；货运汽车按净吨位 40 元 / 吨计算，拖车按核定吨位七折征收；拖拉机按载重量 30 元 / 吨；三轮汽车 60 元 / 辆；三轮摩托车 40 元 / 辆；二轮摩托车 30 元 / 辆。2007 年起，该税种停征。

（五）车船使用牌照税

1994 年，按原征收规定，对县境内行驶车、船的外商投资企业，外籍人员、华侨、港、澳、台同胞，按年、半年或季征收车船使用牌照税。每年税额 10 座以下（含 10 座）乘人汽车 200 元 / 辆，11 座以上（含

11座）300元/辆；载重汽车按净吨位40元/吨；三轮汽车60元/辆；摩托车二轮的30元/辆，三轮的40元/辆；拖拉机按载重量30元/吨；非机动车畜力驾驶的18元/辆，人力驾驶的10元/辆；自行车4元/辆；机动船按净重每年1.2元/吨—5元/吨累进税率；非机动船按净重0.6元/吨—1.4元/吨累进税率。2007年起，该税种停征。

（六）车船税

2007年，执行《中华人民共和国车船税暂行条例》，对县境内车辆、船舶的所有人或管理人按年征收车船税，每年征收标准，微型客车240元/辆、小型客车360元/辆、中型客车480元/辆、大型客车540元/辆，按自重载货汽车72元/吨、车轮式机械车36元/吨、低速货车48元/吨，摩托车60元/辆；船舶净吨位小于或者等于200吨的3元/吨，201吨—2000吨的4元/吨，2001吨—10000吨的5元/吨，10001吨及其以上的6元/吨；拖船和非机动驳船分别按船舶税额的50%计算。

（七）印花税

1994年，按原征收规定，对经济活动和交易中文字凭证或申领各种合同、书据、账簿、权利证照等各类证书征收印花税，分为比例税率和定额税率2种。其中，购销合同、建筑安装承包合同、技术合同等按合同金额万分之三贴花，加工承揽合同、仓储保管合同、财产保险合同等按合同金额万分之一贴花，借款合同按借款金额万分之零点五贴花；政府部门发给的房产证、工商营业执照、商标注册证、专利证、土地使用证等一律按每件5元贴花。

（八）屠宰税

1994年，按原征收规定，县内屠宰猪、牛、羊等牲畜，采取定额税率征收屠宰税，8月起，调整为牛15元/头、猪10元/头、羊2元/头。2003年起，屠宰税停征。

（九）资源税

1994年，按原征收规定，对县内从事开采应税矿产品的单位和个人征收资源税，煤炭0.5元/吨。2005年5月起，煤炭提至2.5元/吨；铁矿按9.8元/吨的60%征收。1996年7月起，铁矿改按40%征收。2006年起，铁矿恢复按60%征收；铅锌矿1.4元/吨。2007年8月，铅锌矿提至7元/吨；石灰石2元/吨；建筑沙石1元/立方米；黏土0.5元/立方米；石墨、瓷土3元/吨；硫铁矿1元/吨；锰矿2元/吨。2006年起，锰矿提至6元/吨。

（十）城镇土地使用税

1994年，按原征收规定，对县内使用土地的单位和个人按其实际占用面积量定额征收土地使用税，分为3等，县城每平方米一等2元、二等1.4元、三等0.8元，建制镇每平方米一等1元、二等0.6元、三等0.3元。2006年，调整为4等，县城每平方米一等4元、二等3元、三等2元、四等1.5元，建制镇和工矿区每平方米一等3元、二等2元、三等1.5元、四等1元。2007年起，征收标准县城每平方米为一等8元、二等6元、三等4元、四等2元，建制镇和工矿区一等4元、二等3元、三等2元、四等1元。

（十一）土地增值税

1994年，对转让国有土地使用权、地上建筑物及其附着物（简称转让房地产）所得的增值额开征土地增值税。实行30%、40%、50%、60%四级超率累进税率。

（十二）城市维护建设税

1994年，按原征收规定，以纳税人实际缴纳的增值税、消费税、营业税税额为计税依据，对县内单位和个人附加征收城市维护建设税（“三资”企业除外）。分别与增值税、消费税、营业税同时征收，城镇税率为5%、其余为1%。

（十三）固定资产投资方向调节税

1994年，按原征收规定，对县内从事基本项目投资、更新改造投资和旧房装饰工程投资的单位和个人征收固定资产投资方向调节税。国家急需发展的基本项目投资，税率 10%；楼堂馆所及国家严格限制的项目投资，税率 30%；更新改造住宅投资，税率 5%；其他项目按建筑工程投资额的 10% 征收；旧房装饰装修工程税率为 0 和 10%。2000 年起，该税种停征。

（十四）烟叶税

2006 年 4 月，烟叶税由地税局对县内收购烟叶单位，按照收购烟叶金额的 20% 开征。

二、征收入库

1994 年，地税各项税收收入 2150 万元。1995—2004 年，县地税部门加强税收检查和重点税源、新增税源征管，入库各项税收 4.1 亿元，年均 4099 万元。2005 年，全力开展漏征漏管户清理和加强欠税清缴，入库各项税收 9500 万元，比 2004 年增长 41.83%。2006 年起，整顿税收秩序，将不稳定税源转化为稳定税源，促进矿产品业税收快速增长。6 月，征收烟叶税，至年底征收 443 万元。2008 年，入库各项税收 2.07 亿元，连续 5 年保持 20% 以上增长率。当年，地税各项税收收入是 1994 年的 9.65 倍，年递增 17.58%。

1994—2008 年大田县地税征收情况表

表 12-5　　单位：万元

年份	营业税	资源税	企业所得税	个人所得税	城市维护建设税	房产税	车船使用税	印花税	城镇土地使用税	屠宰税	固定资产投资方向调节税	土地增值税	滞纳金罚款收入	税收收入合计
1994	692	173	683	182	176	79	15	11	22	18	51	0	29	2150
1995	988	384	462	365	196	83	16	21	27	25	29	0	155	2752
1996	1330	384	776	472	206	126	19	35	50	41	8	0	110	3557
1997	1476	252	633	603	266	173	21	21	60	50	14	0	43	3612
1998	1256	371	169	668	271	201	30	30	38	50	21	0	0	3105
1999	1182	461	352	836	207	195	28	27	47	67	13	0	0	3415
2000	1124	515	572	909	212	253	35	37	54	90	3	0	0	3804
2001	1052	476	844	1167	243	253	47	55	36	56	15	1	1	4246
2002	1494	672	493	1086	327	240	72	68	39	51	0	0	0	4542
2003	2036	618	743	1078	351	256	61	61	29	12	0	11	0	5256
2004	2110	771	990	1851	494	254	113	67	45	0	0	3	0	6698
2005	2499	1288	2134	2402	646	225	63	99	37	0	0	107	0	9500
2006	3998	1384	3168	3346	787	303	106	148	80	0	0	204	0	13967
2007	5600	2202	2831	4036	1095	337	165	174	154	0	0	184	0	16981
2008	6698	2055	4011	4741	1050	435	168	238	363	0	0	444	0	20746

说明：税收收入合计数，1994 年、1995 年，分别包括增值税 19 万元、1 万元。2006—2008 年，分别包括烟叶税 443 万元、203 万元、543 万元

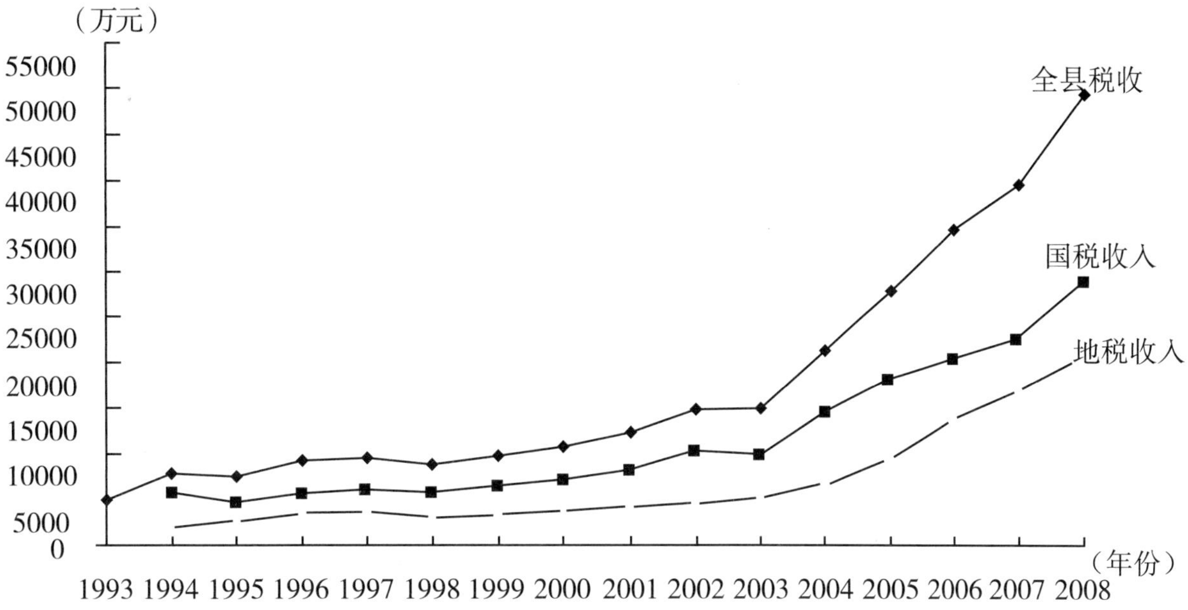

图 12-1 1993—2008 年大田县税收收入示意图

三、费金征管

1994 年起，县地税局受省、市政府委托，征收教育费附加、基础设施附加费、以工建农基金、社会事业发展费等。1997 年起，开征文化事业建设费。2000 年 9 月起，基础设施建设附加费停止征收。2001 年起，基本养老保险费、失业保险费改由各级地方税务机关统一征收。2002 年起，地税部门对县境内从事经营活动的地方企事业单位和个人征收地方教育费附加。2005 年起，受县政府委托，代征工会经费、残疾人就业保障金，当年，征收工会经费 63 万元、残疾人就业保障金 39.4 万元。2007—2008 年，代征防洪护堤费 777.2 万元。

1994—2008 年大田县地税局征收金费情况

表 12-6　　单位：万元

年份	教育费附加	地方教育附加	以工建农	基础设施费	事业发展费	基本养老保险	失业保险费	文化事业建设费	罚没收入	行政事业性收费	其他收入合计
1994	38.0	0		194.0	31.0	0	0	0	0	0	263.0
1995	16.0	0	25.0	101.0	105.0	0	0	0	0	0	247.0
1996	22.0	0	3.0	99.0	140.0	0	0	0	0	0	264.0
1997	58.0	0	2.0	69.0	142.0	0	0	5.0	0.6	0	276.6
1998	58.0	0	1.0	42.0	112.0	0	0	5.0	0	0	218.0
1999	64.0	0	1.0	46.0	108.0	0	0	1.9	0	0	220.9
2000	134.0	0	0.1	40.0	147.0	0	0	1.9	0	0	323.0

续表 12-6

年份	教育费附加	地方教育附加	以工建农	基础设施费	事业发展费	基本养老保险	失业保险费	文化事业建设费	罚没收入	行政事业性收费	其他收入合计
2001	129.0	0	0	1.0	148.0	1590.0	161.0	1.5	1.5	0	2032.0
2002	131.0	52.0	0	0	26.0	1310.0	167.0	1.0	2.0	0	1689.0
2003	137.0	57.0	0	0	1.0	1430.0	183.0	1.0	28.6	16.9	1854.5
2004	190.0	82.0	0	0	0.2	1575.0	207.0	1.0	11.0	14.0	2080.2
2005	323.0	127.0	0	0.4	1.0	1750.0	201.0	1.0	12.0	14.0	2531.8
2006	566.0	190.0	0	0	0.1	2356.0	251.0	3.0	5.0	10.0	3514.3
2007	766.0	266.0	0	0	0	3057.0	279.0	7.0	2.0	6.0	4894.2
2008	962.0	331.0	0	0	0	4201.0	315.0	12.0	10.0	6.0	6479.1

说明：地税金费等其他收入，2005—2008 年，包括工会经费分别为 63 万元、71.8 万元、72 万元、106 万元，残疾人就业保障金，分别 39.4 万元、61.4 万元、75.9 万元、95.2 万元。2007—2008 年，包括护堤维护费，分别为 363.3 万元、440.9 万元

第五节 税务管理

一、机构

（一）县税务局

1993 年，大田县税务局机关设人事教育股、监察股、税务检察室、征管股（下设发票管理站）、税政股、办公室、计会股、稽查队。基层征收单位设直属分局（含湖美税务组）和石牌（含武陵、小湖、谢洋税务组）、上京、桃源、太华（含汤泉税务组）、建设、广平（含铭溪税务组）、文江（含奇韬税务组）、梅山（含前坪税务组）、屏山、吴山（含济阳税务组）税务所及吴山税务检查站。年底，有税务人员 140 人。1994 年，分设国家税务局和地方税务局。

（二）县国家税务局

1994 年 9 月，大田县国家税务局成立，内设办公室、税政股、计划财务股、征收管理股、稽查分局、监察室，基层设城关税务所和广平、上京、建设、太华、吴山、桃源、石牌、前坪、奇韬税务分局，干部职工 82 人。

1995 年 5 月，城关税务所改为城关分局，7 月，成立岩城税务所。

1997 年 10 月，机构改革，局机关设办公室、人事教育科、计划财务科、税收征管科和计算机信息中心，基层设稽查局、外税分局，撤销原有税务所；改设城关、岩城、石牌、上京、太华、广平、吴山税务分局，升格为副科级。

2001 年 8 月，局机关撤并，设办公室、税政征管科、计划财务科、人事监察科，计算机信息中心（事业单位），直属分局有征收局、管理局、稽查局，基层设郊区、上京、广平税务分局，人员通过定岗、

双向选择和组织安排等，岗位轮换47人。

2008年，局机关内设办公室，监察室、综合业务科、征管科、人教科、计划征收科、信息中心，基层设岩城、均溪、上京、广平税务分局。全局干部职工83人。

（三）县地方税务局

1994年8月，大田县地方税务局成立，机关设办公室、人事教育股、监察股、计划财务股、税政管理股、稽征股，基层设均溪、石牌、桃源、上京、太华、建设、广平、奇韬、文江、梅山、吴山、屏山税务所。有干部62人。

1995年8月，撤销稽征股，设征收管理股和稽查分局；撤销均溪税务所，设城关分局。1998年12月，稽查分局更名为稽查局。1999年2月，机关增设信息技术股。2000年11月，基层机构改革，合并石牌、吴山、屏山税务所，设立石牌中心税务所；合并桃源、上京税务所，设立上京中心税务所；合并太华、建设税务所，设立太华中心税务所；合并广平、奇韬、文江税务所，设立广平中心税务所。2001年9月，机构改革，机关设7个职能股室和1个直属稽查局，基层设城关、石牌、上京、广平、奇韬、建设税务分局和吴山税务所。2006年12月，设立规费征收管理股。2008年底，局机关设办公室、监察室、综合业务科、征管科、人教科、计划征收科、规费征收管理科、信息中心和直属稽查局，基层设6个分局和1个税务所，干部职工80人。

县地税局办公楼（1997年摄）

二、税务登记

1993年，县税务机关继续对纳税人的开业、变更、停歇业以及生产经营范围实行登记管理，包括开业、变更、注销、停复业登记，税务登记证验审、更换、非正常户管理等。当年，办理工商业户税务登记2200户，其中国有90户、集体300户、个体工商户1731户、其他企业79户。1994年8月，分设国家、地方税务局，对税务登记办理情况进行清查，重新进行正常经营户登记，共办理税务登记证846户。2006年起，实行国地税联合办证，与工商部门信息比对，应用国地税信息交换软件，开展信息比对和差异分析，提高纳税户登记准确率。2007年9月，换发税务登记证1814户，新证终身有效，并取消换验证。2008年底，全县各行业各类纳税人4061户，比1994年增加3215户。

1994—2008年大田县税务登记情况表

表12-7 单位：户

年份	农林牧	采矿	制造	电气水	建筑	交运仓储邮政	信息计算机软件	批发零售	住宿餐饮	金融业	房地产	租赁商务	其他	合计
1994	4	23	140	18	2	6	0	467	88	6	0	6	86	846
1995	4	25	146	20	2	6	0	480	88	6	0	7	86	870
1996	4	25	146	20	4	6	0	488	90	6	0	7	89	885

续表 12-7

年份	农林牧	采矿	制造	电气水	建筑	交运仓储邮政	信息计算机软件	批发零售	住宿餐饮	金融业	房地产	租赁商务	其他	合计
1997	5	26	148	22	5	7	0	498	93	6	0	8	90	908
1998	5	26	150	22	7	7	0	504	95	6	0	8	93	923
1999	6	28	157	23	12	8	2	520	107	6	2	10	101	982
2000	9	33	199	30	17	10	4	634	140	10	2	21	188	1297
2001	10	39	221	42	17	11	4	700	161	11	3	24	202	1445
2002	10	47	251	64	19	14	4	786	184	13	5	27	234	1658
2003	15	52	270	81	19	23	4	861	204	13	9	36	247	1834
2004	23	65	298	106	19	47	4	948	223	13	10	37	284	2077
2005	31	72	323	115	29	78	6	1030	249	14	10	40	303	2300
2006	45	90	366	156	106	113	13	1170	281	18	14	48	578	2998
2007	51	170	414	162	159	161	15	1282	322	21	27	59	623	3466
2008	73	238	458	174	243	221	15	1424	372	29	34	71	709	4061

三、纳税申报

1993 年，纳税人及时、全面、如实向税务机关办理纳税申报。1994 年，国税、地税分设，纳税人实行上门申报制度，其中国税、地税共管 295 户。1999 年，城区地税固定业户申报纳税面 100%。2000 年起，地税、国税部门税收征管系统相继上线运行，税务登记、纳税申报、税款缴纳等业务实行计算机处理。2001 年，县地税局对“定期定额”纳税户实行民主评定税收定额制度，推行银税一体化划缴税款。2003 年，国税、地税相继实行“一窗式”管理模式，内资企业所得税申报 58 户，申报率 100%。2004—2005 年，地税局推行“定期定额”纳税户简并征期、企业纳税人电子化缴税。2006—2007 年，国税、地税相继实行纳税人网上申报，地税推行税库行联网。2008 年，国税局网上办税厅受理各类涉税事项 1.07 万户次，申报纳税 2.71 亿元，国税纳税申报率 99.8%、地税 99.69%。

四、税务稽查

1993 年，税务稽查由税务局组织实施，各基层征管单位对征管范围内的纳税人纳税情况进行检查。1994 年起，税收稽查工作由税务稽查部门专门负责，税务稽查包括日常稽查、专项稽查和专案稽查，稽查工作按照选案、实施、审理、执行的程序进行，选案采取随机抽取形式，稽查重点由城区扩大到城乡并重。1994—1996 年，地税部门每年开展一次税收大检查。县税务部门共检查纳税户 4938 户，查补税款 1499.03 万元，罚款 6.16 万元。其中，国税部门检查 2695 户，查补税款 631.23 万元、罚款 3.89 万元。

1997 年，国税部门增加稽查人员和经费，加大稽查力度，规范稽查行为，全年检查 116 户，查补税款 230 万元。1998 年，县地税局成立税务违法案件举报中心，当年查补税费及滞纳金、罚款共 125.9 万元。2001 年，县公安经侦中队协助税务部门对城区餐饮和娱乐业大户突击检查。地税部门全年检查纳税户 188 户，查补税款 158.88 万元、费金 5.5 万元，加收滞纳金 15.41 万元，罚款 38.43 万元。2003 年，地税部门采用专项检查和专案检查相结合。2005 年，开展漏征漏管户清理、核实征管基础数据。2008 年，国税部门查补增值税、所得税 113.6 万元，加收滞纳金 17 万元、罚款 21 万元，向公安部门移送涉税案 3 件；地税部门查补税款 237 万元。

1994—2008 年，国税部门稽查各类纳税户 3437 户，查补税款 2767 万元，罚款 429.86 万元，收滞纳金 104.99 万元，向公安部门移送涉税案 7 件；地税部门检查纳税人 3220 户，有 2947 户补交税款 3378.2 万元、罚款 244.62 万元，其中企业自查入库税款 646.5 万元。

五、发票管理

1993 年，县税务部门加强发票领购、开具、检查等管理，配备发票专职管理人员，定期检查和不定期抽查领票人发票使用情况，及时处理存在的发票管理问题。

1996 年，县国税局在基层征收机关和管辖一般纳税人之间签订《增值税专用发票安全使用责任书》，严格规定专票领用、开具、保管等双方的权责，防止偷漏税。县地税局开展两次发票专项检查，并将行政事业单位收费使用票据纳入发票管理范围，进一步规范发票、税票管理。1999 年，地税部门与县公安局配合，采取内查外调加强发票管理，组织自查 285 户、发函外调 300 份，重点检查 128 户，补征税款 4.5 万元，罚款 1.7 万元。2000 年 6 月，地税税收征管系统发票管理模块使用，全县 180 户领票人的发票领用、验旧、缴销等业务纳入计算机管理。2001 年起，地税发票印制、领用、保管、工本费等实行专人、专柜管理。

2003 年，县国税局对纳入防伪控税的一般纳税人企业 146 户，推行“一窗式”管理，设 4 个申报、2 个领购、2 个代开发票窗口，“一窗一人一户一机”管理；申报窗口统一受理防伪控报税、专用发票抵扣联认证、接收运输发票、海关完税证、废旧物资发票等电子数据和票表稽核。11 月，地税按照全国性货物运输业税收征管改革，将纳税人分为自开和代开发票纳税人。2004 年起，地税各办税服务厅窗口全部实行电脑开具发票。2005 年 8 月，运用建筑业税收信息管理系统实行项目管理制度，加强建筑业税收与发票管理。2007 年，国税部门执行国家税务总局《增值税专用发票使用规定》，使用增值税防伪税控一机多票系统。2008 年，税务部门发票实行电子化管理。

六、税收减免

1993 年，税务部门继续执行外资企业从盈利年度起头两年免收所得税，第三至第五年减半征收的“两免三减半”优惠政策，县内新办的企业第一年免征所得税，第二年减征应税额的 80%、第三年减征应税额的 60%。1994 年，保留福利企业享受的流转税优惠政策，采取先征后返还，福利企业安置聋哑盲及肢体残疾的“四残”人员占生产人员总数超过 35% 的，免征营业税和企业所得税；安置“四残”人员占生产人员总数超过 10% 未达到 35% 的，减半征收所得税。当年 5 月起，废旧物资回收经营单位销售其收购的废旧物资免征增值税；生产企业购入废旧物资回收经营单位销售的废旧物资，按 10% 计算抵扣进项税额，并实行增值税先征后返 70% 的办法。企业遭受严重自然灾害，经主管税务机关批准，可减征或免征企业所得税 1 年。当年，地税为新办企业和遭受自然灾害企业分别减免税 11.1 万元、19.2 万元。1995 年，国有森工企业以三剩物和次小薪材为原料生产加工的综合利用产品，免征增值税。1994—1995 年，县地税局为太华煤矿等 16 家企业减免所得税 41.58 万元。

1998 年 5 月，县国税局经审核，为外资企业建福纺织染整厂、镇石机械厂、茂新精制瓷土厂和新大炼铁球团公司退税 22.5 万元；地税局为福利企业减免税 132.9 万元。2000 年，县地税局为 10 家企业减免所得税 138.88 万元，其中，民政福利企业 6 家、119.5 万元，农业企业 1 家、13.02 万元，贫困乡企业 1 家、1.84 万元，新办企业 2 家、3.9 万元；为 36 名残疾人和 14 户受灾户分别减免个人所得税 1.77 万元、0.29 万元。国税办理先征后退税 370 万元。

2001 年，企事业单位从事种植林木、林木种子和苗木作物及从事林木产品初加工，暂免征收企业所得税和增值税。当年，地税为福利企业减免税 170.7 万元，国税办理先征后退税 324 万元。2002—2003 年，县地税局落实住房二级市场优惠政策，经审核，为 18 户减免营业税和个人所得税 17.79 万元、28家福利企业减免所得税523.4万元、7家接收下岗人员企业减税7.16万元，为18家企业减免土地使用税1.56万元，为31户残疾人、65户下岗人员从事个体经营分别减免营业税和所得税2.95万元、13.23万元，为20家受灾企业财产损失和40家企业弥补亏损分别税前扣除金额767.48万元、319.6万元；县国税局办理先征后退税1670万元，其他减免725万元。

2004年，县国税局为宏泰织造、南湖针织有限公司等9家企业实行免抵调库退税政策，全年办理出口退税534万元，免抵调税额129万元；办理先征后退1509万元，其他减免税1822万元。县地税局对申请政策性减免企业实行年审制和公示制，审批结果向社会公开，全年为221家各类纳税户减免税收820万元。2005年，县国税局办理先征后退税1778万元，其他减免税1229万元。县地税局为17家企业减免所得税2576万元，为33户残疾人、164户下岗职工从事个体经营分别减税8.2万元、137万元，为14家福利企业减免营业税和所得税2505万元，为住房二级市场52户减免营业税和个人所得税136万元。

2007年，福利企业安置残疾人比例25%以上的，改按残疾人数退税，不再与企业销售收入和纳税额挂钩。县国税局全年办理先征后退税1844万元、其他减免税2231万元。2008年，废旧物资经营改由财政局按专票税额70%退税，生产企业增值税按专票额17%计算抵扣进项税额；取消县内水泥企业生产原料掺入不少于30%的煤矸石、石煤、粉煤灰、烧煤锅炉底渣（不含高炉水渣）及其他废渣的建材产品免征增值税政策；企业从事花卉、茶及其他饮料、香料作物种植、内陆养殖减半征收企业所得税；停止执行外资企业“两免三减半”政策。当年，县国税局办理先征后退税1527万元、其他各项减免税1116万元。地税局减免各项税收757.4万元。

1994—2008年，国税返还福利企业增值税1.11亿元；地税减免福利企业营业税和企业所得税7820.82万元，新办和受灾企业分别减免所得税24.3万元、155.6万元，二手房交易、下岗再就业、残疾人个体经营等减免税2159.63万元。1999—2008年，国税减免资源综合利用企业增值税8945万元。2003—2008年，减免农林渔业增值税879万元、企业所得税180万元；“两免三减半”政策减免外资企业所得税4050万元。2004—2008年，为出口企业退增值税3198万元。

七、征管考核

1993年，税务部门对税收征管实行考核。1994年，建立健全纳税申报、税务稽核、纳税评估、欠税公告、纳税使用等级评定和征管考评等制度，建立科学、严密的税收征管体系。地税局层层分解收入指标，加强收入进度跟踪考核。1996年，开展“征管能手”竞赛活动，被省局评为“征管能手”2人。1997年起，实行划片区、股所“结对子”包干抓收入。1999年，地税局实行征管工作单项考核。2001年，推行征管登记率、申报率、入库率、申报准确率、欠税增减率、滞纳金加收率和处罚率“七率”考核，并代表市局接受省局检查验收，获得全省第三名。2005年，国税、地税相继实施国家税务总局《税收管理员制度》，实行税管员能级管理。2006年，税务部门加速税收征管电子化建设，实行纳税人网上申报，开展网上办税；国税局使用税收管理员办公软件，按月公布管理日志和使用情况；10月，地税局应用税收执法责任自动化考核系统加强税收征管考核。2007年，国税局制定《大田县国家税务局干部职能考核暂行办法》，使用税收执法系统，重点对登记、申报、入库、欠税增减、处罚、滞纳金加收“六率”进行考核。县地税局、国税局实行“两税”信息比对，加强税务登记和税收申报信息数据交换。2008年，税务部门推行省国税局《税管员工作日志》，加强税源管理和落实税管员职责；税收分析、征收、管理、稽查部门良性互动，落实税管员责任。

卷十三　金　融

1993年，全县有金融机构8家，其中，银行4家，农村信用联社、城市信用社、邮政储蓄、保险公司各1家，员工583人。12月，全县金融机构贯彻国务院《关于金融体制改革的决定》，逐步建立以中国人民银行大田县支行（简称县人行）为主导，中国工商银行大田县支行（简称县工行）、中国农业银行大田县支行（简称县农行）、中国建设银行大田县支行（简称县建行）等国有专业银行为主体，农村信用社、城市信用社、邮政储蓄等多种金融机构分工协作，与社会主义市场经济相适应的金融体系，按照国有商业银行统一法人体制。

1994年，国有专业银行县工行、农行、建行向商业银行过渡，业务主体也从计划控制型向推动经济发展服务型转变。县农行由国家专业银行转型为既有商业银行性质，又承担部分政策性业务的国家商业银行。县建行不再行使部分财政职能和承担工程预结算业务，政策性贷款业务移交国家开发银行，保留代办政策性贷款的资金拨付业务。县农行受中国农业发展银行三明市分行委托，办理经营粮油收储加工资金信贷和回收业务，资金封闭运行。1995年起，实施《中华人民共和国人民银行法》《中华人民共和国商业银行法》和《中华人民共和国保险法》等法律，商业银行按照法人体制实行自主经营、自负盈亏、自担风险、自我发展。银行、保险行业步入法制轨道，运用法律手段，依法监管，整顿银行业、保险业秩序，加强风险监管，防范金融风险。1997年，保险市场放开，改变营销方式，银行业、保险业不断推出新产品，业务往来逐步实现电子化，金融业务快速增长。2003年，县农行不再办理农业发展银行三明市分行委托业务。2003年、2005年，中国人民保险公司大田县支公司、中国人寿保险公司大田县支公司和建行、工行分别进行股份制改革。2008年，全县金融机构21家，其中，银行业5家，监管机构2家，员工446人；保险业14家（含营销部12家），员工57人、代理人员183人、营销员489人。当年，各项存款余额37.38亿元，各项贷款余额16.59亿元，分别比1993年增长9.7倍、4.38倍。保险保费收入9609万元、赔付1386万元，分别是1993年的12.2倍、1.97倍。

第一章　金融机构

第一节　监管机构

一、中国人民银行大田县支行

1993年，中国人民银行大田县支行，行址建山路18号，履行中央银行职能，对辖内各专业银行和其他金融机构，依法进行监督和管理。隶属人行福建省分行，内设人秘股、计划信息股、金管稽核股、会计国库股、发行保卫股，干部职工42人，业务接受人行三明市分行领导。1997年，内设机构调整为人秘股、信贷调统股、金管稽核股、农村合作金融管理股、保卫股和营业室。1999年初，县人行隶属人行上海分行三明中心支行。2002年5月，成立国家外汇管理局大田县支局（简称外管局大田支局），与县人行合署办公，正、副局长分别由支行行长、分管外管业务的副行长兼任。2004年3月，县人行内设机构调整为办公室、信贷调统股、外汇管理股、保卫股、营业室。2008年底，在职员工34人。

二、银监大田办事处

2003年12月，中国银行业监督管理委员会三明监管分局大田监管组从县人行划转分离。2004年3月，成立中国银行业监督管理委员会三明监管分局大田办事处（简称银监大田办事处），办公设在县人行办公大楼，正科级单位，在编4人。对辖内银行业实行部分监督和管理，主要是负责机构的设立、变更、终止业务范围审批及高管人员任职资格审查，并对其业务活动及风险状况开展检查和监管，重点是农村合作金融法人机构和邮政储蓄机构。2005—2008年，机构、人员未变。

第二节　国有商业银行

一、中国工商银行股份有限公司大田支行

1993年，中国工商银行大田县支行，行址凤山西路36号，内设人秘科、计划科、信贷科、会计科、出纳科、储蓄科和保卫科；4月，增设房地产信贷部，营业网点10个，年底，职工86人，劳务人员32人。2000年3月，改内设机构为办公室、业务发展科、会计结算科、零售业务科。2004年6月，改设为业务发展部、会计结算部和办公室。2005年12月，县工行更名为中国工商银行股份有限公司大田支行（简称工行大田支行）。2008年底，内设综合、客户、业务部，在职员工33人，劳务人员4人。

二、中国农业银行大田县支行

1993年，中国农业银行大田县支行，行址雪山南路1号，内设办公室、人事股、监察股、保卫股、计统股、资金组织股、信贷股、会计股、信用合作股，辖1个营业部，13个营业所、4个储蓄所和均溪分理处，员工150人。1995年12月，设立岩中分理处。1996年，内设科（室）改为8个，撤销武陵、湖美营业所，屏山营业所迁址吴山乡，更名吴山营业所。1998年，撤销石牌、建设营业所。2000年8月，内设机构改为7部1室，信贷股分设信贷管理部和客户部。2002年，均溪储蓄所并入东街口储蓄所，撤销太华营业所。2003—2004年，撤销均溪分理处和桃源营业所，南大街、东街口、东门储蓄所升格为分理处。2006年12月，撤销广平营业所。2008年5月，岩中分理处升格为岩中二级支行。县农行内设综合部、会计结算部、信贷管理部、客户部、资产经营部和金融护卫小分队，辖支行营业部、上京营业所、岩中二级支行和南大街、东街口、东门分理处等6个营业网点，在职员工84人。

三、中国建设银行股份有限公司大田支行

1993年，中国建设银行大田县支行，行址建山路51号，内设人秘科、保卫科、会计科、集资科、审计科、信贷投资科、建经科和房贷部。辖储蓄专柜、凤山、白岩、南山、中山储蓄所、镇东分理处和上京办事处，员工54人。1996年12月，撤销房贷部。1998年5月，行址迁建山路60号，10月撤销上京办事处。2000—2004年，增设中间业务科，撤销中山、凤山、南山、

建行大田支行办公楼（2006年摄）

白岩储蓄所。2005 年 3 月，县建行更名为中国建设银行股份有限公司大田支行（简称建行大田支行）。2008 年 2 月，镇东分理处升格为建行大田镇东支行，隶属关系不变。支行内设办公室、公司业务部、个人金融部、营业部，在职员工 45 人。

四、中国邮政储蓄银行大田县支行

1993 年，邮政储蓄业务隶属县邮政局，储蓄业务由邮政局下设的储汇分局负责经营管理，有网点 11 个，员工 50 人。2008 年 6 月，中国邮政储蓄银行大田县支行（简称邮储银行县支行）成立，行址凤山西路 44 号，内设综合管理、综合业务、会计核算部，下辖支行营业部和均溪、建设二级支行。建山、镇东、桃源、上京、广平、文江、屏山等 7 个邮政金融代理网点由县邮政局经营管理。在职员工 31 人。

第三节　信用合作社

一、县农村信用合作联社

1993 年，大田县农村信用合作社联合社（简称县农信社），社址建山路 16 号，下辖营业部 1 个、信用社 15 个、信用分社 13 个、信用代办站 15 个和城关储蓄所，员工 146 人。1996 年 7 月，县农信社与县农行完全脱钩，成为金融独立实体；10 月，隶属三明市农村金融体制改革领导小组办公室领导，为正科级单位。2000 年 1 月，县城市信用社归入农信社，7 月更名为岩城农村信用社。2005 年 4 月，根据省信用协会通知，撤销全县 21 个信用分社、代办站。2006 年，撤销南大门分社，兴业储蓄所升格为分社；9 月，成立大田县农村信用合作联社（简称县信用联社），县、乡信用社二级法人改为县联社一级法人，12 月 27 日挂牌开业，辖 9 个部（室）、15 个信用社、7 个信用分社。

县城市信用社办公楼（1997 年摄）

2008 年，县信用联社内设办公室、人事教育部、财务会计部、电脑信息部、业务部、稽核部、风险管理部、合规管理部、监察保卫部和营业部；下辖岩城、城关、石牌、上京、桃源、太华、建设、广平、文江、奇韬、梅山、湖美、屏山、吴山、济阳等 15 个信用社和兴业、前坪、武陵、谢洋、铭溪、汤泉信用分社，共有员工 215 人（含内退、劳务派遣工和支农、支教、支医、扶贫“三支一扶”人员）。

二、县城市信用社

1993 年底，大田县城市信用社（简称县城信社），社址建山路 75 号，内设办公室、信贷计划股、会计出纳股、储蓄业务股、稽核股，有营业厅、建山专柜和建山、人民储蓄所等 4 个营业网点，员工 40 人。1997 年 10 月，城信社划归县农信社。1998 年 6 月，重新划归三明市城市信用联社。2000 年 1 月，归口县农信社管理。

第四节 保险机构

一、中国人民保险公司大田县支公司

1993年，中国人民保险公司大田支公司（简称人保大田支公司），地址建山路55号，内设人秘股、计财股、财产保险股、人身保险股，员工15人；下设城区中心保险站和广平、桃源、上京、太华、建设、吴山、奇韬、梅山、均溪、武陵等乡镇保险站10个，代办员13人。1994年5月，增设网点管理股。1995年，员工18人。1996年4月，分设财险、寿险支公司。

二、中国人民财产保险股份有限公司大田支公司

1996年4月，由人保大田支公司分设，成立中保财产保险有限公司大田县支公司（简称中保财险大田支公司），内设综合科、计财科、业务科，正式工10人，聘用工6人。1998年1月，公司地址从建山路55号迁凤山中路156号。

1999年6月，公司更名为中国人民保险公司大田县支公司。2001年4月，增设营销管理部。2002年8月，在均溪镇福田路增设城郊营销服务部。

2003年7月，公司更名为中国人民财产保险股份有限公司大田支公司（简称人保财险大田支公司），内设综合部、营业部、业务部，正式职工8人，内部保险员11人，个人代理人21人。2008年，公司内设综合部、营业部、营销部和业务一部、二部；下设城郊、广平、上京营销服务部，正式员工12人，劳务派遣工6人，内部保险员4人，个人代理人25人。

三、中国人寿保险股份有限公司大田县支公司

1996年4月，由人保大田支公司分设，成立中保人寿保险有限公司大田县支公司（简称中保人寿县支公司），设计财科、综合科、业务科，下辖营业厅和桃源、上京、太华、建设、广平、奇韬、梅山、吴山、武陵、石牌、均溪等乡镇保险站11个，员工39人。同年9月，实行营销代理制度，招收营销业务员40人，设立个险科。1997年5月，公司地址建山路10号。1998年，均溪保险站更名为中心保险站，处理16个乡镇代理网点业务。1999年，公司更名为“中国人寿保险公司大田县支公司”。2000—2002年，取消乡镇所有代理网点，改设桃源、广平、奇韬、梅山、吴山、石牌、均溪、太华营销区部。2003年9月，公司更名为中国人寿保险股份有限公司大田县支公司（简称中国人寿县支公司）。2008年，公司设综合部、团体业务部、个险业务部、中介业务部、客户服务部、收展服务部。正式员工25人，业务代理158人。

四、其他保险公司营销部

2000年6月，经省保监会批准，中国太平洋、中国平安保险股份有限公司分别在大田设立营销部。2002年10月，两个公司分设财产与人寿保险。2008年，全县有其他保险公司营销部12家，其中财险7家、寿险5家。

2008年大田县其他保险公司营销部情况表

表13-1

机构名称	设立时间	地址
一、财险类		
中国太平洋财产保险股份有限公司三明中心支公司大田营销部	2000年6月	建山路210号

续表 13-1

机构名称	设立时间	地址
中国平安财产保险股份有限公司三明中心支公司大田营销部	2002 年 10 月	建山路 75 号
中华联合财产保险股份有限公司三明中心支公司大田营销部	2005 年 3 月	建山路 193 号
中国大地财产保险股份有限公司三明中心支公司大田营销服务部	2006 年 1 月	宝山路 90 号
安邦财产保险股份有限公司三明中心支公司大田营销服务部	2006 年 7 月	河滨东路 17 号
都邦财产保险股份有限公司大田营销服务部	2007 年 7 月	宝山路 16 号
中国人寿财产保险股份有限公司大田营销服务部	2008 年 9 月	建山路 14 号
二、寿险类		
中国平安人寿保险股份有限公司三明中心支公司大田营销服务部	2000 年 6 月	建山路 193 号
中国太平洋人寿保险股份有限公司三明中心支公司大田营销部	2002 年 10 月	建山路 20 号
泰康人寿保险股份有限公司三明中心支公司大田营销服务部	2004 年 6 月	建山路 41 号
新华人寿保险股份有限公司三明中心支公司大田营销服务部	2006 年 4 月	文山路 9 号
生命人寿保险股份有限公司三明中心支公司大田营销服务部	2008 年 2 月	建山路 60 号

第五节　证券机构

1995 年，三明闽发证券分公司在县工行东街口储蓄所二楼设立证券交易服务所。1997 年 8 月，该服务所撤销。

2001 年 8 月，三明兴业证券分公司在县建行三楼设立大田服务站。2008 年 12 月，该服务站撤销。

第二章　金融业务

第一节　银行业业务

一、存款

（一）企业存款

1993 年，县人行加强金融监管，查处乱拆借、乱集资和擅自提高利率等非法行为。全县企业存款余额 8906.3 万元，比年初增长 10.26%。其中，县工行 2606 万元，农行 2654 万元，建行 2090 万元，农信社 828.3 万元，城信社 728 万元。1997 年，受外贸出口企业经营状况影响，商业银行年终突击放款减少，省道 306 线和“六角宫”水利工程持续建设，派生存款大量下降，企业从其他渠道获得的资金较少，全县金融机构企业存款余额 1.15 亿元，比 1996 年下降 28.17%。2005 年，基础设施建设资金到位，房地产市场火爆，企业拍卖收益增多，企业存款呈稳定快速增长趋势，当年余额 3.75 亿元。

2006年，余额4.34亿元。2008年，红狮水泥有限公司入驻大田、京口工业区项目建设等使企业存款波动出现短期化势头，全县余额3.86亿元，比1993年增长3.34倍，年均增长10.28%。其中县建行企业性存款余额2.6亿元。

（二）储蓄存款

1993年，受集资、投资和物价上涨等因素影响，储蓄存款一度下滑，1—5月出现负增长。下半年，金融机构开办代发工资、代收水电费等代理业务，储蓄存款回升。年底，全县储蓄存款余额2.19亿元。1994年3月，县工行城区储蓄网点业务受理率先实现电脑联网；9月，邮政储蓄实现城乡网点活期通存通取。

1995年，通货膨胀得到初步抑制，物价涨幅开始回落，全县储蓄存款余额3.82亿元，其中城镇储蓄存款余额3.04亿元、农村7837.3万元，分别比1994年增长41.57%、20.1%。1996年，各行（社）、邮政储蓄点加快电子化建设，全区联网，实施“绿卡工程”。1997年7月，邮政储蓄与全国180个城市联网通存通兑。1998年6月，县建行独家推出“一卡通”储蓄代缴水、电费，县自来水公司为首家试点单位，与县建行签订“一卡通”代收费协议，“一卡通”缴纳水费2256户。邮政储蓄计算机网络并入省邮储网络中心，10个网点全国联网，开通ATM自动柜员机2台。1999年，县工行储蓄网点开办教育储蓄业务，县建行发行“兔卡”业务。2002年，县建行开办个人电话银行业务。2003年，全县储蓄存款余额9.27亿元。邮政储蓄网点与各商业银行联网，开办银证通业务。

2005年，水泥、煤炭、铁矿、房地产等投资激增，湖美、梅山库区移民安置费和高速公路建设补偿款发放，农户储蓄大幅增加，年底，储蓄存款余额13.87亿元。2008年，由于国家多次上调存款准备金率，金融机构银根吃紧，政府实施支农政策，农产品价格上涨，广平水泥厂改制，职工补偿收入增加，投资趋缓等，储蓄存款持续大幅增长，全县储蓄存款余额24.15亿元，比1993年增加21.96亿元，增长10.03倍，年递增17.35%。

1993—2008年大田县金融机构储蓄存款余额情况表

表13-2　　单位：万元

年份	工行	农行	建行	信用联社	城信社	邮储	合计
1993	6055	4468	3292	5589	970	1549	21923
1994	7477	5772	4349	6519	1856	2006	27979
1995	9632	7553	5305	7838	2797	5094	38219
1996	11196	8561	6950	8664	2772	7144	45287
1997	13026	9216	7417	9159	3428	7549	49795
1998	13357	10330	8690	9559	2776	10630	55342
1999	13950	11600	8993	9426	1874	11851	57694
2000	12468	12261	10587	13471	0	12205	60992
2001	12453	13807	11044	14633	0	15269	67206
2002	12700	16273	12831	17230	0	18322	77356
2003	14218	19701	15784	21948	0	21066	92717
2004	14762	23109	16090	28830	0	25078	107869
2005	16692	29720	17535	43696	0	31098	138741
2006	18533	38060	23220	52343	0	38167	170323
2007	17216	35760	26367	71018	0	39111	189472
2008	20639	43873	31825	98407	0	46803	241547

说明：2000年起城市信用社归信用联社

1993—2008 年大田县各类存款余额情况表

表 13-3 单位：万元

年份	合计	1. 企业存款	2. 财政存款	3. 机关团体存款	4. 城乡储蓄存款	其中：定期存款	5. 农村集体存款	6. 农业存款	7. 信托存款	8. 委托存款	9. 其他存款
1993	34865	8906	33	723	21923	17317	2289	—	15	—	976
1994	42259	11449	273	470	27979	22090	2029	—	21	—	38
1995	56120	14378	220	486	38219	30126	2640	—	-40	—	217
1996	64253	15945	242	715	45287	35504	2061	—	0	—	3
1997	64309	11453	315	602	49795	37596	2059	—	0	—	85
1998	69968	11419	484	763	55342	41383	1777	—	0	-49	232
1999	75218	13854	186	939	57694	41602	2268	—	0	-49	326
2000	82888	14231	188	1350	60992	39990	5652	—	0	0	475
2001	89695	13493	527	2276	67206	40794	6160	—	0	-49	82
2002	105763	13375	71	5889	77356	44933	—	7888	0	-51	1235
2003	129828	14033	55	9002	92717	48445	—	13709	0	-50	362
2004	155946	17957	121	11030	107869	50840	—	18572	0	-50	447
2005	224703	37542	117	18449	138741	59826	—	25008	0	0	4846
2006	274520	43439	205	22379	170323	70920	—	31291	0	15	6868
2007	294866	32813	5168	25516	189472	71938	—	36875	0	0	5022
2008	373819	38569	12651	31916	240696	92293	—	45956	0	0	4031

二、贷款

（一）农业贷款

1993 年，县人行办理农业生产再贷款 680 万元。1994 年，全县金融机构农业贷款余额 1177.6 万元。1996 年，县农行支持农资冬储等贷款 1600 万元。1997 年，县农信社发放农业贷款 427 万元。1998 年，发放贷款 1225 万元，支持果树、食用菌、养殖等生产。1999 年，县农信社推行每村培育一种特色经济、两户以上专业户的信贷模式，与全县 172 个村 394 户种养大户建立信贷关系，该模式在全国农信社监管暨行业管理工作会议和省信用合作协会农信社支农工作座谈会上作经验介绍。2002 年，全县农业贷款余额 1.99 亿元。2003 年，县人行发放支农再贷款 5300 万元，重点支持南大农业综合开发公司为代表的“公司 + 农户”农产品加工、流通等龙头企业及特色农产品基地建设。2004 年，县农信社扶持高山优质茶、反季节蔬菜、烟草、雪蔗、木薯种植等特色农业生产，共发放贷款 1600 万元。

2006 年，县人行制定《金融部门支持茶叶生产发展推动新农村建设的实施意见》，县信用联社开办茶园资源资产抵押贷款 8 笔、40 万元；与林业局制定《大田县农村信用社林权抵押贷款管理办法（试行）》，规范林权抵押贷款操作程序，发放林权抵押贷款 34 笔、301 万元。2007 年，县信用联社制定《茶园资源资产抵押贷款管理办法》，使茶园抵押贷款规范化、标准化。县农行增加林业资源资产抵押贷款品种，发放贷款 350 万元。县信用联社发放林权抵押贷款 78 笔、1828 万元。2006—2008 年，县信用联社为茶叶生产发放贷款3980万元，其中发放茶园抵押贷款1670万元，扩大茶园167公顷，新建茶叶加工厂5家。

（二）农户贷款

1999年，县农信社在湖美乡开展农户小额授信贷款试点，“一次核定、随用随贷、余额控制、周转使用”，建立农户信用卡395户、发放小额授信贷款39.2万元。2000年，全县发放“农户小额授信贷款”2761万元，“农户联保贷款”359户、348万元。2001年，实行“金融服务联系卡、册、簿”制度，贷款农户由1.22万户增至2.6万户，累计增加贷款1739万元。同时与上京镇政府联系开展“支农示范镇”试点工作，黄城村作为示范村，农户贷款面提高10%，利率按同档次下调12%，该做法被全省全市推广。2002年，11个乡镇推行“支农示范镇”。2006年，在奇韬镇评选“党员诚信户”20户，授信金额21.5万元。

2007年，金融机构完善信贷工作机制，贯彻“区别对待、有保有压”的方针，拓宽服务领域。县信用联社制定《大田县农村青年创业贷款试行办法》，开办青年创业贷款51笔、133万元。2008年，推出“万通宝”自助循环贷款业务，申请110户，发放贷款1636万元。县农行发行惠农卡4257张，发放小额贷款25户、授信额71万元。

（三）工业贷款

1993年，全县工业生产进入新的发展时期，加快农村小水电开发，银行贷款主要投向水泥、冶金、矿业、电力等行业。年底，工业贷款余额8775万元，其中县农行电力、建材行业贷款余额分别为1000万元、3480万元。1994年，县火电厂、六角宫水电站相继开工，全县工业贷款余额1.28亿元，占银行全部贷款余额的31.88%。1995年，县建行向火电厂发放流动资金贷款1100万元，县农行建材行业贷款余额4276万元。

1996年，县建行向六角宫水电站工程发放贷款900万元，县农行、建行向岩城水泥集团大田水泥厂32万吨技改等项目发放贷款4276万元；县农信社向小水电建设提供贷款1100万元，分别向水泥业、矿业发放贷款1800万元、1000万元，贷款百万元以上企业11家。1997年，县工行煤炭行业贷款余额1425万元，县建行向火电厂发放技术改造贷款余额共5800万元。1998年，银行业机构调整信贷结构和投向，开展再贴现、再贷款业务，县建行向电力集团（公司）电网改造和11万伏变电站等项目建设，发放流动资金贷款1660万元；县工行累计发放工业贷款1.19亿元，办理票据贴现2000万元。1999年，全县工业贷款余额2.34亿元，比1998年增加224万元。

2000年，银行业实行积极稳妥的信贷政策，工业贷款呈下降趋势。县工行信贷资金作为特殊商品出现买方市场，向石凤水泥有限公司等优质客户营销2000万元；县建行向火电厂提供流动资金贷款累计4650万元、电力贷款余额4800万元。2002年，县农行向成益水电开发有限公司收购六角宫水电站发放贷款1.3亿元，是辖内银行机构向单个企业首例超亿元贷款，县建行向该企业提供流动资金贷款2000万元。2003年，县农行向恒泉直接还原铁有限公司直接还原铁和低品位铁矿加工项目发放贷款700万元，使项目顺利投产。

2005年，县农行向上级行争取扶贫贷款，向宝山矿业公司发放扶贫贷款20万元。建行大田支行为兴安水电开发公司昆山电站扩容技术改造，发放贷款2000万元，使全部机组在10月投产。年底，电力贷款县农行余额1.26亿元、建行大田支行7330万元。2007年，围绕县委、县政府提出“突出工业、加强工业、突破工业”的要求，加快项目建设。建行大田支行为鹭峰矿业有限公司等企业办理银行贴现2375.18万元，新增盛发矿业有限公司流动资金贷款500万元。全县工业贷款余额1.29亿元。2008年，成益水电开发有限公司还款9882万元。县农行、建行大田支行分别向供电公司提供流动资金贷款2000万元和2700万元，建行大田支行向成益水电开发公司提供流动资金贷款2000万元。年底，县农行矿业贷款余额277万元，建行大田支行水泥业贷款余额1.01亿元。

（四）基本建设贷款

1993年，县建行向苎麻纺织总厂发放基建贷款1100万元、第二水泥厂贷款100万元。1994年，省道306线县境内路段改造，县工行向县交通开发公司发放贷款1000万元。1995—1996年，县建行向县交通开发公司发放公路建设贷款4500万元。1994—1999年，县建行向六角宫水库电站发放基建贷款7700万元，1999年，全行基建贷款余额7100万元。2000年，县工行向县交通开发公司发放的1000万元贷款逾期无法归还，形成不良贷款，县工行被人行上海分行通报批评，所有贷款被工行总行实行停牌，全年贷款减少3759万元。2005年，建行大田支行向县医院发放基建贷款450万元。2006年，又为鑫源水电投资开发有限公司发放基建贷款2500万元。2008年，建行大田支行基本建设贷款余额4700万元。

（五）个私经济贷款

1993年，县银行业机构个体商业贷款余额5.4万元。随着改革开放的深入，个私经济逐年发展，1994年，个私经济贷款余额6.7万元。1999年，个私经济担保基金协会会员24户，与金融部门建立信贷关系，当年，发放贷款240万元。2001年，县人行制定《大田县金融部门支持个私企业发展的措施意见》，推行“个私信用户”评选制度，加大个私经济信贷投入。2003年，县农行推出“金博士”个人自助可循环贷款业务。2004年，县农信社根据民营企业灵活经营的特点，推出个私担保基金、企业授信、订单、原材料、资产抵押等贷款模式，全年累计发放贷款1.1亿元。2006年3月，县工行首家推出“个人经营贷款”业务，贷款人向借款人发放的用于借款人合法投资经营活动所需资金周转的人民币担保贷款，最高可达300万元，解决个人经营者资金短缺困难，发放贷款2345万元。2008年，县信用联社制定《进一步扶持中小企业发展的若干意见》，成立中小企业金融服务中心，简化贷款手续，优惠贷款利率，当年，投放中小企业贷款5000万元。全县个私经济贷款余额9442万元，比1993年增长1887.4倍。1993—2008年，县工行累计发放个私生产经营性贷款1.97亿元，信用联社累计发放个私经济贷款21亿元，年均1.31亿元。1999—2008年，各类担保协会为个私经营累计担保贷款1.85亿元。

（六）个人消费贷款

住房贷款 1994年8月，经人行省分行批准，县工行、农行、建行相继设立房地产信贷部。至1996年，县工行累计发放住房贷款363万元。1998年，县建行开办个人住房贷款业务，为购买住房、自建房提供贷款，投放住房公积金贷款71.8万元，个人住宅贷款70.1万元。1999年，县工行加强信贷资产管理，为城乡居民办理个人住房抵押贷款业务，全年办理164笔、524万元。县建行支持房改，发放住房公积金委托贷款64万元，自营性住房贷款578.46万元。2000年，随着住房制度改革，商品房的开发，县农行开办“金钥匙”住房消费、商铺抵押贷款业务，发放住房贷款2347万元；县建行发放住房公积金委托贷款100.5万元，自营性住房贷款1686万元。当年，全县个人住房贷款增加4723万元。县工行住房贷款余额1700万元。2004年，县建行发放“商贸中心”商住楼按揭贷款2000万元。2007年，建行大田支行向一鹏房地产开发公司发放贷款2700万元，新增个人住房贷款7168万元。2008年，住房贷款建行大田支行余额8745.97万元、县农行1020万元。

车辆消费贷款 1999年，根据中央提出扩大内需、刺激消费的方针，县工行开办牡丹卡购买摩托车等消费贷款业务，贷款发放20户、30万元。2002年，县农行拓展信贷业务，与星田汽车贸易有限公司合作，开办汽车消费贷款，共发放245.6万元；县农信社与汽车经销商、交警部门、保险公司共同制定汽车保证保险消费贷款业务，累计发放113笔、1148万元。2003年，县建行汽车消费贷款余额265万元。2008年，全县银行业汽车消费贷款余额8.76万元。

其他消费贷款 1997年，县建行开办小额抵押贷款业务，办理231笔、156.35万元，年底，余额9.87万元。1999年，按照国家扩大内需政策，各商业银行相继开办购买家具、家电等个人消费贷款业务。2000年，县工行办理综合消费贷款1116万元，县建行推出贷款不限用途、可循环使用、偿还本金灵活等优点的个人消费贷款，发放 1856.55 万元，贷款余额 1879 万元。2003 年，县建行开办个人存单质押贷款。2008 年，建行大田支行个人其他消费贷款余额 6540.11 万元。1997—2008 年，县农行累放个人消费贷款 1.05 亿元。

1993—2008 年大田县各项贷款余额情况表

表 13-4　　　　单位：万元

年份	合计	一、短期贷款									二、中长期贷款	三、信托贷款	四、其他类贷款
		小计	工业	商业	建筑业	农业	乡镇企业	私营个体工商业	三资企业	其他			
1993	30845	22604	8755	3922	390	2775	5506	5	—	1251	6165	59	2017
1994	40013	27490	12765	5200	242	1178	5892	7	310	1896	12107	0	416
1995	51130	31018	14633	5155	223	1236	7338	24	520	1889	19002	0	1110
1996	65819	35800	16898	5896	192	1234	8368	5	860	2347	28930	0	1089
1997	69720	42656	21541	6562	333	2398	8566	0	910	2346	25479	0	1585
1998	79423	44999	23215	6959	323	2954	8069	0	1010	2469	32562	0	1862
1999	72828	44686	23439	7702	303	2908	6200	0	1010	3124	26426	0	1716
2000	61091	46803	17200	5825	300	5852	7990	2	1501	8133	12811	0	1477
2001	58510	39973	14505	5325	252	10080	7682	0	1501	628	17622	0	915
2002	71438	45427	8453	4926	242	19861	6275	0	930	4740	23729	0	2282
2003	82460	57347	8757	5740	142	24919	5013	0	1380	11396	22257	0	2856
2004	82953	56962	6927	2635	0	31624	4164	64	310	11238	21754	0	4237
2005	90755	56357	4646	2319	0	37278	3023	211	530	8350	29743	0	4655
2006	108451	65958	9232	1892	15	44154	1397	1792	0	7476	36947	0	5546
2007	132503	89591	12908	1307	9	61436	997	6096	0	6838	40760	0	2152
2008	165910	106295	2727	0	0	85357	1221	9442	0	7548	59235	0	380

说明：中长期贷款含固定资产贷款

1993—2008 年大田县金融机构存贷款余额情况表

表 13-5　　　　单位：万元

年份	存款							贷款				
	工行	农行	建行	信用联社	邮储	农发行	人行	工行	农行	建行	信用联社	农发行
1993	8199	9684	7122	8278	1549	0	33	7332	10851	3772	5840	—
1994	9605	10180	8108	11541	2006	757	62	8080	11785	6338	7803	1279
1995	13304	12159	10877	14399	5094	66	221	11080	13356	10972	9606	1401
1996	16182	13496	11435	15491	7144	241	264	13818	15159	19100	10482	2295
1997	17469	12001	10236	16604	7549	135	315	15721	17261	23249	10112	3377

续表 13-5

年份	存款							贷款				
	工行	农行	建行	信用联社	邮储	农发行	人行	工行	农行	建行	信用联社	农发行
1998	17916	12705	11618	16527	10630	137	435	17240	24720	24322	10778	2363
1999	19099	14912	12761	16338	11851	175	82	16786	24800	19058	11265	919
2000	20283	15977	14973	19298	12205	136	16	14356	15481	14720	12211	2846
2001	19570	18992	15293	20482	15269	72	17	10595	15368	15055	14868	2624
2002	21357	21601	19041	25322	18322	86	34	9969	26198	13085	20036	2150
2003	23196	25313	24871	35239	21066	122	21	7913	27377	18166	29004	0
2004	25339	32407	26534	46507	25078	0	81	5829	26756	17520	32848	0
2005	33107	44312	47261	68808	31098	0	117	2739	26796	18959	42261	0
2006	39083	58448	53101	85501	38167	0	220	3311	24478	23785	56877	0
2007	35470	58723	47004	109390	39111	0	5168	5238	27962	23527	75776	0
2008	42229	68729	57564	145842	46803	0	12651	4658	26184	32100	101865	0

说明：1993—1999 年，信用联社含城市信用社，农业发展银行信贷业务由县农行代理。邮储行 2008 年始有贷款业务，当年余额 1103 万元。1993—1996 年，县人行贷款余额分别为 3050 万元、4728 万元、4715 万元、4965 万元。邮储 2008 年存款包括邮储行

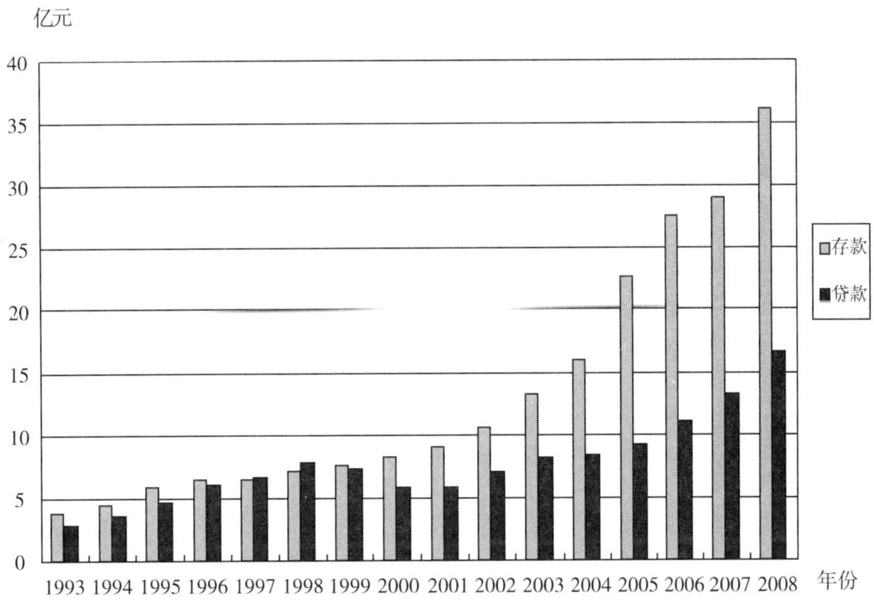

图 13-1　1993—2008 年大田县金融机构存贷款余额示意图

三、结算

（一）资金清算

1993 年 7 月，资金清算邮政汇兑改为县人行统一清算。全县银行业异地结算有托收承付、委托收款、汇兑、票汇等；同城结算有现金支票、转账支票、委托收款等。继续使用单联转账支票结算。1995 年 10 月，县工行开通全国电子联行汇兑系统，缩短异地资金结算时间。1996 年底，全县银行业机构各单

位会计清算、联行资金汇划等业务实现电算微机化管理。1997 年 6 月，采用委托收款方式提示付款；12 月，实施《中国人民银行支付结算办法》，废止《中国人民银行结算办法》，同时取消国有商业银行签发 50 万元大额汇票通过人行清算，停止托收业务。

1999 年 5 月，县工行开通新的资金汇划系统，异地结算网点由 5000 多家增至 8000 多家，加急汇兑城市 300 多个，异地结算资金 24 小时内到账。当年，全县现金清算 79.89 万笔、金额 71.02 亿元，同城结算 90.68 万笔、金额 157.84 亿元，异地结算 6.98 万笔、金额 61.36 亿元。2001 年，全县现金清算 87.02 万笔，金额 85.51 亿元。2004 年，办理同城票据清算业务 131.45 万笔，金额 221.41 亿元。2006 年，办理异地结算 10.6 万笔，金额 198.48 亿元。

2008 年，全县金融系统实现电子化管理，推广非现金结算业务，公用事业单位跨行收费采用定期借记业务办理 6 家，社保养老金发放采用定期贷记业务；签发商业承兑汇票 4 笔，金额 710 万元。推广办理银行本票 42 笔，金额 21 万元，个人跨行通存通兑签约客户 33 户。至年底，全县办理结算 772.14 万笔，金额 1374.02 亿元，其中，现金清算 157.93 万笔、金额 240.72 亿元；同城结算 369.84 万笔、金额 779.84 亿元；异地结算 244.37 万笔、金额 353.46 亿元。

（二）票据交换

1993 年，票据清算由县人行组织，在票据交换所进行，参加票据交换的有县工行、农行、建行、农信社。至 1996 年，同城票据交换 2200 多场，票据 18.5 万笔，金额 51.88 亿元。同年，实施《中华人民共和国票据法》和人行总行制定的配套实施办法。1998 年，进行各行（社）同城票据交换，提高资金流转速度。1993—2008 年，全县银行业机构票据交换清算笔数占结算总数 26%，清算金额 7.49 亿元，占清算总额 16%，平均票据抵用率 93.9%。

第二节　外汇业务

1993 年，县工行东街储蓄所继续代理工行三明分行国际业务部经营外币储蓄存款业务。1996 年 6 月，县建行代理对公外币存款、贷款、汇款、兑换和外汇咨询业务，提供与国际结算相配套的人民币贷款，当年有 22 家外资企业开立外汇账户 27 个。2000 年，全县外币储蓄存款余额 69 万美元；为镇石机械实业有限公司办理外汇结算 100 万美元。2003 年，9 家出口企业发外汇核销单 310 份，收单 261 份、金额 776.17 万美元，全年出口创汇 176.17 万美元。

2004 年 8 月，经国家外汇管理局三明中心支局批准，县工行、县农行经营对私即期结售汇（不含个人购汇）业务；9 月起，实行货到汇款项下贸易进口付汇自动核销，全年办理出口及收汇核销 481 笔、金额 1097 万美元，进口付汇核销 11 笔、金额 166 万美元。并做好外汇登记、验资证询工作。2005 年，全县结汇 171.5 万美元，付汇 46.55 万美元。当年 4 月，外管局大田支局批准建行大田支行为县内首家经营即期结售汇业务的外汇指定银行，至年底，办理结汇 71.5 万美元。全县有 3 家商业银行 4 个网点办理对私结汇业务。2006 年，全县结汇 975.9 万美元，付汇 157 万美元。办理验资证询业务 14 笔、金额 450.94 万美元，核查国际收支申报数据 172 笔、金额 1086 万美元。当年，出口总值 1574 万美元，进口总值 183 万美元，顺差 1391 万美元。2007 年 4 月，外管局大田支局批准工行大田支行经营结售汇业务。全县银行结汇 707.29 万美元，付汇 174.94 万美元；办理个人结汇业务 299 笔，金额 128.33 万美元，比 2006 年增长 69%。2008 年 11 月，外管局大田支局批准邮政储蓄银行县支行经营即期结售汇（对私）业务。当年，经营即期结售汇业务银行 4 家。全县结汇 694.65 万美元，付汇 176.94 万美元，全年出口总值 1463.4 万美元，进口总值 176.94 万美元，顺差 1286.46 万美元。

第三节　保险业务

一、险种

（一）财险类

1993—1995 年，人保大田支公司开办机动车辆、企业财产、家庭财产、货物运输、雇主责任、产品质量、建筑安装工程、涉外保险等八大类保险及附加险险种共 40 个。2000 年，中保财险县支公司新增医疗、供电、职业责任保险等 5 个险种。2001 年，新增校（园）方责任、旅行社责任，金锁家财、机动车辆消费贷款保证保险。2003 年 4 月，人保财险大田支公司新开办短期人身意外伤害、学生平安、金牛投资型家庭财产保险。2004 年，新增合家欢系列人身意外伤害、火灾公众责任保险。2005 年，新增桃李芬芳、保安公司责任保险。2006 年 8 月，承保省政府为民办实事项目，为全县办理农村住房统保。2007 年，新增金娃投资保障保险。2008 年，开办政策性能繁母猪保险和新型农村合作医疗商业性补充保险。年底，有险种 60 个。

（二）寿险类

1993—1995 年，人保县支公司经营简易人身、子女教育婚嫁备用金、团体人身、团体人身意外伤害、矿山团体人身意外伤害、村干、企业养老金、个人、老人团体平安保险等 9 个险种。1996 年，中保人寿县支公司又推出 88 鸿利终身、99 鸿福终身、重大疾病终身、鸿寿养老金、福寿安康、独生子女两全、建筑工程人身意外伤害、中保人寿卡及 66 鸿运 A、B 型等新险种。

1997 年，中央银行多次降息。7 月起，公司全面停止销售之前经营的所有险种，向市场推出 1998 年版利差返还型简易人身、88 鸿利终身、99 鸿福终身、重大疾病终身、鸿寿养老金、子女教育婚嫁备用金、福寿安康、独生子女两全保险和 66 鸿运 A、B 型等 9 个险种。同时推出改版的团体人身、团体人身意外伤害、矿山团体人身意外伤害、企业养老金、团体附加住院医疗、建筑工程人身意外伤害等 6 个团体性险种。

1998 年起，先后向市场推出分红型国寿鸿福相伴、国寿鸿瑞、国寿鸿鑫、国寿金鑫、国寿鸿福两全、国寿永泰团体、国寿鸿寿年金、国寿松柏、国寿松鹤养老金等 9 个险种。银行代理分红型国寿鸿泰、国寿安享一生、国寿鸿丰两全、国寿美满人生保险等 4 个险种。同时推出国寿学生幼儿平安及附加住院医疗、国寿团体人身意外伤害、国寿 99 鸿福两全、国寿团体年金、国寿关爱女性疾病、康宁终身、康宁定期保险等 7 个险种。

2008 年 10 月，实施新修订的《中华人民共和国保险法》，停售康宁终身、康宁定期保险，推出改版的康宁终身、康宁定期保险。年底，中国人寿县支公司经营险种 43 个。

中保财险办公楼（1997 年摄）

二、保费

（一）财产保险

1993 年，人保县支公司财险类保费收入 715 万元。1996 年，保费收入 935 万元，比 1993 年增长 30.77%。

1997年，太平洋、平安财险进入大田市场，财产保险多家经营，中保财险县支公司面向市场改善服务，全县有100家企业、2300多辆机动车及其他保户150多户参加财产保险，全年保费收入813万元，市场占有率90%。

1998年，人保县支公司与市公司联网设立“95518”保险热线服务电话，24小时服务。1999年，承保摩托车3897辆，保费收入98.5万元，比1998年增长79.75%；企业财产保费201.21万元，比1998年下降13.93%。2002年，增收200辆新购机动车辆保险和消费贷款保证保险保费170万元，全年保费收入1102.78万元。2003年，委托县农行代办金牛投资型家财险业务，收储蓄型保费119万元；开办短期人身意外伤害险业务，增加保费80.32万元，全年保费收入1264.93万元。2004年，承保政府公务用车180辆，收取保费51万元。全年按股份制改革后财务核算口径统计，保费收入1379.4万元。2006年，为全县农村住户住房统保每户保费2.54元，保额5000元（2008年升为1万元），保费收入39.71万元。全年实收保费1522.23万元。

2008年，人保财险大田支公司扩大惠农支农保险，承保能繁母猪1.56万头，收保费93.6万元；全县农户27万人纳入医疗商业补充保险，收保费135万元。全年保费收入1840万元，比1996年增长96.79%，年递增5.8%。其他7家财产保险公司大田营销部共收保费1693.6万元，其中太平洋财险大田营销部81万元、平安财险230万元、中华联合财险400万元、大地财险428万元、安邦财险146.2万元、都邦财险260万元、中国人寿财险148.4万元。

（二）人身保险

1993—1995年，人保县支公司寿险类保费收入1224.45万元。1996年，中保人寿县支公司保费收入840万元。1997年，保险行业向商业化经营发展，走市场化道路，全县参保人数累计8.8万人次，承保金额6.3亿元，全年保费收入1221万元。1999起，陆续推出新险种，业务员逐年增加，保险业务收入随之增多。2003年，中国人寿县支公司保费收入3678万元，其中个人参加保险业务保费3308万元，占89.94%。

2005年，保费收入4153万元，其中，长期性寿险保费3754万元，占90.4%，意外险334万元，健康险65万元。2008年，保费收入5267万元，比1996年增长5.27倍，年递增16.53%。其他人寿保险公司大田营销部（缺平安人寿），共收保费808.6万元，其中太平洋人寿保险大田营销部108万元、泰康人寿343.6万元、新华人寿77万元、生命人寿280万元。

中国人寿保险大田县支公司办公楼（1997年摄）

三、理赔

（一）财产保险

1993年6月9日，县供销储运公司37/20363沙州牌中巴客车在湖美境内肇事，致车损和人员伤亡，人保县支公司支付赔款13.77万元。1994年，县“5·2”特大洪水灾害，支付赔款227.5万元，41家受灾企业迅速恢复生产。1994—1995年，财产类保险理赔结案5252件，赔付2974万元。

1996—1997年，中保财险县支公司理赔结案1345件，支付赔款1128万元。1998年，各类赔案598起，支付赔款604.02万元，赔付率69.83%，其中，企业财产险赔付243.28万元、赔付率104.16%，机动车辆险赔付350.76万元、赔付率57.78%，其他险种赔付9.98万元。1999—2002年，结案3202件，支付赔款2156.99万元。

2003年，人保财险大田支公司理赔结案1139件，支付各险种赔款805.64万元。其中，机动车险理赔657.61万元、赔付率67.79%，企财险理赔46.05万元、赔付率63.62%，货运险理赔12.16万元、赔付率59.23%，人身意外险赔付12.18万元、赔付率15.16%，其他险种赔付77.46万元。2004年9月21日，上京地区特大暴雨，赔付永安煤业公司上京分公司投保的井上井下财产损失54.62万元。2006年10月31日凌晨2点，均溪镇后坂洋4号永庆家用制品有限公司成品仓库发生火灾，制版、机件、印花车间烧毁。该公司8月间缴纳保费7770.79元，投保企业财产综合保险，获赔224.47万元。2008年12月，东大车队闽G22875东风自卸车在省道306线吴山乡梓溪路段碰撞出险1死1伤，支付赔款52.63万元。当年，全县能繁母猪死亡248头，支付赔款24.06万元；新型农村合作医疗赔付243起、142.9万元。全年理赔1784件、赔付1018万元，赔付率55.33%。其他7家财产保险公司大田营销部共办理赔1472件、赔付825.7万元，其中，太平洋财险大田营销部理赔77件、62万元，平安财险93件、78.4万元，中华联合财险405件、237万元，大地财险401件、291万元，安邦财险296件、56万元，都邦财险130件、86万元，中国人寿财险70件、15.3万元。

（二）人身保险

1993—1995年，人保县支公司寿险类理赔结案2958件，赔付金额1090.83万元。1996年，中保人寿县支公司理赔案件1424件，赔付金额417万元。1997—2001年，中国人寿县支公司理赔人身意外险、简易人身险等各类保险9407件，赔付金额1516.92万元。年均1881件、303万元。2002年，理赔978件、赔付金额195.02万元。

2003—2004年，中国人寿县支公司理赔3122件，赔付金额419.01万元，件均1342元。2005--2007年，理赔结案4110件，赔付953.24万元。2008年，理赔结案611件，赔付金额275.79万元。其他人寿保险公司（缺平安人寿、生命人寿）大田营销部共办理赔370件、赔付229万元，其中，太平洋人寿大田营销部理赔131件、132万元，泰康人寿231件、53.6万元，新华人寿8件、43.4万元。

1993—2008年人保财险、中国人寿大田支公司业务经营情况表

表13-6

年份	财险类				寿险类		
	保费收入（万元）	理赔			保费收入（万元）	理赔	
		件数件）	金额（万元）	赔付率（%）		件数（件）	金额（万元）
1993	715.00	813	528.80	67.60	73.00	799	173.00
1994	744.21	737	704.04	85.07	538.00	1133	103.17
1995	833.24	717	686.59	75.29	613.45	1053	362.45
1996	935.00	647	542.00	57.97	840.00	1424	417.00
1997	813.00	698	586.00	72.08	1221.00	1521	198.49
1998	865.00	598	604.02	69.83	1556.00	2400	317.40
1999	910.05	696	464.49	51.04	1646.00	1284	157.01
2000	895.57	826	510.86	57.02	1883.00	1668	585.88
2001	1012.44	834	531.20	52.47	2103.00	2534	258.14
2002	1102.78	846	650.44	58.98	2304.00	978	195.02
2003	1264.93	1139	805.64	63.07	3678.00	1694	214.29
2004	1379.40	1430	838.18	60.76	3889.00	1428	204.72
2005	1396.78	1309	1157.89	82.90	4153.00	1457	272.91
2006	1522.23	1054	829.67	54.50	4230.00	1352	355.45
2007	1618.62	1577	1184.42	73.17	4568.00	1301	324.88
2008	1840.00	1784	1018.00	55.33	5267.00	611	275.79

第四节 证券业务

2001年8月，兴业证券大田服务站在县建行三楼设立证券交易大厅。使用条形码委托查询交易系统，电话查询委托系统（即采用以无人交易模式为主、人工报盘方式为辅的报盘系统）。至2005年，服务站拥有1个散户大厅，3个大、中户及贵宾室；散户大厅配备沪深行情电子显示屏，拥有大中客户钱龙自助机20余台及沪、深高速卫星通信系统，配备钱龙、正元、大智慧等多种分析软件，确保客户交易快捷、安全。截至2008年底，服务站股民开户4012户，A股交易金额20亿余元。

第五节 其他业务

一、代理业务

（一）债券代理发行

1993年，县人行代理发行国库券，县工行代理发行国债。至1996年，县人行发行国库券1131万元，总付本息504.77万元。1993—2008年，县工行累计发行国债85.69万元，全县共有单位购买国家债券156.74万元，个人购买53.13万元，共兑付单位债券89.45万元、个人21.25万元。

（二）其他代理业务

1993年，县工行相继开办代发工资、代理公路规费、工商税收、学杂费、水费、电费、通讯费、企业股息分红、住房公积金等代收代付及保险、基金销售、国库集中支付等业务。1994年，县农行代理农业发展银行粮油购销信贷业务。

1997年，建行储蓄网点全面办理对公代收业务，企事业单位的现金可在任何一个网点缴存，由网点及时划缴支行会计账户。有邮电、寿险、医院等6个单位办理此项业务，月缴金额300多万元。同年，县建行、农行推广代发工资业务，累计代发工资144个单位、5054人，月代发工资485.84万元。县工行代发工资71个单位、1.1万人，月代发工资415万元，代发退休职工养老金1000多人、月代发70万元。

1998年，建行推出“一卡通”代收业务，客户凭“龙卡”储蓄，可用于缴纳水费、电费、税收、电视收视费，凭卡存取款、购物、消费、在自动柜员机查询公积金存款等多种用途，用户2200户。1999年，县工行代收学费750万元、保险保费7.4万元；农行代收固定、移动话费业务。2000年，县农行代理人寿保险、华福证券业务、工商行政缴费、代收法院诉讼费、税款、公路稽征费、计划外生育费征收等业务；县工行代收保费13.09万元。

2001年，建行推行“银证通”业务，通过“银证通”业务系统，自动转化资金，减少划拨的中间环节，与兴业、华福、国泰证券等公司签订银证转账及代理协议，方便股民。

2002年，县农行与国、地税实现“银税一体化”，为地税代划缴税费26.8万元。2003年，建行代理各类保险24.5万元，代售各类基金55.59万元。2006年，县农行全面代理住房公积金归集，开放式基金买卖、卷烟销售款扣收等业务，共1.1亿元。2008年，各行（社）主要代理工资发放、工商行政缴费、法院诉讼费、税款、公路稽征费、学费、水费、电费、电话费和保险保费、证券等业务，共3.19亿元。

二、典当

2007年1月，经国家商务部批准、县工商局注册，大田县博古典当有限公司成立。位于凤山东路

32号。经营动产、财产权利质押，房地产抵押等典当业务。2008年，为中小企业、居民生活提供应急典当融资2059万元。员工12人。

三、担保

1999年，县首个担保机构个私经济担保基金协会建立，会员30户。2003年，均溪镇成立全市首家农户贷款担保基金协会红星村农户贷款担保基金协会。2005年，成立屏山乡茶业、福塘村米粉行业贷款担保基金协会。2006年，县政府注资853万元，成立鑫融担保公司和4个乡镇茶叶担保基金协会。2008年，太华镇创办首个乡镇担保公司——大田县阳光担保有限公司，均溪镇红星村组建以自然人为股东的商业性村级担保公司。全县有担保机构11家，担保各类贷款1.1亿元。

四、银行卡业务

1994年3月。县工行发行“牡丹信用卡”，集购物转账消费于一体。1996年3月，县农行发行“金穗卡”；10月，县建行独立开办“储蓄卡”业务，在全省八地（市）建行各储蓄所皆可办理存取款业务。至年底，县建行发储蓄卡3056张；县工行共发“牡丹信用卡”1351张，县农行发“金穗卡”805张。1998年，县建行开办“一卡通”代理收费业务。1999年，实施《中国人民银行卡业务管理办法》，废止《中国人民银行信用卡管理暂行办法》。1998—2000年，县建行发“一卡通”9200张。

2001年，县建行、农行开办“银证通”业务，利用电子网络系统自动划转资金，减少中间划拨环节，为兴业、华福、国泰等证券公司代理转账，方便股民。2002年，县工行推出公务卡、商务卡、个人卡（含金卡、银卡）业务，透支限额1万元—5万元，全年发卡116张。2003年，县农行推出“金博士理财卡”，有一卡多账户、理财增值、创业融资三大功能。2005年，县农行办理贷记卡85张。2007年，县信用联社发行“万通”借记卡。截至2008年，县农行累计发银行卡8.64万张，存款总量19.44亿元；工行大田支行银行卡累计交易12.45亿元；县信用联社发“万通卡”3.36万张。当年，企事业单位使用商务卡39家，在企事业单位、学校、商店新安装POS刷卡机29台，居民可刷卡消费。

五、电子和网上银行业务

1995年10月，县工行与全国工商银行网点开通电子汇兑系统。1997年10月，县农行105个储蓄网点储蓄电脑全省联网。1999年，县建行推出个人网上银行业务，提供网上查询、转账、代理缴费、挂失等服务。2000年，县工行初步建成网上银行和手机银行为主体的电子银行体系，采集综合业务客户信息600多份。县建行开办企业客户网上银行业务。

2002年，县工行营销电话银行个人386户、企业16户，网上银行个人1户。2005年，县农行开办网上银行个人95户、单位3户。2008年，县农行网上银行个人6351户、企业114户，建行大田支行网上银行企业198户，县信用联社电话银行业务562户。客户可利用网上银行直接办理查询、缴费、购买基金、转账结算等业务，还可通过“95599”电话银行办理所需业务。当年，全县银行机构办理网上支付7583户、固定电话支付3.86万户、移动电话支付1055户。在线支付烟农烟叶款1786户、金额2595万元；城区7所中小学全部通过自动扣款、POS机（销售点情报管理系统）、ATM机（自动柜员机）和网上银行转账等方式缴纳学费1.73万笔、金额945.6万元。

六、其他融资

1993年，县内个体经营者、个人之间存在应急融资或借贷，一般月息1%—2%。1994年9月，县境内省道306线（原称212线）二级公路改造项目98.54公里，县交通开发公司向全县干部职工借款413万元，月利率11.55‰。1995年，县交通开发公司向运输车辆借款（3000元／辆）191万元；县火电厂建设项目向全县干部职工借款800多万元，前三年年利率30%，后调减为12%。1998年，县交通开发公司开始偿还借款。2001年，县火电厂和交通开发公司还清全部借款本息。2008年，民间个人借贷月息一般1%—4%，高于银行利率。

第三章 金融管理

第一节 货币管理

一、现金管理

1993年，根据中国人民银行《现金管理暂行条例》规定，县人行制定《关于进一步加强现金管理的通知》，成立现金管理领导机构，明确规定各支行行长为现金监管第一责任人，计划信贷、金银货币为具体监管部门，各金融机构配置专（兼）职现金管理人员。1995年，县人行对辖内金融机构及开户单位执行现金管理制度、大额提现审批、行（社）库存限额等检查，全年现金净投放6955万元。1997年，人民币经常项目可兑换，执行适度从紧的货币政策，完善现金管理和审批制度，进行现金管理检查，抽查大额现金支付登记报备和内部分级审批制度，控制不合理现金投放，首次现金净回笼1913.7万元。1998年，控制现金投放，现金收入28.67亿元，支出27.23亿元，净回笼1.44亿元。2000年，全县金融机构现金收入40.17亿元，支出38.52亿元，净回笼1.65亿元。2004年，现金净回笼1.96亿元。2006年，现金净投放4625万元。7月，建行大田支行安全保卫货币押运业务移交三明金盾保安守押有限公司。2008年，建立人民币流通管理监测网络，开展流通监测、分析，制定《大田县金融机构出纳考核实施办法》，规范人民币现钞收付业务，当年，现金净投放1.55亿元，比1995年增长122.86%。

二、金银管理

1993年，县金融部门未对金银饰品经营进行管理。1997年，县人行组织辖内经营金银首饰的个体户学习《中华人民共和国金银管理条例》等有关规定，明确须经当地人民银行审批，取得“金银首饰经营许可证”方可经营金银饰品，当年，共审批经营金银首饰店11家。1997—1999年，县人行每年2次下发经营首饰自查表，并牵头由公安、工商部门配合，不定期对辖内金银首饰店进行检查，发现违反管理规定的行为，责令限期整改。2000—2008年，县人行对金银饰品加工经营不再进行管理。

三、假残币管理

1993年，出现大面额、新版机制假人民币、特别是电子分色制版胶印的假币，县人行召开“反假”专项联席会，布置反假币工作。各行（社）兑换回收残损币交县人行复点后送市人行统一销毁，当年，回收人民币损伤券1839.2万元。1994年，县人行在发现不同特征假币时，及时举办专业人员培训，掌握识别假币技能。1994—1996年，协助公安部门破获贩卖假币案6起，收缴伪、变造币407张，面值1.92万元，临柜没收假币2230张，面值6.97万元。1997—1998年，回收人民币损伤券1.28亿元。2000年，各金融机构出纳股长参加人行福州中心支行“反假币知识培训班”，取得“假币鉴定授权书”和“反假货币上岗资格证书”。兑换人民币损伤券8495.3万元。2005年，回收人民币损伤券1.86亿元。2007年，在太华、均溪镇创办农村反假币夜校试点。2008年，开办反假币夜校41个，其中，城区社区10个，乡镇18个，村13个，配义务教师57人，举办反假币培训班32期，参训4481人。1993—2008年，全县共收缴各种假币70.03万张，面值448.49万元，兑换回收人民币损伤券18.33亿元。

四、反洗钱工作

2002年，银行业始开展反洗钱工作，县人行制定和实施《金融机构反洗钱规定》《人民币大额和可疑支付交易报告制度》《金融机构大额和可疑外汇资金交易报告管理办法》等制度，全面开展反洗钱工作。建立大额和可疑资金监测网，各金融机构按季报送相关情况，开展2次反洗钱宣传和检查，防范洗钱犯罪活动。

2004年，人行设立反洗钱工作岗位，安装反洗钱监测系统。2005年，制定实施《人行大田县支行反洗钱工作制度》。2006年，建立反洗钱工作联席会议制度，与县公安局联合制定、实施《反洗钱工作联络协调及可疑交易线索核查合作制度》，分工合作。2007年，对辖内3家商业银行、信用联社和2家保险支公司开展非现场反洗钱监管和现场检查。2008年，与县公安局建立双边协作关系，完善反洗钱协作机制。2002—2008年，全县没有发生洗钱案件。

第二节　信贷管理与资产处置

一、贷款审批

1993年，由县人行控制贷款规模，分配贷款资金，银行业机构执行“从严控制信贷总量，优化信贷结构，面向市场，转换机制，提高效益”的信贷政策，注重信贷质量。银行发放贷款实行贷前调查、贷中审查、贷后检查的审批制度。县农行按照在贷款授权范围内“谁经营、谁决策”的原则，把责任和贷款风险落实到人；县建行个人房贷、汽车消费贷款超20万元、流动资金贷款超100万元需报市分行审批；县工行企业项目贷款由市分行审批；农信社权限内贷款由审批小组研究决定、主任审批，权限外上报县农行信用合作股研究决定，由行长或副行长审批。

1996年，基层信用社贷款超3万元报县农信社信贷审批委员会研究审批；县农行实行审贷分离制度，成立贷款审批委员会，风险和数额较大的贷款，采取集体审批、行长决策。1997年11月，取消国有商业银行贷款规模控制，实行资产负债比例管理。1999年，县工行新增流动资金贷款由市分行审批；县农行实行贷款责任制，信贷员为责任人，信贷科长是审查负责人，行长或分管副行长为签批人。

2003年，县建行对交存认可的存款凭单全额质押100%保证金的单位信贷总量，支行审批权2000万元。2005年6月，县建行可全额审批B级（含）以上客户或总行级重点客户的授信额度内短期信贷业务；交存100%保证金的信贷业务，支行审批权限1亿元以内。2006年10月，县信用联社建立授权经营、信贷分离审批制度，理事长对联社主任，联社主任对各分支机构主任分别授权审批，并实行贷款调查与审批分离。2008年，工行大田支行个人贷款由市分行审批；邮储银行实行贷款三级审批制度，县支行组建审贷会审批权限内10万元以内小额贷款，30万元、50万元以内分别由市、省分行审批。

二、不良贷款处理

（一）清收、转贷与核销

1993年，全县金融机构不良贷款余额7319万元，不良贷款率23.73%，成为制约生存发展的瓶颈。县人行全力协助辖内各金融机构，采取行政、经济、法律等手段，做好不良贷款清收、转贷工作，对特殊的呆滞呆账（“两呆”）个案，按有关政策上报核销。

1998年3月，县人行制定《大田县金融逃废债管理办法》《借款人逃废金融债务实施曝光暂行办法》。1998—2000年，县人行主动参与协助太华水泥厂等22家改制企业落实金融债权1.19亿元，利息1727.3万元，收回利息300.5万元；督促太华选矿厂归还太华营业所、信用社本息95万元。重点监控县交通开发公司、电力公司两家贷款大户，促成湖美旺建电站等9家恶意欠息企业与债权银行重新签订还息协议。对金融机构信贷资产质量、财务状况进行检查，查处违规1098万元。县农信社实行旧贷清收责任制，对不良贷款审批人、信贷员经济处罚62人、1.77万元。

2001年，县工行向法院起诉6家企业，通过诉讼收回贷款本息245.8万元，并与3家企业解除信贷关系，诉讼执行收回率 34.5%。县农行组建资产经营部，配专职人员 3 人，负责清收 1997 年 1 月前形成的不良贷款本息，完成常规 16 户、专项 6 户的内部账务划转。

2002—2003 年，县人行建立重大事项通报和维护金融债权预警系统，完善逃废债权企业“黑名单”制度，落实债权保全证明书制度，加强与法院合作，加大金融案件执行力度，提高结案率，发挥《改制企业金融债务保全责任书》作用，对“钉子户”运用法律手段进行诉讼保全。县工行运用还旧贷新、借新还旧、依法诉讼、以物抵贷、上报核销、减免息等手段，收回贷款 536 万元；转化、核销、以物抵贷 267 万元；清理核销自办公司呆账贷款 76.95 万元。将合成氨厂抵贷资产 379.24 万元，以 240 万元由县土地收储中心收储，处置后损失 163 万元，不良贷款下降 5.09%。县人行督促县农信社逐级签订《盘活不良贷款目标责任书》，开展“流动法庭”收贷，公示不良贷款户，按月变更，促进还款。县建行运用行政、经济、法律等手段收回“两呆”现金 335 万元，不良贷款率下降 3.68%。

2004 年 4 月，县工行因不良贷款被总行取消法人客户贷款经营权。成立不良资产清收处置工作领导小组，采取“以诉促谈”、运用法律、一户一策、还款免息等措施，现金清收呆滞贷款 694.37 万元，个人消费不良贷款 17.63 万元。收回表外欠息 120.57 万元，核销合成氨厂以资抵贷资产处置后损失 149.23 万元和其他损失类贷款 31 万元，转入次级类贷款 1188 万元。县建行堵塞管理漏洞，银监办对“逃废债”企业专项监管监督，规范通报制度，改进重大信贷风险事项报告制度，全年收回不良贷款本息 319.32 万元，年底，按五级分类口径不良贷款率 4.59%，下降 11.08%。县农信社以诉讼、有线电视和网点公告等收回不良贷款 4711 万元。

2005 年，工行大田支行配合股改上市，加快不良贷款清收处置，全年清收 614 万元，转正常类贷款 730 万元，收回表外欠息 20 万元；损失贷款本金 252 万元，表内利息 27 万元，表外利息 1363 万元，核销呆账本息 360 万元。年底，不良贷款余额 2 万元，比 2004 年减少 3136 万元，不良贷款率 0.07%。建行大田支行现金收回“两呆”贷款 397.17 万元，不良贷款率 2.9%。

2006 年，工行大田支行不良贷款绝对数按五级分类口径计，不良贷款率为零。县农行借助股份制改革，对所有不良贷款组织全面清收，至 2007 年，清收不良贷款本金 1516.3 万元，其中，利用减免政策收回县森发集团（公司）本金 380 万元，核销桃源水泥厂、岩峰铸造有限公司等损失类贷款本金 1869 万元，表外利息 103.9 万元，收回已核销本金 6.23 万元。年底，不良贷款余额净减 1869 万元，下降 2.15%。建行大田支行不良贷款余额 58 万元，不良贷款率 0.25%。县信用联社不良贷款绝对额和占比双降，余额 1528 万元，不良贷款率 2.02%。全县金融机构不良贷款余额 7566 万元。

2008 年，建行大田支行不良贷款余额 3 万元，不良贷款率 0.01%。县信用联社开展票据兑付，建立法人治理和内控规章制度 99 项，建立置换不良贷款处置、责任追究、抵债资产处置、已核销呆账贷款等台账。经人行和银监部门验收，兑付中央银行票据 1000 万元；实行按月递减办法考核，修订不良贷款责任追究制度，起诉贷款户 185 户、385 万元，收回 115 户、261 万元。全县信用社不良贷款按五级分类口径余额 8100 万元，减少 690 万元，按四级分类口径余额 1028 万元，减少 500 万元。全县金融机构不良贷款按四级分类口径余额 1111 万元，不良贷款率 0.67%。

（二）剥离

1999 年，县建行开展不良贷款剥离（由专门资产公司接收银行不良贷款资产），完成县交通开发公司、岩城集团、火电厂等单位账务处理，涉及贷款本金 1.06 亿元，应收利息 864.17 万元。2000 年，县工行对太华水泥厂、铭溪硫铁矿、通用机械厂、镇石机械、均溪房地产、岩城纸业有限公司、包装物制品厂等 7 家企业实施资产剥离，向华融资产公司移交不良贷款本息 5284 万元，表内利息 690 万元，表外利息 630 万元。剥离本金占不良贷款余额 63%，利息占欠息总额 48%。县农行向中国长城资产管理公司剥离不良贷款本金 1.11 亿元、利息 2292.8 万元，其中广平水泥厂债权转股权 8240 万元。县建行完成县交通开发公司 3000 万元、岩城集团 1500 万元贷款本金及 778 万元应收贷款利息剥离工作。

2005年，工行大田支行借助股份制改革，剥离21家困难企业不良贷款本金1794万元，利息1390万元。剥离可疑贷款本金1542万元，损失252万元。2008年，县农行剥离县交通开发公司专项贷款、农资公司流动资金贷款等33户企业不良贷款本金5647万元。全县金融机构剥离不良贷款共3.69亿元，利息6645万元。

三、闲置资产处置

2005年，随着商业银行股份制改革的实施，营业网点撤并，金融机构始进行闲置资产处置，提高资产使用效益。当年，县工行公开拍卖抵贷资产县五交化公司凤山东路140号办公楼及土地，拍得248万元，实现营业外收入138万元。7月，建行大田支行公开拍卖建山路60号支行办公楼6层—11层闲置资产2700平方米，拍得410万元。

2007年，工行大田支行公开拍卖建山路53号南北大街储蓄所办公楼，实现营业外收入194.17万元。县农行公开拍卖原广筹储蓄所、太华营业所、均溪储蓄所办公楼、均溪分理处办公楼1层—2层等闲置房地产4宗，拍得金额619万元；以单一方式处置原广平、吴山、桃源营业所办公楼等闲置房地产3宗，处置金额193万元；净收益共547万元。2008年，工行大田支行将位于凤山中路199号原支行储蓄所营业厅协议转让给县信用联社，实现营业外收入75万元。

第三节　利率管理

一、人民币存、贷款利率

1993年，全县银行业存款利率执行一年期定期9%，活期储蓄2.88%；流动资金一年期贷款9%。7月，对城乡居民三年期以上（含3年）定期储蓄存款，重新实行保值。至1995年，3次上调存贷款利率。1996年4月，停办新的保值储蓄业务。1998—1999年，按中央银行规定6次下调存贷款利率。2005年起，按中央银行规定，又多次调整存贷款利率。2008年底，活期储蓄存款利率0.36%，比1993年下调2.52%；一年期定期存款利率2.52%，同比下调6.48%；流动资金一年期贷款利率5.31%，同比下调3.69%。

二、浮动利率

1993年，县银行业贷款在基准利率的基础上，实行上下浮动一定幅度，有的行（社）划分为几个档次。1996年5月，在下调存、贷款利率的同时，相应缩小流动资金贷款利率的最高上浮幅度。商业银行和非银行金融机构（不含信用社）最高上浮由20%降为10%，城市信用社由50%降为10%，县农信社由60%降为40%。1998年10月，商业银行、城信社对小企业贷款利率上浮由10%升至20%，县农信社由40%升至50%。2008年，商业银行按商业化管理的贷款，其利率不再实行上限管理，县信用联社贷款利率仍实行上限管理，最大上浮系数为贷款基准利率的2.3倍，贷款利率下浮幅度不变。

三、逾期罚息

1993年，县银行业对逾期贷款，按规定实行罚息加息20%，对超储积压物资占用的贷款加息30%，对挤占挪用基建、技改的贷款罚息50%。

1995年7月，改变逾期贷款、挤占挪用贷款的罚息办法，银行业机构（不含农信社）对逾期贷款在逾期期间按日利率4‰—6‰计息，对挤占挪用贷款在挤占挪用期间按日利率6‰—8‰计息。县农信社对逾期贷款在逾期期间按最高不超过日利率7‰计息。1998年12月起，县商业银行对逾期贷款按日利率3‰罚息；县农信社按日利率4‰罚息。1999年6月10日起，对逾期贷款计息按日利率6.3‰执行，不加罚息。2008年，逾期贷款计息办法不变。

四、利率监管

1993年，县人行负责辖区内各金融机构存贷款利率执行情况监管，由稽核部门专项稽核。1994年，对县农行2笔套错利率多收利息1.16万元，依规处以同额罚款。1996年，由计划信息股为主按季进行监管。1998年6月，查处建山邮政支局邮储专柜违规支付储费变相提高利率，责令停业7天进行整顿，罚款18万元。1999年，进行2次现金、利率检查，查处违规33笔，处罚3238元，通报3家银行业机构。2003年，对县工行存款利率执行错误，追回多付利息1227.79元，并处等额罚款。2000年起，每年至少检查1次，对违反利率政策的，根据人行总行《关于加强利率管理工作的暂行规定》进行处理。2007—2008年，制定《金融支持县域经济发展的指导意见》，引导金融机构合理实行利率政策，满足企业融资需求。

第四节　外汇管理

1993年，县人行对外币储蓄和对公外币业务进行管理。至2000年，累计核销进出口外汇4092.9万美元，年均511.61万美元。2001年，进出口外汇核销705.6万美元。2002年5月，外汇管理由外管局大田支局履行，进行外资企业资本金审核和进出口核销等业务，新批准县工行经营外币存款、汇款业务，推广“出口收汇系统”，开展外商投资企业出口收汇核销。2003年，组织公安、工商等部门参加打击外汇非法交易活动。2004年，对大田宏泰织造有限公司外汇收支情况专项检查。全县进出口外汇核销1263万美元。

2005年，开展县工行、农行、建行大田支行3家银行外汇账户改革试点，宣传外汇政策法规，举办外汇管理知识培训1期，外资企业业务骨干参加培训50多人。对44家外商投资企业进行外汇年检，年检率100%。同时组织外汇账户、国际收支申报现场、非现场检查。2006年，推行外商投资企业网上年检，办理年检35家，注销外汇登记8家；加强外汇资金注入和结汇合规性监督，检查企业4家；开展外汇指定银行收支专项自查，提出政策建议21条。开展出口收汇核销，共核销出口收汇1681.3万美元。

2007年，放宽外汇账户审批限额，增强企业运用外汇的自主性，8家出口企业开通网上核销系统，全年核销出口收汇1115.9万美元、进口付汇174.94万美元。2008年，实行贸易收结汇联网核查，关注异常外汇资金流动态势和风险隐患，专项检查县农行、建行大田支行外商投资企业资本金收结汇和贸易收结汇管理政策执行情况。至年底，外管局大田支局审核三资企业（境外、区外、中外合资）资本金30家、2026万美元，共发放出口核销单2955张，核销2767份，收汇金额9268.48万美元，出口收汇核销1832.8万美元。办理进口核 销业务79笔、金额881.78万美元；办理涉外申报538笔、金额2931.63万美元，其中，对私241笔、金额213.31万美元，对公297笔、金额2718.32万美元。全年办理贸易项下联网核查358.16万美元。

第五节　结算管理

1993年，县人行对资金清算、票据交换等结算工作进行管理。1995年，开展行（社）结算纪律专项检查4次，查出违反票据承兑和会计结算制度45笔、金额603.45万元，依照《中华人民共和国商业银行法》有关规定，给予通报批评，限期改正，并处罚款，杜绝压汇、压票和无理拒付现象，提高资金周转率。1996年10月，实施《中国人民银行票据管理实施办法》。1997年，开展柜面和非现场结算检查，查处核算违规7笔、金额2.58万元。1998年，对结算进行纪律检查，撤销各类账户363户，查处无证开户3户、罚款1.5万元，退回不规范凭证60笔、金额109.33万元。

2002年，开展结算账户、支付业务内部管理和票据交换制度等检查，抽查行（社）结算业务2.35万笔，结算账户1850个，查询查复业务186笔。发现县工行2个一般存款账户贷款归还后未及时销户，且有业务发生；部分行（社）撤销银行账户46个，未及时向人行县支行报备；县农信社一年未发生收付活动账户5个，未及时销户，部分社“印、押、证”三分管制度未落实等问题，要求有关行（社）整改并对相关责任人进行处罚。2003年，县人行组织全县银行业机构有关人员学习中国人民银行《人民币银行结算管理办法》，实行向客户公开结算方式、结算业务处理和到账参考时间、办理结算注意事项，接受客户监督。2007—2008年，检查工行、建行大田支行和县农行账户1090个，发现违规账户8个，提出整改意见13条。

第六节 账户管理

1993年，根据人行总行和国家技术监督局的要求，实行账户管理，查验存款企业的全国代码证书，建立账户管理数据库。1994年11月，县人行实施人行总行颁发的《银行账户管理办法》，将企事业单位的存款账户划分为基本、一般、临时和专用存款账户。规范银行账户的开立和使用，县内金融系统账户统一由县人行负责管理、监督和协调。

1995年，对全县企事业单位账户清理整顿。核发许可证1264户，减少1729户，撤销多头开户或不符合要求账户1173户。1998年，对城区金融机构银行账户进行年检并完善银行账户管理系统，个人储蓄存款在银行开户需提供身份证。

2003年，加强和规范银行账户管理，实施新的账户管理办法。2005年，对以自然人名义开立属单位性质的基本账户进行清理，辖内企事业单位账户清理100%。8月起，建行大田支行按照上级行统一部署，实行小额账户收费。2008年底，辖内企事业单位在银行开立存款账户2983户，其中基本账户2092户、一般账户371户、专用账户432户、临时账户88户，实现账户管理规范化、电子化。

第七节 国库管理

1993年，国库部门加强国库收入、退库和财政拨款监督。1994年1月，设立福建省大田县地方金库，实行中国人民银行为主和地方政府双重领导的管理体制。资金收付记账法改为借贷记账法。1993—1996年，办理预算收入4.57万笔、3.81亿元，拨付资金3.48亿元。退回不规范税票63笔、76.5万元，拒绝不合理退库8笔、11.3万元。7月，执行《中华人民共和国预算法》，将部分预算外资金纳入财政预算管理，预算外资金上缴财政预算专户，实行收支两条线管理，建立健全监督检查与处罚制度。1997年，严把“退库支拨、收入级次”关，退回违规拨款133.5万元。1998年1月，执行财政部新的《财政总预算会计制度》，中央财政预算资金限额拨款为实拨。

2001年1月，执行中国人民银行《商业分行、信用社代理国库业务管理办法》，落实基层国库组织机构、人员和制度。2002 年 9 月，进一步规范国库会计核算业务操作规程，明确国库资金清算业务的处理手续。2007 年，建立县财税库行国库资金风险会商制度，对国库从外部到内部全程、全方位监控，确保国库资金安全。

2008 年，工行大田支行、县农行 2 家银行参与代理 52 家预算单位国库集中支付改革。对国库集中支付业务代理实行零余额账户监管。1993—2008 年，县国家金库共办理中央预算收入 14.28 亿元、省级 3.22 亿元、县乡 26.84 亿元，办理各级预算收入退库 2.17 亿元、县乡库款支拨 30.08 亿元。

第八节 金融市场监管

一、金融机构管理

1993 年，县人行履行中央银行职能，对全县金融机构准入和退出实行监管。1999 年，制定《大田县城乡信用社支付风险防范预案》，“两呆”贷款比例高于 3% 的信用社停止办理贷款业务，对资不抵债或接近资不抵债的农信社限期解决资不抵债问题，防范中小金融机构风险。2000 年，撤销营业厅、储蓄所各 2 家，储蓄代办点 6 个。2001 年，定期对金融机构的市场准入、退出、业务运作、内控制度建设进行全过程监督，把好金融机构准入、退出及其他变更事项审批关。1993—2003 年，经省市人行审批，辖内国有商业银行新设机构 27 个，其中储蓄所 18 个、办事处 1 个、代办点 5 个、房贷部 3 个；撤销机构 31 个，其中储蓄所 16 个、分理处 3 个、代办所 12 个；迁址 19 个。邮政储蓄在各乡镇、村设立机构 18 个，迁址更名 3 个。批准更名信用社及信用分社 6 家，迁址 3 家。

2004 年起，金融机构准入、退出由县银监办监管。银监办负责对高管人员任职资格审查和年度考核，对风险综合评价 B 级以下信用社负责人约见谈话，提出限期升级整改要求，对离任高管人员考核备案。建立经营风险管理监管信息系统，发挥非现场监管风险的识别和预警作用。对县农信社 17 家法人机构按照资本充足率、流动性、安全性、效益性、综合发展和管理能力 6 大类、22 项指标值进行风险综合评价。评价结果 A 级 1 家、B 级 2 家、B 一级 10 家、C 级 4 家，按不同等级进行综合分类监管。2005 年，对县农信社发出动态预警通知书 12 份。2006 年，对县信用联社发出静态和动态预警通知书 6 份。2004—2008 年，新批办金融机构网点 3 个、升格 6 个、变更 7 个、撤并 10 个，并更换金融许可证。2007—2008 年，重点加强农村信用社流动性风险和法人监管。

二、征信管理

1993 年 12 月，根据省人行要求，银行业机构正式使用贷款证办理现金、结算、贷款手续。1996 年，推行全国统一贷款证，建立个人征信系统。2001 年，县人行建立个人消费信贷业务信息通报制度，研制开发《大田县个人不良信用登记咨询系统》，在商业银行设置 8 个数据录入点，将个人贷款等情况及时登录，防范个人消费贷款风险，遏制多头贷款发生，促进客户归还逾期贷款。

2002 年，县人行成立银行信用宣传领导小组，制定《大田县金融部门关于提高辖内社会信用度的几点意见》，由县人民政府转发，在全县开展创建“诚信大田”为主题的金融信用宣传活动，推行“个私信用户”评选。银行信贷登记咨询系统全国联网。县人行指导县农信社创建“信用村、信用户”，推广农户小额信用贷款，当年，评定信用村 10 个，信用户 4111 户。2005 年，县人行组织辖内金融机构参加全国个人信贷基础数据库工作，提高非银行信息采集率；把个人基本信息、结算账户、贷款、信用卡、担保等情况汇集到其身份证号下，数据信息共享。全县有信用户 5872 户、信用村 47 个、信用镇 1 个。

2006 年，县人行与团县委联合在全县中学生中开展“我与诚信”征文活动。开展中小型企业信用信息征集、收集、录入，建立信用档案，新评定信用企业64户，并对中小企业信用信息征集建档127户。2007年，开发农户信用管理系统，建立农户信用档案1.02万户，评定信用户7426户，累放贷款6111户、6990万元。县信用联社成立市首家信用社区——“牡丹信用社区”，评出信用户35户，2006年、2007年授信总额545万元，信用户享受同档次利率下浮10%。

2008年，县政府制定《关于加快推进信用体系建设的意见》，强化社会金融法治意识和风险意识，增强群众对信用活动的了解和个人信用报告的认识，营造社会信用环境。银行机构进行非银行信息采集，纳入信用档案管理企业319户，更新182户。全县评定信用户8321户，信用村89个，信用乡镇、社区各4个，信用一条街5条、市场1个，授信金额3762万元，前坪乡信用村和不良贷款回收均达100%，被省联社三明办事处评为“双百信用乡”，属全省首例。

三、整顿金融秩序

1993年8月，县人行根据中共中央《关于当前经济情况和加强宏观调控意见》，督促各行（社）全部收回拆借资金。年底，撤销银行自办实体2个，人、财、物“三脱钩”实体3个。1994年，县人行组织各金融单位制订和签订《大田县金融系统开展公平有序业务竞争公约》和《大田县各行（社）横向头寸调剂公约》等行业规章，对辖内金融单位业务实施监管，加强对社会集资、农村合作基金会的监督管理。1997年，县人行对金融机构进行7项常规稽核、2项专项稽核、1项稽核调查，查出转移财政性存款、公款私存、违规贷款等违规金额5327.66万元，经济处罚7.47万元，向被稽核单位提出意见建议40条。

1998年，取缔非法设立并从事买卖香港恒生指数机构1家，清退保证金16.4万元；查处非法集资2起，清退资金182万元，处罚4000元。规范全县21家农村合作基金会和10家供销社股金服务部的业务行为。对12家未办许可证的个体金银加工店限期整改。配合县工商局查获博古典当店买卖1949年版人民币14张、面值2.05万元（合新币制2.05元）。7月，责成未经批准的股份制太平洋、平安保险公司营销部退出保险市场。

1999年，县人行与各行（社）、邮储机构签订《大田县创建金融安全区工作责任书》，制定《大田县创安工作考评办法》和《大田县逃废金融债务行为制裁办法》，开展逃废债专项整治，对不守信用的典型企业联合制裁，收回贷款本息1038.7万元，重新落实归还协议2748.1万元；开展金融机构年检，查处现金、利率违规行为，整顿金融乱集资、乱办金融业务、乱设金融机构的“三乱”现象。2000年，检查1999年末信贷资产质量、财务状况，查处违规金额1098万元。2001年，督促8家乱集资企业做好集资款清退。2002年，根据中央金融工作会议精神，银行、证券、保险分业监管，金融监管工作重心从审批事务转向对金融企业和金融市场的监管。2003年，建立辖内金融机构非现场报告制度。

2004年，银监办加大力度对银行业金融机构和县农信社、邮政储蓄机构内控监管，建立规范问责工作机制。2005年，建立金融风险和信贷投向筹资成本率、盈亏平衡点、资金运用率、贷款回收率、行业投向性5项监测指标体系，设立预警临界，超过警戒线的，适时给予风险提示。2007年，制定《大田县财政金融联席会议制度》，建立金融机构风险指标监管预测机制，关注辖区内“六合彩”金融风险点，维护社会金融稳定。2008年，专项治理银行业金融机构案件和反商业贿赂工作，开展借、冒、假贷款专项整治和高管人员离任审计工作。

第九节 人事管理

1993年，金融部门继续实行劳动合同制和固定工资制度。1994年，县人行根据总行部署，进行人事管理体制改革，所有工作人员向行员制过渡，实行员工等级工资制，建立独立的人民银行系统工作人员养老统筹基金。1996年9月，保险公司实行营销代理制度。1997年，中保财险县支公司实行全员劳动合同制，行政管理、内勤人员工资按档次分配，外勤人员与业绩挂钩，分为固定和活动工资两部分，体现多劳多得。1998年4月，县人行试行因事设岗、以岗配人，实行全行员工优化组合。1999年，县农信社实施机构、用工、分配改革，打破“大锅饭”和平均主义。2000年，县农信社实行劳动用工行长聘股长、股长聘员工“双聘”，员工下岗待聘3人，领取生活费。同年7月，县农行推行劳动合同制，与员工签订劳动合同。2002年，基层信用社主任实行公开竞聘；县农行建立员工能进能出机制，储蓄员工上岗考试、德能勤绩考核，实行末位淘汰，解除劳动关系9人。2003年，县建行实行人均创利、人均存款、资产质量、内控管理标准与绩效挂钩，拉开绩效工资差距；县工行减员增效，分流12人。截至2005年，县农行共分流员工24人，县建行精减、内退、分流22人。2006年起，工行大田支行员工工资由三明分行统一发放。2008年10月，县农行实行员工违规行为24分积分管理，并作为员工使用、竞聘、评先争优的考察依据。

卷十四 商业服务业 旅游业

1993年，大田县有商贸企业5206家，从业人员7407人。其中，国有商业企业94家，从业1081人；集体所有制商业企业362家，从业905人；个体私营商业企业4750家，从业6502人。社会消费品零售总额2.95亿元。其中，国有商贸4674万元，占15.85%；集体1451万元，占4.92%；个体私营2.08亿元，占70.7%；其他经济2515万元，占8.53%。外贸出口供货总值2786万元，创汇233万美元。当年，旅游多以自助和半自助自由出游为主。1996年，县委、县政府把发展旅游产业作为振兴大田经济的重点加以扶持。2003年，对外贸易有了进出口经营权。加快旅游资源普查，整合开发，编制发展规划，进行招商引资。

2008年，随着商贸企业经济体制改革的深入，国有商贸经营逐渐向“国有民营”过渡，个私等非公经济不断发展壮大；现代企业制度逐步建立，市场组织化规模化程度提高，与国际市场接轨的统一、开放、竞争、有序的市场经济体系基本形成，全县社会消费品零售总额达15.12亿元，为1993年的5.13倍。其中，国有商贸企业2.76亿元，同比为5.91倍，占18.25%；集体商业1.2亿元，同比为8.27倍，占7.94%；个私商业5.61亿元，同比为2.7倍，占37.1%；其他经济5.55亿元，同比为22.1倍，占36.71%。外贸出口比1993年增加13倍，外商投资增2.36倍，利用外资同比增2倍。全县累计投入旅游开发资金1649.8万元，基本具备年接待5万名游客的能力，逐步成为大田国民经济新的增长点。全年旅游收入2734万元，比2003年增长64.8%。

第一章 商贸流通体制和个体私营商业

第一节 国有商贸体制改革

一、管理体制改革

（一）国有商业体制改革

1993年，县商业局辖百货、五交化、糖业烟酒、饮服、食品等公司5家。1997年3月，县商业局转为经济实体，更名为大田县商业总公司，为县政府直属具有行业管理职能的国有企业，内设办公室、财计部、业务部。5月，成立县商业行业管理办公室（简称商管办），挂靠商业总公司，总经理兼主任。商管办负责企业改革工作，并对蔬菜办、副食品基地办和生猪定点屠宰、饮食服务行业等进行管理。7月，百货公司第一门市部改制为百货公司东街口有限责任公司。注册资金134.3万元，国有股份57万元，个体股份77.3万元。

1998年，县五交化公司改制为县五交化股份有限公司，县糖业烟酒公司改为县诚信糖业烟酒股份有限公司，国有股股权由商业总公司委派代表。2000年，商业系统成立下岗再就业服务中心，职工买断工龄120人，支付经济补偿金115万元。8月初，县商业总公司与三明市商业集团共同出资70万元，组建三明商业集团大田惠民百货有限公司，三明商业集团占股份57.14%，县商业总公司占42.86%。2001年，百货、五交化、糖业烟酒公司进行改制结算，停止经营活动。2002年，县商业总公司隶属经贸局管理。

2003年，商贸系统企业实施“整体推进，全员置换、资产重组、体制创新”改革措施。百货公司和糖业烟酒公司筹措资金，解决职工安置补偿金、离退休职工安置费125万元。商业总公司筹措208万元，专项解决百货公司、糖业烟酒公司、五交化公司、商业总公司贸易商场等4家改制企业离退休人员、内退人员、抚恤对象的安置保障，86名职工全部移入县退休管理办公室管理。2008年，商业总公司贸易商场、百货、五交化、糖业烟酒公司等4家企业完成改制，通过向职工支付经济补偿金，解除终身制劳动关系，让职工走向市场，实现身份置换15人，办理内退13人。县商业总公司辖下的县食品公司、饮服公司仍为国有商业企业。

（二）粮食体制改革

1993年，县粮食局与粮油总公司合署，两块牌子、一套人马，辖13家基层粮站和粮油贸易公司、结算中心。1997年，机构改革，县粮食局降格为副科级，主管粮油流通和储备工作。

2000年，县政府批准撤销基层粮油收购点20家，将全县13家粮站撤并为6家购销站，转为自负盈亏的经济实体。县粮食购销企业开展定岗定员和竞争上岗工作。通过职工个人报名、领导小组审核、职工民主测评，按得分高低从本站固定人员中择优上岗。粮食企业加大减员增效下岗分流和再就业工作力度，清退长年临时工，严格控制季节性用工；对距法定退休年龄5年以内的老职工办理内部退养，内退期间按扣除奖金、加班工资、特殊岗位津贴后的职工工资额70%发给生活费；对于合同制职工除夫妻双方均在粮食系统且双方合同期均未满的安排一方参加竞争上岗外，其余人员一律终止、解除劳动关系或进入企业再就业服务中心；对于竞争上岗中落岗的正式工鼓励自谋出路，与企业提前解除劳动关系；不愿解除劳动关系的，距法定退休年龄5年以上的职工可以申请办理离岗挂编，其余人员通过承包经营等方式安置。全年粮食商业企业职工分流156人，其中，清退临时工12人，办理内退23人，进入企业再就业服务中心27人，直接与企业终止、解除劳动关系94人。

2001年，国有粮食企业实行减员增效，定岗定员。2002年，粮食局升格为正科级，归县经贸局管理。2003，国有粮食企业采取精简企业在岗人员，各购销站只保留站长和财务人员，管理现有资产和处理日常事务，富余人员全部实行“待岗”，职工身份不变，社保、医保由单位、职工共同缴纳，分流自谋出路。120名企业离退休人员移交县退管办和县医保中心实行社会化管理。2004年，粮油总公司隶属粮食局管理。2005年，粮油总公司、粮油贸易公司、粮油饲料工业公司及湖美粮站和桃源、建设、广平、梅山、均溪、石牌等6家粮食购销站终止经营活动，进行改制清算，在册职工全员置换身份70人，按规定支付经济补偿金。2006年，县粮油总公司撤销，成立大田县粮食管理中心，为股级事业单位。2008年，县粮食局内设人秘、业务、储运、财务、加工、基建、保卫等6个股室，辖粮食购销有限公司、县地方储备粮直属库及粮食管理中心。

（三）物资体制改革

1993年，县物资局经营金属材料、机电设备、化工建材、民爆物品、汽车等五大类物资。1994年6月，成立大田县物资总公司，与县物资局合署办公，实行“两块牌子，一套人马”。1995年1月，化工建材公司划出相关业务，成立民爆物品分公司；机电设备公司划出相关业务，成立汽车贸易分公司。

1997年3月，物资局成建制撤销，县物资总公司为正科级国有企业。11月，物资总公司实施改革，实行职工内退、停薪留职和下岗、待岗，妥善安置剩余人员，鼓励干部职工自谋出路、自我发展。2000年，集体企业员工11人，其中，解除劳动关系10人，支付补偿金9.2万元，按政策规定办理内退。

2002—2003年，县物资总公司钢材部和化工建材公司、金属材料公司、汽车贸易分公司和机电公司4家企业注销，属总公司编制的人员由总公司安排，其余人员自谋出路，企业资产划入总公司，原企业债权债务由物资总公司负责处理。

2004年，县物资总公司改制，所辖永丰民爆公司部分国有资产产权转让福建永安化工厂，组建大田县永丰民爆器材专卖有限公司，由永安化工厂控股经营，县财政局占股权40%，13名在岗人员也由永安化工厂接收。2005年，县成立物资总公司改制领导小组及临时领导班子，进行过渡管理和改制清算。2006年，物资总公司拍卖公司店面7间共248.62平方米，总价款463.2万元；扣除税费，用于职工安置经费317.2万元。8月，县物资总公司终止清算后剩余的企业净资产（含土地使用权），由国有资产投资有限责任公司接收，共移交土地面积5585.32平方米、房产9份。2007年10月，县物资总公司撤销，人员安置费用总额337.57万元，已办理的离、退休和内退人员委托县国投公司统一管理，资产及债权债务移交县国投公司管理。

（四）外贸体制改革

1993年，县对外经济贸易委员会（简称县外经委），对外资、外贸、外经等业务进行指导和管理。外贸三资企业发展采取立足实际，采用转让股权、局部嫁接、整体拍卖等多种形式引进资金。当年，出口商品由县外贸公司组织货源，经省、市外贸公司办理出口，县外贸公司收取调拨差价。1996年，成立大田县岩城对外贸易有限公司，经国家对外经济合作部批准，系县内首家获得国家规定的30种商品以外的自主和代理进出口经营权。1997年，县外经委更名为县对外经济贸易局（简称县外经局）。

2002年，县外经局对内加挂大田县外经贸领导小组办公室牌子。个体私营企业经省对外经济贸易厅批准享有自主进出口经营权，县内有德润陶瓷有限公司等2家。当年，有自主进出口经营权的外资企业有南湖针织时装有限公司、新茂电子有限公司2家。2005年，企业自主进出口经营权由市对外经济贸易局批准，全县有宝丰陶瓷有限公司、旺源贸易有限公司（国有）等5家。2006年，县外经局更名为县对外贸易经济合作局（简称县外经贸局）。2008年，县外经贸局内设人秘股（挂对外贸易股牌子）、对外贸易管理股和外商投资管理股。当年，全县有进出口经营权企业17家，其中外资企业7家。

（五）医药体制改革

1993年，医药市场放开，进行国有医药企业改革。2008年，全县医药批发企业1家、零售药店44家（详见卷二十五医药卫生第一章第二节医药经营改革）。

（六）石油体制改革

1993年，中国石化集团福建省石油总公司大田县石油支公司（简称县石油支公司），内设文秘、财务和业务股，下辖城关加油站2个、门市部1个、油库1座、液化气站1个点、综合贸易部1个及铭溪加油站，有职工33人。1997年，大田石油支公司针对经营困境，在全公司内进行人员裁减与调整。短期用工从原来的14人减至7人，全年减少劳动报酬支出2万余元。

2000年，大田石油支公司改制，分成中国石油化工股份有限公司大田石油分公司和福建省石油公司大田支公司。2001年6月，大田石油分公司进行减员分流，在自愿的基础上，员工与公司协议解除劳动合同10人。当月起，财务人员由三明石油分公司委派。8月，福建省石油公司大田支公司撤销。

2003年4月，石油分公司的行政管理权撤销，独立核算改为报账单位，并归三明石油分公司统一管理。三明分公司对加油站执行管理、配送、结算、定价和规范服务"五统一"。2004年，大田铭溪加油站划归三明石油分公司直接管理。

2007—2008年，中国石油化工股份有限公司三明石油分公司更名为中石化森美（福建）石油有限公司三明分公司，大田玉田、第二（松柏板）、石牌、宏盛、老厝、上京等6座加油站全资并入合资公司，其中上京加油站由合资公司代管。人员转入合资公司，收入分配执行岗位工资制。大田设立片区，为报账单位。

二、经营体制改革

1993年，粮食流通领域由计划经济向市场经济过渡，粮食局加强内部管理，粮食购销实行定购粮由总公司统一调配，议价粮经营实行联购分销办法。商贸系统各企业实施国有民营、横向联销、转并等多种形式改革。百货公司先行试点，实行公开招标、自筹资金、自主经营、自负盈亏、自行分配等办法。至年底，县商业系统5家企业、6个门点、24个柜组分别实行租赁、承包、民营，出现多种经营机制并存的格局。县五交化公司与杭州低压电器厂、闽东电器厂建立联销，百货公司与景德镇瓷器厂、浙江灯具厂建立联销。亏损的商业综合厂进行财产评估后并入县合成氨厂。县食品公司郭村养猪场受均溪水泥厂污染，无法继续生产，通过资产评估，折价33万元并入县石凤水泥股份有限公司均溪水泥厂。1995年，糖业烟酒公司设立张弓酒、富顺高粱酒厂三明市总经销点。1996年，糖业烟酒公司与江苏双沟酒厂建立闽西北区域总经销点，联办双沟大酒家，年底，营业额达200万元。

1997年，农资经营实行计划进货、调拨运输、物委定价、质量把关、资金还贷和管理"五统一"。物资总公司主要经营钢材、炸药、汽车等物资，实行分立承包、国有民营管理。石油支公司开始划小核算单位，将第二加油站实行承包经营，次年，承包者上缴利润5.2万元。

1998年，粮食市场监管工作小组成立，负责全县粮食市场统一管理。当年，县政府印发《关于加强粮食流通市场管理》的通告，规范全县粮食流通市场管理。县粮食局系统依照敞开收购余粮、实行顺价销售、收购资金封闭运行和加快企业自身改革的"三项政策，一项改革"精神，稳妥推进全县粮食流通体制改革。1999年，粮食收购改为指导性计划。

2000年，大田石油分公司对加油站进行工资制度改革，实行"联量计酬"，把加油站各工种应得工资、奖金福利等全部纳入计酬工资，与加油站及个人的零售量挂钩，体现多劳多得。

2001年，粮食系统实行政企分开、经营与储备分开，加强地方储备粮和行业管理，推进粮食购销市场化改革，取消粮食定购任务、放开粮食市场和粮食购销价格。加大闲置资产的承包、承租力度，增加企业收入。物资总公司实行分立承包、全奖全赔、人员优化组合、竞争上岗，实行全员劳动合同制。大田石油分公司对加油站经营模式进行改革，实行"以联量计酬为基础的站长负责制"与"家庭式经营"两种模式，把加油站各工种应得工资、奖金、福利等全部打入计酬工资，与加油站的零售量甚至个人的零售量挂钩，更合理体现多劳多得。

2003年，县物资总公司与福建永安化工厂签订联营协议。三明四海连锁有限责任公司6家药店独立核算，年销售额260.1万元。县利民公司4家药店独立核算，年销售额274.1万元。2004年，县粮食局对订单粮食收购价格执行"双轨制"，即市场价格低于国家发布的最低收购价时按最低收购价收购，市场价格高于最低收购价时按市场价收购。2005年，成立县国有粮食购销企业财务挂账审计清理领导小组，清理核实县国有粮食企业1998年6月1日至2004年12月31日的政策性粮食财务亏损挂账总额2374万元。2006年，国有粮食购销财务挂账从企业剥离1506.99万元，由县粮食局开设"政策性粮食财务挂账专户"实行专户集中管理。2007年，县农业机械公司因市场竞争激烈，基本停止销售经营业务。

2008年，开展"放心粮油进农村"工程建设，第一批挂牌营业"放心粮油店"3家，统一配送金龙鱼、鲁花花生油、山田香系列大米等粮油品种。全县民用生产生活商品以非公有经济为主体，市场化经营。

第二节　供销合作商业体制改革

一、管理体制改革

1993年，县供销合作社联合社（简称县供销社）与供销贸易总公司政企合一，辖有核算单位24家，实行主任（经理、厂长）负责制、岗位责任制、离任审计制、全员劳动合同制和贸工农一体的“四制一体”管理体制。1997年，县供销社由行政单位转为事业单位，行使政府授权职能，正科级别不变。核定编制26人，领导职数设一正二副。定编人员经费，按县级机关行政人员平均经费的50%拨补。年初基层社按经济区域设置，实行并社留店，将全县14个基层社合并为9个中心社。

2000年，县供销系统全面推行企业劳动用工制度改革，实行减员增效、下岗分流、优化结构、盘活闲置资产。6—8月，分2期清退临时工68人，解除合同制职工关系247人，自愿解除劳动关系正式职工5人，办理内部退养安置20人。清偿安置补偿金165万元，减员幅度占上年全系统职工总数的47.39%。恢复桃源、奇韬、屏山基层供销社机构建制。

2001年初，县农资公司转机制、保经营，采取资产重组，公司的经营权分离，部分经营场所设施实行租赁托管，在职职工全员身份置换，与企业解除劳动关系，公司的债券债务及离退休人员由县供销社指派人员负责管理。4月，撤销大田县供销社贸易公司和闽岩副食品盐业站，企业人员、财产及债权债务并入县土产公司管理。8月，成立大田县供销贸易总公司烟花爆竹经营部，原县日杂公司不再经营管理烟花爆竹业务。

2003年3月，县供销社将县农资公司、供销宾馆、日杂公司、土产公司（含岭头供销转运站）、储运公司、罐头厂等6家企业的干部职工87人全部实行身份置换，解除劳动合同关系，按政策规定支付补偿金及有关费用共165万元。2004年，县土产公司、日杂公司、供销储运公司、罐头厂、驻永安岭头供销转运站5家社属企业机构撤销，原有的离退休人员、财产及债权、债务并入县供销贸易总公司管理。

2005年6月，县供销社机关编制人员纳入县财政预算，年经费定额拨补20万元。12月，全县12个基层供销社办理内部退养的职工17人，解除劳动关系77人，一次性发放经济补偿金166.54万元。2006年，12个基层供销社按“组建中心社、培育骨干社、调整弱小社”的要求，调整为均溪、建设、桃源、梅山等4个中心供销社，其余人员、债权债务并入中心社统一管理。11月，县政府确定县供销合作社联合社为正科级直属事业单位，县联社是全县供销合作社的联合组织，承担全县供销合作社系统的组织、指导、协调、服务、监督以及教育培训职能。编制18人，经费由县财政核拨。2007年，组建供销贸易总公司社有资产经营管理中心，负责对全系统社有资产经营与管理。

2008年，县供销贸易总公司内设社有资产管理中心，辖烟花爆竹经营部、农业生产资料公司、供销宾馆、县龙得宝农资有限公司（股份制）4家直属商业企业和4个基层中心社。县供销合作联社联合社内设办公、人事、财会、业务、合作指导、社有资产管理、农副产品信息管理中心等9个科室。2000—2008年，县供销系统清退临时工68人，解除劳动关系合同制职工248人、正式工5人，减员幅度达47.39%。

二、经营体制改革

1995年，县供销社落实企业经营自主权，全面推行“经营、价格、分配、用工”四放开。采取联销计酬、专线切块承包、抽本承包、租赁承包、停薪留职、建立企业领导风险抵押等6种经营责任制。1997年，全面推行县基层社农资连锁经营管理、分级管理，实行基层社代销制和计划进货、调拨运输、物委定价、质量把关、资金还贷及管理“五统一”。

1998年，供销宾馆、罐头厂实行企业集体经营承包责任制，统一管理、分块核算、风险抵押、超利分成。人事管理制度打破干部、职工界限，推行劳动优化自主组合、竞争上岗；实行“按劳取酬，搞活分配”“以岗定责，以责定薪，风险抵押”的岗位效益工资制。岭头供销转运站实行内部招投标承包经营责任制，主要以货物转运为主，实行风险抵押，上缴承包费，自主经营、自负盈亏、照章纳税，每年上缴县联社承包费9.9万元，实现利润10万元。

2001年，供销社对直属企业及基层社部分门点商场实行对外租赁经营，其中，农资公司实行托管租赁经营，东街口商场对外租赁。2003 年 10 月，县供销社将罐头厂食品加工厂房（含设备）及经营场所整体租赁给华裕纸业有限公司。租赁期限 3 年，年租金 6 万元。2003—2008 年，供销系统门点全部改为个私租赁经营，直属企业门点租金由贸易总公司统一收缴管理，基层社门点租金由所属基层社负责收缴入账。

第三节　个体私营商业

1993 年，全县有个体商户 4744 家、从业 6434 人，私营商户 6 家、从业 68 人，销售额 2.3 亿元。多数规模小、效益低。1995 年 1 月，县政府出台《大田县发展个体私营经济优惠政策暂行规定》，在从业人员范围、办证、税费收缴上给予政策优惠，扶持个私商业发展。至年底，全县个体商户达 7879 家、私营商户 34 家，商品零售额 3.04 亿元。2000 年，县委、县政府出台《关于鼓励扶持个私经济发展的补充决定》，推进个私经济快速健康发展。2001 年，全县个体私营商户 5859 家，从业 1.14 万人，资产百万元以上私营商户 8 家。在优胜劣汰的市场竞争中，个体商户趋降，私营商户有所增加。2003 年，个体商户 2845 户，从业 4455 人，分别比 2001 年减少 2937 家、6245 人，分别下降 50.8%、58.36%。2006 年，私营商户增至 929 户，从业 1642 人。2008 年，全县个体商户 2785 家，是 1993 年的 141.16 倍，从业 5256 人，注册资金 5185 万元，商品销售额 5.1 亿元。私营商户 847 家，从业 2019 人，是 1993 年的 29.69 倍。注册资金 2.75 亿元，是 1993 年的 295.7 倍，商品销售额 1.1 亿元，是 1993 年的 44 倍。

1993—2008 年大田县个体私营商业基本情况表

表 14–1

年 份	性 质	数 量（家）	从业人员(人)	注册资金（万元）	销售额（万元）	其中商品零售额（万元）
1993	个体 私营	4744 6	6434 68	1236 93	22771 250	18271 200
1994	个体 私营	6388 40	8898 449	1825 388	31740 572	23441 335
1995	个体 私营	7879 34	11814 409	3095 533	40566 857	30191 257
1996	个体 私营	3542 40	7753 222	1532 715	38018 928	30455 280
1997	个体 私营	4143 45	8550 262	1856 793	42400 750	35105 296
1998	个体 私营	4778 47	9244 273	2496 831	43000 900	37221 302
1999	个体 私营	5296 54	9794 349	2894 1123	47300 1100	40074 430
2000	个体 私营	4527 47	8767 298	3114 1287	48000 1200	41300 500
2001	个体 私营	5782 77	10700 675	4475 2342	57000 1300	41500 770

续表 14-1

年 份	性 质	数 量（家）	从业人员（人）	注册资金（万元）	销售额（万元）	其中商品零售额（万元）
2002	个体 私营	4197 52	7958 442	3016 1697	33300 1500	38600 2000
2003	个体 私营	2845 64	4455 584	3600 2667	45300 2400	37300 1800
2004	个体 私营	3182 83	4423 624	2413 5316	45100 2830	39100 2110
2005	个体 私营	2756 115	3674 1037	2202 9360	45300 2960	39300 2750
2006	个体 私营	2265 929	3751 1642	3817 13200	47300 6800	40100 11700
2007	个体 私营	2450 717	7293 2190	4643 21600	49000 10000	41300 11700
2008	个体 私营	2785 847	5256 2019	5185 27500	51000 11000	43800 12300

第二章　集贸市场与商业网点

第一节　集贸市场建设与贸易

一、集贸市场

1993 年，大田县以商品市场为基础，以生产要素市场为重点，培育发展农资、金融、汽车、劳动力、房地产、矿产品、农副产品、技术服务、信息咨询、物流快递等各类市场。加强集贸市场城乡一体化建设和改造，发展兼容兼营的综合性市场，建立市场价格调节机制和中介组织，提升市场组织化、规模化程度，完善市场功能，优化资源配置。全县集市 27 个，占地 10.03 万平方米，有钢筋棚架、混凝土和砖木 3 种结构，建筑面积 8.58 万平方米，其中，室内面积 5.15 万平方米，棚顶面积 3.43 万平方米。设有固定摊位 3217 个。农村集市以五天一圩为主，全县平均每天有 4 个集市赶圩。

1995 年起，市场建设遵循“政府领导、统一规划、合理布局、多家兴建、谁建谁受益、工商部门统一管理”的原则，县工商部门实行市场办、管分离，鼓励乡镇、村、企事业单位和个人建市场。1996 年，县筹资 2000 万元，兴建城区岩城新市场，改造满田春市场东侧；兴建、改造桃源、汤泉、龙门、小湖等农村集市 10 个。1997 年，全县有集市 30 个。县内农村规模最大的上京集市占地 1.15 万平方米，建筑面积 5533 平方米，投资 320 万元，设固定摊位 350 个，可容纳 2 万人交易；武陵乡修建集贸市场，改变占道为市，发展县际周边贸易。

2000 年，投资 160 万元的太华新集市建成投用，占地 5000 平方米，设有摊位 400 个，沿街店面 72 间。2001 年 5 月，县工商局与所办市场脱钩，向地方政府移交市场 16 个，资产总额 681.17 万元。

其中，向乡镇政府移交14个，资产总额519.73万元。2002年，县工商局对全县集贸市场开办单位重新核查，办理市场登记20个、注销8个。2003年，岩城新市场底层扩容改造后，经营面积达1.8万平方米，设有固定摊位15个、店面318间，水冲式厕所等卫生设施齐全，兼容“好多多”超市及服装鞋帽、家具、小商品等专业市场，为县首个综合性多功能的商品交易市场。建设镇新建综合市场落成，占地3500平方米，总建筑面积1.2万平方米，共有店面73间、摊位118个，总投资1300万元。2005年，奇韬集市建成，占地6000平方米，建筑面积2000平方米，固定摊位132个，钢棚架结构，可容纳人流量7000人，配套水冲厕所1座，总投资200万元。前坪乡山川村回民市场竣工，占地400平方米，建筑面积600平方米，两层砖混结构，一层店面8间，投资32万元，是县唯一少数民族市场。

2007年5月，满田春市场整体改建，在雪山南路28—1号设立过渡市场，建筑面积4600平方米，总投资450万元，内设固定摊位268个、店面85间，经营肉禽蛋、水产品、果蔬等27类商品。2008年9月，武陵乡新集市建成，占地6000平方米，建筑面积1600平方米，设有3个功能区，摊位140个，投资100万元。年底，全县有集贸市场24个，其中集镇和村市场22个。规模较大、设施配套较完善的有满田春过渡市场和岩城新市场、上京、建设、奇韬、太华镇市场等。

二、集市贸易

1993年起，农村集市交易品种不断增多，改变原来多以农副产品和手工业品为主的交易流通形式。随着工农业生产发展，大量的五金、百货等工业产品和农业生产资料进入集市，所在地乡镇集市陆续有干、鲜、活水产品，县城及周边地区的商家纷纷到集市摆摊设点推销，品种繁多、交易兴旺。当年，城乡集市贸易成交额1.26亿元。1994年，城乡集市贸易成交量2.19万吨。1995年，岩城新市场、满田春市场成交额1.09亿元。1996年，城乡贸易成交额2.29亿元，成交量2.89万吨。2000年，全县集市贸易成交额2.27亿元、成交量3.42万吨。2002年起，农村产业结构调整，专业户、专业合作社发展，出现定购式交易，有计划组织种植、生产和加工，集市交易不断上升。2008年，全县集市贸易额达6.83亿元，比1993年增长4.42倍，年均增长11.93%。其中，岩城新市场、满田春过渡市场成交额1.99亿元，比1995年增长82.57%。

建设镇集市贸易（1997年摄）

第二节　商业经营网点

一、批发

1993年，全县商业批发网点38家，其中国有23家、集体10家、个体私营5家。主要开展工业品下乡和向零售商店批发业务，经营各类商品1.7万余种。商品批发总额2.17亿元，其中国有经济2.13亿元、集体434万元。1996年起，商品流通多渠道，直销、联销、代销或总经销，替代了传统单一的三级批发渠道。2000年起，国有商业批发机构相继退出市场。集体、个体、私营商业大多批零兼营。2008年，商业年销售总额2000万元限额以上的批发业有大众医药有限责任公司、永丰民爆有限公司、烟草大田支公司等3家，销售总额7394.4万元。

二、零售

1993 年，城区有零售商店 456 家，主要分布于凤山路、南山路、宝山路、雪山路、桥山路和建山路等繁华街道。其中，国有商业零售商店 25 家，包括百货、文化用品、鞋帽、针纺织及化妆品等综合门市部（商场）6 家，五金交电化工及家电商店 5 家，糖烟酒副食品等商店 6 家。全县个体商业 4744 家、商品销售营业额 2.28 亿元，私营商业 6 家、营业额 250 万元。至 1996 年，县商业系统投入资金 1117 万元，新扩翻建商业综合大楼 6 幢，总建筑面积 1.04 万平方米，其中，商业零售网点面积 3528.2 平方米，新增零售商店 42 家。

2000 年 3 月，位于凤山中路 159 号百货第二门市部翻建为 7 层商业大厦，总投资 240 万元，其中 1 层—3 层为综合商场，营业面积 1250 平方米。2002 年，全县社会消费品零售总额 6.24 亿元，其中国有经济 3872.9 万元、集体 1472.2 万元、个体 5.44 亿元、联营私营等其他经济 2705.5 万元。2006 年，全县经工商登记注册的个体私营商业企业 3194 家，其中城区 2219 家、农村 975 家。从业 5393 人，注册资金 1.7 亿元，商品销售额 5.41 亿元。

2008 年，全县零售经营网点均为个体、私营商店，共 3632 家，从业 7275 人，注册资金 3.27 亿元，社会消费品零售额 15.12 亿元。其中商品销售额 500 万元以上企业 7 家、销售额 3.31 亿元。

三、连锁超市

1998 年 10 月，县供销社东街口大厦商场与福建省华榕超市集团有限公司合资开办华榕（大田）超市，为大田首家连锁超市。1999 年底，该超市因管理不善，亏损停业。2002 年，县供销社把商场整体租赁给外商独资经营“家佳友”超市，经营面积 2100 平方米，经营品种近 3 万个，当年销售额 4500 万元。2002 年，引进“好多多”连锁超市，经营面积 4500 平方米。2005 年，引进“佳龙”连锁超市，经营面积 2000 平方米。主要经营生鲜水果、蔬菜、食品、日用百货等。连锁超市基本建立销售时点管理系统（POS），应用条形码技术。

2006 年，县供销社实施商务部关于“万村千乡市场工程”建设，组建日用品农家店 78 家、农资农家店 32 家，实行商品配送连锁经营。建设镇群乐农家店店主林起金在铭溪、太华、上京、桃源等地设立连锁超市，成为限额以上贸易企业。2008 年，大田县共有连锁超市 115 家，其中年销售超 500 万元限额以上的企业 4 家。

四、购物中心

1994 年 8 月，岩城新市场购物中心开业，投资 1200 万元，是一个综合性、多功能的购物中心市场，内设固定摊位 15 个、店面 318 间，经营面积 1.8 万平方米。2002 年，吸纳服装、家具、小商品、农副产品、照相、修理、小吃和农行储蓄等行业，其中有个体商户 333 家。

2005 年 10 月，在城区下桥凤山中路与宝山路交汇处组建三明市大田购物中心，占地 7290 平方米。内有超市、宾馆、足浴推拿、快餐小吃、品牌服饰专卖、销售生鲜水果蔬菜等。

2008 年，岩城文化广场购物中心完成主体工程建设。

东街口百货大楼（1997 年摄）

第三章 生活资料购销

第一节 百货

一、百货用品

1993年，县商业局、供销社经营的百货用品多、变化大。不锈钢产品渐多，搪瓷制品、印花热水瓶等传统百货商品销售锐减，各种新型高压锅、电饭煲、洗衣机等产品大量应市。长期主销的解放鞋、布鞋、布胶鞋和塑料鞋逐渐被上海产“牛头”“花牌”“达芙妮”“兰棠”“远足”等名牌皮鞋、运动鞋、休闲鞋、保暖鞋等取代。县供销系统经营生活日用品以市场调节为主，改变从国营公司单一进货渠道，经营上千个品种，年销售额1997万元。随着流通渠道多元化，供销系统经营逐渐萎缩。2008年，市场百货商品品种多，货源足，任凭消费者选购。供销系统生活用品销售总额7756万元，是1993年的3.9倍。

建设供销社商场（1998年摄）

二、文化用品

1993年，惠民百货、家佳友、佳龙、好多多等超市、自选商场（店）均有专柜专营或兼营文化体育用品，品种达1200余个。凤山西路75号，有个体丰华文具店。2001年，该店迁文山路9号，更名树人文体用品店，经营笔、纸、笔记本和球类、球拍等文化体育用品3000余个品种。2008年，城乡各中、小学校周边，遍布个体文化用品店（摊）。

三、装饰品

1993年，项链、戒指等金银饰品逐渐被人青睐，品种多样款式各异。2006年5月1日，彩福珠宝在凤山中路营业，年营业额1200多万元。2008年，城区有首饰店和金银加工店10多家。

1993—2000年大田县国营百货类部分商品销售情况表

表14-2

年份	皮鞋（双）	胶鞋（双）	火柴（件）	肥皂（箱）	洗衣粉（公斤）	保温瓶（个）	糖瓷面盆（个）	缝纫机（架）	手表（只）	高压锅（个）
1993	78430	59860	150	5560	41630	36	7260	1275	14846	4860
1994	85460	63420	130	5880	49360	42	8190	1320	15248	5320
1995	96130	65890	100	6340	53740	53	9280	1104	16887	6871
1996	83470	49800	60	5100	46390	29	6300	842	9564	6109

续表 14-2

年份	皮鞋（双）	胶鞋（双）	火柴（件）	肥皂（箱）	洗衣粉（公斤）	保温瓶（个）	糖瓷面盆（个）	缝纫机（架）	手表（只）	高压锅（个）
1997	75370	37810	40	4730	39570	27	4500	321	6211	5163
1998	43290	32460	15	3160	31480	13	2700	145	3151	4230
1999	29480	25740	10	1920	19860	7	1600	42	1082	2510
2000	13280	11490	5	1500	6543	2	900	12	872	1680

第二节　针纺织品

一、针织品

1993年，针织批发部门主要经营针织内衣、床上用品、毛巾袜子、服装等商品，经营品种3000余个。汗衫背心、棉毛衫裤、卫生衫裤“三大件”传统的针织内衣逐步被上海产 “三枪” “熊猫” 等名优商品取代。汗衫T恤化、棉毛衫裤外衣化，延续近百年的卫生衫裤也逐步被羊毛衫裤、羽绒服等替代。床上用品中的印花被单销量锐减，被时行的踏花被和多件套被褥所取代。服装销量增长迅速，传统的中山装、呢子服装逐渐被淘汰。涤棉衬衫供大于求，市场充斥不计成本吆喝甩卖。男式服装以夹克、T恤衫、西装、休闲装为主，女式以时装为主。2008年，岩城新市场的服装城有个体户303个，专营男女老少各类服装，年交易额1405万元。

二、纺织类

1993年，县百货公司批发部经营棉布和化纤类等纺织品，品种200余个，年销棉布35.42万米、棉混纺布5.83万米、化纤布3.25万米、呢绒布2.4百米。随着服装市场的崛起、纺织品销售量逐年减少。1998年，棉布、化纤布销量分别比1993年下降43.05%、70.46%。1999年起，百货公司停止纺织品购销业务。2008年，纺织类商品均由个私商业经营。

个体商店（2008年摄）

1993—2000年大田县国营针纺织主要商品销售情况表

表 14-3

年 份	棉布（万米）	棉花混纺布（万米）	化纤布（万米）	呢绒布（百米）	汗衫背心（百件）	棉毛衫裤（百件）	服 装（百件）	棉 花（百公斤）	毛 绒（公斤）
1993	35.42	5.83	3.25	2.40	1820	1135	156	—	—
1994	36.51	6.01	3.57	2.51	1780	1260	221	—	1843
1995	38.18	6.54	3.65	2.76	1940	1432	354	—	2560
1996	30.49	4.29	3.01	1.90	1349	1041	309	300	3588

续表 14-3

年 份	棉布（万米）	棉花混纺布（万米）	化纤布（万米）	呢绒布（百米）	汗衫背心（百件）	棉毛衫裤（百件）	服 装（百件）	棉 花（百公斤）	毛 绒（公斤）
1997	29.73	3.46	2.03	0.72	985	843	274	284	1010
1998	20.17	2.31	0.96	0.33	740	521	142	257	560
1999	13.46	1.29	0.51	0.21	428	307	89	—	210
2000	8.21	0.98	0.36	0.12	226	121	54	—	100

说明：① 1996 年起，棉花归供销社经营

② 2001 年起，百货公司进行终止清算，停止经营

第三节　五金家电家具

一、五金家电

1993 年，县五交化公司主营五金、交电、家电等商品品种近 6000 个，设有批发部和零售店（场）网点 5 个，年底，全部实行租赁承包、国有民营。1996 年，商品销售额 239 万元，实现利税 5.47 万元，比 1993 年分别下降 55.24%、36.4%。同年 5 月，闽中交电有限公司成立，地址在凤山中路 148 号。辖有交电批发部、摩托车行、上京交电行、摩托车和 4 个家用电器维修部网点。主要经营五金商品、家用电器、自行车、摩托车及零件，当年销售额 630 万元。

1997 年，县五交化公司进行清产核资和资产评估工作。1998 年，该公司开始改制。1999 年 11 月，益成五交化有限公司在凤山西路 42 号开业。2007 年，县政府批准县五交化公司执行企业终止方案。2008 年，销售额 2000 万元限额以上的企业有闽中交电、益成五交化有限公司。

1993—2008 年，五金交电商品更新换代，档次提升。电视机由手控小屏幕发展为遥控大屏幕彩电。收音机、收录机逐渐退出市场，影碟机、电冰箱、洗衣机、燃气热水器、空调、微波炉、消毒柜等耐用消费品进入普通家庭。灯具以灯泡、日光灯、节能灯为主，各式吊灯、壁灯、吸顶灯、台灯、舞池灯等，品类规格齐全。

二、家具

1993 年起，成品家具销售逐年增多，床铺、橱柜、桌椅等单件、成套或组合家具，材质多样，款式新颖，欧式、古典式等任消费者选购。1994 年 5 月，富豪家私商场在凤山中路开业。2000 年 8 月，广城家具厂在香山路 73 号开业。2007 年 7 月，全友家私大田专卖店在福田路检察院正对面营业。2008 年，城区成品家具商场 10 余家，送货上门组装。上京、桃源、建设等部分乡镇设有成品家具商场。

1993—1996 年大田县国营五交化主要商品销售情况表

表 14-4

年份	洗衣粉（公斤）	缝纫机（部）	铝锅（个）	照相机（部）	元钉（公斤）	铁丝（公斤）	自行车（辆）	摩托车（辆）
1993	14620	699	6087	14	17858	30100	959	35
1994	19555	391	6960	27	11100	15025	1096	43
1995	17899	502	7109	38	22185	18260	810	30
1996	22457	335	3446	31	19850	18600	269	6

续表 14-4

年份	电灯泡（个）	电风扇（台）	录音机（部）	电视机（部）	其中彩电（部）	洗衣机（台）	电冰箱（台）	抽排油烟机（台）	家用空调器（部）
1993	56011	1297	121	544	175	459	409	33	43
1994	37201	1054	35	116	57	325	376	119	10
1995	45289	640	15	171	115	177	129	42	15
1996	28200	381	46	261	193	155	115	22	10

第四节 农副产品

1993 年，全县农副产品市场化，价格随行就市，供销社收购量大幅下降。当年，收购毛竹 1.8 万根、比 1992 年下降 16.67%，木炭 73 吨、仅为 1992 年的 4.57%，棕片 2.1 吨、同比下降 8.7%。1994 年，收购绞股蓝 168 吨，引进香港一通公司合资联办加工绞股蓝系列产品，销往国内外。次年收购 145 吨，因经营亏损，年底撤资停业。

1995 年，农副产品收购实行专线切块承包，超利欠利按比例奖赔。1996 年，县土产公司在城区和广平、建设、上京、桃源、梅山等 5 个基层社恢复农副产品收购站 8 个。帮助农民发展生产，协助乡镇专业户搞好柑橘、茶叶、蚕桑、糟菜、肉兔等生产，利用罐头厂设备、技术力量，进行农产品深加工，解决部分农民买难卖难问题。县供销社收购水果 800 余吨，利用罐头厂加工生产水果罐头 169 吨，销往省内外。

1997 年，湖美乡长坂、高才村、梅山乡香坪村、华兴乡京口村共 285 户棉农，种植棉花 54.33 公顷。8 月，棉花专业合作社成立，隶属县供销社管理，办公地址位于县土产公司。吸纳专业合作社社员 156 户，吸收股金 8.6 万元。免费为棉农加工籽棉 26 吨，收购皮辊棉 9.2 吨。1998 年 7 月，县供销社农副产品信息中心成立，配备专业人员，采编全县农副产品产销资料，并利用互联网信息，为农民提供各地价格、供求、产销趋势等信息，开展咨询、代理等业务，引导生产，促进农业产业化发展和市场对资源的合理配置。2000 年，罐头厂整体租赁经营，取消罐头生产，停止水果收购。2002 年，供销社农副产品信息中心变更为“农副产品信息办”，收集并发布全县农副产品信息，开辟“资源分布、市场行情、供求信息、联系指南”等栏目网项。县土产公司主营毛竹，年收购 0.3 万根，仅为 1993 年的 1/6。2003 年，土产公司撤销，停止毛竹收购。

2004 年，县供销社把工作重点转移到为农副产品生产服务上，投入资金 25 万元，扶持茶叶、油茶、辣椒、天然菌业、柑橘、蚕桑、糟菜、肉兔等专业合作社和重点户发展生产；建立农村信息网点 13 个、重点联系户 32 个，提供农副产品市场信息，扩大购销。当年，县阿佳绿色食品厂首次向黑龙江网销阿佳苦菜 0.5 吨、玫瑰茄 5 吨，交易额 50 万元。2006 年，县供销社采取联办、协办等方式，引领创办均溪农资、武陵蔬菜、昆山茶籽油、梅山辣椒、武陵茶叶 5 个专业合作社和桃源蔬菜、屏山茶叶协会，搭建农村合作经济发展平台。2007 年，县东方美人茶专业合作社通过网络向广东销售乌龙茶 5 吨，交易额 120 万元，次年网络销售上海、江苏、天津乌龙茶 6.5 吨、东方美人茶 1 吨，交易总额 396 万元。2008 年，供销社农副产品收购总额 2282 万元。

第五节 副食品

一、市场调控

1993年，猪菜禽蛋鱼糖果杂等副食品全面市场化，县副食品生产基地办公室（简称基地办）和县城区蔬菜生产办公室（简称蔬菜办）承担城区副食品生产供应和市场调控工作。2000年，县政府加强“菜篮子工程”建设，实行县长、乡镇长、村主任分级负责制。1993—2002年，县财政先后拨专项资金169.93万元，扶持副食品生产供应和市场调节，副食品价格实行目标调控。2003年，基地办和蔬菜办合署，划入经贸局管理，事业编制3人，职能不变。2008年，城区副食品市场兴旺，物价波动在控制目标以内，基本满足居民需求。

二、市场供应

（一）肉类

1993—1997年，城区市场日均上市生猪60头。1998年起，加强定点屠宰管理。1999—2002年，城区日均上市生猪86头。2003—2008年，生猪日上市量120头—140头，城区日均上市牛肉2头—3头，秋冬季日均上市羊肉20头—40头。

（二）禽、畜、蛋

1993—1996年，城区市场家禽消费量年均12万羽、肉兔0.8万只、鲜蛋150吨。1997年起，发展规模养兔，做大武陵糟兔、熏兔品牌，产品销往各地，肉兔年出栏100多万只。城区销售肉兔年约1.2万只、家禽15万羽、鲜蛋336吨。2002—2008年，城区市场年均供应家禽18万羽，肉兔1.5万只，蛋品1400吨。

（三）水产品

1993—1996年，城区年均上市地产淡水鲜鱼80吨，品种有草鱼、鲤鱼、罗非鱼、斑点叉尾鱼、鳗鱼、甲鱼等。市场冷冻冷藏、干、咸水产品数十种，长年不断。1997—2001年，城区市场年均消费水产品164.2吨。2002—2008年，年均消费320吨。

（四）蔬菜

1993—1996年，城区年均上市蔬菜4520吨，日人均0.3公斤。1997—1999年，发展反季节蔬菜生产，全县种植面积年均600公顷，年产量1.84万吨，产值1386万元，其中外销瓜类等蔬菜近5000吨，政府补贴营销经费6万元。2000—2007年，推广黄瓜、葫瓜和大、小白菜等10个品种的无公害种植技术，引进高效低毒农药新品种5个，解决蔬菜农药残留超标问题，让居民吃“放心菜”。2008年，城区消费蔬菜1.28万吨，日均35吨。县经贸局对节假日市场进行品种、数量调剂充实，菜价涨幅控制在10%以内。

三、生猪屠宰管理

1993年，实行生猪定点屠宰，县政府生猪屠宰管理领导小组办公室（简称县屠宰办）依托食品公司负责日常业务，推行定点屠宰、集中检疫、统一纳税、分散经营管理。当年，城区有屠宰场3家，其中食品公司1家为半机械化的屠宰场、个体2家为人工屠宰场，日均屠宰生猪60头，其中食品公司屠宰场保持35头、占58.33%。

1998年，贯彻国务院《生猪屠宰管理条例》。县委、县政府决定在凤山东路257号新建现代化屠宰场。食品公司筹资200万元，征用土地2640平方米，建屠宰房1152平方米，猪栏230平方米，购置机械化生猪屠宰流水线1套，12月投入使用，日均屠宰生猪86头。

1999年，县屠宰办加强部门联动，开展联合执法，打击病死猪肉上市销售。查处牛肉注水、母猪肉充当菜猪肉、销售死猪肉案件6起，罚款8780元。2001年，加强屠宰环境保护，食品公司投资10万元，建污水处理设施1套，取得污水排放达标许可证。商业、公安、工商、防疫等部门组成联合执法队，对肉类市场进行执法检查，没收病死猪肉303.85公斤、受污染牛百叶7.5公斤、注水牛肉30.8公斤，罚款4500元。

2002年，县屠宰办对宰牛实行定点管理。投入资金15万元，建宰牛车间1座，面积120平方米。2007年，加大对肉类市场专项打击力度，没收未检疫猪肉1350公斤，罚款2.5万元。

2008年，查处私宰猪、牛案件3起，罚款2.1万元。加强农村生猪屠宰管理，建立屠工培训上岗登记管理制度，严禁屠宰病死、毒死或死因不明生猪及注水或注入有害物质。各乡镇兽医站负责对本乡镇生猪和肉品检疫和检验。严禁病死猪肉上市，母猪肉必须挂牌方可上市销售。兽医人员对生猪进行检疫，特别是春秋季节，入户下场注射防疫针，发现疫情及时控制。当年1月，上京镇桂坑、丰田两个养猪场从江西购进小猪320头，2月，发现口蹄疫情，传染迅猛，兽医站果断采取“整批电杀”措施，并进行深层掩埋无害化处理，有效控制疫情传播。

第六节　粮油贸易

一、粮油收购

（一）粮食收购

1993年，全县实行粮食经济合同收购和市场收购相结合，市政府核定大田县粮食合同收购计划1万吨，收购价格执行市政府下达的合同收购指导价（大田属二类区）；每50公斤早籼谷价31元，晚籼谷37元，粮食“三挂钩”（实物、化肥、柴油）实物奖售改为货币支付。当年收购粮食8500吨，完成年计划的85%。1994年，恢复国家粮食定购指令性收购任务，市下达县任务1.2万吨，其中国家定购1.07万吨、计划收购1350吨。因当年遭受“5・5”和“6・5”两次特大洪灾，经省政府同意，市政府调减定购任务600吨。1999年，县国家粮食定购任务8000吨，入库7129吨，市场收购2515吨。同年8月，各粮站库存粮食全部划归县收储公司统一管理。

2000年，粮食购销政策调整，早籼稻退出保护价收购范围，改为指导性收购计划，对退出保护价收购范围的粮食品种，经县工商行政管理部门批准的用粮企业及经销商可直接下村收购，定购任务调减为5000吨。当年入库3892吨。2001年，县贯彻国务院《关于进一步深化粮食流通体制改革的意见》，推进粮食购销市场化改革，取消粮食定购任务，放开粮食购销价格和粮食市场。当年，粮食购销企业收购粮食1026吨。

2004年起，国家储备粮实行订单收购，全县订单收购指导性计划2600吨，实行直接补贴和良种补贴办法，订单粮食收购每50公斤补贴4元、良种每公斤补贴1元。对订单粮食按“双轨制”价格收购，当年收购2566吨。2005年，全县储备订单粮食收购指导性计划5500吨，实收粮食4742吨，完成计划86.22%。根据省、市粮食局部署，把重点非国有粮食经营及转化企业纳入粮食统计单位有24家。2008年，粮食收成好，粮农售粮踊跃，全县储备订单收购计划2763吨，经县政府同意，增收200吨，实际收购2963吨。

（二）食油收购

1993年，食油退出定购，市场放开。非国有粮食企业购进食油184吨。1994年起，食油购进减少。1996年，仅购进14吨。1997—2000年，共购进14吨。2002—2004年，没有购进食油。2005年，食油购进大幅上升，达 432 吨；2008 年，达到 1220 吨。

二、粮油销售

（一）粮食销售

1993 年，粮食销售价格全部放开，居民口粮定量作为档案保留。当年，城乡居民口粮供应 1.86 万吨。按国家规定价格供应军粮 23 吨。1994 年，因遭水患缺粮严重，县政府决定，从 10 月 1 日起，城镇居民口粮凭粮籍证，按省定挂牌价限量供应，每人每月大米 12 公斤。当年，省、市粮食局先后 5 次下拨救灾粮共 3167 吨。1995 年，县政府从计划粮源中拨出 500 吨，用于限价限量销售，按低于市价 10% 浮动，每人每次限购 15 公斤，平抑市场粮价。当年，城乡居民口粮供应 1.01 万吨，救灾粮 2150 吨。1996 年下半年起，出现价格倒挂，居民粮食供应办法自行作废，粮食放开销售。1999 年，军粮供应量减至 7 吨。2002 年，增加到 66 吨。2003—2008 年，军粮供应保持在 20 吨左右。1993—2008 年，累计供应军粮 341 吨，年均 21.3 吨。

（二）食油销售

1993 年，非国有粮油企业销售食用油 214 吨。1994—2004 年，销售大幅下降，共销售 154 吨，年均 22 吨。2005 年，销售跃升至 362 吨。2008 年，达到 1040 吨。1993—2008 年，全县重点非国有粮油企业共销售食油 2195 吨。

1993—2008 年大田县粮油购销情况表

表 14-5　　　　单位：吨

年份	粮食											食油	
	购进					销售							
	合计	从生产者购进			从企业购进	合计	口粮供应				对企业销售	购进	销售
		小计	其中：定购或订单收购	市场收购			小计	其中：城乡居民口粮	军粮供应	救灾粮供应			
1993	21906	15453	8500	6953	6453	21702	18662	18639	23	0	3040	184	214
1994	36789	13738	10080	3658	23051	30615	12320	9132	21	3167	18295	78	71
1995	34580	15766	10680	5086	18814	34603	12602	10076	16	2510	22001	26	41
1996	25454	12318	10680	1638	13136	25840	3921	3703	18	200	21919	14	20
1997	25629	16468	10680	5788	9161	18733	11008	10992	16	0	7725	5	7
1998	12682	9734	7219	2515	2948	8712	6012	5996	16	0	2700	4	8
1999	12771	8130	7129	1001	4641	10520	5589	5582	7	0	4931	4	5
2000	8252	4121	3892	229	4131	8981	4771	4758	13	0	4210	1	2
2001	2321	1026	931	95	1295	1830	535	522	13	0	1295	0	0
2002	408	404	265	139	4	9474	9465	9137	66	262	9	0	0
2003	1854	1848	1848	0	6	9649	9649	9624	25	0	0	0	0
2004	2590	2586	2566	20	4	2084	2084	2066	18	0	0	0	0
2005	13479	4719	769	3950	8760	13449	7254	7231	23	0	6195	432	362
2006	12303	8032	1627	6405	4271	11989	9623	9603	20	0	2366	370	420
2007	16344	8266	2639	5627	8078	13543	13371	13348	23	0	172	805	5
2008	14211	7942	2963	4979	6269	13061	12744	12721	23	0	317	1220	1040

三、粮油储运

（一）粮食仓储

1993年，全县有储粮点43个，仓库63座，库容2.5万吨。坚持“每月主任定期会查、风雨随时查”和“春、秋大普查”的查仓制度。1996年，新建粮仓1座，库容1500吨，投资45万元。1997—1998年，粮食库存爆满，为解决安全管理问题，投入107万元，进行粮仓大修理。1999年底，全县13个粮站和粮油总公司、粮油贸易公司共有粮仓92座，面积2.03万平方米，总库容2.72万吨。当年，经市、县普查组鉴定大田粮食保管达到无鼠雀、无虫害、无变质、无事故“四无”标准粮仓县。2003年，全县国有粮食企业严格执行粮食仓储管理制度，加强现粮保管，应用机械通风、外墙刷白等技术科学储粮、确保安全。2005年，组建县地方储备粮直属库，辖石牌、桃源、上京、铭溪、梅山5个库点仓库10座，总库容7285吨。其他库点由县购销公司管理，对外出租。2008年，县粮食购销公司报废粮仓19座，面积5.11万平方米。实用粮仓10座，总面积1.76万平方米、库容7285吨。2003—2006年，连续6年保持“四无”粮仓县称号。

（二）粮油调运

1993年，全县调入政策性粮食6500吨，调出3000吨。取消食油调运计划，实行市场购销。1994—1996年，调入粮食5.5万吨，调出6.22万吨。1997年，取消调运计划。1993—2004年，国有粮食企业共调入粮食8.31万吨，年均6925吨。2005—2008年，重点非国有粮食企业纳入粮食统计范围，全县共调入粮食2.74万吨，年均6850吨。1993—2008年，全县共调出粮食9.52万吨，其中重点非国有粮食企业调出9050吨。

四、粮油管理

1993年，粮食经营价格放开，全国及地方粮票停止使用，市镇居民统一换发粮籍证。1998年．成立粮食市场监管工作小组，按县政府加强粮食流通市场管理通告，统一管理和规范全县粮食市场。

2001年，放开粮食购销价格和粮食市场。取消城镇居民粮食供应转移证明。2002年，对1997—2000年度按政府保护价、订购价收购的库存周转粮进行销售处理，形成的价差按省、县财政6:4比例负担。截至2003年6月底，县库存的周转粮1.23万吨全部销售完毕。

2005年，县粮食局对入市收购经营户的资格进行全面清理，重新审核发证，对符合条件的3家个体粮食经营户发放粮食收购许可证，规范粮食市场准入制度。组织人员不定期到粮油市场和农村粮食收购市场监督检查，并会同工商、质监、卫生等部门加强对粮食质量、卫生的督查，保护消费者合法权益。2008年，开展“放心粮油进农村”工作，建立粮油放心店，首批挂牌放心店3家，其中，粮油配送中心2家。县粮食局组织人员进行粮油质量“餐桌污染”专项检查治理，检查粮油经营及加工企业（个体）35家、70批次，数量6700吨，合格率100%。

1993—2008年大田县粮油库存统计表

表14-6　　单位：吨

年份	粮食库存								食油库存
	总计	商品粮库			“506”粮食库存		地方专项储备粮库存		
		小计	定购粮库存	市场粮库存	计划数	实际数	计划数	实际数	
1993	8985	4735	0	4735	2500	2500	1750	1750	278
1994	14993	10743	2321	8422	2500	2500	1750	1750	323
1995	14410	10160	1534	8626	2500	2500	1750	1750	171

续表 14-6

年份	粮食库存								食油库存
	总计	商品粮库			“506”粮食库存		地方专项储备粮库存		
		小计	定购粮库存	市场粮库存	计划数	实际数	计划数	实际数	
1996	14526	10226	9965	261	2500	2500	1800	1800	108
1997	15238	10938	10768	170	2500	2500	1800	1800	91
1998	15353	11053	9877	1176	2500	2500	1800	1800	48
1999	17598	13298	12401	897	2500	2500	1800	1800	16
2000	17126	12826	12410	416	2500	2500	1800	1800	8
2001	17607	13307	12839	468	2500	2500	1800	1800	8
2002	10628	6128	6128	0	2500	2500	2000	2000	0
2003	2050	50	50	0	0	0	2000	2000	0
2004	3993	493	493	0	0	0	3500	3500	0
2005	4788	288	0	288	0	0	4500	4500	70
2006	4829	329	0	329	0	0	4500	4500	20
2007	5475	475	0	475	0	0	5000	5000	20
2008	6625	425	0	425	0	0	6200	6200	124

第四章　生产资料经营

第一节　农业生产资料供应

一、种子供应

1993 年，农作物种子由县种子公司专营，除杂交水稻外，大豆、花生、薯类及蔬菜种子农户大多可自行留种或繁育，种子公司主要是引进推广新品种。当年，全县销售常规早稻品种“601”“78130”等种子 16 万公斤，“汕优 64”“威优 77”等组合杂交早稻种子 3 万公斤，汕优、特优、D297 优等系列组合杂交中晚稻种子 13.8 万公斤。1999 年，引进常规早稻优质品种“佳辐占”400 公斤。2000 年，引进“泉花 10 号”花生种子 100 公斤。

2001 年，实施《中华人民共和国种子法》后，放开种子市场，主要农作物种子由代理商经营，同年 9 月，县种子公司更名为大田县种子站，进行种子市场监管。当年引进推广“春薯 4 号”“紫花 851”马铃薯种 1500 公斤。2004 年，全县农业种植结构调整，双季稻面积减少，销售“佳辐占”“601”常规早稻种子 12 万公斤，杂交早稻种子 2.3 万公斤，杂交中晚稻种子 13.5 万公斤。引进“福豆 310”大豆种子 30 公斤。2006 年，引进“四粒红”花生种子 150 公斤。2008 年，全县引进推广主要农作物新品种 44 个，其中，水稻品种 17 个，甘薯、马铃薯、大豆品种各 3 个，玉米品种 6 个，木薯品种 2 个，蔬菜类品种 10 个。全年销售常规早稻种子 5 万公斤，杂交水稻种子 15.3 万公斤，其中杂交早稻种子 1.8 万公斤。

二、化肥供应

1993 年，全县农资供应点 65 个，县供销社农资部门仍按“保量稳价，保质应季”的要求服务农业和农民。供应的化肥主要有碳酸氢铵（简称碳铵）、尿素、过磷酸钙、钙镁磷、硫酸钾、氯化钾、复合肥等，全年共销售 1.9 万吨，其中，氮肥 8913 吨、占 46.85%，磷肥 7437 吨、占 39.1%，钾肥 1298 吨、占 6.82%，复合肥 1375 吨、占 7.23%，

1996 年，尿素供应较为紧张，价格上涨，农资部门抓“早”，集中人力、财力组织采购。当年，销售各种化肥 3.47 万吨，其中，氮肥占 55.53%，磷肥占 32.9%，钾肥占 4.96%，复合肥占 6.61%。1997 年，贯彻国务院《关于进一步深化农资流通体制改革的通知》，农资供应实行基层供销社代销制，全年销售化肥 3.18 万吨，其中尿素 1052 吨、碳铵 1.5 万吨。

1998 年，国家对化肥流通由直接计划管理为主改为间接管理为主，取消国产化肥指令性计划和统配收购计划，由生产和经营企业自主开展购销活动，农资由“专营”变为多家经营。1999 年，农资公司化肥供应量下降，全年销售各种化肥 1.9 万吨，其中氮肥 7915 吨，分别比 1998 年下降 29.2%、41.3%。2001 年，销售各种化肥 1.51 万吨，其中氮肥占 46%、磷肥占 32%、钾肥占 7%、复合肥上升为 14.61%。

2002 年，推广使用复混肥（水稻专用肥），化肥销售呈上升态势，比 2001 年增加 2858 吨。2005 年，磷肥销量首超氮肥 211 吨。2007 年，县供销社在全县建立 50 个乡村农家店，实行农资统一配送，连锁经营，有兼营农资网点 83 个、从业 125 人。全年销售各种化肥 3.07 万吨，其中氮肥占 36.61%、磷肥占 41.55%、钾肥占 7.51%、复合肥占 14.33%，磷肥销量比氮肥多 1515 吨、多出 4.94 个百分点。

2008 年，成立大田龙得宝农资公司，县供销社占股份 30%，负责公司行政管理，省农资集团负责业务管理。全县供应的化肥有碳铵、尿素、过磷酸钙、钙镁磷、氯化钾、复合肥和各种复混肥。供销社全年销售化肥 2.43 万吨，比 2007 年下降 20.85%。

三、农药与药械供应

1993 年，县供销社农资部门供应的主要农药有除草剂丁草胺、草甘膦、百草枯等，杀虫剂甲胺磷、乐果、敌敌畏、阿维菌素、甲氰菊酯、辛硫磷等，杀菌剂多菌灵、托布津、代森锰锌、苯醚甲环唑、硫酸铜等，植物生长调节剂磷酸二氢钾；农药械有手动压缩喷雾器和喷粉器。当年，销售各种农药 191 吨，农药械 1706 件。1996 年，销售农药 304 吨、农药械 1855 件。

1997 年，农药和药械销售下降。1998 年，农资多家经营。2004 年，供销部门销售农药 67 吨、药械 440 件。2006 年起，甲胺磷、代森锰锌等剧毒、高毒农药逐步退出市场；电动喷雾器在大田上市，供销部门农药和药械销量回升，全年销售农药 271 吨、药械 1410 件。2007—2008 年，销售各种农药 694 吨，手动、电动喷雾器等农药械 8270 件。

四、农用薄膜供应

1993 年，县供销社供应的农用薄膜有育秧、种烟用的地膜和袋栽食用菌、大棚等用的薄膜，全年共销售农用薄膜 55 吨。1994—1996 年，销售各种农用薄膜 187 吨。1997—2004 年，销售 388 吨，年均 48.5 吨。2005 年，仅销售 30 吨。2007 年，扩大农膜用于防雨水等，销量大幅增加，达 161 吨。2008 年，销售各种农用薄膜 231 吨。

1993—2008 年大田县供销社农资供应情况表

表 14–7

年份	销售总额（万元）	化肥（吨）	其中（吨）				农药（吨）	农膜（吨）	农药械（件）
			氮肥	钾肥	磷肥	复合肥			
1993	1112	19023	8913	1298	7437	1375	191	55	1706
1994	1309	20924	10974	1229	7639	1082	136	66	1199
1995	2543	23645	13292	1168	8233	952	122	47	1225
1996	3194	34659	19248	1718	11402	2291	304	74	1855
1997	3084	32694	16743	1757	10622	3572	258	51	1827
1998	2536	26907	13474	1457	8454	3522	224	42	814
1999	1597	19050	7915	1412	6787	2936	207	33	885
2000	1112	16484	7940	698	5438	2408	105	47	610
2001	1014	15055	6925	1055	4817	2258	97	42	573
2002	1297	17913	7732	1017	6119	3045	114	51	654
2003	1261	17512	7355	1226	5954	2977	107	48	621
2004	1786	19585	7744	1543	7253	3045	67	74	440
2005	2233	21673	8076	1425	8287	3885	68	30	1159
2006	2925	24381	9268	1855	9799	3459	217	59	1410
2007	3918	30675	11230	2305	12745	4395	378	161	4310
2008	4638	24295	8775	1725	9984	3811	316	231	3960

五、农机具供应

1993 年，县农业机械服务公司（简称农机公司）职工 21 人，销售手扶拖拉机 185 台、小四轮运输车 143 辆、大中型拖车 173 辆，电动机、柴油机、农用水泵 139 台（套），碾米机、磨粉机 284 台，销售总额 683.7 万元。1995 年，农机经营放开，个体和私营企业参与经营。1997 年 3 月，农机公司实行全员承包，分立经营，建立职工内退待岗制度。全年销售各种农机具 267 台（辆）、销售收入 276 万元、亏损 18 万元。1999 年，销售收入 550 万元，实现扭亏。

县农资公司大楼（1998 年摄）

2001 年，销售后驱动拖拉机 121 辆、起垄机、旋耕机 28 台，农用碾米机等 205 台，销售收入 170 万元，亏损 3.56 万元。

2006 年，农机公司基本停止经营销售业务，农机具均由个体户、私营企业经营。2008 年，推广多功能拖拉机 130 辆，销售手扶拖拉机、烟地起垄机、微耕机共 160 台，茶叶加工机械 32 台。

第二节 工业生产资料和机械经营

一、金属化工建材

1993年，物资供应由计划配售转为市场自由配置。1994年，县物资总公司经营金属、化工、建材、机电、汽车等五大类商品，年销售1458.98万元，税收13.37万元，亏损16.32万元。其中销售钢材1744吨、炸药1215吨、乙炔气1723瓶。1997年，市场疲软，年物资销售1068万元，比1996年减少596万元，上缴税收24.3万元，亏损10.59万元。1999年，物资总公司实施分立经营承包，物资销售705万元，上缴税收25.6万元，实现利润1.07万元。金属、材料、机电等销售市场化。2007年10月，大田县物资总公司撤销。2008年，金属、机电等物资全部由个体、私营商家经营。

二、汽车和工程机械

1993年，汽车等物资转由市场配置。县物资局销售汽车25辆、轮胎2211套。1995年，永安汽车销售大田分公司在建山路设立。2002年3月，全通汽车贸易有限公司在福田路开业，年销售额2000余万元。2004年4月、9月，三福、东润2家汽车贸易有限公司分别在福田路营业，销售载重汽车和各种小汽车。2008年，城区有汽车和工程机械经营企业10余家，销售各种品牌汽车、轿车等运输车辆及铲车、挖掘机、破碎机等工程、矿山机械。

三、建筑装饰材料

1993年，县内个体工商户、私营企业参与建筑装饰材料经营。1996年3月，长盛瓷砖店在建山路开业；7月，华福油漆装潢材料总汇企业在宝山路开业，经营木地板、防盗门、室内门及各种油漆；12月，南安隆生石板材企业在建山路179号营业，加工销售各种石板材。2002年，文行水暖洁具商行在宝山路12号开业。2008年，城区经营建筑装饰材料商店近百家，部分乡镇也有专门的商店经营。水泥、石板材、竹木地板、石灰粉、涂料、油漆、瓷砖、水暖洁具等各式装修材料种类齐全，款式繁多。

四、废旧物资回收

1993年，全县废旧物资回收由供销社专营，城区有网点3个，农村由基层供销社收购。年回收废钢铁138吨、废塑料485吨、废纸580吨，回收总额56万元。

1994年，随着废旧物资增多，个体收购队伍不断扩大。建设镇平均每11户中就有1人参与收购废旧物资，有私人收购站3个。收购范围遍及周边5个县、市、区，年均收购量数千吨。

2008年，石牌镇大田县森剑物资再生利用有限公司、大田县正达物资回收有限公司开张，注册资金各100万元。1993—2008年，供销社回收废钢铁1950吨、废塑料8550吨、废纸纸皮1.05万吨，回收总额2350万元。

1993—1996大田县物资局主要物资销售情况表

表14-8

品名	钢材（吨）		炸药（吨）		汽车（辆）		轮胎（套）		乙炔气（瓶）	
	购进	销售	购进	销售	购进	销售	购进	销售	购进	销售
1993	1259	1371	810	805	25	25	2188	2211	1550	1500
1994	1680	1744	1210	1215	20	18	1878	1817	1718	1723
1995	1782	1803	1157	1147	48	50	852	876	2345	2350
1996	2547	2468	992	985	26	26	484	385	3020	2660

第三节 燃料经营

一、成品油

1993年，中石化公司县支公司经营汽油、煤油、柴油、润滑油四大类石油产品共40个品种，油源由国家计划调拨和自行采购，实行平、议价“双轨制”，加油站（点）4个。当年，购进成品油5931吨，销售5868吨，比1992年增销485吨。1996年，石油经营权放开，取消“双轨制”，多种经济成分介入市场竞争，加油站（点）增至44个，其中国有2个、集体12个、个体30个。当年成品油销售6977吨，其中汽油2293吨、煤油57吨、柴油4590吨、润滑油37吨。

2000年，中石化公司收购建材老厝和石牌宏盛加油站。中石油公司与闽运公司加油站合资，收购石牌东风和太华华珠加油站。2003年，省石油系统深化市县一体化改革，中石油公司大田分公司的行政管理权撤销，设立大田片区，由市公司垂直管理，石油直销配送。当年销售1.51万吨，其中汽油3606吨、柴油1.15万吨。

2006年，中石油公司三明市石油分公司派驻大田片区加油站经理和客户经理各1人，负责大田区域经营与管理。当年，销售3.36万吨，其中汽油6339吨、柴油2.73万吨。2008年，大田片区共有加油站30个，其中中石油合资加油站5个、中石化森美加油站7个、个体加油站18个。年销售成品油3.53万吨，其中，汽油8034吨、柴油2.73万吨，分别为1993年的3.04倍、8.96倍。

1993—2008年大田县成品油购销统计表

表14–9 单位：吨

年份	购进					销售				
	汽油	煤油	柴油	润滑油	合计	汽油	煤油	柴油	润滑油	合计
1993	2650	60	3081	140	5931	2642	53	3045	128	5868
1994	2225	53	3885	121	6284	2230	55	3895	120	6300
1995	1838	60	4200	70	6168	1840	63	4119	68	6090
1996	2289	55	4596	35	6975	2293	57	4590	37	6977
1997	1461	23	1700	48	3232	1460	23	1701	46	3230
1998	1360	11	1365	57	2793	1357	11	1361	56	2785
1999	1862	13	8885	46	10806	1859	12	2275	46	4192
2000	2241	35	8100	33	10409	2241	35	8041	33	10350
2001	2605	39	7785	15	10444	2618	39	7795	15	10467
2002	2850	42	7800	6	10698	2896	42	7889	6	10833
2003	3606	0	11450	0	15056	3606	0	11496	0	15102
2004	4866	0	21048	0	25914	4853	0	21138	0	25991
2005	5640	0	22450	0	28090	5646	0	22449	0	28095
2006	62890	0	27260	0	90150	6339	0	27257	0	33596
2007	8680	0	32150	0	40830	8687	0	32163	0	40850
2008	8100	0	27356	0	35456	8034	0	27279	0	35313

二、蜂窝煤

1993年，全县煤炭市场放开，县财政取消补贴。县燃料公司加工蜂窝煤所需原煤由煤炭公司按调拨价供应，年加工供应蜂窝煤5315吨，销售额55.5万元。

1994—1996年，煤炭个体加工市场份额不断扩大，燃料公司销量下降，共销售蜂窝煤9813吨、金额1282万元。1997年，公司加强内部管理，参与市场竞争，销量回升，年销售6451吨。1998—2002年，销量稳中有升，蜂窝煤销量从5649吨增加到7764吨，销售总金额412.6万元。其中，1999—2002年加工原煤1.72万吨，金额207.5万元；销售蜂窝煤2.59万吨、金额335.8万元。2003年，随着液化气推广普及，蜂窝煤销量大幅下降，销量仅892吨，比2002年减少6872吨。

2004—2008年，燃料公司歇业留守，27名职工下岗待安置。该公司有固定资产158.1万元，流动资产55.6万元。居民生活和餐饮业等用煤由个体加工户经营。

三、液化石油气

1993年，县从外地引入液化石油气（简称液化气）燃料，部分居民改煤灶为液化气灶，但销量不大，经宣传推广，一些单位发放燃气补贴费，销量日益增加，年销275吨。

1994年7月，大田县液化石油气公司成立，设供应站（点）19个，其中城区7个、乡镇12个。有城乡用户7120户，其中固定用户1500户、零星用户5620户，年销液化气670吨。

1995年，位于均溪镇红星村小青垵的液化气贮配站竣工投入使用。4个储气罐总容量175立方米，其中50立方米3个、25立方米1个，占地6000平方米，建筑面积4260平方米，设有充装、机泵、槽车装卸和罐区4个区，投资270万元。

2004年，县液化石油气公司改制，引进外资，成立大田县港田燃气有限公司，注册资金148万元。气源由福建炼油厂长年提供。

2008年底，全县液化气供应站29个，其中城区11个、乡镇18个，年销1860吨，为1993年的6.76倍。全县有用户4.5万户，其中，城区普及率70%以上；农村仍以煤电燃料为主，液化气普及率不足30%。

第五章　专卖商品经营与管理

第一节　烟草经营

一、卷烟销售

1993年，县烟草公司与云南玉溪卷烟厂、龙岩卷烟厂挂钩设立销售点。县烟草专卖局加强卷烟销售网点建设和管理，增设城乡批发网点16个，年销售卷烟7636箱，销售金额2050万元。1995年，增设城关东门、南门和桃源、上京、吴山、太华、建设、广平、奇韬、文江、梅山等卷烟批发网点11个。1996年，增设城关第一门市部、龙山宾馆批发点，在汤泉、屏山、龙门设卷烟批发连锁店3家。全县卷烟销售7575箱，销售金额3350万元，实现利润373万元，税收580万元。1998年，立足本省、新老品牌并举，促销地产卷烟，年销售地产烟8004箱，销售金额4515万元，实际费用率1.89%，利润396万元。当年，县烟草公司被《福建经济年鉴》工商荣誉榜列为纳税300强企业。1999年起，县烟草公司实施“品牌”销售策略，紧俏烟合理搭配，普通烟自由选购，新品烟大力促销，开展送货访问制，定时访送，管销结合，规范经营，促进扩销增效。2002年，执行全省卷烟零售统一价。2004年，省卷烟网络建设改革，大田卷烟仓库并入三明烟草公司仓库，全市实行卷烟统一配送制，大田市场所需卷烟均由永安分库直接送达。2007 年，大田县烟草公司改名为“三明市烟草公司大田分公司”，为三明市烟草公司非独立法人的分支机构，主要进行卷烟网络营销、烟叶生产等服务。2008 年，卷烟销售总量 1.26 万箱，销售金额 2.03 亿元，分别为 1993 年的 1.65 倍、9.9 倍。

1993—2008 年大田县卷烟销售情况表

表 14-10

年 份	总销量（箱）	销售额（万元）	利润（万元）	税收总额（万元）
1993	7636	2050	185	158
1994	7539	2183	260	154
1995	7186	2418	79	102
1996	7575	3350	373	580
1997	7442	3856	431	516
1998	8004	4515	396	466
1999	8088	4432	180	300
2000	7905	4186	219	306
2001	8428	4598	338	458
2002	9387	5738	370	595
2003	9711	6857	1091	835
2004	10660	8933	1487	1277
2005	10768	10167	1186	1513
2006	11564	12770	1664	2090
2007	12222	14216	3119	3806
2008	12629	20290	1489	1875

二、烟叶销售

1993—1995 年，全县烟叶质量较差，价格低，销售量逐年减少，共销售 3995 吨，年均 1300 多吨，烟叶产销走入低谷。1996 年，县委、县政府把发展烟叶生产纳入农村脱贫致富奔小康的“龙头”项目，当年烟叶销售 1700 吨，销售金额 2801.53 万元。同年 12 月，由县烟草专卖局（公司）、县委宣传部联合编纂的《金叶满田》一书出版，并列为大田县农村奔小康“六个一”工程丛书之一。1999 年，烟叶销售 1697.35 吨，销售额 3022 万元，实现特产税及地方附加税 357 万元。2004 年，烟农售烟收入 2642.75 万元，户均 1.04 万元，分别比 2003 年增长 44.3%、48.5%，实现烟叶特产税及地方附加税 581.4 万元，同比增长 44.3%。1993—2005 年，县烟草专卖局累计亏损 348.53 万元。2008 年，收购烟叶 2695 吨，烟农售烟收入 3847.33 万元，实现特产税及附加 786.43 万元，分别为 1993 年的 1.04 倍和 3.73 倍。

三、烟草专卖管理

1993 年，县烟草专卖局按照《中华人民共和国烟草专卖法》和《烟草专卖行政处罚规定》等法律法规，加强专卖管理。至 1996 年，组建桃源、上京、武陵、吴山、石牌、太华、建设、广平、奇韬、文江等烟草专卖管理所10个。坚持“内管外打、守土有责”，做到“打击、保护、服务、监督”四位一体，为烟草经营保驾护航。严禁无证经营和乱渠道进货，严厉打击无证运输、走私和销售假冒伪劣烟制品的不法行为。按不超过总人口4‰的标准，核发烟草专卖零售许可证。1993—1996年，共处理违章案件186起，罚没总金额33.84万元。

1998年，在原有的专卖管理所的基础上，将全县18个乡镇按地理位置分为5大片，每片辖3个—5个乡镇。重点专卖管理所配备专职副所长和专管员、通信设备及交通工具，设立举报箱和举报电话。全年核发卷烟零售许可证899份，出动3948人次打私打假、清理市场，查获违章案件439起。罚没金额23.44万元。2003年，县烟草专卖局对零售户采取“柔性管理”的同时，对违法经营户实行查处教育并举。开展无假冒烟、无走私烟、无非法渠道进货的卷烟、无无证经营“四无”片区活动，明确打击监控对象，重点管理非法批发大户，打击无证经营，规范卷烟经营秩序。

2008年7月，县烟草专卖局在县城区和屏山街道查获销售假烟网络案件，现场查获违法卷烟品种60个、2546条，案值达13.05万元，查获下线户11户。1993—2008年，共核发许可证3527本，查处专卖案件1899起，其中，查扣走私烟85.9件、假冒伪劣烟4611.4件、烟叶247.9吨，罚没金额170.3万元。

第二节　民爆物品专营

一、营销

（一）民爆物品

1993年，民爆物品（俗称火工品）由县物资局辖下化工建材公司兼营，销售炸药805吨。1995年1月，成立民爆物品分公司专营，销售炸药1147吨。1999年10月，大田县永丰民爆器材专卖有限公司成立（简称永丰专卖公司），原民爆物品分公司注销。当年，销售炸药295吨、雷管61.5万枚、导火索20.3万米，销售金额230万元。2002年，永丰专卖公司加入中国爆破器材行业协会为会员。

2004年，民爆物品需求猛增，年销售炸药2788吨，雷管484万枚、导火索176.5万米，销售收入1908万元。同年，永丰专卖公司60%股权转让永安化工厂，由其控股经营。2006年，销售炸药4152吨、雷管615万枚、导火索318万米。

2008年，永丰专卖公司销售工业炸药3433吨、雷管468万枚、索类12万米。销售收入3339万元，实现利税521万元。分别比2007年增长1.76%、9.45%。

（二）烟花爆竹

1993—2000年，县供销社日杂公司兼营烟花爆竹，销售总额1331万元。2001年，县供销贸易总公司成立“烟花爆竹经营部”，归口专营，批发各种鞭炮、烟花，有专用仓库2座、面积379.5平方米，下设代批点6个，零售网点153个。当年销售额232万元。随着人民生活水平提高和各种喜庆活动增多，烟花爆竹需求量逐年上升，品种从低档炮仗转向高档的五彩缤纷烟花礼炮。2002—2008年，销售总额达2015万元。

二、专营管理

1993年，火工品实行专营、专运、专储，爆破、安全、押运、保管“四员”持证上岗，由公安部门审批。县政府成立烟花爆竹安全监管工作领导小组，下设办公室，由县公安、工商、安监、质监部门组成联合审查组，受理企业申请、审查、核发经营许可证，打击非法生产经营烟花爆竹等违法违规行为。1997年4—7月，县公安局查处烟花爆竹违规案件7起，收缴外地非法调入烟花爆竹5000万响。

2001—2002 年，县公安局开展烟花爆竹市场整治，收缴违法违规烟花爆竹 1729.38 万响、黑火药 10 公斤，取缔无证销售点 16 个。

2003—2008 年，县开展打击非法生产、经营、储存、运输、燃放烟花爆竹联合执法行动，取缔无照经营点 56 个，没收销毁烟花爆竹 2.35 万件，治安拘留 6 人。

第三节　盐业专营

一、食盐销售

1993 年，食盐由县供销社专营，销售 1245 吨。1994—1995 年，销售 2061 吨。1996 年 5 月，依省政府《福建省碘盐管理办法》，供销社成立闽岩副食品盐业站专营，销售 485 吨。1997 年，省取消内地碘盐加工，由省盐业公司统一调运，统一定价。1996—1999 年，共销售碘盐 3254 吨，累计亏损 52.5 万元。2000 年，盐业站保留牌子并入县土产公司管理，进行债务清偿，其碘盐专营权归口三明盐务局永安盐业站。6 月，福建省盐业公司三明分公司大田支公司成立，为食盐专营机构，属报账单位，其人财权和专营权归口三明分公司。当年销售 1434 吨。

2001 年，食盐供应网点 22 个，实行定点销售、定库存、省定价格“三定”经营机制，保障供给，稳定市场。全年销售 2459 吨，其中，日晒盐 2253 吨、自然盐 48 吨、加碘二级盐 50 吨、无碘二级盐 5 吨、小工业盐 103 吨。2002—2003 年，销售各类盐 3637 吨。

2004 年，开发销售入口盐新品种强化硒、强化钙、强化锌、低钠盐等 2 吨，全年销售食盐 1970 吨。2005 年，配制供应养鳗盐 80 吨；为腌制加工业配制腌制盐 90 吨。全年销售各种盐 1848 吨。2006 年，配制甲亢盐 1 吨。全年销售食盐 1874 吨。2007 年，销售 2056 吨。

2008 年，食盐品种 11 个，年销售各种盐 1761 吨，其中，日晒盐 475 吨、自然盐 1049 吨，多品种入口盐 10 吨、甲亢盐 2 吨、腌制盐 126 吨、加碘二级盐 29 吨、养鳗盐 49 吨、小工业盐 21 吨。各品种盐价不一，小工业盐最便宜，每吨 590 元，多品种入口盐最贵，每吨 5000 元。全县人均年用盐 4.5 公斤。

二、盐务管理

1993 年，全县继续推广加碘盐。1997 年 7 月，县政府与各乡镇政府签订加碘盐供给制目标责任状，实行加碘盐供应分配制。2000 年 6 月，福建省大田盐务局成立，为委托盐务执法单位。2002 年，按照国家经贸委《关于开展打击非法加工经营食盐专项行动的紧急通知》精神，整顿盐业市场秩序，打击私盐非法经营活动，确保碘盐供应。全县碘盐供应网点 23 个。全年查处违法案件 25 起，查获私盐 29.86 吨，罚款 4.64 万元。

2003—2007 年，县盐务局共查处违法案件 22 起，查获私盐 7.18 吨，处理 22 人，罚款 6865 元。

2008 年，加强对加工用盐户和散盐户管理，防止加工用盐流入家庭食用。全县有碘盐供应网点 24 个，其中一类 9 个、二类 5 个、三类 10 个，工业用盐户建档造册 15 个。

第六章　对外经济贸易

第一节　进出口贸易

一、进口贸易

1993年，全县扩大开放，招商引资，进口贸易商品有毛绒、毛线、布料、纺织辅料、腈纶、涤纶等生产原材料及“三资”企业的机器设备，外汇支出64万美元。2006年，对外贸易进口总额157万美元。2008年，进口总额176.94万美元。1993—2008年，全县进口总额1442万美元。

二、出口贸易

1993年，出口商品由茶叶、香菇、兔毛等土特产品扩大至电子系列产品、瓷土系列、破碎机械系列和竹木制品、纸品、精制瓷泥、工艺陶瓷、日用陶瓷、麻纺织品、针织服装等10多个名优特品类。产品远销韩国、日本、美国等国家以及东南亚及中东地区，当年，出口供货总值2785.71万元，创汇232.54万美元。其中，出口茶叶、松香497.76万元，木材制品568.19万元，纺织品813.2万元，陶瓷及其他轻工业品等740.75万元。1996年，出口供货总值1.02亿元，创汇1227.3万美元。其中，出口电子表芯5842万只、产值4270.45万元，毛绒布2175.43万米、产值4270.45万元。1997年，出口供货总值1.3亿元，创汇1510万美元。其中出口武星牌高级卫生纸16吨，总值5.92万元。1993—1999年，全县出口供货总值6.49亿元，创汇6744.24万美元。

2000年起，进出口贸易数据统一由海关提供，当年出口创汇61.5万美元。2002年，新增出口企业7家，全县出口创汇达368万美元，比2001增长466.15%。2005年，全县出口创汇1809万美元。2008年，全县出口创汇3042万美元，比1993年增加12.1倍。

第二节　招商引资

1993年，全县批办“三资”企业36家，总投资3278万美元，合同利用港、澳、台及国外资金（统称县外资金）1888万美元，实际到资909.5万美元，到资率48.17%，开业率72%。当年10月，县第二水泥厂将国有资产40%的股权1265万元（222万美元）售让给澳门新苗贸易行，组建大田石凤水泥有限公司。1996—2000年，全县共批办县外资金企业75家，总投资1.2亿美元，合同利用县外资金7416.7万美元，实际到资5873.2万美元。其中，1998年，赤岩小区安居工程开发项目，协议利用澳门新苗贸易行1000万美元。

2001—2005年，全县共批办县外资金企业34家，总投资7930.54万美元，合同利用县外资金5291.47万美元，实际到资4346万美元。县外资金企业实现工业产值15亿元，年均3亿元，占全县规模以上工业总产值29%。其中，县六角宫电站产权转让外籍客商，总额2325万美元；新岩水泥有限公司股权1446万美元，协议转让部分股权，利用香港蔡氏集团投资公司资金723万美元；源美化工有限公司项目总投资723万美元，在县创办年产6万吨硫酸的加工厂及承债收购县铭溪硫铁矿，协议利用县外资金723万美元。2006—2008年，全县共批办县外资金投资企业24家，合同利用县外资金5007

万美元，实际利用县外资金可比口径 4820 万美元，实际利用县外资金验资口径 1310 万美元。利用县外资金从“十五”期间的年平均不足 870 万美元，增加到 1607 万美元。1993—2008 年，引进“三资”和内外资企业 169 家，总投资 3.09 亿美元，合同利用县外资金 1.96 亿美元。其中，2007 年，金绿源（国际）有限公司投资的提炼茶多酚项目，总投资 1000 万美元，协议全部利用县外资金。

第七章　服务业

第一节　餐饮业

1993 年，全县饮食店 673 家，从业 1545 人，年营业额 1807 万元。其中，城区有国营饮食店 4 家，从业 27 人；集体 29 家，从业 87 人；个体 361 家，从业 576 人。城区可同时办 20 桌以上宴席的有龙山宾馆、宝山酒家、竹园酒家、大田饭店等 10 多家；农村有个体饮食店 279 家，从业 855 人。其中建设镇 25 家、桃源镇 18 家、上京镇 21 家、太华镇 20 家、武陵乡 3 家。

1997 年，省道“212”线（306 线）拓宽改造完成，沿途 20 多个村村民兴办饮食店，仅石牌至梅林路段就有 115 家，全天候为过往旅客服务。

2001 年起，饮食需求从“温饱型”向“营养型”“保健型”“美食型”和“文化型”转变。饮食店注重专业、特色、卫生、环境设施和服务质量。自选快餐、早点小吃和集饮食、娱乐休闲为一体的餐饮酒店及茶馆、冷饮、排档摊点等应运而生。

2008 年，全县饮食店 1884 家，从业 5275 人，年营业额 5348 万元，是 1993 年 2.96 倍。其中，城区饮食店 753 家，从业 3012 人，年营业额 2136 万元。规模较大、设施配套、附设停车场的有龙山宾馆、香榭园时尚餐厅、金谷大酒家、御华圆大酒家、五一酒家、华林山庄、阳光大酒店、福成大酒楼、零点商务酒吧等 15 家。年营业额 200 万元（限额）以上企业 8 家、总营业收入 1805.6 万元。其他酒店餐馆、快餐排档、风味小吃、冷饮熟食在夏秋夜市通宵达旦。限额以下餐饮业营业收入 1.67 亿元。

附：大田名菜小吃

大田本土佳肴主要有奇韬太监鸡、石牌骨头肉、山宝腊鸭、大田糟兔、红糟兔丁、葱炸牛肉丝、香糟牛肉丝、十香脆排骨、花芋烧猪蹄、八宝葫芦鸡、焖糟羊肉、椒盐肚尖、椒盐排骨、红菇炒米粉、香糟扣肉、清蒸草粿、九层粿等。

本土药膳类有板栗香菇焖鸡翅、山药炖鸡汤、枸杞牛肉汤、当归羊肉汤、莲子百合排骨汤等；养生煲类有桂圆炖鸡心、洋参甲鱼汤、白果玉竹猪肚煲、车前草猪肚汤等。

第二节　其他服务业

一、旅馆

1993 年，全县共有旅馆 68 家，床位 1703 个。其中，农村有 51 家、床位 681 个，城区有 17 家、床位 1022 个。规模较大的有龙山宾馆、红星宾馆、大田旅社、车站旅社、东门旅社、岩东旅社、大众旅社及供销社、经委、自来水厂、煤炭、汽车站招待所等。

1996年，供销招待所投资250万元，扩建为“供销宾馆”，内设高、中、低档床位159张，可同时承办宴席的高档餐厅、开设音乐茶座、卡拉OK舞厅，有高、中档会议室和停车场，当年营业额130.4万元，创利税36万元。1997年，该宾馆增开早、晚茶及火锅城业务，增收24万元，全年营业额182.1万元。

2003年，国有大田旅社投入资金100万元，改建装修为岩城宾馆，设有标准房33间、普通房41间，床位193个，当年营业额96.3万元，比1993年的39.1万元增长146.3％。

2008年，全县有旅馆104家，床位4162个，分别是1993年的1.53倍、2.44倍。其中，城区主要旅馆有龙山宾馆、岩城宾馆、八一宾馆、红星宾馆、东方宾馆、凤凰宾馆、华天宾馆等32家，床位2727个。

二、美容美发

1993年，全县有理发店109家，其中，城区集体所有制理发社2家，个体理发店23家。随着人民生活水平提高和对时尚的追求，传统理发逐渐被各种美容美发店替代，服务项目有理发、烫发、染发、干洗、焗油、造型设计、护肤美容等。女士美容美体馆、推拿按摩、泡脚桑拿等也应运而生。2008年，全县美容美发店378家，是1993年的3.47倍。其中，城区主要有头顶功夫理发厅、国际艺廊、沙龙理发厅、染烫连锁店等各种美容美发店162家，比1993年增加5.5倍。

三、照相摄像业

1993年起，大田城区照相馆的黑白冲印逐渐被彩色冲印替代。2000年，数码快照速印设备应市，三分钟立等可取，并开展特约外拍和摄像彩车迎亲、婚纱摄影、光盘刻录、音乐电视制作一条龙服务。2008年，城区有黄河、腾龙数码照相馆，白雪公主、亲密爱人、佳丽、钟爱一生婚纱摄影等以及其他照相馆（点）47家。此外，白岩公园有景点照相多家。

四、修理业

1993年，城区有维修自行车、钟表、家电和配匙开锁、修锅补壶、缝衣补鞋店（点、摊）187家。各行各业营销部门均实行售后保（维）修服务。汽车维修由交通部门按规定管理。2000年后，冰箱、空调、彩电、电脑、手机、电磁炉、电饭锅、照相机、摄像机和摩托车、电动车、小汽车等的普及，城乡维修业蓬勃发展。2008年，仅城区就有各类专修店、点、摊415家。

五、娱乐服务业

1993年，全县有歌厅、舞厅、卡拉O K厅（简称三厅）23家，电子游戏机室11家、棋牌馆1家，旱冰场1座。1996年，机关单位招待所及社会个体旅社进行改造升级，内设音乐茶座、卡拉O K歌舞厅，开设单间KTV。1997年，三厅增至44家、KTV17家、电子游戏机室12家、民间业余剧团28家。2001年，有夜总会1家、网吧16家，营业性表演团体2家，外来歌舞杂技表演团体9家。2008年，全县有各类娱乐场所9家，网吧32家、电子游戏机室6家，城区较大规模的娱乐服务业有富绅年华歌舞厅、一代天娇娱乐有限公司、欢乐园餐饮吧等。

六、商务服务业

1993年起，以经纪中介服务为基础的商务服务业不断发展壮大。经纪人为单打独干，分散在各行各业，人数众多，素质参差不齐。随着市场经济体制逐步建立和完善，经纪中介作用凸显。2001年起，县工商局举办各类经纪人培训班，通过考试认定，发给资格证书，确立其从业资格。2003年11月18日，成立大田县经纪人协会，有会员280人。2008年，全县有拍卖、企业咨询、商贸、广告、家政服务、房产中介等行业各类经纪人协会11家，持证经纪人490人。

第八章 旅 游

第一节 旅游资源

一、自然景观

（一）白岩公园

为三明市十大名胜之一，位于城西白岩山，面积35公顷，始建于1983年，次年对外开放，总投资5680万元。345级台阶寓“五讲四美三热爱”，拾级而上，山顶有观岩阁、桂园、长城、烽火台、白岩塔、镇西桥等景观。从山顶俯瞰，全城景色尽收眼底。

（二）仙亭山森林公园

位于城区仙亭山，占地200公顷。2005年12月，动工建设。2008年，内有运动保健、娱乐休闲、青少年科普活动史情体验等7个功能区域；山脚下有岩城广场和地下商场。

（三）象山生态旅游度假区

位于谢洋乡与武陵乡交界处，主峰海拔1432米，山势恢宏壮观，享有“南方天山”美称。屹立峰巅可鸟瞰周边县市（区）的亮丽风景。区内有始建于元朝的闽中佛教圣地象山寺，供奉刘公祖师等神像，存有元仁宗皇帝敕封“都监大恩主”牌匾，明崇祯十七年（1644年）铸造的狮纹花口钟。度假区占地366公顷，2002年，规划建设中洋接待服务区、后洋生态保护区及红豆谷、万军洞、天心湖、象山岩等景点6个。

象山景观（2008年摄）

（四）大仙峰省级自然保护区

大仙峰位于屏山乡内洋玉屏村与石牌镇盖山、马山村交界处，有主次两峰，主峰海拔1553米，为大田最高山峰，区内有全国最南端的天然黄山松群落及国家一、二级重点保护野生动植物34种。山腰有始建于南宋隆兴二年（1164年），被誉为“泉南佛国”的崇圣岩寺，1960年毁于山洪，1996年复建。主峰建有电视差转台，次峰建有电视微波站和林业瞭望哨，环山公路直

大仙峰景观（2008年摄）

达次峰。2003年2月，省政府批准建立“大田大仙峰省级自然保护区”，保护区面积6886.1公顷，地跨屏山、石牌、武陵、谢洋、吴山等5个乡镇的14个村。

（五）闽中高山生态茶苑体验度假区

位于大仙峰省级自然保护区周边4个乡，海拔800米—1100米之间，常年云雾缭绕，盛产“仙顶”“江山美人”等高山云雾茶。游客可参与茶园观光、采制品购，欣赏茶歌茶舞茶艺等表演。

（六）大鼓山（台阁山）省级森林公园

位于石牌镇拱桥村与屏山乡溪头村交界处，保存有完整的火成岩地貌主峰海拔1389米，因山形如同台阁得名。园内地貌景观多样，有仙人犁田、林中骆驼、群猴探月、七仙落地、玉柱擎天、关公神像、金鸡报晓等自然景观。2006年，进行规划编制。

大鼓山（台阁山）（2008年摄）

（七）一顶尖省级森林公园

位于武陵乡上岩村，主峰海拔1414米，园内溪、瀑、涧、潭景观兼具，有孔雀瀑、瑶池等几十处瀑布和潭池群，红豆杉、闽楠、花榈木、小鲵等国家级保护动植物。园区占地1022公顷，拟建游客服务中心、大珂溪、十八潭、生态农业观光园、四季园等景区。2007年，进行规划编制。

（八）闽湖国家水利风景区

位于大田、德化、尤溪三县交界处，水域面积36.7平方公里，总库容18亿立方米，为福建省水域面积最大的水库。两岸山峦跌宕起伏，库湾岛屿错落有致，有青龙铁索、鸬鹚寨、大锣山、“芝山书院”和“三代祖师”遗址、高峰观景台、七星岩、大小石坑等景观，是集水利工程、水文地质、文物古迹、水上运动、休闲垂钓、观光娱乐为一体的国家水利风景区。2008年，开展规划编制。

（九）北洋崎古村寨遗址

位于广平镇大吉村，主峰海拔1304米，植被覆盖率100%，生态公益林667公顷，300多公顷的原始次森林郁郁葱葱，盘古溪清澈见底，百米铜锣瀑从山巅直泻而下，区内有丰富的珍稀树种、名贵中药材和野生动植物及古村寨遗址。2008年，开展规划编制。

（十）高峰

位于梅山乡龙口村与湖美乡林兜村交界处，海拔1282米，三面悬崖、一面陡坡，山腰有一开阔盆地，清泉成潭。明代在潭边建高峰寺供奉诸佛，寺内悬明会元、礼部尚书田一俊（大田籍）书写木刻鎏金联：“梦破十八洞天，独这汉明明先觉；行来百二峰顶，惟此山巍巍特尊。”旁有“风孔”“十八洞”“仙人座”“天池”“神棋”“漏米石”和方竹等景观，该寺于民国37年（1948年）焚毁。据民国17年（1928年）8月修纂的《大田县志》记载，清顺治年间林良、曾省等为首聚众千余人，在此举旗起义。1979年，县医药公司曾在峰顶种植西洋参和饲养梅花鹿。

（十一）璞溪生态景区

位于梅山乡璞溪村，有原始生态公益林1163公顷，森林覆盖率93%，有九十九峰、璞溪峡谷等景观，盛产红菇、泥菇、蜂蜜。村内有一罕见的风鼓形凉亭，建于清嘉庆四年（1799年）。山上有“百丈崖”雕刻，岩崖有二尺长石脚印，称“仙人足迹”。2001年，被列为县级自然保护区。

二、人文景观

（一）红色旅游景点

大田革命烈士陵园 位于白岩公园的仙跳仑，占地1公顷，纪念碑高12米，正面镌刻开国元帅、总司令朱德亲笔题词："为革命事业而牺牲的烈士们永垂不朽。"碑座下面刻有县委、县政府撰写的碑文，两侧刻有大田地下党林大蕃等65位烈士英名，为县级文物保护单位，闽中苏区爱国主义教育基地。

中共闽中工委会址 位于武陵乡桃溪村西河祠，民国31—33年间（1942—1944年），中共闽中工委、闽西北特委在此多次举行重要会议，筹划革命活动，为县级文物保护单位，设有大田革命展览室。

万应庙 位于屏山乡内洋村，清乾隆丙辰年（1736年）为纪念抗元英雄苏十万而建。1929年，朱德率红军前委机关和第二、第三纵队战士3000多人曾在此驻扎，墙上刷着"男女平等""公买公卖"等宣传标语，为县级文物保护单位。

抗战时期集美职校旧址 位于均溪镇玉田村。民国26年（1937年）"7·7"事变后，福州、厦门等地沦陷。民国27年11月，厦门集美高级航海水产职业学校、高级商业职业学校和高级农林职业学校择址内迁大田。先期校址为县文庙、朱子祠和县体育场馆。次年9月20日，因遭日机轰炸，校舍被毁，玉田村民旋即腾出43座宗祠、民宅安置师生。民国29年（1940年）11月，集美校主陈嘉庚率南洋华侨慰问团回国，到大田集美学校视察并作抗日演讲《有枝才有花，有国才有家》，号召师生参加抗日救亡运动，抗战胜利后集美职校复迁厦门。2008年，玉田村存有当年校舍28座和部分其他文物。

吴山推广普通话展览室 位于吴山乡吴山小学。馆内陈列吴山乡陈进四1958年7月赴京参加全国第一次普通话教学成绩观摩会，受到总理周恩来接见并合影等图片310幅，实物展品50余件，分四个部分展示大田的推普历程。1986年1月，大田县被评为"全国文字改革和推广普通话先进单位"。2006年8月，国家教育部语言司司长李宇明、副司长王铁琨及省语委办主任金秋苹到馆参观指导，并分别作"向大田人民学习，把普通话送到千家万户""大田精神，永放光芒""吴山推普红旗，永远飘扬"等题词。

（二）其他景观

大田土堡 类型较多，形态各异，构筑原始，为小型化城堡，防御功能突出。历史上曾有土堡近千座，始于宋代，盛于明末清初，留存者多为清代中晚期所建，直至20世纪30—40年代仍有零星建造，如今尚保留土堡40余座。2005—2008年，入选县级文物保护的有均溪镇的芳联堡、桃源镇的安良堡、广平镇的光裕堡和绍恢堡、太华镇的泰安堡和广崇堂、建设镇的琵琶堡等7处。

龙井祠 位于太华镇魁城村后崎山麓，建于唐开成元年（836年），宋宝祐二年（1254年）重建，为福建连氏总祠，传说有蛟龙潜伏故名。祠内有井3眼，可预告晴雨，"久雨浊必放晴，久旱浊必有雨"，皆有应验。2008年5月，该祠重修竣工，中国国民党荣誉主席连战题词"连氏龙井大宗祠"。

林埔祠 位于上京镇桂坑村石狮崎山麓，始建于北宋熙宁三年（1070年），清康熙十七年（1678年）重建，1994年重修，占地2000平方米，土木结构，二进六扇，雕梁画栋，彩绘垣墙，飞檐斗拱，华表大门，花台宿土，左右厢房，布局完整，是一座悬山式府衙格局古建筑。

银场坂银矿遗址 又名银丁坂，位于前坪乡黎明村大石磨山，宋、明时期冶银遗址，占地60万平方米，保留着原采矿洞、选矿平台、窑炉、作坊等遗迹。

2008年，境内古建筑、古遗址、古文化遗产等33项，其中大田板灯龙被列为国家非物质文化遗产。

第二节 旅游规划与开发建设

一、旅游规划

（一）旅游发展总体规划

2007年8月，县政府委托浙江省宁波市远见旅游规划设计院编制《大田县旅游发展总体规划

（2008—2020年）》（简称《总体规划》）。2008年5月，《总体规划》通过省市专家组评审，9月起实施。

《总体规划》分近期（2008—2012年）、中期（2011—2015年）、远期（2016—2020年）三个部分，对全县18个乡镇旅游资源、客源市场、旅游区域背景、发展机遇的现状进行评价，对旅游形象定位、开发空间布局、产品开发、产业体系建设、投资项目、环境保护进行规划，并对温泉、库区、茶园旅游的开发组织专题调研。

（二）重点景区规划

2001年12月，县政府委托国家林业局华东林业调查规划设计院，对象山生态旅游区进行普查和规划。2002年4月，完成《福建象山生态旅游区可行性研究报告》。2005年3月，县移民局聘请省榕树王园林规划设计院编制《大田县湖美—梅山库区旅游开发总体规划》；5月，县城建局聘请该院编制《大田县仙亭山森林公园总体规划》。

2006年1月，县林业局聘请省林业科学院编制《大鼓山省级森林公园规划》。2007年3月，武陵乡政府、国有梅林林场委托福建农林大学城乡规划研究中心，编制《一顶尖省级森林公园旅游规划》。2008年3月，广平镇政府聘请浙江大学对北洋崎生态资源进行普查，编制《北洋崎森林公园旅游规划》；5月，湖美乡政府、国有桃源林场聘请省林业规划设计院编制《七星湖森林公园旅游规划》；7月，县旅游局聘请三明市测绘队进行闽湖（街面水库）湖美张京洋地块的1 ∶ 1000地形图测绘；10月，县旅游局聘请浙江宁波市远见旅游规划设计院编制《大田县湖美—梅山库区修建性详细规划》。

二、开发建设

（一）象山景区开发

2001年，县政府成立象山开发领导小组，由县非公有制经济组织办公室负责开发、建设与管理。景区面积365.5公顷。2002—2008年，建设红豆谷游步道3公里，植草坪800平方米，初步建成洋中接待服务区、后洋生态保护区及红豆谷、万军洞、天心湖、象山岩等6个景点，投资500多万元。其间，2004年铺设景区混凝土道路6.5公里。2008年11月，象山生态旅游景区划归县旅游局管理。

（二）仙亭山森林公园建设

2005年，县政府成立仙亭山森林公园和岩城文化广场项目建设指挥部；10月，福州禾鑫园林工程有限公司在仙亭山森林公园园林景观工程招标中，以595.76万元中标，并与县旅游局签订工程施工合同。2008年，投入240万元，铺设石材游步道4.2公里和健身道1.2公里，完成主入口大门、垂虹廊、揽月亭、栖霞亭，完成茶苑、蓄水池、公厕各2处和绿化、健身照明、供水系统等工程建设。截至年底，累计总投资2200多万元。

（三）闽湖景区开发

2007年12月，县政府批准成立田阳旅游有限公司。2008年9月，县田阳旅游有限公司购置泰宁金湖造船厂制造的35座游艇1艘投入运营，投资30万元。并与浙江宁波市远见旅游设计院签订协议，对张京洋、高才、鸬鹚寨等旅游码头进行施工设计。

（四）其他旅游项目开发

1996年，县委、县政府对白岩公园、文昌阁、镇东桥等10多个景点进行修缮改造。2003年2月，省政府批准建立"大田大仙峰省级自然保护区"；6月，均溪镇红星村村民在马路岭设立"梅园山庄"，供果园观光、水果采摘。2005年，县政府将明、清时期安良堡等11处古建筑和古墓葬壹家坟列入县级文物保护单位。2006年、2007年，省森林公园管理办公室分别批准成立大鼓山（台阁山）省级森林公园、一顶尖省级森林公园。

2008年8月，县委宣传部、县文体局、旅游局和招商局等部门组织开展新"田阳八景"名称征集评选，确定"双园映秀、天山听鼓、仙顶流云、心湖渔歌、一顶幽涧、北洋飞瀑、三汤泉韵、古堡芳踪"

为大田新的“田阳八景”。当年，县旅游局投入260万元，建设均溪福塘村“世外桃源”、石牌宽田村“凤鸣谷”休闲山庄和均溪翰林村“翰林山庄”、武陵大石村“庆联”山庄，供盆景观赏、登山健身、水上运动、农事体验等旅游休闲活动。

第三节 旅游市场

一、旅游宣传

2003年8月，县旅游局在龙山宾馆举办大田县第一届旅游美食节暨“莫高杯”烹饪大奖赛，12家酒家组队参赛；接待三明风光风情全国摄影大奖赛大田赛区活动，省内外媒体45人到大仙峰等景点采风。阿佳苦菜、鹤冲米粉、仙人掌面条、树根台灯等产品在中国（厦门）国际旅游节参展。2004年，三明市作家协会，县文联举办象山笔会，参加的省市媒体、编辑、作者30余人；8月，国家文物局古建筑专家组罗哲文教授到县考察土堡群，并提出保护开发意见。2003—2008年，展出大田旅游风光摄影作品346幅，拍摄《大田旅游风光》专题片，制作500片，在全省招商引资洽谈会、海峡旅游博览会等推介大田旅游产品，共发放宣传资料1万余份，招商手册7000余份。

二、旅游服务

（一）旅社宾馆

1993年，城区有龙山宾馆、大田旅社、东门旅社、供销宾馆（供销招待所更名）等17家，床位1022个。1996年，供销宾馆有高档客房20间、床位38张。凤山西路金谷酒店营业。2003年2月，凤凰宾馆营业，床位60张。2006年，凤山中路富华源大酒店营业。2008年，城区有龙山宾馆、岩城宾馆（大田旅社更名）、东方宾馆（东门旅社更名），前峰假日宾馆、富华源大酒店、华林山庄、凤凰宾馆、金谷酒店、红星宾馆等32家，共有标准客房1400间，床位2700多个。当年，仙廷大酒店、阳光大酒店、前峰假日宾馆、宝山商务宾馆等建设、改造，投资820万元。

（二）旅行社

1998年，县有三明国际旅行社大田营业部。1999年12月，该营业部停业。2002年2月，大田县中国旅行社在凤山中路235号成立（简称县中旅），为国内旅行社。2005年3月，三明市青年假期旅行社大田营业部在凤山中路174号成立。2005年4月，三明康辉旅行社有限公司大田营业部在凤山西路44号成立；5月，大田县青年旅行社在凤山西路38号成立（简称县青旅），为国内旅行社。2006年6月，三明国际旅行社在凤山中路216号设立大田分社；7月，康辉旅行社大田营业部停业。2008年5月，三明青年假期旅行社大田营业部停业。年底，全县有旅行社2家、营业部1家。

（三）导游

2002年，县中旅有持证导游1人。2005年，县青旅有导游3人。2008年，全县有初级中文男导游3人、女导游7人，英语语种女导游1人。

三、旅游消费

1993年，旅游多以县内居民和县外邻近市县散客自助游为主，旅游消费主要是住宿、餐饮、运输和购物，当年旅游收入500万元。2003年，县旅游局成立，旅游市场渐趋规范、繁荣，旅游业带动城区建设和宾馆、餐饮、休闲、娱乐及购物消费等第三产业的发展，成为国民经济新的增长点，当年全县旅游收入1659万元。2004年，全年接待游客5万人次，旅游收入2000万元。2005年，全年接待游客5万人次，旅游收入2200万元。2006年，全年接待游客4.2万人次，总收入2100多万元。2008年，全年接待游客4.4万人次，旅游收入2734万元，比1993年增长5.4倍，比2003年增长64.8%。

第四节 旅游管理

一、机构

2003 年 6 月，县编委批准成立大田县旅游事业局（简称县旅游局），副科级全额拨款事业单位，编制 2 人，挂靠县城乡建设局。2008 年 5 月，县旅游局升格为正科级事业单位，编制 3 人，内设办公室、行业管理与市场开发股。

二、旅游行业管理

2004 年 5 月，县成立旅游产业发展领导小组，由县长任组长，下设办公室，旅游局局长任办公室主任。7 月，县旅游局会同县有关部门打击“黑社”“黑车”“黑店”“黑导”等非法经营行为，建立旅游投诉受理和处理机制，净化旅游市场。2006 年 12 月，经县社团办批准成立大田县旅游协会，会员 34 人。县旅游局设立旅游安全百日大排查、百日大整改“双百”专项整治工作小组，各旅行社、景点开展自查自纠。会同工商局与市旅游局、行风办、旅游质量监督管理所成立联合检查组，抽查旅行社、宾馆等，对存在问题落实整改。2007 年 4 月，县政府调整充实旅游工作领导小组，开展民主评议行风、行业精神文明创建活动，首家收费景区象山生态旅游区实行服务价格公示管理制度。大田县中国旅行社被三明市旅游局授予“2003 年度三明市诚信旅行社”称号。

2008 年 9 月，县政府下发《大田县关于加快旅游产业发展的若干规定》，就放宽市场准入、补助扶持、经营优惠政策、旅游资源保护、景区质量等级管理及规范行业管理等作出规定。

三、导游培训与管理

2004 年，县旅游局开展旅游行业整治，加强旅行社管理。7 月，组织从业人员参加旅行社经理资格和导游资格等培训和证书考试；落实全县旅行社导游工作人员劳动合同签订检查，规范导游职业行为。至 2008 年，每年组织导游人员到三明旅游局参加一周导游资格培训，并进行导游证年检。

四、咨询与投诉

2003 年，县旅游局公布旅游监督投诉电话，旅行社、景区均设有咨询、服务电话，为游客提供便捷服务。至 2008 年，共受理游客投诉、处理 5 起，满意率 96%。

卷十五　经济综合管理与监督

第一章　计划发展改革管理

1993年，县计划部门从物资、资金指标分配转向全县经济社会短期、中长期目标制定，搞好市场平衡、调控和抓好大项目，优化投资结构控制固定资产投资，编制招商引资项目。1997年，实行预算内基建投资调查核实和跟踪督促管理。1999年，开展项目年活动。2002年，进行项目储备和转化。2003年，实施项目带动，开展项目竞赛。2008年，清理县级行政审批项目330项，减少108项。1993—2008年，县发展计划和改革管理部门编制年度和中、长期经济社会发展计划（规划），经县人民代表大会审议批准，付诸实施；审批基建项目1128个、投资111.59亿元，其中重点项目（含省、市）211个。储备项目转化实施275个，转化率34.5%

第一节　机构

1993年，大田县计划委员会（简称县计委），内设办公室、综合股、基建股，编制14人。挂靠单位大田县工程咨询公司，事业编制3人。1997年1月，县计委更名为大田县计划局，行政编制10人，工勤事业编制1人。1999年3月，成立大田县重点建设项目前期工作办公室，事业编制5人，挂靠县计划局。2002年1月，县计划局更名为大田县发展计划局，行政编制11人，增设产业股；县物价局并入发展计划局。当年设立大田县重点建设项目工作领导小组办公室，与前期工作办公室实行两块牌子，一套人员，协调管理重点建设项目前期工作。2006年9月，县发展计划局更名为大田县发展和改革局（简称县发改局），将全县行政审批管理职能划入。

2007年8月，成立大田县经济信息中心，挂靠县发改局。2008年，发改局设办公室、综合股、基建股、产业股，行政编制11人。挂靠单位4个。

第二节　计划编制与执行

一、年度计划编制与实施

1993年，县计划部门编制全县国民经济和社会发展年度计划，提交县人民代表大会例会审议通过。当年，大田县被国务院批准列入对外国人开放地区和沿海经济开发区，县经济工作以转换经营机制为重点，促进企业结构调整，扩大对外开放。国民经济和社会各项事业主要指标超额完成，全县生产总值（GDP）6.81亿元，完成计划111.64%，比1992年增长16.41%，其中，第一产业3.36亿元，第二产业2.23亿元，第三产业1.22亿元，结构比为49.41 ∶ 32.74 ∶ 17.85；财政收入5613万元，完成年计划135.81%，同比增长50%；农民人均纯收入1320元，同比增加266元。

1994年，加强宏观调控，扶持支柱产业和龙头产品，加大项目开发力度，与沿海地区开展山海经济技术协作，培育新的经济增长点。至1995年，兴办内联企业61家，引进外地资金6640万元；推进农村小康建设。1996年，全县基本达到小康水平农户占67.7%。1998年，受亚洲金融危机影响，调整年度计划经济指标，工业产值比1997年下降1.2%；全县经济仍保持平稳增长，完成生产总值15.56亿元，财政收入1.37亿元，农民人均纯收入2626元，均完成调整后年度计划的100%，全县基本实现小康农户累计5.78万户，占总农户的82.61%。

1999年，县经济工作以加强农业基础地位，增加农民收入为主，调整优化经济结构，全县国民生产总值达16.37亿元，财政收入1.26亿元，农民人均纯收入2788元。

2000年，全县加快农业产业化步伐，发展高山优质茶，反季节蔬菜等特色农业，初步形成烟、菌、菜、茶、果、竹、渔、禽、兔九大产业，增强建材、矿业、能源传统产业，发展轻纺、陶瓷、电子等新兴产业。2003年，民营企业增至261家，上缴税收6300万元，全县生产总值21.24亿元，占计划的100.1%，农业总产值13.41亿元，占计划的102.7%，规模以上（年销售收入500万元）工业企业51家，产值11.28亿元，占计划的104.1%。地方级财政一般预算收入8206万元，占计划的101.8%。农民人均纯收入3294元。

2004年，实施项目带动、工业结构优化升级、促进节能减排、改善农业生产条件和农民生活质量战略。受国际金融危机影响，2007年9月，经县人大常委会审议通过，对年度计划部分经济指标进行调整，全县完成生产总值46.11亿元，占计划的114.73%，全社会固定资产投资33.77亿元，占计划的120.39%，地方级财政一般预算收入2.2亿元，占计划的129.4%；城镇居民人均可支配收入1.16万元，农民人均纯收入5004元，分别占计划的103.2%、100%。

2008年，继续推进农村和国有企业改革，提升民营经济发展水平，实施项目、环境、品牌带动，全县生产总值60.19亿元，占计划的132.2%，比1993年增长7.83倍，一、二、三产业结构比为25.0 ∶ 46.1 ∶ 28.9。地方级财政一般预算收入2.63亿元，占计划的105.7%，比1993年增长4.96倍；社会消费品零售总额15.12亿元，占计划的105.5%，同比增长4.13倍；农民人均纯收入5675元，占计划的105%，同比增长3.3倍。

二、中长期发展规划（计划）编制与实施

（一）“八五”计划及十年规划

“八五”计划目标 “八五”（1991—1995年）计划，增编第三产业发展目标。1995年，全县生产总值（1990年不变价计算，下同）达6.8亿元、年均增长9.35%，人均1925元。农业总产值4.7亿元、工业总产值8.4亿元，年均分别增长6.95%、13.8%；财政收入4560万元、出口供货总值2800万元，年均分别增长7.25%、20.55%；农民人均纯收入1450元，年均增长12.52%。第三产业增加值2.05亿元，比1990年增1.97倍。固定资产投资5年累计4.02亿元，其中，全民投资3.37亿元，集体投资0.65亿元。

十年规划（1991—2000年）目标 2000年，全县国民生产总值（1990年不变价计算，下同）达10亿元，人均2680元。农业总产值5.7亿元、工业总产值14.8亿元，“九五”计划（1996—2000年）期间，年均分别增长8.02%、3.93%，财政收入6700万元、出口供货总值3800万元，年均分别增长12%、8%，农民人均纯收入2500元，年均增长11.5%。

1993年2月，县第十一届人民代表大会第三次会议对《大田县国民经济和社会发展“八五”计划和十年规划》纲要进行修改，“八五”期间，工农业总产值年递增由11%提高到12%、财政收入由7.25%

提高到9.25%，1995年分别达到13.7亿元、5000万元；商品出口总值、农民人均纯收入分别达到200万美元、1480元。“九五”期间，工农业总产值、财政收入年递增由9.37%、7.25%提高到10.53%、9.25%，2000年分别达到22.6亿元、8000万元，商品出口总值、农民人均纯收入分别达500万美元、2600元。

“八五”计划执行情况 “八五”计划后3年（1993—1995年），县委、县政府调整产业结构，开展企业“转机制、练内功、降成本、增效益”活动，发展教育、第三产业和个私经济，扩大对外开放，提前五年实现第三个翻番。1995年，全县完成生产总值13.17亿元、财政收入1.04亿元，分别完成修改后计划的96.3%、238%，农民人均纯收入1851元，全县人口34.81万人，分别完成修改后计划的125%、98.56%。第三产业增加值3.13亿元，比1993年增1.57倍。一、二、三产业增加值结构比为50.92∶25.31∶23.77。

（二）“九五”计划和2010年远景目标纲要编制与实施

“九五”计划目标 1995年，县委、县政府在总结“八五”计划完成的基础上，围绕社会主义市场经济体制建立，进行经济社会发展总体指导和综合协调，由计划部门编制“九五”（1996—2000年）计划和2010年远景目标纲要。1996年3月，经县十二届人大三次会议审议通过，计划提出“九五”期间全县生产总值比1980年翻四番，1997年全县人民基本实现小康，2000年实现小康，并消除贫困户，逐步向富裕生活水平迈进。2000年，全县生产总值达20.96亿元、年均增长16%，一、二、三产业结构比重为25.2∶49∶25.8，财政收入2亿元，出口总值5000万美元，年均分别增长14.2%、42.46%，农民人均纯收入3410元，年均增长13%；全县人口控制在36.93万人，工业废水、废气、固体废弃物“三废”综合治理率66%，城市绿化覆盖率37%；“九五”期间年均人口自然增长率控制在11.2‰以内，社会商品零售物价上涨幅度控制在8.8%以内，森林覆盖率稳定在73.5%；全社会固定资产投资5年累计21亿元，年均增长22%。

2010年远景目标（2001—2010年） 2010年，全县生产总值达71.15亿元，年均增长13%，一、二、三产业结构比为16∶50∶34，财政收入6.2亿元、出口总值1亿美元，年均分别增长12%、7.18%，农民人均纯收入1.01万元，年均增长11.5%；全县人口控制在41.19万人，年均人口自然增长率控制在11.1‰以内，社会商品零售物价上涨幅度控制在8.6%左右，全社会固定资产年均增长8.3%，森林覆盖率稳定在74%左右；“三废”处理率达72%以上，城市绿化覆盖率达48%以上。

“九五”计划执行情况 1996年起，全县实施“工业强县、农业大县、财政富县”战略，推进经济体制和增长方式转变，发展特色农业，提高工业经济效益，完善基础设施和城市建设，抑制物价上涨。至2000年，国有工业企业改制82.7%，乡镇集体企业改制60.12%，工业企业效益回升，国有控股企业基本扭转亏损局面，当年，全县完成生产总值17.2亿元，占计划的82.06%，财政收入8518.66万元、农民人均纯收入2948元，分别占计划的42.59%、86.45%，全县人口36.65万人，占计划的99.24%；一、二、三产业结构比为44.8∶25.95∶29.25，比例失调状况得到改善，全社会固定资产投资4.13亿元，5年累计18.93亿元，完成计划的90.14%。

（三）“十五”计划编制与实施

计划目标 2000年，县计划部门围绕经济结构调整、城镇发展、土地开发利用等6个专项和17个行业规划，编制“十五”（2001—2005年）计划。2005年，全县生产总值达到20亿元（2000年不变价计算，下同），年均增长9%；一、二、三产业结构比调整为29∶41∶30；城镇化水平30%以上；财政收入与生产总值增长基本同步；人口出生率控制在12.5‰以内，总人口控制在38.2万人以内，全社会固定资产投资年均增长10%；五年累计利用外资3000万美元，外贸出口年均增长5%以上；研究开发和教育经费占GDP的比重提高；技术创新、科技成果转化能力增强；巩固提高农村“两基”教育水平，城镇基本普及高中阶段教育，素质教育水平显著提高；城市环境空气质量保持国家标准二级以内，地表水水质保持三类水以内，城市环境噪声达到功能区要求；城镇居民人均可支配收入和农民人均纯收入年均增长4%—5%；城镇登记失业率年控制在4%以内。

计划执行情况 “十五”期间，县委、县政府以经济结构调整为主线，把握农业和农村经济、工业经济、外经贸、个私经济、重点项目建设、财政工作等六个重点，克服“非典型肺炎”和严重旱灾等不良影响，实施省委、省政府建设海峡西岸经济区战略构想。2001年，农业引资取得突破，建立台商高优农业示范园区，台商独资创办大方广茶业有限公司、大丰羽茶业蔬果有限公司。2002年，农业稳中趋降，粮食总产量13.18万吨，比2001年减少5.7%，非粮作物种植上升0.9%；劳动就业难度加大，城镇登记失业2019人，登记失业率7.27%。2004年，商品房产销两旺，开发投资9476万元，比2003年增长266.2%，销售1.06万平方米，同比增长142.9%。2005年，工业经济效益有所下降，规模以上工业利税下降21.3%，亏损面比2004年上升8.4%，达到34.1%，经济效益综合指数下降2.7%。全年完成生产总值30.01亿元，占计划的150%；财政收入2.96亿元，农民人均纯收入4006元，年分别递增28.27%、6.33%；全县人口36.62万人，占计划的95.86%，一、二、三产业结构比为35.86∶31.6∶32.54。

（四）“十一五”计划编制与实施

主要计划目标 2005年，县发展计划部门围绕加强和改善宏观调控，实施项目带动，调整经济结构，转变经济增长方式，编制“十一五”（2006—2010年）计划。2010年，全县生产总值突破50亿元，一、二、三产业结构比为28∶41∶31。2008年，全县生产总值、人均生产总值比2000年翻一番，年均增长9.5%；“十一五”期间，农业总产值年均增长5%，地方级财政一般预算收入、实际利用外资，年均分别增长10%、11%；规模以上工业总产值、全社会固定资产投资、引进内资、出口总额年均分别增长15%以上。

“十一五”期间，城镇化率达35%，人口自然增长率控制在8‰以内；城镇养老保险、基本医疗保险覆盖率达到90%，失业保险覆盖率95%；刑事犯罪率控制在0.15%以内；城镇居民人均可支配收入、农民人均纯收入年均分别增长6%、5%，城镇居民最低生活保障覆盖率达90%以上，五年累计新增城镇就业岗位1万个，城镇登记失业率控制在6%以内，居民消费价格指数控制在104%以内，社会消费品零售总额年均增长10%以上。县城建成区空气质量达国家二级标准，绿化覆盖率35%以上；县城居民污水处理率85%；垃圾无害化处理率城区95%、乡镇50%以上；全县森林覆盖率达到65.5%；水土流失率控制到6%；单位生产总值能源消耗比“十五”期末降低20%以上。

计划执行情况 2006年，全县贯彻落实科学发展观，房地产市场开始降温，商品房销售4.83万平方米，回落47%，销售额下滑31.5%。2007年，落实“工业打头阵、农业创特色、建设新农村”的工作部署，按照“项目带动、集聚合力、突破重点、和谐发展”的思路，至2008年，构筑旧城和石牌区、福塘区、温镇区、华安区“一城四片区”，拉大城市构架，形成大城区发展格局。当年，全县生产总值60.19亿元、比1993年增长7.83倍，农民人均纯收入5675元、财政收入5.24亿元，分别比1993年增长3.3倍、8.33倍。产业结构进一步优化，一、二、三产业增加值结构比为24.97∶46.11∶28.92，与1993年相比，第一产业增加值下降24.44%，第二、三产业分别增加13.37%、11.07%。

1993—2008 年大田县主要经济指标完成情况表

表 15-1

年份	全县国民生产总值(GDP)(万元)				农林牧渔业产值(万元)	工业产值(万元)		固定资产投资(万元)	社会消费品零售总额(万元)	出口总值(万美元)	财政收入		城镇居民可支配收入(万元)	农民人均纯收入(万元)	居民消费价格指数	城镇登记失业率(%)
	总量	第一产业	第二产业	第三产业		总量	规模以上				总量(万元)	一般预算收入(万元)				
1993	68147	33671	22312	12164	49063	146534	—	25535	29481	—	5613	4416	—	1320	105.00	—
1994	99677	47220	31730	20727	68312	209295	—	35358	38007	—	7594	4393	—	1539	108.00	—
1995	131695	67060	33338	31297	96724	131791	76570	37995	43231	—	10386	7190	—	1851	106.90	—
1996	142035	67005	38387	36643	107693	157575	90381	47668	52756	—	12287	8338	—	2260	104.92	—
1997	149638	69167	39058	41413	104418	160679	92564	42203	60378	—	13898	9685	5192	2622	101.00	—
1998	155582	72228	41201	42153	111732	157803	83777	20914	64357	—	13721	9578	5262	2626	100.70	—
1999	163676	74450	43004	46222	117506	158860	87525	37217	49067	—	12609	7374	5672	2788	98.50	—
2000	172027	77062	44645	50320	121371	159787	87525	41286	52900	61.50	8519	7660	5986	2948	100.70	4.70
2001	181790	79306	46845	55639	124389	162767	87288	36488	56504	65.00	9486	8273	6379	3060	100.10	7.50
2002	192606	82884	47238	62484	128271	181392	99449	33275	62433	362.00	9034	7858	6724	3163	100.90	7.27
2003	212449	88974	52824	70651	134118	188260	112812	38212	68850	782.82	9634	8206	6609	3294	104.80	6.55
2004	249369	97332	70285	81752	156017	235607	154676	65795	76610	1173.00	11466	10018	7113	3613	103.60	6.35
2005	300082	107628	94816	97638	171860	282203	213343	138729	94397	1839.20	29578	12858	8532	4006	101.70	5.90
2006	366129	118280	130071	117778	191531	363878	310078	197537	105804	1574.22	36095	17021	9265	4420	101.97	4.74
2007	461134	128981	186101	146052	229858	481918	411318	337729	126809	2060.00	42022	22026	11551	5004	104.82	4.17
2008	601855	150308	277484	174063	247683	681166	587052	574442	151152	3042.00	52357	26310	13701	5675	103.80	3.85

第三节　固定资产投资管理

1993年，县计委遵循“严格控制固定资产投资，优化投资结构”的宏观调控政策，按照市政府下达的全社会固定资产投资计划进行立项审批，发给许可证。当年，全县完成社会固定资产投资2.55亿元，其中全民所有制1.34亿元、城镇集体1.07亿元；全民所有制更新改造项目投资7030万元，占52.42%。1994年，根据项目资金来源、生产性和非生产性投资，采取相应的管理办法，属自筹资金项目，按“先存后审、先审后批、先批后用”的原则立项审批；查处和制止非法集资、挪用流动资金等扩大投资规模的行为。1995年，对未经计划部门批准，总投资50万元以上的计划外投资项目、总投资超过项目计划的部分，按应缴纳的固定资产投资方向调节税加倍处罚。1996年，全县新村建设项目138个，投资近2亿元。全年完成全社会固定资产投资4.77亿元，比1995年增长25.46%，其中，国有、集体经济分别投资4.02亿元、4166万元，同比分别增长38.7%、41.9%；房地产开发投资1925万元，同比增长2.7倍。

1997年，对支农工业项目预算内基建投资实行审批前调查核实，审批后跟踪督促的管理办法。1998年，受亚洲金融危机影响，全社会固定资产投资减至2.09亿元，纯缩减5465万元，下降11.46%，比1996年下降56.13%。1999年，开展项目年活动，固定资产投资快速回升，重点是农林水利、交通通信、能源、城乡基础设施、经济适用房和环境保护等方面投资，列入市重点建设项目18个。全年完成固定资产投资3.72亿元，比1998年增长78%，其中，交通运输邮政通信业4140万元，城镇私人建房1.07亿元、占总投资额的28.77%。

2000年，生产性基本建设总投资2000万元以下和非生产性投资500万元以下的内资项目，投资2000万美元以下鼓励类和200万美元以下生产允许类项目，50万美元以下非生产性的外商投资项目，由市计委下放给县计划局审批。由于扩大内需和重点项目步伐加快，当年，全县国有基本建设投资1.21亿元，比1999年增长1.74倍，占全部固定资产投资额的29.32%。2001—2003年，全县新开工大项目减少，全社会固定资产投资呈下降趋势，而房地产开发总投资增加，共6943万元，年均2314万元，比2000年788万元增长1.94倍。

2004年7月，执行国务院《关于投资体制改革的决定》，除国家政策、法规限制开放的领域，所有经营性领域逐步向社会资本开放，企业投资项目审批制改为核准制和备案制；对非经营性政府投资项目推行代建制，实行招标，由专业化项目管理单位建设实施，控制投资和工期，竣工验收后移交给使用单位。外商投资坚持先核准项目，再设立企业。全社会固定资产投资快速增长，全年完成投资额6.58亿元，其中，更新改造1.34亿元，房地产开发9476万元，农村投资300万元以上规模项目完成投资2.21亿元，全县新增固定资产1.63亿元。2005年，农村固定资产和私人建房投资8.21亿元，比城镇投资6.56亿元首次多1.65亿元；全社会固定资产投资13.87亿元，比2004年增长1.1倍。2007年，农林牧渔业项目投资1.8亿元，比2006年增长99.9%。

2008年，县发改局对330项县级行政审批项目进行清理、筛选，保留222项，其中行政许可项目155项、非行政许可项目67项。加强对外商投资项目管理，规范新开工条件。全年固定资产投资57.44亿元，比2007年增长70.09%，其中城镇投资24.33亿元、农村投资33.11亿元。总投资中房地产业4.27亿元、工业38.99亿元、农林牧渔业4.48亿元。1993—2008年，全县全社会固定资产投资累计171.04亿元，年递增23.07%。

第四节 项目建设

一、项目策划推介与储备

（一）策划推介和项目对接

1993年，县计划部门编制对外招商引资项目库，参加各类招商活动，当年编制赴港招商项目15个。1994—1998年，汇总编印《'95福建·大田外引内联投资项目》《福建·大田投资指南》等3000册，共有招商引资项目299个。

1999—2002年，编印《大田招商指南》3000册，共有招商引资项目140个，在福州、厦门、泉州等地的各种招商洽谈会推介。2003年，县发展计划局牵头组织有关部门及部分投资业主参加在福州举办的首届中国·福建项目成果交易会（简称“6·18”），对接项目12个，其中，签订合同项目1个，协议4个，意向7个，总投资6750万元。2004—2008年，加大项目策划和推介力度，编印《招商指南》1.5万册，在各种招商会推介项目500个。举办针对性强的专场对接活动，第一至第六届“6·18”交易会共对接项目243个，总投资48.36亿元，其中，合同156项，协议38项，意向49项，动工率79.6%。技术需求征集66项，帮助企业向上争取“6·18”扶持资金共280万元。

（二）项目储备

2002年，全县开始储备建设项目，当年储备31个，其中转化为在建项目5个，转化率16%。2003年，通过广泛收集和筛选，储备符合产业政策、单体总投资300万元以上、达到预可研深度的项目103个。2004—2006年，加大项目储备力度，共收集重点储备项目388个，其中转化实施158个，转化率40.7%。2007—2008年，国家产业政策调整，储备项目单体总投资增加到500万元以上，储备符合国家产业政策的项目275个，其中转化实施108个，转化率39.27%。

二、基建项目审批

1993—1996年，县计委根据国家产业改革，围绕生产性、社会事业、基础设施项目和新村规划等，审批固定资产投资项目264个，总投资5.58亿元。其中立项64个，总投资2.88亿元，获得省计委对教育、卫生、基础设施、重点工程等项目无偿补助363.12万元。

1997年，基建立项79个，总投资1.23亿元；新村规划4个，总投资1788.2万元。1998—2000年，全县基建项目减少，共审批基建项目94个，投资额1.9亿元，其中立项38个，投资额1.14亿元，下达年度投资计划56个，总投资7589.58万元。上级补助铭溪变电站项目100万元。

2001—2002年，贯彻中央扩大内需、拉动经济增长政策，审批基建项目97个，总投资2.95亿元。其中，教育危房改造项目36个，总投资2868.15万元；房地产、基础设施及其他项目61个，总投资2.66亿元。建设镇万亩旱片及灌溉节水改造工程、县看守所建设项目获得中央预算内专项补助各100万元。

2003年起，实施项目带动发展战略，全年审批内资基建项目71个，总投资2.69亿元。上级计划部门给13条农村公路和公、检、法办公楼等项目国债资金补助690万元。2004年，项目审批实行窗口制度，提高办事效率，审批项目85个，总投资4.22亿元。华闽纸业、南生科技有限公司等28个项目得到上级补助1103万元。2005—2008年，审批基建项目494个，总投资93.78亿元，其中，立项审批218个，核准项目29个，备案项目247个。太华井泉旱片治理、教育危房改造、县垃圾无害化处理、污水处理工程、职业中专实训楼等107个项目，得到中央、省发改系统预算内补助3119万元。1993—2008年，共审批项目建设1184个，总投资112.35亿元，受理办结率100%。获省、市发改部门基础设施建设等项目无偿补助资金共9749.12万元，其中，教育、文化、卫生项目1820.24万元，公路建设项目 630 万元，农业、农村及安全饮水项目 1225.88 万元，其他建设项目 6073 万元。

三、重点项目建设

1999 年起，全县开展项目年活动，成立大田县重点项目建设领导小组和重点建设项目前期办公室，制定活动方案，开展督查、反馈、汇报等工作，当年列入重点建设项目 15 个。至 2002 年，全县共确定重点建设项目 53 个，实施南湖针织、鸿泰针织、新威电子、恒泉直接还原铁、德润陶瓷、永大工艺、石凤水泥等一批生产性项目，共完成社会固定资产投资 14.83 亿元，拉动全县经济增长。

2003 年，县委、县政府提出"项目兴县"理念，制定项目工作竞赛方案，全县参赛单位 71 个，引资项目 85 个，总投资 3.92 亿元。其中，第一产业主要围绕发展高山优质乌龙茶、反季节蔬菜，食用菌、烟叶、甘蔗等 6 项效益型农业；第二产业改造提升建材、矿业、能源等 65 项三大传统产业；第三产业有物流配送、中介服务等 11 项。梅林至岭头公路改建、粉末冶金铁基粉项目列入市重点项目。

2004 年，进一步实施项目带动战略，连续 2 年获市项目竞赛活动评比一等奖。至 2006 年，全县确定重点建设项目 81 个，完成投资 10.41 亿元。

2007—2008 年，全县集中力量抓重点项目建设，县级（含省、市）62 个重点项目完成投资 21.71 亿元。

第二章　统计管理

1993 年，县统计部门执行统计有关法律法规和国家统计报表制度，完善城乡统计网络，做好全县国民经济和社会发展状况统计。1997 年，进行城市经济社会调查。2004 年，通过第一次经济普查核实，调整相关历史数据。2006 年，建立统计质量会审制度。撰写统计分析报告，为县委、县政府提供决策依据。1993—2008 年，县统计部门完成国家和省 12 项普查及各项调查，履行统计监督职能，查处统计违法案件 85 起；做好信息、咨询服务。

第一节　机构

一、县统计局

1993 年，大田县统计局内设人秘股、业务股、综合股，编制 8 人。2002 年，机构改革，局内设办公室、法制监察股、综合核算股、工交股、经济股，编制 11 人。2005 年 11 月，成立下属股级事业单位大田县普查中心，编制 2 人。2008 年，局内设机构与编制数不变。

二、社会经济调查队

1993 年，大田县农村社会经济调查队（简称县农调队），编制 4 人，隶属县统计局管理，副科级法人事业单位。1996 年 4 月，成立大田县城市社会经济调查队（简称县城调队），编制 6 人，隶属县统计局管理，副科级法人事业单位。2008 年，两个单位均参照公务员管理，编制不变。

三、基层统计机构

1993 年，县统计局在 18 个乡镇和东风农场设立统计站，专（兼）职统计员 42 人。1997 年，发放上岗培训合格的统计员统计证 264 本。2001 年，全县持证统计人员 449 人。2008 年，每个乡镇配备首席统计员 1 人，乡镇专（兼）职统计人员 60 人；县级各部门、企事业单位相应设置统计机构或统计岗位，配备专（兼）职统计人员。全县持证统计人员 311 人，其中中级职称 12 人。

第二节 常规统计

1993年，县统计局按国家统计报表制度规定，开展地区生产总值、农业、工业、建筑业、批发零售住宿及餐饮业、劳动工资、固定资产投资、物资能源等各项常规统计。当年，全县生产总值6.81亿元。根据统计制度规定开展农村社会经济统计，全县农林牧渔业产值4.91亿元；分乡及乡以上、乡以下两部分进行工业统计，全县工业总产值14.65亿元，其中乡及乡以上占45.46%。按全民城镇所有制和城乡私人建房进行固定资产投资统计，全社会固定资产投资额2.55亿元。社会消费品零售按县的零售总额和县以下零售额进行全县社会消费品零售总额统计，全年3.19亿元，其中个体占70.22%，批发零售贸易业占75.93%。对非私营企业（单位）和部分私营企业从业人员、劳动报酬及从业人员变动情况和社会从业人员及劳动报酬进行劳动工资统计，从业人员人均劳动报酬2935元。县统计局还开展建筑业、房地产开发、科技、能源、对外经济等统计，全县建筑业增加值562.7万元，住宅竣工面积1.13万平方米，工业消耗煤炭13.07万吨、汽油柴油2210吨、电力1.07亿千瓦时。

1995年，固定资产投资按基本建设、更新改造、其他投资和城镇集体、城镇私营与个体、房地产开发、城镇个人建房、农村固定资产投资及个人建房进行统计，全县全社会固定资产投资3.8亿元，其中国有经济投资2.9亿元。1998年，工业统计口径变动，分为全部国有工业企业及主营业务收入500万元以上非国有工业企业（即规模以上）、规模以下两部分，规模以下采用抽样调查方法取得推算数据，全县工业产值15.78亿元，其中规模以上8.38亿元，占53.11%。1999年，住宅竣工面积5950平方米。2003年，农林牧渔业产值取消家庭兼营商品性工业产值部分，增加农林牧渔服务业、森林采运业产值，全县农林牧渔业总产值13.41亿元。

2005年，国家统计局进行地区生产总值核算方式改革，实行下算一级制度，县统计局不再核算全县生产总值，而由上一级统计机构根据县统计部门报送的资料，核算县级生产总值数据。当年，全县生产总值30.01亿元。固定资产投资按城镇以上和农村投资进行统计，全年城镇以上固定资产投资3.78亿元，占57.45%。社会消费品零售总额分限额以上企业和限额以下企业进行统计，限额以上企业（单位）年主营业务收入分别以批发业达2000万元、零售业500万元、住宿和餐饮业200万元及以上的纳入统计，限额以下批发、零售和住宿餐饮业采用调查推算，全年全社会消费品零售总额9.44亿元，其中批发零售贸易业8.16亿元，占86.44%。2007年，规模以上工业企业指年主营业务收入500万元及以上企业，年主营业务收入500万元以下国有企业不再列入规模以上工业统计范围。当年，规模以上工业产值41.13亿元，占全县工业产值的85.35%。

2008年，经统计核算，全县生产总值60.19亿元，农林牧渔业产值24.77亿元，工业总产值68.12亿元，固定资产投资57.44亿元，社会消费品零售总额15.12亿元，从业人员人均劳动报酬1.97万元。建筑业增加值3.69亿元，住宅竣工面积4.56万平方米，房地产开发投资4.27亿元，规模以上工业消耗煤炭37.26万吨、汽油柴油8479吨、电力5.34亿千瓦时。

第三节 专项调查

一、普查

（一）第一次全国第三产业普查

1993年8月，县政府根据国务院《关于开展全国第三产业普查工作的通知》，成立第三产业普查协调小组及办公室，抽调普查员1500人，普查年度为1992年。普查结果，全县第三产业单位数6621个，从业人数2.22万人，固定资产原值2.56亿元；个体户4958户，第三产业增加值1.3亿元。

（二）第三次全国工业普查

1995年7月，县政府印发《贯彻国务院、省政府、市政府关于进行第三次全国工业普查的通知》，成立普查领导小组及办公室，负责全县第三次工业普查的协调和业务工作，普查时点为当年12月31日。普查结果，全县工业企业197家，其中轻工业56家、重工业141家；按经济类型分，国有38家、集体140家、其他19家。年底全县企业职工1.93万人。全年从业人员劳动报酬1.02亿元，工业总产值9.39亿元，全部乡及乡以上独立核算工业企业固定资产净值5.49亿元。主要工业产品产量，原煤131万吨、铁矿石原矿28.7万吨、石灰石172.8万吨、发电量1.51亿千瓦时、服装8.53万件、水泥95.5万吨、生铁1.2万吨、机制纸及纸板8053吨。

（三）全国农业普查

1996年，县政府根据国务院《关于开展第一次全国农业普查的通知》，成立普查领导小组及办公室，全县19个乡、镇、场及主要涉农部门相应成立普查机构，开展第一次全国农业普查，普查时点为当年12月31日。普查时期为1996年度。普查结果，全县有265个村，农村住户6.39万户，人口30.24万人，其中男性15.86万人、女性14.38万人；农业企业63家，其中国有10家、集体43家、私营5家、联营4家、个体1家；耕地2.58万公顷，其中水田2.38万公顷、旱地1973.33公顷；农作物种植面积1.66万公顷，其中粮食作物1.41万公顷。

2005年12月，县政府根据国务院《关于开展第二次全国农业普查的通知》，成立普查领导小组及办公室，开展第二次全国农业普查，普查标准时点为2006年12月31日，时期资料为2006年度。普查主要内容为从事第一产业活动单位和农户的生产经营情况，乡镇、村委会及社区环境、农业土地利用、农业和农村固定资产投资、农村劳动力就业及流动和农民生活质量情况。全县设普查小区1117个，培训普查工作人员1680人，普查指标700多个。普查结果，全县农业生产经营户5.55万户，农业生产经营单位776个；农业技术人员660人，其中高级职称17人、中级199人、初级444人。劳动力资源总数28.95万人，其中男劳力占58.2%；农村从业人员13.5万人，占劳动力资源总量的46.6%，其中从事第一产业的占67.5%、第二产业占14.9%、第三产业占17.6%；农村外出从业劳动力4.7万人，其中男性2.74万人。

（四）全国基本单位普查

1996年，县政府根据国务院《关于开展第一次全国基本单位普查的通知》，成立普查领导小组及办公室，各乡镇、部门相应成立普查机构，开展第一次全国基本单位普查。普查的标准时点为当年12月31日。普查对象为所有的法人单位及法人单位所附属的产业活动单位，其中，包括各类企业法人、事业单位法人、机关法人、社团法人和其他法人，以及这些法人所附属的农业、工业、建筑业、交通运输业、批发零售贸易业、餐饮业、服务业、行政事业单位和社会团体等产业活动单位。普查内容主要有单位的经济类型、所属行业、从业人员、企业规模、营业状态等各类单位的基本属性和主要标识。

普查结果，全县共有法人单位988个，产业活动单位2065个。

2001年，县政府根据国务院《关于开展第二次全国基本单位普查的通知》，成立普查领导小组及办公室，各乡镇、部门相应成立普查机构，开展第二次全国基本单位普查。普查标准时点为当年12月31日。普查对象为中华人民共和国境内（不含香港、澳门地区及台湾省）的法人单位及其所属的产业活动单位。普查内容为各类单位的基本标识、主要属性、基本状态和主要总量指标。普查结果，全县共有法人单位1185个，其中单产业886个、多产业299个。产业活动单位2580个，其中多产业所属产业活动单位1004个。

（五）第一次全省税源普查

1998年初，县政府根据省政府《关于开展全省税源普查的通知》，成立领导小组及办公室，在全县范围内开展第一次税源普查。调查年度为1996年和1997年。普查对象是全省从事营利性活动、具有纳税义务的独立核算企事业单位。普查内容主要包括纳税单位的基本情况、主要经济活动及纳税情况三个方面。经普查，1997年底全县共有纳税单位1262个。

（六）第五次全国人口普查

1999年8月，县政府根据国务院《关于进行第五次全国人口普查的通知》，成立第五次全国人口普查领导小组及办事机构，抽调普查人员1668人。普查标准时点是2000年11月1日零时。普查对象是具有中华人民共和国国籍、并在中华人民共和国境内常住的人。普查原则是按常住人口登记、一个人只能在一个地方登记。普查结果，全县总户数8.82万户，总人口33.1万人，其中男性17.32万人、女性15.78万人。共有8个民族，其中汉族32.98万人，占总人口的99.6%。文化程度研究生8人、大学本科813人、专科4035人、中专8712人、高中1.64万人、初中9.14万人、小学15.35万人。百岁以上老人7人，其中男性1人、女性6人。

（七）经济普查

2004年2月，县政府根据国务院《关于开展第一次全国经济普查的通知》，成立普查领导小组及办公室，开展第一次全国经济普查。普查标准时点为当年12月31日，时期资料为2004年度。普查对象是县境内从事第二产业和第三产业的全部法人单位、产业活动单位和个体工商户。主要内容包括单位标志、从业人员、财务收支、资产状况，企业主要生产经营活动和生产能力，主要原材料和能源消耗及科技开发投入状况，个体工商户基本情况等。普查结果，全县从事第二、三产业的法人单位1068个，其中，企业单位472个，机关、事业单位248个，社会团体65个，村（居）委会、民办非公企业单位、宗教活动场所等283个。产业活动单位1428个，其中，第二产业332个、就业2.54万人，第三产业1096个、就业2.72万人。个体经营户1.15万户，其中第二产业2109户、第三产业9396户。就业人员中，单位3.23万人、个体2.03万人，女性1.06万人。从事采矿业6810人、制造业8674人、建筑业952人、公共管理和社会组织4620人、教育5209人、批发零售业1336人。

2008年，全县23个部门协作，开展第二次全国经济普查，标准时点为当年12月31日，时期资料为2008年度。普查内容涉及第二产业和第三产业18个行业门类，90个行业大类，共设置普查表45张。普查结果，全县从事第二、三产业法人单位1639个，其中，企业单位895个，机关单位92个，事业单位235个，社会团体107个，村委会263个，其他单位47个。产业活动单位2286个，其中，第二产业678个、第三产业1608个，产业活动单位中，单产业1553个、多产业86个。全县第二产业就业人员2.57万人、第三产业1.82万人，其中，从事采矿业1.01万人，制造业1.14万人，建筑业2571人，交通运输、仓储和邮政业1688人，批发零售业1656人，租赁和商务服务业1269人，教育5151人，公共管理和社会组织5493人，其他行业4544人。企业法人资产第二产业58.46亿元、第三产业34.47亿元，全年营业收入第二产业66.8亿元、第三产业11.78亿元。

二、抽样调查

（一）人口抽样调查

1993年，县统计局开展人口抽样调查，样本由省人口抽样调查办公室确定，被抽中的调查点有国家点和省点。调查的主要指标有总户数、总人口、出生、死亡等。2002年起，增加群众安全感调查项目。1993—2008年，除第五次人口普查和少数年份外，共开展人口抽样调查9次，从抽样调查取得的数据推算全县总人口、出生率、人口增长率等各项指标。

（二）城镇住户调查

1997年起，县城调队在城区开展以城市居民家庭收支为主要内容的综合性社会经济调查。在调查摸底的基础上抽出300户样本单位，从中确定50个调查户，3年轮换1次。调查主要指标为城市居民收入与支出状况、主要消费品拥有量和住房情况等。用获取的数据推断全县城镇居民的生活水平及其变化，侧面反映县内经济发展状况。调查结果，当年，县城镇居民人均可支配收入5192元，人均消费支出4000元。2005年，人均可支配收入8532元，人均消费支出5462元。2008年，人均可支配收入1.37万元，人均消费支出8502元，分别比1997年增长1.64倍、1.13倍。

（三）农村住户调查

1993年，县农调队继续开展以农户家庭收支为主要内容的农村住户调查。全县共确定70户农民家庭调查样本。样本抽取方法，先从18个乡镇中抽取定点乡镇，再从中抽出7个村，每村抽10户，样本每5年轮换1次。通过调查样本的住房、收支等情况，推算全县农民的生产、生活、消费和年积累情况，反映农村经济发展状况。调查结果，当年，全县农民人均纯收入1320元，人均生活消费支出1076元。2000年，人均纯收入增至2948元，生活消费支出1961元。2005年，人均纯收入4006元，生活消费支出2980元。2008年，人均纯收入5675元，生活消费支出4109元，分别比1993年增长3.29倍、2.82倍。

（四）其他调查

1993年，县统计局根据上级主管部门部署，在县内开展工业品出厂价格指数、农产量、劳动力等调查。1995年，进行居民消费价格指数等调查。1998年，进行规模以下工业等调查。2005年，进行限额以下社会消费品零售等调查。1993—2008年，共开展民族村、龙头企业、畜禽监测、企业创新、人才资源、电力、加油站、私营企业工资、企业信息化、烟草、医保、企业竞争力、留守儿童等19项调查和妇女儿童发展纲要监测调查。

第四节　统计监督与执法

一、统计监督

1993年，县统计局履行统计监督职能，对统计资料的填报、管理、公布、保密，统计调查表的制发，统计人员调动，统计机构和统计人员行使职权及法律法规的执行等进行监督和管理。至1996年，对70个单位进行统计报表质量抽查。当年4—8月，对县内国家机关、企事业单位、社会团体、个体工商户和基层群众组织进行统计登记发证，共办理统计登记证799个单位。1998年7月，县委办、政府办下发《关于在全县开展反对和制止在统计上弄虚作假的通知》（简称“两办通知”），开展1996—1997年主要统计指标数据检查，进行核实和评估。9月、10月，分别通过市、省统计执法重点检查小组的检查。2001年，开展《中华人民共和国统计法》和“两办通知”执行情况大检查，检查102个单位，对5个统计违法单位作出经济处罚。2006年，制定统计报表报送登记制度。2007—2008年，建立统计数据质量会审制度。1993—2008年，根据《福建省统计工作管理办法》督促单位办理统计单位登记证、统计人员从业资格认证，并进行统计登记年审、核换证，建立和完善统计台账和原始记录。

二、统计执法

1993—1996年，县统计局通报批评迟报统计资料单位42个，处罚款单位4个。1997—2000年，对乡镇、县直机关、企事业单位贯彻统计法律法规、统计基础工作、统计人员持证上岗、国家统计报表制度执行等情况进行检查，对国民经济和社会发展计划执行目标管理完成情况进行监督，查处统计违法行为。先后抽查有关单位177家，检查上年度年报和当年定期报表数据质量和统计人员持证上岗等，发现存在虚报、瞒报、迟报、拒报统计资料等违法行为27家，分别给予批评教育、通报，责令整改和经济处罚。

2001年，县成立统计执法大检查领导小组，对全县统计法律法规执行情况及各项主要经济指标数据进行检查。在部门或单位自查自纠的基础上，重点抽查45个单位，发现部分单位存在台账不健全、部分统计员未持证上岗、瞒报统计数据等问题，要求限期整改4起，立案8起，其中警告5起、警告并处罚款3起。2002—2008年，立案查处统计违法行为61起，视情给予通报、警告或相应的经济处罚，典型案例进行严处和曝光。1993—2008年，全县共立案查处统计违法案件85起，罚款金额16.85万元。

第五节　统计服务

一、统计资料整理发布

1993年，县统计局印发《国民经济和社会发展统计公报》和《国民经济统计资料》；编印第一次全国第三产业普查资料。1995—2001年，编印全国工业、农业、基本单位、人口普查和第一次全省税源普查相关资料。2002年5月，印发《大田统计年鉴（2001年）》。2004—2008年，编印全国第一、二次经济普查、第二次农业普查相关资料。1993—2008年，县统计局坚持每月编辑统计月报、主要经济指标对比表；共编辑《统计摘要》《国民经济和社会发展统计公报》16份，印发《国民经济统计资料》6卷，《大田统计年鉴》8卷。

二、统计调研与分析

1993年，县统计局整合统计资源，向县委、县政府报送所需的统计资料。2002—2007年，《农村劳动力就业构成对农民收入的影响》《建立土地流转制度，实施集约化经营》《大田县农村饮用水调查分析》《对完善统计方法制度的思考》《浅析大田县城乡低保工作》《壮大小型工业企业，促进社会经济发展》《大田县发展山地种植，农民增收见实效》等统计分析、调研文章被省市刊物采用16篇，约稿信息被国家或省级刊物采用37条（次），其中被省政府领导批示11条（次）。1993—2008年，撰写统计分析628篇、统计信息1678条、呈阅件76篇、国民经济运行情况分析92篇；接受各种统计咨询1.53万人（次）。

第三章　工商行政管理

1993年，县工商行政管理部门围绕市场经济的建立，执行有关法律法规，做好工商企业和个体工商户登记，加强商标、广告、经济合同管理，整顿集贸市场，查处假冒伪劣商品。1997年，放宽企业名称登记，冠省名企业3户。1999年，工商行政管理部门实行垂直管理。2001年，集贸市场实行管办分离。2004年，简化企业登记程序，实行一人办结、终身负责制度，个人独资企业的设立、变更、注销及年检权限下放到工商所。2005年，建立起县内全覆盖的消费维权网络。2008年，工商行政管理部门停止收取市场和个体工商户管理费。1993—2008年，工商行政管理工作立案查处各类经济案件2059起，捣毁制售假窝点56个；销毁假冒伪劣商品价值1218.4万元

第一节　机构

1993年，大田县工商行政管理局（简称“县工商局”）内设人事秘书、合同管理、市场管理、企业管理、个体经济管理、经济检查、商标广告等7个股，下辖城关、石牌、吴山、上京、桃源、太华、建设、广平、文江、梅山工商所和市场管理所等11个派出机构，编制88人。1995年12月，成立大田县市场服务中心，自收自支股级事业单位，隶属县工商局，编制5人。

1997年，县工商局内设办公室、人事教育、财务、企业注册管理、公平交易管理、市场监督管理、个体私营经济监督管理、经济合同管理、商标广告监督管理、法制股等10个股、室。1998年12月，市场服务中心与县工商局脱钩，资产、人员划归地方政府管理。

1999年4月，县工商局改属省工商行政管理局垂直管理。6月，资产和人员编制交接，其中机关行政编制26人、基层专项编制86人。

2001年12月，局机关内设机构精简为办公室、法制股、行政执法股、注册管理股和人事教育股，基层设梅山、广平、太华、建设、文江5个工商所和城关、石牌、上京3个工商分局。2004年8月，8个工商所（分局）撤并为5个工商所。2005—2006年，工商所配备指导员（副科级）。2008年底，县工商局内设办公室、监察室、人事教育、财务装备、信息技术管理、法制、公平交易消费者权益保护、市场合同监督管理、商标广告监督管理、注册管理、“12315”消费者申诉举报服务台等11个股（室），下设城关、石牌、上京、建设、文江5个工商所（副科级）和1个直属检查大队。干部95人，职工6人。

第二节　市场监管

一、集市管理

1993年，全县集贸市场27个，县工商局以规范化、制度化、科学化为目标，层层落实责任制，对集贸市场进行整顿，规范经营秩序。1995年12月，成立市场服务中心，管理集贸市场资产、物业、开发、承建及环境卫生，对进入集市的商品按成交额收费，牲畜按1%、其他商品按2%收取。1996年，开展“文明市场”活动，满田春市场和岩城新市场实行摊位轮换、抽签、公开投标；满田春市场连续第七年被省工商局评为“文明市场”。1997年，满田春市场、岩城新市场设置真假商品鉴别柜，市场管理股和市场管理所人员组成市场监督巡查执法队，实行市场巡查督查制，改静态管理为动态管理；满田春市场推行使用双面电子显示秤。

1998年12月，市场服务中心划归地方政府管理。县政府成立粮食市场监管小组，负责全县粮食市场统一管理工作；县工商部门与有关部门配合，配备农资专管员3人。1999年，各集市推行巡查督查制和区域管理制。3月，县政府实行净菜（全株蔬菜洗净根部）上市管理制度。2000年，在重大节日，

对市场价格进行检查，防止哄抬物价和 随意涨价。2001 年 5 月，集贸市场管办脱钩，县工商局主要履行市场监督管理和行政执法职能，按规定收取市场和个体工商户管理费。

2002 年，县工商局对全县集贸市场开办单位进行核查，办理市场登记 20 个，注销不符合条件的乡村市场 8 个。2003 年，县工商局探索市场开办者“第一责任人”监管机制，强化对市场开办主体的责任约束管理，与县经贸局、市场服务中心开展共建规范市场活动和“餐桌污染”专项治理，对全县集贸市场大宗食品进行重点监测检查。2006 年，健全食品安全监管联席会议制度，加强食品安全监管。2008 年，全县集贸市场 24 个，其中集镇和村市场 21 个。工商部门指导食品经营者完善索证、索票和台账制度，食品批发企业实行电子台账管理 44 家。全年食品安全快速检测 1688 批次，合格率 98.02%。当年 9 月，停止收取市场和个体工商户管理费。

二、违法案件查处

1993—1996 年，县工商局加大市场监管力度，查处走私、制售假烟、倒卖矿产品准运单、销售伪劣农药和无经营证、无许可证、无营业执照“三无”种子、贩卖金银等违章违法案件 112 件，案值 1488 万元，案件查处准确率 100%。为消费者挽回损失 8.15 万元。1997 年，全县查获私盐 13.5 吨和走私成品油 57.3 吨、进口聚酯切片 30 吨、树脂 10 吨、涤纶丝 169.69 吨，共罚款 72 万元；明溪县医药公司经营部用贿赂手段在县内 9 所卫生院非法推销药品 35.46 万元，贿金 1.33 万元，大田县工商局对其处以罚款 10 万元。

1998 年，重点查处制造和销售假劣农资产品，取缔非法经营 45 户，没收假化肥 1.7 吨，过期或无厂名、无厂址、无合格证“三无”农药 7944 瓶（包）。与法院联手查处无照经营 187 户，其中移送法院强制执行 10 户，共罚款 1.12 万元。至 1999 年，两年查获走私进口、假冒卷烟 16.05 万条，伪劣化肥 44.7 吨、农膜 1.27 吨，非法经营种子 9.21 吨等，共立案 95 件，处罚款 117 万元。

2000 年，开展万人打假和“红盾护农”行动，取缔农资非法经营户 9 户；查获制售假冒伪劣商品案 17 起，物品标值 160 多万元，捣毁食品、烟酒等制假窝点 12 个。同时，开展市场主体清理整顿，重新审查涉及前置审批企业 446 户、个体工商户 564 户，中介机构脱钩改制 3 户、吊销证照 2 户，清理小煤硐 20 个。2001 年，专项整治非法拼（组）装机动车行为和报废机动车拆解市场，没收非法拼（组）装机动车 7 辆，罚款 4000 元。在石门格隧道查扣地下卷烟设备 1 套、各种名烟商标 10 万套。

2002—2003 年，没收病死猪肉 575 公斤，罚款 4097 元，销毁甲醛超标水产品 37.1 公斤、残留农药超标蔬菜 22.2 公斤。立案查处小烧结、小塑料、小冶炼等企业 26 家。涉嫌非法经营移送公安部门处理企业 52 家。2004 年，对 12 家水泥生产企业和 8 家经销商的水泥质量及袋装重量监督抽查，立案查处 6 起，罚款 6.45 万元。没收冷冻禽类食品 904 公斤、未检疫猪肉 385.5 公斤，填埋不洁家禽 39 只。查处拼装、拆解报废汽车案 2 起，没收报废配件 4 吨，罚款 4 万元。2005 年，检查节日市场食品经营户 1442 户次，销毁过期、不合格和含有“苏丹红”食品 251.5 公斤，没收无厂名、厂址、合格证“三无”食品 1.35 吨。查处无照经营 83 家，取缔非法水洗矿 26 家，移送公安机关处理小冶炼企业 49 家。2006 年，取缔无照经营 177 家，罚款 55.94 万元。配合公安部门打击传销、变相传销行为，取缔涉嫌传销窝点 1 个，移送公安部门处理涉案人员 2 人。

2007 年，立案查处虚假出资、虚报注册资金、提供虚假材料和抽逃出资“三虚一逃”违法行为 6 起，罚款 38.2 万元；查处无照经营 105 家，罚款 102.43 万元；取缔黑网吧 10 处，查扣电脑等设备 67 台（套）。开展“农村食品市场整顿年”活动，立案查处食品案件 17 起，罚款 3.16 万元。2008 年，立案查处各类经济案件 184 起，其中，万元以上 21 起，罚没款 90.32 万元，没收各类违法物资标值 10 万元。1993—2008 年，累计立案查处各类经济案件 2059 起，其中，万元以上 154 起，罚没款 879.27 万元，捣毁制售假窝点 56 个。

第三节　企业登记管理

一、工商企业登记

1993年，工商管理部门清理不必要的生产许可证和专项审批制度，合理引导支持企业转换经营机制。全县工商企业登记1376户，注册资金5.24亿元，其中，国有368户、注册资金3.42亿元，集体874户、1.35亿元，联营19户、1143万元，私营115户、3565万元。外商投资企业10户，注册资金1236万美元。清理党政机关办实体企业27户，其中，撤销12户、转并3户、变更名称4户，改其他性质登记8户。1994年，依照《中华人民共和国公司法》及《公司登记管理条例》，对6月30日前设立的有限责任公司进行审查12户，重新规范登记。1995年，县工商局清查无资金、无住所、无组织机关的“三无”企业，吊销“三无”企业执照142户，并在《福建海峡消费报》公告。1996年，在工商局二楼设立企业注册大厅，实行受理、审查、核准、发照“一条龙”服务，受理后5天内发照。当年，全县工商企业1151户，注册资金8.38亿元；外商投资企业46户，注册资本5663万美元，其中分支机构2户。

1997年，支持国有大中型企业转换经营机制，放宽企业名称登记58户，其中冠省名企业和核准企业从属第二名称各3户。同时，改革企业登记管理工作制度，直接登记企业62户。登记注册新办企业148户，新发展私营企业68户，注册资金2115万元，从业1132人。前坪乡山川村一回族青年创办县内首家少数民族私营企业民族铁厂，投资50万元，年产值30万元。新设立外商投资企业15户，注册资本3447万美元。当年，全县私营企业140户。1998—2000年，企业变更登记625户、注销234户、吊销89户。

2001年，贯彻国务院《关于整顿和规范市场经济秩序的决定》，加强监督管理和各项保障措施。新登记内资企业63户，注册资金2.22亿元，外资企业5户，注册资金3463万元。2002—2003年，新发展私营企业140户，注册资金1.59亿元，从业人员1789人。2004年，将个人独资企业的设立、变更、注销及年检权限下放到工商所。2月，县工商局注册管理股和5个基层工商所试行“一人办结，全程服务，一办到底，终身负责”制，简化登记注册程序，缩短办理时间，至年底，办结企业登记73户。2005年，注册新办企业323户。2006年，新发展私营企业186户，全县工商企业总数1097户，注册资金14.39亿元。

2007年，县工商局服务农村经济，开展农民专业合作社登记、变更、注销，登记注册农民专业合作社13户，社员124人，注册资金共516万元，涉及生猪、渔业养殖和农作物种植等。全县规模以上个体私营工业企业76户，占规模以上工业企业64%。2008年，新发展私营企业133户，注册资金3.79亿元，从业1430人。全县私营企业745户，注册资金14.21亿元，从业9731人。内资企业1345户，注册资金19.93亿元；外商投资企业48户，注册资金7380万美元。农民专业合作社20户。

二、个体工商户登记

1993年，县工商局实施县政府《关于鼓励发展个体私营经济暂行规定》，出台一系列优惠政策，继续实行“先放开后引导，先发展后规范”的原则，扶持个体私营经济发展。年底，全县个体工商户5379户。1996年，设立个体私营企业注册大厅，受理个体工商户登记3天内发照。1997年，个体工商户6182户。

1998年，县工商局简化手续，酌情减免工商登记费、管理费、优先安排市场摊位，并在南山路和雪山南路分别开辟“解困夜市”和“再就业一条街”，帮助下岗、待岗职工153人，从事个体经营。1999年，开设“绿色通道”，为下岗职工、残疾人、复退军人办理开业登记247户，引导下岗职工从事个体经营 263 户，全县共登记个体工商户 946 户，注册资金 909 万元，从业 1168 人。2002 年，实行一次性告知和限时承诺制，简化注册手续，当年新发展个体工商户 464 户，注册资金 734 万元，从业 813 人。

2004 年，办结个体工商户登记 436 户。2005 年，在注册股和基层工商所实行注册登记“一人办结制”，提高注册登记工作效率。当年个体工商户 3609 户。2006 年 10 月，县委、县政府制定《关于加快发展个体私营等非公有制经济的若干意见》，26 个县直相关部门配套出台实施细则，新发展个体工商户 816 户。2007 年，新发展个体工商户 739 户，注册资金 2524 万元，从业 1509 人。2008 年，新发展个体工商户 1099 户，注册资金 4346.29 万元，从业 1907 人。年底，全县有个体工商户 4492 户，注册资金 1.32 亿元，从业 7409 人。

第四节　经济合同管理

一、鉴证、备案、动产抵押登记

（一）鉴证

1993 年，县工商局贯彻《中华人民共和国经济合同法（修正案）》，鉴证各类经济合同 78 份，合同金额 5597 万元。1994—1996 年，改进合同鉴证方法，重点审查当事人的主体资格、履行能力和合同内容的合法性，共鉴证合同 121 份，合同金额 2.69 亿元。1997 年，执行国家工商总局《合同鉴证办法》，合同鉴证根据双方当事人的申请办理，鉴证建设工程设计、施工合同 39 份，合同金额 4125 万元。1998 年，全县大面积推广烟草种植，重点鉴证烟叶种植合同，共鉴证经济合同 1.21 万份，合同金额 1.37 亿元。2001—2002 年，鉴证各类经济合同 763 份，合同金额 1.61 亿元。1993—2004 年，累计鉴证各类经济合同 1.31 万份，合同金额 6.64 亿元。2005 年起，工商部门停止经济合同鉴证。

（二）备案

2001 年起，县工商局开展经济合同备案。当年备案 11 份，合同金额 1522 万元。2002—2004 年，办理商品买卖、建设工程施工等合同备案 68 份，合同金额 4695 万元。2005 年，办理工程招投标、抵押借款等合同备案 80 份，合同金额 1.07 亿元。2006—2008 年，办理经济合同备案 171 份，合同金额 5083 万元。

（三）动产抵押合同登记

1997 年起，县工商局开展企业动产抵押合同登记，办理建福染整有限公司设备动产抵押 449 万元，企业向县建行贷款 165 万元。1998—2003 年，办理企业动产抵押合同 29 件，抵押物价值 1.44 亿元。2004 年，办理动产抵押合同 18 件，价值 4150.69 万元，为企业融资 2366.1 万元；变更登记 43 件，主债权 110 万元；注销登记 3 件，主债权 1570 万元。2005—2007 年，动产抵押合同登记 44 件，价值 2.34 亿元。2008 年，办理岩城、新岩水泥有限公司“岩城”水泥商标使用权质押合同登记，主债权 2500 万元，为省内第二例。当年，动产抵押合同登记 10 件，价值 9770 万元，为企业融资 4000 万元。

二、检查监督

1993—1996 年，县工商局监督经济合同执行，重点检查“守合同、重信用”企业和建筑工程承包企业，共检查合同 449 份，金额 3.58 亿元，合同履约率 96%；协助 18 家企业追回拖欠款 201.45 万元。1997 年，检查企业经济合同示范文本市场，检查企业 108 家，建设工程项目 146 份，合同金额 9.84 亿元。其中，经鉴证的 127 份，违反国家建设部和工商行政管理总局《建筑市场管理规定》立案 3 起，结案 2 起，罚款 1 万元。纠正不合格合同 2 份，执行合同示范文本 227 份。

1998—1999年，检查各类经济合同2.92万份，发现违法合同7份，金额1376万元，立案查处3起，罚款1.7万元。其中，涉嫌合同欺诈1起，金额955.1万元。参与监督拍卖活动，成交标的物325件，价值110万元。2000—2002年，检查各类经济合同2.95万份，金额5.45亿元，查处违法合同1起，金额530万元。2003年，指导拍卖活动16场，成交金额4716万元；全县签订订单农业合同2300份，金额1.5亿元。1998—2006年，监督招投标活动133场，中标金额2.54亿元。2007—2008年，检查房地产企业12家，买卖合同880份，立案查处19件，结案9件，罚款1.87万元；指导农户使用农业订单6200份，合同金额3亿元。

三、仲裁调解

1993—1994年，县工商局仲裁经济合同纠纷3件，金额25.7万元。1995年9月，实施《中华人民共和国经济合同仲裁法》，县级工商行政管理部门停止经济合同仲裁。1997年起，县工商局受理调解经济合同纠纷。当年，调解2件，争议金额11.3万元。2000—2001年，受理调解合同纠纷2件，争议金额551万元。2003—2008年，受理调解经济合同纠纷5件，争议金额85.3万元。

四、“守合同、重信用”活动

1993—1996年，县工商局每年开展1次评选“守合同、重信用”活动，全县评出“守合同、重信用”企业111户。1999年，被省政府命名为“守合同、重信用”企业3户，市政府命名6户、县政府命名37户。2002年，市政府命名的增加到10户、省政府命名2户。2004年，全县评选“守合同、重信用”企业23户，其中，省政府命名3户，市、县政府分别命名8户、12户。2006—2007年，被市政府命名为“守合同、重信用”企业增至14户。2008年，全县共有“守合同、重信用”企业18户，其中，市政府命名的15户，省政府命名的有宝山机械有限公司、华闽纸业有限公司、益建建筑工程有限公司等3户。当年，县政府没开展“守合同、重信用”企业评选。

第五节　商标广告管理

一、商标管理

（一）商标注册

1993—1996年，县工商局共代办申请注册商标11件，办理续展1件。1997年，建立注册商标续展提示制度，办理注册商标续展3件。上报“岩城”“石凤”水泥和“岩泉”啤酒商标加入全省商标专用网络。同时加强商标日常管理，开展有效注册商标验证34户。1998年，代办申请注册商标7件，办理续展1件、查询26件，其中武陵“雪山牌”蔬菜商标是县蔬菜类首个商标。1999—2002年，代办商标注册31件，其中农副产品6件。经国家商标局核准5件，商标变更申请4件，转让注册商标1件，自然人林渊标为市第一个自然人申请件，县畜牧学会“槐猪”商标为县首例证明商标申请。2003年，代办商标注册申请18件。2004—2007年，代办商标注册42件，变更、转让各2件，续展1件，核准8件。接受企业、个体工商户、自然人商标查询103件次。2008年，代办商标申请23件，商标查询30件，年底，全县共有注册商标170件，其中涉农商标32件。

（二）著名、知名商标

1998年，“岩城”牌水泥商标被省工商局确认为省著名商标。2000年，实施“育名牌、创名牌、保名牌”工程。2002年，“石凤”牌水泥、“昌盛”牌铸铁、“海峰”牌机械被市认定为“知名商标”。2006年，“闽中”交电、“叶健”机械、“武陵”烤兔、“雪山”萝卜、“朝阳”米粉、“仙顶”茶叶、“金石凤”水泥、“成功”机械共8件商标被认定为市“知名商标”。2007年，根据县政府《关于推进实施品牌战略的工作意见》，县工商局成立推进商标品牌战略领导小组。当年，“石凤”牌水泥被评为省著名商标；“石凤”水泥、“开心一百”生活用纸、“朝阳”米粉商标被评为市“十大魅力商标”。2008年，“开心一百”生活用纸、“占昌”牌生铁获省著名商标。当年，全县共有省著名商标4件，市知名商标8件。

（三）商标打假

1993—1996年，县工商局开展知识产权保护工作，查处假冒侵权商标案件36起，收缴和消除假冒侵权商标标识2152张，罚没金额4.2万元。1997年，清理整顿非法使用“中国石化加火炬”服务商标，立案查处加油站1家。2000年，开展商标专项整治行动和注册商标、商标印刷单位验证，查处商标侵权案件2起，没收侵权包装袋30万个。2001年3月，查处闽中交电有限公司经销侵犯日本本田株式会社“羽翼”注册商标的宗申牌摩托车，涉案金额200万元，罚款8万元，责令立即停止侵权行为。2002—2006年，立案查处商标侵权案件33起，罚款12.58万元。2008年，查处商标侵权20起，罚款3500元。采取“办讲座、堵源头、查市场、打重点”的办法，启动联动执法机制，加大查处商标侵权行为力度，没收侵犯“奥林匹克”标志专用权商标标识940件。1993—2008年，累计立案查处商标侵权案件108起，罚款34.93万元。

二、广告管理

1993年，县工商局加强广告管理。至1996年，户外广告登记492次，清理、规范户外广告，拆除违法广告牌12块，没收违法广告印刷品7万份，查处各类饮料和保健品虚假广告8起，罚没金额3.6万元。当年，全县有广告经营单位11家，年营业额234万元。1997年，试行户外广告监测制，坚持张贴广告许可制度，全年登记户外广告216次，办理临时性广告登记164次、印刷品广告登记16次；查处未经登记擅自邮寄印刷品广告案1起，处罚500元。1998—1999年，办理各类广告登记477次，其中，户外广告127次，一次性广告登记201次，印刷品、店堂牌匾149次。清理含有乱评比、乱排序及“中国第一品牌”等内容为主的广告，拆除广告和条幅广告80条；查处广告违法案件10起，罚款3800元。

2000年，专项整治虚假、夸大等欺骗消费者的医疗、药品广告，检查医疗、药品、保健品经营企业33家，没收违章印刷广告200余份、条幅广告12条，电视停播未经审批的医疗广告2条，拆除不规范广告牌107件，纠正违章广告行为26次。2001年，办理广告登记232次，其中户外广告25次。2002—2004年，纠正违法广告行为58次，收缴销毁违法印刷品1.5万份，查处违法广告案件10起，罚款1.89万元。2005—2008年，加强城乡接合部广告监督管理，开展广告专项整治，坚持日常广告巡查和监测制度。1993—2008年，累计办理广告登记1405次，特殊广告33次；纠正违法广告行为117次，收缴销毁违法印刷品8.5万份，查处违法广告95次，罚款16.13万元。

第六节　消费者权益保护

1993—1996年，县工商行政管理部门组织配合有关单位销毁假冒伪劣商品价值386万元。1997年4月，县工商局设立“96315”投诉服务台，设专线电话。工商、质监、烟草、卫生、消委会等组成执法宣传队，到上京、梅山等10个乡镇和集贸市场，开展巡回打假、送法下乡、讲解识别真假商品知识5天。

1998年，投诉服务向农村延伸，设基层服务站11个。1999年，满田春和岩城新市场设立投诉服务台，根据国家工商行政管理总局统一部署，“96315”更名为“12315”。服务台与基层11个投诉服务站联动，乡村设立联络员。2000—2005年，“12315”服务台接受咨询2227人次，受理投诉1024起，为消费者挽回经济损失35.85万元。2006年，形成以“12315”台为中心，5个基层消费者分会、27个社区、村镇、商场、企业全覆盖的消费维权网络。2008年，全县有消费维权服务站、点339个。1993—2008年，县工商局共受理消费者咨询9157人次，投诉2409件，办结率98.66%，为消费者挽回经济损失78.44万元，与有关部门联合销毁假冒伪劣商品价值1218.4万元。

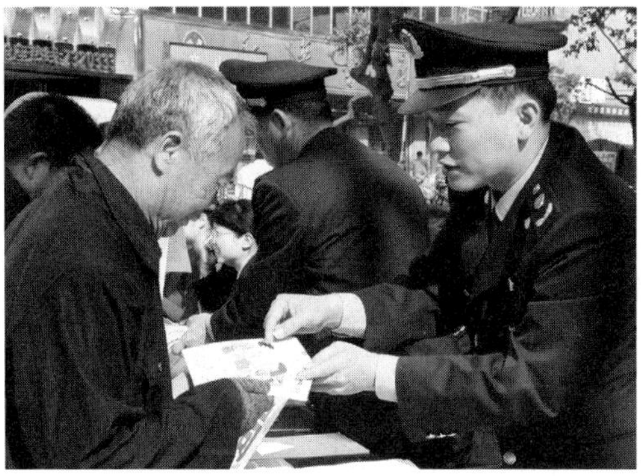
3·15期间受理消费者投诉（2007年摄）

第四章　物价管理

1993年，县物价管理工作围绕推进社会主义市场经济价格体系建设，进行宏观调控，加强价格、收费管理和监督检查，开展成本调查和监审，适时疏导价格矛盾，维护市场价格秩序。1995年，县政府设立副食品调节基金。1998年6—9月，实行水泥生产主要原料煤和石灰石最高限价。1999年，加强涉企、涉农收费整顿。2001年，全面推行乡镇、村级收费单位收费公示制度。2002年，城区自来水调价方案听证会由市物价局主持召开。2005年，开展“价格服务进万家”活动。2007—2008年，分析预测重要商品价格走势，应对市场价格异常波动。1993—2008年，全县居民消费价格指数涨幅控制在比较适度的范围内，物价部门查处违价行为301件，经济制裁598.38万元，其中退还消费者358.73万元。

第一节　机构

1993年，大田县物价委员会（简称县物委）为县政府成员单位，内设办公室、价格股、收费股，行政编制9人。辖省价格事务所大田分所（业务属省价格事务所领导）、大田县物价检查所（全额拨款事业单位，行政编制1人、事业编制5人）。1997年8月，机构改革，县物委更名为大田县物价局（副科级），为县政府直属部门，内设办公室、价格管理股和行政事业性收费管理股，行政编制5人、工勤1人。同年12月，成立大田县价格事务所，隶属县物价局，自收自支事业编制2人。2000年7月，价格事务所增挂大田县价格鉴证中心牌子。11月，物价检查所更名为县物价局检查分局。2001年10月，价格鉴证中心更名为大田县价格认证中心。2002年1月，党政机构改革，物价局并入发展和改革局，保留物价局牌子，设物价审理股、价格管理股、收费管理股；2008年8月，县物价检查分局复称大田县物价检查所，加挂大田县物价局价格成本调查队，一个机构两块牌子，行政编制7人、工勤事业1人。年底，县物价局辖价格认证中心、物价检查所和价格成本调查队，股室设置不变。

第二节 物价总水平

1993 年，全县市场价格涨幅较大，经有关部门调查，重要副食品和农业生产资料等 30 种主要商品价格比 1992 年上涨 9.4%。1996 年，县统计部门始对居民消费价格指数进行调查测算，当年，居民消费价格总指数比 1995 年上涨 4.92%。1997 年，肉禽及其制品类、鞋帽袜类、医疗保健类、个人用品服务类、教育类等价格涨幅超 5%， 液体乳及乳制品价格涨幅达 50.2%；粮食类、蛋和水产品类价格下降超过 10%。1998 年，食品类蔬菜价格涨幅较大，达 23.2%，其他食品价格继续呈下降趋势。

2000 年，个人用品及服务价格涨幅达 52.4%，蔬菜类价格涨幅 10.9%，其他各类价格较为平稳。2001 年，医疗保健类价格涨幅 33%，食品油脂类价格下降 17.4%。2003 年，油脂类、教育类价格有较大上升，分别上升 13.9%、32.4%。2004 年，食品类价格上扬，居民消费价格总指数比 2003 年上升 4.1%，粮食类、油脂类价格涨幅分别达 35.9%、28.3%。

2005—2006 年。全县贯彻国家宏观调控政策和价格总水平“两条控制线”政策，居民消费价格总指数涨幅控制在 2% 以内，主要食品及其他各类价格平稳，仅干鲜瓜果类价格涨幅超 10%。2007—2008 年，市场价格涨幅回升，居民消费价格总指数涨幅超过 3%，食品类肉禽及其制品、蛋、水产品、菜和干鲜瓜果类等价格上涨超 10%，其中油脂类超 20%。

1997—2008 年，烟酒及用品类、衣着类、家庭设备用品及维修服务类价格较为平稳，波动不大，没出现大起大落。其间，家庭耐用消费品、文娱耐用消费品及服务消费类价格基本呈下行趋势。

1997—2008 年大田县居民消费价格指数情况表

表 15-2 单位：%

年份	居民消费价格指数	一、食品	粮食	油脂	肉禽及其制品	蛋	水产品	菜	干鲜瓜果	液体乳及乳制品	二、烟酒及用品	三、衣着
1997	101.0	98.8	81.8	94.0	105.1	83.0	89.6	91.1	95.6	150.2	—	100.9
1998	100.7	101.0	98.3	97.2	96.9	100.4	95.6	123.2	102.6	98.7	—	99.1
1999	98.5	94.5	93.9	104.8	93.9	97.4	91.7	91.2	83.2	99.6	—	99.8
2000	100.7	99.4	86.5	94.4	99.6	90.1	105.3	110.9	97.7	100.0	—	100.0
2001	100.1	99.7	95.0	82.6	101.3	101.2	106.8	93.2	103.3	100.1	96.8	98.2
2002	100.9	99.3	98.6	93.2	101.2	99.0	98.2	105.1	95.4	94.7	98.3	99.6
2003	102.7	103.3	103.4	113.9	108.0	106.1	99.9	98.2	97.6	96.7	100.8	98.4
2004	104.1	110.4	135.9	128.3	109.0	121.3	101.7	109.9	100.1	102.1	100.8	97.6
2005	101.7	101.3	98.2	93.4	100.8	101.5	99.8	110.7	112.9	100.0	100.0	100.4
2006	101.97	103.31	101.04	96.83	102.66	97.40	112.30	97.16	124.88	100.00	100.00	100.00
2007	104.82	110.89	109.50	129.52	117.44	122.36	108.43	115.10	92.19	100.00	99.86	102.42
2008	103.8	113.8	106.7	125.2	120.1	116.8	110.5	115.9	118.4	107.5	100.0	99.1

说明：①以 1996 年为基数 100

②价格指数仅 2006 年、2007 年有 2 位小数

续表 15-2

年份	四、家庭设备用品及维修服务	耐用消费品	家庭服务及加工维修服务	五、医疗保健和个人用品	医疗保健	个人用品及服务	六、交通和通讯	七、娱乐教育文化用品及服务	文娱用耐用消费品及服务	教育	八、居住	建房及装修材料	水、电、燃料
1997	98.2	93.7	101.1	104.0	105.7	108.6	96.5	95.0	92.8	107.2	100.9	99.7	102.4
1998	96.1	94.6	100.2	102.5	105.5	102.9	99.7	93.7	91.8	100.5	96.9	90.6	98.7
1999	97.6	94.0	101.1	95.3	100.4	101.5	99.5	104.9	105.7	102.5	103.5	104.4	102.5
2000	97.4	93.7	100.1	94.4	100.0	152.4	93.0	90.6	88.6	99.9	101.7	100.8	102.8
2001	95.0	91.3	100.0	118.1	133.0	99.9	99.4	98.7	87.8	100.4	100.0	99.8	100.4
2002	94.3	89.7	100.0	98.8	98.5	99.3	98.0	109.5	87.2	116.7	102.2	96.5	105.8
2003	94.3	89.6	100.0	97.1	96.1	98.3	96.4	122.0	89.0	132.4	102.8	98.2	105.6
2004	93.4	87.9	100.0	95.6	92.7	99.3	97.4	106.8	90.6	110.7	101.6	106.5	98.7
2005	101.7	103.1	100.0	98.3	96.9	100.0	100.7	103.9	92.2	106.6	105.6	107.3	105.3
2006	98.78	97.48	100.00	99.47	99.20	100.00	100.17	100.18	93.26	103.64	105.60	106.49	107.61
2007	98.46	96.77	100.00	101.37	102.08	100.00	100.13	101.37	95.47	104.46	103.68	107.47	101.08
2008	99.7	99.3	100.0	100.9	101.4	100.0	99.6	92.3	99.9	84.9	104.7	104.1	103.3

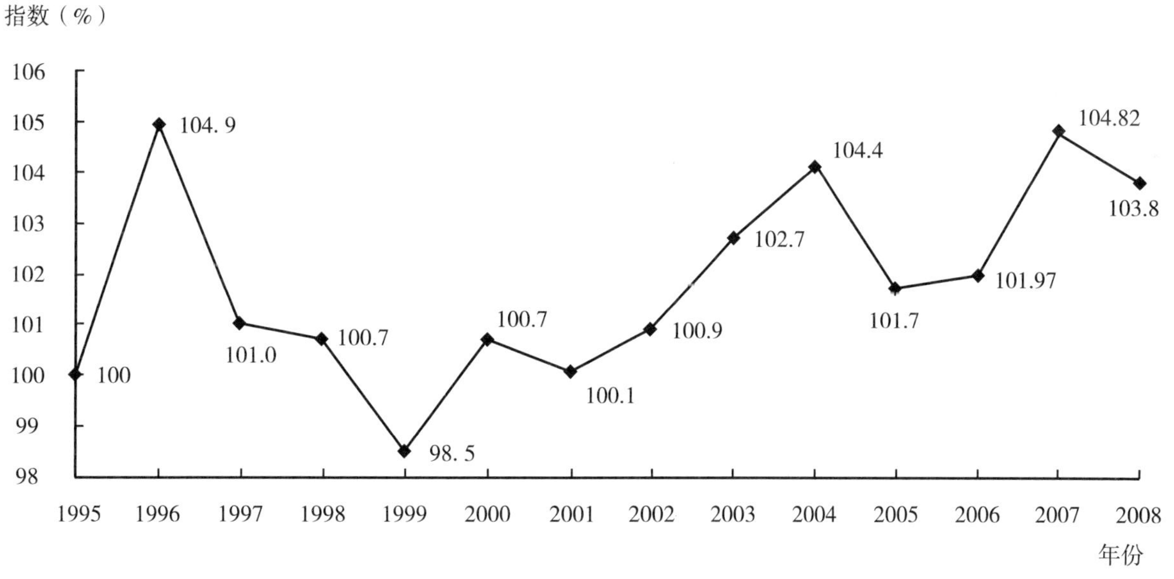

图 15-1 1995—2008 年大田县居民消费价格指数图

说明：1993—1995 年未作统计，1996 年指数以 1995 年为基数 100

第三节 价格管理

一、主要商品价格调控

1993年，县物价管理部门成立市场物价监控办公室，配专职干部2人，对市场物价进行采价、监测、综合分析和汇总上报。县政府实行各部门物价控制目标责任制，在做好100个重要商品价格（收费）跟踪测报的同时，重点对30种主要商品价格动态和各部门控价目标完成情况进行综合分析。当年，全面放开粮食价格；电价多轨制改为分类综合电价，解决电力供需矛盾；农副产品、工业消费品、地产啤酒、国营计划外水泥及乡镇小水泥、麻纺织品、卫生纸、生铁等商品价格一律放开，并取消提价申报制度。根据市场供求关系全面落实企业自主定价权，调整农膜、统配化肥、液化石油气及炉具、部分西药等价格。

1994年，继续加强对市场物价总水平综合调控，形成政府部门齐抓共管，各司其职、各尽其责的控价体制，审慎出台调价项目。鉴于市场主要食品价格出现逐月上涨，对国营、集体企业单位经营的粮油、猪肉、禽蛋、调味品、家庭设备及日用品等7类31种居民基本生活必需品和服务价格实行监审制度，采用提价申报，调价备案、差率管理和限价等调控措施，保持基本稳定。1995年，县政府出台《城区副食品价格调节基金征收和管理的通知》，建立县副食品价格调节基金，至1996年，共征收基金5.2万元。1997年，稳妥疏导价格矛盾，调整粮食、化肥、农膜、议价尿素、地产碳铵，部分农药、液化石油气、部分药品价格。会同省市价格主管部门，开展县火电厂上省网供电和县坑口水库供水成本调查、测算，上省网电价和供水价格获省、市价格主管部门批准。县政府成立整顿农村电价工作和整顿市场药品价格领导小组，制定农村供用电管理暂行规定，各村设立“电价公开栏”，由电管员统一开票到户收取电费。1998年，调整和审定坑口水库供水价格、乡镇以下工程供水水费标准、乡镇自来水价格、客运票价等。县委、县政府决定当年6—9月，水泥生产所需的原材料石灰石、原煤实行最高限价，生产用电每千瓦时优惠0.10元。至年底，出台调价项目，对进口化肥、农药、农地膜和中央氮肥、三明尿素实行全县统一销售最高限价，地产碳铵实行销售最高限价并执行一乡镇一价；磷肥和三明混合肥实行划片定价。核定种子计划内外价格，对农资产品的调拨、零售环节实行差率管理。制定《大田县液化石油气价格管理办法》，调整液化石油气价格3次。县内上网小水电实行分类综合电价，生猪、壳肉购销成本进行调查测算并实行差率管理。

1999年，调整审定城区自来水、小型水利工程供水价格、粮挂肥零售价格，县供销宾馆、邮电公寓客房房费标准。执行药价管理政策，分三批降低药品价格。制定水泥生产超用电优惠电价和县网实行丰水期浮动电价，建立规范的价格台账。取消“电建基金”“电价调节基金”“农网改造更新费”，并降低农村趸售电价和农户最终电价，全年减轻农户电费负担43.17万元。2000年，审定赤岩小区F幢经济适用住房基准价格及浮动幅度，对液化石油气价格实施动态管理，制定工业用电丰水期超用电优惠电价。六角宫水库电站上省网电价比全省最高上网电价每千瓦时高0.07元，年增收490万元。2001年，制定乡镇中频炉冶炼用电价，实行丰水期优惠电价。会同水利局制定各水电站上网电价及运行调度、结算办法，规范电价结算行为。11月，城乡同网同价方案经省物价局批复执行，全县农民年减轻电费负担440万元。2002年，开展全县126个水电站上网电价成本调查，对城区自来水价格调价方案可行性、成本构成情况进行调查测算、认证，并由市物价局主持召开听证会，根据听证意见作测算修正，送县政府审核、上报市物价局审批后执行。2003年，梳理确定县内重要商品和服务价格成本监审目录。逐月审定瓶装液化气价格，并完成上报全县18个乡镇自来水厂基本情况调查，会同有关部门对水泥企业和石灰石供应矿点价格进行调查。建设镇被省物价局确定为三明市唯一的防“非典”商品价格监测点。2004 年，开展部分药品价格成本调查测算，建立以代表品价格为基础，各种比价系数为依据、体现优质优价的药品价格定价方式，对政府定价药品价格定期审查。2005 年，推进输配电价及销售电价改革和实施煤电价格联动政策。推行城市居民生活用水阶梯式计量水价，对非居民生活用水实行超计时、超定额加价和季节性水价。建立防控高致病性禽流感药物价格异动预警机制和重要商品价格监测报告制度。6 月，东门社区全市首家“价格服务进社区”试点揭牌。2006 年，核定城区微型车试运行票价，进行用电企业情况调研和实施水泥企业、非普工业峰谷分时电价。全面开展“价格服务进社区、进企业、进农家”活动。

2007—2008 年，完成武陵等 4 个乡镇自来水成本监审、听证、定价和殡仪服务、星海车辆施救服务站、摩托车搬运服务成本监审，核减不合理费用 158.3 万元。做好主要粮食品种最低收购价的制定、提前发布和重要商品价格走势的分析预测，应对市场价格异常波动。推进药品和医疗服务价格改革，按照国家发改委、省物价局规定实行部分药品降价、最高零售价及限价。

二、价格变动

1993 年，县物价管理部门加强宏观调控，抑制通货膨胀，控制物价上涨，当年，民用自来水每吨 0.27 元，地产碳铵零售价每吨 380 元，70 号汽油每吨 3014 元，照明用电每万千瓦时 3420 元。1997 年，照明用电每万千瓦时 4150 元、工业用电 5600 元、冶炼用电 2450 元。1998 年 4 月，全县农村电价总水平由每万千瓦时 7640 元降至 6580 元，降幅 13.87%，农民年减轻电费负担 159.8 万元。2001 年 1—10 月，全县农村电网改造进入最后阶段，农户电价每千瓦时 0.54 元；11 月，农村电网改造完成，实行城乡同网同价，居民生活用电到户价降至每千瓦时 0.41 元。2002 年 8 月，居民生活用水每吨 0.82 元、工商企业用水 0.86 元、营业性用水 1.15 元。2006 年 5 月，自来水基础价格民用水每吨 0.93 元、其他行业 1.28 元、特种行业 1.78 元，实行居民生活用水阶梯式计量水价和除市政、环卫、绿化、消防等公共用水外的非居民生活用水超定额累进加价制度。同时，开征污水处理费，每吨 0.80 元。2008 年，居民生活用电价格每千瓦时 0. 41 元，自来水价格每吨 0.93 元，并征收污水处理费 0.80 元。

第四节　收费管理

一、日常管理

1993 年，县物价管理部门推进行政事业性收费、重要经营服务性收费改革，清理整顿涉农、涉企收费，落实国家和省、市的收费政策，进行常态管理。实行对收费许可证标准、票据、审验等一条龙管理办法，当年，核发行政事业性收费许可证 12 份，取消涉农收费 22 项，纠正 5 项；发放经营性收费许可证 427 份，执收单位公示服务内容、收费依据和标准，接受群众监督。

1994 年，遵循“行政性收费管严、事业性收费管好管活”的原则，调整城区有线电视建设费、外来人口管理费、乡镇卫生院门诊挂号费收费标准，继续管好重要经营服务性收费，发放经营性收费许可证 84 份，查处乱收费案件 16 起，制止 6 个单位 15 项不合理收费；清理整顿城区 92 个公用电话代办点，规范收费行为。1995 年，建立行政事业性收费文件、项目和标准档案，规范管理，全年换发 265 个行政事业性收费单位许可证。1996 年，对公用电话和新办宾馆、招待所收费实施许可证制度，发放许可证 120 份。1997 年，整顿公用电话收费，会同县邮电局成立公话管理领导小组，聘请公话管理监督员 50 人。会同县文化局开展城区娱乐业等级评定报审工作，对营业性舞厅进行量化考证定级，规范经营行为。1998 年，实施《福建省行政事业性收费管理条例》，县政府减轻企业负担办公室进行“清费、治乱、减负”工作，发放企业缴费登记卡66本。

1999—2000年，加强涉企、涉农收费整顿，换发收费许可证248份，取消收费30余项，对18个不符合要求的单位停发收费许可证；审定物业管理服务价格和中央加密电视收视费标准；协助县减轻企业负担办公室发放个私经济缴费卡5000余份。2001年，办理省、市取消的收费项目8项，降低收费标准2项，减轻农民和企业负担674.59万元。在各乡镇、村及各收费单位全面推行收费公示制度，调查向外资企业和个私经济收费情况。2002—2003年，审定县委党校、机关党工委等7个单位培训班收费标准，调整象山生态度假区门票、广平等3个乡镇有线电视维护费收费标准，重新审定计划生育技术服务收费标准；变更38个单位、取消15个单位的收费项目和标准；向全县18个乡镇和262个村发放涉农收费公示牌280块；收费许可证换证247份。2004年，重点检查和核实义务教育阶段的杂费、课本费、簿籍费，召开义务教育阶段收费听证会，核定非义务教育阶段收费，核准择校生最高比例和最高收费限额。

2005—2006年，清理涉及农业、农村、农民“三农”行政事业性收费，审定县林业局等12个单位培训班收费标准，核定或调整教育、医疗收费和物业、殡仪、市场服务、民爆延伸服务等相关收费标准，核准城市生活垃圾处理费收费标准。配合有关部门加强对建设工程监理、房地产中介服务收费及交易服务和土地价格的管理。

2007—2008年，测算、确定城市生活垃圾处理费标准并召开听证会，报市物价局审批执行；核准县医院一般优质病房、特需病房床位费最高价格控制标准。换发收费许可证232份，参与制定《大田县经济适用房管理实施意见》，取消义务教育阶段公办学校杂费及农村学校课本费，推行中小学教材价格招投标。

二、年度审验

1993—1994年，县物价管理部门按照省物委、财政厅部署，会同财政部门开展上一年度行政事业性收费情况年度审验，审验收费单位584个次，收费项目1748项次，合格率100％。

1995—1996年，联合财政、审计部门，对全县所有收费单位实行百分制量化考核管理，全县281个行政事业性收费单位合格率100％。并开展“收费信得过”单位评选活动。1997年，审验收费单位298个，评出合格单位265个，基本合格33个。1998年，在县监察、财政、审计等部门配合下，采取上门审验与集中审验相结合的办法，审验收费单位305个，其中，合格276个，占90.5％；基本合格29个，占9.5％。

1999年，争取财政、审计、监察部门配合与协作，开展年度收费审验和量化考核评分，审验收费单位306个，其中，合格258个，占84.31％；基本合格48个，占15.69％。2002年，审验收费单位312个，公告年审结果230个，发现违法收费单位7个，移送检查分局查处。2003年，审验、上报和公告收费单位251个，合格单位占21.1％，基本合格占78.9％。

2004—2008年，共审验收费单位1211个。其中，审验2005—2008年度收费总额4.85亿元，合格644个、基本合格552个。对收费行为不够规范的15个单位责令整改。

第五节　价格监督

一、价格检查

1993年，价格监督检查的重点转向行政事业性、重要经营服务性收费和关系国计民生、垄断行业。整顿价格秩序，重点检查农资、土地、林业、邮电、教育、公安、医药、民政等部门113个单位，纠正化肥、农膜错价 18 笔，城乡明码标价覆盖率 95% 以上。评出 1991—1992 年度“物价、计量、质量信得过”单位 7 个。

1994 年，县政府成立物价大检查领导小组，政府分管领导任组长，针对社会关心的热点、市场物价居高、生活必需品和服务价格上涨过快等问题，采取点面结合、自查与重点检查结合、监督与服务结合的形式开展监督检查。至 1998 年，对农资、主副食品、成品油、粮食、客运票价、公用电话、教育、涉农收费和商品明码标价等进行检查和专项检查；设立举报电话，加大“清费、治乱、减负”力度。同时，开展财务税收物价大检查和建设、土地、公安、劳动、教育收费等专项检查；对 11 个乡镇农技站提高种子供应价和 4 部客运车辆提高票价的违价行为处罚 14.12 万元。向全县所有酒家、饭店、歌舞厅发售省、市物价检查所统一制发的《餐饮娱乐业价格簿》450 本，检查城区商品明码标价并登记建档 820 户。

1999 年，开展药品、农资价格和教育、物业、向外商投资企业收费等专项检查。2000 年，规范物价检查硬软件建设，县物价检查所被省物价局推荐参加国家发展计划委规范化物价检查所评选。2001 年，开通“12358”全国统一价格举报投诉电话。

2002—2004 年，开展教育、计划生育、婚姻登记、农民建房、农村电网改造表下线收费、农村电价同网同价执行情况、市场服务中心收费、经济适用房价格、医疗服务价格和电力、交通、公安、农村税费改革及涉煤收费，工商、司法系统收费等专项检查。协同药监等部门对城区所有医疗单位、药品经营企业及零售药店、个体医疗诊所、部分乡镇药品零售店、个体诊所的防“非典”药品供应价格进行专门检查。开展义务教育收费执行情况检查，配合省、市物价局对国土、建设、卫生防疫、自来水、殡葬服务等价格、收费专项检查。2005 年 6—10 月，开展价格服务进社区、商场、企业、医院、校园、景区、农家等“价格服务进万家”活动和“百城万店无假货”、示范街、示范店等价格诚信宣传、评价活动。2006 年，县供电公司出台丰水期超用电优惠政策，促销电量 2950.53 万千瓦时，供电公司为水泥、电铸钢行业让利 204 万元；下浮高中一年级新生择校费，县一中减轻择校生家长负担 95 万元，并发放特困生补助 6 万元、优秀学生奖学金 3.3 万元。

2007—2008 年，按照省市物价部门的部署，突出市场监管重点，对粮油、肉蛋奶等商品价格异常波动进行临时价格干预，实行经营者提价申报和调价备案制度，维护价格和收费秩序。

二、违价查处

1993 年，以重点检查为主，查处违价 22 件。1994—1998 年，没收违价非法所得 74.74 万元。1999 年起，加大“清费、治乱、减负”力度，保护消费者和缴费人的合法权益。2001 年，查处违价 26 件，退还消费者 148.45 万元。2002—2008 年，查处各种违价行为 62 件。1993—2008 年，累计查处违价行为 301 件，经济制裁 598.88 万元。其中，退还消费者 358.73 万元，没收非法所得 173.26 万元，罚款 66.89 万元。

1993—2008 年大田县物价局价格行政处罚情况表

表 15-3　　　　单位：万元

年份	件数	经济制裁总金额	其中		
			退还消费者	没收非法所得	罚款
1993	22	10.96	1.51	9.45	0
1994	38	17.67	0	17.67	0
1995	33	22.64	10.28	12.36	0
1996	41	14.40	0.09	14.31	0
1997	18	16.00	0.67	15.33	0
1998	10	15.13	0.06	15.07	0

续表 15-3

年份	件数	经济制裁总金额	其中		
			退还消费者	没收非法所得	罚款
1999	28	21.23	1.10	19.93	0.20
2000	23	117.60	99.57	1.17	16.86
2001	26	169.91	148.45	5.44	16.02
2002	6	15.37	13.71	0.81	0.85
2003	9	56.80	34.45	20.00	2.35
2004	16	16.42	0.32	0	16.10
2005	2	20.02	0	17.92	2.10
2006	14	44.79	21.83	20.11	2.85
2007	4	3.70	0.24	1.86	1.60
2008	11	36.24	26.45	1.83	7.96

第六节　价格认证与服务

一、价格认证

1993—1996 年，县价格认证中心接受司法和行政机关、仲裁机构委托，对刑事、民事、行政、经济等案件中的涉案物品进行价格鉴定，对各类抵押物、拍卖物、过期无主物、留置物及保险理赔、索赔等物品和婚姻财产价值进行价格鉴定 290 件，标的 400 万元。1997—1998 年，评估鉴定物品 183 件，估价金额 237.1 万元，出具物品估价鉴定结论书 192 份。

1999—2000 年，物品价格鉴定 274 件，标的 474.08 万元。并依法进行企业破产价值清算鉴定。2001 年，开展旧机动车交易价格评估 29 件，物品价格鉴定 106 件，标的 708 万元。2002—2006 年，进行各类物品价格认证、评估 482 件，标的 1324.35 万元。2007—2008 年，物品价格鉴定 2285 件，标的 1528.45 万元，其中车辆损坏评估 1996 件，标的 565 万元。1993—2008 年，共认证、评估、鉴定各类物品 3620 件，标的 4671.98 万元。

二、价格咨询

1993 年，县物委与企业建立价格联络机制，为有关单位提供价格政策、法规咨询、指导等服务，担任 25 家骨干企业常年价格顾问。1994—1996 年，为 39 家骨干企业担任常年价格顾问；完成县政府交办的矿产品收费、合成氨厂生产成本、水库网箱养鱼、烟草种植、电力、蜂窝煤、石灰石等工农业产品成本调查，为上级物价部门和地方政府决策提供参考依据。价格宣传稿件被省、市、县有关部门和媒体采用 127 篇，县物委连续三年被省物委评为信息工作先进集体。

1997—2001 年，县物价局常年价格顾问联络企事业单位 52 家，探索拓展旧车交易及房屋价格评估、公物拍卖估价、离婚财产价值、企业破产清算鉴定，价格调定可行性论证等业务领域。2002—2008 年，继续受理单位、个人价格咨询，价格信息稿件被省及以上媒体采用 26 篇。

第五章 审 计

1993年，县审计机关依法开展财政、企业、经济责任、固定资产投资、外资运用等审计及专项审计和审计调查，指导、监督社会审计和内部审计工作。1996年，开展县级财政预算执行及收支情况审计。1999年，开展乡镇政府财政状况和负债审计调查。2001年，对10家国有企业审计调查。2003年，开展村干部任期和离任审计。2006—2008年，经济责任审计项目31个，查纠违纪违规金额2258万元。1993—2008年，县审计局开展各项审计964个单位（项目），查纠违纪违规金额3.87亿元，管理不规范金额2.23亿元，移交有关部门查核的审计事项13件、案件3起，向县委、县政府和上级审计机关等提交、报送审计报告和审计信息862篇。

第一节 审计机构

1993年，大田县审计局实行本级政府和上一级审计机关双重领导体制。内设办公室、综合、行政事业、企业、财政金融基建5个股室，行政编制12人，事业编制6人，实有17人。直属独立法人单位大田审计师事务所，自收自支，事业编制8人。1996年，财政金融、基建股分设。

1997年，机构改革，审计局设办公室、综合、法规审理、行政事业、企业、财政、金融、固定资产投资等8个股室，行政编制18人、事业2人，实有15人。1998年8月，经县政府批准设立固定资产投资审计咨询中心，直属县审计局，自收自支，事业编制6人。1999年底，审计师事务所改制，与县审计局脱离行政隶属关系。

2002年，机构改革，县审计局设办公室和综合法规、财政金融、行政事业、经济责任、经贸、社会保障、固定资产投资股等8个股室，行政编制14人、事业1人，实有13人。2006年8月，成立计算机辅助审计中心，财政拨款事业编制2人，实有1人，2008年1月，更名为网络审计工作站，实有2人。当年，县审计局有干部14人，固定资产投资审计咨询中心实有4人。

第二节 财政审计

一、县本级财政预算执行情况审计

1996—2001年，县审计局开展县本级财政预算执行及其他财政收支情况审计，审计重点是分析县级财力形成因素和新增财力安排情况，反映预算执行和部门单位财政收支存在的问题，剖析产生问题的原因和后果，提出整改意见。2002年，重点审计县综合财政预算改革及运行状况。2003年，由收支并重审计向支出审计为主转变。2004年起，重点审计财政支出、资金流程，加大延伸审计（调查）力度，揭示资金分配、管理、使用情况的合规性、合理性，从制度、机制上分析存在问题的成因，提出审计建议。审计局每年向县政府和上级审计机关提交审计结果报告，并受县政府委托向县人大常委会提交审计工作报告；县人大常委会每年对审计工作报告进行审议，并作相关决议。2007—2008年，审计（调查）县本级部门行政事业单位非税收入征收管理和使用情况，发现城市教育费附加、排污费、社保费、土地出让金等政府性基金未及时征收、或少征、少缴等，审计局下达审计决定，责成有关单位整改。1996—2008 年，县本级预算执行及其他财政收支情况审计累计 114 个单位（项目），共查纠违纪违规金额 1.39 亿元，其中应收缴财政 172 万元，已收缴 165 万元。

二、乡镇财政决算审计

1993—1999 年，县审计局开展乡镇财政决算审计，每 3 年轮审一遍。审计发现有虚增预算收入，截留挖挤非属地税收收入，乡镇政府随意调用挤占企业资金，截留、挤占、挪用专项资金，滥发奖金补贴，财政周转金逾期数额大、且比例高，内控制度不健全，债权债务长期不清，票据管理不严，存在真赤字假平衡现象，预算执行不规范等问题。2000—2002 年，乡镇财政决算审计发现仍存在截留挖挤非属地税收等问题。审计局提出改革乡镇财政体制，税性收入统一归集县级财政，核定乡镇财政收支基数等审计建议。2003 年起，县政府决定税性收入统一上划县级管理，解决挖挤上级或非属地税收问题，缓和乡镇之间财政收支悬殊而出现财权与事权不配的状况。

2004—2006 年，财政决算审计 9 个乡镇，对调用企业非营利性资金、截留挤占矿山建设基金及维简费等违纪违规问题，依《中华人民共和国审计法》作出处理。2007—2008 年，结合 11 个乡镇党政领导干部任期经济责任审计，开展乡镇财政决算审计监督。

1993—2008 年，开展乡镇财政决算审计 76 个单位（项目），查纠违纪违规金额 5038.6 万元，其中应缴财政 238.1 万元，已缴 199.4 万元。

第三节 企业审计

一、国有、集体企业审计

1993 年，县审计局开展石凤集团、县电力公司等 20 家国有企业资产、负债、损益情况审计，查出有的企业购置固定资产不登账，在财务费用列支；回收货款不入账，为所属联营企业个人承包者提供流动资金，以及偷漏税款等违纪违规行为。1994 年，对县公交公司 1984 年至时年经营状况审计核实，发现资不抵债，进行破产清算，县法院判决宣布该企业破产，为县第一家破产企业。

1995—1996 年，审计合成氨厂、医药公司等国有企业 36 家，查出资产不实 18 家、损益不实 17 家，金额分别为 587 万元、714.45 万元；设“小金库”5 个，金额 18.19 万元；核增 3 家企业利润 138.91 万元，核减政策性补贴 5.7 万元。

1997—1998 年，审计煤炭、水泥、电力、矿产行业国有企业 12 家，查出账外设账、公款私存、隐瞒收入、成本费用不实、虚增存货、虚列债权债务、拖欠税款等违纪违规金额 3830 万元。其中，岩城集团公司对外投资 775 万元的收益为零，集团所属成员企业拖欠资金 998 万元，经营亏损 706 万元。审计局会同国资局对 1997 年度试行经营者年薪制的第二水泥厂等 20 家企业经营业绩进行审计核实，发现经营业绩不实、年薪制流于形式。1998 年，县政府决定暂停企业试行经营者年薪制。

1999 年，审计煤炭、水泥、建材国有集团公司，发现财务收支不实、财务管理混乱、大量煤炭货款未收回而成为坏账等问题，查出私设“小金库”、转移隐瞒收入、少提基金、多提招待费、成本不实虚列支出、挤占专用基金、滥发奖金补贴等违规违纪金额 6154.79 万元。2000 年，审计东岩水泥有限公司 1998—1999 年度财务收支情况，发现会计资料严重失真，查出转移收入、隐瞒巨额亏损等违纪违规金额 3754 万元。2004 年，审计县硫铁矿租赁经营期间的财务收支，发现资产负债损益不实，追回流失的国有资产 115.7 万元。

2005年、2007年，审计太华、上京、文江乡镇煤炭资金收支情况，查出煤矿维简费和生产安全费提取、管理、使用不规范，矿产资源费、环保排污费、林业金费未提取上缴等问题。1993—2008年，共审计124个单位(项目)，查纠违纪违规金额2.32亿元，对发现的问题提出审计建议，依《中华人民共和国审计法》（简称《审计法》）对违规违纪问题作出处理。其中，应缴财政724.5万元，已收缴564万元。

二、金融企业审计

1993年，县审计局经上级审计机关授权，开展县工行、农行财务收支审计和贯彻执行中央整顿金融秩序情况进行审计调查。1994年，开展县工行、建行、人保大田支公司财务收支审计，重点检查专业银行转变为商业银行过程中盈亏和国有资产变化情况。

1996年，开展县农行、中保财险县支公司审计，查出变相提高利率标准，挤占成本费用、私设“小金库”等违纪违规金额104.66万元，县审计局依照《审计法》和有关财经法规，责成退还违规多收利息6.39万元，收缴违纪款7.72万元，并处罚款1.5万元。

2001年，对中保财险、中保人寿县支公司资产负债损益情况和县农行、建行、工行企业职工养老金缴纳情况开展审计，补缴养老金11.24万元。

2002年起，县审计局终止授权对金融企业审计。

第四节 经济责任 行政事业审计

一、经济责任审计

1993—1995年，经济责任审计的对象主要是国有企业厂长（经理）。1996年起，拓展到独立财务核算的党政机关、社会团体、企事业单位领导干部。1997年，机构改革，开展经济责任审计项目61个，查出外贸公司、乡镇企业局等11个单位账外资产296.78万元，财委等5个单位私设小金库，金额152.77万元，审计结果引起县领导重视，县委、县政府制定《大田县党政领导干部离任审计的暂行规定》。1999年5月起，贯彻中共中央办公厅、国务院办公厅《县级以下党政领导干部任期经济责任审计暂行规定》和《国有企业及国有控股企业领导人员任期经济责任审计暂行规定》。2000年，县审计局协助、配合纪检监察部门对县机械集团公司总经理任职期间经济责任审计，发现企业严重资不抵债、隐瞒转移收入，涉嫌贪污挪用公款等严重违法问题，查出“小金库”634.83万元、偷漏税68.69万元、其他违法违规金额3120.45万元。企业领导人涉嫌犯罪，由纪检监察机关立案查处，后移送司法机关追究法律责任。

2001年，县委、县政府制定《大田县经济责任审计工作联席会议组织办法》，由组织部、纪委、监察局、审计局、人事局组成经济责任审计工作联席会议，将审计中的重要事项和问题，提交联席会议研究、协调和解决。2005年，县委、县政府制定《关于加强党政领导干部任期经济责任审计工作的通知》，成立以县长为组长的经济责任审计工作领导小组，制定联席会议及办公室工作规则，完善经济责任审计制度。2006—2008年，完成经济责任审计项目31个，查纠违纪违规金额7012.49万元。1993—2008年，县审计局开展经济责任审计项目共206个，涉及县直机关党政领导干部101人，国有企业厂长（经理）25人，乡镇党委书记、乡镇长52人，副科级以上事业单位正职领导干部28人。

二、行政事业审计

1993—1996年，县审计局对73个行政事业单位的财务收支开展审计，查出违纪违规金额385万元，其中私设小金库7个，金额55.5万元，追回被挤占挪用专项资金30万元，收缴违纪款12万元，追回财政资金81.59万元。

1997—1998 年，重点对有资金分配权、行政事业性收费、罚没收入和预算外收入较多的行政事业单位开展财务收支审计。查出截留罚没收入、违规收费、私设小金库、隐瞒收入、滥发奖金补贴等违纪违规金额计 1158 万元。1999—2008 年，结合预算执行情况和经济责任审计对行政事业单位进行审计，促进行政事业单位遵守财政法规。1993—2008 年，县审计局共审计 253 个单位(项目)，查纠违纪违规金额 1.22 亿元，其中，应收缴财政 233.8 万元，已收缴 200.3 万元。

第五节　固定资产投资　外资运用审计

一、固定资产投资审计

1995—1996 年，县审计局对 6 个基建项目工程结算及财务收支审计，核减工程造价 533.3 万元。1997 年，对全县 60 个建设项目开展基建执法检查，发现工程未立项 5 个和项目投资超概算、资金“跑、冒、滴、漏”等现象，依法查补固定资产投资方向调节税 13.16 万元；核减县医院病房改造工程造价 45 万元。1998 年，会同省审计事务所对县火电厂、六角宫水电站工程结算审计，净核减工程造价 976.3 万元，其中火电厂工程净核减 585.71 万元，占送审金额的 9.42%。1999—2000 年，县审计局通过审计核减建山路改造工程造价 58.15 万元、司法局综合楼工程 71.89 万元，并追回多付的工程款 38.88 万元。2001—2003 年，固定资产投资审计中心审结竣工工程 93 个，送审工程总造价 9406.08 万元，净核减 693.58 万元，平均净核减率 7.37%。2004 年，审结工程 40 个，总造价 1401.46 万元，净核减 135.5 万元，净减率 9.67%。2005—2008 年，审结工程结算项目 306 个，总造价 2.06 亿元，净减 2155.43 万元，平均净减率 10.48%。1995—2008 年，全县开展建设工程预结算审计项目 566 个，核减工程造价 6496.74 万元。

二、外资运用审计

1993 年，县审计局开展世界银行（简称世行）贷款国家造林项目首次审计。1995 年，开展世行贷款农村人力开发项目首次审计。2004 年，开展世行贷款肺结核病控制项目首次审计，连续审计 5 年。2008 年，分别开展世行贷款梅山、湖美、济阳、广平 4 个乡镇 12 条农村路网（四级公路）建设项目专项审计和亚洲银行贷款县水土保持与乡村发展二期项目审计。1993—2008 年，共开展 5 个外资运用项目审计 16 次，其中，世行贷款造林项目 4 次，农村人力开发和肺结核病控制项目各 5 次，其他项目 2 次。审计发现外资运用项目存在配套资金未到位，资金运用效益低、贷款偿还能力不足等问题，查纠违反项目资金使用管理制度等，金额 548 万元。审计结果报告县政府和上级审计机关，引起县领导和有关部门重视。

第六节　专项审计与审计调查

一、专项审计

（一）社会保障基金审计

1993 年，县审计局开展待业保险、退休养老保险基金“两金”审计，查补“两金”入库 7 万元。2001 年，查出基本生活保障和再就业等基金被主管部门挤占 27.87 万元。2004 年，查出保险费未及时解缴财政专户，5 家企业欠缴和少计保险费 90 万元；发现失业、工伤和生育保险金入不敷出缺口较大，农村社保参保率低等问题。2005 年，查出全县机关事业单位累计欠缴养老保险金 858.5 万元、失业保险金85.2万元。2007年，查出4个单位少缴生育保险基金6.14万元、工伤保险基金114.2万元和“灵活就业缴费窗口”代征收社保基金年底未缴库630.35万元。2008年，查出垫付特殊人员医疗费而挤占城镇职工基本医疗保险基金、欠（少）缴基本医疗保险费等问题。县审计局针对查出的问题，依《审计法》下达审计决定，督促有关单位整改。

（二）林业金费审计

1993年，县审计局对林业金费进行审计。至2000年，依法追缴林业金费、特产税535万元。2004年，发现仍在收取已明令取消的部分收费项目、自定项目和标准、收取世行还贷基金且没有全额用于还贷，收取的金费未严格执行“收支两条线”管理等问题。审计局就加强林业金费源头管理、建立世行还贷基金、完善林业金费管理与使用、调整乡镇煤矿木材耗用定额等方面向财政、林业主管部门提出审计意见和建议。2007年，发现林业金费征收不到位、挤占挪用林业专项资金等问题，向财政和林业主管部门提出审计意见，进行整改。2008年，开展世行贷款造林项目还贷情况审计。

（三）公路建设资金审计

1994年，县审计局通过审计，补缴县公路建设资金244万元。1996年，查出欠缴公路建设资金1071.12万元。1997年，通过专项审计摸清省道306线县境内承建乡镇的资金来源、投向及缺口情况。2008年，对泉三高速公路（大田段）征迁经费的管理与使用情况进行审计，查出挤占专项经费86.9万元。

（四）计划外生育费审计

1993年，县审计局开展全县计划外生育费征、管、用情况审计，发现财务管理混乱，领用发票没有建立缴销制度，超标准发放奖金、补贴，违规使用计划外生育费占征收额的49.9%。1995—1998年，审计中，发现前述问题仍未得到有效纠正，还存在公款流失、白条抵库、挤占挪用、往来账款不清等问题。县委、县政府采纳审计建议，作出加强收费管理、计划外生育费开支由乡镇领导集体研究、乡镇长一支笔审批的规定。1999—2008年，结合乡镇财政决算审计和乡镇党政领导干部任期经济责任审计，对全县计划外生育费征、管、用情况进行审计。

（五）教育经费审计

1993—1998年，县审计局对农村教育事业费附加征收开展审计，发现基金征收不到位，乡镇间互相挖挤，提高手续费标准，民办、代课教师工资未及时发放等问题；查出虚收虚支、挤占滥用基金等违纪违规金额379万元。2001年，对7所中小学教育专项资金管理情况进行审计，发现超标准、未使用专用发票收费、预算外资金专储不落实、账务处理不及时等问题。2002年，在教育经费预算执行情况审计中发现，部门综合财政预算管理不健全、欠规范，县教育主管部门对部门综合财政预算监督管理不到位，审计部门提出加强和改进教育经费管理，建立“以县为主的农村义务教育投入管理体制”的建议。2008年，义务教育经费项目审计中发现学校滞留、截留应上缴的财政收入76.28万元，扩大代办费的开支范围等问题。

（六）其他项目审计

1995年，县审计局在粮食行业审计中发现太华粮站财务收支、盈亏情况不清，被异地拖欠粮食货款47.9万元，移送县监察局核实处理。1998年，重点审计粮食企业盈亏真实性，分清政策性和经营性亏损，分析成因，提出审计意见和建议。当年，在救灾救济审计中，发现部分款物未及时发放到位，挤占专款27.95万元等问题。2002年，开展农业综合开发资金审计，发现项目管理及地方配套资金不到位、财政有偿资金逐级承借、统借统还、预留工程质量保证金、报账结算制度执行不力和挤占挪用专项资金等问题。2006年，开展水土保持资金审计，查出2005年度应收矿山水土流失治理费未收21.1万元，少征20.4万元，滞留矿山水土流失治理费和水土保持设施补偿费70.2万元，挪用上级拨入的水土保持专项资金1.07万元等问题；涉嫌违法1人，案件移送司法机关查处。2008年，开展四川汶川大地震救灾捐赠款物和特殊党费项目审计，资金募集和解缴情况真实、及时、合法。

二、审计调查

1994年，县审计局开展县土产公司本地苎麻购销情况审计调查，帮助理清该公司为县纺织总厂代购苎麻发生的债权债务，为县政府解决多年悬而未决的经济纠纷问题提供决策依据。

1999年，开展18个乡镇财政状况和政府负债情况审计调查，发现1998年底全县乡镇财政潜在赤字3277万元，有10个乡镇账面赤字金额共674万元，16个乡镇拖欠工资共507万元，政府负债超出当时财政可支付能力。

2001年，审计调查19个行政事业单位行政收费及政府基金征管用情况。发现2000年度7个单位违规收费，金额596万元，15个单位未执行“收支两条线”管理规定，至年底，滞留应上缴财政和应分流有关部门的资金5654.24万元。对10家国有、城乡集体、中外合资等企业1999—2000年税金实现及缴交情况审计调查，发现企业利润大幅下滑，其中，1999年盈利3家，总额873.76万元，亏损7家，总额1419.81万元；2000年盈利4家，总额725.37万元，亏损6家，总额1119.78万元，累计欠交各种税费4011.02万元；有3个镇政府计划外调用下属企业非盈利资金576万元。2007—2008年，开展7个乡镇煤矿安全费用、维简费的提取及管理使用情况审计调查，发现少提维简费78.69万元，挤占挪用及超范围列支安全费用247.25万元、维简费649.56万元；资金管理、使用审批、项目验收等事项未按县政府规定执行等问题。

1993—2008年大田县审计工作情况表

表15-4

年度	审结项目单位（个）	查纠违纪违规金额（万元）	管理不规范金额（万元）	应缴财政金额（万元）	已缴（含追缴）财政金额（万元）	应归还原渠道资金（万元）	应调账处理（万元）	促增收节支（万元）	查补“林业金费”（万元）	提交审计报告和审计信息（篇）
1993	79	157	—	32	31	46	—	32	63	19
1994	79	415	—	65	19	49	—	676	80	41
1995	76	1554	—	131	114	—	—	682	28	43
1996	64	3133	—	171	156	53	—	78	65	25
1997	140	791	—	35	13	3	—	35	90	49
1998	82	4761	—	141	101	—	—	58	101	76
1999	60	4916	—	189	197	156	—	222	46	88
2000	101	5563	—	245	26	511	—	—	62	55
2001	52	8792	—	79	42	83	—	—	—	61
2002	46	546	3614	36	37	75	—	—	—	65
2003	30	1171	1286	46	75	478	290	—	—	112
2004	40	2589	5062	136	148	462	—	—	—	38
2005	33	2099	3255	22	27	381	171	—	—	56
2006	26	897	2627	62	62	197	85	—	—	51
2007	29	947	4536	28	28	388	92	—	—	43
2008	27	414	1962	3	3	95	21	—	—	40
合计	964	38745	22342	1421	1079	2977	659	1783	535	862

第七节　社会审计和内部审计

一、社会审计

1993—1996年，县审计师事务所接受委托开展审计查证、验资年检、资产评估、基建项目竣工决算审计等共1810项，查出违纪违规金额2789万元，分别核减注册资金2700万元、基建工程决算资金500.13万元，评估国有企业资产26家，增值4748.8万元。1997—1998年，完成企事业单位财务收支查证等审计项目776项，查证金额3.62亿元，分别核减注册资金2243万元、工程决算资金1186万元。1999年，审计师事务所与县审计局脱离行政隶属关系。

2000年，天信会计师事务所接受委托开展国有企业资产、债权债务和企业验资等社会审计。至2008年，为企业内部清算和债权债务清理出具专项审计报告117份，为公安、检察、法院等司法部门出具案件审计鉴定39份。开展国有企业改制资产及债权债务审计，出具中期审计报告65份。企业破产清算审计报告25份，其他中期审计报告94份。根据《中华人民共和国公司法》规定，为企业年度工商年检出具审计报告1268份，公司设立和增加注册资本分别出具验资报告378份、78份。

二、内部审计

1993—1996年，县审计局对行政、金融和企事业单位内部审计工作进行业务指导和监督，全县32个单位设立内审机构，农村集体经济组织财务由县、乡经管站进行审计，共配备专兼职审计人员106人。审结企事业项目（单位）287个，查纠违纪金额100.5万元，建议被采纳65条，促增收节支79.46万元。农村集体经济组织审计查纠违纪金额143万元，涉及117人，其中，查处贪污1326人，金额81万元，处分29人。1997—2002年，农村集体经济内部审计查纠违纪金额153.36万元，涉及146人，其中，贪污23人，金额15.19万元，均给予处分。随着企业改制，内部审计工作重点由企事业单位转向行政事业单位。2003年10月，县农业局成立大田县农村经济审计工作总站，加强农村集体经济组织财务的管理与监督，并进行村干部任期和离任审计。至2008年，6年查纠村级违纪金额210.35万元，收回139.23万元，其中查处贪污47.09万元，处分17人（移送司法机关查处6人）。当年，全县内审机构32个，专兼职审计人员100人。1993—2008年，行政、企事业单位内审机构审计项目668个，查纠违纪违规金额1154.8万元，促进增收节支172万元，提出建议263条。

第六章　质量技术监督

1993—1996年，县计量部门进行30多种计量标准检定，县产品质量检验所（简称县质检所）开展产品质量检测和工业产品标准登记注册。1997年，组建县技术监督局（简称技监局），大田县入选全省计量器具强检工作示范县之一，推广使用电子计价秤。1998年，县技监局行使工业产品生产许可证管理，大田县被列入省“质量兴县（市）”试点。1999年，全县集市禁止使用杆秤，消灭无标生产，实施品牌培育。2000年，县首个地方标准《大田肉兔标准综合体》由省质监局发布实施，县质量技术监督局（简称县质监局）行使特种设备安全监察职能。2002年，全县企业标准覆盖率99%，实行食品质量安全市场准入（QS）制度。2006年，实施品牌强县，促进产品结构调整和企业升级。2007年，县质监局联合工商等7个部门对全县产品质量和食品安全进行整治。2008年，筹建南生科技有限公司全国试剂用酶标准化技术工作组。全县产品合格率87.8%，备案的产品标准累计222项，实施农业标准112项；取得工业生产许可证企业共20家，通过国家无公害农产品认证10项，取得国家绿色食品标志使用权产品8项；申请条形码注册企业共25家。有省名牌产品4项。1993—2008年，质监部门查处违法案件1097起、违法违规使用特种设备案52起，取缔售假窝点2个。累计办理代码证3884家。

第一节　机构

1993年，县标准计量所为事业机构，干部职工13人。1994年8月，成立产品质量检测室，挂靠标准计量所，对外称大田县产品质量检验所。1997年1月，组建大田县技术监督局（副科级），设办公室、质量股、标准化股、计量股。8月，编委确定行政编制3人、工勤事业编制1人。辖标准计量所，事业编制12人。2000年7月，县技监局更名为大田县质量技术监督局（正科级），属省质监局垂直管理，加挂大田县质量技术监督稽查队牌子，内设办公室、综合管理股、监督稽查股，行政编制12人。2004年，县标准计量所与永安、沙县、尤溪等4个县（市）所合并组建三明市计量所南部计量站，站址设大田。2008年，机构设置编制不变。

第二节　质量监管

一、产（商）品监督

1993—1994年，县标准计量所加强打假力度，建立真假伪劣商品样品陈列室，展出样品302种。1995年7月，质量检测室投入使用，进行冶金、建材、煤炭、机械、电子、轻工粮油等5大类、33种产品、74个项目检测。至1996年底，共抽检92家生产企业产品199批次，国有集体企业产品合格率100%，个体及其他企业合格率66.6%；检查工商企业1015家，受理消费者投诉57起。1997—2001年，共抽检生产领域工业产品725批次，合格率由1997年的75.78%提高到2001年的84.38%；检验流通商品领域685批次，合格率由52.3%提高到81.35%。2002—2003年，检验生产领域产品260批次，合格率分别为88.27%和90.81%。2004年，对重点产品可比性跟踪监督抽查，定期抽检120批次，合格率85.6%。2005年，开展人造板、水泥等取得工业生产许可证企业产品专项整治，抽检产品191批次，合格率73.82%。2006年，专项整治15项产品，抽检158批次，合格率89.24%。2007年，由县质监局牵头，联合工商、卫生等7个部门对全县产品质量与食品安全进行专项整治，抽检产品415批次，合格率85%。2008年，县政府将工业产品质量监督抽检合格率列入政府绩效考核内容，抽检387批次，合格率87.8%。

二、工业生产许可证管理

1998年，由质量技术监督部门行使“工业产品生产许可证管理”职能。2000年，将水泥、人造板、眼镜等102种产品列入生产许可管理目录。至2003年7月，全县水泥生产企业取得工业生产许可证12家。2005年9月，实施国家质检总局《工业产品生产许可证管理条例》，11月，取得工业生产许可证细木工板企业1家。2007年，取得工业生产许可证眼镜店2家。2008年，全县取得工业生产许可证有细木工板、水泥、验配眼镜等3类产品企业20家。

三、质量立县活动

1993年起，县质监部门每年9月开展“质量安全月”活动，广泛宣传《中华人民共和国产品质量法》

等法律、法规。1996年12月，实施国务院《质量振兴纲要》。1998年，大田县被列为省“质量兴县（市）”试点，县政府制定《质量立县工程实施方案》，成立质量立县工作领导小组。当年起，县政府每年制定实施方案，并开展创建“放心店”活动。1999年，制定“质量立县”考评办法、考核细则，推动质量立县、质量兴厂、兴企。

2001年，县质监局开展联系10家企业、帮助解决5个问题（困难）、创建1个精品的“1051”工程，帮助岩泉啤酒、益源热电、成功机械等12家企业导入ISO 9001质量管理体系。2002—2003年，调查生产企业质量基本情况158家。2004年，向政府提供关于农产品品牌、食品生产企业生产许可证申证、米粉生产企业调查、水泥质量与企业发展等调研文章4篇。

质监维权进社区活动（2006年摄）

2005年，完善企业质量档案和质检机构调查数据库。2006年，县政府把“质量兴县”工作列入乡镇年度考核。2007年，组织华闽纸业、宝山机械等企业质量管理人员参加全国质量工程师资格考试，建立质量工程师档案，共11人。2008年，县政府制定《开展质量振兴活动实施方案》，成立“质量振兴”工作领导小组，加强组织领导。

四、品牌培育

1995年，“仙峰”牌大田肉兔、“岩城”牌水泥被省名牌产品评委会评为“福建名牌产品”。1998年，“岩城”牌商标被省工商局评为“福建省著名商标”。1999年，县政府成立优势品牌工作领导小组，制定《大田县“育品牌、创品牌、响品牌”实施意见》，“岩城”“石凤”牌水泥等13个产品被列入县优势品牌库。每年制定品牌计划，对培育、争创、打响一批优势品牌进行动态调整，重点跟踪纳入优势品牌库的企业。

2002年，“岩城”牌水泥获“国家免检产品”。2003年，县政府制定《大田县扶持优势品牌的若干规定》，从政策、资金扶持名优企业。2004年，对8家获名牌企业奖励11万元。2006年，制定《大田县“十一五”品牌工作实施意见》，以品牌强县，实现产品结构调整和产业升级。县政府制定《关于调整创品牌企业及申报部门奖励政策的通知》，加大品牌奖励力度，兑现奖金49.4万元。

2008年，“宝山”牌破碎机被省政府评为“福建名牌产品”，被省工商局评为“福建省著名商标”。县政府制定《大田县经济品牌提升工程规划（2008—2010年）》和《关于实施“品牌带动”的工作意见》，将品牌工作列入乡镇政府考核项目，调整品牌奖励政策，兑现奖励金58.6万元。年底，全县共有“福建名牌产品”企业4家4项、市优势品牌企业15家。

五、认证认可

2000年，岩城水泥有限公司首先通过ISO 9001质量管理体系认证（简称ISO 9001认证），其32.5R、42.5R普通硅酸盐水泥通过产品质量认证；同年，岩马水泥、石凤水泥、岩城水泥、灵川水泥、东岩水泥、华佛水泥有限公司和奇韬水泥厂及升岩硅业有限公司等8家企业通过ISO 9001认证。2001年，顺欣妇幼卫生用品公司通过ISO 9001认证；县环境检测站按照ISO/IEC17025“1999《检验和校准实验室能力的通用要求》”建立质量管理体系，并通过实验室计量认证。2003年11月起，实施《中华人民共和国认证认可条例》，每年对生产企业和市场进行认证证书及标志使用情况检查。2004—2006年，县产品质量检验所、建设工程质量监督站、卫生防疫站通过实验室计量认证。2007年，全县有石凤、灵川、岩马、均溪、东岩水泥有限公司生产的32.5R、42.5R普通硅酸盐水泥通过产品质量认证；

当年，华闽纸业、均溪水泥、鑫城水泥、岩泉啤酒、山友机械、宝山机械通过 ISO 9001 认证；岩城水泥通过 OHSAS 18000 职业健康安全管理体系、ISO 14000 环境管理体系认证。2008 年，昌盛机械制造有限公司通过 ISO 9001 认证。年底，全县通过 ISO 9001 认证企业 16 家，通过产品质量认证企业 7 家、产品 12 项，通过计量认证认可实验室 6 个。

六、食品质量监管

（一）食品生产监管

2002 年 5 月，县质监部门加强食品生产加工企业日常监管，执行食品质量安全市场准入制度，检验合格的食品加印（贴）市场准入“QS”标志。2003 年，调查辖区内食品生产企业，建立企业档案，督促企业申请“QS”证，均溪镇福丰粮食加工厂取得县第一本食品生产许可证。2004—2006 年，建立 45 家食品生产企业基本情况信息库，实行分类监管；建立食品质量安全风险评价机制和股室包保责任制度。县政府成立食品专项整治领导小组，制定食品生产领域突发质量安全事件应急预案和《加强生产加工食品质量安全监管工作的意见》，建立食品质量安全事故报告制度，与乡镇政府签订责任状，配质量监督协管员和信息员。2007 年，启用《食品生产加工企业食品添加物质使用备案管理系统》，对 6 家使用食品添加剂企业数据备案 19 条。2008 年，修订《食品质量安全风险预警和突发事件应急处置工作预案》。年底，13 家食品加工企业建立完善实验室，培训化验员 5 名。全县共有大米、啤酒、茶叶、蜜饯、糕点、膨化食品、饮用纯净水、米粉加工等 13 家企业、15 单元产品取得食品生产许可证。

（二）食品安全专项整治

2003 年，“阜阳劣质奶粉”事件发生后，县质监局开展食品安全专项整治，市、县两级抽检食品加工企业产品 42 批次，合格率 95.24%。2005 年，县政府出台《大田县米粉整治和监管工作方案》，制定《大田米粉作坊生产条件和质量管理基本要求》，进行“大田米粉”质量安全专项整治，扶持重点作坊改善卫生条件。2006 年，开展取证食品企业大复查和“食品风险大清查”百日活动。县政府出台《大田县食品生产加工小企业小作坊专项整治工作方案》，对全县 296 家食品加工小企业、小作坊调查摸底，建立 34 家证照齐全加工企业、小作坊档案。2007 年，县政府成立产品质量和食品安全专项整治领导小组，县质监局等 7 个部门检查生产企业、商场 1260 家次，完成整改 1560 项，关停整治对象 26 家；抽检生产领域各类食品 55 批次，合格率 86%。2008 年，开展“迎奥运、保平安”加工食品质量安全专项整治和“质监警示进商场”活动，与 6 家主要超市及粮油批发店签订质量安全责任状。“三鹿奶粉”（三聚氢胺）事件发生后，按照国家 I 级食品安全风险预警，对乳制品进行专项检查，抽检 52 批次，合格率 90.4%。

七、执法稽查

1993—1996 年，县标准计量所查获假冒伪劣商品 214 起，没收销毁假冒伪劣商品价值 108 万元，处罚 20.14 万元。1997—2000 年，增强执法力度，开展打假治劣专项治理，县技监局共查处产（商）品质量案件 393 起，处罚 38.3 万元，没收销毁无生产许可证伪劣商品价值 5.38 万元。2001 年，质监部门不再行使流通领域商品质量监督管理职能，共查获假冒伪劣产品 700 批次，查处 131 起，涉案总值 131 万元，捣毁、取缔制售假窝点 2 个。2002 年，开展农资、建材、洗涤用品等 11 个专项整治，立案查处 69 起，案值 132 万元，受理投诉 11 起，处罚 11.85 万元。2003 年，行政执法向理性执法和综合执法转变，查处违法案件 99 起，立案 31 起，现场处罚 68 起；受理投诉、举报 15 起，处罚 13.03 万元。2004—2008 年，建立划片负责与专题分工相结合的打假责任考核制，加强源头监管，受理投诉 9 起，共查处违法案件 191 起，涉案总值 126.49 万元，处罚 93.83 万元。

第三节　计量监管

一、量值传递

1993年，县标准计量所负责全县范围内的量值传递工作，建立加油机、衡器、天平、砝码、工作压力表、血压计(表)等社会公用计量标准30多项，涉及长度、力学、电学、物理化学、时间频率等领域，其中最高标准13项。授权县自来水公司、电力公司分别对水表、电表检定。2000年，县益源热电公司建立压力表标准装置。2008年底，全县共有3家企事业单位建立单位最高标准6项。

二、行业计量管理

（一）商贸计量

1993—1995年，县标准计量所重点对商贸领域与百姓生活密切相关的计量进行监管。共检定计量器具1.43万台件，对失衡器具进行矫正。1996年，与“打假”相结合，开展“价格、计量、质量”信得过、优质服务、无假冒商品的“三信一优无假冒”活动，并进行电话计费器检定。1997年，大田县被列为全省首批计量器具强检工作示范县，办理使用计量器具备案769户、1.26万台件，备案率92%，12月，通过省技术监督局考核验收。同年，县政府发布《关于在大众交易中禁止使用杆秤的通告》，在满田春市场推广使用电子计价秤216台。1998年1月起，城区商店和集贸市场禁止使用杆秤。1999年1月，在乡镇集市禁止使用杆秤。2000年，县质监局依据调整后的《强检目录》，重点对强检计量器具的周期检定和电表、水表的首检情况进行监督检查。2002—2003年，依据国家《集贸市场计量监督管理办法》《加油站计量管理办法》《眼镜配制计量监督管理办法》，加大商贸领域计量监督管理力度。2004—2008年，强检计量器具1.59万台件，矫正2351台件。

1993—2008年大田县商贸计量器具检定情况表

表15-5

年份	检定数（台、件）	其中		受检率（%）	年份	检定数（台、件）	其中		受检率（%）
		强检	非强检				强检	非强检	
1993	3300	2500	800	89	2001	4145	2910	1235	91
1994	3332	2509	823	90	2002	4209	3141	1068	92
1995	3357	2436	921	90	2003	4253	3221	1032	92
1996	3537	2592	945	91	2004	4301	3307	994	93
1997	3593	2541	1052	92	2005	4389	3339	1050	92
1998	3913	2714	1199	92	2006	4561	3418	1143	93
1999	3993	2875	1118	93	2007	4612	3350	1262	93
2000	4139	3121	1018	92	2008	4806	3494	1312	94

说明：不含水、电表

（二）工业计量

1993年，县标准计量所对企业在用计量器具的种类、数量、分布等分别登记造册，并推广计量器具ABC分类管理。1995年4月，依据国家质量技术监督局《关于帮助100个企业完善计量检测体系工作的通知》，开展企业完善计量检测体系确认。1996 年，有计量升级达标企业 64 家，发现违反《中华人民共和国计量法》行为企业 80 家。1997 年，岩城股份有限公司通过计量检测体系确认。2000—2002 年，永安煤业上京分公司、石凤水泥有限公司、益源热电有限公司通过计量检测体系确认。2003—2004 年，建立计量器具、计量证书管理数据库。2007 年，新增强检备案企业 23 家，累计 201 家，校核 179 家，注销 9 家。2008 年底，全县通过计量测量管理体系认证 9 个单位，其中 AAA 级 3 个、AA 级 6 个。

（三）医疗卫生计量

1995 年起，按照《福建省县以上医疗卫生单位计量工作达标考核办法》要求，全面开展医疗卫生单位计量工作达标活动。各级医疗卫生单位加强计量人员配备，指定机构负责，逐步建立和完善各项计量管理制度，加强计量器具的周期检定。1996—1999 年，各级医疗卫生单位开展计量达标验收活动，18 家乡镇医疗卫生单位通过计量达标验收。2000 年起，不再开展计量达标活动。

（四）计量监督检查

1993—1996 年，县标准计量所没收不合格计量器具 1287 台件。1997—1998 年，实施国家质量技术监督局《定量包装商品计量监督规定》，开展计量商品净含量抽查，计量违法立案 101 件，现场处罚 126 件。1999—2002 年，检定计量器具 1.64 万件，受检率 92%。

2003 年，县质监局以“开展行业清理、扫除强检盲区”为重点，完善计量器具周期检定台账，实行微机动态管理。2004 年，建立强检数据库 231 个单位，并与市局并网。2005—2008 年，开展强检计量器具备案年度校核工作，对“漏备”“漏检”的计量器具进行“补备”“补检”，计量器具备案校核 217 家，备案校核率 89%。1993—2008 年，监督检查计量器具累计 1.47 万台件，淘汰木杆秤 500 支，检查定量包装商品 3562 批次，加油机、农贸市场计量分别专项整治 26 次、33 次，计量授权机构检定计量器具 4.35 万台件；查处计量违法案件 325 起。

第四节　标准化管理

一、标准注册登记

1993—1996 年，县标准计量所完成 220 家企业《福建省工业产品执行标准证书》的登记、审核、发放。1997—2002 年，县技监局实行工业产品执行标准登记注册，共登记注册企业 16 家、226 项，备案 32 家、32 项，变更 64 家、73 项，年审 128 家、156 项。2003 年，年审 102 家、179 项。2005 年，开展企业执行标准清理，共清理产品标准 123 项，废止 84 项。2006—2008 年，企业产品标准登记注册 55 家、80 项，年审 133 家、235 项，复审 65 家、117 项，变更 29 家、23 项。1993—2008 年，全县标准登记注册企业 492 家，产品 205 种；组织实施强制性国家标准 62 项。

二、标准制定与实施

1993，县委、县政府着手建立农业标准化体系，组织人员对县内优势农产品进行科研攻关，制定农产品标准和农业技术规范；县标准计量所帮助企业查找和制定产品标准。至 1996 年，企业查找和制定产品标准 304 项。1998 年，成立农业标准化工作领导小组，18 家企业制定产品标准 24 项。1999 年，制定大田肉兔综合标准。2000 年 11 月，县质监局与畜牧水产局联合制定的县地方标准《大田肉兔标准综合体》，由省质监局发布实施。2001 年，有 6 个单位制定农产品、农副产品标准 9 项。2004—2005 年，制定雪山萝卜、米粉等农业产品标准 7 项。2007 年 10 月，实施省政府《关于加强标准和标准化工作的若干意见》。

2008年，县政府制定《关于加强标准和标准化工作的实施意见》，明确实施技术标准战略目标、主要任务、措施、保障、扶持重点和奖励政策。县岩城水泥、福建省南生科技、华闽纸业有限公司等3家企业被列入省第一批实施标准化战略试点。南生科技有限公司全国试剂用酶（工具酶）标准化技术工作组通过国家标准委筹建公示。县质监局和茶业局制定的《金观音乌龙茶综合标准》、县广联木业有限公司参与制定的《树脂覆面杉木指接模板》地方标准通过专家审定。年底，全县煤、矿产、土特产和轻工产品等生产企业制定并按规定到县质监局备案的产品标准累计222项。全县制定农业产品、农副产品企业标准累计27家、35项，其中省地方标准4项。标准化种植水稻1800公顷，推广实施农业标准112项。

三、企业标准化

（一）采用标准

1993—1996年，县标准计量所帮助企业等同或等效采用国际标准和国外先进标准9个，使用“采标”标志10个。1997年，县一铁厂硅锰合金、二铁厂精粉矿、济阳水泥厂“石凤”牌42.5R水泥采用国际标准。1998—2002年，采用国际标准企业13家14项，制定标准27家38项，标准覆盖率99%。2003年，质监部门推进企业标准化体系工作，县岩城水泥有限公司被确定为国家级“企业标准化良好行为”试点，2004年通过国家AAAA级“企业标准化良好行为”试点验收。2007年，石凤水泥有限公司通过省AAA级“标准化良好行为企业”确认。2008年底，全县有29家企业47个产品采用国际标准或国外先进标准80项，由省质监局颁发采用国际标准注册证书25项，其中建材、冶金及其压延产品、化工、生活用纸、食品等产品使用“采标”标志55项。

（二）消灭无标生产

1997年，大田县被列为全国第三批消灭无标生产试点县。1998年8月，全市省级消灭无标生产试点验收会在大田召开。1999年2月，县消灭无标生产工作通过省技术监督局考核验收，获“消灭无标生产先进单位”称号，被评为福建省消灭无标生产先进工作者5人。2000—2008年，全县企业主要产品均按标准生产。

四、农业标准化

（一）标准化示范区

1998年，大田肉兔被列入省级农业标准化示范区建设。2001年，该项目通过省质监局验收。2002年，市质监局批准《大田县雪山萝卜综合标准化示范区》立项。2005年，该项目通过验收。2006年，高山乌龙茶被省农业厅列入“福建省高标准茶园建设基地”重点项目。2008年，县高峰茶业公司《茶叶种植农业标准化示范区》被省农业标准委列入全省第五批农业标准化示范区建设项目，其乌龙茶项目被确定为国家第二批“良好农业规范（GAP）”试点（茶叶类三明市仅1家），年底通过现场审查。

（二）农产品认证

2002年，县质监和农业部门推动创建无公害农产品、绿色食品标志工作，数十家农产品生产企业申报。2003年，雪山萝卜获准使用中国绿色食品标志。2005年，3家企业4项产品通过无公害农产品认证，大方广茶业有限公司茶叶通过绿色食品产地认证。2008年，全县有茶叶、水果、蔬菜、水产品等7家企业的10项产品通过国家无公害农产品认证，5家企业的8项产品获得国家绿色食品标志使用权。

五、代码发证

1993—1996年，根据国务院《关于企事业单位和社会团体统一代码标识制度的决定》，县标准计量所办理全县企事业单位和社会团体统一代码申领工作。共发证1557家，其中行政事业单位560家、社团37家、企业960家。1997—2001年，办理代码证书593家，换证664家，对部分企业进行年审。2002年，推广代码电子副本（IC卡）应用，累计办理组织机构代码2163家。2003年8月，县组织机构统一代码办公室进驻县行政服务中心，当年办理代码证811家。2008年，全县累计办理组织机构代码证3884家。

六、条形码推广

1993年，大田县阿佳绿色食品厂的“阿佳苦菜”首家使用条形码。1994年、1997年，“一通牌绞股蓝茶”和“绿馨牌大田烤兔”使用条形码标志。2002年，有办理条形码企业共7家、11项。2008年，全县共有25家企业申请注册条形码25项。

第五节　特种设备监察

一、特种设备管理

1993年，县劳动部门继续对锅炉、压力容器、电梯、起重机械等特种设备安全进行监察，办理锅炉登记22台、压力容器30台、起重机械25台。至1999年，共检验起重机械136台次、压力容器121台次，审查锅炉房18座、锅炉内外部检验188台，发出安全监察意见书1097条，验收新安装和修理锅炉35台，强制拆除土制锅炉39台，限时报废4台；检查液化气经营点65个，取缔非法经营点3个，检验钢瓶2326只，查处超期充装钢瓶275只。

2000年7—12月，县质监局行使特种设备安全监察职能，定检锅炉、压力容器各50台，起重设备30台，运行锅炉外部检验21台，验收新安装锅炉13台，修理3台；检验液化气钢瓶3900只，取缔非法经营点3个。随着经济发展、设备完善，特种设备增多，2001年，开展特种设备普查，建立数据库，检查特种设备使用单位102家，查处违法行为4起，取缔土制锅炉2台、压力容器1台，拆除不合格升降机1台。2002年，特种设备普查整治通过市质监局验收；全县特种设备使用单位170个，锅炉104台、压力容器242台（在用145台）、电梯3部、起重机械81台、厂内机动车21台，全部办理注册登记和使用证。2000—2003年，发出安全监察意见通知书194份，责令整改通知书13份。

2004年，福塘米粉加工区集中使用小型锅炉监管模式在全市质监系统推广。2005—2006年，县质监局要求30家使用单位签订《特种设备使用安全承诺书》，实行隐患设备黄牌警示监控机制，9家企业14台设备被“黄牌”警示，封存45台，收回使用登记证；查处违规使用特种设备3起，处罚2万元，全年无安全事故；94家企业在用设备均在监控状态。2007年，实行使用特种设备数量和安全状况、作业人员数量和持证情况、管理制度和实施情况“三确认”制度，“三确认”实施单位138家，覆盖率64.6%。在全市率先开展无需停产安全阀在线检查，现场校验米粉加工作坊锅炉16台、安全阀19个。整治非煤矿山土制桅杆起重机械，县政府下文依法关闭未取得安全许可的采沙场17家。2008年，开展“隐患治理年”活动，在全市率先开展锅炉水处理工作，水质监测57家，监察企业156家，发出安全监察指令书29份，发现隐患509条，整改率98.23%。与6家重点企业签订安全责任状，保持安全无事故；规范工业气瓶充装使用行为；对冶金起重机械调查摸底，落实整改。

1993—2008年，取缔土制锅炉65台、土制起重设备4台、压力容器6台，强制报废锅炉12台、起重设备3台。查处违法违规使用特种设备案件52起，处罚20.71万元。

二、作业人员培训

1993—1999年，县劳动部门实行锅炉、起重设备作业和管理人员培训、复审；举办司炉工、起重设备作业安全培训27期、1235人参训，作业人员持证上岗。

2000年起，特种设备作业和管理人员由县质监局进行培训。至2003年，举办各类培训3期、参加180人次。2004年，举办乡镇分管领导、特种设备使用单位负责人及操作人员取证和复审培训3期、166人。2005年，举办锅炉操作人员培训1期，70人取得司炉证、41人取得水处理证。2006—2007年，举办特种设备人员培训 6 期，255 人参加培训和复审取证考试。2008 年，安全管理人员和起重设备操作人员取证复审培训各 2 期，110 个单位的安全员 110 人取得资格证书，86 人取得起重设备操作员证。

第七章 安全生产监督

1993—2001 年，县委、县政府坚持经济发展与安全生产“两手抓、两手硬”，实行安全生产目标管理责任制度。全县工矿企业安全生产由县劳动局安全生产监察股管理，道路交通、消防分别由县交警大队、消防大队管理。县安全生产委员会（简称县安委会）贯彻安全生产有关法律法规，加强安全生产培训，加大安全生产整治和监管力度。2002 年，由县安全生产监督管理局（简称县安监局）进行矿山、危险化学品安全监管，对道路交通、消防、建筑、公共场所等生产安全进行综合监管。2004 年，乡镇政府、县直单列考核单位成立安全生产管理机构 42 个，配备专（兼）职安全生产管理人员 136 人。全县工矿商贸企业均相应成立安全生产管理机构，每个企业配备专兼职安全生产管理人员 3 人—5 人。2008 年，全县专（兼）职安全生产管理人员 1763 人。亿元生产总值（GDP）生产安全事故死亡率 1.25（1/ 亿），比 1993 年下降 2.71。1993—2008 年，全县筹集投入矿山整改资金 1.32 亿元。

第一节 机构

一、安全生产委员会

1993 年，县政府调整充实大田县安全生产委员会成员，由县直 24 个有关单位领导组成，分管副县长任主任，下设办公室（简称县安办），挂靠县劳动局，编制 3 人，负责安全生产日常工作的协调。2002 年，县安办挂靠县安监局。1993—2008 年，县安委会领导及成员随人员变动及时调整。

二、县安全生产监督管理局

2002 年 1 月，成立大田县安全生产监督管理局（简称县安监局），副科级单位，内设办公室、矿山安全监察和企业安全股、公共安全监督管理股，行政、事业编制各 3 人。对外加挂县安办牌子。2008 年，县安监局升格为正科级单位，内设股室、编制不变，增设安全生产执法大队（股级，参照公务员管理），编制 5 人，重大危险源监控中心（股级事业单位），编制 2 人。

第二节 安全生产宣传培训

一、安全生产宣传

（一）法律法规宣传

1993 年，县安全生产管理部门宣传《中华人民共和国矿山安全法》《中华人民共和国道路交通管理条例》等法律、法规。1995 年，开展《福建省消防条例》宣传。1998 年 9 月，宣传《中华人民共和国消防法》。2000 年，宣传《中华人民共和国安全生产法》。2004 年，宣传贯彻国务院《关于进一步加强安全生产工作的决定》和中央、省、市有关安全工作会议精神。1993—2008 年，利用广播、电视、专栏、标语、宣传车和学生“带法回家”等多种形式，广泛宣传安全生产法律法规，印发安全生产法律法规汇编 3.4 万册，宣传材料 17.2 万份，受教育 26.3 万人次。

（二）安全生产月活动

1993—2001 年，县安委会每年 5 月开展一次“安全生产周”活动，在矿山等事故多发企业主要通道口悬挂永久性安全标志牌。2002 年起，每年 6 月，县安委会组织相关部门开展“安全生产月”活动，并在城关东街口开展“安全生产月咨询日活动”。2003 年，县总工会组织企业开展“安康杯”安全知识竞赛活动，举办安全生产讲座、座谈会和预防事故演练等。2007 年， 14 家水泥企业在太华水泥厂举行安全生产座谈会，岩城水泥有限公司领导作安全生产管理经验介绍。1993—2008 年，全县累计举办观看安全警示宣传光盘、演讲，参加座谈会、《中华人民共和国安全生产法》知识竞赛、预防事故演练等 204 场次，受教育 28 万余人次。

二、安全生产培训

（一）安全生产技能培训

1993—1996 年，县安全生产管理部门联合公安、煤炭、建材、矿管等部门，每年对工矿企业、危险化学品领域等及各种特种作业人员进行安全操作、岗位技能培训，经考核合格，取得资格证书方可上岗作业。全县举办电工、焊工、起重工等安全技术培训 24 期，考核合格 411 人；特种作业人员培训复审合格持证上岗 536 人。

1997—1998 年，培训司炉员 1 期、71 人，营运性运输驾驶员培训、技术等级考核合格 1461 人。1999—2002 年，复审培训水泥窑看火工 128 人、电工 135 人、锅炉安全操作工 36 人、特种作业人员 559 人、井下工安全技能培训 1386 人，其他有关安全生产及《中华人民共和国安全生产法》培训 1694 人；司炉人员参加市锅炉培训班培训 5 人。2003 年，民爆物品爆破、安全、押运、保管“四员”培训 13 期、1300 人参加，特种作业人员培训 13 期、1390 人参加；危险化学品从业人员安全上岗资格培训 1 期、32 人。

2004—2008 年，重点对特种作业人员和新工人培训，共举办特种作业人员培训 71 期、7338 人，民爆行业“四员”培训 40 期、5920 人。其间，2006 年参加龙岩学院煤矿专业技术知识培训 2 批、64 人。

（二）安全管理资格培训

1993—1996 年，实行安全管理人员安全资格证制度，组织矿山矿长安全资格培训 8 期，矿长、安全员受训领证 224 人，复审 88 人；特种作业人员复审 732 人。2000—2002 年，矿长安全资格培训 2 期、92 人。2003 年，组织乡镇长等 30 人参加省安全生产管理培训。2004 年，组织重点矿山乡镇长及安全负责人 138 人下矿培训。2005 年，非煤矿山主要负责人培训考核，202 人取得矿长安全资格证。2006—2008 年，全县参加国家、省、市安全生产管理培训 5 期、430 人。

第三节　安全生产监管与监察

一、矿山监管

（一）煤矿安全专项整治

1993 年，县行业主管部门重点开展煤矿安全专项整治。1995 年，煤炭行业安全达到部颁标准。1997 年，关闭不具备安全生产条件的矿井 3 个。1999 年，贯彻国务院“关闭非法和布局不合理煤矿”的通知，全县关闭矿井 13 个、50 个硐和上京矿务局周边超层越界矿井 22 个。2001 年，执行国务院《关于关闭国有煤矿矿井小井和乡镇煤矿停产整顿的紧急通知》，全县乡镇煤矿 555 个生产矿井全部停产整顿；县煤炭主管部门制定《大田县煤炭行业专项整治方案》，重点整治矿井通风、防粉尘、防火、防瓦斯“一通三防”和顶板、火工品管理。至年底，完成煤炭生产许可证申报47本，恢复生产矿井312个。

2002年，经市安监部门安全评估，全县煤矿矿山均为B类。县煤炭、国土、公安部门组成联合执法队，关闭回潮矿井23个，落实率100％。2003年，打击非法盗采行为，对擅自启封生产的48个矿井，实施永久性炸封。全县有煤矿矿山安全评估证40本，其中B类36本、C类（限期整改）3本、停产整顿1本。

2004年，县成立煤矿安全专项整治领导小组，分管副县长任组长，煤炭、安监等10个单位领导为成员，办公室设在县煤炭公司。县政府下发《关于进一步加强煤矿安全生产工作意见的通知》《大田县煤矿安全整治工作方案》，县安监局、煤炭公司联合下发《大田县煤矿防治透水专项整治工作方案》。6月，在太华镇召开以防透水为重点的现场会，产煤乡镇乡镇长、各煤矿矿长，共30人参加。当年，责令停产整顿煤矿矿井18个。县安委会对11个乡镇、45个在建矿山实行风险抵押金制度，收取抵押金67.7万元，实行目标责任考核，重奖重罚。

2005年，县安监局、煤炭公司根据煤矿水患防治方案，全面调查摸底，排查水患16处，对联发煤业公司等实行水害挂牌督办8处。同时，关闭新开煤矿井21个，在4月27日《海峡资源报》第三版公布无证非法开采矿井名单。国土资源部门依法查处煤矿违法案件10起，处以罚款和没收盗采的矿产品，并重新关闭。全年年检乡镇煤矿生产许可证35本，其中合格5本、基本合格28本、不合格2本；检查45对矿井，省煤监局发给安全生产许可证38对。

2006年，县安委会下发《关于进一步加强煤炭安全生产工作的意见》。聘请有资质的设计部门进行开采设计68处，报送55处，批准36处；建设项目安全卫生设施按国家规定，与主体工程同时设计、同时施工、同时投入生产，依照“三同时”标准竣工验收6家，合格办证4家。县煤炭主管部门根据《大田县煤炭资源整合方案》，以“一矿一证，一个经济实体”的原则，对乡镇煤矿实行矿井股份整合，在股份整合到位的基础上，适时进行煤炭资源整合。当年，关闭未取得安全生产许可证矿井129个；对不具备安全生产条件、整改无望的矿山，提请县政府关闭取缔33个，全县煤矿整合成36对矿井。

2007年，联发、丰源、建设东井田、鲤鱼坑、文江、太华钧潭、奇韬小溪洋等7个矿区列为重点水患防治矿区，编制防治水工作方案挂牌督办。当年，35对矿井改板车运输为轨道运输有11对；全县煤矿百万吨死亡率1.54。2008年，取缔非法开采小煤窑矿井15个，矿山整治合格率100%，煤矿百万吨死亡率2.5。

（二）非煤矿山安全生产整治

1993年，县域内非煤矿山主要有冶金化学矿、石灰石、铅锌、石材等，共有矿井（点）231个。县政府进行矿业秩序整顿，至1996年，吊销逾期不年检的采矿许可证28本，封闭矿井（点）26个。1997年，安全生产管理部门建议停产整顿矿井（点）26个。2000年，聘请省建材设计院对3个井下采矿硐进行规划设计。

2002年8月，矿业集团公司根据国家安监局等六部门《关于加强非煤矿山安全整治工作的意见》和省、市实施方案，调查、审核全县160个采矿点，按照“科学规划、合理布局、取缔违法、淘汰落后、规模生产、集中选矿”的要求，聘请省冶金设计院对全县非煤矿山进行规划设计41处，关闭取缔矿井（点）63个。2003年，关闭矿点27个，取缔整改无望矿山企业1家，注销采矿权。初步安全评估采矿证35本、采矿点80个。委托省建材设计院对主要矿山进行规划设计61处，通过省、市安监部门劳动安全评审33处。当年，非煤矿山安全评估证62本，其中B类8本、C类46本、需停产整顿8本。

2004年，对C、D类非煤矿山安全评估，提出整改意见，明确责任人员和目标，限期整改。2005年，冶金化学矿非煤矿山通过安全评估占80%，向省安监局申领矿山安全生产许可证6本。当年非煤矿山纳入“三同时”建设81处。

2007年，安监部门制定《大田县非煤露天矿山安全专项治理工作方案》《大田县尾矿库整治行动工作方案》和《大田县金属、非金属地下矿山机械通风专项治理工作方案》，强制推行矿井机械通风和露天矿山中深孔爆破及尾矿库安全监管、监控，责令3对矿井停产。2008年，清理检查全县尾矿库44座，整改病库16座、险库4座，县政府挂牌督办重大安全隐患尾矿库1座。全县尾矿库建立安全生产电子档案，形成县、乡镇、企业联动监控网络。

二、危险化学品监管

1993—1996年，县安全生产管理部门执行国务院《危险化学品管理条例》，公安部门对炸药、烟花爆竹、液化石油气的加工、运输、销售、储存等进行安全整治，加强日常检查，民爆物品使用由公安部门审批，设立“四员”持证上岗。县、乡镇政府分别与民爆物品使用单位签订“爆炸物品安全管理责任状”。1997年，安全生产管理部门严禁无厂名、无厂址、无合格证“三无”产品卡式炉具销售，公安部门查处违反烟花爆竹管理规定案7起，收缴烟花爆竹5000万响。1998年，太华、上京、建设、广平、奇韬等镇和上京矿务局建立民爆物品管理站，加强民爆物品管理。1999—2000年，实行民爆物品“严管、严查、严处”措施和涉爆案件倒查制，查处违反民爆物品管理案188起、229人。2001年12月，县政府专题会议决定，将永丰民爆器材专卖有限公司火工库由福塘门后坑迁建至石牌镇马山村。2002—2004年，公安部门开展缉爆行动23次，清查爆炸物品、烟花爆竹储存使用、销售网点420处，吊销许可证2本，捣毁烟花爆竹地下作坊3家，查处违反民爆物品管理案件206起，处罚532人，其中治安拘留78人，收缴炸药243.25公斤、雷管402发、导火索570米、鞭炮1105万响、黑火药10公斤。

2005年，34家危险化学品生产、经营、使用、储存单位取得许可证27家，迁建3家，整改、关闭各2家。2006年，安监部门组织从事危险化学品经营单位和企业学习国家安监总局《危险化学品管理条例》，取得经营许可证50家，无证经营关闭100%。2007年，制定危险化学品应急救援预案、专项整治实施方案，隐患整改率100%。从事危险化学品经营点52家，全部取得许可证。查处违反危爆管理案23起，治安拘留22人。2008年，安监部门结合安全许可，清理整顿危险化学品企业，推进危险化学品生产储存企业安全标准化建设，加强和规范油气站的安全管理；交通部门抓好危险化学品运输过程的安全整治，加强大型项目试运转安全监管。当年，检查危险化学品有关企业57家，发现安全隐患126条，整改率100%。

三、其他行业监管

1993—1996年，全县组织安全生产大检查18次，开展专项行动，扣留无牌无证机动车98辆，治安拘留无证驾车91人。同时，贯彻公安部等11个部门《关于开展公共聚集场所消防安全专项治理工作的实施意见》，以防火、灭火为中心，开展校园、医院、娱乐业等人员密集场所安全出口，疏散通道专项治理。1998年，开展农用运输车客运专项整治，查获违章车辆21辆，补征交通规费2300元，罚款1600元。1999年，建筑业开展“百日安全无事故活动”，县供电公司层层签订“安全生产责任状”。2001年，成立水上交通安全整治领导小组，制定《关于整治全县水上交通安全工作实施方案》，强制拆除无船名船号、无船舶证书、无船港籍的“三无”船舶螺旋桨7艘。

2002—2003年，县安监局对交通、消防、建筑、电力、特种设备及公共聚集场所实施综合监管，督查各主管部门和企业加强安全生产管理。交警部门销毁柴油三轮车（简称柴三机）55辆，强制报废农用车16辆，强制拆除水上排筏32艘、农用船舶动机1台，查获无牌改拼装车16辆，统一解体销毁；质量监督部门取缔土制锅炉、起重设备各1台；学校列入危房改造项目82个，完成13个。

2004—2006年，对6个违反安全行为建筑施工企业、10个工程项目行政处罚1.85万元，给予2家企业实行信誉不良行为档案记录。查处消防违法行为18起，责令停产、停业、停止使用11起，共处罚款4.1万元。2007年，供电公司开展“反违章、除隐患、百日安全活动”，责任考核违章、违规

170 人次，扣发奖金 3.29 万元，实现安全生产 1503 天。岩城新市场好多多超市久拖未决的重大火灾隐患，经整改通过三明消防支队验收。2008 年，县政府挂牌督办重大火灾隐患的均溪医院和福成大酒店，经整改销号。当年，道路交通事故起数比 1993 年下降 47.91%，死亡 44 人，万车死亡率 5.65。

四、安全监察

1993—1996 年，县劳动局安全监察股按照三明市工业企业劳动和矿山安全卫生监察要求，监察企业 524 家次，发监察意见书 335 份。1997 年，国有矿山监察面 100%。1999 年，取缔福塘村土制锅炉 17 台。2000 年，提请县政府责令关闭不符合安全生产条件、整改有困难的非金属矿 10 个、工作面 1 个。2001 年，监察各类企业 47 家，整改率 91.6%，其中矿山企业 31 家。2002—2003 年，安监部门发危化物品整改通知书 36 份，取缔液化气非法经营点 3 家。2004 年，发监察指令书 140 份，对违法、违章作业单位和个人处罚 21.2 万元。2006 年，重点开展煤矿专项督查和定期监察，对违法违章行为处罚 23.8 万元。2007 年，发现特种设备重大安全隐患 5 台，立案查处 7 起，处罚 5.3 万元。2008 年，清理检查尾矿库 44 座，发整改指令书 35 份。

五、事故与处理

（一）各类生产安全事故

1993 年，全县各类生产安全事故 277 起，死亡 27 人，亿元生产总值（GDP）生产安全事故死亡率 3.96。2000 年，各类生产安全事故 651 起，死亡 61 人。2005 年，道路交通事故 197 起，死亡 57 人，分别占各类生产安全事故 90.37%、81.43%。2008 年，工矿企业生产安全事故 13 起，死亡 13 人。1993—2008 年，全县各类生产安全事故累计 5318 起，死亡 959 人、伤 4485 人，其中，道路交通事故 4995 起，占各类事故 93.93%，死亡 738 人，占事故死亡人数 76.96%，伤 4452 人，占各类事故 99.26%。

（二）事故处理

1993—2001 年，工矿商贸企业生产安全事故由劳动局会同检察、工会、行业主管部门及企业有关人员组成事故调查组，按照原因分析不清不放过，事故责任者和群众没有受到教育不放过，没有采取切实可行的防范措施不放过的“三不放过”原则，调查、分析事故原因、责任、提出处理意见，并报县政府或市劳动安全监察部门批复。2002 年起，工矿商贸企业生产安全事故由县安监局会同监察、公安、工会、行业主管部门及邀请检察院派员参加组成事故调查组，对生产安全事故进行查处。2007 年 6 月 1 日，依国务院《生产安全事故报告和调查处理条例》，生产安全事故按照事故原因未查明不放过、责任人未处理不放过、整改措施未落实不放过、有关人员未受到教育不放过的“四不放过”原则进行查处，造成 3 人以下死亡，或者 10 人— 50 人重伤，或者 1000 万元—5000 万元直接经济损失的一般生产安全事故，除煤矿调查情况及处理意见报省煤监局批复外，其他的报县政府批复。1993—2008 年，工矿商贸企业、道路交通生产安全事故责任人累计被治安拘留 196 人，追究刑责 319 人，其中道路交通事故 295 人。处开除留用、撤销职务等党政纪处分 22 人，经济处罚 303.84 万元。

1993—2008 年大田县各类生产安全事故情况表

表 15-6

年份	事故总数				其中 工矿企业				其中 道路交通				其中 消防				结案率（%）
	起数	死亡（人）	伤（人）	经济损失（万元）	起数	死亡（人）	伤（人）	经济损失（万元）	起数	死亡（人）	伤（人）	经济损失（万元）	起数	死亡（人）	伤（人）	经济损失（万元）	
1993	277	27	57	80.0	10	7	3	—	263	20	54	54.1	4	0	0	25.9	100.0
1994	129	33	44	70.6	19	18	2	—	107	15	42	62.8	3	0	0	7.8	100.0
1995	172	73	155	63.9	12	16	0	—	157	57	155	55.0	3	0	0	8.9	100.0
1996	471	78	199	146.7	13	24	5	—	448	51	194	92.3	10	3	0	54.4	100.0
1997	370	59	340	140.9	6	11	0	—	359	48	340	140.9	5	0	0	—	100.0
1998	400	64	318	211.9	12	11	3	—	374	52	314	186.5	14	1	1	25.4	100.0
1999	520	58	298	244.8	11	11	0	—	495	42	298	220.8	14	5	0	24.0	100.0
2000	651	61	466	220.1	8	8	2	—	625	51	463	168.5	18	2	1	51.6	100.0
2001	405	55	416	250.1	7	10	3	—	386	45	413	198.5	12	0	0	51.6	100.0
2002	440	72	423	274.8	10	12	2	—	420	59	421	232.5	10	1	0	42.3	86.7
2003	410	61	371	239.7	15	19	0	—	382	42	371	206.0	13	0	0	33.7	97.7
2004	297	67	347	281.4	11	11	0	179.4	273	55	347	78.1	13	1	0	23.9	96.0
2005	218	70	405	481.1	13	13	2	291.6	197	57	401	158.0	8	0	2	31.5	100.0
2006	203	65	234	431.3	11	12	2	284.4	189	53	232	48.9	3	0	0	98.0	100.0
2007	198	57	231	371.9	7	10	1	300.0	183	47	230	48.9	8	0	0	23.0	100.0
2008	157	59	181	80.1	13	13	4	23.0	137	44	177	42.5	7	2	0	14.6	100.0
合计	5318	959	4485	3589.3	178	206	29	1078.4	4995	738	4452	1994.3	145	15	4	516.6	—

说明：1993—2003 年工矿企业事故经济损失未作统计

第四节 安全生产经费

一、经费筹集

1993—2001年，根据国务院、省出台的法律法规和政策措施，全县加大资金筹集力度，致力改善安全生产条件，共筹集5123万元。2002年，中小学校纳入中央危房改造项目12个，省、市补助308万元，县筹81.2万元，乡镇190万元。2003年，县政府出台《大田县石灰石矿山安全整治专项资金提取和使用管理暂行规定》，每吨石灰石从开发金、维简费中各提取0.5元，作为矿山安全整治专项资金，在安监局设立专户，当年筹集43.5万元。

2005年，县政府转发县煤行办、安监局《关于乡镇煤矿煤炭生产安全费用和维简费提取、使用及监督管理规定的通知》，从专项资金提取煤矿安全整治资金300万元。同时，实行煤矿安全生产风险抵押金制度，共收取抵押金810万元，由县财政设立专户，单独核算，专款专用。用于处理煤矿企业重、特大生产安全事故的指挥、抢险、救灾工作费用和死亡事故的善后处理等相关费用支出。1993—2008年，全县累计筹集安全生产专项经费1.63亿元。

二、经费投入

1993—1995年，全县各行业增加安全生产资金投入，各企业更新安全技术装备、器材、仪器、仪表以及其他安全设施投入资金共2590万元。1996—2001年，全县安全生产投入2533万元。

2002年，12所学校危改项目投入资金579.2万元，当年完工项目8个；全县投入矿山设计费用80万元，矿山整改资金600万元，矿井改造资金1500万元。2003年，投入煤矿专项整治资金300万元，产煤乡镇、矿主投入矿井改造资金2000万元；43所学校纳入中央危改项目15个，自改项目28个，省、市、县投入资金802万元，当年完工项目13个。2004年，县安监部门拨付石灰石矿山安全整治专项资金22.5万元。

2005年，全县投入煤矿企业整改资金3000万元，9个产煤乡镇打击非法盗采投入30万元、巡查经费200万元；市公路局浇筑公路防撞墙7处、150万元。2006年，非煤矿山整治投入资金2000万元。2007年，煤矿“一通三防”和顶板管理投入资金2600万元。1993—2008年，全县累计投入矿山整改资金1.32亿元，学校危房改造1381.2万元。

卷十六 中共大田县地方组织

第一章 组织机构

第一节 中共大田县委

一、县委常委会组成

1993 年底，中共大田县委（简称县委）第七届常委 9 人，其中书记 1 人、副书记 3 人。1994 年 4 月 11 日，县委八届一次全委会选举常委 8 人，吴根发任书记，郑国仁、林昌源任副书记。1994 年 6 月至 1998 年 9 月，调整书记 2 人、副书记 8 人、常委 6 人。1996 年 4 月郑国仁任书记、1998 年 9 月，黄作文任书记。

1998 年 12 月 7 日，县委九届一次全委会选举常委 12 人，黄作文任书记，林梁儿、郑新聪、阎伟强、潘乙凡、黄少春任副书记。1999 年 4 月至 2003 年 2 月，调整书记 1 人、副书记 4 人、常委 7 人，2003 年 2 月，林梁儿任书记。

2003 年 11 月 28 日，县委十届一次全委会选举常委 11 人，林梁儿任书记，赵荣生、林青旺、张清水、肖长根任副书记。2004 年 5 月至 2005 年 4 月，调整副书记、常委各 2 人。

2006 年 6 月 26 日，县委十一届一次全委会选举常委 11 人，林梁儿任书记，赵荣生、肖长根、陈汉良任副书记。2006 年 6 月至 2007 年 8 月，调整书记、副书记各 1 人，常委 2 人。2007 年 8 月，赵荣生任书记。

1993—2008 年中共大田县委历任书记、副书记、常委名录

表 16-1

届次	职 务	姓 名	籍 贯	任职时间
第七届（1990.12—1994.1）	书 记	吴根发	福建厦门	1992.11—1994.1
	副书记	何清和	福建建宁	1990.3—1993.10
		郑国仁	福建福清	1993.10—1994.1
		方敬如	福建福清	1990.7—1993.6
		杨颂东	浙江诸暨	1992.11—1993.10
		林昌源	福建沙县	1993.4—1994.1
		吴俊慰	福建泉州	1993.10—1993.12

续表 16-1

届次	职　务	姓 名	籍 贯	任职时间
第七届（1990.12—1994.1）	常　委	黄道光	福建尤溪	1990.12—1993.12
		方初海	大田奇韬	1990.12—1993.10
		施晓敏	浙江义乌	1991.1—1994.1
		黄少春	广东蕉岭	1991.5—1994.1
		柳传金	大田均溪	1991.1—1994.1
		陈　欢	福建闽清	1993.12—1994.1
第八届（1994.1—1998.12）	书　记	吴根发	福建厦门	1994.1—1996.2
		郑国仁	福建福清	1996.2—1997.12
		黄作文	福建上杭	1998.9—1998.12
	副书记	郑国仁	福建福清	1994.1—1996.2
		林昌源	福建沙县	1994.1—1996.2
		黄　慧	福建闽清	1994.6—1996.8
		阎伟强	吉林集安	1996.4—1998.12
		杨光祺	福建晋江	1996.3—1998.9
		周隆超	福建永春	1996.8—1998.8
		洪华堂	福建沙县	1997.2—1998.2
		潘乙凡	福建南安	1998.6—1998.12（挂职）
		林梁儿	福建沙县	1998.9—1998.12
		郑新聪	福建仙游	1998.9—1998.12
	常　委	施晓敏	浙江义乌	1994.1—1996.5
		柳传金	大田均溪	1991.1—1998.12
		黄少春	广东蕉岭	1994.1—1998.12
		陈　欢	福建闽清	1994.1—1996.5
		江　华	福建长汀	1994.1—1996.5
		宋　坚	浙江杭州	1996.6—1998.12
		林青旺	大田广平	1996.6—1998.12
		黄国城	福建尤溪	1996.8—1998.12
		周茂燕	福建尤溪	1996.8—1998.12
		余真华	大田文江	1998.8—1998.12
		杨玉钗（女）	福建闽侯	1998.10—1998.12
第九届（1998.12—2003.11）	书　记	黄作文	福建上杭	1998.12—2003.2
		林梁儿	福建沙县	2003.2—2003.12

续表 16-1

届次	职　务	姓 名	籍 贯	任职时间
第九届（1998.12—2003.11）	副书记	林梁儿	福建沙县	1998.11—2003.2
		郑新聪	福建仙游	1998.12—2001.2
		阎伟强	吉林集安	1998.12—2001.11
		黄少春	广东蕉岭	1998.12—2003.2
		宋 坚	浙江杭州	2001.2—2003.11
		林青旺	大田广平	2001.12—2003.11
		潘乙凡	福建南安	1998.12—1999.4（挂职）
		赵荣生	福建安溪	2002.6—2003.11
	常　委	宋 坚	浙江杭州	1998.12—2001.1
		林青旺	大田广平	1998.12—2001.11
		黄国城	福建尤溪	1998.12—2001.8
		周茂燕	福建尤溪	1998.12—2001.4
		余真华	大田文江	1998.12—2001.8
		杨玉钗（女）	福建闽侯	1998.12—2003.9
		刘尔法	江西瑞金	2001.6—2002.6
		陈志伟	福建惠安	2002.6—2003.11
		章正样	福建漳平	2002.8— 2003.11（挂职）
		邓善存	福建三元	2001.8—2003.11
		熊旭明	福建长汀	2001.8—2003.11
第十届（2003.11—2006.6）	书记	林梁儿	福建沙县	2003.11—2006.6
	副书记	赵荣生	福建安溪	2003.11—2006.6
		林青旺	福建大田	2003.11—2005.1
		张清水	福建仙游	2003.11—2006.6
		肖长根	四川威远	2003.11—2006.6
		陈汉良	福建惠安	2005.4—2006.6
	常委	陈汉良	福建惠安	2003.11—2005.4
		江 涛	福建沙县	2003.11—2006.6
		邓善存	福建三元	2003.11—2006.6
		熊旭明	福建长汀	2003.11—2006.6
		陈志伟	福建惠安	2003.11—2004.5
		章正样	福建漳平	2003-11—2004.9（挂职）
		罗 星（女）	福建尤溪	2003-11—2006.6
		陈祥治	福建尤溪	2004-05—2006.6
		张英跃	大田广平	2005-12—2006.6

续表 16-1

届次	职　务	姓 名	籍 贯	任职时间
第十一届（2006.6—　　）	书记	林梁儿	福建沙县	2006.6—2007.8
		赵荣生	福建安溪	2007.8—
	副书记	赵荣生	福建安溪	2006.6—2007.8
		肖长根	四川威远	2006.6—
		陈汉良	福建惠安	2006.6—
		张清水	福建仙游	2006.6—2006.6
	常委	江 涛	福建沙县	2006.6—2007.1
		邓善存	福建三元	2006.6—
		熊旭明	福建长汀	2006.6—
		罗 星（女）	福建尤溪	2006.6—
		陈祥治	福建尤溪	2006.6—2007.8
		张英跃	大田广平	2006.6—
		黄金伙	福建泉州	2006.6—
		赵德胜	江苏赣榆	2007.1—
		王福校	山东平度	2007.8—

二、工作机构

1993 年，县委工作机构有县委办（含机要局、政改办、政策研究室）、组织部、宣传部（含县委报道组）、统战部、县委党校、台湾事务办公室、老干局、县直机关党委、政法委、综治委办公室、农村工作部、党史研究室。

1997 年，党政机构改革，机要局、政策研究室、台湾事务办公室并入县委办，统战部加挂宗教局牌子，政法委与综治委办公室合署，精神文明委员会改为党委机构系列，更名为精神文明办公室，归口宣传部管理，老干部局归口组织部管理，档案局与档案馆合并，改为县委直属事业单位，保留档案局牌子。农村工作部改为县委农村工作领导小组办公室。

1999 年，县直机关党委更名为县直机关工作委员会（简称党工委），大田县机构编制委员会（原县政府系列）更名为中共大田县委编制委员会，下设办公室（与人事局合署），划归县委系列。

2002 年，党政机构再次改革，县委办加挂保密委员会办公室、台湾事务办公室牌子，统战部加挂民族与宗教事务局牌子，组建信访局，由县委办、政府办管理。

2005 年 11 月，成立中共大田县教育工作委员会，为县委派出机构。2008 年，保留 2005 年的工作机构。

第二节　中共大田县纪律检查委员会

一、纪委常委会组成

1993 年底，县纪委常委 11 人，其中书记 1 人，副书记 2 人。1994 年 1 月 11 日，县纪委八届一次全委会选举县纪委常委 7 人，其中，施晓敏任书记，副书记 2 人。1998 年 12 月 7 日，县纪委九届一次全委会选举县纪委常委9人，其中，宋坚任书记，副书记2人。2003年11月28日，县纪委十届一次全委会选举县纪委常委9人，其中，张清水任书记，副书记3人。2006年6月28日，县纪委十一届一次全委会选举县纪委常委9人，其中，黄金伙任书记，副书记3人。

二、工作机构

1993年4月，县纪委与县监察局合署办公，实行一套工作机构、履行党的纪律检查与行政监察两项职能的体制，设办公室、纪检监察室、案件审理室、信访室、执法监察室、宣传教育室、党风廉政建设室等7个室。在18个乡镇和宣教系统、公安局、林委、经委、农委、财委、文明委、前峰（集团）公司、电力（集团）公司、岩城（集团）公司、煤炭（集团）公司设立纪律监察委员会29个，在法院、检察院、农行成立纪律检查小组。

1998年，全县设39个基层纪委、42个监察室和2个派驻纪检组。

2002年，县纪委、监察局增设纠正行业不正之风工作室，县政府纠风办、效能办（投诉中心）挂靠在县纪委、监察局。

2008年，县纪委、监察局仍设8个室。基层纪委33个、派驻纪检组3个。在17个部门、单位设立监察室。

第二章　重要会议与重大决策

第一节　重要会议

一、党员代表大会

（一）中共大田县第八次代表大会

1994年1月8—10日，在县影剧院（下同）召开，代表203人、出席198人，列席代表114人，特邀代表4人，共316人。大会听取和审议吴根发代表第七届县委所作的《抓住机遇，加快发展，不断开创大田两个文明建设的新局面》工作报告、施晓敏代表县纪委所作的工作报告，并通过各项决议。大会选举产生第八届县委委员24人，候补委员4人，纪律检查委员会委员15人。

（二）中共大田县第九次代表大会

1998年12月6—7日召开，代表270人、出席268人。大会听取和审议黄作文代表第八届县委所作的《坚定信心鼓实劲，励精图治创新业，为实现大田跨世纪战略目标而努力奋斗》工作报告、宋坚代表县纪委所作的工作报告，并通过各项决议。大会选举产生第九届县委委员28人，候补委员5人，县纪委委员15人。

（三）中共大田县第十次代表大会

2003年11月26—28日召开，出席代表282人，列席代表144人。大会听取和审议林梁儿代表第九届县委作的《与时俱进谋发展，奋发有为创新业，为推进大田全面建设小康社会而努力奋斗》工作报告、张清水代表县纪委作的工作报告，并通各项决议。大会选举产生第十届县委委员30人，候补委员5人，县纪委委员19人。

（四）中共大田县委第十一次代表大会

2006年6月26—28日召开，出席代表290人，列席134人。会议听取和审议林梁儿代表县委作的《开拓创新谋发展，真抓实干谱新篇，为加快推进社会主义新农村建设而努力奋斗》工作报告、黄金伙所作《纪委工作报告》，并通各项决议；会议选举产生第十一届县委委员29人、候补委员5人、县纪委委员23人和出席三明市党代会代表。

二、县委全委（扩大）会

（一）第八届委员会

1994—1996年，县委召开全委会8次。其中，八届二次全委会议，讨论修改《关于贯彻落实〈中共中央关于加强党的建设几个重大问题的决定〉的实施意见》；八届三至五次全委会，分别通过《关于召开中共大田县第五次代表大会的决定》和议程安排建议及选举办法（草案）、《关于召开中共大田县代表大会的决议》，确定吴根发为出席省第六次党代会代表候选人初步人选；八届六次全委会确定出席市党代会代表候选人预备人选；八届七至九次全委会议，分别讨论、审议通过《关于制订大田县国民经济和社会发展"九五"计划和2010年远景目标的建议》《关于进一步加强党的建设的决议》《关于大田县"九五"期间社会主义精神文明建设规划的决议（草案）》。

1997—1998年，县委召开全委会7次。其中，八届十次、十一次全委会分别审议通过推荐三明市出席中共十五大代表候选人名单和县出席省党代会代表候选人推荐名单、县出席市党代会代表预备人选名单及召开县党代会的决议（草案）、代表选举办法（草案）；八届十二至十六次全委会，分别讨论通过《关于依法治县的决定》《关于召开中共大田县第九次代表大会的决定》，审议通过十五次全委会决议，通过第九次党代会有关文件。

（二）第九届委员会

1999—2000年，县委召开全委会4次。其中，九届二、三、四次全委会议，分别审议通过《关于加快国有企业改革和发展的决议》、第三次全会决议草案及《关于制订国民经济和社会发展第十个五年计划的建议（草案）》《关于贯彻〈市委关于进一步加强党的建设若干问题的决定〉的实施意见（草案）》。

2001—2002年，县委召开全委会6次。其中，九届五至八次全委会，选举通过县出席市第六次党代会代表候选人预备人选名单，通过《关于召开中共大田县代表会议的决议（草案）》，选举县出席市党代会代表候选人预备人选，通过大田县推荐省出席中共十六大代表候选人初步人选建议名单和推荐市出席省党代会代表候选人初步人选名单；九届九次、十次全委（扩大）会议，分别传达省、市委全会精神和审议通过九次、十次全会决议。

2003年，县委召开全委会3次。其中，九届十一次全委会议传达省、市委全会及全市加快县域经济发展现场会精神，审议通过全会决议；第十二、十三次全委会分别讨论县第十次党代会筹备工作，讨论通过《县委工作报告（草案）》和十届县委、纪委候选人预备人选名单及大会相关机构成员建议名单等事项。

（三）第十届委员会

2004—2005年，县委召开全委会5次，分别审议通过《县委全体委员集体廉政承诺》、全会决议和《大田县培育和发展产业集群规划纲要》《关于贯彻〈中共中央关于党的执政能力建设的决定〉的实施意见》，部署共产党员先进性教育活动和工业项目区建设及林权制度改革与发展等工作，审议通过《第十一个五年规划的建议（草案）》。

2006年4月、6月，县委先后召开第六次全委会和第七次全委（扩大）会议，分别审议通过《关于召开中共大田县第十一次代表大会决议草案的说明》，选举出席市第七次党代会代表候选人预备人选。

（四）第十一届委员会

2006年8月、9月，县委召开十一届第二次、三次全委（扩大）会议，分别讨论《大田县社会主义新农村建设五年规划纲要（讨论稿）》和审议通过全会决议，通过并推荐第七届市委委员、市纪委委员候选人初步人选。

2007—2008 年，县委召开十一届第三、四次全委会，分别审议通过《关于学习贯彻党的十七大精神的决议》和全会决议（草案），审议通过《关于推进农村改革发展的实施意见（讨论稿）》。

三、县委常委会会议与工作会议

县委常委会议不定期召开，每年召开 5 次—6 次，主要对全县经济建设、政治建设、社会建设等方面作出重大决策。

县委工作会议每年 2 月召开，主要总结上年工作、部署当年工作，表彰两个文明建设先进集体和先进个人，以及传达省、市委工作会议精神，部署全县反腐败工作及计划生育、公路建设等。其中，1993 年 9 月 10 日，县委工作会议，学习贯彻总书记江泽民关于深入开展反腐败斗争的讲话和中纪委二次全会精神。1995 年 7 月 20—23 日，传达贯彻总书记江泽民关于台湾问题的讲话和总理李鹏视察福建时的讲话精神，学习省、市领导在大田调研时的讲话精神；县委书记吴根发作《肯定成绩，找准差距，真抓实干，奋力拼搏，为全面完成今年各项工作任务而努力奋斗》的报告。

第二节 重大决策

一、经济建设

（一）发展农业与农村经济

1993 年，县委树立大农业观念，以建设社会主义新农村为目标，以“增粮增收保供给，脱贫致富奔小康”为主线，把加强农业和农村工作作为发展经济的基础，推行农业规模化、产业化经营，调整和优化农业内部结构，培育和发展支柱产业。1994 年，提出坚持把加强农业放在首位，推进农村奔小康。1997 年，下发《关于加快农村扶贫开发与小康建设的若干政策措施》，稳定和完善家庭联产承包责任制和统分结合的双层经营体制。1998 年，加强农业基础地位，发展烟、菌、菜、茶、果、竹、渔、禽、兔九项产业，重点实施 300 万只肉兔、20 万亩竹林、3 万亩反季节蔬菜的“323”工程。2003 年，建设以高山优质茶、反季节蔬菜、肉兔为主的特色农业生产基地，发展优势农业、品牌农业。2006 年，抓好新农村建设规划，改善农村生产生活条件，发展农村公共事业。制定《大田县新农村建设“五大工程”（富民、基础、素质、安居、保障）实施方案》。2007 年，围绕发展茶园 5 万亩、扩大反季节蔬菜 4 万亩，保持饲养肉兔 300 万只和种植木薯 2 万亩、毛竹 10 万亩的“54321”优势农业产业群，做大做强茶叶、淀粉、粮食转化加工业等龙头企业。2008 年，下发《关于加强农业基础设施建设促进农业发展农民增收的意见》，创新理念，以特取胜，发展现代农业，持续增加农民收入，推进社会主义新农村建设。

（二）提升工业经济

1993 年，县委七届九次全会作出以转换国有企业经营机制为突破口，深化企业改革，组建企业集团和种子队企业，采取“一厂一策”的企业管理策略，组建独资公司、有限责任公司、股份有限公司或以转让、承包、嫁接、租赁、兼并、破产等形式，建立现代企业制度。至 1994 年，组建 11 个企业集团和 5 个种子队企业，发展股份制和股份合作制企业。1995 年，重点发展水泥、煤炭、电力等支柱产业和电子、轻纺、陶瓷、机械、农副产品加工等新型产业，成为闽东南主导产品的下游加工和辅助产品生产基地。1996 年，引入企业兼并、破产机制。1997 年，以提高经济效益为中心。1998 年，以市场为导向，按照“立支柱、上规模、创名牌、增总量、促效益”的要求，壮大岩城、石凤二家建材龙头企业，抓好以水泥为主的建材业，以电力为主的能源业，以非金属矿为主的矿产业三大支柱产业；培育纺织、电子、造纸、陶瓷四个重点行业。2000 年，合成氨厂、林化厂实施破产、2001 年，一铁厂、一瓷厂实施破产。2003 年，建设以建材、矿产、能源为主的矿产资源加工转化基地和以轻纺、陶瓷、电子为主的沿海劳动密集型产业承接基地。2006 年，坚持结构调整，培育壮大建材水泥、冶铸及机械加工、轻纺服装三大产业集群，改造提高矿产品采选加工和新能源业，发展农产品加工业，引导、加快产业集聚。开发工业项目集中区 200 公顷，建设各具特色的“股份区”“专业区”，增强企业发展活力。2007 年，“突出工业、加强工业、突破工业”，调整优化工业产业结构，以产业集群为基础，改造提升传统产业，要新增规模以上工业企业 15 家、产值 7 亿元。2008 年，坚持工业打头阵，推进节能减排，经济结构优化升级，做大工业总量。

（三）加强个私经济和第三产业

1993 年，县委制定《关于鼓励发展个体私营经济暂行规定》，坚持以公有制为主体、多种经济成分共同发展的方针；颁布优惠政策，鼓励和支持发展第三产业。1998 年，提出培植经济新增长点，发展交通运输、邮电通信、城市基础设施等基础产业，加快发展商贸、金融、保险等重点产业，倾斜发展科技、教育、文化、卫生、信息、咨询、房地产、技术服务等行业和新兴产业；发展农业产前、产中、产后服务行业，抓好省道经济和城郊型经济，构筑“百公里经济繁荣带”。同年，作出《关于加快发展个体私营经济的决定》，力争三年内个体经济发展要高于全市平均水平、从业人员占全县人口由 4% 提高到 6%；成立县发展非公有制经济领导小组，县长、县政协主席分别担任组长和常务副组长，下设办公室，加强对非公有制经济组织的管理。1999 年，制定《关于鼓励扶持个私经济发展的意见》，次年，又下发“补充规定”。2006 年，制定《关于加强发展个体经济等非公有制经济若干意见（试行）》。2007—2008 年，强调要强力发展第三产业，加快发展现代服务业，实现经济结构优化升级、人与自然和谐发展。

（四）发展外向型经济

1993 年，县委制定“大中小项目一起上，港、澳、台、外都欢迎”的方针，促进外向型经济发展。1994 年，经国家外贸部批准，岩城对外贸易公司成立，并获得进出口权，自营和代理中外合资生产和“三来一补”业务。1995 年，县委召开外引内联工作会议，提出主动与闽东南实现交通、政策、发展战略、产业结构、市场、信息、技术、文化等八个方面对接，形成“优势互补，相关配套”的格局。1999 年，制定《关于鼓励外商在大田投资的特别优惠规定》。在“九五”期间敞开山门、放低门槛、改善投资环境，实现招商对象、形式、项目和主体多元化。2003 年，再次制定《关于鼓励在大田投资兴业的优惠政策的规定（试行）》，把招商引资任务分解到有关部门、单位，建立责任制，实行目标责任考核。建立项目库，组织人员参加国家、省、市招商活动。在深圳、福州、厦门、泉州等地设立办事处，作为招商引资的对外“窗口”。成立招商局和“福州・大田经济促进会”“泉州・岩城经济促进会”。制作投资指南，加大对外宣传力度。2007—2008 年，加大项目推介，重点突出工业项目区、产业集群招商，有针对性推出大项目，吸引大客商，走“以民引外、民外合璧”的新路子，多形式开展招商引资活动。

二、政治建设

（一）党的建设

1993 年，县委带领全县人民学习贯彻 1992 年邓小平南方谈话，开展思想再解放、认识再提高的讨论，提高各级党组织的执政能力。1994 年，在县第八次党代会上提出加强党的基本路线、基本纲领、基本知识教育，全体党员要树立远大的理想和共产主义信念，创建“学习型”党组织，更好地发挥领导核心作用。1997 年，开展以讲学习、讲政治、讲正气的“三讲”教育和“尽党员义务，行党员权利，为党旗增辉”为主题的党组织建设（简称党建）系列活动。1998—1999 年，抓好后进薄弱村的整治转化，选派优秀干部到后进村、薄弱村和党建示范村挂职担任党支部第一书记或村主任助理。开展机关和农村党组织“联建共创、共同发展”等活动，继续开展“实践是检验真理的唯一标准”和姓“资”、姓“社”的讨论。2001—2004 年，开展代表中国先进生产力的发展要求、代表中国先进文化的发展方向、代表最广大人民群众的根本利益“三个代表”重要思想学习教育和“党员增素质、支部增活力”活动，建立、健全农村基层组织工作机制，创建先进乡村党组织，带动致富、带民致富，建设“农村党建示范走廊”。2005—2006年，进行保持共产党员先进性教育，在农村党组织推行“征求意见、议事决策、分解立项、组织实施、考评奖惩”工作法。2007年起，加强村党组织领导核心建设，实行村干部“勤廉双述”。社区成立党建协调小组和理事会，建立党建工作联席会议制度，制定《社区党建联席会章程》《驻区单位党组织与社区党组织结对共建的若干规定》，开展“共驻共进”活动。加大力度培养非公企业党员和建立党组织，实施50人职工以上的非公企业有党员、100人以上的成立党组织计划。制定《国有和集体企业党支部工作暂行规定》《关于加强县直机关党委建设的暂行规定》《关于进一步健全基层党组织建设责任制的实施意见》，在机关党组织中开展“说到做到、说办就办”“创文明机关、当人民公仆”活动，落实党建工作责任制。2008年，实施党委和党建联席会议成员单位挂钩培育1个示范村，深化农村党群致富、和谐、平安、文明“四链”活动，构建党群致富链体539个，27个相对后进村得到整顿转化。新组建非公有制企业党组织4个、农民专业合作社党支部1个。县直机关党支部换届试行公推直选和党内直选试点。

（二）依法治县

1993年，县委在全县范围内开展依法治乡镇、治厂、治村活动。1994年，在第八次党代会提出树立“稳定压倒一切”的指导思想，打防结合、标本兼治，实行治安综合治理责任制和一票否决制，坚持依法治县。1998年，县委八届十三次全体会议作出《关于依法治县的决定》，正确处理党的领导与发扬人民民主、严格依法办事三者的关系。2000年，在县一中、上京镇开展依法治理试点。县法院增设审判监督庭，配备审判监督员。2005年，落实执法责任制、执法示范制、执法监督和执法过错、错案“两错”追究制，开展依法治校、治企、治税活动。2006—2008年，开展镇东、玉凤社区和12个新农村建设试点村的“民主法治社区”“民主法治村”创建试点，培育“民主法治社区”“民主法治村”省级3个、市级8个、县级106个。

三、社会建设

（一）科教兴县

1993年，县委坚持“自主创新、重点跨越、支撑发展、引领未来”的方针，实施“科教兴县”战略，培养科技人才，围绕基础、支柱和重点产业，研发新产品、新技术、新工艺。继续把教育放在优先发展的地位，建立“地方负责，分级管理”体制。1995年，全面启动基本普及九年义务教育、基本扫除青壮年文盲教育（简称“两基”）工作，建立各级党委、政府实施“两基”目标责任制。1996年，颁发《关于加速科学技术进步，推动经济发展的若干意见》，从7个方面加强和推动科技进步。开展教育“两基”攻坚会战。1999年，被省政府授予“两基”达标县。2000年，实施科技创新，培育和完善科技市场，加快科技成果开发和应用，发展民营科技企业。2002年，教育“两基”通过省、市政府跟踪督查。2008年，全县适龄儿童入学率99.98%，初中阶段入学率93.6%，15周岁以上青壮年文盲率为零。实施省市科技项目35项、获科技进步奖24项。1993—2008年，全县学生被各类高等院校录取1.96万人。

（二）计生“甩帽创先”

1993—1996年，县委颁发《1993年计划生育创达标的若干规定》《1995年加强计划生育的实施意见》《1996年计划生育工作意见》和《农村独生子女、二女结扎户优惠政策的补充规定》，在各乡镇配备专职计划生育领导，推行宣传教育、避孕、经常性工作“三为主”和凭证生育制度，提倡晚婚晚育、优生优育，执行实行计生“一票否决权”制度，层层签订责任状，实行奖惩措施，依法管理计划生育。1996年，甩掉“计生后进县”帽子，计划生育工作计划生育率90%以上、合格村70%以上。1997年，跨入良性轨道。1998—1999年，坚持党政一把手亲自抓负总责和现行生育政策、人口控制指标“三不变”，推行计生工作与发展农村经济、帮助群众致富奔小康、建设文明幸福家庭“三结合”，完善目标责任制。2004—2008 年，建立“依法管理、村（居）自治、优质服务、政策推动、综合治理”的工作机制，颁发《关于乡镇换届前人口与计划生育工作责任追究办法》，落实计生工作作为衡量领导干部实绩、干部选拔的重要工作之一，制定计生户奖励和扶助、救助制度。开展出生人口性别比例失调、二女户偏低综合治理，打击溺弃女婴和非法胎儿性别鉴定、终止妊娠、抱送弃婴行为。实行计生未达标乡镇、村单列管理。

（三）基础设施建设

城市建设　1993 年，县委坚持总体规划、分步实施原则，新区开发和旧城改造相结合。2003 年，提出“南进东拓北扩”“一城四片区”发展战略。2005 年，修编《大田县城总体规划》，调整原城区规划范围、城区用地扩大到周边及河流两侧一重山，面积 26.33 平方公里。2008 年，按照“打开通道、扩大规模、提升品位、集聚要素，建设闽中明珠”的思路，构筑老城区和石牌、福塘、温镇、华安“一城四片区”为主格局，老城区与石牌、华兴集镇的联接，建设山水生态型小城市。

交通　1993 年，县委实施“先行工程”。集中财力、物力，高质量、高效率抓好交通骨干工程，用 5 年时间完成省道“212”线（后改称 306 线）、305 线、307 线大田段改造。把公路建设列为“九五”“十五”“十一五”时期国民经济和社会发展计划重要战略决策并加以实施。2003 年起，全面实施乡村两级公路铺筑混凝土路面。2005 年，启动“泉三”高速公路工程建设。2008 年，重点完成“泉三”高速公路大田段。基本完成境内省道和县、乡、村公路改造。

电力　1993 年，县委鼓励和支持以股份制、股份合作制和引进外资等，建设和改造一批中小型水电站。2001 年、2006 年，分别被列入“十五”“十一五”全国农村电力化县建设示范县。其间，进行两期农村电网和一期城区电网改造，建设 35 千伏、110 千伏变电站 10 座。2008 年，优化电源结构，完善供电网络，重点建设鹤冲 220 千伏和 3 座 110 千伏变电站。

（四）精神文明建设

1993 年，县委坚持“两手抓，两手都要硬”的方针，县委精神文明建设领导小组下发《关于深化文明县城建设的意见》，规定文明建设目标、任务、内容、措施；当年，大田被评为市精神文明建设先进县城。1995 年，县委作出《关于进一步加强精神文明建设的决定》。1997 年，下发《关于开展 10 个系列 100 项群众性精神文明创建活动的通知》；当年，被省委、省政府命名为第六届省级“文明县城”。2001 年、2004 年，县人大常委会分别审议通过“九五”“十五”期间《大田县精神文明建设规划》。2008 年，强化责任、目标、考核和细化、量化管理；坚持争创省、市级文明县城，促进政治、物质、精神、社会、生态文明协调发展。

（五）生态文明建设

1993—1994 年，县委、县政府采取有力措施治理环境污染，保护自然资源，改善生态环境，合理利用土地和保护耕地，贯彻全国绿化委员会“开展争创千佳村、百佳县、十佳城市活动”，加强造林营林和森林资源保护。1996 年，提出“九五”期间建设比较完备的林业生态体系和比较发达的林业产业体系的中长期目标。1997 年，执行县长环保责任制，项目建设“三同时”制度执行率 91%。1998 年，坚持环保部门在建设项目管理中依法行使第一审批权和在创先争优中实行一票否决权的原则。开展均溪、文江河流域综合治理，水泥粉尘治理和公路两旁水土流失治理三大工程。2000 年，完善防止森林火灾、防止森林病虫害、防止乱砍滥伐行为“三防”体系，预防和乱捕滥猎野生保护动物。2002 年，编制《大田县林地保护利用总体规划》，明确划分保护区和利用区，界定生态公益林。2007 年，全面推进生态县建设，要求城区空气总质量达到国家二级标准、绿化覆盖率达 32% 以上、全县森林覆盖率达到 65.5%、水土流失率控制在 6% 以内。2008 年，开展“环保世纪行”“保护母亲河”“世界环保日”和“办绿色奥运，促节能减排，倡导生态文明，建设环境友好型社会”“拒绝白色污染，还我绿色家园”等宣传。

第三章　纪检监察

第一节　廉政教育

1993—1996年，县纪检监察机关加强党风廉政建设宣传教育，树立、宣传38个勤廉兼优先进典型，剖析22个典型案例，下发违纪案件和通报15期。每月25日通过有线电视播放党风廉政教育片，设“县委、纪委书记谈反腐倡廉”“党委书记谈反腐倡廉”“专项治理话纠风”“纠风之窗”电视节目。全县召开党风廉政报告会170场，其中基层党委、纪委召开162场次，县纪委派人到基层上廉政教育课320场次，回访受处分党员203人，召开“贤内助”专题座谈会10场，组织千名党员干部参加全国性党风廉政建设知识竞赛，副科级以上领导干部听取市纪委党政纪条规讲座800多人。

1997年，举办《中国共产党纪律处分条例》《中华人民共和国行政监察法》等知识竞赛活动，参加预赛36个队，800多人观看前6名决赛。1998年，在全县副科级以上党员干部中开展“争做廉政表率”活动。2000年，县纪委、县委组织部、宣传部联合下发《关于利用胡长清、成克杰等重大典型案件对党员干部进行警示教育的实施意见》，在县电视台开设《岩城廉风》专栏，播出《中国共产党纪律处分条例（试行）》和讲学习、讲政治、讲正气“三讲”教育活动整改内容及县内违法违纪案件。2001—2002年，在党员干部中开展党性、党纪、党风、理想、信念教育和当好“廉内助”大讨论。党员干部参加党纪条规考试847人。2003年，创办“大田廉政”网络，廉政教育网络化；轮回播放《为民书记——郑培民》《慕绥新腐败案》等7部电教片。

2004—2005年，开展党员干部“增强组织纪律观念，自觉接受监督”为主题教育活动，组织3000多名干部参观“三明市党员干部警示教育暨反腐成果展”，播放“立党为公、执政为民”等电教片63场次，学习有关党纪党规，参加党政纪条规测试2532人。创作《廉政四字歌》《咱们的老谷（谷文昌）不能忘》等廉政歌曲获市反腐倡廉歌曲三等奖和优秀奖。宣传画《腐败……》获全国首届反腐倡廉公益广告大赛平面类作品优秀奖。2006年，印发《关于构筑反腐倡廉“大宣教”工作格局实施方案》和《大田县反腐倡廉宣传教育工作责任制》。将36首倡廉歌曲、歌谱上传至邮箱开展演唱活动，县政府网站开设“党风廉政建设”专栏，上传廉政内容文章58篇。

2007年，组织科级以上干部参观“三明市反腐倡廉教育展览馆”，收看中央电视台《清理党政机关违规楼》访谈录，巡回播放以案释纪警示教育片，召开党纪国法警示教育会7场，领导干部上廉政课116场，党员干部受教育1900多人。2008年，设纪检监察宣传栏和“党风廉政建设”栏目网站及廉政格言灯箱、广告牌，发送廉政贺年片、短信，播放廉政公益广告等。颁发《大田县廉政文化示范点建设暂行标准和认定程序》《大田县“廉政文化进社区”品牌创建工作三年规划和2008年工作计划》，新培育廉政文化精品示范点3个，累计7个，举办廉政文化建设图片巡回展38场次。1993—2008年，反腐倡廉新闻稿件被《中国纪检监察》《中国监察》《福建日报》《福建方圆》《三明日报》等报刊登载482篇。

第二节　廉洁自律与专项清理

一、廉政制度建设

1993年，县委继续推行“两公开一监督”制度，党风廉政建设被列入基层党委、县直机关单位目标考评。当年起，县委和人大、政府、政协党组及基层党委每年召开两次领导干部廉洁自律专题民主生活会，进行自查自纠。1995—1996年，县纪委会同有关部门落实领导干部收入申报、礼品登记、国有企业业务招待费使用情况向职代会报告等三项制度，领导干部申报个人收入县处级100%、科级60%、国有企业82.5%；36人上交礼金2.39万元，3人拒收礼金4700元；国有企业向职代会报告业务招待费使用情况占89%。1997年，县纪委制订《大田县纪检监察工作责任目标考评办法》，实行领导干部个人重大事项报告制度，县处级100%、科级75%。1998年，推行干部下乡“吃派饭” 和村“零接待”制度，全县确定接待费财务单列单位98个，全年接待费比1997年减少188.78万元、同比下降34.91%。

1999年，县委、人大、政府、政协、纪委五套班子领导落实省纪委、监察厅《关于制止党和国家机关工作人员赠送和接受“红包”的暂行规定》，向社会书面承诺，公布举报电话，设立举报箱，立案查处科级领导3人。2000年，县纪委在农村信用社设立“581”（谐音“我不要”）廉政账户。2001年，“581”账户收到干部上交“红包”1.17万元。2002年，建立党政干部在国内交往中收受的礼金、礼品上交制度，全年上交人民币5500元、港币1000元、礼品和有价证券折人民币5000多元；取消村级接待、节支16.2万元。当年，将党风廉政建设和反腐败责任工作分解为18个大项、68个小项，使责任追究有对象，完成任务有时限，与工作目标、干部和年度考核相结合，加强监督检查和考核评比。2003年，实行提拔领导干部任前廉政知识考试；规定县直机关干部下乡一律到当地政府食堂用餐。

2004年，制定《大田县实行党风廉政建设一票否决权制暂行办法》和《中共大田县纪委领导班子成员同乡镇、县直单位党政领导谈话的暂行办法》，督查党风廉政建设情况，全年，县纪委领导同副科级以上干部任前谈话137人次、诫勉谈话15人次。2005年，建立党风廉政建设“预警告”制度，督查责令整改63项，预警告单位领导班子5个，限期整改，追究履职不力9人，其中科级干部3人，实行“一票否决”单位14个、个人6人。此法得到省、市纪委肯定，被《福建方圆》《决策参考》刊物刊登。科级领导干部述职述廉505人，县纪委对17位乡镇党委书记集体谈话1次，副科级干部任前廉政谈话13人、诫勉谈话12人。落实廉政从政各项规定，下发《关于重申严禁党员干部参与赌博的通知》，查处30人，就地免除科级干部职务1人。

2006年，将党风廉政建设责任制检查考核情况列入干部廉政档案，当年，“预警告”单位1个，责任追究干部6人，其中科级1人；“一票否决”单位9个、个人3人。县纪委印发《关于进一步落实严禁领导干部大操大办宴席切实做到勤俭节约的通知》，科级干部个人宴请报批13人。2007年，县纪委每季度向县委汇报党风廉政建设责任制落实情况，召开县直机关党风廉政建设分析会和乡镇纪委书记工作会。对县直机关和乡镇领导干部进行严禁收受“红包”、公款吃喝、参与赌博、公车私用和滥发钱物“五个严禁”督查，责任追究单位14个、领导干部1人，评优“一票否决”2人。党员对照中纪委《关于严格禁止利用职务上的便利谋取不正当利益若干规定》进行自查3565人。制订《大田县村级干部勤廉双述制度试点工作方案》，在建设镇、前坪乡试点；完善村财委托代理制度，对33个村财收入30万元以上的村重点监管。全年，科级干部任前廉政谈话118人、诫勉谈话3人，参加述职述廉757人，个人重大事项报告12人。2008年，建立党风廉政建设责任工作报告和督查制度，各党委及村、居基层党组织对责任执行情况进行自查自纠，分析总结。责任追究1人，“一票否决”单位19个。科级干部任前谈话118人、诫勉谈话3人，述职述廉750人；参加勤廉双述134个村村干部，占50.95%。对村财收入10万元以上的104个村进行分级监管。规范农村集体资金、资产、资源“三资”监督管理，上京镇开展“三资”监督管理试点，成立“三资”管理办公室和会计委托服务、镇村公有资产监管、镇招标监督服务等3个中心。领导干部个人重大事项报告8人，查处党员干部参与赌博36人。

二、专项清理

1993年，县纪委成立专项清理治理协调小组4个，清理公费出国出境旅游和党政机关办经济实体及治理乱收费、实行罚没款收支两条线管理等。1995年，制定《大田县公务人员在县内公务活动食宿接待标准的规定》及补充规定，并规范外出公务活动差旅费报销标准。1993—1996年，共有专项清理、治理协调小组13个，多次明察暗访县内酒家、歌舞厅，在电视曝光查出的问题，清查收缴预算外资金和“小金库”违纪金额123.95万元；清理党政机关办经济实体27家，按规定办理职能、财务、人员、名称脱钩；清理公款出国出境107人次，退缴费用3.08万元，上缴财政1.96万元；清理科级干部公款参加小汽车驾驶技术培训26人，违反规定参加集资建房147人，清退54人。调查、登记单位小汽车，规定乡镇、党政机关购置小汽车必须说明资金来源。1997年，协调小组调整为10个，县委、县政府不建办公楼，控制庆典和会议，分别节省开支900万元、92万元；收缴违规配置移动电话8部。

1998年，清理违规住房147套，11名科级干部退出违规住房，79名干部、职工补交集资或超面积款43.08万元；清理公款配备通信工具272部，收缴拍卖或折价处理回收资金18.6万元，折价处理公款安装固定电话391部，回收资金16.8万元。实行话费总量控制，年节约话费120多万元；清理行政机关办经济实体9家，清理预算外资金撤并银行账户157个；取消庆典活动27场，节约开支10.8万元。1999年，实行县处级领导移动电话一机一卡和季通报，超标自付，移动电话费由1998年人均月473.39元降至363.74元，降幅23.16%；科级以上干部小汽车驾驶证收缴统一保管，未经批准不得驾车。全县推行政务、村务、厂务、校务“四公开”。2000年，清理整顿农村合作基金会，收回干部欠款263.15万元。

2003年，县纪检监察部门制订《关于坚决制止开具虚假发票公款报销行为的通知和工作方案》，税务部门1名副科级干部开具虚假发票贪污公款被开除党籍；执行中纪委规定，不准利用职权干预和插手建设工程招标、经营性土地使用权转让、房地产开发经营等市场经济活动，不准收受与其行使职权有关系的单位、个人的现金、有价证券和支付凭证，不准未经批准擅自接受个人个和单位邀请，或异地办理证照到国（境）外旅游。规定城区内开会或公务活动一律不参加接待用餐。2004年，下发《关于公务接待中严禁大吃大喝和严格控制小车费用的通知》，实行小车费用包干，有319个单位上报接待费和小车费用开支情况；成立领导小组，清理党政领导在企业兼职、拖欠公款、大操大办红白喜事，纠正党政领导在企业兼任职务8人，追回党政领导拖欠公款8人、2.2万元，查处挪用公款个人营利科级干部1人；清出8个单位用公款为个人购买商业保险906人次、70.35万元，当年追回37.71万元。2005年，追回个人拖欠公款2.43万元，清理公款为个人购买商业保险16.42万元；清理纠正国家机关工作人员和国有企业负责人投资入股煤矿、非煤矿山，31人（科级7人）主动登记投资项目20个、投资金额291.03万元，撤出投资30人、131.03万元。2006年，开展党政机关超标配备公务用车摸底登记和清理，对2005年购置18部违控车的10个单位罚款11.83万元。2007年，清理5个乡镇超标超编配备小车。2008年，各单位、乡镇编制信息公开目录、指南在县政府网站公布，实行办事公开。

第三节 案件受理与查处

一、信访接待与举报件受理

1993—1996年，县纪检监察机关受理信访举报1006件，初查移送立案60件。1997年，在全省率先制定并试行信访举报承诺制，全年受理204件，其中实名举报48件，初查立案39件。1998年，县纪委牵头，政法、工会、劳动、土地、计生等部门每季召开1次联席会议，每两月下基层接访1次。1999年，坚持纪委书记谈话、领导阅批重要信访件、常委会按月研究信访件、常委轮流接待等四项制度，全年受理举报件204件，全部办结。2000年，桃源镇个体工商户反映该镇城管中心乱收费问题，县纪委调查后，责成桃源镇政府纠正，做出书面答复。2002年，对受举报的干部43人进行查实，经查，举报失实予以澄清21人，轻微违纪予以信访监督6人，予以信访谈话16人。2003年，规范信访监督对象、内容、程序和方式，坚持“约谈”制度，全年约谈副科级干部5人，受理来信来访180件次，组织信访初查45件次，经信访初查移送立案5件，成案率11%。举报不实予以澄清35人。2006年，受理举报件178件次，初查61件次，送立案处理9件，举报失实予以澄清40人。2008年，受理信访举报187件，初查立案10件。1993—2008年，共受理群众信访举报3238件次，初信访1481件次。组织初查979件次，占66%，经初查立案292件，成案率29.8%。

二、违纪案件查处

1993年，全县纪检监察机关、审结各类案件62件、党政纪处分85人，其中科级以上干部15人。1998年，立案82件，其中，万元以上经济大案25件，移送司法机关18件。审结62件、党政纪处分68人。2006—2008年，每年立案70件、审结66件。万元以上经济案共34件，移送司法机关共39件；党政纪处分共200人。

1993—2008年，全县立违法违纪案1072件，其中，党纪874件、政纪145件，党政纪交叉61件；科级以上干部121件，占11.29%；万元以上经济案182件，占16.98%。移送司法机关侦办174件、174人，为国家和集体挽回经济损失1082.9万元。共审结各类案件958件，给予党纪处分873人、政纪处分145人、党政纪双重处分61人，免予处分1人。同时，回访受处分人员682人，行政处分期满办理解除33人，留党察看期满恢复党员权利114人。

1993—2008年大田县纪检监察案件查处情况表

表16-2

年份	案件查办（件）							案件审理					
	立案数	其中						审理结案数（件）	其中				
		党纪案	政纪案	党政纪交叉案	万元以上经济大案	非党非监察对象	移送司法数		党纪处分（人）	政纪处分（人）	党政纪双重案（人）	其中科级以上干部（人）	免予处分（人）
1993	62	41	33	12	3	0	0	62	40	33	12	15	1
1994	43	39	12	8	6	0	0	43	39	12	8	8	0
1995	78	66	15	6	4	3	4	75	66	15	6	6	0
1996	90	73	25	17	14	9	10	81	73	25	17	10	0
1997	90	70	18	4	19	6	14	84	70	18	4	9	0

续表 16-2

年份	案件查办（件）							案件审理					
	立案数	其中						审理结案数（件）	其中				
		党纪案	政纪案	党政纪交叉案	万元以上经济大案	非党非监察对象	移送司法数		党纪处分（人）	政纪处分（人）	党政纪双重案（人）	其中科级以上干部（人）	免予处分（人）
1998	82	53	12	3	25	20	18	62	53	12	3	8	0
1999	59	35	6	2	19	20	19	39	35	6	2	10	0
2000	55	45	7	2	13	5	13	50	45	7	2	5	0
2001	56	35	8	3	18	16	14	40	35	8	3	8	0
2002	56	55	2	2	8	1	9	55	55	2	2	10	0
2003	57	52	1	1	5	5	7	52	52	1	1	2	0
2004	66	58	2	0	2	6	14	60	58	2	0	7	0
2005	68	54	3	0	12	11	13	57	54	3	0	8	0
2006	70	66	0	0	9	4	13	66	66	0	0	5	0
2007	70	66	0	0	14	4	13	66	66	0	0	6	0
2008	70	66	1	1	11	4	13	66	66	1	1	4	0
合计	1072	874	145	61	182	114	174	958	873	145	61	121	1

第四节　纠风治乱减负

一、纠正行业不正之风

（一）民主评议行风

1993—1994 年，在经济管理、行政执法监督部门、垄断性行业和公共事业单位基层所站开展民主评议行风（简称民评）。1995 年，县公安局、工商局、地税局进行试点，纪检监察机关派员指导和督查，聘请人大代表、政协委员、企业人士、社会代表为行风监督员，半年初评，年终总评。1996 年，确定县城建局、农业局、卫生局、交警大队等 11 个单位为重点民评单位。经测评，合格 9 个、不合格的 2 个。1997 年，在县公安局、邮电局、土地局、交通局、建行、工行、寿保、财保等 8 个单位和上年度不合格的城建局、交警大队作为民评单位，组织千名干部、群众以问卷调查形式进行评议，满意率 85% 以上的合格单位 9 个，县邮电局的综合评分不到 85%，县纠风办向其反馈存在问题，限期整改。年底，民主评议满意率 91.7%。1998 年，县国税局、地税局、工商局、交警大队、城监大队被定为省民评单位，林业局、财政局、民政局、烟草局、水电局、技术监督局、县医院为市民评单位，县民评单位确定 30 个。民评单位设立举报箱，公布举报电话，发放评议表，每半年集中测评 1 次，召开行风监督员座谈会，查摆问题。2000 年，民评工作向公安派出所、中小学校、医院、卫生院、运管所延伸，确定民评单位 90 个。2002 年，县纪委、监察局增设纠正行业不正之风办公室（简称“纠风办”），由县乡人大代表、政协委员、企业负责人、群众代表组成纠风指导组。部门、单位领导到县电视台作公开承诺；在办公场所公布办事程序、规则、收费标准、规章制度等，接受社会监督。此后民主评议行风实现常态化。

2008年，确定教育、卫生、国土、环保和各行业服务窗口等民评单位50个，在政府网建立“意见建议”“公众评议”平台，对23个重点部门和37个股（室）进行评议2次，民评结果在电视上公布。满意率低于80%的两个单位，由纠风办通报全县。

（二）纠正医药购销不正之风

2000年，县政府下发《关于进一步规范药品管理制止医药购销活动中不正之风的通知》及实施方案，实行药品采购审批制度，禁止医疗单位向无药品经营许可证、药品质量管理规范认证证书、营业执照的非法药品经营单位和个人购药。11月，县内医疗单位参照市首期药品招标价格跟标采购，医疗单位设立药品价格公开栏。当年，查处违反《药品流通监督管理办法（试行）》采购药品卫生所（诊所）8个，各处罚款1000元。2001年，全县查处药品购销违法案25起，没收药品375种次、价值3.34万元，处罚款1.85万元；取缔无证经营药品2家，没收药械价值1.28万元。全县药品降价总额107.37万元。

2003年，建立购进药品执行批准验收登记制度，规范药品招标采购，查处无证私人贩药2起。2004年，实行药品采购员和管理人员轮岗制，建立医院用药情况通报制和专科用药前10种药品和前10名医生通报分析制。当年，县医院招标采购药品939种次、544.45万元，让利患者182.65万元。2006年，县医院、中医院推行门诊收费清单、住院费用日清单和大额病例审检制度。6月，全县卫生系统开展医药购销领域反商业贿赂专项治理，医疗单位接收企业捐赠医疗设备34台件、价值17.8万元，收受企业药品折扣、让利239.05万元，全部入账；个人收受回扣，在自查阶段上缴专项治理工作银行账户8.64万元。查处商业贿赂案3起、4人，金额8万元，涉案人员分别受免职、开除党籍、开除公职、刑罚处理。2008年，全县查处药品药械违规案28件，罚款9.46万元。县医院、中医院参加全省药品、医用耗材试剂招标采购，其中，药品728种、1760万元，占总用药的89.87%；高值耗材170种、403.1万元，占总耗材的90.97%。医药购销和医疗服务纠正不正之风问卷调查，各医院平均满意度87.16%。

二、治理乱收费

（一）治理中小学乱收费

1995—1996年，全县清理、清退教育多收费项目5项、19.01万元。2000年，查处中小学校乱收费案5件、7.98万元和部分学区多收代办费未退还学生并分发“回扣费”行为。2001年，检查36所农村中小学秋季收费执行情况，查出违规收取双休日补课、提前上课、假期补课费和扩大代办费等107.5万元，全部退还学生家长，并对有关学校处罚款共12.65万元；2002年，查处乱收费案件6件、11万元，清退10.3万元。纠正5所学校多收代办费未及时退还20多万元。2003年，查处乱收费案3件、2.5万元。2004年，下发《大田县2004年教育收费专项治理工作意见》，落实“一费制”和执行“收费监督卡”制度；对44所中小学、幼儿园秋季收费进行专项检查，发出整改通知书26份，退还违规收费4.21万元。责令县实验幼儿园退回违规收取空调费1.88万元。2006年，对全县中小学校收费、执行“一费制”规定、落实“两免一补”政策等进行监督检查，制止违规收费12.35万元。2007年，查处并清退违规收费7.4万元。2008年，制止和清退学校违规收费49.8万元，免除义务教育阶段进城务工农民子女借读费5.06万元。

（二）治理公路“三乱”

1994年，成立大田县治理公路“三乱”（乱设卡、乱收费、乱罚款）领导小组，由县交通局牵头，监察、公安等部门协调配合，对境内省道采取明察暗访、突击检查等形式进行治理。1995—1996年，明察暗访17次，查处违法案件4起。2002年，查纠在村、矿山公路设卡乱收费案2起。1994—2008年，组织明察暗访31次，巡查6次，查处违纪案件9起，清退违规款1036元、没收1027元。

三、农民负担监督

1993—1996年，县纠风办协同县农业部门取消涉及农民负担的收费项目21个，纠正超标准或“搭车”收费项目9个，减轻农民不合理负担311.5万元。1997年，将全县农民各项负担统筹控制在上年人均纯收入2.68%以内。1998年，向全县农民发放负担监督卡6.85万份，实行凭卡收费。1999年，调整农村电价和化肥价格，减轻农民负担807万元。2000年，精简乡镇编外人员和村级补贴干部207人，减轻农民负担60万元；实行城乡电价同网同价，给农民减负160万元；取消农村收费4项，退还不合理收费25.6万元。2001年，审核22个涉农部门的收费项目和降低收费标准，减负114万元；农村电网减负440万元；查处向农村建房户收取水土保持费8.33万元，或退还建房户，或收缴县财政，并处罚收费单位2000元。2002年，全面实行农业税收和涉农收费单位收费“公示制”。2003年，停止向农村征收屠宰税、农副产品特产税和取消乡统筹、村提留款，减收乡统筹费1147.64万元、村提留282.53万元。2004年，规范管理农民负担，开展专项检查，发现问题逐项下达整改通知书，及时纠正，并退还不合理的收费18.53万元。2005年，对18个乡镇村财收入较多的村实行重点监控制度，严格执行免征农业税政策，收缴涉农违规收费38.73万元。2006年，对涉农收费项目检查2次，执行涉及农民负担案（事）件责任人责任追究制，对村财收入30万元以上的村实行重点跟踪制和村干部任期、离任审计制，全年减轻农民负担1129.96万元。2008年，完善农民负担重点监控制度，发整改通知书40份，清退违规收费19.8万元，收缴3.34万元，县减轻农民负担工作获全市第一。1993—2008年，共减轻农民负担4162.12万元，退还向农民收取的不合理费用22.29万元，收缴行政事业单位违规涉农收费39.5万元。

四、企业负担监督

1993—1996年，开展企业挂牌保护活动，帮助企业抵制各种不合理收费、摊派、赞助共250万元。1998年，推行企业收费许可证和企业交费登记卡制度，取消向企业收费41项，停止收费7项，降低收费标准11项，为企业减轻负担3530.18万元。对10家企业实行挂牌保护，抵制乱收费、乱摊派和赞助费等13万元。1999年，查处向企业乱收费5起，金额2.98万元。2000年，取消地方电价加收地方附加（0.02元/千瓦时）费26.7万元；减少对企业的检查评比8次。2001年，建立《企业收费目录》，取消不合理收费项目14项，减轻企业负担2058万元。2002年，制止太华企业站在西埔村设卡、乱收煤炭、铁矿、非金属矿费用。2005年，取消行政审批10项，缩短办理时限19项。2008年，对公共服务行业和行业协会侵害企业利益收费进行专项清理。

第五节　执法监察

一、安全生产执法监察

1995—1996年，县纪检监察部门参与安全生产责任事故调查处理7件，对11名责任人给予党纪、政纪处分。2001年，开展《中华人民共和国劳动法》《中华人民共和国矿山安全法》落实情况检查75次，发出整改意见书181份，查处安全生产责任事故7起，党纪政纪处分责任人9人，将太华镇非金属矿仕坑头2区2号井冒顶和建设镇香浮村一矿井无证开采、工作面煤层塌陷的重大责任事故向全县通报。2003—2004年，检查工矿企业163家次，发整改通知书153份，查处安全生产责任事故24起，企业领导人受党政纪处分21人。2005年，封闭非法矿井147个，查处安全责任事故11起，责任人受党政纪处分9人，其中科级干部3人。2007年，对厂矿企业安全生产执法监察，发现安全隐患422条，发出责令整改建议书90份。2008年，进行安全生产监督检查9次，涉及厂矿531家（次），发整改指令书341份。1995—2008年，共检查厂矿企业1228家次，发整改意见书2765份；立案调查安全生产责任事故133起，追究领导责任90人，其中党纪处分52人、政纪处分38人。

二、重点领域执法监察

1993—1996年，县纪检监察机关参与省道306、307线公路、六角宫水库电站、火电厂等重大工程项目的招投标和工程建设过程的管理与监督，共开展执法监察项目48个，提出监察建议118条，直接收缴违纪金额10.18万元，节约资金1294.5万元，挽回经济损失289.24万元，避免经济损失101万元，发现违法违纪案件16件，转立案12件。1997年，成立建筑市场执法小组，检查工程项目127个。参与新开工工程项目招投标29项，节约资金135.5万元；重新审计未实行招标工程2个，挽回经济损失41万元；查处建筑市场违法违纪案件4件、受贿7.35万元，4人分别被判处2年—6年徒刑。

2000年，执法监察工作立项14个，开展检查监督276次，发整改建议书6件，提出建议96条，建章立制26项；参与监督工程建设项目招投标9项、节约资金122.04万元。2002年，县监察局制定经营性土地使用权出让招标拍卖、建设工程公开招标、政府采购、产权交易进入市场等四项制度执行情况执法监察工作方案，介入监督工程招投标9个，总造价1412万元，节约资金84.72万元；通报违反《中华人民共和国招投标法》规定擅自决定建筑单位1起；发现未采取招投标4宗、国有土地违法以划拨形式供地3宗，责令整改。2003年，参与政府采购48次，节约资金148.8万元；参与并监督工程招投标18个，节约资金1060.8万元；参与监督拍卖土地3宗、挂牌出让1宗、协议出让1宗，总面积3.55公顷，增值844.97万元。2004年，监督经营性土地使用权出让，其中，以“招拍挂”方式出让国有土地使用权2宗、面积8248平方米，出让金额2312万元，超出底价1552万元；挂牌出让1宗、面积717.75平方米，成交价16.16万元，超底价5000元。介入监督矿产开发权出让1宗，合同成交价5万元。

2005年，帮助单位建章立制28项，制止违规行为7起，避免经济损失5901.64万元；监督产权交易2家，增加收入1660万元，增值率76.19%；开展对库区移民和“泉三”高速公路建设中征收补偿费的测算、发放、资金管理及贯彻实施《中华人民共和国行政许可法》、集体林权制度改革、救灾扶贫资金、公路通行费、计划生育、招生、公务员考试录用等进行执法监察。2006年，开展执法监察工作16项，监督检查单位205个，向23个单位提出执法监察建议23条，避免经济损失7974万元。发现并立案查处责任事故和商业贿赂案件8件、8人，移送司法机关追究法律责任4件、4人；对仙亭山森林公园、国家农业综合开发项目、水利捆绑项目资金、烟田基础设施建设资金等方面进行执法监察。

2007年，对全县2003年起挂牌出让的17宗经营性房地产开发项目变更容积率及土地出让金收缴情况进行专项执法监察，制止违规办理供地手续2宗，追缴逾期未交纳出让金2起、7050万元；参与监督出让经营土地使用权13宗，收取土地出让金1401万元；采矿权挂牌出让4宗，成交价13.8万元；介入监督工程发包55项，中标价1.86亿元，比标底价下降11.03%；开展排污企业和非法用工、整治国家开发银行贷款项目资金使用、苏桥煤矿开采、福塘轻纺标准厂房建设、过境公路、赤岩路等重点建设项目，机关事业单位机构编制执行情况、党政机关楼堂馆所清理等情况的执法监察。2008年，开展尾矿库、食品安全、节能减排、环境保护、企业违法排污专项整治的执法监察12次。督促检查房地产市场调控政策执行情况，追缴逾期未交纳的土地出让金5450万元；对政府投资的19个工程项目的质量、资金管理进行监督。开展农村土地突出问题的执法监察，查处违法违规建房425宗、4.62公顷，收取耕地垦复费695.07万元，罚款244.4万元；介入采矿权挂牌出让2宗，成交金额54.6万元；参与清理无效采矿权4个，限期整改勘查项目13个；对林业系统的林木采伐、木材运输、经营许可、林地占用审批和涉林规费、基金征收、生态效益林补偿资金发放、管理进行综合监察。开展廉租房和经济适用房建设、分配及社保资金、救灾款物管理等进行执法监察。

1993—2008年，县纪检监察机关介入监督工程招投标423个，总造价9.37亿元，节约资金1.42亿元。监督土地公开拍卖53宗，收取出让金4.17亿元；监督政府采购365次，预算总金额9257.99万元，节约资金2346万元，节约率25.34%；执法监察工作立项214项，开展监督检查2535次，发现问题585

个，提出工作建议 636 条，发出执法监察建议书 195 份，避免经济损失 2.6 亿元。发现案件线索 163 条，立案查处 82 件，给予党政纪处分 96 人，移送司法机关侦查 25 人，制止违规 30 项；协助有关部门建章立制 142 项。

第六节 效能建设

一、效能投诉受理

2000 年 5 月，县成立机关效能建设领导小组办公室（简称县效能办）。7 月，成立县机关效能投诉中心（简称县效能投诉中心），挂靠县纪委、监察局，事业编制 3 人。县效能投诉中心开展明察暗访活动，受理并及时查处投诉件，解决人民群众反映的热点难点问题。2008 年，开通全省统一投诉电话“968168”，接到投诉电话 32 次。2000—2008 年，累计受理各类群众投诉 384 件、办结 380 件、办结率 98.96%，查处违反机关效能建设有关规定 39 人次，效能告诫 7 人次，诫勉教育 23 人次。

二、建立督查制度

2000 年，县效能办建立明察暗访、专项督查、外部监督“三项督查”制度，围绕机关和乡镇干部上下班纪律、工作态度、办事效率等方面开展明察暗访 194 次，通报单位及服务窗口存在问题和薄弱环节 51 次，发出整改建议书 23 件次，给予效能告诫 15 人。2005 年，制定《在效能建设工作中建立并实施黄牌警告的制度》。2008 年，组织较大规模明察暗访 3 次，检查单位 45 家次、服务窗口 90 个次，通报 3 次，单位实行“黄牌警告”6 个，个人效能告诫、诫勉教育 17 人次。

三、绩效评估

2007 年，县效能办制定《乡镇和县直机关单位绩效评估工作方案》，对全县 18 个乡镇、26 个党群部门、29 个政府部门分三类进行评估，按考评对象和内容分乡镇、党群部门、政府部门三个竞赛组进行考评；运用绩效评估结果，实行统一奖惩，竞赛各组前 6 名得奖，达不到分值予以惩罚。全年共受理企业和群众投诉件 39 件，全部办结，发出监察建议书 1 份，作出解释说明 3 件，得到有效解决的 32 件、占 82%。2008 年，对全县 18 个乡镇、55 个党政群部门、单位分三类进行绩效评估。受理、办结投诉件 16 件，效能告诫、诫勉谈话各 1 人。

第四章 组织建设

第一节 党组织与党员队伍

一、党组织

1993 年，全县设党委 30 个，其中，乡镇党委 18 个，机关党委 7 个，企业党委 5 个；党总支 25 个，党支部 661 个。随着机关机构改革、国有企业改制、社区扩大、非公有制经济组织和新的社会组织发展，县委及时调整基层党组织设置，理顺隶属关系，创新组织设置形式，扩大党组织的覆盖面。1994 年，成立企业党工委，1997 年 1 月，企业党工委撤销。1999 年，县直机关党委改设为党工委。2008 年，全县设党组 11 个，党工委 2 个；基层党委 31 个，其中，乡镇党委 18 个、机关党委 10 个、企业党委

2个，非公有制经济组织党委1个；党总支16个，党支部623个。

二、党员队伍

1993年，全县有党员1.05万人，其中，女党员959人，占9.18%；35岁以下2935人，占28.08%；初中以上文化5879人，占56.25%；少数民族党员53人，占0.51%；农村党员5286人，占50.58%。县委组织部按照“坚持标准、保证质量、改善结构、慎重发展”的方针，发展党员。2003年，制定《关于进一步规范发展党员工作程序的通知》，建立健全发展党员推优、预审、公示、票决和责任追究等制度。2008年，规范进城务工人员发展党员工作程序，推进在农村外出从业人员中发展党员。年底，全县党员1.54万人，比1993年增加4962人。其中，女党员2166人，占14.05%；35岁以下3494人，占22.67%；高中以上文化7735人，占50.18%；少数民族党员73人，占0.47%；农村党员8486人，占55.06%。1993—2008年，共发展党员7421人。

1993—2008年大田县党的基层组织和党员情况表

表16-3

年份	党委数（个）	总支数（个）	党支部数				党员数（人）
			小计（个）	机关（个）	农村（个）	企事业及其他（个）	
1993	30	25	661	106	266	289	10451
1994	35	23	686	107	266	313	10743
1995	36	24	682	107	266	309	11144
1996	36	23	695	109	266	320	11664
1997	40	27	696	103	263	330	12385
1998	39	17	696	106	263	327	12493
1999	39	30	694	112	263	319	13316
2000	39	30	692	112	263	317	13500
2001	39	28	685	108	263	314	13800
2002	36	19	643	102	263	278	13488
2003	37	18	644	134	264	246	13790
2004	31	19	629	134	264	231	14091
2005	31	20	618	123	264	231	14336
2006	31	19	611	125	263	223	14600
2007	31	17	625	121	263	241	14994
2008	31	16	623	124	263	236	15413

第二节　干部队伍建设

一、后备干部队伍建设

1993年，县委继续实行后备干部滚动管理制度，确定县管后备干部650人。1996年，确定市管后备干部29人和县管后备干部400人。1999年，充实35岁以下、大专以上学历的后备干部149人，建立党政、县属国有企业经营管理、青年、妇女、非党和科教等后备干部队伍。2000年3月，按县级党政“一把手”1∶2、其他班子成员1∶1的比例民主推荐市管后备干部，上报39人。2008年3月，滚动筛选县管正科级后备干部169人、副科级262人。

二、干部培养锻炼

1993年，县委从乡镇和县直机关选派年轻干部到省直机关、沿海地区和县内企业、乡村、部分县直机关、重点工程项目等挂职锻炼。1998年、2002年，经省、市委研究确定，时任副县长涂振锟和何金星分赴西藏米林县任县委书记和新疆昌吉州木垒县任副县长。1993—2008年，共选派参加不同形式挂职锻炼干部1729人。

三、领导干部选拔

1993年，县委公开选拔领导干部7批次、52人。1996年4月，公开选拔乡镇妇女领导干部16人，其中乡镇党委委员5人、副乡镇长11人。1997年5月，公开选拔女干部任乡镇长助理16人，半年试用期满后，经组织考核被提拔为乡镇副科级干部15人。1999—2002年，公开选拔副科级干部12人。2002年7月，在前坪乡开展“三推两考一选”（各级领导、一般干部、群众代表推荐，考试、考核，按党章和有关规定进行选举）试点。报名132人，参加笔试99人，入围面试28人，列入组织考察15人，经竞选当选乡副科级干部5人，其中，党委副书记、组织委员、宣传委员各1人，副乡长2人。2008年9月，向全省公开选拔国土资源局、发展改革局、教育局副局长各1人。

四、干部交流与中层干部竞争上岗

1995年，县委根据中央组织部《党政领导干部选拔任用工作暂行条例》，实行科级干部交流制度，重点对乡镇党政领导干部特别是党政主要负责人，以及组织、纪检领导干部异地交流。1999年，县委组织部在县公安局开展中层领导竞争上岗2次，涉及岗位44个；县检察院中层领导竞争上岗1次，涉及岗位21个。2002年，结合机构改革，对乡镇和县直机关单位领导班子进行调整交流185人，改任非领导职务34人。12月，县委组织部、县人事局印发《大田县党政机关推行竞争上岗的实施意见》，县法院、司法局、卫生局、国土局、城区办、县委农办、前坪乡在本系统和单位内部先后开展干部竞争上岗。2003年，县委、县政府联合制定《大田县科级以下干部交流轮岗暂行规定》，县直各部门、各乡镇之间交流轮岗科级以下干部251人，交流面23.7%。2008年12月，交流乡镇干部职工116人，交流面12.9%。

五、干部监督管理

1993年，县委实行领导干部离任审计制度，建立组织部门与县纪委、监察局、法院、检察院、人事局、审计局联系通报制度。1995年，出台《领导干部个人收入申报制度》。1996年，县委组织部会同县纪委，组织县处级领导、离退休干部代表、乡镇书记、乡镇长、机关科（局）、股级干部对全县科级干部进行综合评价、使用建议开展民主测评和推荐，其结果作为对干部提拔使用的重要依据。1997年，县委印发《领导干部个人重大问题向党委报告制度》等文件，建立领导干部家属“贤内助”座谈会制度。2000年，实行常委会票决任用、调整科级以上干部；落实领导干部任期经济责任审计、个人收入申报和重大事项报告制度，申报个人收入处级领导29人；组织部门对干部个人谈话167人次，进行常态化监督。2001年，建立干部监督员、组织部长约谈、干部任前协审、公示、干部任职试用期制度，选聘居委会干部和离退休干部担任监督员18人，重点加强对辖区内科级领导干部“八小时以外”生活圈、社交圈的监督；全年约谈干部356人次。2002年，开展“转变作风年”活动，建立健全乡镇干部驻勤、请销假公开、监督考评制度。2003年，乡镇党政和县直机关部门正职人选实行县委全委会投票表决制。2004年，建立干部任前廉政谈话制度。2005年，县委组织部会同县纪委推行“专项督查、投诉督查、一日一督查”，完善“黄牌警告”制度。当年，清理长期不在岗行政机关人员15人。2006年起，开展领导干部述职述廉工作；审核科级干部档案983人，进行公务员登记和职务、级别确定1343人，清理党政机关、事业单位干部“吃空饷” 39人，停薪留职、待岗人员13人。2007年，加强对干部的日常监督，健全领导干部谈话制度，纠正乡镇干部白天上班，晚上回城现象。2008年，县纪委、县委办、县政府办、县委组织部、县效能办分组对18个乡镇党政领导和工作人员在岗在位情况督导检查。落实党员干部重大事项报告、民主生活会和集体谈话、任前廉政谈话、诫勉谈话“三项谈话”制度，科级领导干部任前廉政谈话118人，诫勉谈话3人。对县直重点部门37个重点股室实行单列考评和网上民意调查，整治用人不正之风。

第三节　基层党建工作

一、组织换届

（一）乡镇党委换届

1993年、1996年、1999年、2002年、2006年，分别进行乡镇党委换届选举。其中，2002年，乡镇换届选举中，县委抽调县纪委、县委组织部、宣传部、政法委等16个单位26名干部，组成考察组，通过述职、测评、谈话、走访群众，历时半个月对拟进入党委班子成员的科级干部244人进行德、能、勤、廉、绩5个方面考察。2006年，乡镇党委班子成员的平均年龄37.9岁，比换届前下降3.3岁；大专以上学历占96.8%，比换届前提高2.3个百分点。

（二）县直机关党组织变更与换届

1993年，县直机关设党委7个、党总支1个、党支部35个，党员551人。1997年，机关党委理顺组织设置，开展10个党委首次换届选举。1999年，辖系统党委10个、企业党委1个、党总支17个，党支部177个。2000年，县委调整机关党组织，撤销工交、财贸、水利水电系统党委和建材、机械集团党委，新成立财贸系统、水电局、非公有制经济组织党委，撤销党总支4个、党支部25个，新成立党总支1个、支部13个；10个党委完成第二次换届工作。2002年，除新调整和改制企业党组织外，其余的党总支13个、党支部155个全部换届。2004年，对任期届满的党支部、党总支、党委实行逐级换届。2008年9月，县直机关10个党委全部完成换届；11月，14个党总支、161个党支部完成换届。首次试行“公推直选”或“直选”换届党支部6个。

（三）村（居）党支部换届

1994—2006年，村和社区党支部进行换届选举4次，其中2000年、2003年、2006年，分别有103个、240个、97个村实行“党员和村民推荐，党内选举两推一选”村党组织领导班子成员。

二、县直机关党建

1993—1996年，县直机关党组织建设（简称党建）工作坚持经常性的思想教育，在全体党员中开展学理论、学党章，忆党史、入党誓言、个人成长史，查个人思想、党性观念、日常表现、完成任务，比党员标准、革命先辈的革命精神、自己入党前后的干劲、优秀党员的模范作用、新形势的要求等“两学、三忆、四查、五比”活动。坚持每年开展民主评议党员和“创先争优”活动，实现目标管理，共评出优秀党员120人，占党员总数21.78%，评出不合格党员5人（开除党籍4人、留党察看1人）；坚持“三会一课”制度；坚持发展党员实行“推优”制度，把好质量关，共发展党员79人。1997年，县直机关党委举办 “学理论、学党章”知识竞赛活动2次，举行副科级以上党员干部重温入党誓词，开展“做合格党员、为党旗增辉”活动。1998年，县直机关党委工建立系统党委书记季度联席会议制度，开展“党员教育活动年”活动，各党委共上党课254场，科级领导上党课195人，播放党教片158场，受教育党员 1.19 万人次；举办“学习邓小平理论，树共产党员形象”演讲比赛；县直机关党委与县纪委、组织部、文明办联合组织 50 个县直机关单位与乡镇开展“党建双向测评”工作。年内，首次测评中因不合格受警告单位 3 个。

1999—2002 年，继续“党员再教育”和“党建工作先进单位”创建活动，县直机关党工委制定“活动意见”和“考评细则”，进行量化考评。2003 年，按照县委提出的“扬优势、创特色、护总量、求实效”的党建工作思路，落实县直单位党委（党组）中心组学习和党员领导干部民主生活会制度，县直机关、企业 18 个党委召开领导干部民主生活会 36 场，所属 78 个副科级以上单位的党员领导干部都召开民生主活会、党员组织生活会。2004—2005 年，健全党建工作机制，制定《党建工作暂行规定》和《年度党建工作责任考评细则》，由县直机关党工委向各系统党委、党委向所辖党支部颁发《党建工作责任书》。在党员中开展比素质、比奉献、比作风、比创新、比形象，争当勤奋学习、争当爱岗敬业、争当服务群众、争当促进发展、争当清正廉洁先锋）“五比五争当”为主要内容的“先进性见行动，当先锋促发展”主题实践活动。

2006—2007 年，继续共产党员先进性教育和“学习型机关”建设，制定《关于进一步健全基层党组织建设责任制的实施意见》《党建工作责任目标考评办法》《县直机关企事业党建工作要点》《党建工作责任书》《年度党建工作考评细则》《关于加强党建工作责任制的意见》。开展机关党政主要领导“一对好搭档”和“共创一流业绩”活动。2008 年，继续实施签订党建工作责任书制度。加大对理论学习的指导督促，建立 24 个基层党委（党组）学习巡听和评价制度。开展改革开放 30 周年纪念活动，组织编写改革开放理论调研文章 293 篇。

三、社区党建

1993 年，城区 4 个居委会均设有党支部。1998 年 10 月，新增 4 个居委会，建立城区党总支（归属均溪镇党委），下辖 8 个居委会党支部，党员 57 人。2003 年，居委会党支部更名为社区党支部。县委组织部下发《关于加强社区党的建设工作的实施意见》，成立社区党建联席会及 8 个社区分会，制定《社区党建联席会（分会）章程》《驻区单位党组织与社区党组织结对共建的若干规定》，实行社区党建工作联席会议制度，开展“共驻共建”活动。2004 年，县委组织部开展在职党员社区登记工作，构建党员先锋岗、党员志愿者服务队、党员联络站和社区党校“一岗一队一站一校”服务网络。2007 年，社区党建向住宅楼、院延伸，成立建行大楼党支部和牡丹新村党支部。2008 年，健全和完善社区党员管理教育网络，与社区党支部负责人签订“三级联创”活动责任书，发放预备党员在预备期注意事项告知书，建立流动党员、志愿者、离退休干部职工党员、困难党员等 4 种花名册，进行跟踪管理，在厦门、泉州成立流动党员党支部，城区有社区党支部 8 个、楼院党支部 2 个，党员先锋岗 22 个，志愿者服务队 26 支，党员联络站 8 个，社区党校 6 所，市民学校 8 所，社区服务中心 5 个，服务网点 24 个，家政服务公司 7 家，居民休闲娱乐室 27 个。当年，县委组织部依托社区党建工作协调小组、联席会，建立以社区党组织为核心，社区居委会、驻区单位、群团组织、民间组织共同参与的社区党建“五位一体、共建共促”机制，开展“为民、安民、便民、乐民”服务活动。

四、农村党建

1993 年，县委组织开展争创村级建设一个好的领导班子、带好一支好的干部队伍、选准一条好的发展路子、健全一套好的管理制度、保持一种好的工作作风、形成一个好的工作格局“六好”党支部和领导班子好、党员干部队伍好、工作机制好、小康业绩好、群众反映好“五好”乡镇党委及书记、乡镇长“一对好搭档”活动。县委向乡镇党委颁发党建工作责任书，实行目标责任管理。乡镇领导班子届满，县委派出工作组，对班子成员进行考察考核和任内、离任审计，对班子进行执政能力的培训和清正廉洁教育。实行领导干部推荐制和民主测评制。抓村级党组织典型，以点带面，抓做好相对后进薄弱村的整顿转化。1994 年，县委下发《大田县整顿转化后进村党支部工作意见》和《县直部门、企事业单位帮扶后进村工作制度》，县处级领导25人挂钩18个乡镇，下派到后进村挂职干部69人，省、市、县72个部门单位和69个企业帮扶后进村。截至1996年，得到明显转化的村16个。

1999—2000年，整治和转化相对后进的村党支部12个，省、市、县委选派优秀干部到相对后进薄弱村担任村党支部第一书记、副书记或村主任助理共185人，抓好10个党建示范精品村的规范化建设。组织机关与农村党组织开展“联建共创、互动发展”活动。

2002年起，每个乡镇每年重点创建党建示范2个村、抓好后进村转化3个、培育30人党员“带创”示范户的“233”活动。2003年，在全县开展争创、争当、争做群众满意的基层党组织、干部和党员和带动致富、带民致富“三争双带”活动。2004年，开展创建“农村党建示范走廊”活动，在省道306、307沿线的6个乡镇创建“五好”党建示范镇和建设党建示范带。2007年，重点抓好村党组织发挥领导核心作用等。

2008年，首批10名大学毕业选聘生到村担任党支部书记助理或村主任助理。在农村党支部全面推行“征求意见、议事决策、分解立项、公开承诺、组织实施、考评奖惩”为主要内容的“六步工作法”，继续抓好后进村的转化工作。县直76个部门、单位选派干部组成工作队挂队帮扶54个后进薄弱村，当年实现转化提升村27个。开展“勤廉双述”工作试点村134个。中央和省、市、县财政和从党费中拨出专款240.5万元，建设村级组织活动场所30个。

五、企业党建

1993年，县委印发《关于加强和改进乡镇企业党组织建设的若干意见》，76家乡镇企业成立党组织。1994年，成立企业党工委，下辖10个集团党委和啤酒厂党支部。1997年1月，企业党工委撤销，啤酒厂党支部划入石凤集团党委，10个企业集团党委由县委直接管理。1998年，县委向企业党组织颁发《企业党建工作责任状》，实行企业厂长（经理）与党组织负责人交叉任职，加强企业党组织在生产经营活动中的监督作用。

2000年，岩城、二轻、前峰、石凤、矿业、煤炭、机械、建材、纺织总厂等9个企业集团党委和火电厂党支部划归县直机关党工委管理，电力公司党委隶属水利水电系统党委。2002年，撤销建材、机械集团党委。2004年，撤销煤炭、矿业、二轻、石凤、前峰等5个企业集团和纺织总厂党委，成立煤炭、矿业、二轻、石凤等4个企业集团党总支，隶属经贸系统党委；岩城集团公司党委隶属经贸系统党委管理。同年，县委加大非公企业党组织组建力度，成立非公有制经济组织党委，辖党支部8个，党员90人。

2007年，建立县处级党员领导干部挂钩非公有企业制度，县委组织部选派党建指导员30人，挂钩联系非公企业党组织31家。非公企业党建经费纳入县、乡镇财政预算。当年，新组建非公企业党支部19个，覆盖非公企业33家。2008年，新组建非公企业党组织5个；举办非公企业党员培训班2期、参训163人，非公企业党务工作者培训班4期、参训103人。全县有非公企业党支部54个，覆盖企业74家，党员324人。

六、“创先争优”活动

1993年，全县各级党组织继续开展各具特色的“创先争优”活动，培养、发现、树立、运用先进、优秀典型的榜样，发挥党组织的战斗堡垒和共产党员的先锋模范作用。2001年，县委表彰先进基层党组织47个，先进纪检监察组织5个，优秀党务工作者35人，优秀共产党员85人。2003年，省委授予上京镇隆美村党支部先进基层党组织，优秀党务工作者、优秀共产党员各1人。1993—2008年，全县被省、市、县委评为“先进基层党组织”413个（次）、“优秀共产党员”658人和“优秀党务工作者”353人，村级“一对好主干”72人；被评为“纪检监察先进集体”20个、“纪检监察工作先进工作者”36人。被市委评为“农村优秀党支部书记”5人；被县委评为“党建工作先进单位”47个（次），“县直机关党政主要领导一对好搭档”5对、“乡镇书记与乡镇长一对好搭档”12对。

第四节 党员干部教育

一、思想教育活动

1993—1996年，县委在全县党员中开展“学理论、学党章”活动，坚持对党员进行党的基本纲领、基本路线、基本知识和形势政策教育，增强党性观念。建立干部教育制度。共举办各类干部学习班40期，培训党员干部4000多人次。1997年3月，县委开展讲学习、讲政治、讲正气的“三讲”教育活动，成立教育活动办公室，按照理论学习、检查剖析、公众评议、整改提高四个阶段分二批进行。1998年，在全县党员、干部中开展学习邓小平理论，举办纪念中共十一届三中全会召开和“实践是检验真理的唯一标准”讨论20周年活动及“学习邓小平理论、树新时期共产党员形象”演讲比赛；县委党校和基层党组织开办邓小平理论和学习中共十五大、十五届三中全会精神、社会主义市场经济知识、现代科学知识等干部培训班121期，党员干部参加学习7650人。

2001—2002年9月，全县893个部门单位、乡镇机关、基层站所、学校、村，分三批次开展“三个代表”重要思想学习教育活动，分学习培训、对照检查、整改提高三个阶段，党员干部1.23万人参加。在全县巡回播放全国优秀共产党员先进事迹电教片4部、780场。征求到意见建议1.22万条，制定整改措施7877条，落实5877条。2005—2006年6月，全县611个部门、单位分三批次开展以实践“三个代表”重要思想为主要内容的保持共产党员先进性教育活动，分学习动员、分析评议、整改提高三个阶段，党员参加1.41万人。共走访慰问困难群众6071户，送钱物99.83万元，结对帮扶2982户，为基层群众办实事1629件，落实项目214个、资金653.07万元。开展群众满意度测评，满意和基本满意率达99.95%。

二、党校教育培训

1993年，县委党校1所，乡镇、县直系统党委党校31所。1996年，县委党校制定《1996—2000年发展规划》，按照以邓小平理论为中心，以“三基本”（马克思列宁主义、毛泽东思想、邓小平理论）、“五当代”（当代世界经济、世界科技、世界法制和国家法制建设、世界军事和国防、世界思潮）为基本教材的教学大纲，进行教学改革。县委组织部、县委党校在教育培训中，根据不同时期和历史阶段，更新培训计划，丰富教学内容。1998年，全县推广太华镇“流动党校”的经验，各乡镇把党校办到村。2008年，县委把“三个代表”重要思想、科学发展观、社会主义和谐社会、社会主义新农村建设和中共中央办公厅印发《关于加强党员经常性教育的意见》等，保持共产党员先进性教育长效机制4个文件的通知作为新时期党员教育培训的重点内容。1993—2008年，县委党校共举办各种培（轮）训班198期，培训学员1.67万人次，其中，以学习党的基本纲领、基本路线、基本方针为教学内容的专题培训班46期、529人次，科级干部进修班12期、529人次，青年干部培训班11期、500人次，入党积极分子培训班4期、269人次，村（居）委会书记、主任培训班38期、2644人次，党外干部培训班2期、80人次，妇女干部培训班1期、46人，党务干部培训班1期、49人，高级知识分子培训班1期、33人，理论骨干培训班11期、4491人，企业现代管理研修班1期、61人。协同县人大、组织部、宣传部、统战部、人事局、工商局、司法局等联合办班70期、培训7447人次。参加中央党校学习培训13人、省委党校167人、市委党校402人。

三、函授教育与联合办学

1993年，中央党校函授学院福建分院和福建省委党校在县委党校设立辅导站，招收经济管理、行政管理大专班2班，开展函授教育，鼓励各级党员、干部参加学历教育。1998年始，县委党校与福建工程学校联合开办技工学校大田分班，招生70人。2001年、2002年，分别与省东方中等技术学校、省机电中等学校联合开办技工学校大田分班，至2005年，共招生353人，2006年停办。2008年，县委党校毕业中央党校函授本科44人、省委党校函授大专16人。1993—2008年，县委党校函授辅导站共招函授生1058人，其中本科350人、大专708人。函授生中，中央党校本科班经济管理专业4届、165人、行政管理专业2届、159人；大专班经济管理专业7届、411人、行政管理专业1届、40人；省委党校本科班经济管理专业1届、26人，大专班经济管理8届、228人、法律专业1届、29人。

四、电化教育

1993年，县委组织部电教室在县电视台开办《党建之窗》《时代风采》栏目，摄制电教片到基层巡回播放。2003年4月，成立大田县党员电化教育中心（挂靠县委组织部），编制3人。2008年1月，成立农村党员干部现代远程教育工作领导协调小组，下设办公室，与党员电化教育中心合署办公。1993—2008年，共摄制电教片126部（片），其中，专题片《吴初滕走红运》在中央电视台七套播出，被录为省党员电化教育通用教材专题片3部，专题片《辣椒王》在全省第十届党员电教片观摩评比中获二等奖。

第五节　老干部管理

一、队伍与设施

1993年，全县机关企事业单位离休干部171人，退休干部975人。1996年，离休干部157人（就地安置132人，异地安置25人），其中，享受厅级待遇2人、县处级61人、处级以下94人。有退休干部1215人，其中“5·12”（1950年5月12日前参加工作享受供给制的干部）45人。离休干部、曾担任副处级以上职务退休干部、“5·12”退休干部由县老干部管理局（简称老干局）负责管理，其他退休干部由人事局负责管理。当年，兴建大田县退休干部活动中心生辉大楼，建筑面积420平方米，设有阅览室、棋牌室、乒乓球室、康乐球室等，投资40万元。全县共建立老干部服务中心42个（含乡镇），面积2160平方米。县直机关各系统、各乡镇建有退休干部管理协会（与老年人体育协会合署办公）87个。2008年，由县老干局管理的离退休干部109人，其中，离休干部90人（行政职务46人、事业18人、企业26人）；原任副处以上退休干部19人。全县有退休干部1384人。县老干局有行政管理人员10人，其中服务人员7人。老年憩园1个，占地2267平方米，建筑面积2300平方米，设阅览室、棋牌室、乒乓球室、门球场、气排球场等。新建老干部活动中心动工，占地1.2万平方米。

二、服务管理

（一）政治待遇落实

1993年，县老干局建立联系、对话、建档、信息采集、探病、走访、慰问、信访、接待、体检、学习、文体活动、通报工作情况、组织考察和老干部去世善后处理等15项管理服务制度。1997年，把老干部工作列入年终考评责任目标。1999年，县委出台《大田县落实老干部工作领导责任制实施细则》，细化老干部的管理。2005年，县委召开老干部工作表彰会，表彰先进单位、先进离退休干部党组织各10个，先进个人和先进工作者各10人。1993—2008年，县委始终做到“六个坚持”，即坚持联系老干部制度，每位县处级领导联系离退休老干部1—3人，与老干部约谈对话，县老干局工作人员实行定人包干联系，建立联系卡135份；坚持邀请老干部参加党代会、人代会、政协会、述职述廉会、领导干部测评会、表彰会等重要会议制度，重大决策、文件和各届党代会、人代会的工作报告，事先召开座谈会征询老干部的意见和建议；坚持每年2次向老干部通报工作制度，召开通报会共32场，参加1.19万多人次；坚持组织老干部视察制度，组织视察经济建设的各个领域和重点工程建设项目18次，参加720人次；坚持老干部读书读报和集中学习制度，以老干局离休干部党支部为载体，每月15日为集中学习日；坚持走访慰问制度，每年重阳节、元旦、春节对老干部、遗属走访，对生病住院的老干部探视慰问，做到“生病住院、疑难急事、重大节日”必访，走访慰问共340人次。对异地安置的离休干部每两年走访慰问1次共325人次。县组织、人事部门严格执行退休制度，通过整理干部档案，核实履历，干部达到退休年龄（男60周岁、女55周岁）提前一个月通知，当月即予办理退休手续。科级以上领导干部退休前由组织部找其谈话交心，了解身体状况、家庭情况、实际困难和利益诉求，符合政策规定和条件允许的给予解决。

（二）生活待遇落实

1993年，县老干局建立《大田县离休干部信息表》，采集老干部的经济收入、家庭人口、子女就业、身体状况、单位对老干部的经费到位情况、生活待遇等信息资料，每年填报2次，实行动态管理。全县离休干部的福利费、特需费、公务费、高龄补贴费、降温费、电话补贴费（处级以上）、因病生活不能自理的特护费、春节慰问费、健康体检费、家属慰问金，基本上由县财政拨付解决。医疗费在公费医疗范围内全额实报实销。1997年，厅级干部公务费由年人600元提高到800元。1999年，县委出台《大田县直企业离休干部“两费”保障机制暂行办法》，凡有政策规定的，老干部的“两费”（生活、医疗费），各企业单位都要予以优先保障，不得拖欠，并建立离休干部生活待遇月报制度。对困难企业，由县财政拨补。2004年，离休干部的书报费从年人130元提高到年人180元。清偿1999—2004年拖欠的生活费、医疗费13.6万元，之后再无发生拖欠现象。2006年，春节慰问金由年人100元提高到年人200元，免费供应食油、禽蛋等。老干部每两年体检1次，经费由县财政专项拨款。对无工作的离休干部遗属定期定额发给生活补助费。1993—2008年，县财政累计拨给专项经费41万元，其中体检费18万元、慰问经费23万元。退休干部的退养金、高龄补贴通过县机关保险公司按月足额发放。老干部去世，组织人事部门和主管单位派人前往吊唁、慰问，丧葬费、抚恤金、遗属补助费按规定及时到位。

（三）文体娱乐活动

1993年，县老干部管理部门继续组织多次适合老年人特点的文体活动，开展门球、乒乓球、羽毛球、气排球、台球、象棋、麻将、扑克、桥牌等多门类的单项体育比赛，在元旦、春节、“五一”、国庆、重阳节等举办游园活动，离休干部由老干局负责组织，退休干部由县退休干部活动中心负责承办。1997年，在庆祝香港回归活动中，举办老干部舞会。1998年，全县开办老年人学校22所，其中，县办1所、乡镇16所、村（居）委会5所。2008年，县老年大学招生212人，主要对象是机关、企事业单位的离退休干部、职工，开设有汉语拼音、摄影、音乐、舞蹈、拳剑术、腰鼓、中医保健、时事政治等11门课程，自由选择。全县有老年体育协会45个。1993—2008，每4年举办1次全县老年人运动会，设有篮球、乒乓球、门球、气排球、地掷球、拳剑、跑步等多项比赛；每年相关节日开展游园活动。

第五章 宣传工作

第一节 思想政治教育

一、爱国主义教育

1993—1995年，县委制定《大田县贯彻〈爱国主义教育实施纲要〉实施方案》，宣传贯彻《中华人民共和国国旗法》《中华人民共和国国徽法》，举办“祖国在我心中”征文，开展纪念世界反法西斯战争和中国人民抗日战争胜利50周年、红军长征胜利60周年活动，邀请在大田开办照相馆的南京大屠杀见证人罗瑾做日军残暴罪行专题报告11场，展示当年拍摄的日军暴行照片，受教育3万多人次；播放抗日题材优秀影片20多部，举办千人抗日歌曲歌咏晚会1场；利用县内红色资源，建立县级爱国主义教育基地10个。发动机关、企事业单位、学校的党团员、干部、师生和各界人士为建设省革命纪念馆和武陵革命烈士纪念碑捐款17万元；开展庆祝大田建县460周年纪念活动，制作《闽中之秀》电视专题片、“岩城之光”书刊画册，开办建县460周年展览室，进行大型文化踩街活动。1997年，举办庆“七一”、迎香港回归9家企业集团舞龙晚会、10场文艺专场演出、百名中小学生迎回归百米长卷画、千名职工文艺调演、万名群众环城跑大型庆祝活动。县委宣传部与党史研究室编写《大田革命斗争史册》，作为爱国主义教材，组织离退休老干部、革命“五老”、烈士后代在机关和各中小学校举行报告会32场，受教育1.1万人次；县党史研究室编写《陈嘉庚与集美职校》一文在《三明党史》刊登。1999年，召开抗议以美国为首的北约集团悍然轰炸中国驻南斯拉夫大使馆的各种集会600多场，4万多人参加；在县体育场、各中小学校公映爱国主义题材优秀影片30多部，半年放映100多场次；举办中华人民共和国成立50周年、改革开放20周年大型书画展、摄影展展出作品80多幅；举办澳门回归图片、书画展和《中华人民共和国澳门特别行政区基本法》知识竞赛、巡回报告、专题晚会等系列庆祝活动。2000年，电视新闻《南京大屠杀见证人罗谨怒斥日军侵华》在中央电视台二、四套《中国新闻》频道播出。

2003年，由县委组织部、党史研究室联合摄制的《雪山作证》专题在三明电视台播映。该片比较完整地记录自1937年中共武陵党支部成立、发展壮大和大田人民的革命斗争史实。2004年，县委、县政府在政府大院首次举行升国旗仪式，各界4000多人参加；县委组织部、党史研究室联合摄制《大田解放》的专题片在三明、大田电视台播映。当年，县委、县政府重新确定烈士陵园、武陵烈士纪念碑、武陵闽中工委会址、武陵八一希望小学校史馆、林大蕃故居、桃源分水格烈士墓、吴山乡推广普通话展览馆、一中校史馆等8个爱国主义教育基地。其中，闽中工委会址被市委、市政府命名为三明市第三批爱国主义教育基地，被省委、省政府命名为福建省国防教育基地。2006年，在开展庆祝建党85周年和长征胜利70周年纪念活动中，开辟“红色记忆”“党旗飘扬”专栏，演出《长征组歌》《我爱中华》等文艺节目，发行《今日长征路》图片，举办纪念长征胜利70周年图片展览。2007年，团县委等单位联合在“五四”“六一”期间开展“忆传统、树理想”教育，以“民族精神代代传”为主题，开展“中国了不起，中国人了不起，做个了不起的中国人”活动。2008年，举办纪念改革开放30周年回眸和庆百年奥运“辉煌岁月”大型诗歌朗诵会。

1993—2008年，共举办以爱国主义教育为内容的文艺演出42场，优秀影片展映50多部。每年清明前夕，县直机关、学校组织上万名干部、学生、青少年到教育基地参观、瞻仰，追思红色史迹。“七一”

前夕，机关、企事业单位党组织组织党员到武陵革命老区举办“重温入党誓词”和慰问活动，感受当年革命斗争的艰辛。团县委、关工委每年组织城区中小学、幼儿园和有教育基地的乡镇中小学生到烈士陵园祭奠先烈、参观史馆，累计243场，受教育25万多人次。

二、改革开放主题教育

1993年，开展“知大田、爱大田、建大田”和“改革开放大成就”宣传教育活动。1998年，在县电视台开设“展示新成就，再上新台阶”和“改革开放20周年——农村篇”专栏。2006年，开展“回顾‘十五’辉煌成就，展望‘十一五’美好前景”主题教育活动，举办“解说建设社会主义新农村”巡回展25场，编印《建设社会主义新农村》宣传手册5000本。2007年，组织开展大田县政治文明十大进步、物质文明十大成就和精神文明十大成果评选活动，开设大田县三个文明建设展馆，编辑出版《大田县三个文明建设风采集》5000册，重新提炼“务实、创新、和谐、奋进”新时期大田精神。举办颂扬改革开放成果为主题的“喜迎十七大、颂歌献祖国”的文艺演出，播放改革开放优秀影片18场。2008年，开展“百家企业话改革”“百家讲坛讲改革”“百花齐放颂改革”“百乡千村看改革”系列活动，举行“辉煌岁月”大型诗歌朗诵会；举办“改革开放30周年与大田发展”征文活动，收到论文46篇，评选优秀论文18篇，汇编《启迪与探索》论文集。

第二节　理论学习宣传

一、学习与研讨

1993—1995年，县委宣传部制订《理论武装拓展计划》，理论中心组学习有计划安排、制度保证、学习辅导、中心发言、心得交流、记录档案等管理制度。在乡镇、县直机关成立基层党委（党组）理论学习中心组35个，以县委理论中心组为龙头，组织学习1992年邓小平南方谈话和《关于建设有中国特色社会主义理论》《邓小平文选》、江泽民《论有中国特色社会主义》（专题摘编）及《“三个代表”重要思想学习纲要》《江泽民文选》《科学发展观重要论述》等重要著作，《中国共产党章程》及中共十四大、十四届三中、四中、五中、六中全会精神；举办“中国特色主义理论学习班”“市场经济理论培训班”“世贸入关讲习班”等19期，参加学习培训的党员领导干部、青年干部和理论骨干830多人次，召开理论报告会、讨论会、座谈会448场。1996年，制定《关于健全乡镇党委理论中心组各项制度的学习意见》，将上京镇、建设镇和前峰集团、电力集团、宣传系统等5个党委中心组作为理论学习联系点。编辑出版《希望的田野》调研论文集5期。

1997年，建立党委领导上党课制度和联系教育点制度；开展理论学习与研讨，编辑出版《党建理论与实践》一书，收录论文29篇；开展“’97乌龙杯”大田经济发展战略与精神文明理论研讨活动，收集论文60多篇，在三明市《文明纵横》第3期刊载论文专辑。1998年，县委发出《关于深入学习邓小平理论的通知》，举办学习邓小平理论科级干部培训班5期、参训659人；评选“理论学习好书记”10人；推进大田新一轮创业理论征文活动，收到论文42篇。2000—2003年，县委宣传部印发《关于县委理论中心组学习江泽民“三个代表”重要思想的安排意见》，每月安排4个专题（单元）的学习。“实践‘三个代表’迎接十六大”征文，收集论文40余篇，编辑出版研讨文集1册。在县委党校举办科级干部学习中共十六大精神培训班、研讨班8期，参加906人。

2004年，举办学习中央一号文件《加强农业和农村工作》和十六届四中全会精神培训班7期、参训630人。2005年，县委理论中心组围绕构建和谐社会、学习贯彻中共十六届五中全会精神等内容，安排学习专题15个；县委党校举办中共十六届四中、五中全会培训班、研讨班9期、党员、干部参训

427人。2008年，举办科级干部、青年干部读书班和民营企业现代管理理论研修15期、1875人次参训；党员领导干部到基层上党课946场，理论辅导讲座131场次。

1993—2008年，全县10个党委（党组）理论学习中心组成员428人。县委中心组成员写学习笔记400多万字，撰写心得体会400多篇、调研文章300多篇，汇编出版《加快大田发展，构建和谐社会》《力求先行当先锋》等论文集6辑，收录县委中心组成员论文300多篇。

二、理论宣传

1993年，县委宣传部主要进行《邓小平文选》第三卷、1992年邓小平南方谈话、中共十四大精神、《中共中央关于建立社会主义市场经济体制若干问题的决定》等宣传，组织中共十四大精神宣传队200多人到基层宣传16场次，受教育群众5200人。1996—1999年，宣传中共十四届五中、六中全会、十五大精神，《中共中央关于社会主义精神文明建设若干问题的决议》《领导干部一定要讲政治》等。培训理论宣传骨干67人，到基层宣讲302场，9支文艺宣传队巡回演出47场；县直机关党委举办“工商杯”十五大知识竞赛，498人参赛；拍摄电视理论宣传片《引路明灯》。2000—2001年，开展“三个代表”重要思想巡回宣讲11场，听众4000多人次。组建宣讲团到基层巡回宣讲庆祝中国共产党成立80周年纪念大会上的讲话和中共十五届六中全会精神30余场。2002年，培训理论骨干120人，组织1000多名干部到216个村宣传贯彻中共十六大精神。

2003—2004年，结合社会主义新农村建设、社会主义荣辱观教育，开展《“三个代表”重要思想学习纲要》和十六届二中、三中、四中、五中全会精神宣传活动。2005年，配合共产党员先进性教育活动，编写“什么是共产党员先进性”“怎样保持共产党员先进性”等宣传读本，对党员进行理想、信息、宗旨和反腐倡廉、惩治腐败教育宣传。2006年，编印《建设社会主义新农村》宣传手册5000本，3月19日《人民日报》第七版刊发通讯《大田漫画解说新农村》。2007年，宣传总书记胡锦涛“6·25”重要讲话精神，到社区、农村宣讲28场，听众1万多人次。2008年，以宣传中共十七大、十七届三中全会精神为重点，开展改革开放30周年纪念活动，开辟“高举旗帜、科学发展”“海西建设、先行先试”等具有时代特点的宣传栏目，编印《党的十七大精神宣传手册》5000本，召开学习座谈会40场次，组织宣讲小组到18个乡镇、8个社区宣讲中共十七大精神26场次。

第三节　重点工作宣传

1993年，县委宣传部开展县评选工农业生产、精神文明建设、市政建设、教育事业、科技事业、金融事业、农村改革、推广杂交水稻、乡镇企业、水泥产业发展等改革开放十大成就和“我为大田献一计”宣传系列活动。1994年，开展农村奔小康带头人、园丁、个体户、营业员、少先队员、民警、公仆、职工、医务工作者、政工人员、计生工作者等“十佳”事迹宣传，树立各行业楷模110人；创办《人口与生活》专刊，加强计划生育国策宣传；创办《周末新闻》《岩城报道》《经济生活》栏目，采编新闻2100多条；制作50多个专题片，在县电视台播放。1997年，开展群众性精神文明建设百项系列活动的宣传报道，突出宣传十大农业、十大工业、十大引资项目和十大基础设施、十个重点集镇、十个村级农贸市场等“六个十”重点建设；摄制《众手绘蓝图》电视专题片，举办教育“两基”知识竞赛，在电视台开设《教育“两基”巡礼》专栏，为教育“两基”活动大造社会舆论；编辑出版《群星争辉》和《大田英模录》，反映和宣传大田的先进典型。2001年，开展“知民情、解民忧、帮民富、暖人心”驻村服务跟踪报道，采集亮点，新闻稿件在中央、省、市媒体刊播20多篇。

2003年，出台《关于为加快县域经济发展创造良好舆论环境的实施意见》，制作电视专题片《钟灵毓秀迎八方》在县电视台播出。反映干部为贫困群众送温暖的摄影报道稿《雪中送炭》在《人民日报》刊出；配合防治非典型肺炎，播映防治非典专题片，印发《致外出务工、经商、就读学生的一封信》《致学生家长一封信》和“非典”预防常识宣传提纲12万份。2004年，全县共安排“问‘三农’（农业、农民、农村）谋对策”主题的驻村采访三昼夜、“服务‘三农’三比三看”和“三农杯”征文比赛等12项宣传活动。在县电视台推出“抓项目、增后劲、促发展”“新农村建设行”“泉三高速公路建设行”栏目，系统报道县委、县政府实施项目发展战略，加强基础设施和新农村建设的景况。2008年，在县电视台开辟“融入海西建设，积极先行先试”宣传栏目，进行“环境带动”、抗击冰冻灾害、支援抗震救灾、迎奥运等宣传报道，全年在各级媒体刊登新闻稿件600多篇。1993—2008年，县广播电视台开辟“领导访谈”“经济潮声”各类新闻稿件被中央、省、市三级宣传媒体采用8203篇，在县广播电视台播出新闻稿2万多篇。

第四节 对外宣传

一、县情推介

1993年，县委宣传部在香港《大公报》和《香港商报》等中文报刊组织专版，介绍大田县情、投资优惠政策及投资指南。《经济参考报》以《经营大田、走出大田》为题报道大田改革开放和经济建设的新面貌。1994年，邀请泉州、厦门等市的记者到大田进行新闻采访活动，在《泉州晚报》《厦门日报》组织“开放、交流、友谊、发展”专版，扩大在闽南地区的影响。1995年，在香港《文汇报》、《人民日报》（华东版）、《经济参考报》组织专版，介绍大田县外引内联项目和工农业名优产品。1996年，配合厦门“9・8”、泉州“9・9”、三明“6・16”等招商活动，通过浙江卫视专题节目和制作KTV片等，宣传大田的经济建设成就。1997年，中央电视台、省电视台及《福建日报》《福建经济报》《中国改革报》记者先后到大田就农村奔小康、企业改革、基础设施建设进行系列采访报道，专题片《打开山门》在中央电视台播出。1998年，在“9・8”中国投资贸易洽谈会开幕前，制作网页“闽中之秀”在互联网上登载，介绍大田的基础设施、矿产资源、经济结构、名优特产等情况。2001年，编印《象山故事》和介绍象山风光折页；制作反映县招商引资成果的电视专题片《凤凰花开别样红》在省、市电视台播出。日本《朝日新闻》上海支局局长崛江义人到建设法庭采写《中国在摸索法治建设》新闻稿在《朝日新闻》刊出。2002年8月，中央电视台、中央人民广播电台及《人民日报》《法制日报》《人民法院报》等中央级新闻媒体，到建设法庭开展联合采访活动，宣传建设法庭实践“三个代表”重要思想、执法为民的典型事迹。2004年，县委制定《中共大田县委关于加强和改进新形势下对外宣传工作的意见》，进一步明确外宣工作指导思想、方针原则、主要任务。同年，编制对外宣传折页《闽中之秀——大田》。2008年，利用政府网开辟县情简介、招商引资、企业名录、旅游文化等栏目。

二、特色产业宣传

1993年，县委宣传部围绕发展特色农业，抓住新闻热点，采访报道种、养大户的典型经验，推动农业产业结构调整。2004年起，加大大田高山茶宣传推介力度。由县电视台拍摄的反映屏山乡引进台资、发展高山优质茶叶的专题片《屏山茶事》入选2004年建设海峡西岸经济区全省对外电视宣传片，在东南电视台《今日福建》栏目播出。印制宣传折页、摄制电视专题片《大田高山茶业》、组建三明市首支茶艺表演队，在福建省名优茶颁奖典礼暨大田高山优质乌龙茶展示会上分发、播放和表演。参加全省“第二届海峡西岸茶艺博览会”茶艺表演获“最佳形象奖”。邀请《东南快报》、福建电视台3套“农家新事”栏目记者和省市书画名家到县进行采访报道和采风活动。制定茶文化宣传推介方案，举办3

届茶文化艺术节活动，其中第三届茶文化节暨新闻发布会、大田高山茶推介会在福州举办，60多家中央驻闽各大媒体、境外媒体及省内外新闻单位参加。在《新华每日电讯》《三明侨报》组织大田专版，全面介绍大田发展高山优质茶地理优势及种植规模、品种品质、发展前景等，开展“闽中茶乡（大田）采风”活动，邀请市级以上新闻媒体记者到大田茶乡采风，采写的稿件在《中国食品质量报》《福建日报》《三明日报》《福建茶叶》《海峡茶道》等报刊和福建电视台公共频道刊登、播出14篇。创作茶歌《大田飘香仙顶茶》，聘请国家一级演员赵秀兰主唱。一系列宣传推介活动，使大田高山茶声名远扬。2008年，网络点击投票排名第一，入选三明“十大人气名片”。

第六章　统战工作

第一节　党外代表人士工作

一、联系交友与协商监督

1993年，县委下发《关于建立县委常委、县政府党员领导干部与党外代表人士联系交朋友制度的通知》。1996年，根据县处级人员变动情况，县委下发调整联系对象的通知，并就联系内容、方式作明确规定。15名处级党员领导各联系党外知名人士2人以上，每年交友谈心2次以上，并根据党外人士的要求，随时约谈。换届选举后，根据人事变动情况适时调整。

县委在作出重大决策之前，通过召开通报会、座谈会、协商会和组织党外知名人士、政协委员视察调研等活，注意听取意见、建议，让党外人士献计献策，知情出力，改善党内外关系，改进党委政府工作，促进社会民主和谐。1998年，县委贯彻落实中共中央《关于坚持和完善中国共产党领导的多党合作和政治协商会议制》，除按惯例召开中秋茶话会、新春座谈会；11月13日，召开讨论中共大田县第九次代表大会工作报告专题党外人士座谈会，广纳谏言。2002年，县纪委聘任7位党外人士为廉政监督员、特邀监察员，半年召开1次党风廉政建设座谈会、征询意见会，听取党外人士对反腐倡廉的意见、建议；组织党外人士参与食品卫生、教育“两基”达标、下岗工人再就业、社会养老保险、农业结构调整等的考察视察和行业之风评议活动，聚焦社会热点、难点。1993—2008年，累计召开党外人士座谈、协商会56场次，1960人次参加，收集的意见、建议多数被采纳。

二、党外干部培养与使用

（一）党外人士安排

1993—1996年，县委选送党外干部到省社会主义学院和市委党校、干校培训共80人，县委统战部与县委党校联合举办3期党外干部培训班3期、132人次。按“统筹兼顾，全面安排”的原则，做好党外干部的政治安排，由县委统战部组织实施，建立党外干部花名册，实行滚动管理，把党外干部中德才兼备的优秀人才及时向党组织推荐，提拔到各级领导岗位或担任省、市、县人大代表、政协委员。1993年，推荐党外干部到政府任职的有处级领导职务1人、科级领导10人；推荐市政协委员12人、县政协委员62人。1996年，党外干部任处级领导职务4人、科级领导职务23人，其中副科级领导职务12人；省政协委员1人、市政协委员4人，县政协委员62人。1997年，党外干部中专以上学历3300人，担任副科级以上职务21人，其中县人大副主任、副县长各1人，政协副主席2人。推选担任省、市人大代表6人，省、市政协委员8人，县人大常委会委员5人，县政协委员62人。在县人大代表名额的分配和选举中增加非党代表的比例，县政协换届按中央文件规定，党外人士委员不低于

60%、常委不低于 65%。

1998 年，统战部门通过调查摸底和全面考察考核，推荐县第十三届人大党外代表 77 人，提名安排县六届政协委员 71 人，担任副科以上领导职务的党外干部 35 人。2002 年，党外干部任副处级领导职务 3 人、科级 33 人。推荐任市政协委员 6 人；乡镇换届当选乡长、人大主席各 1 人，副乡镇长 8 人。2005 年，县委组织部、统战部联合制订《大田县选拔党外干部工作规划》，对已担任副科级以上的党外领导干部 33 人和一批拟提拔使用的党外后备干部进行全面考察。2008 年，党外干部担任副科级以上职务 36 人，其中县人大常委会副主任、副县长、政协副主席各 1 人。省人大代表 2 人、市人大代表 14 人、县人大代表 74 人；省、市政协委员 8 人，县政协委员 103 人。

1993—2007 年大田县党外人士政治安排情况表

表 16-4

年份	届次	代表·委员			常委		
		总数（人）	党外人士（人）	所占比例（%）	总数（人）	党外人士（人）	所占比例（%）
1994 年	十二届县人大	320	130	40.62	21	6	28.60
	五届县政协	108	62	57.41	21	14	66.70
1999 年	十三届县人大	202	77	38.12	19	5	26.30
	六届县政协	118	71	60.17	22	14	63.60
2003 年	十四届县人大	200	72	36.00	21	5	23.80
	七届县政协	138	83	60.14	27	18	66.70
2007 年	十五届县人大	201	74	36.82	25	5	20.00
	八届县政协	168	103	61.31	33	22	66.70

（二）党外后备干部培养

1995 年，县委常委会研究确定非党后备干部科级 10 人、处级 5 人。1997 年，县委统战部根据《三明市培养选拔党外干部规划》，召开县各单位、厂矿和乡镇党委领导会议，宣传和部署党外后备干部的培养选拔工作，经过层层推荐、全面考核、组织筛选，建立有多层次、多领域、年龄结构适当、文化素质较高的党外后备干部队伍 72 人，其中处级 4 人、科级 68 人。1999 年，党外干部 5368 人，县管科级以上后备干部 76 人。2000 年，推荐市管处级后备干部 7 人。2001 年，党外后备干部队伍 72 人，其中县处级 2 人。2004 年，党外后备干部 60 人。2005 年，建立党外后备干部人才库。在县委党校举办党外后备干部培训班 1 期。当年，县管后备干部 56 人，推荐为市管后备干部 6 人。2008 年，市管后备干部 6 人、县管 52 人。

第二节　非公经济人士工作

1993 年，遵循“团结、帮助、引导、教育”的方针，开展“爱国、敬业、诚信、守法、贡献”和致富思源、富而思进的“两思”教育，引导非公有制经济人士诚信经营，依法纳税，自觉履行义（务）利（益）兼顾、扶贫济困的社会责任。1997 年，县委统战部与工商联联合开展非公经济状况调查，建立非公经济代表人士档案。建立县领导挂包非公经济企业和与非公经济代表人士联系交友制度，联系重点非公企业45家，联系对象45人。加强对非公经济代表人士培养、使用，县工商联换届选举，执委中非公经济代表人士19人，占70.3%；非公经济代表人士任正、副会长4人，占57%，其中2名副会长分别当选为市人大代表和市政协委员。2001年，县工商联第六届代表大会召开，非公经济代表人士担任会长，县委统战部1名副部长担任副会长。正副会长7人，其中非公经济人士6人、占85.7%；执委35人，其中非公经济代表人士31人，占89%，会员担任市人大代表和市政协委员各1人，县人大代表3人，县政协委员13人（常委3人）。2006年，县工商联换届，第七届执委会执委49人，其中非公经济代表人士45人，占91.8%；常委21人，其中非公经济代表人士有18人、占85.7%；非公经济代表人士任正副会长9人、占81.8%。2008年，工商联会员中省政协委员1人，市人大代表5人，市政协委员4人，市工商联常委4人、执委8人，县人大代表4人（常委2人），县政协委员44人（常委10人）。1993—2008年，县四套班子领导挂钩联系非公重点企业140家、非公经济代表人士1800人次。非公经济企业主参加“光彩”事业、扶贫帮困、捐资助学、救灾救济等活动620人次，捐资1170万元，其中，捐资助学650万元，捐助贫困生215人；救灾捐款520万元。

第三节　侨台港澳工作

一、涉台事务

（一）组织机构

1993年，县委对台工作办公室（简称台办）为独立机构，配主任、科员各1人。大田县侨务办公室（简称侨办）和大田县归国华侨联合会（简称侨联）合署办公，县侨办主任兼任侨联主席。当年，县委台办与县委办公室合署，配主任、科员各1人。县侨办并入县政府办公室，县侨联独立。至2008年，机构设置未变。

（二）对台宣传

1993年，县委台办利用接待台胞回乡探亲的机会，召开座谈会，向台胞宣传“和平统一、一国两制”方针以及改革开放政策，介绍家乡两个文明建设的成就，让台胞增强两岸人民一家亲的认同感，扩大大田的知名度。1993—1996年，编写对台宣传稿40篇，分别被省广播电台《海峡之声》和市电台《三明台声》采用。1997年，在市台胞台属联谊会编写出版的闽台渊源丛书《寻根揽胜三明情》中介绍大田与台湾的历史渊源、风土人情、民族风俗等，赠送每位回乡探亲的台胞。2000年，县台办与县委宣传部、教育局、团县委联合在全县青少年中开展“祖国宝岛在我心中”大型主题宣传活动；召开台胞台属代表和涉台部门人员学习《一个中国原则与台湾问题白皮书》座谈会；县电视台摄制专题片，介绍台湾问题的由来和“和平统一、一国两制”方针，揭露批判分裂祖国的“两国论”。2005年，由县政协文史委编辑发行的《闽台连氏渊源》，以翔实的史料佐证台湾连氏先祖自大田魁城迁徙、闽台连氏一脉相承。该书在省内各县（市、区）交流，还赠送给台湾连氏宗亲。1993—2008年，县台办累计向省市相关媒体投送涉台稿件159篇，通过回乡探亲台胞带去联络亲人的信函132件，邮寄贺岁卡568张。中秋、元旦召开台胞台属座谈会12场、483人参加。

（三）两岸交流

1993年，台湾国民党中央评议委员郑玉丽偕子到大田探亲、扫墓。1994年，大田集美高商校友、台湾农委会主任、政务委员、台湾当局领导人幕僚机构顾问王友钊偕夫人、儿子和友人陈文华（台湾审计主管部门官员）到大田参观访问，探访大田集美商校旧址；在大田一中文昌阁题词：汩汩均溪水，浓浓大田情。2008 年，国民党荣誉主席连战为连氏祖祠题写“连氏龙井大宗祠”字幅，经福建连氏宗亲会会长连文成（长乐）转赠魁城村，制作成匾额。同年 5 月，在魁城村举行揭匾仪式。8 月，县政协主席周隆超随三明市农业考察团到台湾参观考察，连战在官邸接见考察团有关人员，并用闽南话与周隆超亲切交谈，赠送由其本人撰写的《连战家族》一书。1993—2008 年，县台办和有关部门接待探亲访友、寻根谒祖台胞 1529 人次，办理县内台属赴台探亲 109 批次、208 人，到台定居 11 人，涉台婚姻 61 件，因公赴台参观访问 5 人。

（四）经贸合作

1993 年，台商到大田投资创业逐渐增多。1994 年，台商林登福续资 150 万美元，新建毛绒布项目，使资金缺乏而一度处于半停产状态的台资企业——县纺织总厂。1996 年 7 月，引进盛兴针织时装有限公司 80 万美元和永庆毛毯制品有限公司 105 万美元，使县纺织总厂生产恢复元气。1996 年，有台资企业 7 家，引进台资 438.8 万元人民币。1998 年，台商彭宝桂、彭宝法等 4 人共同投资 120 万元人民币，在屏山乡创办大方广茶业有限公司，开发茶园 40 公顷，生产大田高山云雾茶。2001 年，台资企业——大丰羽茶业有限公司在吴山乡落户，投资 120 万元人民币，开发茶园 26.7 公顷。2002 年，台胞王藩贵投资 152 万元人民币在城关创办永大陶瓷工艺有限公司。2005 年，台胞陈进藩投资 94 万元人民币，在梅山与当地村民合作创办龙兴生态茶园 33.3 公顷。2007 年，台商肖武倩投资人民币 105 万元在前坪乡创办永萱茶业有限公司，开发茶园 26.7 公顷。1993—2008 年，全县实际利用台资 308.2 万美元。其中，茶叶种植、加工、销售企业 4 家，实际利用台资折人民币 1319 万元，种植茶园 126.67 公顷，年产茶叶 10.3 吨，吸纳农村劳动力 100 多人。其中，大方广茶业有限公司开发茶园 53.33 公顷，生产的中、高档茶叶销往台湾岛内和日本、东南亚、欧美等地，成为“公司 + 基地 + 农户”发展模式典型，被列入福建省农牧产业龙头企业。

（五）服务台胞台属

1993 年，县台办和有关部门贯彻落实对台工作方针政策，服务台胞台属，协助解决子女升学、办理宗属关系公证、涉台婚姻登记、申领在台退休金、台胞滞留延期及台资企业在创办和生产经营等方面存在的问题提供咨询，妥善处理涉台事务。桃源镇郑氏荥阳祠在“文化大革命”中被一许氏农户长期占用，当年 2 月，台南市郑氏宗亲会理事长郑国贞和郑氏宗亲管理委员会主任委员郑添池给县台办写信，要求退还该宗祠，县台办按涉台政策多方协调解决，于 4 月将房屋退还给郑氏宗亲。2000 年，回乡定居台胞杨某在黑市兑换美元被骗，县台办获悉后向公安局报案，经公安局多方侦查，在江西抓获罪犯，追回全部被骗美元 4200 元。2001 年，大丰羽茶业蔬果有限公司因当地村民坟墓迁移纠纷影响项目进度，县政府立即给予协调解决，工程建设顺利推进。1993—2008 年，共接待台胞台属来信来访 196 件次，为台胞台属办实事 217 件。

二、涉侨和涉港澳事务

（一）侨情与旅港澳情况普查

1997 年，县侨办、侨联开展侨情和移居港澳人员情况普查，全县有华侨 422 人、华人 3728 人，归侨 208 人，侨眷 2357 人；旅港 48 户、341 人，旅澳 3 户、22 人，计 843 户。2005 年，再次进行普查，全县华侨 71 人、华人 4891 人，出国人员 68 人，计 353 户，主要分布东南亚、美国、澳大利亚和加拿大等 25 个国家；归侨 135 人，侨眷 1537 人，出国人员眷属 41 人。旅港澳分别 207 人、17 人，眷属 480 人。

（二）法规宣传

1993—1996 年，县侨办、侨联印制《中华人民共和国归侨侨眷权益保护法》（简称《侨法》）和福建省《关于贯彻中华人民共和国归侨侨眷权益保护法实施办法》（简称省《实施办法》），分发给县域内的归侨、侨眷；组织召开座谈会，谈学习体会，反映问题和利益诉求；走访城区及屏山、济阳、吴山等乡镇的归侨、侨眷，了解他们的生产、生活状况。1998 年，县侨办、侨联受政府委托，向海外华人、华侨、港澳同胞寄送贺年卡、慰问信、侨务法规等宣传资料360份。1999年春节期间，向海外华人、华侨寄送贺年卡200多份，向县境内的归侨、侨眷发慰问信400多份。2000年9月，县人大常委会华侨委、县政协“三胞”委、县侨办、侨联联合举办《侨法》颁布10周年座谈会，归侨、侨眷参加65人。2003年6月，县人大常委会华侨委、县政协“三胞”委、县侨办、侨联联合开展《侨法》及省《实施办法》等法律法规落实情况执法检查，县外事侨务办、民政局、县一中等单位开展自查自纠，走访归侨侨眷代表，召开座谈会。2008年，配合普法教育，组织1115人参加由全国侨联、司法部、全国普法办公室主办的侨务法律法规有奖知识竞赛答题活动。

（三）权益保护

1993—1996年，县侨办、侨联共走访归侨、侨眷、侨属76户，了解他们的生产、生活情况，重点困难户被列为救济救助对象8户，每年给予一次性补助，对特困户酌情增加；为归侨、侨眷解决实际困难30件。1994年，与县工业主管部门等协商沟通，为1991年县第一铁厂退职职工侨眷12人补发差额退职金1.76万元。1995年，与劳动、供销部门协商，为20世纪70年代屏山供销以临时工被解雇的侨眷1人，从1月起每月发给生活费120元，比原来增加80元。同年1月，县侨务部门与大田公路分局协商，为1962年7月被下放农村的养路工侨眷1人（月领生活费60元）发给一次性生活补助费1.6万元，县侨联、公路段各承担50%。1996年，根据福建省财政厅、侨联《关于归侨退休职工增发生活补贴的通知》，为1969年12月31日前回国定居的归侨职工人月增发生活补贴60元。1997年，为归侨办证119人，为离退休（职）归侨干部职工出具增发生活补贴证明80份。1999年，为10家侨资企业办理华侨投资待遇证书，提供享受优惠政策依据。2001年，成立华侨“陈某某教育基金会”并制定章程。同时，成立侨捐工程管理小组，对其捐建的梅山中学宿舍楼建设工程，由县侨办、侨联具体负责，经招投标，保证工程的质量、进度。还将各阶段工程进度、资金使用情况，通过传真及时通报给捐资者，保证台胞所捐资金全部用在工程上。

（四）接待联谊与招商引资

1993年，县侨办、侨联对回国、回乡寻根、探亲的华侨华人、港澳同胞热情接待，帮助他们寻找亲人，主动与海外华人华侨社团和大田旅港联谊会建立沟通联系渠道。先后在厦门、深圳接待东南亚华侨陈某某等人，与马来西亚福建同乡会、潮州同乡会、香港永春同乡会等开展联谊活动。华人叶某某偕夫人、妹妹返回京口村寻根，在县侨务部门帮助下，与失去联系63年的家乡亲人团聚，了却其心愿，并捐资3万元修建京口小学。1999年，县侨联根据华侨陈某某提供的线索，经多方查询查证，在梅山乡高泉村找到失去联系60多年的亲人，与亲人团聚，并捐款建设高泉小学、梅山小学，修建公路。2001年，省政府为陈某某颁发捐资助学金质奖章、奖牌、奖状。大田县委、县政府颁给“尊师重教、华裔楷模”牌匾。1993—2008年，共接待侨胞、港澳同胞185批、2700多人次。引进侨资企业8家，总投资660万美元，合同利用外资243万美元。华人华侨、港澳同胞和海外华人社团、省侨联、侨办为大田教育事业、基础设施建设和扶贫济困捐赠人民币841.08万元（含省侨办、侨联159.9万元），其中，资助17所学校校舍建设或添置教学设备520.98万元，建立教育奖励基金会3个、131.5万元，投资基础设施建设188.6万元。

第四节　少数民族事务

1993年，县民政局具体负责少数民族事务管理，县委统战部负责少数民族的中上层人士联系、团结工作。当年，县民政部门筹措资金，帮助均溪镇华坑村少数民族困难户发展养羊100只。1995年，开展“一助一”活动，帮扶少数民族困难户 43 人脱贫。1997 年机构改革，县委统战部设立民族宗教科，加挂大田县民族宗教局（简称民宗局）牌子，行使少数民族事务管理职能。县委、县政府成立大田县少数民族工作领导小组，由一位副县长任组长，县政协副主席、县委统战部部长任副组长。少数民族人口较多的均溪、桃源镇和前坪乡由乡镇统战委员分管少数民族事务。县委统战部与民宗局对全县少数民族进行普查，掌握少数民族的分布、居住、生产生活情况。当年，全县少数民族人口较集中的有均溪镇华坑村、前坪乡山川村。被确定为少数民族村。1999 年，县委统战部从市民族宗教局争取资金 6 万元，资助东坂村小学基建 4 万元和华坑村饮水工程 2 万元。2000 年，县政府根据《福建省少数民族权益保障条例》第八条规定，确认桃源镇东坂村为少数民族村（畲族）。2001 年，县民宗局帮助东坂、山川、华坑村规划经济发展项目 11 项，并向市民宗局争取帮扶资金 7.15 万元。2002 年，扶持东坂村修路 22 万元、山川村自来水工程 2 万元。2003 年，县民宗局因地制宜引导山川村村民发展个体运输、餐饮业，承包矿山，开办矿产品加工企业；东坂村村民开展农业综合开发，种植毛竹林 100 公顷，栽培香菇 7 万袋。2004 年，引导、协助东坂村种植烟叶 10 公顷，栽培食用菌 12 万袋，养羊 192 只、牛 163 头、猪 53 头，建设沼气池 24 口。协助山川村建设民族市场面积 600 平方米，投资 26.46 万元。扶持华坑村村道铺设混凝土 5.5 公里，投资 176 万元（市民宗局补助 2 万元、城区建设配套费 5 万元）。2005 年，引导东坂村引进种植反季节蔬菜小白菜 3 公顷、日本南瓜 1.33 公顷、莴苣 3.33 公顷，种植结构从一季水稻改为“烟—菜—菜”三季轮作。2006 年，东坂村被列入省农村沼气建设为民办实事项目，每口沼气池由省、市、县、镇补助 2000 多元，当年，建设沼气池 104 口，占全村总户数的 57.8%。2007 年，县政府实行对少数民族学生参加中考加分政策，11 名考生享受“总分加 5 分”被大田一中、五中录取。2008 年，县委统战部组织县基督两会与东坂畲族村特困学生结对帮扶，为 5 名特困生高中、大学阶段每年提供学费 300 元—500 元。当年，全县回、畲、苗、布依、壮、朝鲜、满 7 个少数民族，人口 1600 多人，分布在前坪、桃源、均溪、梅山、广平、太华、文江、奇韬、谢洋、济阳等乡镇和机关企事业单位。少数民族干部 19 人，其中，副科级以上 1 人，中高级职称 7 人，市人大代表、市政协委员各 1 人，县人大代表 2 人，县政协委员 4 人。1993—2008 年，全县为少数民族村基础设施建设、经济发展项目等办实事 18 项，共投入资金 565.55 万元（省市民族经费补助 93 万元），改善少数民族村的生产、生活条件。

第七章　精神文明创建和道德建设

第一节　精神文明创建活动

一、组织机构

1993 年，大田县精神文明建设领导小组，设工作机构大田县精神文明建设委员会（简称文明委）。1997 年，领导小组撤销，成立大田县精神文明建设指导委员会（简称指导委），原文明委改称中共大田县精神文明建设办公室（简称文明办），下设综合科、创建科、宣传教育科。2005 年，增设未成年人思想道德建设办公室。2008 年，机构设置不变。

二、文明县城创建

（一）工作机制

1993 年，成立创建省级文明县城指挥部，坚持“党委政府领导、部门配合、城区办和社区居委会组织实施、全民参与”的文明县城同建共创工作机制，制订工作方案，分解责任，发挥职能部门作用，继续实行“一票否决”。1998年，成立大田县精神文明建设理事会，在8个社区设理事会分会，辖区内党政部门、企事业单位为成员单位，布置、检查、指导、督促辖区内的共建活动，形成“区域共建”格局。建立共建片区8个、文明小区26个、警民共建单位5个。2000年，投入10万元进行硬件、绿化美化建设，后街文明片区被省文明委确定为百个高标准文明安全片区。1993—2008年，被“一票否决”的单位92个（次）。2003—2008年，文明安全片区以“育人、治安、办实事”三个环节和“卫生、绿化、物业管理”三个重点，每个共建片区每年筹集2万—3万元经费，改善软、硬件设施。

（二）文明市民教育

1993年，成立“大田县文明市民学校”，8个社区设立分校，学员3000多人，组建文明市民学校讲师团。1999年，制定《大田县文明市民公约》，县文明办编印《大田公民手册》读本5000册，发送至各单位，规范市民行为。2007—2008年，县委宣传部、文明办、县广电局联合开辟“文明市民教育讲坛”栏目，播出节目38期；县文明市民学校总校编发宣传母报24期，宣传公民道德知识、文明市民守则、文明礼仪规范、科学文化知识等。1994—2008年，以市民学校为阵地，举办以精神文明创建为内容的教育培训班100多班次，受训骨干1万多人次。

（三）文明创建活动

1993年，县委、县政府继续把治理卫生脏、乱、差作为创建活动的重要内容，划定责任片区、路段，落实“门前三包、门内达标”责任制，由县直各单位挂包、督查。1994年，县委、县政府加强城区规范管理，加大监管力度，推进依法治城，开展优美环境、优良秩序、优质服务“三优”活动。1995年，要求广大市民做到不随地吐痰，不乱扔果皮纸屑等废弃物，不乱倒垃圾、建筑弃土，不乱占道经营，乱堆乱放，不损坏公共设施，不乱贴、乱挂、乱写、乱画，不违反交通规则，不在公共场所吸烟，不携带宠物进入公共场所。1997年，治理“倒垃圾、贴广告、停车辆、设摊点、挤客车”的“五乱”现象，实施“绿、美、亮、净”四大工程。1998年，全县推行县城建规章制度，管理归法；建市场网点，经商归点；建早点市场，摊点归片；建停车场点，车辆归位；建信息窗口，广告归栏；建中转站所，垃圾归点；建隔离栏带，行人归边；建工地围墙，施工归线等“八建八归”管理机制。2003年，开展讲文明、讲卫生、讲科学、树新风“三讲一树”活动，充实“门前三包”“门内达标”责任制内容，共建片区理事会，每季度进行检查、通报1次，督促不合格单位抓好整改。2005年，由城管、交管、卫生等部门成立县综合执法大队，承担城市日常管理职责。2007年，成立社区二级环卫队伍，归城区办管理，做到城区卫生不留死角。2008年，落实城市管理责任单位领导带队每日一巡查，县领导和城建局每周一督查，县委、县政府组织每月一评比、每季度一通报制度。1993—2008年，共查处各类违章6.53万起，其中，影响市容4.69万起，取缔摊点9245处；清除乱张贴、乱挂广告（牌）1.77万起，查处违章破道、占道经营660起；拆除违章搭建、影响市容市貌的遮阳棚、阳台、蓄水池83起。查处违章建筑915处，面积5.03万平方米，其中强制拆除170处，面积6850平方米，罚款47.22万元。城区生活垃圾实行袋装和集中填埋处理，无害化处理率99.1%，县城污水处理率98.8%。

三、文明行业创建

1993年，县精神文明建设领导小组组织开展“满意在大田，岗位学雷锋，行业十争当”活动，争当好公仆、好卫士、好园丁、好市民等。1994年，县文明委下发《关于深化“三优街”创建活动，开展“十大窗口”百日竞赛的意见》。1995—1996年，党政机关开展“说到做到，说办就办”“做人民满意公务员”“创文明机关、当人民公仆”活动。服务行业使用文明用语和服务忌语，公安、工商、税务、金融、交通、文体、卫生、邮电、电业、商贸等十大行业开展优质服务示范窗口建设，21个示范窗口单位在县电视台和柜台的显眼位置公布、张贴服务承诺100多条，聘请行风监督员，设立监督电话，接受社会监督。1997—1998年，每季度进行1次行风测评，满意度低于80%的单位取消当年评选文明单位资格。全县各片区开展“服务联手抓，满意千万家”活动，解决供水、供电、供气、电视、通讯中存在服务质量差问题。1999年，县纪委、县委组织部、文明办、党工委联合，结合“优质服务、满意竞赛”、创“文明单位”活动，对50个行政机关、窗口行业和服务单位进行机关与乡镇双向测评。

2000—2002年，服务行业开展服务态度、质量、效率、环境的“每季一测评”和抓好整体风范、典型示范、服务规范活动。2003—2005年，全县37个行业窗口，开展“诚实守信我先行”的诚信知识竞赛和“百城万店无假货”示范街、“消费者信得过放心店”等“共铸诚信”诚信杯窗口服务竞赛活动。凤山中路被市精神文明指导委确定为“创建示范街”；县委宣传部、文明办，县经贸局、工商局、质监局等单位联合评选“放心店”10家；县委文明办、县工商局联合在非公经济企业评选“共产党员诚信店”“共产党员示范岗”50个。县委下发《关于深入学习宣传建设人民法庭先进事迹活动的通知》，摄制专题片《金色的天平》，组建宣讲团到各行业宣讲19场，并编写“爱民、为民、利民”《法院手记》。2006—2008年，开展以“创诚信行业，建和谐社会”为目标的文明行业竞赛活动，推动“诚信联盟”和社会信用体系建立。

四、文明村镇创建

1993年，组织开展创建文明生态村、星级文明户、文明信用户活动。1994—1995年，全县农村开展“讲精神文明、比科技致富、建科普新村”和创建“十好文明集镇”竞赛活动。1996—1997年，开展勤劳致富、遵纪守法、计划生育、科技兴农、爱国贡献、学文重教、移风易俗、团结和睦、助人为乐、环境卫生创星级文明户活动，全县263个村制定乡规民约，建立村民议事会、红白喜事理事会、青年妇女禁赌会等。1998—2000年，开展“远学美岭、近学紫云”和“讲班子团结，比整体素质；讲发展经济，比生产效益；讲科教兴农，比推广程度；讲依法治村，比社会安定；讲移风易俗，比崇尚文明；讲环境优美，比整治力度；讲联系实际，比活动实效”的“七讲七比”“明星杯”竞赛及“创十星文明店、十星文明所站”活动。

2001年，县委、县政府下发《关于贯彻〈福建省乡镇工作纲要（试行）〉的通知》，把新村规划、科技兴村、依法治村、以德治村列入“文明乡镇竞赛”考评内容，分一、二、三等给予奖励。当年，均溪镇玉田村被省委、省政府列入年度省级高质量文明示范村。2003—2005年，创建“绿色生态文明带”，太华镇万湖村被省文明委确定为百个文明新村“精品”工程。2006—2007年，县委、县政府先后制定《大田县社会主义新农村建设“十一五”规划》《关于扎实推进社会主义新农村建设和竞赛活动的实施意见》《大田县“幸福家园行动”竞赛立项项目实施意见》，开展“美我家园”“村容整洁，乡风文明”活动月，实施清垃圾、污泥、路障、违章建筑、破旧危房，改路、水、厕、沟、圈、厨“五清六改”的村容村貌整治。2008年，湖美乡、谢洋乡获“省级优美乡镇”，梅山乡璞溪村获“省级生态村”称号，前坪乡被评为三明市新农村建设“十佳乡镇”。1993—2008年，全县累计完成沼气池建设6721口，农村自来水、无害化厕所普及率分别达68.90%、52.9%。

五、文明创建评比表彰

1993—1995年，大田县获省级文明单位4个、文明学校1所，其中县城连续两届保持省级“文明县城”称号。获市级文明单位22个，县级文明单位857个。1996—1997年，获省级文明学校1所。市级文明学校13所、文明乡镇2个、文明村4个、文明片区和文明单位各1个、文明建设先进工作者12人。其中县城被评为第六届“文明先进县城”。县级文明单位363个、文明片区1个。1998—1999年，获省级文明单位9个、文明学校1所、文明建设先进个人2人。市级文明单位32个、文明学校4所、文明村镇3个、文明安全片区1个、共建先进单位2个、示范窗口先进单位3个、文明建设先进个人13人、满意服务先进个人7人。2000—2002年，获省级文明单位9个、文明窗口1个、文明学校1所、文明建设先进工作者2人。市级文明单位37个、文明村4个、文明学校9所、文明安全片区和文明社区各1个、文明行业先进单位4个、文明建设先进工作者4人。县级文明单位570个（次）、文明村

53个、文明安全小区6个、文明社区3个、文明学校80所。2003—2005年，获国家级文明行业先进单位2个，省级文明单位9个、文明村镇2个、文明学校1所、文明社区1个、文明建设先进工作者1人。市级文明单位41个、文明村镇9个、文明学校11所、文明社区2个、文明建设先进个人7人、诚信服务先进个人1人。县级文明单位585个（次）、文明村镇128个（次）、文明学校87所（次）、文明社区14个（次）、文明建设先进个人87人。2006—2008年，获省级文明单位10个、文明学校1所、文明社区1个、军民共建先进单位1对、文明建设先进工作者1人；市级文明单位45个、文明村镇7个、文明学校12所、文明社区1个、文明行业先进单位1个、军民共建先进单位2对、文明建设先进工作者7人、文明行业先进个人6人；县级文明单位313个（次）、文明村镇126个（次）、文明社区5个。

第二节　公民道德建设

一、社会公德建设

1993年，县委、县政府继续开展讲文明、讲礼貌、讲卫生、讲秩序、讲道德“五讲”和心灵美、语言美、行为美、环境美“四美”及热爱党、热爱祖国、热爱人民“三热爱”活动，培养有理想、有道德、有文化、有纪律的“四有”新人，普及提高公民思想道德素养、科学文化和健康素质。1995年，县委下发贯彻实施中共中央宣传部《爱国主义教育实施纲要》的通知，确定每年9月为“公民道德宣传月”，同月20日为“公民道德宣传日”。1996年，县文明委下发《关于在各共建片区建立道德评议会的通知》，对市民中违背社会公德的言行举止和陋习等进行评议，并在电视台评说、曝光。1997年起，各共建片区先后设立道德评议台，采用道德评议、公德巡查、专项整治、正面教育、文明提醒、寓教于乐、典型示范、公民约束、规范管理、竞赛评比等10种方法，褒奖良好公德行为，“评、帮、督”不道德行为；举办“美在县城、爱我大田”演讲比赛3场，参加3500人次；在全县中小学校开展争当模范小市民“做一件好事、纠正一件不良行为、写一篇心得体会”的公德教育活动和以“讲文明树新风”为内容开展市民社会公德轮训，在电视台开办“文明市民电视学校”和“市民话公德”讨论。

2001—2002年，在市民中开展“送温暖、解忧愁、办实事、献爱心”和干部职工“一对一”帮扶济困等公益活动；县委宣传部与广电局在电视台开设“加强公民道德建设”专栏，报道正、反面典型；以“学雷锋、送温暖”为主题，开展“全民文明礼貌月”20周年纪念活动，建立志愿者服务组织195个、8017人，参加无偿献血、绿化美化环境、慰问孤寡老人、孤儿，为下岗失业人员、特困人员义诊、送医送药、维修电器等服务。县文明办与县国税局联合举办“国税杯”社会公德演讲比赛9场，参赛36人，听众1.5万人次。2003年，县一中师生开展寒假“道德进万家”社会实践活动；全县开展纪念毛泽东“向雷锋同志学习”题词发表40周年及中共中央《公民道德建设实施纲要》颁布实施2周年系列活动，团县委开展以“寻雷锋足迹，扬志愿精神”为主题的团队日活动，上万名团员青年和社会各界人士参与“保护母亲河”行动和义务植树、认养草坪绿地、清理河道淤泥等活动。全县为贫困大学生捐资助学，募集善款80.9万元，资助贫困生110人。2008年，全县城区中学师生开展“同一个世界，同一个梦想”志愿者服务活动、整治城区环境，迎接“绿化奥运”。

二、职业道德建设

1993—1995年，县委、县政府根据不同行业特点，开展服务人民、奉献社会职业道德建设，县文明委每季度开展1次满意率测评，公布结果、督促整改。团县委在金融、邮电、税务、公安、卫生、公路交通等行业创建“青年文明号”；评选市级“青年文明号”14个、县级117个。1996—1998年，全县开展行业“学雷锋当先进，建‘三德’树新风”“创优质服务，当职业道德模范”大讨论和竞赛活动。2000—2001年，行业服务窗口和基层所（站）突出服务态度改善、环境优化质量提高和效率提升。2002年，邀请济阳籍获深圳“特区卫士”、公安部边防管理局一等功臣、“缉私勇士”称号的章云飞回乡作英勇事迹报告会2场，3000多人参加听讲。2006—2008年，县委制定贯彻《公民道德建设实施方案》，按照“党政机关做表率，文明单位走在前，街道社区抓普及，学校学生是重点，行业窗口做示范、农村建设树新风”的要求，在各行业、单位开展“知荣辱、树新风、我行动”“文明规范伴我行，争当大田好市民”等职业道德实践活动。确定县教育局、县委党校等30个单位为社会主义荣辱观和职业道德建设试点单位；县文明办利用现代通讯系统群发职业道德短信8500条；县委宣传部、文明办、文体局联合创作“八荣八耻”宣传挂图；开展“诚实守信我先行”诚信知识竞赛和专题研讨，评选“诚信单位”和“服务之星”文明窗口。

三、家庭美德建设

1993年，以县文明办、县妇联等单位为主体，开展家庭美德建设活动。1996年，县妇联在“母亲节”期间，表彰“好母亲”9人、“开明婆婆”和“文明媳妇”各10人。1997年，县文明办开展婚姻家庭、夫妻关系、财产处理、子女教育、子女抚养、赡养老人、家庭暴力等问卷调查。1998年，县文明办在全县范围内评选“家庭好角色”和征集家庭美德建设格言；县妇联召开争做好母亲、好婆媳座谈会、交流会26场，表彰“好母亲”246名、“开明婆婆”168人、“文明媳妇”182人。1999—2000年，县妇联举办庆祝“三八”国际妇女节90周年和“五好文明家庭奉献月”“美在农家”等活动，评选“五好家庭”84户、标兵户7户。2001—2005年，县文明办组织“拒绝邪教、倡导科学文明”和“不让毒品进我家”等家庭承诺签名；县政协文史办编辑出版《巾帼赞》，颂扬巾帼先进个人36人。全县评出文明之家、职工之家3.19万户；表彰“美在农家”示范村9个、示范户23户；县文明办、妇联、教育局、文联在中小学生中开展“我心中的妈妈”征文活动，共征集255篇，表彰优秀文章106篇。2006年，县文明办与文体局联合举办“建和谐社会、展家庭风采”才艺表演，全家同台参演46家。2008年，县妇联以“共享蓝天，关爱农村留守儿童”为主题，开展社会关爱活动，全县爱心妈妈60人与留守儿童结对120人。

四、未成年人思想道德建设

1993—1996年，以学校为阵地，在中小学中开展中国近代史、现代史和国情教育，举办“中国精神”“中华正气”“迎接香港回归祖国”读书教育活动，组织中小学生献爱心，向社会捐款2次、金额18.04万元。县少年工作委员会（简称少工委）在全县少先队员中开展“做好事、送温暖”、城乡“手拉手”互助、“EMS杯”（邮政特快专递）手拉手书信活动和“继承传统、开创未来”“接过先辈旗帜、踏着先辈足迹”“寻伟人足迹、学雷锋精神”等系列活动。全县5万多人（次）未成年人参加，少先队员为民做好事1000多件。1997年，县少工委组织少先队员150多人走访、慰问五保户、特困户40多户，赠送慰问品40多件、慰问金2500余元；组织城区少先队员2000多人打扫街道卫生、捡拾废弃物，清除乱涂、乱画、乱贴小广告等。县教育局组织参加全国关工委、教育部等6个部门联合举办的全国青少年学生“做新世纪主人”读书活动，县教育局获优秀组织奖。

1998年，团县委组织创建“青少年绿色文明园”，城区7所中小学校各认管绿地1块，每周管护1次；“六一”期间，少工委组织3000多名少先队员参加“心中有祖国、心中有他人”“红领巾助残”和“六五”环保日宣传等，县教育局组织全县学校学生向长江等洪涝灾区捐款20多万元。1999—2000年，县少工委和团县委在全县少先队员中开展“爱心献功臣”、环保日保护母亲河、植绿护绿、结对资助下岗特困职工子女、红领巾助残周等系列活动。2001年，县关工委、团县委在“六一”期间，组织少年儿童为祖国西部学校捐图书3500多册，结对子2200对；红领巾助残周做好事1000多件，捐款捐物3600多元；开展“新世纪我能行、养成道德好习惯”体验教育；县教育局获第九届全国青少年学生爱国主义读书教育活动组织特别奖。2003年，县教育局开展中小学生日常行为规范养成教育和“诚实守信、网络道德、交通文明”道德教育。2004年，县委、县政府印发《关于加强和改进未成年人思想道德建设的实施意见》。2005年，成立“大田县未成年人思想道德建设办公室”，为文明办内设机构；当年，建立“大田县未成年人思想道德建设工作联席会”、成员单位17个。

1993—2008年，县关工委成立德育报告团到中小学校巡回报告94场，听众12万多人次；送法进社区、进学校、进企业、进农村、进家庭，对刑释解教人员进行普法教育，失足少年悔过自新，转化率达81%。县法院少年审判庭探索“预防为主、帮教结合”少年审判新模式，坚持“教育、感化、挽救”方针和宽严相济政策，到中小学作《青少年犯罪特点及防治》法制讲座52场次，全县中小学生普遍接受法制教育2次—3次。

第八章 保密 信访

第一节 保密工作

一、保密宣传

1993年，县保密部门继续宣传《中华人民共和国保守国家秘密法》（简称《保密法》）。1996年，结合“三五”普法开展保守国家秘密宣传。1998年，纪念《保密法》颁布十周年组织保密法知识征答活动。2003年，宣传中央保密委《关于严禁用涉密计算机上国际互联网的通知》文件精神。2006年，根据全国“五五”保密法制宣传教育规划，把《保密法》知识纳入中小学法制教育内容，保密教育与爱国主义教育结合。2008年，编写印发县处级领导《保密知识应知应会》60册。1993—2008年，县分管领导多次发表电视讲话，张贴、播放宣传标语4000余条，出宣传栏、墙报50多期，播放保密教育片300余场次，组织保密法知识竞赛、测试30余次，印发《保密知识》《保密制度汇编》《保密应知应会手册》6000册，开办保密课200多场、听课8000余人次。通过省、市“三五”“四五”“五五”保密法制普及宣传教育检查组验收。

二、保密管理

（一）保密设施和定密

1993年，县保密部门制定《大田县保密技术防范设备必有必备实施计划》。各单位购置保密设备，重点涉密单位设置独立机要保密室，安装铁窗、铁门、铁柜、录像监控装置。2001年，县保密部门下发《关于进一步做好定密工作的通知》，明确定密领导和定密审核人，规范定密工作程序；举办全县定密知识讲座3次，培训保密人员160人。2008年，全县有密码文件柜、铁质文件柜1300余个，碎纸机160余台，计算机隔离卡1000余个，信号干扰仪3个，共投入资金10多万元

（二）保密检查和计算机信息管理

1993年，县保密部门下发《关于做好普通大中专招生保密工作的通知》，重点抓好试卷存放的保密管理，要求试卷保密室达到相关保密要求。开展保密工作方针政策、法规制度贯彻执行情况、保密组织机构建设、保密设施配置和保密环境情况检查。1997年，制定加强计算机、传真机和通讯设备管理制度。2000年，开展全县办公自动化设备涉密情况调查，掌握全县计算机信息系统使用情况。2001年，加强对涉密纸介质、磁介质（计算机硬盘、移动硬盘、软盘等）、光介质（光盘等）、半导体介质（优盘、存储卡等）等涉密载体的管理，规范保密文件和资料收发、运转、清退及销毁的运作程序。对全县经营性印刷、打字、复印、废品收购等企业进行登记管理，确定审批定点复制、销毁单位。2002年，

按照“控制源头、加强检查、明确责任、落实制度”的原则，根据网络的实际应用需求和防范能力，对全县计算机网络进行合理定位，区分公众网、内部网和涉密网，严格内外网物理隔离，严防涉密计算机连接公众网。2003年起，每年高考前会同教育、公安等部门对试卷保密室进行全面检查；对全县行政机关和事业单位的党委网、政府网以及政府信息公开目录和指南进行保密审查，严防涉密信息上互联网。2004年，加强数字福建政务网的管理，对115个接入政务网的单位严格检查审批，按照“谁上网，谁负责”的原则，签订《保密责任书》。2005—2008年，加强计算机保密技术检查，在各单位自查自纠基础上，开展重点抽查，配合省、市保密技术检查。

第二节　信访

一、信访工作机制

1993年，县信访局隶属县政府。全县信访工作按照“属地管理、分级负责”“谁主管、谁负责”的工作原则，调整充实信访工作领导小组，由1名县委副书记、1名副县长分别担任正、副组长，建立领导接待日制度。每月24日为领导接待日，由县委、县政府1名—2名领导在信访局接待来访群众。县信访部门人员做好登记、转办、督办、查办，对来访者反映和要求解决的问题，做好记录和解答，能够解决的当场解决，对一时无法解决或法律、政策不允许的耐心做好解释劝导。1996年，抽调律师参与接待活动。举办信访干部培训班2期、参训120多人次；发放《信访条例》《福建省党政机关信访工作规定》《信访工作手册》等1000多份。1997年，建立县领导和有关部门负责人每两个月1次下乡（镇）联合接待群众来访制度，各乡镇普遍利用农村墟日开展领导干部接访活动，协调处理热点、难点问题，把问题解决在基层。上京镇做到坚持每季度研究1次信访工作，坚持每月2天接待日活动，坚持领导批阅信访件和接待群众，坚持落实信访举报承诺。当年，全镇信访件56件，全部妥善处理。

1998年，实行党政“一把手”负责制，敏感问题和重要信访件由县领导挂牌督办或阅批。当年，领导阅批信访件1168件，县委办、政府办联合下发《关于建立县直有关部门信访联席会议制度的通知》，建立由县人大、县纪委、法院、信访局、计生局等12个涉访部门组成的信访联席会议制度，分析排查群众反映强烈、涉及面广、难度大的信访疑难问题，研究需要联合办理的疑难信访件。1999年，县委、县政府健全机构，落实领导责任制。全县有基层信访工作领导小组48个，专兼职信访干部117人，信访信息员275人；全年召开信访工作会议3次，向18个乡镇、14个企业集团颁发信访工作责任书，制定信访工作专项考核事项和评分标准。2001年，在全县开展创建信访工作有领导小组、接待室、专兼职信访员、工作制度、服务措施，无集体上访、越级上访、信访积案“五有、三无”和“驻村夜访”知民情、解民忧、帮民富、暖民心“四民”活动，建立健全归口负责制、岗位责任制。实行领导包乡（村）和挂牌督办制度；建立乡镇长信箱、机关效能投诉中心、“148”法律服务中心。

2002年，县委、县政府制定《大田县处置信访工作预案》。聘请11名律师和30多个部门正职领导参与接待日接访。当年，有华兴、武陵、谢洋、济阳、吴山等5个乡实现“三无”乡镇。2003—2004年，县委办、县政府办下发《信访效能督办制度》《关于建立处理信访突出问题及群体性事件联席会议制度的通知》，建立党政主要领导对信访工作负总责、副职领导归口挂片包干、重大敏感问题由主要领导挂牌督办的领导负责制，规定对工作失职、延误处理、酿成影响社会治安事件的责任单位和领导给予“一票否决”和效能告诫，把信访工作列入乡镇、县直部门、单位年终责任目标考核内容。2008年7月起，开展“县委书记大接访”活动，接待日由原来每月1天改为2天，县委书记、县长的接待日定为每月的15日、29日。当年，有29名县处级领导参加接访374批、接待1392人次，其中，县委书记接访117批、接待372人次，县长接访92批、接待346人次；其他处级领导到基层接访61批、接待214人次。

二、接访与信访件处理

1993年，县信访局接待群众来访292批，受理来信226件。11月，与有关部门协商，为原城关理发社退休职工9人，解决每人每月增发生活补助费15元。1994年，接待来访331批，受理来信243件。县政府召集交通、城建、工商、公安等部门商定，城区三轮车工人证照由一个部门按统一标准收费。1995年，接待来访601批，受理来信267件。其中，解决了“满田春”市场改造近百个商户摊点搬迁享受优惠政策，南山路改造拆迁户安置方案和补偿标准及红星、玉田两村征地拨付粮差款700多万元等民生热点问题。1996年，接待来访362批，受理来信248件。其中，有县政府召集会议商定，原粮食复制品厂南山路改造拆迁，10多名职工的生活费由社保公司续发；太华镇领导带队实地察看太华煤矿影响农田灌溉情况，与魁城村村民及企业商定赔偿方案。

1997—1999年，接待来访1064批，受理来信713件，年均365批、238件。其中，1997年县政府拨专款200万元，解决县纺织总厂征用玉田村10多户村民土地的遗留问题；1998年县有关领导召集纪委、财政局、商业总公司、信访局等7部门领导，研究百货公司部分待岗职工生活费和养老保险问题，形成会议纪要，由商业总公司落实；1999年，县委、县政府召集有关部门及涉事单位领导，就济阳乡五建石凤水泥有限公司职工股份分红、生活补助问题，与56名下岗职工代表协商，达成7条协议，当年5月起，每月发生活补助费。

2000年，县第二铁厂36名职工集体到省反映改制方案不合理，县领导与有关部门、单位领导带回上访人员后，重新制定设制方案，召开承包投标会，个人以365.08万元中标经营。2000—2004年，县信访局接待来访2284批，受理来信734件，年均457批、147件。2005—2007年，接待来访894批，受理来信307件，年均298批、102件。其中，2007年县长办公会专题研究将实验幼儿园代管的财政公房36.17平方米，确权给肖某居住，解决其实际困难，“宗美堂”房产按政策和法律规定不予归还，26年老案得到解决。2008年，接待来访47批，受理来信29件。1993—2008年，共接待群众来访6306批，受理来信2767件，办结5316批、2289件，办结率分别为84.3%、82.7%。

卷十七　地方人大 地方政府 政协地方组织

第一章　地方人民代表大会

第一节　代表选举

1993年12月，县、乡镇人民代表大会代表（简称人大代表）换届选举设立选举委员会，由县人大常委会任命组成人员，主持选举工作。选举委员会按地域划分选区，分配各选区应选代表名额。选举分宣传发动、选民登记、提名推荐和协商确定代表候选人、投票选举4个阶段。代表候选人名单由各政党、人民团体或选民10人以上联名提名，选民名单在选举日20日前公布，初步代表候选人名单在选举日15日前公布，正式候选人在选举日7日前公布（下同）。县级换届，全县划分选区238个，选民20.17万人，参加选举选民（简称参选，下同）19.78万人，参选率98.07%。县十二届人大代表名额323名，选举产生代表320人，其中女代表70人，占21.88%；非党代表130人，占40.63%。非正式代表候选人当选为县代表的有5人。选举产生乡镇级人大代表1200人，其中女代表241人、占20.08%。

1996年11月，乡镇人大代表换届，选民20.8万人，参选20.35万人，参选率97.8%，选举产生代表945人，其中女代表205人。

1998年12月，县级人大代表换届，划分选区126个。选民22.47万人，参选22.08万人，参选率98.26%。县十三届人大代表名额202名，选举产生代表202人，其中女代表48人、占23.76%；非党代表77人，占38.12%。连选连任代表48人。

1999年11月，乡镇人大代表换届，选民22.65万人，参选22.1万人，参选率97.57%，选举产生代表948人，其中女代表212人。

2002年11月，乡镇人大代表换届，选民23.49万人，参选21.85万人，参选率93%，选举产生代表948人，其中女代表212人。

2003年11月，县级人大代表换届，划分选区122个。选民24.15万人，参选22.01万人，参选率91.14%。县十四届人大代表名额200名，选举产生代表200人，其中女代表49人、占24.5%；非党代表72人，占36%。连选连任代表47人。

2006年12月，县与乡镇人大代表同时换届，县级划分选区124个，选民26.53万人，参选24.96万人，参选率94.09%。县十五届人大代表名额203名，选举产生代表201人，其中女代表44人、占21. 89%；非党代表72人，占35.82%。连选连任代表70人。选举产生乡镇级代表948人，其中女代表214人。

第二节 人民代表大会

一、县第十一届人民代表大会

1993年2月2—4日，大田县第十一届人民代表大会第三次会议在岩城电影院召开。代表294人、出席279人，列席141人。会议审议通过《大田县人民政府工作报告》《大田县国民经济和社会发展十年规划和“八五”计划修订纲要》及县人大常委会、县人民法院、县人民检察院的《工作报告》，审查、批准《大田县1992年国民经济和社会发展计划执行情况和1993年国民经济和社会发展计划（草案）的报告》《关于1992年财政决算和1993年财政预算（草案）的报告》（简称“一府两院”、人大、计划和财政工作报告，下同）。补选县人大常委会主任1人，选出市第八届人大代表34人。

二、县第十二届人民代表大会

县十二届人民代表大会共召开6次会议，除第五次会议外，每次会议都审议通过“一府两院”、人大工作报告，审查批准计划、财政工作报告。此后，县人民代表大会每届任期由3年改为5年。

1994年1月17—20日，第一次会议在大田影剧院（下同）召开。代表320人、出席315人，列席144人。选出县第十二届人大常委会主任1人、副主任3人、委员12人，县人民政府县长1人、副县长6人，县法院院长1人、检察院检察长1人，补选市第八届人大代表2人。

1995年3月9—11日，第二次会议召开。代表322人、出席296人，列席161人。补选县人大常委会副主任1人。

1996年3月28—30日，第三次会议召开。代表319人、出席299人，列席169人。补选县人大常委会主任1人、委员1人，补选县人民政府县长1人。

1997年3月12—14日，第四次会议召开。代表322人、出席300人，列席193人。补选县人大常委会主任1人、委员5人，补选县法院院长1人、检察院检察长1人。

1997年11月26—27日，第五次会议召开。代表322人、出席291人，列席48人。补选县人大常委会委员1人，选出市第九届人大代表34人。

1998年4月24—25日，第六次会议召开。代表320人、出席304人，列席186人。

三、县第十三届人民代表大会

县十三届人民代表大会共召开6次会议，除第五次会议外，每次会议都审议通过“一府两院”、人大工作报告，审查批准计划、财政工作报告。

1999年1月5—7日，第一次会议召开。代表202人、出席199人，列席185人。选出县第十三届人大常委会主任1人、副主任4人、委员14人，县人民政府县长1人、副县长6人，县法院院长1人、检察院检察长1人，补选出市第九届人大代表1人。

2000年1月27—29日，第二次会议召开。代表200人、出席193人，列席214人。

2001年3月7—9日，第三次会议召开。代表200人、出席190人，列席218人。补选县人大常委会委员3人、县法院院长1人。

2002年1月14—17日，第四次会议召开。代表198人、出席192人，列席219人。补选县检察院检察长1人。

2002年10月28—29日，第五次会议召开。代表198人、出席191人，列席51人。选出市第十届人大代表33人。

2003年2月17—19日，第六次会议召开。代表197人、出席185人，列席222人。

四、县第十四届人民代表大会

县十四届人民代表大会共召开3次会议，每次会议审议通过“一府两院”、人大工作报告，审查批准计划、财政工作报告。

2003年12月28日至2004年1月1日，第一次会议召开。代表200人、出席200人，列席200人。选出县第十四届人大常委会主任1人、副主任4人、委员16人，县人民政府县长1人、副县长7人，县法院院长1人、检察院检察长1人，补选市第十届人大代表1人。

2005年1月11—14日，第二次会议召开。代表200人、出席191人，列席190人。补选县人大常委会委员3人和市第十届人大代表2人。

2006年1月15—18日，第三次会议召开。代表199人、出席185人，列席192人。

五、县第十五届人民代表大会

县十五届人民代表大会至2008年共召开2次会议，每次会议都审议通过“一府两院”、人大工作报告，审查批准计划、财政工作报告。

2007年1月14—18日，第一次会议召开。代表201人、出席201人，列席186人。选出县人大常委会主任1人、副主任4人、委员18人，县人民政府县长1人、副县长7人，县法院院长1人、检察院检察长1人，选出市第十一届人大代表33人。

2008年1月6—9日，第二次会议召开。代表200人、出席197人，列席181人。补选县人民政府县长1人。

1993—2008年，大田县县、乡镇人民代表大会共进行7次换届选举，其中，1993年、2006年县、乡镇两级换届选举，1998、2003年县级换届选举，1996年、1999年、2002年乡镇级换届选举。县、乡镇人大代表均由选民直接实行差额选举产生。

附一：大田县乡镇人民代表大会

1993—2008年，乡镇经历5届人民代表大会，代表名额按选举法规定由县人大常委会核定，代表由选民直接（差额）选举产生，（详见第一节）。每届任期3年，每届第一次会议选举产生乡镇长、副乡镇长和人大主席团主席、副主席；每年召开1次乡镇人民代表大会例会，听取、审议乡镇政府、人大主席团工作报告和财政预、决算报告，并作出相应决议，或对本行政区域重大事项作出决定。

附二：1993—2005年大田县当选为福建省人大代表人员名单

第八届（1992—1996年）：林　坚（女）陈增含

第九届（1997—2001年）：张爱兰（女）李启凤

第十届（2002—2006年）：林梁儿　王民富　叶秀华（女）

第十一届（2007年—　）：肖长根　吴建玲（女）林青华（女）

县人大会议投票选举（2004年摄）

第三节　县人大常委会

一、工作机构

1993年，县人大常委会设办公室和人事任免代表联络、法制、财政经济、教科文卫、农村工作等5个委员会。1997年1月，增设华侨工作委员会，7月，农村工作委员会更名为城乡工作委员会。2005年12月，法制委员会更名为内务司法委员会。2006年7月，华侨工作委员会更名为华侨台胞委员会，增设副科级单位信访室。2008年1月，人事任免代表联络委员会更名为人事代表工作室，城乡工作委员会更名为环境与城乡建设委员会。年底，县人大常委会工作机构设3个室和5个委员会。

县十五届人大常委会组成人员23人，其中，主任1人、副主任4人，专职委员10人、兼职委员8人。

大田县第十一至十五届人大常委会主任、副主任名录

表17-1

届　次	职　务	姓　名	性　别	籍　贯	任职时间
第十一届	主　任	张运祥	男	福建宁化	1991.1—1993.2
		吴根发	男	福建厦门	1993.2—1994.1
	副主任	郑荣智	男	福建大田	1991.1—1994.1
		林　坚	女	福建安溪	1991.1—1994.1
		施春地	男	福建大田	1991.1—1994.1
		范起溧	男	福建大田	1992.3—1994.1
第十二届	主　任	吴根发	男	福建厦门	1994.1—1996.3
		黄　慧	男	福建闽清	1996.3—1997.3
		郑国仁	男	福建福清	1997.3—1998.4
	副主任	范起溧	男	福建大田	1994.1—1999.1
		詹文批	男	福建大田	1994.1—1999.1
		林占中	男	福建大田	1994.1—1999.1
		林　坚	女	福建安溪	1995.3—1999.1
第十三届	主　任	方初海	男	福建大田	1999.1—2003.12
	副主任	柳传金	男	福建大田	1999.1—2002.7
		詹文批	男	福建大田	1999.1—2003.12
		林　坚	女	福建安溪	1999.1—2003.11
		陈进塔	男	福建大田	1999.1—2003.12
第十四届	主　任	方初海	男	福建大田	2003.12—2007.1
	副主任	陈进塔	男	福建大田	2003.12—2007.1
		邱忍祥	男	福建闽清	2003.12—2007.1
		施正立	男	福建大田	2003.12—2005.9
		温如校	男	福建大田	2003.12—2007.1

续表 17-1

届 次	职 务	姓 名	性 别	籍 贯	任职时间
第十五届	主 任	方初海	男	福建大田	2007.1—
	副主任	陈进塔	男	福建大田	2007.1—
		邱忍祥	男	福建闽清	2007.1—
		温如校	男	福建大田	2007.1—
		章 玲	女	福建大田	2007.1—

二、常委会会议

1993 年，县十一届人大常委会召开例会 11 次。1994—1998 年，十二届人大常委会召开例会 45 次。1999—2003 年，十三届人大常委会召开例会 47 次。2004—2006 年，十四届人大常委会召开例会 15 次。1993—2008 年，县人大常委会共召开例会 141 次。主要审议决定全县经济社会发展重大事项，依法行使决定权，共听取和审议政府部门工作汇报 326 次，任命国家机关工作人员 732 人次，通过规范性文件 21 项。其中，2000 年 5 月，制定《大田县人大常委会关于讨论和决定本行政区域内重大事项的暂行规定》。

三、主要工作

（一）审议决定重大事项

1993 年起，县人大常委会每届组织代表视察“普法”工作开展情况 1 次。当年 9 月，十一届人大常委会第 21 次会议审议通过县政府提请的《大田县城总体规划调整方案》议案。

1994 年 6 月，十二届人大常委会第 4 次会议审查批准《县政府关于石牌乡集镇建设总体规划》的议案。1995 年 10 月，常委会第 14 次会议审议通过《县政府关于早兴乡、均溪镇行政区域界线变更和早兴乡政府驻地迁移》议案。1996 年 5 月，常委会第 20 次会议审议通过县政府提请的《关于调整石牌乡集镇建设总体规划实施方案》议案；审议通过《县政府关于将环保指标、项目、投资额补充列入 1996 年度国民经济及社会发展计划》议案。同年 9 月，常委会第 22 次会议作出《关于继续深入开展法制宣传教育的决议》。1997 年 9 月，常委会第 32 次会议审议通过《大田县环境保护“九五”计划和 2010 年规划》议案。1998 年，受东南亚金融危机影响，大田县被省金融部门列为金融高风险区，多方面不利因素制约经济发展，完成年初县人大确定的计划和预算目标差距较大。12 月，常委会第 43 次会议通过审议，作出《关于调整 1998 年县国民经济和社会发展计划主要指标的决定》《关于调整 1998 年县级财政预算的决定》。

1999 年 3 月，十三届人大常委会第 1 次会议审议批准《大田县人民政府关于依法行政的实施规划》《大田县人民法院关于实施依法治县决议的方案》《大田县人民检察院关于实施依法治县决议的方案》。2000 年 5 月，常委第 14 次会议审议通过《关于加强代表工作的暂行规定》。2001 年 2 月，常委会第 20 次会议审议通过《县国民经济和社会发展“十五”计划纲要（草案）》。4 月，常委会第 23 次会议听取县司法局关于“四五”普法规划情况说明，审议通过《关于加强法制宣传教育的决议》。2003 年 10 月，常委会第 44 次会议审议通过《县政府关于要求调整“汇龙广场”和“电力大厦”规划方案的议案》。

2004 年 12 月，十四届人大常委会第 7 次会议审议通过县政府《关于调整 2004 年县级财政支出预算草案的报告》。2005 年 5 月，常委会第 11 次会议审议通过关于建立县人民代表履职情况登记制度试行意见（草案）。2006 年 11 月，常委会第 22 次会议审议通过县人大常委会关于加强法制宣传教育的决议（草案）。

2007 年 9 月，十五届人大常委会第 7 次会议审议通过县调整 2007 年国民经济和社会发展计划（草案）。2008年4月，常委会第11次会议审议通过《县人民政府关于〈大田县城道路红线规划〉进行单项修编议案》。11月，常委会第15次会议审议通过县政府关于提请《大田县城总体规划修编》议案。

（二）人事任免

1993年，县人大常委会坚持党管干部原则和依法任免相结合，使人事任免权与监督权得到统一。1994年12月，制定《大田县人大常委会任免地方国家机关工作人员办法》。2000年5月，制定《大田县人大常委会关于对提请任命的县政府组成人员、县法院审判人员、县检察院检察人员进行法律知识考试的暂行规定》《大田县人大常委会关于被任命的县政府组成人员、县法院审判人员、县检察院检察人员报送年度述职报告的暂行规定》。规范任免程序，把好任前考察考试，任中听取“一府两院”负责人及组织部门对拟任人员情况介绍，听取人大常委会相关委室对拟任人员考察情况汇报等，任后跟踪监督。1993—2008年，共任免国家机关工作人员732人次，接受辞职59人，撤销职务2人，未通过任命2人。

（三）法律监督

1993年，县人大常委会继续把加强法律监督作为重要职责，运用执法检查和执法调研等形式，保证法律法规的实施。1994年2月，十二届人大常委会第2次会议审议通过《大田县人大常委会关于加强与县人民政府、县人民法院、县人民检察院工作联系的制度》。1995—1997年，县人大常委会依法督促县政府及有关部门落实“行政执法责任制”和“执法过错责任追究制”；注重了解掌握县政府、检察院、法院对有关事件、重大案件的办理和审理情况，从检察院起诉案件或法院判决寻求监督的突破口，促进依法行政、依法办案、公正司法。1998年，县政府办下文拟将全县非金属矿的行业管理划归前峰矿业集团公司。人大常委会认为，前峰矿业集团公司属企业，没有管理职权，如非金属矿划归企业管理，前峰矿业集团既是“运动员，又是裁判员”，会造成企业间的不公平竞争。为此，县政府撤销了这一决定。1999年，县人大常委会重点开展实施中华人民共和国矿山法、教师法、台胞投资保护法、劳动法、土地管理法和省计划生育条例检查监督。2000年7月，县人大常委会组成执法检查组到川石和银顶格矿区、赤岩纸厂、岩泉啤酒有限公司、岩城纸业有限公司、大田水泥厂、奇韬选矿厂等13家企业，进行矿区植被恢复和企业治污等环保工作执法检查。2003年8月，组织部分常委会委员和县人大代表，到梅林至上京公路拓宽改造工程、永安煤业有限公司上京分公司、银顶格和川石矿区、文江河流域进行《中华人民共和国水土保持法》执法检查。2006年5月，组织部分常委会成员到水泥、冶金、造纸、选矿等行业及县医院检查贯彻实施《中华人民共和国固体废物污染环境防治法》《中华人民共和国水污染防治法》《中华人民共和国大气污染防治法》及企业排污治理情况。2007年11月，十五届人大常委会第8次会议听取县政府关于开展节能减排工作情况汇报。12月，组织驻县的市十一届人大代表9人到石凤水泥厂、华闽纸业、兴州纸业等企业实地察看水土流失治理及节能减排等情况。2008年，组织常委会组成人员到县法院、检察院、看守所等单位开展中华人民共和国刑事诉讼法、法官法、检察官法和看守所条例等执法检查、视察4次，促进审判职能、检查职能的发挥和看守所条件的改善。

1993—2008年，常委会以执法检查、调研、听取工作报告等方式分别对中华人民共和国食品卫生法、经济合同法、农业法等150多部法律法规贯彻实施情况进行检查监督。共组织开展环保执法检查、视察16次。

（四）工作监督

1993—1996年，县人大常委会组织人大代表视察18次。主要视察省道“212”线石牌至吴山公路建设、石灰石矿山和水泥工业、六角宫水库电站工程、物价控制、社会治安综合治理、三资企业、精神文明建设、安全生产、公安“严打”工作、县看守所管理等。1997—1999年，组织人大代表视察16次，主题为依法治理工作、实施农村奔小康工程、环境污染治理、政府驻外办工作等和“212”公路、火电厂、建山路改造、外商投资企业及个私经济发展等情况。

2000 年 7 月，县人大常委会组织人大代表到大方广茶业、华佛水泥、邦迪瓷业、华兴铸冶、福成家具、新威电子、南湖针织、宝通瓷业等外商投资企业对生产经营和投资环境进行调研，及时协调有关部门解决企业生产经营遇到的问题和困难。2001 年 2 月 22—23 日，县人大常委会组织市、县部分人大代表 30 多人，分 5 组到县部分国有企业、乡镇和有关部门开展视察活动。宣传贯彻中共十五届五中全会精神，了解检查国民经济和社会发展计划、财政预算执行和重点工程建设情况，调整农业结构、巩固和加强农业基础地位及推进国有企业改革和脱困情况，建立健全社会保障体系、实施科教兴国和加强可持续发展战略情况，加强民主法制建设、精神文明建设、廉政建设和反腐败斗争、维护社会稳定等情况。同年 3—6 月，县人大常委会组织开展“提高为人民服务质量”的专题调研，邀请 18 个单位参与子课题调研。调研组到县直 19 个单位、12 个乡镇、36 个村，发调查表 180 份，召开座谈会 70 场、1090 人次参加。调研组综合各方意见，提出以群众反映强烈的问题作为人大监督工作重点，切实加强农村基层组织建设等意见建议。

2002—2008 年，县人大常委会每年至少组织代表开展城区交通状况调研视察 1 次。到凤山路、建山路、南山路、职专、均小、县六中、建行、公路局和竹枝滩至澹多桥路段等了解察看城区交通秩序、摆摊设点、停车泊位、河道环境和均溪拦河坝、河滨路改造等情况，针对存在问题，提出整改意见和建议 18 条，均被有关部门采纳。

1993—2008 年，县人大常委会围绕发展第一要务，按照县委提出的经济社会发展战略目标任务，依法开展工作监督，形成谋求发展合力。把加强调查研究作为工作监督重要前提。组织各级人大代表和常委会组成人员、人大机关工作人员到基层单位共 178 批次，围绕本行政区域内的重大事项进行调查研究，形成调研报告 162 篇。对调研中发现的问题提出意见建议，送县委领导参阅，或提交县人大常委会审议，最后由县政府及组成部门、县法院、县检察院整改落实。

（五）工作评议

1994 年 7 月 27—29 日，县人大常委会组织在县部分省、市、县人大代表 45 人，首次评议“一府两院”组成人员。47 位受评人员作述职报告，参评人员背靠背评议。形成评议意见反馈给述职人员。1997 年 8 月，组织在县的部分省、市、县人大代表，评议县检察院、法院、公安局、司法局工作。1999 年 10 月，十三届人大常委会第 7 次会议审议通过《关于对交警大队进行评议的工作方案》，12 月，县人大常委会授予公安交警大队“人民满意交警大队”称号。2004 年 7 月，制定《大田县人大常委会关于评议工作的暂行规定》和《大田县人大常委会关于开展评议县政府组成人员及所在部门的工作方案》。当年，对民政局、卫生局及其领导人进行评议，评议工作分准备、调查研究、评议和整改 4 个阶段进行。2006 年 7 月，十四届人大常委第 19 次会议审议通过创“人民满意消防大队”评议工作方案。11 月，第 22 次会议听取县公安消防大队争创“人民满意消防大队”活动评议工作情况汇报，并决定授予 2006 年度“人民满意消防大队”称号。1994—2008 年，县人大常委会共对 51 个单位和部门进行工作评议，推进“一府两院”工作落实。

人大代表评议“一府二院”人员会议（1994 年摄）

（六）议案、建议督办

1993 年 2 月，十一届人大三次会议收到代表议案等 65 件。1994 年 1 月，代表联名提出《为保障人民身体健康，必须对饮用水加强抽查化验和改造》的议案。县政府多次召开有关部门领导会议专题研究，形成专题会议纪要，由县卫生局牵头，有关部门协助组织实施，县政府下拨水质化验专项经费，对12个乡镇30个样点水质检测420项次，提出改善水质具体措施。同年2月，县人大常委会制定《关于办理县人大代表建议、批评和意见的规定》。实行前期全面交办，中期重点督办，后期个别跟踪催办督办，严把审核关，确保议案建议办理质量。1996年4月，代表联名提出《要求解决原早兴乡初中班去向》议案，县、乡政府及教育部门，把兴建华兴中学纳入总体规划，立项确定校址，财政拨款50万元。代表提出《要求对农业增加投入和改良品种》的建议，县政府及农业部门通过以工养农，增加配套投入，农业发展基金由180万元增加到260万元，引进13个稻、豆新品种进行试种。

1999年1月，代表提出《要求尽快解决环境污染问题》的建议，县环保局在摸清辖区工业污染排放情况后，制定《大田县工业污染源达标排放方案》，由县政府批转实施。2001年3月，代表提出《要求在城区小学开设英语课教学》的议案。县教育局组织人员对城区3所小学现状和全县英语师资状况进行调研，决定2002学年度第一学期在实小、城小、均溪中心小学从三年级开设英语课，并逐步向乡镇中心小学推开。

2004年1月，代表提出《要求尽快解决偏远乡村丰庄、西园、东景、万湖等村有线电视联网》的议案，县广电局及时办理。2005年6月底，实现主干线联网，电视用户入网571户。2006年1月，代表提出《扶持种植高山优质茶》的建议，县长赵荣生带领有关部门领导到屏山、济阳、武陵等乡镇调研，召开专题会议，协调专项资金96万元扶持茶产业发展。同时，县政府出台《关于继续扶持茶叶发展的实施意见》。

2007年2月，代表提出《在华兴乡京口村洪坑坂规划建设工业项目区》的议案，4月，县政府明确京口工业项目区规划建设作为县重点建设项目。2008年2月，代表提出《进一步落实招商优惠政策，加快石牌工业园区建设》的议案和《修复省道“212”线石牌到吴山路段》的建议。县政府将石牌工业园区列入重点建设项目扶持；当年，投资3500万元，完成石牌至吴山路段修复。1993—2008年，人大常委会共收到历次代表大会提交的代表议案、建议、批评、意见1308件，其中，十一届3次会议65件，十二届488件，十三届、十四届各288件，十五届1—2次会议179件。每年人代会后召开交办会，以文件形式交县政府办理。

（七）信访受理

1993年起，县人大常委会确定1名副主任分管信访工作，规范接访、受理、转办、督办、回访等环节。至1998年，共受理代表和群众来信来访1257件次，对代表和群众反映的问题，县人大常委会严肃对待、认真批办、督促落实。2000年，建立县人大常委会主任、副主任到乡镇开展接待人大代表、人民群众来访活动制度。2001年3月，桃源镇西安村王山电站因农网改造，原定电站每月免费给村民供电3000千瓦时的承诺无兑现，双方产生纠纷，电站停产8个多月。经县法院一审判决不服，上诉到市中院仍然调解未果。10月30日，县人大常委会主要领导率法院、镇政府有关领导与承包者、村民座谈，通过协商，双方达成和解，电站恢复生产，村民的合法权益得到保护。2004—2006年，太华镇大合村村民多次要求治理水土流失，均溪镇东坑村和前坪乡上地、下地村部分村民反映广福矿业有限公司建选矿厂非法占用水田，城区居民反映东街口旺兴美食园油烟污染等问题，经县人大常委会督办后均得到妥善处理。2006年7月，设立县人大信访室，建立健全《信访工作制度》《信访工作领导小组工作规则》《主任接待群众来访制度》《重要司法类信访问题协调会制度》《信访工作领导小组信访问题排查调处会议制度》和《下基层接访群众制度》等。

2008年4月，省人大常委会发函督办的湖美乡仁美村廖某某反映林木被砍，司法机关在侦查、起诉、审判中定性不准问题。常委会通过调阅县林业公安分局的案卷，听取检察院、法院对该案起诉、审理情况汇报等进行调查了解，明确县法院对被告人以滥伐林木罪定性准确。常委会领导率相关部门人员到湖美乡召开座谈会，向信访人详细解释此案的定性符合客观实际、运用法律法规准确耐心进行疏导，使信访人息诉。

1993—2008年，共受理来信来访5982件次，其中十一届常委会受理381件次、十二届876件次、十三届2580件次、十四届1600件次、十五届545件次。共下基层接访61批次、1500余人。代表群众提出的问题及时督促有关部门办理解决。

（八）制度建设

1993—1994年，县人大常委会不断探索完善人大制度建设，制定《常委会议事规则》《常委会组成人员守则》和《主任会议议事规则》，规范常委会议事范围和程序。1995年，发起南方九省（区）12个县（市）人大工作研讨会制度，首次会议在大田县举行，规定每年召开2次例会，由成员单位轮流举办。2000年，修订《主任会议议事规则》。2007年，又分别对两个议事规则和组成人员守则进行修订，同时对常委会专门会议室安装电子表决器。

1993—2008年，《大田人大通讯》出刊163期，向省、市人大刊物、网站投稿1020篇，被采用800多篇；参与省、市人大常委会关于开展“加强人大制度建设，提高人大监督实效”等课题调研活动，撰写调研文章90多篇。

（九）指导乡镇人大主席团工作

1993年，县人大常委会延续邀请乡镇人大主席列席县人大常委会例会制度。1994—1998年，组织各乡镇人大主席、秘书学习培训4期。1999—2008年，规范和指导乡镇人大在闭会期间的活动；成立代表小组，设立代表议政室，组织代表异地视察、代表接待选民、向选民述职、代表培训；指导乡镇人民政府落实乡镇人大代表活动经费，拓宽代表履职渠道、丰富代表履职内容。

附：大田县乡镇人大主席团

1993—2008年，乡镇人民代表大会设立主席团，设常务主席或副主席，配专（兼）职秘书1人，代表大会闭会期间，由主席团主持日常工作，执行县人大常委会的决议、决定，依法监督同级政府各项工作，组织人大代表联系选民。

主席团对乡镇区域内的市、县、乡人大代表进行编组，选定组长，制订活动计划。两个月召开1次主席团成员会议，每半年召开1次小组长、县人大代表、主席团成员联席会议，主席团对辖区内选民进行法律法规宣传，定期听取承办单位对代表议案、建议、批评、意见等办理情况汇报；组织代表对重点议案、建议进行视察、检查。配合县人大常委会开展视察检查、调研和民主评议等活动。

第二章　地方人民政府

第一节　组织机构

一、领导成员

1993年，县人民政府为第十一届延续。1994—1998年，为第十二届。1999—2003年，为第十三届。2004—2006年，为第十四届。2007—2008年，为第十五届。每届人民代表大会选举产生县长、副县长。县政府领导机构由县长、副县长和各局长组成，在县委领导下，实行县长负责制，对县人民代表大会和市人民政府负责并报告工作，县人民代表大会闭会期间对县人大常委会负责并报告工作。

大田县第十一至十五届县政府县长、副县长名录

表 17-2

届次	职务	姓名	籍贯	任职时间
第十一届（1991.1—1994.1）	县长	何清和	福建建宁	1991.1—1993.10
		郑国仁	福建福清	1993.10—1994.1（代理）
		郑国仁	福建福清	1994.1—1996.2
	副县长	郑国仁	福建福清	1990.9—1993.10
		林青山	福建安溪	1987.11—1992.1
		陈子久	福建尤溪	1990.9—1993.5
		唐莺（女）	福建福州	1989.7—1991.6（科技）
		秦振强	福建福州	1991.10—1993.10（挂职）
		黄国城	福建尤溪	1992.7—1999.1
		林昌源	福建沙县	1992.7—1993.10
		涂振锟	福建大田	1992.7—2002.5
		陈培前	福建大田	1993.5—2003.12
		邱忍祥	福建闽清	1993.11—2003.12（科技）
		黄筱波（女）	福建建瓯	1993.11—1996.9
第十二届（1994.1—1999.1）	县长	郑国仁	福建福清	1994.1—1996.2
		杨光祺	福建晋江	1996.2—1996.3（代理）
		杨光祺	福建晋江	1996.3—1998.9
		林梁儿	福建沙县	1998.9—1999.1（代理）
	副县长	黄国城	福建尤溪	1992.7—1999.1（常务）
		涂振锟	福建大田	1992.7—2002.5
		陈培前	福建大田	1993.3—2003.12
		邱忍祥	福建闽清	1993.11—2003.12（科技）
		黄筱波（女）	福建建瓯	1993.11—1996.9
		翁绳渠	福建福清	1994.1—1998.10
		刘乔陆	福建福清	1994.4—2001.6（挂职）
		黄莱笙	福建沙县	1994.4—1996.3（挂职）
		黄玉荣	福建平潭	1997.4—1998.4（挂职）
		马敬愈	山西和顺	1996.9—2007.1（计生）
		林少松	福建南安	1998.10—2001.12
第十三届（1999.1—2003.12）	县长	林梁儿	福建沙县	1999.1—2003.11
		赵荣生	福建安溪	2003.11—2003.12（代理）

续表 17-2

届 次	职 务	姓 名	籍 贯	任 职 时 间
第十三届（1999.1—2003.12）	副县长	郑新聪	福建仙游	1999.1—2001-12（兼）
		涂振锟	福建大田	1992.7—2002-05（援藏）
		陈培前	福建大田	1993.4—2003-12
		邱忍祥	福建闽清	1993.11—2003-12
		马敬愈	山西和顺	1996.9—2007-01（计生）
		林少松	福建南安	1999.1—2001-12
		陈汉良	福建惠安	1999.1—2003-12
		刘乔陆	福建福清	1994.4—2001-06（挂职）
		王清阳	福建晋江	1999.5—2001-06（挂职）
		何金星	安徽巢湖	2002.7—2005-08（援疆）
		卢维沙	福建大田	2001.12—2003-11
第十四届（2003.12—2007.1）	县 长	赵荣生	福建安溪	2003.12—2007-08
	副县长	陈汉良	福建惠安	2003.12—2005-04（常务）
		熊旭明	福建长汀	2005.4— （常务）
		马敬愈	山西和顺	1996.9—2007.1
		何金星	安徽巢湖	2002.7—2005.9（援疆）
		陈庆建	福建大田	2003.12—
		方文秀	福建仙游	2003.12—2008.7
		陈贵国	福建南安	2003.12—2007.1
		张爱兰（女）	福建三元	2003.12—
		曾少鸿	福建晋江	2005.1—2007.1（挂职）
		梁晓良	福建上杭	2005.11— （科技）
第十五届（2007.1— ）	县 长	赵荣生	福建安溪	2003.2—2007.8
		肖长根	四川威远	2007.8—2008.1（代理）
		肖长根	四川威远	2008.1—
	副县长	熊旭明	福建长汀	2005.4— （常务）
		陈庆建	福建大田	2003.12—
		方文秀	福建仙游	2003.12—2008.7
		张爱兰（女）	福建三元	2003.2—
		梁晓良	福建上杭	2005.11— （科技）
		雷泽伟	福建宁化	2007.1—2007.7
		谢 军	福建明溪	2007.1—
		苏迎平	福建古田	2007.7—
		江 晖	福建永泰	2007.11— （挂职）

二、工作机构

1993年，县政府工作机构60个。1997年8月，机构改革，撤销14个、合并8个、转经济实体3个、改事业6个、合署8个、新组建3个，政府设工作机构28个。

2002年1月，《大田县党政机构改革方案》经三明市委、市政府批准，县政府设工作机构27个，设办公室、发展计划局、科学技术局、经济贸易局、教育局、文体局、公安局、监察局、民政局、司法局、财政局、人事局、劳动和社会保障局、国土资源局、城乡规划建设局、交通局、水利局、农业局、林业局、卫生局、计划生育局、审计局、环境保护局、统计局、粮食局、安全生产监督管理局、外经贸工作领导小组办公室（加挂“对外贸易经济合作局”牌子）；县政府直属机构8个，设物价局、二轻集体工业联社、农业机械管理服务中心、广播电视事业局、机关事务管理局、档案局、供销联社、县方志办等。

2003—2008年，先后成立旅游事业局、民族与宗教事务局、人民防空办公室等单位，同时将二轻集体工业联社更名为城镇集体工业联合社、发展计划局更名为发展和改革局、计划生育局更名为人口和计划生育局、经济作物技术推广中心更名为茶业局、农业机械管理服务中心更名为农业机械化管理中心、畜牧水产中心更名为畜牧兽医水产中心。

2008年底，县政府工作机构30个，办公室、发展和改革局、经济贸易局、教育局、公安局、监察局、民政局、司法局、财政局、人事局、劳动和社会保障局、国土资源局、城乡规划建设局、交通局、水利局、农业局、林业局、卫生局、人口和计划生育局、审计局、环境保护局、科学技术局、文化体育局、粮食局、安全生产监督管理局、民族与宗教局、统计局、物价局、外经贸工作领导小组办公室（加挂“对外贸易经济合作局”牌子）、国防动员委员会人民防空办公室；县政府直属事业单位10个，县方志办、茶业局、农业机械化管理中心、畜牧兽医水产中心、旅游事业局、库区移民开发局、城镇集体工业联合社、广播电视事业局、供销联社、档案局(馆)。

第二节　重要会议

一、县政府全体会议

县政府全体会议由县长、副县长、县政府办公室主任和县政府工作机构各局(办)局长(主任)组成，由县长或县长委托常务副县长召集主持，各乡镇长和县政府有关部门及单位负责人列席。县政府全体会议原则上半年召开1次，会议的主要任务是研究贯彻中央、省、市相关会议精神和县委、县人大常委会决策决议，决定和部署政府重要工作，通报重要工作情况，研究决定重大问题和需要由政府全体会议讨论的事项。

1993—1996年，县政府全体会议召开5次，由县长主持。分别就贯彻落实省委书记陈光毅到县调研、现场办公的指示和省、市政府全体成员会议精神，总结上半年工作，分析形势，统一认识，明确任务，部署下半年工作等。

1997—1999年，召开5次。会议分别要求，培植新的经济增长点，提高经济运行质量和整体效益；发展农村经济，推进脱贫致富奔小康的进程；强化领导，抓好工交内贸生产；深化企业改革，推进经济结构调整和优化；实施开放带动战略，提高外引内联层次和水平；集中力量抓好重点工程建设进度，加强城乡规划建设管理；加强组织协调，保持经济社会生活稳定；解放思想，转变作风，勤政廉政等。

2000—2002年，召开6次。会议强调咬住目标、强化责任、细化措施，加强生产调度和把握宏观经济，全力抓好各项工作特别是重点工作的落实，营造良好的发展环境，切实加强自身建设，千方百计完成全年各项目标任务。

2003—2006年，召开7次。提出突出项目建设、扩大消费、城镇化建设、拓展投资等重点，加快培育特色农业、做大做强优势企业、发展品牌经济、推进园区规划建设和城镇化步伐，加强就业和再就业、完善社会保障体系；加强效能和廉政建设，建立高效廉洁政府。

2007—2008年，召开4次。会议对重点工作、重大项目进行点评，并提出做好当年工作，强调要认清形势、强化责任、善于运作、务求实效，要把握经济发展趋势，抓好有利时机加快发展；要转变经济发展方式，推动经济社会又好又快发展；要振奋精神，抓好当前工作，为促进大田发展做更大贡献；强调要正视当年度绩效公众评议发现的问题，抓好整改、加强督查。

二、县政府常务会议

县政府常务会议由县长、副县长、县政府办公室主任参加，县政府综合部门主要负责人列席，视会议内容邀请县人大、县政协和人民团体有关负责人列席。会议不定期召开，主要是研究贯彻中央、省、市重要会议精神，讨论决定县政府工作中的重大问题和由县政府发布的规范性文件及各工作部门、各乡镇政府请示的重要事项，分析全县经济社会发展形势和工作中的问题，讨论通过重大事项，制定重要政策措施等。

1993年，县政府召开常务会议2次。第一次会议于10月27日召开，研究政府急需抓紧做好的几项工作、具体工作的分工和财政工作等问题。第二次会议于11月22日召开，研究文江乡政府要求减免历年农业税尾欠款和历年尾欠粮食入库任务，均溪镇要求兑现红星、玉田村粮食差价款，延长坑口水库淹没区移民户粮差价补贴及谢洋乡电量赔偿与管理和谢洋乡要求增加自营材指标等问题。

1994年，召开3次。第一次会议于5月7日召开，研究城区电网改造、"菜篮子"工程、城区市容市貌、环境卫生及道路交通管理和人大常委会对政府工作的意见和建议等问题。第二次会议于6月15日召开，研究县房地产开发公司征用城区土地粮差补贴、加强矿产品市场管理、汤泉铁矿、太华选矿厂联合开发东北矿段、电力建设和科技工作、税改的影响和调整办法、县财政周转金安排、公费医疗改革和提高公用住房租金标准等问题。第三次会议于9月21日召开，研究矿产品流通市场管理、火电厂建设筹资、"菜篮子"工程实施、土地征用和房产、开展乡镇基层所站财务管理整顿等问题。

1995年，召开3次。第一次会议于1月9日召开，研究讨论《大田县机关事业单位公费医疗管理暂行规定》（送审稿）等问题。第二次会议于6月30日召开，研究加强治理公路"三乱"问题、设立破案奖励基金和石凤集团公司请求调整年薪制经济考核指标等问题。第三次会议于7月7日召开，研究地产碳酸氢铵供应、水泥生产材料原燃料供应，加快瓷业发展、规范企业集团内部管理和运作、外引内联重点项目跟踪责任制以及兑现引资奖励资金和火电厂至温镇变电站输电线路建设等问题。1996年，没有召开政府常务会议。

1997年，召开2次。其中，第一次会议于8月4日召开。研究巩固农业、发展以煤炭为主的矿产业、以水泥为主的建材业；电力、纺织、矿产品深度加工、肉兔、瓷业等；开发雨伞、烟叶、玩具、电子表、啤酒、刨花板、彩纹玉石、兰花、服装、上京水粉"十大产品"。

1998年，召开2次。其中，第二次会议于11月8日召开，研究加强县政府日常工作规范管理，明确文件审批和签发制度、会议制度、资金审批制度、人事和编制管理制度等规定，并对《大田县人民政府工作规则》提出修订意见。

1999年，召开3次。其中，第一次会议于3月27日召开，研究调整乡镇财政管理体制、1999年农发基金编排使用和政府工作要点等问题。

2000年，召开4次。其中，第一次会议于3月1日召开，讨论《1999年县政府班子贯彻党风廉政建设责任制情况汇报》；部署召开2000年县政府第一次全体会议有关事宜。

2001年，召开4次。其中，第一次会议于2月27日召开，研究《大田县国民经济和社会发展"十五"计划纲要（草案）》《政府工作报告（征求意见稿）》。

2002年，召开2次。其中，第二次会议于8月20日召开。研究下半年政府工作安排，讨论修改县政府第二次全体成员会议的主题报告。

2003年，召开2次。其中，第二次于12月16日召开，讨论《县政府工作报告（征求意见稿）》和《市政府工作报告（征求意见稿）》。

2004年，召开2次。其中，第二次会议于6月15日召开，部署下阶段经济工作，讨论修改《大田县人民政府工作规则》。

2005年，召开5次。其中，第一次会议于6月14日召开，讨论《大田县殡葬管理规定》《关于进一步完善鼓励在大田投资兴业的优惠政策的规定（试行）》《大田县工业园区规划建设管理暂行规定》《大田县“十一五”规划工作意见》。

2006年4月21日，县政府常务会议总结第一季度全县经济形势，部署第二季度经济工作，讨论修改《大田县突发公共事件总体应急预案》。

2007年，召开2次。第一次会议于6月28日召开，学习贯彻中共中央纪委《关于严格禁止利用职务上的便利谋取不正当利益的若干规定》，讨论修订《大田县人民政府工作规则》。第二次会议于12月17日召开，讨论县十五届人大二次会议《政府工作报告》《关于大田县2007年国民经济和社会发展计划执行情况与2008年计划草案的报告》和《关于大田县2007年预算执行情况及2008年预算草案的报告》及2008年度县委、县政府为民办实事项目、国民经济和社会发展主要指标、县级（含省、市级）重点项目初步安排。

2008年，常务会议（含县长办公会）召开15次。其中第一次会议于1月14日召开，讨论《最低工资标准及非全日制用工小时最低工资标准调整方案》《大田县经济适用房暂行管理规定》《大田县农村五保供养工作实施意见》，研究2007年度水土保持工作目标责任考评结果、文江乡集镇总体规划调整等问题。第三次会议于3月11日召开，讨论2008年为民办实事项目安排方案和《大田县“品牌带动”工作意见》《大田县“环境带动”工作意见》，研究行政审批制度改革方案等问题。第七次会议于5月16日召开，讨论《大田县城镇（乡）基准地价修订更新方案》《大田县开发耕地管理暂行规定》《大田县城镇职工基本医疗保险暂行规定》《大田县事业单位机构改革中部分事业单位拟撤销转制的实施意见》，研究统一全县耕地年产值和征地补偿标准、京口工业项目区道路征地拆迁安置补偿标准、鸿图中学项目总体规划调整、满田春农贸市场改造等问题。第十一次会议于8月12日召开，讨论《大田县人民政府新闻发布会制度》《大田县旅游总体规划》，研究旅游产业发展优惠政策、城市房屋（民宅）拆迁补偿安置方案、县内部分网络公路建设资金补助等问题。

三、县长办公会议

县长办公会议由县长或主持工作的副县长召集并主持，政府办公室主任、副主任和与会议议题有关的部门、乡镇政府负责人参加，会议根据工作需要不定期召开，主要任务研究处理县政府日常工作中的重要事项。

1993—1995年，县政府召开县长办公会议148次，主要议题研究县电力供需矛盾突出问题，及时对现行管理体制改革进行协调，提出新制定的电价实行丰水、平水、枯水等3个时期不同电价；县纺织总厂新办中外合资毛绒布加工项目配套资金；省道305线大田路段改造，提出菜坂洋路段开发实行“统一规划、统一征地、统一管理、统一开发、配套建设”和“以房带路、综合开发、亏损不补、盈余分成”；村镇建设管理站人员配备；县政府驻榕办事处承办订购办公楼装修；县政府驻福州、厦门、深圳、泉州和石狮办事处1994年的主要工作，解决驻外办的具体问题；白岩山南路及县第一纸厂前侧的房地产开发和均溪初级中学、县职业中学规划征地；地产碳铵产、供、销事宜；县第二铁厂并入石凤企业集团与水泥销售和市场分析及其对策；火电厂工程建设资金筹措；县投资企业公司的债务清算；开通城区“面的”公交小客车；决定原城关中学更名为大田第五中学，原均溪中学更名为大田第六中学；

县建行在县企业局大楼南侧三角地新建12层以上办公综合大楼；东街口商场引进外资开发改造；制定《大田县城市房屋拆迁管理规定》及南山路改造思路、方法、优惠政策、拆迁安置和资金来源等意见。

1996—2000年，共召开90次。其中主要议题研究1995年度各乡镇工作目标考核奖金兑现和有关经费批拨，增设城调队、有线电视台等机构编制及人员调动或就业申请入编，协调岩城水泥（集团）公司复合袋厂基建与玉田村土地权属纠纷问题，原永兴公司遗留债务的处理和扶持县物资总公司加快发展，武陵乡等7个乡镇集镇建设总体规划和小湖村等7个村新村建设规划问题，县林化厂改制，土地局要求核定乡镇土地所人员编制，讨论《大田县住房公积金管理暂行规定》和《大田县公有住房租金标准的实施意见》等问题，省道305线福塘村莱坂洋后兜垅路段部分村民旧房拆旧建新，县煤炭、矿业、建材等3个集团公司改革调整方案，石牌乡南湖新村"造福工程"建设规划方案，有关房改政策文件、住房公积金管理办法，为教育和教师办实事及1997年度部分大中专毕业生分配遗留问题。《大田县城区小城镇户籍管理制度改革试点实施方案》，世行贷款造林还本付息；大田一中高中阶段试行缴费上学，生猪定点屠宰行政管理职能授权；县医院医技楼建设涉及邻近灵堂迁址，乡镇公办教师工资纳入县级财政预算、乡镇财务"零户统管"试点，省街面水库电站大田库区移民安置，提高1999年度出售公有住房成本价，公办教师县际调动，县医药公司加入三明市医药集团公司，《大田县政府采购管理实施规范》，县供销社职工宿舍楼办理房产证，农村合作基金会入会资金，研究责令东岩水泥一分厂等7家企业停业，核减因灾损失耕地农业税基数和2001年县级财政预算编制改革意见等问题。

2001—2004年，共召开46次。主要议题研究国有内贸企业改制，均溪镇大道山村灾民申请资金补助，核拨整理干部人事档案经费问题，厦门湖里区30万元扶贫开发资金安排使用，解决夏粮入库的仓容，广播电视自然村覆盖建设配套资金，县益源热电有限公司回购中国信达资产管理公司股权，成立县交通建设公司，县机关事业和农村社会保险公司整体移交，拨补城区园林绿化款，县建材公司、石化联营公司、新茂电子有限公司要求返还土地出让金，纺织总厂要求把职工宿舍房改款返还为职工集资建房专项资金，土地收储中心的管理办法，户籍制度改革，满田春市场改造，村主干养老保险补助费，研究《大田县自来水价格调整方案》《大田县畜禽养殖场禁建区划分方案》，原审计事务所办公楼出售，改制企业土地出让金返还使用，中小学、幼儿园定编、师范类毕业生就业安排，"汇龙广场"规划调整和商贸批发中心建设，香山路街景规划，福田路、河滨路、东兜路清扫保洁承包，兑现品牌扶持奖励资金，成立县政府采购中心，大田公路分局要求返还城关公路站宗地土地收益金，益源热电有限公司征地遗留等问题。

2005—2007年，共召开43次。主要议题讨论《进一步深化大田县国有粮食企业改革工作方案》《大田县下岗失业人员小额担保贷款管理暂行规定》《大田县商品市场异常波动应急工作预案》《大田县新型农村医疗实施方案（试行）》《加强文江流域水环境保护工作意见》，研究关于修建城区盂头坂至龙丁坂过境公路大桥、建设镇三宝住宅小区规划、拨补殡葬改革工作经费和启动农村公益性公墓建设配套经费、有关本县农村公路建设特殊情况要求资金补助、县二轻集体工业联社要求借款统筹安置二轻系统全部企业职工、县经贸局要求拍卖县物资总公司店面用于偿还银行贷款、县粮食局要求安排企业改制资本金、县内农村三级公路建设规划、县城区自来水价格改革方案、调整县内城镇土地使用税土地等级范围及税额标准、福塘标准厂房项目入驻管理、二轻联社下属工艺美术厂等3家企业职工安置费用、托管企业离休干部各项生活补贴、提高县直国家机关事业单位工作人员旅差费标准、"满田春"市场改造和临时过渡市场建设、国家公务员重大疾病医疗补助等问题。

2008年，县长办公会议列入县政府常务会议。

第三节 政务纪要

一、经济发展

（一）推进经济体制改革

1993年2月，县十一届人大三次会议对“八五”计划进行修订，重点是县政府如何加大改革开放力度，逐步建立社会主义市场经济体制。至1996年，县政府在国有企业大力推行公司制，通过建立控股公司、组建企业“种子队”、企业集团，实行承包经营、租赁经营、国有民营、股份合作，把效益低、规模小的国有企业出售给集体承包等办法，提高企业经营管理水平和竞争能力。

1997年，县政府出台《关于深化国有中小企业改革的若干规定》，深化企业改革，加强企业内部管理，提高经济效益，发展第三产业和个体私营经济，建设火电厂二、三期和六角宫水库电站、岩城万吨自来水工程、村村通公路等10个重点工程。1998年，县政府要求国有、城镇集体企业改革要基本到位，通过发展股份制、股份合作制和采取兼并、拍卖、联合、破产等多种形式，争取在几年间基本完成产权变革和改组改造，使之摆脱困境，初步建立起现代企业制度。1999年，加大企业技改力度，培育新的经济增长点。县委、县政府出台《关于鼓励个私经济发展的意见》。当年，全县个私工商户7510户，比1998年增加332户，从业人员1.71万人，同比增加1304人，营业额7.2亿元，纳税1610万元。2000年，全县国有工业企业已完成或基本完成改制19家、改制面82.7%，乡镇集体企业完成改制62家，改制面60.12%。

2001年，县政府提出“解决大田所有问题的关键在于发展自己”的思路。2002年，盘活资产、债务重组，削减政府性债务2.37亿元。2003年，继续深化各项改革，增强经济发展活力。重点是稳步推进农村改革，探索有利于农村经济结构调整和生产力发展的土地、劳力等资源流转机制，促进农业资源高效，优化配置；深化企业改革，继续做大扶强、巩固完善、活小求进、治瘫盘活“四个一批”企业的总体思路，因企制宜，抓好未改制国有工业企业改革改制，推进企业集团组织结构改革调整，以及未彻底改制的企业和城镇集体企业改革工作。2004年，完善农民减负增收长效机制，深化农村各项配套改革；开展集体林权制度改革，全县完成259个村，占98.48%，林改面积10.06万公顷，占应改面积95.3%，发林权证1.42万本。2005年，全县完成国有企业改制37家，占应改数的78.7%；实施农村税费改革，各项支农、惠农政策得到落实，农民负担减轻。2006年，全面展开林权制度配套改革，国有工业改制一家发展一家，推进城镇集体企业改制和国有内贸企业改革；进行投融资体制改革，鼓励民间资本进入基础设施和教育、文化、卫生等社会事业领域。

2007—2008年，继续深化农村综合改革，各项支农、惠农政策得到落实。行政审批制度改革，优化经济发展软环境。创新招商机制，成立招商局及泉州岩城经济促进会。2007年，实际利用外资1650万美元，比2006年增长16.8%。2008年，新批办外资企业8家，实际利用外资比2007年增长6.5%。

（二）发展农业经济

1993年，县政府以创建农业大县为目标，完善家庭联产承包责任制，稳定粮食播种面积，推广良种，优化栽培技术，建立健全农业社会化服务体系，推行“公司加农户”生产模式，实行适度规模经营，发展高产优质高效农业。1994年，耕地承包期再延长30年不变，加强农田基本建设，实施国家立项农业综合开发。1995年，制定落实稳粮增收措施，增加农业投入实现粮食稳定增产。围绕发展“两高一优”（高产、高效、优质）农业，实施国家、省立农业综合开发项目，抓好肉兔、食用菌、木薯等特色农业，增加农民收入。农民人均纯收入1851元，比1993年增长40.23%。

1996年，县政府把基本实现小康作为“九五”期间首要任务，下发《关于开展1996年农村脱贫致富奔小康意见》，制定小康建设规划、脱贫计划、实施方案和相关政策措施，层层建立责任制，实行县、乡干部“一定五包”（定户扶贫，包脱贫、脱贫户台账、项目实施、资金到位、技术培训），开展对口扶贫、部门帮带、党员干部“一助一”活动，加快路、电、电话、广播电视、卫生饮用水等“五通”基础设施建设，坚持建新改旧，搞好新农村建设。1997年，以“增粮增收保供给，脱贫致富奔小康”为主线，继续加强农业基础地位。做好耕地面积、粮食播种面积、增加粮食总产“三个稳定”；坚持粮食增产不变，粮食采购任务不变，扶持政策不变。1998年，推行农业产业化经营，注重科教兴农，加强农业基本建设，全面推进小康进程，基本实现小康村216个，占82.13%，小康户5.78万户，占总农户的78.42%，小康人口26.5万人，占82.81%，小康综合进程评分为88.9分。1999年，实施肉兔300万只、竹林1.33万公顷、反季节蔬菜2000公顷的“323”工程，抓好食用菌、烟叶、茶果、畜牧水产“四大基地”。2000年，推进农业产业化进程，落实“发展九项产业（烟、菌、菜、茶、果、竹、渔、禽、兔）、实施‘323’工程（肉兔300万只、竹林20万亩、反季节蔬菜3万亩），建立四大基地（食用菌、烟叶、茶果、畜牧水产），搞好三个服务网（科技、营销、信息）”的组织实施。发展肉兔、反季节蔬菜等特色农业。

2001年，县政府围绕全面建设小康社会的目标，建设以高山优质茶、反季节蔬菜、肉兔为主的特色农业生产基地，推进农业产业化、新型工业化、经济主体民营化、农村城镇化等“四化”进程。2002年，全县培育发展高山优质乌龙茶3333公顷、无公害反季节蔬菜2667公顷、肉兔300万只、竹林1.33万公顷、木薯6667公顷的优势农业产业群，壮大农业龙头企业，开展“农业155”“村会协作”等农业科技服务，发展农村专业合作社和行业协会等中介组织，健全农村社会化服务体系、农产品质量安全体系、农产品标准化体系；落实支农惠农政策。

2003—2005年，县政府围绕更多地关注农村、关心农民、支持农业，把解决好“三农”问题作为全局工作的重中之重，放在更加突出的位置。按照“减粮、还林、增养、发展高效经济作物”的要求，加大良种、良法的引进示范推广，优化农、林、牧、渔各业比例。

2006—2007年，县政府按照“工业打头阵，农业创特色，城镇扩规模，建设新农村”的思路，把建设社会主义新农村作为“十一五”时期历史任务，制定新农村建设总体规划、实施方案，明确目标、任务、步骤、政策和项目，实施优质茶果、珍稀食用菌、反季节蔬菜、优质粮食、生态与能源“五大工程”，推行“五清六改”（清垃圾、污泥、路障、违章建筑、破旧危房；改路、水、厕、沟、圈、厨），开展“幸福家园行动”，加强环境卫生整治，提高农村人居质量；稳定粮食播种面积，壮大“54321”优势农业产业群（5万亩高山优质乌龙茶、4万亩无公害反季节蔬菜、300万只肉兔、20万亩毛竹、10万亩木薯），发展林业、畜牧水产业。

2008年，县政府坚持农业创特色，围绕“54321”优势农业产业群，做响茶叶、做大木薯、做优蔬菜、做强食用菌，实施“一村一品、一乡一业”，新增茶园313.33公顷、总面积3686.67公顷，被评为全国茶叶优势百强县，实施农产品品牌战略，发展无公害农产品、绿色食品和有机食品；抓好农村劳动力“阳光工程”培训，促进农村劳动力转移，支持农民自主创业，农村劳动力向非农产业转移2.37万人，劳务输出收入10.05亿元；抓好中低产田改造、土地整理、烟田基础设施等农业综合开发项目，提高农业综合生产能力。当年，农林牧渔业总产值24.77亿元，农民人均纯收入5675元，比2005年增长41.66%。

（三）发展工业经济

1993年，县政府以转换企业经营机制为重点，试行股份制，建立法人财产权责运行机制，组建岩城、石凤、森发企业集团，调整工业内部结构。1994年，组建前峰、电力、煤炭、机械、矿业、建材、华佛、二轻企业集团，加快水泥、煤炭、矿产、瓷业、轻纺、啤酒、造纸、机械等行业发展，工业经济持续增长；

年内，被省委、省政府授予全省经济发展“十佳县”称号。

1995年，调整工业内部结构，加强营销、拓展市场，制定《关于帮助水泥企业解困的暂行规定》，为企业解决实际问题，县水泥厂被评为全国水泥行业质量百佳企业，岩城牌425R水泥被国家技术监督局、消费者协会、质量分析协会评为中国名牌产品；全县投入1.2亿元，完成技改项目46项，增强企业发展后劲。

1996年，加速发展工业经济，县政府制定《“九五”期间调整和优化经济结构实施方案》，改造提升水泥、矿产、能源三大支柱产业，培育壮大造纸、纺织、电子、陶瓷4个重点行业，淘汰落后的生产工艺，开发科技含量较高的产品。1998年，坚持“抓大、放小、扶优、解困”的原则，改制、改组、改造和改善相结合，加快企业租赁、拍卖、股份制改造、兼并和破产步伐。1996—2000年，全县累计批办三资企业84家，实际利用外资6535万美元；引进内联企业301家，实际利用区外资金9.8亿元。加快重点项目火电厂、六角宫水库电站竣工发电，新增装机容量3.7万千瓦。

2001—2005年，县政府建立以建材、矿业、煤炭为主的矿产资源加工转化基地和以轻纺、陶瓷、电子为主的沿海劳动密集型产业承接基地。加快新型工业化步伐，发展壮大建材水泥、冶铸及机械加工、轻纺服装三大产业群，改造提升矿产品采选加工、能源两大传统产业，培育发展陶瓷、电子、农产品加工三大新兴产业的“323”工业产业集群，整合“岩城”“石凤”等品牌资源，提高竞争力；加强矿山企业技术改造，推进矿产品深加工，提高综合利用率；初步建立现代企业制度，深化人事、劳动、分配制度改革。5年间，累计新批办外商投资项目34个，实际利用外资4339万美元，企业自营出口创汇4262万美元；引进内联企业45家，实际利用区外资金折合人民币5.66亿元。

2006年，加大“323”集群培育力度，做大做强规模工业企业。出台《大田县工业项目区规划建设管理暂行规定》，加快工业项目集中区建设，石牌、吴山、桃源、上京等9个乡镇投入6030万元，开发工业项目区104.6公顷，入驻企业12家；投资4.57亿元，实施固定资产投资48项，其中千万元以上23项，其间县首个高科技项目，华灿生物科技有限公司工具酶系列产品被国家列入“863”计划。2007年，县政府按照“突出工业、加强工业、突破工业”的要求，新增规模以上企业27家、产值2.55亿元；新开发工业项目区，完善基础设施，抓好项目区企业入驻工作；发展规模工业，投资10.52亿元，建设工业项目61项，推进新岩水泥、苏桥煤矿、宏润针织等项目投产。

2008年，为增强工业发展后劲，调整优化产业结构投资7.4亿元，新建工业项目53项，其中规模以上工业企业21家。启动京口工业项目集中区建设，规划面积400公顷。培育发展优势产业，推进技术进步，建立以企业为主体、市场为导向、产学研相结合的技术创新体系，增强企业自主创新能力，提高产业素质，提升发展层次，扩大对外开放，新批办外资企业9家，实际到资482万美元，出口创汇3042万美元。引进红狮水泥有限公司年产300万吨新型干法水泥生产线等建设项目28个、总投资22.3亿元。当年，全县工业总产值68.12亿元，其中规模以上58.71亿元。

（四）发展商贸与服务业

1993年，县政府提出加快发展第三产业和个体私营企业，加快培育发展市场体系，推动城乡经济繁荣发展。鼓励有条件的机关单位，分流一部分干部创办第三产业经济实体，允许科技人员开展服务活动。企业要组织富余人员开办第三产业，扩大就业领域，为社会提供各项服务。1994年，执行粮食购销“三挂钩”政策，实行粮食保护价制度，逐步建立粮食风险基金，保护农民种粮积极性。1995年，县政府颁发《大田县发展个体私营经济优惠政策暂行规定》，除国家现行政策明文规定不准个人经营的行业和商品外，其他行业及商品，集体、联合体或个人都可投资兴办和经营。鼓励个体、私营企业从事第三产业，包括商业、服务、饮食、运输、信息、技术、咨询、为农业服务的行业等。

1997年，县政府制定关于加快发展第三产业的一系列政策措施，发动社会各方面力量兴办第三产业，提高第三产业在国民经济的比重。1995—1997年，第三产业增加值10.94亿元，年均增长

15.03%。1999 年，完善关于鼓励外商投资的优惠规定，组织参加各种招商活动，提高区域对外开放层次和水平，全年利用外资 606 万美元，出口总值 44.2 万元。开展与厦门湖里区的对口帮扶，内联协作取得成效，吸纳区外资金 7145 万元。2000 年，在全县开展“让市场活起来”活动，全方位开拓区内市场。打响品牌，提高地产产品市场竞争力。分层次、有重点地建设和培育一批具有区域辐射作用的专业市场和地方特色市场。引导扶持发展一批为工商企业和省副产品流通服务的同业分会、协会等民间市场中介组织。

2001—2005 年，县政府把发展个私经济作为国民经济战略性调整、优化经济结构、培植经济新的增长点的重要工作，抓好优惠政策的落实，扩大个私经济货物担保基金协会。5 年间，产业结构进一步优化，三次产业比由 2000 年的 44.8 ： 25.95 ： 29.25 调整到 2005 年的 35.86 ： 31.60 ： 32.54，第二、三产业发展步伐加快。

2006 年，县政府加强对台交流与山海经济协作。参与海峡两岸（福建）农业合作试验区建设，用海峡两岸（三明）现代林业合作实验平台，参加第二届海峡（三明）林业合作暨投资贸易洽谈会，建设专业区和专业基地，依托有影响的台胞、台商，开展经贸、农村等方面合作。承接沿海地区产业和企业的转移，加快建设连接山区和沿海地区的经济产业带。加强与泉州泉港区的经贸往来，促进优势互补和产业协作。加强投融资体制改革，调动社会投资主体和积极性，鼓励民间资本进入基础设施，实施项目带动战略，抓好金象温泉城开发等 15 个续建项目岩城和汇龙广场等 15 个新开工项目；在全县选定 60 个商业网点进行改造，创建“万村千乡市场工程”农家店。2007 年，提出进一步降低门槛，让民营资本进入竞争性产业、基础设施、市政公用设施、社会事业及服务业领域，拓展民间经济作为空间，多渠道解决民营经济融资难问题。同时，大力发展商贸流通、旅游休闲娱乐等服务业，推进有产业支撑的“南进东拓”战略的实施。

2008 年，县政府坚持以市场和旅游建设为切入点，促进第三产业新发展。培育和繁荣城区商品交易和批发市场，加快现代商贸物流业的形成与发展。重点抓好农资配送中心、汽车贸易市场、农副产品物流配送中心、海西矿山（人造板）设备检测交易中心、茶叶交易市场、粮油批发（综合）市场等 6 个能带动经济发展的专业物流市场的前期工作。

二、基础设施建设

1993 年起，县政府提出基础建设要有较大进展，生产生活环境逐步改善，重点加大交通基础建设的投入。当年，实施城区宝山路、省道 305 线菜坂洋和 306 线石牌至吴山路段拓宽改造，投入资金 1.03 亿元。

1994 年，县委、县政府加大水电开发力度，农村水电初级电气化县建设通过国家验收，提前 1 年达到部颁标准。1995 年，实施公路先行工程，投资 3.21 亿元，完成省道 306 线吴山至建爱路段 74.16 公里拓宽改造，结束大田县无高等级公路的历史。1993—1997 年，基础设施建设完成固定投资 17.27 亿元。306 线大田路段改造工程全线通车，基本实现村村通公路；电力供应实现从“瓶颈”制约向自给有余转变；跨入全国农村水电初级电气化县行列，城乡电信全部实现传输光缆化、交换程控化，移动电话和无线寻呼信号覆盖全县；扩大城市建成区面积，改造城区主干道，市政公共设施建成并投入使用。

1998—2002 年，县政府统筹规划，配套开发，抓好小（二）型以上水利工程和农田水利基本建设，提高防洪抗旱和农业生产能力。在村村通公路的基础上，力争实现乡乡通柏油路，加强路政管理。加快通信现代化进程，全县实现村村通电话。集中力量抓好六角宫水库电站的扫尾，并着手昆山电站建设的前期准备工作；加快农村电网改造步伐，完善电网结构，使电力能充分满足城乡生产、生活需要。坚持高起点规划、高标准建设、高效能管理，加快现代城市建设进程；全面完成城区规划建设控制用地范围内的详细规划设计任务；围绕“大城关”思路，突出搞好温镇、菜坂洋、石牌等新区的规划建设，继续推进旧城改造，拓展城市发展空间；抓好城区路网建设，完善供水、供电、文教卫生等配套设施建设；加强城市管理，净化、绿化、美化城市。按照“合理布局、科学规划、综合开发、配套建设”的要求，制定和完善政策措施，加快小城镇建设。

2003 年，开展“农村水电建设年”活动，新开工水电站 18 处、在建 10 处，新增装机容量 3.01 万千瓦，全县总装机容量达 11.5 万千瓦，完成发电量 3.49 亿千瓦时。2005 年，完成农村公路改造 127 条、512.8 公里，201 个村村道铺设混凝土路面，获省政府“全省年万里农村路网工程优秀管理奖”。

2006 年，投入 10.9 亿元，启动“泉三”高速公路（大田段）工程；完成农村公路建设项目 61 个、公路总长 252.3 公里；基本完成县到乡三级路改造任务和 42 个村农村安全饮用水工程。

2008 年，加强乡村道路、饮水安全、清洁能源、环境卫生、信息网络等农村基础设施建设，改善农村生产生活条件。泉三高速公路大田段 60.61 公里建成通车，投资 40.61 亿元；农村四级公路实现“村村通”目标；太华、前坪 110 千伏变电站工程基本完成。实施《大田县县域总体规划》，把石牌、华兴、郭村纳入规划范围，规划区从 11.55 平方公里扩大到 26.33 平方公里，县城建成区面积从 3.73 平方公里扩大到 6.1 平方公里。建设过境公路、赤岩山路、玉山桥、岩城文化广场、汇龙广场、锦绣福田小区、仙亭山森林公园等重点工程，完成青少年妇女老年人活动中心、电网改造、环境绿化、内河整治和夜景工程。

三、科技、教育、文化建设

1993—1996 年，县政府继续把科技、教育摆在经济、社会发展的重要位置，贯彻科学技术是第一生产力的思想，全县实施科教兴县战略。制定颁发《大田县科学技术进步奖暂行规定》，全面落实《中华人民共和国义务教育法》《中华人民共和国教师法》《中华人民共和国教育法》《中国教育改革和发展纲要》“三法一纲要”和教育优先发展的战略地位。进一步完善县、乡、村三级办学网络，增加三项投入，乡镇财政收入主要用于教育，乡镇自有资金投入教育达 30% 以上。至 1996 年底，均溪、太华、湖美等 9 个乡镇全部实现“两基达标”。

1997 年，教育“两基”工作通过省达标验收和第一轮跟踪复查。

1997—1999 年，大田县高考成绩连续 3 年名列全市前茅。1999 年，通过省教育“两基”验收和“全国体育先进县”复查验收。2000 年，全县加强教育“两基”的巩固和提高工作，普及程度各项指标达到要求；加大教育经费投入，添置教学设备，校舍工程加强薄弱学校建设。2001 年，县政府组织实施科技兴县和可持续发展战略，推进科技、教育、文化、体育、卫生、广播电视等社会事业协调发展，通过省级卫生县城复检，大田一中、五中分别通过省“一级达标”和“三级达标”学校评估验收。

2002—2003 年，推进科技进步，实施技术创新工程，培育和完善技术市场，加强科技信息工作。落实基础教育“以县为主”的办学体制，加快中小学布局调整步伐，创建省级“实验教学普及县”，抓好寄宿制小学建设，做好普及高中准备工作。加大文化市场整顿和规范力度，开展创建先进文化乡镇和群众文化、全民健身活动。

2004—2006 年，继续落实科技兴县战略。完善科技创新服务体系，发展民办科研机构和民营科技企业，做好 6 项省、市科技攻关项目组织、申报、落实工作。巩固提高“两基”成果，加快发展基础教育，全面启动基础课改工作，继续普及信息技术教育，加快民办中学创建步伐，抓好中小学危房改造项目。

2007 年，加强人才队伍建设。调动人才积极性，建立人才柔性引进机制，多形式、多渠道培养和引进各类人才。

2008 年，坚持教育公益性质，加大财政对教育的投入，落实农村义务教育阶段寄宿生生活费补助政策，规范教育收费行为。以增强诚信意识为重点，加强社会公德、职业道德、家庭美德、个人品德建设，开展“共建共享和谐大田”主题活动，提高城乡文明程度。重视文物和非物质文化遗产保护，推荐芳联堡等 6 处土堡古建筑申报全国文物保护单位及板灯龙申报国家非物质文化遗产。加强网络文化建设和管理。加快县影剧院等文化场馆改造和乡镇综合文化站等文化设施建设。规划实施数字电视整体平移，继续抓好广播电视“村村通”工程，实施农村广播电视无线覆盖工程，解决山区农民看电视和收听广播难问题。大力发展体育事业，推进全民健身，提高竞技体育水平。

四、民生事业

1993—1996年，县政府实施国务院“2000年人人享有初级卫生保健”和省健康工程的卫生工作目标。大田县被省卫生厅确定为基本控制地氟病县和国家卫生部第二批结核病控制项目县。1997年，贯彻全国卫生工作会议精神，在全县推行农村合作医疗保健制度。当年，依照省、市部署，广泛开展脱贫致富奔小康活动，全县12个乡镇、201个村、5.57万户基本达到小康标准；建立生活设施基本配套和较完善的中心村104个，85个新村、1954户村民搬进新居。农民人均纯收入2622元，比1996年增长16.02%；职工人均工资6025元，同比增加594元。

1998年，建立城镇和农村居民最低生活保障制度。制定关于《农村独生子女户、二女结扎户，其他符合政策计生户优惠政策及措施的规定》，林业、农业、乡镇企业、民政、教育、邮电、税务、公安、计生等部门落实具体优惠措施。1999年，大田县甩掉全省计生后进县帽子。

2000年，加大对贫困乡村的扶持力度，落实帮扶日常工作制度、帮扶工作联席会议制度、帮扶工作公示和监督制度“三项制度”。创新扶贫方式，以开发为重点，加大信息、项目、技术、资金的扶贫。推广“五户联保、小额信贷”和“授信贷款”的做法，支持贫困户搞好开发性生产。

2001—2005年，县政府制定关于进一步落实农村计划生育优惠政策的若干规定，印发大田县突发公共卫生事件应急预案的通知和大田县农村居民最低生活保障制度的实施意见、关于工伤保险和大田县殡葬改革工作实施意见的通知。2005年，改革卫生监督与疾病预防控制体制，完成县医院大楼建设，实施部分乡镇卫生院场所改造；建成县殡仪馆，全县死亡人员遗体火化率和骨灰集中安放率均达到100%。5年间，人民生活水平逐步提高。消费结构不断升级，社会消费品零售总额年均增长13.69%，农民人均纯收入年均增长13.08%，城镇居民人均可支配收入年均增长7.54%，居民新增储蓄存款有较大幅度增长；社会保障制度逐步健全，城市贫困居民实现“应保尽保”，农村低保全面展开，城乡享受低保1.83万人。农村富余劳动力转移步伐加快，5年培训农民工1.5万人，转移农村劳动力2.8万人。灾害预测预报和防灾减灾工作得到加强。“造福工程”取得实效，共搬迁贫困人口395户、1800人。乡村饮用水工程建设解决了115个村、11.3万人的饮水难问题。

2006年，县政府制定关于进一步加强就业再就业工作的实施意见，落实促进就业目标责任制，全年城镇新增就业2000人，城镇下岗失业人员再就业900人。继续扩大养老保险、失业保险、医疗保险覆盖面，探索解决农村养老和困难企业退休人员参保问题，提高非公有制企业社会保险参保率。健全工伤、生育保险制度和城乡居民最低生活保障制度，推进机关事业单位社会保障制度改革，探索建立被征地农民基本生活保障办法。发展老龄事业，维护老年人权益。继续加强社会福利、社会救济、优抚安置和社会互助工作。

2007年，县政府出台大田城区最低收入家庭廉租住房管理暂行规定、大病医疗补助、新型农村合作医疗实施方案、城市和农村困难家庭医疗救助、推行就业保障卡制度等7个有关民生问题的文件。坚持以人为本，进一步改善城乡居民生活，实施农村公路建设、乡村饮用水工程建设等12项为民办实事项目。

2008年，逐步健全社会保障制度，全县27.28万农民参加新型农村合作医疗、参合率87.27%。

第四节　政务服务

一、职能转变

1993年5月至1994年7月，县政府围绕建立健全宏观调控体系，把政府职能转到经济调节、市场监管、社会管理和公共事务服务上，逐步减少专业经济部门，发挥综合经济部门在经济事务活动中的协调作用，培育市场体系，监督和维护市场正常运行。转换国有企业经营机制，先后组建11家企业集团，由集团行使主管企业的职能，实行政企分开，县经委对企业不再有人财物调配权，把经营权和决策权交给企业，把企业推向市场；政府加强产业政策和信息引导，由企业自主决策、自担风险、自我发展、自我约束，成为法人实体和市场竞争主体。1997年，县政府各种专题会议形成纪要125件，议定事项320项；当年，督查、落实完成308项、占96.3%。2001年，改革行政审批，取消行政审批26项，合并核准12项；建设项目行政审批改为登记备案制。按照新修订的《县政府工作规则》，创新管理机制，简化审批程序，限时办结。2004年，执行《中华人民共和国行政许可法》，清理涉及行政许可内容的规范性文件，放低准入门槛，加强事后监管；随着国有企业的改制，同年5月，县委组织部制定《大田县国有企业领导人员任用暂行办法》和安置办法，33名县管企业领导同工人一道置换身份，自主择业、自谋出路。2006年10月，成立煤炭、矿业、建材行业办公室（隶属县经贸局），履行由企业集团行使管理企业的行政职能。2008年，根据省政府《关于进一步转变政府职能的若干意见》等文件要求，对全县原有审批项目进行清理，从351项精简至222项，取消129项，其中原有行政审批许可类256项，保留155项、取消101项。

二、依法行政

1993—1996年，县政府法制科（办）审核县政府规范性文件125件、修改20件、废止115件。1997—1998年，清理县政府规范性文件、废止83件。制定《关于依法行政的实施规划（草案）》《关于贯彻国务院加强市县政府依法行政决定的实施意见》，增强法制观念，审查政府规范性文件的合理性，规范行政机关及执法人员主体，规范行政行为。1999年，县政府印发《关于行政执法机关内设法制机构的通知》，全县18个乡镇和36个执法单位成立法制股或法制室，明确职责和工作范围，严格依法办事。2000—2003年，共组织全县执法人员1386人，参加全省行政执法资格考试，合格者实行持证上岗。2004—2008年，由县政府牵头，抽调县财政、审计、监察、物价、效能办等人员组成检查组，开展执法监督检查8次，共检查执法案件869件，纠正处罚不当86件，解缴罚没款46万元，提出执法监督建议89条。受理行政复议案件、审结各45件，其中维持原决定39件、变更处理2件、当事人撤回4件。参与招商引资、企业改制中有关法律法规的修改和论证。

三、行政服务

2003年7月，成立县政府行政服务中心，以“服务经济、方便群众”为宗旨，按照“部门围绕窗口转、窗口围绕群众转”的新型理念，做好行政服务工作，当年，入驻部门单位25个，行政审批类227项、服务项目类74项。至年底，服务中心共收件5734件，办结5522件、办结率96.3%，其中承诺件3427件，办结3290件、办结率96%。

2004年，做好行政服务中心各项制度执行情况督查工作，规范审批行为，开展“优胜窗口”“红旗窗口”竞赛活动，完善窗口考评办法。县民政局婚姻登记窗口被民政部授予“全国先进婚姻登记机关”。

2005年，制定重大事项联审联办、投诉监督管理、窗口服务考核等17项工作管理制度。实行决策、执行、管理、服务、结果“五公开”承诺工作制度，将审批项目所需资料、办事程序、办理时限、收费标准等内容以书面形式一次性告知服务对象，设置咨询投诉、意见评议等栏目，为群众提供网上咨询、投诉等服务，增加办事透明度。

2006年，加大审批授权力度，建立审批服务首席代表，明确权限范围和责任，由部门授权首席代表直接办理、后由领导核发或报部门备案等，实现大部分审批事项能够在窗口直接办理。

2007年，成立县行政服务工作领导小组办公室，县效能办、纠风办入驻中心办公，直接受理群众投诉与举报，加强对各入驻部门窗口的年度工作业绩、精神文明、绩效考评和行风评议考核；推行以电子化行政审批建设和应用，实行网络化管理，县工商局、质监局、交通局、房管所、广电局、环保局等窗口实现与单位点对点联结，开展42项网上办公审批业务。当年，共受理1.98万件，办结1.96万件、办结率98.99%。

2008年，实施"一个中心对外、一个窗口受理、一条龙服务、一站式办结、一次性收费"的运行机制，将窗口工作人员的年度考核纳入中心管理，出台《大田县行政服务中心管理委员会便民利民惠民服务十项规定》，创新工作机制，建立延时服务、预约服务、文明服务、联审联办等制度，做到"手续简、流程短、效率高、服务优"，方便群众办事。年内，有22个部门单位入驻窗口，行政审批项目155项，服务类项目95项，共受理办件3.83万件，办结3.81万件、办结率99.48%；提前办结率97.83%，平均承诺时限为11.1个工作日，平均提前7.6个工作日；联办件457件，上报件2590件、办结2551件，没有出现超时限办结的现象。2003—2008年，中心各窗口共受理办件22.5万件，办结22.39万件、办结率99.5%。

四、效能建设

2000年5月，成立县机关效能建设领导小组办公室（简称效能办），先后制定《乡镇和县直机关单位绩效评估工作方案》《在效能建设工作中建立并实施黄牌警告的制度》。

2003年，为促进廉政勤政，推进政务工作公开，印发《关于进一步规范政务公开的几个具体要求的通知》，明确政务公开制度，创新公开形式，构建多层次，多渠道公开网络。当年，设立行政服务中心。

2004年，建立明察暗访、专项督查、外部督查"三项督查"制度，在全县开展"社会企业、群众评议机关"的外部监督活动。组织县人大代表、政协委员、效能建设监督员，对政府重大决策和群众关心的热点、难点问题进行督查。

2006年，开展不让事情在我手中延误、文件在我手中积压、工作在我手中中断、差错在我手中发生、办事人在我这里遭受冷落、机关形象在我这里受到影响的"六个不让"活动，执行"黄牌警告"制度，围绕影响经济发展和群众反映的热点难点问题，县效能办、投入中心受理登记，派员或转办调查核实处理。

2000—2008年，县效能办共开展明察暗访197次，检查单位45个次、服务窗口90人次，通报存在问题54次，发出整顿通知书23件次，实行"黄牌警告"6家，效能告诫32人次；受理群众投诉384件，办结380件、办结率98.96%；查处违反效能规定39人次，效能告诫7人次、诫勉教育23人次；健全政务公开责任、评议、反馈、备案制度，在县直机关46个单位、18个乡镇、263个村和企事业单位设立政务公开栏，县政府大院内设立40个版面公开栏，开通政务公开网站，接受群众监督，对开展不力的单位，给予通报34个次，发出整改通知书7份。

第三章　政协地方组织

第一节　政协委员会委员

1993年2月，县政协第四届委员会委员105人，由14个界别和单位组成，其中，主席、副主席6人，常委17人；委员中，中共党员7人，占委员总数的6.7%，经济建设界委员占委员总数12.62%，女委员13人，占委员总数12.38%。

1994年1月，县政协第五届委员会委员108人，由16个界别和单位组成，其中，主席、副主席5人，常委21人；委员中，中共党员8名，占委员总数的7.4%，经济界委员增加到委员总数的27.78%。

1999年1月，县政协第六届委员会委员118人，由14个界别和单位组成，其中，主席、副主席6人，常委22人；委员中，中共党员9人，占委员总数的7.63%，经济界委员增加到委员总数的36.44%。

2003年12月，县政协第七届委员会委员138人，界别14个，其中，主席、副主席5人，常委27人；委员中，中共党员10人，占委员总数的7.25%，增加特邀人士16人，占委员总数的11.59%。

2007年1月，县政协第八届委员会委员168人，界别14个，其中，主席、副主席5人，常委33人；委员中，中共党员8人，占委员总数的4.76%，经济界委员增加到委员总数的41.07%，女委员30人，占委员总数的17.86%。

大田县政协第四届至第八届委员构成情况表

表17-3　　单位：人

界 别	第四届	第五届	第六届	第七届	第八届
中国共产党	7	8	9	10	8
共青团	2	2	4	4	4
工会	3	3	4	4	5
妇联	2	2	4	4	6
科技界	18	15	12	14	11
教育、文体界	11	10	11	10	12
医药、卫生界	8	10	8	10	10
农业界	—	6	15	19	25
经济界	—	16	15	14	20
工商界	13	8	13	20	34
民主党派	3	3	—	—	—
侨台属	23	14	9	7	7

续表 17-3

界别	第四届	第五届	第六届	第七届	第八届
宗教人士	2	2	2	2	3
少数民族	2	2	2	4	4
特邀人士	6	5	10	16	19
复退军人	3	—	—	—	—
港澳	2	2	—	—	—
合　计	105	108	118	138	168

大田县政协第四届至第八届政协主席、副主席名录

表 17-4

届别	职务	姓名	籍贯	任期
第四届	主席	林岁华	福建大田	1991.1—1994.1
	副主席	余世雄	福建清流	1991.1—1994.1
		陈增含	福建晋江	1991.1—1994.1
		林玉玷	福建南安	1991.1—1992.8
		严春花（女）	浙江桐乡	1992.3—1994.1
		陈玉书	福建永春	1992.8—1994.1
第五届	主席	方初海	福建大田	1994.1—1999.1
	副主席	余世雄	福建清流	1994.1—1999.1
		严春花（女）	浙江桐乡	1994.1—1999.1
		陈增含	福建晋江	1994.1—1999.1
		陈玉书	福建永春	1994.1—1999.1
第六届	主席	周隆超	福建永春	1999.1—2003.12
	副主席	余世雄	福建清流	1999.1—2003.12
		严春花（女）	浙江桐乡	1999.1—2000.12
		陈增含	福建晋江	1999.1—2003.12
		张友生	福建大田	2001.3—2003.12
		陈庆建	福建大田	2001.3—2003.12

续表 17-4

届别	职 务	姓 名	籍 贯	任 期
第七届	主 席	周隆超	福建永春	2003.12—2007.1
	副主席	余世雄	福建清流	2003.12—2007.1
		陈培前	福建大田	2003.12—2007.1
		张友生	福建大田	2003.12—2007.1
		高石麟	福建安溪	2003.12—2007.1
第八届	主 席	周隆超	福建永春	2007.1—
	副主席	陈培前	福建大田	2007.1—2009.2
		马敬愈	山西和顺	2007.1—2008.1
		张友生	福建大田	2007.1—
		高石麟	福建安溪	2007.1—

附：1993—2005 年当选为省政协委员大田县人员名单

省第九届政协委员：李祖协、谢海南

省第十届政协委员：李祖协、林乐全

第二节　政协委员会和常委会会议

一、政协委员会会议

政协委员会各次会议由县政协委员参加，在县的省、市政协委员，县直各部、委、办、局和企事业单位领导列席会议。

第四届委员会会议 1993 年 2 月 1—4 日，县政协第四届委员会第四次会议在县政府五楼会议室召开（下同），到会委员 96 人。审议通过《政协大田县第四届委员会常务委员会工作报告》《政协大田县委员会提案委员会提案工作情况报告》（简称常委会工作报告、提案工作报告）。通过政治决议、常委会工作报告决议。与会委员列席县人大第十一届四次会议。

第五届委员会会议 1994 年 1 月 16—20 日、1995 年 3 月 8—10 日、1996 年 3 月 27—29 日、1997 年 3 月 11—13 日、1998 年 4 月 23—25 日，第五届委员会分别召开第一至第五次会议。每次会议听取和审议县政协常务委员会工作报告、提案工作报告，通过政治决议和常务委员会工作报告决议；表彰优秀提案、提案办理单位和督办先进个人。其中，第一次会议到会委员 108 人，选举产生县政协第五届委员会主席 1 人、副主席 4 人、常委 21 人。每次会议，到会委员分别列席县人大十二届一、二、三、四、六次会议。

第六届委员会会议 1999 年 1 月 4—6 日、2000 年 1 月 27—28 日、2001 年 3 月 6—8 日、2002 年 1 月 14—16 日、2003 年 2 月 17—19 日，第六届委员会分别召开第一至第五次会议。每次会议听取和审议常务委员会工作报告、提案工作报告，通过政治决议和常务委员会工作报告决议；表彰优秀提案、提案办理单位和督办先进个人。其中，第一次会议到会委员 118 人，选举产生县政协第六届委员会主席 1 人、副主席 3 人、常委 22 人；第三次会议补选县政协第六届委员会副主席、常委各 2 人。每次会议，到会委员分别列席县人大十三届一、二、三、四、五次会议。

第七届委员会会议 2003 年 12 月 27—31 日、2005 年 1 月 10—13 日、2006 年 1 月 15—18 日，第七届委员会分别召开第一至第三次会议。每次会议听取和审议常务委员会和提案两个工作报告，通过政治决议和常务委员会工作报告决议。其中，第一次会议到会委员 138 人，选举产生县政协第七届委员会主席 1 人、副主席 4 人、常委 27 人；第三次会议补选第七届委员会秘书长 1 人、常委 2 人。每次会议，到会委员分别列席县人大十四届一、二、三次会议。

第八届委员会会议 2007 年 1 月 14—18 日、2008 年 1 月 5—8 日，第八届委员会分别在县影剧院召开第一、二次会议。两次会议听取和审议常务委员会和提案两个工作报告，通过政治决议和常委会工作报告决议。其中，第一次会议到会委员 168 人，选举产生县政协第八届委员会主席 1 人、副主席 4 人、常委 23 人；第二次会议免去马敬愈本届政协委员、副主席职务，增补常委 3 人，表彰优秀委员活动小组、优秀委员、优秀建议案、优秀调研文章、优秀提案、承办提案先进单位。两次会议，到会委员分别列席县人大十五届一、二次会议。

1993—2008 年，共召开政协委员会会议 16 次。

二、政协常委会会议

政协常委会会议，由主席、副主席、常务委员参加，政协机关各办公室负责人及相关部门 1 名领导等列席会议。

第四届常务委员会 1993 年 1 月至 1994 年 1 月，召开 5 次会议，学习全国政协八届一次会议有关文件，协商决定县政协四届四次会议、五届一次会议召开的日期、议程等有关事项，研究政协各专门委员会工作计划。

第五届常务委员会 1994 年 1 月至 1999 年 1 月，召开 23 次会议，审议通过《大田县政协常委会工作规则》《政协大田县专门委员会组织通则》，听取县公安局、教育局、财政局有关工作通报，视察六角宫水库电站、省道 205 线大田路段的建设，研究筹备各次全委会和表彰优秀委员、增补委员等事宜。

第六届常务委员会 1999 年 1 月至 2003 年 12 月，召开 20 次会议，审议通过县政协工作要点，专门委员会组织通则、县政协提案工作案例，成立县政协委员活动小组，听取县法院、检察院、公安局、工商局、文明办的工作通报，视察县电力公司、交警大队、农行，研究筹备各次全委会和增补委员等事宜。

第七届常务委员会 2003 年 12 月至 2007 年 1 月，召开 14 次会议，讨论通过县政协七届常委会工作规则、专门委员会组织通则、工作机构设置和组成人员的决定，讨论政协有关调研报告，听取有关工作通报。

第八届常务委员会 2007 年 1 月至 2008 年 12 月，召开 8 次会议，审议通过第八届委员会专门委员会正副主任名单、委员活动小组分组名单、县政协工作要点、常委会工作规则，讨论县政协有关调研报告，评选优秀委员活动小组、优秀政协委员、优秀提案和承办提案先进单位的方案。

1993—2008 年，共召开政协常务委员会会议 70 次。

第三节 工作机构

一、专门委员会和工作组

1993 年，县政协第四届委员有提案、文史工作委员会和学习、文教体、医药卫生、侨务、祖国统一（对台）、工商民族宗教、工青妇 8 个工作组。

1994 年 1 月，县政协第五届委员会设提案审查委员会、文史工作委员会、学习中心组和科技、文教体、医药卫生、侨务、祖国统一（对台）、工商、民族宗教、工青妇 8 个工作组。

1999 年 1 月，县政协第六届委员会设学习、经济工作、社会法制、农业农村工作、提案、文史资料、文教卫体、科技工作 8 个委员会。

2003 年 12 月，县政协第七届委员会设学习宣传、社会和法制、提案、经济、科技、文教卫体、港澳台侨和民族宗教、文史资料、农村和农业 9 个委员会。

2007 年 1 月，县政协第八届委员会设农村、经济、提案、社会和法制、人口资源环境、教科文卫体、文史资料、港澳台侨外和民族宗教、学习宣传 9 个委员会。2008 年，专门机构设置不变。

二、办事机构

1993 年，县政协机关设政协办公室，提案联络办公室、文史委。2006 年，设政协办公室、提案和法制办公室、社会事业和文史等 4 个办公室。2008 年，增设经济发展办公室，年底，共有 5 个办公室。

第四节　主要活动

一、参政议政

1993 年，县政协继续履行参政议政职能。当年 2 月，全体委员列席县第十一届人民代表大会第三次会议，讨论协商县政府工作报告。1994—1998 年，政协第五届委员会组织委员参与讨论协商县政府工作报告、国民经济与社会发展计划以及财政预、决算等，对“九五”计划和 2010 年远景规划，群众关心的重大热点、难点问题，坦诚建言。邀请有关部门单位领导对教育“两基”、医药卫生、经济建设、社会治安、重点工程、农业和农村工作、精神文明、文化体育等情况进行通报 42 次。举行全委会 5 次、主席会议 34 次、常委会会议 23 次、专题座谈会 67 次，提出意见和建议 89 条。

1999—2003 年，政协第六届委员会专题讨论项目年活动，对县域经济发展、个私经济、农业综合开发、国有企业改制、深化林业改革、煤矿关井压产治理整顿、水土流失及生态环境治理、看守所搬迁、加强学校财务管理、农村医疗保健、城区防洪建设、加快茶叶产业化发展等工作进行多方位、多层次的协商议政 13 次。举行全委会 5 次，主席会议 38 次，常委会会议 20 次，专题座谈会和情况通报会 76 次，提出意见和建议 97 条。

2004—2006 年，政协第七届委员会参与讨论和修改“十一五”规划编制，提出小青垵工业园区的开发条件不具备，原纺织总厂用地不宜作房地产开发等建议，对加大力度扶持万川公路建设、加快林业产业发展进程进行专题协商，意见和建议得到县政府重视、采纳。有 28 位政协委员分别担任县法院、检察院、县审计局、监察局等县直部门和单位的特约监督员、检察员、审计员、教育督导员，履行民主监督职责。举行全委会 3 次、常委会会议 14 次，主席会议 27 次，专题座谈会、协商会和情况通报会 31 次，提出意见和建议 71 条。

2007—2008 年，政协第八届委员会开展调查研究，向县委、县政府提交调研报告 8 件，建议案 4 件，呈阅件 3 件，意见建议 78 条。《推进大田县城商贸集中建设，加快商贸流通产业发展》《关于促进大田县劳动力就业工作的几点建议》《关于大田县城区饮用地表水建设情况的调研报告》等调研报告，被县政府及相关部门采纳；《关于大田县农村配电网供电问题的调研报告》，县委常委扩大会议进行研究并形成会议纪要。

二、调研视察

1993年4月，县政协部分委员、专业技术人员到梅山、前坪、文江、建设、济阳等乡镇对农业生产、农村工作和少数民族情况进行调研视察。1994—1998年，政协第五届常委会和专委会就全县工业、农业、“三资企业”、科教文卫体、重点工程、“三胞”（香港、澳门、台湾同胞）工作等开展调研视察活动68次，针对存在问题，提出改进意见，受到县政府重视和采纳。就解决肉兔市场问题提出4点建议，被县长采纳，肉兔市场收费问题得到解决。

1999—2003年，政协第六届常委会和专委会组织委员进行专题调研37次、视察33次，形成专题调研报告和呈阅件33件，与县文明办编辑《精神文明建设理论与实践》一书，共33篇、16万字。县委、县政府主要领导对“农业结构调整”“深化国有企业改革”“下岗失业人员再就业”等调研报告作出批示。

2004—2006年，政协第七届常委会开展调研、视察37次，向县委、县政府报送《大田县茶叶产业情况》等调研报告17篇。《关于调整优化产业结构，着力提升县水泥企业的整体水平和综合竞争力的调研报告》引起县委、县政府重视，县政府出台《关于鼓励在大田投资兴业优惠政策的规定（试行）》《关于加快发展个体私营等非公有制经济的若干意见（试行）》。

2007—2008年，政协第八届常委会开展调查研究15次，撰写《关于县城镇低收入家庭租用房及经济适用房建设工作的调研报告》等15篇，县委书记赵荣生对《积极作为，加快县第三产业发展步伐》的调研报告作批示。组织部分政协委员视察城区及石牌、上京、文江、桃源、前坪乡银顶格、建设镇建爱矿区，对工业园区建设、矿产开发、水土保持、生态环境保护、城区重点项目建设等提出意见和建议。

本届县政协委员31人受聘人民陪审员、特约监督员、检察员、审计员、教育督导员和党风廉政、机关效能建设监督员，履行民主监督职责。

三、提案办理

1993年，县政协把提案工作作为重点工作来抓，创新提案工作机制，求新求质求效，由1名副主席分管。每次全委会，提案委员会对委员递交的提案，按提案的规范要求，审查把关，并选择关系地方大政方针和人民群众关心的热点、难点问题作为重点提案，建立领导挂包督办制度，开展专题调研或视察。当年，收到提案36件。

1994—1998年，收到提案139件、立案135件，涉及工业生产、国企改革、农村工作、小康工程、交通管理、文化教育、市容市貌、环境保护、卫生整洁等，办复率100%。“关于迅速在城区新办一所初级中学”“加强村财管理制度、建议实行村财乡管”“关于实行‘三定’（定职能、机构、编制），解决预算外资金纳入财政预算管理”等提案，引起县政府重视，并进行专题研究。

1999—2003年，收到提案206件、立案169件。其中，经济建设51件，城市规划、建设、管理50件，科教文卫35件，社会保障、群众生活、法制建设、财政和统战工作等33件，办复率100%。加强重点提案督办和落实，召开重点提案办理情况通报会18场。《关于加强矿山水土流失治理工作的建议》《关于做好餐桌污染治理工作的建议》《关于对医保基金进行绩效审计的建议》等提案，得到县政府重视、采纳。

2004—2006年，收到提案171件、立案155件，其中，经济建设24件，科教文卫体32件，城市规划建设管理75件，群众生活、法制建设、统战工作等24件，办复率100%，召开提案协商办理座谈会15次。重点提案调研12次，9位县领导阅批重点提案，《关于加快县茶叶产业化发展进程》《关于将建设南山桥列入县委、县政府办实事项目的建议》《关于县道大田至杉板桥路段改造的建议》《关于减少餐桌污染的建议》等提案得到采用。

县政协第七届提案委员会于2004年7月，编印《委员提案选编》，选录第六届委员会的提案和答复 43 件，供各位委员参阅。

2007—2008 年，政协提案工作更加规范有效，办理制度更加完善。各件提案经提案委审查立案后，分门别类汇总，呈交县政府主要领导阅示，由县政府分管领导审阅批示，召开提案交办会议，交有关部门承办。最后由县政府办和县政协提案委共同督查，县政府通过《督查反馈》及时通报提案办理进展情况，这一做法得到省、市政协的肯定。八届一次至二次会议收到提案 112 件、立案 96 件，其中，经济建设 16 件，城市建设规划管理 38 件，政法、统战和其他方面 24 件，科教文卫体等 18 件，分别送交相关承办单位，办复率 100%。《关于注重饮用水工程建设与管理并举，确保广大群众饮水卫生安全》《关于强化城区卫生整治》等 10 件重点提案，县政府召开专题会议研究，形成会议纪要，制定管理暂行办法。

1993—2008 年，共收到委员提案 664 件，其中立案 555 件，办复率 100%。

四、征辑文史资料

1993 年，县政协文史委出版文史资料第八辑《大田民俗》，1999 年第十五辑《青春无悔》，记述泉州、福州知识青年下乡插队、奉献青春、建设大田的史实；2005 年第二十一辑《闽台连氏渊源》，展示闽台连氏根脉相连，同根同源的民族情怀；2007 年第二十三辑《仙顶茶飘香》，记载大田茶叶生产历史，推动茶产业发展；2008 年第二十四辑 《大田姓氏源流》，传承姓氏文化。1993—2008，年共出版《大田文史资料》16 辑、175 万字，每辑印 1500 册—2000 册；共出版《岩春诗刊》13 期，征集各类文史资料 285 万字。将书赠给全国各大图书馆、部分大专院校、研究室，以及省市和三明市各县政协，本县政协委员、文史通讯员和各有关部门，收到国家图书馆、北京图书馆、省图书馆、南京大学、厦门大学等图书馆、研究室收藏证书。并协助省、市政协完成有关文史资料的征集任务。

五、联谊交往

1993 年，县政协围绕“立足国内，面向海外，广交新朋友，深交老朋友”的目标，热情接待回乡探亲的“三胞”，加强同港澳地区的政协委员、大田旅港联谊会的联系，接待全国政协港澳委员考察组到县进行经济考察和洽谈，增进联谊。2008 年 5 月 25 日，在魁城村举行“龙井祠重修落成庆典暨揭匾仪式”，全省各地连氏宗亲代表 150 人参加。同年 10 月 16 日，县政协主席周隆超随同三明市农业考察团，在台北用闽南话与连战交谈、互赠纪念品、合影，并邀请他到大田魁城谒祖寻根。大田县向连战赠送高山优质茶的消息在《人民日报》《人民政协报》《福建日报》《政协天地》等报刊刊登。

卷十八　群团组织

第一章　工　会

第一节　组织机构

一、县总工会

1993年，县总工会内设办公室、组织部、宣教部、生产劳动部、女工部、经审会，附设职工业余学校、职工俱乐部两个非法人单位。1997年，设办公室、组织部、宣教部、经济部、生活女工部、财务实业部、女工委、经审会，干部职工16人。2008年，县总工会内设办公室、组织部、宣教部、经济技术部、保障部、女工部、财务部、经费审查委员会办公室。行政编制9人，事业编制6人。设主席1人（兼），副主席3人。

二、基层工会

1993年，全县有基层工会250个，其中，系统工会13个，集团公司工会6个，机关事业单位工会112个，国有企业工会61个，城镇集体企业工会33个，乡镇企业工会17个，外商投资企业工会8个。有职工2.26万人，工会会员1.89万人；专职工会干部47人，其中26个企业各设1人。2002年，全县18个乡镇均成立工会委员会。2008年，全县有基层工会组织386个，其中，机关事业单位工会169个，国有或国有控股企业工会17个，乡镇集体企业工会31个，外商独资、合资、私营企业工会169个；职工2.72万人，工会会员1.56万人；专职工会干部28人。

第二节　工会会员代表大会

1993年10月26—27日，县工会第十一次代表大会召开，代表181人，出席173人。会议听取并审议通过了第十届总工会《全心全意依靠工人阶级，夺取我县社会主义事业的更大胜利》的工作报告及相应决议。选举产生县第十一届工会委员会委员21人，经费审查委员会委员5人。27日，召开十一届一次全委会议，选举产生常委9人，设主席、副主席各1人。经费审查委员会第一次会议，选举产生主任1人。

1998年10月20—21日，县工会第十二次代表大会召开，代表162人，出席153人、特邀12人、列席8人。会议听取并审议通过了第十一届总工会《高举邓小平理论伟大旗帜，动员和团结广大职工，为把我县社会事业全面推向21世纪而奋斗》的工作报告及相应决议。选举产生县第十二届工会委员会委员21人，经费审查委员会委员5人。十二届一次全委会议，选举产生常委9人，设主席1人（兼）、副主席3人。经费审查委员会第一次会议，选举产生主任1人。女职工代表选举产生第一届女职工委员会委员7人，其中主任1人。

2003年12月15—16日，县工会第十三次代表大会召开，代表165人，出席155人、特邀13人、列席9人。会议听取并审议通过了第十二届总工会《与时俱进，开拓创新，为我县全面建设小康社会努力奋斗》的工作报告及相应决议。选举产生县第十三届工会委员会委员19人，经费审查委员会委员7人。十三届一次全委会议，选举产生常委7人，设主席1人（兼）、副主席2人；经费审查委员会第一次会议，选举产生主任1人；女职工代表选举产生第二届女职工委员会委员9人，其中主任1人、副主任3人。

2008年12月26—27日，县工会第十四次代表大会召开，代表167人，出席155人、特邀15人、列席6人。会议听取并审议通过了《县总工会第十三届委员会工作报告》及相应决议。选举产生县第十四届工会委员会委员21人，经费审查委员会委员7人；十四届一次全委会议，选举产生常委9人，设主席1人（兼）、副主席3人。经费审查委员会第一次会议，选举产生主任1人。女职工代表选举产生第三届女职工委员会委员9人，其中主任1人。当年，全县各基层工会先后建立女职工委员会59个。

第三节 主要活动

一、维护职工合法权益

1993年，县总工会与各基层工会在全县企业开展创建劳动安全合格班子活动，300人以上的企业建立监督检查小组，配备检查员。当年，全县共建立企业劳动保护组织62个，配有专、兼职劳动保护检查员62人；查出安全隐患72处，发出限期整改通知书28份。

1995年，在企业推行平等协商签订集体合同制度，至1998年，全县有78家企业工会代表职工与企业签订集体合同。1999年，全县部分国有和大部分集体企业签订集体合同。推行厂（校、院）务公开活动单位96个；企事业单位230个建立职（教）代会制度，职工代表4806人，实行民主管理和监督。

2004—2008年，县总工会共参与各类安全生产检查24次，提出整改意见33条；参与伤亡事故调查处理87起，参与职工123人的伤残鉴定。处理职工个人来信来访285件次、集体来访78次，结案率98%。协助、参与劳动等部门的劳动争议调解、仲裁42件；督促企业按时足额发放工资，协助有关部门清偿农民工工资拖欠工作，涉及1000多人、500多万元。2008年，全县国有企业全部签订集体合同，非公企业签订集体合同70家，占41.4%。评出合格职工之家237个，占61.4%；先进职工之家87个，占22.54%，其中，省级9个、市级19个、县级59个；模范职工之家27个，占6.99%，其中省级7个、市级9个、县级11个。

二、劳动竞赛与职工素质教育

1993年，县总工会在全县范围内开展以岗位练兵为主要内容的“创佳创优”劳动竞赛和“保重点，创一流，比贡献”为主题的重点工程立功竞赛活动。至1998年，全县职工获得电力、水泥、机械等行业的“省级操作能手”18人，获得电工、车工、电焊工等项目“省级单项操作能手”16人。

1999—2003年，全县有303个基层工会举办各类劳动竞赛592场次、参赛职工9.2万人次；职工提合理化建议4.1万条，被采纳1.3万条；实施技术革新1182项，推广新技术118项、先进操作法61项。

2004年，各级工会实施职工素质提升工程，开展“创建学习型组织、争做知识型职工”技能比赛、导师带徒、读书自学、知识竞赛等活动。县职工业余学校开办网络、函授大专和本科学历班，取得学历证书302人，其中本科93人、大专209人。至2008年，共组织13个工种技术培训、技术练兵、技术比武活动，3.1 万人次参加。开展劳动竞赛的企业 313 家，涌现技术能手 106 人。开展技术革新、技术攻关 107 项，开发新产品 12 项；职工技术创新成果 69 项，其中，获得“6·18”项目成果交易会暨海峡两岸职工创新成果博览会金奖 1 项、银奖 2 项、铜奖 2 项。参加全市首届职工技能竞赛，县代表队获优秀组织奖，其中 2 名选手分别获得第二、三名。

三、劳动模范评选和管理

（一）劳模评选

1993—2008 年，全县评出全国劳动模范（简称劳模）3 人，省劳动模范 14 人，省“五一”劳动奖章获得者 20 人，市劳动模范 58 人。

（二）关心劳模及劳模精神弘扬

1993—1998 年，全县各级工会组织人员欢送劳模赴京、省、市领奖，领奖回来，组织人员迎接，营造劳模光荣、学习劳模氛围。1999—2001 年，做好困难劳模补助和劳模津贴发放工作，为劳模办实事、好事。2002 年 4 月 28 日，县委、县政府在县政府四楼会议室召开劳模代表座谈会，县委、县政府、县政协领导及劳模代表共 50 人出席。县领导受省总工会委托，为省“五一”劳动奖章获得者颁发奖章和证书。2004 年 4 月 30 日，县委、县政府在龙山宾馆五楼会议室召开劳模代表座谈会，劳模代表 26 人参加。此后，每年“五一”劳动节前后，县委与县政府、县总工会分别召开劳模代表座谈会。

2007—2008 年“五一”前后，县总工会与县电视台联合，每年电视系列报道《劳模风采》15 天，以纪实手法宣传 10 名劳模的先进事迹，弘扬劳模精神。

1993—2008 年，共慰问各级劳模 16 次，县委、县政府补助困难劳模 56 人次、11.2 万元；发放劳模津贴 34 人次、3.9 万元。召开座谈会 11 次，参加座谈劳模共 348 人次。

四、女职工工作

1993 年，全县各级工会女职工委员会（简称女职委），贯彻落实省总工会《关于工会女职工委员会参与平等协商、签订集体合同的意见》，女职委全程参与平等协商、签订集体合同，维护女职工合法权益。2000 年起，每年进行妇科病普查普治 1 次，平均普查率 95%、普治率 98%。2003 年，全县签订集体合同 103 个单位，其中有女职工劳动保护内容的有 98 个单位，女职委主任参加企业劳动争议调解委员会有 32 人。

2004 年，县及基层女职工组织发动女职工提合理化建议；开展“双增双节”（增产节约、增收节支）活动；组织女职工开展有行业特色和女职工特点的岗位、技术、服务创新竞赛和岗位建功、技术练兵、技能比赛活动。至 2008 年，女职工共提合理化建议 1703 条，实施 621 条；女职工开展技术练兵、技能比赛 1507 场，1.6 万人次参加，获奖 2521 人次。

五、退休职工管理

1993—1995 年，县总工会利用老年节等节日，开展游园、文娱体育、养生保健以及尊老、敬老周活动。1996 年，设立县退休职工管理委员会办公室（简称退管办），核定全额拨款事业编制 1 人。1996—1998 年，全县建立合格退休职工之家 32 个，占应建数的 96.24%，其中跨入先进行列的 16 个，获省模范退休“职工之家”称号单位 3 个。有退休职工活动室 52 个、面积 2873 平方米，其中多功能活动室 27 个、面积 1901 平方米；有 5 家企业创办老年学校。1999—2003 年，退管办以“老有所养、老有所医”和退休企业职工利益为重点，到基层、厂矿开展“老有所养、老有所医、老有所教、老有所学、老有所为、老有所乐”工作调研 3 次。2004—2008 年，退管办筹措资金 11.76 万元，慰问困难退休职工 147 人次。

六、“送温暖”工程

1994 年 8 月，县总工会制定“送温暖”工程实施方案。1995 年 2 月，成立大田县“送温暖”基金会。1994—1996 年，建立特困职工档案 153 份，筹集资金 8.61 万元。每年元旦、春节、“五一”等节日慰问企业的特困户、伤病员、离退休职工和各级劳模。1997 年，筹集送温暖工程基金 9.4 万元，资助困难职工 98 户、2.15 万元，为 50 名特困职工发放优待证。1998—1999 年，县总工会慰问并资助困难职工 138 户、3.5 万元，发放职工保障金 57 户、3 万余元。2000—2003 年，走访慰问困难职工 1213 户，送慰问金 20.27 万元；多渠道筹集“金秋扶困助学”资金 2.85 万元，资助困难职工子女 44 人。2004—2008 年，各级工会慰问困难职工 735 户，送慰问金 33.77 万元；筹集“金秋扶困助学”资金 34.91 万元，发放助学金 34.91 万元，资助困难职工子女就学 197 人次。

第二章　青少年组织

第一节　共产主义青年团

一、组织机构

（一）团县委

1993 年，中国共产主义青年团大田县委员会（简称团县委）编制 7 人，内设办公室、城工部、青农部、学校部、宣传部和组织部。1995 年 3 月，成立大田县青年志愿者服务中心。1996 年 4 月，团县委组织成立县青年企业家协会，挂靠团县委。1997 年 8 月，县机构改革后，不再设城工部、青农部、学校部、宣传部和组织部。1998 年，设立中青年科技致富网团县委工作站，挂靠团县委。1999 年，团县委增设希望工程办公室。2001 年 3 月，成立“大田县青少年法律援助工作站”，挂靠团县委。 2008 年，团县委编制 4 人。

（二）基层组织

1993 年，全县基层团委 33 个，团总支 62 个，团支部 680 个；专职团干 40 人，兼职团干 640 人，团员 1.1 万人。1997 年，全县 262 个村团支部换届选举。2000 年 7 月，县南湖针织时装有限公司成立团委，为三明市各县（市、区）首家外商独资企业团委。2008 年，全县基层团委 51 个，团总支 35 个，团支部 890 个；专职团干 2 人，兼职团干 260 人，团员 3.5 万人，乡镇团干配备率 100%。1993—2008 年，超龄退团 5.11 万人，其中团员加入中国共产党组织 3725 人；新发展团员 7 万人；团干提拔到党政领导岗位 91 人，受团省委和团市委表彰的团员 152 人、基层团组织 66 个。

二、共青团代表大会

1993—2008 年，共青团大田县委共召开 6 次共青团代表大会。

1993 年 11 月，召开第十二届团代表大会，出席代表 210 人，选举产生团县委委员 29 人，其中常委 9 人，副书记 1 人，书记 1 人。1996 年 12 月，召开第十三届团代表大会，出席代表 210 人，选举产生团县委委员 29 人，其中常委 9 人，副书记 1 人，书记 1 人。1999 年 11 月，召开第十四届团代表大会，出席代表 109 人，特邀代表 41 人，选举产生团县委委员 27 人，其中常委 9 人，副书记 1 人，书记 1 人。2002 年 9 月，召开第十五届团代表大会，出席代表 113 人，特邀代表 41 人，选举产生团县委委员 24 人，其中常委 7 人，副书记 1 人，书记 1 人。2005 年 12 月，召开第十六届团代表大会，出席代表 120 人，特邀代表 30 人，选举产生团县委委员 25 人，其中常委 7 人，副书记 2 人，书记 1 人。

三、主要活动

（一）思想教育

1993 年，团县委开展“继承传统、开创未来”“接过先辈的旗帜、踏着先辈的足迹前进”“寻伟人足迹、学雷锋精神”“迎接香港回归祖国”“中国近代史和国情”等读书和知识竞赛活动，至

1996 年，举行报告会、演讲赛、知识竞赛 800 多场次，评选出优秀论文 50 篇。

1997 年 7 月 1 日，组织城区中小学 1.2 万人开展“喜迎香港回归”为主题的踩街宣传活动。1999 年，开展庆祝少先队建队 50 周年、澳门回归和“迎接新世纪的曙光”等主题班队会、黑板报竞赛活动。2001—2003 年，围绕建党 80 周年开展“忆传统、树理想”教育，城乡“手拉手、话小康”，抗“非典”自我保护，“6・5”环保日清扫垃圾和管护绿地等活动。

2006 年 6 月，团县委、县委组织部、县直机关党工委联合举办“党旗飘飘，青春飞扬”党团知识竞赛，1500 多人参赛。宣传系统党委、团委获一等奖；林业系统，均溪镇党委、团委获二等奖；教育工委和吴山乡及桃源镇党委、团委获三等奖。2007 年起，开展“八荣八耻”“科学发展观”教育活动。1993—2008 年，全县获省、市、县表彰团组织 128 个、团员 960 名。

（二）青年文明工程建设

1993 年，团县委开通 7222227“青春热线”电话，为青少年朋友提供青春期心理健康、婚恋观等咨询服务。在金融、税务、公安、法院、卫生、公路、邮政、电信等行业中开展创建“青年文明号”活动，推行文明用语、禁用服务忌语，开展优质服务示范月和岗位技能比武活动。1994 年起，每年 3 月 5 日，组织学雷锋青年志愿者上街、进社区、入户开展家用电器、自来水管道维修及政策宣传等活动。1999 年 5 月 4 日，县委、县政府在影剧院召开纪念“五四”运动 80 周年暨“百佳青年”表彰大会，并举办“五月花海”文艺晚会。

2002 年 5 月，开展共青团建团 80 周年庆祝活动。城区千名团员举行入团宣誓仪式及“做一名合格共青团员”签名；开展以“永远跟党走”为主题演讲比赛；印发《大田青年素质发展要求》彩色折页 1 万多份；举办“五四”火炬接力赛；表彰 2001 年度优秀团员 119 人，团干部 65 人。

2004 年 4 月，开展以“展开 10 年创建成果”为主题的青年文明号 10 周年巡礼和提高“管理、服务、人才、业绩”“四个含量”为内容的“青年文明号”新思路系列活动。2006 年 4 月，全县“青年文明号”单位青年进村入户“一助一帮扶”，捐资 8000 多元，做好事 200 余件。2004—2008 年，全县共评出“青年文明号”125 家，其中县级 93 家、市级 25 家、省级 6 家、国家级 1 家。

青年志愿者活动（2005 年摄）

（三）青年人才工程建设

1993 年起，团县委组织 28 个企业团委、1300 名青工参加“青年工人岗位能手”、青工“五小”成果竞赛技术比武。至 1996 年，共开展比赛 52 场次，评出“青年工人岗位能手”280 人、新产品开发和小革新成果 130 项。1997 年，团县委分别与县烟草公司、兔业开发总公司、林业局、经济作物推广中心联合举办农村青年种烟、养兔、种竹、种果致富能手培训班 35 期、参训 3000 多人，被团省、市、县委评为农村青年致富能手 58 人。1998 年，团县委开展 2 个团委帮扶 1 个村团支部的“2+1”结对子、创建 10 个农村示范团支部活动，组织机关、企业、中小学共同与村团支部结对子，举办文化教育、实用技术培训 5 期，参训 180 多人；推荐农村优秀团员入党 35 人。2003 年 7 月，全县基层团组织举行“互动工程”启动仪式，1 个乡团委与 1 个省直单位团委结对，17 个村团组织与 17 个市直、县直单位团组织结对子，签订以帮助解决青年创业及工作中的困难为主要内容的互动责任书 18 份。2004 年，开展农村“小康燎原工程”，健全农村青年创业致富带头人档案，从资金、信息、技术、营销等方面予以扶持。2006 年 4 月，县农业“155”（农业科技服务热线）青年突击队成立，开展“下基层送科技，帮农民促发展”活动，宣传农业政策、培训种养技术、入村入户帮扶。2007年4月，团县委以“进百镇、抓团建、办实事、保和谐”为主题，开展“青春助力新农村”活动。结合“4·25” 全国儿童预防接种日、全国计划免疫工作者宣传日，组织农村医疗义诊服务队，为贫困农民义诊、送药；开展清理河道、种植防洪树木、清理废弃塑料袋和生活垃圾等“保护母亲河”活动；组织青年团员开展新农村清洁家园、净化农村生活环境活动；到18个乡镇28个村开展卫生宣传、健康咨询；与县农村信用联社联合制定《大田县农村青年创业贷款试行方案》，简化贷款手续、优先安排贷款、实行贷款利率下调10%，当年发放农村青年创业贷款133万元。1993—2008年，团县委实施希望工程建设。累计募集资金38.15万元，援建希望小学4所。组织开展18岁成人宣誓仪式，颁发成人纪念册5500多本。

（四）未成年人保护与帮教

1993年，团县委开展《中华人民共和国未成年人保护法》《中华人民共和国劳动法》和《福建省未成年人保护条例》等法律法规宣传。1993—2000年，每年参加县政府帮教团到监狱，开展“故乡在呼唤”帮教失足青少年活动，做好失足青少年的教育、感化、挽救工作；成立文化市场监督队，协助公安、工商、文体部门开展“打黄扫非”活动，优化青少年成长环境。2001年，“大田县青少年法律援助工作站”开通“96148”青少年法律服务热线，为青少年提供司法保护和法律援助；宣传保护青少年权益的法律法规，敦促未成年人特殊保护政策落实。当年起，与学校共同开展学生寒暑期“带法回家”活动。2007年，根据《三明市中级人民法院社会调查员制度实施办法（试行）》规定，团县委与人民法院组织社会调查员，走访未成年人被告的家长、探访当事人，对涉嫌盗窃犯罪的陈某等3人的性格特点、家庭情况、社会交往、在校表现、成长经历、案发后的悔罪表现以及对自身行为的思想认识进行调研、反馈，建议给予免于起诉。

（五）团组织自身建设

1993年，健全“三会二制一课一室”（团支部大会、团支部委员会、团小组会议，团员教育评议制度、年度团籍注册制度，团课，活动室）制度，全面推行《团支部工作手册》。1995年，村级团支部推行农村青年星火带头人、村团支部书记、村委会科技副主任“三位一体”的工作制度，全县265个村团支部书记选进村两委班子。1998年起，开展创建“五四”红旗团委、团支部活动，至2008年，被团县委评为“五四”红旗团委29个、“五四”红旗团支部95个。

第二节 少年先锋队

一、组织建设

1993年，全县少年先锋队（简称少先队）大队198个，中队560个，少先队员2.8万人，辅导员560人。团县委设少先队工作委员会（简称少工委）。1996年6月7日，少先队大田县第二次代表大会召开，出席大会的少先队员及辅导员代表112人。选举产生大田县第二届少工委，委员31人，设主任1人，副主任2人。当年，全县278所小学、21所中学初中部各建立少先队大队，有1345个中队，少先队员6.61万人，辅导员2267人。2008年，全县中小学有少先队大队110个，中队617个，少先队员3.1万人，辅导员662人，校外辅导员86人。1993—2008年，全县4.88万名少先队员加入中国共产主义青年团。

二、主要活动

1993年起，县少工委在全县少先队组织中开展“做好事、送温暖”、城乡“手拉手”互助、“EMS杯”（邮政特快专递）手拉手书信活动和“继承传统、开创未来”“接过先辈的旗帜、踏着先辈的足迹前进”“寻伟人足迹、学雷锋精神”“迎接香港回归祖国”“中国近代史和国情”等读书和知识竞赛活动。至1996年，少先队员做好事1000多件，评选出优秀书信50篇。1997年9月，开展“讲文明、树新风”“雏鹰假日小队活动周”活动，城区少先队员1000多人参加文明礼貌宣传和拾废弃物、清除乱涂、乱画、乱张贴小广告。1999年“六一”儿童节，县少工委在全县少先队开展庆祝建队50周年、澳门回归和迎接新世纪等活动。

2000年，“六一”儿童节，开展“祖国宝岛在我心中”“走进新千年”故事征文赛、红领巾“手拉手”结对子、“6·5”环保日、“保护母亲河”“自学、自理、自护、自强、自律”学习实践活动，征文获奖36人。被市少工委评为少先队工作先进学校2所，被评为省优秀少先队小干部1人，被省少工委授予四星雏鹰奖章2人。

2001年，“六一”儿童节，团县委组织中小学生开展建党80周年“忆传统、树理想”教育活动，举办全县中小学生“党在我心中”为主题的知识竞赛，获奖28人；组织少年儿童开展“东西部红领巾手拉手，百万图书传真情”活动，共捐图书3500余册，手拉手结对子2200对。2002年6月，团县委表彰少先队红旗大队、中队共47个，优秀辅导员55人，优秀少先队员102人。

2003年，“六一”儿童节，团县委组织中小学开展城乡“手拉手、话小康”，抗“非典”自我保护和“6·5”环保日活动。2004年7月，团县委、县委宣传部、县人武部，依托武陵“八一”希望小学创立少年军校。2005年6月1日，五中团委举行“心手相牵”国际项目启动仪式。

2006—2008年，团县委组织中小学开展自理、自学、自律、自护、自强的“五自”学习实践、“社会主义荣辱观”“科学发展观”和“节约一滴水、一张纸、一度电”活动。

第三章 妇女联合会

第一节 组织机构

一、县妇联

1993年，大田县妇女联合会（简称县妇联），内设办公室、城乡妇女发展部、妇女权益部、儿少部、宣传教育部和组织部，有专职干部8人。执行委员会设主席1人，副主席2人，2003年机构改革，核定县妇联正职领导1人，副职领导2人，专职干部2人。2005年，大田县妇女活动中心成立，核定事业编制2人。2008年，县妇联设主席1人，副主席2人，副科级干部协调员1人，科员1人；妇女活动中心，在编事业干部2人；内设机构不变。

二、基层妇联

1993年，18个乡镇均设妇女联合会（简称乡镇妇联），其领导改称主席。1996年，乡镇妇联配专职妇干26人，村（居）妇代会269个。1997年，全县乡镇妇女联合会18个、配备专职妇干24人，村（居）妇代会266个。1998—2002年，全县乡镇妇女联合会18个、村（居）妇代会270个，乡镇专兼职妇联干部18人，其中副科级干部兼任4人。2003—2006年，全县乡镇妇女联合会18个、村（居）妇代会271个，乡镇专兼职妇联干部18人，其中副科级干部兼任6人。2007—2008年，全县乡镇专职妇联干部4人，兼职妇联干部14人，乡镇妇女联合会18个、村（居）妇代会270个。

第二节 妇女代表大会

1993—2008年，县妇联共召开4次妇女代表大会。1993年11月，召开第十次妇女代表大会，出席代表225人，选举产生执委会委员29人，其中常委9人，副主席2人，主席1人。1998年11月，召开第十一次妇女代表大会，出席代表154人，选举产生执委会委员29人，其中常委9人，副主席2人，主席1人。2003年10月，召开第十二次妇女代表大会，出席代表160人，选举产生执委会委员29人，其中常委9人，副主席2人，主席1人。2008年10月，召开第十三次妇女代表大会，出席代表156人，选举产生执委会委员29人，其中常委9人，副主席2人，主席1人。

第三节 主要活动

一、“双学双比”“巾帼建功”活动

（一）双学双比活动

1993年，县妇联牵头组织开展学文化、学技术，比成绩、比贡献“双学双比”活动。至1996年，全县妇女脱盲4190人，参加农函大学习701人，分别获得农经、畜牧、经作等技术员和助理技术员156人。1997年起，县妇联开展“科技下乡”“万名农家女、十项新技术”“科技致富工程”“开拓市场女能手”“少生快富女能人”“农村妇女烟叶生产知识”“妇女、家园、环境”“移动杯种茶女能手赛”“全市妇女创业就业现场会”和“十村百户千人”（发展、巩固十个妇女优势产业示范村、百户示范户、千名科技带头人）等活动，截至2008年，共开展活动28场次。举办茶叶生产、食用菌栽培、毛竹和蔬菜种植、劳动力转移等各类培训班近500期，参训妇女4.7万人次，掌握1—2门实用技术3.5万人。实施“女性素质”“科技致富”“巾帼社区服务”“家庭文明”“小额信贷”工程等活动。争取上级资金近4万元，为贫困妇女建造沼气池325口；建立科技示范户1530户，女专业户2270户；发动妇女参加农函大、农广校学习1000多人。评定女农民技术员224人。1997—2008年，获县级以上“双学双比”先进组织、先进协调单位62个；获县“双学双比”先进个人556人、获市、省先进个人各11人；获省“优秀女农民”2人；获市“双学双比”女能手23人、全国“双学双比”女能手2人；获市首届“农家女科技十星”1人；获市“三八”红旗手13人；省“三八”红旗手4人。县妇联被省妇联授予“农村妇女劳动力转移工作先进单位”，获市“妇女工作成绩显著单位”和“先进妇联”表彰6次。

（二）巾帼文明岗活动

1993年，县妇联发动城镇女职工开展“巾帼建功”活动，至1996年，配合有关部门举办培训班196期、女职工参训1.04万人。1997年起，先后开展“三小”（小发明、小创造、小改革）及“科技推广杯”“白求恩杯”“金叶杯”“优质服务杯”“文明经营杯”和“岗位练兵技术比武”、争创“巾帼文明岗”等活动。至2008年，全县获省、市巾帼建功先进个人36人次；县妇联被省、市妇联评为“巾帼建功”先进协调组织5次。

二、宣传教育

（一）“四自”教育

1993年起，县妇联围绕做“自尊、自信、自立、自强”新女性主题，制定、实施1994—1996年、1997—2000年《大田县农村妇代会组织建设规划》和1997—2000年、2001—2005年《大田县妇联干

部培训规划》。2001 年，县妇联与政协文史委联合出版文史资料《巾帼赞》。1993—2008 年，18 个乡镇妇联干部参加市妇联举办的岗位培训 62 人次；县妇联召开“争做‘四自’女性”“女性内争素质外树形象”等各种座谈会 12 次。举办 妇女干部读书班 2 期、85 人，“四自”和《中华人民共和国交通安全法》《中华人民共和国婚姻法》《中华人民共和国妇女权益保障法》《中华人民共和国未成年人保护法》等法律法规培训班 25 期，培训妇女骨干 5000 多人次。组织妇女骨干上街开展有关法律法规宣传活动 3000 多人次，分发各种宣传材料近 15 万份。举办妇女干部爱岗敬业“金叶杯”“争做时代新女性”“小公民道德建设”等演讲比赛，“地税杯”法律知识竞赛，小灵通杯“巾帼颂”歌手赛等活动。

（二）巾帼反腐倡廉宣传教育

2000 年，县妇联开展“巾帼反腐倡廉、共建世纪辉煌”为主题的宣传教育活动，实施廉政文化进家庭。2005 年，成立廉政文化进家庭活动领导小组，召开“巾帼倡廉”“贤内助”等座谈会 3 次，110 人参加；开展发放一份倡议书、推荐一本家庭助廉读本、征集一批廉洁治家格言警句、廉政知识竞赛等活动，举办移动杯“家庭助廉”妇女书画作品展。2000—2008 年，共印发倡议书、廉政知识等宣传材料 5000 多份，分发家庭助廉读本 1000 本，征集书画作品 130 多幅，展出作品 99 幅，征集警示格言 100 多条 。

（三）迎世界妇女“四大”活动

1995 年 3 月，为迎接世界第四次妇女代表大会（简称四大）在北京召开，县妇联组织千名妇女踩街活动和千名城区妇女“通向北京”长跑比赛活动。1 万多名妇女参加三明市妇联、市文明委、市地税局举办的“地税杯”十万家庭迎“四大”知识竞赛活动；县、乡镇妇联召开迎“四大”座谈会；在县有线电台、电视台分别开设为期一个月“每周一歌”“巾帼风采”栏目，宣传大会目的和宗旨。

三、维护妇女儿童权益

（一）法律援助与“三・八维权周”

2000 年，县开通“96148”法律服务专用电话，当年接待咨询 100 多人次；县建立选派妇联干部担任特邀陪审员制度。2003 年，县妇联设立法律援助工作站，配合基层各派出所设立家庭暴力报警点 18 个。当年起，每年 3 月开展“三・八维权周”活动，宣传《中华人民共和国妇女权益保障法》及省“实施办法”《中华人民共和国预防未成年人犯罪法》《中华人民共和国婚姻法》《中华人民共和国女职工保护法》等法律法规，为妇女提供政策咨询、就业指导等服务。每年“三・八”妇女节之际，在一中开设“为青春护航”“让青春更美丽”等少女课堂，该项工作获省妇女工作创新奖。2002—2004 年，妇联干部担任特邀陪审员 5 人，共参与法庭审判 62 次。2005 年，由县妇联推荐，经县人大常委会审核通过，委任女人民陪审员 9 人。至 2008 年，法律援助工作站共提供法律服务 820 多人次；家庭暴力报警点共接到报警 76 人次，阻止、解决家庭暴力事件 76 件；为妇女提供政策咨询、就业指导服务 5200 多人次；2005—2008 年，女人民陪审员共参与法庭审判 136 次。

（二）解救与帮教

1993 年，县妇联与县委宣传部、政法委、县公安局等单位配合，开展打拐、禁娼活动。至 1996 年，共参与解救妇女、儿童 35 人，禁娼 34 次。与有关部门组成帮教团，到清流、福州等监狱，开展“故乡在呼唤”活动，对服刑人员进行帮教。召开监管干部、大田籍服刑人员座谈会，全面了解他们改造情况；为全体服刑人员播放帮教团采访编辑的《故乡在呼唤》录像；分发《致大田籍学员的一封信》，并赠送法律法规书籍；同时对劳动积极分子和减刑的人员分发《进步贺信》和颁发进步奖；与监狱签订帮教协议书。当年，县妇联被评为全国妇联系统维权工作先进单位和社会治安综合治理先进单位。1997—2008 年，“故乡在呼唤”帮教工作持续开展。

四、扶贫助学活动

1998年，县妇联在全县开展实施帮助贫困女童完成九年义务教育的“春蕾计划”，通过宣传发动，开展“献爱心”“一助一”“一助几”资助活动，至2002年，共资助445人，金额13.35万元。2003年，在太华镇创办一个“春蕾班”，由省电力公司80高龄的离休干部高君芷资助50名贫困女童就读，每人每年300元。2004年，县妇联与香港华恩基金会签订连续三年一次性资助150名贫困中小学生的协议，资助金额16.5万元。2006—2007年，该会共资助特困生333人，金额23万元，同时把资助延伸到高中和大学阶段，签订协议2年资助高中贫困学生80人、金额8万元。其间，县妇联与农办联合开展“扶贫助学就业”工程，贫困女生到福建育民中等技术学院就读90人。2006—2007学年度，香港华恩基金会共资助特困学生333人，金额23万元。同期，与县农办联合开展“扶贫助学就业工程”，全县90名贫困女学生到福建育民中等技术学校就读。2007年，再度与香港华恩基金会签定连续二年资助80名贫困高中学生协议，资助金额8万元。2007—2008学年度，全县共资助733名贫困失、辍学女童重返校园，资助金额83.2万元。

五、创建“五好文明家庭”

1997年，县“五好文明家庭”创建活动协调小组成立，办公室设在县妇联。1999—2002年，在全县范围内开展“美在农家”“让社会充满书香”等活动，推荐优秀读物50篇，评选“美在农家”标兵23户 。2008年，全县评出五好文明家庭户78户，好母亲356人，好婆婆182人，好婆媳168对。

六、创建“平安家庭”

2005年10月，县“平安家庭”创建活动领导小组成立，办公室设在县妇联。至2008年，全县评出“平安家庭”8.58万户，占总户数的85.12%，“平安家庭”示范村(社区)191个，示范(标兵)户221户，县被评为省级“平安家庭”创建工作先进示范县，获得市级“平安家庭”优秀示范村(社区)称号6个。

七、“两纲”制定与实施

1995年4月，县委、县政府撤销儿童少年工作委员会，成立大田县妇女儿童工作委员会（简称县妇儿工委）。其成员由县委组织部、宣传部、政府办、教育、卫生等25部门组成，办公室设在县妇联。1996年，县政府编制《大田县妇女发展规划(1996—2000)》《九十年代大田县儿童发展规划(1996—2000)》两个文件（简称“两纲”）。1997年起，县政府常务会议每年专题研究妇女儿童工作，县妇儿工委每年召开1次专题会议，研究部署妇女儿童工作，每2—3年对“两纲”阶段性的实施情况进行监测和评估。1998年，县被列为全国“两纲”实施示范县。2002年4月，县政府继续编制“两纲”（2001—2010），涵盖妇女、儿童在政治、经济、文化、生存与发展及社会保障等领域发展的终期目标。

2008年，全县女性从业人数7.05万人，占全社会从业16.04万人的44%；女干部占在编干部总人数27.5%；女党员占全县党员总数13.2%。九年义务教育男女生入学率相等。妇幼卫生保健事业稳步发展，孕产妇住院分娩率98.21%，乙肝疫苗接种率96.65%，计划免疫（四苗全程）接种率93.66%。

八、妇女参政议政

1993年，县妇联重视并协助组织部门做好女干部培养、推荐、选拔工作。1996年，成立大田县公开选拔乡镇女领导干部工作领导小组，连续两年公开选拔女干部，共有32位优秀女干部走上乡镇领导岗位，18个乡镇党政领导班子均有女性领导1人。1998年，县人大女代表48人，占代表总数23.76%；政协女委员27人，占委员总数22%；女党代表42人，占代表总数15.5%。2003年，县人大女代表49人，占代表总数24.5%；政协女委员25人，占委员总数18%。妇女参政意识逐渐增强，地位逐年提高，2008年，全县女性进村两委领导班子134人，其中，党支部书记7人，副书记3人；县级各套领导班子均按要求配有女性领导。在政府20个工作部门领导班子中，配备女领导干部5个部门，配备率为25%。全县共有女干部3264人，占干部总数的32.67%，其中科级干部69人，占同级干部总数的9.06%；处级3人，占同级干部总数的8.5%；县人大女代表44人，占代表总数的22.1%；县政协女委员32人，占委员总数的18.5%。市人大女代表14人，市政协女委员4人。

第四章 工商业联合会

第一节 组织机构

1993年，大田县工商业联合会（简称县工商联），有会员83个。1998年6月，县发展非公有制（简称非公）经济领导小组办公室挂靠工商联，主抓全县非公经济工作。2002年2月，县工商联在全市率先成立中共大田县非公经济组织委员会。2008年，全县有会员268个，其中，团体会员3个，企业会员122个，个人会员143个；共建立非公企业党支部25个，有党员167人。

第二节 工商联会员代表大会

1994年9月，县工商联第四次会员代表大会召开，到会代表65人，选举产生第四届执委会委员19人，其中，会长1人，副会长4人。

1997年3月，县工商联第五次会员代表大会召开，到会代表68人，选举产生第五届执委会委员27人，其中，会长1人，副会长6人。

2001年10月，县工商联第六次会员代表大会召开，到会代表83人，选举产生第六届执委会委员35人，其中，会长1人，副会长6人，秘书长1人。

2006年9月，县工商联第七次会员代表大会召开，到会代表93人。选举产生第七届执委会委员49人，其中，会长1人，副会长10人，秘书长1人。

第三节 主要活动

一、参政议政

1993年，县工商联推荐商会会员和非公有制经济人士参加各级人大、政协、工商联组织。至2008年，共有担任县政协委员46人，常委12人；市政协委员5人，常委1人；省政协委员1人；县人大代表4人（县人大常委会委员2人）；市人大代表5人；市工商联执委8人，常委4人。其间，县工商联向县政府递交专题报告45篇，呈阅件15篇；向县政协递交社会、经济发展提案36件。协助县政府出台《关于鼓励在大田投资兴业的优惠政策的规定》《关于进一步激活民间资本暂行规定》《关于加快发展个体私营等非公有制经济的若干意见》等8个文件，扶持非公经济持续健康发展。2008年，县政府出台《关于扶持中小企业发展的实施意见》，重点解决非工业用电和普通工业用电电价问题，县财政共减免煤、石灰石等金税费共500万元。同年7月，联合县政协调查大田非正常外挂车辆外迁现象，形成《关于大田非正常外挂车辆外迁问题的建议》，县委、县政府及时出台《关于扶持货物运输业发展的实施意见》，对新增货车落籍和非正常外挂车辆回迁本县实行营运税收补助、贷款贴息等奖励，车辆非正常外挂外迁情况得到缓解。10月，与县委统战部联合对全县30多家重点机械铸造企业应对金融危机情况进行调查研究，撰写《发挥统战优势，促进大田机械铸造产业科学发展》调研报告，获市委统战部《统一战线与三明科学发展论坛优秀论文》一等奖。

二、服务企业

（一）举办学习培训班

1993年，举办企业质量管理、现代企业管理、税法等各类培训班，至2008年，共举办78期，参训5663人次。其中，2008年3—6月，在县委党校举办“福建经济管理干部学院民营企业现代管理研修班”，参加培训的非公企业业主、管理人员、技术骨干共63人。

（二）组织企业参加商务活动

1994年4月，县工商联组织23家私营企业参加省总商会首届商品交易会，成交额577.28万元。1995年11月，组织会员参加建县460周年经贸恳谈会，酒类、家电类等15项商品成交价值105万元。1996年9月，组织会员参加泉州“9·9”商品交易会，成交额2500万元。1997年起，每年联合相关部门组织私营企业人士参加“5·18”海交会、“6·18”项目成果交易会、“9·8”投洽会等活动。2007年10月，组织12名企业主参加第四届中国——东盟博览会，分发《大田机械》等各类宣传册2000册；山友、昌盛、金门、庆祝、兴达机械有限公司等企业签订机械产品购销意向协议，总额1260万元。2000—2008年，共组织企业人士到浙江、上海、广州、厦门、泉州等沿海经济发达地区考察学习26批、1525人次，对接项目16个，总投资15.5亿元。

（三）信息服务

1998年7月，工商联创办《大田个私》简报，2007年11月更名为《大田非公经济》简报。为个私经济人士经营销售及生产提供服务平台，为民营企业提供政策法规和经济信息咨询。提供信息700多条，被会员企业采用156条。2008年8月，建立“福建省大田县机械铸造网站”，对35家会员企业在人才需求、产品展示、招商引资、项目对接等方面进行宣传发布。1998—2008年，《大田个私》简报共出刊141期。

（四）服务经济发展

1999年11月，县工商联牵头组建“个私经济贷款担保基金协会”，注册资金500万元。2006年9月，再次牵头成立鑫融担保有限责任公司，为工商联会员企业、个体、小微企业解决贷款难问题。2008年8月，福建省大田县机械铸造行业协会成立，会员企业35家。11月，福建省大田县汽车销售与物流协会成立，会员14家；厦门大田商会成立，会员170人。

三、捐资公益活动

1993年，县工商联实施“光彩事业”活动，至1996年，全县私营企业主、个体工商户为“希望工程”和“先行工程”捐款12万元。1998年，县工商联会员为洪灾捐款5.11万元。2000年，35名会员捐款6.37万元，资助55名失学儿童重返校园。2002—2005年，会员及会员企业为春蕾计划、希望工程等社会公益事业捐款126.92万元。2006年，开展“海西春雨行动”，会员企业助学捐款223万元，私营企业主田承衍为上京镇梅林新村建设捐资95.92万元；同年7月，林文俊设立“林文俊教育基金会”，每年注入资金10万元，帮助42名贫困大学生完成学业。2008年，全县90多家会员企业为“5·12”四川汶川地震灾区捐款220.8万元，其中盛鑫矿业、前峰矿业、盛发矿业、华太铁矿各捐款5万元；5家非公企业和9名会员各捐款1万元。

第五章 科学技术协会

第一节 组织机构

一、县科学技术协会

1993年，县科学技术协会（简称县科协）与县科委合署办公，全县有部门、乡镇、厂矿协会（学会）36个、团体会员302个（包括村级协会）、个人会员1271人。1994年，县科协从县科委分出，内设办公室、普及部、学会部和科技咨询中心，编制5人，实有5人。有基层协会（学会）33个、团体会员302个、个人会员2317人。2008年，县科协机构编制不变。有学会11个，协会6个，团体会员37个（不包括村级协会），个人会员2317人。

二、县老科技工作者协会

2007年10月，根据中共中央、国务院办公厅《关于进一步发挥离退休专业技术人员作用的意见》的通知，经县委、县政府批准，大田县老科技工作者协会（简称县老科协）成立。设名誉会长1人、会长1人、常务副会长1人、副会长3人（1人兼任秘书长）、理事13人（常务理事5人）。老科协下设农林、畜牧水产、水利水电、文教卫生和工业科技5个专业小组，有会员163人，其中高级职称21人，中级职称105人。2008年9月12日，县老科协一届三次理事会增补常务副会长1名和理事4名。

三、乡镇科协和农村专业技术协会

1993年，县、乡镇有科普协会18个，有265个村级科普小组。1997年，太华镇罗丰村果树研究会成立。1998年，奇韬镇奇韬村桃形李研究会和吴山乡反季节蔬菜研究会成立。2004年，均溪镇福塘村米粉协会成立。2006年，桃源镇蔬菜协会成立。2007年7月，福塘村米粉协会被福建省科技厅、财政厅、省科协联合授予“福建省百强农村专业技术协会”称号。

2008年8月，18个乡镇科协全部换届。有科协会员482人，村科普小组262个。

四、企业科学技术协会

1993年，有县第一水泥厂、第二水泥厂、二铁厂、前峰硫铁矿等4个企业科协。1994年，第一水泥厂、第二水泥厂、前峰硫铁矿科协分别更名为岩城集团公司、石凤集团公司、前峰集团公司科协。2008年，因国有企业相继改制，4个企业科协名存实亡。

五、县级学会、协会、研究会

1993年，县科协所属学会13个、协会6个、研究会1个。1994年成立环保科学学会（挂靠环保局）。1995年，成立瓷业协会（挂靠国土局）。1999年，粮油作物协会、工程技术学会、青少年科技辅导员协会、气象学会、邮电工程学会、柑橘研究会注销，养兔协会并入畜牧兽医学会，地质矿产学会更名为矿业协会。2000年成立税务学会（挂靠国税局）、税务咨询协会（挂靠地税局），业务主管部门归社科联。2003年，成立茶叶协会（挂靠县经作中心）、药学会（挂靠药监局），水土保持学会重新成立、登记。2004年，计量测试学会更名为质量技术监督学会。2005年，成立安全生产技术学会（挂靠安监局）。2007年，成立老科技工作者协会。2008年，县科协所属学会12个，协会4个。

第二节 代表大会

1994年8月，县科协第三次代表大会召开，出席会议代表136人、特邀人士24人。大会审议通过县科协第二届委员会工作报告和修改后的《大田县科学技术协会章程》。会议选举产生第三届委员会委员47人。委员会第一次会议选举产生常委会委员17人，设主席1人、副主席3人、秘书长1人。

2000年4月20日，县科协三届四次全委会增补委员2人，补选主席1人、副主席1人。

2008年10月，县科协第四次代表大会召开，出席会议代表113人、特邀人士15人。大会审议通过县科协第三届委员会工作报告和《大田县科学技术协会实施〈中国科学技术协会章程〉细则》。会议选举产生第四届委员会委员41人。6月7日，委员会第一次会议选举常委会委员15人、设主席1人、副主席4人。

第三节 主要活动

一、科技宣传与普及

1993年起，县科协每年组织科技下乡5—6次，通过挂图展览、广播、影像展播、现场技术咨询、专家义诊、分发图书资料等向农民宣传科普知识、传授农村实用技术。至1996年，举行大型科普集市8场，分发科技资料、书刊4万多份（册），巡回播放科技录像150多场。与教育部门配合，举办科技夏令营、校园科技节、科技讲座和暑假师生“送科技下乡”等活动，培养科学意识与创新能力。1998年起，每年5月的第2周为科技活动周、9月10日为科普活动日。科技周、科普日在中小学举办科普知识竞赛、征文比赛、辩论赛等科普活动。2002年9月，县科协组建科普志愿者服务团，有志愿者78人，其中加入省青少年科普志愿者队伍18人。自愿者履行职责，参加科技活动周、科普活动日、科技进社区等全县性科普宣传活动。2005年，选拔学生参加省、市青少年科技创新大赛，一中学生的“多功能地球仪”获省一等奖。2006年8月，县委、县政府制定《大田县科普惠农乡村行动计划》，把“科普惠农工程”纳入新农村建设工作内容。2007年，城区8个居委会先后设立社区科普活动室、科普宣传栏；2008年，白岩居委会创办社区科普学校。县老科协组织老科技工作者参与县科技局、科协组织的5月份科技周、9月份全国科普日科普宣传活动。组织18名会员参加县关工委的科普报告团、校区青少年科技辅导和金秋农业科技服务团，到乡镇、校区开展科普宣传活动。编印《大田老科协动态》14期，被《福建省老科协》采用3期；印发科普、科技信息等技术资料2万多份（册）。1993—2008年，共分发科技图书资料约40多万份、科技影像展播668场次、展览科普挂图108场次、专家义诊1.5万人次。科技周、科普日科技下乡1680人次、科技培训900多期、科普知识竞赛14次、接受科技咨询1万多人次。出刊《大田科普》56期、文山路科普画廊共出刊192期。全县农村有科普宣传栏43个、科普服务站9个、科普宣传员43人。科普志愿者参加活动4386人次。

二、老科技工作者建言献策

2007年11—12月，县老科协组织相关专业小组老科技工作者到县宝通瓷业调研，就促进资源节约和环境保护相结合提出建议。到吴山、屏山乡等茶区重点村调研，提出注重低产茶园改造、抓好无公害栽培、树立品牌的建议。到文江了解朱坂电站改造工程有关情况，到华兴工业园区的协进机械有限公司、山友机械有限公司和县京口工业项目区调研，就企业发展提出建议。

2008年4月，组织老科技工作者到县中医院调研，提出改善医疗设施，增强急诊急救能力的建议。6月，市、县老科协联合组织专家到双友矿机厂、大华机械制造公司、协进机械有限公司和华闽纸业有限公司，研讨机械产品更新、节能降耗新产品开发等技术创新项目，提供技术咨询服务。10月，在均溪镇政府会议室举办加快大田经济建设献计献策座谈会，53人参加，提出建议和意见13条。其中，提出“城市混合生活垃圾综合处理与利用工艺技术”“尽快完善和配套‘菜篮子’基地”“油茶园低产改造对策”等建议和意见，得到上级和有关部门重视和采纳。当年，县老科协组织老科技工作者在屏山、吴山乡开展茶叶优质高产无公害栽培技术研究和推广；在华安村扶持养蜂高产示范户，推广蜜蜂高产新技术。在均溪镇温镇、周田和上京镇上溪口举办养蜂技术、蔬菜高产栽培培训班3期。水利水电专业组参与京口项目园区5万人生活用水的水库水坝设计，开展太华铁矿深加工有限公司尾矿坝工程和县米粉协会委托的科技咨询服务。

三、学术交流与科学技术培训

1993年，中国农村致富技术函授大学（简称农函大）大田分校围绕“实际、实用、实效”原则，与乡镇辅导站、村辅导点三级联动，面授与函授相结合，普通班与初二分流班相结合进行办班。1994年，县矿业协会与县水泥协会联合举办学术研讨会，聘请省、市专家8人，对县建材行业现状与发展开展科学研讨，会上交流论文15篇。2003年，在均溪镇红星村创办大田县升华绿色果蔬研究所，依托梅园果场建立农函大教学实践基地，发挥基地良种、良法及农业新技术的试验、示范、推广作用。2005年，县瓷业协会举办陶瓷工业发展战略研讨会，聘请省内外专家、学者20人参加。1993—2008年，各学会推荐优秀学术论文参与省、市学术年会交流100多篇，县档案学会、林学会等单位科技工作者的论文在市级以上学术交流中获奖8篇。福建省科普作家协会会员、县科协会员、国家一级验光师张少清论文在《中国眼镜科技》杂志发表7篇，出版书籍《保护好你的眼睛》《让你的眼睛更明亮》。各学会、协会共举办实用技术和继续教育培训班270期、约8100余人次参训。1993—2008年，农函大大田分校共招收农函大学员8570人，累计办培训班54期、受训2.57万人次。

四、科普经费

1993—1999年，县每年投入科普宣传经费1.65万元。2000—2002年，每年投入4万元。2003—2006年，每年投入11万元。2007年，投入16.5万元。2008年，投入18.34万元。1993—2008年，共投入科普宣传经费102.39万元，其中科普宣传材料费用71.79万元，科普培训25.6万元，添置科普设备5万元。

第六章 残疾人联合会

第一节 组织机构

1993年，大田县残疾人联合会（简称县残联）为副科级单位，由县民政局代管，编制3人。18个乡镇设残疾人协会。同年3月，县政府成立大田县残疾人事业领导小组。1994年，大田县残疾人事业领导小组更名为大田县人民政府残疾人工作协调委员会。1996年12月，县残联与民政局分离，升格为正科级单位。1998年12月，乡镇残疾人协会更名为残疾人联合会；乡镇残联成立残疾人康复指导站和志愿者助残联络站。1999年7月，乡镇成立残疾人服务分社，开展残疾人扶贫服务工作。全县有志愿者助残联络员 262 人。2001 年 5 月，成立大田县社区残疾人康复领导小组。2006 年，残疾人工作协调委员会更名为大田县政府残疾人工作委员会。2007 年，乡镇残联换届。2008 年，县残联干部职工 12 人（含下属单位），其中，理事长、副理事长、理事各 1 人，下辖残疾人康复服务指导站、残疾人就业服务指导中心、残疾人辅助器具服务站。

第二节 残疾人代表大会

1995 年 1 月，县第二次残疾人代表大会召开。出席代表 96 人，大会主席团推举执行理事会理事长 1 人、理事长提名副理事长 1 人。1997 年 5 月，第二次主席团会议，补选主席团成员 7 人、执行理事会理事长 1 人。

2000 年 12 月，第三次残疾人代表大会召开，出席代表 101 人，其中，残疾人代表 47 人，亲属代表 4 人。推举理事长、副理事长各 1 人。

2006 年 3 月，第四次残疾人代表大会召开，出席代表 97 人，其中，残疾人代表 50 人。推举理事长、副理事长、理事各 1 人。

第三节 主要活动

一、残疾人情况调查

1995 年，县第二次全国残疾人抽样调查，全县残疾人 1.74 万人，占县总人口的 5%。1997 年，县残联经调查，全县贫特困残疾人 1176 户、1275 人，享受低保 1107 人。2005 年 8 月，成立大田县第二次全国残疾人抽样调查领导小组。经调查，全县各类残疾人 2.78 万人，占总人口的 7.59%，其中重症残疾人 5163 人（农村 3991 人、城镇 1172 人）。2006 年，配合教育部门开展适龄残疾儿童及少年调查，建立档案，全县适龄残疾儿童及少年 686 人，入学率 92%。2008 年，残疾学生及残疾人子女升入中、高等院校 33 人。当年，全县残疾人 2.3 万人，其中持证的 4059 人。

二、康复工作

1993—1995 年，完成白内障复明手术 270 例、低视力儿童助视器配置 9 人、聋儿语训 8 人、儿麻矫治术 78 例。1997 年起，县政府先后制定大田县残疾人事业“九五”“十五”“十一五”计划纲要。2002 年，县残联成立大田县创建残疾人社区康复示范区培育活动领导小组。2007 年与有关部门联合制定残疾人就业和社会保障、职业教育与培训、法律援助、辅助器具供应、扶贫、无障碍建设和听力语言、视力、智力及肢体等功能康复或补偿等 14 个“十五”“十一五”计划纲要配套实施方案。2002 年，建立残疾人社区康复站，开展残疾人康复医疗服务及残疾人恢复或补偿功能等工作。截至 2008 年，建立社区康复站 6 个，选聘社区联络员 6 人。县残联配合省残联康复办组织医疗队为县残疾人开展康复医疗服务 3 次。为残疾人功能恢复或补偿 2071 人，其中，白内障复明手术 1384 例、装配假肢 102 人、儿麻矫治术 89 人、装配矫形器 45 人、聋儿语训 32 人、低视力配用助视器 131 人、智残儿童康复训练 36 人、肢体康复训练 81 人、配用助听器 13 人、配送轮椅 158 人。免费赠送和供应残疾人用品用具 1739 件，特需人群补服碘油丸 6.8 万人。

三、扶残助残

1993年，县残疾人就业服务指导中心安置残疾人就业和做好征收残疾人就业保证金工作。1997年5月，科级领导干部与全县74户137名贫特困残疾人结对子帮扶，捐助款物2.3万元。县残联投入4000多元购买良种塞北兔种兔100只，扶持特困残疾人50户发展饲养业。1993—2008年，开展残疾人扶贫工作，全县安置残疾人就业928人，征收残疾人就业保证金417万元；举办各类培训班108期，参训残疾人3118人次；扶持贫困残疾人694人次、资金47万元；扶持经济实体5家，安置残疾人就业133人。市、县残联投入社会救助资金21万元、救助贫困残疾学生及贫困残疾人家庭子女102人；为32户贫困残疾人改造危房投入资金39.2万元。2008年，实施"爱心保障工程"，筹资2.25万元，将符合条件的残疾人纳入意外伤亡、疾病身故、意外伤害医疗保险，共3744人，当年，有10人获赔2.86万元。

第七章 计划生育协会

第一节 组织机构

1988年11月，大田县计划生育协会（简称县计生协）成立，设秘书长、专职干部各1人。县直机关、企事业单位，乡镇、村（居）相应成立计生协会，配备会长、副会长。1994年起，县计生协会增设常务副会长。1997年，县计生协会干部参照公务员管理，增加专职干部1人；乡镇协会专职干部为全额拨款事业编制，共29人。2008年，乡镇计生协会在编22人；全县基层计生协会297个，其中乡镇20个（包括城区办和东风农场）、村（居）委会271个、企业协会4个、流动人口计生协会2个；协会理事2122人，其中女理事567人；计生协会小组2053个，有会员2.78万人，占总人口的7.57%，其中女性会员1.62万人，占会员总数的58.27%。

第二节 会员代表大会

1988—2008年，县计生协共召开会员代表大会五次，选举产生协会班子成员。

1988年11月，县计生协会召开首次会员代表大会，出席代表60人，选举理事60人，常务理事30人、设会长、副会长、秘书长各1人。聘请顾问5人。

1992年3月，县计生协召开第二次会员代表大会，出席代表60人，选举产生理事61人，常务理事30人，设会长1人、副会长1人，秘书长、副秘书长各1人；聘请顾问5人。

1994年11月，县计生协召开第三次会员代表大会，出席代表96人，选举产生理事67人，常务理事15人，设会长1人，常务副会长1人，副会长6人，秘书长、副秘书各1人；聘请顾问7人。

1998年4月，县计生协召开第四次会员代表大会，出席代表85人，选举产生理事67人，常务理事15人，设会长1人、常务副会长1人，秘书长、副秘书长各1人；聘请顾问7人。

2004年4月，县计生协召开第五次会员代表大会，出席代表77人，选举产生理事46人，常务理事13人，设会长、常务副会长、秘书长各1人。

第三节 主要活动

一、基础设施建设

1993年，县坚持“落实党政一把手亲自抓，负总责；分管领导具体抓，负总责；班子其他成员全力抓，有关部门领导共同抓”的计生责任制。县政府对18个乡镇党政领导颁发计生工作责任状，各乡镇政府对各村领导颁发计生工作责任状，计生协会工作与经济工作同部署、同落实、同检查、同评比、同奖惩。当年起，全县18个乡镇先后兴建计生服务楼。1996年，18个乡镇计生服务楼全部建成，建筑面积共1.55万平方米。1997—1999年，开展计生协会基层组织建设。2000—2001年，整建基层计生协会。2004年起，村计生协会会长津贴纳入县财政预算，2005年起，村计生协会小组长津贴纳入财政预算。

二、争创活动

2005年，开展创建计生合格村（居）和一流村（居）协会活动。2006年起，全面开展创先进乡镇计生协会、合格村（居）和一流村（居）计生协会、“五好”协会小组活动。2008年，一流村（居）协会83个，合格村（居）协会144个，一流村（居）和合格村（居）达标协会占村（居）协会总数83.76%；“五好”协会小组1051个，占协会小组总数51.19%。

三、宣传教育

1993年起，县计生协会在每年“5·29”会员活动日、“母亲节”“科技周活动”“7·11”世界人口日和元旦、春节期间，联合有关部门开展各种宣传服务工作，发放计划生育宣传品、避孕药具、走访慰问计生户。1996年，印发《县委、县政府致全县人民的公开信》7.2万份、《计生宣传手册》2.5万本和《人口与生活》计生工作小报2期、2.6万份，举办计生专题书画展，组织文艺小分队到乡、村巡回演出。2002年，继续开展“生男生女都一样”等移风易俗宣传活动；倡导女孩与男孩一样可以上族谱、进祠堂，立墓碑、办丧事可以署名，村里民间活动与男孩一样交“丁”钱，树立男女平等意识。印制反映婚育观念内容、晚婚晚育、少生优生、女儿也是传后人等内容的“婚育新风卡通”宣传画1万套，《婚育新风进万家普及读本》1万册，印有“生男生女都一样、男女平等、女儿也是传后人”内容的围裙2万条，婚育新风扇子1.8万把，印有计生内容的扑克牌3000副分发给群众。发动乡村干部、计生协会会长、小组长、会员和各村有威望的老人带头开展移风易俗活动，重点推广女儿上族谱、女儿“继香火”、女儿参加祭祖、保护妇女权益四项活动。奇韬镇奇韬村，率先在村民大会上通过《关于女孩与男孩享有同等待遇的决议》，实现女儿上族谱。其他多数乡镇开展试点，逐步推开。2008年4月，由省人口计生委宣教中心制作、反映大田县女儿上族谱纪录片《郑老破旧规》，在省电视台综合频道《人口家庭》栏目播出。

四、帮扶服务

（一）幸福工程项目县确定

2004年，大田县被省幸福工程组委会确定为幸福工程项目县。县计生协会启动“幸福工程——救助计生贫困母亲”行动，以“安居、致富、成才、保障、亲情”五项工程为载体，参与计划生育管理和服务，开展婚育新风进万家、关爱女孩、生育关怀、不孕症治疗服务等活动、做好生活保障、财政贴息贷款、幸福工程等。

（二）实施“致富工程”

2004年，县政府农村工作办公室、县计生局、县财政局、县计生协、县农信社联合出台《关于做好扶持农村计生户发展生产贷款实行财政贴息的通知》，做大做强幸福工程。至2008年，共为259户计生户提供贴息贷款258.45万元，帮助计生户早日脱贫。全县18个乡镇的47个村共投入四批幸福工程滚动资金62.5万元，帮助二女户贫困母亲治穷、治病154户、638人。

（三）实施“安居工程”

支持帮助二女户建房，改善二女户居住条件。在实施“造福工程”中，对独生子女户、二女户增发1个人份额的建房补助金。2007年，对尤溪县街面水库淹没区二女户移民，每户增加2300元的建房补助，共补助27户二女户，补助资金6.21万元。县国土资源局、城乡规划建设局等部门在实施“安居工程”时，对农村独生子女户、二女户申请建房的，优先安排宅基地等优惠政策。

（四）实施“成才工程”

全县各中、小学建立二女户子女成才学籍档案，安排老师结对帮扶、重点辅导。2004年起，对农村二女户孩子在高中录取时给予照顾10分，至2008年，共有11人享受加分政策后考上县一中等达标高中，节省择校费共13万元；对考上达标高中、大学的学子，县给予300—1500元奖励，2005—2008年，共有94人获得奖励金5.28万元；此外，县政府从贫困大学生助学专款中为贫困二女户孩子上大学每人资助5000元，共有20人获得资助；各乡镇政府也配套落实成才奖励金。

（五）实施“保障工程”

2004年，县政府把二女户优先纳入农村低保，县计生协协助做好落实二女户低保工作，全县有二女户1991户纳入农村低保对象。同时，建立独生子女户、二女户免费婚检制度，大幅度提高婚检率。倡导婚前医学检查、人口早期教育、独生子女教育及宣传预防艾滋病知识、青春期性与生殖健康教育工作。县、乡镇计生协会组织不孕症患者到漳州、宁化等不孕治疗中心诊治，2004—2008年，共为152对不孕症育龄夫妇提供治疗服务，治愈怀孕生育的夫妇7对。在实施新型农村合作医疗中，农村独女户、二女户共6474人，个人缴费由县财政支付。

（六）实施“亲情工程”

从2004年起，每年元旦、春节期间，对二女户等计生困难户进行慰问，至2008年，共走访慰问4884户，送上慰问金38.8万元。2007年，在全县范围内开展“生育关怀行动”，筹集“生育关怀行动”资金33.3万元，用于扶持计生困难户发展生产、困难补助、独女户和二女户女儿成材奖励等。

四、法律援助

2007年，成立法律援助中心县计生协会工作站，开展人口计划生育政策、法律宣传，监督落实计生法定奖励、各项优惠政策的落实，至2008年，为67户计生户提供各项法律援助125人次。

第八章　其他社团

第一节　老区建设促进会

一、组织机构

1995年12月，大田县老区建设促进会（简称县老促会）成立，由关心老区建设的离退休干部和24个成员单位领导组成。设名誉会长3人、顾问13人、会长1人、常务副会长1人、副会长10人、秘书长1人（兼）、副秘书长3人、常务理事及理事若干人，成员66人，办公室设在县政府办公楼一楼。

1999年、2004年、2005年，县委对老促会组成人员作3次调整。2008年，县老促会设名誉会长4人、会长1人、常务副会长1人、副会长2人、秘书长1人、成员28人。

二、老区状况

1983年，省计委、老区办划定老区村乡镇有武陵、桃源、石牌、太华、谢洋、广平、吴山、均溪、上京、华兴等10个乡镇的53个村，1984年，认定老中共地下党员、老交通员、老接头户、老游击队员、老苏区干部等“五老人员”667人。1993年，健在的“五老人员”138人；2008年，健在的“五老”人员56人。

三、主要活动

（一）革命传统教育

1996年起，每年清明等节日，老促会人员为青少年讲述大田革命斗争历史，开展革命传统教育，受教育3000多人。1998年，协助大田一中建成市级爱国主义教育基地大田一中校史馆，利用武陵中共闽中工委会址、武陵小学革命历史展览室、大田一中校史馆、县革命烈士陵园等爱国主义教育基地，宣讲大田革命斗争的英雄事迹，宣传老区对革命的贡献；利用发放黄仲咸教育基金会助学金等机会，对青少年和受助生进行革命传统和爱国主义教育。2005年，共产党员保持先进性教育活动期间，应邀到各单位讲述大田革命斗争史17场、1500人受教育。2006年，为《三明重要革命遗址遗迹》撰稿11篇，配照片11幅。2008年，为《福建革命老区历史纪念物普查》撰写材料9篇；为三明老区宣传纪实《风采》撰稿2篇；协助三明电视台为新中国60周年拍摄《红色记忆》电视片，介绍大田革命斗争情况。

（二）调研工作

1996年起，县老促会到老区乡开展调研，至2008年，共到53个老区村开展调查研究。其中，到省定重点扶持的8个老区村调研16次，写调研报告12篇、出简报19期，在《红土地》杂志刊登调研文章7篇。

（三）办实事

1996年，县老促会成员单位分别与老区村挂钩。至2008年，筹措资金337.6万元，用于修建村道、村部、学校、水渠等，解决村民饮水困难和扶持茶、烟、竹种植，补助二女困难户等；帮助培训农机人员280人次；帮助就业185人。协助卫生部门组织巡回医疗10批次，赠送医疗器械和药品价值14.4万元。

（四）协助助学工作

2002年，黄仲咸奖学金资助老区村贫困高中生10人，2005年起，每年资助学生160人。2007年，协助厦大旅港校友会，资助考上厦门大学的老区村学生1人、5000元。2008年，协助印尼华侨资助老区村大学生3人，每人2000元。截至年底，黄仲咸教育基金会共扶持老区困难高中生639人、31.95万元。

（五）维护革命遗址

2002—2003年，协助武陵乡桃溪村、百束村，太华镇群团村等老区村竖立石碑15处；协助申报林大蕃、林笏隆烈士故居为县爱国主义教育基地，并获批准；筹措资金1万元，修缮林大蕃烈士故居。2006年，筹措资金3万元修缮中共闽中工委会址，并协助设立大田县革命历史展览室。2007年，筹资2万元建立“中共闽中工委成立遗址”纪念碑。

第二节　个体劳动者协会

一、组织机构

1993年，大田县个体劳动者协会（简称县个协）有会员4379人，基层分会11个，专职工作人员5人。1996年，全县个协会员5378人，基层分会11个、52个小组，专职工作人员6人。1999年，个协会员 7342 人，基层分会 11 个，专职工作人员 5 人。2004 年，个协会员 4118 户、6113 人，基层分会 5 个，专职工作人员 15 人。2008 年，个协会员 4464 户、7385 人，基层分会 5 个，专职工作人员 4 人，兼职工作人员 16 人。

二、会员代表大会

1994 年 12 月 23 日，县个协第四届代表大会召开，出席代表 51 人，选举产生第四届理事会理事 13 人、常务理事 5 人，会长 1 人，副会长 2 人。

1999 年 2 月 1 日，县个协第五届代表大会召开，出席代表 39 人，选举产生第四届理事会理事 13 人、常务理事 5 人，会长 1 人、副会长 2 人。

2004 年 12 月 28 日，县个协第六届代表大会召开，出席代表 93 人，会议审议通过《大田县个体劳动者协会收取会员费的决议》，选举产生第六届理事会理事 13 人、常务理事 7 人，会长 1 人，副会长 3 人。

三、主要活动

（一）培训、教育

1993 年起，县个协开展“二五”“三五”普法教育，至 1998 年，先后组织会员学习《中华人民共和国消费者权益保护法》《中华人民共和国劳动法》《中华人民共和国经济合同法》等法律法规。共举办普法培训班 170 期，参训 1.4 万人次。开展以“户户讲道德，店店无假货”为重点的职业道德教育，在 11 个基层分会举行职业道德教育巡回宣讲会 21 场，受教育 1833 人；举办美容、美发、计算机技术培训班 26 期，参训 320 人次。1999 年起，围绕“三五”“四五”全民普法教育，开展“致富思源，富而思进”教育，组织《中华人民共和国产品质量法》等法律法规学习教育活动，至 2004 年，共有 3 家个私企业被评为“共产党员诚信店”。2005 年，被评为“诚信单位”16 家；被评为市、县“重合同、守信用”单位 21 家；被评为“共产党员诚信店”9 家。2008 年，县工商局、人事局、文明办、个私协会联合授予“文明诚信个体工商户”38 家、“文明诚信私营企业”15 家、“共产党员诚信店”10 家、“平安商店”575 户。

（二）服务会员

1994 年，县个协创办满田春市场个协托儿所及食堂，为个体户分忧解难。1996 年，开展个体工商户普查，按行业分类建立档案。2001 年，发放《收费监督手册》300 份，聘请一位律师担任个协法律顾问，为会员提供法律服务。2005 年起，为会员提供年检、变更等无偿服务，至 2008 年，共提供无偿服务 3670 人次。当年，协调邮政储蓄银行大田县支行，推出小额信用贷款商易通个性化服务产品，为中小型个私企业发放贷款 96 万元。

（三）公益活动

1993 年起，县个协组织会员参加义务活动。至 1996 年，先后共 423 人参加清扫市场、街道，清理暗沟，义务修配、刻印、理发等 39 次，义务配锁匙、修雨伞等 2377 件。1997 年起，开展学雷锋活动。至 2002 年，先后组织 20 个学雷锋服务队，开展“学雷锋服务月”和“光彩服务周”活动，为群众义务修理农机具、电器和其他物品共 7508 件。

（四）回报社会

1993—1996 年，县个协会员为教育“两基”“先行工程”、敬老院、残疾人康复中心、救灾等社会公益事业捐款 90 万元。1997 年，会员林光致为济阳乡济中村涂某发展塞北兔养殖，捐款 5000 元、粮食 1000 公斤，帮助其脱贫。1999 年，城关分会会员到县光荣院、民政福利院、均溪敬老院慰问老人 27 人，赠送洗衣机、电暖器等生活用品价值 8785 元；广平分会会员捐款 12.69 万元，铺设广平中心小学至加油站混凝土路面 400 米；会员张少清自费到 18 个乡镇 29 所中小学举办视力保健知识讲座，听讲师生 2.1 万人，并赠送中小学生《保护好你的眼睛》专辑 2000 册。2000—2008 年，个协会员为公益事业和助学捐款105.16万元；为四川汶川地震灾区及本县受灾户捐款10.97万元。

第三节　归国华侨联合会

一、组织机构

1993年，大田县归国华侨联合会（简称县侨联）与大田县侨务办公室（简称县侨办）合署办公，县侨联主席兼任县侨办主任。1994年5月，设副主席1人主持侨联、侨办工作。1999年10月，县侨联设主席，并兼任侨办主任，编制2人。2002年12月，县侨联独立办公，编制2人，侨办并入县政府办公室。至2008年，设置不变。

二、代表大会

1999年12月，县第四次归侨侨眷代表大会召开。选举产生第四届县侨联委员11人。其中，主席1人，副主席2人。县侨联聘请名誉主席1人、顾问4人。

2003年10月，县第五次归侨侨眷代表大会召开。选举产生第五届侨联委员15人。其中，主席1人、副主席3人，聘请顾问3人。

三、主要工作和活动

（一）侨情普查

1997年1月，成立县侨情普查工作领导小组。经普查，当年全县有旅居海外的华侨华人843户、4150人，其中华侨422人，华人3728人。归侨侨眷329户、2565人，其中归侨208人（知识分子33人），侨眷2357人（知识分子198人）；1979年以后出国的新移民32人，其中留学人员8人；获外国籍10人，获居留权22人。

2005年，县开展侨情普查，旅居海外的华侨华人5030人，其中华人4891人，华侨71人，出国人员68人。华侨华人主要分布在马来西亚、新加坡、缅甸、菲律宾、美国、越南、澳大利亚、加拿大等25个国家和地区。侨眷1537人，大多来自于东南亚国家，是县侨联的联系重点对象。有归侨147人。依托海外社团马来西亚、永春、安溪、德化同乡会联系重点人士7人。

（二）旅居香港、澳门同胞普查

1997年，对旅居香港、澳门的同胞进行普查，旅港48户、341人，其中，从事工商业的309人，从事教育、科技的32人；旅居澳门从事工商业3户、22人。旅居香港眷属712人，旅居澳门眷属84人。2005年普查，旅居香港207人，旅居澳门17人；旅居香港、澳门同胞眷属480人。社团一个，即大田旅港联谊会。2008年5月8日，举行大田旅港联谊会成立15周年志庆暨第三届理事会成员就职典礼；第三届理事会设会长1人、副会长11人、秘书长1人、理事10人。

（三）宣传侨法

2000年9月，县人大常委会华侨委、县侨办、县政协三胞委和县侨联联合举办《中华人民共和国归侨侨眷保护法》（简称侨法）颁布10周年座谈会，城区归侨侨眷65人参加。2003年6月，县人大常委会华侨委、县侨联联合开展侨法及福建省实施办法等法律法规执法检查，审查县外事侨务办、民政局、一中等单位的自查情况；到林业局、桃源林场、济阳乡走访归侨侨眷，召开座谈会，宣讲侨法。

（四）联谊与协作

1993—2005年，县侨联主席先后在深圳、厦门接待马来西亚等东南亚华侨，与马来西亚福建同乡会、潮州同乡会等社团联谊，向他们介绍家乡投资环境和项目，邀请他们返乡谒祖投资兴业。2006年9月，县侨联主席带领侨联委员到石狮、漳州侨联开展“山海协作、优势互补、资源共享”为主题结对子活动，与漳州南靖侨联结成对子，并签订协议。1993—2008年，县侨联共接待海外华侨华人社团境外同胞185批次、2700多人次。

（五）落实侨务政策

1993年，县侨办、侨联工作人员走访城区、武陵、屏山、济阳、早兴等乡镇的归侨侨眷，至1996年，共走访76户，对8户重点困难户每年每户救济300元；对特困户酌情增加补助；为归侨侨眷排忧解难30件，为下岗工人、侨眷林增旺、梁镭、王金治落实退职金、困难补助共3.5万元。1997年，完成归侨办证119人；出具离退休归侨干部职工增发生活补贴证明80份。1999年，为10家侨资企业办理享受华侨投资待遇证书，促进企业良性发展；同年12月，为马来西亚华侨陈某找到亲人。1999—2008年，为归侨侨眷发放困难补助、受灾补助5.2万元。

（六）依法护侨

1995年3月，印尼归侨、县人大常委会副主任、省人大代表林坚在省人大会上向省人大常委会、省政协提出补充修订《〈中华人民共和国归侨侨眷保护法〉实施办法》的提案，省人大常委会将其议案交省政府办理，随即省财政厅、侨联作出《关于归侨退休职工增发生活补贴的通知》，凡1969年12月31日前回国定居的归侨退休职工，从1996年7月1日起，每人每月增发生活补贴60元。

（七）公益事业捐赠

1993—2008年，有5位侨胞和1个海外社团及省侨联捐赠人民币831.08万元。其中，1993—1997年，有2位侨胞捐赠人民币11万元，其中8万元用于屏山乡内洋小学新建教学楼；3万元用于华兴乡京口小学添置教学设备。1999—2003年，有2位侨胞捐赠人民币245万元，其中，120万元用于梅山中学新建教学楼；50万元用于梅山乡高泉小学新建教学楼；45万元用于梅山中学饮用水工程及高泉公路工程建设；30万元用于屏山乡和坑小学新建教学楼。2004—2008年，1个海外社团捐赠人民币25万元，用于华兴乡早兴村小学新建教学楼。1位侨胞捐赠1.5万元，设立梅山乡中心小学奖励基金。省侨联捐赠41.5万元，其中20万元用于屏山乡公路建设，10万元用于水电站建设，11.5万元用于有线电视网建设和资助特困村民。

第四节　消费者权益保护委员会

一、组织机构

1993年，大田县消费者委员会（简称县消委会）第二届执行委员会有委员43人，设名誉会长2人、会长1人、副会长2人。城关、城区市场、石牌、吴山、上京、桃源、太华、建设、广平、文江、梅山11个片区均成立消委会分会。2004年12月，县消委会举行第三届执行委员会换届选举，设名誉会长2人，会长、常务副会长、秘书长各1人，常务委员5人，委员29人，委员分别由工商、公安、卫生、宣传、通信等行政职能部门及有关企业单位负责人组成。2006年，县“消费者委员会”更名为“消费者权益保护委员会”。2008年，18个乡镇均设有消委会分会。

二、主要活动

（一）宣传工作

1993年，县消委会开展以《中华人民共和国消费者权益保护法》为主的相关法律法规及有关维权知识宣传，发布有关消费信息及消费警示。1995年，与县委宣传部、电教中心、县工商局在县电视台创办《消费者之窗》专栏，全年播出《中华人民共和国消费者权益保护法》及有关法律法规、案例等内容22期。2004年，参与市消委会主编的《三明消费指南》出版，与《法制与社会》杂志三明站联合创办“诚信、维权”大田专刊。2007年，开辟“红盾信息网消费者维权专栏”网站，发布“消费警示”“案例选编”“消费指导”“维权咨询”等。1993—2008年，每年3月15日，均开展消费维权宣传活动。共分发宣传材料7万余份，悬挂布幅标语56条次，出墙报专刊41期，发布“消费警示”48篇，“案例选编”48期。

（二）消费维权和打假

1993年3月15日，县消委会会同工商、卫生防疫、技术监督、物价等部门开展消费维权宣传工作，在县城东街口设“假冒伪劣商品曝光台”“政策咨询台”“现场投诉咨询服务台”等，为消费者提供维权服务。县消委会在《消费者之窗》专栏披露影响较大的消费者投诉案件，揭露严重损害消费者合法权益的违法行为。配合工商、质监、烟草、卫生等部门，开展市场巡查和专项检查，打击走私和制售假冒伪劣商品活动。至1996年，共销毁假冒伪劣商品价值386万元；受理消费者投诉528件，挽回经济损失8.15万元。1997年，县消委会先后于元旦、中秋节、“3·15”期间，配合有关单位在城关和乡镇对商品和服务开展监督检查工作，检查11天，100多人次参加，共查获假冒名烟3000多条，各类过期变质食品2000多包（瓶），假冒香皂200盒，“三无”（无生产日期、无厂名厂址、无保质期）化妆品100多盒，总案值10余万元。同年，配合工商、烟草、卫生等部门单位，集中销毁假冒卷烟2万多条、伪劣药品70多件及各类伪劣食品和“三无”产品，总价值100余万元。1998年，继续参与打击假冒、伪劣商品活动，总案值150余万元。1999年，参加对市场进行治理，查获销毁伪劣商品价值325万元。2000年，按上级的专项部署，开展打假活动，共查获、销毁假冒伪劣商品价值150万元。1997—2002年，受理消费者投诉1154件，挽回经济损失21万元。2003—2008年，受理消费者投诉330件，挽回经济损失38.3万元。1993—2008年，共接受咨询1800多人次，转交政府有关部门罚款5810元，销毁假冒伪劣商品案值1218万元。

（三）消费年主题活动

1997年起，县消委会按照中国消费者协会确定的消费年主题（当年年主题为“讲诚信、反欺诈”），结合“3·15”纪念活动，每年在东街口设立宣传平台、咨询服务台、投诉台、曝光台；通过电视专题报道、出动宣传车、悬挂标语、出墙报专刊、分发宣传材料、送法下乡、学生“带法回家”和开展“维权进校园、进企业”活动。1998年，年主题为“为了农村消费者”。1999年，年主题为“安全健康消费”。2000年，年主题为“明明白白消费”。2001年，年主题为“绿色消费”。2002—2008年，消费年主题依序分别为“科学消费”“营造放心消费环境”“诚信·维权”“健康·维权”“消费与环境”“消费和谐”“消费与责任”，共分发宣传材料7万份、出墙报专刊341期、悬挂布幅标语56条次、出动宣传车38辆次。

第五节　文学艺术界联合会

一、组织机构

（一）县文学艺术界联合会

1993年，大田县文学艺术界联合会（简称县文联）设主席1人，有工作人员3人，同县文化局合署办公；下设文学、书画、音舞、摄影、诗词楹联等专门协会。各专门协会设会长1人，共有会员169人。2008年，县文联设主席1人，工作人员2人，基层协会设置不变，会员411人。其中有国家级会员2人、省级会员18人、市级会员83人。

（二）基层协会

县文学工作者协会　1993年，县文学工作者协会设会长1人，会员39人。2008年，有会员89人，其中省作家协会会员 7 人。

县摄影工作者协会 1993 年，县摄影工作者协会设会长 1 人，会员 31 人。2008 年，有会员 103 人，其中省摄影家协会会员 2 人。

县书画工作者协会 1993 年，县书画工作者协会设会长 1 人，会员 31 人。2008 年，有会员 78 人，其中省书法家协会会员 6 人、中国书法家协会会员 1 人（林承芳）。

县音舞工作者协会 1993 年，县音舞工作者协会设会长 1 人，会员 37 人。2008 年，县音舞协会会员 56 人，其中省音乐家协会会员 2 人、省舞蹈家协会会员 1 人。

县诗词楹联学会 1993 年，县诗词楹联学会设会长 1 人，会员 31 人。2008 年，县诗词楹联学会会员 85 人，其中有中华诗词学会会员 4 人（吴炳光、林宗峰、林芳苓、潘文轩）。

二、创作活动

1995年,纪念大田县建县460周年,县文联征集本县籍作者创作的书画作品200多幅,展出100多幅;协同有关部门在县体育场举行大型文艺晚会，近万人观看。1996—2008 年，县文联与县教育局、国税局、农行、国土资源局等单位分别举办“迎春杯”“澳门在我心中”“税收与经济”“我与农行”“廉政进家庭”“计生杯”“ 纪念大田县改革开放 30 周年”等文艺活动 130 余场，文艺作品在省级以上刊物发表或参展的作品 275 篇（幅），获县级以上奖励 67 篇（幅）。续办文艺刊物《白岩山》（1993 年创办），出版 23 期，刊发文学作品 687 篇、105.1 万字；创作摄影、书画、曲艺作品，宣传大田特色文化、民俗风情、发展成就；编辑出版文艺图书 37 部，其中严垂壁的纪实文学《传奇青年林志群》一书于 2003 年 6 月先后由市委办、市老区办和县委办、县老区办分别在三明和大田举行首发式。

第六节 老龄工作委员会

一、组织机构

1993 年，大田县老龄工作委员会（简称县老龄委）设主任 1 人，常务副主任 1 人，为事业团体。全县有 18 个乡镇和 10 个机关委口老龄委、170 个村（居）老年协会。1995 年，全县 269 个村（居）均成立老年协会，会员 2.48 万人。2001 年 5 月，县政府组建新一届老龄委，为县政府主管老龄工作的议事协调机构，由一名副县长任主任，下设办公室，挂靠县民政局，民政局局长兼任办公室主任，至 2008 年，先后有四名副县长任县老龄委主任。乡镇老龄委主任由各乡镇分管老龄人工作的副乡镇长或党委副职领导兼任。

二、主要工作

（一）老龄事业规划实施

1993 年,县老龄委继续实施县第一个老龄事业五年发展规划,推动老年事业发展。1997 年,举办《中华人民共和国老年人权益保障法》（简称《老年人权益保障法》）培训班 3 期、160 人参训。在全县开展尊老敬老活动，并开展老年人权益保障法执法检查 1 次。同年 10 月，县老年基金会成立。至年底，全县共筹集老年福利基金 21 万元、老年体育基金 10 万元。1998 年，为城区 70 周岁以上老年人办理老年人优待证 126 本。11 月起，发放百岁以上老人长寿营养补贴每人每月 100 元。2001 年，开展访老年人家庭、查老年人吃、穿、住、医的“一访四查”工作，签订家庭赡养协议，解决赡养纠纷 4 起。2003 年，上京镇梅林村、均溪镇红星村、太华镇万湖村被三明市老龄委、市民政局、市文明办评为“敬老模范村”。2004 年，办理老年人优待证的对象扩大到全县 60 周岁以上的老年人。2005 年 5 月，县委、县政府出台《关于加强老年教育工作的实施意见》，推动全县农村老年教育工作。2008 年，继续实施县第四个老龄事业发展规划。

1993—2008年，全县共筹集老年基金58万元，签订家庭赡养协议2438份，办理老年优待证4786本，受理来信192件，接待来访438人次，均有答复。开办县级老年大学1所、乡村老年学校120所，学员2080人。

（二）老年节活动

1993年起，县、乡镇和机关老龄组织每年在九月初九老年节（又称重阳节）期间，召开老年人座谈会，开展慰问老年人和游园、棋类比赛等活动。1995—1996年，县政府为90岁以上老年人发慰问金1.92万元。1997年，县委、县政府表彰老龄工作先进集体20个、关心支持老龄工作领导21人、老有所为积极分子30人、敬老养老好儿女29人。1999年，均溪镇、上京镇分别举行金婚老年人纪念会、座谈会，发慰问金6000余元。2000年，建设镇庆祝老年节举行表彰会，老年人1141人参加。

2001年10月22日，县开展首届老年文化节宣传周活动和金秋文体晚会，退休人员、老农民等自编自演节目10多个。上京镇梅林村为60周岁以上老年人分年龄段分别发慰问金30元、40元、50元。2002年10月11日，县老龄委设立关心重视老龄工作功勋奖、敬老好儿女金榜奖，各表彰26人，并设老有所为奉献奖，表彰31人。2003年起，为新增百岁老人送“百岁寿星”牌匾和营养补贴等。当年，县委书记带领老龄办及有关乡镇领导慰问百岁老年人5人，各送慰问金300元—500元。2008年，县委、县政府主要领导在老年节到敬老院进行慰问。

1993—2008年，乡镇、部门单位在老年节召开座谈会共1100多场次，给老年人发慰问金或纪念品。走访90岁以上老年人3876人次，其中百岁以上老年人56人次。

第七节　关心下一代工作委员会

一、组织机构

1993年，沿用大田县关心下一代工作协会名称（简称关协）。设会长1人，副会长2人。1994年7月更名为大田县关心下一代工作委员会（简称县关工委），设主任1人、常务副主任2人、副主任13人、委员20人、名誉主任2人、顾问9人。1997—2007年，关工委成员作过5次调整。2008年，县关工委成员64人，其中主任1人，常务副主任2人，副主任19人，委员26人，顾问16人；内设农村教育、学校教育、城市教育、法制教育、家庭教育、宣传教育、基金管理等7个专业委员会。组建有普法宣讲团、卫生保健服务团、德育报告团、金秋农业科技服务团、关爱工作团、报告团总团共6个团，以老干部、老专家、老战士、老教师、老模范（以下称“五老”）为主体，专兼结合，开展青少年思想道德建设。当年，全县基层关工委组织317个，其中乡镇18个、县直机关26个、厂矿企业6个、村204个、社区8个、中小学55个；报告员、校外辅导员、帮教员、家教员、科教员、文化市场督导员等874人。

二、主要活动

（一）青少年思想道德教育

1994年，利用闽中工委会址、烈士陵园、大田一中校史馆、烈士故居等爱国主义教育基地和法制教育基地，对青少年进行爱国主义、革命传统和“感恩、责任、服务”教育，并组织、指导、配合、协助中小学开展主题实践活动，年年持续开展。1999—2008年，德育报告团在城乡学校，开展德育报告活动210场次，受教育学生11万人次。法制宣讲团在学校、社区开展法制宣传教育活动180场次，受教育6.8万人次。关爱工作团参加县政府帮教团“故乡在呼唤”活动，到清流、宁化、永安、福州等地监狱看望、帮教大田籍失足青年，赠送法律书籍、文化课本等资料4000多册（份），颁发进步奖，与失足青年结对帮教70多人。

（二）科技知识宣传

1993年，县关协发挥退休科技人员专长，开展农业科技、卫生保健知识宣传服务。2001年，县关工委组建金秋农业科技服务团和卫生保健服务团，到学校、社区，或利用墟日，在城区或到乡镇、村开展农业科技、妇幼保健、视力保健、防病防疫等知识宣传活动。2002年，在城区、吴山、广平等乡镇墟天，开展农业科技宣传和卫生保健、防病防疫知识宣传。之后每年开展相似活动，至2008年，先后到过18个乡镇政府所在地及60多个村，开展活动82场次，受益6100多人。

（三）捐资助学

1993年，县关协同社会各界开展关心下一代助学活动。1999年，设立大田县关心下一代助学基金。至2008年，全县有12个乡镇、27个村设立关心下一代助学基金，基金总额83万元，440名贫困学生得到资助。

（四）创“五好”活动

2003年，县关工委在基层关工委开展创领导班子建设好、制度健全执行好、经常活动效果好、“五老”作用发挥好、积极探索创新好的“五好”活动，建立健全各项工作机制。至2008年，每年依托县委党校开办农村基层关工委骨干培训班1期，每期参训70多人，学习政治理论和业务知识。

（五）片区会议和报告团年会

2003年起，县关工委每年举行片区会议和报告团年会各1次。全县18个乡镇划分为6个片区，每年由1个片区为主办单位，轮流主办开展关心下一代工作先进典型推介和经验交流活动，至2008年，共举行片区会议6次，报告团年会6次。促进基层关工委各项工作开展。

第八节　老年人体育协会

一、组织机构

1993年，大田县老年人体育协会（简称县老体协），内设顾问、事务、宣传、赛事、城区、农村等6个工作组及健身指导总站和科研会、艺术团。下设气排球、乒乓球、门球、地掷球、柔力球、羽毛球、拳操、棋牌等8个俱乐部。负责组织领导全县老年人体育活动。有会员3839人，其中机关738人，农村3101人。县直机关7个委口均成立分会，18个乡镇及91个村成立老年人体育协会。1996年，全县18个乡镇、269个村（居）全部建立老体协组织，会员2.5万人。1997年，县老体协组建金秋艺术团。2007年，城区居委会由原来4个增至8个，均成立老体协。2008年，全县有会员3.5万人。

二、体育设施

1993年，全县老年人体育活动室276间、8600平方米，台球室8间、240平方米，乒乓球室35间、1060平方米，门球场4个、2000平方米，地掷球场8个、954平方米，气排球场83个、5976平方米，羽毛球场30个、2160平方米。1996年，老年人体育活动室318间、门球场9个、地掷球场8个、气排球场121个、台球室10间、乒乓球室38间。2002年，增加柔力球活动项目，柔力球场2个、170平方米。2008年，全县老体协活动室311间、1.75万平方米，门球场26个、1.3万平方米，气排球场168个、1.88万平方米，地掷球场24个、2862平方米，台球室17间、765平方米，乒乓球室421间、2.11万平方米，柔力球场21个、1512平方米。

三、主要活动

（一）健身联谊活动

1993年，门球、地掷球等8个俱乐部由各俱乐部牵头，各健身项目，每季度开展一次“红旗”赛。至2008年，8个俱乐部牵头，共开展各健身项目“红旗”赛418次。18个乡镇农村分为六大片区，乡镇轮流牵头，共开展192次大片区健身、联谊活动；各乡镇将所辖各村划为若干个小片区，适时开展小片区健身联谊活动。

（三）老年人体育运动会

1993年，县老体协组织331人次参加市老体协举办的老运会及个项片区赛、邀请赛，参赛运动员40人，获团体总分第2名，其中羽毛球获第1名、乒乓球获第2名、门球获第5名。1994年，县老体协举办县第三届老年人体育运动会，项目有气排球、乒乓球、羽毛球、门球、地掷球、太极拳剑、柔力球等10项，参赛运动员289人。1996年，县老体协组织70名运动员参加市第四届老运会，门球、羽毛球、气排球分获第1名，地掷球、台球、拳功操分获第二名。1997年、2000年、2003年、2006年，分别举办县第四届、第五届、第六届、第七届老年人体育运动会，参赛运动员分别为590人、829人、998人、1200人。5届老运会共有150名运动员获奖，其中第一名、第二名、第三名各50人。1999年、2002年、2005年、2008年，分别组织老年人运动员参加市第五届、第六届、第七届、第八届老运会，参赛运动员分别为50人、54人、56人、61人。至2008年，县参赛运动员在市举办的6届老运会中，共获第一名41人次、第二名52人次、第三名8人次。其中，有23名运动员被市老体协选入市代表队，参加省老运会和全国老运会。

（四）帮扶活动

1993年，县老体协帮扶活动重点在农村，以城带乡，以乡带村，县直机关、企事业单位老体协分别与乡（镇、场）老体协“一对一”结对帮扶。至2008年，帮助班子建设、骨干培训，帮助筹资23万元，修建乡、村门球场、地掷球场等活动场所28个。

（五）宣传教育活动

1993年起，县老体协在主要节日、重大事件或纪念日，开展大型体育活动。1994年，在县灯光球场承办省老体协庆祝国庆45周年拳功操千对万人大会演大田专场，共有节目11个，参演950人次。1997年，迎接香港回归、支持北京申奥等，举办万人拳功操专场会演、千人太极拳展示、千名老人健步走和拳、剑、操、舞会演等大型活动。1998年，召开纪念《全民健身计划纲要》颁布3周年暨老年人健身活动场地落成庆典大会，组织2000多人开展踩街宣传活动。1993—2008年，共举办大型活动13次，组织老年人，开展计划生育、环境保护、殡葬改革、社会保障等宣传踩街活动7次。

（六）创建工作

1993年，县老体协加强组织建设。1994年，县老体协引导养生功能辅导站被评为省老年体育先进辅导站，2名辅导员被评为省优秀辅导员。1997年，省体委授予县老体协，“’96福建省全民健身”工作先进单位。同年，被省老体协评为“迎香港回归福建省第一届全民健身节”活动先进单位。

1998年，县老体协被全国老体协评为“全国老年体育先进单位”；2005年，县老体协开展抓思想素质创学习宣传好、抓组织网络创组织建设好、抓重点工作创帮带工作好、抓基础工作创场地建设好、抓人人参与创开展活动好、抓养生保健创科学指导好的“六抓六创”活动。当年12月，县老体协组团参加在海南海口市举办的世界第二届太极拳大赛中获得团体第二名，5个单项冠军，7个单项亚军，1个单项季军。2008年，太华、建设、均溪、吴山等14个乡镇及东风农场老体协先后被市老体协评为“六抓六创”先进单位。开展“迎奥运全民健身，健步走到北京”活动，大田县被中国老体协授予先进地区称号。1993—2008年，县老体协组织老年人开展健身活动，获省体育局、省体育总会、省老体协表彰11次；获市老体协表彰4次。

卷十九 政 法

第一章 政法委及综治

1993—2008年，大田县政法综治工作，坚持为改革开放和经济建设服务的指导思想，坚持党对政法工作的领导，支持公安、检察、法院、司法的职权依法行使，充分发挥公检法司的职能作用，坚持“严打”方针，依法打击各类刑事犯罪和经济犯罪，全面推进社会治安综合治理，为经济建设、社会稳定提供法律保障和法律服务。

第一节 政法工作

一、专项行动

1993年，中共大田县委政法委员会（简称政法委）组织公安部门开展“打拐禁娼”统一行动和打击“车匪路霸”专项行动，查处卖淫嫖娼54人，送劳动教养9人；抓获“车匪路霸”案犯29人。1994年，开展整治农村治安统一行动3次，破刑案38起，摧毁犯罪团伙11个，抓获犯罪嫌疑人497人、逃犯11人，查处治安案件116起。1995年，县政法委、综治委批转县公安局《关于开展“春季严打攻势”实施方案》，开展打击赌博、盗窃、乱砍滥伐、拐卖妇女儿童、非法制造销售和私藏枪支弹药、爆炸物品、管制刀具等专项行动，侦破刑案63起，抓获犯罪疑犯95人，摧毁犯罪团伙15个、成员65人。1996年，县委、县政府成立“严打”领导小组，县政府拨专项经费51万元，与563个单位签订责任状；开展“扫黄禁娼”“收枪制爆”“交通整治”专项行动，破刑案269起，抓获犯罪嫌疑人225人。1997年，开展以打暴治恶、打丑治乱、收枪治暴和打击赌博、盗窃为主要内容的“严打”专项行动3次。1998年，开展“打流窜、缴黑枪、查隐患、保安全”“打走私、反盗窃、反抢劫机动车”专项行动和治安整治，破刑案499起，破案率67.1%。1999—2000年，开展“打现行、破积案、催团伙、追逃犯”和“打黑除恶”专项行动，破刑案1202起。2002年，开展打击“六合彩”赌博专项行动。2003年6月，政法委组织在城关东街口召开打击“六合彩”赌博犯罪公捕公判大会，逮捕犯罪嫌疑人5人，公判7人。2004年，县政法委制定《关于开展整治“六合彩”违法犯罪专项行动工作方案》。2005—2006年，组织开展“两抢一盗”“破命案”“打黑除恶”专项行动。2007—2008年，组织开展“春雷”“猎狐”等专项行动，查获虚假信息诈骗案件62起，打掉黑社会组织犯罪团伙2个、恶势力团伙6个，破获命案4起。

二、维护稳定与矛盾纠纷排查调处

1993—1996年，全县调解各类民事纠纷4858起，调解率99%，调解成功率98%，制止可能发生暴力事件22起，防止民事转刑事（简称民转刑）57件，安置帮助刑释和解教人员132人。1997年，县委办、政府办批转县政法委《关于开展严肃执法，坚决清除地方和部门保护主义专项治理活动的意见》，对8个重点部门进行专项治理，并由县纪委、人大法制委、政法委、监察局进行检查、验收。1998年，妥善处置和制止群体性事件苗头、防止民转刑案件各6起，调解民间纠纷1339起，调解率98%，成功率95%。1999年，县成立维护稳定领导小组，县政法委制定并与各乡镇、县直机关签订维护稳定领导责任制，制定社会稳定分析会、督办反馈、请示报告和检查考核4项制度，按照“谁主管、谁负责”和“属地管理”原则，明确各部门、单位的职责、任务和奖惩办法。

2000年，县政法委成立矛盾纠纷调处办公室。3月，县政法委、综治委、司法局联合下发《关于加强社会矛盾调处工作意见》，各乡镇、县直各系统、企业集团相应成立纠纷排查调处办公室。8—11月，开展百日矛盾纠纷排查调处，共调解各类矛盾纠纷1417起，制止50人以上群体性事件2起。2003年，县政法委、综治委批转县法院、检察院、公安局联合制定的《关于对被判处缓刑人员考察工作实施办法（试行）》，对缓刑和管制人员作出12条具体规定，加强监督管理。当年，调解民间纠纷1105起，其中制止群体上访3起。2005年，建立完善矛盾纠纷排查调处制度，当年，调处各类矛盾纠纷228起。2006年，开展“调解质量年”活动，评选表彰优秀调委会25个、优秀调解员51人。排查调处各类矛盾纠纷947起。2008年3月，县综治委纠纷排查调处督导组升格为县委、县政府督导组，成立总督导组，下设各乡镇和城区共19个督导小组。当年，排查出治安乱点21个，其中列入省、市联系点各1个，县3个。排查矛盾纠纷和信访问题1669件，调处成功1604件，成功率96.10%，其中，排查省、市重信重访件15件、息访11件，县级重大矛盾纠纷挂牌督办7件、息访6件。防止群体性上访3起、170人，群体性械斗1起、32人。

三、协调监督

1993年，县政法委加大有争议协调的重大疑难案件力度，督促和推动大案、要案查处。2002年，出台《案件协调、督办联席会议制度》，每季度召开法院院长、检察院检察长、公安局局长、司法局局长“四长”联席会1次，对重大、疑难案件及时研究协调、侦破、审结。2005年，加大执法监督力度，落实错案责任追究制度，从源头上减少涉法涉诉信访现象发生。1993—2008年，县对政法委组织召开政法联席会42次，案件协调会29次，协调政法各部门对省市挂牌督办疑难案件和县内重大案件联合开展侦破65件。政法委书记参加接访活动312次，接访群众1725人次。

四、政法队伍建设

1993—1996年，全县政法系统干警开展“满意在政法，争当人民好卫士”活动；县法院有12名干警参加学历教育；县检察院组织45岁以下检察员参加电大、函授法律专业学习；县公安局每年进行2次—3次集中整训、岗位培训、军事训练和业务、法律知识考试。其间，贯彻执行省政法委“七条禁令”，开展政法系统督查检查、全面整顿。县公安局坚持从严治警，加强对公安干警的党纪、法纪、警纪和廉警教育，严肃执法纪律，对违纪干警给予通报批评、黄牌警告等纪律处分，调离、辞退2人。

1998年，开展政法系统干警集中整治，解决队伍中存在的精神面貌不佳、工作作风不实、组织纪律不严、执法水平不高等十个方面的问题，违法违纪干警被处理6人。县法院按岗位责任制和错案追究制对执法人员进行责任追究32人。2002年，县政法委建立“领导责任追究”“督查评议”“领导干部诫勉”“政法干警重大事项报告”和规范八小时以外行为五项规章制度，组织干警学习、考试和落实。

2003—2005年，县政法委开展“规范执法行为，促进执法公正”专题整改活动，督促政法各部门建立完善政务公开、岗位责任、绩效考核、失职追究、首问责任、限时办结以及考勤、财务、学习、会议、办文办事等各项管理制度。2006—2007年，开展政法各部门法治理念教育。全县459名干警参加全市统一考试，参考率、合格率均100%。县法院在参加全省法院法治理念教育考试中，参考率、优秀率100%；落实“一岗双责”责任制、党风廉政建设责任制，签订干警个人廉洁承诺书，召开干警家属廉政座谈会、上廉政教育课、观看警示教育片、参观反腐倡廉基地，形成浓厚反腐倡廉氛围。

2008年，县政法系统开展“大学习、大讨论、树形象”主题实践活动，进行“高举旗帜、忠诚履职，树立严格公正文明执法形象”主题教育。1993—2008年，共查处违纪干警18人，免职处理3人；法院、检察院、公安局通过竞争上岗，担任中层领导70人。

第二节 社会治安综合治理

一、组织机构与综治教育

1993年，成立社会治安综合治理委员会（简称综治委），由县委副书记和一位副县长担任主任、副主任，政法系统公、检、法、司“四长”及有关部门领导为成员。全县18个乡镇、县直10个系统党委、上京矿务局等成立基层综治委29个、成员523人，县直机关、企事业单位、村、居委会成立综治领导小组335个、成员2873人。乡镇配备综治副书记18人，专、兼职干部32人，广泛宣传中共中央、全国人大常委会、国务院有关加强社会治安综合治理的文件及其他法律、法规。派出政法干警担任城区、乡镇中小学校综治副校长，参与学校治安管理。县委、县政府把综治工作纳入责任目标管理考评，实行“谁主管、谁负责”领导负责制。全县37个单位持续开展“故乡在呼唤”帮教活动。当年，大田县被省委、省政府授予首批综治“一五”规划达标县。1994年，县综治委根据中央五部委《关于实行社会治安综合治理领导责任制的若干规定》和省《社会治安综合治理条例》精神，建立健全综治、纪检、组织、人事、监察部门综治联席会制度。1996年4月，全县干部、职工6000人参加综治知识学习竞赛。1997年起，开展“综治宣传月”活动，墟天组织政法干警到集市、乡村进行法律宣传。2001年起，组织全县各中学学生开展寒暑假“带法回家”活动；组织宣传队到乡村、企业，“送法下乡”文艺巡回演出50场次。出动宣传车60辆次，印发宣传材料3万余份。2003年，开展以“排纠纷、化矛盾、保稳定、促发展”为主题的法律宣传教育活动，重点宣传《中华人民共和国矿产资源法》和国务院《城市房屋拆迁管理条例》《信访条例》。2004年，开展纪念中共中央、国务院《关于进一步加强社会治安综合治理的意见》、全国人大常委会《关于加强社会治安综合治理的决定》颁发13周年和《福建省社会治安综合治理条例》施行9周年活动，利用各种宣传工具、以多种形式开展学习、宣传、教育活动。2007年，依托大田一中创建县青少年法制教育基地，组织师生1.21万人次参观反邪教警示教育展览。2008年，县综治委、关工委联合成立“夕阳红”普法队、“夕阳红”帮教团、调解组，设立法制、综治宣传一条街，建大型宣传栏5个。全县有综治领导机构270个，综治协管员271人，治保会、调委会270个、成员1386人，治安巡逻队272支、2830人，平安中心户长2285人。

二、重点整治

1993—1996年，县综治委制订《大田县社会治安综合治理工作计划》和《大田县1996—2000年社会治安综合治理工作规划》，针对各时期治安特点，每年选择一批社会治安情况较为复杂的乡村、学校、企事业单位、厂矿作为重点整治点。1994—1995年，确定重点整治村23个、学校11所、路段3个，由政法干警和党政干部100人组成整治工作队20支，破刑案71起，抓获犯罪嫌疑人654人，摧毁犯罪团伙37个、成员123人，查处治安案件353起，举办轻微违法人员法制教育学习班27场次，落实帮教措施304人。1998年，县公安局开展城区安全重点整治。组织治安检查43次，发现和整改治安隐患117处；破刑案194起，查处治安案件173起，摧毁犯罪团伙9个，抓获团伙成员43人和各类违法人员305人。1999年，治安秩序明显好转，各整治点刑事、治安案件分别比1998年下降43.8%和58.5%。2000年，县综治委以贯彻《中华人民共和国未成年人保护法》和《中华人民共和国预防未成年人犯罪法》为契机，在全县开展校园治安整治工作，与公安局、教育局联合下发《校园整治工作意见》，把学校作为“特别管护区”。破获发生在校园内的刑案42起，查处治安案件15起；开展歌舞厅、卡拉OK厅、录像厅、游戏机室、台桌（球）室专项检查115家次，查处播放淫秽录像案件3起、游戏机赌博案件9起，取缔非法接纳未成年人和校园周边游戏机室10家、录像厅1家。2001年，制订《大田县2001年社会治安重点整治工作方案》，确定太华镇魁城村、广平镇栋仁村为省定重点整治单位，组建工作队2支、驻村队员10人，与村民签定综治家庭责任书。当年，在两个村破刑案7起，查处治安案件11起，刑事、治安案件发生率分别比2000年下降61.6%、31.2%。

2002年，根据“六合彩”非法赌博在农村蔓延而诱发经济犯罪、治安案件上升的状况，组成30支、118人的综治工作队进驻30个村，其中省定重点村2个、县定重点村28个，重拳打击“六合彩”。2003年，全年确定重点整治点18个，其中，省定文江乡朱坂村、县定均溪镇福塘村和梅山乡郭井村，通过整治，刑事、治安案件发生率分别比2002年下降27%、14%。2005年，派驻工作队重点整治县医院和梅山乡，消除社会治安隐患。2006—2008年，县综治委组织以法院院长、检察院检察长、公安局局长为队长的社会治安重点整治工作队分别进驻石牌中学、县卫生局和商业总公司。省、市、县三级共派出工作队105支、550人，对7个乡镇、42个村、6个企事业单位、16所中学（含职专）进行重点整治，法制宣传77场次，发放宣传材料18万份，张贴标语1.8万张，出宣传栏205期，建立健全管理制度268项；破刑事案件736起，查处治安案件971起。

三、平安建设

1993年，县综治委着重抓防治结合的治安防范网络、重点地区和部位防控体系、重点人员管理组织、民间纠纷调解队伍等一系列基层基础建设。1998年，以“育人、治安、办实事”为主要内容开展创建活动，实行县领导挂包制度，以创建文明安全乡镇、村、片区为目标，成立创安领导小组164个、成员1188人，投入经费190.8万元，城区创建安全文明片区26个、农村199个，覆盖率分别为100%、52%。1999年，开展以比综合治理、群防群治，赛社会治安稳定；比市民教育、三德建设，赛社会风气良好；比绿化美化、门前三包、赛环境整治优美；比积极主动，服务到家，赛群众生活方便；比群众参与、寓教于乐，赛社区文化活跃的“五比五赛”活动，城、乡安全片区创建覆盖率分别达到82%和51.9%。2004年7月，县委、县政府全面启动“平安大田”建设活动，上京镇和谢洋、吴山乡为试点乡镇。2005年，知晓率、参与率、满意率“三率”，推进平安建设保稳定的工作思路，运用电视节目、文艺晚会、竖广告牌、发放宣传材料等多种方式进行宣传。当年，全县有“平安单位”75个，“平安村、社区”142个，“平安校园”38个。上京、太华、石牌、谢洋、吴山、前坪6个乡镇被市委、市政府评为首批“平安乡镇”。2006年，县综治办运用周末电影、电信彩铃和短信、歌咏活动等方式扩展、拓深宣传“平安建设”，创建达标“平安单位”47个、“平安乡镇”16个、“平安村（社区）”272个、“平安校园”43个、“平安家庭”7.93万户、“平安商店”2375个。2007年6月，大田县被省委、省政府命名为“平安县”。2008年11月，成立大田县平安建设工作协会。全县创平安乡镇18个，“平安单位”128个，达标率分别100%、96.2%；“平安村”260个，“平安社区”8个，达标率分别98.1%、100%；“平安校园”44个，“平安企业”420个，达标率分别98.86%、70%；“平安旅店”5个，“平安家庭”8.58万户，“平安商店”2875个，达标率分别25%、94.5%、93%。大田县获全市2007—2008年综治工作考评第三名，连续保持省“平安县”称号。

四、见义勇为活动

1993—1996年，县见义勇为奖励基金会共筹集奖励基金3万元，表彰见义勇为先进个人31人、奖励金1.52万元。1997年11月，成立大田县见义勇为工作协会，制定《大田县见义勇为工作协会章程》和《关于对见义勇为先进奖励表彰实施细则》。当年，筹措奖励基金25万元。1997—2008年，县见义勇为工作协会共收到捐款77.3万元，支出53万元，其中用于表彰见义勇为奖金4.18万元、见义勇为人员及其亲属困难补助5.85万元。其间，全县被国家民政部批准为“革命烈士”3人，受各级政府、部门表彰奖励见义勇为人员68人，其中受省级表彰5人、市级12人、县级44人，市级表彰群体1个、4人、县级表彰群体1个、3人。

第二章 公 安

1993—1995年，大田县公安局贯彻“依靠群众，抓住战机，积极侦查，及时破案”的方针，完善侦查机制，把侦破大案、要案放在首位，先后破获了一批盗窃、抢劫、强奸、杀人等大案、要案。1996年起，经济侦查中队单独受理承办经济案件。1997年，成立公安局指挥中心和公安民警培训中心。1998—2000年，重点开展打击走私、盗抢机动车、拐卖妇女儿童专项斗争；出入境、户籍全面实行微机管理。2001—2002年，开展以“打黑除恶”为重点的严打整治斗争。2003—2005年，深化警务机制改革，实施社区和农村警务战略和社会治安动态管理，加强社会治安防控体系建设，快速处置突发性事件。指挥中心完成“110”“119”“122”系统升级、整合，由“110”一台对外，统一接警、统一指挥、统一出警。2007—2008年，全县完成刑侦和派出所综合信息管理系统建设，实现户籍管理网上联机办公。重点开展“打盗抢、抓逃犯、反诈骗”“打黑除恶”等专项行动。

1993—2008年，共破获各类刑事案件9448起，其中，重特大案件3759起，摧毁各类犯罪团伙636个，打击处理各类犯罪嫌疑人8111人；受理治安案件1.69万起，查处1.59万起，处理违法人员3.92万人；破获经济案件298起，涉案金额8963.34万元；受理森林三类案件5021起，查处4589起，处理违法人员7230人，挽回经济损失1935.44万元。

第一节 机构与队伍

一、机构

（一）县公安局

1993年，县公安局内设办公室、政工、行政、治安、政保、内保、预审、法制、消防等9个科室和刑警队、看守所、治安拘留所、交通人民警察大队（简称交警大队），下设城关和18个乡镇派出所，在编民警191人。4月，成立巡逻警察大队（副科级），下设城区、桃源、铭溪、奇韬等4个中队，警员40人。1994年6月，刑警队更名为刑事警察大队（副科级）。1997年4月，成立县公安局指挥中心。

1998年8月，成立警务督察队、公路巡逻队、县“110”社会联动指挥部。2002年4月，成立国内安全保卫大队（副科级）。5月，成立经济犯罪侦查大队（副科级）。11月，县级公安机构改革，设政工科、办公室、警务督察室、装备财务科、出入境管理科、信息通信科、公共信息网络安全监察科、户政科、法制科、指挥中心、国内安全保卫大队、治安大队（副科级）、刑事侦查大队、巡逻警察大队、经济犯罪侦查大队、看守所、治安拘留所和19个派出所。2006年5月，县局成立审计室。8月，增设刑事科学技术室（加挂“物证鉴定室”牌子）。10月，成立县蓝盾保安服务公司，配保安人员230人。

2008年10月，12个内设机构全部升格为副科级。其中，执法机构有指挥中心（加挂“办公室”牌子）、国内安全保卫大队、刑事侦查大队（加挂“县禁毒委员会办公室”牌子）、交通管理大队、治安管理大队（加挂“爆炸危险物品监管大队”牌子）、法制大队（加挂“信访办公室”牌子）、经济犯罪侦查大队、出入境管理大队、公共信息网络安全监察大队；综合管理机构有政工室、警务保障室、纪委监察室（加挂“督察大队”“审计室”牌子）。下设19个派出所和2个监管场所。年底，在编民警271人。

（二）公安派出所

1993年，有城关和18个乡镇公安派出所，警员62人。2005年6月，均溪、华兴派出所与城关派出所合署办公；屏山、谢洋派出所与石牌派出所合署办公；全县公安派出所实行统一门面标识。2006年10月，公安派出所指导员统一改为政治教导员。2007年1月，19个派出所确定为副科级单位。2008年，设有19个派出所，警员87人。

（三）公安分局

县公安局森林分局 1993年，县公安局林业公安分局为股级单位，内设秘书、治安股，下辖吴山、桃源、黄城、梅林、均溪、建设、文江等7个林业派出所。1998年7月，更名为县公安局林业分局，升格为副科级单位。1999年7月，更名为森林分局，林业派出所更名为森林派出所。2000年8月，内设办公室、政工科、治安科、刑警队。2004年10月，撤销黄城森林派出所。2006年10月。增设法制科。2008年底，在编民警38人。

上京分局 1993年，县公安局上京矿务局公安分局，辖柯坑和后畲2个派出所，人员编制属主管企业，业务受县公安局领导，配备民警25人。2002年5月，归属三明市公安局，更名为三明市公安局上京分局。2008年，隶属不变。

（四）交管大队

1993年，县交警大队内设办公室、车管科、交管科。下设城区交警中队和巡警大队。1997年4月，城区交警中队与巡警大队合署办公。2001年11月，城区交警中队恢复建制。2004年10月，增设驾驶员管理股。2005年1月，机构改革，交警大队由省直管划归县公安局管辖。2006年5月，增设公路巡逻中队。2007年8月，增设建设交警中队，址在建设镇建忠村部，担负建设、广平、奇韬、文江等乡镇辖区道路交通管理。2008年10月，更名为交通管理大队（简称交管大队），在编民警31人。

二、队伍建设

1993年，民警的吸收、军事业务训练、警衔授予、政治考核、纪律作风要求、提拔、奖惩等按警察条例规定进行。1998年3月，县公安局实行“双选双聘”用人机制改革，由大队长聘任中队长、中队长聘用队员，中队长与队员之间实行双向选择，优化组合，对未被聘用的队员实行限期试岗和待岗培训。9月，制定廉政廉警建设七点意见和反腐倡廉十六条整治措施。2000—2002年，抓队伍教育整顿，开展以“三讲”为内容党性党风、“三个代表”重要思想、“树立正确的权力观”等专题教育活动。2003年，开展贯彻执行严禁违反枪支管理使用规定，严禁携带枪支饮酒，严禁酒后驾驶机动车，严禁在工作时间饮酒，严禁参与赌博的“五条禁令”活动，对涉及“枪、车、酒、赌”等问题加强督查。2007年10月，县公安局制定各种规章制度24项、286条，汇编成书，人手一册。

1993—2008年，民警通过继续教育，取得本科学历98人、大专137人、中专及高中24人。授予一至三级警督154人，一至三级警司90人，一至二级警员16人。全局民警参加抢险救灾37次，为民办好事实事9155件、排忧解难676人次，收到锦旗、镜框、表扬信共1511件。县公安局受到公安部、省、市、县各级党委、政府及公安机关表彰的集体210个次、民警950人次，其中省部级表彰的4个单位、8人次。

三、执法监督

1993年，加强内部执法检查、监督。审核治安案件发现事实不清，证据不足，返回补充查证5件、5人，应用法律条文不当2件、2人。

2000年，审核治安行政案件874起，刑事案件78件，发生行政复议案件5起。2006年，发现纠正执法偏差72件，纠正降格处理9人。2008年，审核处罚治安案件727件、2380人，当事人申请复议2件，维护撤销原裁决各1件。

1993—2008年，法制科共审核各类案卷1.24万件、3.27万人次，其中，治安1.1万件、3.03万人次，劳教222件、243人次，收教113件、131人次；审核办理取保候审1501件、2015人、监视居住186人；纠正执法不规范2316件、降格处理192人；受理行政复议案件40件，其中，决定维持24件、撤销7件、撤回6件、变更3件；行政诉讼案件应诉3件，其中维持原裁决2件。

1993—2008年大田县公安局局长、政委一览表

表19-1

局长			政委		
姓名	籍贯	任职时间	姓名	籍贯	任职时间
郑光顺	浙江淳安	1991.2—1995.8	陈传宗	福建惠安	1991.2—1995.10
李永安	山东广饶	1995.9—1996.9	洪孝友	福建福清	1995.10—1998.9
吴小军	福建明溪	1997.1—1998.9			
赵 锋	福建福州	1998.9—2001.11	戴碧铭	福建南安	1999.4—2001.11
李顺安	福建永安	2001.11—2006.12	操建成	安徽潜山	2002.4—2006.12
陈清雄	福建清流	2006.12—	黄志敏	福建莆田	2006.12—

说明：李顺安、陈清雄、黄志敏享受副处级

第二节 案件侦查

一、治安案件

1993年，县公安机关针对涉及黄色及赌博活动、殴打他人和违反民爆物品、户口管理规定等突出案件开展各类专项斗争，当年，立治安案件483起，查处480起。1996年，立案890起，比1995年上升72.15%。2002年，立案达1709起，比2001年上升33.21%。2006年，立案1062起，比2005年下降29.1%。2008年，殴打他人事件突出，立此类案件504起，占全年治安案件1165起的43.26%。

1993—2008年，共立治安案件1.69万起，查处1.59万起，查处率94.36%，处罚各类违法人员3.92万人次。

1993—2008年大田县治安案件查处情况表

表19-2

年份	受理治安案件（起）	查处（人）	查处率（%）	处罚违法人员（人）	年份	受理治安案件（起）	查处（人）	查处率（%）	处罚违法人员（人）
1993	483	480	99.4	1049	1997	794	791	99.6	2803
1994	512	511	99.8	1095	1998	743	741	99.7	2364
1995	517	514	99.4	1575	1999	754	751	99.6	2162
1996	890	878	98.7	2575	2000	1300	1194	91.8	2267

续表 19-2

年份	受理治安案件（起）	查处（人）	查处率（%）	处罚违法人员（人）	年份	受理治安案件（起）	查处（人）	查处率（%）	处罚违法人员（人）
2001	1283	1162	90.6	2811	2005	1497	1404	93.8	3744
2002	1709	1536	89.9	3296	2006	1062	1014	95.5	2360
2003	1491	1311	87.9	3200	2007	1233	1181	95.8	2528
2004	1432	1321	92.2	3212	2008	1165	1124	96.5	2137
					合计	16865	15913	94.4	39178

二、刑事案件

1993—1995年，县公安局完善侦查机制，开展以“挖团伙、追逃犯、打流窜、查车匪路霸”为主的反盗窃、破抢劫专项斗争16次，共破获各类刑事案件528起，抓获犯罪嫌疑人649人，摧毁犯罪团伙100个，抓获成员371人。破获发生在太华伤害公安民警、岩城市场凶杀、城区特大持枪抢劫和强奸凶杀女生等大案。

1996—1997年，“严打”斗争其间，破刑案269起，抓获逃犯55人。其中，重大案件101起，有省厅挂牌督办的省煤建一处上京炸药库雷管被盗案，市局督办的发生在吴山抢劫出租车杀人、太华蒙面持刀抢劫和城区持刀强奸等大案。摧毁犯罪团伙29个、抓获成员117人；抓获犯罪嫌疑人225人，投案自首122人，追缴赃款赃物价值76.8万元。协助外地公安机关破刑案28起，抓获逃犯16人；破获拐卖儿童案12起，解救12人，抓获云南籍拐卖人口案犯5人。

1998—1999年，开展“百日治安整治行动”“飓风行动”等专项行动，破刑案565起，有抢劫台胞案、抢劫杀人等大案；摧毁犯罪团伙30个、抓获成员87人。

2000—2001年，开展打击拐卖妇女儿童、“反盗窃、打流窜、摧团伙、追逃犯”“打黑除恶”等专项和严打整治斗争。采集血样722份，破获拐卖妇女儿童案件23起，抓获犯罪嫌疑人22人，解救被拐卖妇女23人、儿童25人。破获各类刑事案件459起，有发生在桃源、文江的杀人等大案。抓获犯罪嫌疑人209人，其中，逃犯55人，市局挂牌督办案件14起、破获12起，打掉带有黑势力性质团伙9个。

2002—2003年，开展“扫穴、天网行动”“夏季百日侦破会战”“打现行、破大案、追逃犯”等专项斗争。破刑事案件952起，，抓获犯罪嫌疑人536人。其中，有发生在城关杀害幼女、太华故意杀人、特大短信诈骗、城关木材采购站宿舍楼凶杀等大案。

2005—2006年，开展打击抢劫、抢夺“两抢一盗”“破命案”“打黑除恶”等专项行动。破获刑事案件408起，有发生在太华的抢劫杀人、屏山的强奸杀人、桃源的绑架杀人等大案。抓获犯罪嫌疑人224人，摧毁犯罪团伙12个、抓获成员48人，摸排黑恶势力线索6条，摧毁黑恶势力团伙3个。破“两抢一盗”等侵财案件561起。

2007—2008年，开展“打盗抢、抓逃犯、反诈骗”“打黑除恶”等专项行动。破获刑事案件872起，有抢劫出租车杀人、南湖针织厂生产设备被盗和发生在桃源、奇韬的抢劫杀人等大案。抓获逃犯292人，查获虚假信息诈骗案件62起，打掉黑社会组织犯罪团伙2个、恶势力团伙6个。

1993—2008年，共立刑事案件1.62万起，破获9448起，破案率58.3%。其中，重、特大案件6567起，破获3759起，破案率57.2%。抓获各类犯罪嫌疑人8111人，摧毁犯罪团伙636个、抓获成员2507人；追缴赃款赃物总值1752.34万元。

三、经济案件

1994年，各类经济犯罪渐多，立经济案件7起，破获7起。1996年1月，刑警大队增设经济侦查中队，单独受理承办经济犯罪案件。当年，立经济案件12起，破获12起，其中，破获特大非法经营无碘盐案1起，抓获案犯高某某，涉案金额20万元。

2002年5月起，由经济犯罪侦查大队侦办《中华人民共和国刑法》规定的77种经济犯罪案件。至2005年，立经济犯罪案件100起，破获102起，涉案金额3965.8万元。其中，涂某某非法吸收公众存款1100万元和陈某某金融诈骗1800万元为省厅挂牌督办大案。

2006年，开展“山鹰2号”和整治假币犯罪专项行动。联合县烟草稽查大队对烟草市场进行整顿，查处案件4起，缴获假烟120条，涉案金额5498元；查处假币案件2起，抓获嫌疑人4人，缴获假币700元。2007年，破获利用汽车租赁诈骗案11起，涉案金额130万元，抓获犯罪嫌疑人10人，追回被骗车辆10辆，挽回经济损失114.9万元。1994—2008年，共立各类经济犯罪案328起，破获298起，涉案金额8963.32万元，查处385人。

1993—2008年大田县刑事、经济案件侦查情况表

表19-3

年份	刑事犯罪案件											经济犯罪案件			
	立案（起）	破案（起）	破案率（%）	其中重特大案（起）		摧毁犯罪团伙		抓获犯罪嫌疑人（人）	缴获赃款赃物（万元）	破历年积案隐案（起）	抓获在逃人员（人）	立案（起）	破案（起）	涉案金额（万元）	打击处理（人）
				立案	破案	个数（个）	抓获（人）								
1993	301	281	93.36	110	106	48	160	324	41.40	28	16	—	—	—	—
1994	301	269	89.37	148	129	54	197	400	39.83	16	8	7	7	—	15
1995	637	308	48.35	320	153	42	194	333	76.56	15	20	3	3	—	7
1996	674	433	64.24	290	155	33	143	362	110.00	33	60	12	12	—	19
1997	643	446	69.36	275	158	51	222	406	131.80	70	47	3	3	—	5
1998	744	499	67.07	310	173	45	175	432	100.00	97	21	15	14	976.40	20
1999	807	581	72.00	301	197	51	185	553	80.00	236	97	38	38	18.12	42
2000	1152	621	53.91	378	190	48	169	502	180.00	193	82	26	20	1000.00	55
2001	1211	647	53.43	521	242	43	168	500	160.00	208	94	32	24	1256.00	38
2002	1083	701	64.73	433	244	32	107	507	66.00	91	64	21	24	404.80	19
2003	1206	706	58.54	607	307	34	129	620	55.00	83	87	24	25	103.00	24
2004	1197	727	60.74	686	324	18	74	667	50.00	75	142	29	28	3188.00	19
2005	1196	727	60.79	723	423	17	67	653	72.00	62	145	26	25	270.00	29
2006	1195	730	61.09	741	446	53	260	607	34.67	164	227	29	28	403.00	42
2007	1181	797	67.49	724	512	33	121	628	55.08	154	225	31	19	766.00	32
2008	2688	975	36.27	—	—	34	136	617	500.00	252	92	32	28	578.00	19
合计	16216	9448	58.30	6567	3759	636	2507	8111	1752.34	1777	1427	328	298	8963.32	385

第三节 治安管理

一、查禁“黄、赌、毒”

（一）禁娼扫黄

1993—1996年，坚持“严厉查禁、露头就打”方针和开展“扫黄、禁娼”统一行动，共查办案件81起、338人，收缴淫秽资料176份。1998年，对城区发廊业进行专项整治，清查发廊56家，取缔无证经营7家，不符合安全条件5家，责令限期整改，抓获卖淫女、嫖客各1人。2000年10月，会同文化、工商等部门开展清查娱乐服务场所2次，共检查154家。取缔无证经营6家，停业整顿8家、限期整改18家，拆除按摩床22张、隔间29间，查获卖淫嫖娼案件5起、8人。1993—2008年，共开展9次禁娼扫黄专项斗争，查处嫖娼案件268起，抓获卖淫女、嫖客共871人，其中收容教育147人。查办传播淫秽物品案件83起，收缴淫秽录像带、VCD光盘、书刊等物品577件。

（二）禁赌

1993—2000年，宣传贯彻全国人大第十七次会议通过的《关于禁赌的决定》，多次开展查禁赌博专项治理统一行动。共查处赌博案件1855起、9759人，缴获赌资420万元，罚款632万元，受刑事处罚1325人。

2002—2005年，“六合彩”赌风盛行。县委政法委制定《关于打击整治“六合彩”违法犯罪专项行动工作方案》，县政府发布《关于禁止“六合彩”赌博活动的通告》，成立打击“六合彩”违法犯罪活动专项整治领导小组，重点打击庄家、赌头。共开展10次大规模打击“六合彩”违法活动，查处“六合彩”赌博案件665起，处理参赌人员2816人次，收缴“六合彩”宣传材料9300份、印制设备11台，缴获赌资245万元，遏制县内“六合彩”赌博蔓延。1993—2008年，共查处赌博案件4435起、2.43万人次、缴获赌资1400万元，罚款2282万元，受刑事处罚3065人次。

在城区东街口举行公捕公判大会（2003年摄）

（三）禁毒

1993年4月，在湖美乡查获非法种植罂粟案件1起，铲除罂粟377株，抓获犯罪嫌疑人5人。2001年10月12日，在城区广益诊所查获非法购买罂粟壳案件1起，缴获罂粟壳2.05公斤。2006年5月20日，在建设镇元山村破获非法种植毒品原植物案和制造毒品案各1起，抓获犯罪嫌疑人2人，缴获鸦片600克、罂粟干果4300克及制毒工具，铲除罂粟3755株。

青少年“远离毒品”签名活动（2003年摄）

2007—2008年，在城区红星宾馆、金碧辉煌、富豪年华KTV等处抓获涉毒犯罪嫌疑人24人，查获吸毒 35 人，破获涉毒案件 8 起，缴获毒品氯胺酮（K粉）100.94 克、摇头丸 51 颗。

二、危险物品管理

（一）枪支弹药及管制刀具管理

1993—1996 年，依照公安部《关于收缴非法枪支弹药，加强枪支弹药管理的通告》和省政府《关于清理收缴枪支的通告》，结合严打开展“收枪治爆”专项行动。登记个人持有猎枪、火药枪共 622 支，收缴小口径步枪、猎枪、火药枪等民用枪支 1005 支、子弹 520 发，各类管制刀具 164 把。捣毁制枪窝点 11 个，办理持枪证 750 本，查处违反枪支管理案件 9 起、15 人，其中，逮捕 3 人、劳教 2 人、治安拘留 10 人。1997 年 1 月 30 日，将历年收缴各类枪支集中销毁。1999 年 4—6 月，开展严打涉爆犯罪专项斗争，收缴非法枪支 6 支、子弹 18 发；农村“护农狩猎队”的猎枪，严格申报审批制度，经省厅审核配置猎枪 26 支。2000—2008 年，收缴民用枪支 35 支、子弹 167 发；清理整顿和收缴流散在社会上各类管制刀具 871 把，查处非法携带管制刀具案件 2 起。

（二）民爆物品管理

1993—1996 年，县公安局指定专人管理，对民爆物品使用单位采购、仓管、爆炮、监炮员举办培训班 37 期、参训 2801 人次。县政府与 31 个民爆物品使用单位法人签订爆炸物品安全管理责任状，各乡镇与各使用点也签订责任状，层层落实，任务到人。经安全检查，发现隐患，限期整改，有 56 个单位（点）停业整顿后准予恢复使用；共收缴违反管理的炸药 3834 公斤、雷管 1.29 万枚、导火索 8287 米。

1997—1998 年，年使用炸药量在 50 吨以上的太华、上京、建设、广平、奇韬等 5 个乡镇和上京矿务局建立民爆物品管理服务站。

1999—2008 年，共举办民爆物品使用单位培训班 113 期、参训 1.15 万人次，并签订安全责任书；集中开展整治爆炸物品专项行动 10 次，收缴炸药 1377.2 公斤、雷管 1.15 万枚、导火线 1.44 万米，查处违反民爆物品管理案件 301 起、454 人；对 51 个民爆物品仓库安装红外线报警系统。

1993—2008 年，共清理整顿烟花爆竹销售点 509 家，重新发证 294 家，取缔 28 家，整改 187 家；查处违反危险物品管理案件 257 起、348 人，取缔鞭炮非法生产点 27 个，收缴土硝 116 公斤、烟花爆竹 3.18 亿响、黑火药 10 公斤。对每一位从业人员进行集中培训，签订安全责任书。

三、特种行业和公共场所管理

1993 年，全县特种行业 56 家。1994 年后，旅馆、印刷、刻字、机动车修理、典当、废品收购等特种行业逐年增多。1999 年，县公安局对已发证的 389 家行业场所从业人员培训 8 期、276 人，发出整改通知书 68 份。整顿清理机动车修理业、按摩服务场所 235 家，取缔 27 家，限期整改 21 家，拆除按摩床 106 张；清理整改印刷业 36 家，其中停业整顿 6 家；清理整顿歌舞厅 36 家，电子游戏机店 14 家，提出整改意见 56 条。2000 年 4 月，县公安会同文化、工商部门集中开展清查娱乐服务场所 3 次，共检查 154 家，取缔无证经营 6 家，停业整顿 8 家，查获赌博案件 23 起、110 人；销毁非法游戏机 78 台。2001—2008 年，县公安局对特种行业和复杂公共场所强化管理，建立行业管理档案，核发证照，与行业负责人签订治安管理责任状，建立安全管理责任制，对无证照、证照不齐的给予取缔，违法的依法追究责任，不合格的责令整顿和限期整改。共取缔 32 家，责令整改 48 家。2008 年，全县特种行业 183 家。

四、治安巡逻

1993 年 4 月，县公安局建立巡逻警案大队，制定“巡逻队责任管理细则”“巡警权限范围”。当年，盘查嫌疑人员 8124 人，查获各类违反治安管理案件 66 件、178 人。1994 年，加强公路干线、案情多发路段、治安热点巡逻、监控，查获违法人员 216 人，协破刑事案件 66 起，治安案件 103 起。2004 年，乡镇成立治安巡逻队 16 支、123 人。2005 年，成立城区治安巡逻队 1 支、30 人。

1993—2008 年，共组建各种群防群治队伍 48 支、363 人。其中，治安巡逻队 18 支、193 人，聘治安信息员 3180 人。共接警 1.76 万次，其中，为群众提供救助 4513 人次，查处违法犯罪 3632 起，调解各类纠纷2462起，协助受理各类案件1813起，保护交通事故现场692次，处置突发事件51场次；盘查嫌疑人员1.21万人次，协助查破刑事案件684起、治安案件186起，抓获各类违法犯罪嫌疑人员2847人，追回被盗摩托车50辆、自行车33辆，缴获赃款26.5万元，纠正违章7146起，紧急调度警力400余人次；为民办好事、实事1859件，收到锦旗39面、感谢信88封。

第四节 内部安全保卫

一、重点保卫

1993—1995年，大田县列为重点保卫单位的有县级党政机关、广播电视局、邮电局、长途线务段、金融系统、财政、税务、档案局、科委、一中、电力、自来水公司、粮食储备库、汽油库、炸药库、国有大中型企业等28个单位和6个要害部门。其间，县岩城水泥集团公司、煤炭公司、人行县支行和县建行、农行成立经警队。1996—2003年，县公安局培训经保人员10期、243人次，担负全县金融、邮电等重点企业单位保卫、押运、巡逻、守护任务。2004年，根据公安部“经济文化”保卫范围的规定，县党政机关、广播电视、电力、教育、金融、通讯等系统的6个要害部门、28个重点单位保卫工作，由国内安全保卫大队直接管理，其他90个单位由辖区派出所管理。2005年，贯彻实施国务院《企业事业单位内部治安保卫条例》，全县确定重点保卫单位125个、重点要害部位63个。

1993—2008年，全县有189家重点单位、要害部位和42家金融网点安装技防报警系统，有经警队50支、保卫组织44个、保卫干部232人。县公安局共投入警力1100人次，对历届党代会、人代会、政协会安全保卫、年度征兵和高、中考试卷押送、考场及重大节庆活动等重点事项保卫78次。

二、安全防范

1993—1995年，全县贯彻“预防为主，确保重点”工作方针和“谁管理，谁负责”原则，开展防火、防盗、防破坏、防治安灾害事故工作。审定县内重点部位254处，要害部位80处，签订防盗责任书853份，督促内部单位落实门卫登记、重点要害部位值班和巡逻守护的三级防范体系。1996年，在单位内部财务室、电脑室、档案室和各类贵重物品、器材仓库及火工库等安装报警器。当年，安装红外线报警器主机37台、探头117个，修筑围墙400余米，安装电子防盗安全门12单元、94户；开展创安活动单位110个，经验收评定，合格率90.9%。

1993—2008年，对党政机关、金融、邮电、学校等企事业单位安全检查305次，发现不安全因素433处，发出整改通知书510份，提出整改意见538条。

三、校园及周边治安整治

1993年起，县公安局注重维护校园安全。2005年6月，根据公安部维护校园及周边治安秩序的要求，制定《关于维护校园及周边安全工作实施方案》，在校园附近设立治安岗亭5个，出动警力72人次，检查学校43所、网吧及游戏机室31家；选派法制副校长44人，开展法制教育讲座145场次，受教育师生2.53万人次，校园及周边消防检查392次，查出隐患13处，当场整改8处，限期整改5处。2005年11月，在一中门楼设立文昌社区警务室。2007年11月，鸿图中学设立校园警务室。1993—2008年，校园治安秩序良好，没有发生刑事、治安案件。

四、处置群体性事件与信访处理

1993年，县公安局在机关一楼设立信访室，配备专职人员接待来访群众，处理因企业改制、公益事业房屋拆迁、劳资、林地征用补偿、库区移民安置、矿山开采等利益之争和宗族纠纷，引发矛盾，导致群体性事件及日常信访案件152件。每月10日、25日为“局领导接待日”。2005年5月，开展

“公安大接访”活动，全年接待群众来信来访171件，办结163件，其中市公安局督办件9件全部办结。1993—2008年，共收到信访2031件次。其中，来信1786件、来访245人次，办结息访1955件，办结率96.26%；上级督办264件、反馈262件。全县共发生群体性事件69起，出动警力2030人次，势态均得到控制。

第五节 户政管理

一、常住人口管理

1993—1996年，按照《中华人民共和国户口登记条例》规定，全县农村户口实行“一户一牌一簿一册一员”城市化管理。发放户口簿3.81万本，制定门牌5300块，调整、更换户口协管员37人。

1998年，大田县被列为省17个小城镇户籍制度改革试点之一。3月，县政府出台《大田县小城镇户籍管理制度改革实施方案》。2000年7月起，户籍全面实行微机管理。当年，进行户口整顿，核对常住人口9.28万户、36.61万人，查出未落实常住户口6553人，人户分离1.65万户、4.23万人，有户无人2.43万人，有人无户1.77万人，解决未落常住户口5865人，应销未销5536人，纠正户口项目差错8375人、1.17万项。2003年8月，推出“派出所出境政审凡是材料齐全的当场办结”等21项细化措施，全年办理各类户口迁移1557人。2004年3月，开展人口管理访查活动，核对户籍人口33.61万人，变更姓名、年龄等主要项目1025人，一般项目2284人，纠正户籍重复122人，身份证重、错号387人，解决人口、户籍分离869人，清理不规范地址98户、322人。

2006—2007年，开展“千名民警入万户”活动，入户访查。走访7.15万户，摸排12种对象4213人，更正变量常住人口信息73.25万人次，解决未落户人员1098人。2008年底，全县共有常住人口10.08万户、36.72万人。

二、暂住人口、房屋租赁管理

1993年，全县有暂住人口4859人，登记发证4762人。1994年，在村（居）委会和内部单位，建立暂住人口出租房屋管理站20个，设置暂住人口申报点164个，聘请和调整暂住人口协管员412人。

1995年起，每年对全县暂住人口进行清查。当年，登记暂住人口7110人，清查租赁房屋1243户、2490间。1996年，结合暂住人口、租赁房屋管理，收集案件线索。2007年，登记在册暂住人口1.72万人，租赁房屋2472户、5734间，并与租赁者签订治安责任保证书。2008年，暂住人口出租房屋管理站调整至21个，暂住人口申报点47个，专、兼职协管员68人。1995—2008年，共收集各类有价值案件线索216条，破获刑事案件314起，查处治安案件767起，打击处理违法犯罪人员672人，其中抓捕逃犯46人，捣毁犯罪团伙、窝点8个。

三、重点人口管理

1993年，执行省公安厅《重点人口管理规定》，对重点人口进行撤销或新列管，建立人头档案，采集照片、指纹和笔迹等工作。当年，列管1997人。1997年，调查重点人口，列管1463人。1999年，全县开展重点人口清理整顿专项行动。以影响政治稳定的人员、新的刑释解教人员和黑恶势力、违法犯罪团伙以及可能从事重大犯罪活动对象作为重点，纳入工作视线；对单位责任人实行追究制度。年内，共列管1200人，列管率97%，从中提供打击处理对象64人、线索102条，破获案件78件。2008年，列管1055人。1993—2008年，从重点人员中，为刑侦、治安部门提供线索812条，破获各类案件872起，查处违法人员1620人。

四、居民身份证管理

1993年，县公安机关加强对居民身份证日常管理，缩短办证周期，每月送制证1次，全年制发居民身份证1.12万张。2005年11月起，换发第二代居民身份证，身份证号码由第一代证15位升至18位。2005—2008年，全县共颁发居民身份证34.59万张，其中，到期换证18.35万张。办理临时身份证1441张，加急身份证3791张；解决重号、错号和一人多号及历史遗留问题2093人次，查验身份证资料5.18万人次；查处违反户口、居民身份证管理案件524件，提供破案线索78条，查处违法犯罪人员1050人。

第六节　预审　监所管理

一、预审

1993年，预审依照法定程序，准确、及时查明案件全部事实，追究应负刑事的责任人，保障无罪人不受刑事追究。1994年，预审科提前介入重特大案件，协同现场勘察，快速查清4名四川籍犯罪嫌疑人在石牌路段持电击手枪抢劫过路车辆钱物案件。1996年，预审中掌握犯罪分子心理动态、政策攻心，迫使乐某交代潜逃期间伙同5名未归案犯罪嫌疑人抢劫、诈骗、销赃等犯罪事实，追缴赃款物价值5.24万元。1993—1997年，预审科共受理各类刑事案件680起，审结663起，审结率97.5%。预审办案深挖犯罪107起，追捕、追诉案犯72人，追缴赃款、赃物总值31.41万元。1998年，实行侦防机制改革。1999年5月，撤销预审科，实行侦审合一。

二、拘留所

1993年，县拘留所与看守所合署办公。2001年，收押违法人员621人次，年底在押21人。2003年，共拘留532人。年底，在押5人。2006年9月19日，拘留所从看守所分离，从凤山东路（后岬洋）迁至白岩山北路5—2号。拘留所贯彻教育与处罚相结合原则，对被拘留人员进行法制、道德教育；不断完善监督机制，规范内务工作，加强情报信息收集，做好违法人员“进入建档、指纹捺印、人像拍摄”等工作。2007—2008年，连续被公安部命名为“三级拘留所”。1993—2008年，共收拘各类违法人员8468人，没有发生在拘人员自杀、行凶等事故。

三、看守所

1993—1994年，县看守所遵循“严密警戒看管与教育相结合”方针，对在押人员进行监规、法律、政策、形势和改造前途教育，建立在押人犯行为考核机制，落实各项规章制度。监所设医疗室，配狱医1人，对患病者及时给予治疗，并供病号饭。

1995年7—10月，开展“打击牢头狱霸，防事故，保安全”竞赛活动，看守所被省公安厅授予“省级示范所”称号。1999年，武警看守勤务“由内转外”。2002年9月6日，看守所由凤山东路（后岬洋）迁至白岩山北路5—2号（红星村沈坑）。2005年，进行监区结构改造及围墙高压脉冲电网安装。2006年12月，制止罪犯脱逃事故1起，在12小时内抓获出逃罪犯卢某。2007年12月，安装监所安防系统。2007—2008年，连续被公安部命名为“三级看守所”。

1993—2008年，共收押各类违法犯罪人员5551人次，挖出犯罪线索397条。无自杀、集体哄监、非正常死亡等事故发生。

第七节 交通管理

一、路面管理

1993年起，县内公路通车里程增加，车辆增多，超速超载情况严重，各类交通事故时有发生，交警部门加大路面监控，开展路检路查。坚持每天出动四组警力在城区、省道306、307线和县道客运繁忙路段巡查，加强对事故多发路段管控，重点查处无牌、无证驾驶、超载滥载、超速行驶等交通违章违法行为。当年，交警大队开展打击无牌无证车辆专项活动，整治交通硬塞路段20余处，检查各类机动车辆1.35万辆次，纠正违章4515辆次，扣留无牌车辆98辆，治安拘留91人。

1995年3月，以“条为主、条块结合、齐抓共管、综合治理”的原则，开展治理公路乱设卡、乱收费、乱罚款等专项行动。至1996年底，两年共组织133人次，明察暗访24次、里程284公里，走访群众24人次，处理信访6件。取消乱收费2项，查处违纪案件6件、13人。

2001年，在省道306线石牌张坑路段设置春运交通安全服务站，在石马岬、石门格隧道等事故多发路段设置警示标志。2002—2003年，在城区建山路、福田路两侧设置隔离护栏。2004年，在省道306线鲤鱼坑大桥路段设置警示标志。2006年，在城区各主要道路进出口，安装“全球眼”网络视频监控系统；交通、公路、农机、交警等部门共筹资金23.5万元，在省道306线、307线沿线各乡村支路口、中小学校周边设置减速带750米。2007年，境内重点路段安装智能治安卡口监控，设道路警示标志132块。1993—2008年，共出警8.13万人次，查处各种交通违章违法行为33.51万起。

二、驾驶员培训与管理

（一）驾驶员培训

1993年，县内驾驶员到永安、三明等地培训。1994年，成立县汽车驾驶教练所，培训经营和管理分别由县运输公司和县交警大队承担，拥有教练大车16辆、小车8辆。当年，培训大车驾驶员380人、小车驾驶员240人。1998年，交警部门对教练车规范管理，强制报废超大、小教练车20辆。2002年，汽车教练所停办。2005年4月1日，培训业务移交运管所管理。同年5月，安兴汽车驾训有限公司在谢洋坑口村成立，教场面积8794平方米，教练员31人，教练车75辆。2006年6月，闽王汽车驾训有限公司在均溪镇银山北路10号成立，教场面积3445平方米，教练员24人，教练车20辆；9月，车友驾训有限公司在广平镇栋仁村成立，教场面积2672平方米，教练员23人，教练车20辆。2007年3月，欣荣驾训有限公司在武陵乡大石村成立，教场面积7794平方米，教练员34人，教练车34辆。2008年，全县教场面积2.27万平方米，教练员112人，教练车149辆。2005—2008年，共培训驾驶员7277人。

（二）驾驶员管理

1993年2月，县交警大队举办驾驶员交通法规培训班，参训152人。1996年5月，成立交通安全教育所。6月，实施公安部《中华人民共和国机动车驾驶证管理办法》《驾驶员考试办法》。2000年2月，实施机动车驾驶员违章记分办法。2003年9月，摩托车驾驶员规范化考试训练场投入使用。2004年5月，二类机动车驾驶员科目《交通法规及安全驾驶常识》实行无纸化考试。2008年底，全县共有汽车驾驶员1.99万人，摩托车驾驶员4.81万人，农用车驾驶员1168人。

三、车辆管理

（一）机动车管理

1993年，县公安部门清理各种报废车辆1068辆，收回车牌和行驶执照；催办机动车办理过户687辆。

1994年7月至1996年6月，换发“九二”式车牌、行驶证。2005年4月，拖拉机移交农机部门管理；5月，机动车安全技术检测中心投入使用。2006年6月，三明机动车安全技术检测站大田分站一类车检测线投入运行。2008年11月，经省交警总队车辆管理处批复，大田车管所办理除进口机动车、危险化学品运输车、校车、大中型载客汽车以外的其他机动车登记业务；当年底，全县在册汽车7493辆，摩托车4.91万辆，拖拉机、农用车1159辆。1993—2008年，累计检测机动车4.97万辆，占应检测车辆的86%。

（二）非机动车管理

1993年，全县城乡有自行车4.84万辆、人力三轮车25辆，自行车管理站依据《非机动车管理暂行规定》，对自行车统一制发牌照、执照，定期办理检验和换发牌照。乡镇自行车由当地派出所代管。人力载客三轮车由城建监察大队管理。1999年，统一制作、换发分合式自行车牌照。2008年，全县有自行车12.36万辆、人力三轮车145辆。

四、交通安全宣传

1993—1996年，县交警大队利用宣传车、有线广播、宣传标语、图片展览、印发宣传材料等形式，广泛宣传《中华人民共和国道路交通管理条例》等法规，每年5月开展“交通安全月”活动，春运期间重点开展行车安全宣传。

1997年起，县交警大队每年12月2日前后组织干警开展各种形式的“122”交通安全宣传活动。在农村、厂矿、社区、学校等单位进行交通安全宣传。1993—2008年，累计举办交通安全讲座1145场，播放交通安全录像、光盘1.21万场次，出简报208期，印发宣传材料25万份，张贴标语、横幅2万张幅，出专栏705期，受教育群众18万人次；制作重特大交通事故反思录展板150块，设永久性宣传牌176块。

五、交通事故处理

1993—1996年，全县发生交通事故831起，其中，立案查处461起，死亡130人、受伤403人，直接经济损失185.3万元。2003年，发生交通事故1010起，死亡42人、受伤441人，分别比2002年下降28.73%、46.66%。2007年4月至2008年12月，县交警大队与法院联合在大队办公楼设立交通审判巡回法庭，实现交警与法庭的无缝衔接，同步运作，共调解道路交通事故赔偿729件，涉案标的1078万元。1993—2008年，交警大队共处理道路交通事故4495起，其中死亡738人、受伤4452人，经济损失1994.3万元；对交通肇事违法人员依法追究刑事责任283人，行政拘留209人。

附：重特大交通事故案例

1993年6月9日12时40分，县供销储运公司37／20363中型客车，在县道杉板桥至湖美大尤路段，因驾驶员与乘客闲聊分散注意力，致车辆翻入51米深的山沟，造成12人死亡，31人受伤及车辆损坏。

1996年12月29日上午8时50分，闽G20412号厢式农用车载客9人，在梅山沈岭岬路段与相向行驶的无牌小货车交会时，因驾驶员操作不当，车辆驶出路外翻车，造成7人死亡、3人重伤及车辆损坏。

1999年11月30日，闽G03579号小货车在省道306线石马岬隧道口路段，因超速行驶，操作不当，致车辆撞坏防护栏翻车，造成死亡、重伤各3人及车辆损坏。

2000年2月24日，闽G20982号大货车在省道306线梅林水泥厂路段占道行驶，与相向驶来的闽D19182号轿车交会相撞，造成轿车内4人死亡及两车损坏。

2004年5月27日，闽G22026号轿车在省道306线203公里+39米（石牌宽田）路段，与闽G21642号大货车追尾，造成轿车内4人死亡及车辆损坏。

2006年6月27日上午9时许，闽GY3148号中型客车在县道大管线41公里处，驶离路面翻落23米深山沟，造成2人死亡、10人受伤及车辆损坏。

2007年5月28日，闽GY2079中型客车在省道306线石牌桃山路段，违章超车与相向驶来的闽G 21786农用车相撞，造成客车内2人死亡、9人受伤及车辆损坏。

第八节 消 防

一、消防队伍

1993—1996年，县公安消防科，配备防火参谋2人，县公安消防中队有干部战士13人，全县共有义务消防队110支、队员520人。1997年5月，组建县公安消防大队；10月，组建专职消防队1支、12人，义务消防队15支、550人，成立11个乡镇防火办。2003年，县消防大队以提高村民自防自救能力为目标，建立和完善18个乡镇政府、派出所和263个村委会防火网络。2006年9月，上京、太华、建设、广平镇组建农村义务消防队，配备消防专用摩托车、消防水泵、战斗员个人防护器材装备。2007年，消防大队在太华、建设镇开展新农村消防试点工作。1993—2008年，全县共建立义务消防队150支、1020人；专兼职消防队4支、30人；乡镇防火办18个。消防部门集体有13个次、官兵11人次被省、市、县各级党委、政府表彰。其中消防大队一中队党支部被省消防总队党委授予“先进基层党组织”称号。

大田县首支农村合同制消防队成立（2006年摄）

二、消防监督检查

（一）宣传教育

1993—1996年，县消防中队贯彻“预防为主、消防综合”方针，开展《中华人民共和国消防法》《中华人民共和国消防条例》和《消防监督条例》宣传，举办消防培训班16期、参训1480人。1997年11月，在城区东街口开展“119”消防宣传和消防知识咨询活动，组织24家主管单位刊出消防宣传栏24版，印发消防宣传单1万份，播放消防专题录像片1部。1998年8月，县消防大队组织城区中小学生1000多人，组成宣传车、消防车、彩旗队、铜管乐队、秧歌队等10个方队，举行《中华人民共和国消防法》宣传踩街活动。

1993—2008年，县消防大队宣传消防法律法规，共举办从业人员培训班108期。为单位、企业、学校等上消防常识课160场次，受教育3.13万人次；播放宣传影片27场次，受教育1.52万人次；开放消防站305次，接待参观群众5.24万人次；开展妇女、儿童宣传教育活动8次，印发宣传材料9万份，设宣传牌24块，挂宣传画220幅、横幅标语900条，出专栏120期，发表消防稿件790篇；县有线电视台开播“岩城消防”栏目，播放消防宣传节目48期。

消防法律法规宣传活动启动仪式（1997年摄）

（二）安全检查

1993—1996年，每年进行防火安全检查3次—5次，共检查单位160个、居民住宅2000多户，发现火险隐患510处；均发出限期整改通知书。1998年9月，县消防中队清理检查营业、吃、住“三合一”街面商店23家，排查火险隐患20处。1993—2008年，县消防大队对易燃易爆物品场所、公共娱乐场所、商场、农贸市场、中小学校、出租房屋以及疏散通道、安全出口、建筑消防设施等各类消防安全专项治理30次，出动警力3028人次，检查单位及各类场所1860家（次），居民住宅2025户。共发现火险隐患2614处，整改2150处，印发笔录等相关法律文书790份、重大火灾隐患整改通知书11份；查处违反消防安全管理各类案件106起，对单位和个人实施警告42次，责令停产、停业、停止使用60家，处罚金额40.05万元。

（三）建筑审核验收

1993—1996年，县消防科根据《消防监督条例》，对重点建筑工程项目管理审核87项，提出改正意见396条，竣工验收合格率80%。1993—2008年，县消防大队共受理建筑工程消防审核、验收507项，建筑面积100.26万平方米，提出改正意见1013条；审核、验收建筑工程装修项目405项，建筑面积20.12万平方米。

三、消防装备

1993年，全县有消防车3辆，手抬消防机射泵2台。1997年，购置东风EQ140型高低泵消防车1辆。2002年5月，消防通讯室配备电脑1台，建立智能接警系统。2003—2008年，县政府为消防大队购置抢险救援、特勤器材等装备和各类消防、个人防护器材，累计投入107万元。2008年底，全县有市政消防栓115个、消防车4辆、消防指挥车2辆、手抬消防泵2台。

四、火灾扑救与抢险救援

1993—1996年，全县共发生火灾20起，直接经济损失97万元，没有发生人身伤亡事故。

1997年3月4日上午9时，均溪花炮厂发生爆炸。消防官兵现场抢救伤员，转移易爆物品，销毁未爆火药。8月31日11时15分，接到镇东桥坠人报警，消防官兵火速出警，仅20分钟救出坠桥青年丁某某。

1998年11月12日13时20分，华兴乡早兴村花炮厂发生爆炸，死亡3人，重伤2人。消防官兵赶到现场扑灭余火、抢救伤员，转移仓库中大量危险物品。

2004年2月26日，均溪镇雪山南路4号万利沙发店发生火灾。消防官兵用40分钟将大火扑灭，24名被困群众全部安全疏散。

2006年6月27日10时，一辆由尤溪开往大田中巴客车在大管线41公里处文江路段坠下20多米山沟，33名乘客被困，消防官兵赶赴现场，被困乘客安全获救。10月31日2时40分，永庆家用制品有限公司发生重大火灾，消防官兵赶到现场扑灭大火。

2007年5月8日8时30分，一中一名做错事的男生爬上科技大楼四楼临街外窗台欲轻生，消防官兵接警后，5分钟赶赴现场与一中师生、公安干警联手施救。9时49分，施救成功。

2007年9月1日下午5时32分，太华中学后山滑坡，澡堂被掩埋，消防官兵迅速出警施救，历时4个多小时，女生获救1人、死亡1人。

2008年3月6日3时35分，一辆装有二甘醇槽罐车在省道306线上京梅林路段翻车发生泄漏。6名消防官兵经过2个多小时紧急处置，避免一场意外事故发生，挽回财产损失31万元。3月29日19时39分，建山路18号宿舍楼B-601室，业主乱扔烟头引发火灾。出动3辆消防车，15名官兵到场扑救，被困群众陈某获救。11月28日17时40分，凤山中路143号楼房因小孩玩火发生火灾，出动消防车2辆、14名官兵到场扑救。过火面积44平方米，死亡2人、轻伤1人，直接经济损失8.53万元。

1993—2008年，全县共发生火灾145起，死亡15人，受伤4人，烧毁房屋73座，过火面积1.68

万平方米，经济损失516.6万元。消防接警615次，出警6210人次、消防车985辆次，抢救被困群众205人、疏散130人，抢救财产价值4056.22万元。

第九节 森林案件

1993年，县森林公安机关管辖森林刑事、治安、林政处罚三类案件，坚持“露头就打，见乱就治”，维护林区治安稳定。开展打击“乱砍滥伐、乱捕滥猎和切实保护森林资源”专项斗争，查处各类森林违法案件167起。1994—1995年，开展毁林犯罪活动专项斗争“夏季战役”，查处各类森林案件204起。1996—1997年，重点进行乡村林区治安整治，打击破坏森林、野生动物资源违法犯罪和“打抢劫、摧团伙、抓逃犯”为重点春季、冬季严打行动，查处各类森林案件460起。1998—2000年，开展“百日林区治安整治”“南方三号”行动和全国性百日追逃专项斗争，查处各类森林案件212起，侦破积案6起，抓获逃犯7人。2001—2005年，开展全国性林业严打整治、“夏季百日会战”“绿剑行动”“冬季攻势”“长剑一号”和“长剑二号”等专项斗争，查处各类森林案件1075起。

2006年，县森林公安与林政股、林政稽查队、林业检查站联合开展“长剑三号”“长剑四号”专项打击破坏森林资源绿盾行动，全年查处林业行政案件344起，没收木材1503.3立方米，价值63.06万元，罚款177.9万元，补征林业金费53.99万元。

2007年，开展“绿盾二号”专项行动。全年查处林业行政案件392起，受理林业刑事案件55起，破获47起，撤案4起，治安案件3起；摧毁犯罪团伙4个、15人，逮捕19人，治安拘留、处罚各6人；挽回经济损失314万元。

2008年，开展“攻势二号”专项行动，全年查处盗伐、滥伐、毁坏林木和违法使用林地、违法运输木材及非法收购加工木材等森林各种案件365起、388人。其中，林政案件293起，刑事案件72起。刑事案件受理84起，撤案3起，破获69起。其中重大案件24起、特大案件8起、积案4起。没收木材575立方米，挽回经济损失249万元。

1993—2008年，县森林公安分局共查处森林三类案件4589起，其中刑事案件554起、治安案件100起、林业行政案件4302起，查处违法人员7230人次，挽回经济损失1935.44万元。

1993—2008年大田县森林公安查处森林三类案件情况表

表19-4

年份	受理（起）	查处		刑事案件（起）		治安案件（起）		林政案件（起）		挽回损失（万元）
		（起）	（人）	受理	查处	受理	查处	受理	查处	
1993	319	317	399	14	14	22	21	283	282	46.68
1994	324	321	447	27	24	19	19	278	278	43.47
1995	260	261	429	18	19	13	13	229	229	57.59
1996	313	312	442	24	23	16	16	273	273	71.00
1997	230	230	368	11	11	4	4	215	215	83.44
1998	246	245	370	9	8	4	4	233	233	70.20
1999	266	264	429	29	27	3	3	234	234	65.72

续表 19-4

年份	受理（起）	查处		刑事案件（起）		治安案件（起）		林政案件（起）		挽回损失（万元）
		（起）	（人）	受理	查处	受理	查处	受理	查处	
2000	231	220	330	60	49	5	5	166	166	55.75
2001	287	282	420	38	34	5	5	244	244	76.58
2002	307	302	411	62	58	1	1	244	244	88.73
2003	355	356	595	38	39	0	0	317	317	105.07
2004	338	314	484	85	61	3	3	250	250	195.21
2005	353	351	595	43	41	2	2	308	308	208.00
2006	365	368	660	20	23	1	1	344	344	205.00
2007	450	446	463	55	51	3	3	392	392	314.00
2008	377	365	388	84	72	0	0	293	293	249.00
合计	5021	4589	7230	617	554	101	100	4303	4302	1935.44

第十节　出入境管理

1993 年 1 月，启用新版中华人民共和国边境管理通行证。随着改革开放的深入，境内外人员经商、务工、旅游、探亲交往逐渐增多。1993—1996 年，受理出国定居、探亲、旅游 255 人，上报市局审批 251 人，其中，定居 109 人，旅游 142 人；受理往香港定居、探亲 318 人，市局审批定居 86 人，探亲 189 人；受理往澳门定居、探亲 8 人，市局审批 6 人；受理、批准去台湾定居、探亲 59 人。受理国外及港澳台人员到大田洽谈经商、投资办企业、探亲等 230 多人次。1996 年 12 月，县公安局设立出入境管理科，业务与政保科分离。1998 年 3 月，公民出境资料实行微机管理，与市局联网。2007 年 5 月，启用“新一代中国公民出国（境）管理系统”，实行窗口现场采集，制证、相片和申请材料数字化，全省联网。2008 年，采取缩短时限，取消部分限制，依托科技手段提高工作效率、简化办事程序等措施，办理出国 510 人、港澳签注定居 588 人、台湾旅游 66 人、台胞证 8 人。1993—2008 年，共办理获准出境 8885 人次，其中，出国 5398 人次，往港、澳、台 3487 人次。

第十一节　网络安全监察

2002 年 4 月，县公安局设立公共信息网络安全监察科。2003 年，对全县 36 个重点单位、要害部门计算机信息系统安全状况进行全面调查和基础数据采集，督促各有关单位建立健全计算机信息网络安全防范规章制度；全县 15 家网吧实施上网实名制管理。2004 年，开展互联网上网服务营业场所专项清理整治工作，查处取缔 “黑网吧” 1 家，停业整顿、处罚各 6 家。2005 年 10 月 11 日，破获利用聊天室组织淫秽表演案件 1 起，抓获犯罪嫌疑人郭某某。2007 年 4 月 25 日，破获虚假信息诈骗犯罪案件1起，抓获犯罪嫌疑人涂某某等4人，缴获台式电脑2台、便携式电脑1台、手机8部、现金1万余元、银行卡和存折30余张、身份证7张。2008年10月，网络安全监察科升格为公共信息网络安全监察大队。针对一些未成年人沉迷于“网吧”问题，到学校开展法制宣传教育活动，举办“未成年人告别网吧”签名活动。至年底，会同文化、工商等部门取缔无证照非法经营上网场所8家，责令停业整改17家，查处违反国务院《互联网上网服务营业场所管理条例》各类案件16起，破获涉网犯罪案件2起，抓获犯罪嫌疑人5人、其他逃犯7人。

第十二节 基层基础建设

一、公安基地建设

（一）办公用房

1993年前，乡镇派出所多数设在乡镇政府。当年1月，上京派出所办公宿舍综合楼竣工；6月，县公安局办公大楼（1991年10月动工）竣工，高7层，建筑面积5000平方米。1997年，华兴派出所、太华派出所办公楼竣工。2000年4月，县交警大队交通指挥中心综合楼工程竣工，高5层，建筑面积5360平方米。2002年9月，新建看守所工程竣工。2005年1月，城关派出所由雪山南路44号迁凤山东路84号，刑警大队新建办公楼竣工。2006年9月，拘留所重建竣工。2007年，投资200万元，对全县公安基层所队办公场所修缮。2008年，19个派出所均有独立办公场所，总建筑面积1.46万平方米。

（二）培训基地

1997年，公安民警培训中心在石牌成立，占地2004平方米，建筑面积1300平方米，投资150万元。2005年10月，在交警大队院内建成微机自动报靶室内射击场馆，面积280平方米，设25米标准射击靶道5条及观摩区。2007年，原交警大队院内建成民警训练新基地，投资230万元，停用石牌公安民警培训中心。2008年，有公安民警培训、训练场所2处。

警务技能暨反恐演练（2008年摄）

二、公安装备

（一）车辆装备

1993年，县公安局有警务车15辆。2004年，增购警车11辆。2005年，增购警车15辆。2008年，共有警车135辆，其中小车95辆、摩托车40辆。

（二）通讯装备

1993—2000年，对讲机是公安主要通讯联络工具。2001年，在大仙峰电视接收站建350兆无线通信网。2006年4月，添购手持台10台，利用移动信息机开通警务短信平台，可对全局民警群发警情信息、通知和对全县移动用户进行警务宣传。2008年，投资153.6万元，建设无线集群网基站1个，购置手持台137台、车载台32台，信号覆盖率100%；建成全县派出所、刑警大队、看守所、拘留所视频会议系统；安装GPS卫星定位设备警车21辆。

（三）警用器械

1993年起，县公安器械装备品种、数量、质量有较大变化。2005—2006年，为基层所队配发防弹衣、防弹防暴头盔、约束带、手铐、警棍、录音笔、阻车路障等警用装备。2007—2008年，增添武器弹药、防弹头盔、防弹防刺背心、防毒面具、救生衣、多功能腰带、伸缩警棍、催泪器等警用装备。

（四）技术装备

1993—2001年，刑事技术器材装备价值仅23万元。2002—2004年，投资60万元，添置远程指纹工作站、实体显微镜、数码照相系统、现场勘查车和人员信息采集仪等先进刑事技术装备17台，刑事科学技术室达到三级装备标准。2006年，投资75万元，添置紫外线观察照相系统、数码摄像机和照相机、金属探测器等先进刑事技术装备。2008年底，有痕检专业装备53台、刑事照录像器材44套、法医专业器材26套、技术管理器材60套。

三、警务室建设

2003年，县公安局实施社区警务战略。在城关派出所开展社区警务建设试点，制定进一步加强社区警务建设工作意见，建立和完善社区民警职责、工作规范、考核评比制度。2004年10月，完成城区8个社区警务室建设。2005年11月，城关派出所在一中校门楼设立“文昌社区警务室”，受理学校师生及周边群众报警、求助、咨询等业务。

2006年，上京派出所开创社区警务室入户访查，实现人口、户口、住房等信息统一管理，被市局定为“上京模式”，在全市推广。2007年6月，根据公安部《关于实施社区和农村警务战略的决定》精神，全县建设警务室50个，覆盖率100%，建立流动警务室1个。

2008年，对警务室实行分类管理，设一类警务室11个、二类27个、三类12个，配备民警87人、协勤110人。至年底，共收集各类有价值线索2338条，抓获各类犯罪嫌疑人213人，其中逃犯58人。破获刑事案件496起，查处治安案件528起，调处矛盾纠纷401件，化解可能引发群体性纠纷事件苗头17件；为群众办实事392件，送证上门3.15万张。

四、信息化管理

（一）网上联机办公

1993—1997年，县公安局办公文书基本靠人工手写，用电话、信函传递信息。1998年，构架公安计算机网。2003年，租用电信ADSL将局和各基层所队计算机接入公安信息网，建立网页。各科室所队、警种应用OA网上办公系统，实现公文流转、审批、传真传达、信息发布等。

2007年，全县派出所完成刑侦和派出所综合信息管理系统建设，实现户籍管理网上联机办公，并通过网上进行民警绩效考评通报。2008年底，全局共有计算机311台，其中注册公安信息网278台。

（二）指挥中心

2001年，县公安局建立“110”指挥中心大厅，设计算机辅助指挥调度、数字录音录时、地理信息、技术防范报警、大屏投影显示、网络数据库服务等系统。2004年11月，指挥中心“110”“119”“122”三个系统升级、整合“三台合一”，由“110”一台对外、统一接警、统一指挥、统一处警，每个接警席都可受理、处置包括火灾、交通事故在内的各类报警和紧急求助。2007年，在城区重点部位、重要路口、重要单位场所安装“全球眼”视频监控系统，监控图像通过互联网上传到公安指挥中心。2008年12月，指挥中心升级改造，指挥调度席由5个增加到12个，指挥中心大厅正面由24台34英寸液晶电视组成影视屏墙，按需要可切换显示全县的智能交通卡口网络监控图像和电视、计算机图文信息、录像等视频信号，成为建立新型警务机制中心和枢纽。2001—2008年，累计接警电话45.5万次、处警3.58万次，从中侦破刑事案件1009件，查处治安案件6412件，处理社会求助1768起，解答政策、法律咨询526次。

五、技防系统建设

1993年，针对新时期犯罪手段多样化和智能化，县政府增加公安技防资金投入，构建以CK报警系统、“全球眼”网络视频监控、智能卡口等设施为主导的技防系统。

2001年，在城区、乡镇金融网点、民爆物品仓库、金银首饰店、重要仓储库等重点部门、要害部位等42家建立CK报警系统。2003—2004年，全县所有网吧安装“过滤王”安全管理软件和视频监控。2005年10月，运行旅店业信息管理系统与公安信息网联接，进行实时查询比对，破获各类刑事案件201起，抓获犯罪嫌疑人64人。2006年，在城区各主要道路及进出口安装“全球眼”网络视频监控。2007—2008年，在火电厂路口等路段安装智能治安卡口监控系统，实现对所有出入境内车辆高速度自动抓拍。1993—2008年，共安装“全球眼”网络视频监控探头105个，79个单位安装视频探头138套、1260个，形成密集监控网络。通过视频监控网络侦破案件203起，抓获犯罪嫌疑人69人，网上逃犯7人，协助查找网吧上网走失人员7人。奇韬镇桃东警务室视频分控中心，为破获“8·19”抢劫杀人案起关键作用。

第三章　检　察

1993年，大田县人民检察院（简称县检察院）加强对重大案件提前介入检察。1994年，配合农村治安综合治理专项斗争，对犯罪案件实行快捕、快诉。1995年，执行《中华人民共和国检察官法》，依法建院，从严治检。1997—1998年，重点查办公路、水利等工程建设贪污贿赂大案。1999年起，实行主诉检察官负责制。2000—2002年，深化检务公开，制定《刑事案件不起诉听证制度》，开展“出庭公诉质量年”活动，推行未成年人犯罪暂缓起诉制度。2003—2004年，推行公诉制度改革，完善主诉检察官办案制度，健全监督机制和错案追究制度。2005—2006年，加强林业立案监督和林区社会治安综合治理。2007—2008年，开展核查纠正监处执行人员脱管、漏管专项活动。推出联合接访办访和排查化解矛盾纠纷新举措。

1993—2008年，县检察院共受理公安机关、本院自侦部门提请批准、决定逮捕各类刑事案件2242件、3323人，经审查批准、决定逮捕1985件、2918人。受理审查起诉案件2719件、4080人，提起公诉2309件、3456人，不起诉99件、138人，退回公安机关补充侦查152件、295人。查办贪污贿赂犯罪案件263件、308人，渎职侵权犯罪案件55件、65人。

第一节　机构与队伍

1993年，县检察院内设刑事、法纪、贪污贿赂、林业、监所、控告申诉、民事行政7个检察科和政工科、办公室、法律政策研究室，在编48人。在县税务局、烟草专卖局、农行、供销社、矿管委、农经站和均溪、吴山、上京、桃源、太华、建设、广平、前坪等单位、乡镇设检察室14个。

1997年，贪污贿赂检察科更名为反贪污贿赂局。1998年，刑事检察科分为审查批捕科、审查起诉科，14个检察室先后撤销。2000年，法纪检察科更名为渎职侵权检察科。2003年，增设监察科（与纪检组合署办公）和检察技术科，审查批捕科更名为侦查监督科，审查起诉科更名为公诉科，政工科更名为政治处，撤销法律政策研究室。2004年，复设法律政策研究室，同时挂“检察委员会秘书处”“人民监督员办公室”“检务督察办公室”牌子。2006年，渎职侵权检察科更名为反渎职侵权局。2007年，增设司法警察大队和预防职务犯罪办公室。2008年，设政治处、办公室、法律政策研究室、监察科、检察技术科、反贪污贿赂局、反渎职侵权局、公诉科、侦查监督科、林业检察科、控告申诉检察科、民事行政检察科、监所检察科、法警大队等14个内设机构，在编54人（含工勤人员5人）。大学本科学历40人、占74.1%；四级高级检察官11人，一级检察官14人、二级3人，三、四、五级各1人，书记员16人，助理检察员2人。

2006年8月21日，县检察院由县政府大院迁至均溪镇福田大道231号。新办公楼占地4734.66平方米，建筑面积5665平方米，总投资800万元。

1993—2008年，县检察院（含内设部门）被市级以上表彰，单位63项次、干警92人次。

县检察院办公大楼落成典礼（2006年摄）

1993—2008年大田县人民检察院历任检察长名录

表19-5

姓 名	性别	籍 贯	代理时间	任职时间（人代会选举）
詹文批	男	福建大田	—	1987.11—1993.11
周隆超	男	福建永春	1993.11	1994.1—1996.9
林玉祥	男	福建莆田	1996.9	1997.3—1998.10
张 弘	男	福建泉州	1998.10	1999.1—2001.11
王闽燕	女	山西临汾	2001.11	2002.2—2006.12
杨良文	男	福建将乐	2006.12	2007.2—

第二节 刑事检察

一、审查批捕

1993年，县检察院加强对重、特大案件及“车匪路霸”案件提前介入检察，全年受理公安机关提请逮捕刑事案件76件、143人，审查自侦案件8件、8人，批准逮捕和决定逮捕80件、143人。1998年，坚持“严打”方针，从快从重批捕重大犯罪嫌疑人32人，其中，重、特大案件5件，特大犯罪嫌疑人5人。1999年，告知公务对象在执行公务活动中有关权利、义务等内容，从检察环节上保障其诉讼权利。2003年，做好预防青少年犯罪，开展争创全国“优秀青少年维权岗”活动，选择城区3所学校为法制宣传教育试点。2004年，开展制售假冒伪劣商品、侵犯知识产权犯罪立案监督专项行动，全年批捕各类案件154件、205人。2005年，与农业局行政执法大队共同打击制售假冒伪劣农药、兽药、化肥、种子的春季和秋冬季专项行动。2006年，建立命案介入机制，侦查人员在突破犯罪嫌疑人口供同步介入录音录像，运用检察监督和视听技术，确保证据收集全面性和合法性。2008年，批准逮捕故意杀人、抢劫、强奸、贩毒等8类案件33件、57人和“两抢一盗”（抢劫、抢夺、盗窃）犯罪案件69件、105人，占全年批捕案件62.96%；批捕侵害青少年权益案18件、24人；开展“送法进校园”法制讲座8场，受教育6100人次。

1993—2008 年大田县人民检察院审查批捕案件情况表

表 19-6

年份	受案数				审查结果					
	公安部门侦查		检察院侦查		批捕		不捕		退查	
	件数	人数	件数	人数	件数	人数	件数	人数	件数	人数
1993	76	143	8	8	80	143	2	4	2	4
1994	98	159	22	25	113	165	2	4	5	15
1995	103	185	24	29	119	183	4	6	4	25
1996	135	226	16	17	139	227	3	5	9	11
1997	92	132	29	31	93	110	4	7	24	46
1998	112	158	14	16	110	148	15	25	1	1
1999	132	185	7	7	123	173	8	11	8	8
2000	112	158	12	12	100	138	13	18	11	14
2001	156	225	6	7	130	190	21	30	11	12
2002	95	122	8	8	87	109	2	6	14	15
2003	151	206	5	5	145	199	11	12	0	0
2004	152	213	10	10	154	205	5	18	2	2
2005	155	242	6	6	144	225	8	14	9	9
2006	134	189	7	8	118	165	12	18	11	14
2007	175	271	12	13	168	259	18	24	1	1
2008	172	301	6	6	162	279	15	23	1	5
合计	2050	3115	192	208	1985	2918	143	225	113	182

二、审查起诉

1993 年，县检察院受理移送审查起诉案件 85 件、140 人，经审结起诉 80 件、130 人，免诉 19 件、35 人，不诉 1 人。1999 年，实行主诉检察官负责制，任命 3 名为主诉检察官。2000 年，深化检务公开，制定《刑事案件不起诉听证制度》和不诉听证会场纪律与会场设置等相关配套实施措施，举行不诉听证会 4 场。2001 年，开展“出庭公诉质量年”活动，组织观摩庭活动 19 次。2002 年，推行未成年人犯罪暂缓起诉制度，与当地政府、派出所、学校和关工委组成帮教小组，实行定期帮教和回访。2003 年，推行公诉制度改革，完善主诉检察官办案责任制度、健全监督机制和错案追究制度，完善奖励、晋升、任用规定，做到责、权、利相统一。主诉检察官办理案件 125 件，对重特大刑事犯罪案件，与公安、法院配合，召开联席会议，协调处理疑难案件 15 件。2004 年，与县法院协调，征求律师意见，制定刑事案件量刑建议制度，确定适用范围、方法、步骤，规范量刑建议，向法院提出量刑建议 13 件。2007 年，县检察院制定《贯彻宽严相济刑事司法政策实施细则》《办理轻微刑事公诉案件实施办法》《公诉工作贯彻宽严相济刑事政策实施办法》等配套措施，统一县公检法机关执行宽严相济刑事司法政策的执法标准，提升落实刑事司法政策的现实操作性。2008 年，制定《公诉人出庭行为规范考评办法》，将评议庭作为公诉工作重要内容。当年，以“打黑除恶”斗争为重点，提前介入引导侦查，铲除在城区为非作恶、残害百姓的黑恶势力团伙 3 个。

1993—2008年大田县人民检察院审查起诉案件情况表

表19-7

年份	受案数				审查结果											
	公安机关侦查		检察院自侦		起诉		免诉		不诉		退诉		撤诉		移送市院	
	件数	人数	件数	人数	件数	人数	件数	人数	件数	人数	件数	人数	件数	人数	件数	人数
1993	74	129	11	11	80	130	19	35	0	1	12	15	5	6	4	17
1994	92	153	32	43	108	165	20	32	0	0	23	42	0	0	2	4
1995	115	171	22	27	126	177	11	21	0	0	7	9	4	5	2	2
1996	142	227	28	32	155	235	20	24	2	2	5	6	1	1	5	14
1997	74	122	24	26	92	139	0	0	7	9	4	5	2	2	0	0
1998	95	156	27	36	106	168	0	0	5	6	5	6	8	2	3	8
1999	124	200	12	12	116	180	0	0	9	10	6	9	0	0	4	13
2000	143	219	20	20	134	200	0	0	8	8	12	27	3	4	1	1
2001	173	219	14	17	156	231	0	0	10	21	12	25	3	4	3	3
2002	163	243	14	14	156	227	0	0	5	14	7	10	3	3	0	0
2003	189	264	11	11	160	224	0	0	5	5	21	39	2	3	2	2
2004	211	315	16	16	154	227	0	0	11	17	7	13	2	6	0	0
2005	220	321	14	14	201	286	0	0	11	13	7	16	8	9	7	11
2006	218	317	13	17	212	297	0	0	6	8	8	22	4	6	1	1
2007	213	348	11	15	192	303	0	0	14	16	11	32	2	3	3	6
2008	195	350	9	15	161	267	0	0	6	8	5	19	2	2	0	0
合计	2441	3754	278	326	2309	3456	70	112	99	138	152	295	49	56	37	82

三、侦查监督与审判监督

（一）侦查监督

1993年，县检察院在公安机关提请逮捕刑事案件中，经审查不批准逮捕2件、4人，退回补充侦查2件、4人。1994—1999年，配合农村治安综合治理专项斗争，对犯罪案件实行快捕、快诉。2000年，查阅县烟草专卖局、劳动局、公安局有关资料，从中发现不立、漏立刑事案件3起，依法发出说明不立案理由通知书3份，公安机关从中立案3件、3人。2001年，向公安机关发出说明不立案通知书9份，发出通知立案书7份，通知立案7件、9人，纠正公安机关不应立案1件、3人，发出检察建议书14份，纠正违法通知书4份。2002—2004年，试行人民检察员制度，聘请县人大法制委主任等人民检察员7人，共出席疑难、重大案件现场、参加案件讨论24次；向公安机关发出说明不立案理由通知书15份，公安机关从中立案5件，发出应当逮捕犯罪嫌疑人意见书7份，追捕到案犯罪嫌疑人14人。2005年，向公安机关发出说明不立案理由通知书4份，公安机关立案侦查4件、5人；发出应当逮捕犯罪嫌疑人意见书9份，追捕到案9人。2006年，开展引导侦查工作，案件批捕后向公安机关发出提供法庭证据意见书8份，对事实不清、证据不足不予批准逮捕案件发出补充侦查提纲8份；向公安机关发出应当逮捕犯罪嫌疑人意见书 18 份，追捕犯罪嫌疑人 25 人、到案 17 人，发检察建议书 7 份，纠正公安机关应当立案而不立案案件 5 件、5 人，向本院自侦部门发出报请立案侦查建议书 1 份，立案 1 件、2 人。2007 年，向公安机关发出说明不立案理由通知书 3 份，公安机关从中立案 2 件、2 人，发出应对逮捕犯罪嫌疑人意见书 27 份、追捕到案 27 人。2008 年，纠正侦查机关违法、变更措施及其他违法案件 6 件，重特大案件提前介入 11 件；追捕犯罪嫌疑人 67 人、到案 23 人。1993—2008 年，共追捕犯罪嫌疑人 252 人，到案 133 人，追回补充侦查 84 件、101 人。

（二）审判监督

1993—1996 年，县检察院在民事行政案件中建议法院重新处理、提请抗诉、直接答复、息诉各 1 件；针对个案量刑畸轻畸重问题，向法院发出书面意见书 9 份。1997—1998 年，重点监督重罪轻判、轻罚重判、有罪判无罪及审判程序的合法问题，纠正超期审理违法活动 2 次。1999 年，对法院认定事实和定性逐一审查，并填写判决、裁定审查表。向法院发出纠正违法意见书 5 份，提出抗诉 1 件、1 人。在审查 1 起过失致人死亡案中，法院以故意伤害作出判决，检察院提出抗诉，得到市检察院支持。2000 年，提出抗诉 3 件、3 人。当年，法院以贪污、侵占罪对林某某作出判决，检察院提出抗诉，经市中级人民法院重审，以贪污罪对其作出判决。2001 年，对法院的判决依法提出抗诉 2 件、6 人。2002 年，对一审、二审法定超期羁押的案件，发出纠正违法报告书和口头提出纠正意见各 1 份，确保新的羁押制度执行。2004 年，针对“被告人认罪”案件，对犯罪嫌疑人采取提前告知制度，经被告人同意后，建议法院采用简易审。2005 年，向法院提出量刑建议 15 份，均被采纳。2006 年，提出再审案件 1 件、法院改判 1 件。2007 年，与公安、法院共同制定抢劫、盗窃、故意伤害、交通肇事、贪污受贿、挪用公款等罪的证据规格，统一办案尺度。2008 年，借助公、检、法联席会议渠道，及时向侦查、审判机关负责人通报监督内容，提出监督意见，以会议纪要形式规范公安、审判机关办案程序；对犯罪嫌疑人造成后果较轻、情节轻微和悔罪表现良好的依法向法院提出从轻处理的量刑建议。全年到犯罪嫌疑人家中讯问 25 人次，提出从轻量刑建议、法院采纳 43 件。1993—2008 年，共提请抗诉案件 7 件、7 人，改判 2 人，发出违法意见书 35 份。

第三节　反贪污贿赂与预防职务犯罪

一、反贪污贿赂

1993 年，县检察院受理经济案件 28 件、29 人，立案 22 件、23 人，其中，贪污案件 6 件、6 人、受贿 7 件、7 人、挪用公款 7 件、7 人、偷税 2 件、3 人，为国家、集体挽回经济损失 70 万元。1994 年 8 月，查处广平镇大竹林煤矿管理人员郑某某、蒋某某等 7 人利用职便贪污公款 16 万元特大案件。1995 年，查处吴山检查站受贿窝案 17 人。1997 年，查办“212 先行工程”监理人员、广平熟料有限公司仓管员徐某某、前坪乡党委副书记廖某某涉嫌受贿等大案 3 起。1998 年，查处县六角宫水电有限公司财务人员挪用公款案、桃源水泥厂原厂长林某某受贿案和石牌镇长溪、鳌江、小湖村干部贪污案件。1999 年，查处县烟草公司贪污大案 3 起，涉案金额 66 万元，采用录音、录像等形式，及时固定犯罪嫌疑人供述及行贿人证言，收到预期效果。2000 年，查办县机械集团、实验幼儿园、交通局桃源交管站负责人和财务、管理人员窝窜案 3 起，立案 12 件、12 人，占全年立案总数 86%，涉案金额 97.59 万元。2001 年，立案查处林业、金融系统、农村基层组织、行政执法部门单位负责人和财务人员贪污、挪用公款等案件 7 起，其中重大案件 2 件、2 人。2004 年，查办国有梅林林场财务科长兼会计林某某挪用公款 118 万元大案。2005 年，查办县煤炭公司副总经理魏某某受贿 30.65 万元大案。

2007 年，在混凝土路面“村村通”工程和土地、林地管理过程，查办村干部职务犯罪 6 件、8 人。2008 年，查办案件重点突出，涉及国有企业改制过程中职务犯罪 4 件、9 人，占 64.3%，涉农贪污贿赂案件 3 件、4 人，占 28.6%。立案查办科级干部 3 人，占立案总人数 21.4%；窝串案 4 件、9 人，占 64.3%；案值 5 万元以上大案比例占 93%，移送起诉率、有罪判决率 100%。当年，坚持运用“宽严相济”刑事司法政策开展追逃，敦促在逃 1 人、涉案 5 人投案自首，实现零在逃。

二、预防职务犯罪

2002 年，成立预防职务犯罪工作领导小组，与金融系统和行政执法部门联系，把预防职务犯罪网络覆盖到各金融单位和行政执法单位，定期编发和寄送检察建议资料，交流预防职务犯罪工作经验。采取个案预防、专项预防和重点预防相结合方式，从源头抓起。

2003—2004 年，针对发案单位管理上存在的问题，发出检察建议书 11 份，提出整改意见 40 条。2005 年，结合办案开展责成犯罪嫌疑人写一份反省书，与发案单位领导进行一次座谈，制发一份检察建议书，到发案单位上一堂法制课，上门进行一次回访考察，建立一套个案预防档案等“六个一”个案预防活动，发出检察建议书 10 份，针对性提出整改意见 20 条。2006 年，制定《整合侦查资源，建立职务犯罪侦查一体化工作机制实施方案》，在医疗卫生领域开展查办商业贿赂专项行动，侦破医疗卫生系统商业贿赂职务犯罪窝串案 1 起，立案 3 件、5 人。

2007—2008 年，对发案单位存在的问题发出检察建议书 10 份，提出整改意见；开展“预防商业贿赂犯罪”和反渎职侵权工作宣传月活动，到各乡镇政府、药品监督、税务等部门开展法制讲座 6 场。

1993—2008 年大田县人民检察院查处贪污贿赂案件情况表

表 19-8

年份	立案		其中								移送起诉		撤案		免（不）诉		挽回损失
			贪污		受贿		挪用公款		偷税								
	件数（件）	人数（人）	件数（件）	人数（人）	件数（件）	人数（人）	件数（件）	人数（人）	件数（件）	人数（人）	件数（件）	人数（人）	件数（件）	人数（人）	件数（件）	人数（人）	（万元）
1993	22	23	6	6	7	7	7	7	2	3	9	10	0	0	11	11	70
1994	31	40	17	23	6	6	4	7	4	4	31	40	0	0	0	0	100
1995	27	28	3	3	21	22	0	0	3	3	24	25	0	0	3	0	200
1996	24	29	7	11	12	13	1	1	4	4	22	27	0	0	2	0	150
1997	26	28	13	15	8	8	2	2	3	3	24	26	2	2	3	0	153
1998	18	26	7	14	6	6	5	6	0	0	18	26	1	1	0	0	150
1999	14	14	6	6	2	2	6	6	0	0	0	0	0	0	0	0	180
2000	14	14	12	12	1	1	1	1	0	0	14	14	0	0	0	0	142
2001	13	14	7	7	5	6	1	1	0	0	12	13	0	0	1	0	150
2002	11	12	7	8	2	2	2	2	0	0	10	11	0	0	0	0	400
2003	11	12	7	8	2	2	2	2	0	0	10	11	0	0	0	0	400
2004	9	10	5	6	4	4	0	0	0	0	9	10	0	0	0	0	100
2005	9	10	5	6	3	3	1	1	0	0	9	10	0	0	0	0	110
2006	10	14	6	10	3	3	1	1	0	0	10	14	0	0	0	0	120
2007	10	14	6	10	2	2	2	2	0	0	10	14	0	0	0	0	160
2008	8	14	4	9	2	3	2	2	0	0	8	14	0	0	0	0	140
合计	257	302	118	154	86	90	37	41	16	17	220	265	3	3	20	11	2725

第四节 反渎职侵权

1993年，县检察院重点查处厂、矿重大责任事故，受理法纪案件17件、19人，立案侦查11件、13人。其中，非法拘禁1件、2人，重大责任事故10件、11人。1994年，针对重大责任事故案件突发性强，对不同业务技术要求高的特点，采取受理案件反应快，现场勘察快，调查取证快，突发情况应变快；现场勘察与调查取证同步，事故鉴定与调查询问同步，讯问初查与侦查取证同步“四快”“三同步”办案。1997年，受理法纪案件24件、27人，其中玩忽职守案件9件、10人。1998年，查办司法人员侵权、渎职犯罪案件4件、4人。2002年，重点开展清理职务犯罪案件积压线索、清理欠债不结案件、案件质量大检查的“双清一查”和查办“保护伞”专项行动，对历年举报中心移送、上级部门交办的案件线索及时查处，没有积案。当年，与县药品监督管理、国税、工商、地税等17个单位共同制定《在行政执法机关共同开展预防职务犯罪工作的实施意见》。2004年，查处全县群众普遍关注的违法占地建房案件2件、2人。2006年，根据匿名电话举报，向安监部门调取有关“8·31”广平镇大竹林煤矿矿难事故案卷材料，破获国土部门行政执法人员涉嫌玩忽职守案件2件、2人。2008年，重点查办能源资源和生态环境渎职犯罪3件、3人，其中立案1件、1人。

1993—2008年，县检察院共初查渎职侵权犯罪案件228件、281人，立案55件、65人。尚未构成犯罪不立案173件、216人，会同有关部门查清事实，移送主管部门处理或采取教育、调解、赔礼道歉、赔偿损失等方法妥善处理。

金融机构预防职务犯罪讲座（2007年摄）

第五节 林业检察

1993年，县检察院受理林业公安报捕、批准逮捕刑案7件、13人，受理公安移送起诉（免诉）案件5件、15人，经审查起诉2件、7人，不诉3件、8人。1995年夏季，在严打毁林犯罪专项斗争中，会同林业公安到国有林伐区梅山乡璞溪、黎坑村等地现场解决与当地村民林权纠纷4次，制止乱砍滥伐国有林苗头。2000年，选择林区治安较为混乱、迫切需要检察机关服务的国有桃源林场作为联系点，签订为国企服务协议书，商定季度服务计划。2001年，重点排查近年内批捕负案在逃人员名单，督促公安机关缉拿归案；做好在逃人员亲属工作，动员其投案自首，外逃犯罪嫌疑人主动投案7人，其中有省公安厅、林业厅督办特大失火案犯陈某某。

2002—2006年，县检察院针对群众反映强烈的有案不立、以罚代刑和全县“矿山热”引发的涉林犯罪，加强立案监督和林区社会治安综合治理，向公安机关发出说明不立案理由通知书6件、7人，通知立案5件、6人，公安机关查处涉嫌滥伐林木600立方米重大案件1起。2007年，配合森林公安开展严厉打击盗、滥伐国有林和生态公益林、故意毁坏林木的“霹雳行动”，公诉盗、滥伐和故意毁坏财物案件 20 件、24 人，伪造、变造、买卖国家机关公文、证件印章案 13 件、16 人，法院均作有罪判决。2008 年，开展“林业法制巡回宣传日”活动和“攻势二号”专项行动，受理森林公安机关移送审查批捕案件 28 件、37 人，批捕 24 件、29 人。

1993—2008 年，县检察院共受理森林公安机关移送审查批捕案件 292 件、454 人，不捕 12 件、29 人。起诉 477 件、745 人，其中，提起公诉 433 件、671 人，不诉 38 件、65 人，退回公安机关补充侦查 6 件、9 人。

第六节　监所检察

1993 年，县检察院继续与社会各界联手对省内各监所服刑人员进行“故乡在呼唤”帮教活动，收效显著，被最高人民检察院以简报形式褒奖推广。当年，受理在押陈某某脱逃案，从起诉、判决仅用 27 天，并建议县法院在看守所公开宣判。1994 年，实行监所检察，干警常年驻所 2 人；继续赴永安、清流、武夷山劳改支队和省二监开展对服刑人员的帮教活动。1998 年，县看守所发生武警战士打人行为 3 起，引起部分在押人集体绝食，县委政法委及时主持召开由公安局、检察院、武警中队、看守所领导座谈会，武警中队领导对相关人员进行处理。1999—2001 年，推行“查、看、访、提”四条措施，对监外执行罪犯实地考察和监督 107 人，向执法机关发出检察建议书 7 份，提出检察建议 23 条。2002 年，推行“告知权限”“动态登记”“每日清理”“提前催办”“跟踪监督”“加强协调”环环相扣的“链式”监督机制，有效减少和预防超期羁押案件。2005 年，催办羁押期限即将届满案件 75 人次，对换押手续送达不及时、法律手续填写错误、不完整等问题提出纠正 41 次。2007 年，开展核查纠正监外执行人员脱管、漏管专项活动，发现漏、脱管 50 人，向有关基层派出所发出检察建议 18 份，整改回复率 100%。2008 年，检察收押犯罪嫌疑人、被告人 497 人，处理出所 307 人，在押 223 人，催办羁押期限即将届满 81 人次，实现看守所在押人员零超期羁押，并开展为期 6 个月“整顿监房秩序、维护在押人员合法权益”专项行动。

1993—2008 年，监所检察收押犯罪嫌疑人 4889 人，处理出所 4182 人，纠正超期羁押 602 人次。

第七节　民事行政检察

1993—1999 年，县检察院受理民事行政申诉案件 67 件，立案 35 件，提请抗诉 9 件，建议提请抗诉 13 件，息诉 22 件。2000 年，建立民事行政申诉案件公开审查和主办检察官制度，公开审查民事申诉案件 2 起；制定《民事行政申诉案件听证规则（试行）》，公开审查县矿产开发公司与陈某某财产纠纷、周某某与县万家兴百货有限公司商品房预售合同纠纷申诉案，及时查明案件事实，作出正确法律监督意见。2001 年，县矿产开发公司购销合同纠纷案改判，为申诉人挽回经济损失 130 万元。2004 年，受理申诉案件 28 件，经审查，立案 24 件，其中，建议提请抗诉 4 件，检察执行和解 14 件，向法院提出再审检察建议 3 件，息诉 3 件。成功调解火灾责任事故损害赔偿纠纷案 14 件，化解三方矛盾。2007 年，与林检部门配合，首次以国家名义依法对张某某失火案提起刑事附带民事诉讼。2008 年，立案审查民事行政申诉案件 7 件，其中调解火灾事故财产损害赔偿纠纷案件 1 起，当事人赠送锦旗表示感激。6 月，在县国资委设立民事行政检察法律服务点，运用检察职能，拓宽监督领域，服务国有企业，防止国有资产流失。

1993—2008年，共受理民事行政申诉案件187件，立案98件，提请或者建议提请抗诉75件，法院改判3件，息诉70件，检察和解2件。

第八节　控告申诉检察

1993年，控告申诉检察科受理来信来访200件，举报贪污、贿赂案件线索突出。全年初查45件，其中，经济案28件、29人，立案23件、24人；法纪案17件、19人，立案13件、11人，挽回经济损失52万元。1994年，开展文明接访活动，受理信访、举报221件，件件有着落。1995年，检察长接待日接待群众来访24次、41人，并在电视采访中，向全县干部、群众宣传反腐败的意义和检察机关反腐败的决心，推动反腐败斗争深入开展。当年，受理群众举报经济犯罪线索122件，初查举报线索35件，立案20件。1996—1997年，受理群众来信来访270件次，举报经济类线索122件，占信访总数45.2%。初查各类经济犯罪线索41件、47人，立案21件、23人，均是万元以上大案。办理“集体上访”“告急访”信访4件。1998年，在受理群众来信来访中，发现贪污、贿赂等经济类线索132件，法纪类线索7件，初查各种经济类案件线索63件、71人。移送反贪局立案21件，移送公安机关立案1件，查获犯罪金额80万元。1999年，加强和完善接待举报制度，做好保密，推行检察长夜间接待和预约接待；向群众发放修改后《中华人民共和国刑事诉讼法》规定的检察机关受案范围宣传单2000份，公布“96100”“7232000”举报电话，引导群众正确举报。2000年，在全市率先推行民事行政申诉案件公开审查制度。2001年，在调查县煤炭工业集团公司有关领导涉嫌经济问题时，发现城关经济民警小队对行为人无证运输和超吨数运输煤炭，没有严格依法行政，举报中心及时初查后立案。

2002—2004年，加大举报宣传力度，在县有线电视台设立举报专栏；做好不诉案件复查和内部监督制约工作，其中，复查不诉案件6件，办理内部监督制约件33件、被害人对公安机关不立案不服案件2件、市人大及上级院和县领导交办案件46件。2005年，受理属首次信访587件，属该院管辖线索89件，其中，举报贪污贿赂经济类线索69件，举报侵权、渎职线索13件，不服法院民事判决等申诉7件。2006年，撰写报送的《服务群众，构筑便民信访通道》经验材料，被最高人民检察院转发。2007年，在县劳动和社会保障局设立接待点，定点、定人、定时、定责，做好劳资纠纷接访办访工作。2008年，推出联合接访办访和排查化解矛盾纠纷新举措，确定县国土资源局、林业局、农业局、交通局、劳动和社会保障局为联合接访、办访单位，设立接待点，实现关口前移。当年，受理群众来信103件次、来访262件次。

1993—2008年，县检察院共受理群众来信来访6829件次，其中来信2714件次、来访4115件次。初查经济犯罪线索633件，办理信访件和为民办实事1790件、内部监督制约件198件、上级交办件294件，开展检察长接待日活动261次。

第四章　法　院

1993年，大田县人民法院（简称县法院）推出民事、经济案件“诉辩式”直接开庭审理。当年，重点加强山林权属纠纷案件审理。1994年，立案、审理分离。1995—1996年，坚持“严打”方针，从快从重审理一批杀人、抢劫、强奸、爆炸、重大盗窃、车匪路霸和带黑社会性质的流氓团伙。1997年，设立少年审判庭，加强对未成年人刑事犯罪案件审判。1998—1999年，深入开展反腐斗争，审结一批经济领域犯罪案件。2001—2002年，开展严打整治专项斗争，重点审结“两抢一盗“和黑恶势力、严重暴力犯罪案件。2000年，强化庭审功能，简化办案手续，推广繁简分流，当庭裁判制度；设立立案庭和审判监督庭，实行审判监督专业化。2003年，深化刑事审判方式改革。加大涉农案件审理力度，实行民商事案件繁简分流制度，扩大简易程序适用范围。2005年，出台《执行案件流程暂行规定》，规范执行行为。2006—2008年，开展“百日执行大会战”统一活动，专项清理执行积案。

1993—2008年，共审、执结各类案件2.51万件。其中，刑事案件2822件、4396人，民商事案件1.49万件，行政案件156件，其他案件437件，执行案件6748件。

第一节 机构与队伍

1993年1月，县法院内设政工科、办公室、研究室、纪检室、监察室、综合档案室和刑事庭、民事庭、经济庭、林业庭、行政庭、告诉申诉庭、执行庭及均溪、上京、建设、广平等4个派出法庭。干警61人，其中审判员29人、助理审判员16人、其他16人。3月，在县公路稽征所、交通局、公路分局、环保局设立法院执行联络室（1998年7月撤销）。1994年7月，成立纪检（监察）组。1995年11月，成立司法警察大队。1997年，增设少年审判庭，广平法庭改为巡回法庭。2000年，撤销均溪法庭、告诉申诉庭，设立案庭、审判监督庭。2001年5月，上京法庭撤并入建设法庭。

2003年4月，大田县委规定县法院职能配置、内设机构和人员编制，内设办公室、政治处、立案庭、刑事、少年、行政审判庭、林业审判庭和民事审判第一、二庭、审判监督庭、执行局（保留执行庭牌子）、司法行政装备管理科12个职能部门和监察室（与纪检组合署办公）及建设人民法庭、司法警察大队等机构。纪检组长、政治处主任由副院长级干部担任，执行局局长按副科级配备。

2008年底，全院在编干警73人，其中审判员43人、书记员15人、法警9人、工勤人员6人。设院长1人、副院长4人，审判委员会委员11人；法律本科以上学历63人、大专6人；三级高级法官1人、四级高级法官10人，一级法官19人、二级9人、三级3人、四级1人；二级警督1人、三级3人，三级警司5人。

1993—2008年，县法院（含庭、室）获市级以上表彰92项次，其中立集体一、二、三等功7次。干警有100人次被评为国家级、省、市先进工作者、新长征突击手标兵、优秀法官，其中立二、三等功14人次。

1993－2008年大田县人民法院历任院长名录

表19–9

姓　名	性别	籍　贯	代理时间	任职时间
姚天庆	男	福建省龙海市	1990.9	1991.1—1993.10
张建设	男	山东省沂水县	1993.10	1994.1—1996.9
饶跃和	男	福建省连城县	1996.9	1997.3—1998.10
余荔苹	女	福建省莆田市	1998.10	1999.1—2001.1
张庆国	男	山东省临沭县	2001.1	2001.3—2006.12
胡玉锋	男	福建省尤溪县	2006.12	2007.1—

说明：任职时间以人代会选举为准

第二节 审判改革和人民陪审

一、审判方式改革

1993年，县法院推出民事、经济案件“诉辩式”直接开庭，当年，直接开庭288件，占审结民事案件65%。办案质量好、效率高，被全市推广。1996年，对“严打”期间的刑事案件，收案当天即向被告人送达起诉书，7天开庭，缩短办案时间。1997年，学习“漳州110”创建文明窗口，建设法庭率先实施“设立法官责任片区”“自备审判桌椅巡回办案”“庭、院计算机联网”三项司法改革。1999年11月，公开审理被告人陈某某投毒案，适用《大田县人民法院刑事（公诉）第一节普通程序规范（试行）》，在市中院开庭并现场直播，展示庭审改革成果。2001年，推出刑事案件普通程序“简易化”审理，与县检察院联合发文，对适用条件、操作规范作出具体规定。8月，三明市刑事案件普通程序“简易化”专题研讨会在大田召开，向全市推广。同时推行诉讼和执行前风险提示制度，引导当事人选择适当方式解决纠纷。

2003年，实行民商事案件繁简分流制度，依法扩大简易程序适用范围。2005年，出台《执行案件流程暂行规定》，规范执行行为。2007年起，创新多元化解决纠纷机制，行政、执行和刑事附带民事诉讼案件首先进行调解，推进全程、全员、全面调解。当年，在公安交警大队设立交通审判巡回法庭，探索以调为主、便捷、互动、远程等调解新方法，推出预立案、“QQ”网上调解等12项便民措施，成为法院与交警高效化解交通事故纠纷的衔接平台。建设法庭在辖区村设立指导人民调解工作联络室，推进诉讼调解与人民调解对接互动。2008年，建立村基层调解组织、警务室、司法调解室、乡镇综治服务中心等调解互动机制，构建大调解新格局。1993—2008年，撰写有关审判方式改革调研文章和裁判文书在省、市评比中获奖20篇，被国家级刊物录用35篇。

二、人民陪审员制度

1993年，大田县初步建立人民陪审员制度，人民陪审员逐步参与本县审判工作。

2005年，县根据《全国人民代表大会常务委员会关于完善人民陪审员制度的决定》，进一步完善人民陪审员制度。经公开推荐、筛选、考试、审核程序，依法报请县人大常委会任命人民陪审员21人，其中本科学历5人、专科6人，平均年龄36岁，任期5年，5月1日正式上岗。同时建立人民陪审员“业绩、廉政监督、回避”档案，落实“参审、评议、培训、经费”四保障，确保人民陪审员制度规范化。当年，陪审员参审案件39个。2006—2008年，邀请人民陪审员参与庭前调解、执行和解、案件审理共157件。

第三节 告诉申诉

1993年，县法院建立诉讼、执行案件由告诉申诉庭统一立案制度。1994年，告申工作着重立案把关，立审分离。1997年，立案窗口开展“以礼相迎、以礼相待、以礼相尊、以礼相送”活动。1998年，加强立案中对当事人举证引导，提高效率，做到当天审查当天立案。1999年，立案窗口实行受理、接待、收费、退费柜台式服务。推出配套便民设施，向当事人提供案件相关材料，引导帮助当事人诉讼，当事人不出立案大厅即可办好立案手续。

2000年，案件由排期法官确定主审人、适用程序、开庭时间，合理调配审判资源。2002年，开展司法救助，依法缓、减、免交诉讼费 40 件、40.1 万元。2004 年，按照省高院 28 项便民措施要求，在立案大厅设置《诉讼案件及执行案件立案条件》《诉讼风险提示书》《诉讼费收费标准》《司法救助》《一审诉讼程序及执行程序图》等告示图表，完善配套便民设施，优化窗口服务。当年，立案庭因案施策，主动上门调处济阳乡大崊村章某某等 21 人与村委会发生征地补偿款纠纷案。2005—2006 年，信访排查做到“每诉必理、每信必复”，两年内受理来信来访 152 件次，回复率 100%。2007 年，妥善处理长达 8 年、28 年涉诉信访老案各 1 件。2008 年，落实定时间、定人员、定领导、定责任，包处理“四定一包”责任制，办理上级转来督办件 6 件，其中，省处理信访突出问题及群体事件联席会交办的 26 年老案 1 件、涉及 90 多名职工劳动争议案 1 件。

1993—2008 年，共立各类诉讼案件 1.84 万件，执行案件 6748 件，诉前保全 27 件，司法救助 185 件，减、缓、免诉讼费 152.04 万元，办结支付令 99 件，公示催告 2 件。

第四节 刑事审判

1993—1996 年，县法院坚持“严打”方针，严惩严重刑事犯罪。共受理杀人、抢劫、强奸、爆炸、重大盗窃、“车匪路霸”和带黑社会性质的流氓团伙及经济犯罪案件 556 件、918 人，审结率 100%。其中，判处 5 年—10 年有期徒刑 198 人，10 年以上有期徒刑 52 人。

1997 年，深入开展反腐败斗争，严惩经济领域犯罪活动，审理石牌镇石牌村陈某某贪污公款 8.59 万元、挪用公款 5.5 万元案件，判处被告人有期徒刑 13 年，剥夺政治权利 2 年，追缴未清退赃款 7.47 万元。1998 年，受理刑事案件 111 件、165 人，分别比 1997 年上升 9.8% 和 20.6%。1999 年，被告人赖某某担任“小康办”会计期间，挪用、贪污公款计 25 万余元，依法被判处有期徒刑 17 年，并追回全部赃款赃物。2000 年 4 月，被告人郑某某贿赂乡人大代表，当选乡领导，依法判处有期徒刑 1 年，缓刑 1 年。1997—2000 年，审结贪污、受贿、挪用公款等案件 46 件、73 人。

2001 年，开展“严打”整治专项斗争，审结抢劫、盗窃、故意伤害等严重刑事犯罪案件 54 件、88 人，其中判处 5 年—20 年有期徒刑 28 件、36 人。被告人肖某某盗窃、非法买卖爆炸物品，法院适用最新司法解释，依法从重判处其有期徒刑 20 年。2002 年，重点打击黑恶势力、严重暴力犯罪，受理各类一审刑事案件 200 件、308 人，审结率 100%。2003 年，深化刑事审判方式改革，审结刑事案件 186 件，其中，适用普通程序简便审 111 件，占 59.7%；适用简易程序审 59 件，占 31.7%。2003 年，针对“六合彩”赌博活动猖獗，惩处违法犯罪 9 起、12 人。2004 年，受理刑事案件 225 件、313 人，比 2003 年上升 18.42%、6.69%，审结 223 件、293 人，比 2003 年上升 18.6%、5.4%。2005 年，惩处贪污、贿赂职务犯罪及危害市场经济秩序犯罪案件 7 件、10 人。2006 年 11 月，审理法院建院后首例非法种植罂粟、制造鸦片案，以制造毒品罪各依法判处被告人雷某某、郑某某有期徒刑 8 年、并处罚金 1 万元。2007 年，严惩抢劫、抢夺、盗窃、侵犯财产和故意伤害等暴力犯罪，审结“两抢一盗”案件 92 件、159 人。2008 年，开展“打黑除恶”专项斗争，依法审理，涉嫌组织领导参加黑社会性质组织罪、聚众斗殴罪、非法拘禁罪、寻衅滋事罪、故意伤害罪郑某某、吴某某等 13 人，分别对被告人判处 3 年—7 年有期徒刑 10 人，3 年以下有期徒刑 3 人。

1993—2008 年，共审结各类刑事案件 2822 件、4396 人，依法判处有期徒刑 10 年以上 172 人，5 年—10 年 460 人，5 年以下 1862 人，缓刑 924 人，拘役 369 人，免于刑事处罚 10 人，单处或并处罚金 1745 人、214.7 万元。

第五节 少年审判

1997年，县法院设立少年审判庭，加强对未成年人刑事犯罪案件审判，同时开展法律进校园活动。1998—1999年，针对未成年人犯罪案件增多，坚持“教育、感化、挽救”的方针，选择典型案件，召开宣判大会8场，以案释法，寓教于审。2000—2004年，聘请公安民警、检察官和法官到9所中、小学作法制报告45场，受教育3万多人。2005年，县法院从县关工委、未成年人保护委员会、团县委、县妇联、城区各学校聘任未成年人刑事审判社会调查员志愿者15人，开展庭前社会调查，形成调查报告提交法院。对18名未成年人初犯、偶犯对象，按照宽严相济的刑事政策，单处罚金或宣告缓刑。2006年，依托县一中、交警大队、关工委、妇联配合摄制《为青春护航——女生如何防范性侵害》《为了花儿不再凋零——道路交通安全教育》等“本周说法”电视节目专题片，在城乡中、小学播放，受教育学生3万余人。

2007年，在均溪镇玉凤居委会成立社区预防青少年违法犯罪联络室，探索“预防为主、帮教结合”少年审判新模式。2008年，对12名城区户籍的未成年缓、管、免刑犯纳入爱心帮教对象，建立档案、跟踪回访。

1997—2008年，共开展“法律进校园”讲座52场次；审结未成年犯罪案件217件、398人，其中在校生31件、53人。

第六节 民事审判

一、经济审判

1993年，县法院首次受理破产案，依法裁定县公交公司、文江电化厂破产还债。1994—1995年，经济审判庭调解中心共调解经济纠纷案件194件，标的1329.5万元。1996年，为前峰企业（集团）公司追回被省外企业拖欠的货款287万元，帮助其协调解决偿还县工行旧贷余额。1997—1998年，随着经济体制改革深化，各种经济关系矛盾相应增多，经济纠纷案件数、诉讼标的额都有较大上升，共受理此类案件579件，诉讼标的4700万元。1999年，以实施《中华人民共和国合同法》为契机，依法审结各类经济纠纷案件209件。加强对企业承包、租赁、联营、兼并等案件审理，审结涉及国有企业案件38件，争议标的500万元。2000—2001年，采用简易审，审理县林化厂、合成氨厂、一铁厂破产案，标的共2302.3万元，盘活资产1065.9万元。

1993—2001年，共受理经济纠纷案件1735件，审结1730件，解决标的2.09亿元（含破产案件2302.3万元）。2002年起，经济案件归入民事审判。2003年，经济审判庭改为民事审判第二庭。

二、民商事审判

1993年，诉讼主体和案件类型出现很大变化，县法院及时调整各诉讼主体间权利义务的法律关系，化解矛盾纠纷。当年，离婚案件有上升势头，上半年受理72件，占民事案件36.5%；审结首例侵犯名誉权、涉港房屋产权纠纷案件各1件。1994—1995年，民事案件激增，共审结各类民事案件1256件，涉及债务类381件，占民事案件首位。1996年，严把审理质量关，力求做到当事人服判息诉，上诉率比1995年下降40%。

1997—1998 年，上京法庭干警为方便群众诉讼，打着手电到农户家中办案，被誉为“手电法庭”；建设法庭自备审判桌椅墟日开展巡回办案，就地受理，就地审结，被誉为“墟日法庭”。1999 年，民事审判实行以调为主，其中调解梅山乡 53 名民工与梅山小学劳资纠纷案件，做到案结事了。2000 年，强化庭审功能，简化办案手续，推广繁简分流、当庭裁判制度。审结民事案件 643 件，其中适用简易程序占 84.3%，当庭裁判率 76.5%。2001 年，以实施新修订的《中华人民共和国婚姻法》（简称《婚姻法》）为契机，审理池某某诉与罗某某解除同居关系案，查明池某某有外遇，依法解除其同居关系，并将双方共有 1 幢房屋判给无过错方罗某某所有，罗某某成为实施新婚姻法后县内第一个受益者。

2002 年，经济、民事纠纷案件统称“民商事纠纷案件”。当年，审结 741 件，其中商事纠纷案件 138 件，解决标的 3868.68 万元（含破产案 1701.53 万元），涉及国有企业经济纠纷案件 66 件，比 2001 年上升 73.7%，解决标的 2671.4 万元。适用简易程序 663 件，占 89.47%，当庭裁判（含调解）率 73%。2003 年，加大涉农案件审理力度，依法审结吴某某等人出售假化肥造成 28 户烟农经济损失及奇韬 60 户村民水田被煤矿污染赔偿案件。2004 年，在审理桃源水泥厂破产案时，发现近百吨水泥熟料粉散落在场地上，若被雨水冲入农田和河流，将造成严重环境污染，影响当地农民生产与生活，县法院及时督促厂方砌筑围墙拦堵，消除隐患。

2005 年起，县法院重视法律效果与社会效果结合，及时把矛盾化解在基层和萌发时。当年 7 月，奇韬镇奇韬村陈某甲诉陈某乙父子人身伤害赔偿案，法官做细做活双方思想工作，达成协议，化解仇怨，平息宗族间 100 多人参与的纷争。2006 年，审结县纺织总厂破产案，涉案标的 8999.38 万元；审结县包装物制品厂、县岩峰制造有限公司破产案，涉案标的 669.69 万元。2007 年，建设法庭依托调解联络室，联合有关部门成功调解广平镇苏桥村廖某某等人 20 多年老宅基地纠纷。同年 4 月，交通审判巡回法庭成立，至 2008 年底，共受理交通事故赔偿纠纷案件 729 件，结案 701 件。其中，当天立案审结 695 件，当即履行赔偿 580 件，解决标的 1078 万元。审结的案件无申诉、无上访，仅 9 件进入执行程序。

1993—2008 年，受理民商事案件 1.32 万件，审结率 99.97%。

县法院在交管大队设立“交通审判巡回法庭”（2007 年摄）

第七节 行政审判

1993 年，县法院审理撤销武陵乡政府关于林业方面执法不当的行政处罚 1 件。1994 年，贯彻全国行政审批工作会议精神，受理审结“乱收费、乱罚款、乱摊派”侵犯公民、法人合法权益行政案件 5 件。1995 年，实施《中华人民共和国国家赔偿法》，早兴乡政府在强制拆除柯坑村村民杨某某未经批建的拖拉机房时，土墙倒下，致杨某腰椎粉碎性骨折，县法院依法裁定乡政府赔偿杨某医药费 2 万余元。1996 年，根据省高院与省公路局关于建立行政执行联络室的规定，强制执行拆除省道 306 线、307 线两侧红线范围内违章建筑 19 座、2030 平方米，为“先行工程”建设提供司法保障。1997 年，行政非诉案件大幅上升，执结 180 件、标的 100 万元，涉及物价、路政、公路稽征、土地、工商、水土等部门。1998—2000 年，审结行政案件 35 件，其中撤销或变更 18 件。

2001—2003年，注重提高行政审判质量与效率，审结行政案件51件，无超审限、无改判或发回重审。2004—2006年，加强与计生部门配合，重点加大社会抚养费征收力度，开展专项执行活动。涉及计生非诉行政执行案件，分清超生与早育界限，明确处罚程度，使抚养费征收更加规范。2007年，尝试将协调机制引入行政审判，受理行政诉讼案件15件，协调结案11件。2008年，执结首例兵役行政处罚案。

1993—2008年，共受理并审结行政诉讼案件156件，非诉行政执行案件1235件。

第八节　林业审判

1993年，县法院林业审判庭重点加强山林权属纠纷案件审理。黄城林场诉黄城村委会林木侵权纠纷案，依法判决被告赔偿黄城林场经济损失5000元。1994年4月，被告人涂某某未经林业主管部门办理采伐许可证，滥伐自留山林木42立方米，判处其拘役5个月，没收非法所得7800元。1996—2004年，县内造林承包合同和林业贷款合同纠纷较多，开展林业政策、金融法规宣传和咨询，确保金融部门资金回笼。

2001年，审结首例违法发放采伐证案件，依法判处石牌林业工作站林某某、施某某各拘役3个月、缓刑6个月。2003年，被告人吴某某未经林业主管部门审批，开设“金光佛”木雕店，加工国家Ⅰ级保护植物红豆杉制品7件、Ⅱ级保护植物香樟制品4件，构成非法加工国家重点保护植物罪，依法判处被告人有期徒刑6个月、缓刑1年，并处罚金3000元。2006年，调处林某某等4户诉郑某某等22户村民非法转让林木所有权案。2007年，森林火灾案件上升，采取集中宣判、到案发地宣判等方式，以案释法，教育群众不在野外用火，建议林业部门增派巡山员，做好防火护林。当年，陈某某等16人以营利为目的，非法买卖省内木材运输证488份、材积4520.6立方米，对被告人分别判处有期徒刑5年10个月、管制等刑罚。

1993—2008年，共审理林业各类案件583件，其中刑事427件、民事80件、经济73件、行政3件。

第九节　审判监督

2000年，县法院设审判监督庭，审判监督专业化。配备审判员3人、档案管理员1人，负责从立案、排期、送达、结案到卷宗装订全程监督及再审案件审理，每季度开展1次办案质量检查。配置监视器6台，及时监督开庭情况、庭审纪律作风。2001年，对案件流程管理增加庭前调解、执行案件流程管理、执行告之制度、罚则等，实行“一案一卡、一案一评、一案一结果”制度。2002年，开展“抓纪律、树正气”活动，完善监督机制，延伸监督范围，形成制度落实和制度健全互动机制，促进队伍建设由他律向自律转变。2003年，开展审判执法大检查，查出存在瑕疵案件49件，予以纠正。

2005年，加强审判上诉抗诉、申诉上访、改判发回、案件未结、审限内结案、调解撤诉、执结、执结标的到位、人均结案、归档率等“十率”监督管理，提高审判质量与效率。保持诉讼案件法定审限内结案率100%，调解撤诉率、比2004年上升5.89%、执法率上升11.53%、执行标的到值率上升13.98%，而申诉上诉率下降1.55%、改判发回率下降11.12%、案件未结率下降3.65%。2006年，评查案件1404件，编发审判督查通报12期、案件评析4期。2007年，整理《司法规范化建设制度汇编》，加强对审判、执行、勤政、廉政等监督管理。2008年，开展庭审纪律作风督查9件。

2000—2008年，累计评查案件1.47万件，庭审作风监督45件，审结再审案件25件，编发审判监督通报108期，案件评析36期。

第十节 案件执行

1993年，县法院执行庭配干警6人、专用车1辆，执结各类案件201件、标的221万元。1994年起，实行审执分开，当年，执结194件、标的261万元。1995—1997年，受理执行案件1100件，执结943件，占85.73%，标的1109万元。1998年，根据省高院“百日执行大会战”活动的部署，开展“拂晓行动”和“中秋行动”，共出警117人次、传唤被执行人237人，共执结案件624件、标的904万元，案件执结数和标的额分别比1997年上升46.48%、92.346%，被省高院评为“百日执行大会战”先进单位。1999年6月，执行强制拆除广平镇栋仁村村民未经批准在河道上违章建店铺案1起，引起社会强烈反响，《法制日报》《福建法制报》《三明日报》分别作了报道。

2000年，加强审理执行兼顾和配合，受理执行案件数比1999年下降27.5%。2001年，改进执行工作方式，推行“执行登记备案”“执行情况向执行人告知”“发放债权凭证”和统一委托评估拍卖机构等制度。全年执结587件、标的2328万元，执行标的比2000年上升105%。2002—2003年，执结涉及国有企业和金融部门案件46件、标的661.8万元。2004年，加大对拖欠农民工工资、工程款、工伤赔偿款的执行力度，保护弱势群体合法权益，执结15件、标的54.6万元。2005年，依法评估拍卖和司法拘留各11件次，划拨金额318万元，其中为企业追回外欠资金204万元。

2006年，县委、县政府将案件执行工作纳入全县综治工作考核范围。完善执行局(庭)内设机构设置，设执行审查、实施、综合组，集中半年时间，专项清理执行积案48件，涉案金额823.27万元。2007年8月，抽调8名法警充实执行第一线，分组划片到各乡镇开展“百日执行大会战”统一行动，执结108件，占年执结数33.54%。当年，在桃源镇桃源村执结影响水田种植赔偿案1起，涉及农民320户。2008年12月，县委、县政府专题研究并召开动员大会，部署清理执行积案活动。建立执行联络员制度，聘请村镇执行联络员266人；建立健全执行工作威慑联动机制，完善案件信息管理系统，采取冻结银行账户、限制出境和在征信系统记录等，促进执行工作良性循环。全年执结535件，比2007年提高66.15%，标的1061.1万元。被执行人陈某某长期外逃躲债拒不履行义务，犯拒不执行法院判决裁定罪，依法判处其有期徒刑1年、缓刑1年。

1993—2008年，受理案件6748件全部执结、标的1.7亿元，维护司法权威，保障公民、法人和其他组织的合法权益。

1993—2008 年大田县人民法院受理、审结各类案件情况表

表 19-10

年份	刑事								民（商）事		经济		行政		执行			其他		合计	
	受理件数（件）	审结件数（件）	判处刑罚					判处免刑（人）	受理件数（件）	审结件数（件）	受理件数（件）	审结件数（件）	受理件数（件）	审结件数（件）	受理件数（件）	执结件数（件）	标的金额（万元）	受理件数（件）	审结件数（件）	受理件数	审结件数
			5年以上（人）	5年以下（人）	拘役（人）	缓刑（人）	单处并处罚金（万元）														
1993	95	95	48	63	7	5	0	1	429	427	98	97	7	7	201	201	221	–	–	830(—)	827
1994	135	135	66	78	4	17	0	0	592(2)	580	181(1)	177	5	5	194	194	261	2	2	1109(3)	1093
1995	132	132	47	89	4	5	0	0	674(14)	676	178(5)	180	3	3	200	200	271	1	1	1188(19)	1192
1996	194	194	89	99	1	17	0	0	640(12)	650	161(3)	163	6	6	317	317	422	0	0	1318(15)	1330
1997	102	102	57	82	4	27	17	0	833(2)	821	243(1)	237	13	13	583	426	470	180	180	1954(3)	1779
1998	111	111	16	76	26	50	68	0	920(14)	925	328(7)	327	12	12	514(157)	624	904	0	0	1885(178)	1999
1999	149	149	35	132	33	53	135	2	940(9)	939	207(8)	209	8	8	758(47)	789	1724	34	34	2096(64)	2128
2000	178	178	21	106	25	64	120	0	644(10)	643	168(6)	168	15	15	499(16)	482	1135	17	17	1521(32)	1503
2001	186	185	43	109	25	100	181	0	651(11)	640	171(6)	172	14	14	572(33)	587	2328	18	18	1612(50)	1616
2002	199(1)	200	15	128	16	98	122	2	735(22)	741	0	0	16	16	559(18)	479	1120.5	15	15	1524(41)	1451
2003	190	186	24	127	41	39	148	1	662(16)	662	0	0	22	21	450(98)	429	1693.4	2	2	1326(114)	1300
2004	221(4)	223	24	161	36	51	159	1	708(16)	711	0	0	7(1)	8	407(119)	461	2374.1	0	0	1343(140)	1403
2005	244(2)	244	23	141	36	73	162	0	784(13)	780	0	0	4	4	295(65)	357	1286.1	0	0	1327(80)	1385
2006	216(2)	218	28	133	34	89	171	0	777(17)	777	0	0	6	6	344(3)	345	921.5	58	58	1401(22)	1404
2007	237	235	43	169	43	91	214	1	1478(17)	1472	0	0	15	15	320(2)	322	774.6	51	51	2101(19)	2095
2008	235(2)	235	53	169	34	145	248	2	1770(23)	1750	0	0	3	3	535	535	1061.1	59	59	2602(25)	2582
合计	2824	2822	632	1862	369	924	1745	10	13237	13194	1735	1730	156	156	6748	6748	16967.3	437	437	25137	25087

说明：林业案件归入以上各类案件中；其他案件指支付令、再审、行政非诉部分案件；（ ）内数据为上年未结数

专记

建设人民法庭

1982年，建设人民法庭在建设公社街道边设立，干警5人，辖建设、广平、奇韬、太华、文江5个公社83个大队，辖区面积700平方公里，人口13万。至1995年，由于经费不足、设施差，每年办案不足百件，存在群众告状难。

1996年6月，建设法庭立足农村实际，提出“建人民满意法庭，做人民满意法官”工作目标，设立法官责任片区、巡回办案、当天送达法律文书，开辟司法服务新路子。将辖区分成3个片区，各由1名法官负责片区案件审理和乡村调委会指导、法律咨询工作，并在各村公示片区法官姓名、职责、联系电话及巡回办案时间、地点，发放“便民联系卡”，方便群众联系监督；干警制作“便携式审判台”，自备桌椅到田间地头、集镇墟日巡回开庭审案，不扰干部、群众，方便诉讼，又体现司法公正、透明，群众誉为“墟日法庭”；实行庭、院电脑联网，法官利用庭审后休息时间，及时制作法律文书，需领导签发的案件直接在网上修改、签发，案件审结当天送达法律文书，案件审理周期平均缩短7天，减少当事人讼累。

1999年7月，建设法庭开展“走百村入千户、巡回办案万里行”活动，选择农村典型案例，制作“流动法制宣传栏”，举办模拟法庭，入校宣讲法律常识，让法律进村入户。2000年6月，在全省基层法庭率先成立党支部，建立党员示范岗，党员带头办大案、难案。法庭建立诉前、庭前、庭中、庭后立体调解方法，将矛盾化解在萌芽时。诉前对巡回办案了解的纠纷，践行“有纠纷找建设法庭”的诺言，进行疏导教育。2001年，文江乡1起村民相邻排水纠纷，干警6次到现场调解，双方终于达成协议，平息纷争。同年4月，法庭受理广平镇张某诉池某借款纠纷案，法官到场宣讲有关法律法规，耐心做思想工作，圆满解决该案涉及借款、婚姻、扣车3项纠纷，次日，张某与池某携手给法庭送上“公正审判、效率显著”的锦旗。法庭倡导“来相迎、走相送”文明庭风，印制诉讼指南、设立预约法官栏、提供诉状填写样式等，方便当事人诉讼。

2002年，审理1起房屋护坡被挖引发的索赔案，法庭克服就案办案的做法，营造有利调解氛围，法官不是先委托鉴定，而是让当事人先协商确定损失情况，经3次调解，双方和解，被告方主动帮原告按新方案砌好护坡。同年，太华张地村在闽南务工的两村民诉讼解除婚姻关系，法庭利用简易程序，从立案到送达法律文书仅1小时40分钟。2003年，法庭调解延伸到调解文书的履行，出具建议函由社会机构协助落实，使法律效果与社会效果统一。

2007年，建设法庭在辖区村设立“人民调解联络室”、建立人民调解员培训、参与庭前调解、矛盾纠纷排查等制度，增强人民调解与诉讼调解化解社会矛盾的整体合力。建爱村1名4岁男孩不慎掉进邻居新挖的化粪池溺死，家人准备“持久战”；人民调解联络室启动预案，经8个多小时的耐心工作，终使双方达成协议，由房主一次性赔偿6.5万元，事情发生至解决不到48小时，村民称赞调解联络室作用大、效率高。同时，在派出所警务室设立“法庭调解联络室”，与司法调解室构建“三室合一”的民间纠纷调解新格局，警务室、司法所与法庭配合，法庭充分发挥调解工作优势，化解大量纠纷，被当地公安派出所称为“公安的110”。

2008年，协助辖区乡镇成立“综治服务中心”，提供治安防控，法律咨询、矛盾排查、纠纷调处等“一站式”服务。菖坑村两妇女发生口角，一方回家后情绪激动，诱发有病变的脑血管破裂而死亡，死者家属坚决要求另一方给予赔偿并追究刑事责任，冷冻遗体、持续上访。法官考虑双方家庭都较困难，与有关部门、村调委会、驻村干部联动，对双方进行8次疏导教育，督促被告方筹集赔偿款3万元，并协调有关部门给予死者家属适当困难补助，使该案圆满解决。人民法庭、调解联络室、综治服务中心“三位一体”调解机制，使诉讼调解与人民调解、行政调解互动衔接，分工协作、优势互补，辖区内民事纠纷、诉讼案件、刑事案件减少，法庭无执行积案、无涉案上访。2007—2008年，建设法庭帮助村完善调解组织 76 个，举办调解员培训 46 期、700 人次，指导调委会调解纠纷 450 起；巡回办案发现的纠纷苗头，及时给村调委会法律指导，派员参加乡镇综治例会，提出防控措施，辖区内没有发生民事转刑事案件，年收案从 300 多件降至 100 多件，促进辖区社会和谐稳定。

1996—2008 年，建设法庭干警行程 12 万公里，巡回法律宣传 1100 余次，入户 2000 多户，办案 2100 件，解决纠纷 2000 余起；为中小学上法制课 50 多场次，受教育学生 2 万人次。同时，坚持调解为先，推行审务公开，连续 10 年调解率保持 70% 以上；争创“零判决法庭”，审结案件无发生发回重审和改判，成为经得起考验的“铁案”，当事人服判息诉率 97%。其间，1998—1999 年，建设法庭分别被最高人民法院、省高级人民法院、市中级人民法院记集体一、二、三等功，获“全省法院创建公正文明窗口活动先进单位”称号；省高院、中共三明市委和大田县委、县政府号召“向建设法庭学习”。2001—2002 年，被省高级人民法院记集体一等功，被省委授予“先进基层党组织”、中组部授予“全国农村‘三个代表’重要思想学习教育活动先进集体”称号。2003—2004 年，获省、国家“创建文明行业工作先进单位”“职工职业道德教育先进单位”称号。2005 年，获“中国十佳人民法庭”“全国优秀人民法庭”称号；省委政法委、省高级人民法院作出“向建设法庭学习”的决定。

1996—2008 年，建设法庭集体获国家级表彰 6 项、省市级 11 项；干警立二、三奖功 6 人次，获国家、省、市“人民满意政法干警”“新长征突击手标兵”“优秀法官”12 人次。

建设法庭深入农户开展巡回办案（2007 年摄）

第五章 司法行政

1993 年起，县司法行政部门继续开展“二五”“三五”“四五”“五五”普法教育活动。当年，举办“法制宣传一条街”和参加全国宪法知识竞赛活动。1994 年，开展“故乡呼唤”帮教活动。1995 年，岩城法律事务中心成立，独立承担民事责任。1999 年，成立法律援助中心。2000 年，开设“12348”法律服务专线电话。2001 年，制定《大田县刑释解教人员安置帮教工作规则》，规范刑释解教人员管理。2004—2005 年，设立人民调解工作领导小组和办事机构。2007 年，开展以“学法律、讲权力、讲义务、讲责任”为主题的进机关、单位、社区、企业、学校、农村、家庭、军营、“高墙”的“九进”活动。2008 年，开展矛盾纠纷大排查大调解活动。司法部门为维护全县社会稳定、促进经济发展、推进民主法治建设提供法律服务和法律保障。

第一节 机构

一、大田县司法局

1993 年，县司法局内设人事秘书科、基层工作科、宣传教育科，在编 18 人。1999 年 8 月，县司法局由县政府大院搬迁至县城南山路253号。新建司法大楼占地1143平方米，建筑面积6400平方米，造价450多万元；12月，成立县法律援助中心和县“148”（专线电话）法律服务协调指挥中心。2002年11月，机构改革确定局机关行政编制13人。2003年4月，县纪委、监察局在司法局派驻监察室。2008年，机关在编16人。

1993—2008年，县司法行政部门受国家级、省级、市级表彰单位33项次、个人19人次。其中，获司法部司法行政一级金星荣誉奖章2人、二级2人，银星荣誉奖章6人。

二、乡镇司法所

1993年，全县18个乡镇设司法办公室，各配司法助理员1人。2002年11月，各乡镇司法办司法助理员收编建立司法所，均溪、石牌、上京、桃源、太华、建设、广平、奇韬、文江、梅山等10个乡镇司法办改为司法所，股级单位；华兴、湖美、前坪、屏山、吴山、济阳、谢洋、武陵等8个乡派驻司法助理员，撤销司法办。司法所和司法助理员实行县司法局和乡镇政府双重领导，以司法局管理为主的管理体制，司法助理员专项编制25人。2006年8月，华兴、湖美、前坪、屏山、吴山、济阳、谢洋、武陵等8个乡设立司法所。2008年，全县司法所18个、编制25人。

第二节　普法教育

一、“二五”普法

大田县根据全国“二五”（1991—1995年）普法规划，开展以宪法为核心，以专业法为重点普法宣传教育活动。乡镇、建制村、居委会和各学校、企事业单位共调整充实普法领导小组405个，培训普法宣传员400人。“二五”普法重点对象是领导干部、执法人员、职工、青少年。重点内容是《中华人民共和国宪法》《中华人民共和国企业法》《中华人民共和国劳动法》《中华人民共和国森林法》《中华人民共和国治安管理处罚条例》等15部法律法规。1993年，举办“法制宣传一条街”活动，参加全国宪法知识竞赛8000多人。1994年，举办企业法人培训班4期，对386家企业法人进行《中华人民共和国公司法》《中华人民共和国反不正当竞争法》《中华人民共和国经济合同法》《中华人民共和国商标法》《中华人民共和国广告管理条例》等知识培训；与人大法制委、农业、劳动、消委会、综治、工会等部门联合举办《中华人民共和国农业法》《中华人民共和国劳动法》《中华人民共和国消费者权益保障法》《中华人民共和国工会法》及人民代表大会相关法律等知识竞赛5场。

“二五”普法期间，购买及编印各种宣传材料、书籍、法规汇编2.45万份（册）、辅导材料1.09万份，出墙报950期，播放幻灯1632场次、法制录像223场次，举办普法培训班65期、参训1.05万人；聘请法制宣传员1672人，举办法律知识竞赛19场次和大型法律法规宣传踩街活动5场、受教育8万人次。1995年11月，“二五”普法工作通过依法治市领导小组检查验收。

二、“三五”普法

1996年8月28日，县委、县政府批转县委宣传部、县司法局《关于在全县公民中开展法制宣传教育的第三个五年规划》。9月8日，县委、县政府召开“二五”普法总结表彰暨“三五”（1996—2000年）普法动员大会；9月9日，县第十二届人大常委会第二十二次会议作出《继续深入开展法制教育的决议》。“三五”普法对象是所有接受能力的公民，重点对象是县（处）级领导干部、司法、行政执法和企业经营管理人员、青少年。重点内容是《邓小平论民主法制建设》《社会主义法制建设基本知识》等社会主义市场经济法律和与公民生产生活密切相关的法律法规。1999年，县委中心组学习《中华人民共和国宪法》；县委党校举办科级干部法制培训班2期；县政府举办行政执法专题讲座1场，

35个部门、961人听讲。2000年，组建县法制宣讲团成员44人，到机关、企业、农村、学校宣讲133场次、受教育6.13万人；邀请辽宁省新星艺术团演出大型法制文艺“司法之光”1场。

“三五”普法期间，共举办各类法制培训班216期、参训2.2万人次，出宣传栏、黑板报、墙报共8554期，举办各类法制宣传主题活动240场次和法律知识竞赛、测试、演讲、文艺演出149场次，编印《农村法律常识读本》3500册、“普法宣传”报5.5万份。2000年12月，“三五”普法工作通过依法治市领导小组检查验收。

三、“四五”普法

2001年9月20日，县委、县政府批转县委宣传部、县司法局《关于全县公民中开展法制宣传教育的第四个五年规划》。10月15日，召开全县“三五”普法总结表彰暨部署“四五”（2001—2005年）普法会议。“四五”普法重点对象是各级领导干部、司法和行政执法人员、青少年、企业经营管理人员。重点内容是邓小平民主法制理论和江泽民有关法制建设重要论述、社会主义市场经济和国家基本法律法规、与公民生产生活密切相关的法律法规。当年起，每年学生寒、暑假期间，与县综治委、教育局等相关单位组织全县各中学学生开展“带‘法’回家”普法实践活动。全县22所中学3万多名学生采用广播、墙报、板报、街头宣传、法律咨询、问卷调查、入户宣传等多种形式宣传法律知识，被誉为“大田县历史上规模最大”的普法宣传活动《福建日报》、《三明日报》、福建电视台、东南电视台等省、市新闻媒体对此做了专题报道，省《德育》杂志、教育部《中国德育》杂志也为此发表了专论。2002年，县委宣传部、人事局、司法局联合制定并组织实施《关于在全县公务员中开展学法用法活动和进行依法行政培训的实施意见》。2004年，为全县中小学校配备法制副校长或兼职法律教师95人。全年举办矿山安全生产经营管理人员教育培训3期、200多人。2005年9月，全县副科级以上领导干部863人进行法律知识统一考试，合格率100%、优秀率85%。

“四五”普法期间，共举办法律咨询180场次，接待群众咨询1.4万人次，挂跨街横幅标语2000条，发放宣传资料20万份，张贴法制宣传画2000幅，出宣传栏1600期，宣传法律法规60部。举办各类培训班34期、参训4521人。2006年9月，“四五”普法工作通过依法治市领导小组验收。

四、“五五”普法

2006年10月10日，县委、县政府批转县委宣传部、县司法局《关于在全县公民中开展法制宣传教育的第五个五年规划》。11月2日，召开全县“四五”普法总结表彰暨“五五”（2006—2010年）普法动员部署会议。“五五”普法重点对象是公务员、青少年、企业经营管理人员和农村居民。重点内容是与经济社会发展、整顿和规范市场经济、群众生产生活及维护社会稳定相关的法律法规。2006年，奇韬、上京、建设等镇率先组建由离退休干部、教师组成“夕阳红”普法队，上街、进村、入户

“四五”普法宣传活动（2001年摄）

交通安全法宣传（2004年摄）

开展法制宣传。2007年，开展以“学法律、讲权利、讲义务、讲责任”为主题的“九进”活动；联合县委政法委、教工委在一中建立青少年法制教育基地，首期展馆主题为“反邪教警示”。2008年，举办农村干部法律知识培训班21期、企业经营管理人员培训班7期，公务员行政法规和公共管理知识轮训1531人。

2006—2008年，共举办法律咨询119场次，接待群众1.24万人次，发放《“五五”普法基础知识问答》《社会主义新农村建设法律知识手册》等宣传资料68.83万份，张贴标语1.8万条，法制宣传画3万幅，出宣传栏530期，举办各类培训班179期、参训1.06万人。

第三节　人民调解

1993年，全县有157个村建立“十户调解员”制度。1995年，县法院分别与尤溪县、永安市、三元区签订边界纠纷防范调解协议。2000年，县司法局与县委政法委、综治委联合发出《关于加强矛盾纠纷排查调处的工作意见》，建立接待与登记、社会稳定分析会、信息报送和督办反馈、检查考核等四项制度，采取“走下去”“走出去”“走上去”“走法律渠道”的“四走”形式，抓好矛盾纠纷调处工作，5月，处置济阳至涂山公路人为群体性堵车事件1起。2001年，全县50人以上的企事业单位共有调委会12个、调解人员86人。2002年，退休干部郭仁坦被司法部授予全国模范人民调解员称号。2004年，县综治委设立指导人民调解工作协调小组及办公室，乡镇设立人民调解领导小组和办事机构，全县271个村（居）调委会，基本达到规范化标准的245个。当年，举办调委会主任、调解员业务培训班16期、参训450人。2005年，开展调解质量年活动，建立健全纠纷调处制度，规范调解文书，评选优秀调委会25个，优秀调解员51人。2006年，建设、桃源、石牌、谢洋、广平、华兴6个乡镇调委会分别调处了损坏国防光缆赔偿、学生溺水死亡赔偿、交通事故引发的丧葬费偿付、坑口水库水面养殖、祖墓与房屋相邻权属、跨县非正常死亡赔偿等纠纷7起，其中上百人、上千人群体性纠纷各1起。2007年，侧重抓7个县级、36个乡级调解示范村和70名示范调解员培育工作。当年5月，开通人民调解信息网，实现省、市、县信息互通；7月，试行华兴司法所与城关派出所华兴警务室合署办公，解决辖区相关事务。2008年，开展矛盾纠纷大排查大调解活动，维护奥运期间社会安定、稳定，北京奥运会期间无进京上访。

1993—2008年，全县共调解各类纠纷案件2.09万件。其中，家庭纠纷5712件，邻里纠纷1535件，房屋宅基地纠纷1272件，债务纠纷2494件，生产经营纠纷593件，其他纠纷9290件。防止“民转刑”案件98件，群体性上访51件、1320人，群众性械斗75起，非正常死亡25件、32人。

第四节　安置帮教

1993年，县刑释解教人员安置帮教工作协调小组采取“一帮一”或“多帮一”，对全县63名帮教对象实行定人员、定任务，责任到人进行帮教。县检察院组织有单位联手监所管教干部，对大田籍服刑人员持续开展“故乡在呼唤”帮教活动，帮助清流监狱二大队筹建图书室，为宁化监狱服刑人员文化学校捐课本，检察长、法院院长、公安局局长“三长”和老师、单位领导等给服刑人员写鼓励信等。最高人民检察院简报曾对该帮教活动做介绍。1994年，组成帮教团分三路赴永安、清流、建阳监狱开展“故乡在呼唤”帮教活动。给服刑人员赠送反映家乡新面貌的明信片一套 9 张，播放放映大田两个文明建设电视专题片。1997 年，18 个乡镇相继成立刑释解教人员安置帮教工作领导小组，设立办公室，落实责任人，帮教刑释解教人员。梅山乡村民陈某刑释回归后，乡司法助理员多次与乡政府、村委会联系，帮扶其发展养殖业，当年，创收 7 万多元。2001 年，县综治委制定《大田县刑释解教人员安置帮教工作规则》，规范刑释解教人员管理。9 月，市刑释解教人员安置帮教工作现场会在县召开。2002 年，创办福塘、温镇临时安置生产基地，培育东升纸袋厂等临时安置企业 13 家、安置 17 人。2004 年，举办刑释解教人员实用技术培训班 2 期、参训 113 人次。2006 年 9 月，建立刑释解教人员安置帮教工作数据库，对刑释解教人员实行电脑化管理。2007 年，深化“一帮一”“多帮一”结对子活动，与新回归人员见面谈心，对年老体弱、生活困难释解人员，落实低保措施。2008 年 1 月，帮教团成员到县看守所对未成年人罪犯开展“关爱行动”。年底，全县安置帮教机构 289 个，建立帮教小组 288 个，累计帮教 1524 人。

1993—2008 年，全县刑释解教人员 3150 人，重新犯罪率 1.7%，低于全国 3% 的考核标准。

第五节　法律服务

一、律师

（一）律师事务所

福建岩城律师事务所　创办于 1980 年，曾名大田县法律顾问处、大田县律师事务所、大田县第一律师事务所、三明岩城律师事务所。1989 年，改制为自收自支事业单位。1997 年，改制为合伙制律师事务所。2000 年 6 月，更名为福建岩城律师事务所，有律师 4 人和辅助人员 3 人。2008 年，机构、人员数不变。

福建宏岩律师事务所　1994 年创办，自收自支事业单位，原名大田县第二律师事务所，三明宏岩律师事务所。2000 年，改制为合伙制律师事务所，更名为福建宏岩律师事务所，有律师 6 人和辅助人员 1 人。2005 年，设立党支部，2008 年，机构、人员人员数不变。

福建协胜律师事务所　2003 年创办，为合伙制律师事务所，有律师 5 人和辅助人员 2 人，2008 年，机构、人员不变。

（二）律师业务

1993 年，岩城律师事务所为全县 60 家企事业单位担任法律顾问。1994 年，宏岩律师事务所为 20 家企事业单位担任法律顾问。2003 年，协助律师事务所为 12 家企事业单位担任法律顾问。2005 年，县司法局与信访局联合制定《关于进一步加强律师参加信访工作的意见》，对律师事务所与信访工作的程序、职责、要求作出具体规定。2008 年，受聘担任各单位法律顾问岩城律师事务所有 35 家、宏岩律师事务所有 61 家、协胜律师事务所有 31 家。岩城律师事务所共代理各类案件 2371 件、非诉讼法律事务 145 件，解答法律咨询 9925 人次，为当事人挽回和避免经济损失 1 亿元；宏岩律师事务所共代理各类案件 2270 件、非诉讼法律事务 66 件，解答法律咨询 9830 人次，为当事人挽回和避免经济损失 1000 万元；协胜律师事务所共代理各类案件 864 件、非诉讼法律事务 61 件，解答法律咨询 3380 人次，为当事人挽回和避免经济损失 3000 万元。

1993—2008 年大田县各律师事务所工作情况表

表 19-11

年份	单位	担任法律顾问（家）	刑事辩护（件）	民事代理（件）	经济代理（件）	行政诉讼代理（件）	非诉讼事务代理（件）	解答法律咨询（人次）	业务收费（万元）	挽回经济损失（万元）	涉及经济标的（万元）	代写法律文书（件）
1993	岩城	60	65	66	41	3	4	700	17.50	218	636	292
1994	岩城	62	63	70	52	1	10	720	20.50	425	787	226
	宏岩	20	53	36	24	5	6	650	6.10	100	270	110
1995	岩城	62	50	87	58	1	12	850	22.50	685	1050	205
	宏岩	28	47	55	25	5	5	670	7.10	120	200	134
1996	岩城	65	92	98	57	—	10	900	28.00	719	1120	248
	宏岩	32	57	59	28	—	2	690	12.00	200	500	190
1997	岩城	60	31	59	44	—	16	700	33.00	379	1200	197
	宏岩	35	34	62	27	—	2	800	14.00	215	550	182
1998	岩城	59	34	63	39	—	13	350	34.00	652	1800	210
	宏岩	37	25	78	32	—	2	720	16.80	345	610	167
1999	岩城	57	39	62	41	—	11	620	38.00	910	2500	234
	宏岩	40	34	83	16	—	3	650	18.00	420	650	159
2000	岩城	52	32	60	39	—	13	550	36.00	880	3000	211
	宏岩	42	40	85	18	—	4	630	18.55	430	750	120
2001	岩城	45	28	55	37	—	12	450	35.10	620	4100	217
	宏岩	43	45	85	21	—	5	620	20.50	450	850	101
2002	岩城	47	31	39	24	—	9	510	37.00	570	1900	222
	宏岩	45	24	82	28	1	2	570	21.80	635	980	106
2003	岩城	42	29	53	19	3	6	400	36.50	470	4800	231
	宏岩	46	18	86	25	3	4	600	25.00	890	1120	76
	协胜	12	26	43	20	4	6	530	33.40	350	2100	33
2004	岩城	43	33	57	23	5	8	630	39.00	650	3650	212
	宏岩	48	35	90	20	2	14	550	32.00	990	1320	75
	协胜	16	58	68	33	0	10	510	39.00	510	1900	66
2005	岩城	41	38	42	17	3	7	790	40.00	780	5800	187
	宏岩	50	33	115	18	3	2	650	41.00	1160	1580	43
	协胜	23	62	52	25	1	6	570	48.40	470	2200	62

续表 19-11

年份	单位	担任法律顾问（家）	刑事辩护（件）	民事代理（件）	经济代理（件）	行政诉讼代理（件）	非诉讼事务代理（件）	解答法律咨询（人次）	业务收费（万元）	挽回经济损失（万元）	涉及经济标的（万元）	代写法律文书（件）
2006	岩城	48	26	71	26	2	5	605	46.00	300	4200	133
	宏岩	52	24	130	28	3	1	790	48.20	1650	2260	67
	协胜	32	36	63	35	4	11	630	54.30	570	1700	49
2007	岩城	52	32	96	26	4	4	610	52.00	1050	6400	104
	宏岩	54	35	131	30	2	6	560	56.86	2140	2850	52
	协胜	34	33	80	40	2	17	530	61.70	330	2100	85
2008	岩城	35	24	104	30	7	5	540	63.00	836	4000	46
	宏岩	61	43	130	35	4	8	680	68.00	2050	3120	32
	协胜	31	49	89	41	0	11	610	76.40	500	1900	95
合计	岩城	—	647	1082	573	30	145	9925	578.10	10144	46943	3175
	宏岩	—	547	1307	375	28	66	9830	405.91	11795	17610	1614
	协胜	—	264	395	194	11	61	3380	313.20	2730	11900	390

二、公证

1993年，县公证处属司法局机关编制，在编公证员3人、助理公证员1人，办理各类公证1003件。2003年，经县政府批准，改制为自收自支事业单位，定编4人，在职公证员2人（均具有涉外公证员资格）、助理公证员1人，办理国内民事公证179件。

1995年，为县第二铁厂、上京镇水泥厂、大吉、赤头坂林业采育场、桃源、梅山木材分公司、城关林场改制、矿山及资源整合改制、林业山场招标等提供相关公证服务，办理经济公证101件。2008年，办理各类公证456件。

1993—2008年，共办理各类公证6724件，其中，内地经济公证1175件，民事公证4059件，涉外公证1030件，涉港、澳、台公证460件，接待来访7350人次，累计收业务费210.57万元。

1993—2008年大田县公证工作情况表

表19-12

年份	合计（件）	其中					接待来访（人次）	业务收费（万元）
		内地民事（件）	内地经济（件）	涉外民事（件）	涉港澳（件）	涉台（件）		
1993	1003	587	316	80	1	19	898	1.05
1994	896	774	52	25	2	43	1583	1.27

续表 19-12

年份	合计（件）	其中					接待来访（人次）	业务收费（万元）
		内地民事（件）	内地经济（件）	涉外民事（件）	涉港澳（件）	涉台（件）		
1995	486	310	78	58	2	38	650	2.06
1996	237	89	64	50	6	28	458	2.07
1997	185	60	41	45	8	31	420	2.10
1998	162	43	23	50	12	34	310	2.80
1999	200	76	29	71	6	18	321	2.84
2001	305	157	53	82	5	8	337	6.90
2002	350	160	48	113	4	25	351	9.09
2003	331	179	55	77	8	12	315	14.85
2004	443	255	83	63	3	39	323	20.41
2005	541	332	101	92	3	13	355	29.14
2006	559	366	93	75	5	20	317	59.04
2007	570	361	121	57	2	29	339	32.68
2008	456	310	18	92	12	24	373	23.10
合计	6724	4059	1175	1030	79	381	7350	210.57

三、基层法律服务

1993—1994 年，全县 18 个乡镇先后建立法律服务所，为当地政府、企事业单位、个体户和广大群众提供法律服务。1995 年，县岩城法律事务中心成立，独立承担民事责任，受县司法局管理和指导。1998 年，建设法律服务所更名为华都法律中心。1999 年，上京法律服务所更名为华信法律事务中心，岩城法律服务中心更名为岩城法律事务中心，石牌法律服务所更名为华虹法律事务中心。由这 4 个法律事务中心统一安排，为 18 个乡镇开展法律服务。县内有法律工作者 44 人，当年，担任法律顾问 103 家，民事代理 105 件，非诉讼事务代理 162 件，代写法律文书 320 件，解答法律咨询 1450 人次。2003 年，对基层法律服务所进行整合和规范管理，撤销华都、华信法律事务所，合并到岩城法律事务中心，吸收有资格的专业人员 5 人，停止不合格执业条件 2 人。2008 年，全县有法律服务工作者 23 人，其中专职 4 人、兼职 19 人。

1993—2008 年，累计代理各类案件 2417 件，其中民事案件 1430 件、非诉讼案 987 件；担任 36 家村（居）及企事业单位法律顾问，代写法律文书 4574 份，办理法律援助案件 153 件，办理见证 162 件，主持调解纠纷 121 件，解答法律咨询 1.7 万人次。

1993—2008 年基层法律服务情况表

表 19-13

年份	担任法律顾问（家）	民事代理（件）	非诉讼事务代理（件）	解答法律咨询（人次）	挽回经济损失（万元）	代写法律文书（件）
1993	95	10	40	1021	52	660
1994	100	15	47	1302	50	676
1995	103	26	59	1211	49	484
1996	98	30	67	1223	50	436
1997	103	61	98	1200	52	730
1998	92	120	217	1387	57	359
1999	103	105	162	1450	60	320
2000	78	85	137	1475	40	496
2001	16	85	6	900	23	60
2002	40	107	13	700	23	100
2003	75	90	98	1670	35	91
2004	45	96	7	1350	30	65
2005	39	69	5	290	27	27
2006	28	136	6	685	24	25
2007	32	213	6	375	28	23
2008	36	182	19	781	31	22
合计	—	1430	987	17020	631	4574

四、法律援助

1999 年，经县编委批准成立大田县法律援助中心，隶属县司法局，编制 3 人，实有 3 人，其中律师 2 人。以“贫者必援、弱者必帮、残者必助”的宗旨，为法律无知、经济无助贫者、弱者、残者及社会困难群众提供法律援助。1999—2000 年，先后在县武装部、总工会、妇联、残联、老龄委、共青团、计生协会、劳动和社会保障局等单位和 18 个乡镇建立法律援助工作站 26 个，各村（居）委会指定 1 人为法律援助信息联络员。

2001 年，为在泉州打工的桃源村民肖某某依法讨回工伤赔偿金 11 万元。同年，谢洋乡珍山村林某某在寿宁县南阳镇含溪农网改造工程施工中受重伤，治疗无效死亡。历经工伤认定、劳动仲裁、两次一审、两次二审、执行达 4 年，县司法局有关领导和律师蒋某某往返寿宁、宁德等地 6 次，支付诉讼成本数万元，又经福建电视台《与法同行》栏目专题报道。2006 年，其家属终于得到赔偿金 18 万元。

2000—2008 年，援助中心共解答法律咨询 2534 人次，代写各类法律文书 1069 份。办理各类法律援助案件 763 件，为受援人获得经济利益 215 万元，其中为残疾人代理民事诉讼 52 件，挽回经济损失 9.6 万元。

2000—2008 年大田县法律援助中心业务工作情况表

表 19-14

年份	援助案件总数（件）	其中			接待咨询人数	受援人数	其　中（人）							
		民事案件（件）	刑事案件（件）	行政诉讼（件）			残疾人	老年人	未成年人	妇女	可能被判处死刑	一般贫困者	农民工	其他
2000	10	3	7	—	258	10	2	—	2	—	5	1	—	—
2001	43	15	28	—	150	43	—	—	22	—	—	—	5	16
2002	24	12	12	—	351	24	6	2	9	2	—	2	3	—
2003	94	76	15	3	321	94	8	6	12	20	—	37	11	—
2004	96	59	37	—	311	108	7	5	32	17	—	38	9	—
2005	97	64	33	—	292	97	2	6	32	15	—	34	7	1
2006	129	108	21	—	304	129	6	11	21	42	—	35	13	1
2007	131	109	21	1	268	131	7	3	20	12	—	49	31	9
2008	139	104	35	—	279	139	14	11	34	20	—	40	17	3
合计	763	550	209	4	2534	775	52	44	184	128	5	236	96	30

五、“148”法律服务专线

2000 年，县司法局成立“148”法律服务协调指导中心。2002 年，安装“148”电脑语音平台，接听来电 725 次。2003 年，改设“12348”法律服务专线电话，承担解答法律咨询、普法宣传、疏导调处民事、商事纠纷等法律服务。2000—2008 年，指导中心共接待群众来访 1796 人次，上门服务 32 次，提供法律帮助 67 件，解决民间纠纷 175 件。2003—2008 年，“12348”专线电话共接受各种法律咨询求助电话 1281 个。

卷二十　军　事

1993年，大田县加强人民武装部机关正规化和民兵组织建设，进行民兵政治思想教育和全民国防教育，开展以劳养武，成立民兵应急分队。1996年，实现连续第十五年无责任退兵。2000年，民兵军训合格储备率达95%。2005年，组建民兵预备役通信连。2006年，建立民兵对空观察哨点。2008年，县民兵武器装备管理实现连续第三十个安全年。消防大队在太华、建设镇开展新农村消防试点。

1993—2008年，新建驻军营房5556平方米、民兵武器仓库和训练中心1756平方米，总投资640万元。进行机关办公室、作战和武器装备仓库值班室、战备物资材料库"三室一库"和民兵应急连装备物资、预备役通信连部配套达标等战备规范化建设。全面完成义务兵征集和预备役登记、人民防空等工作。县驻军与23个机关、学校、企业、村（居）委会开展军民共建活动，支援地方经济社会建设，维护社会稳定。

第一章　机构与驻军

第一节　地方军事机构

一、县人民武装部

1993年，大田县人民武装部（简称县人武部）为地方建制，副处（县）级单位，内设办公室、军事科、政工科，接受三明军分区和县委、县政府双重领导。县委书记兼任县人武部党委第一书记。

1996年4月1日，县人武部收归中国人民解放军建制，更名为"中国人民解放军福建省大田县人民武装部"，为正团级单位，内设军事、政工、后勤等3个科。县委书记兼任县人武部党委第一书记。2008年，县人武部内设机构不变。

1993—2008年大田县人武部领导名录

表20-1

职　务	姓　名	籍　贯	任职时间
部　长	林青旺	福建大田	1993.4—2001.3
	陈志伟	福建惠安	2001.4—2004.3
	朱　腾	福建福州	2004.4—2006.3
	王福校	山东平度	2006.3—

续表 20-1

职 务	姓 名	籍 贯	任职时间
政 委	柳传金	福建大田	1986.4—1996.4
	汤俊生	江西吉安	1996.4—1998.3
	刘尔法	江西瑞金	1998.4—2002.3
	潘庆禄	江西石城	2002.4—2004.3
	陈祥治	福建尤溪	2004.4—2007.3
	严晓荣	江西樟树	2007.3—

二、人民武装委员会和国防动员委员会

1993 年，中共大田县人民武装委员会（简称武委会）主任由县委书记兼任，副主任由人武部部长兼任。1995 年 12 月，成立县国防动员委员会，县委书记兼任第一主任，县长任主任，县政府分管武装工作的副县长和县人武部部长任副主任。武委会与县国防动员委员会实行一套班子，两块牌子。下设秘书组和人民武装动员、经济动员、交通战备、支前等办公室。2003 年 6 月，改设综合、人民武装动员、政治动员、经济动员、人民防空、交通战备、科技动员、支援前线等办公室，挂靠在相关机构。2006 年 4 月，人民防空办公室（简称人防办）从县政府办公室分离，为正科级机构。2008 年，国防动员委员会内设 8 个办公室。

第二节　驻　军

一、中国人民解放军部队

2002 年 3 月，中国人民解放军某部进驻大田县设立机务站。

2003 年，中国人民解放军某部进驻大田县。2008 年，县驻军保留 1 个分队和 1 个分队机务站。

二、中国人民武装警察部队

（一）县消防大队

1993 年，县公安消防中队和中国人民武装警察部队大田县消防队，受三明市武警消防支队和大田县公安局双重领导。1997 年，改为县公安消防大队和武警消防大队，原县公安消防中队改为中国人民武装警察部队大田县消防大队一中队，实行两块牌子、一套班子，现役正营级，大队设立党委会，中队设党支部。2008 年，沿用上述机构。

（二）县武警中队

1993 年，中国人民武装警察部队大田县中队隶属三明市武警支队，业务受市支队和县公安局双重领导，主要任务是看管监所、押解罪犯、守护重点目标、维护社会治安。截至 2008 年，武警中队隶属职能不变。中队先后曾被省总队评为基层先进中队，正规化执勤一级中队，红旗哨位，经常性思想教育、内勤建设，安全工作、执勤、战备执勤等先进单位集体和个人被记三等功 16 次。

第二章 兵员征集

第一节 义务兵征集

1993—2008 年，大田县人武部每年进行一次兵役登记，根据《中华人民共和国兵役法》的规定，对符合兵役登记条件的公民，在本人户口所在地报名，填写兵役登记表，由乡镇政府依法确定是否服兵役，经审查合格的，称应征公民，报县人武部审批，发给兵役证，圆满完成征兵任务。1998 年 8 月，县政府征兵办公室被南京军区评为 1997 年度征集优秀兵员先进单位。2003 年，大田县被列为全市自主送兵试点。2006 年 9 月，县征兵办被省军区评为 2005 年度征兵工作先进单位。2008 年，南京军区范围内的新兵由县人武部组织输送，部队不派干部接兵。当年，连续第二十八年无责任退兵。

第二节 预备役登记

1993 年，大田县加强对退伍军人预备役和军队转业干部预备役军官登记管理工作，全面登记当年退伍军人和转业干部，对往年登记情况进行复查核对，摸清调出、调入、死亡等消除或注销登记的对象，做好改登、补登、转类，准确掌握退伍军人、转业干部和各类专业兵的数量和分布情况。1997 年，完成预备役军官评定、授衔。县人武部被南京军区评为民兵预备役部队精神文明建设十佳示范点。2005 年，全县退伍军人预备役登记编入民兵组织。当年，组建民兵预备役通信连，隶属福建省三明市陆军预备役通信团第二营，连部设在县人武部，并完成预备役军官评定、授衔 8 人。至 2008 年，每年及时做好退伍、转业军人的预备役登记工作。

第三章 民 兵

第一节 组织建设

一、基层组织

1993—1997 年，县人武部执行中央军委关于整顿民兵组织的命令和南京军区《关于民兵组织整顿的暂行规定》，每年进行一次民兵整组，在各乡镇、村、企业建立民兵组织，并做好民兵的加入、退出登记，及时调整和配备民兵干部。

1998 年，全县实施民兵工作调整改革三年规划，以城区为中心，突出省道 306 线、307 线和重要防卫目标，按照“有利于领导、有利于提高素质、有利于开展活动、有利于执行任务和有利于平衡负担”的原则，对基干民兵编组进行调整，实行以村为主体，国有和集体企业为依托，条块结合，灵活编组。

2000年5月11日，市民兵工作调整改革检查验收现场会在县人武部召开，县人武部部长作经验介绍。当年，民兵训练合格储备率95%。2002年，按照中共中央、国务院、中央军委《关于加强和改进城市民兵工作的意见》，重点抓好城市民兵工作调整改革，加强城市民兵应急分队组训和点验工作。2005年，贯彻总参谋部《关于调整民兵组织的意见》，民兵组织又进行一次大的调整。2006年8月，县人武部组建三明市民兵防空团高射机枪连。2008年，全县262个村、8个社区居委会建立民兵组织。

二、应急分队

1993年9月，县组建常设民兵应急分队，从基干民兵中挑选队员42人，并按规定配备武器和器材，常驻县人武部，实行军事化管理。主要任务是配合公安部门维护社会治安、处理突发事件，完成急、难、险、重等任务。2005年，县编民兵应急分队1个连、125人；常设民兵扑火应急分队1个、60人；在重点乡镇组建独立摩托化步兵排1个、30人。2008年底，与县治安巡逻大队合并，挂大田县民兵应急分队和大田县治安巡逻大队两块牌子，军事训练和重大抢险救灾行动由县人武部指挥。

第二节　主要活动

一、政治教育

1993年3月，全县民兵开展毛泽东“向雷锋同志学习”题词30周年纪念活动，提高民兵“岗位学雷锋，行业树新风”等政治思想素质。1994年，组织民兵学习《中华人民共和国兵役法》，进行国防教育，增强国防意识。1998年，组织全县民兵学习邓小平理论，做好“青年民兵之家”建设，教育民兵预备役人员做到政治合格，在两个文明建设和新一轮创业中做出更大贡献。1999年，县人武部在民兵预备役人员中开展“反渗透、反腐蚀、反窃密、反策反”的“四反”教育。2004年7月，加强民兵预备役思想建设，开展以对党忠诚、听党指挥为主要内容的专题教育和形势教育，做好应急准备。2005年，进行弘扬“同仇敌忾、能攻善守、英勇顽强、不怕牺牲、沉着机智、敢打必胜”的战斗精神教育。2007—2008年，开展“坚定中国特色社会主义信念，有效履行历史使命”主题教育活动，教育民兵弘扬“听党指挥、服务人民、英勇善战”的优秀传统，坚定信念，忠诚使命。

二、军事训练

1993年，县人武部复建射击训练场。1994年8－9月，县人武、专武和民兵干部100余人进行封闭式训练，考核手枪、冲锋枪射击、训练利用地形地物等，还增加人武干部参谋知识和一专多能训练、专武及民兵干部的本级指挥训练；在参加省军区的民兵预备役系统干部军事训练交叉考核中，获团体总分第一名和人武、专武、民兵干部考核优胜单位称号。1997年5月1日，市民兵应急分队升级训练现场会在县人武部召开，县民兵应急分队各课目考试均取得优秀成绩。1998年8月，县人武部9名现役军官和1名职工参加三明军分区机关带市（县）人武部研究性演习，获总评最好成绩。2003年2月，市民兵应急分队军事训练试点现场会在县人武部召开。2005年4月，县人武部完成《民兵森林扑火分队训练与考核大纲》编写。2006年5月，9名民兵预备役人员随带2台运输车和其他部分装备，参加省国防动员委员会在晋江市举行的“605”综合演练。2007年3月，三明军分区新提拔、新调整、新录用的“三新”专武干部集训，县人武部选派10名基层专武干部参加，获考核评比总分第二名。2008年2—3月，9名基层专武干部参加军分区“三新”专武干部集训，考核评比获总分第一名。4月，9名基层专武、民兵干部参加全区民兵小炮专业骨干集训，获考核总分第二名。6月，民兵应急连成建制到三元荆东工业园区参加野战化演练。

三、武器管理

1994 年 2 月，县人武部武器库从红星村小青垵头搬迁至新建的武器库，加强武器装备管理。库房设值班室、资料室、修理室、消防室和脉冲电网等。定期检测监控防雷、消防及脉冲电网的性能情况，武器库安全无事故。1996 年、1997 年、2001 年，分别被三明军分区、南京军区、总参谋部评为武器装备管理先进单位。 2007 年，投入 9 万元对武器库进行修缮。2008 年，民兵武器装备管理实现连续第三十个安全年。

四、以劳养武

1993 年 6 月，县人武部创办赤岩造纸厂。1994 年 11 月，县政府将县豆乳晶厂划归县人武部管理。造纸厂和豆乳晶厂共有固定资产 249 万元。1995 年 9 月，省以劳养武座谈会在大田召开，省军区副司令员陈明端、政委隋绳武到会并讲话，县人武部部长介绍开展以劳养武的情况。截至 1996 年，共生产豆乳晶、花生晶、绿豆晶 336 吨，再生纸及高级卫生纸 2147 吨，生产总值 985.2 万元，销售总额 957.1 万元，创利税 70 万元。高级卫生纸出口菲律宾。

2000 年 6 月，三明市率兵参建、以劳养武工作现场会在县人武部召开，县人武部政委刘尔法作《适应形势，真抓实干，走出率兵参建、以劳养武工作新路子》的经验介绍。与会人员参观县人武部和上京镇人武部以劳养武基地，观摩上京矿务局民兵护矿队擒敌拳表演。年底，根据中共中央、国务院、中央军委办公厅关于《军队、武警部队不再从事经商活动的实施方案》的通知精神，县人武部以劳养武企业转交地方经营。

第四章　国防教育和人民防空

第一节　国防教育

一、全民国防教育

1993 年，县贯彻《福建省全民国防教育大纲》，建立以闽中工委旧址、大田革命烈士陵园为中心，以党校、青年民兵之家为阵地的国防教育网络。县人武部成立国防教育教研中心，制订教育计划，使国防教育制度化、系统化、正规化。县委党校举办副科级以上干部和村主干、团干等培训班均开国防教育课。在“双拥月”及“国防教育月”等活动中，举办国防教育专题演讲、征文比赛、知识竞赛、歌咏比赛等，1994—1995 年，先后购置国防教育片 200 多部，放映 1200 多场次。

1996 年，党校干部培训国防教育课由县人武部领导担任。1997 年，根据“加强国防教育，增强全民国防观念”和“加强民兵、预备役部队建设，完善国防动员体制”等精神，民兵预备役人员转变思想观念，适应军委新时期战略方针，做好军事斗争的准备。1999 年，县委把国防教育作为干部素质教育的重要内容，运用报刊、电视、广播等多种宣传形式，开展以爱国主义为核心的全民国防教育。2002 – 2003 年，国防教育采取集中和刊授教育与分片教育相结合，拓宽教育渠道，发挥“青年民兵之家”的作用，定期在县委党校上国防教育课。2004 年，进行国防潜力调查。4 月，落实党管武装的各项工作制度，调整充实乡镇国防教育结构，采用电视、电影、广播、书刊、宣传栏等形式，进行国防教育。2005 年，县开展《中华人民共和国兵役法》颁布 21 周年纪念活动。县广播电台、电视台和各乡镇广播站开辟“国防教育”专栏节目，各基层党委、人武部门采取报告会、座谈会、演讲会、知识竞赛、文艺演出和利用宣传车、幻灯、墙报、黑板报、标语等形式进行宣传。1993—2008 年，每年结合兵员征集，利用各种形式，广泛开展国防教育，提高全民国防观念。

二、学生国防教育

1993 年，县城区中学邀请人武部或驻军为入学新生进行一周军训。1996 年，县各中学每学期安排 2 节国防教育课，坚持新入校学生军事训练制度。1997 年，武警中队 6 名官兵受聘担任县一中校外辅导员，加强对学生国防教育。2002—2003 年，县人武部与团县委、教育局共同举办少年军校夏令营，定期在中小学上国防教育课，扩大国防教育覆盖面，增强教育效果。一级达标重点高中学生军训设有国防常识、步兵操典、单兵战术、战伤急救、步兵轻武器的分解与结合、反空降演习、野营拉练、实弹射击等课程。2004—2007 年，驻军及民兵预备役人员对中学入学新生进行军训和国防教育 1.97 万人。2008 年，武警中队到县一中、五中、鸿图中学、城关第一小学开展国防教育讲座 9 场，受教育师生 8000 多人次；组织学生到部队体验生活 10 批次。

大田一中军训考核比赛（2007 年摄）

第二节　人民防空

一、防空工程建设

1993 年，大田县城区有 20 世纪 70 年代修建的防空坑道 7 条，其中指挥坑道 1 条，长 270 米，设功能室 9 个，面积计 628 平方米。1998 年、2002 年，新建防空地下室 2 处。2007 年 3 月，县政府发布《大田县民用建筑修建防空地下室暂行规定》，依法落实民用建筑就地或易地修建防空地下室。

二、防空队伍建设

指挥机构　1993 年，县人民防空指挥部由分管副县长任指挥长，县政府办公室主任和人民防空办公室主任任副指挥长，下设综合协调、抢险抢修、救护防疫、消防防化、通信信息、人员疏散、城市管制和县直机关等 8 个组，各配备组长，成员由相关部门领导担任。2006 年，县人民防空指挥部由县委、县政府、县人武部领导担任正、副指挥长、政委、参谋长。下设指挥、通信、工程保障、政治治安、后勤保障、人防专业队等 6 个战勤科。乡镇、社区同时建立人民防空指挥机构。2008 年，县人民防空指挥部机构不变。

专业队伍　1993 年，全县有人民防空专业队伍 7 支、283 人，其中，消防队员 68 人，配消防车 1 辆。抢修队员 37 人，救护队员 25 人，防化队员 87 人，纠察队员 25 人，通信保障队员 19 人，抢运队员 22 人，配汽车 3 辆、人力车 6 辆。2005 年，县人民防空指挥部按城区人口 3% 组建人民防空专业队伍 7 支，人员总数 480 人，各种车辆（机械）1023 辆（台）消防、通信等专业人员不足时从退伍军人预备役对口人员补充。每年进行专业集训 1 次。

2005年大田县人防专业分队配备情况表

表 20-2

专业队名称	组建单位	人数	主要装备	完成时限（小时）	配置位置
抢险抢修	县城建局	40	公路：推土机2台、挖掘机5辆、小车3辆、施工机械设备8台 供电：抢修车2辆、带电作业车1辆、吊车2辆	48	县体育场
	县交通局	48			
	县供电公司	50			
医疗救护	县卫生局	65	床位300张、急救包3000个、担架150付、救护车2辆	48	大田一中
通信信息	县电信、移动、联动分公司等	30	抢修车3辆、小车2辆、指挥车1辆、工程车3辆、发电机车3辆、900M数字移动基站车2辆、数字小微波设备3套	48	实验小学
运　　输	县交通局	80	客车60辆、货车900辆	48	闽通长运
防　　化	县环保局	50	水罐消防车2辆、50米以下举高车2辆	48	大田六中
消　　防	县消防大队	57	水罐消防车3辆、50米以下举高车2辆	48	大田五中
治　　安	县公安局	60	警车15辆	48	大田职专

2006年，全县建立民兵对空观察哨位点25个，配观察哨员100人，与全省对空观察哨联网。2007年5月，按照全省统一部署和要求，组建抢险抢修、医疗救护、通信信息、运输、防化、消防、治安等人防专业队伍，计530人。2008年，县人民防空专业队伍设置、人数不变。

三、防空预警

1993年，县人民防空指挥部设有防空警报信号系统。分预警报、空袭警报、解除警报3种，每种信号鸣音持续3分钟。预警报信号为鸣36秒、停24秒、反复3遍；空袭警报信号为鸣6秒、停6秒、反复15遍；解除警报信号为鸣一长声持续3分钟。2007年7月，县城区进行防空警报试鸣和防空疏散演练。2008年起，县城区实行每年1次防空警报试鸣和防空疏散演练制度。

四、防空宣传教育

1993年，县防空宣传主要对象是民兵、预备役人员、人防专业队伍和中学生，采用上教育课、文字、图片、报刊、广播、电影、电视等形式进行，教育部门把防空袭、防火灾、防毒气泄漏"三防"教育列入学校课程。县利用星期天组织干部职工到社区开展防空法律法规和常识宣传，增强群众防空法规观念和国防观念，掌握防空基本知识和技能。

2003年，县人民防空指挥部根据省、市关于"加强人民防空步伐，做好防空袭准备"的要求，编撰《大田县人民防空应急方案》，推行全民防空教育，对人员疏散、隐蔽、消除空袭后果等作具体策划，并通过广播、电视、专刊等媒体开展宣传。

2007年，县人武部、人防办落实国家人防办《人民防空应急准备实施计划》，修订《大田县人民防空应急行动方案》。

2008年12月，县人防办组织学习省人大常委会颁布的《福建省人民防空条例》，在全县各乡镇开展宣传。

第五章　拥政爱民

第一节　支援地方建设

1993 年，县人武部和驻军组织官兵参加地方两个文明建设，支援经济和社会发展，投入应急抢险和协助维护社会治安，确保社会稳定。1997 年，县人武部官兵为扶贫、“希望工程”、老年人体育、城区环境改造等捐资 1.79 万元。2000 年 6 月，福建省军区、三明军分区、县人武部共捐资 120 万元，兴建武陵“八一”希望小学（少年军校）和添置课桌椅、电脑等教学设备。2001—2006 年，县人武部为帮扶共建的武陵乡武陵村捐资和协调有关部门筹资 56.35 万元、水泥 400 吨，铺设村道混凝土路面 9.1 公里；开通上岩村有线电视，建成垃圾处理设施和自来水工程。2006 年，县武警中队与均溪镇良元村在工商路（县啤酒厂至良元村）两旁植“警民友谊树”1000 多株。2007 年，县人武部为武陵乡茶山村筹集 20 万元、水泥 50 吨，铺设村道混凝土路面，建村民休闲设施。1993—2008 年，县驻军共捐资 18.6 万元资助贫困生。

第二节　抢险救灾

1993 年，县驻军和民兵应急分队参与县内急、难、险、重等任务处置。1994 年 5 月上旬，全县降 100 毫米—140 毫米的特大暴雨，18 个乡镇遭受暴雨山洪袭击，县人武部组织 4700 多名民兵参加抗洪救灾，抢出粮食 50 多吨，清理路障 20 公里，抢修房屋 135 座。1996 年 11 月 18 日，均溪花炮厂发生爆炸，民兵应急分队在 8 分钟内赶到现场抢险。1998 年 11 月 12 日，早兴乡顺发花炮厂爆炸事故，县消防大队 14 名官兵赶到现场，扑灭余火，抢救伤员，转移仓库中火药等危险品。2001 年 8 月 17 日，均溪镇郭村发生疯牛撞伤村民 10 余人的事件，武警中队应县公安局请求，指导员带班、排长携武器赶到现场，开枪击毙疯牛，保护人民生命安全。

2003 年，消防中队出警 45 次、72 车次、360 人次，扑灭火灾 18 起、交通抢险 2 次、社会救助 14 次，共抢救伤员 16 人。2005 年 8—10 月，全县受台风“珊瑚”“泰利”“龙王”袭击时，驻军官兵和民兵预备役 4700 余人投入抢险和灾后自救工作。2006 年 6 月，一辆从尤溪县开往大田的中巴客车在文江路段翻入 30 多米深的山沟，县消防大队驰援现场救出乘客 33 名。

2007 年 5 月 8 日 8 时 30 分，县 110 接警：一中一名做错事的学生登上科技楼 4 楼窗外欲轻生，消防官兵、公安干警赶赴现场与一中师生联手施救，经多方努力，该生于 10 时 49 分被成功救下。2007 年，因暴雨导致太华中学澡堂、厕所被山体滑坡淹毁，县武警中队派官兵救援。当年，消防大队灭火 35 次，抢险救援 18 次、社会救助 16 次，抢救被困人员 21 人、疏散 7 人，抢救财产价值 600 多万元。

2008年3月，省道306线上京镇梅林路段，一辆载二甘醇槽罐车翻车泄漏，县消防大队官兵赶往现场制止泄漏，挽回经济损失价值达31万元。1993—2008年，驻军出动官兵和民兵5万多人次，扑灭山林火灾90多起。为长江、嫩江水灾、台湾地震、南方低温雨雪冰灾、四川汶川地震等捐款和交纳“特殊党费”共20.68万元。

第三节　维护社会治安

1993年，全县驻军为地方守卫重点目标、站岗放哨，并协助地方处置突发事件。1996年6月5日，石牌乡拱桥村路段发生持刀拦车抢劫，县人武部带领民兵应急分队42人赶赴现场，设卡搜山，连续奋战两昼夜，将4名歹徒捉拿归案。民兵应急分队获集体嘉奖，立三等功1人，受嘉奖2人。1998年9月28日，1位武警战士在一民房内用“蹬膝夺棍术”制服看守所1名逃犯，被市武警支队记三等功1次。2000年，民兵应急分队协助县公安机关清查赌馆18个，破获各类刑事案件30起，查获犯罪嫌疑人70余人。2003年，武警中队出动兵力担负打击“六合彩”公捕公判大会警卫。2007年，民兵应急分队协助公安等有关部门维护高速公路征地拆迁秩序2场，确保拆迁工作安全顺利进行。2008年，武警执行武装押解8次、重大活动警戒18次、安全保卫6次。

卷二十一　民　政

1993年，大田县民政工作坚持“以民为本、为民解困、为民服务”理念，探索工作新路，开展优待抚恤、义务兵退伍安置、救灾救助、社会福利和婚姻登记、殡葬改革等社会事务工作。实施村民自治，实行自我管理、自我教育、自我服务。1997年，进行行政区域边界勘定，推行火葬。1998—1999年，建立城市和农村居民最低生活保障制度，逐步建立标准有别多层次的社会保障体系。2001年，全县实行遗体火化。2005年，开展示范社区创建。2008年，县内各级民政机构日趋完善，民政事务日益扩大，全县死亡火化率100%。1993—2008年，安置复员、退伍转业军人2657人。

第一章　拥军优抚与安置

第一节　拥军

1993年起，大田县“双拥”（拥军爱民、拥政爱民）工作领导小组在县电视台、广播电台等新闻媒体设国防和拥军专题节（栏）目，宣传报道国防建设和拥军工作，每年30篇以上。县领导每年春节、“八一”期间，分头到大田驻军开展节日慰问，召开座谈会，感谢驻军为大田县作出的贡献。1994年3月，县政府拨款50万元，新建武警中队营房，建筑面积3200平方米。7月，县成立维护军人军属合法权益领导小组，县委副书记任组长，下设办公室挂靠人武部政工科，并与县法院、律师事务所组成维护军人军属合法权益合议庭。11月，将县豆乳晶厂划归县人武部管理，作为民兵预备役部队“以劳养武”基地。

1997年，县政府拨款38万元，为消防大队购置东风EQ140型高低泵1.5吨消防车1辆。1999年，开展“爱心献功臣”活动，为196户住房困难复员退伍军人建房、修房补助资金40.3万元。2002年，上京镇通过社会捐助、镇财拨款、镇人武部林场和林木加工厂等筹资63万元，设立“军烈属帮扶基金会”，帮扶贫困军烈属发展生产项目和奖励立功人员。2003—2004年，县财政拨款32.9万元，为消防大队添置消防车1辆和部分消防器材。2008年，县财政拨款40万元支持消防大队、武警消防中队改造官兵宿舍。

1993—2008年，县每年完成征兵任务，选送优秀青年到部队，未发生责任退兵；每年为新兵和家属戴红花、为军属挂光荣牌，组织欢送新兵入伍；各乡镇领导在春节期间慰问退伍军人和重点优抚对象，向立功受奖的现役军人亲属报喜。县委、县政府为改善驻军的训练、生活和文化设施等累计投入资金3540万元，用于驻军慰问共75万元。同时，做好复员退伍、转业军人安置和军人抚恤，兑现义务兵家属优待金。

第二节 优待抚恤

一、优待

1993—1995年，县义务兵家属优待金由各乡镇人民政府自筹发放、自定标准，每年每户在500元—1000元，优待面100%。1996年，县政府制定《大田县优待金社会统筹试行办法》，实行义务兵家属优待金全县统筹，规定“义务兵家属每户每年优待金农村不低于上年度农民人均纯收入的70%；城镇不低于上年度城镇居民职工可支配收入的20%。当年，全县农村、城镇义务兵，人均优待金分别为1300元、600元。1997年起，随着城乡人均收入的提高，优待金发放标准逐年提高。2008年，按照省委、省政府《关于进一步加强拥军优属工作的若干意见》的通知，农村义务兵家属优待金由上年度农民人均纯收入的70%提高到100%；城镇义务兵家属优待金由上年度城镇职工可支配收入的20%提高到30%。当年，全县农村、城镇义务兵，优待金人均分别为5004元、3465元。

二、抚恤

（一）残疾抚恤

1993年，县民政部门按年度发给在乡镇的革命伤残人员抚恤金，在职的发给保健金。2004年，全县有伤残抚恤人员70人，其中，在乡46人，年发抚恤金10.59万元；在职24人，年发保健金1.43万元。2005年起，根据省民政厅、财政厅《关于提高部分优抚对象抚恤补助标准的通知》，伤残等级由原来的四等六级套改为1—10级，并取消在职保健金与在乡抚恤之分，统一伤残抚恤金的标准，体现同等残情、同等待遇，按各人的伤残级别和标准发放抚恤金。2008年，全县有伤残抚恤人员88人，年发抚恤金53.1万元。

（二）死亡抚恤

1993年，全县有烈士、因公牺牲和病故军人家属（简称“三属”）42人，年发放抚恤金3.86万元，月人均76.5元。1998年，全县“三属”40人，发放抚恤金5.28万元，月人均110元。2005年，全县“三属”96人，发放抚恤金33.9万元，月人均294元。2008年，全县“三属”88人，发放抚恤金43.78万元，月人均415元。当年，因公牺牲和病故军人各2人，发放其家属一次性抚恤金共9.8万元。

三、补助

（一）定期补助

1993年，民政部门按照国务院《军人抚恤优待条例》的规定，继续为符合条件的优抚对象办理定期定额补助。对在乡镇的老复员军人（1954年10月31日以前志愿入伍军人）和带病回乡退伍军人发给定期定量生活补助费月人均28元。其中，复员军人199人、年发补助金6.69万元；带病回乡退伍军人69人，年发补助金2.32万元。1996年，全县共有烈士、因公牺牲、病故军人家属共151人，享受定期补助44人，月人均34元，年发补助金1.8万元。2007年，共审核认定参战退役人员320人，符合定期补助条件230人，月人均100元，年发补助金2.3万元。2008年，增加参战人员（1954年11月1日以后参加过战役作战的军队退役人员）享受定期定量生活补助费。全县有复员军人260人，年发补助金94.16万元，月人均301.8元；带病回乡退伍军人80人，年发补助金12.48万元，月人均130元；参战人员320人，年发补助金38.4万元，月人均100元。同年10月起，参战人员补助标准提高到月人均130元。

（二）临时补助

1993年，县、乡镇民政部门从救济、优抚、医疗补助专项经费临时补助生活、住房、医疗等困难的优抚对象。1999年4月，县拥军优属、拥政爱民工作领导小组下发《大田县开展“爱心献功臣”活动的实施方案》，对生活困难的优抚对象，通过落实抚恤定补、享受低保政策，实行双重保障，或者到县光荣院、乡镇敬老院生活，由当地政府供养，安度晚年；对48户住房困难重点优抚对象，每户补助建房资金5000元—8000元，对148户一般优抚对象每户补助修房资金500元—1000元。当年发放建房、修房补助资金40.3万元。2006—2007年，县政府对老地下党员、老交通员、老接头户、老游击队员、老苏区干部等革命“五老”人员，批转民政局等部门《关于大田县重点优抚对象和革命“五老”人员医疗补助实施意见的通知》和《关于大田县农村困难家庭医疗救助实施方案的通知》，对因病住院的重点优抚对象，实行全面的医疗救助、补助制度，至2008年，3年间享受医疗救助、补助205人次，共55万元。1993—2008年，全县优抚对象2286人次，享受临时补助166.39万元。

1993—2008年大田县优待、抚恤补助情况表

表21-1

年份	义务兵家属优待		抚恤				临时补助						定期补助	
	户数（户）	金额（万元）	“三属”（人）	抚恤金（万元）	伤残人员（人）	抚恤金（万元）	烈军属（户）	补助款（万元）	其他优抚对象（户）	补助款（万元）	复员军人（人）	补助款（万元）	带病回乡退伍军人（人）	补助款（万元）
1993	137	8.22	42	3.86	67	2.68	46	0.70	60	0.80	199	6.69	69	2.32
1994	152	10.64	40	3.68	67	3.35	55	0.80	90	1.25	196	6.58	68	2.26
1995	126	10.08	39	3.77	68	3.43	45	0.70	65	1.50	187	6.28	68	2.26
1996	508	63.24	42	4.10	68	3.43	55	1.10	75	1.80	348	22.97	68	4.49
1997	435	75.30	39	3.70	71	3.58	61	1.28	70	1.80	357	25.70	66	4.75
1998	523	91.30	40	5.28	71	7.81	57	1.20	65	1.60	321	25.42	65	4.68
1999	561	94.58	40	5.28	71	8.52	50	1.70	246	57.30	320	28.33	65	4.68
2000	613	103.14	42	9.07	72	6.30	46	1.30	56	1.90	322	34.78	70	5.88
2001	548	93.94	60	14.40	72	7.77	52	1.50	85	2.30	325	50.16	80	6.72
2002	491	93.40	81	24.30	72	8.40	48	1.30	97	2.60	323	49.84	77	6.47
2003	447	95.30	92	32.20	71	11.95	39	1.23	72	2.40	325	65.76	76	6.39
2004	387	85.28	89	31.15	70	12.02	56	1.25	80	2.70	315	63.70	73	6.13
2005	353	86.23	96	33.9	73	16.23	43	1.20	106	3.10	305	81.55	80	7.20
2006	349	95.19	95	33.55	73	16.23	47	1.10	93	17.30	305	81.55	80	7.20
2007	342	103.08	96	43.07	95	44.86	43	1.03	110	21.60	305	92.53	80	7.68
2008	342	168.52	88	43.78	88	53.10	52	1.50	121	27.50	260	94.16	80	12.48
合计	6314	1277.44	1021	295.09	1169	209.66	795	18.89	1491	147.45	4713	736.00	1165	91.59

第三节 安置

一、复退转业军人安置

（一）农村复员退伍军人

1993—1996年，全县共接收农村复员退伍军人401人，贯彻退伍义务兵安置条例、农村两用人才开发率90%。

1998年，全县接收农村退役义务兵182人。2005年，全县接收农村复员退伍军人182人。2008年，全县接收农村复员退役义务兵159人。1993—2008年，全县农村复员退伍军人2318人，其中立二等功2人、因公致残评为五至八级革命残疾军人7人，进西藏服兵役20人，服役10年以上的转业士官35人，共64人安置到机关，社会团体、企事业单位；回农村参加生产劳动和做其他工作2254人。

（二）城镇复退转业军人

1993年，全县城镇复员退伍转业军人73人，由县政府统一安置。2001年起，鼓励退役士兵自谋职业，有14人领取经济补偿金自谋职业，给予一次性经济补偿19.32万元。1993—2008年，政府统一安置到机关、社会团体、企事业单位202人，自谋职业安置137人，共发放补偿金203.1万元，安置率100%。

二、库区移民安置

（一）后靠安置

1993年，县内有1986年坑口水库后靠安置移民412人，分布在谢洋乡坑口、科里村和吴山乡梓溪村分散建房。1997年，在济阳乡芳林村、屏山乡王坪村分散建房和济阳乡大儒村设安置点，共安置六角宫水库移民120人。搬迁人口和淹地不淹房人口以农业安置为主，在村内或村民小组内调整土地解决生产资料。2005—2006年，街面水库在梅山乡香坪村建房安置1户、6人，在湖美乡高才村后头山、仁美村麦头、湖上村尾墘设立3个安置点，占地9.52公顷，集中建房安置971人。

（二）易地安置

2005年，在均溪镇红星村小溪坂、龙丁坂设立街面水库大田库区2个移民安置点，安置梅山、湖美乡移民3600人。其中，小溪坂安置点，占地8.93公顷，规划宅基地232宗，每宗地98.28平方米，建筑层数5层半，建筑密度24.6%，房屋间距≥11.7米；单户6人以下的，2户以上自由组合分配一宗宅基地，单户7人以上的，单独分配一宗宅基地；安置移民1900人。龙丁坂安置点，占地3.73公顷，统建13幢527套安置房，分85平方米、108平方米、118平方米三种户型，建筑层数7层，建筑密度27%，建筑间距≥14米；4个人口以下安排1套，5个人口以上安排2套。安置移民1700人。

2006年6月，经县政府批准，小溪坂、龙丁坂安置点合并，成立城东村，隶属均溪镇。年底，县大中型水库建设搬迁移民5109人，其中街面水库大田库区湖美乡搬迁3062人、梅山乡搬迁1515人。2008年，安置点已建成较完善的基础设施，其中，自来水、供电、电视、电讯与县城区同网，路灯和卫生保洁工作纳入县城区统筹管理。村内河滨路长1120米、宽18米，命名为湖山路。

第二章　社会救济与福利

第一节　赈灾救济

一、灾害救济

1993年，全县18个乡镇254个村遭受洪水、冰雹等自然灾害和部分民房遭受火灾，受灾共3.64万户、15.67万人，死亡7人、受伤57人，民房倒塌3286间，损坏1.71万间。县财政拨款8.8万元，发粮食50吨，衣服、被褥1948件、（套），毛毯132条，干部群众捐款4.2万元，捐助粮食22.5吨；乡镇财政拨款6.2万元，粮食25吨。1994年，遭受“4・25”“5・2”“6・15”特大暴雨洪灾，县政府拨出救灾专款83.5万元、粮食700吨、水泥500吨、被子300条；乡镇财政拨出救灾款17.15万元，村财支持3.2万元。2001年，均溪镇大道山、太华镇泮车、广平镇苏桥、桃源镇西安村受山体滑坡等地质灾害影响，搬迁85户、377人，异地重建家园。大道山村71户、319人安置在红星村后岬洋，征地1.89公顷，安置房基础设施建设投入123万元。

2006年5—6月，持续普降大暴雨，全县受灾4829户、2.03万人次，死亡2人、受伤79人，直接经济损失6985万元，紧急转移灾民907人。全县共有重建户242户，发放救灾款280万元、大米10吨。8月，县政府授权民政局与中国人民财产保险股份有限公司大田支公司签订农村住房统一保险协议，由民政部门作为全县农房的投保人。实行农村住房统保。全县参保7.5万户，年缴保费39.71万元。2008年，全县农房受灾126户，其中火灾29起、地质灾害塌方73户、冰雹灾害2起，农户获赔37.6万元。当年重建住房户17户，每户补助8000元，五保户、低保户、重点优抚对象住房等修缮53户，每户补助2000元。

二、困难救济

（一）困难户与临时救济

1993年，发生春夏荒，县政府一次性拨出粮食50吨、民政部门拨款5万元，救济3750户、1.79万人。1994年，三明市政府为重灾区文江、湖美等乡镇拨出救济款14万元，县财政拨出5万元、粮食1000吨，各乡镇也拨出16万元作粮差补贴，救济缺粮、缺衣和特困户共1.38万户、5.55万人。

1995年，县财政拨出救济款和粮差补贴35.8万元、粮食300吨、发放棉被400条、衣裤1.31万件，乡镇也拨款12万元，帮助1.46万户、5.69万人解决生活困难，并定期救济266户、1276人。

2002—2003年，为特困户和临时救济户2863户、1.12万人发放临时救济款59万元、大米13吨、原粮3吨、棉被500条。2005年，做好弱势群体的救助，助养孤儿75名，每人给予补助500元，发放补助款9.7万元。2007—2008年，临时救济270户、发放救济款13.3万元。春节慰问困难群众980多户、发放慰问金15万元。

（二）“五保户”供养

1993年，农村“五保户”（保吃、保穿、保医、保教、保葬）生活费由乡镇政府统筹；分散供养的每人每月补助10元—40元，集中供养的每人每月70元。1995年8月起，分散供养的生活费提高到每人每月50元，12个乡镇设立五保金统筹专户，统一管理，专款专用，按季发放。1996年，全县“五保户”664户、683人，其中，集中供养95人，分散供养536人，其他形式供养52人。1997年，五保金统筹乡镇16个，全县“五保户”643户、691人。乡镇敬老院12个，集中供养105人，县福利院供养9人；分散供养577人，每人每月生活费30元—70元。

1998年7月，县政府下发《关于加强农村“五保户”供养工作的通知》，确定“五保户”供养标准，集中供养每人每月不低于80元、分散供养70元。当年“五保户”592户、660人，其中集中供养103人、分散供养557人。1999年，17个乡镇（除上京镇）实行五保金乡镇统筹，集中供养每人每月80元—100元，全县“五保户”585户、651人。有农村敬老院12个、集中供养101人，分散供养550人。

2003年3—5月，县民政部门开展农村五保对象调查，全县符合条件的孤寡人员1682人，共争取省转移支付资金168万元。2004年，为1635人“五保户”换发新证。2005年起，“五保户”供养标准提高到人月均100元。2008年，全县“五保户”对象1608户、1680人，乡镇敬老院12个，集中供养56人、分散供养1608人，县敬老院供养16人。

（三）“五老”供养

1993年，县政府对老地下党员、老游击队员、老交通员、老接头户、老苏区干部革命“五老”人员实行定期生活补助，分为每月补助26元、39元两种。当年，全县农村健在的“五老”人员138人，其中每月补助26元的95人、补助39元的43人。1996年，根据省政府《关于提高“五老”人员生活补助标准的通知》精神，农村“五老”人员分为“无依无靠”“有依无靠”“有依有靠”三种，生活补助标准分别为每月80元、50元、45元，全县农村健在三种对象“五老”人员分别有20人、15人、99人。

2005年，对全县农村健在“五老”人员每人年补助医药费400元，共为68人、发放补助款2.72万元。2006年，实行“五老”人员门诊医疗补助每人年580元，省、市、县分别负担180元、300元、100元。共补助64人、3.71万元。2008年，全县补助农村“五老”人员56人，其中“无依无靠”、4人每人每月390元，“有依无靠”12人、每人每月325元，“有依有靠”40人、每人每月280元。

三、最低生活保障

（一）城镇居民低保

1998年3月，县政府制定《大田县城区居民最低生活保障制度暂行规定》，确定最低生活保障标准为月人均120元，保障资金列入财政专账管理。5月，均溪镇8个居委会的贫困户28户、62人，首批纳入城镇居民最低生活保障，当年，发放救助金3.5万元。1999年，最低生活保障标准提高到156元，有32户、73人领到保障金共6.21万元。

2000年，贯彻国务院《城镇居民最低生活保障条例》，开展城乡居民最低生活保障规范化建设，享受低保人数增至1000人，发放保障金9.77万元。2001年，享受城镇居民低保200户、666人，占非农业人口的1.56%，发放低保金17.2万元。2003年，纳入低保685户、2435人，占总户数的5.38%，其中失业、下岗536户、2205人，发放保障金94.42万元，基本实现应保尽保。2005年，按照“完善、巩固、提高”的方针，规范城乡低保工作，做到有升有降、有进有出，应保尽保。当年，纳入低保760户、2535人，占总户数的5.8%，全年发放保障金115万元。

城镇居民低保金发放（1998年摄）

2006年9月，城镇居民最低生活保障标准提高到月人均160元，并实行分类管理，对低保对象中70周岁以上老年人，在校高中、大学生，一、二级残疾，单亲家庭，精神或丧失劳动能力危重病人等每人每月增加保障金10元—30元不等。2007年，城镇居民低保家庭增发粮油、副食品补贴每人每月55元，低保边缘户临时救助每人每月 24 元。

2008 年，全县城镇居民纳入低保 785 户、2189 人，占居民总人数 6.33%，发放保障金 232.2 万元，年人均 1061 元。

（二）农村居民低保

1998 年 10 月，县政府制定《大田县农村居民最低生活保障制度暂行规定》，确定最低生活保障标准为月人均 70 元，所需资金由县、乡、村财按 3 ∶ 4 ∶ 3 比例负担，县、乡两级所需资金列入财政预算、专户管理。1999 年 6 月，前坪、谢洋、屏山、武陵、奇韬 5 个乡镇实施最低生活保障试点，年人均 840 元，共 76 户、181 人，发放保障金 4.81 万元。2003 年，5 个乡镇为低保对象 89 户、202 人发放保障金 5.64 万元。

2004 年 3 月，县政府批转民政局《大田县农村居民最低生活保障制度的实施意见》，全县实施农村低保，将上年人均纯收入低于 1000 元的农村困难居民纳入低保。7 月起，低保金由县农村信用社实行社会化发放，全县享受低保共 4641 户、1.44 万人，占农业人口 5.02%，发放低保金 538 万元。2007 年，农村低保按每年每人 1200 元的新标准实施，全县享受低保 4367 户、1.25 万人，占农业人口 4.56%，发放低保金 754.2 万元。

2008 年 1 月，县政府下发《关于进一步做好 2008 年农村低保工作的通知》，对保障对象范围的确定、低保申办和审批程序、保障措施、县乡资金负担比例作进一步明确，县民政局对上报对象逐户审核。当年，全县低保对象 3771 户、1.26 万人，发放低保金 763.5 万元，年人均 606 元。

领导慰问困难户（1998 年摄）

第二节 社会救助

一、收容救助

1993 年，县民政部门给予生活无着的流浪乞讨人员临时收容救助 146 人，投入费用 4000 元。2000 年，民政部门给予生活无着的流浪乞讨人员临时收容救助 103 人，投入费用 6000 元。2005 年，民政部门给予生活无着的流浪乞讨人员临时收容救助 116 人，投入费用 7000 元，其中自主返乡 112 人次，护送返乡 4 人次。2008 年，民政部门给予生活无着的流浪乞讨人员临时收容救助 96 人，投入费用 8000 元，其中自主返乡 87 人次，护送返乡 9 人次。1993—2008 年，县民政部门给予生活无着流浪乞讨人员临时收容救助，共 956 人次，投入费用 8.4 万元。为其提供食宿、通讯、医疗、教育等服务，购买车票或护送返回原籍，其中，自主返乡 913 人次，护送返乡 43 人次。

二、医疗救助

2007 年 7 月，县政府实行农村医疗救助，9 月实行城市医疗救助。对经新型农村合作医疗和城镇居民基本医疗保险补助后个人仍难以承担，影响家庭基本生活的，再按一定比例或数额给予救助，在乡镇卫生院住院的按 65%、县级医院的按 50%、县级以上或县外的按 35 % 的比例给予补助，每人每年累计享受大病医疗救助最高限额不得超过 6000 元。对于患有重症尿毒症（定期透析）、恶性肿瘤、白血病等重大疾病的救助对象，在按规定救助的基础上，给予增加一次性救助；对已享受医疗救助后，需要继续治疗或严重影响到基本生活的特殊救助对象，可从当年城乡医疗救助资金结余部分安排一定比例进行二次医疗救助。每年救助最高限额均不超过 2000 元。“五保”和无劳动能力、无收入来源、无法定赡养或抚养人“三无”对象，在原救助标准的基础上再增加补助 20%。

2008 年，全县农村享受医疗救助对象 1.48 万人，其中低保户 1.25 万人、“五保”对象 1644 人、重点优抚对象含革命“五老”人员 585 人、福利机构“三无”人员 1 人；城市救助对象 1998 人，其中低保户 1952 人、未参加城镇职工医保的重点优抚对象含“五老”人员 30 人、“三无”人员 16 人。省财政对农村和城市救助对象每年人分别补助 40 元、80 元，县财政分别补助 10 元、20 元；全年，分别筹资 73.76 万元、19.48 万元，其中县财政分别为 14.75 万元、5 万元。当年，全县为 245 人发放城乡医疗救助资金 39.2 万元，其中，农村救助 203 人、27.7 万元，城市 42 人、11.5 万元 . 资助城乡低保对象、农村五保户、重点优抚对象参加新型农村合作医疗资金 26.32 万元。

第三节 社会福利

一、福利企业

1993 年初，全县有民营福利小企业 20 家，职工 331 人，其中残疾人 120 人。随着市场竞争，小规模企业逐步被淘汰。1994 年，福利企业以规模企业为主，全县 22 家，安排就业 1679 人，其中残疾人 620 人，年产值 4.03 亿元，利税 4000 万元，返还增值税 1136.4 万元，免所得税 1360 万元。1998—2002 年，福利企业注销 5 家。2007 年，返税制度改革，注销 1 家。2008 年，注销 1 家，全县福利企业 15 家，安置残疾人 311 人，产值 2.29 亿元，销售收入 1.73 亿元，返还增值税 960 万元。

二、福利彩票销售

1993 年，县民政部门组织福利彩票大奖组试销售，当年销售 60 万元。1994 年，销售 300 万元。1997 年起，销售量呈下降，每年销售 100 万元。2001 年，设立电脑开票销售点。2007 年 12 月，在城区凤山西路销售“刮刮乐”开型福利彩票 7 天，销售 84 万元，全年电脑开票销售 113 万元。2008 年，全县有电脑开票销售站点 27 个、年销售 200 万元。全县销售福利彩票的款项每年全额上缴省财政厅，后由省财政按 20% 留成分配下拨县财政作为福利事业和慈善资金。

三、光荣院、福利院建设

1993 年，县光荣院、福利院位于建山路 231 号，占地 2933 平方米，建筑面积 1800 平方米。福利院有院民 8 人，光荣院有院民 6 人。1998 年，福利院有院民 11 人，寄养女弃婴 29 人，光荣院院民 6 人。当年增加房屋建筑面积 700 平方米。2003 年，福利院有院民 11 人，收养弃婴 28 人，光荣院院民 5 人。2004—2008 年，福利院院民 10 人，收养自费托养老人 2 人，寄养男孩 40 人。经民政部收养中心安排，依法办理女弃婴 28 人的手续送养美国、荷兰、西班牙、瑞典、丹麦、挪威。

四、社会捐赠

1993 年，县委、县政府开展“送温暖、解忧难”活动，接收社会捐款 2.4 万元，粮食 22.5 吨。为县内遭受洪水、冰雹、稻瘿蚊等自然灾害的村民送去温暖。1994 年，全县干部和群众为“4·25”“5·2”“6·15”特大暴雨洪灾，捐款 36.78 万元，1 位台商捐医疗款 2 万元；市民政局转华闽纸业有限公司人民币 5 万元、港币 37.13 万元、药品 6 箱；晋江市群众及驻军官兵捐衣被 13.04 万条（件）。全县干部职工捐旧衣被 2 万条、投入帮工 5 万工日、县政府拨粮食 56 吨、水泥 280 吨、杉木 630 立方米，共折合人民币 279 万元。

1996—1997 年，县委、县政府，发动全县机关、学校、企事业单位干部职工开展“捐衣物、送温暖”活动，有 324 个单位次、2.34 万人次，共捐人民币 1.92 万元，衣物 6.36 万件（条）、被单 13 条。

1998 年，在“送温暖、解忧难”活动中，收到群众捐款 1646 元、衣物 1.8 万件。4 月，开展“支持宁夏扶贫济困送温暖活动”，共捐款 3.58 万元；6 月，为将乐、泰宁、宁化灾区捐款 3.47 万元；8—9 月，支援长江、松花江、嫩江等灾区捐款 65 万元、衣物 3000 件。

1999 年 2 月，县开展“爱心献功臣”活动，帮助重点优抚对象解决实际困难，收到社会捐款 50.26 万元。2002—2004 年，县民政局设立社会捐助接待中心和接待站，共接收捐款 19.5 万元、衣物 5000 件。2008 年，支援省内雨雪灾害灾区，接收捐款 25 万元。全县干部群众支援四川汶川“5・12”地震灾区，捐款人民币 471 万元、港币 3 万元、棉被 750 条。

1993—2008 年，非公经济企业主 620 人次参加“光彩”事业、扶贫帮困、捐资助学、救灾救济等活动，捐资 1170 万元。其中，救灾 520 万元，为 215 名贫困生捐资 650 万元。

第三章　基层组织建设

第一节　村（居）委会选举

一、村民委员会选举

1993 年，全县 265 个村设立村民委员会（简称“村委会”），依据《中华人民共和国村民委员会组织法（试行）》和省的实施办法，村委会由本村年满 18 周岁的村民直接选举产生，每届任期 3 年。1994 年，全县村民委员会进行换届选举，参选率 95%，选出村委会成员 1255 人，其中村委会主任 261 人。1998 年，《中华人民共和国村民委员会组织法》实施，全县村民委员会 262 个。1997—2006 年，4 次换届参选率均在 97% 以上。2008 年，全县有 262 个村民委员会。

1994—2006 年，全县村委会进行 5 次换届选举，村委会主任、副主任和委员由村民依法直接选举产生。每次换届后，对新当选的村委会主任在县委党校进行岗前培训，共举办培训班 10 期、受训 1314 人次。

1994—2006 年大田县村委会换届选举情况表

表 21-2

年份	村委会（个）	村委会成员					村委会主任（人）		
		总数（人）	其中		初中以上文化（人）	年平均（岁）	应选数	选出数	其中女性
			中共党员（人）	女性（人）					
1994	265	1255	303	177	870	34.8	265	261	0
1997	262	1082	303	187	878	33.5	262	262	3
2000	262	1022	324	135	894	35.7	262	259	0
2003	263	893	366	103	791	36.8	263	263	1
2006	262	852	332	75	807	38.5	262	262	0

二、居民委员会选举

1993年，城区设居民委员会（简称“居委会”）4个，依据《中华人民共和国居民委员会组织法》，居委会每届任期3年，1994年届满，由辖区居民代表选举产生新一届居委会主任4人、委员16人。1997年，改设8个居委会，均溪镇在本届首试向社会公开招聘主任、委员人选，经居民代表选举产生新一届主任和委员。2000年、2003年分别进行换届。2006年，居委会换届共选出主任8人、委员32人，平均年龄37岁，其中本科学历3人、大专5人、高中或中专32人。

2008年大田县社区居委会情况表

表21-3

社区居委会	辖区面积（平方千米）	住 址	办公场所（平方米）		辖区常住	
			占地	建筑	户数	人口
白岩	0.78	银山北路39号	172	769	2000	5102
文昌	0.82	凤山中路96号	0	租	1844	4343
玉凤	0.86	建山路31号	0	借	2822	7003
仙亭	3.25	建山路76号	0	借	1483	3522
南街	0.68	凤山中路151号	232	583	2065	5515
赤岩	1.56	河滨东路77号	115	635	1107	2804
东门	1.73	宝山路105号	92	576	1543	3604
镇东	1.87	虹山路78号	156	800	1162	2706
合计	11.55	—	767	3363	14026	34599

说明：玉凤、仙亭居委会办公场所分别向审计局、环保局借用，文昌居委会租用南街居委会场所占地含庭院面积

第二节 村（居）事务公开

1993年起，村（居）委会建立民主选举、民主决策、民主管理、民主监督等为主要内容的村（居）代表议事制度，开展村民自治活动，重大事项召开村民代表会议或村民大会讨论决定；结合本村（居）实际，制定《村民自治章程》《村规民约》和《居民自治公约》。1997年，全县村级财务业务委托乡镇经管站代理，实行集体办公、计算机网络监管。1998年，实行村（居）事务公开，村（居）委会办理公共事务，公益事业或作出重大决策，召开村（居）民会议或村（居）民代表会议讨论决定；由村（居）民大会或代表会推选民主理财小组和监督小组，村（居）财务账目按时公开，接受监督。村（居）委会建立工作、代表会议、事务公开意见和处理情况记录簿及代表、民主理财小组、监督小组名册等“三簿三册”。2004年，社区设立议事监督委员会。2008年，全县村（居）委会均建立公开栏和监督信箱，

坚持公开办事制度，并不断完善村（居）委会自治章程和村规民约、居民自治公约。

附：村干部待遇保障

2007年9月，县政府出台《村干部待遇保障机制实施办法》和《村主干离任养老补助实施办法》。对在职村书记、村委会主任每人每月固定补贴300元，绩效补贴每人每月300元。对中华人民共和国成立后连续担任村党支部书记、村委会主任9年以上（含9年）或累计任村党支部书记、村委会主任15年以上（含15年）、男满60周岁、女满55周岁且正常离任的，县财政按照每人每月60元的标准给予固定补贴。2008年，全县有407人领取此类生活补贴共2.44万元。

第三节 社区建设

一、组织建设

1993年，城区4个居委会建立各种居规民约，依法管理辖区内城镇居民各项事务。1997年，随着城区扩大，改设8个居委会，均溪镇成立"大田县城区管理办公室"（简称城区办），设立党总支部，加强对居委会的领导，由镇党委副书记兼任总支书记，副镇长任城区办主任，各居委会设立党支部。2003年，居委会改称社区居委会。县政府成立社区建设工作领导小组，下设办公室，制定《大田县城市社区建设工作实施方案》，辖内单位与社区开展精神文明共建活动。2004—2008年，建立社区党校，与成员单位党组织签订社区党建工作协议书，组织党员参与社区建设。

二、办公场所建设

1993年，县城区有凤山、南山、宝山、玉山4个居委会，均溪镇管辖，居委会的办公场所由镇政府租借提供，其中南山居委会有自建办公楼1座，占地80平方米，建筑面积400平方米。1997年，原4个居委会改设8个社区居委会。2001年，城区8个社区居委会办公及人员经费全部列入县财政预算，并逐步解决社区居委会办公场所。当年，位于凤山东路177-5号的镇东社区居委会办公楼投入使用，占地108平方米，建筑面积648平方米。2002年，白岩、东门社区居委会新建办公楼投入使用。2005年1月，镇东社区居委会迁建办公楼投入使用。2008年，全县8个社区居委会，其中，自有办公场所5个，文昌、玉凤、仙亭社区居委会办公场所、由镇政府租借提供3个。

三、创建示范社区

1993年，居委会建立健全各种组织，开展创建居民自治示范活动，订立居民自治公约。1994年，开展达标升级活动。1995年，4个居委会均达三级以上水平。1997年，居委会统管辖内常住和流动人口及其他社会事务。2003年，开展创建平安和谐社区活动，各社区设立警务室，成立调解委员会、治保会、帮教小组等，进行矛盾纠纷排查和纠纷调解，维护社会安定。

2005年7月，县政府召开"和谐社区建设"工作座谈会，9月，在全县开展创建示范社区活动。2006年，东门、白岩社区分别被省委、省政府和市委、市政府授予"2003—2005年度文明社区"称号。东门社区人民调解委员会被市司法局授予"优秀人民调解委员会"称号。2007年，各社区承担小街巷二级环卫工作，改善环境卫生。东门社区警务室被市公安局授予"2006年度创建平安和谐社区先进警务室"称号。

2008年，8个社区居委会组建治安、卫生义务巡逻队1支15人，重点加强治安和环境卫生管理。举办登山、健身、文艺晚会、猜谜等各种活动，玉凤社区中秋节举办的"百家宴"加深邻里亲情。白岩社区被省"平安家庭"创建活动领导小组授予"'平安家庭'创建活动先进示范社区"称号，被省科协授予"福建省科普示范社区"称号，被市委宣传部列为"市级理论宣传点"。

四、社区便民服务

2003年，按照市政府要求，设立社区劳动保障工作站，进行居民就业技能培训，帮助企业改制下岗人员自主创业和再就业，南街社区支持下岗职工创办华福建材装潢、华福汽车租赁公司，带动15名下岗职工再就业。白岩社区居委会建立文化长廊、老人活动室、南音社等，活跃居民文化生活。2004年，东门社区成立"流动人口之家"，白岩社区创办《白岩社务报》，建立家政、医疗诊所、维修等多个便民服务点，设立老人活动室，做好居民服务。2007年，根据各自的特点做好服务，开展创建特色社区活动。东门社区创办"爱心超市"，每月为6名特困人员发放大米、食油等生活用品价值共300元。镇东社区居委会牵头成立镇东花园小区居民"家园理事会"，对小区安全、卫生、公益事务进行自我管理、自我服务；社区企业退休人员管理服务站被省劳动和社会保障局、企业退休人员社会管理服务工作委员会办公室评为"社会管理达标单位"。各社区设立科普画廊、廉政阅览室等。2008年，白岩社区建立党员、青年、妇女志愿者服务队，为居民开展便民服务。

第四章 其他民政事务

第一节 婚姻登记

1993年，婚姻登记在一方户籍所在地乡镇民政办公室（简称民政办）办理，全县办理结婚登记2452对、离婚18对。1995年，首次办理涉港、澳、台境外结婚登记1对。1999年10月至2003年9月，城区居委会与均溪、石牌、华兴3个乡镇的婚姻登记统一由县婚姻登记处办理，其余15个乡镇在当地民政办办理。2003年10月始，结合贯彻民政部新的《婚姻登记条例》，县民政局将全县18个乡镇的婚姻登记统一集中到县行政服务中心民政婚姻登记处登记。2004年，办理登记结婚2492对、离婚102对，离婚比上年增加34对，呈上升趋势。2005年6月，全县的婚姻登记工作由县民政局婚姻登记中心统一办理，登记中心设有候登、颁证大厅和登记室、证照室、档案室、婚育指导室、主任室，时为全市唯一规范化建设达标窗口。2008年，办理登记结婚2404对、离婚199对。1993—2008年，全县办理登记结婚3.7万对、离婚1223对，其中涉境外结婚登记6对。

1993—2008年大田县婚姻登记情况表

表21-4　　单位：对

年份	结婚登记	离婚登记	涉港澳台结婚登记	年份	结婚登记	离婚登记	涉港澳台结婚登记
1993	2452	18	0	1998	2052	43	0
1994	2294	42	0	1999	2553	44	0
1995	1563	18	1	2000	1947	18	0
1996	2817	40	0	2001	2061	51	0
1997	2148	46	0	2002	2539	63	4

续表 21-4

年份	结婚登记	离婚登记	涉港澳台结婚登记	年份	结婚登记	离婚登记	涉港澳台结婚登记
2003	2335	68	1	2006	2481	161	0
2004	2492	102	0	2007	2475	161	0
2005	2346	149	0	2008	2404	199	0

说明：涉港澳台结婚登记指香港、澳门、台湾地区

第二节　收养登记

1993年，县民政部门根据《中华人民共和国收养法》，办理收养登记社会女弃婴、国内公民领养1人。1994—2000年，全县共办理收养登记社会女弃婴、国内公民领养43人。2001—2007年，全县办理收养登记社会女弃婴40人，其中国内公民领养10人，国外公民领养22人，县福利院寄养8人。2008年，办理收养登记社会女弃婴、国外公民领养3人。1993—2008年，全县收养登记社会女弃婴87人，其中国内公民领养59人，国外公民领养28人。国外公民领养的有美国16人、荷兰5人、瑞典3人、西班牙2人、丹麦、挪威各1人。

第三节　社团与民办非企业登记

一、社团登记

1993年，民政部门登记社团组织58个。1999年，对社团登记进行清理整顿，不符合规定的一律不准登记，注销气功研究、中华养生功学会各1个。当年登记社团组织33个。2007年3月，对“社团组织评比达标表彰活动”内容进行清理。全县37个社团，只保留“教育协会”的评比达标活动职能，并规定不准收费。2008年底，全县共有社团96个，其中行业性23个、专业性36个、学术性25个、联合性12个。社团中涉农社团组织32个（含村用水协会11个）。批准注册登记的社团，发给登记证，受国家法律保护。

1999—2008年大田县社团登记情况表

表 21-5

社团名称	登记时间	社团名称	登记时间
大田县体育总会	1999.12.8	大田县水利电力学会	1999.12.8
大田县乒乓球协会	1999.12.8	大田县公路工程学会	1999.12.8
大田县老年人体育协会	1999.12.8	大田县环境科学学会	1999.12.8

续表21-5

社团名称	登记时间	社团名称	登记时间
大田县畜牧兽医学会	1999.12.8	大田县个体劳动者协会	1999.12.8
大田县林学会	1999.12.8	大田县青年企业家协会	1999.12.8
大田县财政会计学会	1999.12.8	县见义勇为工作者协会	1999.12.8
大田县珠算学会	1999.12.8	县基督教三自爱国会、基督教	1999.12.8
大田县教育学会	1999.12.8	大田县拥军优属协会	1999.12.8
大田县医药卫生学会	1999.12.8	大田县集邮协会	1999.12.8
县职工思想政治工作研究会	1999.12.8	大田县消费者委员会	1999.12.8
县农村思想政治工作研究会	1999.12.8	大田县经纪人协会	1999.12.8
大田县档案学会	1999.12.8	福建省岩城集团质量管理协会	2003.8.26
大田县矿业协会	1999.12.8	大田县篮球协会	2003.9.15
大田县农村卫生协会	1999.12.8	大田县水土保持学会	2003.10.13
大田县机动车维修协会	1999.12.8	大田县老区建设促进会	2003.11.7
大田县道路运输协会	1999.12.8	大田县药学会	2003.11.17
大田县中小企业协会	1999.12.8	大田县道教协会	2004.5.20
大田县外商投资企业协会	1999.12.8	红星村农户贷款担保基金协会	2004.2.24
大田县私营企业协会	1999.12.8	大田县米粉协会	2004.3.16
大田县福利企业协会	1999.12.8	大田县交通安全协会	2004.9.16
大田县婚姻收养管理协会	1999.12.8	大田县机械行业协会	2004.12.16
大田县税务咨询协会	1999.12.8	大田县福梅辣椒协会	2005.3.8
大田县水泥协会	2000.7.3	大田县屏山乡茶叶协会	2005.4.21
大田县税务学会	2000.8.9	福塘村农户贷款担保基金协会	2005.5.20
大田县质量技术监督协会	2001.4.20	大田县茶叶协会	2005.5.20
大田县退休干部协会	2001.12.28	大田县羽毛球协会	2005.6.7
大田县钓鱼协会	2002.12.24	屏山乡茶农贷款担保基金协会	2005.6.16
大田县秘书工作者协会	2002.12.24	大田县济阳乡茶叶协会	2005.6.16

续表 21-5

社团名称	登记时间	社团名称	登记时间
个私经济贷款担保基金协会	2002.12.24	大田县安全生产技术协会	2005.10.24
大田县生姜协会	2002.12.24	大田县屏山乡茶叶协会	2006.2.27
大田县精神文明建设研究会	2003.3.28	大田县老龄事业发展促进会	2006.9.29
大田县茶叶学会	2003.3.28	大田县吴山乡茶农担保基金会	2006.7.13
大田县农民体育协会	2003.7.17	大田县武陵茶农贷款担保基金协会	2006.7.14
大田县农资协会	2003.7.25	大田县桃源镇蔬菜协会	2006.8.15
大田县建筑业协会	2003.7.28	大田县济阳乡茶农贷款担保基金协会	2006.10.12
大田县房地产业协会	2003.8.14	大田县旅游协会	2006.11.17
大田县龙坑村畜禽产销协会	2006.11.30	大田县广平镇广平村用水户协会	2008.8.22
大田县谢洋乡茶农贷款担保协会	2007.4.24	大田县广平镇万筹村用水户协会	2008.9.5
大田县兴化商会	2007.4.24	大田县广平镇丰庄村用水户协会	2008.9.9
大田县屏山共建平安屏山理事会	2007.6.28	大田县前坪乡黎明村用水户协会	2008.10.13
大田县食用菌协会	2007.7.9	大田县广平镇元沙村用水户协会	2008.10.16
大田县驾驶培训联合协会	2007.7.10	大田县前坪乡湖坪村用水户协会	2008.10.28
大田县老科技工作者协会	2007.7.29	大田县平安建设工作协会	2008.11.6
广平镇花卉协会	2007.7.30	大田县上京镇上平村用水户协会	2008.11.10
广平镇茶叶协会	2007.7.30	大田县奇韬镇奇韬村用水户协会	2008.11.21
大田县工商行政管理学会	2007.11.1	大田县奇韬镇西韬村用水户协会	2008.11.21
大田县冬季游泳协会	2007.12.10	大田县汽车销售与物流协会	2008.12.7
大田县铸造行业协会	2008.7.30	大田县石牌镇小湖村用水户协会	2008.12.17

二、民办非企业登记

1999—2000 年，民政部门对全县民办非企业单位进行调查摸底，2002 年，登记民办非企业单位社团 4 个。2003—2007 年，登记 9 个。2008 年，全县有民办非企业单位社团 13 个。其中，教育类有城区办幼儿园、总工会幼儿园、妈咪爱托儿所、鸿图中学和远程教育服务中心 5 个；文体类有古筝艺术学校和 FF 车友俱乐部、少年体育俱乐部 3 个；劳动类有星光技能培训中心和兴才技术培训学校、志远职业培训学校、华夏培训学校 4 个、卫生类有协和医院 1 个。

第四节　勘　界

一、县域界线

1993年，大田县域毗邻本市的三元、永安、沙县、尤溪，泉州市的德化、永春及龙岩市的漳平等7个县（市、区），交界涉及县内15个乡镇89个村（场），边界线长、情况复杂、历史纠纷多。2008年，县域毗邻不变。

二、界线勘定

（一）县界

1997年4月，大田县成立勘界办公室，挂靠县民政局，副科级事业单位，负责县、乡两级行政区域界线勘定。梅山、湖美两乡与尤溪坂面乡的界线，历史纠纷50多年，勘界办对历史证据再查证、审核，认为1988年省高院裁定为国有的山场，在界线双方县政府和勘界办多次协商无果的情况下，由市人民政府对该段界线进行裁定。街面水库征地时，勘界办派员协助县移民局查摆证据，组织材料，经三明市中级人民法院判决，大田县获得林地、林木补偿费和森林植被恢复费800多万元。

2001年10月，7条县界勘定完成，界线总长476.96公里，其中市间县际与德化、永春、漳平界线3条，总长232.55公里，每条线立界桩2块。其中，大田—永春界线于3月5日签订，长67.8公里，大田—漳平界线于9月26日签订，长77.07公里，大田—德化界线于9月28日签订，长87.68公里。市内县际与尤溪、沙县、永安、三元界线4条，总长244.41公里。其中，大田—沙县界线于6月26日签订，长23.7公里，大田—三元界线于7月3日签订，长13.89公里，大田—尤溪界线于10月23日签订，长101.45公里，立界桩1块，大田—永安界线于10月24日签订，长105.37公里，立界桩2块。三交点7个，其中市间县际4个、市内县际3个。7条界线经省人民政府批准履行，勘界后全县面积为2233.12平方公里。2008年，县级界线再无变动。

（二）乡镇界

2001年2月，全县开展乡镇级行政区域界线勘定，以乡镇为主，进行外业勘查取证，由界线双方乡镇负责举证，县勘界办协调。对双方均有证据的纠纷山场，采取折中定界或由县政府裁定。县政府裁定的有建设—太华线的建国与罗丰段；石牌—谢洋线的石坑与象山段；奇韬—文江线的文经与桥下段；前坪—湖美线的下坑和下地与旺建和大尤段合计界线长度10.35公里。2004年12月13日，乡镇级界线勘定完成，18个乡镇界线36条，总长459.45公里，勘定三交点19个。起止点15个。2005年9月，乡镇级行政区域界线经省人民政府批准履行。2008年，乡镇级界线再无变动。

1997—2001年大田县行政区域勘界线及三交点情况表

表21-6

界线	三交点	所处位置	界桩（块）	签订时间
市间县级	漳平—大田—永春	漳平市象湖镇长塔村	三立界桩	1998.11.26
		大田县谢洋乡仕福村		
		永春县一都镇光山村		
	漳平—大田—永安	漳平市新桥镇城口村	1	1998.10.24
		大田县赤头坂伐木场		
		永安市西洋镇岭头村		

续表21-6

界线	三交点	所处位置	界桩（块）	签订时间
市间县级	永春—大田—德化	永春县下洋乡上姚村 大田县济阳乡高才村 德化县美湖乡阳山村	1	2001.9.28
市内县级	三元—大田—沙县	三元区中村乡�竹村 大田县广平镇东景村 沙县湖源锦街村	1	1997.7.29
	三元—大田—永安	三元区中村乡松阳村 大田县广平镇大吉村 永安市槐南乡皇历村	1	1998.11.17
	大田—尤溪—沙县	大田县广平镇万宅村 尤溪县八字桥乡罗岩村 沙县大洛镇华口村	1	2000.6.16
	大田—德化—尤溪	大田县湖美乡高才村 德化县春美乡尤床村 尤溪县坂面乡厚禄村	1	2001.9.28

2001—2004年大田县乡镇界线贯通情况表

表21-7　单位：公里

序号	界线名称	界线长度	起点图幅	贯通界线中的图幅	终点图幅	贯通时间
1	前坪—湖美	23.63	林兜80-(31)	前坪80-(30)、湖美80-(39)、下坑80-(38)	东坑80-(46)	2004.11.25
2	前坪—文江	12.97	前坪80-(30)	——	龙门80-(22)	2003.4.3
3	均溪—太华	10.40	西埔80-(37)	魁城80-(45)	桃坑80-(53)	2003.4.3
4	前坪—梅山	4.16	龙门80-(22)	前坪80-(30)	林兜80-(31)	2002.4.18
5	桃源—上京	33.72	陈厝坑80-(35)	上坪80-(43)、桃源80-(42)、汤溪80-(50)、上京镇80—（51）	广济80-(58)	2003.4-30
6	济阳—吴山	9.00	上丰92-(24)	科山92-(23)、吴山92-(31)	曲斗92-(32)	2002.-26
7	奇韬—广平	15.60	广平68-(46)	奇韬68-(54)、文经68-(62)	建爱68-(61)	2003.3.20
8	谢洋—吴山	8.64	大鼓山92-(22)	——	阳春92-(30)	2001.11.4
9	太华—石牌	8.10	前洋80-(52)	小华80-(44)、魁城80-(45)	桃坑80-(53)	2001.9.14
10	武陵—谢洋	12.35	后德92-(12)	——	仁洋92-(13)	2002.12.4
11	太华—桃源	5.20	登榜桥80-(27)	——	陈厝坑80-(35)	2001.10.24
12	建设—奇韬	3.20	建爱80-(61)	——	文经80-(62)	2001.11.16

续表 21-7

序号	界线名称	界线长度	起点图幅	贯通界线中的图幅	终点图幅	贯通时间
13	太华—前坪	5.38	前坪 80-(30)	甲魁 80-(29)、西埔 80-(37)	下坑 80-(38)	2003.5.20
14	上京—太华	17.80	陈厝坑 80-(35)	上坪 80-(43)、小华 80-(44)、上京镇 80-(51)	前洋 80-(52)	2002.11.25
15	前坪—均溪	10.70	西埔 80-(37)	下坑 80-(38)	东坑 80-(38)	2003.4.3
16	上京—石牌	9.20	前洋 80-(52)	——	三阳 80-(60)	2002.6.19
17	武陵—上京	12.20	三阳 80-(60)	武陵 92-(4)	赤水源 -(3)	2002.5.29
18	均溪—屏山	8.30	仙锋 80-(63)	和坑 92-(7)	石牌 92-(6)	2002.5.20
19	梅山—湖美	16.31	林兜 80-(31)	——	黎坑 80-(32)	2002.10.19
20	均溪—华兴	20.51	岩坑 80-(47)	京口 80-(55)	仙锋 80-(63)	2003.3.5
21	华兴—屏山	7.01	仙锋 80-(63)	——	和坑 92-(7)	2002.11.29
22	均溪—湖美	4.90	东坑 80-(46)	——	岩坑 80-(47)	2003.4.3
23	吴山—石牌	2.31	大骨山 92-(22)	——	大骨山 92-(22)	2002.3.22
24	济阳—屏山	10.78	内山 92-(8)	王坪 92-(16))	上丰 92-(24)	2003.9.3
25	湖美—华兴	14.57	岩坑 80-(47)	早兴 80-(56)、岩坑 80-(55)	尤床 80-(48)	2003.9.8
26	梅山—文江	18.85	仁坂 80-(7)	昭文 80-(14)、梅山 80-(15)	龙门 80-(22)	2003.9.18
27	文江—太华	10.10	山中心 80-(13)	汤泉 80-(21)、龙门 80-(22)	前坪 80-(30)	2003.9.23
28	文江—建设	19.70	文经 80-(62)	文江 80-(6)、建设 80-(5)、建爱 68-(61)、昭文 80—（14）	山中心 80-(13)	2003.10.15
29	石牌—武陵	23.22	三阳 80-(60)	武陵 92-(4)、京程 92-(5)、石坑 92-(14)	仕洋 92-(13)	2003.10.22
30	石牌—屏山	15.31	石牌 92-(6)	石坑 92-(14)	大骨山 92-(22)	2003.12.12
31	石牌—均溪	21.12	80-(53)	小湖 80-(61)、大田县 80-(62)	石牌 92-(6)	2003.12.25
32	太华—建设	11.05	元厝顶 80-(12)	——	山中心 92-(13)	2004.12.7
33	文江—奇韬	12.18	文经 68-(62)	——	高士 68-(63)	2005.3.8
34	广平—建设	8.20	建爱 68-(61)	——	建爱 68-(61)	2003.12.23
35	石牌—谢洋	8.75	仕洋 92-(13)	谢洋 92-(21)、石坑 92-(14)	大骨山 92-(22)	2004.5.21
36	屏山—吴山	24.03	大骨山 92-(22)	屏山 92-(15)、科山 92-(23)	上丰 92-(24)	2003.10.29

2001—2003 年大田县乡镇行政区域界线与县界相交起止点一览表

表 21—8

区域界线与县相交起止点协议书	图幅	三交点坐标		签订时间
奇韬镇—广平镇起点	广平 G-50-68-(46)	X=2889540	y=39584660	2003.3.20
建设镇—广平镇起点	建爱 G-50-68-(61)	X=2878545	y=39574090	2003.12.12
文江乡—奇韬镇终点	高士 G-50-68-(63)	X=2879310	y=39588020	2003.11.20

续表 21-8

区域界线与县相交起止点协议书	图幅	三交点坐标		签订时间
梅山乡—文江乡起点	仕板 G-50-80-(7)	X=2874625	y=39591160	2003.9.18
太华镇—建设镇起点	元厝顶 G-50-80-(12)	X=2869410	y=39572220	2003.11.28
桃源镇—太华镇起点	登板桥 G-50-80-(27)	X=2861680	y=39565100	2001.10.24
梅山乡—湖美乡终点	黎坑 G-50-80-(32)	X=2861420	y=39599100	2002.10.19
湖美乡—华兴乡终点	尢床 G-50-80-(48)	X=2851160	y=39597320	2003.9.8
桃源镇—上京镇终点	广济 G-50-80-(58)	X=2841390	y=39559120	2003.4.30
华兴乡—屏山乡终点	和坑 G-50-92-(7)	X=2840190	y=39593570	2002.11.29
上京镇—武陵乡终点	赤水源 G-50-92-(3)	X=2836650	y=39568250	2002.5.29
济阳乡—屏山乡起点	内山 G-50-92-(8)	X=2835880	y=39598490	2003.9.3
武陵乡—谢洋乡起点	后德 G-50-92-(12)	X=2832650	y=39574640	2002.12.4
谢洋乡—吴山乡终点	阳春 G-50-92-(30)	X=2823380	y=39582480	2001.12.4
济阳乡—吴山乡终点	吴山 G-50-92-(31)	X=2824845	y=39591450	2002.3.26

第五节 殡葬管理

一、公墓建设

1993 年，县成立殡葬改革领导小组，同年城区在红星村规划山地 10.2 公顷，用于建公墓，在均溪红星、玉田、石牌老厝、太华群团等乡镇 11 个村规划 59.87 公顷，作为公墓土葬试点。

1997 年，县政府制定《大田县殡葬管理暂行规定》，规定在城区死亡的人员遗体全部安葬在公墓区；县民政部门在红星村后垅山建公墓 42 穴，投资 20 万元，并投入使用。1998 年，县委、县政府把续建城区公墓列入为民办实事项目之一，再建公墓穴 54 个、骨灰墓穴 6 个。1999 年，购置殡仪车 1 辆，续建后龙山公墓穴 57 个，投资 25 万元。2003 年，后龙山公墓穴扩大到 630 个。

2005 年，县政府制定《关于加快农村公益性公墓建设的意见》，全县新建村级公益性公墓穴 238 处、3489 个，新建骨灰堂 12 座、祖祠改建骨灰堂 41 座，骨灰格位 3592 个，县政府补助专款 109.3 万元；全县 262 个村和东风农场 13 个自然村均有公益性公墓、骨灰堂。2008 年，县财政预算补助农村公墓建设资金 37.95 万元，每穴按 100 元、200 元、300 元 3 个标准补助。县后垅山公墓占地 0.65 公顷，建成墓穴 1483 个，绿化率 100%。

二、推行火葬

1997 年，县推行公职人员死亡送三明殡仪馆火化制度。1999 年，全县火化遗体 68 具。2001 年，开始推行居民遗体火化制度。2003 年，全县火化遗体 138 具，火化率 8.4%。

2004 年 3 月，县在均溪后华村五十束坂处与龙岩客商合资兴建国家二级标准殡仪馆，占地 2.77 公顷，建筑面积 1613 平方米，总投资 750 万元。2005 年，县委、县政府召开殡葬改革会议 2 次，殡葬改革列入乡镇和有关单位年度考核，制定《大田县殡葬管理规定》和《大田县境内死亡人员遗体全面火化的通告》等文件，并成立殡葬改革监察大队。8 月 24 日，殡仪馆投入使用。殡仪馆火化车间有焚烧炉 2 个，冷藏室有冰棺 4 副、冰柜 2 组，设守灵室 2 间、悼念室、休息室、解剖室各 1 间及骨灰寄存室、整容室、骨灰堂（馆）、办公综合楼、车库等设施。10 月 9 日，县委、县政府在影剧院召开殡葬改革动员大会，自 10 月 22 日零时起，县境内死亡人员遗体全部实行火化，骨灰集中安葬在公墓或安放骨灰楼（堂、馆）。至年底，火化遗体 372 具，火化率和骨灰集中安放率均 100%。2008 年，全县火化遗体 1738 具，火化率 100%。

三、坟地整治活动

1996 年，全县开展乱建坟墓专项治理活动，清理省道 306、307 线两侧及街道、集镇一重山近距离视线内坟墓 37 处。2003 年，清理乱葬 18 处，其中制止乱葬 12 处、处理 6 处。2007 年，全县制止、查处乱葬和二重葬 3 起，乱修坟墓 2 起。2008 年，建立健全骨灰管理台账、领取、运送的管理制度，制止和查处未将骨灰安置在村级公益性公墓 8 例，处理违规修墓 1 起，调解迁墓纠纷 1 起。

第五章 机 构

第一节 行政机构

一、县民政局

1993 年，大田民政局为主管全县民政事务的政府工作部门、局机关设基础政权建设股、优待抚恤股、社会救灾救济股、民政股、办公室 4 个股，编制人员 16 名。县老区、勘界、双拥 3 个办公室挂靠民政局，在局统一领导下，各自完成业务工作。2002 年，局机构改革，内设办公室、民间组织管理办公室、优抚安置股、救灾救济股、基层政权和社会建设股、社会福利和社会事务股。2008 年，机构设置不变，全局有干部职工 35 人（含下属事业单位）。

二、县老龄工作委员会

1993 年，大田县老龄工作委员会为县政府职能部门，主任由 1 名副处级领导担任，成员单位 20 个，下设办公室，编制 2 人，配常务副主任 1 人。2002 年 11 月，县老龄工作委员会挂靠县民政局，办公室设在县民政局，编制 2 人，主任由民政局局长兼任，配常务副主任 1 人，行政上由民政局统一领导。2008 年，机构编制不变。

第二节 事业单位

1993 年，光荣院、社会福利院合署办公，编制 5 人，农村社会保险公司仍直属民政局管理。2001 年 9 月，县农村社会保险公司移交县劳动和社会保障局管理。

2003 年 7 月，成立大田县殡仪馆（自收自支）与大田县殡葬管理服务站实行两块牌子、一套人马。2005 年 6 月，成立大田县殡葬改革监察大队，编制 2 人，与殡葬管理所合署办公。同时，成立大田县婚姻登记中心，编制 2 人。2008 年 1 月，成立大田县城乡低保工作站，属全额拨款事业单位，编制人员 2 人。年底，民政局下属事业机构 7 个，编制 11 人。

卷二十二　劳动和社会保障　编制人事

第一章　劳动管理

第一节　机构

1993年，大田县劳动局内设办公室、劳动监察和工资股、就业和失业保险股、职业培训股、社会保险股，行政编制11人、事业编制1人。辖劳动就业中心。1994年4月，成立劳动争议仲裁委员会。1995年4月，成立劳动监察中队。2001年10月，机关事业保险公司（1996年升格为副科级单位）从县人事局划入劳动局管辖。2002年2月，组建大田县劳动和社会保障局，不再保留劳动局。内设办公室、劳动监察和工资股、就业和事业保险股、职业培训股、社会保险股，行政编制11人、事业编制1人。辖劳动就业中心、城镇职工医疗保险中心、社会劳动保险公司、机关事业保险公司、农村社会保险公司、企业离退休人员管理办公室、劳动仲裁委员会办公室。2007年，成立劳动保障监察大队。2008年4月，将所辖社会劳动保险公司、机关事业社会保险公司、农村社会保险公司分别更名为社会劳动保险中心、机关事业社会保险中心、农村社会保险中心。局内设机构不变，编制11人。辖职工医疗保险中心、社会劳动保险中心、机关事业社会保险中心、农村社会保险中心、劳动就业服务中心、劳动保障大队、职业技能鉴定站、劳务派遣有限公司。

第二节　劳动就业

一、就业服务

（一）就业培训

1993年，县委、县政府继续把就业培训列入为民办实事项目。当年，就业培训709人、失业职工培训25人、富余职工培训54人、农村剩余劳力培训281人。1994年，在建山路兴建劳动就业训练中心大楼，建立职工培训基地，占地2500平方米，建筑面积3415平方米，总投资170万元。1993—1996年，开办各种劳动技能培训班105期，参训1.08万人，对象有城镇待业青年，企业下岗转岗职工、农村富余劳力。1997—1998年，不同工种技术培训18期、1127人。2005年，志远、星光、兴才等技能培训中心开办，全县有劳动就业中心、劳务派遣公司和民办志远、星光、兴才职业学校短期职业培训机构和教学点5个，全年各类培训65期、2726人。1993—2008年，根据市场用工情况，开展多门类、多形式的就业培训，全县累计6.05万人，其中岗前培训2.98万人、再就业培训8600人、创业培训1100人、劳动力转移培训 1.4 万人，零就业培训 300 人、技能提升培训 2600 人、“一户一就业”培训 4100 人。县职业高中（中专）学校开办有电工、机械制造加工、陶瓷、茶叶技术等多门类、多学科的专业教育培训，为社会提供技术工人上万人。

（二）劳务中介

1994—1995 年，县政府以福州、厦门、泉州、石狮、深圳等 5 个驻外办事处为依托，成立劳动服务管理站，开发劳务输出市场，组织农村剩余劳动力向经济发达的沿海地区转移。县劳动部门发展职业介绍机构和开展劳务派遣，设立劳动就业中心、人力资源市场，与省内沿海地区、省外广东等地联系，邀请用人单位到县招聘。1996 年，劳务中介组织输出 2324 人，其中县外省内 1818 人、省外 506 人。2004 年，成立大田县劳务派遣有限公司，主要从事劳务派遣、职业技能培训、企业劳动工资策划、劳动事务代理、劳动政策咨询，与县内外企业、劳动力市场沟通联系，掌握用工动态，发布用工信息，代办招工手续等。2007 年，建立社区劳动保障工作站和乡镇劳动保障事务所，8 个社区和 262 个村配有劳动保障协理员 271 人，建立省、市、县、乡镇四级网络平台，开展用工信息收集与发布、劳动者求职登记、向用人单位推荐人才；经劳动保障部门审核批准，个人开办的有山海劳务有限公司、民帛劳力有限公司等社会职业中介机构。

二、就业再就业工程

1993—1996 年，县劳动部门实施“就业再就业”工程，举办就业培训班 1.08 万人，配合企业制度改革，安置企业富余人员 1133 人，占富余人员数的 78.79%，失业职工再就业 429 人，占失业职工数的 61.73%。办理核发 3566 本务工许可证、3670 本就业证、4077 本就业卡，输出劳动力 1.26 万人。1997 年，被确定为国家级劳动预备试点县，安置失业人员 1295 人，占失业人数的 73.29%。办理核发 2643 本就业证、2329 本就业卡，举办就业培训班 42 期、结业 1628 人。当年，新增就业人员 1295 人，占待业、失业人员总数的 73.25%；安置下岗职工 1280 人，劳务输出 5365 人。1998 年 4 月，县政府成立大田县劳动预备制度工作领导小组和大田县再就业与帮困工作领导小组，制定《关于进行劳动预备工作的通知》和《大田县劳动预备制度实施细则》。县劳动部门在县 10 家企业集团、纺织总厂、商业局、供销合作联社和上京矿务局成立就业服务中心 15 个，设立就业信息平台，发布就业信息。当年，举办就业培训班 42 期。结业 2903 人；核发 2956 人就业证，发放 1459 人就业卡；新增就业 1103 人，完成市下达任务的 100.3%。

2000 年，县劳动服务公司组建劳动力市场，负责企业职工下岗失业职业介绍、求职登记、失业金发放等业务，实行“一条龙”服务。2005 年，职业介绍机构收集、发布就业信息 482 条，提供就业岗位 7860 个。2006 年，县劳动和社会保障局联手县内外 32 家企业，在东街口举办下岗再就业暨农村劳动力转移现场招聘活动，提供岗位 3330 个，招聘 1380 人。2007 年，举办就业现场招聘会 3 次，提供岗位 2.62 万个，4249 人当场与用工单位签订协议。县政府推行“就业保障卡”制度，对就业保障、就业服务、维权援助、子女入学、医疗保健等方面为就业对象提供权益保障，改善就业环境，解决农民工工作、生活中存在的问题和企业“招工难”“留工难”问题。同年，县政府还出台优惠政策，落实贴息小额贷款政策，城镇居民、下岗失业人员、高校毕业生、转业退役军人自主创业，可申请贴息小额贷款 3 万元—5 万元，税务部门免征 3 年营业税。当年，县信用联社发放贷款 127 万元。2008 年，发放 275 万元。103 人自主创业，并带动社会人员就业 326 人。县总工会落实省总工会提出的“863”（全省完成为 8 万名下岗失业人员开展职业培训，为 6 万名下岗失业人员提供职业介绍服务，为 3 万名下岗失业人员实现再就业）的再就业援助工作，建立再就业培训基地，开办工会就业培训基地，开发工会就业信息网络，培训下岗失业人员 2333 人，扶持、促进 1017 人再就业。1993—2008 年，全县累计完成失业登记 6719 人，求职登记 1.26 万人，开展职业指导 1452 人，收集和发布用工信息 1126 条。城镇新增就业 2.4 万人，下岗失业人员再就业 1.41 万人，农村劳动力转移就业 5.11 万人，城镇“零就业”家庭实现就业999人，农村“一户一就业”957人，劳务派遣4553人，城镇失业率从2001年的7.8%下降到2008年的3.7%。

第三节　职业技能鉴定

1994年5月，成立县工人考核委员会，由1名副县长任主任。1995年5月，成立县职业技能鉴定站，承担劳动者职业技能鉴定。至1996年，技术等级考核发证548人，其中初级工376人、中级工152人、高级工13人、技师7人。1997年，取得初级技术等级证书198人、中级376人。1998年，成立县劳动预备役制度工作领导小组，县长任组长，下设办公室，县劳动局局长兼任主任。县政府制定劳动预备役制度实施细则。2000年，实施劳动预备制度与实行就业准入、持证上岗、规范企业用工行为相结合，就业准入1331人，鉴定中级电工40人。2002年，执行技术岗位持证上岗，鉴定摩托维修和初级电工85人，计算机中级工48人。2003年，鉴定高级电工37人、中级34人。

2004年，县劳动和社会保障局编制《大田县职业教育中心专项建设规划》，开办“星光技能培训中心”等社会培训机构，推行职业证书制度。2005年，考核发放车工、钳工、电子电气、挖掘机、推土机等专业职业资格证500本。2006—2008年，职业技能鉴定发放职业资格证2868本。

第四节　劳动监察仲裁

一、劳动合同管理

1993—1996年，扩大企业用工自主权，企业招工、职工调动，不再由劳动部门审批和办理手续，实行厂内待业、退休、留职停薪、转岗轮训等安置办法，劳动部门对招工政策进行监督管理。全县所有国有企业实行劳动合同管理，固定工、集体工、合同工一律与企业签订劳动合同，劳动合同分固定期限和无固定期限，劳动部门对所签订劳动合同进行鉴证。1995年，岩城水泥集团、石凤水泥集团、汤泉铁矿等单位推行集体合同试点，当年，全县签订集体合同企业55户，涉及职工2.57万人。1996—2008年，企业用工体制实行全员劳动合同制，打破企业干部、固定工、集体工、合同工的多种用工体制，形成企业自主招工、个人自主择业、市场调节、政府指导的就业格局。劳动部门对用人单位劳动用工情况进行指导和督查。

二、劳动监察

1993年，县劳动部门检查企业36家，立案1件。1994年2月，县劳动局计划调配股更名劳动关系与监察室。1995年4月，成立大田县劳动监察中队。1996年，对各类企业实行用工年审制度。1998年8月，成立劳动部门“110”社会联动工作领导小组和紧急分队，公布日夜接警电话和传呼号码，建立接警登记制度。2007年12月，成立县劳动保障监察大队，事业编制2人。1993—2008年，县劳动监察部门举办《中华人民共和国劳动法》等劳动法律法规培训16期，接待咨询8138人次，分发各种宣传材料5.6万余份。累计监察用人单位2762个次，涉及劳动者21万人次，发出整改指令书356份；受理劳资纠纷案件406件，涉及劳动者2897人，清退童工38人，追讨补发农民工工资1031.33万元，受理督办件467件，涉及5621人，结案率100%。

三、劳动仲裁

1993年，劳动部门受理劳动纠纷、调解结案1件。1994年4月，成立县劳动争议仲裁委员会，聘任兼职仲裁员7人，下设劳动争议仲裁办公室，地点设在劳动局。仲裁工作坚持“及时介入、教育疏导、区别对待、就地解决”和“着重调解、及时裁决”的原则，加强劳动争议调解体系和劳动争议仲裁制度建设，推行“庭前调解”工作方式。2008年5月1日，实施《中华人民共和国劳动争议调解仲裁法》，取消劳动争议仲裁收费。截至当年底，累计受理仲裁劳动争议案348件，其中调解248件、仲裁100件，结案率100%。

1993—2008年劳动监察、劳动争议案件处理情况表

表22-1

年份	劳动监察						劳动仲裁			
	检查企业（个）	受理案件（件）	涉及职工（人）	追讨农民工工资（万元）	督办信访件办理		受理案件（件）	结案数（件）	其中	
					受理数（件）	结案数（件）			调解（件）	仲裁（件）
1993	36	1	2	0	0	0	1	1	1	0
1994	134	0	0	0	0	0	13	13	8	5
1995	391	5	15	0.24	0	0	14	14	12	2
1996	118	11	22	1.90	0	0	8	8	5	3
1997	319	12	14	1.18	0	0	22	22	15	7
1998	172	19	350	0	27	27	19	19	12	7
1999	85	29	117	39.00	30	30	29	29	22	7
2000	130	9	38	5.92	87	87	16	16	13	3
2001	120	13	129	14.00	34	34	16	16	11	5
2002	121	15	39	3.23	31	31	15	15	13	2
2003	113	31	52	2.57	43	43	13	13	6	7
2004	180	76	628	80.78	37	37	16	16	5	11
2005	242	13	240	39.10	63	63	20	20	11	9
2006	159	41	268	27.55	37	37	28	28	24	4
2007	237	69	880	147.00	29	29	49	49	36	13
2008	205	62	103	668.86	49	49	69	69	54	15
合计	2762	406	2897	1031.33	467	467	348	348	248	100

第五节 企业离退休人员社会化管理服务

1993年，成立大田县社会劳动保险服务所，实行企业离退休费社会化发放服务。2002年4月，成立县企业离退休人员管理办公室，负责企业离退休人员非统筹基金征收与离退休人员生活费发放、离退休人员遗属补助审核与发放、退休金领取资格认证、医疗费报审与发放。非统筹基金实行收支两条线管理，按10年预提。2002年，托管人数181人，非统筹收入104.35万元，支出97.7万元。2005年，托管686人，收入358.66万元、支出307.3万元，其人数、收入、支出均为最高年份。2006年，托管243人，收入117.77万元、支出23.11万元；随着企业改制，职工减少，离退休人员、基金收入呈现萎缩态势。2008年，托管人数81人，收入92.88万元、支出14.68万元。

第二章　社会保险

第一节　基本养老保险

一、企业职工养老保险

1993年，全民所有制企业职工养老保险由县社会劳动保险公司（简称县社保公司）经办和管理。5月，商业、粮食、供销企业单位缴纳养老保险费按月职工工资总额的比例由26%调为27%，其他企业由18%调为19%；职工个人缴费按每人月工资总额的2%缴纳。参保企业122户、参保职工8130人，征收养老保险费418万元，离退休人员1289人、支付养老金285万元。

1994年1月，商业、粮食、供销企业单位的缴费比例调为29%，其他企业调为21%，职工个人缴费调为4%。6月，县政府制定《大田县非国有工商企业职工社会养老保险试行统一管理的若干暂行规定》，将乡镇企业、集体企业、"三资"企业职工纳入社会保险统筹，以国家、企业和个人三方合理负担及"以支定收、略有结余、储存积累"为原则，企业和职工个人的缴费比例参照全民所有制企业。非国有企业参保单位32个、职工609人，征收养老保险费49万元，为离退休人员14人支付养老金5万元。管理体制调整为"核定基数、定额缴拨、增收分成、自求平衡"的办法。

1996年1月，按照省政府通知，原由人民保险公司办理的集体企业养老保险业务移交县社保公司，共参保82户、职工318人。全县参保企业173户、参保职工1万人，征收养老保险费1030万元，为离退休人员2053人、支付养老金663万元。

1998年1月，根据《福建省城镇企业基本养老保险条例》规定，职工退休后基本养老金由基础养老金和个人账户养老金组成。养老保险缴费比例统一定为企业20%、职工个人5%。1999年，成立社会保险扩面领导小组，开展扩面宣传，新增参保1051人，清欠养老保险费158万元。参保企业184户、参保职工1.07万人，征收养老保险费1281万元，为离退休人员3162人、支付养老金1402万元。2000年1月，养老保险缴费比例调为企业19%、职工个人6%。

2001年，国有、集体企业改组改制，部分职工下岗失业。2002年1月，养老保险缴费比例调为企业18%、职工个人7%。当年参保职工9307人，比2000年下降12%；县劳动和社会保障局做好扩面征缴和下岗失业职工养老保险接续工作，建立个人信息账户100%。5月，开展企业离退休人员社会化管理试点。2003年，完成企业参保职工缴费工资和视同缴费年限确认5830人，参保职工增至1.13万人，征收养老保险费1430万元，为离退休人员4148人支付养老金2554万元。2004年1月起，养老保险职工个人缴费调为8%。

2006年，完善企业职工基本养老保险制度，加强基金监管。参保企业292户、参保职工1.42万人，参保率92%。2008年3月，县社保公司更名为大田县社会劳动保险管理中心。当年，参保企业增至396户、参保职工1.55万人，参保率98%；征收基金4201万元，为离退休人员4850人、支付养老金5259万元，社会化发放100%。

二、机关事业单位职工养老保险

1993 年 2 月，成立机关事业退休保险公司，由人事局管理。逐步推行退休人员社会化管理，全县机关、事业单位工作人员养老保险统筹，单位按工资总额 23%、个人按本人工资总额 2% 缴交。参保单位 179 个、参保 1240 人，征收养老保险基金 84.7 万元；为离退休人员 62 人、支付养老金 27.59 万元。1996 年 3 月，实行劳动模范补充养老保险，市级劳模每月 80 元，省级、全国劳模每月 100 元。1997 年，劳动模范补充养老保险 46 人，新增支付保险费 1.4 万元。

1998 年 1 月，扩大养老保险覆盖面，当年，参保单位 301 个、参保 2684 人、基金收入 467.64 万元，支付离退休人员养老金 247.95 万元。7 月，县政府批转人事局、财政局《关于机关事业单位退休养老保险制度改革意见的通知》，推行县直机关事业单位全员保险，参保对象新增 2273 人，全县参保单位 345 个、5118 人；基金收入 890.18 万元，支付 830.79 万元。2000 年，加大保险基金征缴力度，追缴欠款 43 万元。2001 年，县政府发文终止行政机关和全额拨款事业单位养老保险试点，99 个单位、2522 人停止缴费，退休人员的养老金改由县财政预算资金支付。

2003 年，县政府出台《大田县机关事业单位工作人员养老保险有关问题的实施意见》，对缴费比例、补缴基数、参保衔接、非在编人员参保等作出规定。2004 年起，单位缴费比例不变，个人缴费比例每两年上调 2%，直至 8%。2006 年，终止养老保险试点的机关、全额拨款事业单位个人（不含聘用干部、合同工、集体工）退还缴费 128 万元。2008 年，全县参保单位 299 个、参保 2421 人，征收保险基金 1598.7 万元，为离退休人员 521 人支付养老金 1690.39 万元。

1993—2008 年大田县企业、机关事业养老保险费统筹情况表

表 22-2

年份	企业养老保险				机关事业养老保险			
	参保人数（人）	年末离退休员（人）	基金收入（万元）	支付离退休金（万元）	参保人数（人）	离退休人员（人）	基金收入（万元）	支付离退休金（万元）
1993	8130	1289	418	285	1240	62	84.74	27.59
1994	8523	1398	584	321	1428	89	164.79	62.68
1995	9901	1763	1093	540	1908	97	242.51	108.52
1996	10004	2053	1030	663	2290	278	375.80	175.97
1997	10130	2646	1021	896	2684	382	455.38	247.12
1998	10036	2937	1187	1144	5118	1009	890.18	830.79
1999	10684	3162	1281	1402	4947	947	526.86	893.64
2000	10559	3602	1888	1653	4953	990	1012.35	1122.84
2001	9544	3844	1590	1896	2596	380	808.90	803.76
2002	9307	4003	1310	2439	2493	390	624.55	474.58
2003	11347	4148	1430	2554	2515	410	817.86	800.52
2004	11306	4304	1575	2727	2477	425	868.27	924.13
2005	13445	4533	1750	3121	2432	455	936.26	760.03
2006	14177	4639	2357	3922	2402	478	1537.59	839.52
2007	15243	4716	3057	4354	2397	502	1696.45	1304.64
2008	15511	4850	4201	5259	2421	521	1598.70	1690.37

三、农村社会养老保险

1993年，农村社会保险公司由县民政局管理，对象为村干部、义务兵、计划生育二女户、残疾人、乡镇企业职工、个体工商户及自愿参保农民，以个人账户模式分多个档次，个人缴费最低2元/人·月。至1996年底，投保5916人，收取保险个人基金214.76万元，为6人支付养老金5979元。1997年，加强农村社保宣传和财务、业务、档案管理，按照自愿的原则，做好试点村民、村干部、农民劳模、二女户和义务兵的保险。当年，全县收取保险个人基金53万元，其中广平镇12.2万元。1998年，开展农保资金内部审计，确保基金不流失。全年投保478人，收取保险个人基金23.58万元，为27人支付养老金1.67万元。

2001年，农村社保归入县社会保障部门管理。1993—2008年，累计参保8171人，收取基金554.65万元，为108人支付养老金55.58万元，基金积累总额725.5万元。

第二节 基本医疗保险

一、城镇职工医疗保险

1993年，行政机关事业单位继续实行公费医疗制度，县财政拨款160万元，人均实际支出237.32元。1994年，人均实际支出369.33元，比1993年增加55.63%。1995年2月，县政府出台《机关事业单位公费医疗管理暂行规定》，全县公费医疗经费由县医院总额包干，结余归医院作事业发展基金，超支则由享受单位按在职人员实行二级包干，由单位和个人分担。并实行定点就医管理办法，县公费医疗办进行检查监督。1993—1996年，财政拨款823.56万元。1997年，全县公费医疗7835人，财政拨款300万元，人均实际支出逐年增多。1993—2000年，公费医疗享受人员累计超支定额经费339万元。

2000年4月，全面实施城镇职工基本医疗保险制度，废止公费医疗制度，成立大田县职工医疗保险中心，编制6名，撤销县公费医疗办，城镇职工基本医疗保险归入劳动部门管理。11月，更名为大田县医疗保险管理中心。12月，县政府出台《大田县城镇职工基本医疗保险暂行规定》，包括机关事业单位及其工作人员、城镇各类企业及其职工和民办非企业单位及其职工、社会团体及其专职人员，基本医疗费用由用人单位和职工共同负担，基本医疗保险基金纳入财政专户管理。单位按其职工月工资总额的8%缴纳基本医疗保险费，职工个人按月工资总额2%缴纳，由用人单位在其工资中代扣代缴，设立统筹基金账户和个人账户。县劳动局制定基本医疗保险费结算办法、工资总额组成的规定说明、保费支付和自费范围的补充规定等3个配套文件。开展医保政策宣传、申报登记、保费征收等，并确定县医院等6家医疗机构和医药公司3个门市部为定点医疗机构和零售药店，落实服务管理和签订协议。当年，全县参加医保人员1.6万人。2001年，废止公费医疗制度。

2002年1月，县政府对医疗保险政策进行调整，提高个人账户划入比例，70周岁以上退休人员按本人养老金5.8%划入。同时，建立商业补充医疗保险，参保职工年度最高补偿金额提高到15万元。当年一次性征收改制企业医疗保险费319.91万元，城区参保职工个人账户IC卡投入使用。2005年，参保单位335个、职工1.96万人，覆盖率96%。对离休干部和享受离休待遇的“5·12”（1950年5月12日前参加工作的）人员的医疗费由财政拨付，设立专户，专项管理。

2007年，建立公务员医疗补助机制，财政全额拨款的参保人员，个人负担超过1.5万元的以上部分，按照50%—70%不等的比例补助。2008年，推行企业补充医疗保险。当年，支付城镇职工商业补充医疗保险582万元，公务员大病医疗补助101.22万元，支付城镇职工医疗救助资金24.3万元。全县参保单位428个、职工2.31万人，参保率95.2%，征收基金2390万元，支付2051万元；统筹基金、个人账户双结余，累计结余 6461 万元。定点医疗机构 11 家，零售药店 21 家。

二、城镇居民医疗保险

2008 年 7 月，实施城镇居民基本医疗保险，对象为中小学生、少儿及非从业城镇居民，保险标准为成年人 240 元、未成年人 80 元，其中，成年居民个人年缴费 140 元、未成年人缴纳 40 元，政府分别补助 100 元、40 元。至年底，全县参保 1.39 万人，收取保险基金 104.5 万元，支付医疗费 29 万元。

三、新型农村合作医疗保险

1999 年 4 月，县政府下发《关于进一步加强农村合作医疗工作的通知》，推行农村合作医疗制度，个人自愿参加。建立个人、集体、国家共同投入的筹资机制和缴费标准，个人投入按年均纯收入 1%—2%、乡镇企业职工不低于年工资总额 2%—3%，村集体投入按人口每年 3 元—8 元、国家投入支付按 4 元—10 元，在石牌镇拱桥村、前坪乡山川村、均溪镇东坑村、屏山乡美阳村、武陵乡仕洋村、奇韬镇桃东村等 6 个村试点，总人口 5858 人，参加合作医疗 3493 人、占 59.63%，筹资 9.4 万元，其中合医合药 4 个村、合医不合药 2 个村。因资金筹集少、补偿水平低，农民参合积极性不高。2000 年，仅美阳、东坑村实行。2001 年起，合作医疗停止。

2007 年，根据国务院关于在全国农村实施新型农村合作医疗制度（简称新农合）的通知精神，县政府研究通过《大田县新型农村合作医疗实施方案（试行）》。成立新型农村合作医疗管理委员会，下设新农合管理中心，事业编制 8 人，负责日常业务管理。7 月 1 日起，全面推行新农合，实行大病统筹为主的互助共济制度，新农合医疗基金分为风险基金、住院统筹基金。个人每人年缴费 10 元，中央、省、市每人年补助 50 元，至年底，全县农村居民参保 27.28 万人，参合率 82.27%，筹集基金 1637 万元（个人含 2008 年一次性缴费）。农村低保户、五保户、残疾人、重点优抚对象、二女户等特殊人员 1.94 万人，由县财政统筹支付其个人参合资金 29.03 万元。当年，支付住院补偿费 531.96 万元，实际补偿率 30%。

2008 年 1 月，新农合医疗基金增设门诊统筹基金和补充医疗保险基金，中央、省、市、县补助年人均资助额增至 80 元。相应降低住院起付线和提高补偿比例，县医院起付线由原来的 450 元调为 350 元。县中医院和妇幼保健院的起付线由原来的 450 元调为 300 元，补偿比例由原来的 50% 提高到 55%。乡镇卫生院起付线由原来的 100 元调为 70 元，补偿比例由 70% 提高到 75%。恶性肿瘤放疗、化疗、高血压、糖尿病等 7 个特殊病种门诊诊疗费用纳入门诊统筹基金补偿范围。当年，县新农合管理中心将参合农村居民统一向人保财险三明分公司投保，建立补充医疗保险制度，参合农民全年累计住院可补偿费用超过 2 万元以上部分，财保公司按比例赔付，年度内最高赔付 10 万元。全年筹集新农合基金 2456.23 万元。全县参合农村居民 2.29 万人得到住院统筹基金补偿 1808.28 万元，152 人得到门诊统筹基金补偿 7.37 万元，169 人得到财保公司赔付补充医保金 103 万元。

第三节　其他保险

一、失业保险

1993 年，单位按职工月工资总额 1%、职工本人按月工资总额 0.5% 缴纳待业保险基金，由劳动部门征收管理。4 月，根据国务院《国有企业职工待业保险规定》精神，按照待业职工原标准工资一定比例计发待业救济金。全年参保单位 199 个、1.49 万人，征收基金 35.36 万元，支付 7.73 万元。至 1996 年，全县累计参保企业 448 户（次）、受保职工 4.82 万人，征收保险基金 205.64 万元，支付保险费 7.64 万元。1997 年 7 月，根据市政府《事业单位工作人员失业保险暂行规定》精神，待业保险更名为失业保险，扩大到集体企业和事业单位职工，全县参加养老保险的企事业单位职工全部参加失业保险。

1999年1月，根据国务院《失业保险条例》，城镇企业、事业单位按本单位职工月工资总额2%、职工个人按本人月工资1%缴纳失业保险基金。2001年1月，执行省政府令，由地税部门征收失业保险费，企业下岗职工基本生活保障转为失业保险，全年征收企事业单位保险基金93.52万元。2004年，参保1.3万人，基金收入207.18万元，支出266.9万元。2006年起，失业保险扩大到“三资”、股份制、个私企业，允许农民合同制工人个人自愿缴失业保险金，与全民、集体企业职工享受同等待遇。当年，全县参保单位363个、1.39万人，参保率96%。

2008年，全县参保单位374个、1.41万人，参保率96.08%，征收基金288.8万元，为失业人员987人支付失业金279.24万元。

二、工伤保险

1993年，执行县政府《大田县国营企业职工工伤保险暂行规定》（1992年7月执行），矿山、冶金行业企业按全部职工工资总额2%、其他生产性企业按1.5%、商业经营性企业按1%缴纳工伤保险费，由县社保公司征收管理。当年，参保企业113家、职工8046人，征收工伤保险费33万元，支付工伤金额8万元。1995年1月，执行省政府《福建省企业职工工伤保险试行规定》，将股份制、外商投资企业的中方职工纳入工伤保险；基金按“以支定收、留有储备”的原则，由县社保公司统一筹集，专项储存、专款专用。矿山、建筑、冶炼、化工、交通运输、森工等行业按企业全部职工工资总额1.5%，其他行业的生产性企业按1%，经营性企业按0.5%缴纳工伤保险费。1996年，参保企业161家、职工9937人，征收保险费39.17万元，支付工伤金额24.93万元。2002年，全县征收保费92.2万元，支付79.57万元。市劳动保障部门补助40.7万元。

2004年，县政府下发《关于工伤保险有关问题的通知》，对工伤保险费和管理服务费的费率征收比例作了调整，并在全省率先将矿山企业职工纳入工伤保险范围。当年，参保职工增至1.33万人。2005年，参保企业135家、职工1.41万人，覆盖率96%，基金收入347万元；认定工伤134起，支付工伤医疗费和伤残补助金181万元。2008年，县劳动和社会保障局与财政局联合制定《关于商贸、餐饮、住宿等服务业参加工伤保险实施意见》，实施服务行业工伤保险，并在全县推广。当年，参保企业151家、职工1.7万人，参保率98.2%，征收工伤保险费710万元；认定工伤191起，支付工伤医疗费和伤残补助金429万元。

三、生育保险

1996年1月，县政府出台《大田县企业职工生育保险暂行规定》，生育保险费由企业按本单位职工人数工资总额的1%向县社保公司缴纳。10月，执行《福建省企业职工生育保险规定》，企业按其职工工资总额0.7%缴纳生育保险费。当年，参保企业161家、参保职工9939人，征收生育保险费28.8万元，为25人支付生育金4.91万元。2000年，企业改制，职工下岗或置换身份，参保人数略有减少。2002年，参保职工7204人。2003—2004年，加大宣传力度，做好扩面工作。2005年，参保企业105家，参保职工8680人，基金收入24万元、支出28万元。2007年，参保企业107家、职工9150人，参保率82%。2008年，参保职工9680人，参保率83.4%，征收生育保险费38万元，为41人支付生育金17万元。

第三章 机构编制

第一节 机构改革

一、县直党政机构改革

1993年，县直党政机构68个，其中县委12个、政府56个，干部、职工1679人。1995年，按照精简、统一、效能的原则进行机构改革，成立机构改革领导小组和办事机构，开展机关单位职能和编制人员调查，制定《大田县党政机构改革方案》。

1997年1月，实施党政机构改革，编制"三定"（定职能、机构、编制）方案，设党政机构33个（县委5个、政府28个），部、委、办、局管理机构6个。其中，合署机构8个，监察局与纪委、综治办与政法委、林改办与林业局、企业局与农业局；撤销机构14个，党建办、经济协作办、经作局、水土办、农委、矿管办、经济体制改革委、经济研究室、职教办、绿化办、森林防火办、文化局、体委、财贸委；与相关部门合并机构8个，政策研究室、台办、畜牧水产局、保密局、信访局、侨办、爱卫会、老区办；转为经济实体机构3个，商业局、物资局、二轻局；改为事业机构6个，档案局、机关事务局、广电局、农机局、畜牧水产局、经作局；新组建机构3个，经济局、地矿局、文体局。年底，机关干部职工1597人。

2002年，进行新一轮党政机构改革，根据《大田县党政机构改革的实施意见》，坚持政企、政事、政社分开的原则，制定《县级党政机关"三定"方案》《乡镇机构改革实施意见》等10个配套文件。县级党政机构实设37个，其中，县委工作部门8个，纪委机关（监察局与其合署）、组织部、宣传部（代理的新闻出版管理职能划入文体局）、政法委（综治办与其合署）、办公室（加挂保密委办公室、台湾工作办公室牌子；机要局并入、保留牌子）、统战部（加挂政府民族与宗教事务局牌子）、机构编制委员会办公室（加挂政府编办牌子）、县直机关工作委员会（县委派出机构）；部门管理机构3个，老干部局（由组织部管理）、精神文明建设办公室（加挂精神文明建设指导委员会办公室牌子、由宣传部管理）、信访局（由县委办、政府办管理）；议事协调办事机构1个，农村工作领导小组办公室。政府工作部门21个，办公室（加挂外事侨务办公室、经济体制改革委员会办公室牌子，设国防动员委员会人民防空办公室），计划局更名为发展计划局（科学技术局与其合署），物价局并入发展计划局、保留牌子，设国防动员委员会经济动员办公室，组建经济贸易局（不再保留经济局、财贸工作领导小组办公室，设国防动员委员会支前办公室）、教育局、文体局、民政局（加挂革命老区根据地建设委员会办公室牌子，设老龄工作委员会办公室）、组建劳动和社会保障局（不再保留劳动局，承担城镇、机关、农村、各行业部门统筹社会保险及医疗保险等职能）、组建国土资源局（不再保留土地管理局和地质矿产局）、组建城乡规划建设局（不再保留建设局）、交通局（设国防动员委员会交通战备办公室）、水利水电局更名为水利局（水电行政管理职能划入经贸局）、农业局（乡镇企业局并入，对外加挂乡镇企业局、畜牧水产局牌子）、林业局（集体林区改革试验领导小组办公室并入）、公安局、监察局（与纪委合署办公）、司法局、财政局、人事局、卫生局、计划生育局、审计局、环境保护局；部门管理机构3个，统计局（由政府办管理）、粮食局（由经贸局管理）、组建安全生产监督管理局（由经济贸易局管理）；议事协调办事机构1个，组建外经贸工作领导小组办公室（不再保留对外经济贸易局，加挂对外贸易经济合作局牌子）。年底，县直党政群机关行政编制449人，实有523人。

2006年，按照完善社会主义市场经济体制和推进政治体制改革的要求，县政府设置工作部门20个、部门管理机构4个、议事协调办事机构2个。其中，将县发展计划局改为发展和改革局，县政府办公室不再保留经济体制改革委员会办公室牌子，县经济贸易局加挂乡镇企业局牌子，计划生育局更名为人口和计划生育局。

2008年，县级党政机构38个，其中县委12个、政府26个。年底，党政群机关行政编制465人，实有513人。

二、乡镇机构改革

1993年，乡镇设有党政机关和林业、农技、牧医、村建、经管、财政等事业机构。1997年8月，县委批转《大田县乡镇机构改革实施意见》，乡镇机关设立党政、财经、社会事务、农业、卫生与计生等5个综合办公室，核定行政编制630人，实有595人。

2002年，根据县新修订的《乡镇机构改革实施意见》，分一类乡镇10个、二类8个。乡镇党政机关统一设置党政、农村经济、社会事务、计划生育、社会治安综合治理等5个职能办公室，核定行政编制490人，实有444人。乡镇事业机构进行归并，统一设置为农业、文化、计划生育、村镇建设(经费补助)、企业(经费自给)等5个服务中心。2008年，乡镇机构设置不变，行政编制490人、实有442人。

三、事业机构改革

1993年，全县事业机构723个，核定事业编制5725人，实有4728人。1997年，党政机构改革，县档案局、机关事务管理局、广电局、农机局、畜牧水产局、经济作物局改为事业机构。1998年，实施《事业单位法人登记管理条例》，开展事业法人登记。全县事业机构520个，核定事业编制9038人，实有7091人。1999年，社会中介机构转制，县审计师事务所、会计师事务所转为个人合伙制实体，工作人员人事关系由人才中心代管。

2006年4月，对县直事业单位（不含学校、医院）进行全面的清理整顿，县直事业单位的编制进行重新核定。扣除不列入精简范围外，编制由1482人精简为895人，精简587人，精简率为39.6%。

2008年，全县事业单位436个、编制6048人，实有6633人。

第二节　编制管理

一、机构

1993年，大田县编制委员会下设办公室（简称编办），与县人事局合署办公。1997年，更名为大田县机构编制委员会。1999年，更名为中共大田县委机构编制委员会。2002年，中共大田县委机构编制委员会办公室为县委常设办事机构，加挂大田县人民政府机构编制办公室牌子，核定编制3人，内设综合科和机构编制科。2005年，编办人、财、物独立，编制3人，实有3人。2008年，人员编制不变。

二、行政编制

1993年，机构编制管理根据各单位职能变化，适时调整机构，实行编制动态管理，全县党政群机关的总编制由省编委下达，全县行政编制1398人，实有1679人，其中，县直机关编制530人，实有732人，乡镇机关编制560人，实有592人，政法部门编制308人，实有355人。

1998年，建立核编制度，坚持编办一家承办；编委主要领导一支笔审批、编委一家行文“三个一”审批制度，控制机关人员膨胀。

1999年，开展机关事业单位临时自聘人员清理清退工作，全县共清退临时自聘人员832人、理顺借调234人，辞退长期不在岗19人。

2008年，全县行政编制1451人、实有1421人，其中，县直机关编制465人，实有513人，乡镇机关编制490人，实有442人，政法部门编制496人、实有466人。

三、事业编制

1993年，全县事业单位723个、编制5725人、实有4728人，其中财政核拨经费4068人、财政补助385人、经费自给275人。

2002年，乡镇机构改革，全县18个乡镇的事业机构进行归并，统一设置为农业、文化、计划生育、村镇建设(经费补助)、企业(经费自给)等5个服务中心。编制由481人精简为385人、精简19.96%，经费自给事业编制不精简。

2006年4月，对县直事业单位(不含学校、医院)进行全面清理整顿，编制重新核定，由1482人精简为895人、精简率39.61%。

2008年，全县事业单位436个，其中财政核拨经费单位340个、财政补助43个、经费自给53个。编制6048人，其中财政核拨经费4843人、财政补助748人、经费自给457人；实有6633人，其中财政核拨经费5547人、财政补助656人、经费自给430人。

四、事业单位法人登记

1997年，县编办根据《福建省事业单位登记管理暂行规定实施细则》有关精神，对全县事业单位进行全面调查，认定、登记法人单位113家、非法人单位28家，并发放证书。

2001年，根据国务院《事业单位登记管理暂行条例》，颁发全国统一事业单位法人证书，加强全县事业单位的管理，保障其合法权益。2008年，全县共登记、年检法人事业单位246个。

第四章　人事工作

第一节　机构

1993—1996年，大田县人事局内设办公室、职称改革领导小组办公室（职改办）、干部调配股、任免奖惩股、工资福利股、退休办；编制12人，实有10人。

1997—2002年，县人事局内设办公室、录用教育股、调配交流股、工资福利股、职称职位股、退休办；编制13人，实有13人。

2003—2008年，县人事局内设办公室、公务员管理股、专业技术人员管理股、流动调配股、工资福利股、退休办；编制13人，实有11人。

第二节　干部队伍建设

一、干部来源

（一）大中专毕业生分配

1993年起，国家改革大中专毕业生分配制度，改变统招统配的传统做法，县人事部门按照面向农村、工矿、基层的原则，开辟就业渠道，仍以计划分配为主，按照公开、平等、竞争、择优的原则录用、聘用干部和实行非师范类大中专毕业生供需见面、双向选择。当年，接收大中专毕业生 158 人，补充机关事业单位工作人员。1995 年，接受省委组织部从高等院校选调优秀大学生（简称选调生）到基层锻炼 1 人，大中专毕业生 124 人。1993—1997 年，全县共接收分配大中专毕业生 832 人，其中本科 70 人、大专 239 人、中专 523 人。1998 年，引导毕业生进入人才市场，实行毕业生与用人单位“供需见面，双向选择”自由择业，完善毕业生到乡镇、集体、“三资”、私营企业就业的优惠政策和管理办法。1999 年，师范类毕业生按 70% 比例择优分配。1999—2008 年，回县报到非师范类大中专毕业生 3453 人，其中博士生 1 人、硕士生 3 人、本科 313 人、大专 1421 人、中专 1751 人，推荐就业 1353 人。

（二）干部录用、聘用

1993 年起，人事管理部门进行“两个调整”，将计划经济的人事管理体制调整为与市场经济相配套，传统的人事管理调整为整体性人才资源开发。1996 年，实行机关事业单位录用工作人员向社会公开招考。1998 年，企业聘用干部 6 人，工人任副科级以上职务，录用为干部 2 人，乡镇聘用干部改录用 16 人；安排省委组织部选调生 3 人；终止聘用合同 147 人。1999—2003 年，公开考试录用公务员 56 人，事业单位工作人员 133 人，从优秀村主干中录用乡镇公务员 3 人。2004 年，录用公务员 22 人，聘用事业单位工作人员 20 人，对 1997 年后未经考试进入党政群机关的干部 17 人，全部取消公务员资格，分流到事业单位。2005 年，公开考试录用公务员 15 人，聘用事业单位工作人员 20 人。教育、卫生、文化、农业等部门开展全员聘用制，共签订聘用合同 4217 人。2007 年，录用公务员 32 人，其中接收选调生 6 人。考试聘用事业单位人员 81 人，考核引进紧缺专业人才 47 人。推行事业单位人员试行聘用制度改革，完成 254 个单位、占 85.5%，签订聘用合同 6253 人、占 90.3%。在县三中进行事业单位岗位设置试点，实行聘用岗位工资。2008 年，录用公务员 21 人，考试聘用事业单位 126 人。1997—2008 年，经考试累计录用党政机关工作人员 198 人，事业单位 641 人；安排选调生 38 人；行政机关干部分流到事业单位 58 人。

（三）军队转业干部安置

1993—1996 年，县接受安置军队转业连级干部 4 人。1997—2008 年，接收安置军转干部 10 人，其中营级 4 人、连排级 6 人。军转干部安置在机关事业单位 13 人，自谋职业 1 人，同时做好随迁家属安置和子女上学等工作。

（四）推行公务员制度

1997 年 6 月，首次向社会公开招考国家公务员和事业单位工作人员，录用公务员 31 人、事业单位工作人员 3 人，其中农村、城镇居民各 1 人。8 月，县政府成立推行国家公务员制度领导小组，制定实施意见，经市人事局批准后执行，至 11 月，初定向公务员过渡对象 840 人，暂缓或不予过渡 21 人。其中，县直党群机关 20 个单位设职位 183 个、18 个乡镇设职位 630 个，党群系统 204 人过渡为党群机关工作者 181 人。建立考核、奖惩和非领导职务确认制度，新增公务员逢进必考，考试分笔试、面试两个层次，每个职位按 1 ∶ 3 执行，面试入围者经体检合格后，相应职位按综合成绩由高到低录用。

2006 年，县委、县政府实施《中华人民共和国公务员法》（下称《公务员法》），制定《公务员法实施方案的工作意见》，对公务员进行登记和职务、级别确定 1343 人；组织 1997 年 1 月至 2003 年 11 月未经考试录用的非领导职务 29 人参加省统考。党政机关、群团组织和参照公务员管理单位、省、市直管单位人员进行《公务员法》轮训 1715 人，参加全省网络考试 1675 人；相关材料报市、省公务员管理部门审批、备案。当年，在编公务员 1369 人（编制 1454 人）登记 1305 人，不予登记、列入考试考核各 6 人，暂缓登记 52 人，其中试用期 42 人、缓刑期内 8 人、其他 2 人。2007 年，11 个群团组织工作人员和县委党史室、党校、县档案局列入参照《公务员法》管理 31 人。截至 2008 年 12 月，具有行政职能的事业单位 27 个，经市人事局批准参照《公务员法》管理。年底，全县有国家公务员 1429 人。

二、干部任职确认与任免

1993年，县人事部门开展行政机关科员、办事员任职确认工作，至1997年，行政机关工作人员和乡镇非领导职务人员由人事部门任免，副科级以上领导干部由县政府或县人大任免。1998年起，行政机关副科级以下非领导职务人员由县人事局任免，副科级及以上领导职务由县委组织部任免。2004年5月，县委组织部制定《大田县国有企业领导人员任用暂行办法》和《大田县县管国有企业领导人员安置办法》，县管企业领导人员同工人一道置换身份33人，自主择业、自谋出路。截至2008年，县人事局共审批确认科员495人，办事员119人，九级职员206人。

三、干部调配与交流

1993—1996年，全县调配各类干部370人，其中，县外调入60人、具有大专或助师以上职称41人，本县调出89人、县内调整221人。2003年，县组织、人事部门制定《大田县科级以下干部交流轮岗的暂行规定》，遵循合理流动、人尽其才的原则，首次开展科级以下干部分期分批交流轮岗，以横向交流为重点，促使干部交流规范化、制度化，全县交流干部251人，交流面23.7%。2008年，第二轮交流116人，交流面12.9%，占符合交流对象66.3%。

1993—2008年，根据工作需要调配各类干部1613人，其中，县外调入208人、县内调出270人、县内调整1135人，累计辞去公职75人，企业干部转换身份48人。

四、考核奖惩

1993年，实行干部年度考核。1994年起，根据人事部《国家公务员考核暂行规定》，年度考核制度化、规范化，建立考核登记卡，考核结果与职称评聘挂钩。当年，参加年度考核6867人，经考核为优秀961人、占13.99%；称职（或合格）5759人、占83.86%；不称职（或不合格）3人、占0.04%；不定等次144人、占2.1%。1999年，对连续三年优秀的公务员给予晋升一级工资。辞退长期不在岗人员19人。2000年，优化配置教师资源、清退长期不在岗“吃空饷”人员32人。2002年1月，县委常委会同意，机构改革期间，机关工作人员辞去公职的补助费按本人6年（72个月）基本工资的标准发给（不含机构改革前不在岗人员）。

2003年，县委、县政府印发《关于改进考核工作，健全干部激励机制的若干意见（试行）》，实行与年终奖金、职称评聘挂钩。2006年，年度考核确定为优秀等次的，每人增发一个月基本工资作为奖金。2007年，县委、县政府印发《关于重新修订〈关于改进考核工作，健全干部激励机制的若干意见（试行）〉的通知》，实行考核结果与年终奖金、优秀指标、职称评聘挂钩，对获得一、二、三等奖的单位追加优秀等次比例，对不称职（不合格）、不定等次人员取消年终考核奖金。2008年，测算全县239个事业单位专业技术人员4830人岗位结构比例，制定《大田县事业单位岗位设置管理实施意见（试行）》，全面部署岗位设置管理工作。对2008年度考核优秀的197名公务员记三等功52人、嘉奖145人，取消合格（称职）以下等次的机关工作人员当年一次性年终考核奖238人。

1993—2008年，全县参加考核累计10.05万人次，考核结果，优秀1.28万人次，称职（合格）8.76万人次，不称职（不合格）73人次，不定等次2830人次。辞退32人，解除劳动合同6人，开除公职112人。

五、培训教育

1993—1995年，县人事部门举办行政机关工作人员公共必修课培训教育9期、885人。1996—1997年，举办行政机关干部向公务员过渡培训9期、1176人，大中专毕业生转正定级培训2期、227人。2008年，仍执行专业技术人员继续教育证书发放和登记制度。1998—2008年，举办大中专毕业生转正定级培训班10期、1032人，机关事业单位职业道德培训5期、6993人次，举办高、中、初级各类专业技术人员继续教育培训班403期、参训3.61万人次，发放证书4378本，登记5.2万人次。

第三节 人才市场建设

1993年，县人事部门设立人才服务中心，进行整体性人才资源开发，开展人才交流、保管大中专毕业生档案和辞职、转制企业人员档案寄存。1994年，建立人员信息数据库，首次入库人员5831人。1994—1995年，组织非师范类大中专毕业生参加供需见面会，200多人参加，谈妥并签订合同71人；选送57名高中毕业生和至湖北师范学院应用大专班就学。1997年，办理福建省人才中介机构许可证和事业单位收费许可证报批。1998年，寄存辞职人员档案66人。

1999年，县人事部门制定《关于人事工作为加快发展非公经济服务的若干意见》《关于鼓励和支持机关事业单位及其工作人员参与农业综合开发的若干规定（试行）》及其实施细则，鼓励各类人才解放思想，转变观念，到非国有单位和农村施展才华。当年，到农村和非国有单位创业的专业技术人员7人。

2000年，贯彻《福建省人才市场管理暂行规定》，加强人才市场管理，提供中介、人事代理服务，发布人才信息、代理毕业生转正定级、推荐参与职称评审或考试、保管毕业生档案和档案转递等。1993—2008年，保管人事档案3241人，办理人事代理866人，推荐受代理人员参加职称评审或考试513人，代理转正定级63人，档案转递409人，累计发布人才信息55条。

第四节 专业技术职务评聘

一、专业技术职务评定

1993年，继续实行经济专业初、中级专业技术职务任职资格（职称）考试，全县报考779人，高、中级职务外语水平考试报名608人。其他专业委托或推荐评审职称139人，并开展专业技术人员培训继续教育。年底，全县企事业单位专业技术人员3841人，其中高级42人、中级433人。1994年，自收自支、差额拨款事业单位专业技术职务评聘实行结构比例控制，全面清理全额拨款事业单位的职数，追加高级职务7人、中级105人。1998年，县委、县政府制定《关于加速专业技术队伍建设的若干意见》，县职改领导小组批准确认专业技术职务1226人，其中一线人员925人；全县企事业单位专业技术人员5310人，其中高级84人、中级818人。1999年，教育系统实行专业技术岗位设置，中学高级职务不超20%，中小学和幼儿园中级职务不超45%，农村单、双人校教师晋升中级职务聘任指标单列。同时开展多种所有制经济的专业技术人员职称评聘，当年，批准确认乡镇企业专业技术人员25人、“三资”企业和个体工商户、村级卫生技术人员各2人。2000年，国有企业专业技术人员实行“自主设岗、自主聘任、自主管理”。

2001年，中小学高、中级职务采取公开考核、限时说课、论文答辩的方式评定晋升专业技术职务。推荐35岁以下优秀教师晋升中级职务10人。同年，执行卫生部、人事部《关于卫生专业技术资格考试暂行规定》，初、中级专业技术职务实行全国统一考试。2003—2007年，县职改领导小组批准确认专业技术人员4262人，其中高级231人、中级2207人、初级1824人。2008年，把继续教育作为职称评聘、晋升的必备条件，未完成继续教育任务的，年度考核不能定为优秀等次。全县事业单位在编专业技术人员5675人，其中高级483人、中级2259人、初级2933人。

二、评聘分开、竞聘上岗

1997年，在县医院实行有控制的专业技术职务任职资格评聘分开工作试点，按高级职务20%、中级50%比例在核定限额指标内实行“评聘分开、竞能上岗”，对落聘人员视不同情况给予低聘或解聘，取消聘任终身制；县职改领导小组批准县医院高、中级专业技术职务评聘分开实施方案，60人竞聘岗位57个、聘期1年。2001年，评聘分开在县中医院、畜牧水产中心等8个单位推广。2003年，评聘分开逐步制度化、规范化，县中医院等单位高级职称者降聘中级4人、中级降聘初级26人。2008年，全县所有事业单位实行专业技术职务评聘分开管理。

第五节　工资　福利

一、机关事业单位工资改革

1993年，进行机关事业工资制度改革（简称工改），机关工作人员实行结构工资制，事业单位实行岗位技术等级工资。涉及单位329个，参加工改7013人，按地区套改，月增资总额89.15万元，人均月增资127.12元。其中，按机关工资（职务工资、级别工资、基础工资、工龄工资）制度工改的单位119个、1996人，月增资23.68万元，人均月增资118.64元。按事业工资（岗位工资、技术等级职务工资和奖金）制度工改的单位210个、5017人，月增资65.47万元，人均月增资130.5元，并建立正常的增资机制。普通工人实行岗位工资制，由岗位工资和奖金组成。机关、事业单位离退休人员参加工改961人，月增离退休费13.28万元，人均月增加138.19元。

1996年，机关事业单位工作人员实行职务工资档次正常晋升和增加离退休人员养老金。参加调资单位350个、9800人，人均月增资机关为16元、事业21元、离退休人员22元。

2006年7月，进行公务员工资制度改革，实行国家统一的职务与级别相结合的公务员工资制度，参加改革的行政单位77个、1355人，月增资38.21万元，人均月增资282元；健全工资水平正常增长机制，年度考核两年称职以上的，晋升1个级别工资档次，实行年终一次性奖金。事业单位人员实行岗位绩效工资制度（岗位工资、薪级工资、绩效工资和津贴补贴），其中岗位工资和薪级工资为基本工资，实行每年增加1级薪级工资的正常增加薪级工资，并适时调整基本工资标准。将一个月基本工资的额度纳入绩效工资，取消年终一次性奖金。参照工改的事业单位328个、6228人，月增资174.384万元，人均月增资280元。

2008年12月，县政府下发《大田县规范机关公务员津贴补贴的实施办法及事业单位人员津贴补贴的实施方案的通知》，从当年7月1日起，列入机关事业单位工资基金手册管理并已参加公务员工资套改的在职人员和离退休人员，执行年人均1.58万元相应职级起步水平津贴补贴标准，将省、市原出台的各类津贴补贴统一归并，在职人员项目归并到工作性津贴和生活性补贴，离退休人员项目归并到生活性补贴；参加规范津补贴的行政单位77个、1488人，月增资44.64万元，人均月增资300元。中小学校在职人员，固定增加部分在工资管理中列入“岗位津贴”项目管理，随工资一起发放；绩效管理部分按月人均150元额度，由学校按县教育局制定的《县中小学校教师绩效工资管理指导意见》进行发放；中小学校退休人员增加的津补贴在工资管理中列入“三明地区生活补贴”项目管理，全额随退休费一起发放。统筹调整其他财政全额拨款的事业单位人员的津贴补贴(财政差额拨款的事业单位及自收自支的事业单位，可视自身承受能力参照执行)。参加规范津补贴的事业单位340个、6478人，月增资194.34万元，人均月增资300元。

1996—2008年，更换工资基金手册3580户，追加工龄工资7.62万人次，办理职务工资晋级、级别工资晋升 4.8 万人次，办理岗位津贴增资、转正定级、浮动转固定、浮动工资、其他人员工资调整共 6639 人次，办理工作调整人员工资基金转移 8276 人次；办理退休、辞职、死亡、受处分或判刑等人员工资基金核减 1799 人次，重新确认工龄 131 人，办理离退休人员高龄补贴 384 人；配合县财政部门及时审批兑现中央出台的调资政策。

二、企业工资制度

1993 年，企业建立与市场相适应的工资增长机制，实行多种工资制，职工工资由企业自主确定，推行工效挂钩或计件工资，并根据企业效益实行上下浮动。至 1996 年，县医药公司等 5 家企业按照工资总额增长幅度低于实现税利增长幅度、职工实际平均工资增长幅度相应低于以净产值计算的劳动生产率增长幅度“两低于”原则，试行自主确定工资改革，石凤集团等 3 家企业推行工效挂钩工资制度，岩城集团等 18 家企业试行岗位技能工资制。当年，电力集团等 19 家企业试行厂长（经理）年薪制，把经营者年薪与企业生产经营、国有资产保值增值、经济效益和职工工资提高挂钩，经营者年薪平均 2.22 万元，为社会年平均工资的 4.3 倍，比 1995 年增长 41.38%，职工年平均工资 7388 元，同比增长 13.8%。1997 年，全县县属企业实行《工资总额使用手册》90 家，其中试行工效挂钩企业 30 家、岗位技能工资企业 20 家、自主确定工资总额的 20 家、试行企业经营者年薪制的 20 家，企业调资升级的职工 8696 人，月增资 53.06 万元、人均 61.02 元。经审计发现部分企业经营业绩不实，1998 年县政府决定暂停试行企业经营者年薪制。

1999 年，实行技术工人岗位津贴企业 20 家、437 人，月增资 8154 元，人均 18.66 元。县属企业职工调资升级 91 家、7786 人，月增资 59.7 万元，人均 77 元。2000 年，商业、粮食、供销和工业企业改制 12 家，工效挂钩企业减为 13 家；未实行工效挂钩的企业实行工资总额包干办法。2001 年，劳动管理部门核定 61 家国有和集体企业职工 6591 人工资基金，总额 5322.46 万元，对 11 家企业职工工资增长提出指导性意见，在 6%—8% 合理幅度内安排职工增资。2002 年起，企业改制，职工工资由企业自主确定，大部分个私企业实行计件工资，劳动部门制定最低工资标准指导线，当年 10 月至 2003 年 10 月为每月 280 元，2003 年 11 月至 2005 年 6 月为每月 300 元，2005 年 7 月至 2006 年 7 月为每月 350 元，2007 年 8 月起每月 480 元。

三、行业工资水平

1993 年，全县从业人员年人均劳动报酬 2935 元。按行业分，科学研究和技术服务业、金融保险业最高，年人均分别为 3449 元、3448 元；其次是采掘业和电力、煤气及水的生产业，年人均分别为 3400 元、3297 元，其中国有金融保险业、制造业年人均分别为 3677 元、3539 元；最低的为农林牧渔业，年人均 1607 元，其中国有单位年人均 1598 元。

1995 年，随着经济的发展和工资标准的调整，全县从业人员年平均工资 4585 元。按行业分，交通运输邮电通信业最高，年人均 6595 元；其次是电力煤气及水生产和供应业、金融保险业，年人均分别为 5940 元、5651 元，其中国有单位年人均分别为 5989 元、5914 元；农林牧渔业仍处最低，年人均 2841 元（国有单位年人均 2833 元）。全县年人均报酬，最高与最低之比为 1 ∶ 0.43，国有交通、仓储及邮电通信业比农林牧渔业年人均高 3762 元，多 1.32 倍。

2000 年，国有、集体企业经改制，部分职工解除劳动合同，全县从业人员劳动报酬年人均 7793 元。按行业分，居前四位的为交通运输仓储及邮电通信业年人均 1.32 万元（国有单位 1.45 万元）、科学研究和综合技术服务业人均 1.09 万元（国有 1.08 万元）、电力煤气及水的生产和供应业人均 1.08 万元（国有 1.05 万元）、房地产业人均 1.01 万元（国有单位 1.01 万元）；集体单位金融保险业为 1.03 万元；其他单位（民营、港澳台、外商投资）电力煤气及水的生产供应业、采掘业分别为 1.16 万元、1.05 万元。农林牧渔业年人均 5962 元，与交通运输仓储及邮电通信业之比为 0.45 ∶ 1。

2005 年，全县从业人员年人均劳动报酬有较大增长，达 1.33 万元，比 2000 年增加 70%，其中企业增加 58.2%、事业增加 88.4%、机关增加 68.9%；按经济成分分，国有增加 83.7%、集体增加 82.2%、其他单位增加 34.2%。按行业分，科学研究技术服务和地质勘查业 2.01 万元、交通运输仓储及信息传输业、金融业分别为 1.94 万元，制造业为 9502 元。

2008 年，全县从业人员劳动报酬年人均 1.97 万元，比 2005 年增长 48.4%，集体单位年人均 3.32 万元，同比增长 1.73 倍，其中集体企业年人均 4.5 万元，同比增长 3.45 倍。按行业分，金融业 3.76 万元、电力燃气及水的生产供应业 3.26 万元、科学研究技术服务和地质勘查业分别为 2.9 万元，其中国有、集体金融业分别为 5.7 万元、5.63 万元，国有批发和零售业、电力燃气及水的生产供应业分别为 3.6 万元、3.4 万元。制造业年人均 1.06 万元，与金融业之比为 0.19 ∶ 1。

若干年份大田县从业人员劳动报酬情况表

表 22-3

年份	年人均数（人）	年人均工资（元）	其中						按经济成分分					
			企业		事业		机关		国有单位		集体单位		其他单位	
			年均人数（人）	年人均工资（元）	年均人数（人）	年人均工资（元）	年均人数（人）	年人均工资（元）	年均人数（人）	年人均工资（元）	年均人数（人）	年人均工资（元）	年均人数（人）	年人均工资（元）
1993	23213	2935	15161	2914	5681	2876	18514	3065	4069	3051	630	2191	2371	4338
1995	25908	4585	15760	4633	7333	4313	2815	5019	20850	4613	3502	4507	1556	4423
2000	21511	7793	11319	7297	7610	8051	2582	9210	17210	7924	1617	6677	2684	7630
2005	22333	13254	12321	11546	6977	15170	3035	15558	14588	14556	756	12164	6989	10243
2008	19597	19670	7019	17302	9654	21881	2924	22182	13206	21770	522	33192	5869	13741

说明：其他单位指私营、股份制、港澳台商和外商投资单位

四、职工福利

（一）休假

1993 年，继续实行国务院《关于职工休假问题的通知》，机关事业单位工作人员工作年限不满 10 年的，每年休假 6 天；满 10 年—20 年，每年休假 10 天；满 21 年以上，每年休假 15 天。至 2008 年，休假规定不变。

（二）生育假

1993 年，正常婚龄的女职工生育假 90 天。2002 年，执行《福建省人口与计划生育条例》规定，已婚妇女 24 岁以上或双方晚婚生育，并领取独生子女证，可享受产假 135 天—180 天；夫妻为双职工的，男方可享受照顾假 7 天—10 天。至 2008 年，生育假规定不变。

（三）退养费

1993 年，干部、职工退休安置在城镇或农村的分别发给安置费 150 元、300 元，一次性发给住房修缮费均 1000 元。工作年限满 35 年者，按其在职时基本工资额的 88%（2007 年后按 90%）发给退

休生活费，满30年者按85%、满10年者按60%计发，工作年限满25年、20年、15年比照80%、75%、70%计发；教师工作年限满30年者按基本工资额100%领取。1997年1月，执行省人事厅、财政厅通知，在县、乡两级专职从事农业技术推广工作（农业、林业、渔业、水利、气象）满30年（女性满25年），其中在乡镇（不含县级政府所在地乡镇）直接从事农业技术推广工作满20年（女性满15年）退休时，其退休金按退休前标准工资100%计发。2008年，退休安置费、修缮费和生活费发放规定不变。

（四）高龄补贴

1996年7月，根据省人事厅、财政厅有关规定精神，对机关、事业单位工作人员年满70周岁以上的离退休干部发放高龄补贴，每人每月50元。2008年，高龄补贴规定不变。

（五）丧葬抚恤

1993年，国家机关、事业单位工作人员因公死亡，单位发给丧葬费、一次性困难补助各1000元，按其死亡时的20个月工资一次性发给抚恤金；因病或非公死亡丧葬费和困难补助分别为900元、600元，在职、离退休人员分别按10个月工资、基本退养金计发。随着居民收入的提高，丧葬费和一次性困难补助调整。2007年8月，大田县执行三明市二类地区标准，丧葬费为3360元、一次性困难补助2880元（退职人员为2400元）。2008年，丧葬费、一次性困难补助仍执行该标准，抚恤金发放标准不变。

（六）遗属补助

1993年，国家机关、事业单位工作人员因公死亡，对其生前供养的直系亲属（遗属）补助，非农业人口每人每月70元，农业人口60元；病故或非公死亡的遗属补助，非农业人口每人每月40元，农业人口35元。补助金随着居民收入的增加而调整。2006年8月，因公死亡的遗属补助，非农业人口每人每月280元，农业人口240元；病故或非公死亡的遗属补助，非农业人口每人每月200元，农业人口180元。2007年8月起，遗属补助不分非农业人口与农业人口，因公死亡的每人每月补助288元，病故或非公死亡的补助240元，离退休人员遗属每人每月补助330元。2008年，标准不变。

卷二十三　教育　科技

第一章　教　育

1993年，全县设幼儿园25所、小学278所，中学24所（完全中学3所）；在校小学生4.07万人，中学生1.39万人；中小学、幼儿园在职教师3624人。继续实施初等义务教育，加强德育教育。多元化办学、多功能服务教育。1995年，县委作出实施《中国教育改革和发展纲要》的决定，实现初级中等义务教育。1996年，县政府加大教育投入，开展基本普及九年义务教育、基本扫除青壮年文盲“两基”攻坚会战。1997年，全县青壮年非文盲率96.36%；教育“两基”通过省政府验收。1999年，省政府授予大田县教育“两基”达标县称号。全县贯彻中共中央、国务院深化教育改革的决定，全面推进素质教育。

2000年，调整学校布局，撤并农村教师单、双人校。2002年，学区更名为中心小学，行使原学区教育管理职能。2003年，县通过省级“实验教学普及县”验收。2004年秋季，全面启动中小学基础教育课程改革试验。大田县被省教育厅列为省级课程改革试验区。当年，成立中共大田县委教育工作委员会（下称县教工委）统筹领导教育工作。

2006年，县政府投入资金523万元，实施农村中小学现代化远程教育工程，并通过省教育厅验收。2007年12月，通过省政府对县级政府教育工作督导评估。2008年，县政府投入教育经费1.61亿元，占财政收入32.48%，是1993年的11.9倍；全县校园占地128.5万平方米，校舍40.39万平方米，分别比1993年增长110.31%、53.57%；全县学校有实验室及多功能教室400个，装备用房面积3万多平方米，器材设备价值达1478万元。有幼儿园134所，在园幼儿7323人；小学118所，在校生1.85万人；中学28所，在校生2.64万人；在职教师4364人。初中阶段入学率121%，高考考生录取率75.82%。形成幼儿、小学、中学和职业、特殊、成人教育等多层次、多渠道的大教育网。

第一节　学前教育

一、园班设置

1993年，全县幼儿园25所、352个班，在园幼儿1.06万人，教职员工494人。村级小学设学前班，招收小学未及学龄的幼儿。当年，创办工会幼儿园。2000年，撤销城关幼儿园，成立均溪中心幼儿园。2002年起，城区出现民办幼儿园，部分幼儿到民办园入学。2005年，民办幼儿园4所。2008年，全县设幼儿园134所、291个班，在园幼儿7323人，教职工555人。其中，民办园10所，在园幼儿1324人，教师105人。3周岁—5周岁幼儿入园率85.1%。全县有省优质园县实验幼儿园，市优质园均溪中心幼儿园、红星幼儿园，农村示范园有建设、广平、太华、桃源、奇韬等中心幼儿园5所。

二、教学与保育

1993—1996 年，县执行教育部《幼儿园工作规程》《幼儿园管理条例》《幼儿教育纲要》，保教结合，使用全国统编教材。进行幼儿卫生保健、幼儿教育研究，开展幼儿常识、语言、思想品德教研活动。

2000 年，县实验幼儿园开展“幼儿语言能力的培养”“幼儿园计算教育的研究”专题教研活动，选送幼儿绘画作品参加《中国教育报》举办的“世纪之星全国少年儿童美术书法摄影艺术教育成果展”113 幅。2001 年 12 月，均溪镇红星幼儿园与上太幼儿园开展支教助学结对子、送教进村活动，为上太幼儿园教师上示范课，赠送幼儿玩具 4 箱，价值 1000 元。2002 年，县实验幼儿园参加市幼儿教师自制教玩具比赛，获一等奖、二等奖各 2 项。2005 年，县教育局开展“城乡幼儿园结对双向交流”教研活动 12 次，城区幼儿园开观摩课 30 多节，农村幼儿教师进城听课 121 人次。2007 年，县教育局在实验幼儿园举办保育员培训班，参训 56 人。2008 年，县政府在教师进修学校举办全县幼儿园园长培训班 1 期，参训 56 人。当年，三明市第七届幼儿教育年会在县龙山宾馆召开。

1993—2008 年，县幼儿教育均沿袭国家教委制定的三年学制，按年龄段设小班、中班、大班。入园年龄 3 周岁—5 周岁。开设语言、艺术、健康、科学、社会、主题、游戏等课程，用游戏、观察及手工制作等方式开发幼儿智力，培养幼儿的能力和个性。

1993—2008 年大田县幼儿教育基本情况表

表 23-1

年份	园数（所）	班数（个）	在园幼儿（人）	教职员工（人）	年份	园数（所）	班数（个）	在园幼儿（人）	教职员工（人）
1993	25	352	10570	494	2001	194	294	5760	487
1994	25	368	11253	508	2002	170	243	4280	432
1995	26	365	11190	529	2003	132	231	4326	394
1996	103	370	11840	570	2004	124	243	4981	388
1997	112	377	10569	631	2005	130	249	5845	370
1998	115	368	9735	636	2006	119	251	6202	462
1999	130	336	7860	595	2007	121	250	6420	485
2000	131	309	7555	530	2008	134	291	7323	555

附：重点幼儿园选介

大田县实验幼儿园 1993 年，址在均溪镇文山路 8 号。设 18 个教学班，在园幼儿 728 人。教师 51 人，其中中专学历 14 人、其他 37 人；小学高级职称 1 人、一级 16 人、二级 6 人、未评级 28 人。1994 年 11 月 1 日，迁址前山路 33 号，新校园占地 5050.5 平方米，建筑面积 7673 平方米，绿化面积 477 平方米，运动场地 3680 平方米。1996 年 1 月，通过省教委标准幼儿园验收，1999 年 4 月，通过省教委优质幼儿园验收。2008 年，教师 98 人，学历合格率 100%，其中大专及以上 37 人，占 37.8%；中级职称 45 人。设 22 个教学班，在园幼儿 930 人。园内有多媒体演播室、电子备课室、音乐体育活动室、日常活动室、角色游戏室、盥洗室、寝室、医务室和激光喷墨一体机、大型幼儿户外活动器械、安全监控等设备，实现互联网应用资源共享。全园设园务会、工会、团支部、家长委员会。1993—2008 年，先后获省教育厅先进幼儿园、省档案局一级档案管理单位、省绿化委绿化红旗单位、省妇联优秀家长学校和省教育厅、省总工会等 4 个部门先进教工之家等称号。

均溪中心幼儿园 1986年，从均溪中心小学附设幼儿园分离，独立办园，地址仙亭山脚下、原玉田小学旧址。1993年，在均溪镇玉山路4号筹建新园。1996年8月，新园使用。该园占地1122平方米，建筑面积2680平方米，绿化面积300平方米，当年，招收8个班，入园幼儿286人，教职工19人。1999年11月，通过省教委委托市教委组织的评估组标准幼儿园验收。2008年，开办16个班，在园幼儿707人，教职工53人，其中在编37人，自聘16人，专任教师21人。在编教师中小学高级教师1人、一级22人，本科学历3人、大专26人。园内设有活动室、盥洗室、寝室、多媒体室、图书室、保健室、档案室和体育器材室等，室内外有各种玩具和体育器械；班班配多媒体电化教学、音响设备、消毒柜，饮水机、洗衣机、液晶电视机、VCD、小广播和收录机、钢琴等。

红星幼儿园 址在均溪镇雪山南路35号。1992年9月，由均溪镇红星村投资50多万元创办，为县内第一所村办幼儿园。占地996平方米，园舍面积1257平方米。设9个班，在园幼儿540人，教职工26人。1993年7月22日，时任省委书记陈光毅视察该园时称赞："这个幼儿园办得好！"2000年，被市教育局评为农村示范园。2007年10月，被市教育局确认为市级优质园。2008年，设10个班，在园幼儿480人，教职工48人，其中编制32人。专任教师29人，其中幼儿高级教师7人、一级22人；本科学历1人、专科28人。园内设有幼儿活动室、盥洗室、多媒体室、图书室、保健室、档案室等和室内外各种器具及体育器材；班班配有多媒体电化教学、音响设备、消毒柜、饮水机、洗衣机、液晶电视机、VCD、小广播和收录机、钢琴等。

红星幼儿园电脑教学（1999年摄）

第二节 小学教育

一、学校设置

1993年，全县设学区19个，小学278所，其中县直属学校有实验小学（简称实小）、城关小学（简称城小）、县合成氨厂子弟小学，厂矿办上京矿务局附属子弟小学，乡镇初、完小274所；教学班1761个，在校生4.07万人。当年，城区实行划片招生。1998年，上京矿务局子弟小学从企业剥离归属县管理，更名为柯坑学区。2000年8月，撤并农村单、双人校24所。2001年，武陵学区更名为"八一"希望小学；撤销铭栋学区和县合成氨厂子弟小学，并入广平学区。2002年，学区更名为中心小学（简称中小）。2007年秋季，城小更名为城关第一小学（简称城一小），均溪中心小学更名为城关第二小学（简称城二小），由县直属；温镇小学更名均溪中心小学（简称均溪中小）。东风中心小学更名东风小学，归桃源中心小学管理。2008年，全县小学118所，其中，完小50所（城区2所），初小68所；在校生1.85万人。

1993—2008 年大田县小学教育情况表

表 23-2

年份	校数（所）			班数	在校生数（人）	招生数（人）	毕业生数（人）	学龄儿童入学率（%）	
	合计	完小	教学点（初小）					男、女生综合	其中女生
1993	278	139	139	1761	40730	7188	5819	99.20	98.65
1994	280	135	145	1852	42344	7931	6090	99.40	99.20
1995	270	111	159	1904	44741	8797	5899	99.48	99.28
1996	289	177	112	1940	59097	10720	6064	99.80	99.70
1997	289	183	106	1985	64892	10782	6778	99.85	99.72
1998	284	184	100	2019	66455	9243	8409	99.86	99.77
1999	294	146	148	1885	64970	7257	9335	99.85	99.72
2000	274	145	129	1770	62005	6224	10020	99.80	99.76
2001	250	145	105	1656	58263	6455	11253	99.83	99.85
2002	255	145	110	1607	52694	5458	11044	99.84	99.84
2003	191	142	49	1434	44073	2995	11452	99.87	99.92
2004	191	142	49	1254	36178	2409	10209	99.83	99.85
2005	156	106	50	1063	29577	2288	8679	99.92	99.92
2006	145	94	51	939	25434	3299	7508	99.91	99.94
2007	138	74	64	829	21326	3189	6797	99.95	99.95
2008	118	50	68	695	18481	3230	5534	99.98	99.98

二、课程设置

1993 年，全县小学统一设语文、数学、自然、地理、历史、体育、美术、音乐、劳动、科学等科目。1994 年 9 月，每周课时总量由 32 课时改为 30 课时。2001 年，城区小学开设英语课。2003 年 9 月，农村 30 所完全小学三年级开设英语课，占 21.43%，94 所小学开设信息技术课，占 49.74%。2004 年 9 月，小学三年级 124 个班级全部开设英语课。2004 年 9 月，全县小学一年级全部实施新的《课程标准》，课改班级 183 个、学生 2917 人，分别占小学班级和生数的 14.6%、8.1%。2007 年秋季，全县实施课改 518 个班、学生 1.17 万人，其中，一年级 160 个班、3620 人，二年级 140 个班、2831 人，三年级 103 个班、2425 人，四年级 115 个班、2781 人。实施课程改革的学生占全县总生数 54.93%。2008 年，课程和课时设置不变。

三、教学研究

1993 年，县教师进修学校组织小学骨干教师开展“指导・自主学习”“问题解决”等省级重点教研课题研究。1994 年，组织全县小学开展“愉快教学”专题实验研究。1995—1998 年，全县小学语文教师参加省级课题“小学语文导读式教学”专题实验。2001—2004 年，构建“县小学教研室—各校教导处—各学科教研组三位一体的教研网络”，并按地域将全县相邻小学分为实小、城小、均溪中小、上京中小、广平中小五大片区，开展“邻校互帮互助、实施素质教育”片际活动。其间，2002 年，县基础教育与厦门、莆田等地建立“山海协作关系”，接受沿海辐射，引进先进教学方法和管理经验；

2003年6月，均溪中小“改变学生的学习方式、体验数学”教研专题被列入省数学发展性教学与研究子课题，11月，被省小学教学研究会确定为首届数学发展性教学研究实验基地校。

2005年，县教师进修学校根据“城区当龙头、乡镇为网点”的思路，将全县划为实小、城小、均溪中小三大片区，开展“城乡携手·共谋高效”的研究活动。2008年，实小、城一小分别编写《新课程探索与实践——校本课程》《快乐阅读》《数学小博士》《养成教育》等校编课程。

附：重点小学选介

大田县实验小学　址在均溪镇文山路8号，占地1.23公顷，建筑面积8758平方米。1907年创办县官立两等小学堂，1954年改称大田县实验小学。1993年，设29个班、学生1846人；教师96人，其中大专学历2人、中专91人、其他3人，小学高级教师48人、一级36人、二级10人、未评级2人。2008年，设49个班、学生2396人；专任教师122人，其中大专学历77人、中专43人、其他2人，小学高级教师85人、一级34人、二级1人、未评级2人，省级骨干教师3人、市级12人。学校设有多功能教室、演播室、多媒体教室、音乐室、美术室、舞蹈厅等，并按照Ⅰ类标准配备器材，各班教室配有电脑、电视、展示台等媒体，建立校园闭路电视、广播以及计算机网络系统，开通学校网站，实现信息网络班班通。学校图书馆藏书5.67万册，被省教委评为达标中小学图书馆。塑胶操场3200平方米。1993—2008年，全校有50名教师被评为省、市、县优秀教师、教坛新秀、学科带头人、课题研究实验优秀教师等，在市级以上报刊发表或获奖论文218篇。学校获全国少儿美术教育研究会“全国美术教育先进单位”，全国青少年文明礼仪普及活动组委会“全国青少年文明礼仪教育示范基地”，中国艺术家协会青少年教育委员会“全国青少年艺术教学先进单位”等称号。

实小教学楼（1997年摄）

城关第一小学　址在均溪镇雪山北路58号，1960年9月创办。1993年，有教学班28个，学生1208人，教师73人。2000年7月，县城关幼儿园撤点，原教学楼及操场划归该校，校园占地8155平方米。2006年，设教学班40个，学生1867人、教师109人。1993—2008年，学校定期开展家校联动教育活动，先后获得“全国优秀家长学校”“福建省文明学校”“福建省少先队工作金奖学校”“福建省先进教工之家”“福建省绿色学校”等称号。

城关小学教学楼（1997年摄）

城关第二小学　校址均溪镇玉山路22号。1939年，创办玉田公立学校。1941年8月，内迁大田的集美职校联合组建集美职校附属玉田国民学校。1946年6月，更名为大田县公立玉田国民学校。1950年，县人民政府接办学校，更名为玉田小学。1976年，在新址玉山路22号新建校园。1986年，玉田小学更名为均溪中心小学。1997年11月，经省教委抽查核实，通过省级农村示范小学验收。

2003年11月，被省小学教学教育研究会确定为首届数学发展性教学与研究的实验基地校。2007年，更名为城关第二小学。2008年，校园占地8669平方米，建筑面积7574平方米；有42个教学班，学生2153人；教师122人，其中中级职称97人。当年，城二小被市教育局评为“三明市素质教育先进学校”。

第三节 特殊教育

1993年，城关小学创办弱智儿童培智2个班、招收23人就学。其他小学动员残疾儿童到所在地的学校跟班就读。1994年，全县开办聋儿残余听力言语训练4期、13人；吴山中心小学聋儿语言训练3人。当年送三明聋哑学校（下同）就读13人。1995年，送聋哑学校就读11人。1996年，城关小学培智班增至3个班、40人，配专职教师8人；送聋哑学校就读23人。视力、听力语言和智力残疾儿童、少年（简称三类残疾儿童、少年）入学率90.55%。1997—2000年，三类残疾儿童少年入学率在88%—91%之间。其间，2000年残疾毕业生录取大专2人。

2001年，城关小学培智班继续招收弱智儿童9人，各小学新招残疾儿童就读98人。向三明特殊学校送盲童1人。三类残疾儿童、少年入学率88.5%。2003年，残疾儿童、少年跟班就读582人，送三明特殊学校就读盲、哑童各1人，残疾毕业生录取高中、中专5人。2005年，残疾儿童、少年跟班就读479人。当年，应届初中毕业残疾人39人、高中毕业1人，录取高中和职专3人、大专1人。2006年，县残联根据第二次全国残疾人抽样调查数据测算，全县残疾儿童、少年681人，占残疾人总数的2.96%，三类残疾儿童、少年入学率93.23%。

2007年，全县三类残疾儿童、少年543人，其中免缓学15人、入学523人，入学率99.08%。残疾人毕业生被大中专院校录取19人，其中大专以上9人。2008年，城一小培智班开设语文、数学、英语、体育、美术、劳动技术等简易课程。全县三类残疾儿童、少年494人，其中，免缓学9人、入学476人，入学率98.2%。当年11月，县成立特殊教育学校筹备处，进行选址、征地、报批等工作。12月，县编委会批准成立大田县特殊教育学校，县发展和改革局对项目批准立项。

第四节 初中教育

一、学校设置与招生

1993年，全县初级中学21所，教学班260个，在校生1.22万人。太华初级中学从万湖村迁入太华村新址。县一中初中部招生指标由县教育局下达各小学。1994年，创办县第六中学。1996年8月，创办华兴初级中学。1997年4月，在广平镇铭溪村247号创办广平中学铭栋分校，6个教学班，学生280人，教师20人。1998年8月，上京矿务局职工子弟中学从企业剥离划归县管辖，更名为柯坑初级中学。当年，初中招生一律免试入学，城区初中实行划片招生，乡镇小学毕业生就地升初中，县一中不再招收乡镇小学毕业生。1999年，县一中停招初中生。2002年秋，太华中学在校生2524人。2004年，依托大田职专创办县第七中学，招收初中生。2006年，广平中学铭栋分校设19个班级，学生1200多人，教师60多人。2007年8月，在城区白岩山南路118号，福建鸿图房地产开发有限公司投资9000万元，创办民办普通完全中学——鸿图中学，占地5.33公顷，建筑面积6万平方米。2008年，太华中学共占地3公顷，校舍建筑面积1.52万平方米，运动场地5893平方米，绿化2000平方米，设32个班级，在校生1519人，教职工145人，其中专任教师133人。鸿图中学招收初一年新生200人。全县初中22所，教学班377个，在校生1.86万人。

鸿图中学全景（2007年摄）

二、课程与学制

1993年，设政治、语文、数学、英语、物理、化学、历史、地理、生物、音乐、美术、体育、劳动技术等科。1996年秋季，增设信息技术课程。2004年秋季，增设综合实践活动、乡土与校本课程。2008年，课程不变。1993—2008年，学制均为3年。

三、教学研究

1993年，全县初中学习闽侯、龙岩等地经验进行课堂教学改革。1994年，引入上海“青浦实验”模式，在五中、上京中学开展数学科教改实践。1996年，县教师进修学校成立信息技术教研室，开展信息技术教学研究。1998年，在五中、六中和太华中学开展“先学后教，超前断后”数学科教改试验。2002年秋季，全县初中实施分片教研，建立四级教研管理机制。2004年，各校编写校本教材，二中《建设雪蔗甜人心》、三中《桃源文化》、六中《文明礼仪教育》、柯坑中学《走进煤的世界》、太华中学《魁城文化》、广平中学《文昌阁文化》、上京中学《花卉与生活》和《口语表达》等，并开课授课。

大田五中现代化教学语音课(2008年摄)

2008年，全县初中开展研训一体教研工作，组织青年教师参加上课、说课比赛活动，评选“教坛新秀”。

四、学科竞赛

1993年，五中组织学生参加《中学生英语报》举办的“全国中学生英语能力竞赛”，获二等奖3人次、三等奖5人次。1994年，大田职中初二年学生参加国家六部委集邮征文比赛，《元帅骑马传奇》获福建赛区、华东六省区一等奖、全国二等奖。2002年，六中学生参加全国中小学英语能力竞赛获三等奖1人。2005年，在全国初中生生物奥林匹克联赛福建赛区预赛中获一等奖1人、二等奖8人。2008年，六中学生在全国初中物理知识竞赛和数学竞赛中，分别获得福建赛区二、三等奖各1人和二等奖1人。1993—2008年，全县学生参加历届“福建青少年科技创新大赛”，获奖21人次。

五、毕业考试和升学考试

1993年，初中有毕业考试和毕业生升学考试（简称中考）。全县执行三明市统一的高中招生政策。中考科目有思想品德、语文、数学、英语、物理、化学学科，总分540分。初中毕业生中考录取率98%。1997年，中考分为A、B卷。1998年，中考考试增加体育科目。1999年起，实行初中毕业考试与中考两考合一。当年，初中毕业生被高一级学校录取2811人，占51.84%。一中首次招收初中毕业保送生 77 人。2001 年起，思想品德科实行开卷考试。2002 年，中考实行初中理化实验操作考核和地理、生物结业会考。初中毕业生升入高中、职专 5229 人，升学率 68.6%。

2004 年，中考首次增加历史学科，为开卷考试；增设理化生实验操作考查科目，体育科变更为考查科目。2005 年起，中考考试首次纳入地理、生物学科，在初二年下学期采用闭卷考试。2007 年起，中考语文、数学、英语科成绩按原始分数记载；思想品德、物理、化学、历史、地理、生物等 6 科成绩分为 4 个等级记载，不公布原始分数，A 级（85 分—100 分）、B 级（70 分—84 分）、C 级（60 分—69 分）、D 级（59 分，含以下）；考查科目体育、理化生实验操作分合格、不合格记载，中考总分 510 分。当年，首次对初中毕业生进行综合素质评价，普通高中招生以学生毕业学业考试成绩与综合素质评价相结合，改变单凭分数录取。同时，实行保送生、定向生制度，一中高一年进行提前考试招生及招收特长生。

2008 年，体育学科列为中考考试科日，中考总分为 520 分，语文、数学、英语科各 150 分，物理、化学、历史、生物、地理、思想品德、体育科按等级各折算 10 分。中考时间由每年 7 月 1—3 日提前至 6 月 19—22 日。当年，一中高一年提前招收初中毕业生 221 人。

1993—2008 年大田县初中教育情况表

表 23-3

年份	校数（所）	班级数（个）	在校生数（人）	招生数（人）	初中入学率 %	毕业生数（人）	县内升学招生数（人）	其中	
								高中（人）	职高（专）（人）
1993	21	260	12232	4272	57.67	2930	835	635	200
1994	21	266	12172	4531	63.88	3481	1188	688	500
1995	21	277	12868	4975	67.60	3670	1135	805	330
1996	21	424	19338	6058	77.16	3652	1209	986	223
1997	21	460	21098	6655	76.51	4232	1283	990	293
1998	21	507	23715	8249	77.74	4646	1320	1260	60
1999	22	440	23058	8870	78.69	5583	1419	1307	112
2000	22	470	25846	9563	81.18	5422	1883	1716	167
2001	21	478	28350	10769	81.30	6663	2552	1797	755
2002	21	477	29977	10628	87.20	7622	2705	1920	785
2003	21	496	30619	11093	86.40	8056	2722	2059	663
2004	21	443	30030	9920	88.30	8851	2736	2055	681
2005	21	464	27765	8428	89.80	9352	3426	2660	766
2006	21	728	24081	7297	92.00	9470	3329	2528	801
2007	21	401	21337	6666	93.50	8714	3765	2891	874
2008	22	377	18629	5486	93.60	7301	3645	2684	961

说明：初中毕业生升学数不包括到县外职校、技校、中专、五年专就读人数

附：普通初中选介

大田六中 校址均溪镇白岩山南路116号，于1994年3月创办，占地3.41万平方米。2001年，被市教育局评为首批德育教育特色学校。2004年1月，被市教育局评为实施素质教育先进学校。2005年3月，被省教育厅确认为普通初中示范学校。2008年，有教学楼、科技楼、综合楼、学生宿舍楼、教工宿舍集资楼，建立电脑房、有线电视闭路网络、多媒体教室、理化生实验室和图书馆、阅览室，配置有较齐全的教育教学仪器和设备、活动器材。设教学班49个，在校生3000余人，教职工154人，其中，专任教师138人，高级职称16人、中级74人。学校先后获省教育厅首批墙上无痕迹、桌面无刻画、门窗无破损、地上无痰迹纸屑、卫生无死角“五无”学校和无吸烟单位，省教育厅、妇联家庭教育工作先进集体、省档案局一级档案管理单位及市文明学校等荣誉称号30多项。创办“道德银行”进行青少年思想品德教育的做法，被《福建日报》、福建电视台等10多家省、市、县媒体专题报道。

大田六中（1997年摄）

第五节 普通高中教育

一、学校设置

1993年，全县完全中学3所，教学班35个，在校生1704人。1995年秋，城关中学更名为大田五中。1999年秋，一中停止初中招生。2000年，三中复办高中。2001年，一中为高级中学。2007年9月，鸿图中学招收普通高中一年级8个班、432人，高三年补习生25人。2008年，全县中学5所，其中，普通高级中学一中，完全中学二中、三中、五中和鸿图中学，教学班149个，在校生7800人。

二、课程与学制

1993年，设政治、语文、数学、英语、物理、化学、历史、地理、体育、劳动技术等课程。高一年、高三年分别由每周31课时、33课时改为29课时，高二年由32课时改为28课时。1994年，增设生物、艺术、综合实践等课程。2006年秋季，全县启动新课程改革实验，增设信息技术、通用技术、音乐、美术、体育与健康、综合实践活动等课程。2008年，课程不变。1993—2008年，学制均为3年。

三、教学研究

1993年，各校把教法改革、课题研究作为教学研究之重，与校本教研相结合，形成县、市、省三级课题研究体系。大田一中与三明一中、三明二中、永安一中、南安侨光中学、德化一中、惠安一中等兄弟校建立长期的交流教研协作关系。2004年，一中承担“作文三步教学法”国家级教研课题，五中承担“电影课实证研究”国家级课题研究。2005年11月，县成立高中校际科学研究中心，通过《大田县普通高中校际教育科学研究中心教研活动实施方案》，全县各中学利用本地社会、学校资源、开发校本课程教材。2006年，一中承担“新时期作文教学全景研究”“新课程背景下高中英语教学模式探索”国家级课题研究。2008年，鸿图中学承担“高中英语真实阅读”国家级课题研究。

四、学科竞赛

1993年，五中学生参加中国奥数委员会举办的全国高中化学奥林匹克竞赛（简称奥赛），获三等奖1人。1996年，一中学生在国家教委、团中央等10部门“中华正气”全国读书征文教育活动获二等奖1人。1997年，一中学生在中国数学会、省教育厅、科技厅全国高中数学联赛中获一等奖1人。1999年，一中学生参加全国高中数学联赛获二等奖1人，国家基础教育实验中心、外语教育研究中心全国中学英语能力竞赛获一等奖1人、二等奖5人、三等奖6人；叶圣陶研究会、民革中央教育委员会第六届中华圣陶杯中学生作文大赛获三等奖2人。2000年，一中学生在国家环保部主办《中国环境报》承办全国中小学环保科普征文中获二等奖、三等奖各2人。2003年，五中学生参加《中学生英语报》举办的全国中学生英语能力竞赛获二等奖3人次、三等奖5人次；一中学生在国家基础教育实验中心、外语教育研究中心英语竞赛中获二等奖2人、三等奖6人。2007年，五中学生参加省教育厅、科协、科技厅、环保局举办的第二十二届福建省青少年科技创新大赛获三等奖1人。

五、高中会考与高考

（一）高中会考

1993年，全县普通高中继续按照国家教委普通高中教学计划调整和毕业会考制度精神，实行会考制度，设一中考点。2000年，增设二中、三中考点。2002—2006年，一级达标学校一中学生免予参加全省统一会考，由学校自行组织考试，将成绩上报省会考办公室。2007年，一中学生恢复参加全省统一会考。2008年，会考制度不变。

（二）高考

1993年，全县参加高考学生1008人，被大中专院校录取426人，其中本科142人、专科242人、中专42人，录取率42.26%，万人口录取率1.27。2000年，全县参加高考学生1187人，被大专院校录取686人，其中，本科一批（简称本一）65人，本科二批（简称本二）208人、专科413人，录取率57.79%，不设中专录取。2002年，全县普通高考考生上高职（专）批及以上分数线1071人，上线首次突破千人，录取率53.7%。2003年，全县参加高考学生2133人，录取1698人，其中，录取本一159人、本二615人、专科924人。录取首次上千人，录取率79.61%。2004年，高考录取首次上2000人。其中，录取本一232人、本二721人、本三131人、专科1108人。本科录取率首次突破千人。2008年，全县参加高考学生3680人，录取2790人，录取率75.82%，其中，本一243人、本二1008人、本三217人、专科1322人。

1993—2008年，全县被全国各类高等院校录取1.96万人，其中，本一批1988人、本二批6337人、本三批886人、专科（高职高专）1.04万人（录取中专136人）。其间，2008年万人口录取率5.97，是1993年的4.7倍。一中考生被清华大学、北京大学录取16人。其中，1993年，池邦劳被清华大学录取。1996年，叶丰国被清华大学录取、薛永泉被北京大学录取。1997年，叶式穗被清华大学录取、肖晓柏被北京大学录取。1998年，徐桂圆被清华大学录取、陈珺获省高考文科成绩第一名被北京大学录取。1999年，张如杭被清华大学录取。2001年，温荣华、吴文献被清华大学录取。2002年，施生乾被清华大学录取。2004年，吴永炜、郑恢火被清华大学录取。陈志锰、郑冰分别于2006年、2007年，被清华大学录取。

1993—2008年大田县考生被全国各类高校录取情况表

表 23-4

年份	考生数（人）	录取率（%）	录取数（人）	其中（人）				
				本一	本二	本三	专科	中专
1993	1008	42.26	426	52	90	0	242	42
1994	970	46.70	453	39	101	0	273	40
1995	668	54.64	365	20	68	0	260	17
1996	686	57.14	392	63	94	0	217	18
1997	826	64.65	534	75	153	0	296	10
1998	934	54.71	511	100	146	0	257	8
1999	1039	63.72	662	65	172	0	424	1
2000	1187	57.79	686	65	208	0	413	0
2001	1329	53.35	709	104	213	0	392	0
2002	1689	53.70	907	145	305	0	457	0
2003	2133	79.61	1698	159	615	0	924	0
2004	2549	85.99	2192	232	721	131	1108	0
2005	2963	86.50	2563	187	816	215	1345	0
2006	3076	76.69	2359	207	794	172	1186	0
2007	3277	71.47	2342	232	833	151	1126	0
2008	3680	75.82	2790	243	1008	217	1322	0

1993—2008年大田县普通高中教育情况表

表 23-5

年份	校数（所）	班级（个）	在校生（人）	招生（人）	毕业生（人）	年份	校数（所）	班级（个）	在校生（人）	招生（人）	毕业生（人）
1993	3	35	1704	635	557	2001	4	86	4717	1797	1041
1994	3	33	1614	688	686	2002	4	98	5250	1843	1256
1995	3	38	2043	805	350	2003	4	103	5582	2059	1603
1996	3	45	2427	986	566	2004	4	112	5852	2055	1664
1997	3	51	2669	990	667	2005	4	124	6574	2660	1837
1998	3	58	3169	1260	729	2006	4	128	6825	2528	1919
1999	3	65	3579	1307	880	2007	5	144	7578	2891	1898
2000	4	79	4060	1716	993	2008	5	149	7800	2684	2251

附：普通高中选介

大田一中 址在均溪镇文山路17号。1926年建校，1928年招生。占地14.6公顷，建筑面积4.06万平方米，绿化面积3278平方米。1993年，教学班38个（初中3个班），学生1771人；教师172人，其中，本科学历68人、大专60人、其他44人。中学高级职称15人、一级21人、二级99人、三级10人。被省教委确认为“二级达标”学校。2001年，改办高级中学，省教育厅确认为“一级达标”学校。2008年，教学班54个，学生2876人；教职工226人，其中，专任教师201人，本科和专科学历199人、占99%。中学高级教师73人、一级77人。全校有教室72间，办公室16间，科技活动室4间，学科活动教室12间，多媒体教室6间，生物、矿物标本馆各1个，物理、化学、生物、劳技实验室12间。实验仪器及体育、图画、音乐器材相应配套，学生计算机房3间、电子阅览室1间，计算机540部、图书馆藏书12万余册。另有校史馆、书画馆、篮球馆、体操馆、练功房、乒乓球馆、排练厅、植物园。

1993—2008年，该校先后获教育部、团中央等十部门“全国读书教育活动特色学校”，共青团中央、国家林业局等“青少年绿化祖国先进单位”，中国图书馆学会“中小学图书馆先进单位”“省文明单位”，中国少先队事业发展中心青少年科普教育俱乐部“全国青少年科普创新示范学校”“教学管理先进集体”，省教育厅“实施素质教育工作先进校”和“高中新课程样本校”等称号。

大田五中 址在均溪镇天山路43号，于1980年秋创办，原名大田县城关中学和大田县职业中学，为两块牌子、一套人马。1985年，改为福建省大田县城关职业中学。1992年，职业中学另立迁离，恢复校名为大田县城关中学。1994年，更名为大田县第五中学，为普通完全中学。2001年1月，通过省教育厅三级达标中学验收。2004年5月，省教育厅审核批准为普通中学二级达标学校，省无线电定向运动协会确定为开展无线电测向定向运动示范校。2008年，校园面积10.5公顷，建筑面积3.92万平方米。教职工297人，教学班86个，在校学生4600人。

大田五中全景（2008年摄）

第六节 职业教育

一、学校设置

（一）公办职业学校

1993年，县职业中学有教学楼、学生宿舍楼、计算机教室和排练厅、琴行等。设17个班、学生888人，教职工66人；石牌职业中学职业高中设3个班，学生95人。1994年，石牌职业中学停止招收职高生。1996年，县职业中学有学生764人，教职工113人。1997年，经省教委评估，升为职业中专学校（简称县职专）。2001年，县职专与福州大学、三明纺织学校部分专业开展联合办学。2004年5月，借助职专富余校舍和优质师资办大田县第七中学。2005年，县职专投资6万元，购置电工、钳工试验仪器和设施，为全县职业技能中级工考试鉴定考点。2007年，石牌中学复办职业教育。2008年，县职专有教师177人，52个班、学生3095人；石牌中学，有职业班2个班、学生60人。

（二）民办职业学校

2003年，厦门兴才中专在赤岩山路2号，利用县农业局旧办公楼设立大田教学部，设全日制2个中专班，学生96人，专职教师5人、兼职12人。2004年，经市劳动和社会保障局批准，成立“大田县兴才职业培训学校”（简称兴才职校）。同年6月，大田县星光技能培训中心成立，全日制学习3—

12个月，主要招收未升入高中的初中毕业生、农村剩余劳动力和下岗职工。2005年春季，在校生共3800人。当年9月，县政府在均溪福塘村菜坂洋供地1.33公顷给星光技能培训中心办学，改名为“大田县星光职业培训学校”（简称星光职校）。2008年，星光职校建设一期工程教学楼、学生公寓，总面积8300平方米，投资2380万元。2003—2008年，星光职校为企业培训技术工人2368人；兴才职校培养中专班学生351人，“阳光工程”“创办你的企业（SYB）”和劳动力转移培训772人。

二、专业与招生

1993年，根据县域经济发展需要，县职中开设建筑、水泥、烟草、美工、财会、机械、幼师等7个专业，石牌职中开设畜牧兽医、电子电器专业2年制职高班。两校在校生共983人，毕业生300人。1994年，县职中增设建筑装潢、烹饪、法律、文秘等专业，职高毕业生334人、职专毕业生229人。

1996—2000年，县职专根据县产业结构调整和就业市场急需各类专业技术人才，开设家电维修、治安保卫、企业管理、计算机应用、电力技工、矿业机电、计生管理、土地管理、村政管理、广播电视、保险等专业。5年间，共有毕业生954人，其中职高42人、职专912人，年均毕业191人。

2000年起，县职专开设综合课程实验班，学制3年，为高职升学或普通高考提供生源。2002年3月，职专和卫校学生252人，首次参加全省中专职业学校会考。会考成绩作为学生的毕业成绩。

2001—2007年，县职专开设保险、网络信息、畜牧兽医、法律、电子电工、纺织、制茶、陶瓷、乘务等专业和综合课程实验班。其中，保险、网络信息专业与福州大学联合办学，纺织、电子电工专业与三明纺织工业学校联合办学，乘务专业与福州火车站乘务公司联合实践办学。6年间，共毕业3510人，其中参加高职升学、普通高考3112人，到沿海各大中型企业就业或自主创业398人。2007年春季，石牌职业中学职业教育开设电子技术、服装设计专业，采用半年在石牌职中就读、2年在晋江职专半工半读的办学模式，与晋江职业中专学校联合办学，学制3年，毕业生由晋江职专安排就业。2008年，县职专有茶果生产、电子电工、工业美术、会计电算化、机电一体化、机械加工、计算机应用、幼师等专业，并与县内的五龙山茶业、新茂电子集团、宝通瓷业、华伦特重工、和晟机械制造、联想电脑等企业和永盛会计师事务所、县教育局、实验幼儿园等单位联合办学或作为教学实践基地。当年，在校生2438人，毕业生804人，分别比1993年增长1.75倍、1.68倍。毕业生多数参加高职升学，部分自主创业或到沿海大中型企业就业。

1993—2008年，全县公办职业学校共培养学生5035人，毕业生在社会各领域就业2570人，部分自主创业，就业率100%。其间，2000—2008年参加高考（高职单招）上大专线以上2257人，录取本科361人。

三、职教研究与成果

1993年，县职业中学加强与省、市职业教育同行的横向教研交流，并承担市级教研活动。语文组论文《司法文书的开放式教学法》获三明市职业教育语文学科一等奖，被国家教委《职教论坛》刊发。1994年，《职业学校法纪教育四步曲》《“带股招工”风潮与职校对策》办学经验被省、市主管部门推崇；《选段课文的延伸式教学法》获市职业教育语文学科二等奖，幼教专业教师指导的学生在三明市幼师专业技能比赛中获独舞和说、唱、弹、跳四项全能第一名，语文教师指导财会中专学生《职校四季歌》征文获市教委一等奖。1995年，语文教师《广告课》优质课获市职业教育语文学科一等奖，财会教师指导学生参加省职业教育技能比赛珠算和点钞获二等奖。

2000年，职专定期编撰《教研之窗》，经常与省内兄弟职业学校开展交流活动，进行课题研究，举办优质课特色课比赛。2008年，全校培养具备教师资格和职业资格从事职业教育的“双师型”教师14人。

附：大田县职业学校选介

县职业中专 校址均溪镇玉山路12号。1980年秋，在均溪镇天山路43号创办县职业中学，与城关中学两块牌子、一套人马，次年招收工艺美术职业高中1个班、21人。1987年，职业高中8个班、213人，教职工162人。1992年，县职中迁址玉山路12号。1996年，被市政府确认为“重点职业高级中学”，1997年，升格为职业中专学校。2001年，与福州大学联合开办2个大专班。2005年，为县职业技能中级工考试鉴定考点。2008年，校园面积1.55万平方米，建筑面积1.22万平方米。职专部41班、2438人。教职工188人，其中，中、高级职称127人。当年参加高考（高职）考生上线153人，学校被市政府评为文明学校。

大田职专教学楼（2008年摄）

第七节 成人教育

一、乡镇文化技术教育与扫盲

1993年，全县有乡镇文化技术学校283所，其中乡镇18所、村265所。配备成人教育专职干部40人。定期举办培训班、讲座，向农民传播农村实用技术，对初中毕业生进行就业前引导性培训和果树栽培、养殖、反季节蔬菜种植、工矿安全生产等培训。各乡镇依托乡镇及村级文化技术学校开展扫盲工作。全县青壮年15.91万人，非文盲14.94万人，非文盲率93.91%。1994年，石牌乡老厝村创办农民夜校，学习文化基础知识兼学生猪饲养、淡水鱼饲养、果树种植等实用技术，发展庭院经济，人均增收316元。1997年，全县非文盲率96.36%，通过省政府“基本扫除青壮年文盲”验收。2007年，屏山乡创建省级示范性乡镇文化技术学校，县政府补助资金10万元，校园面积3200平方米，校舍建筑面积1132平方米，其中教学用房715平方米。配有教学仪器、挂图、标本100套（件）、电视机2台、DVD1台、农村远程教育工程设备1套、教学光盘10个，电脑20台，教学用书和科技知识书籍1388册，茶叶实验基地0.12公顷。2008年，全县青壮年22.93万人，非文盲22.78万人，非文盲率99.36%。年底，全县有乡镇文化技术学校281所，其中乡镇18所、村263所。

1993—2008年大田县扫盲教育情况表

表23-6

年份	青壮年数（人）	文盲数（人）	非文盲数（人）	脱盲数（人）	非文盲率（%）
1993	159080	9682	149398	1631	93.91
1994	160830	8713	152117	593	94.58
1995	161739	7798	153941	742	95.18
1996	163016	6956	156060	1483	95.73
1997	165508	6030	159478	1070	96.36
1998	167824	5223	162601	367	96.89

续表23-6

年份	青壮年数（人）	文盲数（人）	非文盲数（人）	脱盲数（人）	非文盲率（%）
1999	171407	4358	167049	163	97.46
2000	177137	3571	173566	287	97.98
2001	183543	3070	180473	—	98.33
2002	191337	2755	188582	—	98.56
2003	198922	2488	196434	—	98.75
2004	206905	2244	204661	—	98.92
2005	215491	1982	213509	—	99.08
2006	222117	1794	220323	—	99.19
2007	226615	1649	224966	—	99.27
2008	229266	1471	227795	—	99.36

二、广播电视教育

（一）农业广播电视教育

1996年，县在畜牧水产中心创办省农业广播电视学校大田分校，依托县农业局开展多形式、多层次、多功能的农民教育培训，是全县成人职业教育、农民科技和农村实用人才培训、劳动力转移培训的重要基地。1997年6月，分校通过省、市教委、市农广校评估验收，取得办学资格。当年，招生115人、设3个专业，其中农业推广大专班72人。1998年6月，分校迁址建山路74号县农办五楼，设4个专业6个班、179人。2000年，分校被农业部授予“农业广播电视教育先进单位”称号。2001年，实施“跨世纪青年农民科技培训工程”试点，举办培训35期、89个班，共3860人，12月，该项“工程”通过省农业厅组织的验收。2002年12月，该校获中央农业广播电视学校、农业部授予的“全国育才兴农示范校”“全国县级农业广播电视学校办学水平评估A级校”称号。2004年，学校经县编制委员会同意增挂“大田县农民科技教育培训中心”牌子，组织实施农民教育，绿色证书培训、农科教结合、青年农民培训工程、农村基层干部培训和农业实用技术培训，举办优质稻生产、茶叶生产与加工、木薯产业开发与运用、农村沼气与能源开发、测土配方施肥等技术培训92期，培训8000多人次。2008年，在校生266人，设企业经营管理、畜牧兽医、计算机应用、会计统计与审计等4个专业；拥有专、兼职教师28人，其中，副高级职称13人、中级12人；本科学历13人、专科9人。1996—2008年，累计招收学员1346人、毕业1088人。

（二）广播电视与网络教育

1993年，县电大工作站与机关干部学校合署办公，址在均溪镇凤山西路5号，实行“一套人马两块牌子”。电大工作站电视大学、电视中专各设3个专业，在校生134人，招生159人，毕业41人。1999年，增办成人大专注册视听生业余教育。2000年，增办开放教育大专业余教育，高中程度者免试入学，实行学分制，学生注册后，学籍8年有效。2003年，开办开放教育本科业余教育，国民系列专科毕业或第二学历者免试入学。当年，县机构改革，机关干部学校撤销，电大工作站定为副科级单位，教职工10人，其中中级职称7人。学校占地2334.5平方米，建筑面积1500平方米，教室8间，多媒体计算机室2间，多媒体投影室3间，视听阅览室与课件制作室1间，电脑74台，多媒体电教设备3套，KU波段卫星数字接收系统1套。在县天信有限责任会计师事务所、人民法院、均溪镇政府、教师进修学校、一中等单位建立会计、法学、行政管理、教育管理、汉语言文学等专业的教学实践基地。同时，设立江南大学、陕西师范大学网络教育大田电大教学点。2005年，福建师大网络学院在一中设教学点，全县中学教师参加本科学历教育371人。2006年9月，大田电大奥鹏学习中心成立，设中国医科大学、大连理工大学、东北师范大学、福建师范大学等网络教育大田电大教学点。2008年，设中央电大开放教育9个专业，本科有法学、会计、教育管理、汉语言文学；专科有法学、行政管理、会计、教育管理、英语等专业，在校生485人。

1993—2008，县电大工作站共招生3205人，毕业2500人；网络教育招收223人，毕业150人；先后被省广播电视大学授予考试质量管理先进单位，省先进集体、办学先进单位称号。

三、自学考试教育

1993年，全县自学考试报名597人、1415科次，取得合格证书367科次。1995年，省自考委在大田职专设立小学教育专科自考点。1996年起，增设均溪中心小学和六中、五中、一中等自考点，开考专业72个，其中本科42个、专科30个。2008年，全县报考126人、242科次，取得合格证书127科次。1993—2008年，全县共报考3.18万人、7.05万科次，取得合格证书1.47万科次。

四、卫生人员进修与培训

1993年，县卫生进修学校校址均溪镇建山路19号，承担农村卫生技术人员培养和培训。教职员工9人，兼职教师12人。学校占地1500平方米，建筑面积1803平方米，设有篮球场、羽毛球场；主要设备有投影仪、录像机、电影机、幻灯机、显微镜及各类人体模型、骨架、标本、挂图等，实验室、图书室、电化教室，固定资产100多万元。开设在校全日制护理3个班、学生183人，学制2年，当年毕业43人。10月，招收乡村医生班51人，学制3年；受市卫生局委托，承办2年制乡村医士班68人。1994—1995年，举办乡村医生函授教育2期、83人，学制3年。1998—2000年，全县279名在岗乡村医生经过2年多卫生知识培训，参加省乡村医生中专水平考试，各科成绩合格267人，占95.7%。2001年9月，与尤溪卫校联合办学，招收中西医结合医士班42人，学制3年。2004年，与莆田学院、吉林省北华大学联办全日制3年临床医疗和高级护理2个专业3个班、学生49人。2008年，开设护理专业3个班、191人，毕业62人；举办乡村医生规范培训4期、460人。年底，有专（兼）职教师26人，其中本科学历19人、专科5人、中专2人；高级职称18人、初级2人。1993—2008年，先后举办过护士、助产士、医士、乡村医生等专业培训，共结业1860人。

五、职工业余教育

1993年，县职工业余学校（简称县职工校）设在总工会大楼，办公室3间、教室7间，共738平方米，教学仪器价值2620万元，图书1.5万余册，大专以上学历专职教师12人、兼职9人。当年秋季，职工校挂靠三明市成人中专，开办普通中专财会班，学制3年，招收初中毕业生30人。在县水泥厂、桃源林场等企业开办函授高中班，至1996年，共有函授高中5个班、216人，毕业176人；举办工会干部、企业班组长和岗位技术人员培训9期、2712人。1997年1月，县职工校被省总工会列为省示范学校。1998—2001年，成人高中班共毕业271人。2002年，成人高中1个班、25人，专职教师3人，其中本科学历1人、大专2人；高级、中级职称各1人。

2003年，县职工校开设社会工作管理专业自考大专1个班、36人。2004年，县职工校与莆田学院联办临床医学专业1个班、46人，与福建农林大学联办法律专业2个班、85人，园艺专业1个班、12人，3个专业新招85人，毕业58人。2005年，设机电一体化专业1个班、18人，计算机技术专业2个班、45人，法学专业1个班、23人，电力系统及自动化专业1个班、21人，当年，设大专4个专业，新招84人，毕业46人。2006年，大专预科1个班、45人，新招21人，毕业24人，通过成人高考升本科6人、专科18人。2007年，增设护理专业1个班、12人，农村经济管理专业2个班、40人，会计学专业1个班、30人，共有大专6个专业、7个班、169人，毕业38人。2008年，有5个专业、8个班、190人。专职教师3人，其中，本科学历1人、专科2人；高级、中级、初级职称各1人。

六、老年教育

1988年3月，创办大田县老年大学，后更名为老年人学校。校址在县白岩公园老人憩园，由县老干局管理。1989年，老年人学校因生源少等问题停办。2002年7月复办，招生对象为离退休干部、职工及社会老年人。课程按照老年人的特点和要求设置，学习形式多样，学乐结合，任意选课。当年，学校成立夕阳红艺术团。2003年11月，主办“十六大春风暖人心”文艺专场演出。2004年6月，举办“大田县老年学校金风采”展览。2008年，聘任大专以上学历的教师19人，开设汉语拼音、摄影、音乐、舞蹈、交谊舞、南音、拳剑、腰鼓等11门课程、12个教学班，学员212人。12月，学校复名为大田县老年大学。

第八节　推行素质教育

一、德育

（一）思想品德教育

1993年，县教育局提出“一校一载体，一校一特色”进行学生思想品德教育。县职业中学针对学生人生目标、学习动力、自立能力等，在新生入学时进行“小草的奉献”系列教育活动，邀请在各行业自立自强、有一定建树的校友做“小草的颂歌”专场报告，教育学生树立起“做小草，扮靓祖国的春天”志向，城区中小学、三中、武陵中心小学等以县革命烈士陵园、闽中工委旧址等进行爱国主义教育。1994年，县职业中学依照学生心理特征开展《职业学校法纪教育三步曲》的做法被省委宣传部、司法厅、教委推介。2月，五中针对沾染不良行为厌学和失管、贫困等特殊学生提出“不放弃任何一名学生，让每名学生都能得到成长”的教育理念，建立“特殊学生成长档案卡”，编撰《大田五中德育教材》进行教育，对典型的特殊生实行“包干到户”，单独考评，建立“家校联系卡”，让家长共同帮教，矫正不良品行。1995年，武陵中心小学定期开展“红色”教育社会实践活动，参观革命展览馆、革命遗址、祭扫烈士墓、走访“五老户”等。1996年，五中不定期举办“特殊生双休日教育活动班”，安排中层以上干部轮流授课，发挥其爱好，学校铜管乐队成员70%是特殊生。在历年高考体育类、艺术类上线考生占有一定比例。

1998年，县政府命名一中校史馆、武陵闽中工委旧址为爱国主义教育基地。全县建立一批社会实践、青少年法纪教育、国防教育和科普教育基地。2000年，武陵中心小学建立少年军校，创建军号队、进行军体操训练、举办暑期少年军校夏令营，设立国防教育图书专柜和国防教育阅览室、国防知识文化专栏、少年军校走廊文化、围墙文化、门口文化等，编写《少年军校读本》校本课程，中小学资源共享，进行红色文化教育。2002年，上京中学开展关爱“留守孩”、外来工子女、贫困生和弱势群体的“爱心驿站”活动。2003年，六中创新开办青少年“道德银行”，设道德收入和亏欠账户，定期评选道德明星，建立学生个人成长档案。当年，储户1400多人，储好人好事1600多件，收到捐款5700多元，资助特困生23人。一中承担“德育工作与现代教育技术的整合”国家德育课题研究，运用多媒体现代信息技术制作“道德建设”等多个电视节目。2004年，四中建立“村级德育工作站”，由中层干部、教师、生管人员等组成，全县共有建站村11个。为“留守儿童”的教育管理探索新途径。2005年，六中“道德银行”案例，被省未成年人思想道德建设办公室列入《福建省未成年人思想道德案例集》。

2006年，职专开展“感恩、责任、服务”教育，武陵中学继续开展“红色文化”革命传统教育；实小的“礼仪在我心中”教育，被确认为“全国青少年文明礼仪教育普及活动实验基地校”；吴山中心小学建立“推普红旗”语言教育基地；城一小利用各方德育资源组织“体验教育”课题研究。2008年，四中“村级德育工作站”案例，参加中央文明办第三届征集未成年人思想道德建设工作创新案例评选，获三等奖。柯坑中学承接中国教育学会“学生成长导师制”的课题研究；上京中心小学开展“百星争辉”、建设中心小学忠心、爱心、诚心、孝心、信心“五心”与诚信、礼仪、学习、安全、生活、纪律、卫生、劳动、科技等“十星”和石牌中学“道德接力”等活动。

（二）家校、社区共育

1993年，县教育局指导各学校建立家长委员会。一中、职业中学分别邀请社区干部到校进行“英雄校友，光辉榜样”和“来自集中营的报告”等革命传统教育。1994年，邀请南京大屠杀见证人罗瑾到一中、五中、职业中学讲述侵华日军的暴行。1997年暑期，一中组织学生进社区、乡村开展“寻访先烈足迹”活动，搜集史料、遗物、遗照等，编写大田县英烈传。1998年，各中小学开办家长学校，每学期召开1次—2次家长会，进行家校沟通和家庭教育指导，周末教师“家访”和墟日家长“校访”相结合，交流信息共商教育措施。2002年、2003年，一中、五中分别组织师生开展“道德进万家”“科技下乡”和“志愿者服务活动”。2008年，各中小学和社区、乡村联手关注长年不在外出务工父母身边的“留守孩”，为失亲、失管、失养青少年“多送一片阳光，多给一份温暖”活动，做到社区教育与学校教育相结合。

二、智育

（一）教学质量

1993—1996年，全县各中小学坚持全面贯彻教育方针和全面提高教育质量的“两全”方针，抓好校风、教风、学风建设和教学改革，推进教学管理和教学研究，小学生合格率99%，初中毕业生考试录取率98%；共向大中专院校输送新生2920人。1997年11月，在城关小学召开全市现代教育技术研讨会，观摩多媒体教学，交流素质教育情况；当月，大田、永安、梅列县、市（区）幼儿园园长、教师和幼儿教育干部，观摩实验、均溪、城关、红星等4所幼儿园课堂教学。

1998年，按照《三明市实施素质教育十条要求》，加强省颁课程计划落实，主副科教学并重；实验小学、城关小学调配出技能专任教师67人，均溪、石牌、桃源、太华、华兴、屏山等中心小学配备技能科专职教师；中学活跃第二课堂，加强各类兴趣小组活动，培养合格加特长学生；小学实行毕业生会考制度，就近升学初中。1999年秋季，在实验小学、城关小学、均溪中心小学等学校开设教改实验班。一中首次招收初中毕业保送生77人。2000年，贯彻三明市《减轻中小学生过重课业负担的十个不准》，各学校重点减轻学生过重课业负担；全县初中毕业生被高一级学校录取2811人，占51.84%。

2001年，全县小学实行教学工作量化考评，各学区进行小学语文、数学教学新大纲考试，及格99.02%。2002年，初中毕业生升高中、职专5229人，升学率68.6%。2003年，省教育厅普通教育实验教学普及县验收组抽查中小学43所，经评估优级35所、良级8所，大田县通过实验教学普及县验收。翌年，经复查、授予“实验教学普及县”牌匾。2004年，县被省教育厅列为省级课程改革实验区，确定11所中小学（含职专和小学5所）为课改实验基地。当年，县建立学校教学质量监控体系，抽查小学毕业班教学质量2次。

2005年，县教育局制定《中小学教育科研课题管理办法（试行）》，建立县、校课题管理制度，做好课题立项、申报、研究、管理等。中小学科研课题120个，其中，省级1个，市级重点3个、一般14个，县级102个。2006年，全县131所学校实施农村中小学现代远程教育工程，并通过省教育厅验收。小学毕业生质量检测7544人，语文科、数学科及格率分别为94.54%、70.86%，优秀率分别为58.5%、37.46%。

2007年，小学毕业生质量检测6794人，数学科及格率比2006年提高2.2个百分点，语文科、数学科优秀率分别提高14.56%、18.6%。11月，县教育局在实验幼儿园和均溪中心幼儿园举行教师语言、优质课评比活动。2008 年，42 名教师在县六中和教师进修学校举行初中教师课堂教学和说课比赛；举行城区小学汉语拼音知识竞赛和“我与汉语拼音”学生征文比赛。

（二）理论研究与校编课程

1993—1994 年，县教育局按照县政府优先发展教育的战略要求，组织教师进行理论学习和教学课题研究。县进修学校各教研室加大教改力度，抓好教学研究，提高教学水平，引导每位教研员完成每学期挂钩一所学校、研究一个专题、主持一场讲座、研读一本专著、培养一名年轻教师、撰写一篇研究论文、积累一万字业务资料的“七个一”任务。同时，继续办好《小学教育研究》《中学教学研究》和《信息与动态》刊物。1995 年，县教师进修学校教师撰写的论文获得中国化学会优秀论文一等奖 1 篇。1996 年，获全国现代教学艺术研究会第二届学术研讨会优秀论文二等奖 2 篇、三等奖 1 篇。1999 年，全县各学校贯彻中共中央、国务院《关于深化教育改革、全面推进素质教育的决定》，县教育局利用各种工作会议，组织校长、部分教师学习教育部关于实行素质教育的理论，给全县各学校多次印发全国专家、学者的理论文章，由学校组织教师学习，促进改变教育理念。2001—2003 年，收集课程改革信息，开展信息对接，做好理论和宣传议论新课改铺垫工作。

2004—2008 年，实小、城小、二中、三中、六中和太华、广平、上京、柯坑中学等学校结合地情编写、教授校编教材 12 篇；县教育局组织编写《乡土教材》，选送市教育局汇编 18 篇。

三、体育

1993—1997 年，全县学校贯彻教育部学校体育工作条例，不断完善学校体育设施。2004 年，执行国家体育锻炼标准。2008 年，实施国家学生体质健康标准。1993—2008 年，全县学生考上高校体育类 247 人，（详见卷二十四第二章体育，第一节学校体育和第三节学校体育设施）。

四、美育

1993 年，全县九年制义务教育完成课堂美术、音乐教育课程，开展丰富多彩的课外文化艺术活动。“六一”期间，团县委、少工委、教育局、文化局联合举办第六届少儿文化节，全县各中小学联办“知我八闽、爱我中华”为题的知识竞赛、红领巾“故事大王”比赛、“我是时代小主人”和“红领巾助残”“班班有歌声”及少儿书画工艺作品展览等活动。当年起，全县学校每年举办纪念“五四”“六一”文艺晚会。1997 年，城区各中小学举办庆“香港回归”文艺晚会、长征胜利 50 周年和建党 60 周年书画展、校园文化艺术节、校园歌手赛、“卡拉 OK 赛”、绘画书法、剪纸艺术讲座、师生自创节目等比赛。

2000 年 6 月，县实验幼儿园绘画作品，参加《中国教育报》举办的“世纪之星”全国少年儿童美术书法摄影艺术教育成果展，获集体铜奖，幼儿获金奖 9 人、银奖 23 人、铜奖 55 人；实验小学参加“走向新世纪”全国中小学幼儿美术书法大赛获集体二等奖，参加“新世纪星杯”全国少儿书画大赛获优秀集体奖。2002 年 3 月，实验幼儿园 86 幅绘画作品参加中国教育学会、《中国教育报》举办的第三届“世纪之星”全国少年儿童美术书法摄影艺术教育成果展，获奖 38 幅。其中，金奖 9 幅，银奖、铜奖各 7 幅，优秀奖 15 幅。2004 年 3 月，县选送幼儿绘画作品 54 幅参加第十七届“双龙杯”全国少年儿童书法绘画竞赛，获奖 37 幅。其中，钻石奖 1 幅，金杯奖 2 幅，银杯奖 9 幅，铜杯奖 13 幅，优秀奖 12 幅。2005 年，全国音乐（古筝）考级在大田举行。县古筝艺校参加考试学生 54 人，达八级 9 人、七级 6 人、六级和五级各 5 人、四级 21 人、二级 8 人。2006 年，普通高中增设音乐、美术课程。2008 年，组织全县中小学开展“2008 奥运有我一份”征文和绘画比赛，举办改革开放 30 周年图片展。

五、劳动与综合能力实践

1993 年，县教育局组织学校师生在德育和体育、美育、劳动等领域实践素质教育，从学会读书、做人和劳动入手，培养学生的综合能力。“六一”期间，全县中小学联办“劳动技能竞赛”。1997 年，实小把“文明礼仪”教育活动作为素质教育实施的突破口，分为进校、升旗、上课、活动等八项礼仪内容，贯穿于教育教学的全过程和学生日常生活的各个方面。2000 年，五中在教学研究中坚持“教”“学”结合，对“学法”指导、研究，开展综合实践活动，开发学生学习潜能。2001 年，城关小学举办“百名教师访千家”和“五好小公民”活动，实施“感恩、责任、服务”为主题的感恩教育系列活动。2002—2005 年，一中建立和利用 10 个教育基地平台，与社会相关部门合力共同构建社会实践体系。2006 年春，大田城区中学师生在白岩公园等营造“青年林”；秋季，柯坑中学把校园操场边的荒地作为劳动实践基地，划片班级包干，在班主任和生物教师指导下自主管理，利用劳技课和课外活动，班主任带队分任务，将长满野草的荒地开垦为菜地。2007—2008 年，各校加强体育、校园文化、改革语文教学、经典朗诵、建立读书室、举办师生论坛等形式组织参与各类社会实践活动，培养学生综合实践能力。

六、法制教育

1993 年，县教育局协同政法部门和有关单位整合全县法制教育资源，落实“二五”普法规划青少年法制教育，编印法制教材、聘请兼职法律教师上法制课。组织学生旁听法庭审理、剖析案例、现身说法，参加社会调查、影像视频、讲座报告、板报广播、社会实践、征文比赛、文艺演出等多种形式的法制教育。到社区和监狱开展青少年犯罪专题调研、为失足青少年捐赠精神食粮，开展送一本内容健康的书、题写一句鼓励进步的话“一本书、一句话”活动，让失足青年给同龄人“现身说法”，参与“故乡在呼唤”帮教服刑人员工作。1994 年，职业中学根据学生心理特征进行法纪教育的做法在市中等学校德育考评得到最高分，被省委宣传部、司法厅、教委推介。1997 年，一中完成法制教育省级课题研究，被授予“福建省法纪教育先进试点校”称号。

2001 年，一中首创寒暑假师生“带法回家”普法宣传社会实践，按居住地分成 483 个小组，作为特殊的假期作业，多种形式开展法律宣传，各年段举办汇报会、成果展。以兼职法律教师为主干力量组建法律讲师团，开展“法律进校园”宣讲活动。当年起，每年寒暑假师生“带法回家”普法实践活动全面铺开，县教育和司法等部门联合组织法制宣传巡回展览。2002 年暑假，县综治委、司法、教育局合力推动全县 3.52 万名中学生在老师带领下，通过“一名学生带动一个家庭，一个小组带动一片社区、一个乡村”的模式，参加普法宣传活动。2003 年，一中承担“高级中学法制教育立体工程的构建”国家级德育课题研究。市司法局、教育局等部门联合下文在全市推广大田“带法回家”活动，《三明日报》、《福建日报》、福建电视台、东南电视台等省、市新闻媒体曾多角度报道。教育部《中国德育》、国家关工委《中国火炬》等杂志曾发表专论。县公安局、法院、文明办、团县委、妇联等 30 多个单位参与该项活动。各部门、各学校相互交流经验，运用“学习—实践—再学习—再实践”的模式推动“带法回家”活动广泛、深度开展。2003 年，在一中创设大田县青少年法律咨询室。2006 年，县综治委、司法局等部门依托一中创建大田县青少年法制教育基地。2001—2008 年，学生“带法回家”活动配合各阶段普法重点，共宣传国家法律法规 27 部。

七、心理健康教育

1993 年，全县贯彻教育部《学校卫生工作条例》，中小学开展心理健康教育。1994—1999 年，中小学校每学期依托卫生室举办数期心理健康、青春期教育讲座，聘请校外专家、专业人士到校开展心理健康讲座 352 场。2000 年，县教育局在中小学开展心理健康教育试点，首批试点学校有一中、五中、六中、上京中学和实小、城小、均溪、桃源中心小学等 8 所；教师进修学校举办“心理健康教育培训班”，各中学政教处主任、学区少先队辅导员、试点校骨干教师 58 人参加。2001 年，县教育局为中小学调配心理健康专职教师，各中小学逐步开课心理健康教育课程。2003 年，城区 6 所学校被评为健康教育 A 级学校；同年 8 月，选派骨干教师、校医参加省教育厅举办的《学生体质健康标准》培训，并在县举办二级培训。一中承担国家级“高中学生心理健康的深化研究”课题，编写青春期教育校本课程，辟“青春悄悄话”心理咨询热线，向学生和家长提供个性化咨询；开设“少女课堂”进行学生心理健康知识辅导。五中开展学生“早恋”行为疏导，举办心手相牵亲子活动，传授青春期心理和生理卫生保健知识，2006 年，一中被市教育局定为“三明市心理健康教育实验校”。2008 年，县教育局依托教师进修学校和一中进行全县中小学心理健康师资培训，举办城区中小学、幼儿园心理健康教育观摩活动。建立学校卫生工作、学生体质健康监测、中小学学生视力监测、近视眼防治工作、学生健康检查与体质健康卡片等制度及学校食堂和寄宿生管理实施细则、学校食堂与学生集体用餐卫生管理规定。

2001—2008 年，一中、五中对学生进行规范、系统和科学的心理健康知识辅导，聘请校外兼职教师开设围绕性的安全、健康性爱的权利和义务、与性相关的价值观主题教育讲座，进行心理辅导。

八、安全教育

1993 年，全县学校按照各级教育主管部门安全工作“全覆盖、零容忍、严执法、重实效”的要求，落实学校安全教育管理责任，城区各校、农村中学、中心小学均建立门卫制度；每学期定期开展交通安全、食品安全、人身安全、法纪、防溺水、防火、安全日（月）等专题教育活动，增强安全意识。1996 年，各学校开展全国第一个“校园安全日”活动，做好安全教育。1999 年，县教育局被省未成年人保护委员会、省综治委、公安厅联合评为中小学校校园综合治理工作先进集体。2001 年，县教育局长与中学、学区校长和幼儿园园长签订《学校安全目标管理责任书》，政教股开放校园综治创安电话专线“7343345”。2004 年，县政府出台优惠政策，开通学生“周末班车”。2006 年，重点进行校园周边环境综合整治、女生特殊保护，全面落实综治安全目标责任制。2008 年，全县中小学校贯彻落实省教育厅《学校安全工作暂行办法》《教育系统创建“平安校园”实施意见》和《中小学幼儿园安全管理办法》，县政府与各校校长签订安全稳定目标管理责任书，实行安全工作“一票否决”制。各校聘请司法、公安干警担任法制教育副校长，经常到校了解学生的思想情况，每学期举行 1 次—2 次专题法制教育报告会，宣传未成年人犯罪预防工作。开展“学校安全周”教育和组织师生参加防震减灾、消防和防汛安全等应急演练。当年，县政府组织教育、城建、安监、公安、交通等部门组成检查组，对 18 个乡镇和城区中小学开展学校及周边建筑安全督查，发现安全隐患 36 条，其中，当场整改 28 条，采取监控措施 3 条，需要相关部门联合整改的 5 条，为学校创造良好的建筑安全环境。全县平安校园创建率达 95.45%，42 所小学获市、县“平安校园”称号。

九、校园读书活动与环境文化

（一）青少年读书活动

1993 年起，全县引导加强青少年读书活动。各中小学每天安排 10 分钟—20 分钟时间让学生诵读古诗文。一中开设“晨读课”和“晚读课”，五中开展“我爱诵读”活动，六中开展“每日一句一段”诵读经典活动，实验小学早晨 20 分钟、课前 2 分钟诵读唐诗宋词、名篇佳句、精彩片段、格言警句、《三字经》《千字文》等。1995 —1997 年，组织中小学生参加“中华正气”“中国精神”“迎香港回归”“迎澳门回归”等全国性读书活动，一中、五中等学校获优秀组织奖，一中学生获国家关工委、教育部等十部门“中华正气”全国读书教育活动征文一等奖 1 人。2007 年，开展评选“书香班级”“书香学子”活动。2008 年暑期，县教育局举办全县小学生暑期读书夏令营，通过讲座、游戏、讲故事、诗词朗诵、观看影视剧、演讲比赛、郊外游览、课本剧演出等活动，激发学生读书兴趣。

（二）校园环境文化

1993 年，全县学校因地制宜，优化校园环境，发挥环境育人作用。各校师生动手植树、栽花、种草，绿化、美化校园，设置板报、橱窗、墙报等宣传平台，张贴英雄人物、劳动模范、科学家、艺术家等画像和格言，营造浓厚的教育氛围，设计校训、校歌、校徽、校标，彰显学校的特色和办学理念，建设“墙壁文化”“走廊文化”“楼梯文化”“班级文化”“宿舍文化”“食堂文化”等，校园氛围以人为本，布局错落有致，美观大方，彰显育人功能。

1994—1996 年，六中校园建设中重整体布局规划，设置室内外标语、文化墙、校园内各种提示牌和古诗墙、科学墙、艺术墙、读书墙和花坛温馨提示，教师办公室、教室、宿舍张贴激励标语。校园设有作品成果展示栏、教学与研究宣传栏、团队宣传栏，并及时更新阅报栏、光荣榜、校务公开宣传栏、校园网内容等。1997年5月，六中被省教育厅确认为无吸烟单位，12月获省教育厅首批“五无”学校称号。2002年，城关小学成立“环保小卫士”“校园气象服务小组”，开展保护均溪河和环保知识宣传等活动，学生环境保护知识知晓率达95%。5月，该小学获省环保局、教育厅首届省级“绿色学校”称号。2005—2008年，全县中小学开展“平安校园”创建活动，创造良好的周边育人环境。改造危房面积2.65万平方米，新建面积8870平方米。

第九节　经费与设施

一、教育经费

（一）财政投入

1993年，县政府加强基础教育、发展职业教育和成人教育，广辟集资办学渠道，做好农村教育费附加征收，多渠道筹措教育经费，加大资金投入，不断改善办学条件。当年，县财政预算内投入1350万元，占预算内支出26.8%。2001年，预算内投入5435万元，2006年，达到1.22亿元。2008年，预算内投入1.61亿元，比1993年增长10.9倍。

1993—2008年，财政资金对教育总投入16.90亿元，其中，县预算内投入10.4亿元，占预算内收入的32.05%，预算外投入3.93亿元；征收教育费附加全部用于教育9225万元；争取上级补助6461万元；乡镇、村财投入4282万元，占自有资金的30%。社会各界（含港澳台侨）集资、捐资5692万元。

1993—2008年大田县教育经费投入情况表

表23-7

年份	投入总额（万元）	县财政投入			上级补助（万元）	教育费附加（万元）	乡镇投入	
		预算内（万元）	占支出比例（%）	预算外（万元）			乡（村）投入（万元）	社会各界集资（万元）
1993	2801.88	1350	26.80	862	33.00	288.66	97.22	171.00
1994	4100.55	2069	32.95	1314	30.90	329.80	161.85	195.00
1995	5706.08	2186	25.34	1412	30.50	399.00	458.60	1219.98
1996	6980.80	3167	30.82	175	28.00	1119.00	783.80	1708.00
1997	7931.26	3585	33.01	1850	29.00	1147.50	713.22	606.54
1998	6368.85	3543	33.92	2014	—	516.00	230.00	65.85
1999	7032.32	4032	37.22	2123	—	549.00	190.00	138.32
2000	8170.86	4509	35.99	2305	90.00	966.24	126.00	174.62
2001	9376.84	5435	37.16	2392	230.00	884.22	206.00	229.62
2002	10472.20	6330	39.94	2535	302.80	791.00	236.00	277.40
2003	11328.04	7196	38.99	2557	861.00	161.00	295.00	258.04

续表 23-7

年份	投入总额（万元）	县财政投入			上级补助（万元）	教育费附加（万元）	乡镇投入	
		预算内（万元）	占支出比例（%）	预算外（万元）			乡（村）投入（万元）	社会各界集资（万元）
2004	13083.20	8022	38.99	3798	730.40	219.80	195.00	118.00
2005	16402.00	10036	40.30	4915	1061.00	201.00	102.00	87.00
2006	17546.60	12188	38.61	3321	1320.00	277.60	266.00	174.00
2007	19604.81	14318	33.35	4033	339.00	632.46	160.00	122.35
2008	22107.24	16068	32.48	3714	1375.00	742.34	61.80	146.10
合计	169013.53	104034	32.05	39320	6460.60	9224.62	4282.49	5691.82

（二）教育费附加

1993—1996年，全县继续征收农村、城市教育费附加。农村教育费附加管理实行“乡征、县管、乡用”，主要用于新建、改扩建及维修农村学校校舍，民办代课教师工资。4年，共征收2136.46万元。1997—2002年，共征收农村教育费附加1701.22万元。2003年起，农村教育费附加取消，省政府按上一年度基数采取转移支付方式，每年补助651万元，专项用于农村中小学校舍修建，改善办学条件，民办教师退养及生均公用经费补助。2003—2008年，省拨转移支付资金3906万元。1993—2008年，全县共征收教育费附加9224.62万元，其中农村征收4282.49万元、城市4942.13万元。

（三）“两免一补”保障机制

2004年，实行义务教育收费“一费制”，按规定收取学杂费、课本费、簿籍费、住宿费、借读费，不收其他费用。实行收费许可证、收费监督卡和收费项目、标准、票据、时间“一证、一卡、四统一”管理办法，采取公示栏、公示牌、公示墙等公示收费项目、标准、依据、范围、减免政策及投诉举报电话；执行省实用目录和实行教材最高限价管理。代办类费用实行期末决算，多还少补、教育局监督检查。

2006年起，免除农村义务教育阶段公办的中小学学生学杂费，省财政对农村中小学贫困学生实行免课本费，共拨款63.57万元，受益学生3956人。2007年秋季，全县农村义务教育公办学校的学生全部免交课本费，中央、省财政下拨教科书补助经费280万元，受益学生3.04万人；农村义务教育阶段寄宿生生活费补助，每人每天1元，全年补助300元，其中，享受最低生活保障的小学寄宿生每人每天补助2元，全年600元；初中生每人每天3元，全年900元。所需资金均由省财政承担。同时，建立城区低保家庭义务教育阶段学生享受免杂费、课本费、寄宿生生活补助“两免一补”保障机制，省补助免杂费8.2万元、免教科书费4.84万元，惠及城区学生380人。2008年，免除城市义务教育阶段学杂费和免交课本费，共免除学杂费4.6万人、1443.38万元；免农村中小学教科书费3.26万人、269.91万元；补助寄宿生生活费1.73万人、527.89万元。

（四）捐资助学

1993年，县教育局收到县“希望工程”捐资13.01万元，受恩泽重返校园儿童600多人。

1994年，湖美乡发动在外人员和干部、职工捐款及乡财投入等集资60多万元，兴建中心小学和中学教学楼。1995年5月，武陵乡召开集资捐款兴建中心小学教学楼动员大会，邀请有关单位领导、在外工作代表及在乡的干部群众参加，当天筹资34.2万元。当年，3位港胞分别为谢洋中心小学、桃源前厝小学、一中捐款共38万元。1996年11月，屏山乡举行“治穷先治愚”捐资助学活动，收到社会捐款13.34万元。1997年5月，二中举办建校39周年校庆暨捐资助学大会，共收到1000多名校友和80个单位捐资320多万元。12月31日，县委、县政府在影剧院举行捐资助学仪式，各界人士为一中科技楼捐资131万元。当年，1位侨胞为屏山乡内山小学捐赠款8万元。2000年，省军区、三明军分区官兵捐资60万元及社会各界集资70万元，将武陵中心小学建成武陵“八一”希望小学。

1999—2003年，2位侨胞及1位港胞为梅山、屏山、广平、桃源、文江等乡镇中心小学、中学捐资352.98万元。2004—2006年，省侨办，菲律宾石狮总会和3位港胞及1位个体户捐款239.5万元。2007年8月20日，在县政府五楼会议室召开资助贫困大学生捐款动员大会，有县直机关、企事业单位干部、职工、私营业主及各界人士，共捐资98.85万元；27日，为考上大学的117名特困生发放2000元—5000元不等的助学金。2008年，香港希望工程基金会和省侨办捐资144.6万元。

1993—2008年，全县各企事业单位、社会团体、干部、群众和港澳台同胞和侨胞共捐资助学5691.32万元。

二、校舍建设

1993年，全县校园占地61.1公顷，校舍面积26.3万平方米，多数为土木或砖木结构。有部分学校租用民房作为师生宿舍，生均宿舍面积不足1.5平方米。

1995—1996年，实施“两基”工程，县和乡镇政府发动社会各界筹集资金，采取政府投入、社会捐资的办法兴建、改建校舍，县政府给予优惠政策，扩建校园征用土地24.64公顷，新建、扩建校舍156幢，建筑面积11.62万平方米，筑围墙1.79万米，建校门108个，修建跑道96条，新建厕所94座。呈现出“村村办教育、村村有项目、村村最漂亮的建筑物是学校”的景象，办学条件得到明显改善。1997年5月，全县校园占地108.48公顷，校舍面积40.15万平方米，通过省政府“两基”验收。2001—2008年，全县实施中小学危房改造项目38个，改造面积5.7万平方米，新建面积8.2万平方米，总投资5316万元；寄宿制学校和学校布局调整项目新建校舍5.53万平方米，总投资达4172万元。2008年底，全县校园占地128.5公顷，校舍40.39万平方米，分别比1993年增长110.31%、53.57%。其中，教学用房23.87万平方米，学生宿舍6.63万平方米，教工宿舍6.66万平方米，厨房、餐厅2.2万平方米，厕所1.03万平方米。

三、教学技术装备

（一）仪器器材

1993—1997年，全县投资800万元，充实中小学校的教学仪器、体育、音乐、美术器材等1.5万件副，添置课桌椅2万多套，按“两基”要求配齐教学仪器、图书。完小以上学校基本配齐钢管制作的爬杆、平梯、单双杆、肋木等体育器材，办学条件整体得到优化。2003年，县政府投入资金421.33万元，配置标准实验仪器橱柜和桌椅。当年，通过省级“实验教学普及县”验收。2007年，县政府投入220万元添置中小学体育、音乐、美术教学器材。2008年，全县共有实验室及多功能教室400间，面积3万平方米，仪器、器材设备价值1478万元。

（二）信息技术教育网络

1993年，一中计算机室有计算机35台，实小计算机1台。1997年，城小筹资9.5万元，建立多媒体计算机房。1999年，实小建立计算机室，计算机71台。1999年，教师进修学校建立计算机室，计算机22台。当年，开展全县中小学教师计算机培训2期。2005年10月，县教育局投入143.8万元建成县教育城域网，中学、乡镇中心小学通过光纤或ADSL模式接入教育城域网，并通过教育局网络中心的统一出口与互联网互连，部分完小、初小通过拨号的方式进入教育城域网。2006年，县投入资金523万元，28所农村初小和教学点设立教学光盘播放点，72所农村完小设立卫星教学收视点，31所农村中学建立多媒体网络教室，教育城域网投入使用，远程教育设备覆盖率达100%。2008年，全县校园网 31 个，计算机教室 63 间，计算机 2869 台，多媒体教室 243 间，其中标准化多媒体教室 76 间。城区学校安装校园闭路电视系统，全县现代教育技术装备共投入 1243 万元。一中、五中、鸿图中学、实小为全体教师配备教学用笔记本电脑。城域网建有 OA 办公、信息发布和浙江大学资源等信息平台，实现教育网上办公、信息网上发布和教学资源共享，初步形成覆盖城乡的信息技术教育网络。

第十节　教育管理

一、管理机构

（一）县教育局

1993 年，县教育局内设办公室、人事股、初教股、中教股、成教股、政教股、计财股、监察室等 8 个股室，行政编制 15 人。挂靠单位有县教育督导室、高等教育考试招生委员会办公室、高等教育成人教育考试委员会办公室、高中会考办公室、教学仪器装备站、勤工俭学管理站、中学教育研究室、小学教育研究室，未成年人保护委员会办公室。2003 年 6 月，县教育督导室更名为县人民政府教育督导室。2006 年 10 月，撤销成教股，其职能归初教股、中教股；增设体育卫生艺术教育股；计财股更名财规股。中学教育研究室、小学教育研究室合并为教育研究室，高等教育考试招生委员会办公室、高等教育成人教育考试委员会办公室和高中会考办公室合并为县考试工作站，教学仪器装备站、勤工俭学管理站合并为教育技术装备管理站。2008 年，教育局内设办公室、人事股、初教股、中教股、体卫艺股、政教股、财规股、监察室等 8 个股室，行政编制 13 人，工勤人员 1 人。挂靠单位有县政府教育督导室、考试工作站、教育研究室、教育技术装备管理站，未成年人保护委员会办公室。事业编制 29 人。

（二）县职业教育中心

2008 年 4 月，大田县职业教育中心（简称职教中心）成立，办公地点设在大田职业中专学校，内设招生宣传部、职业培训部、就业指导部等职能部门，人员编制在大田职专学年更替中追加解决。7 月，县政府成立大田县职教中心办学领导小组，10 月 7 日，启用县职教中心印章，11 月，省政府补助职教中心启动资金 30 万元。职教中心领导全县职业教育、就业与再就业教育，统筹、协调和管理劳动力转移培训及农民适用技术培训。

二、学校管理与人员任免考核

1993—2004 年，县教育局对全县普通全日制学校履行行政管理职能，其他学校由县各职能行政部门管理，全县普通全日制学校校级领导由县委组织部、县委宣传部、县教育局按行政级别进行考核、任免。完全中学、职中正、副校长和正、副书记 16 人先后到省教育学院参加培训，并取得合格证书；初级中学、学区校长和副校长 81 人先后到市教师进修学院参加培训，并取得合格证书；学区教导正、副主任和完小校长 168 人先后到县教师进修学校参加培训，并取得合格证书。中小学校长全部达到省教委规定的持证上岗要求。2005—2008 年，校级领导则由县委组织部、县委教育工委、县教育局按行政级别考核、任免，科级干部由县委组织部、县委教育工委考核任免，县教育局参与考核；股级干部由县委教育工委、县教育局考核任免。教师全部由教育局考核、管理、培训、交流、调配。

三、学籍管理

1993 年，县教育局初教股对小学和幼儿学籍进行管理，中学学籍由中教股管理。2005 年，县教育局制定《关于加强城区中小学招收借读生工作的补充通知》，对全县中学生转学、休学、借读实行登记、申报、审核、审批的流程管理；借读生实行全面统筹，按规定进行安排和审批。当年，城区 3

所中学初一年借读生369人。2006年起，学籍管理实现电子化，实行动态滚动管理，转学、休学、借读等建立一套较科学的管理制度。2008年，侧重对学生进行考勤、素质发展测评，继续实行学生入学、转学、休学、辍学、退学、借读、升级、留级、毕业、结业、肄业和奖励、处分管理工作。

四、教师管理

（一）教师录用与调配

1993年，县教育局依据学校教学需要情况进行师资调配。全年统配大中专毕业生到中小学（含幼儿）149人，年底，共有教师4319人。1999年，师范类毕业生实行择优分配，不再实行统招统配。1993—2001年，全县分配大中专毕业生1526人，民办教师转正65人。采取公开考试、择优录用的办法选聘农村中小学教师进城区各学校任教68人。2002年起，师范类大中专毕业生采取统一公开考试招聘录用70人。县实验幼儿园向全县公开选拔幼儿教师，经考核录用8人。当年，县教育局、人事局下发《关于2002年中学教师进城公开选拔高中教师方案的通知》，符合条件参加选拔的农村中学教师61人，经过笔试、现场说课、综合考评，调入一中、五中和职专任教31人。2006年秋季，从超编学校选派部分教师到缺编学校支教62人。2007年，录用教师280人。2008年，录用23人，年底，全县共有各类教师4569人。

1993—2008年，统配和公开招聘录用教师2009人，选拔进城任教教师234人，支教教师128人。

（二）职称评聘与资格认定

1993年，全县有中学特级教师3人、高级29人、一级81人，二级、三级681人；小学和幼儿园有小学高级教师194人，一级、二级、三级1452人。1996年，县人事局根据《中华人民共和国教师资格条件》，认定在职公办教师员工3452人，其中，中学1419人，小学、幼儿教师2033人。非公办教职员工1823人，其中，在册民办教师113人、顶编代课教师1511人（代课教师资格证书520人），非教学人员199人。1999年，实行技术职务岗位比例设置。2001年，中、小学高、中级职务采取公开考核、限时说课、论文答辩的方式评定、晋升专业技术职务。2005年9月始，实行评聘分开、竞争上岗。2008年，经认定全县有中学高级教师287人，小学小中高教师11人，中学一级教师1056人，小学、幼儿园高级教师1493人，其他系列中级职称8人。

（三）教师进修培训

1993年，县教师进修学校办各类教师培训班15期、983人次，其中，非教学人员23人，骨干教师262人，学历函授191人，新教师267人，教学业务240人次。1998年，县教育局开展小学公办教师毛笔、钢笔、粉笔字，简笔画训练和统一考核活动，经考核毛笔合格率90.31%、钢笔90.06%、粉笔98.79%、简笔画94.85%。2000年3月，县教育局推荐60名小学教师在进修学校举行说课比赛。2007年，县教师进修学校通过市教育局合格评估。2008年，有教职工33人，其中专任教师32人，高级职称18人，中级13人，省学科带头人2人次。办培训班85期、5505人次，其中，非教学人员59人（含省市21人），骨干教师565人，学历函授394人，教学业务4487人次。当年，县教育局组织全县初中教师开展命题比赛，征集初中各学科试卷700多份，评出优秀试卷280份。

教师进修培训（1998年摄）

1993—2008年，县教师进修学校每年与县教育局开展教学常规检查，组织教研员到校听课，探索、指导课堂教学创新，先后举办青年骨干教师、新教师见习期、民办教师转正、校长岗位、校长提高、教师继续教育、德育骨干人员、教师普通话水平测试、教师资格考试考前、教师信息技术、中高级职称教师研修等培训，共办培训班561期、3.56万人次，其中非教学人员927人、骨干教师2141人、学历函授3659人次、新教师3529人次、教学业务2.53万人次。

第十一节 教育“两基”与督导评估

一、教育“两基”工作

1993年，全县实现初等义务教育。

1995年2月，全面启动教育“两基”工程。1996年，开展“两基”攻坚大会战，县教育督导室在桃源镇进行“两基”试点，并召开现场会。县政府召开教育“两基”工程专题会，部署、落实目标责任制；抽调县委宣传部、教育局、广电局、国土局、城建局等单位人员组成工作班子，组织、协调与宣传发动。县政府领导到所有完小以上学校逐校现场办公，各乡镇党政主要领导抓落实，科级领导挂校负责，每所中小学校都有建设项目。县委、县政府组织全县干部职工开展每人每月捐一元钱，每年捐献一本书，每个部门、厂矿企业为学校办一件好事“三个一”活动和组织100多家厂矿企业与100多所学校“结对子”“百厂扶校”活动，从物力、财力等方面扶持学校“两基”工作，实现全县上下齐心协力抓“两基”的格局。年底，全县小学适龄儿童入学率99.8%，15周岁人口教育完成率98.58%，初中阶段毛入学率（含不及龄和超龄）达77.16%，17周岁人口教育完成率83.14%，残疾儿童少年入学率90.55%。当年，公办教育班441个、8269人，巩固班395个、8659人，青壮年脱盲4449人，非文盲率达95.73%。

1997年4月，全县教育“两基”工作通过市政府核查；6月，省政府“两基”教育验收组对18个乡镇、65所中小学的普及程度、师资水平、办学条件、教育经费、教育质量、扫盲工作等进行检查，教育“两基”通过验收。1998年，市政府对全县教育“两基”进行巩固跟踪。1999年，全县15周岁人口初等教育和17周岁人口初级中等教育完成率均95.04%，文盲率0.71%。省政府授予大田县“‘教育两基’达标县”牌匾。2002年5月，教育“两基”通过省、市跟踪督查。

2008年，全县教育普及程度“十率”达到或超过省定标准，其中，适龄儿童入学率100%，适龄少年入学率93.8%，初中毛入学率（在校生总数加上在外就读人数与12周岁—14周岁学龄人口总数之比）109.3%，初中阶段入学率121%，适龄残疾儿童入学率98.1%，小学辍学率为零，初中辍学率2.2%，13周岁人口按时毕业率87.5%，16周岁人口按时毕业率74.4%，15周岁人口文盲率为零。

二、教育督导评估

1993年，县教育督导室继续对18个乡镇政府和县教育职能部门履行教育职责行为进行督查。同时，配合国家、省、市对县教育工作进行督导抽查。1995年，采取专项督导与随机督导相结合方式，进行义务教育学校课程设置、作息时间、评价与考试、招生行为、教学用书管理“办学五规范”督查，对学校教育督导，促进全面实施素质教育。

2002年起，根据素质教育督导评估细则，每学期安排部分学校，开展中小学三年一轮素质教育督导评估。5月，省、市政府教育督导室对县教育“两基”巩固提高工作进行跟踪督查，到40所中、小学和3个乡镇财政所进行检查，肯定县教育“两基”巩固提高工作。2003年，全县第一轮督导评估完成。2004年1月，一中、五中、六中、城小等学校被市教育局评为“实施素质教育工作先进学校”。2005年2月，一中被省教育厅评为“实施素质教育工作先进学校”。2006年，实施省政府新一轮实施素质教育工作督导评估方案。2007年1月，市政府督导组到18个乡镇、61所中小学、幼儿园及有关部门、单位，对县2005年度政府教育工作进行督导复查，以总评823分，良好等次通过市政府的“对县督导”。

12月，省政府对县2006年度政府教育工作进行督导评估，总分864.5分，获三类地区“优秀”等级。2008年3月14日，省政府确认大田县为2006年教育工作先进县，颁发牌匾、奖金30万元。当年，市对一中等31所中小学实施素质教育进行督导评估，实小、城二小、太华初级中学等学校被市教育局评为“实施素质教育先进学校”，一中、五中、六中、城一小等省市级实施素质教育先进学校通过市政府教育督导室复评。

第二章 科 技

1993年，全县落实科学技术是第一生产力的指导思想，推进科技体制改革，培育技术市场，放活科技人员，发展民营科技，开展科技有偿服务，实施科技项目，促进科技成果转化，加强科普宣传、科技培训和科技下乡等活动。1994年，县政府修订科技进步奖的规定，改两年一评为三年一评，并提高等级奖金。1996年，召开首次科技大会，县委、县政府制定加快科技进步推进经济发展的7条意见。1999年，县委、县政府下发加快实施科教兴县战略的意见，提高全民科学素质，加强人才队伍建设，增加科技投入，支持企业科技创新。2003年，大田石凤水泥有限公司“利用铁尾矿渣生产优质水泥技术研究”项目列入省科技创新项目。2004年，民营科技企业“血管内皮细胞生长抑制因子的研究”项目列入市科技攻关项目。2006年，工具酶系列产品被科技部立项。2008年，全县新上科技项目14项。

1993—2008年，全县投入新产品试制、中间试验和科研补贴经费961.26万元。实施科技项目348项，其中，科研98项，星火项目24项，中间试验129项，推广软科学和新产品研发88项，其他9项。科研成果通过省科技部门鉴定4项，市鉴定10项，通过县科技局鉴定392项。获市级以上奖励25项，授权国家专利98项，科研论文在省级以上刊物发表124篇。

第一节 机构与队伍

一、机构

（一）行政事业机构

1993年，县科学技术委员会（简称县科委）内设办公室和科技情报所，工作人员8人，辖科技开发中心，自收自支事业机构，编制3人。1997年3月，县科委更名为大田县科学技术局（简称县科技局），内设人秘股、计划股、综合管理股，行政编制6人，机关工勤人员1人。同年9月，撤销科技开发中心和编制，县编委确定科技情报所为股级事业单位，编制3人。1999年11月，成立生产力促进中心，人员编制由县科技局内部调整。2002年11月，县科技局与县发展计划局合署，为正科级，内设办公室、计划股、社会事业发展股，行政编制5人，机关工勤人员1人。2006年5月，成立大田县地震办公室，隶属县科技局，为事业单位，编制2人。2008年，县科技局内设机构、编制不变，辖科技情报所、生产力促进中心和地震办公室等3个事业单位。地震办主任由县科技局局长兼任，专职工作人员1人。

（二）科研机构

公立机构 1993年，县农业局内设农业科技研究所（简称农科所），为副科级单位，编制11人；农业科技推广站，为股级单位，编制8人。县林委内设林业科技推广中心，为副科级单位，编制8人；推广中心内设林业技术指导站，为股级单位，编制5人。2006年，农科所与农业技术推广站合署办公，实行“两块牌子一套人马”。2007年，县农业机械化管理中心内设农业机械技术推广站，为股级单位，事业编制2人。2008年，全县专业科研机构4家。

民营机构 1993年，经县科委审批，信达民品研究所、巫氏医学开发研究中心成立。1994年，成立鹰标建材机械研究所、前峰企业(集团)公司陶瓷研究所、福星建材研究所、星达微生物研究所、二轻企业集团技术开发研究所和兴农研究所等6家科研机构。1997年，经县科技局认定、工商部门登记注册，华通农业机械研究所成立，8人从业。1998年，新增岩城纸业有限公司技术开发研究所、大仙峰反季节蔬菜研究所、陈氏兄弟民品研究所和岩城水泥科研所等4家。1999年，绿康菌业研究所、县合成氨厂技术开发研究所成立。2000年，康达珍稀动物研究所、翠馨花卉研究所和高山作物名特优良种开发研究所成立，14人从业。2001年，县东风农场成立经济作物研究所，5人从业。2003年，兴业科技研究所成立。2006年，阳光林业科研所成立。2008年，县科技局批复成立大田县现代生物科技研究所，全县开展科研和新产品开发、新技术推广等民营科研机构20家。

（三）民营科技企业

1993年，县引导扶持民营科技企业发展。1995年7月，金城建筑技术发展公司成立，开发建筑技术。1996年，金门油压机制造有限公司和纵横电脑有限公司成立，分别从事油压机设计制造和电脑软件开发、培训等。1997年，经县科技局认定，茂新精制瓷土有限公司（1993年9月成立）为私营科技企业，注册资金150万元，从业30人，年产值600万元。1999年9月，从事保温材料开发的腾达保温材料厂成立，注册资金5万元，从业10人。2000年3月，省科技厅批准大田县金门油压机制造有限公司为福建省科技企业，当年，经县科技局审批，星海科技开发有限公司成立，注册资金10万元、从业4人，从事专利产品开发；成功矿山工程机械有限公司成立，注册资金100万元，从业30人，从事矿山机械开发。2001年，新成立茂鑫科技开发有限公司、广源矿业科技开发有限公司和福成科技开发有限公司，分别从事竹材产品和加工机械设备、低品位金属矿研发和环保、选矿、建材、工艺技术研发、咨询及设备更新、新材料研制。

2003年，经县科技局审批，南生科技有限公司、华云科技服务有限公司、民友科技开发服务有限责任公司、望康农业技术开发有限责任公司和兴达液压机械厂等5家科技企业成立。2004年，三明市顺欣妇幼卫生用品有限公司和金态源科贸公司成立，分别生产销售妇幼卫生用品和经营农林牧业技术成果引进、开发和推广服务。2006年12月，南生科技有限公司被省科技厅确定为高新技术企业。2007年，该企业被市科技局等4部门定为市首批创新型企业。2008年，全县科技企业12家，其中，工业企业7家，农业企业1家，其他企业4家。金门油压机制造有限公司有职工58人，主要生产人造板油压机，竹胶合板及竹木复合胶板热压机，当年工业产值1000万元、利税90万元。南生科技有限公司职工58人，其中，博士1人，高级专业技术职务2人、中级4人，生产工具酶系列产品，年产值3600万元。

二、科技队伍

（一）专业技术队伍

1993年，全县有各种专业技术人员4315人，其中工程类563人、农业类180人、卫生类361人、教育类2525人、经济类361人、其他325人；高级专业技术职务41人、中级593人、初级3681人。

1998年，县职改办批准确认专业技术职务1226人，其中高级39人、中级195人、初级992人；从事一线生产工作的925人，占总数的75.45%。年底，全县企事业单位各类专业技术人员5390人，其中，工程类582人，农业类189人，医药卫生类495人，教育类3718人，经济、会计、统计等306人，其他100人。共有高级专业技术职务84人、中级818人。

2003年，县职改领导小组批准确认专业技术职务843人，其中高级42人、中级258人、初级543人。2008年，全县专业技术人员9119人，其中高级专业技术职务487人、中级3820人、初级4812人。各专业技术人员中工程类1149人，占12.6%，农业类300人，占2.3%，卫生类877人，占9.6%，文化教育类 5176 人，占 56.8%，经济类 741 人，占 8.2%，会计专业 550 人，占 6.0%，统计类 31 人，占 0.3%，其他专业人员 295 人，占 3.2%。

（二）农民技术队伍

1993 年 12 月，全县进行第二次农民技术员评定 419 人，其中，评定助理技师 54 人，技术员 288 人，助理技术员 77 人。年底，全县有农业、林业、水产、农机、水电、烟草、畜牧等 7 个专业农民技术员 893 人，其中，技师 23 人，助理技师 188 人，技术员 529 人，助理技术员 153 人。1997 年，县科委在农村对从事农业、林业、畜牧业等专业的人员进行农民技术员评定工作，获得初级专业技术农民技术员共 155 人。

2000 年，各类专业技术员 1000 多人，其中，获技术员证书 300 多人，获农民助理技师和技师证书 120 人，被聘为农民高级技师 33 人。2001 年，农业广播电视大学开展中级农艺工作职业技能鉴定，参加技能操作考核的农民 17 人，获得省级首批农业行业特有工种资格证书。2008 年，全县有各类农民技术人员 1518 人。

第二节 科技普及

一、科普宣传

1993—1996 年，全县科普宣传栏共出刊 3100 期，编印《大田科技》小报 5 期、4800 份，汇编《大田科技论文集》2 期、1600 份，刊登科技论文 33 篇。县科学技术协会在文山路设科普画廊，每月出刊 1 期。1997—1999 年，县科技局在文山路创建科普宣传一条街。广播电视部门开辟"科普天地"和"科技之窗"节目，有线广播举办"农村应用科技"讲座 25 期。2000—2005 年，县、乡镇科普宣传栏共出刊 456 期；组织科技人员下乡 370 人次、巡回科普集市 51 场。购买科技录像 110 片到各乡镇巡回播放。发放防"非典"挂图 868 套、防"非典"科普知识宣传单 2 万多份、宣传册子 200 本和《大田科普》报 1500 份。其间，2001 年市委宣传部等 6 个部门在县文化馆举办"反对邪教，崇尚文明"科普展，展出挂图 200 多幅，城区参观展览 6000 余人。

2003 年暑假，依托一中和县农业局开展 300 名师生暑期送科技下乡。2008 年，开展科普活动进农村、进校园、进机关、进社区、进企业活动，建立科普服务站 5 个，配备科普宣传员 20 人，新建科普宣传栏 20 个。

"科普活动"下乡（2004 年摄）

二、科技培训

1993 年，县有关部门共举办星火培训和农村实用技术培训班 65 期，参训 5076 人次。其中，连续参加 3 年—5 年专业技术培训 14 期、1035 人次，主要内容有食用菌、种桑养蚕、农经管理、茶果栽培和技术管理等。乡镇举办实用技术培训班 51 期、参训 4041 人次。继续招收福建省农村致富技术函授大学（简称农函大）学员，参加果树、作物、毛竹栽培、经营管理、畜牧兽医等 23 个专业学习，至 1996 年，4 年累计结业学员 1606 人。1997 年，实施"农科教结合"，省农函大在大田招收学员 505 人，省农业广播电视大学（简称农广大）在大田招收农业推广大专班、会计与统计、农村现代化综合管理等3个专业，学员115人。县科技局等部门举办各类技术培训班282期、1.26万人次，其中，妇女学文化、学技术、比成绩、比贡献“双学双比”技术培训80期、2560多人次，培育和扶持妇女科技示范户93户。

2000—2001年，全县举办各类技术培训428期、2.41万人次，其中，专业技术提高班32期，1270人次；农村青年实用技术培训390期，2.26万人次；妇女“双学双比”技术培训6期，245人次。农函大招收学员636人。2002年，农广大5个专业招收学员149人。2003年，全县共举办各类技术培训班190期、参训1.2万人次，其中，专业技术提高班16期，820人次；农村青年实用技术培训170期，1.1万人次；妇女“双学双比”技术培训4期，160人次，农业函授大学新招学员861人。2005—2006年，举办各类技术培训428期，2.86万人次，其中，专业技术提高班31期，1280人次。农函大招收学员987人。2008年，全县举办各类技术培训班135期，1.31万人次。其中，县级举办的专业技术提高班6期，326人次；农村青年实用技术培训125期，1.25万人次；妇女“双学双比”技术培训4期，230人次。

1993—2008年，全县共举办各类技术培训2287期，参训11.44万人次。其中，专业技术提高班208期、1.2万人次，农村青年实用技术培训2016期、10.01万人次，妇女“双学双比”技术培训63期、2300人次。

三、科技下乡活动

1993—1996年，县有关部门、单位组织科技人员下乡，开展种植、养殖、卫生等各种技术培训、讲座、咨询指导和诊疗等活动。1997年，各类科技人员下乡282人次，举办农业生产技术培训讲座12场，技术咨询4500多人次，巡回义诊2508人次，抢救危重病人18人次，复训村级卫生员890人次，发放科技材料、书刊2.76万份册。2000年，下乡224人次，举办培训、讲座17场，技术咨询5000多人次，诊治病人3037人次，培训乡村医生1期、54人。

2002年，县科技局组织有关部门和单位科技人员60多人，在全县各乡镇巡回开展作物栽培新技术、果树管理、烟草种植和烤烟技术、肉兔饲养、食用菌栽培等技术培训、咨询和讲座21场。提供技术咨询5000多人次，分发技术材料和书刊3万多份，出科技墙报38期，设科技宣传栏3处。2004年，科技人员下乡179人次，举办培训、讲座等28场，接受咨询进行技术指导8783人次，义诊病人3363人次，出科技墙报42期。2008年，科技人员80多人到各乡镇巡回开展种植、养殖技术培训、咨询和讲座21场。提供技术咨询3820人次，分发技术材料和书刊5.5万多份，出科技墙报24期。

1993—2008年，县科技局组织有关部门和单位科技人员1300人次，在全县各乡镇巡回开展农业各项技术讲座300多场。提供技术咨询8.4万人次，分发实用技术材料50.2万份。

四、校园科技活动

1993年，各中小学开展各门类科技兴趣活动，一中有生物标本制作、天文观测等科技兴趣小组。1995年，一中结合社会实践课、开展“水泥的生产工艺流程”“生态保护区物种调查”“气象测报研究”“大田水质调查”等科普活动。2003年，贯彻《中华人民共和国科学技术普及法》，一中、五中等学校开办校园科技节活动，之后，每年举办1届。2004年6月，五中成立无线电测向定向科技兴趣小组。2004—2008年，兴趣小组参加国家级比赛，夺冠4次。

2008年，一中科技节有《几何学的魅力》《外来物种的危害》《地震与减灾》《我身边的节能》，鸿图中学举办《能源与环保》《地震科学知识》《感受科技奥运》《走进奥运火炬、感受、数学方法漫谈》等知识讲座；开展天文观测、“科技面向未来”征文比赛、“科技在腾飞”手抄报大赛等活动。六中航空航天模型科技兴趣小组先后获市车辆模型比赛团体总分第一名，省青少年航模比赛航天团体总分第二名，市团体总分第一名；第十届“飞向北京、飞向太空”全国青少年航模总决赛柔性翼滑翔机以满分的成绩取得第一名。在第二届“未来杯”全国中学生创意设计大赛中，一中学生《民用住宅节水管道系统的设计》《“水”球》获三等奖，《节约电能，从点点滴滴做起》获优秀奖。

第三节 科技项目与成果

一、科技项目

（一）县级科技项目

1993—1996年，全县实施科技项目137项，其中县科委下达68项，业务部门自选课题69项。其间，1993年科委和农业部门示范推广草栽食用菌配套技术。1997年，新增科技项目24项，继续历年项目5项，均溪水泥厂实施“除尘技术应用”项目。1998—2000年，新增科技项目47项，其中软科学13项、中间试验11项、新产品开发8项、科研9项、星火计划项目6项。2001年，大田石凤水泥有限公司实施“利用铁尾矿渣生产优质水泥技术研究”项目。全县新增科技项目19项，其中农业方面14项。2002—2004年，实施科技项目61项，其中，继续历年项目10项，中间试验项目23项。2005年，弘惠纸业有限公司进行“模压空心植物纤维板”项目开发。全县新增项目17项，其中科研5项。2006—2008年，全县实施科技项目57项，其中，继续历年项目14项，新上项目43项，新上项目中星火计划项目6项、中间试验14项、科研15项、软科学8项。其间，南生科技有限公司于2008年进行超氧化物歧化酶研制。1993—2008年，全县实施县级科技项目274项。

（二）市级科技项目

1993年，县水土办实施市科委安排的“矿区水土流失综合治理”项目。1999年，金门油压机械制造有限公司进行“增强型微粒板研制”，县畜牧水产局实施“良种兔基地建设”项目。2003—2004年，祥品菌业科技开发有限公司组织实施“草类食用菌改二次发酵箱筐栽培技术研究”项目，永大工艺制品有限公司、南生科技有限公司分别承担市攻关计划“转细陶瓷耐磨片及刀具产品开发”“血管内皮细胞生长抑制因子研究”项目。2006年、2007年，南生科技有限公司、远华生物科技有限公司分别实施市科技攻关计划“具有热启动功能的长片段DNA扩增酶及配套高保真体系的研制”和“竹炭远红外保健护腰带专利品系列开发及产业化”项目。2008年，华闽纸业有限公司、县食用菌技术服务推广站分别实施“乳胶纸研发与产业化生产”“正红菇林地仿生增效栽培技术研究”市科技攻关项目2个。1993—2008年，全县实施市科技项目26项。

（三）省级科技项目

1993年，县第一纸厂承担省科技项目“水砂原纸开发”研制。1998年，县水泥厂和第一纸厂分别承担“旋窑无烟煤煅烧技术”和“高强度溶纱绿色包装纸研制”省科委立项企业技术创新试点项目2个。1999—2001年，金门油压机制造有限公司实施省高新技术与星火计划“环保节能型30层单板热压干燥系统研制”项目，县火电厂、恒泉直接还原铁有限公司和科利华工业型煤有限公司分别承担“燃煤电厂净化燃煤配套技术研究”“无烟煤直接还原铁新工艺研究”和“工业型煤研究开发”省重大科技攻关项目3个。2005年、2007年，南生科技有限公司分别组织实施“肿瘤血管生成抑制因子—血小板因子4（PF4）的研制”项目和省科技攻关计划“工具酶系列产品推广和应用”项目。1993—2008年，县有关单位实施省科技项目9项。

二、科技成果

（一）获奖项目

1993年，县农业局、三明市农业局协作开展的“水稻营养障碍诊断与防治技术的研究”项目获省政府科技进步三等奖。当年，“杂交水稻新组合高产栽培配套技术推广”等4个项目获省农业推广奖一等奖。1994年，市、县果树站协作开展“山地幼龄果园套种绿肥配套技术与推广”项目，获农业部丰收奖二等奖。1998 年，“含硫磁铁矿脱硫选矿技术攻关”项目，同时获三明市和福建省科技进步三等奖。2001 年，回转窑利用无烟煤代替烟煤煅烧熟料生产高标号水泥技术开发项目，获省科技进步二等奖。2006 年、2008 年，工具酶系列产品研发、杉木种源选择和福建省杉木优良种源区研究项目分别获省科技进步二等奖。1993—2008 年，全县科技项目获奖 90 项，其中，县级奖 65 项，省级以上奖 6 项，市、厅级奖 19 项。

1993—2008 年大田县获市以上科技进步奖情况表

表 23-8

项目名称	颁奖单位	获奖时间	获奖等级	完成单位和人员
△三明市水稻营养障碍诊断与防治技术的研究	福建省人民政府	1993 年 12 月	省科技进步三等奖	市农业局　陈秋聆 县农业局　陈永柳
△杂交水稻新组合高产栽培配套技术推广	福建省农业厅	1993 年 12 月	省农业厅推广奖一等奖	省农业厅推广站 县农技站　陈首看
△鸭蠕虫病防治	福建省农业厅	1993 年 12 月	省农业厅推广奖三等奖	市畜牧站　林永和 县兽医站　庄维英
△果园绿肥套种技术研究与推广	福建省农业厅	1993 年 12 月	省农业厅推广奖一等奖	市果树站　程建炎 县果树站　林东霖
太湖猪引种推广及杂交优势利用	福建省农业厅	1993 年 12 月	省农业厅推广奖一等奖	县种畜场、桃源畜牧站田新堤、温新攀、乐元羡等
肉兔生产综合技术措施	福建省农业厅	1993 年 12 月	省农业厅推广奖一等奖	县畜牧局屏山、均溪畜牧站　郭育才、郑振玉、卢芳仲等
肉兔的开发	三明市人民政府	1994 年	市科技进步奖二等奖	县畜牧局、县科委 郭育才、卢芳种、范言址、陈火水
太湖猪引种推广及杂交优势利用	三明市人民政府	1994 年	市科技进步奖三等奖	县畜牧水产局、县科委 田新堤、温新攀、陈火水、范言址
水库竹筏浮式网箱养鱼试验	三明市人民政府	1994 年	市科技进步奖 三等奖	县水技站　郑金棋、陈仁收、刘加伟、范崇植
绞股蓝栽培技术研究	三明市人民政府	1994 年	市科技进步奖三等奖	市林委、县林委、科委 陈建元等
纯腈纶人造毛皮用纱	三明市人民政府	1994 年	市科技进步奖四等奖	县纺织总厂　翁绳渠、林支森、林乐顺、刘志挺
莆豆 8008 良种引进推广与配套技术研究应用	三明市人民政府	1994 年	市科技进步奖四等奖	市种子公司、县农业中心　林志强等

续表 23-8

项目名称	颁奖单位	获奖时间	获奖等级	完成单位和人员
△三明市山地幼龄果园套种绿肥配套技术与推广	国家农业部	1994 年 8 月	农业部丰收奖二等奖	市果树站 程建炎 县果树站 林东霖
△名优茶开发	福建省农业厅	1994 年 12 月	省农业厅推广奖一等奖	省茶叶站 县果树站 吴选族等
坑口水库碾压砼坝 运行中的渗漏观测 分析与处理效果	福建省水电厅	1995 年 01 月	省水电厅科技进步奖二等奖	县水利电力局 黄连火、余友年等
异步发电机并网发电研究及其应用	福建省水电厅	1995 年 12 月	省水电厅科技进步奖一等奖	县水利电力局 章文裕等
塞北兔的引种推广及杂交优势利用	三明市人民政府	1996 年	市科技进步奖三等奖	县兔业开发总公司 卢芳仲、余新祷、涂金铃、涂双友
稻瘿蚊发生规模及防治对策研究	三明市人民政府	1996 年	市科技进步奖三等奖	市植保站 县植保站 蔡成敢
高海拔山地火炬松速生丰产及材性研究	三明市人民政府	1998 年	市科技进步奖三等奖	梅林国有林场
含硫磁铁矿脱硫选矿技术攻关	三明市人民政府 福建省人民政府	1998 年 12 月	市科技进步奖三等奖 省科技进步奖三等奖	县硫铁矿
青仁乌豆品种引种筛选与示范	三明市人民政府	2000 年 12 月	市科技进步奖三等奖	县科技中心、县农技中心林志强、林因团、林庆伟、廖明银
矿区水土流失综合治理研究	三明市人民政府	2000 年 12 月	市科技进步奖三等奖	县水土办 林明添、叶德壮、翁成炽、杨生建、吴祖瞬
回转窑利用无烟煤代替烟煤煅烧熟料生产高标号水泥技术开发	福建省人民政府	2001 年 12 月	省科技进步奖二等奖	县水泥厂 谢元潘、徐宁、孙毅、庄祖坤、吴水星、杨清峰、郑新俊、蔡华峰、池英苞、邹一峰、范文麾、陈飞、彭其雨、王丽霞、谢亿众
工具酶系列产品研发	福建省人民政府 三明市人民政府	2006 年	省科学技术奖二等奖 市科技进步奖二等奖	华灿生物科技有限公司 黄发灿、郑登忠、黄喜、范宜久、林乐钞、周和俏、王光煌
杉木种源选择和福建省杉木优良种源区研究	福建省人民政府	2008 年	省科技进步 二等奖	林业科技推广中心

说明：项目前标示△为协作项目

（二）技术专利

1993—1996 年，循环式螺旋给料机、双向多层热压机等 6 项技术获得专利授权。1999 年，人造板压机无垫装卸机、新型水泥纸袋等 11 项产品获国家专利。2003 年，碳磁复合材料获国家发明专利。2008 年，一次性床单、桌面活动板等 11 项获国家专利，其中发明专利 4 项。1993—2008，全县获国家专利 98 项，其中发明专利 27 项，实用新型专利 65 项，外观设计专利 6 项。

1993—2008 年大田县获国家发明专利情况表

表 23-9

专利名称	专利号	审定年份	申请人及地址
床、枕气胎垫	CN91109067.3	1993	前坪乡前坪村　蒋芳明
纸筋石灰粉	CN92105474.2	1994	均溪建筑材料厂　温荣学
蚕脓净	CN93117801.0	1995	大田县农科所　王本国
麻丝纸筋混合石灰粉制造方法	CN931121637.5		雪山南路 6 号　严占建
麻丝消石灰粉	CN93120167.5		凤山东路 78 号　温荣学
瓷灰泥	CN94107030.1	1996	前坪乡前坪村　蒋芳明
植物纤维拉结材料石灰粉	CN96122125.9	1998	凤山东路 78 号　温荣学
一种蜂窝煤及相应的蜂窝煤炉	CN97123363.2	1999	应用机械开发公司　黄开午
新型输液制剂	ZL97112681		东风农场医疗室　郑森松
活血化瘀养阴护阳治伤药水	CN98119095.2	2000	太华西埔小学　乐首进
粮食深加工产品珍珠粒	CN99109906.0	2001	大田工行　罗锦添
一种有效不反弹的减肥配方	CN00119178.0	2002	南山路 111 号　陈　新
炭磁复合材料	CN2002150122X	2003	凤山东路 688 号　佳宝科技公司
一种食用菌添加剂颗粒	CN200311170.5	2004	城关赤岩山路 2 号　郑祥品
一种偏心锁定装置	CN20031036929		凤山东路 688 号　佳宝科技公司
开放式栽培食用菌的方法	CN200410023453.2	2005	城关赤岩山路 2 号　郑祥品
集装箱底板用竹木胶合板	CN200510006026.8		城关赤坂洋　黄　迪
中药制备方法	CN200510065333.3		太华镇西埔村　乐首进
醒酒茶及其制作方法	CN200410060659.2	2006	仙亭卫生所　郭行贤
女性养颜、香体药酒及其制作方法	CN200410060660.5		仙亭卫生所　郭行贤
储能传导式太阳能供热制冷发电装置	CN200410060658.8		仙亭卫生所　郭行贤

续表23-9

专利名称	专利号	审定年份	申请人及地址
双轴自动钻铣攻丝机	200710123460.3	2007	大田石王矿山机械厂 刘继东、张金宝
桌面活动隔板	200610121933.1	2008	均溪镇宝山路2号2幢　涂锦孝
一种特种乳胶纸的生产方法	200710008423.8		大田县华闽纸业有限公司　郭友实
一种强力沙带原纸的生产方法	200710009104.9		大田县华闽纸业有限公司　郭友实
卧式热压单板干燥机	200710147399.6		均溪镇后坂洋4号 黄成存

（三）科技论文

1993年，苎麻高产栽培技术研究等论文在国家级期刊刊登2篇。1994—2001年，在国家级刊物刊登有关论文5篇。2003—2006年，医疗卫生行业论文在国家级期刊刊登12篇。1993—2008年，全县科技人员开展科技调研、论文撰写，在市级以上刊物发表的论文共1600余篇。其中，国家级刊物发表26篇（医学21篇、农业和工业各2篇、林业1篇），省级刊物发表99篇，市级刊物发表1467篇。

第四节　科技推广应用

一、林业科技推广应用

1993—1994年，县林业科技推广中心在全县推广生根粉苗木活根（ABT）技术，促进苗木根系发育，提高马尾松造林成活率。1997年，在济阳乡国庆村建立毛竹丰产培育示范片119.27公顷。1998年，在华兴林场仙峰山场实施雷竹造林技术推广项目3.33公顷。1999年，在谢洋乡坑口村象山和科里村，前坪乡黎明、前坪村，华兴乡华安村实施“石竹丰产栽培技术示范”项目213.33公顷。2002年，在石牌镇拱桥村人工栽培名贵药材金线莲667平方米；东风农场实施“红菇林基地保护特种林分”项目66.67公顷。2004年，在赤头坂林业采育场、广平镇苏桥村建立厚朴药材示范片6.67公顷，赤头坂林业采育场建立杉木树冠下与珍贵树种红豆杉混交林13.33公顷。2005年，在桃源和梅林林场实施速生丰产林基地建设的商品林工程2万公顷，华兴乡、桃源镇、东风农场实施小径竹扩种为主的丰产栽培示范项目100公顷，赤头坂林业采育场建立大径材酸枣混交林科技示范片6.67公顷，广平镇东景村和吴山乡建立花卉种植园5.37公顷。2006年，在武陵乡实施青冈栎薪炭林科技示范项目13.33公顷。2007年，在湖美乡实施马尾松漂浮育苗新技术0.1公顷。2008年，桃园国有林场引进伴生树种，在年坑工区种植桉树7.13公顷。

二、农业科技推广应用

1993年，县农科所引进甘薯新品种16个。1994年，县科委、农业局推广水稻旱育稀植技术、“海南8641”木薯良种和塞北兔与本地肉兔杂交等技术。1996年，推广“莆豆8008”和美国黄沙豆优良大豆品种4533公顷。同年7月，经省市专家田间现场验收，山地清种亩产89.7公斤，套种平均亩产66.14公斤，新垦红黄壤山地种植平均亩产863斤。当年，全县种植“海南8641”木薯1333公顷，覆盖农户45%；全县饲养杂交兔106.8万只，覆盖农户65%。1994—1996年，水稻旱育稀植累计5200公顷，增产粮食 3922.7 吨。1997 年，县农科所经 4 年试验示范，筛选出甘薯粮粉兼用型的金山 2877、金山 1255，淀粉型金山 1982、优质保健型的台农 66 等新品种 4 个，在全县推广 1133 公顷，占甘薯种植面积 39%，新增鲜薯 6452.4 吨，产值 322 万元。

1998 年，推广再生稻、旱育秧、抛秧技术，全县再生稻 1613 公顷，留茬面积 1333 公顷，成功率 92%，亩产 208 公斤；旱育秧种植面积 5340 公顷，平均亩产 544.4 公斤，增产 7.8%；抛秧种植水稻 300 公顷，平均亩产 558.1 公斤，增产 6.2%。2004 年，县农业局在华兴乡早兴村建立高产栽培姬松茸珍稀食用菌基地，在屏山乡开展木薯杆（渣）栽培香菇、平菇、毛木耳等示范。全县珍稀食用菌栽培 526 万袋，产鲜品 2690 吨，产值 2791 万元，占食用菌总量 29%。2005 年，农业部门引进广西 GR911、华南 205 等木薯新品种 11 个，种植 1067 公顷，亩产比一般品种增产 3 成—5 成。2007 年，推广配方施肥 1.53 万公顷，其中水稻、茶叶配方施肥 2000 公顷，平均提高单产 5%，亩节约成本增收 30 元。2008 年，推广果树高接换种（授粉花枝）12 公顷，施用中微肥 8000 公顷次。

三、工业科技推广应用

1993 年，工业注重应用推广新技术，进行技术改造和开发新产品。县第一纸厂批量生产水砂原纸，年产 600 吨，增加产值 87.83%。1996 年 5 月，六角宫水库电站大坝采用槽挖与高压灌浆相结合技术，处理左坝基地质易软化的黑色凝灰细砂岩、弱风化下部岩石，加固坝基。1997 年，前峰陶瓷厂生产微晶陶瓷煲新产品投放市场 1.45 万件，产值 50 万元。1998 年，县通用机械厂开发无卡轴旋切机新产品。县第一纸厂开发高强度溶纱绿色包装纸，被省经委列入 1998 年全省第一批新开发项目。

2000 年，重点推广应用电子信息、新型材料、生物工程、先进制造、节能降耗技术和环保技术。机械集团、金门油压、华闽纸业和镇石机械有限公司自主开发热压机、高档耐火砂纸、粉碎式破碎机等 4 个项目产品。县竹木制品厂和腾达保温材料厂产学联合开发竹木幼虫灭杀干燥机和新型保温帽口 2 个项目产品。岩城股份有限公司使用本地煤回转窑煅烧熟料生产水泥，每吨水泥节约成本 10 元。2001 年，石凤水泥有限公司使用铁尾矿渣替代水泥用铁矿，每吨水泥降低成本 9 元—11 元。

2003 年，宝通瓷业有限公司重建新型节能隧道窑，提高成烧量 30%，节约燃料油 10%。2004 年，县供电公司引进国外 HVIC 防污闪绝缘涂料新产品，铭溪变电站喷涂运营后，放电噪音明显消失，有效控制放电闪路。2006 年，华闽纸业有限公司开发 TF-1 特种军用蜂窝纸、TF-1 乳胶纸、强力砂带原纸等国内新产品。2008 年，华闽纸业有限公司公司工业锅炉和电机系统改造，年节约标准煤 1500 吨。生产的乳胶纸磨削寿命为耐水砂纸的 4 倍—5 倍。

四、医疗卫生技术推广应用

1993—1996 年，县医院开展断指再植指间关节融合术 3 例、腰椎脱位切开复位固定术 6 例、髌骨骨折改良张力带钢丝内固定术 50 例等骨外手术 121 例，成功 115 例，治愈好转率 95%。使用 YAG 激光治疗耳鼻喉及妇科相关疾病，成功率 95%，好转率 96%。县中医院应用腰椎牵引结合手法治疗腰椎间盘突出，住院 35 例，治愈 11 例，占 31.43%，明显好转 24 例。1997 年，县医院肝圆韧带封闭十二指肠残端大网膜插入法行十二指肠残端封闭术 5 例，均治愈；带蒂帽状颅底重建治疗前额颅底开放性损伤 12 例，治愈率 100%。

1998 年，县医院皮肤科应用多功能离子治疗仪合并干扰素治疗尖锐湿疣 250 例，有效率 100%，治愈率 80%。1999—2000 年，应用人工晶体植入术使白内障患者重见光明 88 例。麻醉科行气管插管加静脉复合麻醉新技术 166 例，成功率 100%。2002 年，县中医院行溶栓治疗心梗 12 例，治愈、好转 11 例。2003 年，县医院进行鼻咽喉镜下手术治疗 23 例，治愈 12 例，好转 6 例。2004 年，县中医院超声乳化治疗白内障 15 例，治愈 14 例，好转 1 例。2008 年，县医院腹腔镜下切除胆囊 20 例。县中医院应用中药阳和汤治疗糖尿病 115 例，治愈、好转 99 例。

第五节 科技示范与扶贫

一、科技示范建设

1993年,县实施科技示范村、镇建设。1995年,太华镇、奇韬乡通过省政府第二批科技示范乡镇验收。1997年5月,县委、县政府转发《上京科技镇建设意见》。8月,县科技局确定上京镇三阳村、赤水村,广平镇元沙村,屏山乡内洋村,桃源镇桃源村,石牌镇石牌村和太华镇华溪村等7个村为“九五”期间建设的第一批科技示范村。1998年,上京镇引进“特三矮”、杂交新组合“特优70”等水稻名优品种和“青仁乌二号”大豆示范,进行美国黄沙豆株系选育,筛选春大豆良种及秋豆抗锈病品种,实施烟、豆间作套种技术等科技项目。建镇办种兔场、水泥厂、高优农业和黄栀子示范片“一场一厂二片”科技示范项目及黄城、赤水、三阳村示范村3个。2000年,上京镇被省政府授予“福建省科技示范镇”称号。

2002年,武陵乡茶山村,石牌镇石牌村和湖美乡湖上村分别列为反季节蔬菜、农作物品种和食用菌基地科技示范村建设。2003年,吴山乡和洋村,华兴乡洪坑村分别列为无公害高山茶和无公害蔬菜科技示范村建设。2006年,华兴乡昆山村科技示范村建立油茶林改造示范片。2007年,太华镇群团村、谢洋乡谢洋村、屏山乡屏山村、梅山乡梅山村和武陵乡茶山村实施“星火计划”科技示范村项目。2008年,县科技局确定梅山乡梅山村、上京镇桂坑村、济阳乡三扎村、湖美乡林兜村为科技示范村。全县有科技示范乡镇3个、示范村36个、示范户128户。

二、科技扶贫

1993年,县科委协助奇韬乡扶持西韬村企业2家、技术改造1家,帮扶小康户20户。1997年,县科技局为上京镇赤水村无偿提供技术和部分经费,推广高山反季节蔬菜种植技术,实行“夏萝卜—秋地瓜”种植模式3.3公顷,亩产4000公斤,产值13.5万元,人均增收近万元。同时,在上京镇实施“以杏养老”科技项目,无偿为二女困难户每户提供银杏树苗10株和技术资料1套。县科协无偿提供技术服务帮助谢洋乡三角尾村种植广西恭城月柿13.33公顷。1999年,县科协编印《农民致富技术100项》精选第二辑100册,为农民脱贫致富提供参考项目和技术指导。2002年,基层农技部门与54个村签订技术协作协议,定期为农民提供技术服务,解决农民脱贫缺技术的难题。

2004年,县科技局帮助华兴乡洪坑村制定经济发展计划,支持5000元,扶持发展水果种植。2006年,县科技局帮助华兴乡京口村发展科技项目,重点扶持50户引进种植1000多亩芦柑新品种。扩种烤烟8公顷、推广高产栽培技术,带动100户群众种植食用菌,扶持50户科学养殖肉兔6000多只,年增加收入30多万元;支持资金1.5万元改造低产果园。县成立农业155青年突击队和65个科技服务队,挂钩甘蔗、蔬菜、食用菌、木薯、茶叶、肉兔等6个项目,对农民进行生产技术和防疫培训929人次。2008年,县老科协组织科技人员在均溪镇宋京村建立雪莲果基地1公顷,在华兴乡华安村建立养蜂基地,推广蜂蜜高产技术。

第六节 科技服务

一、防震减灾

大田县地质结构比较复杂，境内贯穿永安至晋江北西向断裂带和政和至海丰北北东向断裂带，为三明市3个地震重点监视区之一，抗震设防烈度为6度区。2003年，县政府办公室下发《大田县破坏性地震应急预案》。2006年，县召开防震减灾工作会议，实施《大田县地震应急预案》，防震减灾成员单位及各乡镇制订应急预案并成立以消防部队为依托的专业救援队和以武警、公安、民兵、预备役部队为依托的救援预备队。同时，建成数字地震遥测震台，安装国内先进的地震信息监测预报系统，准确、及时提供可靠、连续的观测资料。

2007年，实施县、乡、村地震宏观观测网、灾情速报网、科普宣传网和防震减灾助理员“三网一员”建设，调整和优化“三网”群测群防网络。2008年，县地震办与县委宣传部、科协、教育等部门在科普宣传周、“7·28”地震纪念日和国际减灾日，联合举行防震减灾活动，挂宣传横幅，出墙报专栏和举办防震减灾知识讲座，发放各种宣传材料4000份。确定一中、鸿图中学为防震减灾宣传示范学校，各中小学、幼儿园举行紧急逃生演练，加强防震减灾科普知识的普及宣传教育，增强全民的防震减灾意识和能力。

二、气象服务

1993年，县气象局数据以人工观测为主，按传统的广播、邮寄、电话等方式进行气象预报服务。1996年，县气象局配备了传真机、气象警报系统等，气象预报增加传真、警报等服务。1998年，与县电信局合作开通“121”天气预报自动咨询电话。下半年，县电视台合作开通电视天气预报节目。2003年，县水利、人武部等部门配合县气象局实施人工增雨作业6次，缓解农田旱情5900多公顷。2004年1月，CAWS600-B型自动气象站投入运行，观测温度、湿度、气压、风向风速、地面温度、浅层地温、降水等情况，编发气象报告。当年，实施人工增雨作业11次，太华、均溪等7个乡镇降雨20.1毫米—43.7毫米，并将增雨、防雹人工影响天气列入正常气象工作。

2005年，天气预报“121”自动咨询电话升位为“12121”。2006年，通过移动通信网络开通气象商务短信平台，以手机短信向各级领导发送气象信息，应对突发气象灾害，提交气象灾害预警信号发布速度。并在城区部分场所安装电子显示屏，进行气象信息发布，在均溪、太华等6个乡镇设立人工影响天气作业点8个。2007年，建成暴雨监测系统、人工影响天气业务系统，建立DVB-S（数字卫星广播系统标准）卫星资料接收系统，接收雷达探测、卫星运用、数值预报等气象信息，构建省、市、县三级气象预报服务上下与横向联动，乡镇安装电子显示屏。在乡镇建立气象要素自动观测站4个，实施记录气温、降水、风向风速等气象资料。当年，实施防震作业5次、人工增雨2次。2008年，成立乡镇气象灾害信息员网，将其归并为综合农业信息员，县政府建立三级信息发布平台和信息员网，转发森林防火，地质灾害等级预报和暴雨、低温等气象灾害预警预报，收集暴雨、冰雹、地质灾害、雷击、大风、干旱、高温、森林火灾和主要作物病虫害等情况，报送县农业、林业、水利、气象等有关单位。当年实施人工防雹10次、人工增雨作业2次。

三、科技信息服务

1993年，县科委与县计委共同组织“大田县工程咨询专业技术小组”，延聘全县造诣较深的专业技术员37人，当年进行技术咨询项目6项。县科协以各种协会、学会、研究会的技术员组成的技术服务部开展技术咨询12项。1994年，县科委发动企事业单位加入海峡科技经济信息网络，发展13家单位为网员；科技信息被省市广播电视、报刊杂志采用16条；与县科协联合创办《大田科技小报》出刊3期发行1800份。1995年，科委组织8家企业领导参加福建三明科技协作暨技术交易洽谈会，听取发布科技信息，并发动47家企业参加省海峡科技经济信息网络；县经委与省海峡科技信息网微机联网，为企业提供信息。1997年，县科技局等4个部门选编农村致富信息100条，并发放各个乡镇。2000年，县科技情报所为企业提供各类信息120多条，其中，为大田金门油压机制造有限公司提供新产品开发信息，开发出2种新产品投入市场。2007—2008年，建立乡镇科协，全县共有协会283个，科技信息员312人，科技信息网络健全。

第七节 科技管理

一、经费管理

1993—1996年，省、市、县拨付新产品试制、中间试验、重大科研补贴的科技三项经费252.21万元。其中，省科委补助186万元、市补4.45万元、县拨61.76万元。1997年，共投入三项经费87.95万元，其中市、县分别为40万元、47.95万元。1998年，旋窑无烟煤煅烧水泥熟料项目和高强度溶纱绿色包装纸研制项目，省科委分别补助经费22万元、8万元。1999—2001年，22个项目共补助经费225万元，其中，省重大科技项目和重点科技项目4项，补助115万元；市攻关计划2项，补助9万元；县投入三项经费101万元。2002—2003年，扶持13个科技项目72.2万元，其中市级科技项目2项14万元。2004—2008年，22个项目扶持经费262万元，其中，省攻关计划2个项目30万元，市攻关计划5个项目45万元，县投入三项经费187万元，其间，2008年投入45万元。1993—2008年，全县投入科技三项经费961.26万元，其中，省补助331万元，市补助139.45万元，县投入490.81万元。

二、技术市场管理

1993年6月，县科委和税务部门商定，从事技术开发、转让、咨询、服务、培训及中介等技术贸易活动取得的技术性收入应使用税务统一专用发票。县技术市场管理办公室组织、引导、协调技术贸易活动，并对技术贸易机构进行管理，审查颁发技术贸易证书，进行技术合同认证登记和技术统计。1997年，县科协开展技术咨询、服务、承包、转让“四技”活动，完成合同额20万元。2003年，县科技局登记技术贸易合同15份、金额68万元。2004年，登记技术贸易合同25份、金额122万元。2005年，登记技术贸易合同21份、金额112万元。2006—2008年，县科技局没再对技术贸易合同进行登记。

三、知识产权保护

1993年，县工商行政管理和文化部门开展知识产权保护工作，重点查处打击商标侵权和图书、音像制品的盗版行为。至1996年，查处商标侵权案36件，收缴侵权商标标识2000余张、盗版录像带55盒。1998—1999年，收缴盗版VCD片、录像带309盒。2000年，没收商标侵权包装袋30余万个。2004年，县文体局加挂县版权局牌子。2005年，立案酒类、打印机等商标侵权案4起，查缴盗版光碟，音像制品894片（盒）、图书418册。

2006年，县文体、公安、工商等部门开展反盗版百日行动，收缴盗版音像制品1.26万片、光盘和电子出版物226盘、英语磁带24盒。2008年4月，县文体局开展保护知识产权宣传周活动，印发宣传单1000余份和张贴宣传标语等，加强出版物市场管理。全年收缴盗版图书880册、音像制品300片、影碟730盘，查处洗涤用品、手机、酒类等商标侵权20起。

卷二十四 文化 体育

第一章 文 化

1993年，县文化部门培育、发展、繁荣文化市场，丰富群众文化生活。在重大节日期间，举办各种文艺演出、歌手比赛、大型书画摄影展览。开展“文化下乡”活动和群众业余创作，一批文学、书画、音乐、舞蹈等作品在国家、省、市刊物发表或获奖。县加大体育设施投入，职工体育、老年体育、农民体育、学校体育齐头并进。

1997年，县广播电视工作加快广播电视事业建设，以迎接香港回归和中共十五大召开。电视使电影的主导地位受到冲击，经济收入减少。1999年，实施县乡广播电视光缆联网工程和“村村通广播电视”工程。

2000年，全县各种形式的文化活动日趋活跃，农村文化工作也得到发展。“一手抓繁荣，一手抓管理”，规范文化市场管理。宣传贯彻国务院《广播电视设施保护条例》和广电总局《有线电视管理暂行办法》等法规。2002年，县文学、书法、戏剧作品在省级以上刊物发表、参展，获奖的有113人次。县广播电视台在转播节目的同时，办好本县广播新闻和专题节目。2005年，县文体局结合“扫黄打非”工作整顿音像、出版物市场。县少体校体教结合，提升竞技体育总体水平，举重、武术、田径、篮球、跆拳道等项目处于市领先位置。

2008年，开展文化下乡活动15场、节庆民间会演及歌手大赛等活动8场、举办各类展览10场次、以北京奥运为主题的各项体育活动40多场，活跃健康的群众文化。大田板灯龙进入第二批国家级非物质文化遗产保护名录。初步形成县、乡、村三级文化网络。城区有文化馆、博物馆、图书馆、影剧院、有线电视台、工人俱乐部等文化设施。

第一节 文学艺术创作

一、文学创作

（一）文学采风活动

1993年7月，县文联组织20位文学爱好者到企业采风，在县水泥厂开展文学创作活动，采编《白岩山》大田水泥厂专辑。1996年7月，组织20余位文学爱好者到农村采风，在建设镇开展文学创作活动，《白岩山》收录本次采风作品12篇。2001年8月，市、县文联组织省、市、县30余位作家和文学爱好者前往象山旅游景区采风，采撷的民间故事和名胜游记在《福建日报》和《三明日报》刊发6篇。2006年3月，县文联和广平镇政府联办“大吉杯”北洋崎古村寨遗迹自然生态风景区采风活动，采编《白岩山》北洋崎古村寨遗址专辑。1993—2008 年，全县共组织各类文学采风 8 次。

（二）文学作品

1993—1996 年，县文联、文化馆自办内刊《白岩山》11 期，刊发文学作品 387 篇、55.1 万字。县政协出版《岩春诗刊》等 4 集，刊发诗词 890 首。其间，全县文学作品在市级以上报刊发表 439 篇，其中省级以上 108 篇。1999 年，在市级报刊发表 338 篇、省级以上 22 篇。2002 年，在省级以上报刊发表文学作品 64 篇。2008 年，县委宣传部、县文联联合出版《白岩山》第 23 期，刊发大田改革开放 30 周年征文专辑，全书 10 万字，印数 2000 册。全县有省作家协会会员 5 人、市作家协会会员 38 人。吴孝桢、严垂壁分别为中国作家协会、民间文艺家协会会员。

1993 年，由县政协岩春诗社编辑的首部诗集出版，此后连续出版爱国民主人士《松蹊遗集》和“纪念抗战胜利 50 周年”专辑。1993 年出版“迎香港回归”专辑，至 2002 年共出版诗集 10 辑。

1993—2008 年，全县 128 人在市级以上报刊发表文学作品 1219 篇，获各类奖励 22 项，出版文学书刊 31 部，公开发行 13 部，经批准有书号的内刊 18 部。县中小学校 8 个文学社团，创办《青春年华》《晨钟》《三角梅》《牧云》等刊物，师生文学作品获省级奖 32 项、全国奖 14 项。

2000—2008 年大田县文学作品获奖情况表

表 24-1

作者	篇名	体裁	时间	奖项	主办单位
柯祖富	《喝酒也应减负》	杂文	2000 年 1 月	优胜奖	杂文月刊杂志社、河北当代文学专修函授学院、少年素质教育报社
颜全钦	《杜甫》	诗歌	2000 年 6 月	优秀奖	诗刊社、北京朝阳区文化馆
严垂壁	《温馨小花》	散文	2000 年 12 月	一等奖	“世纪杯”全国精短文艺作品大奖赛组委会
陈能石	《养鸟》	随笔		二等奖	
陈培泼	《读书有感》	散文	2002 年 1 月	二等奖	中宣部、文化部联办的“新世纪、新农村、新农民”全国农民读书征文
叶玉珍	《人力车夫》	小说	2002 年 12 月	一等奖	《新世纪作家》编辑部举办的“首届新世纪作家”全国文学作品赛
杜青专	《杜青专散文》	散文	2002 年 12 月	最佳作品奖	“安泽杯”第四届《福建文学》“初出茅庐”征文
颜全钦	《李嫦娥的胜利》	小说	2002 年 12 月	最佳新人奖	
王娇华	《孩子啊，孩子》	散文	2003 年 12 月	最佳奖	2003 年度中国最佳网络文学奖
魏初贤	《此生难解笔墨缘》	随笔	2004 年 5 月	二等奖	中国写作学会、武汉大学写作杂志社主办的全国第一届中学语文教师写作竞赛
严垂壁	《孜孜以求生命的亮色》	报告文学	2004 年 7 月	二等奖	全国政协科教文卫委员会办公室、中国新闻社、全国政协纵横杂志社联合征文
苏诗布	《永远家园》	散文	2004 年 12 月	三等奖	第十八届省优秀文学作品

续表 24-1

作者	篇名	体裁	时间	奖项	主办单位
严垂壁	《虎口脱险》	故事	2005 年 8 月	一等奖	省故事林杂志社、市文联、三明、厦门、漳州、龙岩等四地市民间文艺家协会联合举办的纪念抗日战争胜利 60 周年暨红军长征胜利 70 周年革命征文活动
严垂壁	《丹心构筑关爱路》	报告文学	2005 年 9 月	银奖	中华民族文化促进会、世侨馨会文化发展委员会、中国市长协会、中国报告文学学会、中国散文学会、中国诗歌协会、中国电视家协会、中国文艺家俱乐部等 13 家联合举办的第五届中国世纪大采风活动
苏诗布	《鱼》	散文	2005 年 9 月	银奖	
吴孝桢	《愤怒的火烧岛》	散文	2006 年 1 月	一等奖	市首届“百花奖”评委会
王娇华	《孩子啊，孩子》	散文		二等奖	
苏诗布	《鱼》	散文	2008 年 12 月	三等奖	
连占斗	《舀几碗春天的气息解渴》	散文		三等奖	
廖应鲜	《人生小品》	散文		三等奖	

1994—2008 年大田县文学书刊出版情况表

表 24-2

书刊名称	编写单位或个人	出版时间	出版单位	印数（册）
大田星光	县委宣传部	1994 年 12 月	县委宣传部	500
春华秋实	县委宣传部 县文联	1995 年 9 月	县委宣传部	1000
走进象山	县文体局	1995 年 10 月	三明市文化与出版局	1000
岩城风韵	三明市作家协会 县委宣传部 县文联	1995 年 11 月	三明市文化与出版局	3000
大田县民间故事	县文联	1995 年 12 月	三明市文化与出版局	1000
半世纪岁月留痕	吴孝祯	1996 年 12 月	三明市文化与出版局	1000
卢辉诗选	卢 辉	1998 年 6 月	作家出版社	1000
遥望炊烟	杨朝楼	1999 年 1 月	中国文联出版社	2000
太阳的语言	连占斗	1999 年 8 月	中国文联出版社	1000
人在旅途	陈能石	1999 年 9 月	中国文联出版社	1000
缤纷时节	施经纬	2001 年 6 月	海峡文艺出版社	1500
传奇青年林志群	严垂壁	2002 年 3 月	中国文联出版社	15000
军旅赠言	吴跃建	2002 年 7 月	解放军文艺出版社	3000
田野的钥匙	连占斗	2003 年 1 月	重庆出版社	1000

续表 24-2

书刊名称	编写单位或个人	出版时间	出版单位	印数（册）
岩城春韵	严垂壁 郭育靖 陈汝流 俞建团 郑得泉 柯祖富 林生长 林起茂 廖应鲜	2003 年 10 月	海峡文艺出版社	1000
永远的家园	苏诗布	2003 年 10 月	海峡文艺出版社	1000
象山	严垂壁、陈美光	2003 年 12 月	三明市文化与出版局	2000
红色的碎片	卢 辉	2004 年 5 月	重庆出版社	1000
郝滔文集	郝 滔	2004 年 9 月	三明市文化与出版局	1000
田阳吟集	吴炳光 林宗峰 吴祥光 萧振德 林芳苓 吴龙光 陈秀田 严垂壁 连传芳 俞建营	2004 年 11 月	三明市文化与出版局	1000
广平夕阳红诗词集	县文协	2005 年 5 月	三明市文化与出版局	1000
庄子文化与探索	县文协	2005 年 8 月	三明市文化与出版局	2000
岁月履痕	陈能石	2005 年 12 月	海峡文艺出版社	1000
青松不老霞满天	卢占师	2007 年 2 月	三明市文化与出版局	1000
巍巍大仙峰	严垂壁等	2007 年 5 月	三明市文化与出版局	1000
梅山今古观	县文协	2007 年 7 月	三明市文化与出版局	1000
山高水长	严垂壁	2007 年 10 月	三明市文化与出版局	1000
老树新枝	陈振树	2007 年 6 月	三明市文化与出版局	1000
原生态散文十三家	颜全飚等	2007 年 12 月	百花文艺出版社	1000
闪光的足迹	郑新甦	2008 年 2 月	三明市文化与出版局	1000
辉煌岁月	县委宣传部	2008 年 8 月	三明市文化与出版局	1000

二、艺术创作

（一）书法、美术

1993 年，县文联在元旦、春节、国庆等节日举办“锦绣家乡美术展”“纪念毛泽东在延安文艺座谈会上的讲话发表五十周年”“保护水土资源、珍爱美好家园”书画展，共展出书画作品 198 幅。1995 年，举办“庆祝大田县建县 460 周年区域书画作品邀请展”，展出作品 85 幅。2000 年，五中教师魏初贤书法作品入选省政府主办的“福建省当代书画晋京展”，并两次入选中国书法家协会主办的全国书法展。2001—2003 年，举办“婚育新风进万家”“‘环保杯’全国名家暨岩城五友”“七人书画展”和“砺清砥廉”“岩城五友”美术、书法展，共展出作品 302 幅。2004 年 9 月，《王富琪书法作品集》由三明画院内部出版，印数 1000 册。2008 年 12 月，《肖峻画集》《肖峻书画篆刻集》分别由天津人民美术出版社、中国文联出版社出版，各印 1000 册。1993—2008 年，县文联与有关单位联办书画作品展 23 次，展出作品 4200 多幅，一批书画、篆刻作品在各级报刊发表或各类比赛中获奖。出版个人篆刻、书画作品专集 3 部。举办少儿美术、书法培训班 62 期，参训 1800 余人次。

（二）音乐、舞蹈

1993—1994 年，县文化局组队参加福建省第七届音舞节，舞蹈《山峦》获演出三等奖。2004 年 7 月，县爱娟古筝学校学生林依依参加首届省文艺新人大赛获儿童组器乐“十佳”奖，10月晋京参加全国文艺出新人大赛，登全国“十佳”排名榜。2005—2007年，县文化局和总工会组织开展“老区新貌”“社会主义好”“我的家乡美”“第三届全国工人歌曲”等征歌和“主力军心声音乐演唱”活动。县文化局先后举办纪念毛泽东同志诞辰100周年文艺晚会、厂歌、矿歌、行业歌演唱会；与县总工会、县妇联办宣传《中华人民共和国工会法》和《中华人民共和国妇女儿童权益保障法》创作节目文艺晚会；县文化局与邮电局、新华书店联办“鸿雁杯”卡拉OK歌手赛、职工卡拉OK歌手赛和国庆文艺晚会。1993—2008年，有57首（曲）音乐、舞蹈作品在各级报刊发表或各类比赛中获奖；县文化馆举办少儿音乐、舞蹈、电子琴培训班12期，500多人次参训。

（三）摄影、剪纸

1993年，县文联举办省老年摄影家作品展，展出省多名摄影家作品63幅。2002年，组织摄影爱好者象山、北洋崎、七星湖摄影活动，举办“腾飞的大田”“税务与改革”“我爱祖国山河美”“今日大田”“岩城风情”摄影艺术展13次，参展作品1800幅，137幅摄影作品发表或在各类比赛中获奖。2008年，大田在中华民族文化促进会与三明市政府等6个单位联合举办的“南风韵”全国剪纸大赛中，李幼贞、王雯君、吴明明等创作的5幅剪纸作品获优秀奖。

（四）戏剧

1993年，县高甲戏剧团继续实行团长承包责任制，国家补贴6.9万元。有演职员45人，其中中级职称3人、初级10人。全年在闽南一带演出216场。12月，县举办第四届戏剧周，高甲戏剧团在县影剧院演出9场。1995年11月，纪念大田建县460周年，举办第五届戏剧周，高甲戏剧团等在县体育场灯光球场展演。1996年10月，剧本《青云路》参加省第20届戏剧会演获三等奖、演出奖，苏诗岱、谢天助获演员奖，该剧本被国家戏剧刊物《剧本》月刊采用。2002年，县高甲戏剧团继续承包经营，全年演出150场，国家补贴12.1万元。2008年，全团演职员37人，其中导演1人，中级职称4人，初级23人，在泉州地区流动演出150场，国家补贴20万元。县农村业余汉剧、越剧、高甲戏、提线木偶、布袋木偶等剧团19个和文江丰场戏班1个，演职人员400余人。

第二节　群众文化

一、文化设施

（一）城区文化设施

1993年初，岩城电影院位于雪山南路，占地6670平方米，有座位1283个；图书馆和文化馆位于文山路7号，占地分别为2011平方米、600平方米，图书馆藏书2.5万册；县工人俱乐部位于建山路6号，面积500平方米，有座位400个；12月，新建大田影剧院，位于建山路14号，投资487.9万元，建筑面积5062平方米，有座位809个。

1995年，投资170万元兴建文化中心大楼，该楼位于建山路县影剧院右侧，楼高6层，占地560平方米，建筑面积2664平方米。次年12月竣工，内设博物馆、摄影室、美术书画室、健身室、艺术展厅。1999年7月，新图书馆大楼在原址文山路7号翻建，2000年6月竣工，占地560平方米，总造价200.2万元。2003年7月，原雪山南路的岩城电影院拆除。

2005—2006年，县城区白岩、玉凤等8个社区和均溪红星、玉田村被列入国家民政部图书援建社区（村），每个社区分别由民政部、市政府、县政府补助2600元、500元、1500元，每个村分别由民政部、市政府、县政府补助1800元、500元、700元，共4.28万元。2008年，城区有文化馆、博物馆、图书馆、影剧院、有线电视台、工人俱乐部等文化设施。

（二）乡镇文化设施

1993年，全县18个乡镇有文化站（中心），设有阅览室、活动室、视频播放室、图书室“四室”和中心工作宣传栏、文化教育科技信息栏、法制宣传栏“三栏”，兴办个体文化娱乐场所。1997年8月，吴山乡团委在吴山街道中心挂牌成立“吴山乡青年科技图书站”，成为全县首家科技图书站，藏书2000多册，其中科技图书700余册。1998年7月，武陵乡政府投资10万元，成立武陵乡中心图书室，配备阅览设备，购置农业科技书籍1万多册。1998年底，有14个村建立千册图书室。广平、建设、太华镇在各村镇建立文化长廊，开设精神文明、计划生育、农科信息、文化知识、政务公开、村情简介、村规民约、好人好事等专栏，同时配备镇村信息员、抄写员，每月定期更换内容。

2000年3月，上京矿务局创办“青年流动书屋”，筹集资金3000元，购置图书近1000册，统一造册，分批调度，每月在各矿区传阅，解决矿区青年买书难，阅书难的问题，丰富矿区职工文化生活。2005—2006年，桃源镇桃源村、太华镇万湖村被列入国家民政部图书室援建村，每个村分别由民政部、市政府、县政府补助1800元、500元、700元，共6000元，配发援建图书。2008年，全县投入资金10万多元，新建农家书屋11个，其中老区革命基点村1个。投入资金12万元，新购置数字电影放映设备3套，推进农村电影数字化放映。

二、文艺活动

1993年，县举办周边贸易洽谈会文艺晚会；县总工会举办“主力军心声”演唱会。1995年11月，纪念建县460周年，举行大型文化踩街、文艺晚会。1997年，举办“迎香港、庆回归”系列文艺活动。1999年，举办纪念“五四”运动80周年、纪念中华人民共和国成立50周年、纪念知青上山下乡30周年、“军徽颂”“庆回归、迎千禧”等文艺晚会，“新世纪、新大田、新青年”诗歌朗诵，以及“三个代表之歌”周末广场、“党旗飘扬”“共和国万岁”文艺晚会等文艺活动。2000—2008年，每年节庆活动期间，举行歌舞、演唱、提花灯、舞狮、舞会、游园和周末广场文化等活动，举行“新农村、新文化、新信息”“宣传奥运理念，弘扬爱国精神——同一个世界，同一个梦想”大型公益文艺晚会等共98场次。县宣传部、综治委、文体局、教育局、总工会、统战部、老干局等联合组织文化下乡，分赴乡镇、厂矿巡回演出160余场次。1993—2008年，共举办各种大型文艺演出、歌手赛197场。

三、文娱竞赛

1993—1996年，县举办“中华大家唱”“少儿电力杯”“七一党员”“金湖杯”卡拉OK歌手赛，参赛歌手近500人，获奖104人。2000年，县文体局、总工会、妇联、文明办在县影剧院联办庆祝“三八”国际劳动妇女节90周年歌咏大赛，有13个系统（单位）参加，7个单位获奖。2004年，元宵节期间，县委宣传部、县文体局在县影剧院联合举办“石凤杯”歌手赛。全县各行业数十名歌手参加，获奖16人。2006年10月，县文体局主办、县文化馆和县网吧行业协会协办在县影剧院举行“唱响主旋律·服务新农村”歌手赛，获奖6人。2008年2月，县委宣传部、县文体局、总工会、妇联、豪丰车行联合在一代天娇娱乐有限公司演艺厅举行迎春“新大洲本田摩托车杯”歌手大奖赛，参赛歌手48人，获奖歌手6人。

四、艺术展览

1993年，县文化局分别联合县文联、县税务局、县委宣传部等单位在县文化馆举办“迎春”“公仆杯”“税务与改革”“岩城杯”书画展4次，共展出作品200余幅。1996年，县委宣传部、县环保局、县文化局联办“环保杯”美术书法作品展，展出作品60余幅。1999年，县文化馆、县实验小学联合举办“迎回归”儿童绘画作品展，共展出儿童画作121幅。2001年，县文联、文化馆和第五中学在文化馆三楼展厅联合举办纪念建党80周年书画展，展出书画作品79幅。2005年1月，县一中师生在县文化馆四楼展厅举办“毓秀画卷”展，展出书画作品100余幅。2007年，县教育局、文联、新华发行公司大田分公司联合在县文化馆四楼举办“庆元旦少儿书画展”，展出少儿书画作品97幅。1993—2008年，共举办各类艺术展览60余场次。

五、民间文艺

1993年，县内农村业余文艺活动活跃，形式多样，花灯、舞狮、舞龙、踩高跷、走马灯等表演盛行。2008年，全县共有业余剧团19个，其中汉剧小腔剧团11个，主要分布在太华镇张地、汤泉、西埔、黄沙、菖坑、甲魁、万湖村，均溪镇金岭村、奇韬镇奇韬村、华兴乡华安村；均溪镇宋京村闽西汉剧团1个；越剧团3个，分布在太华镇华溪村、汤泉村、均溪镇上华村；屏山乡高甲戏剧团2个、演员近40人，布袋木偶戏剧团2个、演员10人；石牌镇小湖村提线木偶剧团1个、演员6人。各个业余剧团在正月及各村庙会、节庆日、重要纪念日到县境内外演出，每年演出100场—200场不等。

文江朱坂村的丰场戏，始于宋代，在漫长的发展过程中，传承形成。剧目组织结构、传承体制、表演形式、音乐唱腔与科仪演出等方面，都保留着古代杂剧的风格。原每10年演出1次，1980年后改为每5年演出1次。演出规模大，参与面广，戏班演员52人，由本村廖、余二姓村民组成。

六、艺术培训

1994年3月，县高甲戏剧团招收乐队演奏员11人，培训11个月。1997年9月，福建省艺校三明分校戏曲班在县内招收高甲戏专业学员14名，委托省艺校泉州分校代培，学制3年，毕业后回县高甲戏剧团工作。2001年7月，民办福州爱娟古筝艺术学校大田分校在白岩公园内开学，至年底，招生60余人。2003—2008年，红苹果舞蹈中心、小天鹅艺术中心、红舞鞋舞蹈培训中心、“123”艺术培训中心相继成立，各个培训班每年招生3期，每期100人—200人。

第三节　新闻报道

1993—1996年，县新闻媒体重点报道发展特色经济中的新举措、新经验、新成就。每年在市级以上媒体刊发新闻200条以上。其中，在《福建日报》头版头条刊登《县各级领导干部春节下乡》《节日不忘计生国策》《甩帽创先》等新闻稿件。

1997年，以推进新一轮创业、农村奔小康和国有企业改革为新闻报道重点，在中央新闻媒体、《福建日报》《三明日报》，省、市电视台刊播706条，其中，中央新闻媒体11条、《福建日报》73条。《晚出早归作风漂浮，60名包村干部受处罚》稿件获全国新闻三等奖。

2000年1月，4开版《大田宣传》获市新闻出版社批准为内部新闻出版物。以新闻报道为主、并设文学专栏，全年出版36期，每期发行3000份。县电视台开辟《党的建设》《改革开放20周年——农村篇》等栏目，集中报道“三农”工作，突出宣传攻坚战和经济工作重点、难点，在市级播出声像新闻822条，《三明日报》采用978条、《福建日报》采用142条。1997—2000年，被市级以上媒体采用的新闻1109条，其中市广播电视台460条、《三明日报》561条、《福建日报》87条。2001年11月的《人民日报》第二版以题为《“财神”下乡来》报道大田新闻工作者驻村采访情况。

2002年，县委宣传部制定《关于为加快县域经济发展创造良好舆论环境的实施意见》，加强新闻策划，提高新闻质量，系列报道改革开放后工业、农业、社会事业所取得的成绩。摄制《闽中明珠》《屏山茶事》等专题片。其中，反映梅山乡共产党员吴初塍带动农民发展辣椒致富的专题片《吴初塍走“红”运》，在中央电视台第七套《致富经》栏目播出。2003年1月，反映县干部给困难群众送温暖的摄影报道《雪中送炭》在《人民日报》刊出。

2006—2008年，新闻报道围绕县委、县政府“工业打头阵、农业创特色、城镇扩规模、建设新农村”

的战略部署，系列报道改革开放文明建设新成就，开辟“五年巨变”“高举旗帜、科学发展”“融入海西建设、积极先行先试”等广播电视专题专栏，进行环境带动、抗灾、救灾、迎奥运等重大活动的报道。1993—2008年，全县在各类报刊发送稿件1814篇，其中，《人民日报》采用2篇、《福建日报》采用360篇、《三明日报》采用956篇；县级以上广播、电视新闻稿件9965篇，其中，中央台采用2篇、省台237篇、市台1107篇。

第四节 图书 档案

一、图书

（一）图书馆藏

1993年，县图书馆与县文化馆同楼办公，图书阅览业务由县文化馆兼办。图书馆内设采编室、图书阅览室、少儿期刊阅览室、外借部。工作人员11人，藏书2.5万册。1998年，逐步建立乡、村图书室，村建立“千册图书室”14个。2002年6月，县图书馆新馆开馆、藏书3.5万册。2008年，图书馆在编人员7人，其中中级职称1人、初级1人；藏书3.62万册，设外借室、阅览室、少儿阅览室，新开设政府信息查阅点1个。全县中小学校有图书馆（室）54个，总藏书109.96万册，其中，省级示范馆大田一中图书馆藏书12万册、实小图书馆藏书5.67万册。

新华书店营业厅（2008年摄）

（二）图书发行

1993—1996年，县新华书店发行《邓小平文选》《中共十四届六中全会文件读本》《迎接香港回归祖国》等政治书籍2185册，销售金额2万多元，其他各类图书180.21万册，销售金额265万元，实现利润24.12万元。

1998年6月，在建山路6号购买楼房1幢，占地579平方米，建筑面积2700平方米，其中门市部营业面积320平方米，投资220万元。2003年完成办公及图书仓库搬迁。门市部安装全国统一店招90平方米，扩大营业面积200平方米，新做书架118个，增配空调5台、电脑及收款机等设备，投资40万元。

2008年，销售图书210.19万册，销售金额1620.27万元，实现利润133.62万元，销售量比1993年增长16.64%，金额同比增长5.11倍，利润同比增长4.54倍。

1993—2008 年大田县新华书店图书发行情况表

表 24-3

年份	销售册数（万册）	销售金额（万元）	利润（万元）	职工（人）	人均销售额(万元）
1993	180.21	265.00	24.12	31	8.54
1994	176.45	348.18	14.83	31	11.23
1995	193.52	513.15	25.83	27	19.01
1996	221.78	808.77	44.12	26	31.11
1997	276.42	976.86	60.99	26	37.57
1998	289.38	1079.23	87.42	26	41.51
1999	335.70	1312.21	109.11	25	52.49
2000	274.15	1239.23	100.53	25	49.57
2001	279.27	1234.78	104.59	25	49.39
2002	291.50	1316.57	125.48	24	54.86
2003	307.87	1491.22	110.98	22	67.78
2004	298.31	1537.19	81.13	24	64.05
2005	252.55	1475.79	88.79	24	61.49
2006	247.22	1542.20	99.37	26	59.32
2007	239.91	1647.47	132.59	26	63.36
2008	210.19	1620.27	133.62	26	62.32

二、档 案

（一）立卷建档

县、乡档案 1993 年，县档案局做好乡镇、县直机关和事业单位的当年档案立卷指导工作。对县域内重点建设项目档案资料的收集整理和保管工作进行监督、检查和指导。24 个市级重点工程项目建档、立卷 1442 卷（册）；20 个乡镇企业建档、立卷 3340 卷；新建涉及民生的各门类专业档案 3.27 万卷。2003 年，县直有 17 个机关（事业）单位及公安系统的 12 个派出所档案管理全部达到省级先进标准。1993—2008 年，乡镇、县直机关和事业单位累计立卷归档 2.89 万卷。

村（居）委会档案 1993—2000 年，将村级组织建档与小康建设结合，266 个村建档 1.07 万卷，合格认定 190 个村，合格率 71.4%。2004—2008 年，加强社区档案工作，举办管理人员培训班，提高业务素质，8 个社区的档案管理工作全部通过合格认定。

民营企业档案 2006 年，县档案局开展民营企业档案业务指导和建档服务，帮助民营企业建立档案管理机制。2008 年，石凤水泥、鹭峰矿业有限公司非公有制企业建档，5 个外商投资企业建档 1838 卷；2 个国有企业资产产权变动，处置原有档案 203 卷。

（二）档案登记

2005 年，依照《福建省档案条例》和《福建省档案登记暂行办法》开展档案登记工作。2008 年，贯彻国家档案局 8 号令，10 个县直机关、事业单位完成机关文书档案保管期限表的编制和审批。全县 129 个机关、乡镇、企事业单位完成档案登记 87 个单位，占应登记数的 67.4%。

（三）档案保管和利用

1993年，县档案馆馆藏档案90个全宗、2.19万卷，资料5166册。档案保管坚持“安全第一、预防为主”，落实档案保护措施，添置档案装具25组，配置彩电、录音机、录像机、多媒体电脑等管理设施，确保档案安全。1996年，开放档案全宗61个、9380卷，资料十大类5280卷，选编各项专题9种，编制检索目录，档案汇编244个。1999年，落实国家档案局“不把破损档案带入21世纪”的要求，抢救修复破损、虫蛀、字迹褪色档案165卷。2000年，接收30个单位到期档案进馆，使馆藏档案达3.4万卷，资料5456册。同时，加强消防器械的检查与维护，实施办公与库房用电分离，消除安全隐患。

2005年，县政府批拨专项资金21.19万元，用于档案馆楼修缮及添置电脑等设备，档案基础数据库建设，配置服务器、安装“福建省综合档案管理系统”软件等。2006年，推进档案馆工作规范，建立健全统计台账，修裱破损档案10卷、1742页，修改馆藏档案文件目录2.49万条、补充目录5.8万条。编制计划生育政策、林权制度改革等专题文件汇编，接收婚姻登记和土地所有权证专门档案进馆。2008年，县档案馆收集整理地籍管理、私营企业法人登记、个体工商户、银行信贷、医疗病历、农户信用、库区移民、诉讼、学籍等9项民生档案目录，建档6283卷（册、盒、袋）。对档案馆藏满30年的22个全宗、617卷，实行解密划控和开放。当年，县档案馆累计接收到期档案2.01万卷，收集资料1119册，馆藏档案103个全宗、4.05万卷，资料6306册。

1993—2008年，全县档案馆（室）接待查档利用2.43万人次，查阅档案4.42万卷次。其中，县档案馆接待有关林改、林地纠纷、房地产权、知青插队、人口婚姻、编史修志、民事纠纷、工作参考以及工龄、学龄、学历、工资待遇、土地征用等查档人员4902人次，调阅档案1.1万卷次，产生经济效益989.77万元。县档案馆获1997年度全市档案工作“创优争效”单项考评第一名。

（四）信息化建设

2004年，县档案局（馆）互联网站开通。2005年，实施《分布式档案目录数据库建设规划方案》，完成分布式档案数据库二期项目建设。2007年，通过省级验收。当年接收县委办等5个试点单位电子文件归档案卷共725卷、1.31万条。2008年，档案目录数据库进行第三阶段的录入，完成24个全宗档案的文件级目录4.52万条，确定专人对档案目录数据进行审校，保证数据的完整和准确。优化馆内计算机局域网络，定期检查档案目录数据库，建立档案目录数据库统计台账，对数据进行安全备份，确保档案信息系统安全。4月，政府信息查阅服务中心挂牌，查阅场所陈列政府公报、法规政策等与政府信息查阅相关资料，专人负责政府公开信息纸质文本和电子文本的储存、保管与利用。当年，县直机关单位报送信息公开指南和目录单位55个。

1993—2008年大田县档案馆馆藏档案和利用情况表

表24-4

年份	馆藏		档案利用	
	档案（卷）	资料（册）	人次	卷次
1993	21871	5166	360	1540
1994	25478	5157	231	1005
1995	27936	5224	211	590
1996	29786	5280	321	885
1997	30770	5280	272	817
1998	32034	5300	191	390

续表 24-4

年份	馆藏		档案利用	
	档案（卷）	资料（册）	人次	卷次
1999	32690	5356	201	500
2000	33828	5456	258	758
2001	36276	5583	232	382
2002	34609	5632	277	785
2003	34948	5729	355	740
2004	35283	5921	273	479
2005	35417	5985	345	551
2006	35466	6036	362	565
2007	40470	6194	324	464
2008	40479	6306	689	554

第五节 文化遗产

一、文物保护

1993 年，县博物馆加大《中华人民共和国文物保护法》宣传力度，落实安全保卫制度。当年有馆藏文物 172 件，其中国家三级以上保护的 119 件；县级文物保护单位 9 个。1996 年，修复县级文物保护单位武陵乡桃溪西河祠。1997 年 6 月，屏山乡派出所破获盗窃陈氏古宅案 1 起，缴获雕花石础 1 对，经省文博处鉴定为普通文物。2001 年 4 月，县公安干警破获屏山乡大仙峰崇圣岩佛像被盗案，将缴获的 1 尊明末清初时期的黑樟木雕真宗佛像（经鉴定为国家三级文物）归还寺庙。2005 年 3 月，古建筑崇圣岩、象山寺、荥阳祠、琵琶堡、流泗桥、古墓葬壹家坟被列为第三批县级文物保护单位。同年 11 月，古建筑芳联堡、光裕堡、绍恢堡、泰安堡、广崇堡、安良堡被列为第四批县级文物保护单位。2007 年，大田板灯龙被列入第二批省级非物质文化遗产名录。2008 年，板灯龙被列入第一批国家非物质文化遗产名录。年底，县博物馆馆藏文物 300 件，其中国家三级以上保护文物 136 件。年底，列入县级文物保护单位共 21 处，其中第一、二批古建筑镇东桥、文昌阁（县一中）、通驷桥、广平文昌阁、中共闽中工委会址西河祠、万应庙和革命烈士纪念碑及古墓葬田琯父母合葬墓、古遗址洋地瓷窑址等 9 处在首轮志书已记述。

附：第三、四批县级文物保护单位简介

崇圣岩 古建筑，位于大仙峰南侧山腰，占地 3396 平方米，始建南宋孝宗隆兴二年（1164 年），曾两次遭焚复建，三进式木结构。房百余间、厅 16 个，有“泉南佛国”之誉。1959 年，毁于山体滑坡，1996 年 11 月动工复建，1999 年 6 月，工程竣工。供奉“三宗祖师”等佛像，寺内 1 口古钟为清嘉庆年间（1796—1820 年）铸造。

象山寺 古建筑，位于谢洋乡坑口村象山，占地 1800 平方米，建筑面积 623 平方米，元仁宗（1312—1320 年）赐建，明永乐八年（1410 年）重建，砖木结构。供奉“刘公祖师”等诸神，寺内存有明崇祯年间（1628—1635年）狮纹花口钟一口。

荥阳祠 古建筑，位于桃源镇桃源村，郑氏祠堂，始建北宋熙宁二年（1069年），清康熙十七年（1679年）重建。正堂为抬梁穿斗混合结构。1993年，又做修葺，系民族英雄郑成功远祖祖祠，为县内涉台文物。

琵琶堡 古建筑，位于建设镇建国村澄坑自然村，占地2000平方米，建筑面积1600平方米，三进歇山式。明代洪武年间（1368—1398年），游姓始祖在元代中期始建祖祠的基础上，改扩建为土堡，根据地势地形，刻意造成琵琶形状，是防御为主兼居住功能的堡垒式建筑。1985年重修，三圣祠内供奉“三圣尊玉”神像。

流泗桥 古廊桥，位于桃源镇蓝玉村，始建于南宋末年，几毁几建，民国12年（1923年）重建。长38米、宽5.3米、桥头条石垒砌，桥墩船形，一墩二孔，由直径五六十厘米圆柱杉木做垫，60余根木柱支撑，为抬梁悬山顶木结构廊桥。

壹家坟 古墓葬，位于屏山乡杨梅村，为章氏家族墓，一墓18穴，又称“十八孔墓”，占地2436平方米。始建明隆庆六年（1572年），“风”字形三合土打制，一、二、三级墓坪分别阔20米、15.5米、9.5米，进深7.1米、5.2米、5.5米，前后高差30米。1999年，重建。

芳联堡 古建筑，位于均溪镇许思坑村，占地3350余平方米，建筑面积（三层）5500多平方米，160余间，始建清嘉庆十一年（1806年）。府第式集防御和居住为一体的堡垒式建筑，高度随地势逐级而上，如飞凤张翼，堡墙高约7米，厚0.6米—1米，历200余年，完好如初。民国23年（1934年），红七军团抗日先遣队曾在该堡驻扎。

光裕堡 古建筑，位于广平镇万筹村，占地近3000平方米，建筑面积约4500平方米，始建清乾隆年间（1736—1795年）。前方后圆，平面呈“箕”形，兼有府第式和客家“五凤楼”、围拢屋民居建筑特点及防御功能。堡内房80余间，一直为郑氏某家族所居住。

绍恢堡 古建筑，位于广平镇万宅村，占地3200平方米，建筑面积2500平方米，清光绪十八年（1885年）余氏世祖所建，歇山顶穿斗式土木结构，堡外天然壕沟防御功能突显。房近百间，明间设太师壁及神龛，供祖宗神位。

泰安堡 古建筑，位于太华镇小华村，占地1720平方米，建筑面积（三层）2100平方米，始建于明末，清咸丰七年（1857年）改造扩建。悬山式楼顶，52根木柱支撑楼体的方形土堡，挑梁与穿斗结合，共60余间，门洞三道木门，堡与溪高差4.5米，防御为主。

广崇堂 古建筑，位于太华镇小华村，占地1120平方米，建筑面积1000平方米，始建民国初年，门庭门面呈凸形，堡中设有密集斗形条窗，以砖为主，正堂穿斗式架梁，檐廊处设童柱，一层有木梯4部。距泰安堡200余米。

安良堡 古建筑，位于桃源镇东坂畲族村，占地1500平方米，建筑面积1250平方米，建于清嘉庆十五年（1810年）。平面呈不规则椭圆形，前方后圆，台基落差14米，防御设施独特，设有方向不一斜状射击孔和长方形斗式窗，四面御敌。有房48间，堂屋悬山顶穿斗式，墙体逐级向上，共16级。

二、文物普查

1999年6—12月，县文体局、文联对屏山、广平、建设、太华、桃源、上京、华兴、石牌、梅山、均溪等10个乡镇的古桥亭、古阁楼、古庙宇进行普查，拍摄文物图片100余张，查明留存古桥亭16座、古阁楼3座、古庙宇16座，撰写调查材料6万余字。2003年，县博物馆组织人员对街面水库库区文物进行调查，探明高才村有明清时期的墓葬20多处、明代石构桥1座、明清建筑物2座。2004年6月，县文体局调查广平镇广平村明清民居群32座，其中林韶诚、林永贾父子分别修建的凤仪堂、深原堂为木结构建筑，集书法、绘画雕刻和防火功能于一体。同年，县文体局组织人员开展县民族民间非物质文化遗产普查，涉及戏剧、音乐、舞蹈、雕刻、绘画、杂技、工艺品，撰写调查材料3万余字。2006—2008年，《大田县物质和非物质文化遗产保护名录》《三明祠堂大观·大田卷》以及由严垂壁主笔的《大田古建筑》等文物专辑出版，印数各3000册。

三、考古发掘

1994年8月，建筑工程队在县实验小学大门基建场地（原县文庙旧址）挖出石碑2方。其中1座高220厘米、宽94厘米，碑文为明代嘉靖年间礼部侍郎田一儁（大田梅林人）手书《大田县修学记》；另1座高190厘米、宽83厘米，为清乾隆三十年（1765年）重修大田庙学的《碑记》。2方石碑收藏在县博物馆内。

2004年10月，县博物馆邀请省博物馆研究员、古陶瓷专家林忠干一行3人，对建设镇建爱村上岭山、奇韬镇永德村古陶瓷窑址进行调查考察。发现建爱村上岭山窑址为宋代早期，系大田县最早从事陶瓷生产的作坊，产品有碗、杯、盏、盘、盆、缸及少量的工艺瓷；釉色以青为主，少量的酱黑釉；产品工艺、烧制受江西景德镇影响。永德村窑址为明朝中期至清代，明时产品以白瓷居多，明后期至清代以青花为主，产品有碗、杯、匙、盘、炉等。

2005年8月，城区凤山中路南侧、古山路口50米处民用建筑工地发现高160厘米、宽75厘米石碑1方。县博物馆工作人员初步认定，碑刻系清光绪六年（1880年）的一件民事诉讼纪事碑。碑文记载清光绪四至六年间大田范姓与叶姓山界纠纷案件的裁决。同年，县博物馆对梅山乡香坪村富裕坪自然村万银场宋代银矿冶炼遗址进行考察，发现河右岸有500米长、50米宽的作坊遗迹和窑炉、炉壁残址及矿渣和生活废品堆积。2006年7月，省考古研究所所长、研究员粟建安与市文管会、县博物馆等人员组成考古队6人，对泉三高速公路吴山互通口和洋路段瓷寮山窑址进行抢救性考古发掘。挖掘窑炉1座，为清晚期陶瓷窑址。出土的大多为日用陶瓷，品种有罐、壶、坛、碗、钵、火笼炭盆等日用粗瓷，生产延续时间较长。

2007年，县博物馆人员对太华镇魁城村石牌岬北宋连氏古墓进行考古，发现随葬品7件；普查发现万湖村唐代连氏古墓1座。2008年，再次考查石牌岬古墓，该墓长方形单室砖砌，拱形券顶已毁，仅存1墓室，长375米、宽105米，底部用砖平铺，有对称壁龛6对，正中置长方形棺床，床与墓壁之间排道，随葬品放置于棺床四周。在墓室底部发现陶质谷仓的碎片及瓷质碟盖1个、铁质棺钉和钱币各12枚，大多生锈腐蚀，其中一枚唐代纪年钱币较完整清晰。系五代时银青光禄大夫连胤之墓。

第六节　史志编纂

一、党史编纂

（一）党史资料征研

1993—1994年，县党史室征集党史资料250万字，为省、市级党报党刊提供稿件90篇。撰写大田籍党史人物简介2篇，被《福建党史人物词典》收录；为《奉献的一生——蔡敏纪念文集》撰写部分稿件（蔡敏曾任中共闽西北特委组织部长、闽西北特委书记）。1997年，编纂《大田县抗美援朝运动纪实》《大田县剿匪斗争纪实》《爱国侨领陈嘉庚先生与大田集美职校》等，为省、市党报党刊提供稿件20篇。1998年，《人间正道是沧桑——大田县剿匪斗争概述》《布下天罗地网，伞特有翅难飞——大田县万湖民兵勇歼5伞特纪实》《日军残杀中国人的血证》《琐忆革命母亲肖贤使》等，在《三明党史》刊物发表。采访南京大屠杀的历史见证人罗瑾，《罗瑾及其收藏的血证》一文和收藏日寇杀害中国人的照片4幅在《福建党史月刊》刊登。2000年，搜集整理《三明党史画册——大田分目》图片及文字资料，撰写《三明革命史》《红土地之歌》《三明经济发展概览》等有关大田部分资料。2006—2008年，为中央党史室征集《抗日战争时期中国人口伤亡和财产损失》大田部分，为省党史室征集《今日长征路》

提供资料。搜集整理《大田革命烈士英名录》文字资料约2万字。大田革命烈士英雄事迹稿件，被《三明日报》“永远的丰碑”栏目采用3篇。红军北上抗日先遣队征战大田传播革命真理的稿件被《福建日报》《三明日报》采用。完成省委党史室关于革命旧址和革命文物搜集文字材料6800字、图片25幅。

（二）党史专题纂写

1998—1999年，县党史室编纂《大田县农业社会主义改造专题》《大田县新时期农村变革专题》《大田县拨乱反正专题》《大田县“大跃进”专题》《大田县国民经济调整专题》《大田县“文化大革命”运动专题》《大田县社会主义市场经济体制的构建与探索专题》等7个专题约8.3万字，收录于《三明市社会主义时期党史专题研究》。2002年，撰写《中共三明党史人物》（大田篇目）。2003年，党史室编纂《中共大田党史人物（初稿）》。2008年，完成《大田县精神文明建设专题》《大田县项目年专题》《大田县“三反、五反”运动专题》编纂，约3.2万字。

（三）党史图书出版和专题片拍摄

1995年12月，党史室编辑出版《新时期大田农村变革》（32开本，120千字，印数700册）。1999年5月，公开发行《大田革命斗争史》（32开本、148千字、印数3000册）。

2003年，党史室与组织部联合拍摄《雪山作证》电视专题片，纪录1937年2月在大田县武陵乡建立中共支部、开展革命斗争的史实。2004—2008年，又联合拍摄《大田解放》专题片，2个片均在三明、大田电视台播出。

二、文史资料编辑

1993年5月，县政协文史资料委员会出版大田文史资料第八辑《大田民俗》，记述现代大田县民俗概况。1999年5月，大田文史资料第十四辑《科海光华》，记述现代大田籍41位科技人才的业绩；9月，第十五辑《青春无悔》，记述泉州、福州知识青年下乡插队、奉献青春、建设大田的史实。2006年5月，第二十一辑《闽台连氏渊源》，展示闽台连氏根脉相连、同根同源的民族情怀。2007年12月，第二十三辑《仙顶茶飘香》，记载大田茶叶生产历史。2008年12月，第二十四辑《大田姓氏源流》传承姓氏文化，该书赠全国各大图书馆、部分高校、研究机构和省政协、市内各县政协文史部门收藏。1993—2008年，县政协文史资料委员会征集各类文史资料285万字，每年出版1本专辑，共出版《大田文史资料》17辑、175万字，每辑印1500册—2000册，其中第二十四辑印4000册。

大田文史资料编辑一览表

表24-5

辑　别	字数（万）	出版时间	主要内容
第一辑	7	1983年8月	大田历史精典等
第二辑	7	1984年10月	大田革命斗争史等
第三辑	5	1988年11月	大田历任主官等
第四辑	5	1989年3月	大田历代诗歌选注
第五辑	5.5	1990年4月	大田人物传记等
第六辑	5	1991年6月	大田华侨情况等
第七辑	7	1992年7月	大田文化教育
第八辑	6.5	1993年7月	大田民俗
第九辑	7	1994年10月	桃源镇

续表 24-5

辑 别	字数（万）	出版时间	主要内容
第十辑	7	1995 年 8 月	大田水利电力
第十一辑	10	1996 年 7 月	南京大屠杀目击等
第十二辑	9	1997 年 8 月	大田林业
第十三辑	9.5	1998 年 8 月	太华镇
第十四辑	10	1999 年 5 月	大田科技人才
第十五辑	7	1999 年 9 月	大田知青
第十六辑	11.6	2000 年 8 月	大田教师颂
第十七辑	12	2001 年 5 月	大田巾帼赞
第十八辑	11	2002 年 5 月	救援抗战美机飞行员等史实
第十九辑	14	2004 年 5 月	大田财政工作
第二十辑	10	2005 年 12 月	大田古建筑
第二十一辑	8.5	2006 年 5 月	闽台连氏渊源
第二十二辑	14	2007 年 1 月	大田公路建设
第二十三辑	14	2007 年 12 月	大田高山茶
第二十四辑	21	2008 年 12 月	大田姓氏源流

三、志鉴编纂

（一）县志

第一轮《大田县志》 1995 年 1 月，第一轮《大田县志》志稿送市、省方志委复审和终审。4 月，省方志委批准《大田县志》交付出版社审编出版。1996 年 11 月，《大田县志》由中华书局出版社出版，首印 4000 册。全书分 34 卷、166 章和概述、大事记及附录、编后记，共 170 万字。1997 年 6 月，《大田县志》被省方志委评为优秀志书三等奖，8 月公开发行。1999 年 11 月，《大田县志》在第二届全国地方志成果展展出。2001 年 7 月，县地方志编纂委员会办公室（简称县方志办）编纂《大田县志索引》，按汉语拼音字母顺序排列；9 月，《大田县志》送“福建省情资料库”。2003 年底，《大田县志索引》完成初稿 2.9 万字。1996—2008 年，《大田县志》发行 1650 册。

第二轮《大田县志》 2008 年 4 月，县委、县政府启动第二轮《大田县志（1993—2008）》编修工作。6 月，县委组织部发文成立主编会，设主编 1 人、副主编 3 人，其中退休干部 3 人。县方志办聘退休干部 8 人担任编辑。9 月，5 位修志人员到兰州参加全国地方志系统新方志编修业务培训。10 月，县委办、政府办转发县方志办《关于开展第二轮〈大田县志〉（1993—2008）编纂工作的意见》，县方志办制定第二轮《大田县志》篇目，经市方志委审定，篇目与任务安排下发各承编单位。11 月，县委、县政府召开全县第二轮修志工作动员大会。12 月，举办第二轮《大田县志》编修业务培训班，各承编单位分管领导和编写人员 200 多人参加，聘请省、市方志委 4 位专家授课。第二轮《大田县志》编修工作全面展开。

民国版县志点校整理 2006 年 4 月，县方志办组织人员对民国 17 年（1928 年）8 月版《大田县志》进行点校。2007 年，民国 17 年版《大田县志》点校完成。该志首设大事记，分 6 卷 37 门，共 35 万字。

（二）部门、专业志

1997年10月，县烟草专卖局组织编纂的《大田县烟草志》由方志出版社首印1000册，全志分7章21节、13.8万字，下限至1993年。1999年9月，县土地管理局组织编纂的《大田县土地志》（内书），印刷300册，全书分11章46节78目、25万字，下限至1997年。2002年7月，县电力（集团）公司组织编写的《大田电力志》，由方志出版社印刷1000册。志书共9章40节、32.9万字，记述1944年县境内利用水轮泵发电、1945年上京桂坑村亮起第一盏电灯，至2000年大田电业发展史。

（三）乡镇村史志

2007年5月，上京镇政府组织《上京镇志》编纂。全志设14章45节。同年11月，均溪镇玉田村完成《玉田村史》（内书）编纂，全书分19个部类和概况、附录、编后语，共12.8万字。记述玉田村范氏先祖唐天祐二年（905年）南迁定居玉田定居至2007年的人文、风情民俗、经济发展等史实。2008年，印刷2000册。同年8月，均溪镇红星村组织编修《红星村志》，设20个部类62个分类。

（四）年鉴

综合年鉴 1997年，由县方志办组织编纂《大田年鉴》，首卷《大田年鉴（1997）》，记述1993—1996年大田经济、政治、社会发展的基本面貌，共31个部类、185个分类、1399个条目，80.2万字，彩照213幅。10月，由方志出版社出版，印数1000册。

1998年起，每年编纂1卷《大田年鉴》。12月，经中国年鉴研究会学术工作委员会和《年鉴信息与研究》杂志社联合举办的第三届年鉴校对质量评委会复查，《大田年鉴（1997）》获优秀奖。《大田年鉴（1998）》类目增特载、中共大田县纪委、广播电视3类，文化体育合为1类，同年8月，该卷年鉴获全国第四届年鉴校对质量评比优秀奖。《大田年鉴（1999）》附录增村概况分目，《大田年鉴（2000）》不登彩照、减少索引，印数减为500册。2007年8月，《大田年鉴（1999）》参加省地方志优秀成果评选获二等奖。1997—2008年，县方志办编纂《大田年鉴》12卷，共644.9万字，累计印刷7500册、发行3583册。

《大田年鉴》编纂发行情况表

表24-6

书 名	类目（个）	分目（个）	条目（个）	字数（万）	出版时间	印数（册）	发行（册）
《大田年鉴（1997）》	31	188	1319	80.2	1998年6月	1000	571
《大田年鉴（1998）》	33	174	1104	53.0	1999年8月	1000	478
《大田年鉴（1999）》	33	178	1134	55.1	2000年9月	1000	408
《大田年鉴（2000）》	32	178	1084	51.6	2001年9月	500	321
《大田年鉴（2001）》	32	180	1125	51.0	2002年9月	500	311
《大田年鉴（2002）》	32	189	1055	49.0	2003年7月	500	288
《大田年鉴（2003）》	32	190	1107	49.0	2004年7月	500	313
《大田年鉴（2004）》	32	191	1030	50.0	2005年4月	500	187
《大田年鉴（2005）》	32	190	1080	50.0	2006年6月	500	186
《大田年鉴（2006）》	32	189	1057	50.0	2007年7月	500	148
《大田年鉴（2007）》	32	189	1068	50.0	2008年8月	500	179
《大田年鉴（2008）》	32	192	1106	56.0	2009年8月	500	193

专业年鉴 2002年5月，县统计局编纂《大田统计年鉴（2001）》，分17部分，反映大田县2001年国民经济和社会发展情况。《大田统计年鉴》每年1卷、印120册，至2008年11月，共编印7卷，印840册。

（五）其他地情资料

1995年6—7月，省方志委、福建电影制片厂、县方志办联合拍摄《福建地方志系列电视片——大田》，共有镜头600组，制作400带，播时60分钟，系统反映大田政治、经济、民情风俗等历史与现状。

2002年6月，县方志办会同国土资源局、水利局等10个部门完成《福建省志·闽江志》约稿5万字。2003年5月，县方志办完成《福建省志·方志志》大田县部分稿件1.6万字。9月，编写《福建通鉴》《三明年鉴》大田县部分稿件共8.64万字。2005年11月，编成《大田县地名志》稿，报省、市方志委，共4章10节、2.1万字。2008年，向市方志委《三明姓氏考略》一书提供大田县170多个姓氏人口及分布情况资料。

第七节 广播 电视 影像

一、广播节目编播

1993年，县广播节目分为新闻类、教育类、科技类、服务类、文艺类和不定期栏目6大类。自办节目每天播出80分钟，首次自办文艺节目每天播出150分钟。1994年5月1日，县广播电台广播时间由三段式每天播音6小时35分改为全天播音15小时。自办广播节目有《新闻》《新闻广角》《经济潮声》《对农村广播》《七彩生活》和各类专题节目。2003年，是“广播发展年”，县广电局修复大仙峰100瓦调频广播发射机，在城区设立50瓦调频广播发射机1台，城区主要路段安装调频广播音箱，在已联网的乡镇所在地安装野外型调频广播喇叭35个，群众可以随时收听三明广播电台和县广播新闻节目。2006—2008年，投资建成广播电台音频工作站，实现制作、播出数字化，编辑、录制功能现代化，改善收听质量，提高广播收听率。

二、电视节目编播

1993年，城区有线电视播出节目套数有中央台1套、2套、3套、4套，省台1套，东南台、三明台、浙江台、山东台、云贵台和自办2套，共12套电视节目。县有线电视台与宣传部电教中心联办《大田新闻》和《经济生活》2个栏目，分别于每周六、日晚和每周三、四晚播出。1996年，新增《岩城报道》栏目。1997年4月，由县委宣传部电教中心联办的《大田新闻》栏目转为有线电视台自办，每周播出《大田新闻》2期，《社会生活》或《女性天地》1期，播出时间30分钟以上。1998年7月1日，首次组织现场直播县举行的庆祝香港回归一周年大型文艺演出。2002年，在每晚黄金时段播出县台自制的《象山风光》《岩城夜景》和《大田雪景》3部反映县独特魅力的电视风光片。2008年，城区及与城区联网的乡镇村用户均可收看35套有线电视节目。县电视台自办《大田新闻》，县电教中心制作《经济生活》和《岩城报道》。《大田新闻》每周一、三、五首播，二、四、六重播，每次播出15分钟。

1993—2008 年大田县广播电视新闻用稿情况表

表 24-7 单位：篇

年份	广播			电视			
	省台	市台	县台	中央台	省台	市台	县台
1993	25	52	4426	0	0	0	125
1994	0	47	4698	0	0	0	102
1995	11	46	4256	0	0	17	162
1996	0	52	4260	0	0	42	178
1997	9	66	3212	0	45	185	1150
1998	20	102	2560	0	28	260	1140
1999	0	180	1471	0	0	230	1403
2000	0	279	1466	0	0	241	1120
2001	0	220	1161	0	45	235	1794
2002	10	323	1141	0	40	230	1536
2003	12	360	1376	0	36	220	1492
2004	7	225	1160	3	26	133	1491
2005	11	152	1121	1	16	117	1996
2006	32	138	1476	1	26	198	1577
2007	65	245	1348	1	18	120	1848
2008	76	227	1858	0	20	179	1858

1993—2008 年大田县广播电视新闻获省级奖情况表

表 24-8

年份	新闻作品名称	主创人员	获奖等级（省级）
1993	《养兔致富 前景广阔》	廖联德 郑 坚 林武霖	省优秀广播节目三等奖
1994	《心系这片黄土地》	郑 坚	福建广播奖三等奖
1995	《血证》	廖联德 林秀华	福建广播奖一等奖
1996	《锻直中华民族的脊梁》	廖联德 林秀华	福建广播奖一等奖
1997	《村财乡管路子新》	廖联德 林秀华 蔡莉萍	省广播奖三等奖
1998	《学生坠桥众人相救》	涂智靖	省电视奖三等奖
	《我县农民上网卖菜忙》	林朝阳 郑 坚	省广播奖三等奖
1999	《阿佳打出野菜品牌》	郑 坚 林朝阳	省广播奖二等奖
	《山里老农逛京城》	范可杰	省电视奖一等奖
2000	《华兴乡贿选案透视》	范可杰	福建电视社教节目奖一等奖
2001	《苏启日的驻村兽医箱》	涂智靖	省电视新闻二等奖
	《国企呼唤监督》	范可杰	省电视新闻二等奖
2004	《三明生态林：大旱之年呈威力》	涂智靖	省电视新闻奖一等奖
2007	《如此课本如何教育》	涂智靖 郭绵韧	省电视新闻一等奖
2008	《陈兴光：帮忙就是一种享受》	涂智靖	省电视专题三等奖

三、广播电视网络

（一）广播

1993 年，全县调频广播讯号发射由县台中心机房的 10 瓦发射机定向发射到海拔 1553 米的大仙峰机房，再由大仙峰机房的 100 瓦发射机发射覆盖全县。建立功率 50 瓦调频中继站 1 个，调频终端接收站 6 个，配备调频专用接收机 6 台，18 个乡镇通过有线和调频广播的覆盖收转县广播电台讯号。2004 年 6 月，城区中心机房增设 50 瓦调频广播发射机 1 台，转播中央、省及市广播节目。

2007—2008 年，投资 23 万元，实施“百乡千村公共广播宣传工程”，在农村 80 个村安装 160 个可寻址无线调频广播音柱，广播信号通过光缆传输到有线电视联网的村，实行早、中、晚三段式播音。

（二）电视

1993 年，全县乡镇建立卫星地面站，乡镇所在地能收看 3 套以上电视节目，有 85% 的村可收看 2 套以上电视节目。1994 年 9 月，实施城区有线电视加解扰系统工程，安装前端设备及用户解扰器（机顶盒）。在册用户均安装加解扰机顶盒接收电视节目，有线电视节目播出 36 套。1995 年 1 月，城区有线电视网络通过省、市广电局的联合验收，并在大仙峰新安装 50 瓦发射机，开通转播三明电视台节目。1996 年，实施“百乡千村广播电视覆盖工程”，在有线电视无法覆盖到的 49 个偏僻山村，建 65 座卫星电视地面接收站。1997 年 5 月，开通中央 4 套加密电视频道，城区有线电视实行昼夜播出；年底，全县有 15 个乡镇所在地建成有线电视网。

1999 年，实施县乡广播电视光缆联网工程和“村村通广播电视”工程。2003 年，完成有线电视机房设备安装和第一批片区试点赤岩小区发放有线电视用户机顶盒。2005 年，采取无线数字电视、有线电视光缆联网、个体卫星接收覆盖方式进行“村村通”建设；乡镇全部实现有线电视光缆联网，所在地及附近村，可收看 36 套电视节目。2008 年，县广电局投资 255 万元，提前完成“迎奥运村村通广播电视工程”建设（81 个 20 户以上已通电的自然村通广播电视），共建杆路 34 皮长公里，架设光缆线路 208 公里，开通光节点 83 个，农村用户新发展 1019 户；投资 213.7 万元，实施大仙峰农村广播电视公共服务体系无线覆盖工程；向农村无线发射中央 1 套、7 套、省台 1 套、三明台 1 套等 4 套电视节目和中央 1 套、省台 1 套、三明台 1 套、大田台等 4 套广播节目，全县实现广播电视“村村通”。

（三）有线广播电视

1993 年，乡镇利用卫星地面站、城区利用有线电视网络收看电视节目。1998 年，广平至元沙、苏桥、铭溪、栋仁首条县广播电视光缆线路开通。1999 年 8 月，省专用传输光缆网 1 级网熔接上京、桃源、石牌、均溪、华兴 5 个乡镇；大田至太华、建设、广平 2 级网 76 千米光缆线路竖杆。2000 年起，全省广电专用光缆网大田段铺设、县接入网熔接，光缆传输 2 级网（石马岬—城关）76 公里杆路、2 级网进城（河滨西路）管道，城区广电光缆凤山中、西路 1.65 公里管道埋设和上京至武陵、石牌至吴山 40 公里杆路建设。实现乡镇全部与城区光缆联网。1993—2008 年，共架设光缆线路 532 皮长公里，建立光缆杆路 136 公里，安装并开通光节点 343 个，建设城区光缆管道 13.1 公里，电视信号全部实现光缆传输。广播电视乡镇覆盖率 97.55%、镇覆盖率 99.18%，城区有线电视用户 1.8 万户、农村 2.2 万户。

广播电视机房（1997 年摄）

1993—2008年大田县有线电视发展情况表

表24-9

年份	播出频道数（个）	通有线电视		全县用户（户）	广播综合覆盖率（%）	电视综合覆盖率（%）	有线广播专线杆路（公里）
		村（个）	自然村（个）				
1993	12	0	0	5550	88.90	92.00	251
1994	12	0	0	5900	89.00	95.00	251
1995	12	20	98	7700	89.00	97.00	251
1996	12	45	152	9800	90.00	98.00	612
1997	20	52	280	10200	92.00	98.20	612
1998	20	65	350	11400	92.00	98.40	612
1999	22	76	410	13100	92.00	98.60	612
2000	25	82	464	14600	92.00	98.80	612
2001	25	85	480	19300	92.01	98.91	103
2002	28	88	562	20300	92.01	98.97	103
2003	28	91	575	23000	92.49	98.97	103
2004	30	98	700	25000	92.50	98.97	103
2005	30	113	876	28000	92.63	98.99	103
2006	30	118	880	29700	93.50	99.12	103
2007	36	126	883	31281	93.80	99.15	103
2008	36	130	912	32203	97.55	99.18	103

四、电影

（一）放映队伍

1993年，全县放映单位22个，其中35毫米放映机6台、16毫米16台，放映人员28人。1999年，全县放映单位21个，其中35毫米放映机2台、16毫米19台。2008年，全县放映单位、放映机不变，放映人员23人。

（二）放映活动

1993年，省电影公司对35毫米彩电新片（包括大片）采用单片分账发行，基层电影放映向市场经济转变，经济收入下降。9月，举行“金秋中国”国产故事片文化展放映活动。1997年，全县中小学生每学期观看4部—5部爱国主义影片。12月，著名电影艺术家、导演刘世龙应邀在大田影剧院为城区青少年作革命传统报告会11场，并放映由其扮演英雄王成的影片《英雄儿女》。1998年，农村恢复16毫米电影放映。1999—2000年，县影剧院放映场次少，主要靠播放投影收入。县电影公司组织19支16毫米电影队，到全县各中小学校放映2000场，观众48万人次；有182个村每月放映1场。35毫米电影全部停止放映。2001年，县电影公司组织20支电影放映队，在乡村学校放映电影2100场次。2003年，电视的普及，电影观众锐减，经济收入下降，县影剧院开始接纳外来文艺演出。2006年10月，县文体局开展“建设新农村”文化宣传活动，在城区8个居委会和“建设新农村”试点乡镇、村公益放映科教短片40部次，故事片62部，观众13万人次。2007年10月，县文体局组织城区8个居委会和新农村建设的省、市、县试点乡镇、村做公益放映科教短片90部次、故事片60多部，观众23万人次。2008年，县岩城影剧院资源整合，成立大田县嘉和农村数字电影放映有限责任公司，实施文化部和广电总局提出的21世纪全国农村每村每月至少放映1场电影的“2131”放映工程，放映2193场，观众达百万人次。

第二章 体 育

1993年，全县加大投入，完善体育设施，职工体育、老年体育、农民体育、学校体育齐头并进。经常性体育健身人群占40%以上。1995年，三明市体育彩票管理中心在县开设第一个体育彩票经营销售点。1997年，县文体局摄制片长21分钟的体育工作电视专题片《山花烂漫更妖娆》。1998年，通过“全国体育先进县”的复查验收。2001年，开展争创省全民健康中心活动。2004年，举办首届农民运动会。全县学生体质健康标准达标率92.8%。2008年，县文体局副局长周孙云被选为北京奥运会火炬手在厦门参加奥运会火炬接力。市体育彩票管理中心在县共设销售终端机15台，全年销售体育彩票633万元。

1993—2008年，县运动员参加省、市赛事获金奖230枚、银奖156枚、铜奖290枚。参加全国性比赛获奖6人。张杰在世界、亚洲男子62公斤级举重锦标赛获冠军2次，刷新世界纪录1次。

第一节 群众体育

一、职工体育

1993年5月，宣传系统举办城区职工首届运动会，18支代表队800多人参加。1995年8—10月，县直机关第二届职工运动会，参加单位38个。1997年11月，宣传系统举办城区职工第二届运动会，参加30个单位。2000年4月28日，县工行承办“庆五一”职工跑步接力赛，15个单位、150名选手参加。2002年6月，县文体系统举办城区职工运动会，参加7个单位，设登山和扑克80分、跑牌3个项目。9月，政法系统举办第二届职工运动会，8个单位180人参加6大项13个小项比赛。2005年8月，政法系统举办第三届职工运动会，150余人参加。2006年，经国家体育总局批准，县成立青少年体育俱乐部。2008年4月，县文体局与人保财险大田支公司联办“人保财险杯”羽毛球赛，参赛选手100多人，教育、煤炭、农信社代表队分获团体前三名。

二、农民体育

1993年，农村体育设施不断完善，农民体育活动日益活跃。1994年元旦，在城关举办第四届农民篮球赛，12支代表队、144人参加。1995年，元旦期间举办第五届农民篮球赛，10支代表队、120人参加；3月，县组队参加省农运会，1个项目获团体第一名、2个项目第五名，个人获2项第一名、2项第二名、1项第四名，县获优秀组织奖和体育道德风尚奖，均溪镇红星村农民柳诗山获中国象棋比赛第一名。

太极拳展示（2002年摄）

2001年9月，县文体局、农办、农体

协举办农民象棋赛，参加 24 人。当年，太华镇获“全国体育先进乡镇”，广平村、汤泉村获省“跨世纪农村体育活动先进村”称号。2004 年 9—12 月，县举办首届农民体育运动会（简称农运会），设篮球、秧歌、拔河、田径等四大项，其中田径 6 个小项，参加 19 支代表队千余人。2007 年 6—8 月，县第二届农运会，设乒乓球、羽毛球、健身秧歌、田径、拔河等 6 个大项目，19 支代表队近千人参加，6 个乡镇获团体总分前 6 名，3 个乡镇和 19 人分获集体、个人“道德风尚”奖。2007 年 6 月，县农民秧歌队 12 名选手代表市参加省农运会在厦门市集美嘉庚体育馆举办的第三套健身秧歌赛和海峡秧歌赛，分获 2 个项目第四名、总成绩二等奖。2008 年，前坪村、奇韬村、文江村、玉田村、万湖村被省农民体育协会评为省级“农民体育活动先进村”。

三、老年人体育

1993 年，老年人体育由城区拓展到农村形成组织网络。全县有老体协组织 305 个，会员 1.75 万人，占全县老年人的 60. 76%。有门球场 6 个、斯诺克台球桌 5 张、活动室 301 处，面积 8500 平方米。天天有活动，月月有比赛。1994 年 9 月，县老体协举行了拳功操千人会演。1994 年 10 月 31 日—11 月 3 日，县举办第三届老年人运动会（简称老运会），有 25 队、298 人参加门球、气排球、羽毛球、乒乓球、台球、中国象棋、围棋、桥牌等 10 个项目比赛。1997 年 11 月，615 人参加第四届老运会的 10 个项目比赛。2000 年 2 月，老体协举办“迎春”体育活动，471 人参加门球、地掷球等 7 个项目比赛。同年 10 月，县举办第五届老运会，829 人参加 10 个项目比赛。2003 年 10 月，998 名运动员参加第六届老运会 6 个项目比赛。2006 年，县老体协举办社区首届老年运动会，400 多人参加 10 个项目比赛。2007 年 10 月，48 个代表队 1200 余人参加县第七届老运会的 11 个项目。2008 年 9 月，县农体协与文体局在县老体协气排球场联办迎国庆气排球赛，16 队共 100 多人参赛。

四、全民健身运动

1993 年，大田县获第四批“全国体育先进县”铜匾。1995 年 7 月，县举办全民健身宣传周活动，宣传《全民健身计划纲要》，开展球类、田径、射击、登山等赛事和踩街、拳功操会演等 900 余场，参与群众 5 万多人。1996 年，大田县被省体委评为“福建省全民健身工作先进单位”。

1997 年起，县每年举办一次全民健身节活动。当年 6 月 11 日，县老体协举行“迎香港回归全民健身节”千人踩街活动，县直各委口老体协和红星、玉田、福塘村群众共 1500 余人参加。6 月 27 日晚，在县灯光球场举行“迎回归健身节”晚会，有近百名离、退休人员演出腰鼓舞、健身舞、绢花舞、功舞（中功）、迪斯科舞、24 式简化太极拳、大合唱等节目，观众 2000 余人。2001 年 6 月 20—21 日，县老体协在县体育场举办中老年人健身操比赛，有中老年运动员 18 支代表队、603 人参加。

2005 年，中国移动大田分公司与县文化馆联合在县影剧院举办“2005 动感地带—我的地盘挑战街舞”大田选拔赛，有 7 支队伍参赛。2008 年，县文体局开展以迎“北京奥运”为主题的社会体育活动，举办群众体育活动 40 多场。县文体局获国家体育总局“2007 年度全民健身与奥运同行”先进单位称号。

白岩社区活动（2008 年摄）

第二节　学校体育

1993年，全县中小学校贯彻《学校体育工作条例》。1994—2001年，举办第十二届至第十五届（第十三届因故未办）中小学生田径运动会，每届有中小学44支代表队400多名运动员参加。其间，1996年中小学有体育教师313人，其中专任教师88人。2003年，全县学校依照《国家体育健康标准》对学生进行体育考试，初中毕业生中考总分体育科成绩占30分，中小学体育达标率92.6%。2004年，贯彻《国家学生体质健康标准（试行方案）》，学生体质健康达标率92.8%。6月，县五中成立无线电测向定向运动队，参加省级和全国比赛4次，夺冠多项，获国家一级运动员资格4人、二级18人，其中考上重点大学5人。2006年11月，举办"鸿图杯"第十六届中小学生田径运动会，设比赛项目64个。全县43所学校各组代表队参赛，运动员490人，有69人32次打破16项县田径纪录。2007年，正式实施《国家学生体质健康标准》，中小学生体育达标率达93.2%。2008年，举办"第二套全国中小学生系列广播体操"和修订版"眼保健操"培训；开展第二届阳光体育冬季长跑运动。全县学生体质健康总体合格率94.5%，其中优秀率20.8%、良好率45.2%、及格率28.5%。11月，县教育局、文体局联合举办第十七届中小学生田径运动会，参加开幕式5000多人，进行广播体操表演。全县44个代表队514名运动员参加64项比赛，共有28人25次打破13项县纪录，有2人2项达国家二级运动员标准。当年，县六中成立航空模型队，参加省青少年航模赛，获团体总分第二名；在第十届全国青少年航模决赛中，1人取得柔性翼滑翔机第一名。

1993—2008年，县少体校开展田径、武术、射击、篮球等项训练，向大专院校输送体育苗子143人。全县考上大学体育类247人，其中本科183人、专科64人。被北京体育大学、华中师范大学和广州、上海体育学院录取22人。

1993—2008年大田县中小学实施《国家学生体质健康标准》达标情况表

表24-10

年份	参加考核学生数（人）	占应参加人数（%）	及格		良好		优秀		合计合格数	
			人数（人）	占达标数（%）	人数（人）	占达标数（%）	人数（人）	占达标数（%）	人数（人）	占考核人数（%）
1993	37926	99.50	12681	33.40	10455	27.57	9114	24.03	32250	85.03
1994	36920	99.30	12435	33.70	10155	27.50	8810	23.90	31400	85.05
1995	40373	99.90	13010	32.20	11170	27.70	10180	25.50	34360	85.11
1996	42920	99.90	13359	31.10	12220	28.50	10959	25.50	36538	85.13
1997	52806	99.40	26510	50.20	15200	28.78	5508	10.43	47218	89.42
1998	64586	99.80	36184	56.02	13566	21.00	5660	8.67	55410	85.79
1999	71097	99.50	37798	53.16	17850	25.11	8473	11.92	64121	90.19
2000	72958	99.80	37381	51.24	17433	23.89	8050	11.03	62864	86.16
2001	75598	99.70	39284	51.96	19283	25.51	9853	13.03	68420	90.51
2002	72213	99.90	38185	52.88	18176	25.17	10202	14.12	66563	92.17
2003	73380	99.20	39045	53.21	18357	25.02	10908	14.90	68310	93.09
2008	75658	99.40	39802	52.61	19114	25.26	11170	14.77	70086	92.64

第三节 竞技体育

一、市级竞赛

1993年5月，县组团40人参加市第三届老年人运动会，获一、二、五、六名各1项。1995年5月，在三明举行的市中小学生运动会武术赛中，县代表队获团体冠军。1996年4月，组队17人参加三明第二届工人运动会，获1项个人第一名，田径团体总分第一名。5月，组队8人参加三明市中小学运动会武术比赛，获团体冠军。1997年6月，组队2人参加市“迎回归”游泳比赛，获4项第一名。

2000年5月，参加市中小学生运动会武术比赛，6个单项获第一名。2002年11月，参加在永安市举办的市中小学生田径运动会，中学组获团体总分第六名。2004年7月，参加市中小学生跆拳道比赛，获团体总分第五名、个人奖牌13枚。2008年3月，县组队15人参加市首届“移动杯”羽毛球赛，获团体总分第二名。6月，组队39人参加市首届非公有制企业职工运动会7个项目比赛，获团体总分第一名及优秀体育道德风尚奖。

1993—2008年，县运动员在参加市赛中共获金奖211人次，银奖235人次，铜奖260人次。

二、省级竞赛

1994年5月，参加省第二届武警散手擂台赛，获75公斤级第三名。1995年10月，参加在漳州举行的省第三届农民运动会武术赛，获得个人3项第二名、1项个人第三名。1997年7月，组队12人参加在南安市举行的全省少年田径锦标赛，有6人获奖7项。8月，组队3人参加在福州举行的全省青少年射击比赛，获奖3项。1998年9月，在省第十一届运动会中获奖6项。2000年，参加在仙游举行的福建省武术比赛，获奖9项。2002年11月，组队15人参加在福州举办的省第十二届运动会，有13人获奖12项。12月，组队2人参加在漳州举办的省第五届少数民族运动会，获奖4项。2003年，组队5人参加省第五届农民运动会，获第一名2项，第二、三名各1项。2006年10月，组队24人参加在龙岩市举行的省第十三届运动会，获金、银、铜牌各2枚。12月，组队13人参加在漳州举行的省定向越野锦标赛，获奖25项。同年，县组队33人参加市体育运动会，获团体总分第二名。2008年，参加省青少年航空航天模型比赛，有6人获奖5项。

1994—2008年大田县参加省级体育竞赛获奖情况表

表24-11

<table>
<tr><th>运动员</th><th>性别</th><th>时间</th><th>运动名称</th><th>项目</th><th>名次</th></tr>
<tr><td>刘少波</td><td>男</td><td>1994年11月</td><td>省第二届武警散手擂台赛</td><td>70公斤级</td><td rowspan="2">第三名</td></tr>
<tr><td>丁首团</td><td>男</td><td>1995年6月</td><td>省第三届少数民族运动会武术赛</td><td>武术赛</td></tr>
<tr><td>范绍毅</td><td>男</td><td rowspan="5">1995年10月</td><td rowspan="5">省第三届农民运动会运动会武术赛</td><td>太极拳</td><td rowspan="2">第二名</td></tr>
<tr><td rowspan="2">颜晓英</td><td rowspan="2">女</td><td>棍术</td></tr>
<tr><td>拳术</td><td rowspan="3">第三名</td></tr>
<tr><td rowspan="2">范芳香</td><td rowspan="2">女</td><td>枪术</td></tr>
<tr><td>刀术</td></tr>
</table>

续表 24-11

运动员	性别	时 间	运动名称	项 目	名 次
杜 瑜	男	1996 年	省射击比赛	步枪 30 发慢射	第二名
温丽华	女			女子气手枪 60 发	第三名
黄兆文	男			男子手枪速射	
队 赛	男	1998 年 9 月	省第十一届运动会	武术基本功	第五名
队 赛	女				
吕仙桃	女			女子 63 公斤级抓举、挺举	2 项第一名金牌
温丽华	女			气手枪 40 发	第二名银牌
杜 瑜	男			小口径步枪 3×20	第三名铜牌
队 赛				小口径步枪 3×20	第二名银牌
董 红	男			男子游泳 (接力) 三项	第五名
巫渊来	男	1999 年 5 月	省第四届农运会武术比赛	拳术	第六名
厉学坪	男	1999 年 12 月		传统拳	第二名
				枪术	第三名
				太极拳	第四名
林 锦	男			传统拳	第二名
				棍术	第三名
				刀术	
翁建恩	男			剑术	
				太极拳	第五名
张丽萍	女			太极拳	
				剑术	
				传统拳	第六名
范芳香	女		省第四届农运会武术比赛	枪术	第四名
陈元贤	男	1999 年 9 月	省第五届老年人运动会	32 式简化 / 太极剑	第一名
				42 式太极拳	
林 锦	男	1999 年	省第五届农民运动会	武术	
厉学坪	男			武术	第二名
厉学坪	男			武术	第三名
林 锦	男			武术	
董 红	男			游泳	第一名

续表 24-11

运动员	性别	时 间	运动名称	项 目	名 次
黄丽华	女	2001 年	省第二届世界太极拳剑健康大会	太极拳	第二名
				太极剑	
陈金莲	女			太极拳	
				太极剑	第三名
高森治	女			太极拳	
郑清白	男			太极拳	第二名
				太极剑	
代碧英	女			太极拳	
				太极剑	
张登姿	男			太极拳	第三名
				太极剑	
厉学坪	男			传统拳	第二名
				木兰拳	第三名
郑中砥	女			木兰拳	
董 红	男	2002 年 7 月	省农民特定项目的游泳比赛	100 米投篮	第五名
				50 米踩水托物	第六名
郭良江	男			4×100 米火炬接力	第五名
				8×50 米混合接力	
张 杰	男	2002 年 11 月	省第十二届运动会	52 公斤举重	第一名
范先丁	男			48 公斤举重	第二名
张 炜	男			排球	
温丽华	女			20 米慢射	第三名
陈 凌	女			10 米慢射移动靶	
林晓敏	女			25 米慢射	第四名
刘春燕	女			射击移动靶	
郑丽娟	女			射击 60 米卧射	
				气手枪 3×20 米	第六名
林晓敏	女			10 米气手枪	第五名
周 妍	女			篮球	
郑朝霞	女			500 米双人划	第六名
吴 志	男			500 米双人划	
陈元贤	男		省老年人运动会	太极拳	第四名
				集体太极拳	第三名
邱淑清	女			乒乓球团体	第五名

续表 24–11

运动员	性别	时间	运动名称	项目	名次
巫渊来	男	2002 年 12 月	省第五届少数民族武术比赛	器械	第四名
				拳术	第六名
魏春琴	女			拳术	第五名
				器械	第六名
陈燕珍	女	2003 年	省第五届农运会武术赛	女 43 公斤级（代表市队）	第二名
林　锦	男			传统器械	第一名
				传统拳	第二名
厉学坪	男			枪术	第三名
				剑术	
张　杰	男	2006 年	省第十三届运动会举重比赛	62 公斤级	第一名
温荣栖	男			56 公斤级	第二名
廖丽霞	女			58 公斤级	第三名
林　丽	女			58 公斤级	
郭　帆	男		省第十三届运动会跆拳道比赛	51 公斤级	第一名
兰雁雁	女			55 公斤级	
李春燕	女		省第十三届运动会射击比赛	女乙小口径步枪 3×10	第二名
范言通	男		省第十三届运动会全能比赛	标准距离个人赛	第一名
潘桂嘉	女			女子全能	
肖媛媛	女			标准距离个人赛	
				女子短距离个人赛	
黄祥培	男	2007 年	省跆拳道锦标赛	51 公斤级	

说明：1998 年 9 月，女子 63 公斤级抓举、挺举打破省少年组纪录

三、国家、国际级竞赛

1998 年，县组队参加全国无线电测向分区赛，获团体第一名。廖兰香获初中女子组第一名、探雷第二名，田仁清获初中男子组第一名、探雷第三名。1999 年，陈元贤获全国中老年太极拳比赛优秀奖。2005 年，张杰参加在迪拜举行的第三十七届亚洲举重锦标赛 62 公斤级比赛中，抓举 132 公斤、挺举 163 公斤、总成绩 295 公斤分别获第一名、第二名、第一名。

2006 年 5 月，县五中组队 4 人，参加省代表团在江苏苏州市西山举行的第三届全国体育无线电测向比赛，萧媛媛以 1 小时 18 分 53 秒找完 16 台 (满台)，获无线电测向 (2 米波段、80 米波段) 第一名。6 月，张杰在土耳其伊斯密尔举行的世界大学生举重锦标赛 62 公斤级比赛中，抓举 130 公斤、挺举 160 公斤，以总成绩 290 公斤获第一名。同年 7 月，林丽参加全国女子举重 58 公斤级比赛，抓举成绩 65 公斤，获第二名，挺举 96 公斤，总成绩 161 公斤，均获第一名；廖丽霞参加全国女子举重 63 公斤级比赛，抓举成绩 70 公斤、挺举 90 公斤、总成绩 160 公斤，分别获第二名、第一名、第三名。

2007 年，郑国冲在昆明全国残疾人运动会男子 5000 米赛跑中，获第二名；张杰在捷克布拉格举

行的世界大学生运动会及世界举重锦标赛分别夺得62公斤级冠军。2008年2月，县运动队在海南三亚市举行的全国青少年无线电测向锦标赛中，获青年女子组80米波段标图第一名、第四名各1项，运动队获得体育道德风尚奖。4月，张杰在日本金泽举行的亚洲举重锦标赛62公斤级比赛中，抓举147公斤、挺举179公斤，以总成绩326公斤打破（1998年国际举重联合会设定325公斤）世界纪录。

第四节 体育设施

一、县体育中心

1996年，县体育活动中心改建连体风雨棚灯光门球场2个，面积1040平方米，投资50万元。1998年，县老体协建成加盖风雨棚门球场2个，气排球场、羽毛球场、地掷球场各1个，建筑面积1565平方米，投资22万元。2004年，在县田径场北侧实施“全民健身工程”，占地5300平方米，配各类健身器材43件，铺设足健卵石路300米。国家、省、市体育彩票公益金投入50多万元；兴建室内体育训练馆，占地780平方米，建筑面积883平方米，内设移动座席200位，投资120万元，供跆拳道、武术、篮球、羽毛球等竞技项目的训练和比赛。

2008年，县体育活动中心8×400米标准塑胶跑道翻新改造，铺设面积9457平方米；绿地面积7816平方米，主席台及看台外装修，排水系统改造，照明系统更新、装探照灯11盏，大门及门房更新等附属工程，总投资300万元。

二、乡镇、村体育设施

1995年，桃源林场、广平镇各建门球场1个，共投资4万元。1996年，吴山乡、湖美乡、屏山乡、文江乡、上京镇、广平镇各建体育活动中心1座，建筑面积共2336平方米。均溪镇福塘村建门球场1个，投资1100元。2003年，县文体局在太华镇建“全民健身活动点”，面积500平方米，安装健身器材18件，投资30万元。2004年4月，城关农民筹资20万元，购置现代化健身器材20余件，租用县文化中心六楼330平方米，创办大飞鸟健身中心。2006年，奇韬、广平、石牌、吴山、济阳、前坪、武陵等乡镇及岩城水泥有限公司、谢洋乡象山村共有健身路径9套。华兴乡体育活动场地面积3600平方米，其中铺设混凝土2200平方米，绿地1400平方米；建有1个标准篮球场，铺设健身路径12条，投资18万元。2008年，实施“农民体育健身工程点”项目，新建农民体育健身工程点25个。全县乡镇村有体育场所203.5万平方米，人均5.55平方米。

三、学校体育设施

1993年，全县中小学新建60米—250米跑道121条、篮球场209个、沙坑143个，新增体育器材1.47万件(副)。1996年，22所中学有运动场地7.02万平方米，生均6.2平方米；23所县直属小学运动场地16.31万平方米，生均5.28平方米。1997年，全县学校运动场地面积达54.42万平方米，其中，中学18.58万平方米，生均8.24平方米；小学35.84万平方米，生均6.06平方米。中、小学有体育器材价值185万元。全县完小以上学校统一配齐钢管单双杠、爬杆、平梯、肋木等常规器材。2000年，前坪乡中心小学新建混凝土地面篮球场1个，长32米，宽17米，总投资3万余元。2001年，县一中筹资35万元，在校内操场铺设塑胶环形标准跑道1条，长200米。年底竣工使用。2002年，县五中铺设塑胶跑道200米，添置大型体育健身器材1套。奇韬镇政府铺设文兴、龙坪小学混凝土篮球场。2006年11月，县政府同意征用县六中校园西侧柯坑垅农地1.33公顷作为运动场建设用地，建设项目获立项。1993—2008年，全县中小学校新建体育场馆13个（面积2.11万平方米），塑胶跑道面积1.46万平方米。

第三章 管 理

第一节 机 构

一、县文化体育局

1993年，县文化局内设人秘股、艺术股、社会文化股，有行政人员6人，负责全县文化工作；县体育委员会（简称县体委）位于银山北路2号，有行政人员4人，下设社会体育、学校体育、场地管理、体育技术中心等4个股和少年儿童业余体育学校。1995年，组建文化市场稽查队。

1997年，县文化局与县体委合并成立大田县文化体育局，设办公室、文化股、体育股、文化市场稽查队。有编制12人，下辖文化馆、图书馆、博物馆、影剧院、电影公司、少体校，以及18个乡镇文化体育中心站。2002年，下辖文化稽查大队升格为副科级单位，编制3人。2003年，主管18个乡镇文化体育中心站业务。2008年，岩城影院改制转为企业。

二、县广播电视事业局

1993年，县广播电视局辖广播电台、有线电视台、音像站、乡镇广播电视站。1997年1月，广播电视局更名为县广播电视事业局（简称县广电局），台网分离。1998年2月，广播电台、有线电视台合并成立大田县广播电视台。2002年2月，局、台合一，由局长兼台长统一行使法人资格。2005年6月，内设办公室、事业股、计财股、行业管理股，编制9人，辖县广播电视台、18个乡镇广播电视站。广播电视台内设新闻部、广告部，编制31人，全系统有干部职工67人。2008年，县广播电视事业局核定编制29人，经费由县财政全额拨给。

三、县委报道组

1993年，县委报道组属副科级事业单位，经费由县财政全额拨给，编制4名。2006年，编制增至5人。2008年，编制人数、经费来源不变。

四、县新华书店

1993年，县新华书店有职工31人。2004年5月，省新华书店改制为福建省新华发行（集团）有限责任公司，县新华书店以1094.78万元的资金加入集团，编制19人，实有职工26人。2008年，有职工26人。

五、县档案管理局

1993年，县档案局与档案馆仍合署办公，属事业单位，内设办公室、业务指导股、保管股，编制10人。1994年，县档案馆获“八五”期间省二级馆称号。1997年，档案局与档案馆合并，保留县档案局牌子，为县委直属事业单位。11月，县档案局（馆）被列入县爱国主义教育基地。1998年，县档案局（馆）被县政府确认为符合行政执法主体资格的法律法规授权组织。1999年，县档案局（馆）获“九五”期间省三级馆称号。2008年12月，县档案局（馆）被列入参照《中华人民共和国公务员法》管理单位，内设办公室、业务监督指导股和保管利用股、政府信息查阅服务中心，编制10人，其中具有档案专业高级职称1人、中级3人、初级2人。

六、县委党史研究室

1993年，县委党史研究室（简称党史室）为正科级事业单位，编制4人。1999年，党史室参照国家公务员管理，编制4人。2008年编制不变。

七、县方志办

1993年，县地方志编纂委员会设办公室（简称县方志办）事业编制7人（含工勤4人），内设主编室、编辑室、文印室，聘用退休干部13人。2002年，编制减至5人。2008年，参照公务员管理，编制不变，聘用退休干部11人。

第二节 文化市场和广播电视设施管理

一、文化市场管理

1993年，县文化局根据“一手抓繁荣，一手抓管理”的方针，开展整顿和规范文化市场秩序工作。音像管理站对辖区内音像制品的发行、销售、放映、邮寄等进行日常审核、审验、发行管理。制定《音像制品管理制度》和《工作人员岗位职责》，配合开展扫黄打非活动。城区有线电视开播后，自办有线电视节目，片源主要从省统一购片和与兄弟县交换相结合解决。广电系统录像制品发行站主要面对部分厂矿有线电视和经批准营业的录像放映点服务。1995年11月，县广电局申请设立大田县人民法院驻大田县广播电视局行政执法联络室；成立影视音像稽查队，开展稽查活动。1995—2002年，查缴非法录音带5000多盒、录像带6000盒。2002年3月，音像管理职能移交县文体局，成立县文化与出版稽查大队，与公安、工商、消防、电信、综治、环保等部门配合，开展网吧、音像市场、歌舞娱乐场所、校园周边文化环境、出版物零售店摊点专项整治和印刷复制企业专项检查。1993— 2008年，共对文化市场检查1.14万次，出动4.55万人次，收缴查禁书刊1.79万册、走私淫秽录像带1.38万盘（盒），责令限期整改350家，检查各类文化经营单位6.53万家（次），取缔“黑”网吧65家（次），取缔无证经营的KTV场所12家、查处打字店违规复印“六合彩”材料6起，共处罚款28万元。

1993—2008年大田县文化市场情况表

表24-12 单位：个

年份	歌舞娱乐场所	音像零售出租店	录像播放点	专业职业剧团	电子游戏室	打字复印店	业余剧团	35毫米电影（剧院）	16毫米电影放映队	旱冰场	营业性表演团体	印刷厂	电影发行放映	出版物零售出租	网吧	健美室
1993	1	3	18	1	16	3	28	—	—	1	1	10	—	10	20	
1994	1	3	15	1	16	6	28	—	—	1	1	10	—	12	19	1
1995	1	3	25	1	21	14	28	—	—	1	1	9	—	16	18	1
1996	14	12	18	1	21	14	28	—	—	1	1	8	—	16	17	1
1997	17	30	11	1	12	11	28	—	—	2	1	12	—	25	20	1
1998	29	15	10	1	29	8	28	4	12	2	1	12	—	25	21	1
1999	14	6	5	1	15	8	23	4	23	2	1	10	—	26	20	1

续表 24-12

年份	歌舞娱乐场所	音像零售出租店	录像播放点	专业职业剧团	电子游戏室	打字复印店	业余剧团	35毫米电影（剧院）	16毫米电影放映队	旱冰场	营业性表演团体	印刷厂	电影发行放映	出版物零售出租	网吧	健美室
2000	4	10	6	1	4	30	16	4	19	1	2	10	—	25	20	2
2001	12	10	3	1	4	30	21	9	20	1	2	12	—	27	16	2
2002	10	42	2	1	4	35	21	9	20	1	2	13	—	25	11	5
2003	11	36	1	1	8	41	19	9	20	1	2	13	—	33	15	5
2004	8	36	—	1	8	41	19	9	20	1	2	13	—	33	15	7
2005	9	65	—	1	9	42	19	9	20	1	1	55	—	39	18	7
2006	10	40	—	1	8	43	19	9	20	1	1	9	11	21	32	7
2007	7	39	—		9	35	19		20	1	1	8	11	23	42	6
2008	6	38	—	1	8	30	21	9	11	1	1	7	11	19	32	7

二、广播电视设施管理

1993年，县广播电视局在城区普及调频广播的同时，整顿城区街道有线广播线路，扩增安装点，并对乡镇广电站广播设施进行整修和管理。1995年11月，设立县人民法院驻县广播电视局行政执法联络室，并成立县影视音像稽查队。1997年，全县各级有线电视台（站）播放节目严格实行统一供片，杜绝违章现象发生。2000年，县广电局采取印发宣传资料、电视屏幕宣传、宣传车巡回广播等方式宣传国务院《广播电视设施保护条例》和广电总局《有线电视管理暂行办法》等法规。组织行业稽查队750人次，对城乡有线电视设施等存在的问题进行稽查和处理380件，查处漏管户、欠费户、私自窃取信号用户260户。

2003年9月，奇韬镇吴某切割有线电视光缆主干线私接自家电视，造成全镇250户与县城联网的有线电视用户信号中断长达96小时，接到举报后，县广电局组织人员现场调查并向当地公安部门报案、取证。12月，吴某因构成过失损坏广播电视设施罪，被判处有期徒刑1年。2004年5月，县广电局收费营业部服务窗口入驻县行政服务中心办公。广电窗口制定服务指南，公开有线电视收费标准，实行亮证收费，公开办事程序。2005年，营业窗口开展便民利民服务活动，实行城区有线电视开户、报停、启用申请和收费一条龙服务，增加营业时间，双休日照常营业，增岗加班，营业窗口被多次评为“优胜窗口”。2008年，对城区有线电视加解扰机顶盒用户的加强管理，排除用户收视故障，依法查处私拉乱接窃取有线电视信号200多户，处罚2.6万元。

卷二十五　医药卫生

1993年，全县医疗卫生工作以加强农村和公共卫生为重点，卫生事业形成以县级医疗卫生机构为龙头，乡镇卫生院和社区服务中心为枢纽，村级卫生所和社区卫生服务站为网底的三级医疗卫生服务网络。

当年全县医疗卫生机构332家，其中，县级医院5家、乡镇卫生院18家、村级卫生所（室）265所、个人诊所44家。全县卫生系统卫生专业技术人员498人，其中，高级职称16人、中级49人、初级411人、未定级22人，县财政对卫生事业投入169.12万元。2003年，县各类医疗卫生机构464家、县乡镇医疗卫生机构23家、社会医疗机构52家、村级卫生所（室）338家、个体诊所51家。全县卫生系统卫技人员536人，其中高级职称29人、中级130人、初级342人、未定级35人。2008年，全县医疗卫生机构501家、县乡镇医疗卫生机构24家，民营医院（大田协和医院）1家，社会医疗机构38家，村级卫生所（室）373家，个体诊所65家。专业卫生技术人员657人，其中，高级职称54人、中级193人、初级358人、未定级52人。县财政对卫生事业的投入1676.32万元。全县医疗卫生单位拥有固定资产5573.18万元。其中，乡镇占39.9%。各乡镇、各单位坚持“预防为主”的工作方针，广泛开展群众性爱国卫生运动。

第一章　卫生体制改革

第一节　医院管理体制改革

1993年，县内医院实行党支部领导下的院长负责制，书记、院长、副院长各司其职，明确任务、职能，临床、医技等科室设立科主任，实行院科两级责任目标管理。各科室制定相关制度并实施。1997年，县医院实行有控制的专业技术职务任职资格“评聘分开”“竞能上岗”试点，对落聘人员视不同情况给予低聘或解聘，取消聘任终身制。

1998年，各级医院推行院长负责制、技术干部聘任制、工人合同制，把各科室实绩与工作人员的工资挂钩，实行多劳多得的分配奖金制度，职工工资实行上下浮动等一系列改革措施，提高诊疗水平和医疗服务质量。2003年1月21日，县卫生部门对乡镇卫生院人员，业务经费划归县级卫生行政部门管理，人员编制核定和资产清查，债权债务清理。同年7月起，乡镇卫生院人员、业务、经费由县卫生局管理。2008年，全县医院全面实行专业技术职务“评聘分开”，管理逐步制度化、规范化。

第二节 医药经营改革

一、医药市场

1993年，医药市场全面放开，允许国有、集体、个体私营药店及医疗单位并存经营，进货渠道自主选择，实行“药品经营企业许可证”制度，县卫生局加强医药市场监管。至1996年，取缔无证批发药企21家。2001年11月，县药品监督管理局成立，承担全县药品医疗器械市场秩序监督检查及药品打假治劣工作任务，担负全县零售药店药品经营许可证的验收、发证换证等工作。2008年，全县从事批发经营的药品有福建省大众医药有限责任公司，从事药品零售的有大田县利民药业零售有限公司及下属14家零售店，有个体零售药店30家。

二、医药国有企业改革

1993年，县医药公司设批发部、零售部和基层部，营业网点10个。职工68人，其中各类专业技术人员32人（药学专业26人）。1994年，县医药公司进行劳动用工、人事管理、工资分配三项制度改革，实行定岗定员、定岗定薪、岗变薪变。1997年10月，成立县医药总公司，担负全县人民用药供应及急救、疫情药品的储备。职工85人，内设办公室和财务部，下辖药品经营部、中药经营部、零售公司、基层经营公司、中药饮片切制厂等5个单位。1999年7月，医药公司第一门市部和参茸行组建利民药业零售有限公司，注册资金190万元，为医药下属企业，经营药品和医疗器械。2000年7月，县医药总公司进行资产评估，以国有经营性净资产240万元及职工投股85万元，加入三明医药股份有限公司，改制为国有控股的股份制企业，10月，由职工代购利民药业股份有限公司国有股权81.6万元。2001年8月，县医药公司更名为大田县医药有限责任公司，为三明医药股份公司子公司，独立法人单位。2002年4月，县公司下属10家零售药店加入三明四海医药连锁有限责任公司。7月，经县政府同意，由职工以现金支付的方式认购国有股权60%计141.32万元（在职职工65%，退休职工35%）。

2005年8月，县医药有限责任公司二次改制，将三明医药股份有限公司持有大田县公司的资产253万元，以存在式的方式全部由公司职工购回，县政府以出让土地使用权方式支付职工身份置换费用，职工将经济补偿金入股；12月，更名为“福建省大众医药有限责任公司”，注册资本500万元，由国有控股企业转变为民营股份制企业。2006年8月，工商注销三明四海医药大田连锁店10家，注册为利民药业有限公司零售药店，共零售店15家。2008年11月，大众医药有限责任公司注册资金经工商变更为940万元。年底，固定资产940万元。公司职工79人，专业技术人员48人，其中高级职称1人、中级3人、初级44人，执业药师3人、从业药师9人。全年购进药品3813万元，销售额4009万元，利税125万元。

第二章　医疗机构与设施

第一节　医疗机构

一、县属医疗机构

（一）县医院

1993年，全院有工作人员261人，其中卫生技术人员209人（高级职称11人、中级27人、初级171人），设内科、外科、妇产科、小儿科、中医科、传染科、手术麻醉科7大临床科室，病床200张。医技科室设化验室、X光室、中药房、西药房、心电图室、B超室、供应室。职能科室设院办公室、医务科、护理部、总务科、财务科，是一所集医疗、预防、保健、教学科研为一体的全民所有制综合性医院。1996年10月，通过市评审委员会二级乙等医院审评验收，并承包全县公费医疗。

2008年，全院设5个职能科室、8个行政科室和19个临床、医技科室。在编256人，各类专业技术人员256人，其中高级职称34人、中级116人。开设病床260张，全年门诊10万人次、住院9203人次，比1993年分别增长53.8%、6.8倍。业务总收入3986.23万元，比1993年增长9.96倍。

（二）县中医院

1993年，全院编制31名，实际46人，其中，卫生专业技术人员42人（高级职称4人、中级13人），病床30张。重点是中医专科和专病、疑难病症诊治。当年增加放射、检验等医技科室，新开设骨质增生、痔疮等专科服务，全年门诊2.36万人次、住院121人次，年业务收入47.19万元。2000年3月，被省卫生厅批准为二级乙等中医院，床位增至60张。

2008年，资产总值1300万元，其中医疗设备600万元；病床120张。人员编制90名、在编79人，其中，高级职称12人、中级24人，全院实际140人。全年门诊病人6.4万人次、住院2769人次，比1993年分别增长1.71倍、21.88倍；业务总收入1213.41万元，比1993年增长24.71倍。

（三）县疾病预防控制中心

1993年，县卫生防疫站设有防疫科、结核病防治科（简称“结防科”）、地方性慢性病防治科（简称“地慢科”）、检验科、食品卫生科、卫生科、办公室7个职能科室，编制40名。1999年1月，通过省“县级二等卫生防疫站”考核验收。

2006年10月，县卫生防疫站更名为县疾病预防控制中心（简称疾控中心），并成立县卫生监督所，均为副科级，实行两块牌子、一套人马，核定编制48名，为全民事业单位，隶属于县卫生局管理。县疾病预防控制中心设有办公室、防疫科、地慢科、结防科、检验科、公共卫生科、业务质量管理科、健康教育科8个职能科室，主要承担疾病预防与控制、监测检验与评价、健康教育与促进、应用研究与指导、技术服务与管理等工作；卫生监督所设有办公室、卫生监督一科、二科、许可受理科、法制稽查科5个职能科室，主要承担公共卫生、传染病防治等领域综合性卫生监督执法工作。2008年，科室设置和编制不变。

（四）县妇幼保健院

1993年，县妇幼保健所工作人员19人，其中中级职称3人、初级16人。1999年11月，更名为县妇幼保健院。2007年，工作人员21人，2008年，工作人员38人，其中高级职称4人、中级12人、初级18人，工勤4人，病床22张。设妇产科、儿科、妇女保健科、儿童保健科、检验科、B超室、X光室、口腔科、五官科9个科室。同年10月，投资30多万元安装信息管理系统。全年业务量425万元，是1993年的14.17倍。

（五）上京矿务局医院

1993年，全院工作人员70人，其中高级职称1人、中级6人、初级42人，行政人员21人。院内设门诊部，住院部和8个医技科室、10个职能科室；临床设内科、外科、小儿科、妇产科、中医科、五官科、理疗科、口腔科、急诊科、手术室10个科室，病床100张，实际使用60张。年门诊1.1万人次、住院500人次。1998年初，被省卫生厅评为“一级甲等医院”。2001年，更名为“永安煤业公司上京分公司医院”，工作人员52人，其中副主任医师1人、中级职称6人、初级35人，行政人员10人。2006年6月，医院从企业剥离，更名为“大田县上京医院”，病床40张，编制35名，其中副主任医师1人、主治医师5人、主管护师4人、初级职称23人，行政人员2人。2008年12月，该院与县医院合并。

二、乡镇医疗机构

（一）乡镇卫生院

1993年，全县18个乡镇中桃源、建设、文江设中心卫生院，其他15个乡镇均设立卫生院。病床240张、实际开放171张，职工204人；全年门诊总数19.7万人次、住院8628人次，业务总收入266.58万元。1997年，桃源、建设、文江、均溪卫生院，被省卫生厅评为一级甲等卫生院。1998年3月，均溪卫生院更名为均溪医院。1999年3月，经省卫生厅批准，建设、文江、桃源、广平卫生院获“爱婴医院”称号。2002年8月，经三明市卫生局、计划局、财政局重新确认，桃源和建设为中心卫生院。

2008年，18所卫生院配有常规诊疗设备，固定资产2223.69万元，门诊21.4万人次、住院4.59万人次，业务总收入2826.06万元；职工252人，其中，高级职称4人、中级41人、初级173人，工勤34人，病床240张、实际开放288张。

（二）村级医疗机构

1993年，全县各村（居）设有卫生所（室），村级卫生人员829人。其中，乡村医士以上职称131人，乡村医生、卫生员363人，村级接生员335人。

2000年，67家村卫生所（室）在县卫生局登记注册，办理医疗机构执业许可证。经省卫生厅验印在岗乡村医生267人，获福建省乡村医生系统化教育“中专水平证书”。2005年起，全县乡村医生享受政府津贴每人每月60元，确认符合享受对象486人。

2008年，全县村级卫生所（室）373家，村级卫技人员472人，参加县卫校乡村医生规范化培训470人，全部通过省乡村医生培训中心组织的统一考试。

三、个体诊所

1993年，全县个体诊所44家（未发证4家）。1997年，县卫生局加强医疗单位规范化管理，对全县医疗机构进行监督、检查、整顿；规范社会医疗机构，对44家个体诊所重新注册登记，发给执业许可证。

2000年，县内个体诊所调整为41家。2005年，个体诊所59家。2008年，全县个体诊所65家，个体医生65人。

四、私营医疗机构

2005年，莆田客商郑昌、詹瑞云投资400万元，组建私营“大田协和医院”，租用建山路206号县邮政局办公用房，占地600平方米，建筑面积2100平方米；10月，对外营业，设有病床20张；开展内科、外科、妇产科、儿科诊治。有体外电场热疗机、B超仪、体外碎石机、多功能自动生化分析仪、200毫安医用诊断X射线机、超声产科监护仪、多参数监护仪、红光治疗仪、心电图机、多功能麻醉机、电动吸引器、微波治疗机等医疗设备。2008年底，有卫生技术人员32人，年门诊1.8万人次、住院1000人次。

第二节　医疗队伍

一、队伍构成

1993年，全县卫生系统在职工作人员588人，其中，县、乡镇医疗机构570人，县爱卫办4人，药检所、卫生协会各3人，卫校8人。工作人员中行政工勤人员90人，占工作人员总数的15.31%；各类卫生专业技术人员498人，占84.69%（每千人有卫技人员1.5人），其中，副主任医师16人，占卫技人员3.21%，主治医师、主管药师和护师63人，占12.65%，医师、技师、药师、护师104人，占20.88%，医士、护士、技士、药士293人，占58.84%，其他22人，占4.42%。县医疗卫生队伍规模受国家就业政策的调控，卫生类大中专毕业生沿用统招统配政策。至1997年，全县有119名大、中专毕业生充实全县各医疗机构。年底，卫生技术人员672人(卫生系统536人，厂矿、学校及其他部门136人)，千人均1.89人。卫生系统中高级职称91人、初级443人、未定2人。1999—2002年，对卫生类大、中专毕业生实行按需公开招考择优聘用43人。

2003—2006年，充实各医疗机构大中专毕业生48人。2007—2008年，全县招聘医疗卫生专业大中专毕业生回乡服务11人。2008年底，全县卫生系统公立机构卫生技术人员657人，社会医疗机械卫技人员46人。

二、教育培训

（一）医学教育

1993年起，县卫生部门根据省卫生厅提出的“分级管理，逐级安排，就地培养，统筹规划”的原则，各医疗卫生机构制订人才培养计划，每年分批选送卫生技术骨干到上级医疗卫生机构进修深造。至1996年，共培训卫生技术人员656人次。1997—2008年，组织卫生技术人员参加医学远程继续教育5310人次；组织参加“好医生网站”学习242人次。

（二）技能培训

1993—2004年，大田县卫生进修学校开办乡村医生培训4班次、224人，药工培训1班、58人，中医培训1班、45人，输液培训4班次、198人，乡医函授2班、141人，乡村医生补课1班、55人，在岗卫技人员继续教育1班、51人，医士2班、127人，医护2班、77人。2005—2008年，三明职业技术学院在县卫校设教学点，开办具有国家承认的中专学历资格护理专业4班次、228人；乡村医生规范培训26班次、1817人。

1993—2008年大田县卫生系统在职人员情况表

表25-1　　单位：人

年份	在编人员总数	其中	技术职称			
		卫技人员	高级	中级	初级	未评
1993	588	498	16	49	411	22
1994	593	509	17	55	367	70
1995	600	504	16	61	367	60
1996	656	520	15	64	396	45

续表 25-1

年份	在编人员总数	其中	技术职称			
		卫技人员	高级	中级	初级	未评
1997	672	536	18	71	409	38
1998	608	543	20	75	419	29
1999	618	527	21	94	385	27
2000	622	532	21	93	380	38
2001	610	521	32	127	346	16
2002	569	519	28	128	336	27
2003	634	586	29	130	350	77
2004	568	521	35	137	326	23
2005	581	521	39	158	301	23
2006	596	518	44	157	290	27
2007	667	622	53	186	318	65
2008	693	657	54	193	358	52

第三节　医疗设施

一、医疗用房

1993—1995 年，均溪、上京、建设、广平、奇韬卫生院病房综合楼及病房、门诊楼建设完成，建筑总面积 6290 平方米，总投资 198.8 万元。1995 年 12 月，县卫生进修学校综合楼竣工，建筑面积 1476.22 平方米，其中教学办公用房 600.28 平方米，职工集资房 875.94 平方米，总投资 88 万元。1999 年，县医院新建放射科和 CT(电子计算机断层扫描)诊断中心楼。2000 年 12 月，县中医院病房综合大楼竣工。至此县中医院建筑总面积 4463 平方米。

2005 年 1 月，县卫生防疫站综合楼动工，址在均溪镇香山路 181 号，占地 264 平方米，建筑面积 2090 平方米，楼高 6.5 层，投资 149.63 万元，11 月主体工程完工。2006 年，县医院筹资 659.68 万元，兴建住院大楼和传染病房；筹资 130 多万元，完成医技楼扩建和高压氧舱、中心供氧、真空站及发电机组等项目的建设。2006 年，桃源中心卫生院，新建门诊住院综合楼，建筑面积 1345 平方米，翌年竣工，投资 100 万元，其中自筹 40 万元。

2008 年，武陵、文江、奇韬、吴山等卫生院住院楼竣工，共投资 240 万元；广平卫生院急诊科建设投资 40 万元。改造及装修门诊大楼六、七层会议室及口腔科、妇产科、中西药房、体检站和血透室、ICU（重症监护）病房、儿科病房，投资 80 万元，全院占地 7000 平方米，业务用房建筑面积 1.83 万平方米，生活用房 1.02 万平方米。县中医院新设立内科二病区、新建输血室、胃镜室、供应室等科室用房，投资 33 万元。

二、医疗设备

（一）影像设备

1993年，县级医院有X光摄影机2台、超声检查机3台。

1998—2000年，县医院有日本进口纤维胃镜（含冷光源电视录像）、计算机力线断层扫描、CT机和自动大生化仪图像、美国GE公司的1800PLUSCT机、贝克曼一库尔特大生化仪、国产万东500Max光机各1台。乡镇卫生院配有200Max摄像光机。2008年，县医院购置美国GE公司的1800PLUSCT机、彩超、进口全身CT机、日本OLYMPUS纤维胃镜含冷光源电视录像系列、RTFIHO心腹两用B超、Natio9000型全数字脑电图仪、眼科超声诊断仪等20台（件），总价值985万元。县中医院有200毫安x摄像光机、B型超声波、进口电子胃镜、全数字彩色超声诊断系统、西门螺施CT等6台（件），总价值542.3万元。县妇幼保健院有影像设备5台（件），总价值387.66万元。

（二）检验设备

1993年，县医疗机构检验手段由手工操作转向电脑自动化操作，引进新设备，开展生化项目。当年，进口B型超声波诊断仪、新生儿心电监护仪、生化分析仪、尿十项分析仪、多参数监护等。1996—2005年，县医院、中医院均先后购置GETH—600型数字遥控胃肠X线系统。美国贝克曼库尔特公司生产的全能新原装ACL100全自动血凝仪1台、费森尤斯4008S血透机1台、BLT—870型数码电子阴道镜1台、日本UG—88FP型上消化道电子内窥镜1套，总价值170万元。2008年，县级医院购置PCR、MK—Ⅱ型酶标仪、尿十项分析仪、贝克曼—库尔特大生化仪、贝克们库尔特CX7全自动生化仪、三分类全自动血球计数仪、血液黏度检测仪、MK—Ⅱ型酶标仪、贝克曼免疫化学分析仪等。18个乡镇卫生院配置X光机、心电图和B超仪及医疗器械282台（件）。

（三）治疗设备

1993年，县级医院对疾病的诊断治疗手段由单纯的思维诊断转向高科技整体治疗。1994—2002年，配备YAG激光光纤治疗仪、洁牙机、电测听、引进BYS—U型体外震波碎石机、骨质增生治疗仪、粉药震荡仪、血球分析仪、超声雾化仪、6805Ⅱ型治疗机、50立升高压消毒柜、肠镜高频电刀、病理切片快速脱水机和自动包理机、婴儿保温箱、膀胱镜各1台、酒精含量检测仪等。2008年，县医院有血液透析机、美国史赛克微创系统1套，多参数（心率、血压、血氧饱和度、呼吸）心电监护仪等先进医疗设备735件，总价值1231万元。县中医院有BYS—V型体外震波碎石机、骨质增生治疗仪、6805Ⅱ型治疗机、体外震波碎石机、麻醉机、肿瘤预测仪、心电监护仪等56台（件），总价值936.5万元。县妇幼保健院有妇科微波治疗仪、置乳腺诊断仪、德国和丹麦听力筛查仪、美国进口免疫分析系统等5台（件），总价值53.11万元。乡镇卫生院有心电图机、电子消炎镇痛机、X光机、B超仪、尿十项分析仪、生化仪、多功能高频电离子治疗仪等诊疗设备。

（四）信息管理设备

2001年起，县医院购置电脑180台及打印机等医院信息管理软件全套（HIS），形成住院、门诊、行政管理、财务收支、档案等信息化管理网络。县中医院、妇幼保健院、均溪医院均实行电脑信息化管理。至2008年，医院信息化管理不断得到完善。

第三章 诊疗技术

第一节 西医

1993—1996年，县级医院共开展脑外手术44例、成功38例，治愈好转率86.4%；骨外手术121例、成功115例，治愈好转率95%。乡镇卫生院开展三大常规检验18例、计划生育和一般外科手术及X光透视15例、生化检验9例、X光摄片和心电图检查7例、B超检查2例。

1997年，县医院外科采用带蒂帽状腱膜施行颅底重建术12例，治愈率100%；五官科采用YAG激光逆行性施行上颌窦根治术及鼻窦乳头状瘤切除术56例，YAG激光在喉镜下行声带肿物手术158例，治愈好转率98%。开展前额颅底严重开放性损伤、脑脊液鼻漏的手术，采用发际内冠状切口清创，以带蒂帽状腱膜、颞筋膜、肌瓣或者骨膜瓣施行颅底重建术12例，一次成功，治愈率100%。"YAG激光在耳鼻喉头颈外科的临床应用"和"带蒂帽状腱膜颅底重建术"分别获县1995—1997年度科技进步一、二等奖。1998年，县中医院突出专科特色和B超诊断技术，新建皮肤科、骨伤科。开展碎石治疗泌尿系统结石共64例，其中肾结石41例、有效39例，治愈率95.12%；输尿管结石20例、膀胱结石3例，治愈率100%。

2000年，县医院外科开展颅脑血肿网络定位钻孔引流术、食道癌三野清扫术、颈部淋巴结清扫术；五官科开展逆行手术法联合解膜缘干细胞移植治疗翼状胬肉；微波治疗鼻部疾病；小切口非超生乳化人工晶体植入术治疗白内障；麻醉科开展气管插管加静脉复合麻醉新技术；检验科开展T3、T4、C3、C4、IGg、IGa等检验项目。

2008年，县医院、中医院开展白内障超声乳化术加入人工晶体植入术107例，成功率100%；县医院五官科、腮腺全切除手术5例、鼻窦内窥镜手术共113例，成功治愈率86%；县医院、中医院及18个乡镇卫生院，开展腹腔镜治疗胆囊切除术、骨外科手术、进行X线拍片、血液生化和B超检查，口腔科具备牙齿拔填镶外技术，治愈率100%。确定县医院、中医院为定点医院进行食用"三鹿奶粉"婴幼儿免费筛查，共筛查婴幼儿3250人，查出因食用奶粉问题患泌尿系统结石患儿116人并及时救治和医疗补偿。没有发现重症病例。

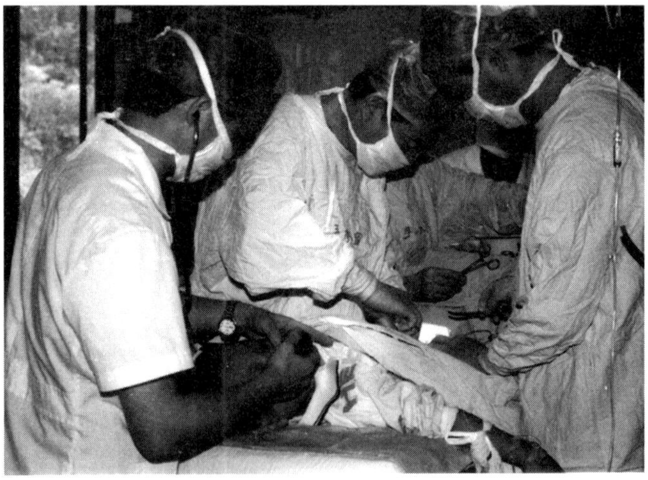

县医院外科医生手术中（1997年摄）

1993—2008 年县级医疗机构新开展主要医疗技术情况表

表 25-2

年份	医 疗 技 术	科室
1993	改良泪囊鼻腔黏膜吻合术 夜磨牙(牙合)垫，覆盖义齿修复 贲门癌根治术，膈疝手术 胎心监护仪监护胎心 胫骨结节骨牵引术	县医院眼科 县医院口腔科 县医院外科 县医院妇产科 县中医院骨伤科
1994	眼球内异物磁吸术 舌骨上淋巴清扫术 肝内二、三级胆管取石术 解磷注射液治疗急性有机磷农药中毒	县医院眼科 县医院口腔科 县医院外科 县医院急诊科
1995	YAG 激光在眼耳鼻咽喉科的临床应用 甲状舌管囊肿摘除术 充气度颈围治疗颈椎脱位、胃癌根治术 络洛酮治疗急性安眠药及酒精中毒	县医院眼耳鼻咽喉科 县医院口腔科 县医院外科 县医院急诊科
1996	多功能外固定支架治疗骨折、前列腺摘除术、外固定支架治疗胫股开放性骨折	县医院外科
1997	微波在耳鼻咽喉科的临床应用 普通烤瓷冠修复、铸造全冠、铸造钢托、桩核冠修复、纯钛烤瓷冠修复、金属烤瓷冠桥修复 横切口剖宫产	县医院眼耳鼻咽喉科 县医院口腔科 县医院妇产科
1998	现代白内障囊外摘除术加人工晶体植入术 腮腺浅叶及肿物切除术面神经解剖术 阴式全子宫切除术 微创手术治疗颅内血肿 颅骨血肿清除术 + 去骨瓣减压术 纤维胃镜 开展纤维胃镜诊疗	县医院眼科 县医院口腔科 县医院妇产科 县医院外科 县医院外科 县医院外科 县中医院内科
1999	显微镜下抗表光眼小梁切除术 聚肌胞治疗口腔溃疡 横切口腹式全子宫切除术 颈椎骨折髓腔减压术、左肝外叶切除术 大型医疗设备 CT 机 动态心电图 生化仪应用、血球仪应用	县医院眼科 县医院口腔科 县医院妇产科 县医院外科 县医院放射科 县医院心电图室 县医院检验科
2000	小切口白内障现代囊外术加人工晶体植入术 隐形义齿修复、错（牙合）畸形正畸治疗 腰椎骨折并瘫痪椎板减压椎弓根螺针内固定术 CT 引导下定位钻颅引流术 纤维结肠镜 胆囊切除术、胆总管切开撑起、阑尾切除术、疝修补术 微波祛除皮肤赘生物	县医院眼科 县医院口腔科 县医院外科 县医院放射科 县医院胃肠镜室 县中医院普外科 县中医院皮肤科

续表 25–2

年份	医疗技术	科室
2001	结膜移植术治疗翼状胬 牙周病正畸治疗 妇科微波治疗 胰头癌、食道癌、贲门癌根治术、人工全髋关节置换术 颈动脉注射治疗脑血栓 甲状腺肿瘤切除术、乳腺增生切除术 白癜风表皮移植治疗术 宫颈炎微波治疗	县医院眼科 县医院口腔科 县医院妇产科 县医院外科 县中医院内科 县中医院普外科 县中医院皮肤科 县中医院妇产科
2002	眶内肿物摘除术 颌骨骨折切开复位钛板钛钉坚强内固定术，镍钛器械根管预备技术及折断防治术 无痛人工流产术 全膀胱切除 + 直肠代膀胱术 经皮穿刺无水酒精注射治疗肾囊肿 血液透析 彩超、体外震波碎石 溶栓治疗脑梗、心梗 高频电容痔疮治疗术 异位妊娠手术、卵巢囊肿切除术	县医院眼科 县医院口腔科 县医院妇产科 县医院外科 县医院外科 县医院内科 县医院 B 超室 县中医院内科 县中医院肛肠科 县中医院妇产科
2003	鼻内镜下鼻息肉摘除术、全鼻窦开放术、鼻中隔矫正术、鼻窦囊肿摘除术、鼻内镜下泪囊鼻腔开放术、鼻内镜下腺样体切除术、全麻下扁桃体摘除术（幼儿） 结合性下畸术 颅骨缺损钢板修补术、四肢严重皮肤撕脱伤带蒂皮瓣转移术、膀胱镜下结石取石术 五分类血球仪应用 中药熏洗治疗外痔、肛肠术后长效镇痛 白内障超声乳化治疗 骨折切开复位钢板内固定术 卵巢囊肿剜除术、全子宫切除术、子宫次全切除术	县医院耳鼻咽喉科 县医院口腔科 县医院外科 县医院检验科 县中医院肛肠科 县中医院五官科 县中医院骨伤科 县中医院妇产科
2004	动力髋治疗股骨粗隆间下骨折，自锁髓内钉治疗股骨、胫骨骨折 电子胃镜 血凝仪应用、化学发光（免疫、肿瘤） 健脾运津化脾法治疗糖尿病 胃穿孔修补术、无张力疝修补术 DHS、螺钉钢板内固定术 子宫肌瘤剜除术	县医院外科 县医院胃肠镜室 县医院检验科 县中医院内科 县中医院普外科 县中医院骨伤科 县中医院妇产科

续表25–2

年份	医疗技术	科室
2005	阴道镜检查 脑积水VP分流术，脾切除贲门周围血管离断术治疗 血液流变仪应用 开展内窥镜治疗 肛门直肠脓肿切开挂线引流术 钩状钢板内固定治疗肩锁关节复位 顺产接生、笑气吸入无痛人流	县医院妇产科 县医院外科 县医院检验科 县中医院内科 县中医院肛肠科 县中医院骨伤科 县中医院妇产科
2006	羊膜移植加角膜缘于干细胞移植术治疗眼前疾病 贵金属烤瓷冠修复，正畸治疗颞下颌关节紊乱病 肺癌根治术 行髓内钉治疗股骨 开展肺功能测定 口腔正畸 自体髂骨取骨植骨治疗骨不连 液基薄层细胞制片术、筛查宫颈癌	县医院眼科 县医院口腔科 县医院外二区 县医院外一区 县中医院内科 县中医院口腔科 县中医院骨伤科 县中医院妇产科
2007	前房人工晶体植入术 褥疮皮瓣转移覆盖术 胰十二指肠切除术 高压氧舱 细菌鉴定仪应用 机械呼吸抢救危重病人 人工股骨头置换术 静脉麻醉无痛人流	县医院眼科 县医院外一区 县医院外二区 县医院内一区 县医院检验科 县中医院内科 县中医院骨伤科 县中医院妇产科
2008	白内障超声乳化术加人工晶体植入术 腮腺全切除术 关节镜术 腹腔镜治疗胆囊切除术 腹腔镜、宫腔镜手术、宫颈leep手术 电子结肠镜 阳和汤治疗糖尿病 鼻窦内窥镜手术 锁定钢板治疗骨折	县医院眼科 县医院口腔科 县医院外一区 县医院外二区 县医院妇产科 县医院胃肠镜室 县中医院内科 县中医院五官科 县中医院骨伤科

第二节 中医

1993年，县中医院有卫生专业技术人员42人，其中高级职称4人、中级13人。在提高中医专科、专病和疑难病症诊治基础上，增加放射、检验等医技科室，新开设骨质增生、痔疮等专科。骨伤科运用腰椎牵引结合手术治疗腰椎间盘突出症，门诊收治136例；住院35例，治愈11例、明显好转24例。

1996年7月，省人事厅、省医药管理局对县医药公司2名职工进行师带徒3年，进行理论和实物鉴别笔试及论文答辩，均以优秀成绩通过中药“师带徒”出师考核。年底，全县有中医专科医院1所，县、乡医疗机构设有中医科及中药房，共有中医病床70张，其中中医院50张；中医、中药专业技术人员72人（正高职称1人、中级职称21人），其中中医院41人（中级职称9人）。

2008年，县中医院加强“专科专病”建设，突出骨伤科、碎石科、皮肤科专科优势。肛肠、骨伤、男性科、针灸理疗科等成为具有特色的中医专科。全院有主任中医师2人、副主任中医师9人、主治中医师、中药师5人。中医药治疗80.3%，中药处方占处方总量71%，中医病历书写合格率99.2%，病案甲级率96.5%，中医施护率87.6%。

第三节 中西医结合

1993年，随着卫生事业的改革，中医人员45人自愿脱产到省、市综合医院学习，进修西医，提高综合诊疗技术水平，开展中西结合诊疗。2004年，县中医院为乡村医生培训进行中医知识讲座12次，400多人次参加。全县各医疗单位设立中医内科针灸理疗、骨伤科室。县中医院开发具有确切疗效的多种中医药制剂、应用到中西医结合治疗心脑血管疾病、慢性肝炎等取得良好效果，中西医结合治疗阻塞性输卵管炎、不孕症、宫外孕等疾病、磁疗加中药治疗盆腔炎、子宫肌瘤、痛经等。2008年，县级医院突出中医特色，在治疗中遵循“先中后西、能中不西、中西医结合”的原则，中西结合治疗疾病的手段不断完善和增多，在急救心脑血管病、糖尿病、妇科、肛肠、骨伤科、耳鼻喉科、儿科、消化道等疾病诊治中坚持中西结合，在西医常规治疗基础上，采用中医辨证论治方法治疗心功能不全，脑血管病、心肌炎、肾炎、结石、神经性头痛、重感冒、慢性鼻炎、肝硬化腹水、不孕症、癌晚期等急危症、常规病和慢性病；骨伤科采用小夹板、石膏固定、牵引、内外用药治疗股骨头坏死、骨折、颈肩腰腿痛等病症。使用中草药饮片600多种，住院病人中医药使用率达70%以上。发表中西医结合方面论文23篇，组织乡村医师进修中医药知识培训8期，2400人次。乡镇卫生院均设置中医科，有35名乡村临床医师从事中西医结合诊疗工作，县乡两级医疗机构基本设有中医门诊。

第四节 护理

1993年，县医院、中医院有护理人员119人，其中主管护师35人，护士84人。护理工作由功能制护理向责任制护理转变，注重病人住院期间的心理护理，体现护理工作的连贯性和对病人服务的整体性。1994年，县医院在三明市护理知识竞赛中取得第一名。

1996年，县医院、中医院按创二级乙等医院的要求，在各临床科室实施整体护理，用护理程序的方法对病人实施生理、心理及精神、文化方面的服务，开展温馨病房、母婴同室病房、家庭病房等业务。1998年，县医院巩固创等级医院成果，有150人加强基本理论、知识、技能训练，经考试合格率100%。2000年起，中医院先后选派护理骨干7人到上级医院进修。2005年，县医院外一区护士长陈玉青获省卫生厅颁发的优秀护士称号。2006年，县医院2名护士参加三明卫生部门护理技能（心肺复苏）竞赛，获得优秀奖。2008年，县医院对护士进行量化考核，将科室护理质量、病人满意率、健康教育知晓率、护理安全以及对护士的学习培训等指标进行量化评分。

第四章 疾病预防与控制

第一节 疾病防控

一、传染病防控

（一）疫情报告

1993年，法定传染病共35种，其中甲类2种、乙类22种、丙类11种。甲、乙类传染病纳入常规疫情报告，实行旬、月、年报告疫情。当年，全县报告法定传染病7种、426例，发病率127.56/10万。2004年1月，实施疫情信息网络直报，法定甲、乙、丙类传染病全部纳入常规疫情报告与管理。12月，新《中华人民共和国传染病防治法》将传染性非典型肺炎、人感染高致病性禽流感纳入法定乙类传染病管理。当年，全县报告法定传染病11种、632例，发病率171.87/10万。2008年5月，手足口病纳入法定丙类传染病管理，法定传染病工38种，其中甲类2种、乙类25种（结核病又丙类调为乙类管理）、丙类11种。列入主动监测的传染病为脊髓灰质炎、新生儿破伤风、麻疹、传染性非典型肺炎、人感染高致病性禽流感、不明原因肺炎病例等6种。当年，全县报告法定甲、乙、丙类传染病15种、884例，发病率253.99/10万，无死亡病例。乡镇级以上医疗单位21家，均实行传染病疫情信息网络直报。

1993—2008年，共报告法定传染病7990例，其间，报告流行性脑脊髓膜炎（简称流脑），6例，其中，1993年、1994年各2例，1996年、1997年各1例。报告钩端螺旋体3例，分别为2000年、2005年、2007年各1例。1996年，报告疟疾1例。2004年、2005年，报告流行性感冒各1例。报告风疹8例，其中，2004年6例，2007年、2008年各1例。2007年，报告狂犬病1例。报告急性出血性结膜炎3例，其中2007年2例、2008年1例。报告猩红热3例，分别为2007年1例、2008年2例。2008年，报告艾滋病1例、手足口病35例。

1993—2008 年大田县部分法定传染病发病报告情况表

表 25-3　　单位：例

年份	肝炎	痢疾	伤寒副伤寒	淋病	梅毒	麻疹	百日咳	乙脑	新生儿破伤风	肺结核	流行性腮腺炎	斑疹伤寒	其他感染性腹泻	全年发病数	总发病率（人/10万）
1993	191	93	—	23	—	110	6	1	—	—	—	—	—	426	127.56
1994	177	76	—	17	1	1	6	—	—	—	—	—	—	280	83.01
1995	111	148	—	3	—	1	1	—	—	—	—	—	—	264	76.81
1996	94	205	1	27	—	32	1	—	1	17	—	1	—	381	83.76
1997	68	59	—	99	5	7	4	2	—	70	—	—	—	315	87.91
1998	123	29	4	77	9	1	1	4	1	66	—	—	—	315	87.44
1999	161	10	—	70	2	—	2	2	—	78	—	—	—	325	89.64
2000	176	7	3	50	11	—	2	—	—	74	—	—	—	324	88.40
2001	182	14	1	65	16	—	—	—	—	205	—	—	—	483	131.31
2002	156	15	—	53	20	4	5	—	—	219	—	—	—	472	127.89
2003	168	8	2	37	25	8	2	3	—	261	—	—	—	514	139.62
2004	165	5	—	51	28	2	2	—	—	294	76	—	2	632	171.87
2005	261	12	1	53	35	3	2	—	3	261	56	2	14	705	187.27
2006	258	22	—	37	57	136	—	—	2	211	13	1	14	751	203.76
2007	462	24	—	113	64	2	—	—	3	219	2	2	22	919	266.02
2008	406	18	4	88	84	11	—	—	—	210	2	1	20	884	253.99

说明：全年发病数含：钩端螺旋体病 2000 年、2005 年、2007 年各 1 例；疟疾 1996 年 1 例；流行性感冒 2004 年、2005 年各 1 例，艾滋病 2008 年 1 例；狂犬病 2007 年 1 例；急性出血性结膜炎 2007 年 2 例、2008 年 1 例；猩红热 2007 年 1 例、2008 年 2 例 ；手足口病 2008 年 35 例

（二）重点传染病防控

病毒性肝炎防控　1993 年，全县普遍接种甲、乙肝疫苗，医疗机构设立肠道门诊，对肝炎等进行常规监测。报告肝炎病例 191 例。2003 年，新生儿开始免费接种乙肝疫苗。2008 年 6 月，完成乙肝疫苗查漏补种，适龄儿童 2773 人、接种 2727 人，接种率 98.34%。报告肝炎病例 406 例，发病率 116.66/10 万，居传染病病种首位，无出现暴发和流行。

肺结核病防控　1993 年，丙类传染病肺结核病未列入常规疫情报告。1994 年 10 月，县被确定为福建省第二批列入卫生部结核病控制项目县之一。1996 年，肺结核病由丙类调整为乙类，列入常规疫情报告管理。2000 年 6 月，开始实施结核病归口管理和“双向转诊”制度。2002 年 5 月，县被省卫生厅确定为福建省世界银行贷款 / 英国赠款结核病控制项目的 9 个试点县之一，对确诊为传染性肺结核病人提供免费抗结核药物治疗与管理。2004 年 8 月，卫生部与复旦大学联合在大田开展结核病控制项目社会学评价现场调查。共完成专题小组讨论 8 组，调查居民 224 人、肺结核病可疑症状者 74 人、肺结核病人 75 人。2005 年，结核病专项网络直报系统开通运行。开始乡镇卫生院查痰试点。2008 年，全县报告肺结核病 210 例，发病率 60.34/10 万，居传染病病种第二位。

艾滋病防控　1993—2003年，县防疫站每年采集艾滋病高危人群血清样品50份送市卫生防疫站检测，未发现艾滋病病毒感染者。2004年，成立艾滋病高危人群干预工作队，对高危行为进行干预，并加大血清学监测力度，每年采集检测血清标本250份。2005年，实施艾滋病“四免一关怀”（免费治疗、咨询和筛查、提供母婴阻断和检测、为遗孤义务教育，求助关怀）政策，县防疫站成立艾滋病初筛实验室和咨询室，接受人群艾滋病自愿咨询与检测。2008年，确诊艾滋病1例。

传染性非典型肺炎防控　2003年，广东、北京等地区出现传染性非典型肺炎（简称“非典”）疫情期间。全县共对1449名外来及返乡人员进行登记报告与观察，12起疑似疫情进行流行病学调查，城区90个单位、汽车站及车辆等主要公共场所进行预防性消毒。2004年12月，“非典”纳入法定乙类传染病并按甲类管理。2004年至2008年底，全县无发生“非典”确诊和疑似病例。

人感染高致病性禽流感防控　2004年12月，人感染高致病性禽流感（简称“禽流感”）列入法定乙类传染病并按甲类管理。2005—2007年，县各医疗部门继续抓好人感染高致病性禽流感为重点的新发传染病网络直报工作，计划免疫接种率逐步提高，公共卫生质量得到保证，没有发生禽流感疑似和确诊病例。2008年4—5月，各医疗单位开展禽流感知识与发现报告能力培训，937人参训。至年底，全县无发生禽流感疑似和确诊病例。

手足口病防控　1993—2007年，手足口病未纳入常规疫情报告。2008年5月，手足口病归入法定丙类传染病，开始实行手足口病日报告与零报告制度。当年共报告手足口病35例。

鼠疫防控　1993—2001年，全县无鼠疫疫情发生。2002年，大田县被省卫生厅确定为鼠疫流动监测点。5—10月，选定均溪镇温镇村为监测点，每月开展1次鼠疫宿主动物及媒介昆虫监测。共捕获活鼠286只，平均鼠密度为3.48%，鼠体染印鼠客蚤指数为46.25%，监测结果提示全县存在鼠疫发生和流行的传媒媒介。2008年，县爱卫会结合新农村建设，与县委农办、城乡建设局等部门配合，农村开展“家园清洁”整治；在城区开展春秋2季灭鼠活动，把鼠密度控制在国家标准以下。年底，通过市爱卫会灭鼠先进城区复查验收，保持“灭鼠先进城区”称号。

脊髓灰质炎防控　1993年起，在全县范围内每年对4岁以下幼儿进行脊灰疫苗强化免疫。当年服苗率98.54%。1994年，在县医院建立AFP病例主动监测哨点。2008年，脊灰疫苗强化免疫服苗率97.23%；到哨点医院开展AFP病例主动搜索36次，发现AFP病例1例。1993—2008年，累计开展16次、26轮脊灰疫苗强化免疫或查漏补种活动，无脊髓灰质炎野毒株病例发生。

麻疹防控　1993年，全县报告麻疹病例110例。1997年，麻疹被列入主动监测疾病之一，由县防疫站专报人员每旬定期到哨点医院搜索麻疹病例。2000年4月，对全县8岁—12岁年龄组儿童进行麻疹疫苗强化免疫，接种率87.32%。2006年2—4月，奇韬文经村、城关小学、均溪小学、华兴乡早兴小学等地先后发生麻疹暴发疫情。对疫区所在地及周边6个乡镇1—6年级在校儿童进行麻疹疫苗应急接种，在校儿童1.32万人，接种1.24万人，接种率93.94%。当年，共报告麻疹病例136例。2008年，全县共报告麻疹病例11例，皆为散发病例。

二、地方病防控

碘缺乏病防控　1993年，全县中小学校学生普服碘丸4万人份，监测碘盐705份，合格率66.2%，在上京中、小学设碘缺乏病监测点，调查7岁—14岁学生1061人，甲状腺肿大率85.5%。1995年，全县确定监测点5个，开展碘缺乏病病情普查，新登记病例44例。同年抽样调查全县30所小学1200名8岁—10岁儿童甲状腺肿大情况、儿童尿碘含量和食用碘盐含碘量监测各210份，抽查结果甲状腺肿大率13.9%、碘盐合格率86.7%。2000年3月，省卫生厅专家检查境内8岁—10岁学生80人，甲状腺肿大率5%；检测尿样40份，尿碘中位数250.0微克/升；检测碘样54份，合格率68.5%，消除碘缺乏病工作通过阶段评估目标考核。2008年，全县开展碘盐检测288份，合格率99.7%。

地方性氟中毒病防控　1993年，县防疫站在全县开展饮用水含氟量调查，发现在桃源柯厝、旧街、新街3个自然村饮用水含氟量为1.3毫克/升，经省、市防疫站复查，确定为地氟病轻病区，人群1803人，采取饮水降氟措施。1994年3月，省、市专家对境内地氟病区防治效果进行验收，饮水含氟量均值0.11毫克/升，8岁—12岁人群尿氟含量为0.68毫克/升，、氟斑牙患病率降为14.42%。全县实施高氟改水工程，保证病区群众饮水需求，认定桃源镇地氟病防治效果达国家控制标准。2008年，县疾控中心检测地氟病区饮用水5份，检测结果均符合卫生部《生活饮用水卫生标准》。

三、寄生虫病防控

1993年，全县血检疟疾、疑似疟疾发热和不明原因发热、疑似感冒发烧“四热”病人3238人，占全县总人口0.97%，检出流动人口疟原虫阳性者1人。1996年，梅山乡沧州村发生外出感染回乡后复发的疟疾病1例。1997年8月，经省、市专家组考核评审，确认大田县达到消灭丝虫病标准。2003年12月，省疾控中心与县防疫站联合开展肺吸虫病感染调查，在境内16个乡镇抓获河蟹257只，检测结果均为阴性，并随机抽取吴山、桃源、广平3个乡镇1542人进行皮试，阳性者30人，血清试验阳性5人。2008年，全县无寄生虫病例报告。蚊媒调查工作停止开展。血检疑似疟疾等发热病共758人，占全县总人口0.21%，均未检出疟原虫阳性者。

四、职业病防控

1993年，全县职业病由三明市职业病防治院负责诊断与治疗。当年，诊断为不同期尘肺病人194人。2002年4月，均溪镇上华村上蔡烧结厂发生1起12名工人慢性铅中毒事件，经监测该厂各作业点空气中铅浓度均超过国家标准，对该厂给予行政处罚，责令停业整改。中毒工人经治疗均痊愈。2008年，全县新增尘肺病37人，有不同期尘肺症患者242人。

第二节　计划免疫与冷链管理

1993年，全县配备低温冷柜10台、保冷包70个，纳入计划免疫管理的疫苗有百日咳、白喉、破伤风（简称百白破）卡介苗、麻疹疫苗、脊髓灰质炎疫苗、乙脑疫苗、A群流脑疫苗等6种。2000年，全县开始实施以乡镇为单位集中式预防接种，乙肝疫苗纳入儿童常规计划免疫管理。2004年，新增冷苗运输车1辆。2005年6月，疫苗按一、二类进行分类管理，当年各乡镇卫生院新配备冰箱28台。2006年，全县19个规范化建设预防接种门诊经三明市卫生局验收，全部达标。2008年1月，取消向受种对象收取计划免疫保偿金和一类疫苗注射费用，由县财政统一核拨。同年4月，开始实施扩大国家免疫规划工作，将无细胞百白破、A+C流脑、麻风疫苗、麻风腮等疫苗列入免疫规划管理。当年，出生儿童建卡率100%，一类疫苗基础免疫接种率分别为卡介苗99.46%、脊髓灰质炎疫苗99.63%、百白破99.55%、麻疹疫苗99.65%、乙肝疫苗99.69%、乙脑疫苗99.43%、流脑疫苗99.44%，其中乙肝疫苗第一针及时率96.53%。年底，全县运转正常冷链冰箱38台、冷链背包356个。

1993—2008 年大田县周岁儿童基础免疫接种情况表

表 25-4

年份	卡介苗		脊髓灰质炎疫苗		百白破疫苗		麻疹疫苗		乙肝疫苗	
	接种数（人次）	接种率（%）	接种数（人次）	接种率（%）	接种数（人次）	接种率（%）	接种数（人次）	接种率（%）	接种数（人次）	接种率（%）
1993	3493	96.20	3493	96.20	3454	95.10	3472	95.60	0	0
1994	3293	96.40	3293	96.40	3252	95.20	3272	95.80	0	0
1995	3207	96.83	3207	96.83	3165	95.57	3204	96.75	0	0
1996	2803	97.08	2859	99.03	2795	96.83	2790	96.64	0	0
1997	2464	98.63	2454	98.24	2444	97.82	2418	96.81	0	0
1998	2367	98.82	2318	96.73	2344	97.84	2333	97.35	0	0
1999	2505	99.51	2504	99.49	2500	99.36	2489	98.87	0	0
2000	3105	99.28	3109	99.39	3108	99.36	3109	99.42	2973	95.07
2001	2929	99.05	8905	99.53	8701	99.08	2875	98.97	7851	97.45
2002	3065	99.21	3077	99.60	3070	99.38	3069	99.36	2997	97.03
2003	2226	94.44	7339	98.71	7128	98.95	2245	96.31	6752	97.29
2004	2718	98.98	8858	98.93	8782	98.99	2737	98.98	8416	99.39
2005	3140	99.46	8788	99.19	8692	99.27	2782	99.00	8628	99.42
2006	2928	99.35	9363	99.64	9494	99.61	3108	99.71	9006	99.62
2007	2896	99.69	9193	99.61	9149	99.56	3067	98.43	8643	99.67
2008	3133	99.46	10580	99.63	10512	99.55	4012	99.65	9640	99.69

说明：乙肝疫苗从 2000 年起纳入计划免疫管理

第五章　卫生保健

第一节　妇女保健

一、妇科病普查普治

1993 年，全县继续定期进行企事业单位女职工妇科病普查普治，重点筛查和早期诊断严重危害妇女健康的子宫颈癌和乳腺癌。当年，普查 1600 人，普查率 91%。1994 年，普查 1206 人，普查率 73%。2004 年，对城区、厂矿和机关事业单位女职工 812 人进行普查，普查率 42.4%，查出患病 714

人，经治疗全部痊愈。2006年，普查1280人，普查率64.65%，患病680人，患病率53.12%，治疗615人，治疗率90.44%，其中癌前病变15人。2008年，女职工应普查人数2212人，普查1047人，普查率47.33%；患病人数805人，患病率76.89%。查出的各类疾病得到治疗1151人次。

县妇幼保健院（1998年摄）

二、孕产妇系统管理

1993年，县开展孕产期系统保健管理，实施孕产妇从怀孕到产后42天的系统保健监护和卫生指导。定期产前检查，进行母婴保健指导、孕产妇、胎儿及新生儿保健，重点筛查高危孕妇，建立高危妊娠报告卡、转诊卡、随访卡，降低孕产妇婴儿死亡率。当年，开展孕产妇管理监管191个村、1639人，已管1362人、管理率83.1%，住院分娩率38%。1994年，孕产妇系统管理198个村、1678人，管理率83.4%，孕产妇死亡率0.02/10万。

2004年4月，成立大田县围产保健协作组，负责全县孕产妇及儿童保健指导、检查和评估，对高危孕产妇及重症婴幼儿疾病进行会诊，及时进行孕产妇死亡死因调查、鉴定及分析。2006年5月，县妇幼保健院成立高危孕产妇管理中心，负责全县高危产妇筛查及管理。

2008年，孕产妇系统管理率由1993年的83.1%提高到83.53%，住院分娩率从38%提高到97.38%，新法接生率从96.47%提高到99.88%。1993—2008年，全县妇幼保健工作指标，基本达到中国妇女发展纲要的要求。

三、婚前检查

1993年1月，县妇幼所开展婚前健康体检。至1996年，体检573人。1998—2003年，婚检率100%，新婚夫妇进行健康检查1.9万对，检出各系统疾病1117例，并进行指导治疗，规劝暂缓（或不宜）结婚278人。2003年10月起，实行民政部《婚姻登记条例》婚前健康检查改为自愿，婚前医学检查率逐年下降。2006年，婚检率1.14%，新生儿出生缺陷发生率由2001年的2.58‰，上升到2006年的4.76‰。2006年12月起，县政府为每对结婚公民免费婚前医学检查贴补90元。2007年婚检率恢复到53.64%。2008年，婚检率达97%；新生儿出生缺陷发生率2.03‰，比2006年下降2.73‰。

第二节　婴幼儿保健

一、母婴保健

1993年，全县开展母体健康和婴儿喂养等保健知识宣传教育。1995年，县卫生部门对处于儿童期、青春期、生殖调节期、绝经期、老年期的女性分别进行健康教育，提高农村孕产妇住院分娩率，当年，没有发生孕产妇死亡和新生儿破伤风。2004年11月，县卫生局对母婴专项技术服务的医疗机构和妇幼人员进行考核，核发合格医疗机构母婴保健专项技术服务执业许可证21本，母婴保健专项技术合格证书68本。2006年12月，重新考核，核发医疗机构执业许可证22本、母婴保健专项技术证书93本。2008年，全县产妇住院分娩3341人，占分娩产妇数的97.49%，非住院分娩新法接生86人，占2.51%。

开展新生儿听力筛查，已查 1657 人，占应查人数 48.29%，确诊有听力障碍 34 人，占已查的 2.05%。新生儿疾病已查 1400 人，占应查的 40.80%，未筛查出苯丙酮尿症、先天性甲状腺功能低下症患儿。

二、托幼机构卫生保健

1993 年，县妇幼保健所做好一年一度儿童入园入托前健康体检，工勤、保安人员健康体检，合格者持证上岗。至 1996 年，城区幼儿园儿童体检 3509 人。其中，1996 年城关、白岩幼儿园和实验幼儿园体检 1326 人，体重、身高良好分别为 496 人、528 人，分别占 37.4%、39.8%。建立健全托幼园保健、体格锻炼、晨间检查、卫生消毒及隔离、预防疾病、安全、家园联系等制度，儿童保健医生坚持定期下园督促，指导各项制度执行落实到位。2005 年，全县入园幼儿 3537 人，体检 3332 人，体检率 94.2%。其中，体重＜ X—2SD（标准差）的有 48 人、身高＜ X—2SD（标准差）的有 46 人、体弱儿童案管理 100%，查出疾病缺碘人数 889 人、矫治 539 人。2008 年，城区共有托幼园所 24 所，入托儿童 3870 人，体检数 3782 人、体检率 97.7%，患病数 1226 人；有幼儿教师 318 人，幼儿保育员 44 人，幼儿教养员 252 人、幼儿炊事员 22 人，幼儿教师体检发证 80 人、体检率 25.16%。至年底，各托幼园所未发生重大意外事故、食物中毒及传染病流行事件。

三、儿童系统管理

1993 年，全县 18 个乡镇、191 个村开展儿童系统管理。从出生开始进行产后访视 3—4 次，到 42 天转儿童系统管理。做好 4 ：2 ：1 定期健康检查（从出生 28 天至 6 周岁实行定期体格检查），对早产、体重轻、双胎、中度以上营养不良、中度以上缺铁性贫血、活动性佝偻病等体弱儿童专案管理、生长发育监测、疾病缺点治疗矫治直至随访转归结案。各乡镇卫生院有专人负责儿童保健工作；县妇幼保健机构对各乡镇卫生院儿童保健业务进行技术指导。当年，全县应管人数 3145 人，纳入管理 2496 人，管理率 79.4%。发现疾病 64 例，患病率 2.6%，有缺点 672 人，矫治 725 例、矫治率 98.5%。1998 年，儿童系统管理 254 个村、2.77 万人，管理率 90.05%。缺点发生率 4.01%，患病率 2.59%，筛查体弱儿童 392 人，专案管理率 100%。

2004—2006 年，新生儿缺陷发生率 4.76‰。2007 年 12 月，在县医院儿科设立县新生儿救护分中心及新生儿重症监护室，负责全县危、急、重症新生儿救护工作。

2008 年，儿童系统管理人数 8520 人、管理率 76.38%，共筛查体弱儿 214 人，专案管理 202 人；听力筛查应查 3431 人、实查 1657 人，筛查率 48.3%；新生儿缺陷发生率 2.03‰，婴儿死亡率由 1993 年 13‰下降到 10.49‰。1993—2008 年，全县儿童系统管理工作指标和效果指标基本达到《2001—2010 年中国儿童发展纲要》的要求。

四、爱婴医院

1993 年，全县开展创建“爱婴医院”活动。1994 年 8 月，全县开展推行“母乳喂养”的宣传活动。1996 年 10 月，县医院、文江卫生院、建设、桃源中心卫生院通过市级“爱婴医院”评审。2001 年 8 月，县妇幼保健院通过市级“爱婴医院”评审。2008 年，4 个月婴儿纯母乳喂养率 85.12%，母乳喂养率 97.46%。

第三节　学生、老年人保健

一、学生保健

1993 年，开展防治肠道蠕虫病，集体服驱虫康学校有 24 所、1.52 万人，学生健康体检 6370 人。2000 年，停止中小学生集体服药驱虫，学生体检 5162 人。2008 年，对城区 3 所小学的 5731 人学生进行预防性健康体检，体检结果营养不良患病率19.89%、肥胖2.51%、视力低下19.56%、龋齿33.33%、沙眼0.05%。

二、老年人保健

1993年，县、乡两级医疗机构组织开展义诊5次，免费为老年人体检218人次、保健指导725人次。2000年，开展义诊7次，免费体检496人次，保健指导685人次。2008年，开展义诊8次，免费体检538人次、保健指导825人次。

第四节 健康教育

1993年，全县订阅《福建卫生报》440份，县广播播出宣传健康稿件24篇，闭路电视宣传6次，上街健康咨询2次，出专栏31期。2001年，订阅卫生报303份，出专栏53期，开展健康咨询4次，发放宣传材料3.1万份，举办健康教育培训1期，县广播电台《卫生与健康》节目播出稿件24篇。2003年，县各单位出宣传栏1000多期，订阅《福建卫生报》500多份；开展卫生科普、食品卫生示范、法治宣传一条街活动，加强健康教育网络建设和重点人群健康教育工作。2008年，开展健康宣传活动10次，举办健康教育培训与讲座6场，县广播电视台播放《全国九亿农民健康教育行动》专题片12次、广播稿件24篇，组织9104名中小学生参加“拒吸第一支烟，做不吸烟的新一代”活动，并签名控烟。1993—2008年，全县中小学结合“爱耳日”“无烟日”“爱牙日”“爱眼日”“世界艾滋病日”等健康教育日，开展健康习惯养成和防控非典型肺炎、禽流感、流行性感冒等健康教育。

第六章 公共卫生

第一节 爱国卫生运动

一、创建卫生县城活动

1993年，全县贯彻“政府组织、地方负责、部门协调、群众动手、科学治理、社会监督”的爱国卫生工作方针，以巩固“省级卫生县城”达标成果和扩大创建卫生乡镇、卫生村为重点，坚持开展健康教育，举办健康讲座28次，出《卫生与健康》宣传栏235期，发放卫生知识宣传册3500份。1995年，省爱卫会授予广平镇“福建省卫生乡镇”、均溪镇福塘村为“福建省卫生村”称号。1996年，经省爱卫会省级卫生县城复查考评，大田县获得“福建省卫生县城”称号。2004年，县爱卫会下发《大田县2004年巩固省级卫生县城工作实施意见》，调整充实“创建卫生县城指挥部”，推进城乡基础设施建设，抓好省级卫生县城的长效管理，县卫生防疫站与70个部门签订有偿消杀服务协议，4月，在第十六个“全国爱国卫生月”活动中，全县开展以“整治环境卫生、预防疾病发生”为主题的爱国卫生活动。对禽畜养殖场等重点场所进行环境消杀，预防禽流感和急性呼吸道传染病的发生和流行。2008年，县爱卫会贯彻落实国务院《关于加强爱国卫生工作的决定》和《福建省爱国卫生条例》，全县统一组织开展环境卫生综合整治；在农村开展“家园清洁”整治，对城区内河、小巷进行全面治理，提高城乡环境卫生质量。

二、除四害

1993—1996年，全县以创建卫生县城为重点，县卫生防疫站开展有偿代办消灭服务，清除蚊蝇孳生地、降低蚊蝇密度，每年购买灭鼠药2吨，于4月、9月开展大面积灭鼠活动。常年加强城区卫生基础设施建设和卫生管理。1996年，经省爱卫会考评复查，经“粉迹法”测定、鼠密度阳性率为1.33%，保持“灭鼠先进县城”称号。2003年11月，通过市“灭鼠先进城区”复查考评，保持“灭鼠先进城区”称号。

2008年，在城区组织开展春秋两季大规模灭鼠活动，把鼠密度控制在国家标准以下，年底，通过市爱卫会灭鼠先进城区复查考核验收。

三、农村改水改厕

1994年6月，全县开展居民饮用水水质调查，检测项目18项，其中微生物指标2项、理化指标16项。在城区选择4个自来水调查点，共检测水样48份，合格率100%；乡镇选择30个调查点，共检测水样30份，合格率86.7%。

1996年，全县农村饮用安全水人口30.47万人，占农村总人口96.79%，有乡镇、村自来水站179座，饮用自来水17万人，普及率54.03%；改造和新建符合要求的厕所5512座，累计改厕7880户。1997年，省爱卫会将大田县列为首批改厕重点县，拨专项经费10万元，全县改厕总投资128.96万元，新建改建无害化卫生厕所1954户。

2000年，完成38个老区基点村和少数民族村改水工作，新增饮用自来水3.19万人。全县饮用安全水普及率98.98%。其中自来水普及率62.98%；新建改建农户无害化厕所316户。2008年，全县农村饮用安全水普及率98.99%，新增自来水受益人口4363人，新建改建无害化厕所2001户，普及率52.9%。

第二节　卫生监督监测

一、食品卫生

1993年，全县共核发食品卫生许可证1249户，从业人员体检和培训各2356人，检出病毒性肝炎、痢疾、伤寒、肺结核、化脓性皮肤病“五病” 52人，监测各类食品235份、餐具224份，合格率分别为86.1%、80.1%。2001年，开展整顿和规范食品、化妆品市场经济秩序专项活动，对7户违法食品生产经营单位进行立案处罚。同年8月，均溪镇红星村发生1起染料非食用色素油溶黄污染饼干、44人食物中毒事件，患者经治疗全部痊愈。2004年，对境内学校食堂、餐饮业单位实施食品卫生监督量化分级管理。2008年，全县共核发食品卫生许可证1632户，从业人员体检与培训各3625人，发现“五病” 97人。对168家食品生产经营单位进行预防性卫生审查，审查率100%。城区的餐饮业及学校食堂100%实行量化分级管理，取得食品卫生量化B等级15家、C等级361家。全年监测各类食品372份，合格率98.9%。监测考核餐具消毒效果2971份、合格率87.4%；开展食品专项检查14次，立案处罚2起，限期整改376户。

1993—2008 年大田县食品卫生监督监测情况表

表 25-5

年份	卫生许可证发放数（户）	从业人员体检		食品检测		餐具消毒效果检测	
		人数	发现“五病”人数	份数	合格率（%）	份数	合格率（%）
1993	1249	2356	52	235	86.1	224	80.1
1994	1493	2351	53	259	86.5	234	78.2
1995	1581	2471	92	243	86.8	216	80.1
1996	1812	2628	86	613	88.3	1564	78.8
1997	1772	2437	39	657	88.9	1306	77.4
1998	1292	2438	35	695	82.2	1350	73.8
1999	1483	2225	13	695	89.4	1271	86.1
2000	1365	2117	23	653	87.0	1021	85.3
2001	1298	2043	20	659	93.0	1210	85.3
2002	1163	1826	9	700	86.3	1216	81.6
2003	1222	1917	24	695	94.8	1275	75.3
2004	1236	2087	32	612	93.6	1815	86.9
2005	1217	2047	23	626	95.2	1788	85.1
2006	1244	2212	26	482	93.6	1880	83.5
2007	1254	2366	30	464	95.9	2015	83.9
2008	1632	3625	97	372	98.9	2971	87.4

说明：卫生许可证发放数包括年审与换证数

二、公共场所卫生

1993 年，全县共核发公共场所卫生许可证 33 户，从业人员体检 539 人，检出有“五病” 4 人；监测公共场所 96 户、497 项次，合格率 89.1%。2005 年，首次对 107 份公共用品进行微生物项目检测，项次合格率 85.7%。2008 年，全县有各类公共场所 127 户、办证率 100%，从业人员体检与培训各 436 人，发现有“五病” 12 人；对 22 家单位进行预防性审查并通过验收。监测各类公共用品 798 份、合格率 90.4%，空气微小气候监测 695 项、合格率 92.4%。

三、饮用水卫生

1993 年，县防疫部门对城区生活饮用水定期、定点、定项目监测水样 48 份，分析 624 项次，合格率 100%。1998 年，定期对城区、农村及企业自来水、井水和山泉水等各类水源进行监测，监测城区水样 70 份、合格率 100%；农村水样 86 份、合格率 62.7%；企业、厂矿自备水样 8 份、合格率 66.7%。2002 年，监测城区自来水水样 81 份、合格率 100%，制水工人体检 30 人。每季监测乡镇自来水 1 次，共监测水样 35 份、合格率 95.83%。2005 年，城区自来水厂水源水、出厂水，末梢水定期监测水样共 82 份、合格率 100%；乡镇水厂水质水样监测 32 份、合格率 71.9%。2008 年，完成城区 4 个水厂的卫生许可证换证和制水人员健康体检 16 人。对桃源仙泉自来水有限责任公司进行预防性卫生审查。全年监测县自来水公司水样 87 份、合格率 100%，二次供水水样 4 份、合格率 100%，乡镇水厂水样 22 份、合格率 59.1%，国家补助福建农村饮水安全工程 30 个监测点水样 120 份、合格率 44.2%。对城区坑口水库饮用水源调查论证，检测水样 6 份，均符合国家《地表水环境质量标准》。

四、职业卫生

1993 年，全县进行粉尘作业工人健康体检 1454 人，体检率 98.9%。监测 33 家厂矿、125 个作业点，合格率 63.2%。2000 年，劳动卫生接尘作业点监测合格率 51.06%，接触物理因素作业点监测合格率 71.43%，医用 X 射线防护监测合格率 91.67%。

2002 年，全县实行工矿企业职业病危害项目依法申报管理制度。接触粉尘作业人员体检 635 人，诊断发现尘肺观察 28 人，尘肺Ⅰ期 30 人、Ⅱ期 6 人、Ⅲ期 1 人，职业慢性铅中毒 14 人。对职业病患者，通知相关单位对其调离危害作业岗位和安排治疗。2005 年，接触粉尘作业人员职业性健康体检 1466 人，发现尘肺观察对象 51 人，尘肺Ⅰ期 18 人、Ⅱ期 2 人。2008 年，全县落实申报职业病危害项目厂矿 66 家，接触职业危害因素劳动者健康检查 1946 人，体检率 85.5%，发现职业禁忌工人 110 人。监测厂矿企业 72 家、476 个点，合格率 81.9%。无发生职业中毒和农药中毒事件。

五、学校卫生

1993 年，全县学校开展健康教育，大田县第一中学、实验小学、实验幼儿园共配备专职卫生人员 4 人。2001 年 2 月，成立县学生常见病防治领导小组，确定县第一中学、第六中学、实验小学、城关小学和石牌镇中心小学、太华镇中心小学为监测点，加强对学生常见病防治，开展冬春季学校传染病、禽流感、手足口病、非典型性肺炎防治和碘缺乏病病情监测工作。2003 年 8 月，县教育局选派体育教师、医务人员参加省教育厅举办的《学生体育健康标准》培训，10 月，全县举办二级培训。2006 年 6 月，大田县第一中学、第五中学经市卫生局、教育局联合实地考核，授予“市级无烟学校”称号；8 月，县爱卫会、教育局联合授予 9 所学校“县级无烟学校”称号。11 月，县教育局修订《学校健康教育评价方案》和年度健康教育工作计划，定期对学校进行检查指导、各学校落实每周 0.5 课时的健康教育，做到有教案、有总结，建立完整基础档案。每年结合“爱眼日”“爱牙日”“世界艾滋病日”开展相应主题活动，并加强学校教学卫生和公共卫生设施的资金投入，新建学校配备的课桌椅基本达到国家规定的卫生标准。大田县第一中学、第五中学、第六中学、职业中专学校、实验幼儿园、均溪幼儿园等食堂取得卫生许可证。2008 年，县财政拨专款 75 万元，改造建设 25 所农村中小学校标准化食堂。亨得利眼镜有限公司免费捐助 360 副眼镜给中学特困生。全县有 25 所中小学取得卫生许可证，10 所中小学、幼儿园食堂被市教育局、食品卫生监督局联合评为“食品卫生监督量化分级管理 B 级单位”。农村中小学建立卫生室，聘请 1—2 名当地卫生院医务人员为学校兼职卫生保健员。

第三节　卫生应急体系建设

1993 年，县卫生应急工作主要依托于卫生防疫体系。1994 年 10 月，县急救中心（简称“120”）在县医院创立。配备医务人员 14 人，有病床 8 张、救护车 1 辆。2003 年，县政府出台《大田县突发公共卫生事件应急预案》，卫生部门制定《大田县非典型肺炎防治预案》，成立非典型肺炎防治工作领导小组。2004年，举办卫生应急演练5次，组织开展人感染禽流感和重点传染病防治全员培训2次。2006年，建立突发公共卫生事件网络直报体系。2007年，县政府制定《大田县突发公共事件医疗救援应急预案》，成立县突发公共卫生事件应急指挥部，1位副县长任总指挥，24个相关部门为成员，下设办公室，办公地点设在县卫生局。2003—2008年，各行业建立卫生应急组织，制定非典型肺炎、人感染高致病性禽流感、手足口病、不明原因肺炎病例、霍乱、自然灾害事件、食物中毒事件等突发公共卫生应急预案18种，累计组织开展应急演练32次、全员培训8次，储备个人携行装备、急救装备、手术装备、急救药物等应急物资共315种。2008年，县急救中心有救护车3辆，工作人员20人，其中高级职称3人、中级5人、初级9人，工勤人员3人，设病床13张；全天候值班，随时应急出诊。全年出车715次，派出医护人员1442人次，接诊病员718次，危重病人抢救成功率91%。

第七章　药材药品

第一节　药品药械经营

1993年，县医药公司担负全县医疗机构及诊所、药店的药品批发供应。当年，经营的药品占全县用药量的70%以上，经营范围包括中药材、中药饮片、中成药、化学药制剂、抗生素制剂、生化药品、生物制品、二类精神药品，医疗器械和保健食品等共2540个品种。其中，中药材138种，中药饮片283种，中成药、化学药制剂、抗生素制剂、生化药品共1687种，生物制品19种，二类精神药品13种，医疗器械336种，保健食品64种。向县、乡医疗机构销售占其用药量的70%，销售给村卫生所、个体诊所药品总额达180.71万元；医药公司在城区设零售药店10家，全年销售总额321.3万元。

1997年，福建省大田县利民药业零售有限公司新开办零售药店3家。1998年，大田县医药有限责任公司销售药品、医疗器械总额1449.60万元。2000年7月，公司改制，所有经营权由三明医药股份有限公司直管。

2006年，按药品经营质量管理规范（GSP）要求开展经营管理。按招标品种配送，年配送金额2800万元，主要项目有加工炮制、用药咨询指导、电话订货、送货上门；在药品价格上合理降价，对老年人用药，基本下调10%—15%。

2008年，福建省大田县大众医药有限责任公司固定资产940万元、流动资金1260万元，全年药品购进3813万元、销售4009万元。大田县利民医药有限责任公司及下属零售药店有利民公司第一、第二、第三、第四、凤山、建山门市部，参茸、健民、上京、桃源、太华、建设、广平药店等15家。当年，新开办个体零售药店5家，全县有零售药店57家。县外药品批发企业约30家，县内43家个体零售药店，药械经营总额5000多万元。

第二节　中药材生产加工

1993年，县医药公司承担地产中药收购和中药饮片加工。中药饮片加工厂，有职工5人，固定资产2.1

万元，主要设备有切片机2台、压力锅1个、粉碎机、远红外线烘干机各1台。收购地产药材有茯苓、葛根、厚朴、陈皮、黄栀子、益母草、枳实、金银花等30多种，年加工量2.4吨、产值25.6万元，销售额32.4万元。2001年，中药饮片厂人员、场所、设备等达不到国家对中药饮片厂的要求，停止加工，设备拆除。2008年，县医药公司在桃源、梅林林场、均溪、广平、太华、湖美、梅山等乡镇种植的药材有厚朴、白果、白术、杜仲、金银花、红豆杉、绞股蓝、淮山等30多种，面积495公顷；在均溪镇许思坑养殖梅花鹿83头。组织收购中药材500多种，供县内中药材经营部及40多家个体零售药店用药外，还销售到外市、县，销售额达750多万元。

第八章 管理

第一节 机构

一、县卫生局

1993年，内设人秘、医政、计财、药政、防保5个股，核定编制13人，其中行政7人、事业6人。1997年，机构改革，核定行政编制10人（爱卫办1人），工勤事业编制1人，实有20人。2002年，重新核定行政编制8人（爱卫办1人），工勤事业编制1人。2008年，内设办公室（监察室）、计财室、医政股、防保股、爱卫办，核定编制不变。

二、爱国卫生运动委员会

1993年，分管卫生副县长兼任县爱国卫生运动委员会（简称爱卫会）主任，下设办公室（简称爱卫办），核定行政编制、事业编制各2人。1997年，机构改革，县爱卫会与卫生局合署办公，对外加挂爱卫办牌子，行政编制1人。2008年，机构与编制不变。

三、食品药品监督管理局

1993年，县药品检验所隶属县卫生局管理，核定药检技术人员事业编制2人，其中高级、初级职称各1人。承担全县药品质量检查及药品生产、经营部门技术人员的业务培训。2001年11月，成立大田县药品监督管理局，正科级单位，行政编制12人、工勤1人。实行垂直管理，县卫生局药品检验所、药政股划入，内设综合股、药品监管股、稽查3个股，对全县药械市场进行监管。

2006年8月，县药品监督管理局更名为“大田县食品药品监督管理局”，增设食品安全监管股。2008年，县食品药品监督管理局，核定行政编制12人、工勤1人。

第二节 医政管理

一、医疗机构管理

1993年，全县有医疗机构366家。其中，县级公立医疗机构3家，乡镇卫生院18家，村卫生所（室）269家，个体诊所44家（西医内科7家、中医内科16家、牙科21家），学校保健室7家，其他企事业单位和农林厂矿医务室25家。

1994年9月，县卫生部门对原有医疗机构重新进行审核，发给医疗机构执业许可证，对新申办的医疗机构严格审核把关。2000年，登记注册村级卫生所（室）67家，发给医疗机构执业许可证。取缔无证行医3家，没收药品、器械价值5000元。当年，厂矿、学校、部门医务室等社会医疗机构35家，村级卫生所273家，个体诊所41家。2001年，村级卫生所287家。2008年，全县取得医疗机构执业许可证507家。其中，公立医疗机构县级3家、乡镇卫生院18家，门诊（部）8家。村卫生所（室）374家，个体诊所67家（西医内科26家、中医内科13家、牙科28家），学校保健室15家，其他企事业单位和农林厂矿医务室22家。

二、乡村和个体医生管理

（一）乡村医生管理

1993年，全县有乡村卫生技术人员538人，其中医师37人、医生166人、卫生员335人。1994年起，对45周岁及以下的乡医卫生员采取3年函授系统教育培训，94级学员53人，95级学员31人。1997—1999年，组织全县45周岁以上或小学文化的乡医卫生员采取补课系统教育培训150人；组织全县在岗乡医卫生员参加全省中专水平、补课教育考试，经市卫生局评估，有10人取得大专卫生专业学历、234人取得中专水平证书、150人取得补课教育合格证书。2004年1月，对全县在岗的乡村医生重新认定，符合条件的核发乡村医生证书。2006年8—10月，在县卫校举办1期乡村医生规范化培训，参训430人，全部通过省乡村医生培训中心的统一考试。2008年，取得证书的在岗乡村医生472人。

（二）个体医生管理

1993年，在岗个体医生西医内科7人、中医内科16人、牙科21人。1999年，进行执业医师考试，取得执业助理医师资格10人。2008年底，个体西医内科26人，其中执业医师3人、执业助理医师5人；中医内科13人，其中执业医师1人、执业助理医师3人；牙科28人，其中执业助理医师3人。业务及法律法规培训16期。

三、执业资格准入

（一）执业医师

1999年5月，施行《中华人民共和国执业医师法》，对已取得医士以上职称的医生认定执业医师资格180人。9月起，卫生部开考执业医师资格。2000年，全县279名具有连续2年以上专业培训的在岗乡村医生，参加省卫生厅统一组织的乡村医生中专水平考试，有267名获得省卫生厅验证的乡村医生系统化教育“中专水平执业证书”。2008年底，共有注册执业医师365人。

（二）执业护士

1994年1月，《中华人民共和国护士管理办法》颁布施行。1995年1月，全县认定执业护士资格189人。当年起，卫生部开考执业护士资格。1997年，全县有64名经考试合格，取得三明市卫生局验印的护士执业证书。2008年底，全县有注册护士297人。

四、医疗纠纷处理

1993—2001年，医疗纠纷事件由县医疗事故鉴定委员会，依据1987年6月国务院发布的《医疗事故处理办法》处理，共处理3起。2002年9月，国务院颁布实施《医疗事故处理条例》，医疗事故改由市医学会鉴定。2002—2008年，共有医疗纠纷12起，协商解决10起，通过法律渠道裁决2起。

五、查处违法违规行为

1993年，县卫生部门配合市局组织全市性的医疗质量大检查和打击假医、游医及非法行医活动。实行明码标价、文明行医、优质服务，规范个体医疗管理。1994年，县卫生部门处理无证行医3家、罚款900元，擅自变更执业地点报上级批准取缔1家。2004年，查处乱收费1起，责任人受效能告诫2人。2006年，县计生局、卫生局联合查处3家非法鉴定胎儿性别和选择胎儿性别引产的医疗机构，罚款5

万元，没收违法所得9000元，吊销营业执照1户，暂停执业1人。2008年，查处民营医院超范围执业案件1起、罚款2000元。

第三节 药政管理

一、特殊药品管理

1993年，具有使用特殊药品资质的医疗机构县级医院2家、乡镇卫生院18家。医疗机构使用精神药品、麻醉药品等特殊药品实行专人负责、专柜加锁、专用账册、专用处方、专册登记“五专”管理。

2003年，县药监局实行特殊药品新的供应制度，严把审批关，防止麻醉药品非法流入社会。当年，检查经营单位22个，过期的麻醉药品、精神药品全部没收处理。3月28日，县公安局治安科、特殊药品经营使用单位相关人员在鸭蛋山垃圾填埋场举行销毁活动，共销毁46个品种、77个批次，货值3367.06元。同时，开展二类精神药品专项检查，严格规范管理。

2005年11月1日，实施国务院《麻醉药品和精神药品管理条例》，一、二级医疗机构需要使用麻醉药品和第一类精神药品的，应当经县卫生局批准，取得麻醉药品、第一类精神药品购用印鉴卡，并凭印鉴卡向定点批发企业购买。特殊药品实行处方限量管理，即麻醉药品每张处方注射剂不得超过2日常用量，并只能在医疗机构内使用，片剂、酊剂、糖浆剂等不得超过3日常用量，连续使用不得超过7天；精神药品处方限量除特殊需要外，第一类精神药品的处方，每次不超过3日常用量；第二类精神药品的处方，每次不超过7日常用量。

2008年，各医疗机构对回收、库存过期的特殊药品，在县卫生局医政股派员监督下销毁8个品种、14个批次。

二、药品监督管理

1993年起，药政管理部门每年开展1—2次药品执法大检查，重点打击无证经营药品，取缔非法药市，查处经营伪劣药品。当年，组织7次检查，检查药品经营点116家，其中批发单位1家、零售单位10家、县级医疗单位10家、乡村医疗单位95家，发现不合格药品415种，不合格率1.7%。1995年，换发药品经营企业（零售）许可证16家。1999年，组织药品质量检查3次，检查药品使用单位230家次、中西药品3.75万种次，查出不合格药品82种次，没收假劣药品价值1.16万元；查处无证经营药品案5起，没收药品391种次，价值5万余元，罚款7000元。抽查96个单位121种药品，验收假药32种、劣药7种，举办假劣药品展览1次，展出110种，价值2.27万元。

2000年，查处药品购销违法违纪案3起，涉案金额5800元。2002年，查处违法违纪案168起、涉案金额10.5万元，贩卖假药1起、价值3万元，捣毁贩假窝点2个。2003年，执法检查出动275人次，检查经营单位513家，查处并监督销毁过期和未标明有效期药品4019种。2004年，销毁不合格药品1156种次，货值1.25万元，查处药品医疗器械违法案48起，罚款11.5万元。2005年，开展藏药、终止妊娠药品、疫苗、诊断试剂，一次性使用医疗器械、卫生材料等专项检查、实施县以下农村药品零售企业药品质量管理规范认证（GSP），通过认证药品零售企业16家。2006年，做好药品不良反应报告和监测，开展“齐齐哈尔二厂药”“欣弗”和停用鱼腥草注射液等国家药监局部署的专项查处行动。检查药品经营使用单位880家次，药品7.4万种次，当场监督销毁不合格药品447种次，价值5487.8元。2008年，开展兴奋剂专项治理活动，所有零售药店在店堂醒目位置设置 “含兴奋剂药品运动员慎用”的警示牌；全县纳入行使药品监管职能的相对人有575家，其中，药品批发企业1家，零售药店42家，非处方药销售点5家，县级医疗卫生单位7家，乡镇卫生院18家，村级卫生所（室）502家。立案查处药械违法行为为 21 件，罚没款 12.96 万元。1993—2008 年，累计培训从药人员 1482 人次，开展稽查执法出动 5000 人次，办案 700 件，罚没款 70 万元。药监等有关部门共检查药品经营使用单位 3294 家次、药品 30.95 万种次，查出不合格药品 4255 种次，查处无照经营药品 6 家，清理药品非法广告 2 家。

三、血液管理

1993 年，县医院为全县具备资质的用血医疗机构，储存设施有冰箱、冰柜等，储血来源为三明市中心血站，储存备用全血，血浆约 20 个单位（200 毫升 / 单位）。县血液管理执行用血审批制度和临床输血技术规范，把握输血适应证，对输血成分、用血量及输血时间和输血注意事项等做好登记。1998 年，血液由三明中心血站统一采集保管和供应。

2008 年，全县用血医疗机构有县医院、中医院 2 家。规范采供血机构质量管理体系认证，推行血液质控、检测集中化、血液系统运行一体化的管理模式，促进临床用血更加科学、合理，确保临床用血 100% 来源于无偿献血，成分输血占临床用血的 95% 以上。

第四节　经费管理

1993 年，全县医疗卫生经费投入 169.12 万元。县、乡财政试行分灶吃饭的管理体制。卫生行政主管部门及防疫、妇幼保健机构经费实行全额拨款，县医院、中医院、乡镇卫生院经费实行差额拨款补助。各医疗卫生事业单位经费实行“独立核算、自负盈亏、结余留用、超额不补”。其中乡镇卫生院的事业经费由县预算、乡镇政府落实。1997 年，全县医疗卫生经费 686 万元，比 1993 年增长 3.06 倍。乡镇卫生院参加职工基本养老保险。2001 年，对县医院、中医院、妇幼保健院实行“药品收支两条线”管理，药品收支结余的 30% 上缴县财政专户。2003 年 7 月，乡镇卫生院人员、业务、经费划归县卫生局管理，卫生院人员工资由县卫生局统一发放，实现人、财、事管理相统一。2004 年起，对县医院、中医院的门诊收费水平和每住院人次收费水平实行实额控制，超过实额部分上缴财政。2005 年，乡镇卫生院会计核算由县卫生局成立结算中心，统一收归集中核算。同年，开始由省级财政拨出专款对乡村医生实行免费培训，并对乡村医生实行定额补助。

2008 年，全县卫生事业费支出 1676.32 万元，比 1993 年增加 8.9 倍；人均事业费支出 45.66 元，比 1993 年增加 8.1 倍。

附：红十字会活动

1993 年，县红十字会执行应急救灾救护和救助灾区群众工作。1994 年 8—12 月，先后接收省红十字会下发救灾物资 8 批、价值 14.86 万元、港币 1.14 万元。及时发放到灾民手中。1998 年 10 月 13 日，首次在县影剧院门口组织公民无偿献血活动，289 人次参加、献血量 5.76 万毫升。1999 年 8 月，召开专题会议，动员部署进行无偿献血活动，8 月 19 日，全县有 421 人次参加第二次无偿献血活动，献血量 7.38 万毫升。同年，在县政府大院举行支援台湾大地震赈灾募捐仪式，共收集捐款 15.97 万元。2005 年 1 月，组织 444 人次参加无偿献血，献血量 11.7 万毫升，并组织 172 人次参加造血干细胞采集，血量 860 毫升。2008 年 3 月，全县公民 1030 人次参加无偿献血，献血量 25.7 万毫升。5—10 月，选派疾病防控业务骨干 3 人，参加省卫生厅抗震救灾应急队伍，赴四川江油、彭市、汶川等地，参与地震灾区的食品、饮水卫生及环境消毒，计划免疫和传染病的防控等卫生应急工作。1998—2008 年，县红十字会组织公民无偿献血 6348 人次，献血量 131.76 万毫升。

卷二十六 语言 民俗 宗教

大田县系划尤溪、永安、漳平、德化四个县边隅之地合置为一邑。方言、民俗、宗教因传承各县的传统习惯，而形成差异性、多元化。方言有前路话、后路话、闽南话、桃源话、客家话等5种；民俗、宗教信仰全县各地不尽相同。随着改革开放和经济社会快速发展，语言、民俗、宗教也逐渐发生微妙变化。

第一章 语言

第一节 大田方言

一、方言种类与分布

大田方言有前路话、后路话、闽南话、桃源话、客家话等5种，与尤溪交界的少数自然村讲尤溪话。除客家话外，其余4种属闽南方言语系。大田方言以前路话为代表，与泉州闽南话较接近；后路话、桃源话其发音和音调与泉州闽南话差异较大。桃源、太华镇各有3种方言，上京、广平、奇韬镇各有2种方言，其余13个乡镇各1种方言。绝大多数的村，只有1种方言，少数村有2种方言，如桃源镇的桃源村讲闽南话和桃源话，奇韬镇的金华村、奇韬村讲后路话和尤溪话。

前路话分布于均溪（城关）、华兴、石牌、谢洋、武陵、上京（辖区内5个村讲桃源话）、太华、湖美、前坪等乡镇，约占全县人口60%。后路话分布于建设、广平、奇韬、文江、梅山等乡镇，约占全县人口25%。闽南话分布于屏山、吴山、济阳等乡和桃源的新街、旧街、广汤、西安、下东坂、西坪和广前等村庄，口音与泉州话差不多，约占全县人口10%。桃源话分布于桃源镇的多数村和上京镇的黄城、桂坑、城口、丰田、南坑等村，约占全县人口4%。客家话分布于桃源的上东坂、黄山头，太华的高星，广平的大吉等村和铭溪村的大竹林自然村，约占全县人口1%。

县内各种方言受地域分布的局限，使用的人口有限，没有一种方言能在全县通用。

二、词汇发展

随着科学技术发展和社会的进步，方言随汉语词汇不断丰富而丰富，许多新词如“独生子女”“二妈”“枪手”“群租”“剩女”“拆迁户”“责任田”“二女户”“个私企业”“民营经济”“打工”“下岗”“再就业”“刷卡”“网络购物”“廉租房”“电脑”“液晶电视”“数字电视”“微波炉”“电磁炉”“手机”“动车”“宇宙飞船”等，随时代发展融入大田方言；同时，也有一些词语逐步淡出历史舞台，如“阶级斗争”“副业生产”“以粮为纲”“插白旗”“移苗并坵”“三面红旗”“人民公社”“大寨田”“白专”“四类分子”“臭老九”“赚工分”“搞副业”“搞小自由”“土砻”“庚布（织布）”等。

随着交通的便利、信息时代的到来和社会经济的发展，人们日常语言交流频繁。原先境内各种方言隔阂，不再那么明显，部分能够相通，而普通话已成为大田人日常交流的主要语言，更兼新生代文化程度的提升，大田方言的使用率逐渐降低，时有青少年对方言会听不会讲的现象。

第二节 普通话

一、普通话推广普及

20世纪50年代，大田县掀起推广、普及普通话热潮，开展办扫盲班、夜校，学文化，扫除文盲等活动。1958年5月，吴山乡在全国率先实现无文盲乡、普及普通话乡，获得全国推广普通话红旗。全县“学吴山、赶吴山”推广普通话工作取得显著成绩，《福建日报》和《人民日报》先后发表社论和文章，介绍大田推广普通话的工作经验。

二、普通话巩固、提高

20世纪60年代初，继续推广普通话，在普及基础上巩固提高，推行汉语拼音和汉字简化。90年代后，中小学校逐步开设早晚诵读课、新闻课、普通话辅导课程，开辟“校园之声”广播和“红领巾广播台”及讲故事、演讲、朗诵比赛等第二课堂活动助推普通话；开展舆论宣传、普通话教学观摩会、普通话规范培训、普通话水平等级测试、汉语拼音比赛、“我爱祖国语言美”演讲和“我与汉语拼音”征文比赛等，推动普通话普及和汉语拼音、汉字简化工作。2000年，获得省级普通话测试员资格的中小学教师4人。2001年，市、县语言文字工作委员会办公室对教师进行首批普通话水平等级测试1776人，达二级乙等标准以上的1381人、占77.76%，其中达二级甲等标准482人、占27.14%。2002—2003年，县对中小学教师3762人进行3次普通话水平等级测试，其中达二级甲等916人、占24.35%，二级乙等2347人、占62.39%，三级甲等499人、占13.26%。2007年8月，大田一中学生温黎虹通过专家评审，作为优秀选手入选全国第十届推普周中央电视台“我爱诵读”特别节目，其诵读的作品《再别康桥》在中央电视台3套《子午书简》专栏播出。

2008年，县成立创建“国家三类城市语言文字工作评估”工作领导小组，成员有县委办、政府办、财政局、教育局、人事局、广电局、工商局、民政局、劳动局等28个单位。

第二章 民俗

第一节 节日与节气习俗

一、传统节日习俗

除夕 除夕前，借钱物要归还，即便是椅、凳、瓢、钵、农具等，也得奉还过年。除夕日，家家户户贴楹联、挂红灯。家有丧事未满两周年者，节日或喜庆均不贴楹联，不燃放烟花鞭炮，以示对逝者的尊崇与怀念。20世纪90年代，随着城乡人民生活水平提高，现代炉具进入居家，传统“蕴火种”习俗在城区和部分农村逐渐消失，武陵一带仍有部分人沿旧俗持续至正月十五日。除夕晚，城区有小部分居民全家人在饭店、酒楼吃“年夜饭”。在农村，“年夜饭”要吃长条青菜或全葱，俗称“长命菜”，寓长寿。前坪乡川石、湖平、山头、南坑等村和武陵村民有提前一天过年之俗。除夕夜，长辈给小孩发压岁钱，会挣钱的晚辈给长辈送压岁钱，合家欢聚至午夜，俗称“守岁”。20世纪80年代起，全家人聚在电视机前，观看春节联欢晚会节目成为守岁时尚。民居灯火通宵达旦，城区许多住户阳台悬挂红灯笼，直至元宵夜；新年零时一到，家家户户鸣放鞭炮、烟花，迎接农历新年；而武陵一带则需先鸣铳三响，再燃放鞭炮、烟花。

春节 春节是最受重视的传统节日，凡外出谋生者，都要力争回家团聚；因工作需要未能回家的，以电话、短信等方式向亲人问候、拜年，春节过后再回家团圆、走亲访友。农历正月初一，俗称“初一早”，人们起得很早，早餐也吃得早，并且要吃“长命菜”；后路一带早餐前要先吃甜竹豆汤。在农村，早饭后走亲访友拜年。奇韬一带部分家族携家人先到祠堂拜祖先，而后拜访亲友；在城区，居民相互走访、恭祝新春快乐，以往登门拜年燃放鞭炮的习俗，为保护环境而渐淡。

农村仍有正月初一至初五不讨债、“初五戒开、初六舀肥”之俗，农民初六开始劳作。

“天公”生日 正月初九日俗称“天公”生日，备牲粢、香楮、烛、鞭炮等敬“天公”，叩谢上天诸神庇佑，并祈求平安。屏山、吴山、济阳、桃源等地做糯米粉为皮、豆沙或菜为馅、扁椭圆形并印有“寿”字的粿品称“寿龟”敬“天公”。太华镇华溪村民晚8时许开始迎稻草龙。

元宵节 正月十五元宵节夜，是一年中燃放烟花、鞭炮最多的节日，热闹气氛不亚于除夕。人们在城区大街上观看玉田、红星等村迎板灯龙，最长有千余节、长约2000米；夜空烟花绚丽多彩，持续到子夜。除1966—1976年“文化大革命”期间迎龙停止外，年年如是。自21世纪初年起，政府有关部门组织安保人员维持秩序。一些乡镇农村在元宵节前后举行各种活动，如太华汤泉村迎花灯、华溪村迎稻草龙、建设镇建设村迎铁枝，武陵乡武陵村，上京镇上京村、延京村、上平村、溪口村、下溪口村，桃源镇桃源村等迎板灯龙。前坪乡山川回民包粽子敬“人主公”。

元宵节吃甜馅汤圆，俗称元宵圆，寓团圆、生活甜蜜。

三月三 俗称三月节、吃青节，古称上巳节，最早是纪念黄帝诞辰的节日，自古有“三月三、生轩辕”之说。魏晋之后，遂成汉族水边饮宴，郊外游春的节日。唐末汉人南迁入闽之后，承传此俗。后又有闽中先人在匪乱之时被绑架入牢，为里应外合予以营救，家人于三月初三日将信息藏入艾粿，瞒过狱卒送进牢内，营救成功。自此，大田三月初三食艾粿更是风行，后又演变为情人相邀踏青采艾，每年逢此，县内多地以不同形式纪念，如前路食艾粿，后路吃乌饭。

清明 清明日多有踏青、扫墓、祭奠先人习俗。奇韬一带，女儿出嫁而不生育者，于清明节当日回娘家，娘家人挖竹笋1个、买猪肚1个、白花1朵给女儿带回夫家，俗称“换肚”，寓意有助于女儿生育。其他农村也有此俗，但时间不一定在清明节当日。20世纪50年代后，单位、学校组织干部、师生祭扫烈士墓，献鲜花，缅怀先烈，开展爱国主义教育活动。2008年起，国家将清明节定为法定节日，放假1天。

端午节 端午节多数家族过农历五月初五日，城区范氏、奇韬郑氏、上京田氏、郭村柳氏、屏山苏氏等家族过初四日；文江村陈、余两姓家族从初三至初五日连过3天；喝雄黄酒、用艾草煮汤洗澡、小孩佩带避邪香袋和卧室门边插艾草习俗，到20世纪末渐淡。屏山章氏部分家庭不包、不吃粽子。2008年起，国家将端午节定为法定节日，放假1天。

七月节 七月初七，又称七夕节、乞巧节（寓女孩向织女求心灵手巧意），因这天在家或到祖祠祭祀祖先又称鬼节。前坪乡川石、湖坪、山头、南坑提前在初二日过节。前路大部分家族过7月初七日。华兴乡横坑、柯坑杨氏，京口叶氏、杨氏、黄氏、凌氏、卢氏，奇韬镇胡氏等家族过十四日。后路大部分家族和上京镇灵川田氏、吴山乡阳春林氏、武陵乡上岩叶氏、屏山乡许坑、王坪、杨梅、蒋山章氏等家族过十五日。吴山、济阳、屏山、武陵、谢洋等乡镇农村，七月节家家户户备牲粢、果品、香楮、烛炮等到祖祠祭祀祖先。太华镇汤泉、罗丰村村民将稻草捆扎连接成一条长龙，插上点燃的香，称香线龙，从祖祠出发，绕村一周，叫迎香线龙。此俗自20世纪末起，时有时无。

中秋节　农历八月十五日中秋节习俗基本不变，但在中秋夜，部分农村妇女以月饼、柚子、板栗、花生等敬月神的习俗传承，自20世纪60年代起渐淡。前路（除屏山、吴山、济阳外）、后路和桃源一带仍传承中秋送礼习俗，从八月初一日至八月十五日，出嫁女儿必须给娘家父母、兄弟送月饼、米粉之类，俗称“送节”。20世纪90年代后普遍以人民币取代实物，若有停送，视为“断亲”（断绝亲情关系）。2008年，国家将中秋节定为法定节日，放假1天。

重阳节　农历九月初九日称重阳节，素有登高赏秋之俗。1988年，国家将重阳节定为中国老年节，此后，城乡各地年年开展尊老、敬老活动，尊敬老人的风气渐浓。机关、企事业单位、村（居）组织开展形式多样的老年人文体活动，部分单位，给60周岁以上老年人发纪念品或红包，并逐渐形成习俗。

二、节气习俗

立春　城关与后路一带有迎春习俗，立春时刻一到，家家户户鞭炮齐鸣，迎春庆喜。20世纪末，部分村民仍保留竹竿末梢系松枝、桃花插地的习俗，俗称竖“春把”，济阳、吴山、屏山、武陵、谢洋、华兴等乡村无此习俗。

立夏　部分农村村民在立夏日吃糯米粉做成的甜馅汤圆或实心咸汤圆，称“夏圆”。

立秋　传统认为人到立秋阳消阴长，人体“气、血”渐衰，俗称“退秋”，农村居民更注重于立秋前以鸡、鸭、羊肉等进补养身。立秋一到，高山区村民不下河、也不用冷水洗澡，俗有“秋水恶如鬼”之说。

立冬　立冬日做糯米糍、杀鸡鸭，进补养身。部分村民还敬奉“土地公”，庆祝丰收；农民做糯米糍为耕牛进补。城区和建设、广平、奇韬等地立冬至冬至盛行扫墓、酿制红酒。

冬至　冬至各地习俗不一，普遍是冬至前4天、后10天扫墓、祭祖。奇韬镇郑、方、林、张、黄等姓氏各家族冬至后不扫墓。太华一带冬至开始扫墓，直至年底。吴山一带从农历十一月初一开始扫墓，直至月底。部分农村村民冬至日吃汤圆的习俗渐渐消失，被吃鸡肉、鸭肉、羊肉、狗肉等进补所取代。奇韬镇东佳郑氏有轮流做东，备供品到祖祠祭拜祖先习俗。

三、消灾祈福与禁忌

“分龙”　夏至后的第一个辰日（甲辰、或丙辰、或戊辰、或庚辰、或壬辰）称“分龙”。此日忌挑粪、尿浇农作物，20世纪50年代末起逐渐淡化。至20世纪末，此习俗基本消失。

“送虫”　插秧结束后，迎佛做法事驱虫害（俗称“送虫”）的习俗，于20世纪50年代起消失。

祈雨　俗称“乞雨”。干旱时，迎佛做法事祈求降雨的习俗，于20世纪50年代起消失，被筑坝、开渠引水、人工降雨所取代。

第二节　东坂、山川少数民族习俗

一、东坂畲族传统节日习俗

除夕　桃源镇东坂少数民族村巫姓畲族，大年三十日（月小为二十九日），各家各户带鸡、鸭、鱼肉、粿品、香、烛、鞭炮等到祠堂祭拜祖先。除夕夜“蕴火种”习俗多数人传承旧俗，部分家庭于21世纪初年起不再“蕴火种”。畲民过年不吃“长命菜”，在元宵吃“长命菜”。家逢丧事未满两周年，过年和春节等节日不放鞭炮、不贴对联，以示对逝者的尊崇与怀念。

春节　东坂畲族人有吃斋和乞讨习俗。正月初一日早餐吃素，大年三十剩下的饭菜早餐不能吃，须到当天中午才能吃。正月初一日早饭后，16岁以下的大孩子带着家中较小的孩子，并邀邻居的孩子一起到村中本族各家各户乞讨，意为讨个好彩头，获得吉利、平安。讨得饼干、糖果、水果等食品带回家里。此俗于21世纪初年起渐渐消失。

三月三 三月初三日，东坂畲民有吃艾粿（粳米饭与煮熟的艾草混捣而成）的习惯。此俗1966年起消失。

端午节 上午，东坂畲族妇女上山采摘多种树木嫩叶和青草带回家晒干，俗称“百样草”，不时以其干品用开水冲泡或水煎当茶饮，祛病健身。端午节，部分畲民自发到祠堂祭拜祖先；用艾草、菖蒲挂于房门前避邪保平安的习俗依旧，小孩佩带避邪香袋习俗，于20世纪50年代末消失。昔时，端午节做糍粑，不包粽子。中华人民共和国成立后，随当地汉族人习俗，不做糍粑，改包粽子。

七月节 东坂畲民有“十三拜祖，十四过节”之俗。每年农历七月十三日祭拜祖先，本族人轮流主祭，每年5人。主祭人要负责收“丁钱”（根据祭祖所需费用，按男丁分摊）；每年七月十三日，以抽签的方式确定次年十三日祭祖的供品，每户两样，互相不重复。此外，主祭人用收取的“丁钱”备办鸡、鸭、鱼、粿品、香楮、烛、炮等物品祭祖先。十三日下午，各家各户依上年抽签所定两样供品送至祠堂，摆于大厅，由主祭人看守。待晚饭后，全族男女老少齐集祠堂，跪拜祖先，由有文化、有威望的族人宣读祭文和家规，把本族所有户主的名字一一读出，以表对祖宗的尊崇与怀念，并劝告子孙遵守家规，为善积德。祭拜仪式结束后，各家各户带来的供品各自带回，用“丁钱”备办的供品在祠堂煮食，祭祖族人聚餐叙旧；当年本族子女考上大学，其家长备酒和饮料，送到祠堂供大家饮用。十四日，各家各户在家自行过节。

中秋节 昔日，东坂畲族妇女于中秋夜，有在室外摆花生、柚子、月饼，并备酒三杯、茶叶混合大米一杯敬月神的习俗，1966年起，此俗消失（“文化大革命”破“四旧”所致），20世纪80年代后，部分家庭妇女恢复敬月神习俗。

二、东坂畲族其他习俗

娶亲 东坂畲族青年娶亲时，男方家必送猪头1个。女方家自备三牲、粿品、香、烛等，由女方家兄弟姐妹将三牲、粿品等物品，连同男方家送去的猪头一起送到人主公庙拜祭人主公、到祖祠拜祭祖先。

结婚、生子 东坂畲民，男子结婚或凡新生男孩，其父母要以24斤大米折成人民币交给当年七月节祭祖的主祭人，用于七月十三日拜祖备办祭品；另要送单支重250克以上的一对红蜡烛到祠堂，拜祖时点燃。拜祖仪式结束后，七月节祭祖主祭人代表众人送给上述结婚或生子者1条鸭腿。

报丧 东坂畲民，若父母去世，儿子反穿衣服到本房最亲近的亲人家报丧，由最亲近的亲人通知本房（或本族）亲人办理后事。此俗于21世纪初年起，部分畲民改用电话报丧。

做忌神 正月，东坂畲民择吉日，备三牲、粿品、香楮、烛、鞭炮等供品，请当地奉祀的所有菩萨（俗称“做忌神”），祈求风调雨顺、五谷丰登、合境平安。摆设供品的房屋须依堪舆学二十四山方位择吉而定。“做忌神”请道士或自读祭文。

祭墓 东坂畲民定农历八月初一备祭品祭墓，一年仅此1天，因此，畲民们必须提前到祖坟劈草。八月初一日若遇雨天，可顺延至初二或初三日。

封窖 东坂畲民每年秋收结束后，五谷归仓，择吉日、备供品，到人主公庙和土地公庙，请道士“封窖”，意为感谢人主公、土地公一年来守护境域平安、庇佑农业丰收的功劳。

三、梅山畲族人“化正”

梅山乡沈岭、沧州、沈口等散居畲族人，有雷、钟、蓝3姓。每年农历正月初二日，畲族妇女穿新衣、背“化袋”，扶老携幼到汉族人居住处挨家逐户“化正”（行乞），汉族人备粳米粿条切片，给每个畲族人一片；傍晚，“化正”畲族人回家。中华人民共和国成立后，“化正”习俗渐渐消失。

四、山川回族传统节日习俗

过年 前坪乡山川回族村回民提前一天，在十二月二十九日（月大）或十二月二十八日（月小）过年。除夕夜，老年人家庭仍沿旧俗“蕴火种”，年轻人家庭“蕴火种”习俗渐淡。过年到祖祠祭拜祖先。

春节　正月初二日之后演戏，设坛祈求王公祖师保佑合境平安，风调雨顺，活动1天—3天。

元宵节　包粽子敬人主公和迎灯活动。

清明节　清明当日，妇女上山采摘茶叶及其他树木嫩叶，带回家炒干后用开水冲泡当茶喝以明目。

端午节　端午节吃米粿，不包粽子，不吃粽子。20世纪80年代后，部分回民家庭包粽子、吃粽子。

七月节　七月初二日过节，备粢盛、果品、香烛等到祖祠祭拜祖先。

中秋节　以柚子、花生、米糕等物敬月神的习俗，1966—1980年期间消失，20世纪80年代后，部分人恢复敬月神。

五、山川回族其他习俗

山川回民以正月初三为“开年”，开年后农民开始劳作。三月初三日，家家户户做“艾粿”（粳米饭与煮熟艾草合捣而成），皆不敬神佛。家有丧事，过年或喜事没有禁忌，可贴对联和燃放鞭炮。山川回民因长期与汉人居住在一起，一些习俗逐渐汉化。如穿戴、“分龙”禁忌、嫁女、丧葬等与汉人相同。

第三节　礼仪习俗

一、婚嫁

20世纪90年代后，昔时的婚姻纳采、问名、纳吉、纳征、请期、迎亲“六礼”的烦琐礼节多数被摒弃，婚礼从简。结婚年龄也逐渐推后，多在24岁—30岁之间。21世纪初，婚前几乎都拍婚纱照，花费几千元至上万元不等。随着青年男女就业领域、地域拓宽，联姻地域范围扩大，跨省、市联姻增多。

提亲　20世纪90年代后，多数男女青年外出谋生，在创业劳动过程中相互认识和了解，自由恋爱；谈婚论嫁条件成熟，几乎所有男方家长（下称男家）要到女方家（下称女家）与其家长见面，商谈缔婚事宜。谈妥后，部分农村尚存用红纸书写婚约的旧俗，其内容是男女双方谈妥的婚嫁约定。

订亲　1993—2008年，农村尚存嫁女收聘金的习俗，聘金数额各地不一，后路一带尚存聘金要有银圆的习俗，女方要“衣裳钱”的习俗起了变化，多数人不谈“衣裳钱”。男方要送给女方金项链、金戒指等金质饰品。男女双方一般都互赠定情物。

请期、迎亲　请期习俗不变。纳征后征得女家同意，择吉定婚期。男家择吉后，口头告知女家长辈送吉课日期，届时男家备礼连同吉课送到女家。多数女家请择吉先生对吉课进行复查，确认无误后，女家告知男家，同意如期于归，若吉课有误，男家必须重新择吉，并将新择吉课送至女家。20世纪90年代起，时兴新郎随迎亲者到女家迎娶新娘，并向新娘送上一束鲜花；以轿车替代花轿。女家必送伞、灯，寓吉利、平安和“添丁”，嫁妆多为摩托、冰箱、电视机、电脑、洗衣机、金首饰等物品，具体视女方家境而定，少数富裕人家陪嫁所值与聘金相当或超过聘金。在前路，出嫁女母族血亲长辈有收受男家送的公鸡、米粿、红蛋、糖果等物的必须送衣料回礼，但出嫁女的外公、外婆依例可免回礼，20世纪90年代起，现金渐替布料，一般二三百元。21世纪初，出嫁时男家给女家血亲长辈送礼以现金替代实物，一般二三百元。不少男女青年结婚不请先生择日，选择“五一”、中秋、国庆、元旦等节日结婚，新娘多请专业人员化妆，选着如意婚纱，新娘出娘家门、进婆家门均由“好命妈”口颂吉言，扶携引领。

婚宴　婚宴在娶亲当日举办。农村在自家举办，母舅坐主宾位，祖母舅或祖母族表亲坐次主宾位，其余亲戚依序入席。新娘、新郎及新郎父母无席位。宴席间，新郎与新娘一起逐桌向亲戚和亲人及所有来宾敬酒。部分农村自21世纪初年起，宾客必送新婚红包，新娘回送糖果1袋。城区在酒家设宴，新郎、新娘坐主桌主位，母舅、祖母舅或表亲、外公、外婆、父母、伴郎、伴娘同座主桌，其他亲戚自由选择入席。婚礼请司仪人主持，由新郎父母或兄长、或委托亲人、朋友致祝酒词。婚礼形式多样，但大同小异。

送烛火闹洞房 鞭炮引路，母舅从客厅奉烛火到新娘房，并诵“四句”（吉利话），其他亲戚各拿一样嫁妆，随母舅送入洞房，也要口诵“四句”。母舅摆床铺、挂蚊帐、叠被子，也要诵“四句”。客人闹洞房，新娘必向客人敬茶，请喜糖。20 世纪 90 年代，新娘因同学、同事较多，闹洞房方式丰富多彩，有的上歌舞厅，节目更精彩。

回门、弥月 女儿出嫁后，多 3 天或 7 天回娘家，娘家办回门酒席请女婿、女儿，并请亲人作陪。除吴山、济阳、屏山等地，多数乡村保留弥月（出嫁满月时，丈夫陪妻子回娘家）的习俗。

二、生育

20 世纪 90 年代，婚后多年不孕不育，或连续生女孩而求神拜佛，或回娘家“插白花”“换肚”风俗不再。生育长子，女婿须备礼到岳父母家报喜，娘家回以背巾、童毯等物。生儿育女、坐月里、三旦、满月、晬庆仍沿旧俗。城乡居民的生育观念转变，“多子多福”“重男轻女”的观念渐淡，女儿读书、就业与男孩一样受到重视。21 世纪初，许多乡村女孩与男孩同样载入族谱。

三、寿诞与添寿

寿庆 40 岁以下生日不设宴举庆。寿庆一般从虚龄 50 岁开始，之后逢十举庆；农村老人 80 岁忌做生日，推迟至 81 岁或提前在 79 岁举庆。女婿祝寿，需送帽、衣、裤、鞋、袜、米粉、蛋、糯米、猪肉、寿烛、鞭炮等寿礼，20 世纪 90 年代起，部分人祝寿不备实物，代之以现金；送生日蛋糕日渐风行；祝寿不行拜寿礼。21 世纪初，几乎都以人民币替代祝寿礼物；屏山、吴山、济阳一带，女婿贺寿须送白糖制作的“寿仙”三尊，糯米粉为皮、甜馅、印有龟形图案扁椭圆形“寿龟”一大盘的习俗渐变，部分女婿不制作“寿龟”“寿桃”，以现金替代。后路部分家族寿庆则与前路不同，一般逢十之年不举庆，推到次年或提前一年举庆，60 岁称六十晋一，或称花甲，70 岁称七十晋一，或称古稀；80 岁和 90 岁则提前在 79 岁、89 岁举庆。逢十之生日并非人人举庆，夫妻不全，或子孙有失，或当年家有丧事，或寿星提出不举庆的就没举庆，若晚辈要给补庆，补庆当在逢十后一年内举行，俗有“补一不补二”之说。

寿宴 寿宴一般在诞辰日举行，系亲人与亲戚朋友自发祝贺；城区多在酒店设席，农村多在自家设席，具备承办宴席条件的集镇，部分居民在饭店设席。奇韬等一些乡村，寿庆在虚龄逢十的第二年择吉日设宴。部分地方在宴席即将结束时或宴毕，主人以红包给祝寿者回礼，寓添财、添福。

添寿 逢农历闰月之年，出嫁女儿要给 50 虚龄以上的父母送米粉和蛋，俗称“闰月粉”，祝父母健康长寿。老年人在闰月之年做寿材（俗称棺材），做了寿材，女儿要在农历闰月之年给父母做寿被、寿鞋，没有女儿的由儿子做寿被、寿鞋，寓添寿、长命之意；实行火葬后，不再做寿材。

四、建设镇高氏“百叟宴”

建设镇高氏，于 20 世纪 30 年代成立“老人会”（亦称“百翁会”），每年农历十一月十五日牵头组织族人安排宴席，宴请本族 61 岁以上老人，称“百叟宴”。20 世纪 40 年代末起，百叟宴时断时续。1986 年 7 月，发动族亲捐款，设立老年基金，用于每年十一月十五日百叟宴，宴请本族 69 岁以上老年人。

五、建房、乔迁

农村和城镇居民多数建房主人选择吉日良辰动工和封顶，封顶时燃放鞭炮，以示大吉。做灶依旧俗选择吉日良辰动工，注重灶的位置及其坐向，灶做好后即刻爆米花分人享食，俗称“开白花”，寓添丁。乔迁新居仍依旧俗，选择吉日良辰搬迁，家人不论老少手提物品，不得空手进新居。乔迁时，母亲的娘家及岳父家各送大红灯 1 对，由送灯者将灯挂在客厅，寓吉祥、添丁，挂灯者须诵“四句”，主人回以红包。宴席结束后，主人须以高于灯价的红包给送灯者回礼。

六、社交

谦让、尊宾 客人来访时，主人到门口迎接，说“欢迎”，以手示意客人前走。客人返回时，主人送至门口，说“慢走”“走好”“欢迎再来”。送远道客人归返时增说“一路平安”或“一路顺风”等吉祥语，此谦让、尊宾的习俗不变。首次来作客的亲戚返回时，主人送红包和黑、白线，寓添财、长寿。主要亲戚首次来家做客，主妇送做裤的布料，21世纪初改用现金（吴山、济阳、屏山三乡无此俗）。路人狭道相遇，主让宾、男让女、晚辈尊长辈、年轻让老人、空身让荷重的民风依旧传承。

馈赠 走亲访友携带礼物和探望病人携带水果、营养品或红包；亲戚、朋友、亲人家有喜事，送礼物或红包祝贺、主人设宴款待的习俗不变。亲戚朋友的儿女考上大学，送红包表示祝贺。21世纪初，走亲访友、给亲戚朋友贺喜、探望病人，多以现金代实物。

“送年节” 除屏山、吴山、济阳一带，县内多数乡镇端午、中秋节和过年，女儿要给娘家父母送猪脚、米粉等物，俗称“送年节”。端午节要有粽子，中秋节要有月饼，过年要有猪心、猪肝。已定亲而未过门，未婚女婿依俗“送年节”。21世纪初，以红包代实物渐行。

宴礼 结婚、子女满月、周岁、升学和新居乔迁，多宴请亲朋好友。城区多发请柬或口头告知，或由亲朋转告，多在酒家设席。农村一般不发请柬，多在自家设席，具备条件的集镇少数居民在饭店设席。21世纪初，少数农村出现自带瓢、盆、碗筷等餐具和燃气灶承办宴席的“流动酒家”专业户，部分农村居民请其到自家承办宴席。随着生活水平提高，菜肴日渐精细、丰盛，赴宴者送贺礼从实物转为现金，城区多为100元—200元，农村多为50元—100元。

称呼 中华人民共和国成立后，社交场合不称“先生”“太太”“小姐”，广称“同志”。20世纪90年代后，社交场合称“同志”的渐少，代之以“先生”“夫人”“大叔”“大伯”“大婶”“大姐”“小妹”“师傅”；对企业界人士称“某总”“某经理”“某老板”；对领导称官衔；对科技人员称“某工”“某总”“某老师”；夫妻互称“老公”“老婆”；来自闽南说闽南话的人群，部分丈夫对外人称妻子为“厝内”或“厝内人”，妻子对外人称丈夫为“老头”或“老公”；媳妇称公、婆为“阿公”“阿妈”，县城南面说闽南话的乡村，历来随夫称公、婆为爸、妈或随夫称呼；妹夫、姐夫随子女称内兄、内弟为大舅、小舅，部分人直呼其名。20世纪末，家庭成员及姻亲间的口头称呼起了变化，丈夫不再呼妻子父母为“阿公、阿妈”，而随妻子呼“爸、妈”；部分岳父、母不再呼女婿为“婿郎”，而直呼其名。

七、丧葬

临终、报丧、入殓、吊唁、出殡、设坛请道士或禅师超度亡灵（俗称做“功德”）、“烧七”“烧百日”、夭亡、客死、丧事禁忌等，仍沿袭旧俗。逝者为机关、企事业单位干部职工者，由退休时所在单位主持开追悼会。在部分农村仍做“功德”法事、超度亡灵。20世纪末，村民去世，渐行开会悼念逝者。吊唁者送冥仪均以现金替代实物，至亲或挚友加送花圈。奔丧、送葬者，归途不到亲戚朋友家作客、不走“回头路”，意为“避晦”。丧家49天内不走亲戚、不访友、不到邻居串门，意为不将晦气带给别人。2005年，改革土葬为火葬，殡仪馆提供的纸棺替代木棺，子女捧骨灰盒回城乡公墓入土安葬或安放在骨灰楼、骨灰堂。

少数村民只在百日行祭，不行周年“小祥礼”、双周年“大祥礼”和三周年“释服礼”。部分农村村民在行大祥礼后不行释服礼，而每年逢逝者去世之日，逝者子孙备办庶馐、果品、香楮、酒、烛等在家祭祀亡灵，俗称做“忌辰”，以示对逝者的尊崇与怀念。一般只对已逝的父母或祖父母做忌辰，曾祖父母以上先祖多不做忌辰。

第四节 民间信仰

一、天地神祇崇拜

20 世纪 90 年代，民间依然崇拜天神、土地神、日神、月神、树神、灶神、床神等神；多数村民从正月初一至十五日，焚香燃烛敬灶神。

为祈求平安、人寿年丰，太华镇华西村在正月初九和十五日夜间迎稻草龙，绕遍全村。许多农村正月初九备办牲粢、果品、酒、香楮、烛、鞭炮等敬天公。二月初二日，农村部分村民备办牲粢、果品、酒、香楮、烛、鞭炮等敬土地公。

二、孔子和祖宗崇拜

中华人民共和国成立后，民间依然崇拜孔子，但儿童入学时，父母随带葱和“松明”（饱含松脂的松木片，与葱相伴寓聪明）先拜孔子和民间祭圣活动的习俗消失。人们尊敬祖宗，举行各种庙会和春祀秋尝习俗依旧。把积功德、有建树、有威望的先祖当神崇拜，均溪镇玉田的龙兴殿供奉一心为民治病的济世良医和丰公主马五娘；建设镇建设、建忠、建爱等村奉祀三位为民除害的民间人士；太华镇华溪奉祀陈家上祖陈七公；屏山乡内洋村万应庙奉祀内洋苏氏先祖、抗元将领苏十万；文江乡花桥奉祀三国时代蜀国将军关云长；太华镇汤泉奉祀五代时期的将军太保公；文江乡朱坂奉祀阏公；吴山乡吴山、程堂、和洋奉祀陈家宗亲上祖甫一陈公祖师；吴山乡阳春村奉祀肉身菩萨六全章公祖师；武陵永安岩供奉云济史公祖师；济阳乡上丰昭灵宫供奉一生济世救人的良医、受宋仁宗敕封为“保生大帝”的帝君公，诸如此类尊崇拜祭习俗普遍。

20 世纪 90 年代后，各姓氏、家族寻根问祖习俗恢复，不时有县内外、省内外、全国性及海外联谊互访和祭祖活动。每年农历八月初一为桃源郑氏荥阳祠宗亲日，举行盛大的祭祖活动，省内外郑氏宗亲派人或组团参加，台湾工党主席郑昭明曾莅临参祭；每年冬至日，吴山梓溪林氏禅林祠举行祭祖活动，省内外，台湾等地及旅居马来西亚、新加坡等宗亲组团或派员参祭；每年农历三月十五日，太华魁城连氏龙井祠举行祭祖活动，省内外连氏宗亲组团或派人参祭。上京黄城岬萧氏宗祠林埔祠、屏山郭氏宗祠屏山堂等都有相似的互访和祭祖活动。县内许多姓氏组团或派人到先祖发祥地参加祭祀活动，如上京、太华、屏山等地陈氏，联合组团参加永安市贡川陈氏宗祠追远堂祭祖活动；吴山、济阳、华兴、文江等地陈氏，分别派人参加德化县李山陈氏宗祠颖川堂祭祖活动。县内有关姓氏曾分别派人或组团参加河南范县范武子纪念园、陕西潼关县杨震陵、河南淮阳县胡公陵、湖南宁远县舜帝陵、陕西黄陵县黄帝陵等全国性祭祀活动。

三、汉族庙会活动

县内汉族庙会活动周期不等。有的若干年 1 次，有的 3 年 1 次，有的 1 年 1 次，有的 1 年 2 次；每次活动时间均是农历，一般活动 2 天—5 天，最长的半个月；庙会期间举办戏剧演出、舞狮、舞龙和武术表演等活动。请道士或僧人自始至终参与，程序仪式相对固定。文江乡正月初一朱坂庙会演丰场戏，5 年举行 1 次，持续 15 天。建设镇建设、建忠、建爱春节庙会“迎铁枝”；正月初和三月十五日，济阳乡上丰昭灵宫分别

建设镇迎铁枝活动（2006 年摄）

举行庙会，演高甲戏。正月初九和十五日，太华镇华溪庙会演越剧、汉剧，迎稻草龙。正月十五日，均溪镇玉田龙兴殿设供奉敬“马氏真仙”，结合闹元宵迎龙、舞狮、演戏等。正月二十一日，吴山乡吴山、程堂、和洋庙会演高甲戏，有时八月十六日再举行1次。五月十三日，文江乡花桥庙会演汉剧。六月十三日，武陵乡武陵灵峰殿庙会演汉剧或高甲戏、赣剧。六月初一日，广平镇广平村龙湖堂一年一度纪念姜公成佛并祈求丰年，举行一年一度的佛驾游乡活动，以响铳前导，太保公开路，马氏三仙、五谷真人、刘姜恩主相继前行，一路舞狮、铁枝、管弦歌乐，彩旗飘扬，锣鼓喧天，热闹非常；九月二十五日姜公寿诞，二十三日开始演戏，二十五日开坛设醮、念经，少则5天，多时8天—10天。农历三月二十三日、九月初九日，石牌镇小湖村福兴宫妈祖出生与羽化升天日，分别举行庙会，丰盛的供品摆满大殿厅堂，乐队吹拉弹唱，戏班演戏5个昼夜，十分热闹。每年农历五月十三日，文江乡花桥村的花桥寺，关圣帝君庆诞庙会，设供、演戏，纪念东汉末年的英雄豪杰关羽，活动持续10天左右。似此庙会，大多数农村都有，有宫庙、寺观的地方一般都有庙会活动。

广平舞狮活动（2007年摄）

四、少数民族庙会活动

东坂畲族庙会 正月十五日，桃源镇东坂畲族香会，家家户户采艾草和山野乌捻做艾草米粿、乌捻饭等特色素食供品祭拜“人主公”，设道场请法师诵经，祈求平安。道场满院子供桌上摆满各家供品，午饭时分，全村人和村外来客可走遍所有供桌，品尝“百家宴”。

东坂畲族巫姓和汉族熊、刘姓家族，数年举办1次天闻殿庙会，祭拜道教女神“林贤真仙”，一般在农历三月选吉日良辰举行，活动地点依堪舆学二十四山方位择吉而定。天闻殿在竹林间，又称“竹林庙会”，外村人成群结队到场观赏。剪纸艺术是畲族庙会的一大特色，族人在路口用新砍的毛竹搭建系有符箓和各色剪纸的迎宾彩门。道场院外竖有3竿等高且竹梢带有若干枝条的新竹，竹梢各系1面蓝布四方旗，左竿竹系4条飘带，右竿竹挂1个绸面料大红灯笼；数米高3竿竹寓3个诵经的道士，道士法力越高，3竿竹也越高；距3竿竹数米，竖1根用篾条捆扎的松明柱，与3竿竹等高，点燃松明成火炬，映照天闻殿。庙会期间，戏班演唱传统采茶戏3昼夜；法师引领无任何防护的“神汉”，在烧得通红的8米长炭火堆里赤脚踩踏而过，俗称“下火海”，又赤脚在烧红的24块砖头上奔走，俗称“过火砖”，神汉皆毫发无损。安良堡内，盛装的畲族姑娘们表演民族舞蹈。

山川回族庙会 正月初二日之后，选择1天设坛，祈求王公保佑山川村合境平安，风调雨顺。一般活动1天—3天。

第三章 宗教

第一节 佛教

一、人员、组织与场所

1993年，县内没有佛教组织团体，佛教信徒在法律允许的范围内各自分散活动。1999年，佛教寺庙2座（建设镇感德寺和屏山乡大仙峰崇圣岩），和尚3人。2008年，未成立任何佛教组织团体，信徒活动依旧。境内有受戒居士3人（受大戒1人），尼姑3人，和尚1人。

二、主要寺庙

赤岩庵 位于城东，背倚奇伟瑰丽之赤岩山，明万历十五年（1587年）知县谢与思倡建；清乾隆七年（1742年），僧洞云化缘募修，二十三年（1758年）僧怀山鼎募建门路、墙坊。寺傍山临水，岩壑优美，历代文人骚客多有题咏。1953年2月17日，该寺火灾焚毁。

白岩庵 位于城西，背倚奇丽雄伟之白岩山、周环五株参天古树。五开间，内设钟罄，1958年拆毁。

崇圣岩 位于屏山大仙峰（又名“云盖山”）山腰，坐北朝南，建于南宋孝宗隆兴二年（1164年），有“泉南佛国”之誉。左侧设有制纸屋，辟有果蔬园；右畔开有养鱼池、茶园、耕地；左上方有化台，全寺占地近4000平方米。在清寂古朴的禅堂内，以茶供佛、以茶待客、以茶清心成为禅宗僧人日常功课，吃茶俨然是一种严格的禅修工夫，是禅门茶道文化特色。1959年夏，该寺毁于山体滑坡。1996年11月，屏山乡郭、陈、章、苏、李5姓由董事长郭开浦等人发动民众集资和争取社会各单位和个人捐款，复建崇圣岩，占地3396平方米。主体砖木结构，保留三进式；大殿分左、中、右三厅。供奉释迦牟尼和真宗、徐宗、力宗“三宗祖师”及其他佛像共22尊。1999年8月19日，举行释迦牟尼、“三宗祖师”正身等佛像开光仪式，3000余人参加。2000年11月，建寺庙大门。2002年，建放生池、佛化台、架设供电线路、维修道路及附属设施。同年12月31日，县统战部、文联派人参加复建竣工剪彩。2005年，崇圣岩被列为县级文物保护单位。

大仙峰崇圣岩寺（2007年摄）

感德寺 位于建设镇建爱村（原称“一保”），该寺系七排众（陈、黄、朱、吴、李、杨、刘七姓）于南宋淳熙十二年（1185年）建，供奉佛祖如来、延寿药师等佛像。寺内存有明正德皇帝敕赐的“圣旨牌”。清乾隆三十一年（1766年）住持僧从夏募缘重修。“文化大革命”初佛像被毁。1987年，寺庙重修。1988年，临济宗大比丘释宽华到寺重整寺容，1991年，重塑佛像。1998年，翻建门楼。

佛教寺庙未经县民族宗教局登记的有梅山乡龙口村的高峰岩。

三、信徒活动

佛教没有组织机构，因此没有较大型的活动。民间信佛与信道没有明显区分，既信佛也信道，佛教信徒参与当地道教的庙会活动。

第二节 道教

一、组织团体

2006年5月26日，在龙兴殿成立“大田县道教协会”（经政府部门社会团体登记），设会长1人，理事21人，其中常务理事10人（1人兼任秘书长），道务总顾问1人；会员128人。信徒中有福清石竹山传度15人，道教主庭天师府传度9人、授箓1人。经省民族宗教厅备案、省道教协会认定，传道人获传度牒24人、获教职证3人。已注册并办证的道士108人。

二、主要道观

普照堂 位于吴山乡阳春村青龙山，据阳春《林氏族谱》载，普照堂（俗称阳春庵）建于北宋哲宗元祐元年（1086年），奉祀肉身菩萨六全章公祖师（俗名章七三，法号普照，因其真身四肢身首俱全，后人称之为显化六全章公祖师），普照堂史上几度重修。1995年10月，章公祖师肉身塑像被盗，并被走私出境。2015年3月3日重现在匈牙利自然科学博物馆。章公祖师由一名荷兰人收藏家收藏保管。

吴山乡阳春村普照堂（2006年摄）

章公祖师佛像（右）（2006年摄）

龙湖堂 位于广平镇广平村，建于北宋仁宗庆历三年（1043年），奉祀姜公及其师父刘公祖师，并祀何公居士神像和檀越施主林宣义考妣神位。清道光年间（1821—1850年），龙湖堂扩建。清光绪十三年（1887年）整修，增加配套设施，重塑佛像。龙湖堂建有附庙万宅村坑口的植福堂和万筹村的龟峰堂，三处庙宇占地8352平方米。“文化大革命”期间，龙湖堂及两座附庙均被拆除。1985年，乡人自发筹资复建龙湖堂，翌年竣工。2008年，动工复建植福堂。

象山寺 位于谢洋乡坑口村象山，奉祀刘公祖师。元仁宗皇庆元年（1312年）正月十五日，刘善惠沐浴更衣，登上象山顶，显化成佛。元仁宗皇帝敕封刘公为都监大恩主，下旨赐建象山寺。史上几度重修扩建，2005年，列入县级文物保护单位。

太元宫 位于桃源镇蓝玉村，始建于明宣宗宣德六年（1431年），1995年重建，供奉立坛真君赵公明和东岳十大太保中的温琼、康广席元帅。

福兴宫 亦称妈祖庙，位于石牌镇小湖村，始建于明正德年间（1506—1521年），奉祀妈祖和临水夫人陈靖姑。“文化大革命”期间被毁。2004年，村民筹资复建，建筑面积350平方米。

龙兴殿 位于均溪镇玉田村仙亭山南麓，始建于元朝成宗元贞元年（1295年）。正殿供奉济世良医和丰公主“马五娘真仙”，左右厢供奉“文昌公”“观音佛”和“伏虎公”，下院供奉“五谷仙”。明朝正德皇帝南巡至此，觉风景旖旎流连忘返，御赐对联“身坐犀牛千古地，面对天马万重山”；历代文人墨客，亦留下许多绚丽诗文。抗日战争时期，为内迁大田的集美水产航海、商业、农林三校学子晨读夜谈场所，亦是集美职校和大田地下党秘密活动地点。是县道教协会驻地和道教活动的主要场所。该殿毁于1966年。2005年，玉田村民众筹资重建，翌年9月竣工。

均溪镇玉田村仙亭龙兴殿（2008年摄）

昭灵宫 位于济阳乡上丰村，始建于清康熙乙亥年（1695年），供奉深受百姓爱戴、受宋仁宗敕封为“妙道真人”的济世名医保生大帝（又称“帝君公”，俗名吴本）。民国10年（1921年），扩建副殿，“文化大革命”期间被毁。1980年，全族集资重塑保生大帝及左右元帅朝天圣侯金身。1984年，由境外侨胞倡议并捐资，族人或出工献料、或捐资，复建主殿及附属设施。1989年，重塑诸佛宝像。2004年，族人募集资金，在左侧建钢筋混凝土结构戏台1座。殿内有一古钟，上刻有“康熙乙亥年铸造”字样。

花桥寺 位于文江乡花桥村，始建年代无可考。该寺供奉关羽、关平、周仓神像3尊。“文化大革命”期间，该寺被拆除。1998年，温厝、花桥两村群众自发筹资复建。2000年，寺庙竣工，占地615平方米。

此外，有武陵乡大石村的石鼓庵、屏山乡内洋村的万应庙、吴山乡吴山村的福寿堂等。2008年，全县有大小道观近60座，其中旧观翻建31座，除均溪镇玉田龙兴殿经县民族宗教局登记外，其余均未登记。

三、信徒活动

2006年，陈光热等9人经龙虎山嗣汉天师府传度。当年起，每年举行常务理事会4次和理事成员会议2次。周边兄弟县道教协会负责人到县道教协会参加座谈、交流道教文化常态化。每年春秋分别举办平安法会1次，参加活动信众近千人。县道教协会不时组织协会成员到周边县（市）开展道教科仪交流。2007年，道教协会成立一周年隆重举行平安大法会，支持单位200多个，是建县以来规模最大的一次活动，经政府有关部门审批备案，依法、依规开展正一道教科仪，100多名道士交流经验。2008年，组织会员为四川汶川地震灾民捐款共1.39万元。

第三节 基督教

一、组织团体

县内基督教有基督教三自爱国运动委员会、基督教协会（两块牌子、一套人马，简称基督教两会）。

1993年，县基督教三自爱国运动委员会设主席1人、副主席2人、秘书长1人、常委9人，有团体会员11个；基督教协会设会长1人、副会长2人、总干事1人、常委9人，团体会员11个。2002年，县基督教两会同时换届，机构设置不变。2008年，基督教两会各有团体会员14个。省、市认定的传道义工28人，其中福建神学院毕业的传道人3人；教徒3000多人，其中，有市基督教两会常务委员1人、县政协委员3人。基督教两会历经四届，基督教堂被市民族宗教局评为爱国爱教、民主管理、环境安全、正常生活、自养服务"五好"宗教活动场所4个，被市民族宗教局评为爱国爱教、遵纪守法、信仰纯正、团结互助、社会服务"五好"教徒8人。

二、主要教堂场所

1993年，县基督教有教堂、聚会点各11处，信教群众1375人，传道人3人。当年，城区教会（位于前山路）牧师楼翻建为聚会厅，翌年竣工，建筑面积250平方米。1994年，城关、上京、桃源、广平、东西坑、梅山、元沙、铭栋等8处符合条件的活动场所，县民族宗教局给予登记发证。1995年，城区教会钟楼翻建为综合楼，建筑面积315平方米；奇韬下坪新建教堂落成。当年，全县有城关、上京、桃源、广平、东西坑、铭溪、元沙、梅山、下洋教堂9座，聚会点20个，信教群众2000多人。1997年，太华镇魁城新建教堂落成；城区前山路福音堂翻建为综合楼，建筑面积825平方米。当年，全县有教堂11座，聚会点15个，信教群众2500多人。1999年，购买奇韬镇桃东煤矿办公楼作为桃东教堂；建设镇建设教堂翻建，建筑面积192平方米。当年，全县有教堂14座，聚会点24个，信徒2700人。信徒中有神学院毕业3人、三明市基督教两会委员1人、县政协委员2人。2000年，新建建设教堂竣工。2002年，上京教堂翻建。2008年，有城关、建设、广平、上京、魁城、仙峰、东西坑、铭栋、铭溪、元沙、桃源、梅山、下坪、桃东、汇龙广场教堂15座，聚会点有奇韬、丁华、永德、洋地、文江、赤水源、上岩、溪口、建成、上华、文经、汤泉、大石、宏才14个。当年，新建汇龙广场教堂竣工。

城关基督教教堂（2008年摄）

三、教徒活动

（一）义工培训

1993年8月，基督教"两会"在桃源教堂举办义工培训班1期，学员38人。1994年、1995年，分别在广平、城关教堂举办义工培训1期，学员分别为41人、45人。1996—2008年，基督教在建设教堂举办义工培训班1期、城关教堂举办13期，参训学员共534人次。

（二）聚会

1993—2008年，县内基督教各堂点每星期日（或星期六）都有崇拜聚会和各种活动，从不间断。平时多数堂点每周有周间查经聚会或祷告聚会或交通聚会1次。有些堂点没有专职传道人，周间部分堂点教徒有聚会。大田城关、广平、铭溪、上京等教徒较多，设有青年团契、老年团契、妇女事工，每周在教堂内聚会1次。

（三）公益活动

1993年起，信徒参加公益活动渐多，彼此相爱，互相帮助，受灾、贫困、生病时会给予救助、帮补。2005年，邀请泉州市基督教义诊队到县下乡义诊。2008年，为四川汶川地震灾民捐款2.22万元，其金额在三明市名列第三。当年，资助贫困大学生8人、金额3500元。

第四节 宗教事务管理

1993年，县委成立宗教工作领导小组，一名副书记分管宗教工作，统战部一名副部长具体负责，各乡镇宗教工作由统战委员兼管。每年召开1次宗教工作会议，分析、研究宗教工作情况。县委中心组组织学习《社会主义宗教论》，在县委党校开设宗教政策课，对党政干部进行马克思主义宗教观和新时期宗教法律法规、政策教育，参加学习的干部275人。1994年，成立宗教活动场所管理登记领导小组，由县委统战部负责登记造册和发证。1997年，县委统战部对全县已登记发证的城关、上京、桃源、广平、东西坑、梅山、元沙、铭栋、感德寺等9个宗教活动场所的组织管理、制度建设、防火安全等方面进行检查，全部合格。1999年，县委统战部配合公安机关，依法打击从事非法活动的教徒11人，给予严肃处理，并做好教育转化工作。2002年，经普查全县10平方米以上的民间信仰庙宇73座，其中管理人员3人以上的23座、1人—2人的28座、无管理人员的22座。2004年，县委、县政府向全县18个乡镇、8个居委会、263个村和县直有关部门颁发宗教工作职责，贯彻落实宗教政策，加强宗教事务管理，把学习贯彻国务院《宗教事务条例》列入“四五”“五五”普法教育、依法治县和精神文明建设、社会治安综合治理检查考核内容。当年，县民宗局组织人员到已发证的城关、桃源、上京、广平、元沙、东西坑、铭栋、梅山、下坪、桃东、魁城、建设基督教堂和感德寺、崇圣岩等14个宗教活动场所进行检查，针对存在问题提出整改意见，限期解决。同年，在全县开展专项治理乱建、滥建寺观教堂、露天宗教和民间信仰场所工作，成立专项治理工作领导小组，制定治理乱、滥建工作方案，下发《大田县治理乱、滥建寺观教堂工作乡（镇）及县直有关部门工作职责》和《关于进一步加强宗教活动场所和民间信仰活动场所管理的意见》。2006年，制定处置宗教突发公共事件应急预案。县委统战部协助县基督教“两会”建立规章制度，引导宗教组织在宪法、法律允许范围内开展正常的宗教活动，把宗教活动纳入法制化、规范化的管理轨道。

卷二十七 地 名

大田县系明嘉靖十四年（1535年），划尤溪、永安、漳平、德化边隅之地合置一县。明清时期县以下设乡、里、都、图、社、团的建制，民国时期用区、乡、保、甲的建制，中华人民共和国成立后先后用区、乡和公社、大队及乡镇、村建制。历史上县内地名较为混乱，有的一地多名，有的一名多地。每次政区改划，均会产生部分地名更替。而地名的变化过程又常常停留在官方文牒层面，民间依然约定俗成沿用旧名，至今仍有都、保等名称。小村庄地名则基本沿用。乡镇和县城所在地街巷名称受时代影响变化较大，部分街巷在20世纪50年代初、1958年、“文化大革命”时期和20世纪80年代曾作过较大更改。20世纪80年代后，随着经济的发展，加上县乡政府驻地重新规划布局、城区延拓、旧城改造、新村兴建和交通建设等，地名又有新的变化。

第一章 区域名称

第一节 县名

一、大田名称

明嘉靖十四年（1535年），当朝皇帝（明世宗朱厚熜）准御史白贲所奏立县，割尤溪县一十四都、永安县一都、漳州府漳平县一里十社，泉州府德化黄认一团，共四十图地置县。时县衙处地称“大小田”，又因县衙处地皆为田地，“因田为邑”“中一区独大，可置万家”，众议奏请取名“大田”，获准。

二、别名“田阳”

县邑别名田阳。见于清康熙四十八年（1709年）知县叶振甲《状元堂（县衙大堂）赋》：“万壑千岩，雄蟠地轴。维是田阳，列居郡属，宿值牛女。”；清乾隆二十二年（1757年）《大田县志》卷首由知县李慧署名之《征修田阳邑志启》。

三、别称“岩城”

县城别称岩城，首见于乾隆二十三年（1758年）《大田县志》李星聚序“大田夙称岩邑”。县城东西有赤岩、白岩对峙，故称岩城。

第二节 乡镇场名称

一、镇名

均溪镇 因溪流贯穿河谷平原，将盆地均分为二得名均溪。为县政府所在地。汉时为南平辖地，唐时属江南东道福州，明嘉靖十四年（1535年）划归大田置县，时为三十三四都。中华人民共和国成立后，先后为第一区均溪乡、城关公社、均溪公社、均溪镇。

石牌镇 以驻地石牌村得名。清属大田县进城乡三十三四都，民国17年（1928年）前仍属三十三四都。中华人民共和国成立后，建石牌乡，“文化大革命”时称红湖公社。1981年10月更名石牌公社。1984年，撤公社复称石牌乡。1997年，撤乡建石牌镇。

上京镇 以驻地上京村得名。除上平村属三十六都外，均属漳平县聚贤里。明嘉靖十四年划归大田置县，清雍正年间（1723—1735年）属大田县四区聚贤里（除梅林、灵川、隆美属三十五都外）。民国28年（1939年）置上京乡。中华人民共和国成立后，除梅林、隆美、灵川、赤水、三阳属八区外，其他皆属二区。1957年，撤区并乡置上京乡。1958年，除梅林、隆美、灵川外，并入桃源公社，设上京管理区。1961年，从桃源分出建上京公社。1970年，梅林、隆美、灵川三村从小湖公社划入上京公社。省属上京煤矿、黄城林场、梅林林场均在境内。1984年，撤公社建上京镇。

桃源镇 以驻地桃源村得名。大田建县前属漳平县聚贤里，明嘉靖十四年划给大田置县。清代雍正年间（1723—1735年）划属大田县四区聚贤里，称桃源社，民国初年置桃源乡。中华人民共和国成立后，属第二区。1957年，撤区并乡置桃源镇。1958年，桃源与上京合并成立桃源公社。1961年，上京从桃源公社分出，建上京镇。1992年，撤乡建桃源镇。

太华镇 以驻地太华村得名。明清时期属三十六都、三十七都、三十八都。民国23年（1934年）置太华乡。中华人民共和国成立后，置太华乡。1958年，为太华公社。1984年，撤公社建太华乡。1994年撤乡建太华镇。

建设镇 明正德年间为三十九都，建县时仍为三十九都（俗称一保至六保）。民国28年（1939年）9月建三民乡。1955年，以驻地村改名建设乡。1958年，为建设公社。1984年，撤公社建建设乡。1994年，撤乡建建设镇。

广平镇 以驻地广平村得名。建县前属尤溪县四十四、四十五都，建县后属大田县四十四都、四十五都。民国23年（1934年）建广铭乡。中华人民共和国成立后，为第四区，区署设广平。1958年，建广平公社。1961年，东西、建设、奇韬从广平公社分出分别成立东西公社、建设公社、奇韬公社。1970年，东西公社并入广平公社，社址设广平村。1984年，撤公社建广平镇。

奇韬镇 以驻地奇韬村得名。古称奇滔，清末改名奇韬。明清属大田四十六都。民国29年（1940年）置文韬乡。中华人民共和国成立后，属广平区。1954年，属文江区。1958年，并入文江公社。1960年8月改属广平公社，1961年7月成立奇韬公社。1984年，撤公社建奇韬乡。1998年，撤乡建奇韬镇。

二、乡名

华兴乡 原早兴乡，驻地早兴村。明清时为三十一都。民国时为蚤卿乡。1950年，取“蚤卿”方言谐音为”早兴”，寓意早日兴旺发达。1949—1955年，属湖美区。1956年划入均溪区，1961年划入仙峰公社，1961年成立早兴公社。1970年并入均溪公社，1971年成立早兴公社。1984年撤公社建早兴乡。1995年12月，划均溪镇的华安、仙峰、京口、洪坑村归早兴乡管辖。1996年5月，乡政府驻地迁至华安村，取早兴、华安各一字更名华兴乡。

屏山乡 以驻地屏山村得名。1950年8月，由德化县划入大田，为屏山乡。清代属德化县辖地。清康熙十八年（1679年）后，属尤中里路口社和山坪社分辖。民国初期为德化县大墘区屏山保，民国30年（1941年）建屏山乡，民国32年（1943年）与济阳、吴山合为济屏乡。1950年，划归大田管辖，为第六区，区署设屏山。1956年，改属均溪区。1958年为屏山公社，1984年撤公社建屏山乡。

济阳乡 以驻地济阳村得名。清代为德化县辖地，清康熙十八年（1679年）后，属尤中里实丰社。民国初期为德化县大墘区济阳保，民国32年（1943年）与屏山、吴山合并为济屏乡。1950年，划归大田县管辖，为第六区（即屏山区）。1956年，改属均溪区。1958年，属屏山公社。1961年，成立泮林公社，社址设在上丰。1962年，社址迁至济阳。1970年，又属屏山公社。1971年，再次独立为泮林公社，1981年以社址驻地济阳，更名济阳公社。1984年，撤公社建济阳乡。

吴山乡 以驻地吴山村得名，史称陈吴。清代属德化县辖地，清康熙十八年（1679年）后，属尤中里彭溪社。民国初期，为大墘区吴山保。民国32年（1943年）与屏山、济阳同属济屏乡。1950年8月从德化县划入大田，属第六区。1958年，属屏山公社。1961年，成立吴山公社。1970年属屏山公社，1972年恢复吴山公社，1984年撤公社建吴山乡。

谢洋乡 以驻地谢洋村得名。明清时期属大田县黄认团。民国时与武陵合为谢武乡。中华人民共和国成立后，谢洋属谢武乡，属武陵区。1958年，成立武陵公社，谢洋属之。1961年，从武陵分出成立谢洋公社。1984年，撤公社建谢洋乡。

武陵乡 以驻地武陵村得名。明清时期属大田县黄认团。民国时与谢洋合为谢武乡。1956年，置武陵乡。1958年，成立武陵公社（包括谢洋）。1961年，谢洋分出，仍称武陵公社。1984年，撤公社建武陵乡。

文江乡 以驻地文江村得名。明代大田建县前为四十七都，隶属尤溪县，大田建县时，划归大田管辖。民国时文江设大田县第二区署，辖文韬、广铭、龙际、三民等乡。中华人民共和国成立后属第五区，区署设梅山，文江属之。1955年，成立文江区；1958年4月，撤区建文江乡；同年10月，文江成立公社，命名为红旗人民公社。1959年，更名为文江公社。1984年，撤公社建文江乡。

前坪乡 以驻地前坪村得名。明清时期属三十一都。民国29年（1940年）属文江区。中华人民共和国成立后属第五区，区署设在梅山。1956年，属湖美区。1958年，属湖美公社。1961年，成立前坪公社。1970年，湖美、前坪合并为湖美公社。1972年，湖美、前坪再次分设公社。1984年，撤公社建前坪乡。

梅山乡 以驻地梅山村得名。明清时为迳田里四十八都（雄峰、沈口、龙口、西书、长坑属三十都），民国18年（1929年）9月撤都、里、团，分区设置，划闾邻，时属第二区，区署在文江坂。民国28年（1939年），撤联保改乡时为沧潦乡。民国30年（1941年），改为龙潦乡。中华人民共和国成立后，为第五区，区署设在梅山。1957年，属文江区。1958年，成立梅山公社（包括龙口）。1961年，龙口独立为龙口公社。1971年，龙口公社并入梅山公社。1984年，撤公社建梅山乡。

湖美乡 1952年，湖上和仁美并乡时各取一字得名。因江西移民在此地田洋尾开基，俗称洋尾，明清时分属三十都、三十一都、三十二都，民国17年（1928年）后属京仙乡。中华人民共和国成立后，属第七区，区署设在湖美。1958年，成立湖美公社（包括前坪）。1961年，分为湖美公社和前坪公社。1970年，湖美、前坪两社又合为湖美公社。1972年，湖美、前坪再次分设公社。1984年，撤公社建湖美乡。

三、农场名

东风农场 地处桃源镇，辖区为中华人民共和国成立之初的东坂乡和八峰乡，于1958年春合并，取两乡各一字命名东峰乡。当年秋，建国营东峰农场，驻地泼水。1959年，借“峰”与“风”同音，取“东风”意，更名东风农场。

大石农场 地处武陵乡大石村得名。原为县商业局畜牧场，1960年1月，建国营大石农场。1999年9月，归并东风农场作为分场。

第三节 村（居）及自然村名称

一、均溪镇村、居名称

红星村 1954年，均溪、中山、镇东联合成立农业生产合作社，取五星红旗之意命名“红星”，沿用不变。自然村有后岬洋、小溪、盂头坂、镇南、镇东、担坑、下桥头、二甲、老街、东门、中街、南门、溪仔边、前街、后街、新街洋、北门头、马路岭、赤岩、澹多、郑坑等，村部驻雪山南路35号。

玉田村 因田地肥沃，稻谷硕如珠玉，雅名玉田。又因与大田里相邻，故俗称小田。自然村有白岩、西门头、北门头、赤雾仔、打石窟、泮洋仔、鱼池洋、长兜坑、滚地龙、淍坑口、东井、后巷、后头崙、小田坂、坂头、后坂洋等，村部驻建山路93号。

福塘村 因祖祠前面开有池塘以祈天福，取名福塘。自然村有福塘、田头、菜坂洋（又称蔡坂洋）、石坑、仙亭坑、乐祠、工地、菜坂洋尾，村部驻福塘。

金山村 村在山腰，史称半山。山有金矿，雅名金山。自然村有半山、黄西坑，村部驻半山。

温镇村 温姓开基，得名温镇。自然村有东岩洋、淍坑盂、温镇、朱宝山、井尾、镇前洋，村部驻东岩洋。

金岭村 取辖内金竹坂、牛狗岭各一字得名金岭。自然村有金竹坂、牛狗岭、金竹坑、瓦寮、十六厝、尖崎、中崎，村部驻金竹坂。

良元村 地处虎臂崎，山脉逶迤而下至双髻山，村尾有飞泉瀑布，名龙源漈，为县城护城河龙源溪之源。村以龙源河得名，方言谐音为良元。自然村有后洋、苏坑、前洋、水尾、坎坂，村部驻后洋。

上太村 取所辖上坑口、太山崎各一字得名上太。自然村有上坑口、小坑、大林、坑园、禄坑、前禄坑、后禄坑、大坂、拱桥，村部驻上坑口。

宋京村 开基祖于宋代自南京辗转玉田，后分迁来此定居，取宋代和南京各一字纪念祖先迁徙之艰辛，名宋京。自然村有茶盘兜、源头墘、半岭仔、前坑仔、池塘坵、刺垵、篷罩墓、寮垵仔、下洋、卓厝后、拳头仑、粪坑口、下洋尾，村部驻茶盘兜。

郭村 土地贫瘠，耕种只顾糊口，得名顾村，雅名郭村。自然村有下坂、郭村、上郭村、下郭村、松柏坂，村部驻下坂。

周田村 开基祖周姓围溪滩造田，故名周田。自然村有茅厝、坂头、坂尾、后坑、绿树林，村部驻茅厝。

翰林村 唐末朝廷动乱，李晋王避难于此，赐一读书人为翰林得名，又因山高地险名翰林崎。自然村有祖厝、糠坪、翰林崎，村部驻地祖厝。

许思坑村 史称前坑，早年有许、苏二姓居住，后以许、苏方言音谐称许思坑。自然村有许思坑、前洋、后洋、樟村，村部驻许思坑。

建成村 史称半路、建路，1958年人民公社化时，取建设成功之意命名建成公社，后公社撤销、改为建成村。自然村有半路、后垄、下坑垄、岭后，村部驻半路。

东坑村 开基祖是金山人，开基处山坳为金山之东面故名东坑。自然村有前洋、霞洋、后洋、下洋尾，村部驻地前洋。

上华村 以上蔡、华封桥合为一乡，各取一字为上华。自然村有上华、上蔡、长圳尾、长坑垄、卓坑、陈坑、格坵，村部驻上华。

和丰村 史称豪空，因古多豪猪（刺猬），处处掏空成穴取意。后以“豪空”方言谐音和丰。自然村有溪东坂、空垵、下盂坑、坂面、下车坂，村部驻地溪东坂，。

和丰坪村 史称和平，因与县内它地同名，改为和丰坪。自然村有和丰坪、小垄头、后坑垄、轮厝墓、大垄头、大肚垄、高岬，村部驻地和丰坪。

后华村 欧姓开基，后严姓迁入，人丁兴旺、财富丰厚，取丰厚之意，以方言谐音称后华。自然村有后华、溪柏林，村部驻后华。

华坑村 原后华、坑口两村合乡，各取一字名华坑。自然村有上坪、蕨坑、下洋、凉岬，村部驻地上坪。

太山崎村 村后有高山太山崎，以山得名。自然村有小聪、大盂、太山崎，村部驻地太山崎。

城东村 2006年建立，安置尤溪街面水库大田库区湖美、梅山移民。因地处城关东部，取名城东村。自然村有小溪坂、龙丁坂，村部驻地龙丁坂。

大道山村 祖居郑姓，村内有一庵，取名郑都庵，方言谐音为大道山。2000年，该村山体滑坡，举村迁入城区后岬洋重建家园，新村地点位于龙宝山，以山得名，称龙宝山新村。建制村名不变。村部驻地后岬洋。

白岩社区居委会 位于城区，以辖内白岩得名。

文昌社区居委会 位于城区，以辖内文昌阁得名。

玉凤社区居委会 位于城区，辖区处在玉山路至凤山西路之间得名。

仙亭社区居委会 位于城区，以辖内仙亭得名。

南街社区居委会 位于城区，辖旧城南门附近街区得名。

赤岩社区居委会 地处城区，以辖内史有赤岩得名。

东门社区居委会 地处城区，辖旧城东门附近街区得名。

镇东社区居委会 地处城区，辖镇东桥附近街区得名。

二、石牌镇村名

石牌村 早年村前山岬后有一块大石碑，曾名石牌岬，后去“岬”称石牌。自然村有石牌、上坂、水车、岬丘、上坑洋、宽田、头坑、村部驻石牌。

老厝村 取老厝坪自然村名的老厝二字为村名。自然村有上洋、老厝坪、下洋、张坑，村部驻老厝坪。

上坡村 村处于曲潭河坝之上游，史称上陂，后改陂为坡。自然村有上坡、上坪、下汤泉、上汤泉、牛皮坑，村部驻上坡。

马山村 古时山高林密，民居分散，传说马入山中无影踪，得名马山。自然村有上马山、下马山、半岭，村部驻马山。

盖山村 因地处高山，常有云雾遮盖山峰而得名。自然村有盖山、芹菜垵、三分仔、军田仑，村部原驻盖山，现驻军田仑。

拱桥村 因村中石拱桥得名。自然村有拱桥、墓盂仔、林泮坑、大贡、小桥，村部驻拱桥。

石坑村 取石壁坑、余西坑自然村各一字得名。自然村有余西坑、深洋仔、前竹溪、石壁坑、大桥，村部驻余西坑。

长溪村 取长柄尾、溪柄自然村各一字得名。自然村有盂宅、长柄尾、初坑、溪柄，村部驻盂宅。

桃山村 取桃溪、山峡自然村各一字得名。自然村有牛田洋、大海坂、山峡、田地，村部驻牛田洋。

小湖村 原有一个小湖泊得名，史称壶山。自然村有小湖、上头坑、红丛坑、坑兜、前坑，村部驻小湖。

桃坑村 原名后坑，位于顺均溪溯流而上的最后坑垅，故称后坑，缘于后坑曾名桃溪，故易名桃坑。自然村有后坑、鱼池，村部驻后坑。

鳌江村 村尾有长石如象牙，故名牙坑，后转音鳌江。自然村有鳌江、东尧、牙口，村部驻鳌江。

三坊村 以原辖有3个自然村而命名三坊。自然村有后头盂、下洋、上洋、炉山、山坑，村部驻地后头盂。

龙坑村 取山峰连绵起伏宛若长龙得名。自然村有龙坑、大部坑，村部驻地龙坑。

下洋村 因位于龙坑下方的田洋而得名下洋。自然村有下洋、山坑、源头坑、漈头洋、后湾，村部驻地下洋。

京程村 纪念文人起程赴京做官而得名京程。自然村有京程、山皮、龙头、北寮坑、其坑林，村部驻地京。

三、上京镇村名

上京村 史称樟根，得名于村中古樟树根粗大、横跨小河为桥，以樟根方言谐音上京而名。有一传说明隆庆年间，乡人进士陈宗宝朝觐，被问及家乡风光，陈随口吟诵“樟根十八景”诗，皇帝惊叹不已，以为此处必是人杰地灵，赐名雅称“上京”。自然村有上京、柯坑，村部驻地上京。

黄城村 村头有岬，黄姓开基于此，得名黄城岬。取黄城岬的前两字为村名，史称红城。自然村有赐福亭、萧溪边、厚德垄、前溪垄、百束洋、仑尾、前洋垄、平尾盂、前洋岬、厚德、尾头坪，村部驻地赐福亭。

上平村 地势高而平坦得名。单一自然村。

城口村 地处上京旧城太平城出口，故名城口。自然村有城口、新宅、三合坑、岬山、杨京尾、杨京垄，村部驻地城口。

丰田村 以田地肥沃、常年丰收得名。自然村有丰田、岭兜、绵远，村部驻丰田。

南坑村 取所辖自然村南屏山、老坑各一字得名。自然村有南安、田尾、路亭、桶头、南屏山、老坑，村部驻南安。

溪尾村 因位于下溪口的下游、河岸多石硿得名溪尾硿，取其前两字命名。自然村有溪尾硿、古盂头、笋仔坑，村部驻溪尾硿。

下溪口村 境内河流称桃溪，村名史称桃溪。1958 年，桃溪与岭头合并叫溪岭大队，地处溪口村的下游，后改名下溪口村。自然村有下溪口、岭头、赤坂、陈盂，村部驻下溪口。

溪口村 境内河流称渭溪，村名史称渭溪。因渭溪与桃溪汇于地处上游的双溪口，故村名又称上溪口，今称溪口。自然村有上溪口、竹坪、田中、下尾坂、南坪，村部驻上溪口。

赤水村 因村处红壤高地，泉冷土瘦，故名赤水源，取前两字为村名。自然村有赤水源、坷坑、金竹坑，村部驻赤水源。

三阳村 以前郭、魏、叶三姓居此，各筑一园，叫三园，后转音三阳。单一自然村。

梅林村 史称梅岭，又名岭柄。民国时期梅岭、灵川合乡称梅灵，后谐称梅林，沿用至今。自然村有前洋、空洞山、中洋，村部驻前洋。

隆美村 史称后洋，因重名，取兴隆美满之意更名隆美。自然村有后洋、正川，村部驻后洋。

灵川村 因该村山水形似“川”字，故名灵川，驻地灵川。单一自然村。

延京村 因地处上京村的下游方，且与上京延连成片，故名延京。原为上京公社良种场，1984 年建镇时，改良种场为村。单一自然村。

桂坑村 因村有一龟形祖坟，史称龟坑，后谐音雅称桂坑，驻地黄城岬。自然村有黄城岬、陈厝坑、桂坑，村部驻黄城岬。

四、桃源镇村名

桃源村 原名桃园，因此处土地肥沃，气候温和，宜居宜耕，世人视此为“世外桃源”，更名桃源。自然村有桃源、新街、旧街、炉丰、梅里、仙头、下土楼、柯厝、谷口，村部驻三角街。

东坂村 附近的高峰一顶山在村东，宋初客家秀才罗秀芳读唐朝诗人方干《送姚舒下第游蜀》诗时，突发奇想，取名东坂，沿用至今。自然村有东安、上东坂、下东坂、中东坂、盂丘头、新村、黄山头，村部驻中东坂。

西安村 以坐落于溪的西面、环境安宁得名。史称下硿、西硿。自然村有西安、前洋、内洋、王山、石寨、西溪，村部驻西安。

桥山村 以火烧桥、斜山自然村各取一字命名。自然村有火烧桥、斜山、圳后垄、陈厝前，村部驻火烧桥。

翁厝村 南宋宝庆年间（1225—1227 年），朝廷派尚书翁景山到洋头开采银矿，因银矿告竭，无法回朝复命，遂造屋定居于此，得名翁厝。自然村有翁厝坑、莲花山、西坪、油楻前、苦山炉、岭头岬、旱达，村部驻翁厝坑。

前厝村 开基祖祠在一山坑前，此处名前厝坑。取所辖自然村前厝坑命名前厝。自然村有武陵、东山、西山、土坑、前厝坑，村部驻武陵。

前村 因从后面的旧村逐渐前移辟建新村，故名前村，史称梅村。自然村有安和、前村、徐坑头，村部驻前村。

广汤村 取所辖自然村广济、汤溪各一字命名。自然村有汤溪、横洋、岭后、盂丘、广前、许东京、广济、溪尾，村部驻汤溪。

桃林村 原为桃源公社养殖场、林果场，农场工人系从泮林公社迁移至此，1984 年撤场改村，取桃源、泮林各一字，故取村名桃林。自然村有广济、广前，村部驻广济。

杨坑村 以地处山坳、杨姓开基得名杨坑，史称杨京。自然村有杨坑、下举林、丰城，村部驻杨坑。

上举村 村中山多高大林木，须向上举头方可见顶端，因名上举林，后取前两字为村名。单一自然村。

蓝玉村 取所辖自然村蓝田、玉田各一字命名。自然村有蓝田、玉田、浮山，村部驻蓝田。

桃新村 原为桃源公社良种场，1984 年撤场改村。因村部地处新街，取驻地桃源新街简称得名。单一自然村。

五、太华镇村名

玉井村 村内有泉井，井水清甜，村民珍爱如玉，故命名玉井。1956 年，农业合作化时曾取群众安乐之意称群乐。单一自然村。

群团村 1956 年，农业合作化时，取意群众团结名群团。自然村有群团、东坑、磜头、中华，村部驻群团。

华溪村 宋代名刘溪，方言偕音罗溪；原与群团合村，后分设取名华溪。自然村有华溪、良溪，村部驻华溪。

太华村 取风景秀丽、村民康泰之意名泰华，取泰同音字太，名太华，史称大华。原为太华公社良种场，后撤场改村。单一自然村。

小华村 明代建县时，分太华、中华、小华三地，此地为小华。单一自然村。

温坑村 温姓开基于此山坳，故名温坑。自然村有温坑、黄坑，村部驻温坑。

仕坑村 原以苏姓命名苏坑，后出一勇将步入仕途，更名仕坑，自然村有仕坑、下仕坑、上仕坑、吴坑、许坑，村部驻仕坑。

魁城村 先祖于唐代开成年间（836—840）开基于此，取其年号“开成”，方言谐音魁城得名。自然村有魁城、上洋、下洋，驻地魁城。

张地村 明代划都建制时剩余之地，“剩”“张”方言音同而称张地。自然村有张地、白沙岭，村部驻张地。

万湖村 古时丁姓在此发家，建万积、万金两堡，水尾有白马湖，取万积、万金之“万”与白马湖之“湖”，命名万湖。自然村有万湖、东里、徐山，村部驻万湖。

西埔村 村在溪的西岸开阔地得名，史称东西埔。自然村有西埔、东埔、踝口坑，村部驻西埔。

甲魁村　明代该村苏姓秀才曾得皇封甲魁牌匾得名。自然村有甲魁、下盖、下坂、上坂、壁丘，村部驻甲魁。

大合村　所辖一自然村形似大鸽，“鸽”“合”方言音近得名大合。自然村有葛竹洋、郭村坑、小合、大合、溪保坑，村部驻葛竹洋。

菖坑村　因该地多生菖蒲草得名。自然村有菖坑、岩坑，村部驻菖坑。

坑头村　因山多田少、无开阔地，得名坑头。自然村有坑头、下洋、中洋、上洋、上盂，村部驻坑头。

汤泉村　因有温泉，水温达55℃—80℃，故名汤泉。自然村有中城、顶庄、顶坪、牛耙垄、上城、下城，村部驻中城。

黄沙村　该村溪中多黄色沙得名。单一自然村。

锦溪村　因山水美如锦绣，因名锦溪。自然村有锦溪、龙潭、培庄，村部驻地锦溪。

华山村　史称华山崎。相传明代曾有匪围困此地3年，村民衣食如故，不愁吃穿，匪散去后，称此地为积谷山。1986年，改积谷山为华山。自然村有洋面、培垄、下洋，村部驻洋面。

泮车村　原名潘车，其来历无可考证。1984年撤人民公社建乡时，乡政府刻村公章时误刻为泮车，将错就错，沿用不变。自然村有潘车、大水垄，村部驻潘车。

高星村　祖先于明代从长汀迁来此地，取福星高照之意，故名高星，史称高村。自然村有高星、白沙岬，村部驻高星，。

德安村　取所辖德山、安山自然村各一字得名，史称铁山。自然村有德山、安山，村部驻德山。

池元村　相传古时有池塘两口，取名池园，后演变为池元，史称上厅门。自然村有上池园、下池园，村部驻上池园。

罗丰村　宋代取名流坑，清咸丰年间谐音更为罗坑；中华人民共和国成立后，取农业丰收之意雅称罗丰。自然村有东洋、丰山、新田仑、大坋、后洋、东山坪、上枣岭、下枣岭、下洋、石槽。村部驻东洋。

六、建设镇村名

建爱村　史称一保、兴忠。1958年，取热爱、建设家乡之意命名。自然村有一保、赤坂，村部驻一保。

建忠村　史称二保、兴孝。1958年，取建设家乡忠于祖国之意命名。单一自然村。村部驻二保。

建设村　史称三保、兴仁。1958年，取建设祖国、家乡之意命名。自然村有三保、下山、前厂、后厂，村部驻三保。

建强村　史称四保、兴爱。1958年，取建设强盛的国家之意命名，单一自然村。村部驻四保。

建民村　史称瓦洋坑。1958年，取建设祖国、民富国强之意命名。单一自然村，村部驻麻洋坑。

建丰村　史称五保、兴信。1958年，取建设家乡、农业丰收之意命名。自然村有五保、山中心，村部驻五保。

建乐村　史称六保、兴义。1958年，取建设家乡、人民康乐之意命名。单一自然村。村部驻六保。

建国村　史称六保、兴义。1958年，取建设祖国之意命名。自然村有六保（俗称前六保）、陈坑、高云，村部驻六保。

和平村　民国时期祈盼和平得名。自然村有和平、山后，村部驻和平。

元山村　以颜姓开基，“颜”“元”谐音得名。自然村有元厝顶、草盂垄，村部驻元厝顶。

大同村　史称大同，民国时期为湖同保，中华人民共和国成立时为大同乡。自然村有湖坂、过坑、后洋、前洋、铜锣坪，村部驻湖坂。

香浮村　史称香山坑，由所辖香厝坑、浮山洋自然村各一字得名。自然村有香厝坑、浮山洋、过路垄，村部驻香厝坑。

七、广平镇村名

广平村 因地形广阔而平坦得名。自然村有安岬、岩兜、黄坑，村部驻安岬。

五峰村 以蒋姓祖祠面前有五个山峰得名，史称安仁堡。自然村有五峰、旧街、新街，村部驻五峰。

万筹村 取原所辖万宅、上筹自然村各一字得名，史称上炉。自然村有上筹、盂坪，村部驻上筹。

万宅村 开基先祖取意建宅万座得名。自然村有万宅、龙宫、坑口，村部驻万宅。

元沙村 该村水清沙多，明代名玄沙，后改元沙。自然村有鉴口、东坑、崩兜、下坑、田厝、水亭洋、岬头坂，村部驻鉴口。

苏桥村 取所辖双涧、桥亭头自然村各一字命名双桥，后转音为苏桥。自然村有桥亭头、詹厝、双涧、葛埔、珍山，村部驻桥亭头。

铭溪村 因该地溪流环绕、两岩对峙，县官路过此地，见山清水秀而铭念于心，故名铭溪。自然村有岭兜、龙凤场、大竹林，村部驻岭兜。

栋仁村 取原所辖栋林、安仁自然村各一字得名，史称鼎仁。自然村有栋仁、大坋、坑门、后岬、西洋，村部驻栋林。

岬头村 村在樟树岬的岬头，故名岬头。自然村有岬头、芹菜洋，村部驻岬头。

东景村 地处溪流东面山坳，史称东坑，因与均溪东坑村重名，1981 年 9 月，三明地区行政公署批复改为东景。自然村有东坑、寨口，村部驻东坑，。

西园村 地处溪流西面山坳，史称西坑，因与梅山西坑村重名，1981 年 9 月，三明地区行政公署批复改为西园。自然村有凌云、后门墘、下城，村部驻凌云。

丰庄村 地处山坳，河流由西而东，史称东西坑，后取村庄年年丰收之意，改名丰庄。自然村有艺林、铜锣、茶盘、何厝，村部驻艺林。

大吉村 此处两山对崎，村民称之双猴把水口，七个土墩如七星，史传为大吉大利之地，故名大吉。自然村有大吉、盘古坑、后坑、小吉、芦坑、东溪，村部驻大吉。

兴埔村 原名东埔。因与太华东埔自然村重名，于 1984 年取兴旺之意改名兴埔。单一自然村。

八、奇韬镇村名

奇韬村 史称奇滔，传说古时村中有一奇石会出米，滔滔不绝，取名奇滔，又称奇滔洋。后不再出米，清末有位秀才改“滔”为“韬”，意为米深藏在石内不再复出。自然村有奇韬、菜坑、龙床、后岭，村部驻奇韬。

西韬村 位于奇韬村西边得名，1974 年为奇韬公社良种场，1984 年改场为村。单一自然村。

洋地村 水草丰茂之平地，古人牧羊之天然草场，“羊、洋”同音，得名洋地。自然村有洋地、下洋、洋头、中心洋，村部驻洋地。

金华村 开基祖是上京人，得名京华，转称金华，史称舍头。单一自然村。

丁华村 原名丁白，雅化为丁华，史称腾达。单一自然村。

东佳村 早期篾匠师傅到此做工，称当地人为东家，雅称东佳，史称东佳山、仓尾山。单一自然村。

桃东村 取桃舟、东洋二村庄各一字为桃东。自然村有东洋、长町，村部驻地东洋。

桃舟村 村形如桃、盆地似舟，取名桃舟，史称西边洋。自然村有西边洋、下岬，村部驻西边洋。

文经村 原为文径。民国 14 年（1925 年）官方更名文经，史称鉴村。自然村有文经、墓字垄，村部驻文经。

龙溪村 以龙溪河得名，史称啼溪。1975 年，为奇韬公社林场，1984 年改场为村。自然村有龙溪、龙溪口，村部驻龙溪。

龙坪村 原名下坪。1950 年与龙溪、洋地合乡称双龙乡。1955 年，龙溪、下坪合乡称龙坪乡。1984 年，改为龙坪村。自然村有龙坪、下坪、上坪、墘头，村部驻龙坪。

永德村 原为大田县第一瓷厂，2003 年 3 月瓷厂破产，改厂建村，瓷厂员工多为永春、德化人，各取一字为永德。村部驻山头洋，单一自然村。

九、华兴乡村名

华安村　村在大路下之垵处，原称下垵，雅称华安。自然村有上洋、下门洋、面前墘、下洋、尾寮、横洋，村部驻上洋。

仙峰村　传山有神泉被仙人封堵，史称仙封，雅称仙峰。自然村有田墘、铁屎坪、丘坂、田洋，村部驻田墘。

洪坑村　始祖由洪坑坂迁居此地，取名洪坑，史称风坑。自然村有上坪盂、下岬坑、羔石，村部驻上坪盂。

京口村　传唐末李晋王在翰林崎建京都，此处是出水口，取名京口。自然村有岭头、后头垵、上洋、下洋、后坑、炉坋坂、大坪，村部驻岭头。

早兴村　开村时山坳草高且多，名草坑，转音蚤卿，后寓早日兴旺发达，雅称早兴。自然村有早兴、大坪、大垄、来坑、下寮、李仔垵、山皮，村部驻大坪。

张墘村　以张姓开基，村多梯田，方言称田墘，谐音得名张墘。自然村有中洋、半路洋、尾洋、山兜洋（史称上洋），村部驻中洋。

杞溪村　山多杞树，溪流绕村，弯曲如“己”，得名杞溪。自然村有中洋、下洋、上洋、柳山崎，村部驻中洋。

柯坑村　山上多柯树，得名柯坑，史称盂仔。自然村有柯坑、下洋、中洋、上洋、漈头，村部驻下洋。

横坑村　因村内坑沟横流，得名横坑。自然村辖田墘头、郑坑、后边坑、涸坑、阔岬，村部驻田墘头。

昆山村　以村内一山得名，史称昆演坂、溪仔坂。自然村有昆山、坂面、田洋、郑步、苍坑，村部驻坂面。

十、屏山乡村名

屏山村　郭氏宗祠前群山如屏得名屏山堂，以祖祠得名屏山，俗称山坪头。自然村有屏山、前溪口、仁宅、加剪盂、牛角垄、高村岐、闪坑，村部驻屏山。

内洋村　位于大仙峰山脉拱护的一片洋面，地处屏山村的内面取名内洋，史称山坪洋。自然村有内洋、坑里、盂丘、洋坑、松柏林前、上村、上村尾、后院，村部驻内洋。

溪头村　以地处梓溪源头得名。自然村有美垄仔、下前溪、横林格、曲溪、牛栏垵、大墓仑、众家墘、上场、产村、寨格、溪巷、乌枫格、鸭母墘、荒墘、荒草垄、棋盘头、乌石盘，村部驻美垄仔。

玉屏村　因先祖在此山坪牧牛，史称牛坪，周围山如屏，冬雪如玉，建祠宇取名玉屏堂，村名沿用玉屏。自然村有玉屏、破村岭、松柏格、深格坪、水窟仔、和尚墘（又名和兴墘）、许山、山寮，村部驻玉屏。

芹阳村　此地有小片洋面，且多芹菜，史称芹菜洋，后雅称芹阳。单一自然村。

和坑村　原名后坑，因与县内石牌镇后坑村同名，以祖祠和卿堂方言谐音更名和坑。自然村有陈八墘、乡里中、釉窑头、太国歧、竹林兜、金钩、墓兜垵、下湖（史称霞湖）、刘坑口、大墘、内半山、前半山、后坑尾、磜头、上山垄、洋中、前格，村部驻陈八墘。

美阳村　原名梅阳，因宗祠梅阳堂得名，后以方言“梅”“美”音近雅化美阳。自然村有大垄洋、长乌歧、井照、横洋、林汤、省坑、美阳、山后、盂鼻仑、狮头岬，村部驻美洋。

瑞美村　由梅阳的一个支系迁往下游的洋面开基，得名下村洋。以此地山明水秀，土地肥沃，命名瑞美，民国时设瑞美保，后沿用瑞美。自然村有下村洋、前竹尾、下油坑、美垄、磜兜、东坑、水郊，村部驻地下村洋。

内山村　因村庄外有大山，村庄在大山内，得名内山。自然村有厝仔、内山、葫芦丘、蕉坑、松柏岬、仁仓，村部驻厝仔。

王坪村 原王姓定居得名，史称黄坪。自然村有王坪、内垄、新林、长墘、后村坑、乌石崎、深山坑、小溪，村部驻王坪。

杨梅村 此处多杨梅树得名，史称树梅垅。自然村有杨梅、内边坑、路口、岐头坂，村部驻杨梅。

蒋山村 地处山中，古为蒋姓居住得名，史称蒋山洋。自然村有蒋山洋、陈地、蔗墘、岬头坪、前岬坂，村部驻蒋山洋。

许坑村 地处山坳，古为许姓居住得名。自然村有许坑、洪仔仑、大路兜、红山头、溪头坂，村部驻许坑。

十一、吴山乡村名

吴山村 原多为吴姓居住，后陈姓迁入，娶吴氏女为妻，陈姓逐渐兴旺，因陈、吴两姓联姻，史称陈吴；其后陈姓人口剧增，最终取代了吴姓。陈姓族人为纪念陈、吴两姓联姻，发祥于吴姓祖居地，且地处高山区，故名吴山。自然村有洋头、后洋仔、北坑、深洋、洋中、家内、溪尾，村部驻洋中。

程堂村 取鹏程万里、金玉满堂之意名程堂。原为吴山公社良种场，1984 年，撤场建村，将尾官大队和吴山大队的吉州、邦溪划入，合并为程堂村。自然村有尾宫、程堂、吉州、邦溪，村部驻吴山新街 45 号。

和洋村 因村中有两个大田垅形似葫芦，因名葫洋，亦称湖洋，后取葫与和方言谐音，寓“和为贵”之意名和洋。自然村有和洋、唐厝、张厝、大洋，村部驻大洋。

科山村 相传开基时，仙人托梦：“禾字添一斗”为吉地，寓科甲联登，且村民依山而住，故名科山。自然村有科山、乌石墘、铜锣丘、上洋、和尚庄，村部驻科山。

锦山村 山水锦绣，故名锦山，史称上格。自然村有锦山、外洋、内洋，村部驻锦山。

张坑村 以开基张姓得名，史称忠卿。单一自然村。

梓溪村 古时溪边多有梓树，故名梓溪。自然村有梓溪、乌丰坑、虎墓、际头、芹菜崎，村部驻梓溪。

东埔村 祖先从阳春分出，村庄位于阳春东部的溪边平地，溪边平地方言叫溪埔，故称东埔。自然村有东埔、石格头、大坑头，村部驻地东埔。

阳春村 史称王春。相传清乾隆三十一年至三十二年（1766—1767 年），河东河道总督李清时到王春视察葫芦岩冶铁，得知王春无王姓居住，建议更名；林姓族人以其开基公朝阳及其子建春两名各取一字更名为阳春。自然村有洋头、和洋格、后格、洋中、来仔坑、下尤、垄坑、新桥仔、拱桥头，村部驻洋头。

十二、济阳乡村名

济阳村 境内有济溪，先祖由安徽省凤阳县迁来，取两地各一字得名济阳，因村处田洋、村尾有瀑，史称漈头洋。自然村有济阳、内坑、坑口尾、苏村、北山坂，村部驻济阳。

济中村 位于原济阳大队中部，时称济中生产队。1976 年，为济阳公社良种场，1984 年撤场建村，取名济中。自然村有济中、平洋、东坑仔，村部驻济中。

三扎村 村内山岭分三段，“段”“节”方言同音、同义，史称三节岭，后转音三扎。自然村有三扎岭、暗垵仔，村部驻三扎岭。

德仁村 该村山垄多竹林，“竹”与“德”、“林”与“仁”方言谐音称德仁，史称德仁垄。自然村有德仁垄、后长坑、长垄格、和平溪、仁里交，村部驻德仁垄。

芳林村 以祖祠芳林堂得名，史称山黄林。自然村有芳林、熊田、枫榜垵，村部驻芳林。

国庆村 古时村内一湖面积亩余得名亩湖，1958 年，人民公社化成立大队，时值国庆日，遂名国庆，后沿用。自然村有亩湖、小高山、梧桐垵、盖竹歧，村部驻亩湖。

上丰村 取丰阳居上之意得名。自然村有丰阳、尾洋、大湖寨，村部驻丰阳。

泮林村 以祖祠泮林堂得名，史称坑尾。自然村有泮林、坑尾、门口仑、产坪、前墘、格仔，村部驻坑尾。

高升村　史称古峰山。农业合作化时成立高升农业合作社，后沿用高升。自然村有古峰山、仁形垵、双圳、新开埕、珊瑚、田墘，村部驻地古峰山。

砚坑村　以地处山坳、形似砚台得名。自然村有砚坑、白屯，村部驻砚坑。

大儒村　取自然村儒州和原辖村大墘各一字为大儒，史称徐州。自然村有儒州、长仑、和垄仔、墓前垄、深垄、白林垵、土楼洋、坑内、新厝兜、长潭，村部驻儒州。

大墘村　位于山坡下方溪边开阔地，辟有大片梯田（缓坡梯田俗称田墘），取名大墘。自然村有大墘、石坑、上洋、下洋、内洋、湖李、西埔、塔坪，村部驻大墘。

十三、谢洋乡村名

谢洋村　古代谢、杨两姓居于此得名谢杨，后林姓人家移居到此，谢、杨两姓渐衰，最终消失，林姓人取其谐音雅称谢洋。自然村有谢洋、后林、赤水岬，村部驻谢洋。

怀德村　先前陈姓居住，后迁入杨姓，怀念祖德大修庙宇，取名怀德。自然村有怀德、后洋、沫油坑、乌石洋、彭坑林、风垄、下田，村部驻怀德。

坑口村　位于两条坑沟交汇处，取名坑口。自然村有坑口、大丘头、赤土墘、小墘、尾岬、白玉、岬丘，村部驻坑口。

科里村　先前村里多柯树，“柯”“科”同音，取名科里。自然村有科里、仙亭、坑头、洋尾、横山、岬丘，村部驻科里。

珍山村　取所辖自然村小珍山后两字为名，史称龙盘崎。自然村有龙盘崎、小珍山、造宝坑、康林、仑丘、北河、永吾村，村部驻龙盘崎。

和春村　以所辖自然村后村谐音雅化为和春。自然村有后村、前洋。村部驻地后村。

碧山村　村前贵山下有山岩壁立，“壁”“碧”同音，取名碧山，史称石壁头。自然村有石碧头，马鼻崎、连厝、陈瓦、八斗洋，村部驻地石碧头。

仕福村　取所辖有仕坂、介福两自然村名各一字称仕福。自然村有有仕坂（原名黑畲坂）、炼州坂、岩头、野猪盂、介福、溪底、后垄头，村部驻有仕坂。

草垄崎村　因山草丰茂而得名，史称草婆坑。自然村有草垄坑、坑里坂、坑尾、下坪盂、下卓坑、东垄，村部驻地草垄坑。

三角尾村　因驻地处于山脉的最末端，名山脚尾，方言谐称三角尾。自然村有山脚尾、柜橱垄，村部驻山脚尾。

上珍村　开基先祖来自武陵珍山阁，地处小珍山上部，取名上珍山，取其前两字得名。单一自然村。

蕉坂村　古时抱鼓、大盂、蕉坂 3 个小村庄迁移到两条溪的汇合处，此处有桥，称双溪桥，以其中一村庄蕉坂得名。村部驻双溪桥，单一自然村。

十四、武陵乡村名

武陵村　原名墓林垵，缘于宋代此地有一大户人家墓地坐落在丛林之中，得名“墓林垵”；又林边垵坪草场好，宜于放牧，牛群多，又称之为“牛林垵”。后人因“墓”字欠雅，且当地龙母山、雪山巍峨挺拔在丘陵之间，恰如威武将军统帅三军，“墓林”方言音谐为“武陵”，史称武陵垵。自然村有武陵、铜锣坪、半路洋、白庄墘、长圳，村部驻武陵。

红君村　取所辖红柑边、君田仔两自然村各一字得名红君。自然村有君田仔、红柑边，村部驻君田仔。

桃溪村　以溪边多桃树得名。自然村有桃溪、下岩、华山，村部驻桃溪。

上岩村　村庄位于三大岩石之上部取名上岩，史称岩山。自然村有上岩、牛坪仑、上许坑，村部驻上岩。

百束村　村有大片田地、可收百束，得名百束洋、百束田，取百束为村名。自然村有百束洋、坑里洋，村部驻百束洋。

茶山村 村内多茶树，取名茶山，史称珍山阁、草洋。自然村有茶山、岬头、草洋，村部驻茶山。

岬坪村 位于岬后茶坪上，取名岬坪。自然村有岬坪、下洋、崩墘、仕洋墓、下坑、崩坑，村部驻岬坪。

大石村 祖祠内侧有一巨石得名。自然村有小坑、富安、大石、下洋、上洋、下尾、高洲、空林、下盂、美盂、田垵、白水漈，村部驻小坑。

仕洋村 村处田洋，清代有贡生，俗称出仕，得名仕洋。自然村有仕洋、后洋，村部驻仕洋。

十五、文江乡村名

文江村 村中河宽流缓，故以“文”名江，取名文江，史称汶口坂。自然村有坂头、田必裂、大仓、中文洋、坂头林、东溪、镇江、溪尾，村部驻坂头。

大中村 辖区内有一自然村称大类，地处7个自然村的中心，取其意名大中。自然村有大类、洋梅(史称杨梅）、大墘、仁坂（史称李仁坂）、麦墘、丁坂、柴桥头，村部驻大类。

民主村 1958年建人民公社时，取人民民主之意命名民主。自然村有下村、盂坪、上村，村部驻下村。

大文村 取所辖自然村大门头方言谐音为大文头，简称大文。自然村有大门头、坋尾、补尾洋、曲水丘、高峰丘（史称乌烟丘），村部驻大门头。

典坑村 地处山坳，村庄小，又集中于一点，以“点”“典”谐音雅化典坑，史称转坑。自然村有典坑、上阳，村部驻典坑。

朱坂村 地处坂洋，史遭匪患，房屋、山林被彻底焚毁，一片赤贫，赤与朱意同，得名朱坂。自然村有坂面、柳口、洋尾、裴坑、上东溪、下东溪、分坂、路下洋，村部驻地坂面。

琼口村 村处裴坑出口称坑口，以方言谐音雅化为琼口。史称扶厝坂、坑口、黄田坂。自然村有坑口（史称前进）、黄新坂、虎尾坂（史称扶厝坂）、后乡，村部驻坑口。

白沙村 田地水冷沙白得名，史称白杂坑。单一自然村。

大安村 此地较平坦、田地大垣，古时有一大庵，“庵”“安”同音，雅称大安。自然村有大安、东洋、西洋，村部驻大安。

桥下村 村庄处于桥下方得名。单一自然村。

龙门村 因此地一桥碑刻“龙门”二字得名龙门，史称龙门桥、潘洋。自然村有龙门、汉林洋、潘洋、上潘洋、下潘洋，村部驻龙门。

光明村 1958年，立意前途光明取名光明，史称炉墘。自然村有炉墘、店后、下厝地、长丘、东坑，村部驻炉墘。

后洋村 全村前后两个洋面，村部建后洋得名。自然村有后洋、木坑，村部驻后洋。

温厝村 以温姓居住得名，史称温厝洋。自然村有温厝洋、花桥头、岬兜，村部驻温厝洋。

花桥村 境内有雕花廊桥，得名花桥，村以此命名，史称王庄洋、隔兜、胡芦丘。自然村有王庄洋、九丘（史称丘岬）、花桥、丁牌洋，村部驻王庄洋。

小芹村 取原所辖小汰、山芹自然村各一字名小芹，史称小汰、山芹洋。自然村有小汰、后坑、湖忠、本晋、半岭墘，村部驻小汰。

山芹村 地多生长山芹菜，取山芹为村名。自然村有山芹洋（史称山崎洋）、前坑，村部驻山芹洋。

昭文村 清代官府在此发布共同抗匪公文昭告乡人，故名昭文。自然村有洋中、大林、玉山（史上因吴姓居住曾名吴山）、大坋，村部驻洋中。

小文村 取所辖自然村小文庄前两字命名。自然村有小文（曾用名小文庄）、西坪，村部驻小文。

联盟村 1955年农业合作化时，以联合之意取名联盟。自然村有曲溪、庵兜洋、梧坑垄、莲池洋、梧村（史称浯溪），村部驻曲溪。

十六、湖美乡村名

湖上村 元代末施姓始祖开基于一湖之上方，得名湖上。自然村有湖上、通尾、大坋、下洋、洋坑里、后墘，村部驻湖上。

仁美村 先前江西居民迁入居住于田洋的尾端，史称洋尾，方言谐称雅化仁美。自然村有仁尾、深坑、洋角垄，村部驻仁美。

仁东村 仁美村人开基于此，地处祖坟东边，取名仁东。史称东洋。自然村有仁东、磜头湾、后垵洋，村部驻仁东。

西燕村 史称西头、石燕坑。1951 年，西头、石燕两村并为一乡，各取一字称西燕。自然村有西头、后厝、下潭尾、高坑、后垄，村部驻地西头。

前进村 史称石燕坑、准坑。1958 年人民公社化时，寓向前迈进之意命名前进。自然村有准坑、禾树墘（史称梅树墘），村部驻准坑。

大尤村 地处山坳，境内有大尤山，取名大尤坑，史称大尤山，取前二字命名。单一自然村，村部驻大垅坑。

岬才村 史称大集、大才，取辖内自然村岬头、大才各一字为岬才。自然村有芹菜垄（史称蔡金垄）、张京洋（史称张嫁洋）、莱坑、李树岬、岬头、大才、大才洋、岭脚，村部驻芹菜垄。

后坑村 位于湖美村后面的山坑，取名后坑。史称后村。村部驻地后坑，单一自然村。

宏才村 民国时官方命名宏才保，沿用宏才。自然村有暗坑、坑头、坑中、坑尾、七星洋，村部驻暗坑。

元安村 史称岩坑。1949 年，与西燕并乡称西安乡。1954—1957 年，与仁东村并乡称东安乡。1960 年，取西安之“安”与岩坑之“岩”，方言谐称元安。自然村有岩坑、中坑、刘家、西坑、后划，村部驻岩坑。

汉口村 地形如巷，祖祠建在巷口处，史称巷口，后以方言“巷”“汉”同音称汉口。自然村有汉口、小狮坑、坑里垄，村部驻汉口。

长坂村 以村庄处在长坑沟田坂上，取名长坂。自然村有长坂、产贯坑、花垄，村部驻长坂。

后平村 因欧姓居住得名，史称欧平，方言“欧”“和”音相近转音称和平。因与县内其他村同名，1981 年 9 月更名后平。自然村有后平、坑柄里，村部驻后平。

高才村 村后有三级高台、村前山峰如笔，传说此地会出高才之人，故名高才。自然村有高才坂（史称溶溪坂）、下坋、墘头、坑里、上坂坋，村部驻高才。2006 年，高才坂等 4 个自然村被街面水库淹没，村民少部分后靠安置，大部分外迁至均溪镇城东村。

林兜村 村庄密林拱卫，得名林兜。史称大木坑，单一自然村。

旺建村 以地处山墘、王姓开基取名王墘，转称黄墘；后人丁兴旺，改称旺建。自然村有旺健、后洋（史称石头洋）、中洋、下洋（史称拉坪），村部驻旺建。

新厝村 苏州人来此建新厝，“苏”“新”方言音近，谐称新厝。自然村有新厝园、后洋、只仔坑，村部驻新厝园。2006 年，街面水库淹没全村，村民外迁至均溪镇城东村。

十七、梅山乡村名

梅山村 建都时属四十八都，因境西有 5 个山峰相连形似梅花，取名大梅山，得名梅山。自然村有二保、坷垄、牛头仑、大山，村部驻二保。

新楼村 清乾隆年间，梅山坑门祠一个分支在此处大路边建楼宇，众人称之“新楼”得名。1974 年为梅山公社良种场，1984 年改场为村。单一自然村。

郭井村 此处郭姓最早开基、掘井，得名郭井，史称西林保。自然村有郭井、竹林兜、王洋庄、一保，村部驻郭井。

秀岭村 取村对面秀峰、魁岭二山各一字得名秀岭，史称三保。自然村有秀岭、下漈下、漈下坂、坑门，村部驻秀岭。

沈岭村 以梅山到沈口必经之岭得名沈岭。自然村有沈岭、泰井从、大垄、贞狮垄，村部驻沈岭。

沈口村 原名莘口，系通往县城的要口，后转音沈口。自然村有沈口、小坑、前洋、后洋、下黄、吾洋，村部驻沈口。

雄峰村 以山峰雄峻得名。自然村有洋面、大山、（史称大山头）、后则（史称九町）、小坑仔（史称大坋）、石坑后、桃坑（史称岭后）、姜坑，村部驻洋面。

盖竹村 开基祖以竹盖房得名盖竹。自然村有盖竹、后洋，村部驻盖竹。

德州村 村庄位于大河边沙洲，村民重德，史无匪盗，誉称德州。单一自然村，村部驻德洲。

沧洲村 村中河宽、地广且平坦，得名沧洲。自然村有沧洲、埔兜、沧洲、后埔、盂凹、大庵坂、上洋、下洋，村部驻地埔兜。

璞溪村 溪边一大石如俯伏状，“俯”“璞”方言同音，得名璞溪。自然村有璞溪、顶头洋、下份洋、璞溪口、南坑。村部驻璞溪。

西书村 史称白水、漈头。1951年，西坑、书坑合乡，各取一字得名西书。自然村有漈头、六石坂、风钱岭、洋头、庵子洋，村部驻漈头。

西坑村 村庄位于梅山村西边坑沟得名西坑。史称西徐保，自然村有西坑、西坑里，岬坪仑、前山坪、年坑、郑山，村部驻西坑。

龙口村 长圳水尾处有大片树林，洋面处于山垅树林终端处，得名林口，方言“林”“龙”音近，改称龙口，原属三十都。自然村有长圳、车桥头、潘坑、龙口、坑里坂，村部驻龙口。

岭后村 取自然村半岭、后坑各一字为岭后。自然村有半岭、后坑，村部驻半岭。

金阳村 史称弋阳，雅化为金阳。自然村有洋面、金阳、小东坑、金竹丘、南山尾、拉里口，村部驻洋面。

高泉村 以山高泉多，得名高泉。史称助甲、锄甲、金坑墘，自然村有大洋、后岬垄、金坑墘、岭头洋，村部驻大洋。

长坑村 以山高坑长得名长坑。自然村有洋面、旧坑、下坑、后泽、漈头坑，村部驻洋面。

长津村 取辖内自然村长墘、津坑各一字为长津。自然村有长墘、津坑、岭兜，村部驻长墘。

香坪村 以周围树林四季花香得名香坪。史称丘地、香山。自然村有香坪、万人场（史称万银场）、富裕坪、上村、陈地洋、丘地，村部驻香坪。

黎坑村 因村庄地势两边山高中间低、形如犁迹得名犁坑，史称白岩、犁坑，犁、黎同音，转名黎坑。自然村有黎坑、石圳、旺村（史称麻村）、白岩，村部驻黎坑。

卓坑里村 四周山高村庄低，如掉（卓）在坑里，雅名卓坑里。自然村有卓坑里、大坑、小坑、深洋，村部驻卓坑里。2006年，街面水库淹没村庄，仅余山场，全体村民外迁至均溪镇城东村。

十八、前坪乡村名

前坪村 蒋姓先祖从吉坑迁其前面的山坪定居，得名前坪。自然村有前坪、中洋、前洋（曾用名草洋尾），村部驻前坪。

黎明村 1961年从前坪大队分出，地处前坪后方，取意朝气旺盛称黎明。自然村有后方、梨坑、银场坂（俗又称银锭坂），村部驻后方。

福井村 因欧姓开基居住掘井取名欧井，方言“欧”“后”同音，又名后井；民国年间改为福井。自然村有福井、上福井、下福井，村部驻福井。

吉坑村 地处偏僻山岰，古时多遭抢劫，称劫坑，雅化为吉坑。史称半岭盂，自然村有洋面、吉坑、世珠垄、坑尾仔，村部驻洋面。

黄龙村 传说古有黄龙出洞，称黄龙，又名黄龙山。自然村有黄龙、上挂、下挂，村部驻黄龙。

山川村 取所辖自然村川石、山头各一字，得名山川，自然村有川石、山头，村部驻川石。

湖坪村 地形如盂，史称南坑、盂坪。取方言“盂”“湖”谐音名湖坪。自然村有湖坪、上湖坪、下湖坪、南坑，村部驻湖坪。

下地村　史称霞地，意为霞光满地，“霞”“下”谐音称下地。单一自然村，村部驻下地。

上地村　史称上地洋，村庄处于下地的上游得名。自然村有上地、上洋、洋大坑，村部驻上地。

下坑村　村庄处于上地的下方坑沟，得名下坑。史称旺坑，自然村有下坑、后洋、前洋，村部驻下坑。

北坑村　位于前坪北面山坳，得名北坑。1974年，为前坪公社良种场。1984年，撤场改村。单一自然村，村部驻北坑。

附：部分废村（自然村落）名录

均溪镇　红星村的墓垵、灰楼、岭后、墓仔南、坑里垅于民国时期因避匪患迁移，宫仔垵、十八垵分别于20世纪70年代、80年代迁移。玉田村的北坑头于民国时期因避匪患迁移至白岩洋，长头坑于20世纪50年代自然消失，南垵（又称无祀宫）于1958年农村大办食堂时移民并村迁至白岩洋。福塘村的乐祠于1994年建设火电厂征迁。建成村的岭后、下脚垅分别于1985年、1990年迁居建成及县城区。上华村的上蔡于2000年迁居和丰。

石牌镇　盖山村的牛楼坪，老厝村的犁仔坑、石村墘，石坑村的格后坑、茶条湖，拱桥村的大骨山，马山村的小林、格后畲、石村墘，废村还有芸坪。

桃源镇　蓝玉村的溪楻（20世纪50年代迁移），东坂村的黄山头（2005年迁移），桃源村的温厝岬，翁厝村的溪尾。

太华镇　万湖村的龙凤坑（又称锣钹坑）、锦坑（又称锦坑垅），废村还有西坪。

广平镇　西园村的多石坑、罗高山，大吉村的黄土丘。

奇韬镇　文经村的牛角仑、大坑洋（1963年搬迁），东佳村的后垅坑（1998年搬迁）。

吴山乡　吴山村的苦镇山于20世纪30年代迁移，田寮坑、庭树坑、大栋盂于20世纪50年代迁移，深坑于20世纪60年代迁移，吴山村废村还有半山、牛沟岭，锦山村的堵垵，程堂村的下落、香坑分别于20世纪60年代、90年代迁移。

湖美乡　高才村的高才坂，新厝村的新厝园、后洋、只仔坑，系街面水库淹没而迁移。

梅山乡　卓坑里村的大坑、小坑、深洋、卓坑里，均为街面水库淹没而迁移。

东风农场　清水坑、石坑、下排吉。

第二章　街巷名称

第一节　县城街巷

清末至民国38年（1949年9月30日止），大田县城内有南北向直街4条，称中街、南街、直街、北街，路面为河卵石铺砌。东西向横街3条，称后街、前街、东街，路面为河卵石铺砌。城外街4条，称东门外街、南门外街、西门外街、祝圣寺街，路面铺砌河卵石。火巷7条，县衙火巷左右各一，察院火巷，儒学火巷左右各一，分司左右火巷。其中，民国30年（1941年）春，改建中、南街，延伸东街，街道中间路面改铺城墙砖。1950年前，街道两旁建筑皆为土木结构，高以2层为主。

1964年，原后街改造扩建东西大街（1987年命名凤山中路），西起县政府大门口，东至凤山中路与雪山路交叉处。1977年，沿均溪河新建街道一条，南起县农业银行，北至汽车站，时名均溪路，1987年8月命名宝山路。1982年扩建东西大街西段，从县政府大门口至白岩公园大门口，命名为凤山西路。同年从交通局门口延长东西大街至原东门粮站，命名凤山中路。

1984年，原直街改造扩建成南北大街，命名为建山路。1993—1996年，拓建和改造凤山路、建山路、宝山路、玉山路、文山路、雪山南路、富山新村巷道等，新增城市道路3.8万平方米。2002—2004年，改造白岩山南路和香山路；实施镇东小区建设，续建东兜小区和福田路。依照“南进东拓”规划，东方嘉园、赤岩小区、福田小区等建设先后实施，新村名和街道名称不断问世。

2008年，县城街道主干道13条，次干道29条，总长35.12公里。

主干道有凤山东路、凤山中路、凤山西路、建山路、福田路、香山路、文山路、宝山路、南山路、玉山路、雪山南路、雪山北路、河滨东路。

次干道有白岩山南路、白岩山北路、银山北路、银山南路、福中路、河滨西路、栋山路、桥山路、龙山路、象山路、北山路、虹山路、赤岩路、前山路、古山路、天山路、富山新村一路、富山新村二路、富山新村三路、玉田路、青安路、乐祠路、乌町路、后坂路、湖山路、公园路、宋京路、集美路、洋中路。

第二节 乡镇街道名称

2008年，全县18个乡镇除均溪镇外，共有街道35条，长1.69万米。华兴乡有华兴街、早兴街2条。石牌镇有石牌路、温泉路2条。桃源镇有桃源街、南街2条。上京镇有京中路、京东路、京西路、京南路、京仙路5条。太华镇有太华街1条。建设镇有建华路、建祥路、建兴路、邮政街、龙口街5条。广平镇有广平街1条。奇韬镇有文峰路、文韬街、广韬路、五龙路、永仙街5条。文江乡有文江街1条。湖美乡有新街、老街2条。前坪乡有红坪街1条。梅山乡有梅秀新街、龙口街2条。济阳乡有济阳新街、济阳古街2条。屏山乡有兴屏街1条。吴山乡有吴山新街1条。谢洋乡有复兴路、文兴路2条。武陵乡有宏图街1条。

第三章 主要建筑和景区名称

第一节 公路名称

一、泉三高速公路（大田段）

从吴山吉州至桃源翁厝，长60.61公里。途径吴山、屏山、石牌、上京、桃源5个乡镇的25个村和梅林、桃源国有林场，设吴山、石牌、桃源互通口，吉州、上京服务区。

二、省道306线和307线

省道306线（大田段） 从广平石马岬隧道经石牌至吴山葛藤岬，长98.54公里。曾用名秀里线、新集线、205线。1992年前，梅林至广平段称梅广线，三元中村到广平铭溪称中铭公路，石牌至吴山葛藤岬称石吴公路，1992年底，改称省道212线。2002年，全省公路普查后编号为省道S306线。

省道307线（大田段） 梅林至岭头34.04公里。曾用名后茅线（泉州后渚到永安茅坪），曾用名东石线、305线、永大德线。2002年，省编号为S307线。

三、县道

奇广铭公路 奇韬—广平—铭溪。

桃青公路　大田桃源至永安青水三溪。曾称桃三公路。

建西公路　建设镇街道至永安西华街道。

石屏公路　石牌至屏山。

涂济公路　永春涂山爱门街至济阳乡政府。

东梅公路　东坑（与大管线交叉口 16 公里处）至梅山街道。

周湖公路　均溪周田村杉板桥至湖美乡政府。

白谢公路　石牌拱桥白沙岬至谢洋乡政府。

大管公路　大田县城—文江—奇韬—尤溪县管前镇与大田交界处（龙溪口），曾用名 X732。

华武线　2000 年，省编号为 X722。从华兴至武陵茶山与漳平交界处。

梅西公路　梅山街道至西坑村。

上矿公路　上京车站至永安煤业上京分公司。

四、乡道

桃广公路　桃源至广汤。

屏吴公路　屏山乡经科山至吴山。

梅上公路　梅林至武陵上岩。

济大公路　济阳至大儒。

太兴公路　太平桥至早兴。

万川公路　万湖至川石。

华京公路　华安至京口工业园区。

通村公路　179 条，参见本志卷五表 6–1

第二节　桥梁与隧道名称

一、桥梁名称

（一）高速公路桥梁

吴山大桥　位于吴山乡吴山村。

虎尾 1 号大桥　位于石牌镇拱桥村。

大桥坪大桥　位于石牌镇拱桥村。

长溪Ⅱ号大桥　位于石牌镇长溪村。

初坑Ⅰ号大桥　位于石牌镇长溪村。

初坑Ⅱ号大桥　位于石牌镇长溪村。

上京大桥　位于上京镇上京村。

其他大桥（400 米以上）共 33 座，参见本志卷五表 5–2。

（二）普通公路桥梁

鲤鱼坑大桥　位于省道 306 线建设至铭溪交界处。

德州大桥　位于梅山乡德州村。

高才大桥　位于湖美乡高才村。

坑里大桥　位于湖美乡高才村。

大才大桥　位于湖美乡岬才村。

东门大桥 位于城区凤山中路与凤山东路交接处。

大中大桥 位于文江大中村。

文江大桥 位于文江村。

其他桥梁（100 米以下）参见前志卷十二第三章（第 404 页）、本志卷五表 5–3。

（三）城市桥梁

2008 年，县城市桥梁共有 12 座（含东门大桥）。

镇东桥 位于均溪镇凤山东路北侧，俗名大田桥，亦称五拱桥。

温镇大桥 位于均溪镇温镇村。

铁厂大桥 位于城区凤山东路东端。

福塘桥 位于均溪镇福塘村。

澹多桥 位于城区栋山路北端。

南门桥 位于城区建山路南端。

玉山桥 位于城区玉山路东端。

南山桥 位于城区南山路南端。又名赤岩桥。

龙登桥 位于城区湖山路东端。

彩虹桥 位于城区锦绣福田住宅小区北侧，连仙亭山东南麓。

福田桥 位于城区福田路西端与石牌路衔接处。

（四）廊桥

2008 年，共存廊桥 26 座。

流泗桥 位于桃源镇蓝玉村。

乐溪桥 位于桃源镇蓝玉村头，又名玉田桥。

双龙桥 位于均溪镇周田村，又称双溪桥。

萧厝桥 位于梅山乡郭井村。

郭井二桥 位于梅山乡郭井村，又名章元桥。

凤山桥 位于梅山乡西书村水尾。

中柱桥 位于太华镇群团村。

凌云桥 位于桃源镇桃源村炉丰自然村，又名炉丰桥。

太平桥 位于上京镇上京村。

桃溪桥 位于上京镇下溪口村。

丰田桥 位于上京丰田村。

永兴桥 位于上京镇桂坑村。

龙山桥 位于太华镇坑头村水尾。

安仁桥 位于太华镇德安村。

会龙桥 位于广平镇苏桥村。

通驷桥 位于华兴乡杞溪村。

上岩桥 位于武陵乡上岩村。

方壶桥 位于石牌镇小湖村。

许山桥 位于屏山乡玉屏村许山自然村。

五福桥 位于湖美乡湖上村。单孔石拱桥。

紫云桥 位于济阳乡济中村。

仕芳桥 位于吴山乡科山村。

锦山桥 位于吴山乡锦山村。

翰美桥亭 位于吴山乡阳春村。

团结桥 位于奇韬镇奇韬村柿树头。

水尾桥亭 位于奇韬镇奇韬村水尾。

西门桥 位于城关西门，桥亭 1971 年拆毁，仅存桥面。

安仁桥 位于太华镇德安村。

儒美桥 位于济阳乡大儒村，为福建省跨度最大的单孔石拱桥。

大墘石拱桥 位于济阳乡大墘村，当地村民称“儒关桥”。

截至 2008 年，已毁废廊桥 4 座。

二、隧道名称

（一）高速公路隧道

大鼓山隧道 进口屏山乡溪头村，出口石牌镇拱桥村。

桃山隧道 位于石牌镇桃山村、小湖村境内。

三阳隧道 进口石牌镇下洋村，出口上京镇三阳村。

将军架隧道 位于桃源镇翁厝村。

其他隧道 11 座，参见本志卷五表 5-4。

（二）普通公路隧道

梓溪隧道 位于省道 306 线吴山乡梓溪村。

石门格隧道 位于省道 306 线吴山与永春交界处。

中华岭隧道 位于省道 306 线太华镇温坑村。

第三节 客运站、候车亭名称

一、客运站名称

大田汽车站 又名闽通大田车站，位于城区凤山中路东部与宝山路结合部。

上京车站 位于上京镇上京村。

二、客运候车亭

2008 年，全县共有候车亭（城区公共汽车候车亭除外）48 个，以所设地命名：

梓溪、拱桥、长溪、梅林、小华、群团、汤泉、建设、铭溪、蓝玉、翁厝、前厝、上举、广汤、川石、文江、大中、联门、龙门、龙口、奇韬、龙床、龙坪、永德、前坪、下地、福井、台牛坪、阿甲坪、仙峰、华安、早兴、茶山、武陵、大石、仕洋、科里、坑口、珍山、怀德、周田、仁东、西燕、大尤、玉屏、内山、美阳、济阳。

第四节 文物古迹、纪念地名称

一、主要土堡名称

安良堡 位于桃源镇东坂畲族村，建于清嘉庆十一年（1806 年）。

琵琶堡 位于建设镇建国村，建于明洪武（1368—1398 年）初年，是游姓祠堂。
凤阳堡 位于济阳乡济中村，建于清乾隆七年（1742 年）。
芳联堡 位于均溪镇许思坑村，建于清嘉庆十一年（1806 年）。
潭城堡 位于广平镇栋仁村。是三明土堡群中唯一的圆形土堡。
绍恢堡 位于广平镇万宅村，建于清光绪十一年（1885 年）。
光裕堡 位于广平镇万筹村，建于清乾隆年间（1736—1795 年）。
泰安堡 位于太华镇小华村，始建于明末，清咸丰七年（1857 年）改造扩建。
攀桂堡 位于湖美乡旺建村，建于清乾隆年间。
龙会堡 位于广平镇铭溪村，始建于元代。

二、主要文物、名祠名称

文庙 位于城关凤山南麓、县衙之东、明伦堂（后为一中）之西。建于明嘉靖十五年（1536 年）。
城隍庙 位于城关四海寨南麓、县衙之西。建于明嘉靖十五年。
赤岩庵 位于县城之东、赤岩之下，明知县谢与思建。
蔡公亭 位于城关赤岩庵前侧。
白岩庵 位于县城之西、白岩之下。
关帝庙 位于县城东门外。
龙井祠 位于太华镇魁城村，连姓宗祠。
林埔祠 位于上京镇桂坑村，大田萧氏大宗祠。
广崇堂 位于太华镇小华村，建于民国。
深原堂 位于广平镇广平村。
荥阳祠 位于桃源镇桃源村，郑氏祠堂。
禅林祠 位于吴山乡梓溪村，林姓祠堂。
文昌阁 位于大田一中校园内。
广平文昌阁 位于广平中学校园内。
白岩塔 位于县城西侧白岩公园内。

三、古遗址名称

新楼山遗址 位于桃源镇翁厝村上洋新楼山，南宋时期在此炼银。
大合冶铁遗址 位于太华镇大合村葛竹洋自然村仙胜公山脚下。
池圳温泉遗址 位于广平镇广平村池圳温泉池，属明代井泉类遗址。
温厝窑 位于文江乡温厝村，南宋末陶瓷手工作坊遗址。
洋地古瓷窑址 位于奇韬镇永德村，明至清瓷窑遗址。
建爱窑 位于建设镇建爱村，南宋末陶瓷手工作坊遗址。
万银场遗址 位于梅山乡香坪村，宋代炼银遗址。
银锭坂遗址 位于前坪乡黎明村，宋至明时期炼银遗址，后转称银场坂、银顶坂。
龙凤场遗址 位于广平镇铭溪村，宋至民国时期炼硫遗址。
牛脊山遗址 位于奇韬镇奇韬村，青铜时代聚落址。
慧林洞化石遗址 史前遗址，位于广平镇广平村，在此采集到鹿等动物的钙化骨头化石。

四、主要古墓葬名称

田琯父母合葬墓 位于上京镇梅林村，建于明代。
一家坟 位于屏山乡杨梅村，屏山章氏坟墓，俗称“洞口十八孔墓”，建于明代。

五、纪念地名称

革命烈士陵园　位于城关西北侧的仙跳崙。
西河祠　武陵乡桃溪村林氏祠堂，是中共闽中工委会址。
万应庙　位于屏山乡内洋村，为纪念抗元将领苏十万而建。
济阳烈士墓　位于济阳乡济阳村。
广平烈士墓　位于广平镇广平村。
分水格烈士墓　位于桃源镇分水格。
红军战斗遗址　位于城区白岩山、赤岩山、霞山、马路岭。
官厅　位于均溪镇玉田村。
陈中厅　位于均溪镇玉田村。
苏维埃政府旧址　位于湖美乡高才村。
玉田集美职业学校旧址　位于均溪镇玉田村，共有校舍43座。
抗日阵亡将士纪念碑　位于县城东门外。
述祖堂　位于武陵乡百束村。

第五节　主要庵宫寺庙名称

永仙庙　位于奇韬镇洋地村。
崇圣岩　位于屏山乡内洋村。
象山寺　位于谢洋乡象山村。
龙兴殿　又称“仙妈亭”，位于均溪镇玉田村。
感德寺　位于建设镇建爱村。
慈济宫、刘公庙　位于太华镇。
东岳庙、龙门亭　位于桃源镇。
昭灵宫　位于济阳乡上丰村。
普照堂　位于吴山乡阳春村。
龙水殿　位于均溪镇上太村。
太元宫　位于桃源镇蓝玉村。
福兴宫　位于石碑镇小湖村。
花桥寺　位于文江乡花桥村。
下院宫、侯王宫、雪山岩、曲丰庵、桃溪仙亭　位于武陵乡。

第六节　主要景区名称

白岩公园　位于县城西侧白岩山，因白岩山得名。
仙亭山森林公园　位于县城西南边仙亭山，因仙亭山得名。
七星湖　位于湖美乡，为人工湖，湖中有七座小山，似七颗星星点缀蓝天得名。
象山　位于谢洋乡象山村，因山形如象得名。

第四章 自然实体名称

第一节 山体名称

一、主要山峰名称

大田群山连绵，山高谷深，是戴云山脉的组成部分。境内或与邻县（市、区）交界、海拔千米以上山峰有 175 座，其中 1000 米—1199 米 134 座，1200 米—1499 米 40 座，1500 米以上 1 座，最高山峰为屏山、石牌交界的大仙峰，海拔 1553.4 米，是戴云山脉大田境内最高峰。

均溪镇有石鼓崎（与太华交界）、十八盂崎（与太华交界）、虎臂崎（与石牌交界）、吃水坑头(与石牌交界)、鸡冠山、小龙盂(与湖美交界)、岬牡丹、尖崎、德飞公仑、高盂尖等。

桃源镇有一顶山、香菇仑、高岬、文笔崎(与永安交界)、跌虎顶(与永安交界)、北山、乌蟒崎、莲花洞山(与永安交界)、筛箕落米(与东风农场交界)、菜坑崎等。

上京镇有鸡母巢仑(与漳平交界)、笔架山、尖峰顶、十八盂、福德山、石狮崎、仙亭山、乌蟒崎(与太华、东风农场交界)等。

石牌镇有狂狗叫月、崎顶山、门东崎、石笋尖、羊角寨(与武陵交界)等。

太华镇有石鼓崎、琴(琼)山、乌峰寨、黄莲山、南山盂、黄年山、笔架山(与永安交界)、五小八丹、守门石、柴岭(与上京交界)、仙峰顶、后尖峰(与永安交界)、大山、黄石崎、后头崎、冬兜等。

建设镇有东山头、东山崎、仙峰顶北、盂顶山等。

广平镇有斗峰（与三明交界）、北洋崎（与三明交界）、五瓶酒（与沙县交界)、大帽山(与尤溪交界)、五龙山、文笔峰、大背峰(与永安交界)、峰头芦(与三明交界)、双髻峰、铁钉岩(与沙县、尤溪交界)、天子盾（与沙县交界）、五峰崎、莲花山等。

奇韬镇有沙箕丘(与广平交界)、永仙山、山荒、菜坑岬(与尤溪交界)等。

武陵乡有尖峰、龙母山、一顶尖(与漳平交界)、石狮崎、雪山(与漳平交界)、石尖峰(与漳平交界)、前湖山、尖崎顶(大石农场与石牌交界)、羊角寨、后头山、大孔山等。

屏山乡有大仙峰(与石牌交界)、崎顶、林半天(与吴山交界)、万天盂(与均溪交界)、大鼓山(与吴山、石牌交界)、马骑尖、大尖崎、漈兜尖、草籽格仑等。

华兴乡有宝山（与均溪交界)等。

济阳乡有九重漈尖(与德化交界)、填尖、乌山头(与永春交界)、虎辽崎、鸡冠山等。

吴山乡有狗头山、栋山(与永春交界)、银盘尖、吴殊尖(与永春交界)、金鸡崎(与济阳交界)、莲花崎、艮山、大寨山、陈公岩、虎朝崎等。

谢洋乡有象山（与武陵交界）、七星栅、黄牛山、莲花山、牛头尖(与漳平交界)、贵畲尖等。

梅山乡有棋盘顶(与尤溪交界)、牛角岩顶(与尤溪交界)、前峰崎、牛棋仑、天盂山、钻仔峰等。

湖美乡有高峰(与梅山交界)、大罗山等。

前坪乡有白石崎仑顶、大山(与均溪交界)、高日坑仑、大扁峰(与梅山交界)、大湾仑头、将军兜等。

二、山洞名称

白鹤洞 位于广平镇，五峰村。

狮牯洞　位于广平镇，龙宫村。

黄岩洞　位于广平镇苏桥村。

十八洞　位于桃源镇前厝村。

空洞山　又名仙人洞，位于上京镇梅林村。

三、主要山岬名称

均溪镇

后华岬　位于红星村与后华村交界处。

白凉岬　位于红星村与华坑村交界处。

翰岭岬　位于许思坑村。

牡丹岬　位于玉田村与宋京村交界处。

下龙岬　位于红星村。

石牌镇

石牌岬　位于石牌村与均溪镇福塘村交界处。

梨子岬　位于三坊村。

下寨岬　位于老厝村与上坡村交界处。

庄坪岬　位于石牌村与上坡村交界处。

洋头岬　位于桃坑村。

出水岬　位于盖山村。

寨岬　位于鳌江村。

岭兜岬　位于京程村。

上鬼岬　位于龙坑村。

上京镇

竹坪岬　位于溪口村。

京寺岬　位于三阳村。

东边岬、水速岬、破裂岬　位于赤水村。

小华岬　位于上平村。

福德岬　位于上京村。

石牛岬、正村大岬　位于隆美村。

野猪岭岬　位于城口村。

上红坑岬　位于丰田村。

桃源镇

高岬　位于东坂畲族村。

分水岬、风谷岬　位于翁厝村。

太华镇

六保岬　位于罗丰村。

里仔岬　位于玉井村与太华村交界处。

万湖岬、石佛岬　位于万湖村。

秋竹岬　位于群团村。

佛岭岬　位于中华自然村。

丁火岬、白沙岬　位于高星村。

梅花岬　位于西埔村。

柏林岬 位于魁城村。

建设镇

一保岬 位于建爱村与广平镇铭溪村交界处。

岭头岬 位于建爱村。

松树岬 位于建忠村。

山中岬 位于建民村。

马平岬 位于建乐村。

安岬头 位于建设镇建国村。

樟树岬 位于建设村

大一岬 位于和平村。

地坑岬、后屯岬 位于元山村。

广平镇

龙宫岬 位于龙宫林果场，与沙县交界。

石马岬 位于东景村，与三元区中村交界。

益门头岬 位于广平村。

奇韬镇

大安岬 位于文经村与大安村交界处。

龙床岬 位于奇韬村龙床自然村。

白空岬 位于奇韬村与文经村交界处。

春风岬 位于东佳村。

华兴乡

犁厝坑岬 位于早兴村。

灵坑岬 位于华兴乡张墩村。

红邦岬 位于仙峰村，与华安村交界。

郭林崎岬 位于柯坑村。

深岬 位于横坑村。

屏山乡

杉树岬 位于和坑村。

椿树岬、小垅岬 位于美阳村。

松柏岬 位于内山村。

一门岬、岭头岬 位于内洋村。

后岬 位于屏山村。

尖山岬 位于蒋山村。

菖蒲岬 位于玉屏村许山自然村。

岭头岬 位于溪头村。

吴山乡

爱门岬 位于和洋村。

葛藤岬 位于程堂村。

秋庄岬 位于科山村。

岭头岬、深岬 位于张坑村。

佛仔岬、杉林岬 位于吴山村。

瓦窑岬 位于吴山村。

凋岬 位于吴山村。

乌丰岬 位于梓溪村。

济阳乡

一头岬 位于大儒村。

大圳头岬 位于大儒村。

剪头岬 位于大儒村。

风炉岬 位于济中村。

谢洋乡

菜塘岬 位于珍山村。

清崎岬 位于三角尾村。

上岬 位于坑口村。

赤水岬、油房岬 位于谢洋村。

郭祠岬 位于象山村。

松柏坑岬 位于象山村。

始上岬 位于怀德村。

深崎岬 位于谢洋村。

岩跨岬 位于仕洋村。

武陵乡

赤头岬 位于武陵村。

下垵岬 位于桃溪村。

寨间岬 位于桃溪村。

羊蹄岬 位于百束村。

下尾岬 位于大石村。

下院岬 位于武陵村。

文江乡

大溪岬 位于朱坂村。

过都岬 位于琼口村。

林岬 位于文江村。

杨梅岬 位于大中村。

大黄岬 位于民主村。

白沙岬 位于联盟村。

大林岬 周坑门岬 位于昭文村。

前坪乡

填岬 、岭头岬、白寮林岬、红沙岬、棋盘岬、野头岬、涸田岬 位于前坪村。

马腰岬 、白石岬 、深坑岬、杀人岬 位于下坑村。

人形岬、尼姑岬 位于福井村。

梅山乡

坷垅岬 位于新楼村。

山后岬 位于梅山村。

大王岬、天平岬 位于郭井村。

鸟尾岬 位于秀岭村。
沈岭岬 位于沈岭村。
四州岬 位于德州村。
璞溪岬、横山岬 位于璞溪村。
棋盘岬 位于龙口村。
吾村岬 位于岭后村。
长坑岬 位于长坑村。
虎栏岬 位于香坪村。
洋宅岬、龙中崎岬 位于金阳村。
盖竹岬 位于原卓坑里村。
长岬 位于雄峰村。
盖竹头岬 位于沧州村。
葫芦嵛岬 位于西坑村。
台牛坪岬 位于长津村。
湖美乡
汉岭岬 位于大尤村。
落风岬、大才岬 位于岬才村。
金鸡岬 位于后平村。
青垵岬 位于前进村。
高峰岬 位于林兜村。
石马岬（异地同名） 位于林兜村。

四、主要山岭名称

均溪镇
马路岭、东岬岭 位于红星村。
莲花崎岭 又称楼梯岭，位于玉田村。
大岭 位于红星、玉田交界处
石牌岭 位于均溪镇福塘村往石牌镇石牌村通道。
白凉岬岭 位于太山崎村。
长岭 位于玉田与宋京两村交界处。
石牌镇
张钱岭 位于老厝村。
朝八岭 位于三坊村。
大岭 位于鳌江村。
盂仑岭 位于京程村。
枫树岭 位于龙坑村。
下盂坑岭 位于盖山村。
上京镇
洋仔岭 位于隆美村。
南坪岭、唐祠岭、柿子岭 位于溪口村。
曲斗岭、野猪岭 位于城口村。
岭尾岭、红坑岭 位于丰田村。

朝拜岭、丹田岭 位于梅林村。

猫仔岭 位地上溪口村田中自然村。

扑蛇岭、石来岭 位于上京村。

沙丘岭、上平岭、老厝岭 位于上平村。

大路岭 位于下溪口村。

秋竹岬岭、高树垵岭 位于南坑村。

上山崎岭 位于丰田村。

镇寮寨岭 位于灵川村。

桃源镇

岬头岭 位于上举村。

车碓岭 位于翁厝村。

太华镇

中华岭 又称佛岭，位于小华村。

凉亭岭 位于罗丰村。

瓦口岭 位于万湖村。

建设镇

福岭 位于建爱村。

白土岭、和尚岭、大岭 位于建设村。

大山垅岭 位于建民村。

岬丘岭 位于建乐村。

岬山岭 位于建国村。

广平镇

天子山岭 位于东景村。

奇韬镇

彭床岭 位于奇韬村龙床自然村。

丁墘岭 位于奇韬村。

监村岭又称大岭头 位于文经村。

洋地岭 位于龙坪村。

华兴乡

赤岭 位于昆山村。

屏山乡

下坑岭 位于屏山村。

下前溪岭、溪头岭 位于溪头村。

刘坑岭、后头岭、楼梯岭、太国崎岭 位于和坑村。

鹧鸪岐岭 位于许坑村。

吴山乡

下落岭 位于程堂村。

东埔岭 位于东埔村。

东山岭 位于科山村。

清坑岭 位于吴山村。

吊狗岭 位于和洋村。

叮当坑岭 位于阳春村。
和平溪岭 位于锦山村。
济阳乡
陈坑岭 位于济阳村。
土楼岭 位于大儒村。
马路岭 位于大儒村。
割竹岭 位于洋村。
古路岭 位于泮林村。
三扎岭 位于三扎村。
谢洋乡
黄树岭、凤岭 位于谢洋村。
老虎岭 位于坑口村。
长路崎岭 位于科里村。
四石奶岭 位于怀德村。
水腾仔岭 位于仕洋村。
开橱岭 位于谢洋村。
十八至岭 位于象山村。
武陵乡
雪山岭、半路岭 位于武陵村。
官步岭 位于百束村。
下岩岭 位于桃溪村。
文江乡
供坪岭 位于朱坂村。
仲秋岭 位于琼口村。
牛屎岭 位于大文村。
啼岬岭 位于联盟村。
楂兜岭 位于温厝村。
半岭 位于小芹村。
乌坑岭、吉坑岭 位于光明村。
前坪乡
红沙岭、仙亭岭 位于前坪村。
大垅岭、天上岭、岬头岭、乌凤岭、马 岭 位于下坑村。
梅山乡
魁星岭 位于秀岭村。
沈岭 位于沈岭村。
大路岭 位于雄峰村。
西溪岭 位于德州村。
双岭 位于乡沧州村。
璞溪岭 位于璞溪村。
白漈岭 位于西书村。
狮形岭 位于龙口村。

牛心岭 位于西坑村。

起山岭 位于岭后村。

北坑岭 位于金阳村。

千秋岭 位于长坑村。

丘地岭 位于香坪村。

石圳岭、石马岬岭 位于黎坑村。

盖竹岭 位于梅山乡原卓坑里村。

十勺垅岭 位于新楼村。

山后岬岭 位于梅山村。

大王岬岭 位于郭井村。

巫土岬岭 位于秀岭村。

湖美乡

大才岭 位于岬才村。

鸡母娶岭 位于旺建村。

十八至岭 位于元安村。

汉岭岬岭 位于大尤村。

养牛崎岭 位于仁东村。

炉坑岭 位于宏才村。

高寨岭 位于元安村。

第二节 水体名称

一、主要河流名称

均溪 系闽江水系。源于屏山乡溪头村下前溪（源头段俗称屏山溪）流经梓溪、石牌、城关、京口、昆山、高才，再经富裕坪出境，与文江溪汇合入闽江支流尤溪。

仙峰溪 系闽江水系。源于德化县赤水乡铭爱村，流经大墘、大儒、仙峰、京口，汇入均溪。

广平溪 系闽江水系。源于广平镇万宅村，流经万筹、五峰、广平至苏桥双涧汇入文江溪。

铭溪 系闽江水系。源于广平镇大吉村，流经丰庄、西园、东景、栋仁至铭溪下坪汇入文江溪。

文江溪 系闽江水系。源于永安市青水乡，流经槐南，于鲤鱼坑入境，经下坪、桃舟、大安、朱坂、文江、大中、德州、沧州、大安坂至璞溪口与小溪汇合后，于尤溪县街面七里潭与均溪汇入闽江支流尤溪。

朱坂溪 系闽江水系。源于上京镇上平村，流经华溪、群团、西埔、甲魁、锦溪、花桥、大同、琼口至朱坂汇入文江干流。

和平溪 系闽江水系。源于吴山乡吴山村，流经尾宫，再与科山小溪汇合，经下落又与吴山经吉州之小溪汇合入和平溪，再与济阳、锦山、张坑之小溪汇合后入仙峰溪。

大儒溪 系闽江水系。源于德化县赤水、美湖，再流经济阳乡大墘、大儒与和平溪汇合后流经京口、昆山、高才、注入街面水库。

小湖溪 系闽江水系。源于上京镇梅林村，流经小湖桃山、长溪至石牌与武陵小溪汇合入均溪。

上京溪 系九龙江水系。源于上京，流经下溪口、溪尾至丰田出境，入北溪新桥河（漳平县属）。

桃源溪 系九龙江水系。源于太华镇高升村，流经兰玉、桃溪、赤头坂至柯周坑出境入漳平县境内。

广汤溪 系九龙江水系。源于上京镇黄城村，流经广汤后出境，汇入北溪新桥河（漳平县属）。

仕福小溪 系九龙江水系。有支流2条，一支流源于漳平县厚德，于仕福北部入境；另一支源于谢洋，经三角尾、仕福、连珠坂至溪底，二流汇合后出境入漳平县境内。

碧山小溪 系晋江水系。源与谢洋乡珍山，流经碧山后出境，汇入晋江西溪水系。

二、水库名称

六角宫水库 位于屏山乡王坪村。

坑口水库 位于谢洋乡坑口村。

双纲水库 位于桃源镇。

元沙水库 位于广平镇元沙村。

高云水库 位于建设镇建国村。

小盖竹水库 位于石牌镇桃坑村。

广汤水库 位于桃源镇广汤村。

万湖水库 位于太华镇万湖村。

牛沟岭水库 位于吴山乡吴山村。

上坪水库 位于上京镇上平村。

乾元水库 位于东风农场乾元自然村。

甲武坪水库 位于均溪镇红星村。

安和水库 位于桃源镇前村。

金华水库 位于奇韬镇金华村。

万宅水库 位于广平镇万宅村。

张坑水库 位于吴山乡张坑村。

七星湖 闽湖之湖美库区，位于湖美乡高才村和原新厝村。

金龙湖 闽湖之梅山库区，位于梅山乡原卓坑里村。

双龙湖 闽湖之梅山库区，位于梅山乡雄峰村。

永源水库 位于谢洋乡仕福村。

大中、仁坂水库 位于文江乡大中村。

昆山、鑫能水库 位于华兴乡昆山村。

建爱水库 位于建设镇建爱村。

璞溪口、双溪口水库 位于梅山乡璞溪村。

蕉坑水库 位于屏山乡瑞美村。

天源水库 位于华兴乡京口村。

大兴潭水库 位于梅山乡黎坑村。

张地水库 位于太华镇张地村。

玉屏水库 位于屏山乡玉屏村。

桃舟水库 位于奇韬镇桃舟村。

竹枝滩水库 位于红星村。

仙亭水库 位于文江乡花桥村。

龙口水库 位于梅山乡龙口村。

仙潭水库 位于华兴乡仙峰村。

下洋水库 位于文江乡来坂村。

石井水库 位于吴山乡程堂村。

仙和水库　位于屏山乡芹阳村。

溪头水库　位于屏山乡溪头村。

虎潭水库　位于奇韬镇文经村。

四、温泉名称

汤泉温泉　位于太华镇汤泉村。

京口温泉　位于华兴乡京口村。

汤溪温泉　位于桃源镇广汤村。

小汤泉温泉　位于石牌镇上坡村。

第五章　地名普查与管理

第一节　机构

1980年前，县内地名无统一管理，有的一地多名，有的一名多地。当年7月，成立县地名普查领导小组，下设办公室，工作人员10人，并抽调县、社、和农、林场干部共126人，开展地名普查。

1985年10月，成立县地名委员会，下设办公室(副科级事业单位)，处理地名事务。2002年，机构改革时将地名办的业务划归县民政局社会事务股。

2006年4月，成立县街、路、巷名称和路牌、门牌整顿工作领导小组，下设办公室，处理地名标志设置工作。

第二节　地名普查

1980年7月，县地名普查领导小组组织开展地名普查工作。1982年2月，普查工作结束，共查清各类地名2326条，填好卡片，按国务院《关于地名命名、更名的暂行规定》的要求，进行标准化、规范化处理。同年4月，汇集编成《大田县地名录》，在《大田县地名录》中编有县、社概况，县政区图、县城区图，各公社地名图和公社、大队、自然村名称，主要人工建筑物，自然实体，革命纪念地及名胜古迹名称等，全册共15万字。

1988年7月，进行地名补查、更正工作，共补查18个乡镇、4个居委会、265个村、110座山、3条河流、40条街巷和公路、桥梁、水库、渠道、名胜古迹等各类地名2418条。其中，行政区划1554条，自然地理实体255条，企事业单位和人工建筑物587条，革命纪念地、名胜古迹22条。

第三节　地名命名与更名

1981年9月，三明地区行政公署批准和平等10个大队更名。城关公社居民大队更名为均溪居委会，和平大队更名为和丰坪大队；红湖公社后坑大队更名为桃坑大队；上京公社后洋大队更名为隆美大队；太华公社东埔大队更名为西埔大队；广平公社东坑大队更名为东景大队，西坑大队更名为西园大队，东西大队更名为丰庄大队；屏山公社后坑大队更名为和坑大队；湖美公社和平大队更名为后平大队。10月，福建省人民政府批准城关公社更名为均溪公社，红湖公社更名为石牌公社，洋林公社更名为济阳公社。

1984年秋，全县18个公社及其所辖生产大队改为乡镇、村建制，全县划分为3个镇、15个乡，265个村、1个居委会。当年，将12个乡镇办的良种场或林果场改为村委会。

1985年1月，桃源乡乡办良种场改为桃新村。

1988年3月，太华乡积谷山村更名为华山村；4月，均溪镇居委会划分为南山、宝山、凤山、玉山4个居委会。

1989年1月，太华乡的群乐村恢复原地名玉井村；上京镇的溪岭村恢复原地名，改为下溪口村。

1992年8月12日，桃源乡撤乡建镇。

1993年12月13日，建设乡、太华乡撤乡建镇。

1995年12月1日，均溪镇管辖的华安、仙峰、京口、洪坑村划归早兴乡管辖；次年5月13日，早兴乡人民政府驻地由早兴村迁移到华安村，更名为华兴乡。

1997年4月16日，湖美乡的仁美村与仁东村合并，命名为仁美村；谢洋乡的白玉村、象山村与坑口村合并，命名为坑口村。9月，石牌乡撤乡建镇。10月16日，撤销凤山、玉山、南山、宝山4个居委会，设立白岩、文昌、南街、东门、镇东、仙亭、玉凤、赤岩8个居委会。12月，奇韬乡撤乡建镇。

2002年10月10日，城区22条道路分别命名为银山北路、玉山路、香山路、天山路、宋京路、玉田路、集美路、洋中路、青安路、乌町路、温镇路、兴田路、河滨西路、河滨东路、后坂路、福田路、福中路、乐祠路、石牌路、梅溪路、温泉路、赤岩路；7座桥梁分别命名为东门桥、南山桥、澹多桥、南门桥、福塘桥、福田桥、石牌桥；3个造福工程新村分别命名为龙宝新村、秋竹新村、三角坂新村。

2003年2月20日，县第一瓷厂破产，设立奇韬镇永德村。

2006年6月29日，以尤溪街面水库大田湖美、梅山库区移民为主体，在均溪镇东边小溪坂、龙丁坂设立城东村；同文命名小溪桥、龙登桥、湖山路。

第四节 界桩及地名标牌设置与管理

一、界桩设置与管理

大田县市间线共设界桩9处，即设于谢洋乡仕福村下场的漳平—大田—永春界桩；武陵乡茶山村雪山的漳平—大田线1号桩；谢洋乡仕福村清岬的漳平—大田线2号桩；赤头坂伐木场岭头的漳平—大田—永安界桩；济阳乡高升村四角亭的永春—大田—德化界桩；吴山乡东埔村单人垅的永春—大田线1号桩，原吴山乡吴山村（今为程堂村）葛藤岬的永春—大田线2号桩；湖美乡后坑村岬坪的大田—德化线1号桩；济阳大墘村内洋的大田—德化线2号桩；湖美乡高才村的大田—德化—尤溪（交界点为德化溪口）未设界桩。每个界桩委托设桩所在村1名村干部，依照2002年5月3日国务院《行政区域界线管理条例》进行管理。界桩每5年双方（或3方）同时进行界线年检。

二、城区路名标牌设置

2008年底，县城区共设置地名、街名、路名、桥名牌108块。其中，指向牌4块，新村牌3块，桥名牌7块，街名与路名牌94块。经常进行标牌巡查，及时更换损坏的标牌。

卷二十八 乡镇概况

第一章 镇

第一节 均溪镇

一、镇域概况

均溪镇位于县境中南部，为县政府所在地，东连华兴、湖美乡，西邻石牌镇，南接屏山乡，北临太华镇、前坪乡。镇政府驻地红星村，海拔356米。1993年，辖区面积176.3平方公里，耕地1082.6公顷，其中水田832.67公顷；辖26个村、4个居委会，1.31万户、5.62万人，其中城镇人口1.91万人。财政收入895.39万元，农民人均纯收入1330元，人口自然增长率10.92‰。1995年12月，华安、京口、仙峰、洪坑等4个村划入华兴乡，辖区面积减为140.38平方公里。1997年10月，南山、玉山、凤山、宝山等4个居委会改设为文昌、南街、东门、镇东、白岩、玉凤、仙亭、赤岩等8个居委会。2006年7月，红星村小溪坂、龙丁坂安置街面水库湖美、梅山乡移民3600人，增设城东村。2008年，辖23个村，205个村民小组；8个居委会、92个居民小组；2.35万户、7.17万人，其中城镇居民1.46万户、5.42万人；流动人口2.07万人。人口自然增长率4.98‰。耕地713.33公顷，其中水田528.07公顷。林业用地1.05万公顷，林木蓄积量34.7万立方米，森林覆盖率57%。工农业总产值19.62亿元，财政收入1476.87万元，农民人均纯收入6210元，农业机械（以下简称农机）总动力1.21万千瓦。每百户有电脑11台、小车5辆。

矿产资源有石灰石、硫、铁、铅锌、瓷土、黏土、花岗岩等，已探明铁矿储量233万吨、石灰石160万吨。

以玉田村板灯龙为代表的大田板灯龙，于2008年被列入国家级非物质文化遗产名录。

二、基础设施建设

1993年，加强道路、电力、饮水等基础设施建设。1996年，上太村饮水工程竣工，受益487人，占全村人口的31%。1999—2000年，22个村完成电网改造。2004年，进行村道混凝土路面铺设。2008年，全镇23个村的村道完成混凝土路面铺设50.4公里，总投资1892.7万元，其中省、市、县补助50%。农村饮用自来水人口占总人口82.3%。

三、经济发展

（一）农业

均溪镇以水稻、薯类、水果、蔬菜、食用菌为主。1993年，粮食总产量9277吨；城郊农村种植蔬菜900公顷，年产值1190万元；柑橘、李等果园148公顷，产量922吨。农林牧渔业总产值4659万元。2008年，全镇有桃、李、柑橘、柿等果园413.3公顷，产量7621吨；华坑、后华、金山、东坑等村连片板栗257.67公顷，产鲜果469吨；袋栽食用菌产鲜品1350吨；出栏鸡12.72万只、生猪1.77

万头；生产木材1.5万立方米。粮食播种面积1434公顷，总产量6076吨。农林牧渔业总产值2.22亿元，比1993年增长3.77倍。

（二）工业

1993年，辖区内国有工业企业8家。镇办企业有硫铁矿、非金属矿和二建公司等3家，工业总产值8811万元。1999—2001年，南湖针织时装有限公司等6家企业在镇内落户。2002—2007年，国有企业改制，兴办昌盛机械铸造、金门油压、盛发矿业等私营企业16家。2008年，镇内有纺织、机械铸造、矿产开发、陶瓷等规模以上企业34家，其中镇办2家。全镇从业人员1.41万人，工业总产值17.4亿元。当年，昌盛机械制造有限公司“占昌”牌和宝山机械有限公司“宝山”牌商标被评为省著名商标；金门油压机械有限公司卧式垫压单板干燥机等4个产品获国家专利。

（三）商贸服务业

1993年，红星、玉田、福塘等村土地陆续被城市建设征用，从事商业、饮食和服务业、运输等第三产业劳动力占75%，当年，社会消费品零售额3950万元，第三产业增加值175万元。2008年，全镇有个体工商户4632户；经营饮食142家、服装178家、美容美发21家、茶庄148家、家电65家、建材38家，运输车辆623辆，休闲山庄有福塘村乐祠“世外桃源”和翰林村的翰林山庄，社会消费品零售额5322万元，第三产业增加值3168万元。

四、新农村建设

1993年，实施福塘村、赤岩农业新村住宅小区建设。1996年，实施造福工程，将偏远交通不便的金岭、翰林、太山崎和地质灾害的大道山等村，分批搬迁到城区鸭蛋山秋竹新村和龙宝山，统一规划建房共230幢；1998年，4个村有474户、2315人入住新居。2002年，福塘、上华、和丰、建成、周田、温镇、宋京等7个村农村住宅小区建设用地12.33公顷，入住村民1060户、3360人。1993—2008年，建成东兜、昌盛花园、镇东花园、汇龙广场住宅小区和赤岩农业新村等5个小区，用地18.3公顷，入住居民5040户、1.77万人；在建的有东方嘉园、锦绣福田和岩城文化广场等3个住宅小区，用地13.62公顷，建房2700多套。

五、社会事业

1993年，辖区内有小学31所，适龄儿童入学率99.8%；中学3所、职业中学1所，初中毛入学率117.86%。镇卫生院1所，医务人员29人，病床32张；私人诊所城区8家、农村7家。2007年，创建民办鸿图中学。2008年，辖区内有幼儿园9所，入园幼儿1560人，幼儿教师130人；小学7所，在校生1093人，教师256人，适龄儿童入学率100%；县管中学4所、职业中专1所，民办中学1所，适龄少年入学率95.9%。均溪医院医务人员57人，病床43张；社区和私人诊所33家、农村诊所20家。村民参加新型农村合作医疗3.6万人、占96%。社区二级环卫保洁员46人。有线电视用户2万户。移动通信基站105个、用户5.74万户，固定电话1.61万部、小灵通1.59万部，宽带互联网用户8096户。

六、特色产品

“朝阳”米粉 福塘朝阳米粉用纯大米以传统工艺加工，具有可煮可炒、耐煮耐炒、口感好的特点。2004年，由37家加工米粉作坊联合成立福塘米粉协会，建立朝辉米粉专业合作社。2007年，朝阳食品有限公司被评为市龙头企业，“朝阳”牌评为市知名商标；米粉协会被省科技厅评为省“百强农村专业技术协会”。“朝阳”米粉远销上海、广东、江西等地。2008年，朝辉米粉专业合作社产值5500多万元，被省农业厅评为示范社。

均溪九层粿（2008年摄）

九层粿 城关家庭作坊传统美食，以米浆分层、面抹葱油蒸制，细嫩味美，被列入三明名优产品。2008年，城关街道设店面销售3家，流动叫卖1家。

七、文物古迹

均溪镇辖内县级文物保护单位有镇东桥、文昌阁、土堡芳联堂和革命烈士纪念碑。有玉田中央红军第四军指挥部旧址、抗日战争内迁集美职校旧址、古庙龙兴殿、仙亭山千亩原始森林。

均溪镇文昌阁（2008年摄）

第二节 石牌镇

一、镇域概况

石牌镇地处县境中南部，东邻均溪镇、屏山乡，西接上京镇、武陵乡，南连谢洋乡、吴山乡，北靠太华镇，面积129.52平方公里。镇政府驻石牌村，海拔385米，距县城5公里。“泉三”高速公路互通口设在老厝村。1993年辖16个村，136个村民小组，3798户、1.77万人，人口自然增长率12.92‰。耕地775.07公顷，其中水田668.07公顷。1997年撤乡建镇。2008年，辖16个村、136个村民小组，5192户、1.85万人，人口自然增长率5.97‰。耕地653公顷，其中水田546公顷。林业用地9957.07公顷，木材蓄积量73.72万立方米，森林覆盖率66.7%。工农业总产值2.92亿元、比1993年增长5.61倍，财政收入285万元、比1993年增长83.21%，农民人均纯收入4560万元、比1993年增长3.33倍，农机总动力6838千瓦、比1993年增长3.42%；每百户有电脑3台、小车1辆。

矿产资源有石灰石、辉绿岩、花岗岩、黏土、瓷土和煤等。西南部的上坡村有地热资源，地热田面积6.08平方公里，2008年，在上坡村上坪自然村打井孔深30米，日出水量2000吨，水温56℃—60℃，属含氟偏硅酸医疗热矿水，总放射矿物质比活度均符合国家标准。

二、基础设施建设

1993年，开通程控电话。1995年，改造石牌旧街沿街店面198间，集镇街道拓宽为20米，铺设混凝土路面，总投资120万元。1998年起，逐年实施自来水工程建设。2004—2007年，全镇6条村道28.47公里，完成混凝土路面铺设，总投资890万元。2008年，动工兴建220千伏变电站1座；全镇16个村、94%的人口饮用自来水，累计投资750万元。

三、经济发展

（一）农业

石牌镇主要种植水稻、甘薯、马铃薯、蔬菜、烟草、瓜、果。1993年，种甘薯140公顷，产量630吨，种植烟草173.33公顷，产量247吨。粮食播种面积1214.53公顷，总产量5926吨。农林牧渔业总产值1749万元。2001年，种植烟草100公顷，产量180吨。种玉米126.67公顷，产量209吨。粮食播种面积1120公顷，总产量5263吨，农林牧渔业总产值3826万元。2008年，石坑、拱桥、长溪等村家禽养殖专业户22户，出栏家禽4.24万只、生猪9651头。全镇生产木材1.32万立方米。粮食播种面积988公顷，比1993年减少18.65%；总产量4367吨，比1993年下降26.31%；农林牧渔业总产值7337万元，比1993年增长3.2倍。

（二）工业

1993年，水电站3座、装机容量650千瓦，有岩城水泥粉磨有限公司、三坊煤矿等企业，工业总产值2667万元。2005年，上坡村小汤泉工业项目区完成土地平整53.33公顷，投资550万元。2006年5月，广联木业有限公司入驻小汤泉工业项目区，占地3公顷，建筑面积8160平方米，总投资4600万元，主要生产杉木胶合板系列、指接板、细木工板、LVL松纵线胶合板和松覆膜板；年产3万立方米，产品主要销往欧美国家，产值2000万元；员工400人。2007年，新泉包装制品有限公司入驻小汤泉工业项目区，建设用地3.04公顷，总投资4500万元；年生产水泥包装袋8000万条，集装袋150万条，产值8000万元，员工423人。2008年，水电站6座，装机容量1500千瓦，当年发电436万千瓦时，产值174.4万元。在建企业有宝山机械、岩石机械、欣盛机械等。全镇共有工业企业427家，职工总数2545人；工业总产值2.19亿元，比1993年增长7.21倍。

（三）商贸流通与服务业

1993年，石牌车队有运输车辆36辆，全镇个体工商户、理发、家电维修、加油站、汽车修理等241家（户）；金融机构2家，服务网点3个。社会消费品零售额338万元，集市贸易额124万元，第三产业增加值1397万元。1999年，石牌车队解散。2008年，流通领域企业及个体工商户425家（户），金融服务网点1个，社会消费品零售额2440万元，集市贸易额756万元，第三产业增加值2168万元。

四、新农村建设

1997年，后溪坂“金泉·万象城”项目被列入县重点项目，定为“大田城市次中心”和“新城示范区”，实行开山、改河、造地，平整土地18.17万平方米，规划建筑总面积32万平方米，容积率1.8，绿化率30%，建筑密度30%；概算总投资约16亿元。1998年、2006年，在石牌村三角坂和军田岭实施偏远高山、交通不便的盖山村造福工程，共建住宅面积2.3万平方米，全村搬迁，入住487人。2008年，“金泉·万象城”工程基本完成河道改造、土地平整及相关道路建设，累计投资2亿元。

五、社会事业

1993年，幼儿园1所，入园幼儿53人；小学14所，适龄儿童入学率99.8%；中学1所，初中毛入学率55.13%。卫生院1所，病床6张，医务人员12人。1996年，开通有线电视。2008年，幼儿园1所，入园幼儿123人，幼儿教师6人；小学3所及教学点3个，在校生840人，教师72人，适龄儿童入学率100%；中学1所，在校生672人，教师58人，适龄少年入学率87.7%。镇卫生院1所，病床6张，医务人员17人；村卫生诊所10家，个体诊所3家；村民参加新型农村合作医疗1.75万人，参合率95%。移动通信基站37个、用户1.08万户，固定电话1283部、小灵通334部，宽带互联网用户264户。

六、风味美食

1982年，石牌村村民陈胜利创办“石牌大骨头”饮食店，成为石牌首家农家风味美食。至2008年，从“泉三”高速公路互通口到镇政府西南边主街绵延1公里，开办以猪大骨头肉为特色的农家餐馆56家，就业400多人，月营业额900万元。当年，成立“大田县石牌大骨头发展协会”。

石牌镇美食一条街（2008年摄）

第三节 上京镇

一、镇域概况

上京镇位于县境西南，东邻石牌镇、武陵乡，西接桃源镇，南连漳平市灵地乡，北靠太华镇，面积152.97平方公里。镇政府驻地上京村，海拔630米，距县城28公里。辖区内有省属永安煤业公司上京分公司、市属国有梅林林场。1993年，耕地1069.13公顷，其中水田950.53公顷。有16个村，5563户、2.44万人，其中非农业人口5666人，人口自然增长率10.85‰。省道307线穿境而过。2008年，辖16个村、162个村民小组，5894户、2.29万人，其中非农业人口6919人，人口自然增长率4.86‰。耕地1000公顷，其中水田893.33公顷。林业用地1.2万公顷，木材蓄积量103.99万立方米，森林覆盖率74%。工农业总产值10.64亿元，比1993年增长4.87倍；财政收入156.37万元，比1993年下降61.4%；农民人均纯收入6243元，比1993年增长3.22倍；农机总动力8320千瓦，比1993年增长1.27倍。每百户有电脑10.2台、小车3.7辆。

矿产资源主要有煤、石灰石、多彩玉、辉绿岩、瓷土、石墨、铁矿等。

二、基础设施建设

1993—1996年，相继新建农技经管、兽医站办公宿舍楼，公安派出所、烟草站办公楼，医药公司门市部综合楼。1997年，新建敬老院，建筑面积600平方米；建成集镇自来水工程，日供水680吨，可供集镇机关、企事业单位干部、职工及上京、延京村民生活用水；村村开通程控电话，移动通信网络覆盖全镇。2004—2005年，全镇49.9公里村道混凝土路面铺设和农村电网改造全部完成，梅林110千伏变电站投入使用。2007年，黄城、灵川等14个村实施安全饮水工程，日供水1070吨，受益1.3万人，占全镇人口77%。

三、经济发展

（一）农业

上京镇以水稻、烟草、大豆和食用菌生产为主。1993年，种植烟草322公顷、产量574吨，位居全县第二。种大豆341.33公顷，产量600吨。生产食用菌鲜品280吨。农林牧渔业总产值2453万元。2008年，种植大豆169.67公顷、产量341吨；烟草203.53公顷、产烤烟409吨，居全县第二；产油茶籽920吨；出栏家禽7.09万只、生猪1.1万头。粮食播种面积1542公顷、比1993年减少10.72%，产量8144吨、比1993年下降2.53%。农林牧渔业总产值1.19亿元、比1993年增长3.85倍。

（二）工业

上京镇是三明市30个工业重镇之一，以生产煤炭、水泥、石灰、发电和木材加工为主。1993年，企业54家，从业3092人。2005年，成立盛泰工业项目开发有限公司，负责工业项目区开发及招商引资。当年10月，三阳等3个工业项目区土地平整动工。2007年，长鑫船舶配件制造有限公司入驻三阳项目区。2008年，工业项目区平整土地23.34公顷，其中三阳小区13.34公顷、京东小区6.67公顷、梅林小区3.34公顷。水电站5座、装机容量2510千瓦。规模

上京煤矿办公楼（1998年摄）

以上工业企业有上京煤矿，岩马、灵川、梅林、新岩水泥有限公司，金盛、鑫豪、金杉木业有限公司，上京非金属矿等11家，产值9.18亿元。全镇工业产值9.45亿元，比1993年增长5.03倍。从业1554人。

（三）商贸流通与服务业

1993年10月，上京农贸市场建成，设固定摊位153个。全镇个体工商户167户；服务行业39家，从业251人。社会消费品零售额1860.5万元；运输车辆220辆、运力1200吨。2003年，喜登超市开业，多家住宿、娱乐等服务场所相继开办。2008年，全镇商贸流通企业与服务行业36家，个体工商户297户，社会消费品零售额4410万元、比1993年增长1.37倍。机动车347辆、运力3500吨，运力比1993年增长1.92倍。

四、新农村建设

1993年，集镇建设规划面积12.8平方公里。1997年，建设上京五角处新村，建筑面积7250平方米，赤水村等边远村民搬迁入住12户、72人，上京镇被省建委列入百强小城镇试点镇。2000年，集镇北区被省建设厅列为省级试点小区。2006年，上京镇被列入新农村建设市级示范镇，梅林村、隆美村分别被列入省级、市级示范村，上京、延京村被县列入村容村貌整治村。2008年，拓宽改造集镇街道，农村住宅间通道铺设混凝土路面2586米；砌筑护坡和进行沟、厨、厕、圈改造，建沼气池486口；新设垃圾池（桶）45个。

五、社会事业

1993年，幼儿园2所，附属幼儿班17班，入园幼儿993人，幼儿教师41人；小学27所，适龄儿童入学率99.9%；中学2所（含上京矿务局子弟中学），初中毛入学率78.24%。有上京卫生院和矿务局职工医院；上京卫生院职工13人，病床17张，设4个科、6个诊疗室和药房。1995年，新建矿务局子弟中学教工宿舍楼。1996年，开通有线电视。1997年，村村安装卫星电视地面接收站，电视普及率100%。1998年，上京矿务局子弟中学、小学从企业剥离，划归地方，分别更名为柯坑初级中学、柯坑学区。2002—2004年，新建柯坑初级中学食堂、上京中学学生宿舍楼。2007年，上京卫生院被列入省百所卫生院提升改造项目，建设五层综合楼。2008年，新建上京中学教学楼。当年，附属幼儿班3个，幼儿教师29人，入园幼儿413人；全镇小学9所，在校生1160人，教师191人，适龄儿童入学率100%。初中2所，在校生1300人，教师121人，适龄少年入学率93.7%。矿务局职工医院并入县医院；上京卫生院医务人员16人，病床18张；村诊所19个、卫生员19人，新型农村合作医疗参合率95%。移动通信基站39个、用户8890户，固定电话2043部、小灵通430部，宽带互联网用户595户。

六、特色产品

上京水粉生产始于明代，耐煮，口感好。2005年，注册“上京水粉”商标。2008年，溪口、下溪口等村生产上京水粉500吨，产品畅销省内外；京兴腐竹加工厂，年产腐竹270吨，销往厦门、晋江、三明、南平等地；梦思来卤制品有品种20余个，当年，赤水、丰田、溪尾、南坑等村外出创业共2378人，在省内各地开办加工店1150家，平均每家年收入8.5万元。

上京水粉生产（1998年摄）

七、文物古迹

上京镇有1988年全国第二次文物普查时发现的青铜时代遗址龙山遗址、苦岭树遗址，采集标本有各种陶片；1991年被列入县级文物保护单位的明代云南兵备副使田琯父母合葬墓。

第四节 桃源镇

一、镇域概况

桃源镇位于县境西部，东邻上京镇，西接永安市西洋镇，南连漳平市新桥镇，北靠永安市清水乡，面积219.1平方公里。镇政府驻地桃源村，海拔530米，距县城41公里。“泉三”高速公路互通口设在桃源村。辖区内有国有桃源林场，县属赤头坂林业采育场、东风农场、良种场和县第三中学等企事业单位。1993年，全镇耕地1070.67公顷，其中水田1020.73公顷。辖13个村，4301户、1.99万人，人口自然增长率10.99‰。2008年，辖13个村，5672户、2.07万人，其中东坂畲族540多人。人口自然增长率4.66‰。耕地1040公顷，其中水田986.67公顷。林业用地1.87万公顷，木材蓄积量189.63万立方米，森林覆盖率77%。工农业总产值3.16亿元、比1993年增长2.29倍，财政收入185万元、比1993年增长14.2%，农民人均纯收入5885元、比1993年增长3.35倍，农机总动力1.52万千瓦、比1993年增长54%。每百户有电脑13.23台、小车3.12辆。

矿产资源有瓷土、红土、多彩玉石、褐铁矿、铅锌矿；广汤汤溪温泉，水温69℃，出水量2.16升/秒。

二、基础设施建设

1993年，开通程控电话。2004—2005年，13个村40公里村道混凝土路面铺设完成。2007年，集镇自来水扩建工程通过上级有关部门评估验收，日供水量3000吨。2008年，移动通信信号覆盖全镇；实施西安、东坂、前厝村安全饮水工程，水源点10个，建蓄水池30个，铺设管道38公里，日供水量2000吨，惠及1800人，占3个村总人口的56.7%。

三、经济发展

（一）农业

桃源镇以种植水稻、烟草、茶叶、水果、蔬菜，发展林业和饲养禽畜为主。1993年，种植烟草412.53公顷，收购烤烟770吨，居全县第一。种蔬菜301公顷、产量6277吨。柑橘、桃等果园508公顷，产量1642吨。粮食播种面积1917.8公顷、总产量1.03万吨，农林牧渔业总产值3178万元。1995年起，养殖禽畜数量逐年增加。2007年10月，10家蔬菜种植、营销大户组建兰源蔬菜专业合作社，统一销售农资和产品；11月，兰源蔬菜获农业部无公害农产品产地认证认定证书。2008年1月，兰源蔬菜专业合作社生产的莴苣、黄瓜、大白菜获农业部农产品质量安全中心无公害农产品证书；12月，在县工商局正式登记注册，社员400户，带动农户1250户，种植各种蔬菜607公顷，其中无公害蔬菜基地266.67公顷，产品销往省内外市场，远至东北、台湾等地，年销售9400吨。全镇种植烟草438.67公顷、居县首位；收购烤烟1088吨，占全县的32%。出栏家禽4.93万只、生猪1.51万头，其中杨坑村民肖兆志创办昌荣畜牧有限公司，年出栏商品猪6000头，建沼气池200立方米，建立“猪—沼—茶（烟、菜）”循环经济模式，被市政府评为“市级农业产业化龙头企业”；当年，养猪百头以上的大户有30户。生产木材1.56万立方米。粮食播种面积954公顷、比1993年减少50.3%，产量5647吨、比1993年下降45.17%，农林牧渔业总产值1.39亿元、比1993年增长3.37倍。

（二）工业

以发电、水泥生产、竹木加工为主。1993年，全镇企业497家，从业1360人，其中水电站12座，装机容量3540千瓦，桃源水泥厂年产水泥3.77万吨，销售收入347.5万元。1994年，兴建西安、赤头坂五级水电站，装机容量530千瓦。1998年9月，桃源水泥厂破产还债。2002年，源兴胶合板厂投产。2004年，香港业主创办富源有限公司，生产夹克、风雪衣等服装外销欧美国家；恒弘碳素厂、健丰木业公司相继投产。2005 年，兴建西安二级、林场、东风前坪、汤溪、横洋 5 座水电站，总装机容量 375 千瓦；福清客商在翁厝村创办福山铸造厂。同年 11 月，谷口项目区动工。2008 年，项目区平整土地 32 公顷。当年，全镇企业 347 家，其中，水电站 19 座，装机容量 4445 万千瓦；规模以上企业 7 家；从业 1204 人；工业总产值 1.78 亿元，比 1993 年增长 1.75 倍。

（三）商贸流通业

1993 年，全镇社会消费品零售额 1079 万元，客运和货运车辆 49 辆。第三产业增加值 3461 万元。1996 年，流通领域企业 130 家。2008 年，个体工商户 315 户、从业 479 人。社会消费品零售额 6200 万元，集市贸易额 3800 万元，各类运输车辆 387 辆。2 家金融机构设服务网点 2 个。第三产业增加值 5530 万元。

四、新农村建设

1994 年，镇政府改建东街，兴建南街，共拆迁旧房建筑面积 6750 平方米，安置 75 户。铺设东街混凝土路面，东、西街两旁建房 155 户、建筑面积 2.6 万平方米；集镇街道设置店面 105 家。2008 年，集镇街道人行道改造；完成蓝玉村“柳树湾”新村示范区规划、地灾评估和用地审批，面积 2.25 万平方米；着手规划西安、前村、翁厝等新村。

五、社会事业

1993 年，全镇幼儿园 11 所，入园幼儿 175 人；小学 26 所，适龄儿童入学率 99.9%；初中毛入学率 90.56%。卫生院 1 所，设 6 个科，医务人员 20 人，病床 20 张。1995 年，开通有线电视。2001 年，建成三中学生宿舍楼、教学综合楼、科技楼，中心小学教工宿舍楼、学生食堂。2003 年，实行居民低保政策。2005 年，新建卫生院门诊综合楼。2006 年，建成县三中学生食堂、中心小学综合楼。2007 年，实行新型农村合作医疗。2008 年，中心小学学生宿舍楼竣工，完成三中 6×200 米环形塑胶跑道建设。当年，幼儿园 1 所，入园幼儿 160 人，幼儿教师 14 人；小学 6 所，在校生 624 人，教师 111 人；适龄儿童入学率 100%；中学 1 所，在校生 1798 人，教师 83 人，适龄少年入学率 92.8%。卫生院 1 所，医务人员 22 人，病床 13 张；村卫生所 15 个、个体诊所 1 个，乡村医生 16 人；村民参加新型农村合作医疗 1.71 万人，参合率 82.54%。镇文化站综合楼建筑面积 598 平方米，省级农家书屋、村自建农家书屋各 5 个，13 个村均配备文化协管员。有线电视用户 1478 户。移动通信基站 41 个、用户 6416 户，固定电话 2037 部，小灵通 345 部，宽带互联网用户 319 户。

红菇（2006 年摄）

六、特产

桃源野生红菇，其生长于大山深处的阔叶林里，是大田红菇主要产地，以其味香而清甜，享有盛名。2008 年，全镇产量 3 吨，每 500 克干品市价在 1000 元左右。

七、文物古迹

有武陵仙境十八处、东岳庙、春安庙、三峰寺、祖源殿、三星堡等；有 2005 年被列入县级文物保护单位的清代建筑安良堡、荥阳祠和明代建筑流泗桥。有青铜时代遗址下井山、桥山、后平山、草夏寮遗址 4 处，1988 年全国第二次文物普查时发现，采集标本有残石锛和各种陶片。

桃源镇东坂安良堡（2006 年摄）

第五节 太华镇

一、镇域概况

太华镇位于县境西北部，东与文江乡、前坪乡、均溪镇相连，西北和永安市青水畲族乡接壤，西南与上京、桃源镇毗邻，南和石牌镇连接，北同建设镇交界，面积245.54平方公里，镇政府驻地太华村，海拔530米。1993年，耕地1823公顷，其中水田1593.13公顷，辖24个村，6385户、3.06万人，人口自然增长率13.43‰，1994年6月，撤乡建镇。2008年，辖24个村、279个村民小组。8381户、3.34万人，其中非农业人口4955人；民族以汉族为主，其中高星村、罗丰村下枣岭自然村有畲族30多人。耕地1740公顷，其中水田1513公顷。林业用地1.88万公顷，林木蓄积量89.16万立方米，森林覆盖率65%。工农业总产值9.37亿元、比1993年增长3.04倍，财政收入70.1万元、比1993年下降48.46%，农民人均纯收入5990元、比1993年增长3.12倍，农机总动力1.4万千瓦、比1933年增长54.46%，当年，人口自然增长率5.6‰，每百户有电脑9.57台、小车4.86辆。

矿产有煤、铁、锰、钨、铅锌、石灰石、石英石、钾长石、瓷土等。汤泉村温泉水质无色透明，水温55℃—84℃，日自流量400吨左右。

二、基础设施建设

2000年，镇新建农贸市场竣工，占地5000平方米，设摊位400多个，四周沿街店面72间。2006年，集镇安装自来水，供3000人饮用；当年，村道铺设混凝土路面3.11公里。2006—2008年，黄沙、张地、汤泉、潘车村先后改造、装修老年人活动中心和村部办公楼，铺设混凝土活动场地、种植树木花草美化环境，添置文体活动器材108件，共投入500多万元。高星等6个村道路铺设混凝土路面，总长28.09公里。华溪等4个村开通直达客运。将华溪村良溪自然村优质天然泉水引到集镇，兴建自来水工程。2008年，全镇有70%人口饮用自来水；在万湖村建成110千伏变电站1座，投入资金3500多万元。

三、经济发展

（一）农业

太华镇粮食作物以水稻、甘薯为主，其他作物有马铃薯、大豆、红芽芋、花椰菜、四季豆、烟草、甘蔗、油茶、茶叶等。1993年，粮食播种面积3468.6公顷、总产量1.66万吨，农林牧渔业总产值4939万元。2003年起，镇政府对新开茶园、新购制茶设备、新建大型烤烟房予以资金补助。2008年，实施万湖等7个村农田土地整理，平整土地53.33公顷；井泉旱片治理530公顷，水土流失治理166.67公顷，上级补助500余万元，镇财政投入500万元。当年，全镇种植烟草195.33公顷，茶叶37.8公顷，反季节蔬菜166.67公顷，黑木耳、杏鲍菇、巴西菇共3万平方米；产油茶籽1936吨，生产木材2.53万立方米，出栏生猪1.77万头、家禽17.06万只。粮食播种面积3229公顷、比1993年减少6.91%，总产量1.64万吨、比1993年下降1.1%，农林牧渔业总产值2.38亿元、比1993年增长3.82倍。

（二）工业

1993年，全镇企业632家，工业总产值1.83亿元。2003年起，先后从厦门等地引进矿产品采选加工等企业30家，其中华太矿业、恒泉矿业年产铁精矿分别为3万吨、2万吨。2006年初，开发仕坑“仙人谷”、罗丰“大菜坑”工业项目区，分别平整土地20.67公顷、200公顷，总投资分别为520万元、400万元。同年4月，引进厦门嘉申能源洁净节能空腔型煤加工厂，落户万湖村，年产空腔型煤30万吨。2007年11月，引进轻质太酸钙、氧化钙系列产品的奋发纳米钙加工企业，入驻仕坑工业区，总投资

3500万元，年产纳米钙5万吨。2008年3月，引进谐坤矿业火法富锰渣加工有限公司，入驻“大菜坑”工业区，规划年产富锰渣12万吨。4月，引进、落户小华村的大田红狮水泥有限公司破土动工，总投资12亿元，规划建设2条4500T/D熟料新型干法水泥生产线，年产水泥400万吨。9月，“仙人谷”工业项目区建设基本完成。年底，全镇有企业553家，工业总产值6.99亿元。其中，年产25万吨原煤、30万吨铁矿企业各1家；年产2.5万吨钾长石、3万吨石英石、15万吨石灰石、2万吨瓷土矿企业各1家；大小水电站12座，装机容量3775千瓦，年发电1920万千瓦时；三资企业3家，吸引外资1021万元。总投资3865万元。

（三）商贸流通与服务业

1993年，社会消费品零售额3015万元，集市贸易额2558万元，第三产业增加值2785万元。2008年9月，太华镇“大田县阳光担保有限公司”成立，注册资金1000万元，为村民创业、企业发展提供融资担保。当年，客运车、农用车、货车共655辆，比1993年增加510辆。有金融服务网点2个，通讯营业厅3个；个体工商户1938户，社会消费品零售额1.5亿元，集市贸易额1.03亿元，第三产业增加值5324万元。

太华煤矿办公楼（1998年摄）

四、新农村建设

1995年，太华村兴建大街，长200米，设店面40间。大街北面为和祥洋小区，用地1.8万平方米，居住80户。1996年，镇政府在农贸市场北边规划建设19栋五层砖混结构住宅小区，用地2500余平方米。2006年，镇政府与南安市俊发房地产开发公司联合开发华麟小区，规划建设住房96套；用地3.78万平方米。2006—2008年，黄沙、张地、甲魁、小华、泮车、汤泉等村先后被列为县级新农村建设试点村，配合“家园清洁行动”，实施“五清六改”（清理垃圾、污泥、路障、违章建筑、破旧危房，改路、水、厕、沟、圈、厨）和“五化一配套”（道路硬化、庭院净化、村镇绿化、路街亮化、环境美化，科教文体等硬件设施配套）建设，集镇沿街安装路灯50盏，群团、太华村安装路灯70盏；在市场桥头、学校路口等处建成垃圾集中处理点5个。共投资1000余万元，改善村貌，优化居住环境。

五、社会事业

1993年，有幼儿园2所，入园幼儿568人；小学25所，适龄儿童入学率99.9%；初级中学1所，毛入学率64.17%。有卫生院2所，医务人员25人，病床30张。5月，初级中学在太华村建设新校区，用地3.33万平方米，投资60万元；1994年9月，部分教学年段由万湖校区搬入新址。1996年，开通有线电视，用户585户。2000年4月，续建中学教学楼、宿舍楼。2001年，镇卫生院投资30万元，添置X光机（500 m A）和化验、理疗、妇产等医疗设备。有B超室、心电图室等9个科室。2003年，新建中心卫生院门诊综合楼，投资75万元。当年，实行农村最低生活保障，享受低保1300人。2005年秋，全镇小学整合，保留14所。2007年，实行新型农村合作医疗，参加合作医疗人数2.69万人，享受低保1314人。2008年10月，新建中学教学楼、宿舍楼竣工，建筑面积共1.6万多平方米，投资130万元。全镇有幼儿园2所，入园儿童365人，幼儿教师16人；小学8所，在校生1768人，教师136人，适龄儿童入学率99.9%；初中1所，在校生1439人，教师127人，适龄少年入学率94.6%。镇卫生院医务人员24人，病床26张，村卫生所24个，私人诊所14家。村民参加新型农村合作医疗2.72万人，参合率81.68%；享受低保1257人。有线电视用户3451户。移动通信基站51个、用户1.21万户，固定电话 3007 部、小灵通 409 部，宽带互联网用户 396 户。

六、文化事业

（一）文物古迹

1988 年，全国第二次文物普查时，发现境内有青铜时代遗址结火仑、黄埔山等遗址 6 处，采集标本有石锛、陶拍和各种陶片。2005 年，清代建筑泰安堡和民国建筑广崇堂，被列入县级文物保护单位。有明代古墓葬大合村连氏螃蟹墓、魁城村连胤墓、清代古墓万湖村连揔墓等古迹。2008 年 3 月，国民党荣誉主席连战为魁城村龙井祠题写“连氏龙井大宗祠”匾额。

太华镇魁城村连氏龙井大宗祠（2008 年摄）

（二）文化遗产与剧团

华溪村稻草龙，始于宋代，以锣鼓开路，绕村游走，2007 年，被列入市级非物质文化遗产。汉剧大腔戏，大锣大鼓、大嗓子唱戏。太华、万湖等 7 个村有业余汉剧团 7 个、越剧团 3 个，演员 100 多人。

第六节　建设镇

一、镇域概况

建设镇位于县境北部，东靠文江乡，西邻永安市槐南乡，南接太华镇，北临广平镇，东北连奇韬镇，面积 68.59 平方公里，镇政府驻地建设村，海拔 505 米，距县城 56 公里。省道 306 线纵贯全境。1993 年，辖 12 个村、123 个村民小组，4426 户、2.11 万人，人口自然增长率 11.42‰。耕地面积 981.07 公顷，其中水田 855.67 公顷，1994 年 3 月撤乡建镇。2008 年，辖 12 个村， 123 个村民小组，5590 户、2.36 万人，人口自然增长率 4.6‰；耕地 940 公顷，其中水田 793.33 公顷。林业用地 4503 公顷，木材蓄积量 21.96 万立方米，森林覆盖率 48.1%。工农业总产值 4.87 亿元，比 1993 年增长 3.59 倍；财政收入 307.8 万元，比 1993 年增长 3.98 倍；农民人均纯收入 6028 元，比 1993 年增长 3.5 倍；农机总动力 8810 千瓦，比 1993 年增长 2.71 倍。每百户有电脑 12 台、小车 8.05 辆。

矿产资源有煤、铁、锰、硫、砷、铜、铅、锌、石墨、花岗岩、石英石、黏土等。

二、基础设施建设

1994 年，开通程控电话。1996 年，建成自来水工程，日供水 1000 吨，建爱、建忠、建设、建强村 5100 人受益。1999 年，铺设建设至永安槐南西华公路混凝土路面，辖区内路段 0.63 公里，投资 118.8 万元。2004—2008 年，铺设建国至元山、建设至大同、建丰至香浮、建爱至奇韬桃舟等混凝土路面 24.06 公里；建强村至永安西华二通道铺设混凝土路面，辖区内长 0.5 公里；12 个村村道路面全部铺设混凝土，共投资 662.68 万元。2008 年，香浮村、建强村饮水工程竣工，日供水量 170 吨、1770 人受益；日供水量 1.5 万吨的高云水库引水一期工程，年初动工，当年底试通水。

三、经济发展

（一）农业

建设镇以种植水稻为主，兼种甘薯、马铃薯。主要经济作物有甘蔗、烟草、木薯、花卉、柑橘、脐橙等。1993 年，种植甘蔗 20 公顷、产量 600 吨；种木薯 100 公顷、产量 1200 吨，种柑橘 293 公顷、产量 920 吨；种烟草 347 公顷、产量 520 吨；粮食播种面积 3226.67 公顷，总产量 1.01 万吨；农林牧渔业总产值 3592 万元。2008 年，种山宝雪蔗 173.34 公顷、产量 1.15 万吨；烟草 35.4 公顷、产量 63 吨；木薯 183.34 公顷、产量 5400 吨；非洲菊、玫瑰、康乃馨等花卉 16.67 公顷、产值 1836.16 万元；柑橘、脐橙 166.67 公顷、产量 4340 吨。当年，由法国巴黎私营业主余三明投资创办元山兔业发展有限公司，投资 1000 万元，饲养法国伊普吕兔，年供种兔 2 万只，出栏商品兔 20 万只。出栏家禽 10.71 万只、生猪 1.12 万头。粮食播种面积 2300 公顷、比 1993 年减少 28.72%，总产 9527 吨、比 1993 年下降 5.36%，农林牧渔业总产值 1.48 亿元、比 1993 年增长 3.12 倍。

（二）工业

以煤炭、有色金属矿采选，机械加工和水电开发为主，1993 年，工业总产值 7033 万元。1995 年，建爱铜矿规模开发，煤、铁、锰、铅、锌等矿产采选企业逐步发展。1996 年 5 月，鲤鱼坑水电站建成，装机容量 750 千瓦，投资 300 万元。2004 年 5 月，香浮仙亭电站建成，装机容量 840 千瓦，投资 300 万元。2006 年 12 月，鑫源电站建成，装机容量 8000 千瓦，投资 3860 万元。2007 年，规划工业园区 2 个，其中，笔架山工业区用地 133.33 公顷，福岭工业区用地 33.33 公顷。 2008 年，全镇有水电站 3 座，装机容量 9590 千瓦，发电量 3314 万千瓦时。工业园区平整土地 25.93 公顷。产原煤 16.15 万吨、铁矿 1.07 万吨、锰矿 6600 吨、铅锌矿 14.89 万吨。规模以上企业 11 家，其中集体 2 家、个体私营 8 家、合资 1 家。全镇工业企业 21 家，工业总产值 3.39 亿元，比 1993 年增长 3.82 倍。

（三）商贸流通与服务业

建设镇是三明市较大商品集散地之一，1996 年，社会消费品零售额 5538 万元，集市贸易成交额 958 万元，第三产业增加值 4477.64 万元。2006 年，被省经贸委确认为“商贸重镇”。2008 年，新规划邮政商贸街、三宝商住小区和农产品市场 3 个商贸开发项目。集镇较大的商贸企业有群乐超市、好又多超市、国美家电；运输车辆 270 辆。当年，流通领域企业及个体工商户共 453 家（户），金融服务网点 2 个，社会消费品零售额 2.3 亿元，集市贸易额 1.09 亿元，第三产业增加值 8158 万元。

四、新农村建设

1993 年，实施拆旧房建新房。2007 年，实施“家园清洁行动”，各村建有垃圾池、垃圾中转站。2008 年，建成建设村下山垃圾处理场，设有垃圾焚烧炉 2 座，日处理垃圾 15 吨；安装路灯 238 盏，集镇街道、省道 306 过境线、主村道基本实现路灯照明。深洋新村建设用地 2.26 公顷，建筑面积 2.55 万平方米，入住 105 户、420 人。当年，完成 3.6 平方公里集镇控制性详细规划和建国、和平、建乐、建丰、建民 5 个村的村庄建设规划。1993—2008 年，共拆旧房 140 座，建新房 315 座。

五、社会事业

1993 年，有幼儿园 1 所，入园幼儿 52 人；小学 12 所，适龄儿童入学率 99.8%；中学 1 所，初中毛入学率 86.7%。卫生院 1 所，医务人员 17 人，病床 35 张。1995 年，开通闭路电视。1996 年，安装闭路电视 450 户。2008 年，中心幼儿园 1 所，入园幼儿 305 人，幼儿教师 13 人；小学 6 所，在校生 1366 人，教师 119 人；适龄儿童入学率 100%；二中在校生 2275 人，教师 138 人，适龄少年入学率 90%；二中食堂综合楼和图书馆建成，建筑面积分别为 2252 平方米和 1126 平方米。镇文化活动中心落成，各村设有农民文化活动室、建有文化长廊和老年人活动场所。卫生院 1 所，病床 30 张，医务人员 19 人；农村新型合作医疗参合率 82%。村村通广播电视，有线电视用户 1650 户。移动通信基站 27 个、用户 1.21 万户，固定电话 2007 部、小灵通 416 部，宽带互联网用户 554 户。

六、特色产品

山宝红籼 民间传统产品，采用早籼米等原料加工，配方独特，工艺精湛，可酿制红酒或白酒，年加工红籼 1800 吨，产值 1620 万元。2008 年，建忠村成立山宝红籼专业合作社，成员 32 人。

山宝糟菜 1993年，创办建设镇糟菜厂，采用福州大学食品系研制的新配方，以无公害的上等芥菜腌制。年产真空包装糟菜200万包，产值100多万元，1994年1月获福建省名优新产品展销会金奖。2000年12月，获三明市产品展销会金奖。

山宝腊鸭 建设镇民间世代相传的手工产品，不含任何添加剂，风味独特，年生产20万只。2008年，成立大田县三宝农业开发有限公司，红粬、糟菜、腊鸭、珍珠粉等特色农副产品，注册“富贵三宝”商标。

建设镇山宝腊鸭（2005年摄）

山宝雪蔗 系福建农林大学甘蔗研究所培育的优良果蔗品种，2000年，种植233.33公顷，产值900万元。2001年，在三明市名、特、优商品交易会上获金奖。2002年，被福建省消费者委员会列为“绿色消费推荐产品”。2005年，山宝雪蔗获省无公害农产品标志使用权。2008年7月，成立绿保雪蔗农民专业合作社，成员25人。

建设镇山宝雪蔗（2005年摄）

七、文物古迹

县级文物保护单位琵琶堡位于建国村，系游姓祠堂，建于明洪武初年。1988年，全国第二次文物普查发现建设、建忠、建强、建丰村青铜时代遗址9处，出土有青铜剑、石锛、残石镞、砺石、残石器、残玉环和多种陶片等。

第七节 广平镇

一、镇域概况

广平镇位于县境北部，东接奇韬镇，西南靠永安市槐南乡，南连建设镇，西北与三元区中村乡毗邻，北临沙县湖源乡，东北与尤溪县八字桥乡接壤，辖区面积171.58平方公里。镇政府驻地广平村，海拔398米。省道306线横穿铭栋洋。1993年，辖14个村，190个村民小组，6666户、3.21万人，人口自然增长率10.25‰。耕地1419.27公顷，其中水田1354.8公顷。2008年，全镇辖14个村和龙宫林果场、191个村民小组，8161户、3.51万人，人口自然增长率4.66‰。耕地1333.33公顷，其中水田1266.67公顷。林业用地1.35万公顷，林木蓄积量64.45万立方米，森林覆盖率68%。工农业总产值12.54亿元、比1993年增长6.13倍，镇财政收入829万元、比1993年增长1.02倍，农民人均纯收入6180元、比1993年增长3.67倍，农机总动力1.36万千瓦、比1993年增长1.29倍。每百户有电脑10.35台、小车4.62辆。

矿产资源有煤、铁、石灰石、硫、瓷土、黏土、铅锌、多金属矿等。境内有永安煤业公司苏桥煤矿。

二、基础设施建设

1993年，广平、苏桥等村自来水工程5个，供2270人饮用。当年，开通程控电话。1997年，开通移动电话，用户97户。2003年，广平等3个村村道铺设混凝土路面，总长2.6公里。建11万伏变电站、3.5万伏开关站各1座。2003—2008年，全镇村道路面铺设混凝土28.86公里，建饮水工程8个，受益人口6289人。

三、经济发展

（一）农业

广平镇种植业主要有水稻、大豆、杂粮、甘薯、茶叶、烟草、花卉、蔬菜、林木、毛竹等。1993年，种大豆856.67公顷、产量771吨，种杂粮213.33公顷、产量227吨，种茶叶108.33公顷、产量70吨，种烟草133.33公顷、产量200吨；粮食播种面积3708公顷、总产量1.45万吨；农林牧渔业总产值4666万元。1996年，引进美国春大豆良种黄沙豆，在广平、苏桥、兴埔等村试种成功。1997年，试种大豆良种青仁乌豆成功；在元沙村率先推广水稻抛秧新技术，早、晚季亩产分别为506.3公斤、521.4公斤。1999年，完成国家立项铭栋土地治理项目，维修灌溉渠道7条、17.46公里；新建排洪沟2条、2.4公里；修建机耕道2条、3.45公里；客土改良100公顷，营造水土保持林3.33公顷，总投资70.3万元。广平、苏桥、兴埔等7个村新开茶园66.67公顷。2004年，益茗茶厂生产的“五龙针螺茶”获“福建省名茶奖”。2006年，成立广景花卉有限公司，种植花卉4.13公顷，产品销往三明、永安、泉州等地，年产值800万元。2007年，引进广鑫园艺有限公司，投资500万元，年生产花卉160万株，产值530万元；2008年，以元沙村为主的茶叶生产基地，全镇共有茶园483.33公顷，年产茶叶688吨，产值1793.33万元。当年“五龙针螺茶”被评为“福建省优质茶”。完成国家立项基本农田“土地整理”项目建设，元沙苏桥洋150.92公顷、铭溪栋仁洋400公顷，共投资1480万元。出栏生猪2.01万头、家禽12.52万只。粮食播种面积3321公顷、比1993年减少6.06%，产量1.27万吨、比1993年下降1.21%。农林牧渔业总产值2.68亿元、比1993年增长4.74倍。

元沙茶厂（1998年摄）

（二）工业

1993年，镇办企业2家；水电站16座，装机容量2140千瓦，年发电量937千瓦时，当年全镇工业产值1.29亿元。1994年，创办镇、村联办煤矿，年产原煤15万吨。1995年，创办东岩水泥厂，年产水泥36万吨。1998年，东岩牌水泥获省优水泥产品称号。2000年，兴办长江矿业有限公司，年产铅锌精矿3万吨。2003年，引进海和钢铁有限公司，年产镍铁15万吨。2004年，引进联发煤业、富杰和海鑫矿业有限公司，年产煤20万吨、硫铁矿4.5万吨。2005年，规划建设犁田峰工业项目区40公顷，当年平整土地13.33公顷。2003—2008年，引进原美化工有限公司、鑫城水泥、大建矿业等企业13家，入驻犁田峰、铭溪下坪等工业区，总投资3.77亿元；报废电站7座，栋仁等电站扩容。2008年，有电站9座，装机容量2470千瓦，年发电量1890千瓦时；规模以上企业11家，产值5.96亿元；全镇有企业25家，职工4108人，工业总产值9.86亿元，比1993年增长5.98倍。

（三）商贸流通与服务业

1993 年，流通领域企业及个体工商户 231 家（户），货车 13 辆，拖拉机 250 多辆，农用车 76 辆；社会消费品零售额 540 万元，集市贸易额 1490 万元。1997 年，创办广平车队，货车 16 辆、拖拉机 332 辆、农用车 98 辆，年产值 3000 多万元。2008 年，全镇金融服务网点 3 个，通讯营业厅 3 个，流通领域企业及个体工商户 628 家（户），第三产业从业 3678 人；社会消费品零售额 3567 万元，集市贸易额 1.26 亿元，分别比 1993 年增长 5.61 倍、7.46 倍。机动车 568 辆，其中客车 9 辆、卡车 66 辆、农用车 130 辆、拖拉机 363 辆，第三产业增加值 6230 万元。

四、新农村建设

1993 年，广平、苏桥、元沙等 8 个村旧房改造，至 2007 年，改造旧房 200 多座，拆旧面积 6.05 万平方米，新建住房面积 6.3 万平方米，完成续建面积 2 万平方米。集镇“金龙山”新村点建设，建筑面积 30.28 万平方米。1993—2008 年，完成五峰等 6 个新村点建设，建筑面积 1.5 万平方米。2008 年，聘请浙江大学规划设计院对小城镇建设进行总体规划；广平和铭栋街道实施亮化工程，安装路灯 188 盏；投资 100 多万元。在集镇新建垃圾焚烧炉 1 个，垃圾池 25 个、改厕 150 个、改圈 24 个、清理破旧危房 25 座。

五、社会事业

1993 年，有幼儿园 2 所，入园幼儿 208 人；小学 16 所，适龄儿童入学率 99.8%；初中 1 所（含铭栋分校），初中毛入学率 66.91%。卫生院 1 所，病床 20 张，医务人员 24 人。1996 年，开通有线电视，用户 400 多户。当年，建成计划生育综合服务楼。1997 年，在镇政府所在地、元沙、铭溪等地建立百米文化长廊，每月出刊 1 期。2002 年，广平中学综合楼落成，投资 120 万元。2006 年，广平中心小学教学楼落成，投资 800 多万元。2008 年，县在铭溪村创办广平第二中心幼儿园，为市农村示范园，投入 36.6 万元。当年，有幼儿园 2 所，入园幼儿 690 人，幼儿教师 26 人；小学 11 所，在校生 2017 人，教师 136 人，适龄儿童入学率 100%；初中 1 所，在校生 1937 人，教师 126 人，适龄少年入学率 94.9%。卫生院 1 所，病床 20 张，医务人员 20 人，配备 B 超、X 光机、全自动生化仪、血球技术仪等设备。栋仁村成立农村文化合作社、建立农家书屋，有图书 3800 册。移动通信基站 39 个、用户 1.42 万户，固定电话 2051 部、小灵通 570 部，宽带互联网用户 418 户。村村通有线电视，用户 4488 户，占全镇总户数的 55%。

六、文物古迹

镇内有县级文物保护单位广平中学校内文昌阁、万筹村光裕堡、万宅村绍恢堡，古建筑还有栋仁村潭城堡。1988 年，全国第二次文物普查时发现有宋代炼硫遗址龙凤场、史前生物化石遗址慧林洞和白鹤洞、古村遗址北洋崎，另有青铜时代遗址东岩、杉树山遗址等 23 处，采集标本有残石器、石锛、砺石和各种陶片等标本。

广平镇栋仁村潭城堡（2001 年摄）

第八节 奇韬镇

一、镇域概况

奇韬镇位于县境东北部，东临尤溪县新阳镇，西连建设、广平镇，南接文江乡，北邻尤溪县管前镇、八字桥乡，面积70.74平方公里。镇政府驻地奇韬村，海拔450米，距县城64公里。1993年，辖11个村，60个村民小组，2639户、1.25万人，人口自然增长率11.47‰。耕地751.6公顷，其中水田707.4公顷。1998年5月撤乡建镇。2003年3月，县第一瓷厂破产，组建永德村。2008年，辖12个村、63个村民小组，3563户、1.35万人，人口自然增长率3.44‰。耕地760公顷，其中水田706.67公顷；林业用地5413.93公顷，木材蓄积量26.35万立方米，森林覆盖率55.7%。工农业总产值3.4亿元、比1993年增长3.6倍，财政收入428万元、比1993年增长5.59倍，农民人均纯收入5809元、比1993年增长4.04倍，农机总动力7968千瓦、比1993年增长2.57倍。每百户有电脑8.6台、小车3.1辆。

矿产资源有煤、铁矿、铅锌矿、石英、石灰石等。瓷土储量5000万吨，居全县首位。

2008年，奇韬镇被市银监分局定为全市第二个“金融信用镇”。

二、基础设施建设

1999年，移动通信信号覆盖全镇。2000年，桃东、洋地村村道铺设混凝土路面。2003年，集镇清源自来水厂竣工，日供水800吨。2000—2005年，全镇12个村村道，铺设混凝土路面，总长35.5公里。2008年，有饮水工程5个，饮用自来水村民占总人口81%；奇韬、龙坪村户与户的通道，多铺设混凝土路面。有35千伏变电站1座，主变压器容量3.15兆伏安，10千伏高压线路5条、长69.27公里。

三、经济发展

（一）农业

奇韬镇以种植稻、薯、果、茶、烟和饲养禽畜为主，有优良家禽永仙鸡（阉鸡，俗称太监鸡）。1993年，种植柑橘147公顷、产量1250吨，柿和桃29.07公顷、产量112吨，种茶叶74.8公顷、产量30吨，烟草166.67公顷、产量200吨；粮食播种面积1499.26公顷，产量6287吨；农林牧渔业总产值2654万元。1996年，种蚕桑85.53公顷，产鲜蚕茧5吨；有柰园397.8公顷，产量2800吨。2000年，注册“仙峰”牌果蔬商标。2005年，洋地绿源茶业公司开垦茶园30.67公顷。2007年，创办米桶山蛋鸡养殖场，饲养3万只，年产鲜蛋380多吨。2008年，岬顶、友绿、东阳、绿源等茶场有茶园137公顷，产量432吨。全镇李、柰、柿等果园471.6公顷，产量8110吨；种植烟草101.33公顷，产烤烟180吨；木薯280公顷，产量7496吨；油茶102公顷，产茶籽580吨；种植药材金银花13.33公顷。出栏生猪6475头；成立永仙鸡养殖专业合作社，注册“龙旭”商标，产商品鸡4.9万只，销往永安、三明、泉州等地，永仙鸡属天然放养、肉质好、营养高、味道可口。粮食播种面积1347公顷、比1993年减少10.16%，产量6863吨、比1993年增长9.16%，农林牧渔业总产值1.14亿元、比1993年增长3.3倍。

奇韬镇永仙鸡（2007年摄）

（二）工业

以采煤、矿产采选，水泥、陶瓷生产和发电、纺织为主。1993 年，有镇办奇韬煤矿、水泥熟料厂、选矿厂、织布厂，水电站 5 座，装机容量 810 千瓦。1994 年，组建中外合资邦迪瓷业有限公司。2000 年，建成水泥粉磨厂。2004 年，组建宝丰陶瓷有限公司。2005 年，引进乾泰矿业有限公司。2008 年，有奇韬煤矿、水泥厂、织布厂和宝丰陶瓷、宏源及乾泰矿业等规模以上企业 6 家。生产原煤 20 万吨、水泥 5 万吨、高档瓷泥 6000 吨、日用陶瓷 2600 万件、铁精矿 1.7 万吨、工业底布 180 万米。水电站 11 座，年发电 1665 万千瓦时。引进金陵矿业公司进行铅锌、铜、铁矿精选。全镇工业总产值 2.26 亿元，是 1993 年的 3.33 倍。

（三）商贸流通与服务业

1993 年，商业、服务业、运输等企业和个体工商户 349 家（户），机动车 252 辆。社会消费品零售额 573 万元，集市贸易额 270 万元，第三产业增加值 879 万元。2005 年 12 月，建成钢架结构集镇农贸市场，用地 6000 余平方米，设固定摊位 132 个。2008 年，流通领域企业和个体工商户 211 家（户），社会消费品零售总额 3636 万元，集市贸易额 3335 万元，第三产业增加值 1437 万元。

四、新农村建设

1993 年，实施集镇和新村规划建设，至 1994 年，拆旧房 365 座，新建住房 843 座，入住 3374 人。1995 年起，集镇街道拓宽改造，开发利用周边土地，逐步开展集镇建设。截至 2008 年，建成新村点 6 个，入住 140 户、610 人。

五、社会事业

1993 年，幼儿园 11 所，入园幼儿 623 人；小学 13 所，适龄儿童入学率 99.8%；初中 1 所，初中毛入学率 67.56%。卫生院 1 所，医务人员 5 人，病床 8 张。1996 年，卫星电视信号覆盖全镇。同年卫生院搬迁，新建门诊综合楼投入使用。1997 年，建成有线电视网。2001 年 11 月，新建敬老院，建筑面积 520 平方米。2003 年 1 月，成立“夕阳安民促进会”，开展女儿上族谱等婚育新风活动。2004 年，实行农村居民最低生活保障制度。1993—2005 年，先后新建中学、学区、中心幼儿园和中心小学教学、宿舍楼等设施共 5900 平方米，设立女子成才奖。2006 年，新建卫生院综合楼；建立农村二女户、独生子女家庭关爱奖励制度。2008 年，新建中心小学学生宿舍楼和中学食堂综合楼；开通 6 个村闭路电视。当年幼儿园 6 所，入园幼儿 276 人，幼儿教师 21 人。小学 1 所，在校生 561 人，教师 65 人，适龄儿童入学率 100%；初中 1 所，在校生 622 人，教师 54 人，适龄少年入学率 94.8%；卫生院 1 所，医务人员 14 人，病床 16 张。村民参加新型农村合作医疗 1.16 万人，参合率 86.6%。当年 4 月，省计生委摄制的反映奇韬镇女儿上族谱纪录片《老郑破旧规》在省电视台综合频道“人口家庭”栏目播放。移动通信基站 21 个、用户 4031 户，固定电话 1566 部、小灵通 129 部，宽带互联网用户 148 户。

六、文物古迹

1988 年全国第二次文物普查，发现有青铜时代牛脊山遗址、二组山遗址，采集标本有石镞、石支座、石斧、砺石陶纺轮和各种陶片。

第二章　乡

第一节　华兴乡

一、乡域概况

华兴乡位于县境东部，东南与东北接德化县春美乡，西临均溪镇，西南邻屏山乡，北连湖美乡。1993年为早兴乡，政府驻地早兴村，海拔750米，距县城22公里，辖区面积49.5平方公里，辖6个村、67个村民小组，1186户、6501人，人口自然增长率11.57‰；耕地242公顷，其中水田185.4公顷；粮食总产量1895吨，工农业总产值1770万元，财政收入9.55万元，农民人均纯收入1046元。1995年12月，均溪镇的华安、仙峰、京口、洪坑4个村划入早兴乡，辖区面积扩大到92.86平方公里，辖10个村，107个村民小组。1996年5月，乡政府驻地迁至华安村，海拔350米，更名为华兴乡，距县城6公里。大（田）德（化）公路穿过境内。2008年，辖区面积92.86平方公里，辖10个村，3341户、1.26万人，人口自然增长率7.47‰。耕地443公顷，其中水田323.6公顷；林业用地7791公顷，林木蓄积量43.31万立方米，森林覆盖率77%；工农业总产值3.95亿元，财政收入130.19万元，农民人均纯收入5048元，每百户有电脑3.8台、小车0.5部。

主要矿产有铅锌、瓷土、黏土等。

二、基础设施建设

1995年底，开通程控电话。1996年7月，新建政府办公楼。2005—2008年，早兴至横坑、京口至洪坑等8条村道铺设混凝土路面，总长41公里，投资1141万元；新建早兴、横坑、洪坑村部办公楼，投资67万元；修建、完善昆山村部综合楼、篮球场、文化长廊、村务公开栏，建设江滨公园及农民森林休闲公园，用地2.2万平方米，投资260万元；在昆山、横坑、张墘、京口等村建饮水工程，投资105万元，可供2224户、7140人饮用，占全乡人口56.8%。2008年，完成昆山、早兴村小型农田水利设施建设工程和华安村水利修复工程，投入85万元；华安、京口、昆山、仙峰村开通电信宽带互联网，用户124户。

三、经济发展

（一）农业

1993年，早兴乡粮食播种面积493公顷，总产量1895吨，农林牧渔业总产值1061万元。该乡是县茶油的主要生产基地，主要品种有桃茶、龙眼茶、珍珠茶、风吹茶，其中风吹茶被评为全国优质品种。2004年10月，成立早兴油茶经济合作社。2006年，注册“老早兴茶油”商标，推动油茶产业化经营；启动“绿色产品”认证工作，检验确认茶油各种成分指标；改传统简易塑料桶装为无害化标准食用油桶装，产品销往福州、厦门等地。2008年，油茶园1000公顷，其中已投产960公顷，年产茶油82.5吨；柑橘207公顷、

华兴乡油茶籽（2006年摄）

黄花菜 90 公顷、蔬菜 467 公顷、食用菌 2.78 万平方米，甘薯 77 公顷、马铃薯 162 公顷。粮食播种面积 717 公顷，总产量 3493 吨。出栏家禽 3.99 万只、生猪 6303 头。农林牧渔业总产值 6958.41 万元。

（二）工业

1993 年，水电站 2 座，装机容量 4200 千瓦，年发电量 1600 万千瓦时，全乡工业总产值 709 万元。2000—2008 年，先后建成洪崎坂、昆山等电站 7 座，装机总容量 3.35 万千瓦，年发电量 1.14 亿千瓦时。引进项目 24 个，总投资 2.85 亿元。其中，投资超 1000 万元的有大华机械制造、沈荣矿业有限公司等 9 个项目，超 5000 万元的有华闽纸业有限公司、昆山水库电站项目；被列入县重点建设项目 5 个、市重点建设项目 1 个，初步形成水电开发、选矿、造纸和机械加工 4 个主导产业。2008 年，协进机械、华闽纸业有限公司通过市清洁生产验收；京口工业项目区开工，规划面积 472 公顷，其中预留新村建设用地 56.5 公顷，项目基础设施建设预算资金为 3 亿元；县污水处理厂、农资配送中心、垃圾焚烧厂、弃土场等县重点工程项目落户境内。当年，工业总产值 3.25 亿元。

（三）商贸流通与服务业

1993 年，华兴乡流通领域企业和个体工商户 46 家（户），金融服务网点 1 个。第三产业增加值 39 万元。1996 年，社会消费品零售额 1700 万元，第三产业增加值 573 万元。2008 年，流通领域企业及个体工商户 188 家（户）；金融服务网点 1 个。社会消费品零售额 2347 万元，第三产业增加值 546 万元。

四、新农村建设

2007—2008 年，昆山村下坞头岬“拆旧建新”点，拆除旧房 8 座、3200 多平方米；新村建设用地 2400 平方米，建筑面积 6800 平方米，入住 33 户、116 人。昆山村道路铺设混凝土路面，长 850 米，筑大桥护栏 240 米；新建防洪堤 1100 米；华安村横洋小区一期住宅区道路铺设混凝土路面 2438 平方米；建设垃圾中转站 1 个、垃圾池 4 口、配备垃圾清运车 1 辆及垃圾桶等设施。

五、社会事业

1993 年，幼儿园 6 所，入园幼儿 207 人。小学 7 所，适龄儿童入学率 99.9%；初中 1 所，初中毛入学率 54.3%；卫生院 1 所，医务人员 6 人，病床 4 张。1996 年，开通闭路电视。1997 年，新建中学教学综合楼，建筑面积 2845 平方米。2007 年，新建华兴乡文化站综合楼，用地 108 平方米，建筑面积 342 平方米，设书报阅览室、多功能活动厅、综合展示厅、教育培训室、体育健身室；建设张墩村科教文体活动中心，设乒乓球室、电脑室、图书室、文体活动室、篮球场，添置健身器材。2008 年，幼儿园 5 所，入园幼儿 73 人，幼儿教师 7 人；小学 5 所，在校学生 189 人，教师 64 人，适龄儿童入学率 100%；初中 1 所，在校生 356 人，教师 38 人，适龄少年入学率 95%。乡卫生院医务人员 4 人，病床 2 张；村卫生所和私人诊所 9 家；参加新型农村合作医疗 1.1 万人，参合率 87.5%；华安、京口、昆山、仙峰村开通闭路电视，用户共 391 户。移动通信基站 16 个、用户 2535 户、固定电话 1254 部、小灵通 246 部，宽带互联网用户 124 户。

六、文物古迹

1988 年全国第二次文物普查发现有青铜时代遗址尚书山遗址，采集标本有各种陶片。京口村有早期共产党人叶炎煌旧居。1983 年被列入县级文物保护单位的明代建筑杞溪村通驷桥。

杞溪村通驷桥（2005 年摄）

第二节 屏山乡

一、乡域概况

屏山乡位于县境东南部，东临济阳乡，西接石牌镇，南连吴山乡，北靠均溪镇，面积106.34平方公里，乡政府驻地屏山村，海拔1015米，距县城23公里。1993年，辖13个村，3102户、1.56万人，人口自然增长率14.56‰。耕地628.33公顷，其中水田595.67公顷。工农业总产值2409万元，财政收入34.66万元，农民人均纯收入903元，农机总动力1113千瓦。2007年，成立大仙峰旅游资源开发有限公司，规划开发大仙峰旅游资源。2008年，辖13个村，145个村民小组，4140户、人口1.47万人，人口自然增长率5‰。耕地628.13公顷，其中水田535.33公顷。林业用地8275.26公顷，林木蓄积量17.47万立方米，森林覆盖率52%。全乡工农业总产值1.32亿元、比1993年增长4.48倍，财政收入12万元、比1993年下降65.38%，农民人均纯收入4783元、比1993年增长4.3倍，农机总动力1678千瓦、比1993年增长50.76%。每百户有电脑0.8台、小车0.4辆。

二、基础设施建设

1994年，开通王坪至六角宫简易公路5.3公里。1995年，开通程控电话。1996年，有固定电话用户85户。1999年，铺设屏山新街1公里混凝土路面。2002年，石牌至屏山乡道17公里铺设柏油路面。2003年，开通和坑村下湖至和坑尾5.5公里村道；建设内洋岩兜坑小二型水库，库容90万立方米，为乡政府及周边村庄4000余人饮用水源；完成溪头、杨梅村饮水工程，受益480多人；全乡完成电网改造。2004年，开通美阳至和坑半山4公里简易公路。截至2005年，除溪头村外，12个村开通程控电话；11个村村道和屏山至吴山乡科山村道路铺设混凝土路面，总长59.5公里。2007年，美阳村10千伏闭锁开关站竣工。

三、经济发展

（一）农业

屏山乡以种植稻、薯、茶叶和饲养兔、禽、猪为主，其中黑兔是传统饲养品种，是闽西南黑兔主要产地之一。1993年，有茶园168公顷（采摘面积90公顷），产量25吨。当年，引进塞北兔、德国齐卡兔等9个肉兔品种与本地兔杂交。粮食播种面积964.67公顷，产量5057吨，农林牧渔业总产值1997万元。1994年，成立屏山兔业开发公司，以“公司加农户”发展一批饲养大户，出栏兔12.3万只。1999年，引进台资在内洋村创办大方广茶业有限公司，引种金萱、台湾乌龙、肉桂、翠玉等新品种，茶叶产品销广东、浙江、江苏、山东、上海、河南、台湾等地和日本、东南亚国家，雪山毛尖和台式乌龙茶获省优质茶奖。2000年，大方广茶业“东方美人茶”获韩国茶人联合会国际金奖。2001年，台式乌龙茶获中国星级茶王赛名茶奖；加拿大客商在屏山村创办三明时代农业开发有限公司。2003年，涂育东在美阳村创办独资企业高峰茶业有限公司、林宏在屏山村创办独资企业云韵茶业有限公司。2005年，铁观音茶获上海国际茶文化节中国名茶评比金奖；高峰茶业“金观音茶”被评为“福建省名茶”；“崇圣岩”乌龙茶

屏山乡茶园（2008年摄）

在东莞、福州、北京、苏州等地设有专营店。2006年，铁观音茶获奥运——中国茶香世界会优质奖。2007年，云韵茶业“铁观音茶”在省名优茶评比中获名茶奖。同年，建立美阳村“猪—沼—茶”生态农业试点，建养猪场2000平方米、沼气池40立方米，养猪440多头，以沼液、沼渣作为茶园肥料；9月，在内洋村设立市首条集农资供应、茶青和茶产品交易、茶叶市场信息互联网发布为一体的“屏山生态茶叶一条街”。屏山乡被省绿色食品发展中心确认为“万亩绿色食品茶叶生产基地”，成为县茶产业发展的“核心区”。2008年，全乡茶园面积700公顷，龙头企业7家，个体茶叶加工户132家；茶叶产量480吨；5家企业获质量安全市场准入（QS）认证，高峰茶业乌龙茶是市首个国家“良好农业规范”（GAP）认证项目。全乡养兔农户3600余户，占全乡总户数87%，全年出栏24万只。出栏生猪9922头、家禽6.28万只。粮食产量4308吨、比1993年下降14.81%，农林牧渔业总产值9335万元、比1993年增长3.67倍。

屏山乡肉兔（2004年摄）

（二）工业

以发电、冶铸、针织、加工为主。1993年，水电站5座，装机容量685千瓦，全乡工业产值412万元。2002年，蕉坑二级电站投产，装机容量350千瓦。2003年，陈地电站租赁经营进行技改。2004年，新建芹阳电站竣工，装机容量360千瓦；建成溪头村电站，装机容量530千瓦。2006年，成立大鼓山水电站综合开发有限公司，大鼓山电站装机容量400千瓦；在和坑村杀牛溪口创办齐力钢铁有限公司。2008年，全乡水电站13座，装机容量2750千瓦；乡政府在县城区建山路74号创办内资企业荣益针织有限公司。当年，全乡工业产值3841万元，比1993年增长8.32倍。

（三）商贸流通与服务业

1993年，全乡社会消费品零售总额102.12万元。1996年，流通领域企业及个体工商户72家（户），商品零售额251.72万元，集市贸易额131.24万元。2008年，流通领域企业及个体工商户186家（户），社会消费品零售额923万元，集市贸易额666万元，第三产业增加值360万元。

四、新农村建设

1993年，实施内洋村新村点建设，用地6600多平方米，建筑面积1.32万平方米，入住55户、275人。1994年，建设美阳村新村点，用地2000多平方米，建筑面积5000多平方米，入住28户、110多人。

五、社会事业

1993年，有附属幼儿班7个，入园幼儿168人；小学25所，适龄儿童入学率99.8%；初中1所，初中毛入学率58.4%。卫生院1所，医务人员12人，病床8张，个体诊所3家。1997—2001年，华侨捐建内山小学教学楼。港胞捐建玉屏小学“恩美楼”、屏山中心小学“庆恩楼”。2002年，内洋村在万应庙设立文化活动中心。2003年，华侨捐建和坑小学教学楼、屏山中心小学食堂综合楼投入使用。2006年，开通闭路电视；内洋文化活动中心增设农民议政室和茶艺社，2007年，增设农民培训中心；港胞徐伟福捐建屏山中心小学综合楼。2008年，附属幼儿班3个，入园幼儿46人，幼儿教师6人；小学3所，在校生264人，教师70人，适龄儿童入学率100%；初中1所，在校生427人，教师18人，适龄少年入学率95.5%。卫生院有医务人员11人，病床8张，翻建门诊综合楼；村卫生所13家，个体诊所7家；业余高甲戏剧团2个、演员40多人；有木偶戏和布袋戏剧团各1个。闭路电视用户295户。移动通信基站11个、用户2736户，固定电话1178部、小灵通116部，宽带互联网用户74户。

六、文物古迹

县级文物保护单位内洋村红四军军部旧址万应庙、杨梅村明代章姓古墓壹家坟、大仙峰崇圣岩。

第三节 吴山乡

一、乡域概况

吴山乡位于县境南面，三明和泉州“两市两县六乡”结合部。东和济阳乡毗邻，西与谢洋乡相连，北同屏山乡、石牌镇交界，南与永春县一都、下洋镇接壤，面积 83.55 平方公里，乡政府驻地吴山村，海拔 757 米，距县城 28 公里。省道 306 线和泉南高速公路贯穿全境，设和洋互通口和吉州服务区。1993 年，辖 9 个村，1984 户、8785 人，人口自然增长率 11.62‰。耕地 453.93 公顷，其中水田 439.33 公顷。2008 年，辖 9 个村，2667 户、9028 人，人口自然增长率 1.74‰，耕地 512.13 公顷，其中水田 389.53 公顷。林业用地 6633 公顷，林木蓄积量 23.03 万立方米，森林覆盖率 71%。工农业总产值 2.1 亿、比 1993 年增长 4.69 倍，乡财政收入 275.01 万元、比 1993 年增长 6.78 倍，农民人均纯收入 5334 元、比 1993 年增长 3.74 倍，农机总动力 4222 千瓦、比 1993 年下降 11.89%。每百户有电脑 10 台、小车 6 辆。

二、基础设施建设

1993 年，开通程控电话，1996 年，固定电话用户 165 户。2002 年，全乡完成农村电网改造，建有 35 千伏变电站 1 座。2004 年，修建阳春、东埔等村道 7 条、总长 27.22 公里，自然村道 2 条、总长 3.2 公里，茶园机耕道 27 条、总长 40.4 公里；在吴山村建成自来水厂 1 座，日供水 1000 吨，供集镇居民、学校、机关企事业单位用水；完成张坑、梓溪村饮用水工程建设；在全乡 9 个村建设山地蓄水池 135 个、总容积 2499 立方米，供茶园用水。2005—2006 年，建设山地和茶园蓄水池 95 个，总容积 1770 立方米。2007 年，全乡村道路面全部铺设混凝土。2008 年，完成东埔、科山、阳春、和洋、锦山村饮用水工程建设，全乡 85% 的村民饮用自来水；筹建 110 千伏变电站，年底，完成征地等前期工作。

三、经济发展

（一）农业

吴山乡主要作物是水稻、甘薯、马铃薯。1993 年，粮食产量 3562 吨，农林牧渔业总产值 1265 万元。乡政府在梓溪村征地 0.24 公顷，由莆田客商投资 30 万元创办养鳗场，当年产值 7 万元。2001 年，全乡茶园面积 33.33 公顷。2002 年，新开茶园 13.33 公顷。2004 年，梓溪养鳗场改为养殖鲟鱼。2005 年，省农业厅将科山铜盘盂茶园列为省级高标准茶园基地；乡政府建设吴山乡茶青市场，投资 50 万元。2007 年，乡政府在吴山村洋头自然村省道沿线建设茶叶销售一条街；和洋、阳春、吴山村有茶叶加工厂 221 家，形成茶叶加工销售集中区；大亚木业公司在阳春等 4 个村建立速生丰产林 530 多公顷。2008 年 10 月，和洋村建成全县首个村级茶事活动中心。年底，全乡有茶园 688 公顷，茶叶加工厂 403 家、加工机械设备 486 套，是县高山优质茶生产基地之一；全乡年产茶叶 932 吨，销往北京、上海、浙江、山东、广西等地，成为农民增收的主要渠道。梅山村村民在梓溪村乌丰岬租用山地 0.67 公顷，投资 30 万元，建设养猪场和养鸡场，年产值 9 万元。当年，出栏生猪 7494 头、家禽 5.58 万只。粮食播种面积 726 公顷，产量 3464 吨。农林牧渔业总产值 1.26 亿元。

吴山乡铜盘湖茶园（2008 年摄）

（二）工业

1993年，水电站1座，装机容量400千瓦，年发电量170万千瓦时；耐火材料厂、机砖厂、农械厂和铁锅厂等小型企业4家。当年，与广平镇、太华镇共同创办吴山水泥（粉磨）厂，吴山乡占20%股份。当年，工业总产值2424万元。2004—2008年，乡政府负责规划征地、吸引民间资金830万元，开发工业园区用地34公顷，东升包装、翔森纸业、金光纸业有限公司等企业落户该园区。2008年，投入园区建设资金100万元，完善吉州工业项目区水、电、路等配套设施建设。年底，福建万华合成革有限公司入驻，投资9.5亿元。全乡工业总产值8337万元。

（三）商贸流通与服务业

1993年，有金融服务网点5个；流通领域企业及个体工商户89家（户），社会消费品零售额1000万元，集市贸易额1300万元，第三产业增加值550万元。2008年，金融服务网点1个；流通领域企业及个体工商户282家（户），社会消费品零售额2760万元，集市贸易额3653万元，第三产业增加值1560万元。

四、新农村建设

1993年，实施造福工程建设，加内自然村村民8户、32人搬迁到吴山村洋头。1995年起，实施和洋、阳春、东埔、程堂、梓溪、吴山6个村集中连片建设新村点，至2008年全乡新村点共入住749户、3160人。当年，乡政府委托省村镇建设发展中心完成吴山乡总体规划修编。

五、社会事业

1993年，附属幼儿班13班，入园幼儿158人；小学9所，适龄儿童入学率99.8%；辖区内四中，初中毛入学率87%；卫生院1所，医务人员9人，病床5张。2003年，新建四中学生宿舍楼、吴山小学师生宿舍楼各1座，建筑面积分别为1650平方米、1551平方米。吴山小学有全县农村小学首间多媒体教室。2005年，新建四中教学综合楼建筑面积1935平方米、教工宿舍楼建筑面积420平方米、中心小学宿舍楼建筑面积904平方米。2008年，附属幼儿班7班，幼儿教师9人，入园幼儿199人；小学3所，在校生352人，教师48人；适龄儿童入学率100%；四中在校生422人，教师45人，适龄少年入学率98.2%。卫生院医务人员9人，病床9张。有B超、心电图机、X光造影机（300MA）、半自动生化仪、血球分析仪、血糖检测等设备；村卫生诊所9家，个体诊所3家。新型农村合作医疗参合率87.1%。移动通信基站28个、用户4007户、小灵通129部、固定电话1154部，宽带互联网用户76户。

六、文物古迹

和洋村东南面有清代和洋窑址。2004年，泉三高速公路建设时，省、市、县考古人员做抢救性发掘，为阶级式龙窟，主要烧制日用民窑青花瓷。东埔村东北部（称后头山）东埔窑址，可见散落的青花瓷碎片，待发掘。

第四节　济阳乡

一、乡域概况

济阳乡位于县境东南部，东、北邻德化县美湖乡、春美乡，西连吴山乡，南接永春县下洋镇，面积66.43平方公里，乡政府驻地济阳村，海拔780米，距县城40公里。1993年，辖12个村，117个村民小组，2055户、9551人，人口自然增长率7.94‰。耕地390.07公顷，其中水田387.67公顷。2008年，辖12个村，117个村民小组，2702户、9263人，人口自然增长率6.22‰。耕地386.67公顷，其中水田 373.33 公顷；林业用地 4964.8 公顷，其中竹林 424.47 公顷，林木蓄积量 9.18 万立方米，森林覆盖率 50%；工农业总产值 2.09 亿元、比 1993 年增长 6.67 倍，农民人均纯收入 5847 元、比 1993 年增长 4.46 倍，乡财政收入 100 万元、比 1993 年增长 40.85%，农机总动力 2800 千瓦、比 1993 年增长 73.48%。每百户有电脑 1.76 台、小车 2.05 辆。

济阳是县内主要侨乡，有华侨 106 户、452 人，侨眷 230 人，归侨 28 人。主要矿产资源有铁、煤、铅锌、瓷土、石灰石、石墨等。

二、基础设施建设

2001 年，大儒村建成自来水工程。2003—2008 年，11 个村建设自来水工程 12 个，投资 280 万元，供 806 户、2821 人饮用，占总人口 30.45%；济中至大儒、德仁至小高山自然村等 10 条村道全部铺设混凝土路面，总长 49.26 公里。

三、经济发展

（一）农业

济阳乡主要作物有水稻、甘薯、马铃薯、茶叶、木薯、辣椒、生姜、蘑菇等。1993 年，马铃薯 160 公顷、产量 132 吨；木薯 67 公顷，产量 350 吨，甘薯 101 公顷，产量 360 吨；茶园 14 公顷，产量 2 吨；粮食播种面积 808 公顷，总产量 2745 吨；农林牧渔业总产值 1148 万元。2002 年，发展茶产业，当年开垦茶园 14 公顷。2003 年，九龙峰茶业有限公司落户上丰村。2005 年 3 月，济阳茶青交易市场建设竣工，用地 500 平方米。2006 年，茶园面积 271.26 公顷，主要品种是铁观音、金观音、金萱等，茶叶加工厂 23 家。成立济阳乡茶业协会，会员 60 人。2008 年，兴茂茶业有限公司落户大儒村，投资 200 万元，建厂房 1200 平方米、茶园 13 公顷，年产茶叶 4.5 吨；九龙峰茶业有限公司 5 年投资 560 万元，开垦茶园 46.67 公顷、建厂房 1800 平方米，年产茶叶 7.5 吨；泮林村外出打工青年涂文炳返乡，在大瓦格自然村兴建毅通农场，注册资金 100 万元，开通泮林村部至大瓦格 4 米宽机耕道 3 公里，建设办公用房和鸡、鸭舍、羊圈各 1 座，建筑面积共 520 平方米，圈养鸡、鸭 1000 多只、山羊 60 多头，种植油茶树 7.33 公顷，当年产值 18 万元。全乡种木薯 205.33 公顷，产量 4194 吨；辣椒 53.33 公顷；生姜 53.33 公顷；蘑菇 5106 平方米；毛竹林 466.67 公顷；茶园 386.13 公顷，茶叶加工厂 96 家，产量 254 吨，产值 967.23 万元；出栏生猪 7782 头，家禽 6.21 万只；粮食播种面积 971 公顷，比 1993 年增长 20.17%，总产 4256 吨，比 1993 年增长 55.05%；农林牧渔业总产值 7802.33 万元，比 1993 年增长 5.8 倍。

（二）工业

以采煤、铁矿采选、发电为主。1993 年，铁矿、煤矿、大儒选矿厂等企业 7 家，其中水电站 2 座，装机容量 400 千瓦，年发电量 300 万千瓦时，产值 60 万元。全乡工业总产值 1985 万元。济阳乡政府、省第五建筑公司和大田县石凤集团联合在济中村创办济阳五建石凤水泥有限公司，总投资 2113 万元，其中乡政府投资 629 万元；1995 年 5 月，该联合企业投产。1997 年，朝阳矿业有限公司落户高升村，投资 800 万元。2002 年，福余矿产品加工公司落户泮林村，投资 400 多万元。2005 年，上丰矿业有限公司落户上丰村，投资 500 多万元。2006 年，圣安多金属选矿厂落户砚坑村，投资 380 万元。2008 年，乡办铁矿产量 6 万吨、产值 350 万元；乡办煤矿生产原煤 3 万吨、产值 480 万元；水电站 3 座，装机容量 500 千瓦，发电量 360 万千瓦时，产值 68 万元；生产水泥 7.2 万吨，产值 3151 万元。宏福矿业产值 1920 万元；朝阳矿业产值 2040 万元；福余矿业产值 1680 万元；上丰、圣安矿业等产值 3411 万元。全乡工业总产值 1.46 亿元。

（三）商贸流通与服务业

1993 年，金融服务网点 5 个，机动运输车辆 67 辆，社会消费品零售额 194.59 万元，集市贸易额 10 万元，第三产业增加值 991.56 万元。2008 年，金融服务网点 1 个，机动运输车辆 162 辆；社会消费品零售额2800万元，集市贸易额500万元，第三产业增加值1000万元。

四、新农村建设

2004—2007年，乡政府在集镇所在地开发后格垅新区，新区铺设混凝土路面1280平方米，安置39户、147人；生产生活用电、自来水、闭路电视、程控电话安装共投入71万元。2008年5月，聘请三明市城乡规划设计院，对后岬垅住宅新区再规划，规划用地13.24万平方米，建筑面积14.12万平方米，其中，商业建筑面积5.36万平方米、公共建筑8464平方米、茶厂9480平方米、住宅6.97万平方米（造福工程搬迁安置5.6万平方米）。新区集居住、茶叶加工及销售、文化娱乐、农贸市场、停车场等多种功能为一体，被列入全省50个重点造福工程示范点之一，计划10年建成，可供305户、1220人居住。年底，完成征地、拆迁，平整土地2万多平方米；水、电、路等配套设施动工建设。

五、社会事业

1993年，附属幼儿班6班，入园幼儿130人；小学13所，适龄儿童入学率99.8%；初中1所，毛入学率42%；卫生院1所，医务人员8人，病床7张。1996年，开通有线电视。2008年，幼儿班4班，幼儿教师4人，入园幼儿92人；小学3所，在校生362人，教师43人，适龄儿童入学率100%；初级中学1所，在校生498人，教师28人，适龄少年入学率96.4%。卫生院1所，医护人员6人，病床8张，X光机、半自动生化仪、血球分析仪、心电图机各1台；村卫生所和私人诊所12家；村民参加新型农村合作医疗8244人，参合率89%。移动通信基站11个、用户1742户，小灵通84部，固定电话1093部，宽带互联网用户25户。

六、文物古迹

有济阳古街。古建筑凤阳堡，建于清乾隆七年（1742年）。大儒村儒美桥，建成于清光绪九年（1883年），为福建省跨径最大的单孔石拱桥。

济阳乡凤阳堡（2008年摄）

第五节　武陵乡

一、乡域概况

武陵乡位于县西南部，东、东北邻石牌镇，西接漳平市吾祠乡，南靠谢洋乡，北、西北连上京镇，面积80.3平方公里，乡政府驻地武陵村，海拔890米，距县城26公里，是大田、漳平两地边境商品集散地。1993年，辖9个村，94个村民小组，2267户、1.06万人，人口自然增长率10.26‰。耕地635.53公顷，其中水田527.73公顷。2008年，辖9个村，3238户、1.16万人，自然增长率4.43‰。耕地588.47公顷，其中水田483.47公顷。林业用地6431.19公顷，木材蓄积量37.01万立方米，森林覆盖率68%。工农业总产值2.42亿元、比1993年增长8.73倍，乡财政收入236万元、比1993年增长10.73倍，农民人均纯收入4420元、比1993年增长3.61倍，农业机械总动力4626千瓦、比1993年增长1.7倍。每百户有电脑5台、小车2.7辆。当年，全乡劳务输出3382人，外出务工收入占农民总收入的36.5%

矿产资源有煤、磁铁矿、高岭土、五彩玉石等10种矿藏。

二、基础设施建设

2000年，铺设武陵乡仕洋至石牌镇小汤泉柏油路、长6.6公里。2006年，铺设8个村、长43公里村道混凝土路面。2007 年，建设集镇居民安全饮用水工程，日供水量 640 吨，6300 人受益。2008 年，仕洋至小汤泉乡道按三级公路标准改造，长 6.6 公里，铺设混凝土路面。

三、经济发展

（一）农业

武陵乡主要作物为水稻、甘薯、烟草、茶叶；主要养殖家畜、肉兔和鳗鱼。1993 年，种植烟草 116.67 公顷，产烤烟 140 吨；出栏肉兔 1.68 万只、家禽 3.36 万只；粮食播种面积 1057.73 公顷；农林牧渔业总产值 1235 万元。1994 年，大福养鳗场落户大石村，养殖水面 1.06 公顷。1995 年，产鳗鱼 12 吨；扩种高山茶叶 50.18 公顷，全乡产茶叶 28 吨。2004 年，大福养鳗场更名为大田县三华鳗鱼养殖场。2007 年，成立武陵乡高山茶叶生产合作社。2008 年，建成武陵乡茶事活动中心，建筑面积 400 平方米，设有斗茶厅、展示厅、茶农贷款担保基金协会办公室、茶叶生产合作社办公室、茶叶农残检测中心。全乡茶园 233.33 公顷，年产茶叶 31 吨；种植烟草 63.33 公顷，产烤烟 105 吨；果园 354 公顷，产柿子、桃、李、奈、板栗等水果 309 吨；产鳗鱼 52 吨、其他淡水鱼 35 吨；出栏肉兔 12.56 万只、生猪 5535 头、鸡 1.67 万只、鸭 1.85 万只。粮食播种面积 740 公顷、比 1993 年减少 30.04%，产量 3409 吨、比 1993 年下降 19.62%，农林牧渔业总产值 6532.96 万元、比 1993 年增长 4.29 倍。

（二）工业

1993 年，水电站 9 座，装机容量 840 千瓦，年发电量 600 万千瓦时；乡办企业 3 家。工业总产值 1233 万元。1994—1996 年，新建水电站 3 座，装机容量 620 千瓦，年发电量 412 万千瓦时。2004 年，开发大石工业项目区。2006 年，大田岩盛铸造有限公司入驻该项目区，投资 300 万元，年产值 5500 万元。2008 年，水电站 12 座，总装机容量 1460 千瓦，年发电量 1012 万千瓦时。冶铸、木材加工、机砖、机制砂等工业企业 12 家，全乡工业总产值 1.77 亿元，比 1993 年增长 13.36 倍；年底，大石工业项目区完成土地平整 22 公顷，入驻企业 3 家。

（三）商贸流通与服务业

1993 年，集市贸易额 134 万元，社会消费品零售额 195 万元；金融服务网点 3 个；第三产业增加值 240 万元。2008 年，集市贸易额 1170 万元，社会消费品零售额 3688 万元，流通领域企业和个体工商户 198 家（户），金融服务网点 1 个，第三产业增加值 1015 万元。当年，一顶尖森林公园旅游区由福建省农林大学城乡规划研究中心完成可行性研究报告编制及设计。

四、新农村建设

2003 年，确定茶山村为新村建设示范村，统一规划设计、集中施工；水尾寨新村点动工建设，建房 24 座，建筑面积 3300 平方米，入住 136 人。2007 年，茶山村建成体育休闲场和混凝土篮球场各 1 处，面积 600 平方米。2008 年，投入 52 万元，建设乡老年人活动中心；茶山村茶山自然村新村点建设动工，规划用地 4060 平方米，建房 28 座，每座配建沼气池 1 口；武陵、桃溪、上岩、大石等 4 个村新村建设，完成总建筑面积 4.71 万平方米，入住 576 户、2687 人。

五、社会事业

1993 年，幼儿园 1 所，附属幼儿班 1 班，入园幼儿 63 人；小学 7 所，适龄儿童入学率 99.8%；初中 1 所，毛入学率 56%。卫生院 1 所，医务人员 3 人，病床 4 张。1999 年，武陵中心小学被评为省“农村示范学校”。2000 年 6 月，省军区捐资 116 万元建成武陵“八一”希望小学（武陵中心小学），南京军区政委方祖歧题写校名。2006 年，投资 60 万元，改造乡卫生院综合楼。2007 年 12 月，投资 35 万元，改造门诊楼和添置 B 超、X 光机、心电监护仪等医疗设备。2008 年，武陵中学学生宿舍楼竣工，建筑面积 1003 平方米。当年，幼儿园 1 所，附属幼儿班 1 班，幼儿教师 8 人，入园幼儿 120 人；小学 2 所，在校生 351 人，教师 21 人，适龄儿童入学率 100%；初中 1 所，在校生 390 人，教师 25 人，适龄少年入学率 93.7%。卫生院 1 所，医务人员 10 人，病床 12 张；卫生所（室）9 个、乡村医生 9 人。移动通信基站 14 个、用户 2714 户，小灵通 63 部，固定电话 1093 部，宽带互联网用户 61 户。

六、特产

“雪山”萝卜　1993 年，武陵乡种植蔬菜 207 公顷，主要品种有萝卜、大白菜、甘蓝和花菜，其中，萝卜 45 公顷。1998 年 5 月，注册“雪山”萝卜商标。2002 年，引进 3 家外商，按绿色食品标准化生产，建立高标准萝卜生产基地，形成“公司 + 基地 + 农户”产业化经营模式。2003 年 5 月，“雪山”萝卜通过中国绿色食品发展中心认证，2007 年，雪山牌获“三明市知名商标”。2008 年，全乡种植“雪山”萝卜 366.67 公顷，主要品种有瑞雪、汉白玉、春雪莲、天山雪莲等，年产值 1000 多万元。“雪山”萝卜是县、市首例农产品注册商标，首例获得农业部绿色食品标志使用权。

武陵烤兔（2000 年摄）

武陵烤兔　武陵烹制红糟烤兔的历史悠久，1995 年，注册“武陵烤兔”商标，并获省农展会“名、特、优产品”金奖。2007 年，获“三明市知名商标”。2008 年，全县“武陵烤兔”店 31 家，年产烤兔 16.5 万只，产值 2000 万元，产品销往省内多数城市。

七、文物古迹

有中共闽中工委会址，址在桃溪村，原为林姓祠堂，建于清代，1991 年被列为县级文物保护单位。有革命烈士纪念碑、林大蕃故居、林笏隆故居、林志群故居、武陵小学校史馆、红军标语等。上岩村岬坪山上岩窑址，为阶级式龙窑。可见产品为各式碗、盘、碟、壶，有白瓷和青花瓷。

第六节　谢洋乡

一、乡域概况

谢洋乡地处县境南部，东邻吴山乡，西连漳平市象湖镇、吾祠乡，南接永春县一都镇，北靠石牌镇、武陵乡，面积 116.12 平方公里，乡政府驻地谢洋村，海拔 890 米，距县城 33 公里。1993 年，有 14 个村，1622 户、8033 人，人口自然增长率 13.12‰。耕地 450.27 公顷，其中水田 419.67 公顷。1997 年，白玉、象山村并入坑口村。2008 年，辖 12 个村，88 个村民小组，2052 户、7755 人，人口自然增长率 5.57‰；耕地 446.4 公顷，其中水田 421.33 公顷；林业用地 9818.8 公顷，其中竹林 571.8 公顷，林木蓄积量 46.54 万立方米，森林覆盖率 78.3%。工农业总产值 1.22 亿元、比 1993 年增长 4.8 倍，财政收入 116.23 万元、比 1993 年增长 4.7 倍，农民人均纯收入 4850 元、比 1993 年增长 3.35 倍，农业机械总动力 2320 千瓦、比 1993 年下降 5.34%。每百户有电脑 5 台、小车 1.1 辆。

矿产有铅锌、铁、叶蜡石等。辖区内坑口水库库容 2700 万立方米。

二、基础设施建设

1996 年，开通谢洋至上珍公路 7 公里。1999 年，开通科里、和春、碧山、仕福、怀德村程控电话，铺设乡政府驻地沿街长 60 米混凝土路面。2000 年，仕福等 4 个老区村建设饮水工程，受益 1450 人；谢洋等 8 个村进行电网改造。2002 年，新建乡政府办公楼，乡政府所在地开通移动通信。2005—2007 年，实施 12 个村 39 公里村道、拱桥至谢洋乡道三级路 16 公里铺设混凝土路面，完成 6 个村电网改造。

移动通信信号覆盖全乡。2008 年，建成乡政府宿舍楼、文化和综治服务中心楼；完成科里、谢洋等 7 个村饮水工程，受益人口 4900 多人，全乡安全饮水占总人口 81.9%；修建简易公路和机耕路 17.1 公里。

三、经济发展

（一）农业

谢洋乡种植稻、薯、芋、茶及发展林业生产，饲养猪、禽和库区养鱼。仕福槟榔芋个大、质松、味香。1993 年，粮食播种面积 719.53 公顷，总产量 3531 吨；农林牧渔业总产值 1724 万元。2003 年，坑口、象山等地引进麻鸡良种饲养。2005 年，有茶园 151.5 公顷，建茶园浇灌蓄水池 10 个、246 立方米；碧山村建立毛竹生产示范片 33.34 公顷。2006 年，乡政府与福建农林大学合作，在和春、碧山、仕福、珍山等村建设现代竹林科技示范园。2008 年，全乡种植槟榔芋 17.34 公顷，产量 450 吨。有茶园 287.87 公顷，产量 673 吨。茶山新建蓄水池 20 个、506 立方米。村民林永镁种茶 3.34 公顷，年产茶 3.56 吨，在三明、福州等地开设“和春茶庄”3 家。至 2008 年，谢洋乡茶产品在省、市、县茶事活动中获奖 38 次，其中省一等奖 6 次、优质奖 4 次。当年，全乡家禽出栏 21.99 万只，其中麻鸡饲养大户 122 户、出栏麻鸡 19 万只；生猪出栏 6887 头；库湾拦网 67.2 公顷，网箱养鱼 206 箱，渔业产量 324 吨；竹林科技示范园面积 233.34 公顷，产竹 19 万根、竹笋 800 吨。引内资创办珍山农林开发有限公司，其中营造珍贵树木 13.34 公顷。粮食播种面积 982 公顷、比 1993 年增长 36.48%，产量 4547 吨、比 1993 年增长 28.78%，农林牧渔业总产值 8953 万元、比 1993 年增长 4.19 倍，农业机械总动力 2320 千瓦、比 1993 年下降 5.34%。

谢洋乡槟榔芋（2008 年摄）

（二）工业

以发电、木竹加工、采选矿为主。1993 年，水电站 3 座，装机容量 1500 千瓦。2001 年，兴建仕福牛公斗水电站，装机容量 750 千瓦。2002 年，珍山村民集资创办香芯厂，年加工毛竹 7.5 万根；兴建仕福永源电站，装机容量 2350 千瓦。2004—2006 年，引资在仕福村建联合选矿厂，在怀德村创办明都矿业有限公司，港商在仕福创办奇峰矿业有限公司。2007 年，兴建怀德电站，装机容量 500 千瓦。2008 年，集体、私营企业 23 家，其中水电站 6 座、装机容量 5100 千瓦。全乡工业产值 3200 万元，比 1993 年增长 7.44 倍。

（三）商贸流通与服务业

1993 年，社会消费品零售额 62.9 万元，集市贸易额 16.2 万元，运输车辆和拖拉机 35 辆，第三产业增加值 22 万元。2008 年，流通领域企业和个体工商户 261 家（户），社会消费品零售额 520 万元，集市贸易额 153 万元，机动车和拖拉机 257 辆，第三产业增加值 470 万元。

四、社会事业

1993 年，附属幼儿班 3 班，入园幼儿 73 人；小学 15 所，适龄儿童入学率 99.8%；初中 1 所，毛入学率 41.14%。卫生院 1 所，医务人员 8 人，病床 10 张。1995 年，港胞捐建中心小学、珍山小学教学楼。2004—2005 年，港胞捐建谢洋中心小学（明彩希望小学）教学楼。新建卫生院门诊楼。2006—2008 年，林文俊设立教育基金会，共注入资金 22 万元，资助 51 位贫困生 14.6 万元。2008 年，有附属幼儿班 3 班，幼儿教师 4 人，入园幼儿 58 人；小学 3 所，在校生 111 人，教师 56 人，适龄儿童入学率 100%；初中 1 所，在校生 297 人，教师 24 人，适龄少年入学率 99%。乡卫生院有医务人员 28 人，病床 20 张，村卫生所14家。村民参加新型合作医疗7409人、占99%。建成生活垃圾集中焚烧场，村设垃圾收集点，保洁员14人。移动通信基站13个、用户1366户，小灵通35部，固定电话700部，宽带互联网用户28户。

五、旅游资源

象山位于谢洋乡东北面，主峰海拔1432米，距县城25公里，是县内旅游景区之一，全区面积365.5公顷。有“南方天山”之誉的万亩草场，有天心湖（水面积2.2公顷）、红豆谷、万军洞、象山岩、象山寨农家乐及后洋生态保护区等景点。区内县级文物保护单位、明代古建筑象山寺，内有明崇祯年间的狮纹花口钟、寺外有天然刘公泉和刘公竹。

第七节　文江乡

一、乡域概况

文江乡位于县境东北部，东靠梅山乡，西邻建设镇，南与前坪乡、太华镇交界，北连奇韬镇，东北面与尤溪县新阳镇接壤，面积112.71平方公里，乡政府驻地文江村，海拔257米，距县城52公里。1993年，辖20个村，122个村民小组，4031户、1.91万人，人口自然增长率11.19‰。耕地971.53公顷，其中水田892.2公顷。2008年，辖20个村，122个村民小组，5184户、2.01万人，人口自然增长率6.26‰。耕地926.67公顷，其中水田846.67公顷，林业用地8373.93公顷。林木蓄积量66.45万立方米，森林覆盖率56%。工农业总产值3.8亿元、比1993年增长3.07倍，财政收入163万元、比1993年增长1.47倍，农民人均纯收入5111元、比1993年增长3.31倍，农机总动力7396千瓦、比1993年增长1.45倍。每百户有电脑4.1台、小车0.6辆。

矿产资源主要有煤、铁、铅锌、石墨、石英、岬长石、高岭土等。

二、基础设施建设

1995年，开通程控电话，1996年，固定电话用户147户。1997年，龙门、花桥村建设饮用水工程，1997—2003年，完成11个村饮用水工程建设。2005—2007年，文江至典坑、文江至琼口、龙门至花桥、联盟至昭文、大安至桃舟、联盟至山芹、花桥至小芹、琼口至白沙村等9条村道铺设混凝土路面，涉及12个村，总长31.89公里，总投资1180万元。开通农业“969155”信息咨询服务网络，为农民科学致富搭建平台。2008年，移动、联通通信信号覆盖率95%以上；20个村均建有饮用水工程，50%以上村民饮用自来水，共投入资金162万元。

三、经济发展

（一）农业

文江乡以种植业为主，主要作物有水稻、甘薯、木薯、烟草、大豆、生姜、食用菌、茶叶、柑橘等。1993年，全乡种烟草300公顷，产量338吨；柑橘园240公顷，产量560吨；茶园46.67公顷，产量50吨。粮食播种面积2201.13公顷，总产7532吨，农林牧渔业总产值3980万元。1994年，发展木薯生产，当年种植33.33公顷，产量400吨。2002年，民主村村民吴高添、黄先兰隧道式反季

文江乡木薯基地（2005年摄）

节食用菌栽培技术获得成功，获市、县食用菌专家认可并推广进行工厂化生产。2005年，乡政府引进聚祥生物（大田）科技有限公司，投资700万元，建设木薯加工厂，年产淀粉3000吨。2006年，引进高山寨茶业公司，在昭文、大中、温厝等村种茶28公顷；建立典坑村高产毛竹林示范基地130公顷；文江村民余联利在桥下村创办联利食用菌公司，工厂化栽培食用菌10万袋。2008年，大中村被省农业厅确定为全省木薯良种繁育示范基地。全乡种植木薯800公顷，产量2.89万吨；栽培食用菌150万袋；种植烟草41.13公顷，产量92吨；生姜130公顷，产量240吨；大豆124公顷，产量261吨；柑橘242公顷，产量2606吨；茶园74.67公顷，年产茶叶118吨；生产木材1.05万立方米。出栏生猪1.25万头、家禽10.71万只。粮食播种面积1499公顷，总产7197吨。农业林牧渔总产值1.81亿元。

大田县第三届木薯王评比竞赛活动（2005年摄）

（二）工业

以采煤、采选矿、发电为主。1993年，水电站3座，装机容量2150千瓦，年发电860万千瓦时；有朱坂、花桥、龙山崎煤矿等乡村企业11家。1999—2000年，琼口、中克炉水电站投产，装机容量360千瓦。2001年，引进外商投资创办盛鑫矿业有限公司，投资1200万元，开采朱坂铅锌矿。2004年11月，大中电站投产，装机容量2060千瓦，投资1268万元。2005年，引进捷盛选矿厂，落户文江村，投资800万元，精选铅锌矿；仁坂、朱坂、下洋电站相继投产，总装机容量2600千瓦，投资1648万元。2007年，建设35千伏变电站1座。2008年，全乡水电站11座，装机容量8095千瓦，年发电2984万千瓦时；生产原煤6万吨，生产铅锌原矿5万吨，分别比1993年增长33%、27%；精选铅锌矿7000吨；共有企业47家，工业总产值1.99亿元，比1993年增长2.71倍。

（三）商贸流通与服务业

1993年，金融服务网点1个，营运车辆134辆，流通领域企业及个体工商户258家（户），社会消费品零售额799万元，集市贸易额649万元，第三产业增加值846.15万元。2008年，全乡涉及流通领域的企业及个体工商户共385家（户）；金融服务网点2个；营运车辆251辆。社会消费品零售额4611万元，集市贸易额4850万元，第三产业增加值3995万元。

四、新农村建设

1995年，建设文江、大安等新村点6个，用地2.4公顷，建筑面积8.5万平方米，入住1120户、4250人。2005年，乡政府安装加油站至中心小学、联盟至小文路灯，投入4.5万元。2006年，大安村安装路灯45盏，铺设村通农户主干道混凝土路面2.2公里，投资40余万元。2007年，由浙江大学规划设计，编制《文江乡集镇（2007—2020）总体规划》方案，规划面积1.13平方公里。

1993—2008年，全乡村民新建住宅932座，其中旧房改造286座；修建后洋、温厝、花桥、小芹、大安、桥下等村部办公楼，总投资120万元。

五、社会事业

1993年，附属幼儿班18班，入园幼儿326人；小学20所，适龄儿童入学率99.8%；初中1所，毛入学率64.6%。卫生院1所，病床12张，医务人员13人。2002年，兴建龙门小学综合楼、中学教工宿舍楼、中心小学教学楼，装修朱坂小学。港胞捐建龙门有爱希望小学综合楼。2004年5月，港胞捐建文江中心小学“庆恩楼”。2007年，港胞捐建文江耀堂希望小学综合楼和朱坂耀珍希望小学教学楼；中学、中心小学、村级完小设多功能教室和电脑室7间，共投入585.92万元；完成文江卫生院住院楼改造，添置B超等医疗设备，投入27万元。2008年，全乡附属幼儿班13班，入园幼儿178人，幼儿教师14人；小学9所，在校生815人，教师71人，适龄儿童入学率99.9%；初中1所，在校生601人，教师39人，适龄少年入学率94.3%。建成文化综合大楼，投入50万元，设有图书室、阅览室、健身活动室等；各村设有文化体育活动室；文江、大安等村建有灯光球场；参加新型农村合作医疗村民6875人，参合率96%。移动通信基站23个、用户3913户，小灵通83部，固定电话2089部，宽带互联网用户83户。

六、文化遗产

1988年全国第二次文物普查发现境内有董愿山、东溪、馒头山青铜时代遗址3处，采集标本有各种陶片。朱坂村杂剧团，又称“阔公戏”“丰场戏”，起于宋代，繁荣于元代；说白、唱曲、武术、杂技等多样形式融于其间。

第八节　梅山乡

一、乡域概况

梅山乡位于县境东北部，东邻尤溪县坂面乡，西与文江乡交界，南接湖美乡、前坪乡，北与尤溪县新阳镇毗连，面积192.08平方公里，乡政府驻地梅山村，海拔290米，距县城56公里。1993年，辖22个村，191个村民小组，5307户、2.29万人，人口自然增长率10.12‰。耕地1194公顷，其中水田1051公顷。2006年，街面水库淹没香坪、卓坑里两村面积294公顷，移民1515人。卓坑里全村移民，该村撤销。2008年，全乡辖21个村，6192户、2.33万人，人口自然增长率4.43‰。耕地1193.33公顷，其中水田1040公顷；林业用地1.49万公顷，木材蓄积量67.35万立方米，森林覆盖率66%。当年，工农业总产值3.06亿元、比1993年增长2.64倍，乡财政收入22万元、比1993年下降79.36%，农民人均纯收入5365元、比1993年增长3.23倍，农机总动力7395千瓦、比1993年增长1.94倍。每百户有电脑2台、小车0.5部。

矿藏有煤、铅锌、磁铁、钾长石、石英石等。

二、基础设施建设

1993年，全乡固定电话用户85户。1997年，开通移动通信，用户9户。建设西坑、龙口、西书村安全饮用水工程，投入资金50万元， 3000人受益。2003年，海外华裔捐资20万元，建设梅山中学饮水工程。2004年9月，大梅公路陈阿岬至高泉混凝土路面铺设竣工，长1.6公里，投资52.7万元，其中华裔捐资25万元。2007年，兴建梅山至前坪公路境内候车亭3个。2005—2008年，全乡各村道铺设混凝土路面，总长113公里，投资4500万元；岭后、黎坑、梅山、郭井、沧州、雄峰等16个村饮水工程竣工，饮用自来水占全乡人口85%。邮政网点1个，投递点86个，乡村通邮率100%。铺设梅秀新街混凝土街道，长780米、宽10米，安装路灯25盏；铺设龙口村排水管道160米、村内通道混凝土路1公里。

三、经济发展

（一）农业

以种植水稻为主，其他主要作物有辣椒、生姜、甘薯、马铃薯、木薯、烟草、茶叶等。1993年，粮食播种面积2213.93公顷，总产量1.25万吨；农林牧渔业总产值4770万元。2004年6月，沈岭村农民吴初塍投资50万元，种植辣椒200公顷，成立大田县福梅农业开发有限公司，从事辣椒生产与营销。“福梅辣椒”产品远销湖南、湖北、北京等地。2007年，台湾客商陈进潘与吴初塍在龙口村合作开发“龙兴生态有机茶园”33.3公顷，在沈岭村大垅坑兴建壮壮养猪场，以猪粪尿和沼渣作为茶园肥料，形成猪—沼—茶生态种养模式。2008年，全乡茶园391.53公顷，茶叶产量775吨、产值2728.87万元；种植甘薯407公顷，产量1721吨；马铃薯220.8公顷，产量572吨；木薯872公顷，产量2.05万吨；烟草141.8公顷，产量267吨，产值397.2万元；福梅农业开发有限公司种植辣椒333.33公顷，产值850万元；香坪村、卓坑里村移民分别成立双龙湖、金龙湖渔业有限公司，注册资金共73.6万元，网箱养鱼52箱，产量173吨。全乡出栏家禽9.31万只、生猪1.51万头。当年，粮食播种面积2214公顷，与1993年持平，总产量1.04万吨，比1993年下降16.8%；农林牧渔业总产值2.37亿元，比1993年增长3.93倍。

梅山乡璞溪红菇（2008年摄）

（二）工业

1993年，水电站3座，装机容量300千瓦，发电量170.8万千瓦时。1995年，采煤2000吨，产值15万元；开采铅锌矿1300吨，产值14万元。2002年，谢海恣成立宝树矿业公司，投资280万元，开采铅锌矿，年产量2万吨，产值700万元。2004年，市、县重点项目璞溪口水电站建设动工。2006年，郭井村村民罗广来创办龙口多金属选矿厂，投资500万元，年产铅锌精矿1万吨，产值1200万元。2007年，璞溪口电站投产，装机容量1.4万千瓦，总投资8500万元，年发电量4600万千瓦时。2008年，全乡共有水电站14座，总装机容量1.62万千瓦，年发电量7761万千瓦时，产值2173万元；梅山煤矿引进资金3000万元建立煤矿基建洞。当年，全乡工业总产值6947.6万元，比1993年增长91.29%。

（三）商贸流通与服务业

1993年，货车、农用车、客运中巴共180辆，金融服务网点5个，社会消费品零售额613.02万元。2008年，全乡客运车、农用车、货车共390辆，金融服务网点1个，餐饮、建材装潢、家电、服装等商店20多家。社会消费品零售额1814万元，第三产业增加值2495万元。

四、社会事业

1993年，幼儿园1所，入园幼儿36人；小学23所，适龄儿童入学率99.8%；初中1所，毛入学率66%。乡卫生院医务人员11人，病床14张。1999年，华裔捐资50万元，建高泉小学“士备楼”，并购置电脑8台；2001年捐资120万元，其中100万元建梅山中学“士备楼”，20万元建立高泉小学教育奖励基金。2003年，再捐资20万元，建梅山中学饮水工程。2004—2008年，县财政先后投入787万元，新建梅山中学食堂综合楼、教学综合楼、教工宿舍楼和新建梅山小学教工宿舍楼、寄宿生宿舍楼、综合办公楼，建操场1200平方米。2005年，享受农村最低生活保障220户、889人。2007年，参加新型农村合作医疗1.97万人，参合率84.68%；梅秀街门诊楼改造，增加病房，增设预防接种门诊及化验室。乡政府投资60万元，兴建文化服务中心综合楼，用地171平方米，建筑面积500平方米，设有图书室，藏书1500册。2008年，全乡村图书室11个、图书2540册，幼儿园12所，幼儿教师14人，入园幼儿148人；小学12所，在校生823人，教师86人，适龄儿童入学率100%；初中1所，在校生435人，教师42人，适龄少年入学率92%。境外华人团体捐赠1.5万元作为梅山中心小学奖励基金；福建香港希望工程基金会捐赠25万元港币，建梅山中心小学综合楼。当年，参加新型农村合作医疗村民2.08万人，参合率89.35%。乡卫生院医务人员13人，有B超、心电图、X光机等设备，病床14张。乡卫生院建成门诊综合楼，建筑面积700平方米，投入100万元。移动通信基站29个、用户4196户，小灵通47部，固定电话2381部，宽带互联网用户77户。

五、旅游资源

璞溪村林地面积近2000公顷，林茂涧清，森林覆盖率86.46%，是县内红菇主要产地之一。2008年，该村开展创建国家级生态村，着手开发生态旅游。

六、古遗址

1988年，全国第二次文物普查发现境内有麻公仑、凹别山、水尾山、鱼鼓山、平仑、牛头仑、加峰仑、狮仑、二保青铜时代遗址9处，采集标本有石环、石镞、石锛、石砺、陶支座和各种陶片。

第九节　湖美乡

一、乡域概况

湖美乡地处县境东部，东接德化县春美乡，西连均溪镇、前坪乡，南临华兴乡，北靠梅山乡，辖区面积138.47平方公里，乡政府驻地湖上村，海拔350米，距县城22公里。1993年，辖17个村，123个村民小组，2796户、1.35万人，人口自然增长率13.04‰，耕地542公顷，其中水田367.67公顷。1997年，仁东村并入仁美村。2006年，因街面电站水库建设，新厝村452人移民至均溪镇小溪坂和仁美麦头安置点，该村撤销。2007年，街面水库蓄水，高才、后坪、宏才、岬才、湖上、仁美6个村，部分村民搬迁。全乡共搬迁移民582户、3062人，其中县内外迁安置2334人，库周后靠安置728人。2008年，辖15个村，3464户、1.26万人，人口自然增长率3.42‰。耕地442.93公顷，其中水田300公顷；街面水库湖美库区水域面积5.86平方公里；林业用地1.1万公顷，林木蓄积量62.14万立方米，森林覆盖率65%。当年，工农业总产值1.47亿元、比1993年增长3.05倍，乡财政收入19.5万元、比1993年下降53.57%，农民人均纯收入5258元、比1993年增长4.33倍，农机总动力2890千瓦、比1993年增长1.31倍。每百户有电脑1.52台、小车0.31辆。

二、基础设施建设

1993年，全乡固定电话用户1875户。1998年，开通移动通信，用户326户。1999年，长坂村首先建自来水工程，引水供村民饮用。2004年，旺建村村道铺设混凝土路面。2005年，投入620万元，铺设县道湖杉线境内9.2公里混凝土路面。2006—2007年，复建高才、坑里、通尾等桥梁7座，新开湖美至高才、后坪、大才等四级公路10.62公里，新建高才、五五林场、张京洋等渡口6个。工程总投资4000万元。2007年，投资384.6万元，铺设仁东至元安、湖上至岬才、后坪至长坂13.7公里村道混凝土路面。1999—2008年，全乡15个村建成饮水工程，共投资320万元，95%以上村民饮用自来水。

三、经济发展

（一）农业

湖美乡以种植业和水库养鱼为主。农作物主要有水稻、薯类、大豆、花生、蔬菜、水果、药材、茶叶等。1993年，粮食播种面积1138公顷，产粮4099吨；甘薯186.67公顷，产量991吨；柑橘园113.33公顷，产量341吨；种烟草55.33公顷，生产烤烟56吨；蔬菜320公顷，产量5200吨；西瓜90.67公顷，产量3808吨；花生43.46公顷，产量117吨；中药材102.33公顷，产量380吨；茶园41.33公顷，产茶73吨。农林牧渔业总产值2037万元。1994年，种植木薯26.67公顷。2003年，引进大田籍泉州客商，规划在旺建等村营造速生桉树丰产林667公顷，当年种植15.33公顷。2008年，种木薯183.33公顷，产量3438吨；甘薯153.2公顷，产量444吨；蔬菜660公顷，产量1.37万吨；西瓜80公顷，产量 1680 吨；中药材 94.67 公顷，占全县 50.82%；柑橘园 260 公顷，产量 4450 吨；茶园 29 公顷，茶叶产量 95 吨；烟草产量比 1933 年下降 21.42%。花生产量与 1993 年持平。当年，库区移民筹资在高才村成立七星湖渔业有限公司，注册资金 50 万元，实施七星湖渔业养殖项目；养殖户 750 户，网箱养鱼 126 箱，产量 357 吨，产值 2000 万元；增殖放流鱼苗 50 万尾。出栏生猪 6154 头、家禽 6.26 万只。粮食播种面积 682 公顷，产粮 3325 吨。全乡农林牧渔业总产值 7598 万元。

（二）工业

1993 年，建设旺建水电站，装机容量 775 千瓦。2005 年，建设前进水电站，装机容量 360 千瓦；引进华永纺织有限公司，投资 800 万元，当年产值 554 万元。10 月，引进广福矿业有限公司，在大尤村建设低品位多金属选矿厂，投资 2590 万元。2007 年，长坂、后坪水电站投产，装机容量分别为 75 千瓦、125 千瓦。2008 年，香港友力有限公司在旺建村创办大田挺峰矿业有限公司，投资 3000 万元。全乡水电站 4 座，总装机容量 1335 千瓦，发电量 598.32 万千瓦时。工业总产值 7098 万元，比 1993 年增长 3.45 倍。

（三）商贸流通与服务业

1993 年，全乡社会消费品零售额 100 万元，集市贸易额 656 万元，第三产业增加值 125 万元。金融服务网点 2 个。2008 年，社会消费品零售额 479 万元，集市贸易额 3773 万元，流通领域企业及个体工商户 183 家（户）；金融服务网点 1 个。第三产业增加值 1795 万元。

四、新农村建设

2004—2007 年，重建高才村后头山、仁美村麦头、湖上村尾乾等 3 个移民安置点，安置移民 99 户、411 人，其中，高才村后头山安置移民 72 户、278 人。户户通自来水，建有垃圾池 12 个，配垃圾车 1 辆，有卫生监督员、保洁员各 1 人。

五、社会事业

1993 年，幼儿园 7 所，入园幼儿 243 人；小学 15 所，适龄儿童入学率 99.9%；初中 1 所，毛入学率 74.4%。卫生院 1 所，医务人员 5 人，病床 8 张。1996 年，新建中心小学教学楼竣工，建筑面积 398 平方米；前进小学、汉口小学教学楼竣工，建筑面积均为 320 平方米。1997 年，开通有线电视。2003 年，新建中学学生宿舍楼 C 幢、B 幢竣工，建筑面积分别为 635 平方米、432 平方米。2004 年，旺建小学新建教学楼竣工，建筑面积 340 平方米。2005 年，实行农村最低生活保障制度，当年享受低保待遇 275 户、576 人，其中五保户 91 人。2006 年，中心小学新建学生宿舍楼和中学食堂综合楼竣工，建筑面积分别为 1160 平方米、1720 平方米。2008 年，村民参加新型农村合作医疗 1.11 万人，参合率 90.15%。幼儿园 6 班，入园幼儿 138 人，幼儿教师 11 人；小学 7 所，在校生 458 人，教师 79 人，适龄儿童入学率 100%；中学 1 所，在校生 739 人，教师 52 人，适龄少年入学率 89.1%。福建香港希望工程基金会捐赠 25 万元港币，建湖美中心小学教师宿舍楼。当年，卫生院 1 所，医务人员 9 人，病床 6 张，有 B 超、半自动生化仪、X 光机等设备。有线电视用户 598 户。移动通信基站 17 个、用户 6997 户，小灵通 92 部，固定电话 1276 部，宽带互联网用户 15 户。

六、古迹与景区

1988 年，全国第 2 次文物普查发现境内有平寨山、铜锣坞、狮头山、西燕等青铜时代遗址 4 处，采集标本有石锛和各种陶片。旺建村有建于清代古堡攀桂堡。

湖美库区景观（2008 年摄）

2007 年，街面水库建成并蓄水，湖美库区距乡政府驻地 6 公里，库周林茂涧清。区内有高才苏维埃政府遗址和鸬鹚寨、大锣山“芝山书院”、三代祖师庙址、高峰观景台、七星岩等，可供开发的天象、地文、水文、生物、人文等各类景观78处。2008年，乡政府与县文化馆联合举办七星湖摄影展，参展作品65幅。

第十节 前坪乡

一、乡域概况

前坪乡位于县境东北部，东邻湖美乡，西临太华镇，南接均溪镇，北连文江、梅山乡，面积45.86平方公里。乡政府驻地前坪村，海拔770米，距县城26公里。1993年，辖11个村，55个村民小组，1425户、6313人，人口自然增长率11.39‰。耕地263.2公顷，其中水田207.53公顷。2008年，辖11个村、55个村民小组。山川村为少数民族（回族）村。全乡1800户、6952人，其中回族250人，人口自然增长率6.17‰。耕地570.5公顷，其中水田213.1公顷；林业用地3280.67公顷，林木蓄积量13.51万立方米，森林覆盖率41%。工农业总产值6.78亿元、比1993年增长14.59倍，乡财政收入105万元、比1993年增长4.3倍，农民人均纯收入6147元、比1993年增长3.54倍，农业机械总动力3061千瓦、比1993年增长10.25倍。每百户有电脑6台、小车5辆。

2008年，前坪乡被省信用联社授予全省首个“双百”（百分之百的村为信用村，信用社历年贷款百分之百收回）信用乡。

矿产资源有铁、铅锌、钾长石、高岭土、石灰石等10余种。

二、基础设施建设

1994—1999年，兴建乡政府所在地湖上村和山川村饮用水工程。2002年，全乡完成电网改造。2003—2007年，村道铺设混凝土路面10.2公里、通户道路铺设混凝土路面19公里；建成下地、湖坪、黎明等10个村饮用水工程，全乡98%人口饮用自来水。2008年，110千伏安前坪变电站建设动工。

三、经济发展

（一）农业

前坪乡以种植水稻为主，其他作物有甘薯、马铃薯、木薯、生姜、茶叶等。1993年，粮食播种面积602.33公顷，产粮2991吨；甘薯59.8公顷，产量192吨；马铃薯80公顷，产量175吨；木薯18.53公顷，产量224吨；生姜8公顷，产量196吨；茶园125.53公顷，产茶46吨。农林牧渔业总产值1256万元。2003年，成立前坪乡生姜协会，种生姜32公顷，注册“高峰”金姜商标。2006年，台商萧武倩与梅山乡沈岭村村民吴初塍合资，成立大田县永萱茶业有限公司，在黎明村建设闽台农业合作示范区33.34公顷。2007年，成立福井农业开发有限公司，主营“高峰”金姜产品，“高峰”金姜获得国家绿色食品标志认证。2008年，种生姜117公顷，产量2896吨，产品销往厦门、广州等大中城市。甘薯114.2公顷，产量771吨；马铃薯212.8公顷，产量845吨；木薯105.33公顷，产量1580吨；茶园170.67公顷，产茶220吨；出栏生猪9155头、家禽3.68万只。粮食播种面积713公顷，产粮3699吨，农林牧渔业总产值6771.25万元。

前坪乡金姜基地（2003年摄）

（二）工业

1993年，水电站2座，装机容量495千瓦，年发电量153万千瓦时。工业企业4家，总产值3093万元。1998年，整合矿产资源，成立前坪乡矿业公司，申办川石、南坑等矿山开采证7处，开采铁矿、铅锌矿、石灰石、钾长石、高岭土等矿产。1998—2006年，创办鹭峰、广福、万源、前鑫、湘闽、炽鑫等6家矿业有限公司和山头回民铁矿，总投资1.41亿元，年产值1.62亿元。2007—2008年，发展冶炼铸造业，创办盛达、山川、晨华、福隆、盛联、全鑫、和晟等7家机械铸造有限公司，总投资2.5亿元，年产值1.2亿元。2008年，水电站3座，装机容量595千瓦，年发电量202.21万千瓦时。工业企业38家，工业总产值6.25亿元，其中规模以上13家，产值6.1亿元。

（三）商贸流通与服务业

1993年，餐饮业2家，机动车20辆。社会消费品零售额33.2万元，集市贸易额53.52万元，第三产业增加值310.32万元。2008年，餐饮业7家，机动车194辆；社会消费品零售额560万元，集市贸易额556万元；第三产业增加值1025万元；金融机构服务网点1个。

四、新农村建设

2006—2008年，建设黄龙、黎明、山川、下坑等新村点，用地2.15万平方米，建筑面积4.62万平方米，入住178户。黄龙村被列入市第一批新农村建设示范村，黎明村被列入县新农村建设推进村。并委托省村镇建设发展中心完成全乡新农村建设总体规划修编。2008年，前坪乡被评为市新农村建设“十佳乡镇”。

五、社会事业

1993年，幼儿园9所，入园幼儿226人；小学10所，适龄儿童入学率99.8%；初中1所，毛入学率54%。卫生院1所，医务人员6人，病床4张。电视用户18户。1996年，开通闭路电视，用户12户。2003年，新建前坪乡中心小学实验综合楼，建筑面积850平方米。2005年，实行农村最低生活保障制度，当年164户、488人享受低保，其中五保户34户、34人。2008年，参加农村新型合作医疗6704人，参合率96%。卫生院添置B超、X光机，新建病房综合楼1座，建筑面积700平方米；医务人员8人，病床7张；村卫生诊所7家，乡村医生7人。新建中心小学学生食堂综合楼和教学综合楼各1座，建筑面积分别为1200平方米、1380平方米。村村通闭路电视，全乡用户515户。幼儿园9个班，幼儿教师10人，入园幼儿282人；小学6所，在校生232人，教师45人，适龄儿童入学率100%；初中1所，在校生445人，教师32人，适龄少年入学率91.9%。移动通信基站12个、用户3906户，固定电话904部，小灵通143部，宽带互联网用户163户。

六、文物古迹

黎明村大石磨山宋代至明代冶银遗址银丁坂（原名银场坂、银锭坂），矿区长约1000米，宽约600米，山间坡地保留有当时分选矿平台及窑炉、作坊等遗址，有原始采矿洞，洞高1.8米、宽2米。毛石垒砌的五级开采面作坊区遗址周边可见作坊、石磨、水沟、淘洗池、桥墩等遗迹和银矿矿渣。附属文物有陈氏祖祠和明代矿场主陈龙山之墓。

卷二十九 人物

大田物宝天华、人才荟萃，历代名人辈出，前志已载其详。在新的历史时期也涌现出不少杰出人物，有爱国志士、政要精英、专家学者、经济能人、文化名流、劳动模范，也有助人为乐、见义勇为、尊老爱幼的道德楷模。他们在各自岗位上为祖国建设和社会发展，发挥聪明才智，作出突出贡献。将他们的史迹载录青史，既是时代的要求，也是激励后人奋进的需要。

本卷承前记载，分人物传、人物表。人物传遵循生不入传原则，收录1993—2008年间人物19人，按生年为序，另补录前志遗载人物3人。人物表列表人物1151人（含出生在大田和婚嫁到大田的客籍人士），其中副处级以上领导干部199人、含副高级以上专业技术职务625人、博士学位71人，按姓氏笔画为序排列；模范、先进人物223人次，按获表彰先后为序排列。前志已录，续志时限内职务、职称、学位无变动的不再录，职务、职称、学位有晋级的，予续录；具有多重身份，已录领导人物的，专业技术职务不录，已录专业技术职务的，学位不录；在大田工作的在职处级领导人在卷十六表16–1、卷十七表17–1、17–2、17–4体现。

第一章 人物传

丁 刚

丁刚（1902—1995） 原名吴明梗，清光绪二十八年（1902年）六月，生于大田县梅山乡雄峰村贫苦农民家里。12岁那年，因房子被尤溪民军卢兴邦部烧毁，家中生活陷入绝境，其父吴恢培上吊自杀。全家母子3人（弟6岁），仅靠种地或挖野菜度日。民国18年（1929年）秋，他到沙县一个姓土的东家打长工，其母拄杖沿途乞讨到沙县寻找儿子未果，饿死途中。

民国22年9月，他更名丁刚，在沙县参加彭德怀的红三军团，任红军战士。同年11月，转赴瑞金。民国23年秋，红一方面军长征时随中央机关挑文件、运送药品和粮食。民国24年抵陕北延安。民国25年调到干部团医院当炊事员。抗战8年中，他先后在八路军晋察冀军区历任战士、班长，多次参战立功受奖。延安大生产时，他负责耕作的土地每年为部队提供2000多公斤粮食，受到党中央嘉奖。民国34年6月，随部队转入东北晋察辽军区，在军医院当炊事员。翌年调热河省招待所工作。

中华人民共和国成立后，丁刚随中国人民解放军第二野战军西南干部服务团到四川宜宾地区，参加地方政权建设，任宜宾横江区区长。1952年8月，与当地29岁女青年唐朝玉结婚。同年12月，主动要求到宜宾专区农科所当职工，在园艺试验站（原专区农场）工作。他爱站如家，见活就干，在做好马匹饲养管理本职工作外，经常打扫院内、食堂等公共卫生，带头参加公益劳动。他偶尔进趟城也从不私用车马，来回步行60里，有人劝他用马车，他却坚决不肯。站领导考虑他是上了年纪的老革命，想给他安排个闲职，但他却坚持要做实实在在的工作，说“管3头牛、2匹马，我一个人能忙得过来”，从不叫苦叫累。生活上，在家里勤俭朴素，不允许有浪费的现象，每到收粮季节，他利用工余时间，到地头拾稻穗、坝里清捡丢漏谷粒，仅夏收秋收就捡拾了150多公斤粮食交公。1960年困难时期，为了增产节约、支援灾区，他利用空闲时间在田边地角、房前屋后种菜1200多株，无偿为食堂提供蔬菜750多公斤。在他的带动和影响下，全站干部职工食堂仅一个月就节约粮食40多公斤支援灾区。

丁刚在农科所20多年，工作勤勤恳恳、任劳任怨，生活艰苦朴素，受到全所职工的尊敬和爱戴，多次被评为先进工作者。他还经常应邀到工厂、学校、机关单位作革命传统教育报告。“文化大革命”期间，他正气凛然，坚守岗位，维护单位的正常生产。1976年10月办理退休，1979年3月，加入中国共产党。1981年5月，改办离休。1995年10月，他患脑梗塞在四川宜宾逝世，享年93岁。

吴文楷

吴文楷（1904—2000） 清光绪三十年（1904年），生于大田县梅山乡秀岭村贫苦农民家庭。18岁时跟人去沙县打工，1934年5月，在沙县参加工农红军，当年底，参加大田广平、沙县湖源战斗。后返回广平，经东西坑、大吉、归化（明溪）到瑞金，参加二万五千里长征。历任班长、排长、连长，参加过多次战斗。长征结束后，在陕北延安抗大学习，后参加抗日战争和解放战争。在淮海战役中，帽子被子弹打穿，九死一生。中华人民共和国成立后，转业地方，在四川省灌县林业部门工作。

1965年离休，在四川灌县林校红军院休养。2000年5月，在四川病逝，享年96岁。

叶炎煌

叶炎煌（1909—1934） 原名叶延环，清宣统元年（1909年）10月，生于大田县华兴乡京口村一个中医世家。民国16年（1927年），在厦门求学期间，接受马克思主义思想，加入中国共产党。中学毕业后，在厦门霞溪仔叶丽春堂以医生身份作掩护从事中共地下革命活动。

民国16年12月至民国17年8月，任共青团厦门市委书记，是中共厦门市委4位成员之一。在他的努力下，大批青年参加反帝反封建活动，青年学生日益成为革命斗争的中坚力量，使厦门地区革命斗争如火如荼。他是叶飞（中国人民解放军上将、全国人大常委会原副委员长）入团介绍人。

民国18年初，受厦门党组织委派，返回家乡开展党的工作。此后，叶炎煌与曾志等曾到大田巡视和指导革命工作。

叶炎煌是中医世家，在厦门颇有名气，家境富裕。他酷爱读书，生前学习的《孙子兵法》《医宗金鉴》等书籍被厦门档案馆收藏。民国20年，负责管理中共厦门中心市委活动经费，并用自家资金长期为组织提供经费。

民国22年初，受中共厦门市委委派到福州接受秘密任务。民国23年，厦门党组织发动人民群众反对军阀混战，反对国民党反动派捕杀无辜民众，拥护自由大同盟，组织工人罢工、学生罢课、反对白色恐怖等活动。厦门群众革命活动迅速发展引起国民党当局恐惧不安，采取各种手段加紧侦查、破坏共产党组织，镇压革命力量。同年7月，叶炎煌共产党员身份暴露被捕，在狱中历尽酷刑，坚贞不屈，大义凛然；10月，在福州英勇就义，年仅25岁。1982年6月，被民政部追认为革命烈士。

郑玉尚

郑玉尚（1915—2001）原名郑以三，民国4年（1915年）5月，生于大田县均溪镇金山村贫苦农民家里。因家贫从未上过学，少年时代与父亲郑阿仙在家务农，艰难度日。

民国23年春，在地里干活的郑玉尚被国民党兵抓去当挑夫。当年7月中旬有某日恰逢大雨，他伺机逃出，躲入大田城西古庙里。时值红九军团北上抗日先遣队万余人，从永安西洋进入大田，他耳濡目染这支队伍对百姓秋毫无犯，号召贫苦农民组织农会，打土豪劣绅，清算地主老财，与国民党军队大不一样，他毅然参加红军。在攻打县城战斗中，他找百姓借梯子登城作战。后转战攻占永安县城，在永安被国民党军队卢兴帮部围困五昼夜，突围后经胡坊、富口转战江西，在井冈山、莲花、湖南长沙、常德一带打游击。之后随中央红军二万五千里长征，经广东、广西、湖南、贵州、云南，在四川懋功与红一、四方面军会师，后随朱德、刘伯承到陕北。

民国25年，西安事变后国共合作，任八路军一二九师刘伯承警卫连一排排长，不久到南宫、感县、冀县、衡水一带开辟冀南抗日根据地，任晋冀鲁豫二纵四旅十团三连连长，其间参加过陇海、邯郸战斗。民国34年11月，在河南开封、滑县与国民党军队作战负伤，造成右手和右腿残疾，定为二等甲级伤残军人。他在部队期间，爬雪山、过草地，出生入死，身先士卒，同侵华日军和国民党军队作战多次，共立功9次。民国36年3月退伍，被安置到河北省衡水县青杨树村落户务农（现为衡水市桃城区何庄乡青杨树村），分了房子、土地，次年与当地妇女郑大占结婚。

郑玉尚退伍后，始终保持老红军战士的作风，从未给组织添过麻烦、向政府提过要求，他常对人说："在长征中、在战场上无数的同志壮烈牺牲了，我还能要求什么呢？"他与当地村民情同手足，积极参加地方建设，多次被评为市、区劳动模范和积极分子。1993年3月28日，河北省民政厅确定其为红军老战士身份，享受相关待遇。

2001年12月27日，他在衡水市青杨树村病逝，享年86岁。

章巧珠

章巧珠（1915—1999）女，民国4年（1915年）12月，生于大田县均溪镇红星村一个贫困农民家庭。8岁被父母送人当童养媳，受尽虐待。13岁又被卖给同村陈家人做媳妇，家境贫寒。28岁丧夫，为抚养一对未成年儿女，含辛茹苦，从未改嫁。

中华人民共和国立后，她脱离苦海、翻身做主人，到扫盲夜校学文化，积极投入土地改革和合作化工作。1952年5月，加入中国共产党。先后担任红星大队妇代会主任、党支部副书记、县革委会委员、县妇联副主任、三明地区革委会委员等职，无论任何职位，她都保持劳动者本色，坚持在生产第一线。

章巧珠勤劳简朴，向来粗衣素食、辛勤劳作，终年不离土地。每日早饭后，她便卷起裤管，打赤脚带领社员上山下地，早出晚归，除了外出开会、生病，不曾缺勤。她常常是清早煮一次饭，吃一天；有时一锅地瓜汤分几餐吃，十分节俭。但对社员们的疾苦，她却是记在心头，热心帮助。

1964—1968年，章巧珠所在的城关公社红星大队第七工作片，有6个生产队、72户，社情较复杂，是有名的“老大难”片区。她根据各人的具体情况，因势利导，接济缺粮户，登门化解家庭矛盾，通过新旧社会对比，提高社员思想觉悟，使全片社员齐心发展生产，超额完成生产任务。

1969年12月，红星大队在“农业学大寨”运动中，计划围垦龙丁坂荒滩3.47公顷，需要筑一条长510米、宽4米、高5米的防洪堤，工程量大、劳力少、资金缺、任务紧。章巧珠用“愚公移山”精神激励社员围滩筑堤。农田基建没有资金，她带头投了50元（当时干部的月薪也仅二三十元）；寒冬季节，筑堤的石料不足，她带头下河捞石，坚守工地1个月，不管是寒风刺骨还是冷雨潇潇，每天总是出工最早，收工最迟，即便是身体欠佳，仍然坚持劳动。在全大队社员的共同努力下，龙丁坂围滩造田成了大田县“农业学大寨”的示范工程。

1970年，县里推广温室育秧新技术，章巧珠独自承担了看护温室任务。天旱时节，邻近的几个生产队常因争水源产生纠纷，她见状干脆给各队的巡水员放了“长假”：“你们别争了，统统回去睡觉，我来义务巡水，保证公平合理，大家的田里都有水……”

春耕夏锄、秋收冬种，绿化荒山、兴修水利。田闲了，她带领群众种上庄稼；渠坏了，带领群众清河道、修水渠。人生短暂，几十个春秋一闪而过，章巧珠由青年女性变成了白发老妪，腰弯了、背驼了，却依然老当益壮，劳动者的本色不变，被誉为“大田的李双双”。1958年，被晋江专署授予“三八红旗手”奖章；1959年，被省政府授予“建设社会主义积极分子”奖章；1963年，被省政府授予“劳动模范”称号；1979年，被评为全国“三八红旗手”；1983年，其家庭获省、全国“五好家庭”称号。

1999年10月9日，章巧珠病逝，享年84岁。

卢浩然

卢浩然（1916—2002）　民国5年（1916年）5月，生于大田县华兴乡早兴村，民国29年毕业于南京中央大学农学院农艺系，获农学学士学位，后考取中央大学研究生。民国31年获农学硕士学位。

民国32年10月，卢浩然赴印度留学，在孟买大学国际著名遗传育种学家B P巴尔(Pal)博士指导下，从事杂种优势的理论及其应用研究。留学印度期间，他关注印度的黄麻科研工作，与徐冠仁合作在《印度植物遗传与育种》杂志上发表了《水稻植物学性状的遗传研究》论文，并在国内获自然科学论文二等奖。

民国35年，卢浩然获农学博士学位，历任福建农学院教授、副院长、院学术委员会主任，遗传研究所所长等职。民国36年，卢浩然开始进行黄麻的天然杂交、性状等相关基础研究，当年春天他建议从印度引进“D154”“翠绿”黄麻种子10余吨。这两个品种后来成为国家20世纪50年代黄麻生产的主要推广良种。

1952年，卢浩然加入中国农工党。数十年如一日坚持不懈开展黄麻遗传育种与品种资源研究。他先后与郑云雨等中青年科学工作者选育出黄麻优良品种10个。1978年，黄麻品种“梅峰4号”获福建省科学大会奖。1980年，“闽麻5号”“179”分别获省科技成果二、三等奖。他先后发表有关黄、红麻的论文、专著共30余篇（册），其中，与祁建民合写的《黄麻品种产量与纤维品质性状的相关遗传进度与选择指数》《黄麻的遗传》《黄麻数量性状遗传潜势的分析》等论文，分别获福建省科协优秀论文奖和福建省高校科学理论成果奖。

卢浩然是中国德高望重的黄麻遗传育种专家，在国际上也颇具影响。他潜心研究麻类作物，获得科研成果奖10项。在长期的科研与教学研究中，坚持育种与遗传研究、育种与栽培、研究与推广、教学与科研相结合，既出人才又出成果。他担任福建农学院农学系主任、副教务长期间，主持遗传育种的教学与科研工作，与中青年教师一起选育推广矮秆、高产的“梅峰4号”黄麻品种，总结出有关亲本选配原则的杂交后代选择方法；研究具有经济意义的一些质量性状和数量性状的遗传规律；探讨核质互作和配合力；对构成品种类型的主要特征进行聚类分析。编写的《黄麻优良品种—梅峰4号和“179”》科普小册子，宣传良种良法相结合对普及良种的意义与效果。采取示范推广、送种上门、办班授课、下田指导等多种形式，使科学技术迅速转化为生产力。

卢浩然先后被推选为中国遗传学会第一、二、三届理事，中国作物学会麻类专业委员会第一、二届主任和第三届顾问，福建省农学会第二届副会长、第三届顾问，福建省科协第一、二届常委及第三届荣誉委员。他是《作物学报》编委和《中国麻作》主编；曾担任《中国农业百科全书农作物》卷麻类分支和《中国麻类作物栽培学》的主编，先后发表学术论文、专著和科普作品100多篇（册）。1987年10月，被印度遗传育种学会授予荣誉会员称号，系国际知名的农学家、教育家。历任农工民主党八、九、十届中央委员，农工民主党福建省委副主委、主委；中共产党咨监常委；全国人大三届代表、省人大二、三届代表，省人大五届常委；省政协一、二届常委，四、五、六、七届副主席，全国政协五、六届委员。

2002年8月，他在福州病逝，享年86岁。

章兴描

章兴描（1922—2001）　民国11年（1922年）2月，生于大田县屏山乡蒋山村的一个农民家庭。他打过工、种过地、当过兵、经过商，业余演过木偶戏。

民国32年2月至民国38年9月，在国民革命军泉州警卫团任职。中华人民共和国成立后，回蒋山村务农，他热心公益事业、乐善好施。

1958—1963年，捐款1500元在许坑村鹧鸪崎、小岭头修缮过路凉亭各1座。1979年，捐款2700元在许坑村双溪口修建拱桥1座。

1988年，他决意捐出积蓄多年准备建房的4万多元，修建许坑水尾至科山铜锣坵的简易公路，方便村民生产、生活。为此，家中翻建旧屋的计划就要落空，老伴与儿女们极力反对，老伴甚至要与他闹离婚，而村里有人赞扬，有人嘲笑，然而章兴描请人写了“百折不挠”四个大字贴在自家大门上，以示修路决心不动摇。同年8月8日，章兴描点燃开路炸石的第一炮。既是修路的总指挥，又是施工员，带着干粮整天泡在工地上。为修路他变卖家产筹措资金，又用自家责任田和责任山共0.33公顷与村民置换，支付18座坟墓迁移费和修路费。1991年1月，大田县人民政府在许坑村公路旁立《碑记》：“许坑至科山公路全长五公里，由大田县屏山乡古稀老人章兴描倾资三万五千余元，奋斗三年修建。交通部部长钱永昌、福建省委书记陈光毅题字赞誉：章兴描矢志不移造福人民之举，是当代的‘愚公’。此路得到各级政府和交通、公路部门的资助，1991年元旦竣工。为铭记章兴描老人修路的事迹，弘扬无私和奉献精神，特立此碑，以昭后人。”

1991年4月，省政府授予章兴描“劳动模范”称号，受到省委书记陈光毅、省长贾庆林的接见，并赞扬：“章兴描老人自费开公路的举动是一心为集体，艰苦奋斗，为民造福的愚公精神。”《人民日报》《福建日报》《三明日报》分别报道了“开路愚公”艰难开路的模范事迹。福建电视台拍摄专题片《心愿》，在中央和地方各级电视台播放后，进一步激励了他的公益心。1991年5—7月，他为许坑等村义务巡水抗旱，8月，为修建许坑小学和浙江灾区各捐款1000元。1992年，筹资1万余元抢修石牌到马山的公路。1993年，他又将城关南山路148号房产拆迁补偿费2万余元，用于维修许坑到科山公路。1994年，他为大田公路“212先行工程”捐款1000元，义务投工15天；筹资1万余元创办双溪仔自然村“心愿幼儿园”，让幼儿免费上学。

章兴描是大田县第十一、十二、十三届人民代表大会代表。

2001 年 9 月，他在屏山乡许坑村病逝，享年 79 岁。

罗 瑾

罗 瑾（1923—2005） 民国 12 年（1923 年）2 月，生于南京，满族镶红旗人。

1937 年 12 月，他在南京长江路估衣廊附近的华东照相馆当学徒。

1938 年 1 月初，日本一少尉军官到华东照相馆冲印两筒胶卷。罗瑾发现这几十张照片拍摄的均为日本侵略军屠杀和奸淫妇女等炫耀“武士赫赫战功”的场面，有日本侵略军在下关江边万人坑旁举刀杀害中国平民的画面，有日本侵略军屠戮后毁尸灭迹的情形，还有日本侵略军强奸中国妇女的场景……悲愤之余，为保存日本侵略军罪证，他私下加冲洗一套，并自制一个小相册，将其中 16 幅日本侵略军暴行的照片贴好、装订成册。为了表达心中的震惊和愤恨，他在相册封面画上一颗“滴血的心”，旁边是一把血淋淋的日本军刀，又在右上角写下一个“耻”字，表达报仇雪耻的决心，并将其小心翼翼地藏在自家房梁上。

1941 年，罗瑾在南京通信队集训。为逃避日本兵的搜查，他多次将血证相册转移藏匿，但均不放心；最后藏在毗卢寺厕所的墙缝里，用泥糊封。数日后，突然发现相册不见踪影，为了防止意外，他立即脱队连夜逃离南京，而后隐居上海、流落青海等地。

抗日战争胜利后，1946 年 8 月 3 日，南京军事法庭开始审判日本战犯，日军第 6 师团长、南京大屠杀罪魁谷寿夫等日本战犯在法庭审讯中对南京大屠杀曾百般抵赖、拒不认罪。国民政府号召市民指证侵华日军暴行。同年 8 月 5 日，罗瑾的同学吴旋将血证相册上交南京临时参议会。此后的庭审中，这 16 张照片作为“京字第一号”证据，发挥了极其重要的作用。谷寿夫看到血证相册，“曾见面色变，慌乱不能自持”（民国报载），在铁证前只得俯首认罪，最终于 1947 年 4 月 26 日，在南京枪决伏法。

1985 年，罗瑾投靠子女定居大田县，在城区凤山西路 21 号开办“上海照相馆”。1986 年，罗瑾当年的义举被改编成文学剧本并拍成纪实电影《屠城血证》。1995 年底，经《文汇报》和《金陵晚报》等报刊披露，他方得知当年自己冒着生命危险保存的这本血证相册没有丢失，现存于南京中国第二历史档案馆。该相册当年被同学吴旋偶然发现，转藏于大佛座下，而后又转匿多处。在纪念抗日战争胜利 50 周年前夕，他当年的义举被国内外媒体广为披露，被誉为“历史的见证，民族的功臣”，由此拍成《血证》《历史的见证》等电视纪实片，先后在中央电视台和全国各地电视台播映。1993—1997 年，罗瑾应邀不辞劳苦在省内各地学校为师生们讲述南京大屠杀的血泪见证，激励广大青少年牢记历史、不忘国耻、担纲使命、读书报国。

1995—2003 年，罗瑾被推荐为福建省大田县政协第五、第六届委员。2000 年，中央电视台二、四套《中国新闻》频道播出电视新闻《南京大屠杀见证人罗瑾怒斥日军侵华》。

2005 年 2 月 5 日，罗瑾病逝于上海第一人民医院，享年 82 岁。其子女遵照他的遗愿，护送骨灰归葬南京。

李世永

李世永（1923—1996） 民国12年（1923年）1月，生于山东省益都县（现青州市）张裴村的贫苦农民家庭。民国35年12月，参加革命工作。民国36年4月，加入中国共产党，曾任山东益寿县第六区中队司务长、土改工作队队员。1949年，作为南下服务队员随军南下。1950—1963年，历任大田县第一、二区委组织委员、副书记、县直属乡镇（区级）党委副书记、县委监察委员会副书记、城关镇党委书记、石牌乡党总支书记、上京煤矿党委书记、梅山公社党委代第一书记。1963年6月至1980年10月，先后任县委宣传部部长兼宁化社会主义教育工作队队长、县革委会副主任、革委会政工组组长兼县体委主任、县委常委、副书记。1980年11月至1983年8月，兼任大田县第八届人大常委会主任、党组书记、县政法委党组书记。1983年9月离休，享受厅级待遇。1996年6月，他在大田病逝，享年73岁。

李茂山

李茂山（1924—2004） 民国13年（1924年）9月，生于山东省广饶县广饶镇北李村贫苦农民家庭。民国36年3月，参加革命工作并加入中国共产党，他先后担任山东省广饶县委工作队队员、区委组织干事等职。民国38年3月，随军南下，任福建省委工作队队员。中华人民共和国成立后，参加大田县剿匪反霸、土地改革，历任中共大田县第四区委农会主任、第三区委副书记、县互助合作工作组组长、第一区委副书记、第二区委书记、县委组织部副部长、部长、县委常委、县公安局局长，宁化社教工作队队长，大田县城关公社党委书记，县人民法院院长、县政协主席等职。1983年12月离休，享受地专级待遇。2004年11月，他在大田病逝，享年80岁。

蒋荣德

蒋荣德（1924—1995） 原名绍垒，又名冠贤，化名萧桐、小虫。民国13年（1924年）9月，生于大田县太华镇汤泉村。幼时就读大田均溪小学，毕业于沙县师范。民国31年7月，由蒋光斗介绍加入中国共产党，任政治交通员，以教书职业为掩护，在武陵中心小学、玉井小学任教，多次英勇机智、出色完成中共地下工作任务。

民国34年4月，他奉命到南平、沙县、尤溪工委工作，任闽西北游击队第一武工队队长，在南平土堡、莒蒲洋一带活动，以莒上乡下场村地下工作者陈正盛、陈元朗家为据点，发动群众，宣传革命道理，并负责保护电台。民国36年冬，奉闽赣边委之命到尤溪县连云等地开展革命活动。以受苦农民林松青家为据点，白天以木材生意老板的身份往返于下场、连云之间，了解情况，晚上召集贫雇农骨干开会，传达省委指示精神，分析革命形势，布置任务。发动群众抗丁、抗税、抗租，组建贫农团，打击地主、恶霸、土豪劣绅，使连云贫农团队伍迅速发展壮大。民国38年5月，率部转战沙县，参加解放沙县战斗。民国 38 年 7 月 5 日，尤溪和平解放，任尤溪县第一任县长，组建人民政府。在人少事多的情况下，一方面处理县政府的日常事务，一方面组织人员下乡宣传、征购粮食，并派人给部队送情报、当向导、送军粮，支援解放福州地区。

1950 年 2 月，他任大田县首任县长兼法院院长，一手抓政权建设，组织发动群众，建立农会；一手抓剿匪反霸，恢复生产。在挂包的建设乡搞土改试点，取得经验，引导工作顺利发展。1952 年，调任永安专署卫生科科长兼专区医院院长。1955 年，改任永安县长。1957 年 7 月，任大田县委第二书记。1958 年，蒙冤成为“地方主义反党分子”被开除党籍，撤销党内外一切职务，行政降两级处分，遣送三明下放劳动改造。1962 年，省委对其平反，恢复党籍、党内外职务和工资级别。1963 年 6 月至 1971 年，他历任三明地委文教办主任、中共三明市委副书记（地辖市）。“文化大革命”期间，被打成“叛徒”，遭受严重摧残。1971 年恢复名誉，任福州市农委副主任。1984 年离休。1995 年 4 月，他在福州病逝，享年 71 岁。

郑玉光

郑玉光（1925—1979） 原名郑祥明，别名郑五四，民国 14 年（1925 年）10 月，生于大田县奇韬镇东佳村。

民国 28—34 年，郑玉光先后在大田县立初中、永安高中就读。民国 34 年 10 月，以福建省第二名考上厦门大学航空物理系。民国 38 年，大学毕业，同年 11 月，参加中国人民解放军，在华东军政大学福建分校学习。1951 年 1 月，调到空军工程部工作。后参加抗美援朝，从事美军飞机残骸解剖研究工作；参与创建新中国的航空工业，曾荣立一等功 1 次。1955 年，调往哈尔滨军事工程学院（简称哈军工）航空工程系任“101”教研室讲师。1957 年 5 月，他在中国人民解放军总参谋部任参谋。1959 年起，在总参谋长罗瑞卿直接领导下，参与国防航空工业科研工作。20 世纪 60 年代，苏联航空专家撤走后，受命前往哈军工致力培养国家新型航空人才，并在哈尔滨飞机制造基地从事新一代飞机研制工作，重点是飞机液压部件研制。

1970 年，哈军工航空工程系内迁并入西北工业大学，组建中国唯一的以发展航空、航天、航海工程教育和科学研究为一体的研究型、多科型、开放式的科技大学。同年 8 月，他是国家大型客机“708 工程”项目的主要负责人，带领来自全国航空工业 300 多个单位的精英承担研制任务。1973 年 3 月，被任命为西北工业大学“508”教研室主任，在航空流体动力控制专业的研究中作出突出的贡献。1973—1979 年，郑玉光 3 次主持军用战机更新换代工作，经常到上海、沈阳等国家飞机制造基地指导研究设计，同时兼任西北工业大学教学和科研工作。1978 年，他被评为教授。

1979 年 3 月，他在主持三院校统编教材编审会议期间，深夜工作中突患脑溢血，经抢救无效在西安病逝，时年 54 岁。《解放军报》《陕西日报》曾报道他的事迹和逝世消息。1980 年，由郑玉光主持研制，拥有中国完全自主知识产权的大型“运 10”喷气式客机制造成功。

陈森林

陈森林（1925—2003） 原名陈森春，民国 14 年（1925 年）12 月，生于江苏省兴化县草冯区临胡镇贫苦农民家庭。民国37年2月，他参加中国人民解放军，12月加入中国共产党。参加过淮海、解放上海等大战役，立三等功2次，在福建的塘前、安海等战斗中，被评为“红旗战士”；解放大嶝岛战斗中，冒着枪林弹雨炸毁敌人碉堡，荣立一等功。

1950年2月，陈森林被分配到大田县参加地方建立政权。同年3月，在敌情猖獗的广平区任区公所农会干事。6月26日（农历五月十二日），土匪得知区公所内留守人员不多，又囤积着5万公斤粮食，匪首林鸿翥、郭绍唐等纠集300多名匪众夜间包围广平区公所。陈森林带领12名战士与土匪展开殊死激战，当晚10点起，连续打退土匪的5次进攻。14日凌晨3点，在永安军分区剿匪部队和大田独立营的增援下，打败众匪，取得保卫区公所的胜利。1951年初，永春、德化等地匪首集聚到漳平新桥开会，共商“反共”事宜，会后匪首林鸿翥伪装老百姓潜回老家广平岬头村过年，陈森林机警地将其生擒。1951年10月，陈森林被华东军区授予“剿匪模范”称号。1954年10月1日，作为剿匪英模代表出席北京国庆观礼。1998年7月，庆祝建军71周年，作为1958年以前大军区以上英模代表，出席“英模相聚在榕城”活动。

1956年7月，陈森林从部队转业地方工作，历任清流县水利科副科长，大田县广平、建设、汤泉公社党委副书记、林业局副局长兼赤头坂伐木场工委书记、前坪公社革委会副主任、县工商局副局长、局长等职。1984年1月离休。2003年12月2日，在大田逝世，享年78岁。

吴孝桢

吴孝桢（1927—2008）　民国16年（1927年）1月，生于香港，儿时随父母返乡福州。中国国民党革命委员会党员，福建人民革命大学第一期学员。曾任大田县科协秘书长、县政协常委，福建省作家协会、科普作家协会会员，中国作家协会、中国科普作家协会、中国科学诗人协会会员。

吴孝桢从小爱好文艺，14岁在《现代青年》杂志发表处女作《考试周》，后又陆续创作《樱花季节》《连于道上》《拾柴女及其它》等。民国33年，以第一名的成绩被省报《民主报》聘用，开始从事新闻采写及文艺创作，担任省级记者及京沪报社特约记者，为全民抗战呐喊，为人民疾苦呼吁，作品散见于法国《欧洲时报》、香港《文汇报》《中国科学报》《科技时报》《光明日报》《经济日报》《南方周末》《国际商报》《福建日报》《福建画报》等海内外报刊。

1958年，他下放到大田桃源、武陵、广平、奇韬等地“劳动改造”，写下《剪剪春雨话武陵》和剧作《林大蕃》。20世纪80年代，开始从事科普创作，主要作品有《忘忧草》《依依柳絮引来春风无限情》《独占三秋压群芳的桂花》《人类，来自那茫茫的大海》《戴云山麓的一颗明珠—记我国第一座混凝土碾压坝》等。先后获福建优秀科普作品二、三等奖和《厦门日报》社、厦门科协联合举办的科普征文一等奖等5次。其他作品多次获《三明日报》征文奖、“海峡之声”广播电台优秀节目一等奖、“全国对台广播节目”二等奖。其作品入选《中国科学诗人作品选》《福州文坛回忆录》《雪国情》《山青花凭探索》《我们播种友谊》《纸的世界》等书刊。

1987年，他在县科协退休后，仍笔耕不辍。1988年，采写的《探亲奇遇—兼谈对台胞张先生回乡探亲的感想》一文，在《海峡之声》电台播出，获全国对台宣传优秀作品二等奖和省对台宣传优秀作品一等奖。1991年起，应聘主编县文联《白岩山》杂志，组织多次笔会，创办“土地为万物之母”“税法在我心中”“采访大田水泥厂”“采访大田火电厂”“纪念中国抗日战争和世界反法西斯战争胜利50周年”等专刊，使县级文艺刊物成为省里文苑一朵奇葩，并培育了许多乡土作家。1992年，他的《“板块学说”—读地质史引出的思考》入选人民教育出版社义务教育课程标准实验教科书。1997年，出版专著《半世纪岁月留痕》《文苑报坛琐记》。

1999年，吴孝桢加入中国科普作家协会；2000年，加入中国作家协会。2007年，著名诗人、书法家赵玉林为他80寿诞书写贺词：“风雨神州八十秋，凌云健笔傲王侯；老来不废揆天志，犹写深深一段愁。”

2008年1月8日，吴孝桢在大田病逝，享年81岁。

郑光华

郑光华（1933—2005） 民国22年（1933年）11月，生于大田县石牌镇上坡村。民国37年7月，大田县立初中毕业。1951年7月，省立福州高级中学毕业。1955年，以优异成绩毕业于浙江农学院农学系。

郑光华在浙江大学学习期间，对种子的“隐蔽生命”及其逆境胁迫的顽强适应能力进行深刻的思索，对种子科学产生浓厚兴趣，其毕业实习论文是以种子为题材，这是他从事种子科研生涯的第一步。大学毕业后，到中国科学院植物研究所北京植物园工作，把探索种子生命奥秘、造福人类成为人生奋斗的目标。首先着手种子贮藏、控制生命力，克服种子休眠、促进萌发及生活力的快速测定等方面的试验研究。研究成果为植物园、北京绿化和园林建设提供科学资料，如结缕草、羊胡子草种子发芽和七叶树种子贮藏技术等。同时，开展油瓜种子的性别鉴定和种子类似赤霉素物质提取和生物鉴定的研究，获得的成果属于国内领先。20世纪70年代中期，植物园为解决中国石油井压液胶、提高产油量，从国外引种瓜尔豆，针对北京初试引种的失败乃归咎早播烂种缺苗的问题，他通过比对，解决了早播难关。进而推广到豆类种子萌发早期对水势、低温敏感性的系统研究，扩大到更多的农作物和经济植物种子上，为国内首先开辟了种子吸胀冷害和渗透调控的新领域。20世纪80年代初，结合国家“三江”平原攻关项目，主持“大豆抗寒早播丰产研究”课题。在持续十多年的大量研究与实践基础上，提出种子萌发初始阶段的“双修补”新理论，确立新的“渗控”系统，将创新技术应用于农林园艺生产上。20世纪80年代末，面临着世界范围内急迫着手于生物多样性保护的严峻挑战，郑光华为保护中国植物种质资源，结合国情开始建造经济实用的节能型种子基因库，与联合国FAO/IBPGR签订合同项目，开展超干贮藏保存种子种质的系列研究。10多年来在FAO/IBPGR和国家自然科学基金委的资助下，在种子超干贮藏技术和理论上都有一系列进展与突破在《自然》刊物撰文，引发国内外的广泛重视。他在《自然》《中国科学》《科学通报》《种子科学和科技》《种子科学研究》等刊物上发表论文共160多篇，撰写种子学专著5部，曾获中国科学院自然科学奖一等奖和科技进步奖三等奖。其中，有的成果已相继转化为生产力，有些论点与见解、技术与方法被编入高校专业教材，为中国种子学科的发展发挥了重要作用。

郑光华在植物研究所工作40多年，历任联合国FAO/IBPGR世界种子库标准化顾问委员会委员、农业部全国农作物种子标准化技术委员会委员、浙江农业大学教授。他为人正直，清廉简朴，严己宽人，治学严谨，学风正派，学术思想活跃，重视科研工作的科学性和系统性。1990年3月，他晋升为研究员，1992年，获国务院颁发的政府特殊津贴。

1996年8月退休。2005年12月，他在北京病逝，享年72岁。

郑成均

郑成均（1935—1990）　民国24年（1935年）7月，生于大田县奇韬镇奇韬村。1951年，高中毕业时正值抗美援朝，他毅然报名参军，被送到西南空军气象学校受训。1952年春，主动申请到青藏高原开创气象事业，成为中华人民共和国成立后首批进藏的气象工作者。历任气象测报员、预报员、站长、台长，兰州军区空军气象室主任，新疆军区空军气象处副处长。

在青藏高原工作期间，他不畏艰险、跋山涉水，收集整理大量气象资料，撰写许多实用性强的论文。为人民空军突破空中禁区提供气象服务，先后创建了拉萨、日喀则等气象台站，在艰苦的高原上留下一个个坚实的脚印。1959年，他带领气象人员在西藏气候复杂多变区域开辟一条新航线，多次自告奋勇参加低空飞行，收集飞行气象信息数据，确保航线安全，立三等功。西藏高原是个气候变化无常的特殊地区，在当时，既没有气象资料，也没有可参考的理论著述，而直接服务于空军飞行作战的气象预报，却要求高，难度大。他虚心学习，积累经验，摸索掌握高原气候的特殊性和变化规律，通过反复观察，分析比较、订正，逐渐建立高原气象科学，写出《高原低气压系统》《山南战区及天气》《高原雨季结束后的飞行与保障》等6篇文章。其中，《副热带急流在高原上空的结构及季节性活动》为高原气象首篇理论文章。还组织编写当地气候志，为高原的气象科研留下宝贵资料。他在西部边陲工作26年间，立三等功5次，多次获“学习模范”“模范共青团员”称号；1964年，被空军司令部授予“高原气象尖兵”称号，出席全军表彰大会。

1978年，郑成均转业地方工作，任泉州市气象台台长，组织全市气象台站，开展利用数值预报成果作天气要素预报（MOS）方法研究，编写出版MOS预报一书，为福建全面推广应用新技术、提高天气预报质量起到积极作用。1985年3月，任厦门市气象局局长、高级工程师，并被聘为空军气象学院硕士研究生毕业论文答辩委员会委员、厦门市技术培训中心顾问和福建省自然科学专门学会理事、副会长。年底，他组织并参加“闽南地区春末夏初强对流天气短时预报系”的课题研究，通过省级鉴定，在灾害性天气预报中发挥了作用。1988年底，他率领一批年轻人上山安营扎寨一个多月，对“卫星云图无人值守数字化实时处理系统”课题形成的三段式预报方法进行攻关会战，其成果获厦门市科技进步一等奖和省二等奖，被国家和各省气象卫星技术推广应用。

1990年2月，他在全省气象局局长大会上，对厦门特区气象发展作了精彩的发言，提出建立海洋气象台、设立气象雷达站等设想，为特区经济可持续发展提供更好的服务。

1990年3月，他因长期积劳成疾在厦门病逝，时年55岁。

施发长

施发长（1947—2008）　民国36年（1947年）7月，生于大田县湖美乡湖上村一个贫寒家庭。小学毕业后在村务农，21岁时入伍当兵，退伍后当过电影放映员、乡村医生、村计生管理员、“五老”会长。乡里见他认真负责，委他负责民爆物品管理站仓管工作。

施发长乐于助人。村里孤鳏老人施大堤去世，从家里挑出几百斤大米和蔬菜，并组织村民捐款，料理老人后事；失去父亲的施生蟠面临失学，又是他动员捐款，联系学校，为其申请减免学杂费，并资助到中专毕业，成为一名小学教师。

施发长是乡亲们公认的“义务消防员”。每当火警发生，他都是冲在最前面，奋战在火情最危险的地方。2003 年冬，村民张光应房子失火，施发长接到告急电话一路呼喊村民救火，并带头奔赴现场。经村民们全力扑救人员脱险，而木质房子即化成灰烬。正当灾民一家抱头痛哭时，施发长掏出身上仅有的 100 多元钱，抱来自己的两床被子把他们安置在旧房里，并极力安慰。

1998—2007 年，村里茶厂先后发生两次失火、村民施大伟家房屋着火，桉格、崎头、长坑和增村桉等山场火灾，只要有火警，施发长总是最早出现在火场，带领大家扑火救险。2008 年 2 月 16 日 14 时，施发长正在自家房子附近的农地锄草，突然看见后山不远处冒起浓浓黑烟，他断定是长坑垅山场发生火灾。火场距离村庄近在咫尺，大火威胁着周围数万亩山林和村民的生命、财产安全。他扔下锄头跑回家，拿起劈刀就向火灾山场冲去，边跑边用手机向县防火办、乡政府、村主干报告火情。两个小时后，在众人的奋力扑救下，火势逐渐得到控制。这时，施发长发现山脚处还有一处明火，他不顾疲惫，当即招呼村民廖明醉等 5 人去开辟防火隔离带。一阵狂风使火苗增大，并改变方向，冲在最前面的施发长瞬间被大火吞噬。为保护国家和集体财产献出宝贵的生命，时年 61 岁。

2008 年 10 月，省委宣传部、省社会治安综合治理委员会、省公安厅、省见义勇为基金会联合决定，授予施发长“福建省见义勇为先进分子”称号。翌年 2 月，中央文明办秘书组、中国文明网组织“我推荐我评议身边好人”活动中，入选“中国好人榜”；5 月，获“三明市首届道德模范提名奖”。

谢元潘

谢元潘（1947—2000）　民国 36 年（1947 年）8 月生于福建省仙县游榜头镇。1969 年 7 月，毕业于福建化工学校。1970 年 1 月，带薪下乡到大田县济阳乡插队。1971 年 9 月，到大田县广平水泥厂任技术员、化验室主任。1981 年 3 月，升任县广平水泥厂副厂长，1983 年 8 月加入中国共产党。1984 年 3 月，任县广平水泥厂厂长；1993 年 9 月，任福建岩城集团公司党委书记、总经理兼县广平水泥厂厂长，系中国水泥协会常务理事、高级经济师。

他任厂长后，一手抓“创名牌”、一手抓“壮实力”，用“以优取胜、再创佳绩”的企业经营方针，提出生产工艺“纯、准、匀、透、稳”五字方针，使企业规模不断扩大，效益逐年提高。1993 年、1994 年，县广平水泥厂连续 2 年创税利千万元以上，被评为“福建省 300 家利税大户企业”之一。1996 年，岩城集团拥有 23 家企业、3.2 亿元资产，年产水泥 87 万吨、熟料 20 万吨。当年，水泥行业产品滞销、价格猛跌，他和全体职工克服重重困难，水泥生产总值达 1.14 亿元，实现税利 916.2 万元。岩城牌水泥先后获得省优、部优、国优产品称号。1993—1997 年，县广平水泥厂连续 5 年被国家评为“全国质量优胜企业”和“福建省质量标兵企业”。1998 年，岩城牌水泥被认定为“福建省著名商标”、县广平水泥厂被确认为“全国百家建材大中型企业”。

谢元潘在县广平水泥厂工作 26 年间，勤恳奉献，攻坚克难，将大田“岩城”牌水泥打响八闽大地，在企业管理上有出色的理论建树，多篇论文在全国、省、市报刊发表。1993 年 1 月，被省建材工业局评为“十年从事建材标准化工作作出贡献”先进工作者，9 月，被国家技术监督局、中国科技协会、全国总工会评为“全国优秀质量管理工作者”；1994 年 2 月，被中共三明市委、市人民政府列为拔尖人才；1995 年 4 月，被国务院授予“全国劳动模范”称号。

2000 年 2 月 2 日，他在福州病逝，时年 53 岁。

陈琼华（1950—1996）　庄美华（1954—1996）　李秀春（1970—1996）

1996年2月11日13时40分，黄城国有林场二工区山鬼弯山场发生森林火灾，林场立即组织全体干部职工分成4组上山扑火救灾。林政科张春城带领林玉清、陈琼华、庄美华、李春秀等9人，负责把守一段火线。时值正午时分，风高物燥，烈焰冲天，火龙很快吞噬了上百亩林木。面对烈火，他们手持长柄劈刀，左劈右砍，经过一个多小时的奋战劈出一条隔离带，基本控制住火势蔓延。突然，一阵风，从右面山脊卷起一团火球，点燃了草高林密的山场。情况十分危急，张春城急忙呼叫队员向已过火的山上转移，其中4人随他向山顶跑去，陈琼华、庄美华、李秀春和林玉清却继续与烈火顽强搏斗。为保卫国家财产，陈琼华、庄美华、李秀春献出宝贵生命。1996年3月，三明市政府授予陈琼华、庄美华、李秀春为“见义勇为积极分子”称号，1997年5月23日，3人均被省政府追认为革命烈士。

陈琼华　女，1950年1月，生于惠安县城关，1968年在国有大田黄城林场当临时工。1979年12月，被录用为集体工。任装车队队长27年。因疾病缠身，1996年2月11日，场里批准她办内部退休，行李都准备好了，过两天就要回老家。一听救火，她跑在最前面，有人劝她别去了，她说：“就是明天要回家，今天也要尽一份责任。”1996年，牺牲时，年仅46岁。

庄美华　女，1954年7月，生于惠安县城关，1979年随丈夫到黄城林场当家属工，做炊事员工作。后来负责烧开水，打扫卫生，每天起早摸黑，她乐于助人，人人都夸奖她勤快、贤惠。1996年，牺牲时，年仅42岁。

李秀春　女，1970年5月，生于黄城林场，祖籍厦门同安，1995年在黄城林场当装车工。她经历坎坷，父亲哑巴，丈夫身体不好，6岁女儿弱智，一家人靠她挣钱糊口，算是家里的“顶梁柱”。她个小体弱，但劳动从不惜力，装车3个月，和大家相处很好，且助人为乐。1996年，牺牲时，年仅26岁。

郑超建

郑超建（1974—1994）　1974年2月，生于大田县建设镇建乐村。他是家中独子，父母年老体弱，家中还有老奶奶。因家境贫困，初中刚毕业就外出打工，赚钱维持家庭生活。

1992年，他19岁，瞒着父母报名应征参军。1993年3月，被分配到武警温州市消防支队清明桥中队服役。下连队后，面临着繁重的灭火救援、执勤备战和艰苦的训练，在特殊体能训练中，别人练10遍，他练20遍，不叫苦叫累，获得中队9名新兵组体能比赛第一名；长跑、短跑、引体向上、铺设消防水带、挂钩梯和柱梯等项目全优秀，成为中队训练尖子。他常对战友说：“既来当兵，就要当一名好兵，才能对得住父母养育之恩，才能适应战时需要。”年底，在新兵三级战斗技能项目考核中达二级战斗员水平，成为“会攻能守”消防水枪手、攻坚组成员。在历次抢险救灾中总是冲锋在前；平时中队勤务工作，总是到得最早，干最累最重的活从不计较个人得失；与战友相处融洽。1993年12月，任武警温州市消防支队清明桥中队副班长，武警下士警衔。1994年11月12日，他参加瓯海区泽雅镇雷锋村火灾扑救，路滑消防车方向失控，撞到路旁水泥杆上，为保护战友，光荣牺牲。年仅21岁。

1995年5月26日，郑超建被武警总部批准为革命烈士。5月28日，被武警浙江省消防总队党委追认为中国共产党党员。

第二章 人物表

一、1993—2008 年大田籍人士曾任县（团）级（相当）以上职务人员名表（已知）

表 29-1

姓名	性别	出生年月	籍贯	任职单位	最高职务	任职时间	附注
方上美	男	1954 年 2 月	太华镇罗丰村	中共厦门市广电集团节目中心总支委员会	书记	2004 年 6 月	—
方来志	男	1964 年 3 月	奇韬镇奇韬村	厦门市地方税务局信息技术分局	副局长	2007 年 9 月	—
方斯实	男	1972 年 12 月	建设镇大同村	三明学院人事处	副处长	2007 年 8 月	副教授
王上洲	男	1963 年 2 月	广平镇西园村	福建省经贸委机械科学研究院	副院长	2008 年 10 月	—
乐庆明	男	1963 年 3 月	均溪镇玉田村	福建省煤炭集团公司办公室	主任	2005 年 5 月	高级政工师
乐智强	男	1970 年 1 月	石牌镇桃山村	中国民主促进会厦门市委	副秘书长	2008 年 6 月	博士
乐智慧	男	1956 年 12 月	石牌镇桃山村	福建医科大学总务处	副处长	1995 年 6 月	—
乐朝平	男	1960 年 9 月	石牌镇小湖村	中国电信厦门分公司	总经理	2005 年 1 月	高级工程师
卢 健	女	1953 年 7 月	华兴乡早兴村	福建省林业厅世行贷款造林项目办公室	主任	1997 年 6 月	—
卢芳树	男	1946 年 4 月	华兴乡早兴村	中共尤溪县委	调研员	1993 年 10 月	—
卢诵志	男	1963 年 7 月	华兴乡早兴村	福州广桃海军后勤部	副团级干事	2002 年 5 月	—
卢维沙	男	1966 年 8 月	华兴乡早兴村	三明市财政局	副局长	1996 年 9 月	—
卢维祥	男	1956 年 1 月	华兴乡早兴村	石狮市人大常委会	副主任	1996 年 12 月	—
卢超然	男	1959 年 12 月	华兴乡早兴村	福州市外经贸委投资处	副处长	2006 年 7 月	—
叶式穗	男	1978 年 11 月	武陵乡上岩村	四川成都二滩水电开发有限公司项目部	总监	2005 年 6 月	—
叶良茂	男	1952 年 3 月	华兴乡京口村	三明学院	副院长	2004 年 8 月	—
叶清松	男	1960 年 2 月	华兴乡京口村	三明市人大常委会财经委	主任	2008 年 12 月	—
田必和	男	1965 年 10 月	上京镇梅林村	福建水利水电科学研究院	副院长	2005 年 7 月	—
田富泽	男	1969 年 12 月	均溪镇	中国平安人寿保险公司福建分公司	副总经理	2008 年 3 月	—

续表 29-1

姓名	性别	出生年月	籍贯	任职单位	最高职务	任职时间	附注
刘加鑫	男	1945 年 3 月	吴山乡科山村	厦门市海沧开发区	副巡视员	2003 年 8 月	—
刘亚圣	男	1964 年 10 月	吴山乡锦山村	福建省农业厅	副厅长	2007 年 6 月	—
刘兴森	男	1941 年 2 月	吴山乡锦山村	福州画院	副院长	1995 年 2 月	国家一级美术师，高级画师
刘守养	男	1964 年 8 月	石牌镇京程村	福建榕基软件股份有限公司	总裁助理兼总裁办主任	2007 年 12 月	—
刘绍权	男	1952 年 3 月	吴山乡锦山村	福建天湖山能源实业有限公司	副总经理	1995 年 1 月	—
刘春生	男	1956 年 6 月	吴山乡科山村	中国人寿财保漳州市公司	总经理	2008 年 7 月	—
池　进	男	1958 年 1 月	武陵乡百束村	华侨大学教研处、教务处	处长	2001 年 8 月	—
池秋娜	女	1961 年 9 月	广平镇铭溪村	中共三明市委	常委	2004 年 2 月	—
许加煊	男	1970 年 10 月	建设镇建忠村	中国铁通福建分公司党群工作部	主任	2002 年 8 月	—
许传新	男	1965 年 9 月	武陵乡大石村	福州港口管理局	副局长	2007 年 6 月	—
许志强	男	1967 年 5 月	梅山乡金阳村	三明市检察院诉讼处	处长	2007 年 3 月	—
连福仑	男	1968 年 10 月	太华镇张地村	中共福建煤电股份有限责任公司委员会	副书记兼纪委书记、工会主席	2007 年 3 月	高级政工师高级经济师
余文权	男	1972 年 1 月	广平镇万宅村	福建省农业厅种植业管理处	副处长	2005 年 10 月	高级农艺师
余建地	男	1965 年 9 月	文江乡文江村	中共清流县委、县人民政府	常委、副县长	2004 年 7 月	—
余建强	男	1972 年 6 月	文江乡朱坂村	福建省外贸中心集团华成进出口公司	总经理	2008 年 3 月	—
余敏明	男	1965 年 10 月	文江乡文江村	四川电子科技大学	副校长	2004 年 7 月	博士
吴仁鑑	男	1960 年 6 月	湖美乡后坪村	福建省广播电影电视局宣传处	副调研员	2004 年 12 月	—
吴成城	男	1964 年 7 月	奇韬镇奇韬村	三明市文化与出版局	副局长	2001 年 11 月	—
吴其就	男	1942 年 4 月	湖美乡汉口村	龙岩市人大常委会农经委	主任	1993 年	—
吴宗明	男	1964 年 3 月	梅山乡梅山村	南平市公路稽征处	处长	2000 年 1 月	—

续表 29–1

姓名	性别	出生年月	籍贯	任职单位	最高职务	任职时间	附注
吴高雄	男	1964 年 6 月	文江乡民主村	福建省委办公厅秘书三处	副处长	2005 年 10 月	—
吴跃建	男	1958 年 2 月	梅山乡卓坑里村	厦门市司法局普法处	副处长	2004 年 1 月	—
吴尊国	男	1964 年 5 月	均溪镇红星村	永安市人民政府	调研员	2007 年 9 月	—
吴斯亮	男	1963 年 4 月	上京镇上平村	厦门国际银行福州分行	行长	2004 年 2 月	—
吴联派	男	1963 年 2 月	梅山乡黎坑村	三明市科协	主席	2006 年 3 月	—
张开钟	男	1946 年 5 月	均溪镇红星村	马鞍山钢铁有限公司会计处	处长	2001 年 6 月	—
张正绵	男	1968 年 8 月	建设镇建国村	福建省煤炭中心医院	院长	2003 年 1 月	主任医师
张志雄	男	1948 年 9 月	广平镇铭溪村	江西省华意电器总公司	总经理	1996 年 12 月	—
张知通	男	1964 年 8 月	梅山乡沧州村	三明市林业局	副局长	2007 年 5 月	—
张育明	男	1958 年 5 月	奇韬镇东佳村	中国空间技术研究院五院	总会计师	2001 年 6 月	高级研究员、博士
张清明	男	1963 年 3 月	太华镇汤泉村	三明市烟草局	副局长	1999 年 6 月	—
张善美	男	1965 年 5 月	太华镇汤泉村	厦门市人大法制委	主任	2004 年 2 月	—
李加利	男	1971 年 9 月	建设镇建设村	莆田市电力总公司工会	主席	2007 年 8 月	—
李加胜	男	1969 年 1 月	建设镇建设村	厦门市海沧区人民法院	副院长	2007 年 8 月	—
杜元会	男	1957 年 1 月	石牌镇桃山村	三明市社会科学联合会	主席	1999 年 4 月	—
杨玉成	男	1968 年 12 月	广平镇苏桥村	中共福建省委党校经济部	副主任	2004 年 4 月	教授、博士
杨善仕	男	1966 年 7 月	均溪镇红星村	中国人寿保险福建分公司团体保险部	总经理	2007 年 3 月	—
肖长培	男	1969 年 4 月	桃源镇蓝玉村	中共厦门市人民政府外事办机关工作委员会	副书记	2006 年 11 月	—
肖华山	男	1959 年 6	桃源镇上举村	福建师大闽南科技学院	副院长	2006 年 8 月	教授、博士
肖秀沐	男	1964 年 3 月	桃源镇杨坑村	宁化县人民政府	副县长	2007 年 2 月	—
苏元挡	男	1964 年 12 月	石牌镇拱桥村	厦门市思明区生产力促进中心	主任	2003 年 5 月	—
苏始烟	男	1965 年 8 月	梅山乡璞溪村	永安煤业总公司	副总经理	2001 年 8 月	高级工程师
苏宗发	男	1966 年 6 月	梅山乡璞溪村	三明市城乡规划建设局	副调研员	2007 年 5 月	—

续表 29–1

姓名	性别	出生年月	籍贯	任职单位	最高职务	任职时间	附注
邱元拔	男	1948 年 7 月	华兴乡张墘村	中共集美大学委员会	常委、副校长	1999 年 1 月	副教授
邱良生	男	1958 年 12 月	华兴乡张墘村	三明化工合成氨厂监察处	处长	2000 年	—
邱良植	男	1964 年 12 月	华兴乡张墘村	沙县人民检察院	检察长	2005 年	—
陈烨	男	1977 年 1 月	桃源镇翁厝村	湖北省公安厅武汉刑警支队	副队长	2008 年 1 月	—
陈清	男	1954 年 7 月	梅山乡龙口村	三明市中级人民法院经济庭	庭长	2003 年 5 月	—
陈上族	男	1963 年 8 月	武陵乡仕洋村	中共厦门市商业集团总公司委员会	副书记	2002 年 6 月	—
陈上斌	男	1968 年 8 月	武陵乡仕洋村	福州马尾海关	副关长	2005 年 9 月	—
陈友建	男	1958 年 2 月	均溪镇福塘村	连城县武装部	政委	2000 年 5 月	—
陈开基	男	1960 年 11 月	太华镇群团村	泉州市工商局	副局长	2004 年 7 月	—
陈开甜	男	1967 年 5 月	屏山乡芹阳村	福建天湖山能源实业有限公司	副总经理	2007 年 4 月	—
陈代廉	男	1973 年 4 月	太华镇池元村	福建省军区政治部	副团干事	2008 年 12 月	—
陈加赞	男	1976 年 1 月	梅山乡高泉村	中国证券登记结算公司业务发展部	副总监	2008 年 5 月	—
陈占隆	男	1965 年 5 月	武陵乡仕洋村	福建省国防办公室财务处	处长	2005 年 11 月	—
陈生雄	男	1958 年 10 月	建设镇建忠村	三明市民政局	副调研员	2007 年 5 月	—
陈兴万	男	1962 年 8 月	吴山乡程堂村	中共三明市委	副秘书长	2001 年 1 月	—
陈兴超	男	1945 年 11 月	吴山乡程堂村	福建省产业信息厅	副巡视员	2006 年 6 月	—
陈华洲	男	1966 年 8 月	石牌镇石牌村	明溪县人民政府	副县长	2007 年 1 月	—
陈庆俊	男	1960 年 6 月	太华镇魁城村	福建省自学考试委员会	副主任委员	1999 年 1 月	教授
陈志扬	男	1963 年 4 月	均溪镇福塘村	福建省农村信用联社三明办事处	主任	2005 年 10 月	—
陈来增	男	1942 年 8 月	上京镇上京村	福州市委统战部	副调研员	1999 年 7 月	—
陈进货	男	1955 年 9 月	吴山乡吴山村	中国生命人寿保险福建分公司	总经理	2003 年 7 月	—
陈宗标	男	1957 年 5 月	吴山乡吴山村	三明市城乡建设规划局	局长	2001 年 11 月	—
陈恢清	男	1966 年 10 月	均溪镇红星村	中国冶金进口公司厦门分公司	副总经理	1993 年 5 月	—
陈春平	男	1962 年 6 月	武陵乡仕洋村	三明市食品药品监督管理局	副局长	2005 年 8 月	—

续表 29-1

姓名	性别	出生年月	籍贯	任职单位	最高职务	任职时间	附注
陈树福	男	1964 年 1 月	梅山乡沧州村	银监三明分局	局长	2004 年 2 月	—
陈荣得	男	1956 年 3 月	屏山乡芹阳村	三明市人民政府	副调研员	2007 年 1 月	—
陈首文	男	1967 年 2 月	石牌镇老厝村	福建省电影公司	副经理	2002 年 5 月	—
陈高润	男	1969 年 11 月	梅山乡高泉村	厦门市综治办	副主任	2008 年 1 月	—
陈雪瑜	女	1962 年 10 月	梅山乡高泉村	中国农业银行南平分行	副行长	2007 年 9 月	—
陈斯盾	男	1963 年 6 月	文江乡文江村	尤溪县人民政府	副县长	2008 年 12 月	—
陈斯喜	男	1958 年 2 月	文江乡文江村	全国人大常委会	委员	2008 年 3 月	博士
				内务司法委员会	副主任	2008 年 12 月	
陈斯能	男	1964 年 1 月	文江乡文江村	三明钢铁厂基建处	处长	2005 年 9 月	—
陈德利	男	1975 年 8 月	吴山乡和洋村	中国人民解放军 61148 部队参谋部	团级干事	2006 年 11 月	中校
周学智	男	1959 年 12 月	均溪镇和丰村	集美大学办公室	主任	2007 年 7 月	—
周联清	男	1962 年 10 月	均溪镇周田村	福建省经贸委	主任、党委书记	2008 年 5 月	高级经济师
周瑞春	男	1960 年 2 月	奇韬镇文经村	福建省高级人民法院	副院长、党组成员	2005 年 2 月	—
林 榆	男	1974 年 9 月	武陵乡百束村	中国人民银行厦门市分行科技处	处长	2004 年 3 月	—
林乐坚	男	1960 年 7 月	吴山乡阳春村	福建省公安厅网络安全保卫总队	政委	2007 年 3 月	—
林加良	男	1956 年 5 月	吴山乡梓溪村	三明市国土资源局	局长	2001 年 11 月	—
林光环	男	1940 年 8 月	武陵乡百束村	大田县人大常委会	副调研员	1994 年 5 月	—
林共妙	男	1960 年 6 月	武陵乡桃溪村	将乐县人民政府	县长	2008 年 8 月	—
林克显	男	1969 年 5 月	文江乡文江村	中共福建农林大学经济作物科学学院委员会	书记、副院长	2007 年 7 月	研究员、博士
林志泽	男	1966 年 2 月	文江乡山芹村	中国电信厦门分公司湖里电信局	副局长	2008 年 9 月	高级工程师
林沧海	男	1966 年 11 月	谢洋乡科里村	中共南昌铁路局厦门工务段委员会	书记	2007 年 12 月	—
林良灌	男	1968 年 1 月	均溪镇温镇村	福建省人民政府法制办公室	副主任	2008 年 5 月	—
林芳叶	男	1955 年 1 月	武陵乡大石村	三明市社会治安综合治理委员会	常务副主任	2004 年 6 月	—

续表 29-1

姓名	性别	出生年月	籍贯	任职单位	最高职务	任职时间	附注
林芳城	男	1963 年 1 月	谢洋乡科里村	国土资源部成都地质矿产研究所	处长	2004 年 5 月	高级工程师、博士
林还郁	男	1946 年 11 月	吴山乡阳春村	中共三明市中级人民法院纪律检查委员会	书记	2001 年 11 月	—
林远程	男	1973 年 8 月	梅山乡香坪村	三明市政协港澳台侨委办	副主任	2006 年 5 月	—
林佳山	男	1959 年 2 月	前坪乡上地村	中国人民解放军驻福州 73635 部队	处长	2001 年 4 月	高级工程师大校军衔
林建安	男	1959 年 1 月	均溪镇	福建工程学院后勤处	处长	2002 年 5 月	—
林善涛	男	1968 年 11 月	均溪镇太山崎村	三明市社会科学界联合会	副主席	2008 年 4 月	—
林建安	男	1965 年 10 月	武陵乡桃溪村	福建省发展和改革委员会投资处	副处长	2005 年 11 月	—
林明针	男	1964 年 2 月	武陵乡大石村	厦门市海沧区管理委员会办公室	副主任	2005 年 11 月	高级工程师
林明洙	男	1951 年 5 月	武陵乡大石村	福建省人民政府投资项目评审中心	副主任、党组成员	1997 年 12 月	高级工程师
林明庶	男	1954 年 7 月	武陵乡大石村	福建省发展和改革委员会社会事业处	处长	1996 年 12 月	—
林青梅	女	1955 年 11 月	武陵乡大石村	福建省食品药品监督管理局稽查处	调研员	2008 年 4 月	副主任药师
林顺修	男	1966 年 10 月	梅山乡金阳村	福建省人事厅公务员局工资福利处	副处长	2007 年 7 月	—
林振中	男	1971 年 1 月	谢洋乡谢洋村	国家测绘局政策研究处	处长	2006 年 7 月	—
林起核	男	1968 年 9 月	建设镇建设村	厦门市思明区人民政府	副区长	2008 年 11 月	—
林起棉	男	1957 年 11 月	谢洋乡珍山村	三明市民政局	副局长	2004 年 9 月	—
林起煌	男	1963 年 8 月	建设镇建设村	泉州市公安局办公室	副调研员	2006 年 12 月	—
林联捷	男	1967 年 3 月	均溪镇温镇村	福建省物价局商品价格管理处	调研员	2005 年 2 月	—
林新跃	男	1965 年 9 月	武陵乡红君村	三明市外事侨务办公室纪检组	组长	2001 年 11 月	—
林福杰	男	1971 年 12 月	广平镇广平村	中国东方航空集团金融控股公司	副总经理	2003 年 6 月	—
罗施上	男	1969 年 3 月	广平镇丰庄村	清流县人武部	副部长	2007 年 4 月	—
范友勇	男	1969 年 9 月	均溪镇红星村	福州新港国际集装箱码头有限公司	经理	2008 年 7 月	—

续表 29-1

姓名	性别	出生年月	籍贯	任职单位	最高职务	任职时间	附注
范训明	男	1959 年 3 月	石牌镇长溪村	福建省交通厅办公室	调研员 副主任	2000 年 3 月 2008 年 1 月	—
范成田	男	1964 年 8 月	均溪镇宋京村	清流县人民政府	副县长	2005 年 12 月	—
范成梁	男	1951 年 7 月	均溪镇红星村	北京全俄天然气新技术开发有限公司	董事长	1995 年 1 月	—
范志荣	男	1957 年 8 月	均溪镇玉田村	厦门市森林公安分局	局长	2004 年 3 月	三级警监
范宜仁	男	1962 年 10 月	均溪镇红星村	中国石油大学测井重点实验室	主任	2005 年 6 月	—
范承达	男	1966 年 1 月	均溪镇宋京村	厦门市经济管理学院	副院长	2007 年 7 月	—
范承超	男	1978 年 1 月	均溪镇宋京村	中远集团厦门有限公司	总经理	2006 年 3 月	—
范美梅	女	1948 年 6 月	均溪镇红星村	中共厦门市卫生局委员会	党委书记	1997 年 2 月	—
范首春	男	1955 年 2 月	均溪镇玉田村	厦门市海沧区政协	副主席	2003 年 3 月	—
范祯桑	男	1964 年 9 月	均溪镇宋京村	浙江省宁波市海军 92910 部队	副团长	2004 年 9 月	—
范起溧	男	1938 年 7 月	均溪镇玉田村	大田县人大常委会	调研员	1996 年 6 月	副主任
郑允苏	男	1954 年 1 月	石牌镇鳌江村	三明市总工会	调研员	2008 年 9 月	—
郑先炉	男	1955 年 8 月	均溪镇东坑村	中国人民解放军 南平武警支队	参谋长、副支队长	1993 年 7 月	—
郑光亮	男	1954 年 9 月	奇韬镇奇韬村	厦门市鼓浪屿解放军疗养院	师级大校	2001 年 12 月	主任医师
郑庆樟	男	1972 年 7 月	华兴乡华安村	福建永安化工厂	副厂长	2003 年 9 月	—
郑际忠	男	1966 年 7 月	奇韬镇奇韬村	福建省住房和城乡建设厅	副调研员	2007 年 7 月	—
郑际宪	男	1967 年 12 月	奇韬镇奇韬村	福州边防检查站	副团参谋	2002 年 3 月	中校
郑恢先	男	1963 年 8 月	广平镇万筹村	福建省委政法委政治部	副主任	1997 年 12 月	—
郑莎莉	女	1959 年 8 月	奇韬镇奇韬村	厦门市气象局政策法规处	处长	2002 年 8 月	—
柯　强	男	1964 年 7 月	文江乡小芹村	南平市地税局	局长	2004 年 8 月	—
柯成高	男	1955 年 4 月	上京镇上京村	中共三明市林委纪律检查委员会	书记	2002 年 6 月	—
柯昌合	男	1960 年 1 月	桃源镇广汤村	三明市残疾人联合会	副理事长	1997 年 2 月	—
柳树青	男	1962 年 8 月	均溪镇建成村	福建省发改委 农业处	处长	2006 年 5 月	—
胡建友	男	1954 年 3 月	奇韬镇洋地村	福建省地矿建设集团公司	总经理 党委书记	1995 年 8 月	高级经济师
涂飞龙	男	1955 年 12 月	济阳乡泮林村	中国人民解放军九二医院药械科	主任	2005 年 6 月	大校

续表 29-1

姓名	性别	出生年月	籍贯	任职单位	最高职务	任职时间	附注
涂书宝	男	1965 年 3 月	济阳乡高升村	福建省政协办公厅秘书处	调研员	2007 年 4 月	—
涂成昌	男	1948 年 3 月	济阳乡国庆村	中国人民银行厦门市中心支行保卫处	副处长	1997 年 4 月	—
涂进杉	男	1960 年 8 月	桃源镇桃源村	中共厦门市湖里区禾山街道工作委员会	委员	2007 年 1 月	2000–12 武警上校
涂建祈	男	1955 年 10 月	济阳乡高升村	德化县人民政府	副县长	1999 年 1 月	—
涂忠阳	男	1968 年 2 月	济阳乡上丰村	尤溪县公安局	政委	2006 年 12 月	—
涂育城	男	1969 年 11 月	济阳乡济阳村	福建省高级法院民事一庭	庭长	2006 年 7 月	—
涂振锟	男	1954 年 8 月	济阳乡济阳村	永安市人民政府	市长	2002 年 5 月	—
涂振德	男	1960 年 2 月	济阳乡济阳村	厦门市国土资源局档案馆	馆长	2007 年 8 月	—
涂晓东	男	1962 年 2 月	济阳乡济中村	中国体育报业总社、人民日报华南分社总编室	社长、党委书记，主任、副总编	2003 年 3 月	主任编辑
郭传瑸	男	1964 年 2 月	屏山乡屏山村	北京大学口腔医学院	副院长	2000 年 3 月	教授、博士生导师
郭明星	男	1967 年 6 月	屏山乡屏山村	三明市经贸委	副主任	2005 年 12 月	—
郭明速	男	1946 年 9 月	屏山乡美阳村	中共集美大学水产学院管理系总支委员会	副书记	1996 年 3 月	—
高孝敬	男	1963 年 5 月	建设镇建丰村	中国建设银行三明分行	副行长	1996 年 1 月	—
高超基	男	1953 年 8 月	建设镇建乐村	福建省地质矿产勘查开发局地勤处	处长	1993 年 1 月	—
章　扬	男	1963 年 11 月	屏山乡王坪村	福建省广播电视传输发射中心 102 电台	副台长	2002 年 7 月	高级工程师
章志慰	男	1973 年 11 月	屏山乡王坪村	浙江省消防总队战训处	副处长	2007 年 9 月	武警中校
章进富	男	1959 年 6 月	屏山乡杨梅村	福州市粮食局	副局长	2005 年 7 月	—
章德春	男	1963 年 11 月	吴山乡张坑村	厦门国际银行	副行长	2003 年 3 月	博士
黄加本	男	1964 年 9 月	建设镇建乐村	三明市公安局	副处级侦察员	2004 年 11 月	—
蒋方鸣	男	1957 年 8 月	太华镇汤泉村	三明市中级人民法院纪检组	组长	2003 年 12 月	—
蒋先东	男	1967 年 1 月	前坪乡前坪村	三明市科技局	局长	2005 年 1 月	—
蒋先立	男	1966 年 8 月	太华镇汤泉村	厦门市司法局	副局长	1998 年 3 月	—

续表 29-1

姓名	性别	出生年月	籍贯	任职单位	最高职务	任职时间	附注
曾起郁	男	1960 年 7 月	均溪镇福塘村	中共福建省农林大学纪律检查委员会	副处级纪检员	2007 年 8 月	—
				福建省农林大学行政立法处	副处长		
程立双	男	1955 年 11 月	华兴乡昆山村	三明市人大常委会	副主任兼中共将乐县委书记	1997 年 12 月	—
詹文批	男	1947 年 6 月	太华镇万湖村	大田县人大常委会	调研员	2003 年 11	—
詹正忠	男	1925 年 10 月	太华镇万湖村	中共贵阳市燃料总公司委员会	书记	1976 年 8	—
廖上斌	男	1964 年 11 月	广平镇苏桥村	三明市政协办公室	副主任	2005 年 10	—
廖世铢	男	1964 年 11 月	文江乡大安村	中共福建省委机构编制委员会办公室	副主任	2005 年 5	—
廖尚才	男	1963 年 8 月	文江乡朱坂村	政协三明市委员会	副调研员	2007 年 5 月	—
廖尚敬	男	1972 年 3 月	文江乡朱坂村	中国海军驻汕头 92002 部队	副大队长	2008 年 12	—
廖建平	男	1964 年 3 月	广平镇苏桥村	中国工商银行厦门市同安支行	行长	2001 年 11 月	—
廖明和	男	1963 年 8 月	湖美乡仁美村	赣西地质矿产勘查开发院	院长	1996 年 12 月	高级工程师
廖明贯	男	1965 年 9 月	湖美乡仁美村	江苏省地质工程勘查院连云港分院	院长	1993 年	高级工程师
蔡芳波	女	1950 年 8 月	武陵乡百東村	厦门市建兴房地产开发总公司	总经理	2001 年 7 月	—
颜建茂	男	1968 年 1 月	湖美乡元安村	南京军区南昌房地产管理处	副处长	2007 年 6 月	—
魏初奖	男	1966 年 3 月	石牌镇下洋村	福建省森林病虫防治检疫总站	副站长	2005 年 10 月	高级工程师
魏瑞演	男	1962 年 5 月	上京镇溪尾村	福建工程学院土木工程系	副主任	2004 年 11 月	—

说明：本表共录 191 人，按姓氏笔画为序。表内一般只列曾任最高职务，不列任职过程；兼有高级职称和博士学位的，在附注栏标注，职称、学位表不再重复

二、1993—2008 年大田籍在外获高级专业技术职务人员名表（已知）

表 29-2

姓 名	性别	出生年月	籍 贯	工作单位	专业技术职务	确认时间	附 注
方正贺	男	1957 年 10 月	太华镇罗丰村	福建省林业厅调查规划院	高级工程师	2007 年 12 月	
乐多嵸	男	1971 年 12 月	石牌镇桃坑村	三明市水利水电工程处	高级工程师	2008 年 12 月	
乐大发	男	1966 年 11 月	石牌镇小湖村	中石化胜利油田孤岛采油厂	高级工程师	1995 年 1 月	
乐启炽	男	1968 年 2 月	石牌镇桃坑村	东北大学	教授	2000 年 7 月	博士后
乐恢榕	男	1968 年 2 月	石牌镇桃山村	英国剑桥大学	教授	1996 年 3 月	博 士
乐起胜	男	1966 年 3 月	石牌镇小湖村	美国路易斯安那州司法部计算机系统	高级工程师	2006 年 7 月	
乐清芳	女	1975 年 2 月	石牌镇小湖村	美国路易斯安娜洲司法部计算机系统	高级工程师	2005 年 5 月	
卢 伟	男	1955 年 6 月	华兴乡早兴村	厦门大学计算机系	副教授	1997 年 4 月	
卢 宪	男	1954 年 11 月	华兴乡早兴村	福建农林大学	教授	1999 年 10 月	
卢 辉	男	1961 年 6 月	华兴乡早兴村	三明电视台	主任编辑	2007 年 5 月	副总编辑
卢 勤	女	1948 年 9 月	华兴乡早兴村	福建农林大学遗传研究所	副教授、副研究员	1996 年 3 月	
卢芳颖	男	1963 年 6 月	华兴乡早兴村	福建省三钢（集团）有限责任公司	高级工程师	2002 年 9 月	
卢建奎	男	1963 年 7 月	华兴乡早兴村	四川省田河川投开发有限责任公司	高级工程师	2001 年 7 月	
卢超森	男	1967 年 7 月	华兴乡早兴村	厦门市海沧区疾病预防控制中心	副主任医师	2005 年 12 月	
叶 峰	男	1955 年 12 月	太华镇汤泉村	三明日报社	副编审	2005 年	
叶聿衍	男	1971 年 5 月	梅山乡西坑村	福建省水利厅	高级工程师	2006 年 8 月	
叶德赞	男	1950 年 5 月	梅山乡香坪村	国家海洋局第三海洋研究所	研究员	1999 年 11 月	
田 鼒	男	1967 年 1 月	上京镇灵川村	厦门恒瑞网航软件有限公司	高级工程师	1998 年 10 月	
田生海	男	1969 年 6 月	建设镇建国村	中共三明市委党校	副教授	2005 年 7 月	
田继红	女	1967 年 8 月	上京镇灵川村	陕西省西安经发集团财务部	高级会计师	1999 年 7 月	
池 宏	男	1960 年 1 月	武陵乡百束村	中国科学院科技与政策管理研究所	研究员	2004 年 8 月	教授、博士生导师
刘 莉	女	1969 年 1 月	屏山乡王坪村	福州铁路分局房地产管理处	高级工程师	2005 年 6 月	

续表 29–2

姓 名	性别	出生年月	籍 贯	工作单位	专业技术职务	确认时间	附 注
刘守信	男	1952 年 4 月	奇韬镇永德村	厦门工艺美术学院	教授	2008 年 1 月	
刘其观	男	1960 年 2 月	上京镇下溪口村	重庆长江轮船有限公司	高级工程师	1998 年 7 月	
刘其寿	男	1973 年 11 月	上京镇下溪口村	龙岩地震局	高级工程师	1999 年 10 月	
刘建治	男	1971 年 3 月	吴山乡科山村	福州协和医院	主任医师	2007 年 7 月	
刘泽生	男	1956 年 3 月	吴山乡科山村	三明市国税局	高级经济师	2001 年 8 月	
刘美满	男	1972 年 6 月	上京镇下溪口村	厦门市同安一中	高级税务师	2004 年 6 月	
刘培德	男	1969 年 9 月	吴山乡科山村	华侨大学	教授	2004 年 7 月	
吴启辉	男	1974 年 10 月	文江乡文江村	厦门大学	副教授	2003 年 7 月	博士
吴建峰	男	1978 年 5 月	湖美乡汉口村	龙岩市水电研究院	高级工程师	2007 年 6 月	
张 榕	女	1964 年 5 月	广平镇元沙村	厦门大学	教授	2005 年 8 月	博士生导师
张业圳	男	1971 年 8 月	文江乡温厝村	福建师范大学经济学学院	副教授	2008 年 6 月	博士
张永欢	男	1967 年 7 月	石牌镇三坊村	厦门银行	高级经济师 高级审计师	2002 年 7 月	副行长
张永命	男	1973 年 3 月	石牌镇三坊村	广州天驰测绘公司	高级工程师	2008 年 9 月	
张生蕃	男	1970 年 4 月	太华镇黄沙村	上海造船厂	高级工程师	2001 年	
张兴年	男	1941 年 6 月	广平镇元沙村	福建省农业科学院	高级工程师	1993 年 5 月	
张知恒	男	1967 年 12 月	梅山乡沧州村	北京市数据通讯研究所	高级工程师	1993 年 5 月	
张春良	男	1971 年 9 月	奇韬镇东佳村	三明市农业局	高级农艺师	2005 年 5 月	
张流瑞	男	1968 年 7 月	太华镇黄沙村	辽宁省葫芦岛电业局	高级工程师	2002 年	
张毓泰	男	1940 年 10 月	广平镇元沙村	广州市中山大学法律系	教授	1996 年 3 月	一级律师
杜文琴	女	1956 年 4 月	武陵乡大石村	福建省农科院	副研究员	2005 年 5 月	
杜起洪	男	1958 年 3 月	均溪镇红星村	三明市农业局	高级农艺师	1995 年 5 月	
杨国德	男	1968 年 12 月	华兴乡横坑村	福建省信息产业局教育中心	高级工程师	2007 年 1 月	
肖名超	男	1974 年 8 月	桃源镇上举村	福建省第一建筑公司	高级工程师	2005 年 8 月	
苏荣坚	男	1961 年 5 月	屏山乡内洋村	厦门市信托投资公司	高级会计师	1998 年 4 月	

续表29–2

姓 名	性别	出生年月	籍 贯	工作单位	专业技术职务	确认时间	附 注
连延赏	男	1952年7月	太华镇魁城村	中国科学院福建物质结构研究所	高级工程师	1992年1月	
连选文	男	1966年8月	太华镇魁城村	福建弘审会计师事务所	高级审计师	2000年12月	
邵为琳	女	1959年3月	桃源镇桃源村	福州高新技术产业开发区仓山管理委员会	副研究员	2002年12月	
陈 锐	女	1958年3月	均溪镇福塘村	三明化机厂研究所	高级工程师	1998年5月	
陈生晓	男	1974年9月	建设镇建忠村	海南省海口市一八七中心医院内科	副主任医师	2002年8月	
陈上镱	男	1969年11月	武陵乡仕洋村	晋江市季延中学	高级教师	2008年5月	
陈双笔	男	1972年2月	吴山乡吴山村	美国纽约设计院	高级工程师	2008年9月	
陈双授	男	1962年8月	吴山乡吴山村	上海铁路局	高级工程师	1996年1月	
陈双燕	男	1969年12月	吴山乡吴山村	厦门大学	副教授	2007年9月	博 士
陈开设	男	1963年4月	屏山乡芦阳村	北京市瑞达总公司	高级工程师	1997年8月	副总经理
陈开作	男	1970年8月	屏山乡芦阳村	厦门市化工学校	高级教师	2005年8月	
陈文海	男	1977年6月	梅山乡长坑村	南平市交通规划设计院	高级工程师	2008年3月	
陈文敬	男	1938年6月	广平镇元沙村	天津市教育研究院	副教授	1999年6月	
陈长泰	男	1973年10月	武陵乡大石村	福建省交通规划设计院	高级工程师	2007年12月	
陈加祥	男	1951年2月	文江乡文江村	福建农林大学动物科学学院	教授	2007年6月	
陈永佳	男	1951年7月	吴山乡吴山村	泉州市第二医院	副主任医师	2004年6月	
陈先朝	男	1960年9月	文江乡联盟村	广州工业大学	副教授	1995年8月	
陈成川	男	1975年12月	太华镇群团村	深圳市大华会计事务所	高级会计师	2004年8月	
陈红玉	女	1965年5月	均溪镇红星村	国家语言出版社	副编审	1998年9月	
陈红英	女	1967年1月	均溪镇红星村	三明市梅列洋溪中学	高级教师	2007年6月	
陈阳光	男	1973年8月	梅山乡高泉村	永安市煤业公司生技部	高级工程师	2005年11月	
陈初封	男	1942年7月	上京镇上京村	云南省科技厅	高级工程师	1993年1月	
陈其端	男	1965年4月	梅山乡长坑村	集美大学	教授	2006年5月	
陈金水	男	1967年4月	济阳乡大垅村	浙江大学	副教授	2005年7月	博 士

续表29–2

姓 名	性别	出生年月	籍 贯	工作单位	专业技术职务	确认时间	附 注
陈钦慧	女	1975年1月	太华镇群团村	福州师范高等专科学校	副教授	2004年7月	
陈捷权	男	1954年1月	太华镇华溪村	交通部基建处办公室	高级工程师	2000年1月	
陈新根	男	1965年5月	均溪镇红星村	甘肃省鑫川有色金属公司	高级工程师	1994年4月	
陈嘉生	男	1966年2月	太华镇汤泉村	安徽铜陵市化工集团公司	高级工程师	2004年6月	博 士
陈德清	女	1972年9月	吴山乡吴山村	美 国	高级工程师	2008年9月	博 士
周文健	男	1978年9月	均溪镇许思坑村	北京市昌平区委研究室	高级经济师	2001年10月	
周庆国	男	1973年11月	太华镇大合村	兰州大学	副教授	2006年5月	
周善增	男	1968年1月	均溪镇和丰坪村	福建省煤炭集团石狮热电有限公司	高级工程师	2007年7月	
林 海	男	1968年11月	建设镇建强村	福建南平水泥厂	高级工程师	2003年12月	
林凤树	男	1972年1月	武陵乡大石村	厦门市象屿工程咨询管理公司	高级工程师	2005年12月	
林进授	男	1964年4月	吴山乡阳春村	青山纸业股份有限公司	高级会计师	1994年1月	
林季红	男	1966年11月	大田县均溪镇	厦门大学	教授	2003年12月	博士生导师
林恢亮	男	1960年8月	武陵乡大石村	厦门市地质勘察院第一工程处	高级工程师	2005年3月	
林美华	女	1962年4月	建设镇建忠村	梅列区第二医院	副主任医师	2006年1月	副院长
林维荣	男	1975年7月	广平镇广平村	北京迈尼科电子技术有限公司	高级工程师	2005年8月	
林喜炜	男	1969年4月	均溪镇太山崎村	中共福州市委党校	副教授	2004年12月	
范大均	男	1964年2月	均溪镇玉田村	上海第二军医大学	教授	1997年7月	博士
范文剑	男	1970年1月	均溪镇玉田村	福州三十八中学	高级教师	2007年12月	
范代读	男	1972年4月	石牌镇长溪村	上海同济大学	教授	2001年3月	博士、博士生导师
范训库	男	1972年1月	均溪镇宋京村	三明二中	高级教师	2008年7月	
范宜涛	男	1974年9月	均溪镇宋京村	福州武警指挥学院	副教授	2002年7月	
范承胜	男	1974年3月	均溪镇宋京村	北京一品古道茶楼厦门益胜电源茶叶有限公司	高级茶艺师	2006年5月	

续表29-2

姓 名	性别	出生年月	籍 贯	工作单位	专业技术职务	确认时间	附 注
范祯镇	男	1966年1月	均溪镇宋京村	厦工三明重型机器有限公司	高级工程师	2003年12月	
范锦樟	男	1967年8月	均溪镇宋京村	三明农药厂	高级工程师	2007年8月	
郑 炜	男	1965年8月	武陵乡武陵村	厦门大学	副教授	2005年5月	高级工程师
郑大利	男	1973年5月	奇韬镇东佳村	福建医科大学基础医学院	副教授	2007年7月	博士
郑成明	男	1960年2月	奇韬镇东佳村	日本横滨医学院	研究员	1993年5月	
郑成洋	男	1966年5月	奇韬镇东佳村	北京大学城市与环境学院	副教授	2008年9月	博士后
郑成银	男	1971年9月	奇韬镇东佳村	福建省安装公司三明分公司	高级工程师	2004年1月	副总经理
郑有料	男	1935年1月	石牌镇上坡村	南京大学物理系	中国科学院院士	2003年2月	博士、博士生导师
郑贤应	男	1969年11月	华兴乡华安村	福建医大附属第一医院影像科	副主任医师	2007年12月	
郑秋萍	女	1962年	上京镇下溪口村	福州市第四十中学	高级教师	1994年10月	
郑祥洋	男	1964年9月	奇韬镇东佳村	美国加州戴维斯市	高级研究员	1995年5月	博士后
施生昌	男	1950年12月	湖美乡宏才村	福建省直机关医院	主任医师	2001年5月	
柳传堆	男	1962年2月	太华镇甲魁村	三明学院	副教授	2001年8月	
涂大杭	男	1962年4月	济阳乡济中村	中共三明市委党校	教 授	2005年8月	
涂秀卿	女	1950年1月	济阳乡济阳村	广西壮族自治区桂林市长海实验学校	小中高教师	1995年12月	
涂国珍	男	1975年12月	济阳乡泮林村	福建省外贸进出口公司	高级工程师	2002年3月	
涂秉峰	男	1963年4月	济阳乡济中村	中国建筑材料工业地质勘察中心湖北总队	高级工程师	1996年5月	
涂育守	男	1949年7月	济阳乡济阳村	三明市第一医院	主任医师	2005年7月	
涂前程	男	1956年3月	济阳乡上丰村	三明市农科所	高级农艺师	2000年2月	
涂添田	男	1965年8月	济阳乡泮林村	广东省惠州电子有限公司	高级工程师	1995年8月	
郭良宗	男	1962年12月	广平镇广平村	福建省城乡规划设计院	高级工程师	2003年5月	
高超跃	男	1963年11月	建设镇建丰村	梅列区农业局	高级农艺师	2002年12月	
章 洲	男	1971年2月	屏山乡王坪村	三明市城乡规划建设局	高级规划师	2005年12月	

续表29-2

姓 名	性别	出生年月	籍 贯	工作单位	专业技术职务	确认时间	附 注
章华旺	男	1965年9月	屏山乡王坪村	石狮市审计局	高级审计师	2003年4月	
章进培	男	1976年1月	屏山乡王坪村	三明学院	副教授	1998年5月	
章国钊	男	1939年12月	屏山乡王坪村	永安一中	高级教师	1995年6月	
章昌扬	男	1968年2月	太华镇甲魁村	福建省外国机构服务中心	高级会计师	2005年11月	
章选云	男	1965年9月	屏山乡王坪村	三明市商业局	高级经济师	2005年4月	
章德昆	男	1969年12月	吴山乡张坑村	福州市第一医院肿瘤科	副主任医师	2005年5月	
黄发灿	男	1966年8月	奇韬镇龙坪村	福建华灿生物科技有限公司	教授	2008年9月	博士
黄其勋	男	1976年1月	均溪镇红星村	厦门市建筑科学研究院	高级工程师	2004年5月	
程立凯	男	1968年9月	华兴乡昆山村	厦门市嵩屿火电厂	高级工程师	2003年1月	
蒋 玲	女	1966年月	广平镇五峰村	三明市第二医院妇产科	副主任医师	2004年	
詹大好	男	1966年1月	广平镇苏桥村	三明学院外语系	教授	2008年9月	
詹昌庚	男	1968年12月	太华镇万湖村	福建省华电集团公司	高级会计师	2003年12月	
詹光曹	男	1992年11月	太华镇万湖村	三明钢铁厂	高级工程师	2008年12月	
廖启芬	男	1936年11月	文江乡朱坂村	福建医科大学附属第一医院	主任医师	1998年10月	
廖新炽	男	1960年7月	广平镇苏桥村	中国远洋运输（集团）总公司	高级工程师	2003年5月	教授
廖新维	男	1967年11月	广平镇苏桥村	中国石油大学	教授	2003年6月	
蔡良刚	男	1972年8月	文江乡大中村	福建医科大学附属第一医院	副主任医师	2004年8月	博士

说明：本表收录在外获高级专业技术职务132人。其中，院士1人，教授15人，副教授 ,19人，高级研究员1人，研究员3人，副研究员2人，高级工程师48人，高级农艺师、高级经济师各4人，高级茶艺师、高级规划师各1人，高级审计师2人，高级会计师6人，高级税务师1人，中学高级教师9人（含小中高），主任编辑1人，副编审2人，主任医师4人，副主任医师8人。按姓氏笔画为序。凡有担任行政职务或获得博士学位的在附注栏标示

三、1993—2008年在大田工作获教育类高级专业技术职务人员名表（已知）

表29-3

姓名	性别	出生年月	籍贯	工作单位	职称	确认时间
丁其玮	男	1962年8月	大田县均溪镇	大田县城关第二小学	小中高教师	2004年9月
尹惠英	女	1951年10月	福建闽清	大田县柯坑中心小学	小中高教师	1999年7月
方向阳	女	1964年7月	大田县奇韬镇	大田县第一中学	中学高级教师	2003年8月
方其代	男	1967年10月	大田县建设镇	大田县第六中学	中学高级教师	2008年9月
王金香	男	1963年11月	山东省	大田县教师进修学校	中学高级教师	2008年9月
王亮华	男	1959年12月	福建闽侯	大田县教师进修学校	中学高级教师	2000年6月
王振丰	男	1968年10月	大田县桃源镇	大田县第三中学	中学高级教师	2007年8月
王韩典	男	1968年3月	福建连江	大田县柯坑中学	中学高级教师	2007年8月
乐士禹	男	1968年11月	大田县石牌镇	大田县职业中专	中学高级教师	2007年8月
乐庆霖	男	1952年10月	大田县石牌镇	大田县第五中学	中学高级教师	2000年6月
乐建设	男	1959年7月	大田县石牌镇	大田县石牌中心小学	小中高教师	2004年9月
乐春花	女	1961年4月	大田县石牌镇	大田县第一中学	中学高级教师	2008年6月
卢维文	男	1951年8月	大田县华兴乡	大田县第一中学	中学高级教师	2004年6月
卢超丕	男	1965年7月	大田县华兴乡	大田县第五中学	中学高级教师	2003年8月
叶玉珍	男	1963年8月	大田县华兴乡	大田县第六中学	中学高级教师	2001年5月
叶夺青	男	1962年10月	大田县华兴乡	大田县石牌中学	中学高级教师	2007年8月
叶安田	男	1961年12月	福建南安	大田县职业中专	中学高级教师	2003年8月
叶延开	男	1955年12月	大田县华兴乡	大田县第一中学	中学高级教师	2001年6月
叶延塔	男	1962年11月	大田县华兴乡	大田县第一中学	中学高级教师	2001年6月
叶聿昌	男	1961年6月	大田县梅山乡	大田县第五中学	中学高级教师	2000年6月
叶致裕	男	1952年4月	大田县太华镇	大田县太华中学	中学高级教师	2007年8月
叶德明	男	1966年8月	大田县华兴乡	大田县职业中专	中学高级教师	2005年7月
田上梁	男	1962年10月	大田县建设镇	大田县第一中学	中学高级教师	2000年6月
田民业	男	1967年9月	大田县上京镇	大田县第六中学	中学高级教师	2007年8月
田剑锋	男	1968年6月	大田县上京镇	大田县第二中学	中学高级教师	2007年8月
田景华	男	1949年6月	大田县华兴乡	大田县华兴中心小学	小中高教师	2001年7月
刘子雄	男	1962年7月	大田县湖美乡	大田县第五中学	中学高级教师	2003年8月
刘升串	男	1967年12月	大田县太华镇	大田县第六中学	中学高级教师	2008年9月
刘双桂	男	1940年5月	福建永春	大田县第一中学	中学高级教师	1994年6月
刘长科	男	1969年10月	大田县湖美乡	大田县第一中学	中学高级教师	2008年9月
刘立新	男	1964年10月	大田县吴山乡	大田县第三中学	中学高级教师	2006年6月

续表 29-3

姓 名	性别	出生年月	籍贯	工作单位	职 称	确认时间
刘传富	男	1969 年 10 月	大田县吴山乡	大田县第三中学	中学高级教师	2008 年 9 月
刘兴河	男	1959 年 12 月	大田县吴山乡	大田县职业中专	中学高级教师	2004 年 8 月
刘兴培	男	1944 年 2 月	大田县吴山乡	大田县第一中学	中学高级教师	1994 年 6 月
刘兴颜	男	1949 年 3 月	大田县吴山乡	大田县石牌中学	中学高级教师	2000 年 6 月
刘其平	男	1968 年 9 月	大田县上京镇	大田县第五中学	中学高级教师	2008 年 9 月
刘建川	男	1968 年 7 月	大田县湖美乡	大田县第六中学	中学高级教师	2008 年 9 月
刘明华	男	1960 年 3 月	大田县湖美乡	大田县第六中学	中学高级教师	2003 年 8 月
刘珍王	男	1962 年 6 月	大田县吴山乡	大田县第一中学	中学高级教师	2001 年 6 月
刘殷作	男	1943 年 10 月	大田县湖美乡	大田县湖美中学	中学高级教师	2000 年 5 月
刘爱华	男	1967 年 2 月	大田县吴山乡	大田县第一中学	中学高级教师	2006 年 6 月
刘彭南	男	1948 年 1 月	大田县吴山乡	大田县第一中学	中学高级教师	1997 年 7 月
刘普选	男	1956 年 8 月	大田县吴山乡	大田县第五中学	中学高级教师	2003 年 8 月
池上裕	男	1969 年 2 月	大田县广平镇	大田县第三中学	中学高级教师	2008 年 9 月
严钢春	男	1966 年 2 月	大田县均溪镇	大田县第一中学	中学高级教师	2005 年 7 月
何希义	男	1938 年 7 月	福建福清市	大田县第一中学	中学高级教师	1997 年 7 月
余世家	男	1969 年 9 月	大田县广平镇	大田县第二中学	中学高级教师	2007 年 8 月
余华铸	男	1966 年 8 月	大田县均溪镇	大田县第五中学	中学高级教师	2006 年 6 月
余志钿	男	1966 年 6 月	大田县文江乡	大田县第五中学	中学高级教师	2007 年 8 月
余明伦	男	1970 年 10 月	大田县广平镇	大田县奇韬中学	中学高级教师	2008 年 9 月
余星耀	男	1957 年 2 月	大田县文江乡	大田县第六中学	中学高级教师	2007 年 8 月
余真毅	男	1959 年 9 月	大田县文江乡	大田县教师进修学校	中学高级教师	1998 年 4 月
余联标	男	1957 年 2 月	大田县广平镇	大田县第五中学	中学高级教师	2000 年 6 月
吴元华	男	1963 年 2 月	大田县梅山乡	大田县第五中学	中学高级教师	2005 年 8 月
吴加日	男	1963 年 1 月	大田县湖美乡	大田县职业中专	中学高级教师	2003 年 8 月
吴发谋	男	1962 年 10 月	大田县湖美乡	大田县第五中学	中学高级教师	2004 年 8 月
吴先让	男	1967 年 3 月	大田县均溪镇	大田县第六中学	中学高级教师	2006 年 6 月
吴初灿	男	1969 年 12 月	大田县梅山乡	大田县第一中学	中学高级教师	2008 年 9 月
吴宗明	男	1963 年 12 月	大田县均溪镇	大田县第一中学	中学高级教师	2002 年 8 月
吴绍景	男	1963 年 2 月	大田县梅山乡	大田县太华中学	中学高级教师	2003 年 8 月
吴英蕉	男	1968 年 9 月	大田县梅山乡	大田县广平中学	中学高级教师	2008 年 9 月
吴树情	男	1966 年 3 月	大田县梅山乡	大田县第五中学	中学高级教师	2007 年 8 月
吴家杰	男	1968 年 7 月	大田县梅山乡	大田县第五中学	中学高级教师	2007 年 8 月

续表 29-3

姓名	性别	出生年月	籍贯	工作单位	职称	确认时间
吴清健	男	1971 年 1 月	大田县梅山乡	大田县第一中学	中学高级教师	2008 年 9 月
吴联伴	男	1954 年 11 月	大田县建设镇	大田县第五中学	中学高级教师	1998 年 5 月
吴联辉	男	1961 年 2 月	大田县建设镇	大田县教师进修学校	中学高级教师	1998 年 4 月
吴嵩极	男	1945 年 8 月	大田县上京镇	大田县上京中学	中学高级教师	2000 年 5 月
吴新木	男	1952 年 10 月	大田县梅山乡	大田县梅山中心小学	小中高教师	2003 年 6 月
吴新峰	男	1960 年 11 月	大田县上京镇	大田县上京中学	中学高级教师	2006 年 6 月
张太桂	男	1967 年 4 月	大田县梅山乡	大田县职业中专	中学高级教师	2008 年 9 月
张少华	男	1966 年 5 月	福建永春	大田县第一中学	中学高级教师	2005 年 7 月
张兆桔	男	1967 年 12 月	大田县桃源镇	大田县第三中学	中学高级教师	2008 年 9 月
张先坂	男	1948 年 1 月	大田县石牌镇	大田县第三中学	中学高级教师	1997 年 7 月
张先树	男	1966 年 10 月	大田县石牌镇	大田县第一中学	中学高级教师	2007 年 8 月
张报炳	男	1964 年 7 月	大田县均溪镇	大田县第一中学	中学高级教师	2007 年 8 月
张恒琦	男	1962 年 11 月	福建寿宁	大田县第一中学	中学高级教师	2000 年 6 月
张春堦	男	1965 年 9 月	大田县奇韬镇	大田县教师进修学校	中学高级教师	2008 年 9 月
张美桐	男	1936 年 9 月	福建惠安	大田县第五中学	中学高级教师	1995 年 6 月
张敏生	男	1960 年 5 月	福建永春	大田县第一中学	中学高级教师	1998 年 5 月
张毓贞	女	1961 年 11 月	大田县广平镇	大田县教育局	中学高级教师	2001 年 6 月
李发夏	男	1967 年 3 月	大田县建设镇	大田县第二中学	中学高级教师	2006 年 6 月
李兴联	男	1970 年 3 月	大田县屏山乡	大田县职业中专	中学高级教师	2007 年 8 月
李其祖	男	1944 年 11 月	福建永春	大田县石牌中学	中学高级教师	1994 年 8 月
李笃刚	男	1967 年 4 月	大田县文江乡	大田县第五中学	中学高级教师	2006 年 6 月
杜生池	男	1964 年 3 月	大田县石牌镇	大田县教师进修学校	中学高级教师	2000 年 6 月
杜起传	男	1949 年 10 月	大田县均溪镇	大田县职业中专	中学高级教师	2001 年 6 月
杨占堆	男	1972 年 9 月	大田县华兴乡	大田县柯坑中学	中学高级教师	2008 年 9 月
杨本渊	男	1950 年 10 月	大田县华兴乡	大田县第一中学	中学高级教师	1997 年 7 月
杨玉琴	女	1959 年 12 月	大田县广平镇	大田县教师进修学校	中学高级教师	2002 年 3 月
杨生强	男	1968 年 11 月	福建尤溪	大田县第五中学	中学高级教师	2008 年 9 月
杨安慧	女	1942 年 5 月	福建永春	大田县第一中学	中学高级教师	1995 年 9 月
杨庆朗	男	1960 年 3 月	大田县华兴乡	大田县第一中学	中学高级教师	2000 年 6 月
杨泽虹	男	1966 年 4 月	福建南安	大田县第一中学	中学高级教师	2005 年 7 月
杨首池	男	1971 年 6 月	大田县均溪镇	大田县太华中学	中学高级教师	2008 年 9 月
杨振祝	男	1970 年 1 月	大田县均溪镇	大田县第五中学	中学高级教师	2008 年 9 月

续表 29-3

姓名	性别	出生年月	籍贯	工作单位	职称	确认时间
杨维州	男	1964 年 5 月	大田县华兴乡	大田县第五中学	中学高级教师	2008 年 9 月
杨景灿	男	1958 年 12 月	大田县华兴乡	大田县职业中专	中学高级教师	2004 年 8 月
杨景校	男	1960 年 4 月	大田县华兴乡	大田县石牌中心小学	小中高教师	2003 年 6 月
杨朝在	男	1938 年 10 月	大田县华兴乡	大田县第五中学	中学高级教师	1997 年 7 月
汪秉惠	女	1947 年 11 月	福建厦门	大田县奇韬中心小学	小中高教师	2001 年 9 月
肖长天	男	1950 年 12 月	大田县桃源镇	大田县第三中学	中学高级教师	1998 年 4 月
肖长青	男	1962 年 10 月	大田县桃源镇	大田县第一中学	中学高级教师	2002 年 9 月
肖冬妹	女	1966 年 12 月	福建尤溪	大田县第五中学	中学高级教师	2006 年 6 月
肖兆枝	男	1963 年 8 月	大田县桃源镇	大田县石牌中学	中学高级教师	2003 年 8 月
肖首祖	男	1969 年 9 月	大田县太华镇	大田县第六中学	中学高级教师	2007 年 8 月
肖登国	男	1967 年 8 月	大田县桃源镇	大田县第五中学	中学高级教师	2007 年 8 月
苏亨读	男	1968 年 10 月	大田县石牌镇	大田县第一中学	中学高级教师	2008 年 9 月
苏启文	男	1941 年 9 月	大田县屏山乡	大田县教育局	中学高级教师	1994 年 2 月
苏启仙	男	1968 年 3 月	大田县屏山乡	大田县第五中学	中学高级教师	2008 年 9 月
苏启叁	男	1960 年 6 月	大田县屏山乡	大田县教育局	中学高级教师	2000 年 6 月
苏林峥	女	1966 年 7 月	福建屏南	大田县第一中学	中学高级教师	2007 年 8 月
苏诗社	男	1966 年 11 月	大田县屏山乡	大田县屏山中学	中学高级教师	2008 年 9 月
苏城磊	男	1962 年 2 月	福建德化	大田县第三中学	中学高级教师	2007 年 8 月
连长兴	男	1967 年 9 月	大田县梅山乡	大田县湖美中学	中学高级教师	2007 年 8 月
连生核	男	1967 年 3 月	大田县太华镇	大田县第一中学	中学高级教师	2007 年 8 月
连青阳	男	1968 年 12 月	福建惠安	大田县第一中学	中学高级教师	2006 年 6 月
连晋成	男	1951 年 3 月	大田县太华镇	大田县太华中心小学	小中高教师	2003 年 6 月
连艳卿	女	1966 年 11 月	大田县太华镇	大田县第五中学	中学高级教师	2007 年 8 月
邱功发	男	1966 年 3 月	福建省闽清县	大田县第一中学	中学高级教师	2007 年 8 月
陈丁政	男	1961 年 6 月	大田县太华镇	大田县第六中学	中学高级教师	2005 年 7 月
陈书印	男	1961 年 6 月	大田县吴山乡	大田县湖美中学	中学高级教师	2006 年 6 月
陈五七	男	1953 年 10 月	大田县屏山乡	大田县第五中学	中学高级教师	1998 年 4 月
陈元坤	男	1945 年 7 月	大田县均溪镇	大田县第五中学	中学高级教师	2001 年 6 月
陈开兵	男	1966 年 4 月	大田县屏山乡	大田县第五中学	中学高级教师	2007 年 8 月
陈开溢	男	1967 年 4 月	大田县石牌镇	大田县第六中学	中学高级教师	2007 年 8 月
陈文思	男	1941 年 2 月	大田县吴山乡	大田县第四中学	中学高级教师	1999 年 6 月
陈文烨	男	1963 年 8 月	大田县桃源镇	大田县第一中学	中学高级教师	2003 年 8 月

续表 29-3

姓 名	性别	出生年月	籍贯	工作单位	职 称	确认时间
陈世荣	男	1962 年 12 月	大田县建设镇	大田县第二中学	中学高级教师	2008 年 9 月
陈东升	男	1966 年 1 月	大田县吴山乡	大田县第五中学	中学高级教师	2005 年 7 月
陈东风	男	1967 年 8 月	大田县吴山乡	大田县第六中学	中学高级教师	2007 年 8 月
陈加兴	男	1964 年 12 月	大田县梅山乡	大田县第五中学	中学高级教师	2005 年 8 月
陈加裕	男	1963 年 9 月	大田县文江乡	大田县第三中学	中学高级教师	2002 年 8 月
陈玉香	女	1966 年 11 月	大田县武陵乡	大田县第一中学	中学高级教师	2005 年 7 月
陈生宝	男	1964 年 8 月	大田县建设镇	大田县第二中学	中学高级教师	2008 年 9 月
陈先华	男	1968 年 3 月	大田县文江乡	大田县第六中学	中学高级教师	2007 年 8 月
陈光明	男	1960 年 3 月	大田县太华镇	大田县第五中学	中学高级教师	2001 年 6 月
陈光煊	男	1967 年 2 月	大田县梅山乡	大田县第一中学	中学高级教师	2006 年 6 月
陈秀升	男	1964 年 11 月	大田县吴山乡	大田县石牌中学	中学高级教师	2006 年 6 月
陈秀生	男	1954 年 11 月	大田县吴山乡	大田县第一中学	中学高级教师	1998 年 5 月
陈秀璋	男	1949 年 9 月	大田县吴山乡	大田县吴山中心小学	小中高教师	1999 年 7 月
陈秀耀	男	1967 年 11 月	大田县吴山乡	大田县第一中学	中学高级教师	2006 年 6 月
陈良吉	男	1939 年 12 月	大田县建设镇	大田县实验小学	小中高教师	1996 年 5 月
陈进湖	男	1966 年 6 月	大田县武陵乡	大田县第一中学	中学高级教师	2005 年 7 月
陈其库	男	1967 年 4 月	大田县前坪乡	大田县第一中学	中学高级教师	2005 年 7 月
陈其禄	男	1958 年 8 月	大田县文江乡	大田县文江中学	中学高级教师	2003 年 8 月
陈其辉	男	1967 年 4 月	大田县文江乡	大田县文江中学	中学高级教师	2007 年 8 月
陈学新	男	1946 年 11 月	大田县石牌镇	大田县第五中学	中学高级教师	1998 年 2 月
陈招娣	女	1966 年 4 月	福建沙县	大田县职业中专	中学高级教师	2006 年 6 月
陈昌水	男	1967 年 6 月	大田县梅山乡	大田县第五中学	中学高级教师	2008 年 9 月
陈绍添	男	1954 年 6 月	福建尤溪	大田县均溪中心小学	小中高教师	2003 年 6 月
陈育生	男	1954 年 12 月	大田县吴山乡	大田县职业中专	中学高级教师	2000 年 6 月
陈春兰	女	1970 年 2 月	大田县均溪镇	大田县职业中专	中学高级教师	2008 年 7 月
陈春买	男	1966 年 7 月	大田县梅山乡	大田县武陵中学	中学高级教师	2006 年 6 月
陈春江	男	1966 年 6 月	大田县梅山乡	大田县前坪中心小学	中学高级教师	2008 年 9 月
陈美秀	女	1965 年 12 月	大田县武陵乡	大田县第五中学	中学高级教师	2008 年 9 月
陈美垢	男	1965 年 9 月	大田县梅山乡	大田县第一中学	中学高级教师	2005 年 7 月
陈美明	男	1959 年 12 月	大田县均溪镇	大田县第五中学	中学高级教师	2000 年 5 月

续表29-3

姓 名	性别	出生年月	籍贯	工作单位	职 称	确认时间
陈美郁	男	1944年11月	大田县均溪镇	大田县第五中学	中学高级教师	1998年5月
陈美祥	男	1963年4月	大田县梅山乡	大田县武陵中学	中学高级教师	2006年6月
陈荣建	男	1956年5月	大田县武陵乡	大田县第六中学	中学高级教师	2007年8月
陈铉尊	男	1967年12月	大田县桃源镇	大田县上京中学	中学高级教师	2006年6月
陈高法	男	1965年10月	大田县梅山乡	大田县第一中学	中学高级教师	2006年6月
陈捷记	男	1957年11月	大田县华兴乡	大田县第五中学	中学高级教师	2004年8月
陈捷充	男	1939年5月	大田县华兴乡	大田县华兴中学	中学高级教师	1995年6月
陈捷巍	男	1971年7月	大田县华兴乡	大田县职业中专	中学高级教师	2008年9月
陈清英	女	1966年10月	福建永泰	大田县第五中学	中学高级教师	2007年8月
陈斯居	男	1966年7月	大田县太华镇	大田县第一中学	中学高级教师	2005年7月
陈智应	男	1964年2月	大田县上京镇	大田县第五中学	中学高级教师	2005年5月
陈源象	男	1949年2月	大田县上京镇	大田县上京中学	中学高级教师	2005年7月
陈源森	男	1968年12月	大田县上京镇	大田县上京中学	中学高级教师	2008年9月
陈瑞英	女	1964年7月	福建厦门	大田县第五中学	中学高级教师	2007年8月
周丽华	女	1965年6月	大田县均溪镇	中共大田县委党校	高级讲师	2003年1月
周承扬	男	1966年12月	大田县太华镇	大田县第一中学	中学高级教师	2005年7月
周昌瑞	男	1951年8月	大田县建设镇	大田县职业中专	中学高级教师	2003年8月
周瑞彪	男	1963年6月	大田县均溪镇	大田县第五中学	中学高级教师	2006年6月
岳哲华	女	1947年1月	福建仙游	大田县柯坑中学	中学高级教师	1999年6月
巫宝珠	女	1964年1月	大田县桃源镇	大田县第五中学	中学高级教师	2007年8月
林 坚	女	1953年10月	福建安溪	大田县第五中学	中学高级教师	1994年6月
林 健	男	1955年5月	大田县武陵乡	大田县第一中学	中学高级教师	2000年6月
林 榕	男	1962年9月	福建尤溪	大田县教师进修学校	中学高级教师	2006年6月
林凤瑮	男	1967年8月	大田县谢洋乡	大田县职业中专	中学高级教师	2003年8月
林天星	男	1945年10月	大田县武陵乡	大田县城关第一小学	小中高教师	1997年6月
林文华	男	1971年8月	大田县谢洋乡	大田县职业中专	中学高级教师	2008年9月
林乐健	男	1949年6月	大田县广平镇	大田县第五中学	中学高级教师	1997年2月
林冬梅	女	1965年12月	福建德化	大田县第五中学	中学高级教师	2007年8月
林永火	男	1963年1月	大田县武陵乡	大田县教师进修学校	中学高级教师	2004年8月
林玉团	男	1967年6月	大田县谢洋乡	大田县石牌中学	中学高级教师	2008年9月
林玉英	女	1962年8月	福建平潭	大田县第一中学	中学高级教师	2000年6月
林玉婷	女	1966年4月	福建平潭	大田县第五中学	中学高级教师	2006年6月

续表29-3

姓 名	性别	出生年月	籍贯	工作单位	职 称	确认时间
林充张	男	1954年10月	大田县武陵乡	大田县教育局	中学高级教师	2000年2月
林共鸣	男	1951年11月	大田县武陵乡	大田县实验小学	小中高教师	2003年6月
林兴和	男	1968年3月	大田县均溪镇	大田县第六中学	中学高级教师	2008年9月
林兴锦	男	1967年12月	大田县均溪镇	大田县第五中学	中学高级教师	2006年6月
林再生	男	1964年1月	福建福州	大田县第一中学	中学高级教师	1998年2月
林军玉	女	1968年3月	福建长乐	大田县第一中学	中学高级教师	2008年9月
林纪增	男	1957年3月	福建永春	大田县职业中专	中学高级教师	2003年8月
林克昭	男	1969年7月	大田县武陵乡	大田县第六中学	中学高级教师	2006年6月
林克煅	男	1965年10月	大田县武陵乡	大田县第一中学	中学高级教师	2003年8月
林启福	男	1967年11月	大田县前坪乡	大田县第一中学	中学高级教师	2006年6月
林玖华	男	1945年10月	福建福州	大田县职业中专	中学高级教师	1997年7月
林芳觉	男	1963年10月	大田县前坪乡	大田县屏山中学	中学高级教师	2001年6月
林还诚	男	1961年12月	大田县吴山乡	大田县第三中学	中学高级教师	2003年8月
林奇志	男	1944年12月	大田县广平镇	大田县广平中心小学	小中高教师	1995年9月
林建成	男	1963年2月	福建永春	大田县第五中学	中学高级教师	2000年6月
林建南	男	1957年8月	大田县武陵乡	大田县第五中学	中学高级教师	1996年9月
林英添	男	1940年5月	大田县建设镇	大田县第二中学	中学高级教师	1999年5月
林素瑜	女	1964年12月	福建永春	大田县第一中学	中学高级教师	2001年6月
林起淮	男	1970年10月	大田县建设镇	大田县第二中学	中学高级教师	2008年9月
林颂京	男	1956年5月	福建闽清	大田县第三中学	中学高级教师	2000年6月
林善坂	男	1962年10月	大田县均溪镇	大田县第六中学	中学高级教师	2003年8月
林裕看	男	1966年3月	大田县武陵乡	大田县屏山中学	中学高级教师	2008年9月
林辉耀	男	1955年10月	大田县均溪镇	大田县第一中学	中学高级教师	2002年8月
林福岗	男	1962年1月	大田县广平镇	大田县教师进修学校	中学高级教师	2001年6月
罗秀美	女	1958年2月	福建永安	大田县第五中学	中学高级教师	1998年4月
罗施圳	男	1966年12月	大田县广平镇	大田县第一中学	中学高级教师	2008年9月
范立洋	男	1951年11月	大田县均溪镇	大田县第一中学	中学高级教师	1998年4月
范成法	男	1966年9月	大田县均溪镇	大田县第五中学	中学高级教师	2006年6月
范应兴	男	1939年1月	大田县均溪镇	大田县第一中学	中学高级教师	1997年2月
范承华	男	1939年11月	大田县均溪镇	大田县第五中学	中学高级教师	1997年7月
范政令	男	1948年3月	大田县均溪镇	大田县职业中专	中学高级教师	1998年4月
范起埕	男	1961年5月	大田县均溪镇	大田县第五中学	中学高级教师	2008年9月

续表 29-3

姓 名	性别	出生年月	籍贯	工作单位	职 称	确认时间
郑大兴	男	1968 年 8 月	大田县奇韬镇	大田县职业中专	中学高级教师	2007 年 8 月
郑仁水	男	1965 年 10 月	大田县均溪镇	大田县第一中学	中学高级教师	2003 年 8 月
郑升淮	男	1967 年 8 月	大田县广平镇	大田县广平中学	中学高级教师	2007 年 8 月
郑世炉	男	1944 年 5 月	大田县桃源镇	大田县桃源中心小学	小中高教师	1996 年 4 月
郑圣锋	男	1969 年 1 月	大田县桃源镇	大田县第三中学	中学高级教师	2008 年 9 月
郑兴民	男	1966 年 4 月	大田县桃源镇	大田县第二中学	中学高级教师	2003 年 8 月
郑抡宝	男	1963 年 4 月	大田县建设镇	大田县第一中学	中学高级教师	2000 年 6 月
郑进记	男	1957 年 8 月	大田县桃源镇	大田县第一中学	中学高级教师	2001 年 6 月
郑际慈	男	1967 年 7 月	大田县奇韬镇	大田县第六中学	中学高级教师	2008 年 9 月
郑和文	男	1955 年 4 月	大田县桃源镇	大田县第三中学	中学高级教师	2003 年 8 月
郑国红	男	1969 年 12 月	大田县建设镇	大田县第六中学	中学高级教师	2006 年 6 月
郑宝珍	男	1970 年 6 月	大田县太华镇	大田县广平中学	中学高级教师	2007 年 8 月
郑昌成	男	1966 年 1 月	大田县广平镇	中共大田县委党校	高级讲师	2005 年 12 月
郑香兰	女	1968 年 1 月	大田县桃源镇	大田县第一中学	中学高级教师	2007 年 8 月
郑振福	男	1941 年 7 月	福建永春	大田县第五中学	中学高级教师	1994 年 6 月
郑晓明	女	1957 年 6 月	福建尤溪	大田县第五中学	中学一级教师	2007 年 8 月
郑晓健	男	1964 年 11 月	大田县奇韬镇	大田县第五中学	中学高级教师	2005 年 7 月
郑祥旦	男	1963 年 4 月	大田县奇韬镇	大田县华兴中心小学	小中高教师	2004 年 9 月
郑祥龙	男	1971 年 5 月	大田县太华镇	大田县第六中学	中学高级教师	2006 年 6 月
郑起照	男	1948 年 4 月	大田县桃源镇	大田县第五中学	中学高级教师	1997 年 8 月
郑湖邻	男	1939 年 11 月	台湾金门	大田县第一中学	中学高级教师	1995 年 6 月
郑超乡	男	1967 年 2 月	大田县太华镇	大田县第二中学	中学高级教师	2007 年 8 月
施发茂	男	1956 年 11 月	大田县湖美乡	大田县第六中学	中学高级教师	2002 年 6 月
施生冬	男	1966 年 10 月	大田县湖美乡	大田县职业中专	中学高级教师	2004 年 8 月
施生会	男	1967 年 1 月	大田县湖美乡	大田县第一中学	中学高级教师	2007 年 8 月
施生桔	男	1953 年 11 月	大田县湖美乡	大田县湖美中学	中学高级教师	2004 年 8 月
施生浥	男	1967 年 4 月	大田县湖美乡	大田县第五中学	中学高级教师	2007 年 8 月
施宏声	男	1960 年 7 月	福建永春	大田县第五中学	中学高级教师	2002 年 8 月
施朗普	男	1963 年 1 月	大田县湖美乡	大田县第五中学	中学高级教师	2005 年 7 月
柏树珍	女	1968 年 4 月	江苏淮安	大田县第五中学	中学高级教师	2008 年 9 月
柯仁炎	男	1968 年 11 月	大田县桃源镇	大田县第三中学	中学高级教师	2008 年 9 月
柯文炳	男	1969 年 8 月	大田县桃源镇	大田县第四中学	中学高级教师	2006 年 6 月

续表 29-3

姓 名	性别	出生年月	籍 贯	工作单位	职 称	确认时间
柯文强	男	1967 年 7 月	大田县桃源镇	大田县第一中学	中学高级教师	2005 年 7 月
柯祖烽	男	1964 年 7 月	大田县桃源镇	大田县第五中学	中学高级教师	2004 年 8 月
柯福全	男	1967 年 12 月	福建南安	大田县第五中学	中学高级教师	2008 年 9 月
柳雪霞	女	1967 年 3 月	大田县均溪镇	大田县职业中专	中学高级教师	2007 年 8 月
胡红斌	男	1967 年 1 月	浙江平阳	大田县第五中学	中学高级教师	2007 年 8 月
郝　泉	男	1958 年 11 月	陕西华阴	大田县教育局	中学高级教师	2004 年 8 月
项运民	男	1959 年 10 月	福建连城	大田县职业中专	中学高级教师	2006 年 6 月
凌永华	男	1967 年 4 月	大田县华兴乡	大田县华兴中学	中学高级教师	2007 年 8 月
徐玉玲	女	1965 年 2 月	福建建宁	大田县第五中学	中学高级教师	2003 年 8 月
涂文森	男	1966 年 2 月	大田县济阳乡	大田县第四中学	中学高级教师	2006 年 6 月
涂永平	男	1965 年 2 月	大田县吴山乡	大田县第一中学	中学高级教师	2004 年 8 月
涂玉藩	男	1956 年 10 月	大田县济阳乡	大田县第一中学	中学高级教师	1998 年 2 月
涂良禀	男	1935 年 8 月	大田县济阳乡	大田县第五中学	中学高级教师	1994 年 6 月
涂建群	男	1956 年 5 月	大田县济阳乡	大田县第六中学	中学高级教师	2008 年 9 月
涂明丽	女	1970 年 12 月	大田县济阳乡	大田县济阳中学	中学高级教师	2008 年 9 月
涂育听	男	1955 年 2 月	福建永春	大田县柯坑中学	中学高级教师	2001 年 5 月
涂彩萍	女	1963 年 1 月	大田县济阳乡	大田县第一中学	中学高级教师	2005 年 7 月
涂清苑	男	1960 年 9 月	大田县济阳乡	大田县职业中专	中学高级教师	2008 年 9 月
涂智勤	女	1966 年 9 月	大田县济阳乡	大田县第五中学	中学高级教师	2003 年 8 月
涂新民	男	1951 年 11 月	大田县济阳乡	大田县职业中专	中学高级教师	2001 年 6 月
翁文龙	男	1964 年 4 月	大田县桃源镇	大田县教师进修学校	中学高级教师	1998 年 4 月
翁榕香	女	1966 年 2 月	福建福清	大田县第一中学	中学高级教师	2006 年 6 月
郭文国	男	1955 年 5 月	大田县屏山乡	大田县第五中学	中学高级教师	1998 年 4 月
郭传电	男	1960 年 5 月	大田县屏山乡	大田县第五中学	中学高级教师	2001 年 6 月
郭传雅	男	1963 年 4 月	大田县屏山乡	大田县职业中专	中学高级教师	2003 年 8 月
郭传曙	男	1967 年 10 月	大田县屏山乡	大田县第五中学	中学高级教师	2007 年 8 月
郭兆天	男	1964 年 8 月	大田县广平镇	大田县第五中学	中学高级教师	2007 年 8 月
郭兆志	男	1965 年 11 月	大田县广平镇	大田县梅山中学	中学高级教师	2005 年 7 月
郭守槐	男	1967 年 7 月	大田县屏山乡	大田县第五中学	中学高级教师	2007 年 8 月
郭良国	男	1951 年 5 月	大田县广平镇	大田县广平中学	中学高级教师	1999 年 6 月
郭典杨	男	1959 年 2 月	大田县屏山乡	大田县教师进修学校	中学高级教师	2006 年 8 月
郭衍文	男	1937 年 2 月	福建永春	大田县第五中学	中学高级教师	1994 年 6 月

续表29-3

姓 名	性别	出生年月	籍贯	工作单位	职 称	确认时间
郭健伶	女	1967年9月	福建永春	大田县第五中学	中学高级教师	2008年9月
郭德瀛	男	1956年7月	大田县屏山乡	大田县教师进修学校	中学高级教师	1998年4月
高丽强	男	1966年11月	福建莆田	大田县第一中学	中学高级教师	2006年6月
高孝悌	男	1965年11月	大田县建设镇	大田县职业中专	中学高级教师	2007年8月
高晓臻	男	1963年5月	大田县建设镇	大田县第五中学	中学高级教师	2001年6月
高超远	男	1969年3月	大田县太华镇	大田县太华中学	中学高级教师	2007年8月
梁国政	男	1941年10月	福建德化	大田县第五中学	中学高级教师	1997年8月
梁奋武	男	1967年8月	福建莆田	大田县柯坑中学	中学高级教师	2005年8月
章 跃	男	1958年1月	大田县屏山乡	大田县第一中学	中学高级教师	1996年5月
章开来	男	1967年1月	大田县济阳乡	大田县第五中学	中学高级教师	2007年8月
章进义	男	1966年8月	大田县屏山乡	大田县第五中学	中学高级教师	2008年8月
章青花	女	1966年10月	福建永春	大田县第五中学	中学高级教师	2004年8月
章活才	男	1969年5月	大田县太华镇	大田县太华中学	中学高级教师	2007年8月
章荣桂	男	1960年6月	大田县济阳乡	大田县上京中学	中学高级教师	2005年7月
章荣朝	男	1950年11月	大田县济阳乡	大田县教师进修学校	中学高级教师	1997年2月
章德泉	男	1965年9月	大田县吴山乡	大田县第五中学	中学高级教师	2000年6月
章德斌	男	1961年9月	大田县吴山乡	大田县第五中学	中学高级教师	2004年8月
章赞扬	男	1969年12月	大田县济阳乡	大田县柯坑中学	中学高级教师	2007年8月
章曙光	男	1967年11月	大田县太华镇	大田县第六中学	中学高级教师	2008年9月
黄五四	男	1947年10月	大田县桃源镇	大田县桃源中心小学	小中高教师	1999年7月
黄兆晰	男	1956年4月	大田县桃源镇	大田县第三中学	中学高级教师	2003年9月
黄兴赶	男	1966年4月	大田县文江乡	大田县第五中学	中学高级教师	2007年8月
黄江芳	男	1950年9月	福建尤溪	大田县石牌中学	中学高级教师	2003年8月
黄秀云	女	1949年12月	福建莆田	大田县职业中专	中学高级教师	1998年4月
黄建强	男	1963年2月	大田县广平镇	大田县第五中学	中学高级教师	2003年8月
黄星岁	男	1960年7月	福建永春	大田县第五中学	中学高级教师	2001年6月
黄种茂	男	1935年6月	福建南安	大田县第五中学	中学高级教师	1995年6月
黄虹华	女	1968年1月	福建惠安	大田县第一中学	中学高级教师	2008年9月
黄素钦	女	1945年3月	福建仙游	大田县第一中学	中学高级教师	1994年6月
黄起潘	男	1967年4月	大田县建设镇	大田县第二中学	中学高级教师	2006年6月
黄清钿	男	1964年3月	福建梅列	大田县第五中学	中学高级教师	2001年6月
黄惠珍	女	1955年2月	浙江平阳	大田县第一中学	中学高级教师	1998年4月

续表 29-3

姓 名	性别	出生年月	籍贯	工作单位	职 称	确认时间
黄榕垣	男	1947 年 12 月	福建永春	大田县教育局	中学高级教师	1994 年 6 月
龚祖森	男	1948 年 4 月	福建莆田	大田县第一中学	中学高级教师	1998 年 4 月
曾万彩	男	1966 年 12 月	大田县均溪镇	大田县第一中学	中学高级教师	2006 年 6 月
曾万富	男	1963 年 11 月	大田县均溪镇	大田县第五中学	中学高级教师	2005 年 7 月
曾水都	男	1937 年 10 月	福建同安	大田县职业中专	中学高级教师	1995 年 6 月
曾真平	男	1962 年 7 月	福建惠安	大田县职业中专	中学高级教师	1998 年 2 月
温玉珠	女	1966 年 10 月	大田县均溪镇	大田县第五中学	中学高级教师	2006 年 6 月
蒋丽华	女	1961 年 6 月	大田县广平镇	大田县实验小学	小中高教师	2004 年 9 月
蒋联和	男	1949 年 4 月	大田县广平镇	大田县教师进修学校	中学高级教师	1997 年 7 月
辜尚锐	男	1938 年 8 月	福建永春	大田县第一中学	中学高级教师	1995 年 9 月
韩向荣	女	1962 年 8 月	山东高青	大田县第五中学	中学高级教师	2000 年 6 月
廖上安	男	1958 年 2 月	大田县广平镇	大田县广平中学	中学高级教师	2001 年 6 月
廖上该	男	1965 年 8 月	大田县广平镇	大田县第三中学	中学高级教师	2008 年 9 月
廖上健	男	1966 年 1 月	大田县广平镇	大田县石牌中学	中学高级教师	2007 年 8 月
廖上能	男	1966 年 4 月	大田县广平镇	大田县广平中学	中学高级教师	2006 年 6 月
廖之清	男	1959 年 5 月	大田县文江乡	中共大田县委党校	高级讲师	1999 年 2 月
廖生明	男	1957 年 8 月	大田县湖美乡	中共大田县委党校	高级讲师	2000 年 1 月
廖成辉	男	1948 年 1 月	大田县文江乡	大田县文江中心小学	小中高教师	2001 年 9 月
廖应立	男	1966 年 3 月	大田县湖美乡	大田县职业中专	中学高级教师	2007 年 8 月
廖尚喜	男	1965 年 9 月	大田县文江乡	大田县文江中学	中学高级教师	2006 年 6 月
廖明昶	男	1968 年 6 月	大田县湖美乡	大田县第五中学	中学高级教师	2007 年 8 月
廖明楼	男	1958 年 11 月	大田县湖美乡	大田县湖美中学	中学高级教师	2005 年 7 月
廖首棠	男	1969 年 4 月	大田县湖美乡	大田县第五中学	中学高级教师	2008 年 9 月
潘 涛	男	1960 年 8 月	福建永春	大田县教育局	中学高级教师	1998 年 4 月
潘光人	男	1964 年 2 月	福建永春	大田县第一中学	中学高级教师	2008 年 9 月
潘庆国	男	1962 年 9 月	福建永春	大田县第五中学	中学高级教师	2000 年 6 月
潘国钦	男	1948 年 4 月	福建永春	大田县第一中学	中学高级教师	1997 年 2 月
颜文景	男	1966 年 6 月	大田县桃源镇	大田县第一中学	中学高级教师	2004 年 8 月
颜司理	男	1938 年 7 月	福建永春	大田县职业中专	中学高级教师	1997 年 5 月
颜建万	男	1969 年 7 月	大田县湖美乡	大田县华兴中学	中学高级教师	2008 年 9 月
颜德生	男	1962 年 10 月	福建永春	大田县第一中学	中学高级教师	2000 年 6 月
戴文锦	男	1968 年 4 月	福建南安	大田县第五中学	中学高级教师	2008 年 9 月

续表 29-3

姓名	性别	出生年月	籍贯	工作单位	职称	确认时间
魏坚	男	1964年9月	大田县上京镇	大田县第五中学	中学高级教师	2006年6月
魏初贤	男	1960年1月	大田县上京镇	大田县第五中学	中学高级教师	2003年10月
魏初镇	男	1966年8月	大田县桃源镇	大田县第一中学	中学高级教师	2008年6月
魏起智	男	1966年9月	大田县石牌镇	大田县第六中学	中学高级教师	2006年6月

说明：本表收录教师高级专业技术职务353人，其中中学高级教师330人，小中高教师19人，高级讲师4人。按姓氏笔画为序

四、1993—2008年在大田工作获非教育类高级专业技术职务人员名表（已知）

表 29-4

姓名	性别	出生年月	籍贯	工作单位	专业技术职务	确认时间
王青华	女	1956年4月	福建永泰	县医院	副主任护师	2002年4月
王奎堂	男	1936年6月	福建晋江	县医院	主任医师	1998年7月
王秋娥	女	1938年7月	河北赞皇	县医院	副主任医师	1994年4月
王隆都	男	1963年10月	大田县桃源镇	县植保站	高级农艺师	2007年5月
乐庆声	男	1964年12月	大田县均溪镇	县林业产权管理服务中心	高级工程师	2007年12月
叶安伟	男	1962年12月	福建永春	县医院	副主任医师	2000年12月
叶淑兰	女	1956年5月	大田县均溪镇	县医院	副主任护师	2000年12月
田新提	男	1963年1月	大田县上京镇	县畜牧兽医站	高级畜医师	2000年12月
田新湖	男	1965年10月	大田县上京镇	县农业局	高级农艺师	2002年12月
刘元华	男	1959年10月	福建永春	县医院	副主任医师	2005年7月
刘永亮	男	1963年7月	福建莆田	县水电局	高级工程师	2002年3月
刘胜信	男	1959年12月	福建永安	县医院	副主任医师	2000年12月
庄严	男	1971年7月	福建惠安	县中医院	副主任中医师	2006年5月
庄祖坤	男	1962年3月	福建沙县	县岩城水泥有限公司	高级工程师	2002年12月
朱国宝	男	1950年2月	福建莆田	县矿山机械厂	高级工程师	1994年6月
许学飞	男	1945年11月	福建福清	县防疫站	副主任医师	1998年12月
余育承	男	1969年7月	大田县文江乡	县中医院	副主任中医师	2006年5月
余星光	男	1950年10月	大田县文江乡	县矿产开发公司	高级工程师	1997年12月
余联壁	男	1940年9月	大田县文江乡	县医院	主任医师	1998年7月
吴永炷	男	1969年1月	大田县梅山乡	屏山乡农业服务中心	高级农经师	2008年6月
吴建琴	女	1957年5月	福建尤溪	县医院	副主任医师	2000年12月
吴树中	男	1972年9月	大田县梅山乡	县永盛会计事务所	高级会计师	2006年5月

续表29-4

姓 名	性别	出生年月	籍 贯	工作单位	专业技术职务	确认时间
吴起增	男	1954 年 9 月	大田县奇韬镇	县医院	主任医师	2006 年 8 月
吴高举	男	1965 年 1 月	大田县梅山乡	均溪医院	副主任医师	2003 年 6 月
吴新增	男	1957 年 2 月	大田县建设镇	县农业局种子管理站	高级农艺师	2008 年 6 月
吴瑞林	男	1954 年 10 月	福建莆田	上京医院	副主任医师	2008 年 10 月
吴黎明	男	1963 年 5 月	福建莆田	县医院	主任医师	2006 年 8 月
张庆蓉	女	1959 年 10 月	福建尤溪	县医院	副主任药师	2002 年 7 月
张笑明	女	1948 年 10 月	福建龙岩	县医院	副主任护师	1996 年 11 月
张峰椿	男	1967 年 8 月	福建永定	梅林国有林场	高级工程师	2005 年 1 月
李三一	男	1960 年 6 月	大田县均溪镇	县前峰集团	高级政工师	2002 年 1 月
李文章	男	1959 年 5 月	福建尤溪	县医院	副主任医师	2000 年 12 月
杨　红	女	1962 年 12 月	福建福州	县妇幼所	副主任医师	1998 年 12 月
杨连酬	男	1950 年 6 月	大田县文江乡	县医院	主任医师	2006 年 8 月
杨桂花	女	1958 年 4 月	大田县均溪镇	县医院	副主任护师	2000 年 12 月
肖长洪	男	1964 年 5 月	大田县桃源镇	县农业局经管站	高级农经师	2006 年 5 月
苏水生	男	1956 年 10 月	福建永春	县卫生防疫站	副主任医师	2007 年 6 月
苏宗柳	男	1969 年 2 月	大田县梅山乡	县中医院	副主任中医师	2005 年 6 月
苏荣理	男	1964 年 9 月	大田县屏山乡	县良种场	高级农艺师	2001 年 12 月
苏耀中	男	1959 年 10 月	福建德化	县医院	副主任医师	1998 年 4 月
连长相	男	1962 年 12 月	大田县太华镇	县中医院	主任中医师	2006 年 8 月
连世文	男	1954 年 5 月	福建福州	均溪卫生院	副主任医师	2001 年 4 月
连克光	男	1939 年 1 月	大田县太华镇	县医院	副主任医师	1995 年 9 月
连克聘	男	1950 年 9 月	大田县太华镇	县畜牧水产技术服务中心	高级工程师	2005 年 11 月
连宝建	男	1968 年 2 月	大田县太华镇	县矿业集团公司	高级会计师	2005 年 5 月
连青龙	男	1966 年 12 月	福建泉州	县卫生防疫站	副主任医师	2006 年 5 月
邱兴荣	男	1968 年 12 月	大田县奇韬镇	县林业技术指导站	高级工程师	2007 年 12 月
邹如铭	男	1950 年 12 月	福建莆田	县财政局	高级会计师	2006 年 5 月
邹得棉	男	1963 年 7 月	福建尤溪	县林业投资公司	高级工程师	2001 年 8 月
陈　林	男	1959 年 7 月	福建闽侯	县医院	副主任医师	1998 年 4 月
陈　碧	女	1948 年 11 月	福建南安	县妇幼保健院	副主任医师	2003 年 6 月
陈仁实	男	1966 年 12 月	大田县武陵乡	县医院	副主任中医师	2004 年 7 月
陈永柳	男	1941 年 11 月	福建龙岩	县农业局土肥站	研究员	1998 年 12 月
陈玉青	女	1964 年 4 月	大田县均溪镇	县医院	副主任护师	2002 年 4 月

续表 29-4

姓 名	性别	出生年月	籍 贯	工作单位	专业技术职务	确认时间
陈先平	男	1960 年 9 月	大田县梅山乡	县卫生防疫站	副主任医师	2003 年 6 月
陈兴宗	男	1950 年 7 月	福建惠安	县中医院	副主任中医师	1999 年 11 月
陈江田	男	1960 年 3 月	江苏兴化	县医院	副主任医师	1999 年 11 月
陈尚生	男	1950 年 1 月	福建安溪	县煤炭集团公司	高级工程师	1997 年 12 月
陈建龙	男	1969 年 6 月	大田县太华镇	县中医院	副主任中医师	2005 年 6 月
陈细慧	女	1967 年 11 月	大田县均溪镇	县绿化办	高级工程师	2007 年 12 月
陈荣宏	男	1966 年 10 月	大田县吴山乡	县医院	副主任中医师	2003 年 6 月
陈首中	男	1965 年 4 月	大田县太华镇	县茶叶技术推广站	高级农艺师	2005 年 5 月
陈益生	男	1964 年 8 月	大田县上京镇	县农业局植保站	高级农艺师	2008 年 6 月
陈高荣	男	1965 年 6 月	大田县梅山乡	县医院	副主任医师	2005 年 7 月
陈嘉凯	男	1969 年 7 月	大田县太华镇	县协进机械制造有限公司	高级工程师	2008 年 11 月
陈磐石	男	1943 年 12 月	福建永春	县矿业集团公司	高级经济师	1997 年 2 月
卓光榕	男	1946 年 4 月	福建闽候	广平卫生院	副主任医师	1994 年 9 月
周学绍	男	1964 年 8 月	大田县文江乡	县审计局	高级审计师	2006 年 12 月
周高山	男	1967 年 2 月	大田县均溪镇	县农业局农技站	高级农艺师	2001 年 12 月
林 永	男	1959 年 8 月	福建三明	县医院	副主任中医师	1999 年 11 月
林 丽	女	1961 年 3 月	大田县广平镇	县卫生防疫站	副主任医师	1999 年 11 月
林 娜	女	1957 年 7 月	大田县武陵乡	县医院	副主任护师	2001 年 4 月
林丁茂	男	1955 年 3 月	大田县谢洋乡	县医院	主任医师	2004 年 6 月
林大平	男	1959 年 10 月	福建福州	县妇幼保健院	副主任医师	2007 年 10 月
林东霖	男	1959 年 2 月	福建福州	县经作局果树站	高级农艺师	1996 年 3 月
林乐全	男	1963 年 7 月	大田县广平镇	县茶叶技术推广站	高级农艺师	2007 年 5 月
林民天	男	1951 年 7 月	大田县建设镇	县医院	副主任医师	1998 年 4 月
林永珍	男	1966 年 1 月	大田县谢洋乡	县医院	主任医师	2006 年 8 月
林玉英	女	1964 年 7 月	福建平潭	县医院	副主任护师	2004 年 7 月
林玉美	女	1956 年 1 月	大田县均溪镇	县环保局	高级工程师	1997 年 3 月
林连明	男	1936 年 8 月	福建安溪	县医院	主任医师	1994 年 9 月
林佳班	男	1971 年 7 月	大田县吴山乡	县中医院	副主任中医师	2008 年 7 月
林其汉	男	1965 年 1 月	大田县太华镇	县卫生防疫站	副主任医师	2006 年 5 月
林国棣	男	1956 年 9 月	福建仙游	县医院	副主任医师	1998 年 4 月
林宗义	男	1943 年 8 月	福建莆田	县医院	副主任医师	1994 年 9 月
林明添	男	1960 年 12 月	大田县桃源镇	县农办	高级农艺师	1997 年 4 月

续表 29-4

姓 名	性别	出生年月	籍 贯	工作单位	专业技术职务	确认时间
林树跃	男	1958 年 6 月	大田县文江乡	县医院	副主任医师	2000 年 12 月
林素婷	女	1971 年 7 月	福建永春	县医院	副主任医师	2005 年 6 月
林彩凤	女	1963 年 5 月	大田县前坪乡	县医院	副主任护师	2006 年 5 月
林清森	女	1946 年 8 月	福建永春	县妇幼保健院	副主任医师	2001 年 1 月
林鸿群	男	1966 年 7 月	大田县武陵乡	县水利局	高级工程师	2003 年 1 月
林善炳	男	1963 年 6 月	大田县均溪镇	县畜牧水产技术服务中心	高级兽医师	2004 年 4 月
林瑞芬	女	1962 年 1 月	福建德化	县妇幼保健院	副主任医师	2007 年 6 月
林照授	男	1970 年 12 月	大田县湖美乡	桃源国有林场	高级工程师	2005 年 1 月
范文麾	男	1970 年 10 月	大田县均溪镇	县岩城水泥有限公司	高级工程师	2002 年 12 月
范本一	男	1956 年 12 月	大田县均溪镇	县卫生局药检所	副主任药师	1998 年 12 月
郑金其	男	1956 年 8 月	福建德化	县水产技术推广站	高级工程师	2008 年 11 月
郑美琼	女	1966 年 7 月	大田县均溪镇	县医院	副主任护师	2006 年 5 月
郑振华	男	1962 年 3 月	大田县均溪镇	县医院	副主任医师	1998 年 4 月
郑新平	男	1970 年 7 月	大田县广平镇	县医院	副主任医师	2004 年 7 月
施生文	男	1965 年 12 月	大田县湖美乡	县医院	副主任药师	2006 年 8 月
柯永刚	男	1965 年 7 月	大田县文江乡	县医院	主任医师	2004 年 6 月
柳奕积	男	1957 年 7 月	福建晋江	县矿产开发公司	高级工程师	1997 年 12 月
洪四清	男	1964 年 4 月	福建南安	县中医院	主任中医师	2006 年 8 月
涂黎明	男	1963 年 11 月	大田县济阳乡	建设中心卫生院	副主任中医师	2007 年 6 月
郭行富	男	1968 年 3 月	大田县屏山乡	上京卫生院	副主任医师	2006 年 5 月
郭宗玲	女	1962 年 8 月	山东平度	县医院	副主任护师	2006 年 5 月
郭跃娜	女	1958 年 5 月	大田县广平镇	县医院	副主任护师	2000 年 12 月
郭黎明	女	1963 年 1 月	大田县屏山乡	县妇幼保健院	副主任医师	2007 年 6 月
高上联	男	1960 年 3 月	大田县建设镇	县经济作物中心果树站	高级农艺师	2006 年 5 月
高石麟	男	1957 年 10 月	福建安溪	县中医院	主任医师	2004 年 6 月
高忠央	男	1960 年 9 月	大田县建设镇	县卫生防疫站	副主任医师	2002 年 4 月
章文裕	男	1955 年 10 月	大田县济阳乡	县水利局	高级工程师	2006 年 12 月
黄志勇	男	1970 年 5 月	福建南安	县档案局	副研究员	2006 年 1 月
黄其苗	男	1965 年 2 月	大田县文江乡	县畜牧兽医站	高级畜医师	2001 年 12 月
黄金桃	女	1961 年 12 月	福建安溪	桃源国有林场	高级工程师	2004 年 1 月
傅元烟	男	1942 年 11 月	福建仙游	县妇幼所	副主任医师	1998 年 4 月
傅金凯	男	1941 年 10 月	福建莆田	县医院	副主任医师	1996 年 11 月

续表 29-4

姓 名	性别	出生年月	籍 贯	工作单位	专业技术职务	确认时间
曾建新	男	1962 年 9 月	福建莆田	县林业局试验区办	高级工程师	1998 年 12 月
曾德俊	男	1968 年 4 月	大田县均溪镇	县医院	副主任医师	2004 年 7 月
温春水	男	1969 年 3 月	大田县均溪镇	县医院	副主任医师	2006 年 5 月
蒋序学	男	1934 年 1 月	大田县广平镇	县医院	主任医师	1994 年 4 月
谢 宁	男	1958 年 9 月	湖南长沙	县中医院	副主任中医师	2006 年 5 月
谢碧芬	女	1947 年 7 月	福建安溪	县医院	副主任护师	2002 年 4 月
廖之钗	男	1969 年 11 月	大田县奇韬镇	县中医院	副主任中医师	2005 年 6 月
廖克服	男	1957 年 2 月	大田县广平镇	桃源国有林场	高级工程师	1996 年 12 月
廖明淑	男	1967 年 11 月	大田县湖美乡	县医院	副主任中医师	2004 年 7 月
蔡成敢	男	1945 年 10 月	大田县文江乡	县农业局植保站	高级农艺师	1996 年 3 月
潘 滨	男	1956 年 12 月	福建永春	县煤炭集团公司	高级工程师	1998 年 3 月
潘志成	男	1975 年 3 月	福建永春	县中医院	副主任中医师	2008 年 7 月
魏子镇	男	1957 年 2 月	福建南安	县煤炭集团公司	高级工程师	1998 年 3 月
魏永平	男	1967 年 12 月	湖南道县	桃源国有林场	高级工程师	2004 年 1 月

说明：本表收录在大田工作（含外籍）获高级专业技术职务 132 人。其中研究员、副研究员各 1 人，高级农艺师 11 人，高级工程师 25 人，高级经济师（农经师）4 人，高级政工师 1 人，高级会计师、高级畜牧师各 3 人，高级审计师 1 人；主任医师 13 人，副主任医师 55 人，副主任护师 11 人，副主任药师 3 人。以姓氏笔画为序

五、1993—2008 年大田籍人士获得博士学位人员名表（已知）

表 29-5

姓 名	性别	出生年月	籍 贯	工作单位	获得学位时间	附 注
乐清洪	男	1971 年 12 月	均溪镇上太村	西安航空学院	2003 年 4 月	博士后
叶良苗	男	1964 年	华兴乡京口村	美国休斯顿	1997 年 9 月	—
田民权	男	1969 年 2 月	上京镇灵川村	日本富士施乐株式会社综合科研所	1998 年 12 月	—
田是秧	男	1966 年 1 月	上京镇灵川村	Synopsys 新恩科技有限公司	1995 年 7 月	—
田富俊	男	1975 年 8 月	上京镇梅林村	中国网通福州分公司	2008 年 12 月	副总经理、高级经济师
刘月琴	女	1976 年 12 月	武陵乡桃溪村	上海浦东设计研究院	2008 年 9 月	—
刘其才	男	1964 年	上京镇下溪口村	美国（PR）制药公司	1998 年 8 月	—
刘海鹰	男	1964 年 6 月	吴山乡科山村	美国密歇根理工大学	1995 年 7 月	—

续表 29-5

姓名	性别	出生年月	籍贯	工作单位	获得学位时间	附注
池其金	男	1967 年 8 月	广平镇铭溪村	丹麦技术大学	1993 年 7 月	博士后
许振政	男	1978 年 12 月	桃源镇西安村	厦门大学	2007 年 7 月	—
吴佳教	男	1968 年 7 月	梅山乡西书村	广州白云机场动植物检疫局	1997 年 7 月	—
张英春	男	1975 年 6 月	广平镇元沙村	美国德克萨斯州农机（ABM）大学	2008 年 7 月	博士后
池金明	男	1963 年 4 月	广平镇铭溪村	厦门大学	1994 年 12 月	—
连加锐	男	1974 年 1 月	太华镇魁城村	美国俄亥俄州大学	2008 年 7 月	—
连宝围	男	1971 年 9 月	太华镇魁城村	加拿大	1999 年 6 月	—
连福治	男	1972 年 9 月	太华镇张地村	美国波士顿塔夫茨大学	1998 年 6 月	博士后
陈　炯	男	1958 年 9 月	石牌镇马山村	美国纽约英资银行	1990 年 5 月	—
陈开平	男	1964 年 7 月	太华镇汤泉村	澳大利亚 Fortescue 铁矿公司	1993 年 7 月	—
陈开晟	男	1975 年 4 月	屏山乡芹阳村	福州大学	2004 年 5 月	—
陈田安	男	1958 年 5 月	屏山乡内洋村	美国林肯大学	1994 年 6 月	—
陈传永	男	1978 年 2 月	桃源镇翁厝村	中国人民解放军 94643 部队	2008 年 1 月	—
陈庆优	男	1978 年 5 月	武陵乡大石村	厦门市电信局	2008 年 9 月	—
陈有鑑	男	1969 年 9 月	太华镇华溪村	国土资源部	2000 年 7 月	—
陈建宇	男	1967 年 7 月	吴山乡程堂村	厦门大学驻多伦多办事处	2005 年 8 月	—
陈美眼	男	1967 年 11 月	太华镇魁城村	福州闽江学院经济系	2008 年 6 月	—
陈捷胤	男	1980 年月	华兴乡杞溪村	中国农业科学院	2007 年 6 月	—
周有喜	男	1974 年 10 月	均溪镇和丰村	厦门大学	2008 年 6 月	博士后
周有福	男	1973 年 12 月	均溪镇和丰村	美国达拉士大学	2003 年 8 月	—
林廷坤	男	1967 年 11 月	前坪乡吉坑村	加拿大多伦多	2005 年 6 月	—
林科灿	男	1975 年 2 月	建设镇建设村	福建省立医院	2003 年 6 月	—
林起浪	男	1973 年 3 月	建设镇建设村	福州大学	2005 年 5 月	博士后
林善浪	男	1965 年 12 月	均溪镇太山崎村	同济大学	1999 年 6 月	—
范　菁	女	1974 年 7 月	均溪镇红星村	福建省教育厅外事处	2005 年 7 月	—
范大钧	男	1974 年 5 月	均溪镇玉田村	上海第二军医大学	1999 年 7 月	—
范建鏮	男	1964 年 2 月	均溪镇玉田村	中国社会科学院	2008 年 8 月	—
郑东风	男	1971 年 4 月	奇韬镇东佳村	加拿大奥港昆机床有限公司	2002 年 5 月	—
郑东滨	男	1965 年 7 月	奇韬镇东佳村	美国纽约花旗银行总部	1996 年 1 月	—

续表 29-5

姓名	性别	出生年月	籍贯	工作单位	获得学位时间	附注
郑永标	男	1970 年 9 月	桃源镇前厝村	福建省农科院	2008 年 9 月	—
郑成诗	男	1979 年月	华兴乡华安村	中国科学院	2008 年 7 月	博士后
涂　强	男	1962 年 12 月	济阳乡国庆村	美国纽约微软公司	1995 年 7 月	—
涂文懋	男	1971 年 5 月	济阳乡国庆村	武汉理工大学	2002 年 7 月	—
郭孝城	男	1978 年 10 月	屏山乡屏山村	中国科学院空间科学利用研究中心	2006 年	—
高锦豪	男	1981 年 4 月	建设镇建丰村	厦门大学	2008 年 1 月	—
章　伟	男	1976 年 9 月	太华镇华山村	上海海富通基金公司	2005 年 7 月	副总裁
章文贤	男	1972 年 10 月	济阳乡芳林村	福建师范大学	2007 年 7 月	—
章永化	男	1966 年 1 月	屏山乡蒋山村	华南理工大学	2003 年 7 月	—
黄初龙	男	1970 年 5 月	梅山乡德州村	泉州师范大学	2006 年 7 月	—
蒋先志	男	1972 年 5 月	太华镇汤泉村	美国德克萨斯大学圣安东尼奥健康医学中心分子医学专业研究所	2007 年 7 月	博士后
詹华税	男	1966 年 7 月	太华镇万湖村	集美大学	2004 年 7 月	教授
詹华翰	男	1969 年 7 月	太华镇万湖村	厦门大学	1998 年 7 月	副教授博士后
廖之君	男	1972 年 4 月	文江乡大安村	福建医科大学	2008 年 7 月	教授
廖生芳	男	1968 年 2 月	湖美乡仁东村	美国麻省理工学院	2000 年	—
廖明坛	男	1965 年 7 月	湖美乡仁美村	澳大利亚生物安全局	2001 年	—
廖明敏	男	1963 年 6 月	湖美乡仁美村	加拿大沙氏卡彻温省大学	1999 年	教授
廖明燕	男	1971 年 12 月	湖美乡仁美村	山东石油大学	2002 年	—
廖新化	男	1977 年 5 月	广平镇苏桥村	上海生命科学研究院	2005 年 11 月	—
廖新维	男	1967 年 11 月	广平镇苏桥村	中国石油大学	2003 年 6 月	—
魏东升	男	1971 年 1 月	石牌镇下洋村	美国波士顿	2001 年 3 月	—

说明：本表收录在外工作（学习）获得博士学位共 58 人。按姓氏笔画为序

六、1993—2008 年大田县获省、部级以上表彰人员名表（已知）

表 29-6

姓名	性别	籍贯	工作单位	颁奖机关	时间	荣誉称号
范科裕	男	大田县均溪镇	均溪镇红星村	中国农村卫生协会	1993 年	全国优秀乡村医生
范美宁	男	大田县均溪镇	县公安局	省政府	1993 年	创安活动先进工作者
林天星	男	大田县武陵乡	城关小学	国家教委、人事部	1993 年	优秀教师
林志强	男	福建德化	县农业局农技中心	国务院	1993 年	发展农业技术事业做出突出贡献奖

续表29-6

姓 名	性别	籍 贯	工作单位	颁奖机关	时间	荣誉称号
谢元潘	男	福建仙游	县水泥厂	国家技术监督局、中国科协、全国总工会	1993年	全国优秀质量管理工作者
赵天乃	男	福建永春	县科协	国家计委、农业部	1993年	省柴节煤工作先进工作者
张逢生	男	大田县奇韬镇	县教育局	中国关工委、团中央等六家	1993年	全国青少年“寻伟人足迹，学雷锋精神”教育活动优秀组织指导奖
苏启文	男	大田县屏山乡	大田五中	国家教委、人事部	1993年	优秀教师
郑家潘	男	大田县广平镇	广平镇栋仁村	中国农村卫生协会	1993年	全国优秀乡村医生
徐锦云	男	江苏靖江	县司法局	司法部	1993年	一级金星荣誉章
李克忠	男	山东高青	县司法局	司法部	1993年	一级金星荣誉章
林方勤	男	大田县文江乡	县司法局	司法部	1993年	二级金星荣誉章
乐庆和	男	大田县均溪镇	县司法局	司法部	1993年	二级金星荣誉章
廖序锋	男	大田县广平镇	县司法局	司法部	1993年	银星荣誉章
方初海	男	大田县奇韬镇	县委政法委	省委、省政府	1993年	综治先进个人
翁绳渠	男	福建福清	县苎麻纺织厂	省委	1993年	优秀共产党员
马敬愈	男	山西和顺	均溪镇党委	省政府	1993年	工作成果显著奖
范志荣	男	大田县均溪镇	太华乡党委	省委	1993年	优秀党务工作者
冯振銮	男	福建福州	县财委	省委	1993年	优秀党务工作者
徐泽水	男	福建泉州	县计生委	省政府	1993年	计生先进工作者
刘芳桔	男	大田县湖美乡	济阳乡政府	省政府	1993年	先进工作者
黄连火	男	福建安溪	坑口水库管理处	省政府	1993年	全省防汛抗洪先进个人
翁玉清	男	大田县桃源镇	县公安局	省政府、省军区	1993年	省百名“优秀民兵营（连）长”
张淑琛	女	大田县均溪镇	城区环境卫生管理所	省委、省政府	1993年	省劳动模范
陈振辉	男	福建南安	县公安局看守所	公安部	1994年	全国优秀人民警察
章 跃	男	大田县屏山乡	大田一中	省政府	1994年	省劳动模范
吴成华	男	大田县梅山乡	屏山乡政府	省政府	1994年	计生先进工作者
陈荣教	男	大田县上京镇	上京水泥厂	农业部	1994年	全国乡镇企业家
陈增含	男	福建晋江	县农业产局	联合国TIPS中国国家部	1994年	发明创新科技之星奖
周占昌	男	大田县均溪镇	县昌盛钢铁有限公司	省政府	1994年	省劳动模范
吴清泉	男	福建莆田	前峰企业集团公司	化学工业部	1994年	全国化学工业劳动模范

续表 29-6

姓 名	性别	籍 贯	工作单位	颁奖机关	时间	荣誉称号
林昌儒	男	大田县谢洋乡	县土地局	北京农业大学	1994 年	优秀学生干部
卓光榕	男	福建闽侯	广平卫生院	国家计生委、卫生部	1994 年	计生万例无事故先进个人
吴雪珍	女	广东湖阳	均溪卫生院	国家计生委、卫生部	1994 年	计生万例无事故先进个人
林淑梅	女	福建惠安	均溪卫生院	国家计生委、卫生部	1994 年	计生万例无事故先进个人
林庆伟	男	大田县桃源镇	县良种场	农业部、科委、人事部等六部委	1994 年	农业技术推广先进工作者
高上联	男	大田县建设镇	县经济作物局果树站	农业部	1994 年	农牧渔业丰收二等奖
林东霖	男	福建福州	县经济作物局果树站	农业部	1994 年	农牧渔业丰收二等奖
陈细娇	女	大田县文江乡	县计委	全国第三产业普查协调小组	1994 年	第三产业普查先进工作者
陈祖堆	男	大田县上京镇	上京邮电支局	全国邮电工会、农民日报、邮电部、邮政总局、人民邮电报	1994 年	全国优秀乡村投递员
廖之录	男	大田县文江乡	县公安局	省政府	1994 年	“创安活动”先进工作者
郑光顺	男	浙江淳安	县公安局	省委	1994 年	优秀共产党员
陈玉书	男	福建永春	大田一中	省政府	1994 年	中学特级教师
颜兴隆	男	福建永春	县城关林场	中国林业科学院研究所	1995 年	先进工作者
郭柳辉	男	福建泉州	上京矿务局仙亭矿掘进区	煤炭工业部	1995 年	全国煤炭工业劳动模范
谢元潘	男	福建仙游	岩城集团	国务院	1995 年	全国劳动模范
施正立	男	大田县湖美乡	县委组织部	省委	1995 年	优秀党务工作者
林进泮	男	大田县建设镇	大田二中	中国伦理学会	1995 年	全国教育论文二等奖
范本一	男	大田县均溪镇	县卫生局药检所	国家经贸委、国家工商局、国家技术监督局	1995 年	全国打假先进工作者
王秋梅	女	福建永泰	团县委	中宣部、全国人大内务司法委员会、团中央、司法部、国家教委	1995 年	未成年人保护工作先进个人
林青旺	男	大田县广平镇	县人武部	省政府、省军区	1995 年	军事训练先进个人
郭修山	男	福建惠安	县总工会	全国总工会	1995 年	优秀民主管理先进工作者
周淑女	女	福建平和	县科协	中国科协	1995 年	农村科普先进工作者
林全省	男	大田县武陵乡	县司法局	司法部	1995 年	司法行政银星荣誉章
张乃灶	男	大田县广平镇	县司法局	司法部	1995 年	司法行政银星荣誉章

续表 29-6

姓 名	性别	籍 贯	工作单位	颁奖机关	时间	荣誉称号
范大增	男	大田县均溪镇	县教育局	国家教委、关工委	1995 年	全国青少年“中国精神”读书教育活动优秀指导奖
林再生	男	福建福州	大田一中	国家教委、人事部	1995 年	优秀教师
林天星	男	大田县武陵乡	大田城小	全国青少年读书活动组委会	1995 年	全国读书活动教育先进工作者、全国德育论文研讨会一等奖
林绅城	男	福建永春	县教师进修学校	中国教育学会、小学语文教学研究会	1995 年	全国小学语文教学研究积极分子
涂南方	男	福建永春	大田一中	省委	1995 年	优秀共产党员
李启凤	男	福建南安	石凤集团	省委	1995 年	优秀共产党员
陈 明	男	大田县梅山乡	吴山乡党委	省委	1995 年	优秀共产党员
黄少春	男	广东蕉岭	县委宣传部	省委、省政府	1995 年	精神文明建设先进工作者
郑光温	男	大田县奇韬镇	奇韬村党支部	省委	1995 年	农村优秀党支部书记
蔡宝发	男	福建惠安	县计生委	省政府	1995 年	计生先进工作者
王秉惠	女	大田县奇韬镇	洋地小学	省委、省政府	1995 年	省劳动模范
翁灶明	男	大田县桃源镇	县个体劳动协会	省政府	1996 年	先进个体工商户
林光致	男	大田县武陵乡	县个体劳动协会	省政府	1996 年	先进个体工商户
蔡宝发	男	福建惠安	县计生委	省政府	1996 年	计生先进工作者
陈汉良	男	福建惠安	建设镇党委	省政府	1996 年	计生先进工作者
池其兴	男	大田县广平镇	广平镇计生办	省政府	1996 年	计生先进工作者
刘建成	男	大田县湖美乡	上京镇计生办	省政府	1996 年	计生先进工作者
章文裕	男	大田县济阳乡	县水利局	水利部、国家计委	1996 年	全国第二批农村水电初级化县建设先进工作者
涂南方	男	福建永春	大田一中	中央组织部	1996 年	全国优秀党务工作者
吴仁孝	男	大田县湖美乡	县统计局法制股	全国工业普查办公室	1996 年	全国工业普查先进个人
陈开基	男	大田县太华镇	县工商局	国家工商局、人事部	1996 年	优秀管理人员
范起溧	男	大田县均溪镇	县人大常委会	中央纪委、监察部	1996 年	全国党纪政纪条规知识竞赛个人纪念奖
张逢生	男	大田县奇韬镇	县教育局	国家教委、团中央等六家	1996 年	全国青少年“中华正气”读书教育特别指导奖
范立洋	男	大田县均溪镇	大田一中	国家教委、团中央等六家	1996 年	“中华正气”读书教育活动优秀指导教师

续表 29-6

姓 名	性别	籍 贯	工作单位	颁奖机关	时间	荣誉称号
陈铁民	男	福建南安	县水电局	水利部、国家计委、水利水电工会	1996 年	全国第二批农村水电初级电气化建设先进工作者
吴根发	男	福建厦门	中共大田县委	省委、省军区党委	1996 年	党管武装好书记
郑国仁	男	福建福清	大田县政府	省委、省政府党委	1996 年	武委会好主任
柳传金	男	大田县均溪镇	县委政法委	省委、省政府	1996 年	先行工程建设先进工作者
刘国星	男	福建南安	县交通局	省委、省政府	1996 年	先行工程建设先进工作者
林昌源	男	福建沙县	中共大田县委	省委、省政府	1996 年	先行工程建设先进工作者
肖秀沐	男	大田县桃源镇	梅山乡政府	省委、省先行工程建设办公室	1996 年	优秀青年志愿者
范建民	男	大田县均溪镇	县计生委主任	省政府	1996 年	计生先进工作者
魏初寨	男	大田县上京镇	广平计生办	省政府	1996 年	计生先进工作者
李闽华	男	福建福州	县经委	省政府	1996 年	技术改造先进个人
张恒九	男	山东沂水	县劳动局	省政府	1996 年	先进工作者
黄克旺	男	大田县奇韬镇	县总工会	省政府	1996 年	安全生产先进工作者
谢海南	男	福建泉州	岩城集团公司	中国建材企业管理协会	1996 年	全国建材行业优秀企业管理者
颜洪泉	男	大田县桃源镇	县硫铁矿	中国化学矿业协会	1996 年	中国化学矿业学会工作成绩突出奖
乐淑华	女	大田县石牌镇	石牌乡政府	省政府	1996 年	计生先进工作者
蒋序学	男	大田县广平镇	县医院	全国中医协会	1996 年	中国优秀中医师（享受国务院津贴）
林渊标	男	福建永泰	岩城集团机械有限公司	省政府	1996 年	优秀青年“星火”企业家
刘建成	男	大田县湖美乡	县计生委	省政府	1997 年	计生先进工作者
余真华	男	大田县文江乡	上京镇党委	省委	1997 年	优秀共产党员
王上才	男	大田县广平镇	县农业局	中国食用菌协会	1997 年	先进工作者
陈锡静	男	大田县太华镇	县民政局	省政府	1997 年	殡葬改革专项治理先进个人
苏启芬	男	大田县屏山乡	县地税局石牌税务所	省政府	1997 年	省劳动模范
游初基	男	大田县建设镇	建设镇建国村	省政府	1997 年	省劳动模范
李启凤	男	福建南安	石凤集团	省政府	1997 年	省劳动模范
陈斯荣	男	大田县文江乡	县综治办	省委、省政府	1997 年	社会治安综合治理先进工作者

续表 29-6

姓 名	性别	籍 贯	工作单位	颁奖机关	时间	荣誉称号
林青旺	男	大田县广平镇	县人武部	省军区	1997 年	优秀一线指挥员
黄和新	男	福建尤溪	县委组织部	省委	1997 年	优秀党务工作者
范言址	男	大田县均溪镇	县畜牧水产局	中华农业科技基金会	1998 年	神内基金农业技术推广奖
黄成存	男	福建金门	县金门油压机械制造有限公司	团中央、中国科协	1998 年	全国青年“星火”带头人
洪华堂	男	福建沙县	中共大田县委	省委、省政府	1998 年 2000 年	第六届、第七届精神文明建设先进工作者
潘培进	男	福建永春	县文明办	省委、省政府	1998 年 2000 年	第六届、第七届精神文明建设先进工作者
陈启设	男	大田县屏山乡	中国人寿大田支公司	中国人寿总公司	1998 年	“销售精英”
					2003 年	2002—2003 年度“优秀主管金质奖章”
					2008 年	2002—2008 连续 6 年优秀主管
						总公司精英俱乐部会员
邱忍祥	男	福建闽清	县政府	省政府	1999 年	消灭无标生产先进工作者
王永平	男	江苏启东	县计生局	省政府	1999 年	计划生育先进工作者
俞志南	男	大田县上京镇	上京镇计生协会	省政府	1999 年	计划生育先进工作者
廖尚恢	男	大田县建设镇	均溪镇党委	省政府	1999 年	计划生育先进工作者
游初基	男	大田县建设镇	建设镇建国村	省委	1999 年	优秀共产党员
叶传授	男	大田县梅山乡	县农业局建设镇经管站	农业部	1999 年	全国农业技术推广先进工作者
施发帅	男	大田县湖美乡	县食品药品监督局	省委、省政府	1999 年	1998—1999 年度省精神文明建设先进工作者
施发动	男	大田县湖美乡	县水利局	省政府	1999 年	1998—1999 年度省整顿农村电价先进工作者
郭文杰	男	大田县屏山乡	美阳村	省委、省政府	2000 年	脱贫致富攻坚带头人
张思流	男	福建福州	上京矿务局西洋筛选厂车间	国务院	2000 年	全国劳动模范
刘尔法	男	江西瑞金	县人武部	省军区党委	2000 年	优秀党务工作者
郑永贤	男	大田县建设镇	建设镇企业站	省政府	2000 年	省劳动模范
彭其雨	男	福建仙游	岩城水泥股份有限公司车间生产科	省政府	2000 年	省劳动模范
陈孟通	男	大田县梅山乡	马来西亚华侨	省政府	2000 年	“心系桑梓捐资助学”奖

续表 29-6

姓 名	性别	籍 贯	工作单位	颁奖机关	时间	荣誉称号
陈锡炽	男	大田县太华镇	县计生协会	中国计生协会	2000 年	全国计生协会先进志愿者
茅有温	男	大田县均溪镇	上京计生办	国家计生委	2000 年	全国乡（镇）优秀计生工作者
陈文琴	男	大田县桃源镇	县统计局	全国农业普查领导小组	2000 年	全国农业普查工作先进个人
陈纪美	男	福建福清	石凤集团	全国总工会	2000 年	全国“五一”劳动奖章
林廷灶	男	大田县建设镇	县委办	省委	2001 年	省优秀党务工作者
余瑞衍	男	大田县文江乡	县计生局	省政府	2001 年	省计生先进工作者
周万裕	男	大田县太华镇	石牌计生办	省政府	2001 年	省计生先进工作者
吴春芳	女	大田县梅山乡	梅山乡计生服务所	省政府	2001 年	省计生先进工作者
陈文琴	男	大田县桃源镇	县统计局	国务院第五次人口普查领导小组	2001 年	全国人口普查先进工作者
彭其雨	男	福建仙游	大田岩城水泥有限公司	全国总工会	2002 年	全国“五一”劳动奖章
郭仁坦	男	大田县屏山乡	司法局退休干部	司法部	2002 年	模范人民调解员
陈光耀	男	大田县梅山乡	县国土资源局	国土资源部	2002 年	采矿许可证换证工作先进个人
邱忍祥	男	福建闽清	县政府	省政府	2002 年	千里江堤建设先进工作者
林鸿本	男	大田县文江乡	县水利局	省政府	2002 年	千里江堤建设先进工作者
杜淑娟	女	大田县武陵乡	百束村妇代会	全国妇联	2002 年	全国各界“双学双比”竞赛能手
郭守敬	男	大田县屏山乡	屏山乡文化站	省政府	2002 年	农村文化先进个人
吴仁孝	男	大田县湖美乡	县统计局	全国基本经济普查办公室	2003 年	先进个人
周克耶	男	大田县太华镇	县老体协	中国老年人体育协会	2003 年	全国老年人体育工作先进个人
林玉英	女	福建平潭	县医院	省委、省政府	2003 年	先进工作者
曾 益	男	福建长乐	石牌镇党委	省委	2003 年	优秀党务工作者
李顺安	男	福建永安	县公安局	省委、省政府	2003 年	“严打”整治先进个人
池玉美	女	大田县广平镇	广平镇计生服务所	国家人口和计生委	2003 年	全国人口与计生科技工作先进个人
陈志锋	男	大田县太华镇	县计生局	中国计生协会	2003 年	全国计生协会先进工作者
李锡华	男	福建永定	移动通信大田分公司	国家信息产业部人事部	2003 年	全国信息产业系统劳动模范

续表 29-6

姓 名	性别	籍 贯	工作单位	颁奖机关	时间	荣誉称号
杜永跃	男	福建福州	县信用联社	省委、省政府	2003 年	第八届精神文明建设先进个人
彭其雨	男	福建仙游	大田岩城水泥有限公司	省委	2003 年	优秀共产党员
郑际楷	男	大田县奇韬镇	县公安局交警大队	省委	2003 年	优秀共产党员
				省委、省政府	2003 年	第八届精神文明建设先进工作者
黄升场	男	福建永春	县水利局	全国敬老主题教育活动组委会	2004 年	孝亲敬老之星
林再生	男	福建福州	大田一中	教育部	2004 年	全国先进教育工作者
戴素华	女	福建南安	县质量技术监督局标准计量所	国家质量监督检验总局	2004 年	全国质量监督检疫工作先进个人
高启建	男	大田县建设镇	县纪委	省委、省政府	2004 年	“五二二”专案三等功一次
李锡华	男	福建永定	移动通信大田分公司	国务院	2005 年	全国劳动模范
范起溧	男	大田县均溪镇	县关心下一代协会	中国关心下一代工作委员会	2005 年	全国关心下一代先进工作者
陈光耀	男	大田县梅山乡	县国土资源局	国土资源部	2005 年	全国矿产资源规划先进个人
林建楠	男	大田县均溪镇	县公安局森林分局	国家林业局	2005 年	全国打击破坏森林资源专项行动先进个人
高启建	男	大田县建设镇	县纪委、监察局	省委、省政府	2005 年	办案个人“三等奖”
郭典杨	男	大田县屏山乡	县职专	全国中华职教社	2005 年	温暖工程先进个人
黄少春	男	广东蕉岭	中共大田县委	国家体育总局	2005 年	全国群众体育先进个人
郑朝萍	男	大田县奇韬镇	县计生协会	国家计生委、中宣部等 10 部委	2005 年	全国婚育新风进万家活动先进个人
张丽琴	女	山东商河	工商行大田支行	中国工商银行总行	2005 年	优秀总会计
魏永平	男	湖南永州	桃源国有林场	省政府	2005 年	省科技进步“三等奖”
郑家乐	男	大田县广平镇	县计生协会	中国计生协会	2005 年	全国计协工作先进志愿者
吴仁孝	男	大田县湖美乡	县统计局	全国经济普查办公室	2005 年	全国经济普查先进个人
陈志锋	男	大田县太华镇	县计生局	省政府	2005 年	省人口计生先进工作者
余文社	男	大田县广平镇	均溪计生办	省政府	2005 年	省人口计生先进工作者
田光梯	男	大田县上京镇	梅林村	全国五好文明创建活动领导小组	2005 年	五好文明家庭
范钦娥	女					
苏水生	男	福建永春	县疾病预防控制中心	卫生部	2006 年	全国疾病防治工作先进个人

续表 29-6

姓 名	性别	籍 贯	工作单位	颁奖机关	时间	荣誉称号
张春桃	男	大田县奇韬镇	县机关党工委	省委	2006 年	优秀党务工作者
余小华	女	大田县文江乡	县计生服务站	国家人口和计生委	2006 年	全国人口和计生科技工作先进个人
杨金莲	女	新疆奇台	林业局计生办	国家人口和计生委	2006 年	人口和计生工作先进个人
林立启	男	大田县谢洋乡	县民政局	人事部、民政部	2006 年	民政系统先进工作者
廖上校	男	大田县广平镇	广平镇苏桥村	省委、省政府	2006 年	全省防抗台风抗洪抢险救灾先进个人
叶宝生	男	大田县上京镇	县林业局	省委、省政府	2006 年	林权制度改革工作先进个人
郑新波	男	大田县均溪镇	县林业局	省委、省政府	2006 年	全省集体林权制度改革工作先进个人
陈加勇	男	福建南安	县供电有限公司	国家电网总公司	2006 年	户户通电先进个人
郑国标	男	大田县上京镇	县林业局	省委、省政府	2006 年	全省集体林权制度改革工作先进个人
罗　星	女	福建尤溪	大田县委宣传部	省委、省政府	2006 年	第九届精神文明建设先进个人
黄德龙	男	大田县上京镇	梅林国有林场	省政府	2006 年	省科技进步“三等奖”
林建楠	男	大田县均溪镇	县公安局森林分局	国家林业局	2006 年	全国打击破坏森林资源专项行动先进个人
汪凌伟	男	福建惠安	县安监局办公室	国家安监局	2007 年	安全生产监督、煤矿安全监察先进个人
吴钟干	男	大田县石牌镇	县安监局矿山安全监察股	省政府	2007 年	安全生产监督、煤矿安全监察先进个人
刘梨军	男	大田县奇韬镇	县环保局规划股	国家环保总局	2007 年	全国环境统计工作荣誉工作者
郭孝威	男	大田县屏山乡	屏山乡美阳村	省委、省政府	2007 年	省“十佳”农民
范起溧	男	大田县均溪镇	县关心下一代工作委员会	全国妇联、国家环保总局	2007 年	全国第二届“绿色家庭”
易清花	女	福建沙县	县妇女联合会	全国妇联、国家信访局	2007 年	全国妇联系统信访工作先进工作者
陈进栋	男	大田县屏山乡	县岩城水泥有限公司旋窑车间	人事部、中国建筑材料联合会	2007 年	全国建材行业劳动模范
林建楠	男	大田县均溪镇	县公安局森林分局	国家林业局	2007 年	全国林区禁毒工作先进个人
黄阳堆	男	福建惠安	县防火办	国家森林防火指挥部、国家林业局	2007 年	2004—2006 年度全国森林防火工作纪念奖章
吴初塍	男	大田县梅山乡	福梅农业开发有限公司	省委	2007 年	优秀共产党员

续表 29-6

姓 名	性别	籍 贯	工作单位	颁奖机关	时间	荣誉称号
胡上尧	男	大田县奇韬镇	县关心下一协会	中国计生协会	2007 年	全国计协先进志愿者
黄德龙	男	大田县上京镇	梅林国有林场	省政府	2007 年	科技进步“三等奖”
郭文使	女	大田县屏山乡	屏山乡美阳村	全国妇联	2008 年	全国“双学双比”女能人
田承衍	男	大田县上京镇	上京镇梅林村	全国“平安家庭创建”组委会	2008 年	平安家庭示范户
陈建丰	男	福建尤溪	城关派出所	中央综合治理委员会办公室	2008 年	2007 年全国治理自行车被盗专项行动先进个人
余 勇	男	大田县文江乡	县公安局刑侦大队	中央综治办、公安部等八部委	2008 年	2007 年全国打击盗窃破坏电力电信、广播电视设施违法犯罪专项斗争先进工作者
蒋跃玲	女	大田县广平镇	奇韬镇计生服务所	省委、省政府	2008 年	先进工作者
范成省	男	大田县均溪镇	石牌镇政府	国家统计局、国务院第二次全国农业普查领导小组	2008 年	第二次全国农业普查先进个人
高上联	男	大田县建设镇	县茶业局	国家统计局、国务院第二次全国农业普查领导小组	2008 年	第二次全国农业普查先进个人
范立洋	男	大田县均溪镇	大田一中	中宣部、司法部、全国普法办	2008 年	全国普法先进个人
章玉贻	男	大田县济阳乡	县总工会	中华全国总工会	2008 年	全国优秀工会工作者
吴初塍	男	大田县梅山乡	福梅农业开发有限公司	省政府	2008 年	省劳动模范
高忠央	男	大田县建设镇	县疾病预防控制中心防疫科	卫生部	2008 年	全国丝虫病防治工作先进工作者
章德泉	男	大田县吴山乡	大田五中	省委	2008 年	优秀党务工作者
郑宜堆	男	大田县广平镇	前坪乡党委	省委	2008 年	优秀共产党员
郑建生	男	大田县桃源镇	城乡规划建设局	住房和城乡建设部	2008 年	先进个人
施发长	男	大田县湖美乡	湖美乡湖上村	省政府	2008 年	省级见义勇为先进分子
连宇煌	男	大田县建设镇	县疾病预防控制中心	省政府	2008 年	全国抗震救灾先进个人
章国谱	男	大田县屏山乡	均溪镇计生办	省政府	2008 年	省计生先进工作者
陈起仁	男	大田县武陵乡	桃源镇计生办	省政府	2008 年	省计生先进工作者
吴永雄	男	大田县梅山乡	县人民法院建设法庭	最高人民法院	2008 年	全国优秀法官
庄晓芬	女	福建晋江	均溪镇白岩社区居委会	全国敬老主题教育活动组委会	2008 年	中华孝亲敬老之星
陈汉良	男	福建惠安	中共大田县委	省委、省政府	2008 年	第十届精神文明建设先进工作者

说明：本表收录 223 人次，其中，获国家级荣誉称号 5 人，省、部级（相当）表彰 218 人次。按获表彰时间为序

七、1993—2008年出生地在大田和婚嫁大田的客籍人士（已知）

表 29-7

姓名	性别	出生年月	籍贯	任职单位	最高职务	任职时间	附注
在县外曾任团级（相当）以上职务人员名表							
王秋梅	女	1964年12月	福建永泰	共青团福建省委统战部少年部、青工部、宣传部	部长	1998年3月	出生在大田
宋师兰	女	1966年2月	福建政和	福建省野生动物保护中心	常务副主任	1996年9月	高级工程师婚嫁石牌镇下洋村
张建田	男	1956年10月	山东省	中央军委法制局	局长	2001年2月	出生在大田
李建明	女	1956年9月	山东省	中共三明市教育工作委员会	副书记	2005年10月	婚嫁武陵乡大石村
杨惠芳	女	1969年8月	福建惠安	厦门市工商局	副处长	2005年12月	婚嫁梅山乡卓坑里村
周昌仁	男	1947年11月	福建永春	福建日报集团	总经理、党组副书记、副社长	2002年3月	出生在大田桃源
苗秀梅	女	1959年1月	陕西省	中国海军装备部	师级大校	2005年6月	婚嫁文江乡文江村
颜艳红	女	1971年1月	福建永春	厦门市中级人民法院	副处级法官	2007年2月	婚嫁梅山乡高泉村
在县外获高级专业技术职务人员名表							
王鹏飞	男	1962年5月	福建福安	三明书画院	副教授	2003年6月	国家一级美术师、出生在大田
李宝玉	女	1950年8月	福建厦门市	厦门市第一医院	主任医师	2005年5月	婚嫁梅山乡香坪村
陆秋海	男	1970年8月	福建福安	清华大学航天航空学院流体运动学实验室主任	教授	2002年2月	博士生导师出生在大田
林玉美	女	1956年10月	福建福清	厦门市筼筜湖管理处	高级工程师	1995年1月	副教授婚嫁均溪镇玉田村
赵　强	男	1955年11月	福建福州	中国纺织科学院	研究员	2002年4月	博士生导师出生在大田
黄永恒	男	1972年10月	福建仙游	美国德州大学研究中心	教授	2006年	博士出生在大田
蒋永梅	女	1971年11月	重庆市	福建师范大学	副教授	2008年7月	博士婚嫁济阳乡芳林村
覃江华	女	1971年1月	天津市	广西壮族自治区桂林高等旅游专科学校	副教授	2003年7月	婚嫁济阳乡济阳村

续表 29-7

获得博士学位人员名表						
姓名	性别	出生年月	籍贯	工作单位	获得学位年月	附注
尹腊梅	女	1979-01	湖南邵东	华东政法大学讲师	2008-07	婚嫁 石牌镇马山村 博士后
叶 红	女	1971-11	福建尤溪	中国科学院城市环境研究所（厦门）	2006-07	婚嫁 屏山乡王坪村
李燕杰	女	1966-07	北京市	美国加州	1998-07	婚嫁 石牌镇马山村
刘 洁	女	1967-08	江西宜丰	澳大利亚大学	2006-07	婚嫁 太华镇汤泉村 博士后
许一婷	女	1976-08	福建德化	厦门大学	2005-09	婚嫁 屏山乡芹阳村
吴 红	女	1976-08	湖北潜江	美国德克萨斯州农机（ABM）大学	2008-07	婚嫁 广平镇元沙村 博士后
张敬东	女	1968-06	江苏省	丹麦技术大学	1996-06	婚嫁 广平镇铭溪村
李 菊	女	1969-11	四川成都	中国石油大学	2000-06	婚嫁 广平镇苏桥村
李梅花	女	1965-12	山东烟台	美国华盛顿 Masim Inteyratedp 产品展示公司	1997-07	婚嫁 上京镇下溪口村
陈 慧	女	1978	四川成都	四川大学	2007-10	婚嫁 上京镇上京村
俞平利	女	1969-08	浙江宁波	华侨大学材料学院	2001-08	副研究员 婚嫁 吴山乡科山村
黄清玲	女	1975-09	福建尤溪	福建医科大学基础医学院	2008-06	婚嫁 奇韬镇东佳村
蒋立春	女	1981-12	湖北仙桃	上海生命科学研究院	2006-11	婚嫁 广平镇苏桥村

说明：本表收录 29 人，其中，在外曾任团级（相当）以上职务 8 人，县外获高级专业技术职务 8 人，获得博士学位 13 人。以姓氏笔画为序

附 录

前志补遗勘误

一、事项补遗表

表 1

卷序	页序	引序	补遗内容
概述	2	4	二级保护的补：鹅掌楸
大事记	20	22	1944 年 3 月 5 日上午 10 时，美国援华抗日军用飞机从长汀起飞至厦门执行轰炸日军任务，在战斗中受伤，战机于大田县上华村坠毁，飞行员跳伞逃生。村民周宜助父子、保安队队长杨全燕和副队长杨得焕、杨佳木等全力搜救飞行员并护送到县城，县长罗诚纯热情接待和慰问受救美国飞行员，并派人将其安全护送至战时福建省会永安。
	24	倒 5	1953 年，吴山乡、阳春乡发生虎患，先后有群众被咬食 8 人，其中吴山乡香坑自然村 3 人，阳春乡 5 人（来仔坑 2 人，下尤 2 人，大坑头 1 人）。县公安大队派出一个班驻阳春保护群众。
	31	19	1980 年 8 月，大田县城关中学筹建，并开始招生。9 月 8 日，大田县城关中学首届初中班在大田一中正式开学。
	37	倒 3	1988 年 6 月 29 日夜，上京镇隆美村正川自然村仙亭坑煤洞矿工工棚发生爆炸，死亡 13 人，因煤洞承包纠纷，激发矛盾。案发后，罪犯郑先宽被判处死刑。
卷一	57	表 1-6	屏山公社下辖大队补：大墘。
卷二十二	689	倒 1	（五）开展“五讲四美”和“四有教育活动” 1982 年 2 月起，全县共青团组织响应中央号召，以第一个“文明礼貌月”为契机，开展以讲文明、讲礼貌、讲卫生、讲秩序、讲道德和语言美、心灵美、行为美、环境美为内容的“五讲四美”教育活动，进而在全县青少年中深入开展做“有理想、有道德、有知识、有纪律”社会主义接班人教育活动。1985 年 2 月，县职业中学团委被团中央授予“开辟多种渠道，培育新型人才”锦旗。
卷三十四	1016	倒 9	补（863 年—932 年）
	1017	2	补卒于后唐长兴三年（932 年），享年 70 岁。
	1042	倒 2	补肖日蕃籍贯桃源镇蓝玉
	1042	倒 3	补肖友松籍贯桃源镇蓝玉
	1049	倒 5	补吴文楷出生年月 1904

二、人物补遗表（已知）

1950—1992 年大田籍人士在外任县（团）级（相当）以上职务名表

表 2

姓 名	性别	籍 贯	最高职务
陈兴堤	男	太华德安	1970—1985 年任黑龙江牡丹江橡胶厂纪检书记
邱春棣	男	华兴张墘	1970 年 12 月任厦门大学海洋系党委副书记
黄人丽	女	上 海	1980 年任省人口与计划生育委员会办公室主任（婚嫁武陵）
刘文正	男	上京溪口	1981 年任龙岩市党工委书记
林 林	男	武陵百東	1987 年 5 月任厦门市特区物资供应公司副总经理
范起兴	男	均溪红星	1990 年 3 月任福建省外汇管理局资本项目管理处处长
颜建塔	男	湖美元安	1991 年 10 月任三明市直机关党工委纪检书记
张珠香	女	广平元沙	1992 年 9 月任厦门市中级人法院正处级审判员

说明：共 8 人，其中客籍婚嫁大田 1 人

1950—1992 年大田籍人士在外地任高级专业技术职务人员名表

表 3

姓 名	性别	籍 贯	何时何单位评为何种职务
潘佑君	女	华兴早兴	1973 年 5 月福建农林大学基础部教授
刘国岐	男	吴山科山	1986 年 8 月武汉华东农业大学教授
陈永准	男	均溪红星	1988 年三明二中高级教师
杨梦兰	男	前坪北坑	1991 年 2 月省总工会干部学校高级讲师
陈永程	男	石牌石坑	1992 年 2 月国家电子工业部高级工程师

1950—1992 年大田县获省、部级以上表彰人物名表

表 4

姓 名	性别	籍 贯	工作单位	何时何单位授予何种称号
郑长祥	男	福建福州	大田县税务局	1955 年福建省人委会授予劳动模范
陈其火	男	大田县梅山乡	大田县沈口乡第一农业生产合作社	1955 年福建省人委会授予劳动模范
肖开此	男	大田县桃源镇	大田县蓝玉乡第二农业生产合作社	1955 年福建省人委会授予劳动模范
廖建善	男	大田县湖美乡	大田县仁美农业生产合作社	1955 年福建省人委会授予劳动模范
林瑞治	男	大田县均溪镇	大田县五一农业生产合作社	1955 年福建省人委会授予劳动模范
陈良成	男	福建闽侯	大田县农业局	1956 年被农业部评为全国农业水利先进工作者

续表 4

姓 名	性别	籍 贯	工作单位	何时何单位授予何种称号
郑文藩	男	福建永春	大田县印刷厂	1956 年福建省人委会授予劳动模范
郑宣上	男	大田县广平镇	大田县邮电局	1956 年福建省人委会授予劳动模范
范秀春	女	大田县均溪镇	均溪镇玉田村	1957 年被福建省委、省人民委员会授予劳动模范
苏文彩	男	大田县桃源镇	大田县桃源林业站	1957 年福建省人委会授予劳动模范
林玉英	女	大田县桃源镇	桃源镇翁厝村	1957 年福建省人委会授予劳动模范
温新旋	男	大田县均溪镇	均溪公社华温大队	1959 年福建省人委会授予劳动模范
陈先机	男	大田县文江乡	建设税务所	1959 年福建省人委会授予劳动模范
郑昌兰	男	大田县广平镇	永安岭头粮食转运站	1959 年福建省人委会授予劳动模范
陈民治	男	福建永春	商业局农产品经理部	1959 年福建省人委会授予劳动模范
高宝玉	男	福建平潭	大田上京煤矿	1959 年福建省人委会授予劳动模范
薛法东	男	浙江平阳	大田通用厂	1959 年福建省人委会授予劳动模范
柳朝奏	男	福建福州	大田邮电局	1959 年福建省人委会授予劳动模范
蔡登夏	男	大田县文江乡	大田县人民检察院	1959 年公安检察司法部授予劳动模范
郑国功	男	大田县桃源镇	商业局屏山商业处	1959 年福建省人委会授予劳动模范
陈进四	女	大田县吴山乡	吴山公社吴山大队	1960 年国务院授予全国劳动模范 1960 年福建省人委会授予劳动模范
王振标	男	大田县桃源镇	桃源公社广汤大队	1964 年福建省人委会授予劳动模范
游奎光	男	福建莆田	大田养路工区	1964 年福建省人委会授予劳动模范
林金球	男	福建永春	大田县砖瓦生产社	1964 年福建省人委会授予劳动模范
范四五	男	大田县均溪镇	大田县电厂	1964 年福建省人委会授予劳动模范
叶荣官	男	福建	大田县通用机器厂	1964 年福建省人委会授予劳动模范
杨九英	男	福建安溪	大田县硫铁厂	1964 年福建省人委会授予劳动模范
陈开基	男	大田县均溪镇	均溪镇红星村	1964 年获福州军区民兵大比武第二名奖励五六式半自动步枪一支
温在稑	男	大田县均溪镇	大田一中	1977 年福建省人委会授予劳动模范
周忠凑	男	福建古田	上京矿务局掘进队	1978 年煤炭工业部授予部级劳动模范
涂玉敬	男	大田县济阳乡	县公安局刑警队	1978 年被省委、省革委会评为公安战线积极分子
温在稑	男	大田县均溪镇	大田一中	1978 年被省委、省革委会评为教育先进工作者
苏其碧	男	福建南安	县水泥厂	1979 年福建省革委会授予劳动模范
陈金腰	男	福建安溪	县第一农机修造厂	1980 年福建省人民政府授予劳动模范
王庆霖	男	福建省	上京矿务局	1980 年福建省人民政府授予劳动模范
林梅水	男	福建仙游	大田一中	1981 年被光明日报、文汇报、体育报评为“全国千名体育教师”

续表 4

姓 名	性别	籍 贯	工作单位	何时何单位授予何种称号
方金友	男	福建永春	县百货公司	1982 年福建省政府授予劳动模范
陈磐石	男	福建永春	县硫铁矿	1982 年福建省政府授予劳动模范
				1982 年被省委评为优秀共产党员
张雨羡	女	福建厦门	县计生委	1982 年被评为全国千分比人口生育率抽样调查优秀调查员
林志强	男	福建德化	县良种场	1983 年工作成绩显著获省政府升级奖励、农业部农牧渔业农技推广工作荣誉证书
黄子栋	男	福建南安	县农业局经管站	1983 年获农业部农牧渔业农技推广工作荣誉证书
廖新芳	女	大田县广平镇	广平公社苏桥大队	1983 年全国妇联授予“三八”红旗手
林幼桂	女	大田县武陵乡	武陵公社大石大队	1983 年全国妇联授予“三八”红旗手
林淑梅	女	福建惠安	县医院	1983 年被省政府评为计划生育先进个人
乐淑华	女	大田县石牌镇	上京公社	1983 年被省政府评为计划生育先进个人
陈永添	男	大田县石牌镇	县林委	1984 年获林业部科技推广工作成绩显著荣誉证书
陈小艳	男	大田县均溪镇	县农业银行	1984 年中国农业银行授予全国金融劳动模范
刘传佩	男	福建龙岩	大田一中	1984 年被人民日报、文汇报等七家评为优秀班主任
谢元潘	男	福建仙游	县水泥厂	1985 年福建省人民政府授予劳动模范
汪松寿	男	福建惠安	县总工会	1985 年被全国总工会、国家体委评为工会工作先进个人
陈荣教	男	大田县上京镇	上京水泥厂	1985 年被农业部评为全国乡镇企业家
陈子文	男	大田县石牌镇	桃源乡政府	1985 年被省政府评为计划生育先进工作者
张雨羡	女	福建厦门	县计生委	1985 年被省政府评为计划生育先进工作者
涂南方	男	福建永春	大田一中	1985 年被省政府评为教育先进工作者
程应炳	男	大田县华兴乡	均溪学区	1985 年被省政府评为教育先进工作者
范起建	男	大田县均溪镇	县农业局	1985 年获农业部农技推广工作荣誉证书
林红斌	男	福建福州	均溪学区	1985 年被省政府评为教育先进工作者
陈超盛	男	大田县太华镇	太华学区	1985 年被省政府评为教育先进工作者
叶建取	男	大田县上京镇	上京学区	1985 年被省政府评为教育先进工作者
刘裔坚	男	福建德化	吴山学区	1985 年被省政府评为教育先进工作者
郭常勋	男	台 湾	实验小学	1985 年被省政府评为教育先进工作者
周松柏	男	福建永春	屏山学区	1985 年被省政府评为教育先进工作者
卢幼荣	女	大田县华兴乡	实验幼儿园	1985 年被省政府评为教育先进工作者
林万端	男	大田县吴山乡	县教师进修学校	1986 年被国家语言文字工作委员会评为文字改革和推广普通话积极分子

续表 4

姓 名	性别	籍 贯	工作单位	何时何单位授予何种称号
高上钗	男	大田县建设镇	县农业局经管站	1986 年被农业部评为农业经济效益评奖先进个人
黄种国	男	福建南安	县土地局	1986 年被农业部评为先进工作者
涂天明	男	大田县济阳乡	县农业局经管站	1986 年被农业部评为评价工作成绩显著工作者
林家全	男	大田县奇韬镇	闽运大田车队	1986 年被交通部评为安全行驶驾驶员
赵永树	男	福建永春	闽运大田车队	1986 年被交通部评为安全行驶驾驶员
陈亚来	男	浙江绍兴	闽运大田车队	1986 年被交通部评为安全行驶驾驶员
姚金团	男	福建永春	县林委	1986 年被林业部评为规划设计工作先进个人
杜成火	男	大田县均溪镇	屏山乡政府	1986 年被省政府评为计生先进工作者
杨秀恋	女	福建惠安	县实验幼儿园	1986 年被省政府评为先进少儿工作者
吴占宙	男	大田县梅山乡	县实验小学	1986 年被省政府评为先进少儿工作者
叶振育	男	福建厦门	县医院	1986 年被省政府评为抢救公安特派员成绩显著工作者
陈福生	男	福建福州	县二铁厂	1986 年被省政府评为安全生产先进工作者
高见远	男	大田县建设镇	县经委工普办	1987 年被国务院全国工业普查领导小组评为先进工作者
郝 滔	男	陕西华阴	县医院	1987 年获国防部国防建设贡献奖
叶振育	男	福建厦门	县医院	1987 年获国防部国防建设贡献奖
李金来	男	福建惠安	县医院	1987 年获国防部国防建设贡献奖
林连明	男	福建安溪	县医院	1987 年获国防部国防建设贡献奖
罗志垒	男	福建永安	建设电灌站	1987 年被水利部、中国水利电力工委会评为全国优秀农村电工
陈永添	男	大田县均溪镇	县林委	1987 年获中国林学会劲松奖
曾光标	男	福建福州	县林委	1987 年获中国林学会劲松奖
陈建元	男	福建厦门	县林委	1987 年获中国林学会劲松奖
林整祥	男	大田县武陵乡	屏山计生办	1987 年被省政府评为计划生育先进个人
杜成火	男	大田县均溪镇	屏山乡政府	1987 年被省政府评为计划生育先进个人
赖志雄	男	福建永安	县交警大队	1987 年被省政府评为交通安全先进工作者
黄新华	男	福建南安	县罐头厂	1987 年被商业部工业普查领导小组评为工业普查先进工作者
郑占路	男	大田县均溪镇	明运大田公司	1988 年福建省人民政府授予劳动模范
郑荣智	男	大田县桃源镇	县人大常委会	1988 年获国家科学技术进步奖评审委员会“科技进步一等奖”
林乐明	男	大田县广平镇	广平镇水利工作站	1988 年被水利部评为全国性乡镇优秀水利水保员
郑世炉	男	大田县桃源镇	桃源学区	1988 年被国家教委评为全国中小学德育先进工作者

续表 4

姓 名	性别	籍 贯	工作单位	何时何单位授予何种称号
范起溧	男	大田县均溪镇	县政府	1988 年被省政府评为消防安全先进工作者
邱淑清	女	福建福州	县妇幼所	1988 年被省政府评为计划生育先进工作者
许贻斜	男	福建晋江	县农业局	1988 年获省政府“粮食丰收三等奖”
徐集添	男	福建德化	大田一中	1989 年被国家教委、人事部、中国教育工会评为优秀教师
林天星	男	大田县武陵乡	县城关小学	1989 年被国家教委、人事部、中国教育工会评为优秀教师
郭常勋	男	台 湾	县城关小学	1989 年被国家教委、人事部、中国教育工会评为优秀教师
			县实验小学	1989 年被省委评为优秀党务工作者
吴孝桢	男	福建福州	县科协	1989 年获全国对台广播优秀节目评委会“对台广播优秀节目二等奖”
唐国章	男	大田县建设镇	建设学区	1989 年被中国农民体育协会评为全国农村体育工作积极分子
刘万宝	男	福建宁化	县农机站	1989 年获农业部农牧渔业技术推广荣誉证书
刘凌风	男	福建惠安	县农机研究所	1989 年获农业部农牧渔业技术推广荣誉证书
高上钗	男	大田县建设镇	县农业局经管站	1989 年被农业部评为农业系统成人教育先进工作者
涂良盘	男	大田县济阳乡	县畜牧兽医站	1989 年获农业部“兽医技术推广奖”
涂金铃	男	大田县济阳乡	县畜牧兽医站	1989 年获农业部“兽医技术推广奖”
池瑞霖	男	福建仙游	县畜牧兽医站	1989 年获农业部“兽医技术推广奖”
张德跃	男	福建泉州	县委办	1989 年被省委评为保密工作先进工作者
郑新甦	男	大田县桃源镇	县经委	1989 年被省委评为优秀思想政治工作者
陈能石	男	福建德化	县教育局	1989 年被省政府评为优秀教育工作者
常建华	男	山西沁源	大田一中	1989 年获省政府工作成绩显著奖
林岁华	男	大田县武陵乡	县政协	1989 年获省政府粮食丰收奖
林庆伟	男	大田县桃源镇	县良种场	1989 年获省政府工作成绩显著奖
许贻斜	男	福建晋江	县农业局	1989 年获省政府粮食丰收一等奖
陈大鹏	男	大田县吴山乡	县农业局	1989 年获省政府粮食超历史一等奖
郭文景	男	大田县屏山乡	县畜牧兽医站	1989 年获省政府先进工作者
廖明板	男	大田县湖美乡	县供销社	1989 年获省政府粮食丰收一等奖
吕文芳	男	福建莆田	桃源林场	1989 年获省政府科技进步二等奖
王振泼	男	福建晋江	县医药公司	1989 年获省政府科技进步三等奖
陈俊民	男	福建龙岩	县委	1989 年获省政府计划生育先进工作者
何清和	男	福建建宁	县政府	1989 年获省政府计划生育先进工作者

续表 4

姓 名	性别	籍 贯	工作单位	何时何单位授予何种称号
林良源	男	福建惠安	县政府	1989 年获省政府计划生育先进工作者
许长华	男	福建泉州	县计生委	1989 年获省政府计划生育先进工作者
涂经建	男	大田县济阳乡	前坪乡政府	1989 年获省政府计划生育先进工作者
陈升章	男	大田县太华镇	县农委	1989 年获省政府计划生育先进工作者
林整祥	男	大田县武陵乡	屏山计生办	1989 年获省政府计划生育先进工作者
林富拔	男	大田县桃源镇	吴山乡政府	1989 年获省政府计划生育先进工作者
吴成华	男	大田县奇韬镇	前坪乡政府	1989 年获省政府计划生育先进工作者
侯清瑜	男	福建晋江	县经委	1989 年获省政府计划生育先进工作者
林美满	男	大田县广平镇	元沙村	1989 年被省政府评为先进村主任
郭文坦	男	大田县屏山乡	县合成氨厂	1990 年获团中央、国家计委、科委、科协第三届全国青工“五小智慧杯三等奖”
赵天乃	男	福建永春	县科协	1990 年被农业部评为农村能源建设先进工作者
陈进塔	男	大田县武陵乡	县委办	1990 年被省委评为党委办公厅（室）系统先进工作者
叶秀华	女	大田县均溪镇	县环卫所	1990 年被省委评为优秀共产党员
黄玉树	男	福建莆田	县水电局	1990 年被省委、省政府评为抗洪抢险积极分子
詹联辉	男	大田县梅山乡	广平镇政府	1990 年被省政府评为精神文明建设先进工作者
陈增含	男	福建晋江	县农业局	1990 年获省政府“粮食总产超历史丰收三等奖”、“发展再生稻丰收二等奖”
蔡成敢	男	大田县文江乡	县病虫中心测报站	1990 年获省政府粮食丰收二等奖
涂联偶	男	大田县济阳乡	县农资公司	1990 年获省政府粮食丰收三等奖
刘佳秋	男	大田县吴山乡	县政府办	1990 年获省政府粮食丰收三等奖
严章耀	男	福建福清	县种子公司	1990 年获省政府粮食丰收三等奖
许贻斜	男	福建晋江	县农业局	1990 年获省政府推广杂交水稻三等奖
吴家治	男	福建南平	县种子公司	1990 年获省政府推广杂交水稻三等奖
叶升洪	男	大田县均溪镇	奇韬乡政府	1990 年获省政府推广杂交水稻三等奖
陈昭才	男	大田县吴山乡	上京镇政府	1990 年获省政府推广杂交水稻三等奖
邱宝祥	男	福建闽清	县检察院	1991 年获最高人民检察院检察事业做出贡献荣誉证书、证章
罗上赤	男	大田县广平镇	县检察院	1991 年获最高人民检察院检察事业做出贡献荣誉证书、证章
高冠元	男	大田县建设镇	县检察院	1991 年获最高人民检察院检察事业做出贡献荣誉证书、证章
涂炳耀	男	大田县济阳乡	县检察院	1991 年获最高人民检察院检察事业做出贡献荣誉证书、证章

续表 4

姓 名	性别	籍 贯	工作单位	何时何单位授予何种称号
王升梁	男	大田县上京镇	县检察院	1991 年获最高人民检察院检察事业做出贡献荣誉证书、证章
官景枝	男	山东枣庄	县检察院	1991 年获最高人民检察院检察事业做出贡献荣誉证书、证章
刘兴直	男	大田县吴山乡	县检察院	1991 年获最高人民检察院检察事业做出贡献荣誉证书、证章
高加暖	男	大田县奇韬镇	县检察院	1991 年获最高人民检察院检察事业做出贡献荣誉证书、证章
吴选喜	男	大田县上京镇	县检察院	1991 年获最高人民检察院检察事业做出贡献荣誉证书、证章
范训初	男	大田县均溪镇	上京派出所	1991 年被公安部评为先进工作者
黄震杰	男	福建莆田	县公安局治安科	1991 年被公安部评为先进工作者
卢幼荣	女	大田县华兴乡	县实验幼儿园	1991 年被国家教委、国家人事部评为优秀教师
魏庆赐	男	大田县武陵乡	县统计局	1991 年被国务院第四次人口普查领导小组评为第四次人口普查先进工作者
田有容	男	大田县上京镇	县总工会	1991 年被国务院第四次人口普查领导小组评为第四次人口普查先进工作者
姚智蒙	男	大田县太华镇	均溪镇政府	1991 年被国务院第四次人口普查领导小组评为第四次人口普查先进工作者
陈先忠	男	大田县文江乡	前坪乡政府	1991 年被国务院第四次人口普查领导小组评为第四次人口普查先进工作者
黄震杰	男	福建莆田	县公安局治安科	1991 年被国务院第四次人口普查领导小组评为第四次人口普查先进工作者
林　彬	男	福建福州	县农机站	1991 年获农业部农林牧渔业技术推广工作荣誉证书
林建洪	男	大田县文江乡	县烟草公司	1991 年被国家烟草专卖局（公司）评为先进会计工作者
吴家治	男	福建南平	县种子公司	1991 年被全国种子总公司评为种子机械加工先进工作者
柳诗山	男	大田县均溪镇	均溪红星村	1991 年获中国农民体育协会第四届全国农民象棋赛第四名
郑国仁	男	福建福清	县政府	1991 年被省政府评为安全生产先进工作者
李建明	女	山东高青	县纪委	1991 年被省委评为优秀纪检干部
王金晋	男	福建永春	县商业局	1991 年被省委、省政府评为清房工作先进工作者
陈开篇	男	大田县屏山乡	县财政局	1991 年被省委、省政府评为清房工作先进工作者
张炳溪	男	大田县均溪镇	县林委	1991 年被省委、省政府评为清房工作先进工作者
王子明	男	福建福州	县进修学校	1991 年被省委、省政府评为清房工作先进工作者
林茂坤	男	福建泉州	县财委	1991 年被省委、省政府评为清房工作先进工作者

续表 4

姓 名	性别	籍 贯	工作单位	何时何单位授予何种称号
陈为民	男	福建福清	县林委	1991 年被省委、省政府评为清房工作先进工作者
张英跃	男	大田县广平镇	县经委	1991 年被省委、省政府评为清房工作先进工作者
颜昌义	男	大田县桃源镇	桃源村	1991 年被省委评为优秀共产党员
林共鸣	男	大田县武陵乡	武陵学区	1991 年被省委评为优秀共产党员
叶秀华	女	大田县均溪镇	县环卫所	1991 年被省委评为优秀共产党员
吴占钱	男	大田县梅山乡	县电影发行放映公司	1991 年被省委评为优秀共产党员
林庆伟	男	大田县桃源镇	县良种场	1991 年获省政府科技进步三等奖
唐登同	男	大田县太华镇	太华仕坑村	1991 年被省政府、省军区评为民兵预备役工作先进个人
黄金桃	男	福建安溪	桃源林场	1992 年获林业部科技进步三等奖
涂育合	男	大田县济阳乡	桃源林场	1992 年获林业部科技进步三等奖
詹光芽	男	大田县太华镇	太华畜牧兽医站	1992 年被农业部评为先进个人
林庆伟	男	大田县桃源镇	县良种场	1992 年被农业部评为振兴农业先进个人
黄子栋	男	福建南安	县农业局经管站	1992 年被农业部评为农经管理先进个人
吴占仁	男	大田县梅山乡	县农行	1992 年被中国农业银行评为保卫工作先进个人
郑国仁	男	福建福清	县政府	1992 年被省政府评为安全生产先进工作者
方敬如	男	福建福清	县委	1992 年被省委、省政府评为精神文明建设先进工作者
林岁华	男	大田县武陵乡	县政府	1992 年被省政协评为先进工作者
吴庭理	男	大田县文江乡	县信访局	1992 年被省委、省政府评为信访先进工作者
郑新致	男	大田县均溪镇	县信访局	1992 年被省委、省政府评为信访先进工作者
林玉川	男	福建永春	县机干校	1992 年被省委、省政府评为社教优秀工作者
杨连益	男	大田县华兴乡	县人大办	1992 年被省委、省政府评为社教优秀工作者
潘其华	男	福建永春	县财委	1992 年被省委、省政府评为社教优秀工作者
杨和平	女	山东高青	县妇联	1992 年被省委、省政府评为社教优秀工作者
张恒九	男	山东沂水	县劳动局	1992 年被省政府评为 90—91 年度安全生产先进工作者
陈成植	男	大田县上京镇	太华乡政府	1992 年被省政府评为 90—91 年度安全生产先进工作者
王 梯	男	福建惠安	县农科所	1992 年获省政府科技进步三等奖
范建民	男	大田县均溪镇	吴山乡政府	1992 年获省政府计生工作先进个人
张敦聪	男	福建福清	县人武部	1992 年获军区民兵训练先进个人

说明：本表补录 202 人次，其中，全国劳动模范 1 人，省部级劳动模范 34 人，省部级先进个人 167 人次。按获表彰时间为序

三、勘误表

表 5

卷序	页序	行序	错	正
图片	卷首彩页	8 页 4 图	照片反面冲印	正面冲印
概述	1	4	5 个镇、13 个乡	4 个镇、14 个乡
	1	倒 13	主干流长 61.7 公里	主干流长 58.8 公里
	4	倒 13	生活面貌	精神面貌
大事记	16	倒 4	24 日至屏山	22 日至屏山
	17	19	29 日到县城	19 日到县城
	19	15	举办	创办
	20	倒 1	欧毓委	顾毓琇
	22	倒 8	独立	删“独立”
	23	6	成立县农民协会。	月内，成立县农民协会。
	24	13	举办	开通
	27	3	1.4 米	3.1 米
	29	1	发现	发生
	34	倒 9	退休党员	退休干部党员
	35	19	涂修慧	徐修慧
	37	11—12	小水电	小水电站
	37	倒 18	会议听取和审议人大、计划和财政各项工作报告	会议听取和审议人大、政府、计划和财政各项工作报告
	37	倒 12	选举六届委员 33 名，候补委员 6 名	选举六届委员 27 名，候补委员 4 名
	37	倒 12	纪委全体成员	纪委委员 11 名
	39	18	413.5 毫米	526.4 毫米
卷一	43	倒 10	（约 226.7 米）	（约 2267 米）
	43	倒 14	北与三明市	北与三元区
	43	12	康熙二十四年（1686 年）	康熙二十四年（1685 年）
	51	倒 15	上地园、下地园	上池园、下池园
	51	倒 10	岩厝顶	元厝顶
	56	3	儒洲	泮林
卷二	65	15	向东南	向东北
	68	13	面积 241.93	面积 214.93
	68	倒 14	桃源原名桃园，明末以唐诗“桃花园里可耕田”得名。后闽南人移居旧街，称为“世外桃源”，改名桃源。	地处交通要冲，土地肥沃、环境优美，有如“世外桃源”，又因集镇人口多为“桃城”永春人氏移居而得名。
	70	10	原名骚卿……以骚卿谐音……	原名蚤卿……以蚤卿谐音……

续表 5

卷序	页序	行序	错	正
卷二	73	2	陈氏祖祠	郭氏祖祠
	74	3	半山	删“半山”
	74	倒 7	南宋末年	南宋中期
	74	倒 7	皆吴姓居住	多为吴姓居住
	78	倒 4	1962 年	1961 年
	89	14	第五区	第七区
	94	5	二迭系	二叠系
	98	倒 2	海拨	海拔
	108	倒 3	东南	东北
	109	倒 5	桃溪	桃源
	110	倒 11	和坪溪	和平溪
	116	倒 6	变持岩	变质岩
	119	倒 6	箕盘子	算盘子
	121	倒 5	山岭峻立	山峰峻立
	121	倒 3	和梯田	的梯田
	122	2	占水面	占水田
	122	倒 18	水文测站	水文站
	122	倒 8	撤迁	搬迁
	123	倒 4	50 ~ 60 年代	20 世纪 50 ~ 60 年代
	125	15	刺胸蛙	棘胸蛙
	128	倒 9	9 月	9 年
	131	倒 3	第六草	第六章
	134	1	许山村	许山自然村
卷四	136	3	坂美	坂尾
	139	4	雍正六年（1728 年）	雍正二年（1724 年）
	143	（表 4–6）7	314.93	214.93
	145	3	人口增长最高为 121488 人	人口总量最高，达 121488 人
	151	12	壮年组、老年组	删“、老年组”
	154	倒 7	至 55 岁以上	删“以上”

续表 5

卷序	页序	行序	错	正
卷六	193	5	仅增加	仍增加
	196	10	低畦地	低洼地
	199	倒 15	部分	多数
	203	5	仕绅	士绅
	218	倒 16	草梅	草莓
	220	8	兰玉村	蓝玉村
	220	10	兰玉	蓝玉
	221	倒 5	50 ~ 60 年代	20 世纪 50 ~ 60 年代
	225	倒 3	双垄出海	“双龙出海”
	235	倒 7	平鳍锹科	平鳍鳅科
卷七	256	10	提高 81%	提高到 81%
卷八	289	5	35 天	19 天
	289	13	30 次	29 次
	289	14	14 次	13 次
	291	倒 2	解块	解决
	296	倒 18	老厝坪村	老厝村
	298	倒 3	机组投入	机组运行
	299	2	0.75 立方 / 秒	0.75 立方米 / 秒
	304	10	60 年代	20 世纪 60 年代
	312	(表 8-14) 倒 3	5.06%	8.7%
卷九	315	11	村民委员会	生产大队
	318	倒 5	葫芦	葫芦嵌
卷十	342	9	谢元藩	谢元潘
	346	7	1980 年建	删“建”
	349	7	1961 年	1968 年
	349	10	东南亚和香港等国家和地区……	东南亚国家和香港等地区
	349	倒 17	糕点、蜜饯	食杂
卷十一	357	2	西南海西	西南华力西
	358	倒 11	万天盂	万天孟
	369	16	191 吨	191 万吨
	373	倒 14	至 1992 年	1992 年
	373	倒 6	平洞	平硐
	386	倒 13	小煤	小煤矿

续表 5

卷序	页序	行序	错	正
卷十二	389	7	全程	境内
	390	倒 13	书村	民主村
	393	2	阻车	堵车
	393	倒 18	连结	连接
	396	3	连结	连接
	407	倒 9	连结	连接
卷十四	449	倒 11	风山中路	凤山中路
	450	倒 15	1970 年	1969 年 12 月
	460	倒 19	1958 年	1960 年 7 月
	462	7	123 吨	1237 吨
	470	倒 7	晴纶	腈纶
	484	(表 15–2) 4	6.72	9.6
	486	15	碳酸钙	过磷酸钙
	491	12	20 万件	14 万件
	491	14	13.41 万口	1.34 万口
	492	16	92 吨	94 吨
卷十六	511	7	501 万公斤	371 万公斤
卷十七	520	倒 7	县行政	县财政
卷十八	550	4	宣化坊（南山路）	宣化坊（凤山西路）
卷十九	570	9	为指导	为主导
卷二十	613	倒 13	选出中共大田县委监察委员会	选出中共大田县委监察委员会委员
	613	倒 7	选出县委监察委员会	选出县委监察委员会委员
	614	9	选举产生中共大田县委纪律检查委员会	选举产生中共大田县委纪律检查委员会委员
	614	14–15	选举中共大田县纪律检查委员会	选举产生中共大田县纪律检查委员会委员
	614	倒 14	选举中共大田县纪律检查委员会	选举产生中共大田县纪律检查委员会委员
	614	倒 7	选举中共大田县纪律检查委员会	选举产生中共大田县纪律检查委员会委员
	622	14	全县现有党外知识分子……	1992 年，全县有党外知识分子……
	635	倒 3	民国 29 年 5 月	民国 31 年 5 月
	637	倒 2—1	县长李忠锬、书记长郑佐国……民国 32 年 4 月	县长罗成纯、书记长章子惠……民国 33 年 4 月

续表 5

卷序	页序	行序	错	正
卷二十一	641	12	钱右	钱祐
	641	14	苏黎蔗	苏黎庶
	641	倒 13	管毅	管谷
	641	倒 9	张癸	张揆
	642	6	韩耀耀	韩文燿
	642	7	颜胤光	顾胤光
	642	16	刘继祐	刘继祜
	642	倒 11	贡生	举人
	643	12	荣健	荣键
	644	11	江嘉容	江嘉镕
	644	13	叶延治	叶廷治
	644	15	狄秉寿	狄秉焘
	644	倒 11	田云鳞	田云麟
	644	倒 1	狄秉寿	狄秉焘
	645	3	朱保熙	朱葆熙
	645	11	柯先眷	柯先春
	645	16	史监清	史鑑清
	645	18	李鳞端	李麟瑞
	645	21	李薄霖	李溥霖
	645	倒 7	程楚栅	程楚楠
	647	倒 16	胡保镰	胡保镛
	647	倒 15	杨延枢	杨廷枢
	647	倒 1	陈大熏	陈大勋
	671	7	导政	导致
卷二十二	687	7	选举团县委，内设办公室……	选举团县委委员，团县委内设办公室……
	689	倒 7	1983 年 5 月	1983 年 4 月
	693	倒 15	瞻养	赡养
	696	2	工商联合会	工商业联合会
	696	11	工商联合会	工商业联合会
	696	16	工商联合会	工商业联合会
	696	倒 14	工商联合会	工商业联合会
	696	倒 2	工商联合会	工商业联合会
	698	6—7	选举成立三明地区侨联大田小组，成员 7 人	成立三明地区侨联大田小组，选举成员 7 人
	698	13	选举产生大田县第二届归国华侨联合会，选出委员 15 人	选举产生大田县第二届归国华侨联合会委员 15 人

续表 5

卷序	页序	行序	错	正
卷二十二	698	14	分别选举产生侨联分会	分别成立侨联分会，选举产生分会委员。
	698	倒 10	杨梅村	王坪村
	700	8	太华、城关等乡（镇）成立……	太华等乡（镇）和城关成立……
卷二十三	706	3	城乡贩毒、吸毒严重	城乡居民贩毒、吸毒严重
	716	11	漳州市	龙海县
卷二十四	729	倒 9	贷民	贫民
	736	倒 6	法定每年 5 月份第一周的星期日为助残日	法定每年 5 月份第三个星期日为助残日
	738	9	县民政局	县民政科
卷二十六	773	6	山东临沐	山东临沭
卷二十七	793	3 栏 6 行	外山	半山
	801	4	创办城关职业中学，次年秋季招收职业高中班	创办城关中学，次年加挂“大田县职业中学”牌子，秋季招收职业高中班
	805	倒 3	农机局	农业局
卷二十八	841	10	鱼业研究所	渔业研究所
	845	倒 11	气管切除	气管切开术
	849	10	蒋学序	蒋序学
	850	5	蒋学序	蒋序学
	851	倒 6	蒋学序	蒋序学
	852	倒 9	蒋学序	蒋序学
	857	5	范林	范士林
	858	5	撤消	撤销
卷二十九	883	5	大田置县时	明嘉靖二十三年
	886	4	葛浦	葛埔
	886	倒 10	千恣百态	千姿百态
卷三十一	922	12	来我县	到县
	927	3	中共县委	删“中共”
	927	倒 15—14	自来水的选址	自来水厂的选址
	937	13	当年增设口腔科，开展气管切开，抢救白喉患儿 40 多例。	当年增设口腔科。五官科开展气管切开术，抢救患儿 40 多例。
卷三十二	969	12	（1758 年）	（1767 年）

续表 5

卷序	页序	行序	错	正
卷三十四	1021	14	年青	年轻
	1021	倒 6	时年 46 岁	时年 47 岁
	1022	倒 1	时年 45 岁	时年 46 岁
	1023	倒 7	享年 58 岁	享年 59 岁
	1029	2	时年 23 岁	时年 21 岁
	1033	5	永泰县屏山……分队长……在王坪剿匪……	永泰县……中队长……在屏山王坪剿匪……
	1033	倒 11	在龙岩	在谢洋草龙崎
	1035	倒 7	陈要生	陈平生
	1037	倒 10	云梦县知县	封川司训
	1037	倒 1	长坑	高泉
	1039	7	清道光己酉……武举人	清雍正丙午……举人
	1040	倒 12	三阳	上京村
	1042	9	下举	蓝玉
	1044	倒 5	林寿春	林宜春
	1045	12	民国 8 年	民国 12 年
	1049	倒 7	丁岗……1900.5	丁刚……1902.5
	1049	倒 6	1916……民国 23 年……（1934 年）……青阳树村……	1915.5……民国 22 年……（1933 年）……青杨树村
	1055	4	1956 年	1955 年
	1055	5	1956 年	1955 年
	1055	10	（马锦模）1976 ~ 1982 年福建省革委会授予财贸模范	（马锦模）1979 年福建省革委会授予财贸劳动模范，1980 年福建省人民政府授予劳动模范，1982 年福建省人民政府授予劳动模范
	1055	11	（杨再章）1978 年	（杨再章）1979 年
	1055	12	（方金友）1978，1981 年福建省革委会授予财贸劳动模范	（方金友）1979 年福建省革委会授予财贸劳动模范，1980 年福建省人民政府授予劳动模范
	1055	倒 7	（苏开星）1982 年	（苏开星）1980 年、1982 年
	1055	倒 5	（谢元潘）1987 年	（谢元潘）1988 年

1993–2008 年大田县获省、部级以上表彰先进单位名表（已知）

表 6

受表彰单位	荣誉称号	授予单位	授予时间
大田县	第四届“全国体育先进县”	国家体委	1993 年
	创建文明县城竞赛先进县城	省委、省政府	1993 年
	综治“一五规划”达标县	省委、省政府	1993 年
县人武部	全面建设先进单位	省委、省政府、省军区	1993 年
岩城集团	全国质量效益型先进企业	国家技术监督局、中国质量管理协会	1993 年
县土地局	全国土地管理档案工作先进单位	国家土地管理局	1993 年
桃源林场	行业百强企业	国家统计局	1993 年
上京税务所	农村社教先进基层所	省委、省政府	1993 年
广平镇五丰村	农村社教先进集体	省委、省政府	1993 年
大田一中	第四届省级文明学校	省委、省政府	1993 年
	先进基层党支部	省委	1993 年
前峰企业（集团）公司党总支	先进党组织	省委	1993 年
农行大田支行	创安活动先进单位	省政府	1993 年
前峰硫铁矿	社会治安综合治理先进单位	省委、省政府	1993 年
县实验小学	计生先进集体	省政府	1993 年
汤泉铁矿	百颗明星工业企业	省委、省政府	1993 年
太华水泥厂	全国乡镇企业最佳效益企业	农业部	1993 年
上京水泥厂	全国乡镇企业最佳效益企业	农业部	1993 年
县经济作物局果树站	山地幼龄果园套种绿肥配套技术推广二等奖	农业部	1994 年
县政府	畜牧生产先进单位	省政府	1994 年
大田县	全省经济发展“十佳”县	省委、省政府	1994 年
县人武部	全面建设先进单位	省委、省政府、省军区	1994 年
	民兵预备役系统干部军事训练考核优胜单位	省政府、省军区	1994 年
县畜牧水产局	畜牧生产先进单位	省政府	1994 年
大田县	世界银行贷款国家造林项目“先进县”	林业部	1995 年
	造林绿化达标县	省委、省政府	1995 年
	乡镇企业工作先进单位	省政府	1995 年

续表 6

受表彰单位	荣誉称号	授予单位	授予时间
县实验小学	“兴池杯”艺术大奖优秀集体奖	国家教委	1995 年
均溪学区	全国青少年“中国精神”读书教育活动组织奖	国家教委、关工委	1995 年
县教育局	全国青少年“中国精神”读书教育活动组织奖	国家教委、关工委	1995 年
县农信社稽核股	全国农信稽核工作先进单位	中国农业银行	1995 年
县硫铁矿	化工清洁文明工厂	化工部	1995 年
岩城集团	中国建材行业企业形象十佳企业	经济参考报社等六家	1995 年
县人武部	先进基层党组织	省委	1995 年
县文明委	第五届（1994—1995 年）省级文明单位	省委、省政府	1995 年
大田一中	全国青少年“中国精神”读书教育活动团体优胜奖	国家教委、关工委	1995 年
	第五届省级文明学校	省委、省政府	1995 年
县农信社稽核科	稽征工作先进单位	中国农业银行总行	1995 年
石凤集团	第五届省级文明单位	省委、省政府	1995 年
	1994—1995 年度工业明星企业	省政府	1995 年
县财政局	第五届省级文明单位	省委、省政府	1995 年
县人武部	第五届省级文明单位	省委、省政府	1995 年
上京矿务局	第五届省级文明单位	省委、省政府	1995 年
县乡镇企业局	乡镇企业工作先进单位	省政府	1995 年
县电力公司	地方电力安全生产先进单位	省政府	1995 年
上京镇	双拥模范镇	省政府	1995 年
大田县	造林绿化“百佳县”	全国绿化委	1996 年
广平镇大吉村	造林绿化“十佳村”	全国绿化委	1996 年
广平镇政府	先行工程建设先进集体	省委、省政府	1996 年
上京镇党委	先进基层党组织	省委	1996 年
县妇联	妇联系统维权工作先进单位	全国妇联	1996 年
	综治先进集体		
上京镇	“家园杯”新型村镇建设竞赛优胜乡镇	省政府	1996 年
太华镇汤泉村	“家园杯”新型村镇建设竞赛优胜村庄	省政府	1996 年
大田一中	全国青少年绿化祖国先进单位	全国绿化委、林业部、团中央、水电部	1996 年
	全国读书育人特色学校	中国关工委等 7 家	1996 年

续表 6

受表彰单位	荣誉称号	授予单位	授予时间
城关小学	优秀家长学校	全国妇联、国家教委、	1996 年
县工商局	工商工作先进集体	国家工商局、人事部	1996 年
县农行保卫股	全国农行系统保卫工作先进集体	中国农业银行总行	1996 年
县委宣传部	全国“迎接香港回归祖国”读书活动组织优秀奖	全国“迎接香港回归祖国”读书活动组委会	1996 年
	全国“迎接香港回 归祖国”读书活动特等奖		
县教育局	全国青少年“中华正气”读书读书教育活动优秀组织奖	中国关工委、国家教委等 6 家全国青少年“中华正气”读书教育活动组委会	1996 年
	全国“迎接香港回归祖国”读书活动组织优秀奖	全国“迎接香港回归祖国”读书活动组委会	1996 年
	全国“迎接香港回归祖国”读书活动特等奖		
大田六中	全国青少年“中华正气”读书教育活动组织奖	中国关工委、国家教委等 6 家全国青少年“中华正气”读书教育活动组委会	1996 年
大田县	计生工作明显进步县	省政府	1996 年
县政府	先行工程建设先进集体	省委、省政府	1996 年
县人武部	全面建设先进单位	省委、省政府、省军区	1996 年
	民兵预备役部队军训先进单位	省军区	1996 年
县岩城水泥联营厂	安全生产先进单位	省政府	1996 年
仙游大田水泥粉磨联营厂	安全生产先进单位	省政府	1996 年
桃源镇翁厝村	“家园杯”新型村镇建设竞赛活动优胜村庄	省政府	1996 年
上京镇隆美村	“家园杯”新型村镇建设竞赛活动优胜村庄	省政府	1996 年
武陵乡武陵村	“家园杯”新型村镇建设竞赛活动优胜村庄	省政府	1996 年
上京镇	民兵工作“三落实”先进单位	南京军区司令部、政治部	1997 年
上京镇隆美村	先进基层党支部	省委	1997 年
县检察院	全国检察机关文明接待室	最高人民检察院	1997 年
县人武部	全面建设先进单位	省委、省政府、省军区	1997 年
	军事训练先进单位	省军区	1997 年
	党管武装先进单位	省军区	1997 年
	后勤正规化建设达标先进单位	省军区	1997 年

续表 6

受表彰单位	荣誉称号	授予单位	授予时间
县公安局	社会治安综合治理先进单位	省委、省委政法委	1997 年
均溪中心小学	全国青少年“做新世纪的主人”读书教育活动特别奖	中国少先队全国工作委员会、中国关心下一代工作委员会	1997 年
大田县	全国老年人体育工作先进单位	中国老体协	1998 年
	“热爱我们共有家园”全国读书教育活动特等奖	全国读书教育活动组委会	1998 年
	“征集优秀兵员”先进单位	南京军区	1998 年
	第六届（1996—1997 年）创建文明县城活动先进县	省委、省政府	1998 年
县财政局	第六届省级文明单位	省委、省政府	1998 年
人行大田县支行	第六届省级文明单位	省委、省政府	1998 年
县邮政局	第六届省级文明单位	省委、省政府	1998 年
县工商局	第六届省级文明单位	省委、省政府	1998 年
上京矿务局	第六届省级文明单位	省委、省政府	1998 年
县文明办	第六届省级文明单位	省委、省政府	1998 年
县检察院	第六届省级文明单位	省委、省政府	1998 年
县人武部	“理论学习”先进党委	省军区	1998 年
	先进旅团单位集体三等功	南京军区	1998 年
	全面建设先进单位	省委、省政府、省军区	1998 年
	武器装备管理先进单位	南京军区	1998 年
	征集优秀兵员先进单位	南京军区	1998 年
县水泥厂	完善计量检测体系合格企业和 1998 年国家先进计量单位	国家技术监督局	1998 年
县地税局	服务乡（镇）企业先进单位	省政府	1998 年
	第六届省级文明单位	省委、省政府	1998 年
大田一中	第六届省级文明学校	省委、省政府	1998 年
县地税局	1998 年度服务乡镇企业先进单位	省政府	1999 年
建设法庭	集体一等功	最高人民法院	1999 年
县农业局经管站	宣传工作先进单位	国家农经总站	1999 年
上京矿务局	全国煤炭系统造林绿化先进单位	国家煤炭工业局	1999 年
县人武部	“一线指挥部”建设先进单位	省军区	1999 年
	全面建设先进单位	省委、省政府、省军区	1999 年
岩城集团	优化经济结构重点企业集体	省政府	1999 年
县人武部	深化民兵调整改革先进单位	省政府、省军区	2000 年

续表 6

受表彰单位	荣誉称号	授予单位	授予时间
大田县	“爱心献功臣活动”先进县	国家民政部、解放军总政治部	2000 年
上京镇	福建科技示范镇	省政府	2000 年
大田县	1996—2000 年全国体育先进县	国家体育总局	
县财政局	第七届（1998—1999 年）省级文明单位	省委、省政府	2000 年
县地税局	第七届省级文明单位	省委、省政府	2000 年
县国税局	第七届省级文明单位	省委、省政府	2000 年
上京矿务局	第七届省级文明单位	省委、省政府	2000 年
县检察院	第七届省级文明单位	省委、省政府	2000 年
县电信局	第七届省级文明单位	省委、省政府	2000 年
人行大田县支行	第七届省级文明单位	省委、省政府	2000 年
县邮政局	第七届省级文明单位	省委、省政府	2000 年
县工商局	第七届省级文明单位	省委、省政府	2000 年
大田一中	第七届省级文明学校	省委、省政府	2000 年
县工商局注册大厅	第二届“创文明行业、建满意窗口”先进单位	省政府	2000 年
农广校大田分校	农业广播电视教育先进集体	农业部	2000 年
上京镇	1997—2000 年度社会治安综合治理先进集体	省委、省政府	2001 年
建设法庭党支部	先进基层组织	省委	2001 年
县人武部	民兵武器装备管理工作先进单位	中央军委总参谋部	2001 年
	全面建设先进单位	省委、省政府、省军区	2001 年
县检察院	维护军人军属合法权益先进单位	省军区	2001 年
	全国检察机关文明接待室	最高人民检察院	2001 年
县农业局食用菌中心	农牧渔业丰收奖二等奖	农业部	2001 年
太华镇	全国体育先进乡镇	国家体育总局	2001 年
上京镇人武部	民兵工作“三落实”先进单位	南京军区司令部、政治部	2002 年
建设法庭	全国农村“三个代表”重要思想学习教育活动先进集体	全国“三个代表”重要思想教育领导小组、中组部	2002 年
	创建文明行业工作先进单位	中央精神文明建设指导委员会	2002 年
县人武部	第三届（2000—2001 年）军民共建精神文明先进单位	省委、省军区	2002 年
	全面建设先进单位	省委、省政府、省军区	2002 年
上京派出所	农村“三个代表”重要思想学习教育活动先进集体	省委	2002 年

续表 6

受表彰单位	荣誉称号	授予单位	授予时间
大田一中	第三届军民共建精神文明先进单位	省委、省军区	2002 年
县国土资源局	全国采矿权许可证换证工作先进单位	国土资源部	2002 年
县水利局	全省千公里江堤建设先进单位	省政府	2002 年
县物价局	全国价格法规政策公布工作先进单位	国家计委价格监测中心	2002 年
人行大田县支行合作股	全国“青年文明号”	中央金融工委、团中央	2002 年
县公安局森林分局	2001—2002 全国林业严打整治斗争先进集体	国家林业局	2003 年
上京镇隆美村	先进基层党组织	省委	2003 年
县公安局刑侦大队	“严打”整治斗争先进集体	省委、省政府	2003 年
均溪中心小学少先队	全国少先队红旗大队	中国少先队全国工作委员会	2003 年
县司法局	全国先进司法局	国家司法部	2003 年
工行大田县支行	第八届（2000—2002 年）省级文明单位	省委、省政府	2003 年
人行大田县支行	第八届省级文明单位	省委、省政府	2003 年
农行大田县支行	第八届省级文明单位	省委、省政府	2003 年
县检察院	第八届省级文明单位	省委、省政府	2003 年
县财政局	第八届省级文明单位	省委、省政府	2003 年
县电信局	第八届省级文明单位	省委、省政府	2003 年
县邮政局	第八届省级文明单位	省委、省政府	2003 年
县法院	第八届省级文明单位	省委、省政府	2003 年
县工商局	第八届省级文明单位	省委、省政府	2003 年
大田一中	第八届省级文明学校	省委、省政府	2003 年
均溪镇	第八届省级文明乡镇	省委、省政府	2003 年
东门社区	第八届省级文明社区	省委、省政府	2003 年
建设法庭	全国第八届职业道德建设先进单位	全国总工会、中宣部	2003 年
县刑释解教人员安置帮教办公室	全国解教工作先进单位	中央综治委	2004 年
县民政局	全国先进婚姻登记机关	国家民政部	2004 年
东门社区劳动保障工作站	福建省就业再就业工作先进单位	省政府	2004 年
县人武部	民兵预备役部队军事训练先进单位	省军区	2004 年
上京镇关工委	关心下一代先进集体	省政府	2004 年
县检察院	全国优秀青少年维权岗	最高人民检察院 共青团中央、中央综治办	2004 年

续表 6

受表彰单位	荣誉称号	授予单位	授予时间
县农机中心	2003—2004 年度全国农机科普先进集体	中国农机学会普及工作委员会	2004 年
岩城水泥有限责任公司	全国建材工业质量管理小组活动优秀企业	中国建材工业协会	2004 年
均溪镇	老龄工作先进单位	全国老龄委	2005 年
红星村老体协	老龄工作先进单位	全国老龄委	2005 年
建设法庭	2004 年中国“十佳”人民法庭	全国最高人民法院	2005 年
岩城水泥有限责任公司	全国建材统计工作先进单位	中国建筑建材工业协会 国家统计局、工业交通统计司	2005 年
石凤水泥有限责任公司	石凤牌“425”R 水泥 中国优秀建材产品	中国建材管理协会	2005 年
建设法庭	全国优秀人民法庭	最高人民法院	2005 年
县计生协会	全国婚育新风进万家活动先进单位	中宣部、计生委等 10 个单位	2005 年
城关派出所	一级派出所	公安部	2005 年
县人武部	安全管理工作先进单位	省军区	2005 年
大田县	爱国拥军模范单位	省委、省政府、省军区	2005 年
永安煤业上京分公司	全国部门造林绿化先进单位	国家林业局	2005 年
县人口和计生局	全国维护妇女儿童权益先进集体	全国妇女维权小组	2006 年
太华林业站	文明窗口单位	国家林业局	2006 年
大田县	全国法制宣传教育先进县	中宣部、司法部	2006 年
均溪镇红星村	全省先进基层党组织	省委	2006 年
奇韬镇计生服务所	全国人口和计划生育科技工作先进单位	国家人口计生委	2006 年
上京镇梅林村	全国“平安家庭”创建活动优秀示范区	全国“平安家庭”创建活动领导小组	2006 年
均溪镇红星村	全国敬老模范村	全国老龄工作委员会	2006 年
上京镇	第九届（2003—2005 年）省级文明村镇	省委、省政府	2006 年
太华镇政府	第九届省级文明村镇	省委、省政府	2006 年
县法院	第九届省级文明单位	省委、省政府	2006 年
县财政局	第九届省级文明单位	省委、省政府	2006 年
县检察院	第九届省级文明单位	省委、省政府	2006 年
县工商局	第九届省级文明单位	省委、省政府	2006 年
县电信局	第九届省级文明单位	省委、省政府	2006 年

续表 6

受表彰单位	荣誉称号	授予单位	授予时间
县邮政局	第九届省级文明单位	省委、省政府	2006 年
人行大田县支行	第九届省级文明单位	省委、省政府	2006 年
农行大田县支行	第九届省级文明单位	省委、省政府	2006 年
工行大田支行	第九届省级文明单位	省委、省政府	2006 年
大田一中	第九届省级文明学校	省委、省政府	2006 年
县农村信用合作联社	全国“农村部分计划生育家庭奖励扶助制度和‘少生快富’工程试点工作”先进单位	国家人口与计生委、财政部	2006 年
桃源镇政府	福建集体林权制度改革先进集体	省委、省政府	2006 年
县人武部	2003—2005 年度军民共建精神文明先进单位	省委、省政府、省军区	2006 年
	2005 年度征兵工作先进单位	省政府、省军区	2006 年
岩城水泥有限责任公司	2005 年度“AAAA 级标准良好行为”企业	国家标准化委员会	2006 年
大田县	“平安县”	省委、省政府	2007 年
	2006 年度教育工作先进县	省政府	2007 年
县国防教育动员委员会	国防动员工作先进单位	南京军区	2007 年
县发展和改革局	“十五”期间中小学危房改造工程先进集体	省政府	2007 年
县文体局	2007 年度全民健身与奥运同行活动先进单位	国家体育总局	2007 年
奇韬镇	第二次全国农业普查先进单位	国务院第二次全国农业普查领导小组办公室、国家统计局	2008 年
上京镇梅林村	先进基层党组织	省委	2008 年
宝山机械公司	“宝山牌破碎机”名牌产品	省政府	2008 年
县供电公司	厂务公开管理先进单位	省政府	2008 年
大田四中	“村级德育工作站”获未成年人思想道德建设创新案例三等奖	中央文明办	2008 年
大田一中	第十届（2006—2008 年）省级文明学校	省委、省政府	2008 年
县地税局	第十届省级文明单位	省委、省政府	2008 年
县人民法院	第十届省级文明单位标兵	省委、省政府	2008 年
电信大田分公司	第十届省级文明单位	省委、省政府	2008 年
县财政局	第十届省级文明单位	省委、省政府	2008 年
县检察院	第十届省级文明单位	省委、省政府	2008 年

续表 6

受表彰单位	荣誉称号	授予单位	授予时间
工商局	第十届省级文明单位	省委、省政府	2008 年
邮政局	第十届省级文明单位	省委、省政府	2008 年
人行大田县支行	第十届省级文明单位	省委、省政府	2008 年
农行大田县支行	第十届省级文明社区	省委、省政府	2008 年
工行大田县支行	第十届省级文明单位	省委、省政府	2008 年
东门社区	第十届省级文明单位	省委、省政府	2008 年

说明：本表收录受表彰单位 96 个、242 项次，按获表彰时间为序

重要文件选编

中共大田县委七届九次全体会议关于贯彻落实《中共中央关于建立社会主义市场经济体制若干问题的决定》的决议（1993 年 11 月 29 日通过）

中共大田县委于 1993 年 11 月 28—29 日召开七届九次全体会议，传达、学习、贯彻党的十四届三中全会精神和省委五届八次、市委四届十次全体会议精神，一致拥护党的十四届三中全会通过的《中共中央关于建立社会主义市场经济体制若干问题的决定》，一致表示要积极、全面、正确地贯彻《决定》，一致赞同省委五届八次全会通过的《决议》和市委四届十次全会通过的《决议》。会议围绕建立社会主义市场经济体制，加快现代化建设步伐问题，结合大田实际，进行了认真讨论研究，作出如下决议：

一、把认真学习领会、全面贯彻党的十四届三中全会精神作为当前和今后一个时期的重要任务来抓

党的十四届三中全会，是我国经济体制改革进入攻坚阶段召开的具有重大历史意义的重要会议。全会通过的《决定》，充分体现邓小平同志建设有中国特色社会主义理论和党的十四大精神，把十四大决定的建立社会主义市场经济体制的目标和基本原则加以系统化、具体化，勾画了社会主义市场经济体制的基本框架，制定了总体规划，是一个重大的战略决策，是实现从旧经济体制向新经济体制过渡的宏伟蓝图，是指引全党和全国人民不失时机地加快改革、加快发展的行动纲领，对我国的改革开放和社会主义现代化建设将产生重大而深远的影响。认真学习、全面贯彻十四届三中全会精神，推动我县社会主义市场经济体制的建立，是当前和今后一个时期的重要任务，全县各级党政组织要精心组织学习，全面理解、深刻领会精神实质，统一广大党员和干部群众的思想和行动。要把学习中央《决定》，学习江泽民同志在全会上的重要讲话，同学习邓小平同志建设有中国特色社会主义理论特别是《邓小平文选》第三卷结合起来，同本乡镇、本部门、本单位实际结合起来，进一步解放思想，更新观念，开拓进取，增强改革开放意识，努力为加快社会主义市场经济体制的建立和完善创造良好的氛围。通过学习，使广大党员和干部群众明确认识到建立社会主义市场经济体制，是时代赋予全党和全国各族人民的伟大历史任务；明确认识到省委提出的“在建立社会主义市场经济体制的新的历史任务面前，福建应当积极探索，敢于试验，加快步伐，提前实现建立新经济体制的改革目标，即用三年时间形成

社会主义市场经济体制的基本框架，用五年时间初步建立起社会主义市场经济体制。在此基础上，再用十年或更多一些时间，确立各方面比较成熟、比较完善的社会主义市场经济体制”的宏伟目标是对福建作为对外开放最早省份之一和全国改革开放综合试验区的必然要求；明确认识到大田作为沿海经济开放区县份之一，是完全有可能而且必须按照中央、省、市委的要求，逐步建立并且提前实现社会主义市场经济体制的宏伟蓝图。全县人民要在党的基本理论和基本路线指引下，紧紧围绕建立现代企业制度、建立统一开放的市场体系、建立宏观调控体系、建立合理的收入分配制度和多层次的社会保障制度这 5 个环节，充分发挥我县地处沿海经济开放区的优势，坚持“三个有利于”标准，加快改革开放步伐，解放思想，实事求是，坚持以经济建设为中心，改革开放、经济发展和社会稳定相互促进和相互统一，尊重群众的首创精神，努力引导好、保护好、发挥好群众的积极性，实行整体推进和重点突破相结合，抓住重点领域的重点改革，循序渐进，不失时机地把各项改革推向前进。

二、加强企业改革，建立现代企业制度

深化企业改革，当前要以转换国有企业经营机制为突破口，继续贯彻落实《全民所有制工业企业法》和《全民所有制工业企业转换经营机制条例》，争取用三年左右的时间，基本实现国有企业经营机制的转换。根据投资主体的不同，分别采取独资公司、有限责任公司或股份有限公司等形式，普遍实行公司制度。要按照国家颁布的法规和省、市的产业政策，重点推动一批县属企业组建或改制为有限责任公司，继续选择骨干重点企业组建为企业集团和种子队企业，同时大力引进外资“嫁接”改造国有企业，办成中外合资或合营的有限责任公司。对于微利或亏损的小型国有企业，要分期分批改组为股份合作制或承包、租赁经营或出售给集体、个人经营。加速城镇集体企业一揽子和乡镇企业股份合作制改造步伐。大力推广商贸企业“国有民营”。对今后新办企业一律按新体制的要求组建。加快国有资产管理与经营体制改革，逐步建立国有资产监督管理新体制。在建立现代企业制度中，要坚持以公有制为主体、多种经济成分共同发展的方针，在促进国有经济和集体经济发展的同时，鼓励个体、私营、外资和混合经济的发展。

三、加快培育和发展市场体系，确保社会主义市场经济有序发展

按照市场自身的发展规律和要求，以商品市场为基础、以生产要素市场为重点，迅速培育和发展各类市场，经过五年的努力，在全县形成城乡市场紧密结合、与国内国际市场接轨的统一、开放、竞争、有序的市场体系，促进资源的优化配置。进一步完善商品市场，提高现有市场组织化和规模化程度，加强农村集贸市场建设，加快建设综合性市场，兼容各类专业市场，兼营批发、零售、现货、期货等交易。大力培育生产要素市场，尽快在发展金融、劳动力、房地产、技术、信息、矿产品市场等方面迈出实质性步伐。改革劳动制度，全面推行劳动合同制，逐步形成劳动力市场。鼓励和支持兴办技术市场，加速科技成果转让。规范和发展房地产市场，加快城镇住房商品化、市场化的步伐。培育和发展信息市场，兴办面向市场的信息咨询服务企业。深化价格改革，建立以市场形成价格为主的价格机制。加强市场中介组织建设，构架市场经济运行的基础组织机构。

四、加快政府职能的转变，建立健全宏观调控体系

转变政府职能，运用经济手段、法律手段和必要的行政手段进行管理，坚决执行宏观调控政策，搞好基础设施建设，培育市场体系、监督维护市场正常运行，调节社会分配和组织社会保障，控制人口增长和保护环境，管理和监督国有资产，实现社会经济发展目标。按照政企分开和精干、统一、高效、廉洁的原则，逐步减少专业经济部门，进一步发挥综合经济部门在经济事务活动中的综合协调作用，同时加强政府的社会管理功能。按照中央和省、市委的统一部署，以职能定机构、定编制、定人员，推行公务员制度，执行公务员条例，提高公务员素质，确保三年内完成我县机构改革任务。按照上级统一部署，采取积极措施，做好在财税、金融、投资和计划体制方面的改革，做好分税制财政预算管理体制改革，认真研究确定县和乡镇的财政分配关系；普遍建立纳税申报制度，由纳税人通过社会中介机构代办纳税，建立严格税务稽核制度；推动政策性金融和商业性金融的分离，有步骤地建立城市合作银行和农村合作银行；对竞争性项目投资主要是加强产业政策和信息引导，由企业自主决策，自担风险，并在项目审批上改行政审批为登记备案制；对基础性项目建设，要鼓励和吸引各方投资参与，进一步拓宽投融资渠道，交通、电力、通信、能源、原材料工业等重大建设项目，按照全县统一规划，通过财政投融资和金融债券等渠道筹资，采取控股、参股和政策性优惠贷款、吸引外资等多种形式进行；对社会公益性项目建设，要完善投融资制度，除了政府财政统筹安排外，要广泛吸收社会各界资金投资兴办。

五、加快社会保障制度改革，建立合理的个人收入分配制度

坚持以按劳分配为主体、多种分配方式并存的制度。按照效率优先、兼顾公平的原则，建立适应企事业单位和行政机关各自特点的工资制度与正常的工资增长机制。坚持鼓励一部分地区一部分人通过诚实劳动和合法经营先富起来的政策，提倡先富带动和帮助后富，走共同富裕的道路。依法保护一切合法收入和财产，允许个人合法的资本等生产要素参与投资与收益分配。推进社会保障制度改革，建立和完善社会保险、社会救济、社会福利、优抚安置和社会互助、个人储蓄积累保障等多层次的社会保障体系。近期重点加快建立全县统一的企业职工养老保险制度，进一步扩大保险覆盖面，逐步建立农民养老保险制度。失业保险制度改革重点是有组织地将亏损企业、优化劳动组合富余的人员推向社会，充分发挥失业保障机制作用。逐步建立和完善医疗、工伤保险制度。建立统一的社会保障管理机构，实行保障行政管理与保险基金经营分开。

六、加快和深化农村改革，推进奔小康、建新村快速发展

农业、农村和农民问题，是我国经济发展和现代化建设的根本问题，必须长期稳定党在农村的基本政策，长期稳定以家庭联产承包为主的责任制和统分结合的双层经营体制，并不断完善。在坚持土地集体所有的前提下，延长耕地承包期，允许继承开发性项目的承包经营权，允许土地使用权依法有偿转让，允许采取转包、入股等形式逐步推进农业适度规模经营。进一步放开农副产品经营，深化农产品购销体制改革；多渠道搞活流通。围绕农村专业性的商品生产，积极推行和完善贸工农、产供销“一条龙”的经营方式。大力发展多样化的服务组织，引导农民进入市场。积极推行农科教结合，加强农业科技成果的推广应用，用现代科技改造传统农业。在进一步完善粮食生产、销售和储备政策，保持粮食稳定发展的前提下，适应市场需求，调整农村产业结构，优化农产品品种结构，发展高产优质高效的农业生产和高附加值的创汇农业。乡镇企业是农村经济的重要支柱，必须大力发展。继续完善承包经营责任制，发展股份合作企业，积极进行产权制度和经营方式的创新，进一步增强乡镇企业活力。加快建设乡镇工业小区，引导乡镇企业集中连片发展，促进小城镇建设。用3—5年时间建设一批工农业总产值达到3—5亿元的乡镇和亿元村。放宽小城镇户籍管理制度，鼓励农民进入小城镇务工经商。采取强有力措施，加快农村奔小康、建新村步伐。加强政府对农业的支持和对农民利益的保护。增强政府对农业的投入，鼓励农民和集体增加劳动和资金投入，不断改善农业生产条件。继续采取有效措施帮带和扶持贫困乡、村，改善交通、能源、通信等基础设施，上一批适宜发展的项目，兴办一批短、平、快的企业，促进贫困乡、村启动发展。

七、加快对外开放步伐，促进我县经济全面走向国际国内市场

扩大外引。修订优惠政策，鼓励外商投资建设、经营基础设施、投资基础产业、高新技术产业和老企业的技术改造，鼓励兴办出口型企业，积极利用外资发展第三产业。继续发挥毗邻闽南沿海优势，做好100个招商项目库准备工作，加强招商引资，开辟新的招商途径，吸引更多的境外客商来大田投资。办好现有三资企业，创造条件对外商投资企业实行国有待遇。

加速内联。眼光向“内”，走出山门，积极大胆与大厂、大公司、高校、科研院所等攀亲结友，搞技术合作、资金联营、设备入股、产销配套型内联企业，壮大经济实力，使企业面向市场、适应市场、走向市场。

深化对外经贸体制改革。坚持统一政策、放开经营、平等竞争、自负盈亏、工贸结合、推行代理的改革方向，按照现代企业制度和国际贸易运作机制改组现有外经贸企业，通过合资、合作、联营、参股、投资开发等多种形式，创办各种类型的出口商品生产基地和为出口服务的其他实业，扩大产品出口规模，促进企业走向国际市场。加强国际经济技术合作，承揽劳务合作业务。

八、加快科技、教育体制改革，为市场经济发展提供智力保障

科技改革要建立和完善科技与经济有效结合的新型体制，促进科技经济一体化。推进科技系统的结构调整和人才的合理流动，放开技术开发和科技服务机构的研究开发经营活动，发展各种所有制形式和经营方式的科技企业，鼓励应用研究开发机构以及科技咨询和信息服务机构实行企业化经营，支持基础性研究和高新技术研究开发，加速科技成果的商品化和向现实生产力的转化。继续采取优惠政策，鼓励科技人员投身经济建设主战场，认真实施“科技振兴计划”与“星火计划”“燎原计划”“丰收计划”，促进科技兴县、科技兴农、科技兴企。

认真落实《中国教育改革和发展纲要》，加快教育体制改革步伐，逐步形成适应市场经济发展需要、政府办学为主与社会各界参与办学相结合的新体制。各级党委、政府要把优先发展教育事业作为战略任务来抓，确保教育投入，积极调整教育布局和教育结构，扩大学校办学自主权，全面提高教育质量和办学效益。加快普及九年制义务教育，积极发展各种形式的职业技术教育和成人教育。努力培养适应外向型经济发展的各类人才。继续鼓励多渠道、多形式社会集资办学和捐资办学，做好《教师法》的宣传贯彻，改善知识分子的工作和生活条件，充分发挥他们的聪明才智。进一步创造人尽其才、尊重知识、人才辈出的环境和条件，采取多种形式，吸引县外人才来大田工作。

九、加强法制建设，为经济体制改革创造良好的社会环境

适应市场经济发展需要，推进社会主义法制建设，建立健全执法监督机制和法律服务机构，提高全社会的法律意识和法制观念。

加强和改善司法、行政执法和执法监督，保障经济发展和公民的合法权益。依法惩处刑事犯罪和经济犯罪，及时处理经济和民事纠纷。政府部门要坚持依法行政，依法办事，学会运用法律手段管理经济。坚决纠正经济活动以及其他活动中有法不依、执法不严、违法不究、以言代法、以罚代刑以及滥用职权谋取部门、地区和个人利益而违反法律法规等现象。

继续加强廉政建设。反腐败斗争是长期的、艰巨的任务，要坚持不懈地进行。领导干部要严格廉洁自律，做出表率。各级党政机关特别是执法、司法、经济管理部门必须建立有效的约束和监督机制，防范以权谋私，纠正部门和行业不正之风。要依法严肃查处包括法人违法犯罪在内的大案要案，坚决惩处腐败分子。加强党的纪律检查机关和司法、监察、审计部门的工作，发挥法律监督、组织监督、群众监督和舆论监督的作用。

十、加强和改善党的领导，坚持两手抓，做到两手硬

建立社会主义市场经济体制，必须坚持和改善党的领导，加强党的自身建设。用马列主义、毛泽东思想，特别是邓小平同志建设有中国特色社会主义理论武装广大党员、干部，增强全党贯彻执行党的基本路线的自觉性和坚定性；牢固树立全心全意为人民服务的思想，加强调查研究，密切党和人民群众的联系；严格执行民主集中制，增强全局观念，做到令行禁止；把各级领导班子建设成为坚持党的基本路线、勇于开拓进取、团结战斗的坚强领导核心，按照干部队伍“四化”方针和德才兼备原则，积极大胆培养和选拔在改革开放中做出突出贡献的中青年干部；加强党的基层组织建设，不断增强凝聚力、吸引力和战斗力，保证党的各项方针政策有效地落到实处。加强社会主义民主政治建设，坚持和完善人民代表大会制度和共产党领导的多党合作与政治协商制度。发挥工会、共青团、妇联、民兵等群众组织作为党联系群众的桥梁和纽带的作用。

坚持两手抓、两手都要硬的方针，加强精神文明建设。切实做好宣传思想政治工作，加强党的基本路线教育和爱国主义、集体主义、社会主义思想教育；继续推广我市“贵在坚持，好在共建，重在建设”的经验，深入开展城乡精神文明建设活动。积极倡导在市场经济条件下坚持正确的人生观和文明健康的生活方式，弘扬艰苦奋斗精神，反对拜金主义、极端个人主义和腐朽的生活方式。坚持不懈地进行“扫黄”和扫除各种丑恶现象的斗争，加强社会治安综合治理。

全会认为，建立社会主义市场经济体制，是一项前所未有的开创性事业，也是一场涉及经济基础和上层建筑许多领域的深刻革命。全县各级各部门必须把更大的精力集中到加快改革上来，从总体上处理好改革、发展和稳定的关系，处理好各方面的利益关系，调动一切积极因素，为建立社会主义市场经济体制，保证国民经济持续、快速、健康发展创造有利条件。

全会号召，全县广大党员和干部群众更加紧密地团结在以江泽民同志为核心的党中央周围，以邓小平同志建设有中国特色社会主义理论和党的十四届三中全会精神为指针，贯彻落实好省委五届八次全会和市委四届十次全会精神，同心同德，锐意进取，振奋精神，艰苦创业，为尽快建立和完善我县社会主义市场经济体制，实现我县90年代国民经济和社会发展的战略目标而努力奋斗！

中共大田县委关于依法治县的决定

（1993年7月22日中国共产党大田县第八届委员会第十三次全体会议通过）

党的十五大把依法治国、建设社会主义法治国家，确定为党领导人民治理国家的基本方略，标志着我国社会主义民主和法制建设进入一个新阶段。实行依法治国，就是要把坚特党的领导、发扬人民民主和严格依法办事统一起来，从制度和法律上保证党的基本路线和基本方针的贯彻实施，保证党始终发挥总揽全局、协调各方的领导核心作用。这对于发展社会主义市场经济，促进生产力发展；加强社会主义民主政治建没，实现人民当家做主；推进精神文明建设，促进社会全面进步；保持社会稳定，实现国家长治久安具有重要的现实意义和深远的历史意义。

依法治县是依法治国方略的具体实践。我县的依法治县工作要进一步从贯彻落实党的十五大提出的依法治国基本方略出发，充分认识依法治县的重要性、必要性和紧迫性，正确处理好依法治县与坚持党的领导的关系，依法治县与发展社会主义市场经济的关系，依法治县与民主法制的关系，依法治县与改革、发展和稳定的关系，使依法治县与经济工作、社会各项事业发展和精神文明建设紧密结合，同步实施，保障我县改革开放和现代化建设事业的顺利进行。本次全会就依法治县作出如下决定。

一、指导思想

依法治县的指导思想是：以马列主义、毛泽东思想、邓小平理论和党的基本路线为指导，坚持党的领导和社会主义方向，贯彻“一手抓建设，一手抓法制”的方针，依据宪法和法律，认真实施依法治国的基本方略，深入普法，严格执法，公正司法，强化监督，把我县的各项工作纳入法制轨道，逐步实现我县政治、经济、社会生活的法制化和规范化，切实做到有法可依，有法必依，执法必严，违法必究，法律面前人人平等，保证各项事业在社会主义法制轨道上健康发展，为推动我县各项事业的全面发展，创造良好的法治环境。

二、工作目标

按照省、市委加强依法治省、治市工作的要求，根据我县现状和发展趋势，结合“九五”计划和2010年远景目标纲要的实施，到2010年依法治县的基本目标是：全县公民的法律意识和法制观念明显增强，广大干部特别是领导干部和执法人员依法管理、依法办事水平明显提高；公民依法享有的权利和自由得到有效的保护；依法行改、公正司法、文明执法，各项法律法规得到有效的实施；社会主义民主进一步制度化、法律化，民主选举、民主决策、民主管理和民主监督得到切实的保障；法律监督机制和法制服务体系比较完善，各方面监督作用得到充分发挥；为公民、法人及其他社会组织提供高效的法律服务；有一支高素质的执法、司法和法律服务队伍；有良好的社会治安环境和法治环境，社会秩序良好，人民生活安定，各项事业纳入法制轨道运行；建立和完善与我县经济发展相适应且和法律、法规、规章相配套的规范性文件体系，促进我县形成政治民主、法治严明、经济繁荣、社会稳定的良好局面。

三、主要措施

1. 深化法制宣传教育，增强公民法律意识。

把法制宣传教育列入国民经济和社会发展计划，认真实施中共中央、国务院和全国人大常委会关于开展第三个五年法制宣传教育的部署，有计划、分层次地宣传普及有关法律法规，突出抓好重点对象和重点内容的普法工作，建立相应的规划、管理和考核制度，健全落实目标管理责任制，实现法制宣传教育的规范化、制度化。大力宣传邓小平民主法制理论。要突出加强党政机关工作人员、行政执法人员、司法人员特别是领导干部的法律知识的学习和培训，增强依法决策、依法行政、依法办事的自觉性，防止以言代法、以权压法现象的滋生，特别要增强保护公民合法权益的观念，尊重公民的民主权利。要重点加强经济管理人员、青少年、流动人口的法制宣传教育。教育和引导广大公民依法行使权利，履行义务，增强守法、维护社会公益意识，自觉地同违法犯罪行为作斗争。宣传舆论部门要加强法制宣传报道工作，充分运用广播、电视、报刊等新闻媒体和群众喜闻乐见的形式，深入持久地开展依法治县的宣传工作，形成有利于开展依法治县的社会环境。

2. 严格依法行政，提高行政执法水平。

依法行政是依法治县的关键和核心。政府机关要依法运用法律手段管理经济和各项社会事务，实现行政行为的规范化、法制化。行政机关和行政执法人员要在不断提高自身素质的基础上严格依法行政，严肃执法，保证行政行为的整体合法性，克服行政执法中存在的“重实体、轻程序”的倾向。规范行政执法主体，实行行政执法人员持证上岗制度，严禁非法定组织和非行政执法人员滥施执法权。建立行政管理公示制度，公开办事程序，公布办事结果，增强行政行为的公开性和透明度，提高工作效率和服务水平。认真执行处罚和罚款收缴相分离、行政性收费和罚没收入“收支两条线”的规定。加强对行政执法的监督管理，重点解决行政执法中存在的执法不力与滥用职权问题，切实保障公民、法人和其他组织权益。

3. 完善规范性文件管理，逐步实现各项工作规范化。

建立和完善权力机关和行政机关规范性文件管理体系，认真做好规范性文件的制定和管理工作，杜绝不合法的文件出台，对已不适用的规范性文件进行及时废止或修改。根据需要依据法律、法规、规章以及上级权力机关或行政机关依法制定和发布具有普遍约束力的规范性文件，配套制定具有可操作性的规范性文件，使各方面行为不仅有法可依，还有规范性文件可循。

规范性文件的制定应认真遵照《福建省权力机关、行政机关规范性文件管理办法》及福建省人民政府关于贯彻执行该《管理办法》的若干规定，坚持制定规范性文件的主体不越权、内容不与法律法规和规章相抵触，程序符合法定的起草、审查、审议、公开发布和备案的规定等合法性原则，注意保障管理相对人的合法权益，对涉及面广，关系到群众切身利益的重要规范性文件的出台，必须广泛征求意见。凡与有关法律、法规、规章相抵触的文件均应及时清理、修改或废止。

县人大法制委和县政府法制科是规范性文件审查、清理、汇编和备案管理的法定机构，应认真履行职责，确保规范性文件的合法性。

4. 严格依法办案，确保公正司法。

公正司法是依法治县的重要环节。司法机关要坚持以事实为根据，以法律为准绳，重证据、重调查研究，认真做好各项审判和检察工作；坚持法律面前人人平等，全力维护法律的权威；推进司法改革，逐步建立公开、公正、高效、廉洁的现代司法运行机制；加强对刑事、民事、行政案件的审判和检察工作，强化司法监督力度。坚决反对任何形式的地方保护主义和部门保护主义，维护法律的统一和尊严。任何行政机关、社会团体和个人不得干涉司法机关依法行使职权，确保司法机关依法独立行使审判权和检察权。

5. 实行执法责任制，落实权益保障制度。

实行执法责任制是实施依法治县的关键工程。从根本上解决有法不依、执法不严、随意执法、滥施处罚等问题，从制度上保证依法行政、公正司法的准确性。对行政机关要落实行政执法主体，确定具体执法部门，落实执法目标，明晰执法权限、执法程序、执法标准，建立与执法责任相配套的执法评议考核和行政执法过错追究等制度，执行《中华人民共和国国家赔偿法》，行政机关及其工作人员违法行使行政职权，侵犯公民、法人和其他组织合法权益造成损害，要依法予以赔偿，并相应追究责任人的法律责任。对司法机关实行办案责任制、错案责任追究制。确实保护公民、法人和其他组织的合法权益。

6. 完善监督制约机制，确保法律有效实施。

要把党内监督、法律监督、群众监督有机结合起来，形成多种形式有效结合的监督制约机制。县委加强党内监督，保证贯彻党的方针政策与严格依法办事相统一，防止领导干部滥用权力，严惩执法犯法、贪赃枉法。县人大及其常委会要加强对“一府两院”的法律监督和工作监督，进一步健全对行政机关和司法机关的评议制度，支持和监督法律法规的正确实施；政府要加强对所属部门和乡（镇）政府的行政监督，坚持公平、公正、公开的原则，直接涉及群众切身利益的部门要公开办事制度。完善行政复议制度和规范性文件备案制度，使行政机关上下级之间的监督、行政审计监督、行政监察紧密结合，形成严密有效的内部监督体系，及时纠正、严肃查处各种违法行政行为，确保依法行政。要充分发挥政协、民主党派的民主监督和人民团体、新闻媒介的社会监督、舆论监督的作用。县委政法委要加强对政法部门的协调工作，支持和帮助政法部门排除干扰和阻力，指导和督促政法各部门完善内部监督机制，纠正各种违法现象，领导和推动政法工作的建设和司法改革。检察机关要切实履行法律监督职责，坚决纠正有法不依、执法不严、违法不究、滥用职权等现象，确保司法公正。通过各种监督，切实保障人民群众的合法权益，保证人民群众对党政机关进行有效的监督。

7. 发展法律服务事业，优化社会法制环境。

认真贯彻执行国家关于法律服务行业的法律法规，进一步培育和发展法律服务市场，逐步形成律师、公证、仲裁、基层法律服务所等法律服务体系，建立符合社会主义市场经济要求的法律服务机制。县司法局要加强对法律服务人员的培训，努力造就一批具有良好政治素质，懂法律、懂经济、懂科学、懂外语、懂金融、懂外事的法律服务人才。充分发挥律师、公证、仲裁、基层法律服务工作者的作用，积极主动为政府部门、经济组织、社会团体和公民提供优质、高效的法律服务。强化对社会中介组织的管理，按照公开、平等、正当竞争的原则，规范法律服务市场和行为，推动法律服务业健康有序发展。要建立法律援助机构，健全法律援助制度，切实维护当事人的合法权益。

8. 建设高素质干部队伍，提供依法治县组织保证。

各级各部门要从思想上、组织上、作风上全面加强干部队伍建设，坚持“讲学习、讲政治、讲正气”，使广大干部不断提高政治素质、业务素质和法律素质，要求共产党员尤其是领导干部，要维护宪法和法律的尊严，在宪法和法律范围内活动，以适应依法治县工作的需要。特别要加强执法队伍建设，建立健全执法教育培训、考核制度。要把法律素质、执法和守法情况作为考核、选拔干部的一项重要内容。推进干部队伍特别是执法、司法队伍的人事制度改革。坚决清退不合格人员和清除行政执法机关和司法机关内的腐败现象。对一些不严格依法行政、严格依法司法、搞地方和部门保护主义，甚至以权谋私、滥用权力、贪赃枉法、敲作勒索、欺压群众的人和事，要严肃查处。努力造就一支政治坚定、公正廉洁、业务精通、纪律严明、作风优良的执法队伍。

9. 加强精神文明建设，推进依法治县的进程。

依法治县要同加强社会主义持神文明建设紧密结合，把依法管理、依法办事贯穿于我县精神文明建设的全过程，努力发挥群众的智慧和创造力，积极探索法制宣传实践和社会主义道德的结合点，将依法治理工作有效地融入精神文明建设各项活动之中，提高治理的力度和社会文明程度。要发挥法制在职业道德、社会会德、家庭美德建设中的引导、规范、促进和保障作用，提倡尊老爱幼，形成团结互助、和谐友爱人际关系的良好氛围，促进政治安定、社会稳定。通过大力加强精神文明建设，提高人民的思想道德和科学文化素质，努力使依法治县成为全县人民的共识和自觉行为。

10. 逐步实现基层组织管理规范化，广泛开展各类依法治理活动。

县、乡（镇）两级政府应指导、帮助村民委员会和居民委员会这一基层群众性自治组织，大力加强基层民主政治建设。巩固和完善直接民主选举制度，依法选拔村（居）级领导。进一步加强村（居）委会的村（居）民议政、民主理财、人民调解、治安保卫、公共卫生等组织的配套建设，广泛开展民主管理和依法治理活动，做到依法治村、治居在基层有人抓、有人管、有人干。厂矿、学校、商店、医院等各类企事业单位及其他组织结合自身特点，广泛开展建章立制工作，使管理工作法制化、规范化。

依法治理要注意讲究实效。对群众反映和关心的热点、难点问题，要开展经常性的集中依法专项整治。

四、组织领导

依法治县是一项宏伟的社会系统工程，也是一项事关全局的工作，涉及面广，要求很高，任务繁重。必须在县委的统一领导下，有步骤、有秩序地推进，县人大、政府和政法部门要按照法定职能，各司其职，各负其责，切实担负起依法治县的各项任务，同时各乡（镇）、各部门把依法治县工作摆上重要位置，列入议事日程，作为一项长期的战略任务来抓。各级各部门要按照依法治县的规划要求，紧密结合实际，制定依法治理规划和具体实施计划，做到与经济工作同安排、同检查、同总结、同表彰。

为加强组织领导，县委决定成立依法治县工作领导小组，负责指导、部署、检查、督促和协调全县依法治县工作，决定全局性的重要事项，协调解决工作中存在的问题。依法治县领导小组下设办公室，以县委政法委为依托，实行一套人马两块牌子，负责日常工作。各乡（镇）、各部门也要成立相应的依法治乡、依法治厂等领导机构，负责抓好本乡镇、本部门、本系统依法治理工作。要建立健全领导小组议事规则、成员单位工作职责及办公室工作程序等工作制度和工作规范；要增加必要投入；要加强检查指导，及时研究解决工作中存在的困难和问题，使依法治县逐步走向制度化和规范化的轨道。

根据本决定精神，县人大常委会要作出相应的决议，县政府要制定实施规划，县政协要提出建议案，县法院、检察院要制定实施方案，各行政部门和执法部门要制定实施意见。各乡（镇）、县直各部门党委要根据实际，作出相应部署，要加强调查研究，及时总结经验，把依法治县工作不断引向深入。

依法治县必须充分发扬民主。要进一步坚持和完善人民代表大会制度、共产党领导的多党合作和政治协商制度，充分发挥工、青、妇等群众组织的民主渠道作用，保证人民群众参政议政、参与国家和社会事务的管理。

依法治县是一项面向新世纪的伟大工程，任重道远。全县各级党组织、共产党员特别是党员领导干部，要高举邓小平理论伟大旗帜，认真贯彻落实党的十五大精神，坚持党必须在宪法和法律范围内活动的原则，带头学法、守法并依法办事，在依法治县中起表率作用，振奋精神，努力工作，大力推进依法治县进程，为实现我县跨世纪的宏伟目标而奋斗。

中共大田县委

1998 年 7 月 30 日

中共大田县委 大田县人民政府
关于鼓励在大田投资兴业的优惠政策的规定（试行）

田委发〔2003〕16号

凡在我县落户的从事生产性企业（在大田纳税），不论外资、内资，不论所有制形式，不论隶属关系，依照国家现行有关投资兴业的法律、法规和政策规定、除享受国家、省、市政府出台的一系列鼓励投资兴业的政策措施外，还可享受以下优惠政策：

一、用地方面

1. 以出让方式取得土地使用权从事工业生产性新批办项目（不含水电、矿产资源开发项目），经营期在10年以上，一次性固定资产投资5000万元（人民币，下同）以上的项目（不含交通工具投资，下同），实行特别优惠地价，具体个案商谈：一次性固定资产投资3000万—5000万元（含3000万元）的项目，每亩地价1.5万元（人民币，下同）；一次性固定资产投资1000万—3000万元（含1000万元）的项目，每亩地价2万元：一次性固定资产投资500万—1000万元（含500万元）的项目，每亩地价3万元；100万—500万元（含100万元）的项目，每亩地价4万元；一次性固定资产投资100万元以下的项目，地价按征地成本价。项目用地面积按项目规划设计必需的用地计算。固定资产实际投资由有资质单位认定。投产后若达不到原设计投资规模的，按实际投资规模享受的优惠政策补交差价

2. 投资农业综合开发的项目用地，除支付原土地使用者的土地租金外，免收其他规费。

3. 投资公益事业的，经协商可以采取由县政府予以行政划拨土地．投资方出资的方式进行建设。

4. 投资企业以租赁方式取得国有土地使用权的，租赁期限最高50年，最低10年。租金每平方米每年0.5元—2元人民币，可逐年缴纳。

5. 鼓励投资企业租用现有空余闲置厂房，原则上厂房租赁费用每月每平方米不超过2元人民币，场地租赁费用每月每平方米不超过0.5元人民币。

二、水电方面

9. 工业用水0.86元/吨，商业服务业用水1.15元/吨（不含污水处理费）。

10. 工业企业用电电价按行业分类电价执行，最高控制在0.50元/千瓦时以内。

三、财政方面

11. 认定为县级以上成长型企业的或被评为市县龙头企业，县政府给予5年的企业技术改造资金、技术创新前期费用补助。前三年按其当年上交的税收属地方财政收入部分20％给予补助，第四、第五年按其当年上交的税收属地方财政收入部分10%给予补助。

12. 投资兴办高新技术、农副产品深加工、瓷业开发等关联性、带动性强的大项目，可个案研究，县政府在资金方面给予更大的优惠补助。

13. 每年对工业生产性缴纳地方税收前十名的企业进行表彰，按县级实得财力的3％给予业主奖励（不含资源开发项目）。

四、融资方面

14. 实行灵活有效的融资担保办法，积极支持行业协会牵头组建行业性担保机构。

15. 金融部门对符合规定的特急项目贷款随到随报。对重点企业合理进行授信，保证企业生产经营资金的需求。

16. 对创业初期，原始积累少，缺乏流动资金的成长型民营企业，可适当提高新设备的贷款抵押率。

17. 凡经有权管理部门核准或备案具有涉外经营权或有经常项目外汇收入的境内机构（含外商投资企业），均可向所在外汇局申请开立经常项目外汇账户，县内企业可直接到县外管支局办理外汇账户开户手续。

18. 外商投资企业项下资本金结汇业务，授权符合条件的外汇指定银行直接审核办理，银行在权限范围内履行审核、统计监测和报备责任。

19. 境内机构经常项目外汇账户限额按照其上年度经常项目外汇收入的 20 %，上年度没有经常项目外汇收入的境内机构新开立经常项目外汇账户的，由外汇局核定初始限额，原则上不超过等值 10 万美元。

20. 对因出口退税未能及时到账而出现短期资金困难的出口企业可发放出口退税账户托管贷款，贷款比例可达 90%；对出口收汇荣誉企业利率可下浮 10 %；运用贸易融资、进出口押汇、外汇票据贴现等金融工具满足企业国际贸易的短期外汇需求。

21. 实行有差别的利率浮动，把利率浮动与企业信用等级、授信额度、贷款频率和诚信记录、金融产品组合结合。一般对 2A 以上的企业贷款利率可按基准利率下浮，对 A 级以上企业的贷款可不上浮。

五、规费方面

22. 严禁擅自出台乱收费项目。经有权机关批准的收费项目收费标准就低不就高，能减免则减免，并严格实行“收支两一条线”，推行“一个窗口统一收费”的办法。县政府每年制作收费明白卡，向企业发放，超出收费明白卡范围的税外费，企业有权拒付。

23. 坚决取消不符合规定的收费项目，全面清理收费。县行政服务中心和机关效能建设投诉中心受理和查处企业的各类投诉，对阻碍发展的违法违规和违纪行为，一经查实，移交组织纪检等有关部门严肃处理。

24. 凡在大田境内每年缴纳地方税收 10 万—50 万元人民币的或一次性固定资产投资 1000 万元以上的企业给予一辆小车免缴出入大田境内的公路车辆通行费；每年纳税 50 万以上的或一次性固定资产投资 3000 万元以上的企业给予二辆小车免缴出入大田境内的公路车辆通行费。

25. 外来企业业主和主要生产、经营、技术骨干的子女在本县入学，不另外收取借读费。

六、服务方面

26. 实行“一个窗口受理，一条龙服务”的管理机制。投资者只要签订投资项目合同，提供资信证明等相关资料，其项目报批手续、证照申办等可由县行政服务中实行联审联办督办落实办理，县招商引资有关部门派专人协助项目业主全程跟踪做好项目筹建等前期工作，直至投产经营。

27. 规范执法检查，对“守法经营，照章纳税”的企业，执法检查部门每年一般只进行一次联合检查，其他部门不得再另行检查。

28. 鼓励各类人才到大田投资兴业或到大田非公有制企业工作，其人事档案等可委托人事（或劳动）部门的人才中介机构管理，工龄连续计算，档案工资按自收自支事业单位工资标准核定，并代办接收户口、保险基金、职称评定等手续。

七、附则

29. 本规定解释权属大田县人民政府。过去有关规定与本规定有抵触的，以本规定为准。

30. 本规定自公布之日起施行。

中共大田县委
大田县人民政府
2003 年 9 月 4 日

大田县人民政府
关于进一步深化集体林权制度改革的实施意见

田政文〔2003〕54 号

各乡镇人民政府，县直有关部门：

我县是全国南方重点集体林区县之一，拥有林业用地 253 万亩，90%以上的山林属集体所有，林农是林业生产经营的主体。改革开放以来，省、市、县先后出台了集体林经营体制、木材流通体制、调减竹木税费等各项改革措施，我县集体林业得到长足发展。但仍有部分集体山林集体统一经营，存在着产权不够明晰、林地林权使用机制不够灵活、具体操作不够规范、利益分配不够合理等弊端，林农作为集体林业经营主体的地位没有得到彻底落实，制约了林业生产力的进一步发展。为进一步调动林农耕山育林护林的积极性，增加林农收入，加快农村全面建设小康社会步伐，根据《森林法》《农村土地承包法》等有关法律和《福建省人民政府关于推进集体林权制度改革的意见》（闽政〔2003〕8 号）及《三明市人民政府关于进一步深化集体林权制度改革的实施意见》（明政文〔2003〕81 号），结合我县实际，现就进一步深化集体林权制度改革提出如下实施意见：

一、指导思想

以邓小平理论和“三个代表”重要思想为指导，在巩固完善集体林经营体制改革成果的基础上，进一步明晰集体林木所有权和林地使用权，放活经营权，落实处置权，确保收益权，依法维护林业经营者的合法权益，最大限度地调动广大林农以及社会各方面造林育林护林的积极性，解放林业生产力，发展林区经济，增加林农收入，促进林业可持续发展。

二、总体目标

用 3 年的时间，全县分期分批、逐乡逐村开展集体林经营体制改革“回头看”，区别不同情况加以巩固、完善和提高，有序推进集体林权制度改革，并及时登记发（换）林权证，确保完成集体林权制度改革任务，实现“林有其主、主有其权、权有其责、责有其利”的目标，建立经营主体多元化，权、责、利相统一的集体林经营管理新机制。

三、主要任务

（一）开展集体林经营体制改革“回头查”。以村为单位，主要从林农群众的满意程度、执行法律法规和政策的准确程度、业务技术操作的规范程度等三个方面开展“回头查”，重点调查了解广大林农群众对集体林经营体制改革的具体反映，检查改革的程序、方法、内容和结果是否符合有关法律法规和政策，检查改革所形成的技术资料与林权登记发（换）证工作是否相衔接。综合检验和估价各种改革形式的运行效果。凡是符合有关法律法规和政策，程序合法，且大多数群众满意的，不得随意变更，以安定人心，取信于民。坚决防止借进一步深化集体林权制度改革之机，对已经明晰林木所有权和经营权、林地使用权，并经实践证明行之有效的改革形式进行调整。对那些产权明晰不够彻底的经营形式，主要通过双方协商，签订补充协议等，加以完善。对那些问题较多，程序不合法，未经村民会议或村民代表大会通过、且群众反映强烈的应依照有关法律程序妥善加以处理。

（二）进一步深化集体林权制度改革。在“回头查”的基础上，对那些至今仍然由村集体管理的商品林和宜林荒山，必须进一步转换经营形式，把林木所有权和经营权、林地使用权直接落实到户、到联合体或其他经营实体。按照有利于森林资源增长、林农群众增收、林业增效的总要求，制定形成符合各村实际的进一步深化集体林权制度改革的具体方案，经村民会议或村民代表大会讨论通过后付诸实施。

（三）及时登记发（换）林权证。认真做好林权登记发（换）证工作是完成进一步深化集体林权制度改革的主要标志。对已明晰权属的自留山、按照“谁造谁有”政策营造的林木、实行家庭承包经营的竹林和经济林、生态公益林及国有、外资、民营企事业单位和个人依据合同租赁集体林地营造的林木等应予以确认，以及对新一轮改革中一经明晰的山林，均应及时予以确权登记，发（换）全国统一式样的林权证，以维护林业经营者的合法权益。

四、改革范围

（一）集体林权制度改革的范围主要是林木所有权和林地使用权尚未明晰的集体商品林及县级人民政府规划的宜林地。

（二）对已明晰权属的自留山、实行家庭承包经营的竹林、经济林及国有、外资、民营企事业等单位和个人依据合同租赁集体林地营造的林木、依法受让的林木应予稳定，在本次改革中经确认核实，优先予以登记，发（换）全国统一式样林权证书。

（三）对已经县级以上人民政府规划界定的生态公益林，暂不列入本次改革范围，但应发（换）林权证；凡权属有争议的林木、林地也暂不列入本次改革范围。

五、基本原则

（一）坚持有利于“增量、增收、增效”的原则。即坚持有利于森林资源总量增长和质量提高，有利农民增加收入，有利于提高森林的经济效益、生态效益和社会效益。

（二）坚特“耕者有其山”、权力平等的原则。集体山林属集体内部成员共同所有，每个村民均平等享有承包经营集体山林的权利，凡有承包经营集体山林要求的村民，应在同等条件下优先予以保证，确保“耕者有其山”。凡将集体山林采取招标、拍卖等方式进行转让经营的，需经村民会议或村民代表大会通过，所得收入的分配应由村民代表讨论确定。

（三）坚持因地制宜、形式多样的原则。根据当地森林资源状况和经济发展水平，因地制宜，充分尊重林农的意愿，允许经营形式多样化，不搞一刀切。根据我县近年来的实践，集体林权制度改革有“产权到户（联户）自主经营”“林地租赁、承包经营”“有偿转让、自主经营”“股份合作、规模经营”等主要实现形式。提倡联户经营、股份合作经营和创建非公有制林场或企业原料林基地。

（四）坚特政策稳定性、连续性的原则。深化集体林权制度改革必须遵循国家法律和政策的有关规定，保持林业政策的稳定性和连续性。对已明确林木所有权、经营权和林地使用权，并为实践证明是行之有效的改革形式，且大部分群众满意的均应予维护，不得打乱重来或借机无偿平调，以安定人心，取信于民。

（五）坚持公开、公平、公正的原则。在改革过程中要实施“阳光作业”，按照《村民委员会组织法》有关规定，保证村民的知情权和参与权，做到程序、方法、内容、结果四公开。改革方案必须广泛听取村民的意见，尊重大多数群众的意愿，严禁暗箱操作，以权谋私，做到公平、公正。

（六）坚持国家、集体和林农三者利益兼顾的原则。集体林权制度改革涉及各方面利益的再调整，要妥善处理好国家、集体、林农三者之间的利益关系。在坚持把收益大头分配给林农的同时，要兼顾集体利益，村集体可收取林地使用费和预留林业用地面积5%—10%的机动林地，保障山权所有者的合法收入。通过森林资源的增加，保证国家获得更多的生态效益、社会效益和经济效益。

六、基本方法

（一）宣传发动。各乡镇、村要通过召开党员会、村委会、村民大会或村民代表会议等各类会议，大力宣传集体林权制度改革的目的、意义、做法以及有关法律、法规、政策，消除群众疑虑，使广大林农了解改革、支持改革、参与改革。

（二）试点先行。各乡镇应认真开展调查研究，摸清现有集体山林的经营管理状况，了解群众对进一步深化集体林权制度改革的想法与意愿。在改草全面铺开之前，要选择具有一定代表性的村先行开展试点工作。在试点的基础上，以村为单位，制订具体实施方案。

（三）有序推进。改革要严格按法定的程序规范操作，各村要经村民会议选举产生集体林权制度改革工作小组，依照法律、法规的规定拟订具体实施方案，方案要广泛听取干部群众的意见，经村民会议或村民代表会讨论通过后方可付诸实施。林木所有权、经营权和林地使用权落实后，要依法签订书面合同，明确双方权利义务，及叫发（换）林权证，并建立和健全档案制度。做到先易后难，有序推进，不赶进度，不走过场，确保质量。

七、配套措施

（一）落实保障林业经营者权益的配套政策。要认真贯彻执行《福建省森林条例》《福建省人民政府关于印发加快人工用材林发展的若干规定的通知》（闽政〔2002〕52号）和《三明市人民政府关于深化集体林木材流通体制改革的意见》（明政文〔2001〕46号），全面落实木材自主经营、产销直接见面的措施，切实放开搞活商品林经营，落实林业经营者对商品林的处置权。全面贯彻执行《三明市人民政府关于全市统一规范木材生产经营税费计征价格及征收项目和标准的通知》（明政文〔2003〕41号），减轻木材生产经营的税费负担，确保林业经营者的合法收益权。

（二）深化商品林林政资源管理制度改革。要针对改革后出现的新情况和新问题，按照分类经营、分类管理的原则，在管严管好生态公益林的同时，放开放活商品林经营。要简化商品林伐区调查设计，放宽林木采伐和中幼林抚育间伐的技术规定。要简化商品林木采伐审批和木材运输手续的办理程序，方便林业经营者的合法经营。要按照企业的诚信等级，分别采取核准制、申报制和备案制的林政资源管理方式，扶持木材经营加工企业的发展。

（三）引导规范林木所有权和林地使用权有序流转。遵循林地所有权和使用权相分离的原则，在集体林地所有权性质、林地用途不变的前提下，根据林业生产发展的需要，按照“依法、自愿、有偿、规范”的原则，鼓励林木所有权和经营权、林地使用权有序流转，引导林业生产要素的合理流动和森林资源的优化配置，促进林业经营的规模化和集约化，发挥规模效益。

（四）做好林地承包及承包合同管理的组织落实工作。林业主管部门要按照《土地管理法》和《农村土地承包法》的有关规定，切实负起责任，明确林地承包及承包合同管理的内部职能部门，做到组织和人员落实，责任分工明确，执法主体具体，依法规范林地承包行为，及时调解或仲裁林地承包过程中发生的各种纠纷，维护林区的社会稳定。

（五）建立健全林业社会化服务体系。要进一步加快林业行业协会等中介组织的建设步伐，合理界定中介组织职能，规范中介组织行为。林木采伐设计、木材检量和森林资源资产评估等林业服务机构要逐步转为社会中介组织，与林业行政主管部门脱钩，确保其客观、公正地履行职责。要认真贯彻落实《三明市人民政府关于鼓励农业技术部门和农业科技人员进入农村经济建设主战场的意见》（明政文〔2003〕40号），组织和鼓励林业技术人员深入生产第一线，广泛开展“村会协作”等活动，培训林业实用技术，大力普及推广科学育林的知识和技术，不断提高林业集约经营水平。

（六）强化森林资源的保护管理。要切实加强林木、林地管理，严防趁改革之机乱砍滥伐林木、乱占滥征林地、乱捕滥猎野生动物，进一步强化森林资源保护。同时，要修订完善村规民约，充分发挥村民自治的作用，切实增强林农管林、护林的自觉性。

八、加强领导

集体林权制度改革事关林业改革与发展，对发展农村经济、保持农村稳定、加快农村全面建设小康社会步伐具有重要意义。全县各级各有关部门要从贯彻党的十六大精神，实践“三个代表”重要思想和全面建设小康社会的战略高度，充分认识进一步深化集体林权制度改革的重要意义，克服厌战情绪，切实增强深化改革的紧迫感和责任感。各乡镇要把进一步深化集体林权制度改革摆上重要议事日程，成立集体林权制度改革领导小组，负责改革过程的组织协调，处理改革过程中出现的重大问题。按照“县直接领导，乡（镇）组织，村具体操作，部门搞好服务”的工作机制，切实加强组织领导。林业主管部门要认真履行职责，做好参谋助手，提供优质服务，精心组织开展工作；纪检监察、农业、国土资源、财政、司法、民政、广播电视等有关部门要密切配合，通力协作，不断深化和完善集体林权制度改革，促进我县林业更快更好地发展。

二〇〇三年七月二十二日

中共大田县委 大田县人民政府
关于培育和发展产业集群的实施意见

田委发〔2005〕13号

各乡（镇）党委、人民政府，县直各单位：

大力培育发展产业集群，改造提升传统产业，扶持壮大新兴产业，是我县积极参与海峡西岸经济区建设，加快我县经济发展的一项重大战略举措。现对培育和发展产业集群提出如下实施意见：

一、指导思想

坚持以邓小平理论、“三个代表”重要思想、党的十六大和十六届三中、四中全会精神为指导，牢固树立和认真落实科学发展观，围绕省委、省政府提出的“建设海峡西岸经济区”的战略构想，结合大田自身的工业基础和发展现状，坚持发展为第一要务，坚持走新型工业化的发展道路，调整和优化工业结构，通过科学规划、合理布局、分类指导，充分发挥优势企业、名牌产品和重点项目的龙头带动作用，促进产业集聚、产业整合、产业升级，培育发展产业集群，在培育和发展三大产业集群的同时，推动二大传统产业改造提升，扶持壮大三大新升产业上规模、上水平，并向产业集群发展，提高经济的整体素质和竞争力，推进和实现经济跨越式发展。

二、主要目标

到2010年，三大产业集群、二大传统产业、三个新兴产业产值达50亿元以上，年均增长14.5%。其中三大产业集群占全县工业总产值60%以上，建材水泥产业集群产值达10亿元以上，冶铸及机械加工产业集群产值达10亿元以上，轻纺服装产业集群产值达10亿元以上；二个传统产业矿产品采选及加工、能源产值分别达到5亿元以上；三个新兴产业陶瓷、电子、农产品加工产值分别达到3亿元、2亿元和5亿元以上。通过培育发展优势产业集群，改造提升传统产业和扶持发展新兴产业，进一步壮大我县的经济总量，提高总体竞争力。

三、工作重点

（一）培育发展三大产业集群

1. **建材水泥产业集群**。按照国家产业政策的要求，结合本地资源情况，通过技术改造，走资源、环境、效益协调发展的道路，加快用先进的新型干法水泥替代落后立窑、湿法水泥，重点应用微机配料技术、新型窑外分解技术、新型建材成型技术等，实现节能降耗，提高产品质量档次。依托岩城水泥公司、石凤水泥公司、新岩水泥公司、鑫城水泥公司等龙头重点企业的发展，实施项目带动战略，重点抓好新岩水泥公司日产2500吨熟料旋窑水泥生产线、鑫城水泥公司日产1200吨熟料旋窑水泥生产线的建设，争取尽早竣工投产，形成规模，发挥效益。根据石灰石的储量及分布情况，计划在今后五年内再各上一条日产2500吨、4000吨的旋窑水泥生产线，逐步淘汰机立窑水泥生产。通过企业改制、强强联合，以资本和技术为纽带，组建形成以岩城、石凤、新岩等为主的，规模较大、有品牌支撑、产品有市场竞争力的几个股份制或股份合作制水泥龙头企业，其余小水泥或以生产熟料为主，或退出市场。力争到 2010 年，全县水泥生产能力达到 300 万吨以上，实现产值 10 亿元以上，成为我省重要的中高档水泥产品生产基地，带动石灰石开采、水泥制品、水泥包装袋及运输等相关产业的发展，形成产业集群。

2. **冶铸及机械加工产业集群**。一是积极支持海和钢铁有限公司做好首期项目的投产、达产和二期项目的筹建工作，支持恒泉还原铁有限公司做好还原铁生产线的达产工作，使其成为我县冶铸的龙头企业。二是积极开发铸造和精密铸造产品，并与县内机械加工企业配套，同时，与沿海大企业合作，甘当下手，甘当配角。利用铸铁企业、炼铁企业与沿海水暖设备、纺织机械等生产企业的合作基础，扩大合作面，为其生产半成品，提高附加值。三是巩固提高人造板机械和矿山选矿破碎机等优势产品的档次和质量，并充分发挥其龙头带动作用，大力发展机械加工业。人造板液压机械和矿山选矿破碎机械是我县机械制造业的两项拳头产品，在全省及周边省份享有较好的信誉。要通过加强企业间的内在合作，强化产学研结合，共享品牌成果，共护产品质量，共维市场秩序，共创企业效益，把企业做强，市场做大。重点扶持金门、成功、宝山、协进、金田、山友、镇石等一批规模较大的机械加工企业的发展。抓住我省建设东南沿海重要汽车制造基地的机遇，围绕东南汽车轻型客车、轿车和厦门金龙大中型客车及闽西北载重货车等寻找合作机会，建立稳定的配套协作关系，发展汽车零部件、配件产业。力争到 2010 年，冶铸及机械加工企业发展到 35 家，产值争取达到 10 亿元以上。

3. **轻纺服装产业集群**。一是加快发展纺织和服装加工业。抓住中国加入 WTO 后纺织业发展的有利时机，抓住发达国家的服装加工企业迅速向劳动力低廉的发展中国家转移以及沿海地区纺织服装产业向内地转移的机遇，继续发挥我县劳动力充裕的比较优势，在原有纺织服装企业的基础上进一步扩大规模，形成主导产业。以县纺织总厂的改革、改制为契机，以南湖针织时装公司和宏泰织造公司的针织毛衣为重点，以建福纺织染整公司、东阳纺织公司的毛绒布为特色，通过引进资金、人才、技术，加快产品结构调整，积极开发下游产品，实现纺纱—织造—印染—成衣一条龙的纺织服装加工体系，并实现与沿海地区的产业对接，建立跨区域产业链，努力开拓国内国外两个市场，扩大纺织服装生产规模，提高产品的市场占有率。做好产业和产品结构调整，特别是毛绒布和针织毛衣两大产品的结构调整，延伸产业链。毛绒布生产企业是我省较大的生产出口毛绒玩具和服装主要原料基地，要引进资金和技术设备进行产品的深加工，直接生产玩具和服装出口，提高产品的附加值，提高企业的经济效益。针织毛衣是我县两家外商独资企业南湖针织时装公司和宏泰织造公司的出口产品，要进一步开拓国内国际两个市场，积极开发中高档针织服装产品，扩大生产规模。积极扶持永裕服装、联盛服饰、建隆纺织服装等服装企业不断扩大生产规模，开发新产品，提高市场占有率。在重点服装企业做大做强的同时，积极引导家庭小作坊通过自身资本积累与银行的支持，壮大实力，扩大经营规模，逐步走联合发展的道路。二是大力发展纸品业。以岩城、华闽、弘惠、兴洲等 4 家造纸企业为基础，致力于开发下游产品，提高产品附加值，促进纸品业的健康发展。当前要重点抓好华闽纸业万吨纸品生产线技改项目和兴洲纸业新建项目的建设投产。特别要把华闽纸业公司建成我县纸品深加工的龙头企业，为我县纸品加工业的发展起示范带头作用。岩城、弘惠两家造纸企业地处城区，均面临着迁建问题，要以企业迁建为契机，规划建成造纸与纸品深加工相配套的综合生产企业，扩大生产规模，提高企业的市场竞争力。力争到 2010 年，轻纺服装企业发展到 25 家，纸品加工企业发展到 6 家，产值达 10 亿元以上。

（二）改造提升二个传统产业

1. **矿产品采选和加工业**。一是坚持科学合理的开采，提高资源的回收利用率，提高机械化生产水平。重点做好铁、石灰石、石英石等矿产品资源的开采利用。二是运用新技术、新工艺、新设备对现有选矿企业进行技术改造，提高矿产品深加工的科技含量，同时做好低品位褐铁矿（重点攻关 50 品位以下）的综合开发，如重点发展低品位褐铁矿的小球烧结及球团烧结，攻克石灰石的深加工如纳米钙，石英石的深加工如结晶性单晶硅、活性石英粉等。三是鼓励县硫铁矿、昌盛钢铁公司、升宏硅业公司等矿产品加工企业积极引进先进技术、工艺，开发高附加值的产品，重点抓好县硫铁矿年产6万吨硫酸技改项目的组织实施。通过改造和提升，逐步形成以矿产品深加工为主体的具有一定规模的矿产品采选和加工体系。力争到2010年，矿产品采选和加工业产值达5亿元以上。

2. 能源业。一是严格按照国家产业政策的要求，加大对煤炭生产企业的综合整治力度，加快乡镇煤矿联合改造步伐，坚持科学规划、合理开采，稳定煤炭生产的数量和质量，确保我县工业的用谋需求。大力开发工业型煤、精细煤化工产品等。二是抓好煤炭的能源转化，重点抓好益源热电公司2×5万千瓦火电机组技改扩容项目的建设，力争第一台机组2005年年底前竣工投产发电，第二台机组2006年上半年竣工投产发电，新增火电装机容量10万千瓦。三是继续抓好农村水电开发建设，重点抓好今年总装机2.47万千瓦的在建项目和2005年总装机1.87万千瓦的建设项目，以及"十一五"期间总装机2.2万千瓦的建设项目，到"十一五"期末新增水电装机容量6.5万千瓦。至2010年，能源业产值达5亿元以上（其中火电厂产值2.5亿元以上）。

（三）扶持壮大三个新兴产业

1. 陶瓷业：借鉴德化县发展陶瓷业的成功经验，以德润、宝通公司的日用陶瓷、永大公司的工业瓷为基础，坚持以发展民营企业为主体，以国际市场为导向，以研发创新为支撑，引进资金、技术、人才，发展壮大陶瓷业，使之成为我县一个新的支柱产业。一是进一步加大对现有陶瓷生产企业的扶持力度，及时帮助协调解决生产经营中遇到的实际问题，为他们提供一个宽松的外部发展环境，使其进一步发展壮大，形成规模。近期重点扶持宝通公司扩大生产规模和广东潮州宝莲陶瓷公司的年产3000万件陶瓷生产线建设。二是坚持高科技、高起点，实施项目带动战略，走陶瓷工业新型化发展的道路，注重引进科技含量高、适用性强的项目。三是以发展民营经济为突破口，坚持县、乡两级一起抓，大中小项目一起上，充分释放民营经济的增长潜力，推动陶瓷业做大做强。四是充分发挥德润、永大、宝通等原有出口主渠道的作用，增强我县陶瓷出口数量，开辟新的国际市场，提高我县陶瓷产品的出口创汇能力。适时组建陶瓷协会，统一协调我县陶瓷产品的销售与出口，防止无序竞争与互相压价。鼓励陶瓷企业产品自营出口，直接出口，提高企业的知名度与经济效益。力争到2010年，全县陶瓷工业产值争取达到3亿元以上，同时，在陶瓷业得到迅速发展的基础上，创办与陶瓷业相关的配套企业或项目，形成瓷泥精制、纸箱、包装、烤花纸等产业链。

2. 电子业：积极支持和鼓励新茂电子有限公司增资扩股，扩大现有的生产规模，开发生产新的电子产品，逐步改变当前产品单一的被动局面。同时，创造优良环境，主动接受沿海发达地区劳动密集型电子生产企业的梯队转移，引进客商到我县投资办厂，开发生产中高档电子产品，力争到2010年，新办电子产品生产企业2—3家，电子工业产值达2亿元以上。

3. 农产品加工业：按照工业理念经营农业，围绕实施"54321"（5万亩高山茶叶、4万亩反季节蔬菜、300万只肉兔、20万亩竹林、10万亩木薯）工程，大力发展农产品加工业，提高产品附加值，切实增加农民收入。重点做好5万亩高山优质茶的种植和茶叶的加工以及10万亩木薯的种植和淀粉的加工，不断加快农业产业化建设步伐。高山优质乌龙茶及茶叶的加工，以屏山乡为示范区，进一步拓展到济阳、吴山、谢洋、武陵、前坪、梅山等七个乡镇，新开发茶园3万亩，使高山优质无公害茶叶面积达5万亩。在抓好大方广、大丰羽、高峰等茶叶有限公司的茶叶加工的同时，改造提升现有的茶叶加工厂（点），促其进一步上规模，并按茶叶生产基地的建设情况，新建部分有一定规模、一定档次的茶叶加工企业（项目）。木薯产业方面，计划在全县18个乡镇和农场建立基地面积达10万亩，年产鲜薯18万吨。加快聚祥生物科技有限公司淀粉加工生产线的建设步伐，促其尽快形成年生产淀粉5万吨的规模，到2010年，农产品加工业产值达到5亿元以上。

四、主要措施

（一）发挥政府职能，引导产业集群。产业集群是市场经济的产物，市场失效会影响产业集群的发展和企业素质的提高，这就对政府介入产业集群提出了要求。随着我国行政体制改革的不断深入，政府的宏观调控得到强化，微观管理逐渐放开。因此，政府首先着重于引导，主要包括政策制定引导、政府工作计划引导、国内外政策法律法规引导。其次是着重于保障，主要包括政策法规保障、经营环境保障、经济资源流动保障、技术引进和技术创新保障、市场流通保障、劳动和社会保障等。再次是适当的扶持，主要包括税收扶持、使用土地扶持、工商注册扶持、技术扶持、资金扶持、人才扶持等。

（二）创新体制机制，发展民营经济。一是对已改制但改制尚未彻底的企业进行全面彻底的改制，确立公司法人治理结构，使其真正成为市场主体，彻底改变政企不分的局面。二是加快对国有及国有控股企业、集体企业的改制步伐，使国有和集体资本尽快退出竞争性领域，盘活国有资本，促进企业建立符合市场经济要求的现代企业制度。2005 年前基本完成国有资本从建材水泥、纺织等一般性竞争领域退出。大力发展个体私营经济，构筑多元化经济格局，拓宽非公经济投资领域，鼓励有实力的民营企业、外资企业参股、收购、兼并国有及国有控股企业。全面推进综合配套改革，加快政府职能转变，完善政府公共服务职能，发展和扶持面向中小企业的各类社会中介服务机构。

（三）抓好产业布局，形成分工协作。一是加快形成产业内部紧密型协作配套关系。帮助协作配套企业做好与龙头企业相衔接的质量、标准、管理工作，促进配套企业与龙头企业之间互相依存和协同发展，通过集群之间的协同效应降低综合成本，增强竞争优势。如当前纺织业主要集中在三明市区、永安、尤溪，并已形成区域块状经济的雏形，我县的纺织业要在做大做强的基础上，做好与全市纺织业之间的产业链的衔接，在全市形成专业分工、相互配套、优势互补的新格局。二是要加快形成产业之间良性互动协作关系。关键是要加快培育发展第三方物流，在产业集群区域积极导入一批国内外知名物流企业（集团），鼓励多元化投资主体组建第三方物流企业，从事运输、仓储、货运代理服务和批发配送业务，为实现产业之间相互促进与发展打下坚实的基础。

（四）实施项目带动，延伸产业链条。产业集群一个最具优势的特征是产业链的完整性。产业链不仅包括企业的生产从原料、设备、零部件的供应到生产到销售的一条龙配套，企业以最低的成本进行生产和交易，还包括大量的辅助性服务机构如研发机构、咨询公司、广告、运输等中介服务机构。所以我们要有意识地进行产业链的招商，把企业的订货、销售与招商引资有机结合起来，以吸引上游产业的供货商或下游产业的用户来大田投资办厂，形成完整的产业链，提高产业的整体竞争优势。要大力实施项目带动，加快技术改造和技术创新。认真开展市场调研，做好项目的储备，及时发布信息，引导资金投向项目建设。在水泥业方面，除了要认真抓好在建的二条旋窑水泥生产线的建设、投产、达产工作外，要进一步做好石灰石等资源的勘探和开采工作，有计划地进行国家鼓励的日产 4000 吨旋窑水泥生产线的各项前期工作，做大做强水泥业，积极延伸产业链，包括水泥生产所需的各种零部件的配套生产、水泥制品、水泥包装袋、水泥的运输等。在冶铸和机械加工业方面，重点抓好海和钢铁公司 2 台 158 立方米高炉炼铁项目的第一期工程的投产达产和第二期工程的筹建工作，抓好恒泉直接还原铁公司的年产 5 万吨直接还原铁的达产以及精密铸造产品的开发工作，抓好以液压机和破碎机为龙头产品的机械加工设备的开发和创新工作。在轻纺服装业方面，坚持走纺纱—织布—印染—服装一条龙的生产，重点发展具有一定规模的针织毛衣类纺织品和有特色的毛绒布的生产和毛绒玩具的深加工，同时根据市场需求，积极开发家庭用纺织品和产业用纺织品，延伸产业链，提高产品的附加值。

（五）加强技术创新，开发自主产品。产业集群一个最显著的特征是具有较强的竞争优势，掌握核心技术是产业集群生存和发展的关键，也是产业集群更替和升级的关键，因此，企业要高度重视其核心技术的研究与开发，要善于用专利权来保护自己的竞争优势。由于我县缺乏科研机构和专业科研人才，我们必须加强与各高等院校和科研院所的长期合作，加强“产学研”联合开发和“五新”项目开发力度，充分利用他们的科研成果来指导我县企业的发展，提高企业的技术开发、技术创新能力，发展具有自主知识产权的产品，树立名牌意识，使自己的产品在市场上占有一定的份额。

（六）加强园区建设，发展特色产业。有针对性地调整产业布局，加快特色产业园区的规划建设。我县地处丘陵地带，山高地少，可利用土地资源有限，工业园区的建设拟按“一区多园”的模式进行规划设计，以大田福田工业园区为主园区，下设均溪镇莱坂洋轻纺工业园、小青安工业园、广平镇铭溪重工业园、桃源镇谷口工业园、太华镇万湖架工业园和华兴乡华安工业园等，根据各个工业园的地理位置、原有的工业基础和行业分布的特点，对园区内的产业进行合理的布局，并对将来要入园的项目依据国家产业政策和大田自身的特点进行科学的引导，把园区作为实施项目带动战略、加大招商引资工作力度的一个平台和载体，使园区能最大限度地发挥出公共配套设施齐全、产业关联度大、企业规模效应好、产业聚集效应明显等优势。

（七）树立创牌意识，实施品牌战略。品牌是形成龙头企业的关键、产业集群的基础。要围绕具有我县特色的产业链和产业群，加快实施我县的品牌战略，统筹策划，因地制宜，坚持市场导向，结合当地实际，选择具有本地比较优势的产业、产品，集中力量，重点培育几个特色品牌，以品牌产品做大品牌企业，以品牌企业带动产业发展。大力扶持“岩城”水泥、“石凤”水泥、“宝山”矿山机械等一批省内外、国内有一定知名度的工业产品的品牌的实施和管理，努力做好“雪山”萝卜、“鹤冲”米粉、“仙顶”茶叶、“山宝”雪蔗等一批“绿色”产品和“无公害食品”的品牌培育。同时要加大对创品牌的奖励力度，对获得中国名牌产品、中国驰名商标的企业实行奖励。

（八）开发人才资源，加强人才培训。牢固树立人才资源是第一资源的思想观念，抓住培养、引进、使用三个关键环节，努力建设适应大田发展的企业经营管理人员、专业技术人才、高技能人才队伍。要在积极培养和充分发挥本地各类人才作用的同时，更加主动地做好“借力引智”文章，加快高新技术和实用技术的开发与引进，推动科技成果的对接和转化，促进科技与经济的紧密结合。创新人才引进机制，建立便捷、灵活、有效的人才引进“绿色通道”，有针对性地引进各类人才。构建多层次、多类型、覆盖面广的实用型人才培训网络，实施高中级技工人才培训工程，大力培养一支适应市场需求的，且有较高学习能力、就业能力和创业能力的实用型人才队伍，为推动大田经济发展提供坚强的人才保证和智力支持。

（九）优化发展环境，加大政策扶持。一是加强基础设施建设，特别是交通和能源的建设，重点加快已规划的各工业小区的道路、水、电及通讯等方面的建设，加快小水电和火电项目的建设步伐，增加发电量，提高我县电力供应的抗风险能力，为产业集群的形成和发展提供充足的电力保障。二是加大政策扶持力度。本着先给予后收取的原则，集中较大的人力、物力和财力，重点扶持三大产业集群的发展。根据产业的特点，从用电、用地、资金等方面给予相应的特别扶持。三是加强软环境的建设。创新工作机制，加强对产业集群培育发展的统一领导，分别成立水泥、冶铸及机械加工、轻纺服装三大产业集群培育发展工作班子，抽调专门人员组建产业发展办，具体负责产业发展规划，策划项目招商，定期研究产业集群发展工作，及时解决发展过程中遇到的困难和问题。深化行政管理体制改革，不断完善政府的经济调节、市场监管、社会管理和公共服务职能，切实把政府经济管理职能的着力点转到为各类市场主体服务和营造与市场经济相适应的体制、机制、政策、法律环境上来。继续深化行政审批制度改革，认真贯彻《中华人民共和国行政许可法》，加大清理和削减审批事项力度，简化办事程序，不断提高工作效率和水平。积极发展独立公正、规范运作的市场中介组织，按照市场化原则规范和发展各类行业协会、商会、同业工会、创业中心、咨询中心、技术培训中心等自律性组织和中介组织，加强对各类企业的服务，最大限度地发挥市场在产业集群发展中的基础性作用。

中共大田县委

大田县人民政府

2005 年 5 月 21 日

中共大田县委 大田县人民政府
关于加快发展个体私营等非公有制经济的若干意见（试行）

田委发〔2006〕14号

个体、私营等非公有制经济是社会主义市场经济的重要组成部分，是促进社会生产力发展的重要力量。大力发展个体、私营等非公有制经济，有利于壮大经济总量、增加财政收入，有利于优化经济结构、增强发展后劲，有利于扩大社会就业、改善人民生活，对一于实现我县在海峡西岸经济区建设中加快崛起具有重大的战略意义。为贯彻落实《国务院关于鼓励支持和引导个体私营等非公有制经济发展的若干意见》，促进我县非公有制经济更快更好地发展，根据省、市有关文件精神，结合大田实际，提出如下意见：

一、放宽市场准入，落实公平待遇

1. 实行平等准入、公平待遇原则。凡是国家法律法规没有明确禁入的行业和领域，一律向非公有资本开放；凡是准许外商投资的行业和领域，鼓励国内非公有资本加快进入。允许非公有资本进入垄断行业、金融服务业和国防科技工业等行业和领域。除国家法律法规设立的前置性行政许可之外，不得擅自增设其他前置条件。全县各级各部门要抓紧清理和修订涉及非公有制经济的政策和管理规定，在政策上、管理上做到对非公有制企业和其他所有制企业一视同仁，实行同等待遇。

2. 鼓励非公有资本进入公用事业和基础设施领域。建立政府特许经营制度，推出一批包括高速公路、电力、水利、环保等基础设施领域和城镇供水、供气、公共交通、园林绿化、垃圾处理、污水处理等公用事业领域的项目，引导非公有资本参与投资建设和经营管理。对于新建项目，鼓励非公有资本以参股、控股、独资等多种方式投资与经营；对于已建成项目，可以通过公开招投标，采取股权转让或经营权转让等形式向非公有资本开放；属于政府定价的准经营性项目和公益性项目，可由财政安排适当补助，保证投资者获得合理收益。对部分公用设施可由企业出资认建并享有冠名权，提高企业知名度。

3. 鼓励非公有资本进入社会事业领域。进一步开放教育、卫生、文化、体育等社会事业的投资领域，大力发展民办社会事业，支持非公有制企业参与公有制社会事业单位的改组改制。

进一步吸引民间资本投资教育事业，允许采取联办、承办、国有民办等形式发展民办教育。民办教育机构在用地、用水、用电、资质评定和教职员工的工龄教龄认定、业务培训、职称评聘、表彰奖励等方面享有与公办学校同等待遇。民办教育收费按国家有关规定执行，属于非义务教育阶段，收费标准自定，报有关部门备案；属于义务教育阶段的，收费标准须报经有关部门批准。

鼓励民间资本投资医疗卫生事业，允许非公有制资本以多种形式参与主体框架以外的公立医疗机构改制、兴办公益性或经营性医疗机构及组建医疗投资公司，鼓励投资兴办老年护理、康复、精神卫生类医疗卫生机构。民办医疗机构设置不受区域卫生规划限制，凡是符合条件的，当地卫生行政部门应及时核发执业许可证。民办公益性医疗机构与公立医疗机构享受同等待遇。

贯彻执行《国务院关于非公有资本进入文化产业的若干决定》（国发〔2005〕10号），鼓励非公有资本以独资、控股、参股等形式兴办文化体育企业，并享受国有文化体育企业同等待遇。允许非公有制企业冠名举办大型文化体育活动。

4. 鼓励非公有资本参与国有企业改革。支持有实力的非公有制企业以收购、兼并、参股、控股等多种形式，参与国有企业和集体企业的改组改制改造。非公有制企业收购、兼并国有企业和集体企业，应在资产评估的前提下按规范程序进行。非公有制企业收购、兼并国有企业，在资本处置、债务处理、职工安置、社会保障等方面，享受国有企业改革的优惠政策。需办理土地、房产、设备等产权过户手续的，有关部门除收取必要工本费外，不得以任何理由收取其他费用。改制前企业用地属划拨用地的，在不改变土地用途的情况下，经土地管理部门批准可在一定年限内维持土地划拨使用。企业改制前已办理的各项审批手续和生产经营许可证不因改制而取消。

5. 大力引导非公有资本参与经济结构调整和产业升级。认真落实并不断完善市、县重点产业扶持政策，积极引导非公有资本参与新型工业、特色农业、现代服务业和生态旅游业等产业建设，鼓励非公有资本于与冶金及压延、机械及汽车零配件、林产加工和生物医药等产业集群发展，鼓励兴办民营科技型、产业配套型、扩大就业型、资源化型、流通中介型、农业产业化龙头等六类企业。

二、降低注册条件，简化登记手续

6. 放宽企业注册资本限制。创办公司制民营企业，按照《中华人民共和国公司法》规定，有限公司注册资本的最低限额为人民币 3 万元。股东可以用货币出资，也可以用实物、知识产权、土地使用权等可以用货币估价并可以依法转让的非货币财产作价出资。允许注册资本分期到位，首次出资额不得低于注册资本的 20%，也不得低于法定的注册资本最低限额。其中，投资公司可以在五年内缴足。对注册资本分期到位的，在营业执照上注明注册资本和实缴资本数额，企业按认缴资本数额承担法律责任。

7. 放宽企业经营场所证明和经营范围限制。凡利用自有房屋或租赁他人房屋开办个体私营企业，可凭产权证或房地产行政主管部门出具的房屋租赁登记备案证明办理企业登记注册手续。允许个体工商户租用经登记注册的市场摊位进行企业登记注册。除特许经营的项目以外，企业可自主选择经营项目，超出核定经营范围从事一般项目经营的，不视为超范围经营。

8. 实行“先照后证”登记制度。对未取得法定前置审批文件、但符合主体登记条件的，可先予办理注册登记，发给有效期为一年的营业执照，企业可以进行各项筹备工作，一年内持前置审批的批准文件等相关材料到工商行政部门换发营业执照即可营业。实行“先照后证”登记制度的对象不包括涉及公共安全的企业和项目。

9. 下放企业登记管理权限。个体工商户由辖区工商所直接核准登记，私营企业由县级以上工商行政管理部门直接核准登记或委托辖区工商所核准登记。全面实行企业属地登记管理制度，以工商部门为第一责任单位，税务、劳动、质监和统计等相关部门，都要按照属地原则登记注册，对符合规定的登记事项，都应在 5 个工作日内向企业核发登记证。

10. 放宽企业冠名限制。一次性注册资本 100 万元以上的企业可申请冠“福建省”名。对规模较大的企业可由当地工商行政管理部门帮助申请无行政区划企业名称。

三、加大财税扶持，强化金融保障

11. 设立财政专项资金。县财政从 2007 年起，设立扶持个体私营经济发展专项资金，每年从非公有制经济上缴税收中提取 50 万元的资金，主要用于支持个体私营企业技术创新、担保体系建设、人员培训、品牌培育、市场开拓和表彰奖励等。

12. 加大财税扶持力度。对个人独资企业，停止征收企业所得税，比照个体工商户生产经营所得征收个人所得税；非公有制企业固定资产折旧、技术开发费、技术转让费及社会公益捐款，按规定标准在税前列支；对民间借贷资金和民间资本投入（注册资本除外）所产生的财务费用，允许列入企业生产成本（但高于金融机构同期、同类贷款利率计算的除外）。

对全国范围内的知名大中型非公有制企业进入本县注册设立分支机构，当年完成固定资产投资在 1000 万元以上、或上缴各类税收本级财政实得部分达 50 万元以上的，两年内由受益财政全额返还企业当年缴纳的企业所得税地方实得部分。

适当放宽对一般纳税人的资格认定条件，从事制造业的非公有制企业，其销售额达50万元以上并按税务机关的要求建账建制的，经国税机关批准，可暂定为增值税一般纳税人，按规定申请使用增值税专业发票。

13. 加大信贷支持力度。健全完善银政企会商制度，通过举办银企资金供需见面会和贷款营销洽谈会等方式，促进金融产品与企业资金需求紧密对接。支持非公有资本投资创办地方性股份制银行和合作性金融机构，加快引入异地股份制商业银行和外资银行在本地设立分支机构，鼓励政策性银行依托地方商业银行等中小金融机构和担保机构面向非公有制企业开展转贷款、担保贷款等业务。对信誉良好的担保机构，担保贷款的额度可放大到其注册资本金的5—10倍，贷款的利率不上浮或少上浮。认真贯彻国家银监会《银行开展小企业贷款业务指导意见》，切实加大银行对小企业的信贷支持。

14. 鼓励金融服务创新。健全完善非公有制企业的资信评估制度，逐步扩大信用贷款的覆盖面，适当提高信用贷款的授信额度。积极开办创业贷款、应收账款质押贷款、仓单质押贷款、未来收益权抵押贷款等信贷业务品种，扩大信贷抵押担保范围，登记部门及其他部门不得强行要求企业、个人或金融机构对抵押物进行评估。凡抵押双方当事人对抵押物值达成一致意见的，其抵押物可以不必评估，以双方认可的价值，依《担保法》直接进行登记。帮助解决中小企业因缺乏不动产而面临的抵押难问题。大力促进商业信用票据化，积极开展商业汇票承兑、出口押汇、出口退税账户托管等贷款业务。各商业银行要优化营业网点布局，积极推进储蓄网点改设支行，合理下放信贷审批权限，简化审贷程序，提高服务效率。

15. 拓展直接融资渠道。规范和发展产权交易市场，积极推动各类资本流动和重组。建立健全创业投资机制，支持中小投资公司发展。支持非公有制企业开展资产重组和股权置换等活动，鼓励非公有制企业以股权融资和项目融资等方式筹集资金。支持符合产业政策、信誉良好、实力较强的企业依照国家有关规定发行企业债券，积极引导具备条件的企业通过海外上市、外资入股等方式从国际资本市场融资。加强对非公有制企业的上市辅导和服务工作，有计划地在非公有制企业中选择、培育上市公司的优质后备资源，推荐符合条件的企业上市融资。

16. 推进信用担保体系建设。加大财政资金对担保机构的投入，充分发挥财政资金在担保体系建设中的引导作用。积极发展多元化投资、股份制经营、市场化运作的融资担保机构，不断完善以政策性担保、商业性担保、企业互助担保为主体的担保体系。引导各类担保机构进行资源整合，创新运作方式，建立担保机构之间分保、联保、再担保等业务合作机制。建立和完善信用担保的风险控制和补偿机制，财政资金在担保公司的股权收益一律转为风险补偿金。支持组建信用担保行业协会，加强行业自律，规范行业发展。对不以营利为目的的融资担保机构从事担保业务的收入，3年内免征营业税；对非公有制企业融资担保机构当年发生亏损，经主管部门确认，其亏损额可在税前抵补。

17. 依法保障企业用地。非公有制企业申请使用国有土地，与其他所有制企业享受同等待遇，建设用地统一纳入土地利用年度计划管理。属于工业项目建设的，享受《中共大田县委、大田县人民政府〈关于鼓励在大田投资兴业优惠政策的规定（试行）〉的实施意见》（田委发〔2005〕16号）的用地优惠政策。属于投资市政公用事业、社会事业和基础设施项目建设，符合划拨用地规定的，采取划拨方式供地。对投资1000万元以上的重点项目，土地管理部门提前介入，实行跟踪服务，确保项目用地。

四、发展中介组织，完善社会服务

18. 支持社会中介组织发展。坚持社会化专业化、市场化原则。加快发展各类社会中介服务机构。根据本地非公有制经济发展的实际需要，加快发展创业辅导、筹资融资、市场开拓、技术支持、认证认可、信息服务、管理咨询、人才培训等公共性中介服务机构。加强社会和媒体对中介机构执业的监督，建立中介机构诚信档案，促进中介机构独立公正和规范运作。对人事咨询业、信息业、技术服务业的中介组织，按有关规定，自开业之日起免征两年企业所得税。

19. 推进商会和行业协会建设。大力发展商会经济，支持外来客商在大田建立同籍商会，充分发挥其服务会员、凝聚乡情、联接两地、招商引资等重要职能，对商会组织的招商引资成果参照县直部门标准予以奖励。加快行业协会组建工作，结合政府职能转变，逐步把行业规划、行业规范、行业标准等职能向行业协会转移，发挥其行业服务、行业自律、行业代表、行业协调、行业统计等方面作用。支持商会和行业协会依照国家法律和各自章程开展活动。建立健全政府和商会、行业协会联系沟通机制，及时协调解决商会和行业协会发展中遇到的一些实际问题。

20. 优化人才环境。在非公有制企业从事专业技术和经营管理的人员，同等享受全民企事业单位人员的职称评审待遇；有突出贡献者，在学历、资历等方面可适当放宽条件。在非公有制经济组织中开展本县认可的职称评审，为非公有制经济组织的专业技术和经营管理人员职称评审提供便捷渠道。支持非公有制企业与高等院校、科研单位和大公司大企业开展人才协作。积极引导毕业生到非公有制经济组织就业，在信息咨询、就业指导、就业推荐、户口迁移、档案寄存等方面，政府有关部门、人才中介机构要尽可能提供便利条件和相应服务。要按照有关规定，在工资支付、社会保险、劳动争议等方面维护其合法权益，对人才中介机构人事代理人员交纳社会保险、医疗保险及其他保险可参照下岗失业人员标准办理。凡到本县非公有制企业工作的本科毕业生，由县财政补助2000元安家费，档案寄存人才交流中心的，3年内免收、3年后减半收取人事代理费和档案保管费。政府新建的经济适用房安排一定指标用于非公有制企业引进人才申请购买。

21. 支持开展企业经营者和劳动者培训。建立健全企业经营者教育培训工作机制，采取“请进来”与“送出去”相结合的办法，有组织有计划地安排企业经营者参加政策法规和经营管理等相关培训，不断提高非公有制经济业主和经营管理人员素质。加快建立覆盖全县范围的劳动力资源动态信息网络，促进社会富余劳动力与企业用工需求相衔接。创新劳动技能培训方式，形成政府引导、社会支持和企业自主相结合的培训机制，为非公有制企业培育各类适用人才。建立和扶持一批职业技能培训基地，实施农民职业技能培训工程。鼓励有办学条件的单位承接培训任务，政府按核发职业技术等级证书人数补助培训机构每人100元。

22. 加强科技创新服务。鼓励非公有制企业以“企校合作”等模式开展形式多样的产学研活动，对企业新设立的技术开发中心，经验收合格分别一次性补助3万元。非公有制企业从事高新技术研究、产品开发和科技成果转化，在申报科技计划项目时，享有与其他所有制企业同等的待遇。经省科技主管部门认定为高新技术企业的，享受国家、省、市扶持高新技术产业发展的优惠政策。年度内企业投资500万元以上的高新技术和先进实用技术改造项目，财政予以安排贷款贴息补助。被国家或省列入重大科技计划的项目，从县科技三项经费中给予一定的资金配套。

23. 支持开拓国内外市场。推进电子商务平台建设，加快实施“企业上网”工程，大力发展现代物流业。完善非公有制经济信息服务体系，为企业开拓市场提供政策法规、市场信息、产品推介、企业黄页、业务咨询等多种服务。改进政府采购方法，在政府采购中非公有制企业与其他所有制企业享有同等待遇。放宽企业获得自营进出口权的条件限制，凡经工商部门注册登记的企业，均可申请办理对外贸易经营者备案登记，平等享受出口退税、进出口许可证及配额、参展费用补助等有关优惠政策。简化非公有制企业人员开展经贸活动需办理的因公出国（境）手续。

24. 完善工业项目区服务。落实《大田县人民政府关于印发工业项目区规划建设管理暂行规定的通知》（田政〔2005〕13号），根据各工业项目区的产业规划布局，积极引导相同、相近、相关的企业和项目向同一项目区集聚。对于能起产业化龙头作用的重大项目，可采取一事一议、实行特殊优惠政策。健全和完善工业项目区的服务功能，为区内企业提供各种项目申报审批的代办服务。推行工业项目区内“一口收费”，公开收费项目，适当降低收费标准。向工业项目区内企业收取的排污费，优先用于项目区内工业企业的污染治理。项目区内经审批的工业用地，可按一定比例安排用于与项目区内企业生产经营相配套的公共设施建设。

25. 推进信用制度建设。逐步完善非公有制企业的信用征集体系、评级发布制度以及失信惩戒机制，充分利用工商、金融、税务、质监、公安、法院等部门关于非公有制企业的各项信用记录资料，建立和完善非公有制企业信用档案数据库。对被市政府确定为“四个一批”“重合同守信用”企业，获中国驰名商标、中国名牌产品、国家免检产品和福建省著名商标、福建省名牌产品荣誉的企业，被县以上人民政府授予“纳税大户”“出口创汇大户”及其他荣誉称号的企业，当年度可免于各类年检审查。

五、改进政府监管，优化创业环境

26. 提高行政办事效率。认真贯彻实施《中华人民共和国行政许可法》，以行政审批制度改革为重点，进一步减少行政审批项目，简化行政审批程序。对非公有资本投资的项目，除法律法规另有规定外，一律实行项目登记备案制。加强县行政服务中心和其他综合服务窗口建设，规范管理措施，建立健全“一个窗口对外、一条龙服务、一站式办结”的工作机制。加强“电子政务”工程建设，加快推进网上审批和登记备案。

27. 规范行政事业检查、收费行为。全县性的检查须经县委、县政府分管领导同意，各类检查必须事先制定方案，向当地政府报备并获得批准方可实施。同一行政执法机关每年对同一企业的常规业务检查不超过一次（国家法律法规另有规定和省级以上部门统一要求的检查、安全生产检查和食品卫生检查除外）。任何检查单位不得要求企业派车接送，不得接受企业的宴请和馈赠，不得要求企业主或企业高管人员全程陪同。对检查中发现有轻微违规行为的企业，重在整改，不予处罚；对未按要求进行整改的，再按有关规定进行处罚。

任何部门、单位必须公开中央、省、市的收费项目，未经省以上有权机关批准不得擅自出台任何收费项目、扩大收费范围和提高收费标准。收费必须持有物价主管部门颁发的收费许可证，使用财政部门统一印制的票据，并公开收费依据和标准；不准搭车或变相收取收费许可证所列项目之外的收费。凡行政性机构组织的培训，一律不得收费。

一次性工业投资在300万元（含）以上的项目，县收取的行政事业性收费全部免收，代省里收取的尽可能争取减免，确实无法取消的一律按最低标准收取。涉企收费部门、单位，每半年应将收费的收支管理情况向本级财政报告，审计部门应将“乱收费、乱罚款、乱摊派”列入审计内容。

28. 保障企业合法权益。任何单位和个人不得侵占企业的合法财产，不得妨碍企业正常的生产经营活动。各级公安机关要依法严厉打击干扰非公有制企业生产经营秩序、侵犯企业业主合法财产和人身安全的违法犯罪行为。任何单位和个人都不得利用职权强制或变相强制企业接受有偿服务。建立健全非公有制企业投诉、监督机制，对于企业提出的投诉事项，政府有关部门要在接到投诉后15天内答复调查处理结果，情况复杂的可适当延长但不得超过1个月。

29. 落实责任追究制度。对损害投资环境的部门、单位及其工作人员，严格依照《中共大田县委办公室、大田县政府办公室关于转发中共三明市委、市政府〈关于对损害经济发展软环境行为实施效能告诫的暂行规定〉的通知》（田委办〔2003〕79号）、中共大田县委办公室、大田县人民政府办公室《关于营造我县经济发展优良软环境工作意见》的通知（田委办〔2004〕17号）的有关规定严肃处理。纪检监察部门负责检查督促有关发展非公有制经济各项政策的贯彻落实，每年组织非公有制企业对有关部门进行民主评议，将评议结果作为效能考核的一项依据，并向社会公布评议结果。

六、提高企业素质，促进规范发展

30. 完善现代企业制度。推进企业制度创新和管理创新，引导具备一定规模的个体工商户、合伙企业、个人独资企业、股份合作制企业向有限责任公司和股份有限公司发展。其他非公有制企业要努力改进内部组织结构和管理结构，建立与企业规模相适应的组织制度、运行机制和管理形式。鼓励非公有制企业通过相互参股、职工持股、吸引外资等多种形式，建立多元和开放的产权结构。加快制定适合我县非公有制企业实际的管理示范企业标准，在全县范围内开展争创“管理示范企业”活动。引导非公有制企业根据自身特点，确立企业宗旨，加强诚信建设，积极发展各具特色的企业文化。

31. 规范经营管理行为。非公有制企业要严格遵守国家有关产品质量、安全生产、环境保护、土地利用、劳动用工、社会保障等方面法律法规，相应建立和完善各项规章制度。健全企业内部会计、统计制度，确保会计和统计资料完整真实。加强质量检验和计量标准化认证认可工作，严格按照相关标准组织生产和提供服务，确保产品合格、服务到位。鼓励推行清洁生产、发展循环经济，对于从事资源综合利用和“三废”利用的，按有关规定实行减免税。

32. 保障职工合法权益。非公有制企业应按照《中华人民共和国劳动法》和《福建省劳动合同管理规定》，在平等协商的基础上与职工签订规范的劳动合同，保证双方权利和义务对等。依法按时足额支付职工工资，逐步建立职工工资正常增长机制，工资标准不得低于或变相低于当地政府规定的最低工资标准。保障职工依法享有休息、休假、受教育、女工特殊保护等权利，禁止使用童工。加强劳动保护和职业病防治，切实改善有毒有害和危险工种的劳动安全条件。依法参加基本养老、基本医疗、失业、工伤和生育等社会保险，保证其从业人员享受国家规定的社会保障待遇。切实保障职工参加和组建工会的权利，足额拨付工会经费，支持企业工会正常开展工作。

33. 鼓励企业争创品牌。对获国家、省名牌产品称号或列入市名牌发展计划的产品，优先列入技术改造、技术创新和新产品开发计划，享受各项政策优惠。在县政府关于扶持优势品牌的政策规定（田政〔2003〕6号、田政〔2004〕16号）的基础上，重奖企业创牌成果，凡新创“中国名牌产品”“中国驰名商标”的企业一次性奖励50万元；新创“国家免检产品”、获准使用“地理标志产品”专用标志资格的企业一次性奖励15万元；新创省级著名商标、省级名牌产品、有机食品标志或通过国家级企业标准化体系确认的企业一次性奖励2万元；获绿色食品标志、通过省级以上标准化项目验收或确认的企业一次性奖励2万元；获无公害农产品标志（按照农业部、国家认证认可监督委员会231号公告的标志）、通过市级以上农业标准化示范区验收的企业一次性奖励0.5万元。同时获得上述两个以上奖项的，按最高标准执行，不重复奖励。在企业中广泛推行ISO 9001质量管理体系认证和产品质量认证，支持有条件企业的开展ISO 14001环境管理体系认证，通过ISO 9000质量体系认证、ISO 14000环保体系认证的企业一次性奖励1万元，通过产品质量认证的企业一次性奖励0.5万元。引导企业按照卓越绩效管理模式提升企业管理，进一步加强产品创意、工艺设计、市场营销和售后服务，全面提升大田企业的整体品牌形象。

七、加强指导协调，营造良好氛围

34. 加强规划和指导。全县各级党委和政府要把加快发展非公有制经济作为一项长期的战略任务，进一步摆上重要议事日程。要将非公有制经济发展纳入国民经济和社会发展规划，制定具体目标、政策和措施，正确加以引导。调整充实县、乡两级个体私营等非公有制经济领导机构和办事机构，建立完善促进非公有制经济发展的工作协调机制，密切部门之间的配合与协作。加强动态监测分析，及时向社会公布有关产业政策、发展规划、投资重点和市场需求等方面的信息，协调解决非公有制经济发展中的实际困难和问题。积极稳妥地推进非公有制经济组织的党建工作，加强非公有制企业的党、团和工会组织建设。

35. 健全联系帮扶机制。充分发挥各级工商联作为党委、政府联系非公有制经济人士的桥梁纽带和政府管理非公有制经济的助手作用，建立和实行政府领导与非公有制经济代表人士定期座谈制度和重点非公有制企业现场办公制度。对“四个一批”私营企业继续实行重点帮扶，通过安排处级以上领导干部挂钩联系、有关部门结对联系、下派干部挂职（挂点）帮扶，帮助企业排忧解难。

36. 表彰激励先进典型。注重推荐符合条件的非公有制经济代表人士作为各级党代表、人大代表、政协委员和县级“优秀人才”的人选。把非公有制经济组织中为国家做出突出贡献的管理人员和技术人员，统一纳入各级劳动模范、优秀企业家、先进工作者和各级人事部门的“国家级有突出贡献”“省级有突出贡献”“国务院特殊津贴”“省级政府特殊津贴”的推荐评选范围。县委、县政府每两年召开一次发展个体私营经济表彰大会，表彰一批非公有制企业的纳税大户、出口创汇大户和对社会有突出贡献的企业和优秀人士。凡外地来本县投资兴办企业的客商，凭营业执照，其子女入托、入学享受当地居民同等待遇。

37. 大力营造舆论氛围。县广播电视台等新闻媒体，要通过开设专栏、专版和专题节目等形式，大力宣传中央和各级党委、政府关于鼓励支持和引导非公有制经济发展的方针政策，宣传非公有制经济的地位和作用，宣传各地发展非公有制经济的先进经验和做法，宣传本县非公有制经济发展的先进典型。

38. 认真抓好贯彻落实。各乡（镇）和县直各有关部门要加强调查研究，结合各自实际，抓紧制定与本意见相配套的具体贯彻措施，切实解决好非公有制经济发展中遇到的新问题，促进全县非公有制经济持续、快速、健康发展。县直相关部门的实施意见必须在本意见发布之日起一个月内报县政府备案并公布实施。

本意见适用于全县范围内个体工商户、私营企业和非公有资本投资比例达 50% 以上的其他各类经济实体。

本意见自发布之日起执行。本意见解释权属大田县人民政府，过去有关规定与本意见有抵触的，以本意见为准。

中共大田县委
大田县人民政府
2006 年 10 月 12 日

大田县人民政府关于扶持中小企业发展的实施意见

田政文〔2008〕80 号

各乡（镇）人民政府，县直有关单位：

中小企业是我县经济发展的主要力量，在加快地方经济发展、创造就业机会、活跃繁荣市场等方面发挥着重要作用。在当前的宏观经济形势下，多数产品市场走低，中小企业生产经营困难，不少企业已处于停产或半停产状态。为帮助中小企业渡过难关，保持健康发展态势，根据《三明市引导和扶持中小企业加快发展的若干意见》（明政办〔2008〕127 号）精神，结合我县实际，特制定如下实施意见：

一、加大财税扶持力度

1. 对全县水泥企业，根据其从县内乡镇煤矿调用的煤炭数量，由县政府、供应煤矿所属的乡（镇）政府分别按每吨 5 元和每吨 10 元的标准给予补助。煤炭调用数量由县矿产品协调负责统一核实，所需资金从县、乡收取的经费中解决。每月终了，有关乡（镇）要根据县协调办核实并通知的数量，将应承担的补助资金在 10 日内上缴县财政，再由县财政统一拨补给相关水泥企业。对水泥企业生产综合利用的县内各选矿厂尾矿库尾矿渣，给予免征各项经费。

2. 对全县冶铸企业，根据其从县内矿山企业调用的铁矿数量，由县政府、供矿企业所属的乡（镇）政府分别按每吨 1 元和每吨 5 元的标准给予补助。对海和钢铁有限公司、长鑫船舶配件有限公司两家重点企业，由县政府、供矿企业所属的乡（镇）政府分别按每吨 2 元和每吨 10 元的标准给予补助。铁矿调用数量由县矿产品协调办负责统一核实，所需资金从县、乡收取的经费中解决。每月终了，有关乡（镇）要根据县协调办核实并通知的数量，将应承担的补助资金在10日内上缴县财政，再由县财政统一拨补给相关冶铸企业。

3. 对中小企业在本实施意见有效期限内因生产经营需要办理的流动资金贷款，经县经贸、财政部门审核后，由县财政给予贴息半年。

4. 税务部门要做好政策宣传，加强服务和指导，并采取积极措施扶持中小企业健康发展。县国税局要会同有关部门和乡（镇）指导冶铸企业建立健全账证，让企业享受更多的税收优惠政策。

二、加大信贷支持力度

1. 各金融机构特别是农村信用社要积极向上争取信贷规模，本着“最佳、最优、最快”的原则，创新信贷产品，大力支持中小企业发展。农村信用社存贷比按75%管理。

2. 县非公办、铸造协会要尽快牵头组建冶铸行业担保协会，为全县冶铸企业提供信贷担保服务。县政府将给予补助20万元，作为担保协会的担保基金。

三、加大部门服务力度

1. 县直各有关部门要从促进全县经济发展的大局出发，加强对中小企业的服务和指导，尽量少检查少罚款，为企业生产经营创造比较宽松的外部环境。

2. 县供电部门要立足企业用电需求，本着实现供用电双方“双赢”的原则，加强电力需求管理，确保电网安全稳定运行，尽力满足企业的用电需求。要针对我县多数冶铸企业没有24小时生产的实际，会同县物价部门积极向上反映，争取让企业可以按自身实际选择用电计费方式，减轻企业不必要的电费负担。

3. 县交通、交警部门要加强文明执法，在确保行车安全的前提下，尽可能地为服务于县内中小企业的运输车辆提供便利。

4. 对服务于县内中小企业的运输车辆，给予免征公路通行费。由县经贸局会同交通局、非公办研究制定具体的实施办法，报县政府审定后执行。

本实施意见所指的中小企业为纳入规模以上工业统计范围和未纳入规模以上工业统计范围但今年销售收入可达500万元以上的县属工业企业。本实施意见从2008年10月1日起执行，期限暂定半年。各有关乡（镇）和部门要认清形势，统一思想，提高认识，尽快研究制定落实本实施意见的具体措施和办法，确保县政府的决策部署落到实处，帮助中小企业渡过难关，促进我县经济持续健康较快发展。

2008年10月17日

《大田县志（1993—2008）》任务分工、责任到人一览表

表 7

卷序	卷名	责任编辑	篇目名称	承编单位	主要撰稿人
卷首	彩页	陈 妮	彩页	县方志办	林志健 林建伟
	序		序		陈斯喜
			序		郑有炓
			序		汤俊生 熊旭明
	凡例 概述 大事记	涂庆南	凡例		詹文批
			概述		涂庆南
			大事记		涂庆南
卷一	建置区划 与自然环境	涂庆南	地质地貌		涂庆南
			水系水文	水利局	周铮宏
			气候	气象局	李 桥
			自然资源	县方志办	涂庆南
			自然灾害		涂庆南
卷二	国土资源管理与环境保护	陈吉浣	国土资源管理	国土资源局	陈尾英
			环境保护	环保局	林起传
			水土保持（节）	水土办	杨生键
卷三	人口和计划生育	肖 常 魏庆赐	人口和计划生育	计生局	陈淑丹 张生莫
卷四	城乡建设	廖序锋 王金晋 潘 梅	城乡建设	城建局	沈世烈
卷五	交通运输	郑祥果	交通运输	交通局	林加兴
卷六	邮政电信	郑祥果	邮政	邮政局	郭小红 谢 铁
			电信	电信局	柯琼琴 苏碧华
			移动通信	移动公司 联通公司	林久茂 郭秀明
卷七	水利电力	范起建 魏兰兰	水利	水利局	周庆生
			电力	供电公司	张怀杉

续表 7

卷序	卷名	责任编辑	篇目名称	承编单位	主要撰稿人
卷八	农业与农村经济	范起建 魏兰兰	生产条件与农业结构 作物种植	农业局	郭文生
			畜牧业	畜牧兽医水产局	田新堤
			水产	畜牧兽医水产局	
			茶产业	茶业局	罗义航
			农场	农场	郭文生
			农业开发与社会化服务	农业局	
			机构与管理		
			扶贫与小康建设	农办	
卷九	林业	陈吉浣	林业	林业局	周仲琼 曾建新 陈德泼
卷十	工业	林万端 陈吉浣	工业	经贸局	郭守聪
卷十一	矿业	林万端 陈吉浣	矿业	国土资源局	洪向新
卷十二	财政税务	陈吉浣	财政	财政局	林克夏
			国税	国税局	张新秀
			地税	地税局	蔡茂源
卷十三	金融	陈吉浣	银行业	人民银行	林起延 陈爱民
			财产保险	人保财险公司	陈开篇
			人寿保险	中国人寿保险公司	余维奋
卷十四	商业服务业 旅游业	廖序锋 王金晋 潘　梅	商业服务业 旅游业	经贸局	王金晋
				旅游局	张春珍
卷十五	经济综合管理与监督	陈吉浣	计划发展改革管理	发展和发改局	郑永健
			统计管理	统计局	黄初齐
			工商行政管理	工商局	翁章洋 乐晓卓
			物价管理	物价局	林照友
			审计	审计局	陈新芳
			质量技术监督	质量技术监督局	程章浩 陈精份
			安全生产监督	安全生产监督局	林开族

续表 7

卷序	卷名	责任编辑	篇目名称	承编单位	主要撰稿人
卷十六	中共大田县地方组织	涂庆南	县委	县委办	涂庆南
			纪委	纪检委	许志鹏
			组织	组织部	詹永璋
			宣传	宣传部	高忠怀
			统战	统战部	詹国章
			信访	信访局	林文存
			精神文明	文明办	陈加培
			保密	保密局	胡应善
卷十七	地方人大	郑祥果	人大	人大办	李方广
	地方政府	魏兰兰	政府	政府办	林元圈
	政协地方组织	涂庆南	政协	政协办	高中茂
卷十八	群团组织	陈昭才	县总工会	工会	范启阳
			青少年组织	团县委	王尧钦
			妇女联合会	妇联	叶新慧
			工商业联合会	工商联	陈绍清
			科学技术协会	科协	周淑女 郑学圣
			残疾人联合会	残联	黄惠芹
			计划生育协会	计生协	陈永排
			老区促进会	老促会	刘志坚
			个体劳动者协会	个协	涂振奋
			归国华侨联合会	侨联	郑桂珠
			消费者权益保护委员会	消委会	郭高界
			文学艺术界联合会	文联	严垂壁
			老龄工作委员会	老龄委	林启亮
			关心下一代工作委员会	关工委	池其政
			老年人体育协会	老体协	林克雄
卷十九	政法	郑祥果	政法综治	政法委	胡建国
			公安	公安局	范承耀
			检察	检察院	林　奔
			审判	法院	田锦华
			司法	司法局	陈正念

续表 7

卷序	卷名	责任编辑	篇目名称	承编单位	主要撰稿人
卷二十	军事	林万端 陈吉浣	军事	人武部	肖贯华
卷二十一	民政	肖　常 魏庆赐	民政	民政局	林启亮
卷二十二	编制人事 劳动和社会保障	范起建 魏兰兰	人事编制	人事局编办	周庆锋
		涂庆南	劳动和社会保障	劳动和社会保障局	郑　鹏 乐恢来
卷二十三	教育科技	林万端 陈吉浣 郑祥果	教育	教育局	连占斗 林崇阳 詹万富
			科技	科技局	郑朝林
卷二十四	文化体育	廖序锋 王金晋 潘　梅	文化体育	文体局	严垂壁
卷二十五	医药卫生	肖　常 魏庆赐	医药卫生	卫生局	孙素敏 郭曾荣
卷二十六	语言	陈昭才	语言、民俗、宗教	县方志办	陈昭才
	民俗				
	宗教				
卷二十七	地名	陈昭才	地名	县方志办	卢祥章
卷二十八	乡镇概况	陈昭才	均溪镇	均溪镇政府	柯双根
			石牌镇	石牌镇政府	范成省
			上京镇	上京镇政府	范荣川
			桃源镇	桃源镇政府	郑彬彬
			太华镇	太华镇政府	乐首装
			建设镇	建设镇政府	乐景斌
			广平镇	广平镇政府	郑新镱
			奇韬镇	奇韬镇政府	林昌俊
			华兴乡	华兴乡政府	林炳锻
			屏山乡	屏山乡政府	颜建福
			吴山乡	吴山乡政府	苏晋昌
			济阳乡	济阳乡政府	郭立桥
			武陵乡	武陵乡政府	陈荣泰
			谢洋乡	谢洋乡政府	苏晋平

续表 7

<table>
<tr><th>卷序</th><th>卷名</th><th>责任编辑</th><th>篇目名称</th><th>承编单位</th><th>主要撰稿人</th></tr>
<tr><td rowspan="4">卷二十八</td><td rowspan="4">乡镇概况</td><td rowspan="4">陈昭才</td><td>文江乡</td><td>文江乡政府</td><td>翁作湖</td></tr>
<tr><td>梅山乡</td><td>梅山乡政府</td><td>章婉如</td></tr>
<tr><td>湖美乡</td><td>湖美乡政府</td><td>林兴铃</td></tr>
<tr><td>前坪乡</td><td>前坪乡政府</td><td>范佳芬</td></tr>
<tr><td>卷二十九</td><td>人物</td><td>郑祥果</td><td>人物传、人物表</td><td rowspan="8">县方志办</td><td>郑祥果</td></tr>
<tr><td rowspan="7">后殿</td><td rowspan="5">附录</td><td rowspan="5">郑祥果</td><td>前志补遗勘误</td><td>陈吉浣
郑祥果</td></tr>
<tr><td>获省部级先进单位名录</td><td>郑祥果</td></tr>
<tr><td>重要文件选编</td><td>涂庆南</td></tr>
<tr><td>任务分工责任到人一览表</td><td rowspan="3">詹文批</td></tr>
<tr><td>索引</td><td></td><td>索引</td></tr>
<tr><td>编后记</td><td></td><td>编后记</td></tr>
<tr><td>图照提供</td><td colspan="5">卷首地图 4 幅，由县民政、国土、交通、城建部门提供原图，经福建省制图院编制，福建省测绘局审定批准入志
卷首彩页 101 幅、正文插图 120 幅，由林建伟、林志健、刘冬春、林跃、卢国首、陈广程、林加兴、陈德传、范承耀、吴新增、田富焘、刘新共、周群雄、蒋联华等人拍摄提供，经挑选审定入志</td></tr>
</table>

索 引

说 明

一、本索引为主题索引、人物索引、图表索引三个部分。主题索引按内容分析法确定主题条目，按卷、章、节首字的汉语拼音字母顺序排列，首字相同的，则按第二字，以此类推。人物索引，仅列立传人物。图表索引按其所在页码顺序排列。

二、概述、大事记、前志补遗勘误、重要文件选编只以标题为条目。

三、条目后的数字为所在页码；条目名称相同者并列，标出先后页码并括注区别。

主题索引

A

B

C

D

F

G

H

J

K

L

M

N

P

Q

R

S

T

W

X

Y

Z

人物索引

图表索引

编 后 记

第二轮《大田县志》经过八个春秋的劳作，于2015年12月付梓出版。这是中华人民共和国成立后，大田县继1996年出版首部《大田县志》，又一社会主义文化建设盛事。回顾笔耕不辍的艰辛历程，几多欣幸，几多感慨。

2008年4月23日，县委常委会（扩大）研究决定启动第二轮修志工作，成立第二轮大田县志编纂委员会领导小组，县长任组长，分管副县长任副组长，县政府组成单位领导为成员。6月，县委组织部对第二轮县志的主编、副主编人选进行考核、选配，组建以退休干部为主体的编纂业务班子；修志经费纳入县财政预算。7月，组织编辑人员到宁化县、长汀县学习修志经验和做法。9月，选派5位业务骨干赴兰州市参加中国地方志指导小组举办的全国第二轮修志业务培训班，学习修志理论和编纂业务基本知识。制订编纂方案，设置篇目。10月24日，县委、县政府下发《关于开展第二轮〈大田县志〉编纂工作意见》。11月11日，召开大会、动员部署第二轮县志编修工作。县委常委、常务副县长熊旭明作动员报告，县委副书记、县长肖长根作重要讲话，市方志委主任黄荣发作指导讲话，第二轮修志工作正式启动。会后，主编、副主编带领编辑到各承编单位，组织有关人员学习宣传贯彻县委、县政府修志工作意见，敦促各承编单位对二轮修志工作要做到“一纳入、五到位”。12月25—27日，举办修志基本业务知识培训，138个单位200余人参加，邀请省方志委处长林浩、李升荣，市方志委副主任陈盛美及宁化县方志办副编审张族进授课。

篇目是志书的蓝图和框架。遵照分类合理、领属得当、编次有序、标题规范的要求，以第一轮《大田县志》的篇目为基础，参考部分兄弟县第二轮县志篇目，注重突出时代特征和地方特色。如矿业是大田传统特色产业，设“卷”详细记述。大田茶产业已形成地方产业特色，从第一轮县志的“节”提升为“章”。大田地名纳入第二轮县志篇目等。第二轮县志篇目设计几经上下、反复讨论，形成初稿后报请省、市方志委审查批准。在编纂进程中，根据实际情况进行优化修正，总纂阶段，将全志优化后的篇目再次报请省、市方志委把关指导。

资料搜集和初稿撰写是修志的基础。2009年1月起，主编、副主编、责任编辑到各单位指导资料搜集和初稿撰写工作；对已撤并单位的史料，采取多方协调和社会调查等方法取得第一手资料。2010年4月28日，县城建局率先完成初稿撰写，举行首场志稿评议会，至2012年12月，全县138个承编单位先后举办志稿评议会62场。部门志稿广泛吸纳各方意见和建议，进行反复修改完善，为志稿质量打下较为坚实的基础。

落实总纂统稿制度，严把志稿质量关。2013年1月，由一位副主编兼任总纂、挑选两位责任编辑协助总纂，组成总纂班子。依照总纂工作方案，结合省、市方志委领导、专家的初审意见，经过再加工、再升华，形成三级评审稿。2014年6月25日举行志稿省、市、县评审会，志稿质量得到专家、同行充分肯定，对许多合理意见和建议进行采纳、修改。力求全志在观点、体例、史实、行文达到规范统一，解决重复、交叉、详略失当等问题。经过近一年的修改完善和总纂统稿，2015年6月形成送审稿，报送市方志委审批，并于8月24日，批准第二轮《大田县志》可以交付出版。

“四个坚持”是本轮修志的主要体验。一是坚持“党委领导、政府主持、地方志工作机构组织实施”的修志体制。志书编修历经赵荣生、汤俊生两任县委书记，肖长根、汤俊生、熊旭明三任县长，县委、县政府始终高度重视第二轮修志，按照“一纳人、五到位”的要求支持修志工作，及时了解和解决修志过程的重大问题，确保第二轮修志按计划有序推进。二是坚持“修志大业，质量第一”的指导思想。志书的生命力在于质量。在修志的各个阶段、各个环节，始终把质量问题放在首位，从细节抓起、从基础抓起，把责任落到实处。三是坚持“系统工程，众手成志”战略措施。充分调动各承编单位和参修人员的积极性，借助社会力量完成面广量大的资料搜集、志稿撰写、志稿评议、反复修改等工作；发挥编辑团队协作精神，扬长避短，打好志稿质量基础。四是坚持“在修志实践中学习修志”的基本做法。修志过程是不断学习不断提高业务素质的过程。几年来，编纂班子坚持每月一次的学习制度，通过理论学习、学术交流和修志实践，达到志稿质量和业务素质同步提升。

主编是志书的主要负责人，承担组织、协调、质量、进度责任。修志伊始，提出“一个目标，两个特色，三个基础，四项措施，五项指标”的主编工作思路。带领编纂班子围绕县委县政府提出第二轮《大田县志》要编修成“真实、特色、一流”志书的总目标，突出时代和地方两个特色，做好篇目体例、资料志稿、队伍素质三个基础工作，争取领导重视支持、明确任务责任到人、志稿评议集思广益、建立激励机制调动积极因素四项措施，严把政治观点正确无误、篇目体例科学合理、入志资料翔实可信、行文规范简洁流畅、涉外保密严加遵守五项质量指标，确保按计划如期完成。

发挥老干部在修志中的作用，是大田县首轮修志形成的传统和一大特色。第二轮修志班子12人中，退休老干部11人，平均年龄年逾古稀，承担起修编第二轮县志的庄严使命，每年还编纂一部50多万字的年鉴。修志编鉴两副重任，老骥伏枥，无怨无悔。老干部认真、负责、自觉、严谨、有耐心、坐得住、沉得下去、静得下心，是一支可以信赖的特殊队伍。这些老干部几十年都在大田工作，从不同的领导岗位上退休，具有地情熟悉、社情了解、人脉旺盛、文笔严谨的优势，对编纂第二轮县志十分有利。老干部敬业奉献的精神，清贫守志的情怀，任劳任怨的足迹，必将永远留在第二轮《大田县志》中，激励后人。

本轮修志编纂过程，得到各级领导和各方面的大力支持。省、市地方志编纂委员会领导、专家给予精心指导，宁化、永安、建宁、梅列、长汀、德化等县（市、区）方志办为大田县志编纂工作传经送宝，县委、县政府及县直各部门单位、乡镇领导、社会各界人士给予大力支持和配合。值此县志出版问世之机，谨向所有关心支持第二轮《大田县志》编纂、出版的各级领导、各位专家及社会各界人士致以深切的谢忱和真诚的敬意！虽经编纂班子竭尽所能，但由于志书卷帙浩繁，加之有些资料散失和编纂人员水平有限，疏漏错误和不当之处在所难免，诚请广大读者批评指正。

编　者

2015年8月

大田縣誌

ISBN 978-7-5144-2555-0
9 787514 425550 >